JN434794

재판실무연구 (5)

도산관계소송

편집대표 고영한·강영호

韓國司法行政學會

재판실무연구서를 내면서

2009년 3월 현재 우리나라도 판사, 검사, 변호사 등 법조실무인구가 13,000명을 넘어섰고, 법과대학 교수의 수도 1,400여 명에 이르고 있으며, 해마다 사법연수원에서는 1,000여 명의 새로운 법조인을 배출하고 있는 등 법조인구의 양적 성장이 도드라진다. 제도의 변화도 눈부시다. 2009년부터는 전국에서 법학전문대학원(로스쿨)이 문을 열어 법조인 양성제도가 일대 변혁을 겪고 있고, 법률시장의 대외개방으로 법률시장도 재개편될 것이다. 이에 더하여 법원에서는 민사소송의 구술주의와 형사소송의 공판중심주의 및 국민참여재판제도가 적극 도입됨으로써 소송의 형태가 변모하고 있다. 그야말로 잠시 다른 곳에 눈을 돌리고 있다가는 수십년 법조경험자도 이를 따라잡지 못할 정도의 대변혁기를 맞고 있다.

법을 다루는 법조인으로서 이처럼 변화하는 법률환경에 발맞추어 가기 위하여는 여러 가지 요구되는 것이 많겠지만, 무엇보다도 이론적 뒷받침이 필요함은 더 말할 나위가 없다. 강단이 아닌 일선의 현장에서 활동하는 법조실무가의 경우 이론이 구체화된 실무지식의 축적이 특히 무엇보다도 중요하다.

그 동안 우리나라에서 법률 관련 서적이 출간되어 온 현황을 보면, 주로 법학교수들에 의하여 교과서가, 학계와 실무계의 공동작업에 의하여 주석서가 발간되어 왔고, 아울러 각종 법률실무서식집도 꾸준히 발간되고 있다. 나아가 법원에서도 판례집 외에 법원실무제요나 재판실무편람 등 각종 재판자료를 발간하고 있다. 이러한 노력의 결과 8·15 광복 후 우리나라에 근대적인 법률제도가 도입된 지 60년이 넘는 이즈음은 법률문화의 기초가 어느 정도 다져졌다고 평가할 수 있다.

그런데, 이 책들은 그 성격이나 지면 사정으로 인하여 재판실무에서 부딪치는 중요한 문제들을 깊이 다루지 못하는 한계가 있다. 때문에 여러 전문분야에서 현행 재판실무를 자세히 연구하고 판례의 흐름을 깊이 분석하여 문제점을 도출하고 해결책을 제시하는 등 법조실무가에게 전문분야 재판실무의 세세한 사항에서 현실적인 도움을 줄 수 있는 책이 필요하다.

그 동안 법조실무가로서 이러한 인식을 공유하여 오던 중 2005. 7. 1. 민일영,

한위수, 최성준, 권순일, 이태종 5인이 모여, 법조실무가들에게 분야별로 전문적·실용적 법률정보를 제공하고, 나아가 우리 법률문화의 성과를 집약·정리하고 방향을 제시하는 책자를 발간하여 보자고 뜻을 같이 하였다. 그리하여 각 분야별로 그 방면에 조예가 깊은 법조실무가와 학자들에게 의뢰하여 재판실무에서 쟁점으로 부각되는 것들을 연구하여 왔는바, 이제 그 결과물인 이 책자를 세상에 선보인다. 그 첫단계로 언론관계소송, 민사집행 및 보전처분, 행정소송에 관한 책을 발간하였고, 도산처리를 필두로 헌법소송, 금융거래, 노동, 의료, 건설, 불법행위 등 전문분야 재판실무의 전반을 다룬 책들을 계속 출간할 예정이다.

이러한 작업이 단시간 내에 이루어질 수는 없다. 오랜 시간을 두고 공력을 들여 순차적으로 이루어져야 할 작업이고, 그것이 반드시 성공한다는 보장도 없다. 그럼에도 불구하고 우리나라 법률문화의 보다 나은 발전을 위한 초석을 놓고자 하는 바람에서 외람되게 이 책을 출간한다. 많은 분들의 질정을 기대한다.

끝으로, 쉽지 않은 작업임에도 불구하고 옥고를 써 주신 집필자 여러분과, 어려운 출판 여건에도 불구하고 선뜻 이 책의 출간을 맡아 주신 한국사법행정학회의 이종균 회장님 이하 관계자 여러분에게 깊은 감사를 드린다.

2009. 6.

기획대표 민 일 영

머리말

지난 해 미국의 금융위기로 인하여 촉발된 경기불황이 국내의 실물경제에 악영향을 미침에 따라 법원에 접수되는 도산사건 수가 IMF 위기 당시의 상황을 훨씬 능가할 정도로 전례 없이 폭증하는 양상을 보이고 있습니다.

이와 같은 도산사건의 증가는 종전에 볼 수 없었던 실무상의 쟁점을 던져주고, 과거에는 당연한 것으로 여겼던 실무처리 기준이나 관행도 새롭게 검토할 필요성을 제기하고 있습니다. 이에 따라 도산 분야에 관한 재판 실무의 현황과 판례·이론을 체계적으로 연구·분석하고, 앞으로 예상되는 여러 문제점을 미리 파악하여 해결책을 제시하는 등, 도산실무에 종사하는 관계자 및 법조실무가들의 업무처리에 길잡이가 될 수 있는 문헌이 절실히 요구되는 실정입니다. 지금이야말로 우리나라 도산실무가 한 단계 더 발전할 수 있는 절호의 계기일 수 있습니다. 이러한 때에 이 책을 발간하는 것은 그 의의가 매우 크다고 하겠습니다.

이 책의 집필방향은 도산분야 재판실무의 세세한 사항에 이르기까지 현실적인 도움을 줄 수 있도록 그동안의 연구성과와 판례의 흐름을 깊이 분석하여 문제점을 도출하고 해결책을 제시하는데 두었습니다. 다만, 각 논제에 관하여 집필자 간의 상호 토론이나 논의를 별도로 하지는 않고, 각 집필자가 위와 같은 집필방향에 따라 개별적으로 원고를 작성하였으므로, 원고의 내용은 전적으로 필자의 개인적인 견해로서, 필자들이 소속된 법원 등의 공식적인 견해나 실무방침과는 다를 수 있음을 밝혀둡니다.

도산실무에 관하여 이 정도 나마 완성도가 있는 책이 나올 수 있게 된 것은 여러 집필자께서 고유의 업무로 분주한 중에도 꾸준히 연구하여 온 덕분일 것입니다. 집필자 여러분의 그동안의 수고가 헛되지 않도록 앞으로 이 책이 도산실무에 유용한 참고가 될 수 있기를 바라는 마음 간절합니다.

2009. 6.

도산관계소송 편집대표

서울중앙지방법원 파산수석부장판사 고 영 한

서울고등법원 부장판사 강 영 호

파산법 집필자

김춘수　청주지방법원 판사

박상구　서울고등법원 판사

박태준　부산지방법원 부장판사

심활섭　법원도서관 조사심의관·판사

오민석　법원행정처 사법정책실 민사심의관·판사

오영준　대법원 재판연구관·부장판사

이동원　수원지방법원 평택지원 지원장

이용운　변호사

정준영　인천지방법원 부장판사

주진암　서울동부지방법원 판사

(가나다순, 상기 현직은 2009년 4월 1일 기준임)

【판례 인용 표기】

이 책에 사용된 우리나라 판례 및 일본 판례의 인용표기는 다음과 같다.

◆ 우리나라 判例 ◆

대판 1995. 4. 7. 94다4332

→ 대법원 1995년 4월 7일 선고 94다4332 판결
[전원합의체 판결의 경우에는 사건번호 뒤에 "(전합)"을 부기한다]

대결 1995. 3. 2. 94마1729

→ 대법원 1995년 3월 2일자 94마1729 결정

서울고판 1995. 11. 16. 94나216

→ 서울고등법원 1995년 11월 16일 선고 94나216 판결
(각 고등법원의 판결. 다만, 특허법원의 판결은 "특허判"이라고 한다)

서울중앙지판 2006. 10. 5. 2000가합1146

→ 서울중앙지방법원 2000년 10월 5일 선고 2000가합1146 판결
(각 지방법원의 판결. 단, 서울행정법원과 서울가정법원의 판결은 "서울行判", "서울家判"이라고 한다)

여주지원판 1997. 11. 5. 97가합146

→ 수원지방법원여주지원 1997년 11월 5일 선고 97가합146 판결(부산의 시내지원을 제외한 전국 지원의 판결)

부산동부지원판 2003. 12. 5. 2003가합1446

→ 부산지방법원동부지원 2003년 12월 5일 선고 2003가합1446 판결(부산의 동부지원의 판결)

◆ 日本判例 ◆

日大判 1935. 5. 5.

→ 日本大審院 1935年(昭和 10年) 5月 5日 宣告 判決

日最判 1998. 9. 12.

→ 日本最高裁判所 1998年(平成 10年) 9月 12日 宣告 判決

日東京高判 1974. 4. 17.

→ 日本東京高等裁判所 1974年(昭和 49年) 4月 17日 宣告 判決

目 次

既存 經營者 管理人制度와 回生企業의 支配構造[1)]

대법원 재판연구관 부장판사 오 영 준

〈目 次〉

1) 이 글은 서울대학교 법과대학이 2005학년도 2학기에 전문분야 법학연구과정 제20기로 개설한 「통합도산법」 과정에 강의한 원고를 기초로 하여 최근의 실무경향을 일부 반영하여 수정·가감한 글이다, 위 강의 과정에서 발표한 원래의 原稿는 南孝淳, 金載亨 共編 「統合倒産法」, 박영사(2006), 223-274면에 게재되어 있고, 그 원고를 기초로 하여 작성한 서울중앙지방법원 파산부 실무연구회, 「回生事件實務(上)」에도 그 내용이 부분적으로 게재되어 있다.

一. 序論

1997년말 국가외환사태를 겪으면서 과거에 제정된 會社整理法, 和議法, 破産法 등의 도산3법이 부실기업의 퇴출 및 회생, 경제적 파탄에 빠진 개인 채무자의 경제적 재기 등의 사회·경제적 현안을 효율적으로 처리하지 못하는 낙후된 법이라는 비판이 쇄도하였다. 그에 따라 도산 3법을 현대의 경제 상황에 맞게 개정·통합하려는 작업이 추진되어 왔고, 그 결과 2005. 3. 2. '債務者 回生 및 破産에 關한 法律案'이 국회에서 통과되고 2005. 3. 31. 법률 제7428호로 공포되어 2006. 4. 1.부터 시행되어 오고 있고, 종전의 도산 3법은 모두 폐지되었다.

「채무자 회생 및 파산에 관한 법률」(이하 '통합도산법'이라고 한다)의 가장 큰 특징 중의 하나는, 기존 경영자의 경영권과 구사주의 보유 주식에 대해서는 아무런 권리변경을 하지 않고 채권자들에 대해서만 권리감축을 요구하였던 화의법을 폐지하고, 대신 회사정리법의 회사정리절차를 기본 골격으로 한 제2편 회생절차를 유일한 재건절차로 규정하고 있다는 점이다. 다만 통합도산법은 종전의 회사정리법과 달리 제74조를 신설하여 기존 경영자를 원칙적으로 관리인으로 선임하게 하거나 혹은 중소기업 기타 대법원규칙이 정한 경우에는 관리인을 선임함이 없이 바로 회사의 대표자를 관리인으로 보게 하는 "既存 經營者 管理人 制度"를 도입함으로써 기존 경영자에게 우호적인 메시지를 보내고 있다.

통합도산법이 기존 경영자 관리인 제도를 도입한 것은, 첫째 현행 회사정리절차에서는 기존 경영진을 회사의 경영에서 전적으로 배제하기 때문에 기존 경영진들이 경영권 박탈을 우려하여 회사정리절차를 기피함으로써 기업의 조기 회생을 늦추는 부작용을 낳게 되었으므로 이를 개선할 필요성이 있다는 점과 둘째 기존 경영자가 가지고 있는 경영 노하우(Know-how)를 繼續企業價値(going -concern value)의 구성요소로 파악하여 회생절차에서 이를 死藏시키는 것보다는 적극적으로 이용하는 것이 회사의 기업가치의 하락을 방지하고 원활한 회생절차의 진행을 이끌어낼 수 있다는 점에 그 근거를 두고 있다.

이러한 통합도산법의 입법취지는 2006. 3. 23. 대법원규칙 제2003호로 제정된 「채무자 회생 및 파산에 관한 규칙」 제51[2]조에서 잘 반영되어 있다. 위 대법원

2) 「채무자 회생 및 파산에 관한 규칙」 제51조(관리인을 선임하지 아니할 수 있는 채무자) 법 제74조 제3항에서 "그 밖에 대법원규칙이 정하는 자"라 함은 다음 각 호의 어느 하나에 해당하는 자를 말한다.
1. 비영리 법인 또는 합명회사 · 합자회사
2. 회생절차개시신청 당시 「증권거래법」제2조제13항에서 규정된 상장법인과 같은 조 제15항

규칙은 거래소 상장법인, 코스닥 상장법인[3], 일시적 현금유동성 부족을 겪고 있는 회사, 기술력과 영업력을 보유하고 있는 회사, 사전에 회생계획의 주요 내용에 관하여 합의(pre-packaged plan)가 되어 있는 회사, 사전에 M&A 등의 계획이 서 있는 회사 등의 경우에는 기존 경영자 관리인을 선임할 수 있도록 규정함으로써 기업의 조기 회생을 도모하고 기존 경영의 노하우가 회생절차에 도움이 되도록 하고 있는 것이다.

실제 통합도산법 시행 이후 회생사건의 접수사건 추이를 살펴보면, 이러한 통합도산법의 입법의도는 제대로 적중하고 있는 것으로 보인다. 통합도산법 시행 1년 전의 회사정리 및 화의 사건의 접수건수가 전국적으로 61건이었던 것이 통합도산법 시행 이후 1년간의 접수건수는 146건으로 증가하였다. 법인이 신청하는 회생합의 사건의 경우 2006년 4월 1일부터 12월 31일까지의 전국 접수건수는 76건으로서 월 8.4건(76÷9)의 접수를 보였는데, 2007년 10월말까지는 86건으로서 월 8.6건의 접수를 보이고 있다.[4]

에서 규정된 코스닥 상장법인에 해당하는 채무자

3. 회생절차개시 당시 재정적 부실의 정도가 중대하지 아니하고 일시적인 현금 유동성의 악화로 회생절차를 신청한 채무자
4. 회생절차개시 당시 일정한 수준의 기술력, 영업력 및 시장점유율을 보유하고 있어 회생절차에서의 구조조정을 통하여 조기 회생이 가능하다고 인정되는 채무자
5. 회생절차개시결정 당시 주요 회생담보권자 및 회생채권자와 사이에 회생계획안의 주요 내용에 관하여 합의가 이루어진 채무자
6. 회생절차개시 당시 자금력 있는 제3자 또는 구 주주의 출자를 통하여 회생을 계획하고 있다고 인정되는 채무자
7. 그 밖에 관리인을 선임하지 아니하는 것이 채무자의 회생에 필요하거나 도움이 된다고 법원이 인정하는 채무자

3) 대판 2007. 11. 15. 2007다1753, 주권상장법인이 회사정리절차의 개시신청을 하였다는 이유만으로 상장폐지결정을 하도록 정한 구 유가증권상장규정의 상장폐지조항은 무효라는 취지로 판시하였다. 그 판시 내용은 다음과 같다. "회사정리절차의 개시신청을 하였다는 이유만으로 그 기업의 구체적인 재무상태나 회생가능성 등을 전혀 심사하지 아니한 채 곧바로 상장폐지결정을 하도록 한 구 유가증권상장규정(2003. 1. 1. 시행)의 상장폐지규정은, 그 규정으로 달성하려는 '부실기업의 조기퇴출과 이를 통한 주식시장의 거래안정 및 투자자 보호'라는 목적과 위 조항에 따라 상장폐지될 경우 그 상장법인과 기존 주주들이 상실할 이익을 비교할 때 비례의 원칙에 현저히 어긋나고, 또한 구 기업구조조정 촉진법에 따른 공동관리절차를 선택한 기업에 비하여 차별하는 것에 합리적인 근거를 발견할 수 없어 형평의 원칙에도 어긋나 정의관념에 반한다. 아울러 위 상장폐지규정은 회사정리절차를 선택할 경우에 과도한 불이익을 가하여 구 회사정리법(2005. 3. 31. 법률 제7428호 채무자 회생 및 파산에 관한 법률 부칙 제2조로 폐지)에 기한 회생의 기회를 현저하게 제한하고 회사정리절차를 통하여 조기에 부실을 종료할 기회를 박탈함으로써 사실상 구 회사정리법상 보장된 회사정리절차를 밟을 권리를 현저히 제약하는 것이어서, 부실이 심화되기 전에 조기에 회사를 정상화하도록 하려는 구 회사정리법의 입법 목적과 취지에 반한다. 따라서 위 상장폐지규정은 무효이다."

4) 김진석, "도산사건의 현황과 과제-개인파산·개인회생 사건을 중심으로-", 도산법분야 연구회 2007년 세미나자료(2007. 12. 1.), 4-5.

〈표 1〉 회사정리, 화의 및 회생합의, 회생단독 사건 접수

법 원	2005년 4월부터 2006년 3월까지			2006년 4월부터 2007년 3월까지		
	회사정리	화 의	합 계	회생합의	회생단독	합 계
서울중앙	1	9	10	23	34	57
의정부	0	1	1	1	0	1
인 천	3	2	5	2	0	2
수 원	4	6	10	8	3	11
춘 천	0	0	0	0	0	0
대 전	2	0	2	10	2	12
청 주	0	2	2	1	1	2
대 구	0	8	8	8	0	8
부 산	0	3	3	7	3	10
울 산	0	8	8	3	0	3
창 원	0	4	4	13	11	24
광 주	0	5	5	13	0	13
전 주	0	2	2	2	1	3
제 주	0	1	1	0	0	0
합 계	10	51	61	91	55	146

〈표 2〉 회생합의(2007년 1월 1일부터 10월 31일까지)

구분 \ 법원			합계	서울중앙	의정부	인천	수원	춘천	대전	청주	대구	부산	울산	창원	광주	전주	제주
접수	합 계		204	55	1	14	13	2	11	9	22	10	2	22	29	14	–
	전년미제	개시결정전	11	4	1	1	–	–	–	–	1	2	–	1	–	1	–
		개시후인가전	48	10	–	–	7	–	6	–	2	4	–	8	11	–	–
		인가후	59	19	–	9	2	2	1	5	5	1	–	6	6	3	–
		계	118	33	1	10	9	2	7	5	8	7	–	15	17	4	–
	이달접수		86	22	–	4	4	–	4	4	14	3	2	7	12	10	–
처리	합계		62	25	–	5	2	1	2	2	3	1	–	10	10	1	–
	개시결정전	인용	58	16	–	3	3	–	4	4	6	2	2	5	5	8	–
		기각	7	4	–	–	–	–	–	–	1	–	–	–	2	–	–
		기타	7	3	–	1	1	–	–	–	–	–	–	1	–	1	–
		계	72	23	–	4	4	–	4	4	7	2	2	6	7	9	–
	개시후인가전	인가	30	6	–	3	6	–	2	–	3	4	–	2	4	–	–
		취소(폐지)	25	10	–	–	–	–	1	1	2	–	–	5	6	–	–
		기타	–	–	–	–	–	–	–	–	–	–	–	–	–	–	–
		계	55	16	–	3	6	–	3	1	5	4	–	7	10	–	–
	인가후	종결	19	7	–	4	1	1	1	–	–	1	–	2	2	–	–
		폐지	4	1	–	–	–	–	–	1	–	–	–	2	–	–	–
		기타	–	–	–	–	–	–	–	–	–	–	–	–	–	–	–
		계	23	8	–	4	1	1	1	1	–	1	–	4	2	–	–
미제	계		142	30	1	9	11	1	9	7	19	9	2	12	19	13	–
	개시결정전		25	3	1	1	–	–	–	–	8	3	–	2	5	2	–
	개시후인가전		51	10	–	–	4	–	7	3	3	2	2	6	6	8	–
	인가후		66	17	–	8	7	1	2	4	8	4	–	4	8	3	–

통합도산법 제74조를 둘러싸고, 견해에 따라서는 기존 경영진으로 하여금 경영권을 유지하도록 한다는 점에서는 실질적으로 미국식 DIP 제도를 수용한 것이라고 보기도 하고, 경영진과 대주주의 관계가 밀착되어 있는 경우가 많은 우리나라 현실에서는 그로 인하여 담보권자와 채권자 보다 주주에게 더 큰 권리를 부여하게 되는 결과를 초래될 수 있다고 비판을 가하기도 한다.[5)]

종래 회사정리법 하에서의 실무는 거의 대부분 기존 경영진과 기존 주주를 징벌하여 배제하고, 법원이 선임한 제3자 관리인이 모든 경영권과 재산에 관한 관리처분권을 위탁받아 전권을 행사하여 왔으므로, 사업의 경영권 및 회사의 지배권의 향방은 실무적으로나 이론적으로 큰 주목을 받지 못하였다. 그러나 화의법이 폐지된 것에 갈음하여 통합도산법이 기존의 경영자를 관리인으로 선임하거나 관리인 선임절차 없이 바로 기존 경영자를 법률상 관리인으로 간주하는 제도를 도입됨에 따라, 종전과 달리 회사의 경영권과 지배 구조를 둘러싸고 새로운 양상이 전개될 가능성이 있다.

이 글은 통합도산법 제74조와 관련하여, 제2편 회생절차에 들어온 주식회사를 중심으로 첫째 과연 통합도산법의 기존 경영자 관리인 제도가 미국식의 DIP 제도[6)]와 구체적으로 어떻게 다른지 살펴보고, 둘째, 통합도산법 하에서 "관리인으로 선임되거나 관리인으로 보게 되는 회사의 대표자"를 누가 어떠한 방법에 의하여 선임하고 교체하게 되는 것인지의 문제를 검토하며, 셋째 회생절차에 들어오기 전의 회사의 지배구조가 회생절차개시 후에 어떠한 매커니즘에 의하여 구체적으로 어떻게 변화되는지 등을 살펴보기로 한다.

---

5) 김재형, 지정토론 요지, 통합도산법의 과제와 전망, 저스티스 2005. 6. (통권 85호)

6) 우리나라 통합도산법 제정 과정에서 미국식 DIP의 도입과 관련하여 다음과 같은 반론이 제시되었다(김재형, "기업회생을 위한 제도개선방안", 대한상공회의소, 2001, 100; 김재형, "관리인제도의 개선방안에 관한 검토: 미국의 DIP 제도의 수용문제", BFL 제9호, 2005. 1., 27 내지 28).

i) 구경영진에게 경영파탄의 책임이 있는 경우가 많은데 관리인을 선임하지 않는 경우 구경영진의 경영책임이 은폐될 우려가 있다.

ii) 대기업이 회생절차를 많이 이용하지 않는 것은 워크아웃이나 은행관리 등 비정상적인 방식으로 구조조정이 이루어지고 있기 때문이므로, 구경영진의 회생절차신청을 유도하기 위한 방안으로 DIP제도를 도입하는 것은 타당하지 아니하다.

iii) 도산절차는 경영자로 하여금 평상시에 도산하지 않도록 열심히 일하게 하는 유인을 제공해야 하는데, 회생절차에서도 계속 유임된다면 도산을 피하기 위하여 열심히 일할 유인이 없음.

iv) 경영진을 교체할 필요가 없는 경우에는 구경영진을 관리인으로 선임하면 충분하다.

v) 회생절차개시와 함께 관리인을 선임하는 것이 법률관계를 명확히 할 수 있다.

vi) 법원은 관리인의 선임을 통하여 회사를 좀 더 철저하게 감독할 수 있다.

二. 旣存 經營者 管理人制度와 DIP 制度의 比較

통합도산법 제74조 제1항 내지 제4항은 "기존 경영자 관리인 제도"에 관하여 다음과 같이 규정하고 있다.

> 제74조(관리인의 선임) ①법원은 관리위원회와 채권자협의회의 의견을 들어 관리인의 직무를 수행함에 적합한 자를 관리인으로 선임하여야 한다.
> ② 법원은 다음 각호에 해당하는 때를 제외하고 개인인 채무자나 개인이 아닌 채무자의 대표자를 관리인으로 선임하여야 한다.
> 1. 채무자의 재정적 파탄의 원인이 다음 각목의 어느 하나에 해당하는 자가 행한 재산의 유용 또는 은닉이나 그에게 중대한 책임이 있는 부실경영에 기인하는 때
>   가. 개인인 채무자
>   나. 개인이 아닌 채무자의 이사
>   다. 채무자의 지배인
> 2. 채권자협의회의 요청이 있는 경우로서 상당한 이유가 있는 때
> 3. 그 밖에 채무자의 회생에 필요한 때
>
> ③ 제1항의 규정에 불구하고 채무자가 개인, 중소기업, 그 밖에 대법원규칙이 정하는 자인 경우에는 관리인을 선임하지 아니할 수 있다. 다만, 회생절차의 진행 중에 제2항 각호의 사유가 있다고 인정되는 경우에는 관리인을 선임할 수 있다.
> ④ 관리인이 선임되지 아니한 경우에는 채무자(개인이 아닌 경우에는 그 대표자를 말한다)는 이 편의 규정에 의한 관리인으로 본다.

통합도산법 제74조를 두고 일각에서는 동조의 기존 경영자 관리인 제도를 미국의 DIP (Debtor In Possession) 제도와 유사한 것이라고 설명하는 견해도 보인다. 그러나 통합도산법 제74조의 기존 경영자 관리인 제도는 결코 미국의 DIP 제도와 유사한 것이라고 볼 수 없다. 왜냐하면 통합도산법은 회사정리법이 제3자 관리인 제도를 전제로 하여 두었던 DIP에 반하는 규정들(anti-DIP provisions)을 그대로 존치시키고 있고, 이러한 규정들은 본질적으로 회사의 경영권 및 지배구조에 관하여 도산법에 의한 직접적·강제적 개입을 삼가는 미국 연방파산법의 DIP 제도와는 양립할 수 없는 것이기 때문이다.

물론 통합도산법 제49조에 의하여 회생절차개시결정이 내려진 경우에도 회사는 일정한 범위 내에서 조직법적 사단적 활동에 대하여는 여전히 자율권을 갖고 있다. 즉 회생절차개시결정에 의하여 회사는 解散되는 것이 아니리 여전히 존속하

고, 다만 회생계획에서 해산의 시기를 정하는 경우에 한하여 해산하게 된다(통합도산법 제193조 제2항 제7호, 제275조). 이는 파산의 경우 파산선고와 동시에 회사가 해산(상법 제227조 제5호)하는 것과는 다르다. 또한 회생절차개시결정이 있으면 법인의 사업의 경영 및 재산의 관리처분권은 법원이 선임한 관리인 또는 법률상 관리인으로 보게 되는 채무자 또는 채무자의 대표자에게 전속하게 되나(통합도산법 제56조), 법인의 활동은 사업의 경영과 재산의 관리처분이 전부가 아니므로 그 이외의 활동은 여전히 법인에 의하여 영위되게 된다. 즉 조직법적·사단적 관계에 있어서의 회사의 활동은 원칙적으로 허용되는 것이고, 따라서 이사나 감사도 그대로 존속하고[7] 부분적이나마 주주총회나 이사회도 개최할 수 있다.[8] 또한 이사의 선임 및 해임, 주주명부의 정비[9], 정관의 변경 등은 적어도 '회생계획이 인가되기 까지는' 모두 회사의 권한에 속하고 관리인의 권한은 거기에까지는 미치지 아니한다.

다만 '관리인 제도'를 근간으로 하는 도산법제에서는 이러한 회사의 조직법적, 사단적 활동을 무제한 허용할 경우 회생절차에 지장을 초래하고 회생절차의 효율을 저해할 수 있으므로 이러한 회사의 조직법적 사단적 활동에도 상당한 제한을 가하고 있다. 위와 같은 조직법적 사단적 활동에 대한 제한은 통합도산법이 새로 도입한 법 제74조의 기존 경영자 관리인제도에 있어서도 다르지 아니하다. 다음에서는 통합도산법이 도입한 기존 경영자 관리인 제도의 의의 및 법적 성질을 미국의 DIP 제도와 비교해 가면서 살펴보기로 한다.

1. 旣存 任員陣의 經營權 剝奪 및 理事 地位의 從屬化

가. 관리인의 재산의 관리처분권 인수

통합도산법 제56조 제1항은 "회생절차개시결정이 있는 때에는 채무자의 업무의 수행과 재산의 관리 및 처분을 하는 권한은 관리인에게 속한다."고 규정하고 있다. 회사정리법 하의 관리인의 지위에 관련하여 대법원 1974.6.25. 선고 73다692 판결은 "회사정리법 제53조에 규정한 바에 의하면 정리절차개시결정이 있을 때에

7) 대판 1964. 4. 12. 63다876.

8) 회생절차가 개시되어도 법인 채무자는 인격적 활동의 면에서는 자유로우므로 회생절차개시 전부터 채무자에 대하여 설립무효의 소(상법 184조)가 제기되어 있는 경우 그 후 회생절차가 개시되어도 그 소송절차는 중단하지 않고(68조 참조) 여전히 대표이사가 그 소송을 수행하고 또 대표이사는 회생절차 중에도 부득이한 경우에는 주주총회를 소집할 수 있다.

9) 주주명부의 정비에 관한 사무는 회사의 인격적 활동에 관한 것이므로 관리인이 행하는 것이 아니고 대표이사가 관장하여야 한다.

는 회사사업의 경영과 재산의 관리 및 처분을 하는 권리는 관리인에게 전속한다 하였으므로 정리절차개시가 있은 후에는 정리회사사업의 경영과 재산의 관리 및 처분은 오로지 관리인의 권한에 속하는 것이며, 관리인의 지위는 정리회사와 그 채권자 및 주주로 구성되는 소외 이해관계인단체의 관리자로서 일종의 公的受託者라고 할 것이므로 관리인은 정리회사의 기관이거나 그 대표자도 아니라 할 것이고…"라고 판시하였다.

대법원이 이 판결에서 회사 사업의 경영과 재산의 관리 및 처분권한이 관리인의 권한에 속한다고 하면서 관리인을 整理會社의 機關이거나 그 代表者가 아니라 채권자 및 주주로 구성되는 소외 利害關係人團體의 管理者로 설시한 것은 통합도산법에서도 매우 중요한 의미를 갖는다. 즉, 통합도산법 제74조가 회생절차가 개시된 회사의 대표이사를 관리인으로 선임하도록 하거나 혹은 법률상 관리인으로 간주하였다 하더라도, 그 회사의 대표이사는 단순히 주주의 이익을 위한 信認義務(fiduciary duty)[10]를 지는 회사의 기관이 아니라 회생절차 내의 모든 채권자 및 주주로 구성되는 이해관계인을 위하여 善管主義義務를 지는 第3者[11]로서의 獨立된 地位를 갖게 됨을 의미한다.

한편, 미국 연방파산법의 DIP(debtor in possession[12])이라 함은 관리인이 선임되지 아니하였을 경우 채무자(Debtor) 자체를 말하는 것으로, 이는 채무자 회사의 대표이사를 관리인으로 선임하거나 법률상 관리인으로 간주하는 통합도산법과는 완전히 다른 것이다. 즉 DIP라 함은 채무자가 법인인 경우 '채무자 회사 그 자체'를 뜻하는 것으로서, 그 회사의 대표이사나 기타 경영진, 업무집행기관 등 특정

10) 상법상 이사는 주주에 대하여 충실의무(duty of loyalty)와 선관주의의무(duty of care)를 지고 있고 이 의무 위반시 주주에 대하여 손해배상의무를 지게 된다.

11) 관리인의 지위에 서게 된 채무자 회사의 대표자가 회사의 기관이 아닌 제3자로서의 지위를 갖고 있느냐 여부는 위 대표자가 스스로 한 법률행위를 否認權을 행사하고 원상회복을 구할 수 있는지, 통정허위표시의 상대방에 대하여 선의의 제3자임을 주장하여 그 행위의 유효함을 주장할 수 있는지 등의 문제의 해답과 직접적인 관련이 있다(파산관재인인 통정허위표시에 있어서 이해관계 있는 제3자에 해당한다는 판례로는 대판 2003. 6. 24. 2002다48214 참조, 회사정리법상의 관리인도 통정허위표시에 있어서 이해관계 있는 제3자에 해당한다는 문헌으로는 高見 進, "破産管財人の第3者性, 別册 ジュリスト NO 163 倒産判例百選(2002/9), 34-35, 有斐閣)

12) DIP는 Debtor in Possession의 줄임말로서 통상 "占有를 繼續하는 債務者"로 번역되고 있으나, Debtor(채무자)가 Possession하는 대상은 "the estate (도산재단)"로서 결국 Debtor in Possession of the Estate"의 줄임말이다. 따라서 우리말로 풀이하자면 "倒産財團의 管理處分權을 繼續 保有하는 債務者"라고 해석하는 것 원뜻에 충실할 것이다. 이는 회생절차개시 시점에 Trustee가 선임되면 "관리처분권"이 Trustee에 귀속되는 것과 달리, 채무자 (법인인 경우에도 채무자의 대표자가 아닌 법인 자신)가 도산절차개시 후에도 여전히 재산 및 거래관계, 소송관계 등에 관하여 권한과 의무의 주체가 됨을 뜻한다.

기관만을 지칭하는 것이 아님을 유의하여야 한다. 이러한 DIP의 지위는 파산법원이 별도로 관재인(trustee)을 선임하는 결정을 하지 않는 한 회생절차개시신청 즉시 자동적으로(automatically) 회사에 대하여 부여되는 지위이다{B.C. section 1101(1)}. 만일 파산법원이 관재인을 선임하는 결정을 하였다 하더라도 파산법원은 인가 전에는 언제라도 관재임을 해임하고 회사에게 DIP 지위를 복원시키고 회사의 경영과 도산재단의 관리처분권을 회복시켜 줄 수 있다{B.C. section 1105}.

이러한 측면에 착안하여 DIP는 도산절차 개시 후 종전의 "채무자 회사"와 구별하기 위하여 관념적으로 "DIP"라는 별개의 새로운 법인격을 부여한 것에 불과할 뿐 실질적 측면에서는 종전의 회사 자체와 동일하다는 평가를 받기도 한다.[13)14)] 하지만 미국 연방파산법상 DIP가 회생절차개시신청과 동시에 회사에 대한 관리, 처분권을 보유하게 된다 하더라도, 회생절차 개시 전의 채무자가 株主를 위한 信認義務(fiduciary duty)를 지는 것과 달리 株主뿐만 아니라 債權者 등 모든 이해관계인에 대한 관계에서 信認義務를 지는 것이므로 그 지위는 사뭇 다른 것이다.[15)]

한편 미국 연방파산법 상 DIP라는 법주체로서의 지위가 소멸되는 시점은 '회생계획안의 인가시점'이다. 즉 회생계획안의 인가와 동시에 모든 재산에 대한 관리처분권이 "DIP에서 채무자"에게로 귀속되고 DIP는 그 법인격이 소멸하게 된다 {B.C. section 1141(b)}.[16)17)]

---

13) N.L.R.B. v. Bildisco and Bildisco, 465 U.S. 513, 528, 104 S.Ct. 1188, 1197, 79 L. Ed. 2d 482, 497 (1984) "연방파산법의 취지상 DIP는 회생절차개시전에 존재하였던 법주체(entity)와 동일하되, 다만 회생절차개시로 인하여 연방파산법에 의하여 종전과 다른 방식으로 계약 및 재산관계를 처리할 수 있는 권한을 부여받은 주체로 파악함이 상당하다."

14) 미국 판결에서 DIP의 표시는 다음과 같이 하고 있다,「ㅇㅇㅇ, Inc. Debtor and Debtor In Possession (Hereafter "Debtor")」 이를 번역하면 「ㅇㅇㅇ 주식회사 채무자 겸 DIP (이하 "DIP")」

15) CFTC v. Weintraub, 471 U.S. 343, 355, 105 S.Ct. 1986, 1994, 85 L.Ed. 2d 372, 382 (1985); Wolf v. Weinstein, 372 U.S. 633, 649-50, 83 S.Ct. 969, 979-80, 10L.Ed. 2d 33, 46-47 (1963)

16) 미국 파산법상 종결결정(final decree)은, 인가 결정이 확정되고, 채무 변제가 개시되는 등의 요건을 충족하면 신속하게 종결 결정을 한다. 이는 미국의 DIP 제도가 기본적으로 도산절차가 채무자와 외부세계에 주는 임팩트를 최소화하고, 구조조정절차가 종결되면 그 수행은 회사 자체에 맡기고 빨리 정상기업으로 시장에 복귀시켜 정상기업과 동일하게 기업활동을 해 나가는 것을 최선으로 보고 있기 때문이다.

17) 일본 민사재생법의 경우 DIP 제도를 인정하여 민사재생절차에 들어온 회사에 대하여 "재생채무자"라는 명칭을 부여하고, 명시적으로 "재생채무자는 재생절차가 개시된 후에도 그 업무를 수행하거나 그 재산을 관리 또는 처분할 권리를 가진다."라고 규정하고 있다(동법 제38조). 일본의 민사재생법상의 재생채무자는 미국과 달리 재생계획 인가 후에도 재생채무자로서의 지위를 유지한 채 신속하게 재생계획을 수행할 의무를 지는 점에서 차이가 있다(동법 제186조), 일본 민사재생법 제188조 제1항은 "법원은 재생계획인가의 결정이 확정된 때에는

반면에, 통합도산법에 의하면, 회생계획 인가 후 채무자가 "관리, 처분권한"을 당연히 회복하지는 아니한다. 오히려 통합도산법 제257조 제1항은 '관리인'에게 회생계획인가후 지체 없이 회생계획을 수행할 의무를 부과하고 있다. 회사 자체가 '관리, 처분권'을 회복하게 되는 시점은 법원으로부터 회생절차의 종결결정을 받은 후로 늦춰지고 있는 것이다(통합도산법 제283조 제1항).

나. 업무집행기관에 의한 행위의 무효화

통합도산법 제64조 제1항은 "채무자가 회생절차개시 이후 채무자의 재산에 관하여 법률행위를 한 때에는 회생절차의 관계에서 그 효력을 주장하지 못한다."고 있으며, 제65조 제1항 "회생절차 개시 후 회생채권 또는 회생담보권에 관하여 채무자의 재산에 대한 권리를 채무자의 행위에 의하지 아니하고 취득한 때에도 회생절차의 관계에 있어서는 그 효력을 주장하지 못한다."고 규정하고 있다.

나아가 통합도산법 제67조 제2항은 "회생절차 개시 이후 그 사실을 알고 한 채무자에 대한 변제는 채무자의 재산이 받은 이익의 한도에서만 회생절차의 관계에서 그 효력을 주장할 수 있다."고 규정하고 있다.

위에서 언급한 법 규정들은 미국의 DIP 시스템에서는 상정하기 어려운 규정들이다. 미국의 DIP 시스템에서 관리·처분권을 갖는 것은 바로 '채무자 회사' 그 자신이다. 또한 회생절차 개시전의 채무자 회사와 회생절차 개시 후의 DIP는 실질적으로 동일하다고 인정되므로, 회생절차가 개시된 이후의 채무자 회사도 그와 같은 거래행위가 "통상적으로 사업에 필요한 경우[18)]"에는(in the ordinary course

---

감독위원 또는 관재인이 선임되어 있는 경우를 제외하고는 재생절차종결의 결정을 하여야 한다" 제2항은 법원은 감독위원이 선임되어 있는 경우 재생계획이 수행된 때 또는 재생계획 인가의 결정이 확정된 후 3년을 경과한 때에는 재생채무자 또는 감독위원의 신청에 의하여 또는 직권으로 재생절차종결의 결정을 하여야 한다", 제3항은 "법원은 관재인이 선임되어 있는 경우 재생계획이 수행된 때 또는 재생계획이 수행되는 것이 확실하다고 인정하기에 이른 때에는 재생채무자 또는 관재인의 신청에 의하여 또는 직권으로 재생절차종결의 결정을 하여야 한다"라고 규정하고 있다. 이는 법원에 대하여 "인가후 신속한 종결결정"을 의무지우고 있다는 점에서 "구조조정절차의 신속한 종결"의 필요성을 입법에 반영하고 있는 것이라고 생각된다. 참고로 일본 민사재생법 제59조 상의 감독위원은 미국의 U.S. Trustee와 유사한 제도를 도입한 것으로 보인다.

18) 미국 연방파산법상 통상적으로 사업에 필요하냐 하지 필요하지 않느냐의 범위를 판단함에 있어서는 "채권자가 채무자와 거래할 당시 예상하였던 위험을 넘어서는 다른 위험을 초래하는지 여부(vertical dimension test)" 및 "동종유사의 기업이 채무자가 하려고 하는 거래행위를 일반적으로 하고 있는 것인지 여부(horizontal test)"를 종합하여 판단한다{In re Roth of America, Inc., 975 F.2d 949 (3rd Cir. 1992)}. 따라서 미국연방파산법상 통상적인 사업에 필요한 행위의 범위에는 우리나라 회사정리 실무상 법원의 허가를 받도록 되어 있는 임금협상 및 단체협약의 체결, 기타 사업에 필요한 자재의 구입 및 자금지출 등도 포함되어 이러한 일들이 모두 법원의 허가 없이 처리되고 있다.

of business) 법원의 허가조차 받을 필요 없이 스스로의 권한에 의하여 적법, 유효하게 거래행위를 할 수 있다{B.C. section 363(c)}. 다만 "통상의 범위를 넘어서는 거래행위 (other than in the ordinary course of business)"에 한해서만 법원의 허가를 얻도록 하고 있다{B.C. section 363(b)}.

이와 대조적으로 기본적으로 관리인 제도의 골격을 계속 유지하고 있는 통합도산법은, 기존 회사의 대표이사를 관리인으로 선임하거나(법 제74조 제2항) 법률상 관리인으로 간주한 후(법 제74조 제3항, 제4항), 그 자의 법률행위, 처분행위, 변제행위 등만을 유효로 하고 관리인이 아닌 채무자 회사의 행위는 모두 무효로 하고 있다. 기존 경영자 관리인은 비록 대표이사의 지위를 겸하고 있다고 하더라도 공적수탁자로서 모든 이해관계인을 위하여 선관주의의무를 지고 있기 때문에, 주주를 위하여 상법상의 信認義務를 지고 있는 회사의 대표이사와는 다른 법적 지위에 있다. 예컨대, 회사의 대표이사가 업무집행행위를 함에 있어서는 상법이나 기타 법령, 이사회나 주주총회의 결의에 의하여 수권 받은 범위 내에서는 독자적으로 처리할 권한이 있음에 비하여, 기존 경영자 관리인의 경우에는 그 행위의 상당 부분에 관하여 상법이나 기타 법령, 이사회나 주주총회의 결의로부터 수권을 받았다 하더라도 반드시 법원이 정한 사항[19]은 법원의 허가를 받아야만 유효

19) 관리인이 법원의 허가를 받아야 하는 사항은 통합도산법 제61조에 정해져 있는데, 실무는 법 제61조 제9호 '그 밖에 법원이 지정하는 행위' 조항에 근거하여 매우 광범위한 사항을 법원 또는 법원으로부터 허가사무를 위임받은 관리위원회의 허가사항으로 정하고 있다. 그 허가사항을 열거하면 다음과 같다.

가. 부동산·자동차·중기·특허권 등 등기 또는 등록의 대상이 되는 일체의 재산에 대한 소유권의 양도, 담보권·임차권의 설정 기타 일체의 처분행위.

나. 등기·등록의 대상이 되지 아니하는 시가 금 1,000만 원 이상의 재산에 대한 소유권의 양도, 담보권·임차권의 설정 기타 일체의 처분행위. 다만 계속적이고 정상적인 영업활동에 해당하는 상품, 제품, 원재료 등의 처분행위는 예외로 한다. 그러나 단서에서 제외된 처분행위에 관하여도 매월(월간보고서)마다 그 거래 내역을 보고해야 한다.

다. 금 1,000만 원 이상의 재산의 양수.

라. 항목당 금 1,000만 원을 초과하는 금원지출. 다만, 회생담보권 및 회생채권에 대한 변제는 1,000만 원 미만의 금원지출도 포함하고, 반면 국세, 지방세, 전기료, 수도료, 가스료, 전화료, 국민연금, 장애인고용분담금, 직업훈련분담금, 개발부담금 등 제세공과금과 건강보험료, 고용보험료, 산재보험료 중 공익채권에 해당하는 금원지출은 제외한다. 그러나 단서에서 제외된 금원지출에 관하여도 매월(월간보고서)마다 그 지출상황을 보고하여야 한다.

마. 금 1,000만 원을 초과하는 금원의 지출이 예상되는 증여, 매매, 교환, 소비대차, 임대차, 고용, 도급, 위임, 임치 등 계약의 체결 또는 의무부담행위.

바. 명목이나 방법 여하를 막론한 차재.

사. 어음·수표계좌의 설정, 어음·수표용지의 수령 및 발행행위.

아. 채무자 회생 및 파산에 관한 법률 제119조의 규정에 의한 계약의 해제 또는 해지.

자. 소의 제기, 소송대리인의 선임, 화해 기타 일체의 소송행위. 다만, 미수채권회수를 위하여 채무자의 물건 및 채권에 대하여 하는 가압류·가처분 신청행위는 제외하되, 다만 매 3개월(분기보고서)마다 그 가압류 · 가처분 상황을 법원에 보고하여야 한다.

한 행위를 할 수 있게 된다. 또한 반대의 관점에서, 회사의 대표이사는 위와 같은 상법이나 기타 법령, 이사회나 주주총회로부터 수권을 받지 못한 사항에 대하여는 적법한 업무집행행위를 할 수 없지만, 기존 경영자 관리인의 경우에는 위와 같은 수권이 없어도 법원의 허가나 회생계획에 정하여져 있으면 모든 행위를 스스로 유효하게 행할 수 있는 강력한 권한이 부여되어 있다.

한편, 통합도산법 제74조 제3항에 의한 관리인 불선임 결정에 의하여 관리인으로 보게 되는 회사의 대표이사에 관하여 법원의 관리인 선임행위가 없는 점에 주목하여 그것이 미국의 DIP와 유사한 것이 아니냐하는 의문이 제기될 수 있으나, 다른 제도로 보아야 한다. 미국 연방파산법상 DIP는 회생절차 개시 전의 채무자와는 달리 주주뿐만 아니라 채권자에게도 信認義務를 지고 있다고 보고 있는데,[20] 만일 통합도산법 제74조를 미국의 DIP와 유사한 규정이라고 해석할 수 있으려면, 응당 회사의 대표이사가 아닌 회사 그 자체에 대하여 관리인의 지위를 부여하고 그 회사 자체에 대하여 선관주의의무를 부과했어야 했을 것이다. 그러나 통합도산법은 회사가 아닌 회사의 대표자를 관리인으로 선임하도록 하거나(통합도산법 제74조 제2항), 법률상 관리인으로 간주되도록 (통합도산법 제74조 제3, 4항) 규정하고 있다. 그 결과 이해관계인단체에 대하여 선관주의의무를 지는 것은 회사가 아니라 회사의 대표자로서 관리인으로 선임되거나 관리인으로 간주된 자이다(법 제82조 제1항, 제2항). 따라서 법 제74조 제3항의 관리인으로 보게 되는 회사의 대표자는 채무자 자체를 DIP로 보고 있는 미국의 연방파산법과는 동일하지 아니한 것으로 보아야 한다.

다. 관리·처분권의 변경과 소송절차의 중단 및 수계

통합도산법 제59조 제1항은 "회생절차개시결정이 있는 때에는 채무자의 재산에 관한 소송절차는 중단된다.", 동조 제2항은 "제1항에 의하여 중단된 소송절차 중

차. 과장급 이상의 인사 및 보수결정.
카. 권리의 포기.
타. 회생담보권, 회생채권 등에 대한 시인·부인 및 이의의 철회.
파. 공익채권과 환취권의 승인.
하. 관리인의 자기 또는 제3자를 위한 정리회사와의 거래.
거. 경영상 이유에 의한 근로자의 해고.
너. 자본의 감소, 신주나 사채의 발행, 합병, 해산, 회사의 조직변경이나 계속 또는 이익이나 이자의 배당 기타 회사의 상무에 속하지 아니하는 행위.

20) CFTC v. Weintraub, 471 U.S. 343, 355, 105 S.Ct. 1986, 1994, 85 L.Ed. 2d 372, 382 (1985); Wolf v. Weinstein, 372 U.S. 633, 649-50, 83 S.Ct. 969, 979-80, 10L.Ed. 2d 33, 46-47 (1963)

회생채권 또는 회생담보권과 관계없는 것은 관리인 또는 상대방이 이를 수계할 수 있다."고 규정하고 있다.

앞서 본 바와 같이 관리인제도 하에서는 모든 회사 재산에 관한 관리처분권이 관리인에게 귀속되므로, 종전에 회사가 수행하던 재산에 관한 소송절차도 관리인이 대신 수행할 필요가 있고, 따라서 회생절차개시와 동시에 회사 재산에 관한 모든 소송절차는 일단 중단되고 관리인이 이를 수계하도록 규정되어 있다.

하지만 미국 연방파산법상 DIP는 실질적으로 채무자와 동일하므로, 위와 같이 관리·처분권의 귀속이 달라진다는 이유에서 회생절차개시 전의 소송절차를 중단하거나 수계할 이유는 존재하지 아니하고, 다만 연방파산법 상의 自動中止 條項(automatic stay clause)에 의하여 모든 소송을 중지시킨 후{B.C. section 362}, 파산 관련 쟁송에 관하여 in rem jurisdiction을 갖고 있는 연방파산법원의 채권조사절차 등에 의하여 이러한 분쟁을 신속하게 처리한다는 경제적 효율성을 고려사항으로 삼고 있을 뿐이다.

관리처분권의 이전에 따른 소송절차의 중단에 관한 취급은 미국의 DIP 체제와 유사하다고 말할 수 있는 일본 민사재생법 제40조에서도 잘 나타나 있다. 일본 민사재생법 제40조 제1항은 "재생절차개시결정이 있은 때에는 재생채무자의 재산관계에 관한 소송절차 중 「재생채권에 관한 것」은 중단된다."되고 규정하고 있다. 재생채권에 관한 소송절차를 중단시키는 것은 민사재생절차 내의 채권조사절차 또는 채권조사확정재판이라는 간이한 방식에 의하여 채권의 존부 및 범위를 확정시킴으로써 절차의 신속성과 효율성을 높이기 위한 것이고, 이러한 목적에서 소송절차의 중단 및 수계절차를 두고 있을 따름이다. 그러나 그러한 필요성이 없는 "재생채권에 관한 분쟁 이외의 다른 재산권에 관한 소송"은, 실질적으로 관리·처분권의 변동이 없으므로 (그와 같은 소송까지도 함께 중단시키는 관리인 체제의 會社更生節次와 달리) 소송절차를 중단시키지 않고 재생채무자가 그대로 소송을 진행하도록 하고 있다.

이 점은 특히 법원이 통합도산법 제74조 제3항에 의하여 관리인 불선임 결정을 하였을 경우 소송절차가 중단되는 것으로 보아야 하는지와 관련하여 주의 깊게 살펴보아야 할 대목이다. 견해에 따라서는 통합도산법 제74조 제3항이 종래의 화의절차를 폐지에 갈음한 것을 중시하여 관리인이 선임되지 않는 이상 소송절차가 중단되지 않는다는 입장을 취할 수 있다. 그러나 동조 제4항은 "관리인이 선임되지 아니한 경우에는 채무자 (개인이 아닌 경우에는 그 대표자를 말한다)는 이 편에 의한 관리인으로 본다"고 명시적으로 규정함으로써 「채무자 회사」가 아니라 「채무자의 대표자」를 관리인으로 본다는 점을 명백히 하고 있다. 결국 회생절차가 개시된 회사의 관리, 처분권이 채무자에게서 관리인으로 간주되는 대표자 개인에게 이전됨을 명백히 하고 있는 것이다. 또한 통합도산법 제74조 제3항이 "이 편에 의한 관리인으로 본다"고 규정한 부분에 의하여 통합도산법 제2편 회생절차 내에 위치해 있는 제59조의 소송절차 중단·수계에 관한 여러 규정들은 통합도산법 제74조 제3항의 법률상 관리인으로 보게 되는 회사의 대표이사에게도 적용되는 것은 문리해석상 당연해 보인다. 결론적으로 통합도산법 제74조 제3항에 의하여 관리인이 선임되지 아니한 경우에도 채무자의 "모든 재산관계"에 관한 소송절차가 일단 중단되고, 법률상 관리인으로 보게 되는 회사의 대표이사가 이를 수계하여야 한다고 보아야 한다.

라. 이사 기능의 약화

(1) 이사의 관리인 권한 침해 금지

통합도산법 제56조 제2항은 "개인인 채무자 또는 개인이 아닌 채무자의 이사는 제1항에 의한 관리인의 권한을 침해하거나 부당하게 그 행사에 관여할 수 없다"는 규정을 그대로 존치시키고 있다.

즉, 종래 우리나라의 화의제도나, 미국의 DIP 제도 및 일본의 민사재생절차에서는 이사회의 구성원인 이사는 회사의 이사회의 구성원으로서 종전과 동일하게 회사의 주요안건에 대하여 처리할 권한을 갖는다. 하지만, 통합도산법에 의할 경우, 모든 이사의 권한은 관리인의 지위보다 열등한 위치에 놓이게 되어 관리인의 권한을 침해하거나 부당하게 관리인의 권한행사에 관여할 수 없게 되어 있다. 이 점에 있어서도 통합도산법의 제 규정은 미국의 DIP 제도와 확연히 차이가 나는 것이다. 통합도산법 제56조 제2항은, 동법 제74조 제3항에 의한 '관리인 불선임 결정'에 의하여 회사의 대표자가 관리인의 지위에 서게 되는 경우에도 그대로 적용된다.

(2) 회생계획 수행시 이사회 결의의 불요

통합도산법 제259조는 "회생계획을 수행함에 있어서는 법령 또는 정관의 규정에도 불구하고 법인인 채무자의 … 이사회의 결의를 하지 아니하여도 된다."고 규정하고 있다. 통합도산법은 위와 같은 규정에 이어서 영업양도(제261조), 정관변경(제262조), 이사 등의 변경(제263조), 자본감소(제264조), 신주발행(제265조, 제266조), 사채발행(제267조, 제268조), 주식의 포괄적 교환(제269조, 제270조), 합병(제271조), 합병 또는 분할합병(제272조), 신회사의 설립(제273조, 제274조), 해산(제275조) 등에 관한 특례를 규정하고, 이러한 사항들을 회생계획에 의하여 처리할 수 있도록 하고 있다.

앞서 살펴본 바와 같이 관리인은 회생계획 인가 후에도 그 지위를 계속 보유하면서 회생계획을 수행할 의무를 진다(통합도산법 제257조 제1항). 즉 통합도산법상 회생계획 인가 후 채무자가 "관리, 처분권한"을 당연히 회복할 수는 없고, 동법 제283조 제1항에 의하여 회생절차종결의 결정을 받은 후에야 비로소 회사가 '관리, 처분권'을 회복하게 되므로, 회생절차종결 전의 이사회의 권한은 매우 무력화 되어 있다. 한편, 미국의 DIP 제도 하에서는 회생계획의 인가에 의하여 모든 관리처분권이 "DIP에서 채무자"에게로 귀속됨으로써 DIP로서의 법인격이 소멸되므로{B.C. section 1141(b)}, 관리처분권은 비록 회생절차종결 전이라 할지라도 회생계획의 인가와 동시에 DIP에게서 회사에게 이전하고 그 결과 회사의 이사회는 종전과 동일한 권한을 회복하게 된다. 논리필연적 귀결이지만, 통합도산법 제257조 제1항이 인가된 회생계획의 수행의무를 "관리인"에게 지우고 있는 것과 달리, 미국 연방파산법은 회생계획의 수행의무를 "채무자"에게 부여하고 있다(B.C. section 1142). 다만, 미국 연방파산법에 있어서도 회생계획이 규정된 사항은 채권단의 동의와 법원의 인가를 받음으로써 모든 이해관계인에 대하여 구속력이 있기 때문에 그 회생계획의 수행에 이사회의 결의를 요하지 아니한 점은 동일하다{B.C. section 1141(a), 1142}.

(3) 이사의 임기의 단기화

통합도산법 제203조 제5항은 "…… 이사의 임기는 1년을 넘지 못한다"고 규정하고 있다. 위와 같이 관리인 체제 하에서의 이사는 통상의 상법상의 이사의 임기 3년(상법 제383조)보다 단축되어 있는바, 이 역시 통합도산법이 채무자 회사의 이사의 지위를 상법상 회사의 이사의 지위보다 현저히 약화시키고 있음을 보여준다.

(4) 부실경영에 중대 책임이 있는 기존 이사진의 유임 금지

통합도산법 제203조 제2항은 "법인인 채무자의 이사 또는 대표이사 중 유임하게 할 자가 있는 때에는 회생계획에 그 자와 임기를 정하여야 한다. 다만, 이사 또는 대표이사에 의한 채무자 재산의 도피, 은닉 또는 고의적인 부실경영 등의 원인에 의하여 회생절차가 개시된 때에는 유임하게 할 수 없다."고 규정하고 있다. 또한 통합도산법 제284조(이사등의 경영참여금지)는 "제203조제2항 단서의 규

정에 의하여 이사 또는 대표이사로 유임되지 못한 자는 회생절차종결의 결정이 있은 후에도 채무자의 이사로 선임되거나 대표이사로 선정될 수 없다."고 규정하고 있으며 이를 위반시 3년 이하의 징역 또는 3천만 원 이하의 벌금에 처하도록 하고 있다 (통합도산법 제647조). 회사정리법의 관리인 제도 하에서 부실경영에 책임이 있는 이사에 대한 강제적 퇴출 조항을 통합도산법이 그대로 존치시키고 있는 것은, 통합도산법이 관리인 제도를 운영하는 시각이 여전히 기존 경영진을 징벌(penalize)·축출하려는 성향이 남아 있음을 보여준다.

하지만, 미국 연방파산법의 DIP 제도에서는 법 자체가 이사에 대한 강제 퇴출 조항 및 형벌조항을 두고 있지 아니하다. 미국의 DIP 제도에서는 위와 같이 부실경영에 중대한 책임이 있는 경영진이 남아 있을 경우에는, 관재인 (trustee) 선임 사유에 해당되어 법원이 선임된 관재인에 의하여 경영권을 박탈당하거나{B.C. section 1104(a)}, 그렇지 아니한다 하더라도 일반 회사법의 절차에 따라 주주총회의 소집 및 결의에 의하여 기존 이사진을 퇴출할 수 있을 뿐이다.

2. 株主權 行使의 制限

가. 일반 주주 및 부실경영에 책임이 있는 특수관계인 주식의 강제소각

통합도산법 제205조 제1항은 "회생절차개시 당시 주식회사인 채무자의 부채총액이 자산총액을 초과하는 때에는 회생계획에 발행주식의 2분의 1 이상을 소각하거나 2주 이상을 1주로 병합하는 방법으로 자본을 감소할 것을 정하여야 한다."고 규정하고 있다.

또한 통합도산법 제205조 제4항은 "주식회사인 채무자의 이사나 지배인의 중대한 책임이 있는 행위로 인하여 회생절차개시의 원인이 발생한 때에는 회생계획에 그 행위에 상당한 영향력을 행사한 주주 및 그 친족 그 밖에 대통령령이 정하는 범위의 특수관계에 있는 주주가 가진 주식의 3분의 2 이상을 소각하거나 3주 이상을 1주로 병합하는 방법으로 자본을 감소할 것을 정하여야 한다."고 규정하고 있다.

통합도산법이 위와 같이 부채 초과 상태의 회사의 주주 및 부실경영에 중대한 책임이 있는 주주에 대한 강제적 주식 소각 또는 병합규정을 굳이 명시적으로 두고 있는 것은, 통합도산법의 관리인 제도가 여전히 기존 경영진 및 주주에 대한 징벌하겠다는 메시지를 전달하려는 것이다.

미국 연방파산법의 DIP 체제에서는, 법 자체가 위와 같이 회사의 자본구조에 직접적으로 관여하여 일반 주주 및 지배주주의 주식에 관하여 소각 또는 병합을 명하는 규정은 찾아볼 수 없다. 다만, 미국 연방파산법은 회생계획에 따른 담보권자, 무담보권자, 주주의 권리변경이 "공정, 형평"하게 이루어져 있을 것이 "강제인가(cram down)"의 요건으로 됨으로써, 이른바 권리분배에 있어서 絶對優先說(absolute priority theory)[21]이 채택되어 있고, 그 결과 회생계획안에 대한 채권단의 동의를 받기 위하여 기존 주주의 권리를 100% 소각하는 내용의 회생계획이 일반화되어 있을 뿐이다{B.C. section 1129(b)}.

통합도산법 제217조 역시 회생담보권자, 회생채권자, 주주의 권리변경에 있어서 그 권리의 순위를 고려하여 회생계획의 조건에 공정하고 형평에 맞는 차등을 두어야 한다고 규정하고 있고, 동법 제243조는 위와 같은 공정, 형평의 원칙의 준수 여부를 인가요건으로 규정하고 있다. 통합도산법의 이러한 규정들은 相對優先說(relative priority theory)을 채택하고 있다고 해석되는데[22], 이러한 규정에 의하더라도 주주의 권리는 이미 채권자보다 더 불리한 정도로 그 권리가 감축되어야 함이 이미 법 자체에서 예정되어 있는 것이고 이 규정의 운용에 따라서는 기존 주주들의 권리는 2분의 1 이상의 소각이 아니라 최대 100%의 소각도 가능한 것이다.

위와 같이 도산법의 일반 원칙에 따라 충분히 주주들의 권리에 대한 감축이 가능함에도 불구하고 굳이 이러한 획일적인 주식 강제소각 규정을 두어 회생절차에 관하여 "징벌적 절차"라는 메시지를 강조하려고 하는 것은 입법 정책적 관점에서 의문이라고 아니할 수 없고 법 체계상 정합성에도 부합하지 아니한다. 위와 같은 규정들은 1997년 국가외환위기 사태를 맞이하여 부실기업의 신속한 퇴출이 국가

21) 권리분배에 있어서 우선순위가 다른 각 권리자가 있는 경우에는 우선순위에 따라 우선하는 권리자가 열후적인 권리자에 앞서서 완전한 보상(full and complete compensation)을 받도록 정리계획에서 인정되어야 한다는 견해이다. 각 권리자에게 주어지는 권리의 범위는 회사의 자산에 상응하는 것이어야 하므로 자산에 대한 평가가 이루어져야 하며 이 경우 기업의 평가는 청산가치가 아닌 계속가치에 의한다. 이러한 절대우선설을 취할 경우 정리계획안이 부결된 경우 그 계획안을 강제인가하려면, 상위 권리자에게 100%의 권리를 보장하여야 하고, 하위 권리자에게는 상위 권리자가 완전히 배분(full compensation) 받은 나머지 기업가치를 배분하여야 한다.

22) 각 권리자에 대하여 즉 수익 및 청산시의 재산분배에 관한 종전의 상대적인 우선성이 유지되면 충분하다는 견해이다. 통합도산법 제217조가 '권리의 순위에 따라' 대신에 '권리의 순위를 고려하여'라고 규정한 것에 주목하여 법정다수의 동의가 있는 이상 우선권 존중의 원칙의 엄격한 적용을 배제한 것으로 해석하는 것이다, 따라서 기업계속가치에 기하여 지분권(equity)이 없는 채권자나 주주에 대하여도 정리계획 가운데에 권리를 인정할 수 있게 된다, 절대우선설과 비교하여 가장 큰 차이는 절대우선설이 각 권리자에 부여되는 권리의 양을 기업가치의 틀 속에서 구함에 대하여 상대우선설은 그러한 틀을 사용하지 않는 데에 있다. 그만큼 절차가 간략하고 시간이 단축되는 장점이 있다,

사회적 과제로 대두되었던 시대적 배경 하에서 회사정리법 개정으로 1998. 2. 24. 신설된 조항으로서, 어느 나라의 도산법제에서도 찾아볼 수 없는 기형적 조항이고 그 필요성이나 합리성도 의문시되는 조항이므로 속히 사라져야 한다고 생각한다.[23)]

나. 부실경영에 책임이 있는 지배주주의 신주인수 금지

통합도산법 제205조 제5항은 "제4항의 규정에 의한 자본감소 후 제206조의 규정에 의하여 신주를 발행하는 때에는 제4항의 규정에 의한 주주는 신주를 인수할 수 없다"고 규정하고 있다.

이 규정은 부실경영에 중대한 책임이 있는 지배주주가 회사의 신주를 새로이 인수할 수 없도록 하는 규정인바, 이 역시 통합도산법이 기존 지배주주를 응징하겠다는 기존 회사정리법의 입법태도를 그대로 유지하고 있음을 알 수 있다. 하지만 부실 경영에 중대한 책임이 있다는 사유는 기존 지배주주의 신규출자를 금지시키는 것을 정당화할 수 있는 합리적인 사유가 되는지 의문이다. 부실기업의 적극적인 투자유치는 기업의 자본구조를 충실히 하고 채권자에 대한 변제재원을 늘려주는 점에서 선(善)이지 악(惡)이라고 볼 수 없기 때문이다. 때문에 부실기업주의 신규투자를 받아들일지 여부는 법이 강제적으로 금지할 문제가 아니라 채권단의 자유의사에 맡겨도 충분한 것이라고 생각된다. 실제적으로 보더라도 구 기업주가 신주를 인수할 경우 자신의 명의로 인수하기보다는 타인의 명의를 빌리거나 컨소시엄을 구성하여 인수하는 경우가 대부분일 것이므로 위 규정의 실효성도 의문시된다.

---

23) 헌재결 2003. 12. 18. 2001헌바91,92,93,94(병합) (전합)은, 같은 내용을 담고 있는 회사정리법 제221조 제4항에 관하여 다음과 같은 이유로 "합헌결정"을 내린바 있다, "이 사건 소각조항은 제3자의 정리회사 인수를 보다 쉽게 하여 정리회사의 신속하고 효율적인 정리·재건을 도모함으로써 정리채권자를 포함한 이해관계인들과 전체 국가사회의 경제적 손실을 최소화하고 부실경영을 한 지배주주가 회사정리법을 악용하는 것을 막으려는 것으로서 그 목적의 정당성이 인정되고, 부실경영주주의 주식을 강제로 소각하는 수단은 위와 같은 입법목적을 효율적으로 달성하기 위한 조치로서 상당성이 인정되며, 강제소각의 요건으로 "중대한 책임"과 "상당한 영향력 행사"를 규정하여 강제소각을 당하는 주주의 범위를 제한하고 있고, 소각의 대상을 모든 주식이 아닌 3분의 2 이상으로 정하고 있을 뿐 아니라, 일반주주의 경우에도 정리절차개시 당시의 회사의 부채의 총액이 자산의 총액을 초과하는 경우에는 보유주식의 2분의 1 이상을 강제로 소각당하게 되는 점에 비추어 보면 피해최소성의 원칙에도 부합되고, 이 사건 소각조항에 의하여 보호되는 회사사업의 정리·재건과 그를 통한 회사의 사회경제적 기능의 유지·강화라는 이익과 부실경영주주로 하여금 회사정리법을 악용하는 것을 막아 이들이 회사정리법에 의한 혜택을 받지 못하도록 한다는 이익은 전체 국가사회의 긴급한 공익적 요청임을 고려할 때 이를 보호하기 위하여 부실경영주주의 주식 3분의 2 이상을 강제로 소각한다고 하여 보호되는 공익과 제한되는 기본권 사이에 현저한 불균형이 있다고 볼 수는 없으므로 기본권제한에 있어서 과잉금지원칙에 위반되지 않는다."

미국의 DIP 제도에서는 이러한 신주인수 금지 규정이 존재하지 아니하고, 오히려 중소규모의 기업인 경우 구 기업주에 의한 신주인수가 활성화되어 있다. 중소기업과 같이 평균적인 혹은 그 이하의 수익력을 가진 기업의 경우, 그 기업의 가치는 제3자에게는 객관적으로 큰 매력이나 효용이 없는 반면, 그 기업의 경영진 또는 지배주주에게는 주관적으로 더 매력이나 효용을 가지고 있어 이들에게 신주를 발행하여 인수시키는 것이 회사나 채권단의 입장에서는 더 큰 가치를 분배받을 수 있는 길이므로, 구 기업주에 의한 신주인수가 활발히 이용되고 있는 실정이다.[24][25]

다. 회생계획 인가 이후 이사회 구성원의 선임권한 박탈

통합도산법 제203조 제1항은 "법인인 채무자의 이사를 선임하거나 대표이사(채무자가 주식회사가 아닌 때에는 채무자를 대표할 권한이 있는 자를 포함한다. 이하 이 조에서 "대표이사"라 한다)를 선정하는 때에는 회생계획에 선임이나 선정될 자와 임기 또는 선임이나 선정의 방법과 임기를 정하여야 한다."라고 규정하고 있다. 위 규정은, 회생절차에 들어온 회사의 자산이 부채를 초과하든 초과하지 아니하든지를 불문하고 회사의 이사진을 구성할 권한을 주주로부터 빼앗아 채권자에게 이를 부여하고 있는 것이다. 즉, 회사가 제출한 회생계획안에 대하여는 채권자가 동의할지 안할지 여부에 대한 결정권을 쥐고 있으므로, 결국 주주에 의하여 선출된 회사의 기존 경영진이 기존 주주의 의사를 받들어 새로운 임원진을 구성하는 회생계획안을 제출한다고 하더라도, 채권자들은 그 임원진 구성에 관한 회생계획안을 반대함으로써 채권자의 의사에 따른 새 임원진 구성을 관철한 막강한 권한이 부여되어 있다.

이러한 것은 미국의 DIP 체제에 있어서도 동일하여, 미국 연방파산법 제1129조 (a)(5)(A)항은 회생계획인가 후 이사, 지배인, 임원의 선임·유임에 관한 사항 등을

---

24) 미국에서는 기존 지배주주의 신주인수는 새로운 출자를 통하여 이루어지는 것이기 때문에 이것이 원칙적으로 금지되는 것은 아니고(이를 New Value Exception이라고 한다), 다만 기존 지배주주가 그 지위를 남용하여 부당하게 다른 사람과의 경쟁이 없는 상태에서 신주를 인수하는 것은 '절대우선설의 원칙'에 위배된다고 보기 때문에, 기존 지배주주가 신주를 인수하기 위해서는 원칙적으로 시장에서 경쟁입찰 등을 통하여 신주를 인수하는 과정을 거쳐야 한다.

25) 서울중앙지방법원은 2005년 8월말 현재 62개의 정리회사 M&A를 완료하였는바, 실무처리상 M&A 과정에서 종전 지배주주가 정리회사를 인수하려한다는 소문이 상당수 있었다. 그러나 지배주주는 종전의 자신의 명칭을 그대로 사용하여 M&A 투자계약의 당사자가 되는 것이 아니라 별도의 자회사 등을 설립하여 그 자회사 명의로 투자계약을 체결하는 것이 일반적이었다. 이러한 점에서 부실경영에 책임 있는 지배주주의 신주인수를 금지하는 통합도산법 제205조 제5항은 그 실효성에 있어서도 의문이 가는 규정이다.

회생계획안에 규정하도록 하고 있다. 다만 미국의 DIP 체제가 통합도산법과 다른 점 중의 하나는, 미국 연방파산법 제1121조는 채무자 회사에게 회생절차개시 후 120일 이내 (연장이 가능함)에 배타적으로 회생계획안을 제출할 권한을 부여하고, 채권자들은 이 기간 동안 회생계획안을 제출할 수 없게 되어 있어, 채무자 회사만이 위 배타적 기간 (exclusivity period) 임원 선출에 관한 회생계획안을 독점적으로 작성·제출할 수 있다는 점이다. 이와 달리 우리나라의 통합도산법 제221조는 채무자 회사뿐만 아니라 채권자도 회생계획안을 작성할 권한이 있는 관계로 채권자는 스스로 임원 선출에 관한 회생계획안을 작성하여 제출할 수 있으므로, 이 점에서 있어서 채권자의 권한이 더 강화되어 있다고 볼 수 있다.

라. 회생계획 인가후 감사의 선임 권한 박탈

통합도산법 제203조 제4항은 "법인인 채무자의 감사는 채권자협의회의 의견을 들어 법원이 이를 선임한다. 이 경우에 임기를 정하여야 한다."고 규정하고 있다. 통합도산법은 일반 회사법 원리에 벗어나서 감사의 선임권한을 법원에게 주는 매우 특이한 입법을 하고 있는바, 이는 종래 법원이 실질적으로 감사선임에 관하여 그 감사로 하여금 관리인을 감독, 견제하게 한 실무관행이 성공적이었다는 점을 입법에 반영하고 있는 것이다. 하지만 미국의 DIP 제도에서는 위와 같이 법원이 회사의 내부 기관 구조 결정에 관여하는 절차는 존재하지 아니한다. 도산절차가 위와 같이 도산절차 고유의 목적을 벗어나서 위와 같이 회사법의 기본 원리에 벗어나서 법원에 회사의 감사 선임권한을 주는 것에 관하여는 법리적으로 의문이 있고, 이러한 감사의 지위 및 성격을 어떻게 규정할지에 관하여도 (즉, 단순한 회사의 기관인지 아니면 관리인과 같은 회생절차의 기관인지) 논란의 소지를 일으킬 수 있다. 다만 아직 기존 경영자 관리인 제도에 대한 불신과 의구심이 존재하는 우리나라의 도산실무 하에서는 위와 같은 규정의 필요성과 실효성은 충분히 공감할 수 있는 것이므로, 법체계적으로 정합성이 다소 떨어진다는 이유만으로 위와 같은 제도를 폐지하여야 한다고 주장은 현실을 충분히 고려하지 않은 측면이 있다.

마. 주주총회결의사항의 제한

통합도산법 제55조 제1항은 "회생절차개시 이후부터 그 회생절차가 종료될 때까지는 채무자는 회생절차에 의하지 아니하고 하고 자본 또는 출자액의 감소, 지분권자의 가입, 신주 또는 사채의 발행, 자본 또는 출자액의 증가, 주식의 포괄적 교환 또는 주식의 포괄적 이전, 합병·분할·분할합병 또는 조직변경, 해산 또는 회사의 계속, 이익 또는 이자의 배당을 할 수 없는 것"으로 하고 있다. 위의 사항들은 모두 주주총회결의사항이므로 그 결의사항에 제한을 가한 것이라 할 수 있다. 위와 같은 금지사항은 회생계획에 의하여 정하여야 하고, 그렇지 않은 한 법원의 허가를 얻었다는 사정만으로 이러한 사항들을 시행할 수 없다.

법 제55조 제2항은 "회생절차개시 후 그 종료까지에 정리절차에 의하지 아니하고 법인인 채무자의 정관을 변경하고자 할 때에는 법원의 허가를 받아야 한다"라고 규정하고 있다. 정관변경은 상법상 주주총회결의사항(상법 제433조)이므로 역시 주주총회결의사항에 대한 제한이라고 할 수 있다. 다만 정관변경이 회생절차의 일환으로서 필요한 경우에는 반드시 회생계획에 의하여 이루어져야 한다. 그러므로 법원의 허가를 얻어서 할 수 있는 정관변경은 회생절차와 관계없는 사항에 국한된다. 예컨대 영업목적의 변경, 본점의 이전, 공고방법 등이 이에 속한다. 이와 같이 회생절차와 무관한 정관변경의 요건으로서 주주총회의 특별결의(상법 제434조)가 없이도 법원의 허가만 있으면 될 것인가가 문제되나, 주주총회의 특별결의와 법원의 허가가 필요하다고 본다.

위와 같은 주주총회결의사항은 제한은 회생절차개시전의 회사와 회생절차개시 후의 회사가 실질적으로 동일한 법인격을 지니고 활동하는 미국 DIP 제도에는 존재하기 어려운 규정들이다.

또한 통합도산법 제259조는 "회생계획을 수행함에 있어서는 법령 또는 정관의 규정에도 불구하고 법인인 채무자의 창립총회, 주주총회 또는 사원총회…의 결의를 하지 아니하여도 된다"라고 규정함으로써 주주총회의 기능을 현저히 약화시키고 있다. 통합도산법은 위와 같은 규정에 이어서 영업양도(제261조), 정관변경(제262조), 이사 등의 변경(제263조), 자본감소(제264조), 신주발행(제265조, 제266조), 사채발행(제267조, 제268조), 주식의 포괄적 교환(제269조, 제270조), 합병(제271조), 합병 또는 분할합병(제272조), 신회사의 설립(제273조, 제274조), 해산(제275조) 등에 관한 특례를 규정하고, 이러한 사항들을 회생계획에 의하여 처리할 수 있도록 하고 있음은 앞서 본 바와 같다.

미국의 DIP 제도 하에서는 회생계획의 인가에 의하여 모든 관리처분권이 "DIP에서 채무자"에게로 귀속됨으로써 관리처분권을 채무자 회사가 회복하게 된다는 점, 따라서 일반 주주들의 권한은 인가 및 조기종결에 의하여 정상적으로 회복하게 되는 점, 하지만 회생계획이 규정된 사항은 이해관계인에 대한 구속력을 발생시키기 때문에 그 회생계획의 수행에 주주총회의 결의를 요하지 아니한 점은 앞에서 설명한 바와 같다.

三. 統合倒産法上의 旣存 經營者 管理人制度

1. 統合倒産法 第74條의 基本 構造

통합도산법은 기본적으로 회사정리법상의 관리인 제도의 구조를 거의 그대로 유지하되, 기존 경영자를 원칙적으로 관리인으로 선임하게 하는 한편, 개인 채무자, 중소기업 등의 경우에는 관리인을 선임하지 아니하고 회사의 대표자를 관리인으로 보게 하는 규정을 신설하였다(통합도산법 제74조 제2항).

그러나 채무자의 재정적 파탄의 원인이 기존 경영자의 재산의 유용 또는 은닉 또는 중대한 책임이 있는 부실경영에 기인하는 때, 채권자협의회가 요청하는 경우로서 상당한 이유가 있는 때, 그 밖에 채무자의 회생에 필요한 때에는 예외적으로 기존 경영자 이외의 제3자를 선임하도록 함으로써, 기존 경영자 관리인 제도의 부작용을 방지하고 있다(통합도산법 제74조 제2항 각 호).

또한 개인, 중소기업, 그 밖에 대법원규칙이 정하는 채무자인 경우에는 관리인을 선임하지 아니할 수 있도록 하고(통합도산법 제74조 제3항). 관리인을 선임하지 않는 경우에는 개인 채무자 또는 개인이 아닌 채무자의 대표자를 관리인으로 보도록 하였다(통합도산법 제74조 제4항). 관리인을 선임하지 아니하는 경우 기존 경영자가 경영권을 유지한다는 점은 "기존 경영자 관리인 제도"와 동일하나, 별도의 선임 절차를 필요로 하지 않는다는 점에서 차이가 있다. 위 규정은 개인이나 중소기업 등의 경우에는 종전 화의법에 의할 경우 관리인 선임되지 아니하였다는 점을 감안하여 둔 규정이나, 법원의 관리인 선임행위가 없어도 개인 채무자나 개인이 아닌 채무자의 대표자는 통합도산법 제2편 회생절차의 적용에 있어서는 관리인으로 보게 되므로(통합도산법 제74조 제4항), 이 경우에는 성질상 극히 일부분의 규정을 제외하고는 선임된 관리인에게 적용하는 규정이 그대로 적용하게 된다.

2. 法 第74條 第2項에 의한 旣存 經營者 管理人

통합도산법 제74조 제2항은 동항 각 호의 예외사유에 해당하는 때를 제외하고는 원칙적으로 회사의 대표자를 관리인으로 선임하여야 한다고 규정함으로써 법원이 예외 사유가 존재하지 않는 한 의무적으로 기존 경영자를 관리인으로 선임하도록 하고 있다. 여기서 중요한 것은 실무상 위 각 호의 사유를 제한적으로 해석하느냐, 폭넓게 해석하느냐 여부에 따라 기존 경영자의 관리인 선임 여부가 달라질 수 있다는 점이다. 기존 경영자 관리인 제도가 경영권 박탈을 우려한 기존 경영자의 회생절차신청 기피라는 부작용을 막기 위하여 생긴 제도라는 점을 고려할 때, 위 각 호의 예외사유를 어떻게 해석할 지의 문제는 부실기업의 경영진에게는 매우 중대한 이해관계가 걸려있는 사항이므로, 이 부분에 대한 객관적인 실무 운영방침의 확립과 공개가 뒤따를 필요가 있다.

가. 선임 원칙

통합도산법 제74조 제2항은, 관리인을 선임함에 있어서 동조 제2항 각호의 사유가 없는 한 법원은 기존 회사의 대표자를 관리인으로 "선임하여야 한다."라고 규정하고 있다. 이 조항은 제2편 회생절차에서 관리임은 선임하는 경우에는 기존 관리인의 선임이 원칙이고, 예외적으로 각호의 사유가 있는 경우에 한하여 제3자를 관리인으로 "의무적으로" 선임하여야 한다는 중요한 원칙을 천명하고 있는 것이다.

따라서, 통합도산법 제74조 제2항에 의하면 회생절차개시신청으로 기존 회사의 대표자는 관리인으로 선임될 수 있다는 강한 추정을 받게 되고, 기존 경영자의 경영권 유지에 관한 위 추정을 번복하기 위해서는 동조 제2항 각호의 사유가 존재한다는 데 대한 명확하고 설득력 있는 소명이 필요하다고 할 것이다.[26)]

실무상으로는 회생절차개시신청 후 1개월 이내에 회생절차개시 여부를 결정하여야 하므로(통합도산법 제49조 제1항), 회생절차개시신청서 및 회생절차개시 여부를 결정하기 전의 채무자 또는 그 대표자에 대한 심문(통합도산법 제41조 제1항)만으로는 통합도산법 제74조 제2항 각 호에 해당하는 사유가 있는지를 확단할 수 없는 경우가 대부분일 것인바, 위와 같이 개시결정단계에서 이미 기존 경영진에게 중대한 부실경영의 책임 등이 있었을 것이라는 점에 대한 명백한 자료가 없는 경우에는 일단 기존 경영자를 관리임으로 선임하는 것이 바람직하다.

그러나 만일 그 후 조사위원의 조사결과나 채권자협의회의 소명에 의하여 기존

---

26) 미국의 DIP 제도에서는 위와 같은 원칙이 확고히 정립되어 있다. In re Evans, 48 B.R. 46, 47 (Bankr. W.D. Tex. 1985) 사건에서 법원은 "11장 사건에서 관재인의 선임은 채권자가 활용하기에는 매우 특별한 경우에 해당한다. 채무자가 기존 경영권을 유지하여야 한다는 데 대하여 강한 추정(strong presumption)이 존재하고, 이러한 추정을 번복하기 위해서는 채권자측이 관재인의 선임의 필요성에 관한 명확하고 설득력 있는 증거(clear and convincing evidence)를 제출하여야 한다. 이 사건에서 신청인은 채무자측의 무능력과 총체적 부실(gross mismanagement)을 주장하고 있지만 모든 사건에서 일정한 수준의 무능력 또는 부실경영은 존재하므로 따라서 법원은 단순한 부실경영과 무능력 이상을 요구하여 온 것이다"라고 판시하였다.

경영진의 재산의 유용, 은닉, '중대한 책임이 있는 부실경영이 밝혀진 경우에는 관리인으로 선임된 대표자는 통합도산법 제83조 제83조 제2항 제1호 등에 의하여 관리인을 해임[27]함으로써 대처할 수 있을 것이다.

통합도산법 제74조 제2항은 회사의 대표자를 관리인으로 선임하도록 규정하고 있는바, 만일 회생절차개시결정당시의 대표자 갑을 관리인으로 선임하였는데 회생절차 진행 도중에 회사의 대표자가 을로 변경되었을 경우 법원은 위 대표자 을을 관리인으로 선임하여야 하는지 여부가 문제될 수 있다. 통합도산법 제74조 제2항이 규정하는 "기존 경영자 관리인제도" 역시 본질적으로 "법원의 선임에 의한 관리인 제도"라는 점에서 다르지 아니하므로, 법원의 '결정'에 의한 관리인의 선정이 회사 내부 사정 등에 의한 대표자의 변경으로 영향을 받거나 법원이 그러한 대표자 변경에 기속된다고 하는 것은 부당할 뿐만 아니라 같은 취지에서 통합도산법 제83조 제5항도 해임결정 후 관리인을 새로 뽑은 경우에는 회사의 대표자를 관리인으로 선임할 의무가 없음을 규정하고 있다. 통합도산법 제74조 제2항에 의하여 보호되는 대상은 회생절차개시 전의 "기존 경영자"일 뿐 회생절차 진행 도중에 선출된 회사의 대표자를 보호하고자 하는 제도는 아니므로, 회생절차 도중에 다른 우연한 사정에 의하여 채무자의 대표자가 되었다 하더라도, 법원은 이미 적법하게 선임한 관리인을 경질하고[28] 새로 대표자가 된 자를 관리인으로 선임할 의무가 없다고 할 것이다.

나. 선임의 예외사유

통합도산법 제74조 제2항 각 호는 기존 경영자를 관리인으로 선임하는 예외 사유로서 "채무자의 재정적 파탄의 원인이 기존 경영자의 재산의 유용 또는 은닉 또는 중대한 책임이 있는 부실경영에 기인하는 때", "채권자협의회가 요청하는 경우로서 상당한 이유가 있는 때", "그 밖에 채무자의 회생에 필요한 때"(제3호)를 열거하고 있다.

(1) 통합도산법 제74조 제2항 제1호 사유

제1호는 "채무자의 재정적 파탄의 원인이 개인인 채무자, 개인이 아닌 채무자의

27) 법원의 관리인 해임결정에 대하여는 관리인이 즉시항고를 제기할 수 있으나 그 즉시항고는 집행정지의 효력이 없으므로(법 제83조 제4항) 새 관리인이 회생절차를 진행하는 데에는 장애가 되지 아니한다.

28) 통합도산법 제83조 제2항은 회사의 대표자의 변경을 관리인의 해임사유로 열거하고 있지 아니하고 있다.

이사, 채무자의 지배인의 어느 하나에 해당하는 자가 행한 재산의 유용 또는 은닉이나 그에게 중대한 책임이 있는 부실경영에 기인하는 때"를 기존 경영자 이외의 자를 관리인으로 선임할 수 있는 사유로 들고 있다.[29)]

(가) 재정적 파탄의 원인이 된 재산의 유용 또는 은닉이나 중대한 책임이 있는 부실경영

제1호의 사유는, 통합도산법 제203조(이사 등의 변경) 제2항 단서가 "이사 또는 대표이사에 의한 채무자의 도피, 은닉 또는 고의적인 경영부실 등의 원인에 의하여 회생절차가 개시된 때에는 유임하게 할 수 없다"라고 규정하고 있는 것 및 통합도산법 제205조(주식회사 또는 유한회사의 자본감소) 제4항이 징벌적인 주식소각의 요건으로서 "회사의 이사나 이에 준하는 자 또는 지배인의 중대한 책임이 있는 행위로 인하여 정리절차개시의 원인이 발생한 때에는"을 들고 있는 것과 그 궤를 같이 한다고 볼 수 있다.

회사정리법 하의 회사정리사건처리요령(대법원 송무예규 송민92-5)은 "이사 등이 위와 같은 지배주주의 사실상의 지시나 영향 하에 회사 재산의 유용·은닉행위, 정관이나 법령에 위반한 행위, 임무해태행위를 하여 회사에 중대한 손해를 발생시킨 사실이 법원의 판결, 수사기관의 수사결과, 조사위원 또는 관리인의 조사결과, 기타 기록에 나타나는 제반 사정 등에 의하여 인정되는 경우"에 위 요건에 해당하는 것으로 보고 있었는바, 위 제1호 사유의 해석에 있어서 유력한 참조가 될 것이다.

먼저, 재정적 파탄의 원인이 된 재산의 유용 또는 은닉을 이유로 제3자를 관리인으로 선임하기 위해서는, 그에 관한 구체적인 사실관계의 진술과 소명이 있어야 할 것이다. 재산의 유용 또는 은닉은 일반적으로 거래과정에 대한 정확한 장부기록의 누락 또는 거래장부의 분식과도 연관되어 있다고 볼 수 있다. 장부에 금전 차입, 대여, 이익배당, 상여금 지출 등에 대한 정확한 기록 없이 회사자금을 유용하여 사용한 것은 재산의 유용 또는 은닉이 있다고 추정할 수 있는 유력한 자료이다.[30)][31)]

---

29) 미국연방파산법 제1104조 (a)항은 관리인을 선임할 수 있는 사유로서 회생절차개시 전 또는 개시 후 현재의 경영진(current management)[1)]에 의한 채무자의 사기, 불성실, 무능력, 중대한 부실경영이 있거나 이와 유사한 사유가 있는 경우, 관리인의 임명이 채권자, 회사의 사원 또는 파산재단에 이익이 되는 경우(다만 주주들의 숫자, 자산이나 부채의 규모는 고려사항이 아님)를 규정하고 있다.

30) 미국 파산법원은 Matter of Anchorage Boat Sales, Inc, 사건에서, 보트 소매상인인 채무자가 담보가 설정된 재고자산을 함부로 처분하면서도 그 처분대금을 담보채권자에게 변제하지 아니하였으며 그러한 처분과정을 장부에 기록하지도 아니하였는데, 채무자의 이러한 행위를 단순히 비리(simlple misconduct)의 정도를 넘어선다고 판단하면서 이러한 행위는 관재인의

이러한 재산의 유용 또는 은닉 여부는 회사의 내부 사정에 밝지 아니한 법원이나 회사의 채권자의 입장에서는 파악하기 어렵기 때문에, 주로 조사위원의 조사보고서 단계에서 드러나는 경우가 많을 것이다(회생사건의 처리에 관한 예규(재민 2006-5) 제7조 재3호). 다만, 현재 실무에서는 개시결정 당시에 재산의 유용 또는 은닉 여부가 명백히 드러나지는 않았지만 상당한 의혹이 제기되고 채무자 측에서 그 의혹을 제대로 해소하지 못하는 경우에도 제1호 사유에 해당하는 것으로 보고 있다.[32)]

다음, '중대한 부실경영의 책임'이라 함은 앞서 본 회사정리사건처리요령에서 규정한 바와 같이 상법 제399조 소정의 정관이나 법령에 위반하여 회사에 중대한 손해를 발생하게 한 행위, 상법 제401조 소정의 악의 또는 중대한 과실로 인하여 그 임무를 해태하여 제3자에게 중대한 손해를 발생시킨 경우를 말한다고 할 것이다.

제1호가 파탄의 원인이 기존 경영진의 '책임 있는 부실 경영'에 기인하는 때 가 아니라 '중대한 책임이 있는 부실경영(gross mismanagement)'에 기인하는 때라고 명시하고 있는 점에 비추어 보면, 입법 취지는 법원이 기존 경영진에게 '일정 정도의 부실경영의 책임'이 밝혀지기만 하면 모두 제3자를 관리인으로 선임하도록 규정한 것이 아님을 유의하여야 할 것이다.

즉, "중대한 책임이 있는 부실경영"이라고 명시하고 있는 것은, 법 자체가 회생

선임을 정당화할 만큼 경영진의 무능력과 비리를 표상한다고 보고, 관재인을 선임하였다.

31) 서울중앙지방법원 파산부 실무연구회, 「回生事件實務(上) 第2版」, 183-184는 이러한 예로 ① 채무자의 대표자 및 대주주가 10억 원 상당의 현금을 인출하고도 법인임감과 중요한 회사서류를 가지고 잠적한 후 만기도래한 어음을 결제하지 못해 파탄에 이른 경우(서울중앙지방법원 2006회합1호), ② 채무자의 대표이사가 회사자금을 유용하여 주식, 도박 등으로 탕진하고 해외로 도피한 경우(서울중앙지방법원 2006회합8호), ③ 분양업무 관련 회사인 채무자의 공동대표이사 1인은 채권자대표자 자격으로 공동대표이사로 등재된 후 이중분양대행계약 및 이중분양계약을 체결하고 분양대행보증금과 분양대금을 편취하여 형사재판을 받고 있고 다른 공동대표이사 1인은 이중분양대행계약의 피해자인 경우(서울중앙지방법원 2007회합3호) 등을 들고 있다.

32) 서울중앙지방법원 파산부 실무연구회, 「回生事件實務(上) 第2版」, 184-185는 이러한 예로① 채무자의 대표이사가 공장 부속 토지를 개인 명의로 등기하고 재무제표에 허위의 단기대여금 및 매출채권을 계상하고서도 그 토지의 매수자금 출처 및 단기대여금과 매출채권을 허위로 계상한 이유를 소명하지 못하여 재산 유용·은닉의 개연성이 높고, 제품을 매출원가 이하로 판매하면서도 과다한 차입경영을 계속하여 적자규모가 급격히 늘어나는 등 부실경영에 상당한 책임이 있다고 판단되는 경우(서울중앙지방법원 2006회합10호), ② 대표이사가 회사자금을 유용하였을 개연성이 높고 대표이사로 선임되는 과정에서 주주총회 의사록을 위조하여 직무집행정치가처부신청이 되어 있어 향후 대표이사의 자격을 상실할 가능성이 있는 경우(서울중앙지방법원 2007회합14호), ③ 장기간의 경영권 분쟁과정에서 회계장부가 제대로 보관되어 있지 아니하고 자금관리도 불명확하여 회사자금의 유용 가능성이 있는데다가 대표이사가 직무집행정지 중인 경우(서울중앙지방법원 2007회합16호), ④ 회사자금을 유용하였을 개연성이 높고 채권자협의회에서 제3자 관리인의 선임을 강력히 요청한 경우(서울중앙지방법원 2007회합12호) 등을 들고 있다.

절차에 들어온 거의 모든 기업의 경우에는 어느 정도의 부실경영이 존재하고 있다는 것을 전제로 하여, 만일 부실경영의 책임이 중대한 정도에 이르지 아니한 경우에는 오히려 기존 경영자를 관리인으로 선임하여야 한다는 취지를 규정한 것이라고 볼 수 있을 것이다.[33][34]

중대한 부실경영의 의미는, 고의 또는 이에 준하는 행위로 인하여 회사를 파탄상태로 이끌어 놓은 것으로서, 경영 무능력 이외에도 회사설립 단계에서 극히 적은 자기자본만을 투자하고 과도한 타인자본을 차입하여 설립함으로써 부실한 상태에서 사업을 개시한 경우[35], 관계회사에 대한 과도한 지급보증이나 무리한 대여로 인하여 직접적으로 재정적 파탄을 초래한 경우[36] 등을 포함하는 포괄적 개념이라고 볼 것이다.

그러나, 정상적인 사업예측을 통하여 공장이나 시설투자를 하였으나 홍수·화재 등의 천재지변, 경기침체, 인건비의 급증, 신규업체의 진입으로 인한 경쟁 심화 등의 사유로 인하여 매출과 영업이 감소한 것이 원인이 되어 재정적 파탄에 봉착하게 된 경우에는, 그 경영판단(Business Judgement)이 그 경영판단 당시의 제반 사정에 비추어 합리적이라고 인정되는 한 사후적인 부실의 중대성만을 탓하여 부실경영에 중대한 책임이 있다고 단정해서는 아니 될 것이다.

(나) 채무자, 채무자의 이사, 채무자의 지배인의 행위로 인한 재정적 파탄 제1호는 이사나 지배인의 개념에 관하여 별도의 정의규정을 두고 있지 아니하고 있다. 그러나 앞서 본 바와 같이 중대한 부실경영의 책임을 논하는 경우 상법 제399조 제1항, 제401조 제1항의 책임 유무가 주로 문제됨에 비추어, 상법 제401조

33) Collier Bankruptcy Manual 3rd Edition, 1104-8, 9.

34) 미국 연방파산법원은 In re Crescent Beach Inn, Inc. 사건에서, 사실상 거의 모든 11장 사건에는 어느 정도의 부실경영의 사유가 존재하므로, 단순한 부실경영 (mere mismanagement)을 근거로 관재인을 선임하게 되면, 채무자 회사에 새 출발의 기회를 주기 위하여 법이 설정한 DIP 체제의 근본 구도를 무너뜨리게 된다고 전제 하에, 기존 경영진의 행위는 중대한 부실(gross mismanagement)에는 미치지 못한다고 판단하고 관재인은 선임할 필요가 없다고 보았다.

35) 서울지방법원 99회 5호 정리회사 (주)리베라에 대한 조사보고서는 회사설립당시 자기자본금은 20억 원인 반면 차입금이 1,012억 원에 달하였으나 유상증자나 부채규모의 축소없이 사업을 계속해 재정적 파탄에 이른 사례를 '임무해태행위'로 적시하고 있다.

36) 대결 2004. 6. 18. 2001그132. "이 사건 정리회사의 지배주주인 특별항고인이 정리회사 경영진을 자주 교체하여 책임경영 및 경영의 일관성을 이루지 못하고, 정리회사의 이사들로 하여금 통일그룹 산하의 관계회사에 대하여 과도한 재무를 지원하게 하고, 신규투자자금을 차입금에 의존하게 하여 금융비용의 부담을 증가시키는 등 중대한 책임이 있는 행위를 하게 하고 위 행위로 인하여 정리절차개시의 원인이 발생하였다고 판단한 조사위원의 조사보고서를 근거로 특별항고인을 구 회사정리법 제221조 제4항 소정의 부실경영 주주로 본 원심의 사실인정 및 판단은 정당하다."

의 2 제1항이 통합도산법 제74조 제2항 제1호 소정의 '이사'의 개념을 규정하는데 유추 적용된다고 볼 수 있을 것이다. 따라서 제1호에서 말하는 채무자의 이사라 함은 형식적으로 상업등기부에 이사나 지배인으로 지배된 자 이외에 회사에 대한 자신의 영향력을 이용하여 이사에게 업무집행을 지시한 자, 이사의 이름으로 직접 업무를 집행한 자, 이사가 아니면서 명예회장・회장・사장・부사장・전무・상무・이사 기타 회사의 업무를 집행할 권한이 있는 것으로 인정될 만한 명칭을 사용하여 회사의 업무를 집행한 자도 포함된다고 할 것이다(상법 제402조의 2 제1항).

다만, 기존 경영진을 관리인으로 선임함에 있어서, 기존 경영진에게 재산의 유용 또는 은닉이나 중대한 부실경영의 책임이 있는지 여부 등을 판단함에 있어서는, 회생절차개시 당시의 '現存 經營陣'을 기준으로 위 사유를 판단하여야 하고, '過去 經營陳'이 위와 같은 비리 등이 있는지 여부는 원칙적으로 묻지 아니 한다[37]. 따라서 과거의 경영진에게 재산의 유용 또는 은닉이나 중대한 부실경영의 책임이 있을 수 있다는 등의 사정은, 현존 경영진이 위 과거의 경영진의 비리와 무관한 경우에는 현존 경영진을 관리인 선임에서 제외시킬 사유가 되지 아니한다고 보아야 할 것이다.[38] 이러한 점은 회사가 재정적 부실에 처해 있을 때 종종 기존의 경영진을 교체하고 새로운 임원진을 선출하여 구조조정을 단행하여 나가는 것이 일반적인 점을 고려하여서도 그러하다. 한번 과거의 경영진에게 부실경영의 전례가 있다고 하여 그로 인하여 회사의 구조조정을 위하여 선출된 새로운 임원진까지 기존 경영자 관리인이 될 자격을 상실한다는 것은, 회사의 구조조정의 현실을 제대로 반영하지 못할 뿐만 아니라, 조기신청을 유도하기 위한 법의 취지와도 맞지 아니하기 때문이다.

하지만 과거의 경영진의 재산의 유용 또는 은닉의 정도가 심대하고 또한 부실경영의 정도도 중한 경우, 회사정리절차개시 당시의 현존 경영진이 그러한 중대한 부실경영 등의 잔영(殘影)에서 벗어나지 못하고 있을 때에는 상황이 달라질 수도 있다.

즉 과거의 문제 있는 기존 경영진 뒤에 선임된 후임 경영진은 적어도 부실경영으로 인한 재정적 파탄으로부터 벗어나 회사를 회생시키기 위하여 적절한 조치를 취하고 구조조정 계획을 취하는 등의 노력이 있었음이 뒷받침되어야 할 것이다.[39] 그러하지 아니하고 현존 경영진이 과거의 경영진의 부실경영에 영향력을

37) Collier Bankruptcy Manual 3rd Edition, 1104-6.

38) In re Sharon Steel Corp, Inc., 871 F.2d 1217 (3rd Cir. 1989)

행사한 지배주주의 영향력 하에 계속 놓인 채 과거의 경영진을 부실경영을 은폐하거나 부실경영의 고리를 끊지 아니한 채 계속 심화시켜 온 경우에는 현존 경영진 역시 과거 경영진의 부실경영과 무관하다고 볼 수 없기 때문에, 이러한 경우에는 현존 경영진에게도 관리인으로 선임되는데 부적격 사유가 존재한다고 볼 것이다.

(다) 중대한 부실경영 등에 책임이 있는 종전 임원진의 완전한 부존재

과거 경영진이 중대한 부실경영의 책임이 있어 그 후 새로운 경영진이 선출되었을 경우 원칙적으로 위 새로운 경영진 중 대표자는 채무자 회사의 관리인으로 선임될 자격이 있음은 앞서 본 바와 같다.

그러나 위에서 말한 바와 같이 회사정리절차개시 당시의 현존 경영진이 과거 경영진의 중대한 잘못 등으로부터 자유롭다고 할 수 있기 위해서는, 그 경영진 전체가 완전히 쇄신된 구성원으로 재구성되지 아니하면 아니 된다. 만일 회생절차개시 당시의 현존 경영진 중 대표이사는 새로 선출되었으나 다른 이사진이나 지배인은 그대로 남아 있는 경우에는 그 경영진은 전체적으로 보아 새로운 경영진이라고 볼 수 없다. 그와 같이 대표이사 1인만이 교체되고 부실 경영에 책임이 있는 이사, 지배인 등이 잔존하고 있는 상황 하에서는, 그 대표이사가 과거 경영진의 부실경영에 영향력을 행사한 지배주주나 다른 문제 있는 기존 경영진의 영향력에서 벗어나 강력하고 효율적인 구조조정을 이끌어나가기 어려울 것이다.

여기서 특히 중요한 것은, 상업등기부에 이사나 지배인으로 등재되지 아니하였으나, 회사에 대한 자신의 영향력을 이용하여 이사에게 업무집행을 지시한 자, 이사의 이름으로 직접 업무를 집행한 자, 이사가 아니면서 명예회장 · 회장 · 사장 · 부사장 · 전무 · 상무 · 이사 기타 회사의 업무를 집행할 권한이 있는 것으로 인정될 만한 명칭을 사용하여 회사의 업무를 집행한 자(상법 제402조의 2 제1항)가 과거 경영진의 부실경영에 중대한 책임을 함께 지고 있다면, 이러한 자 역시 새로운 임원진에 대하여 영향력을 행사할 수 있는 자리에서 그만두고 있어야 한다는 점이다.

따라서 과거 경영진의 중대한 부실경영의 책임을 문책하고 새로운 경영진을 구성한 후 기존 경영자 관리인 제도의 적용을 받아 회생의 길을 걷기 원하는 채무자 회사는, 명목 여하를 막론하고 과거의 중대한 부실경영에 관여하였던 경영진 전체를 교체 · 쇄신한 후 회생절차를 통하여 강력하고 효율적인 구조조정을 계속하여 나갈 의지가 있음을 법원에 보여주어야 할 것이다.

---

39) Collier Bankruptcy Manual 3rd Edition, 1104-6, 7.

(2) 통합도산법 제74조 제2항 제2호 사유

채권자협의회는 채권자들의 대표기구로서 재정적 파탄에 이른 채무자의 회생절차에 있어서 가장 큰 이해관계를 가지고 있다고 볼 수 있고, 따라서 채무자에 대한 관리·처분권을 누가 갖는가 여부에 대하여 가장 큰 관심을 가지고 있으므로, 통합도산법 제74조 제2항 제2호는 채권자협의회의 요청이 있는 경우로서 상당한 이유가 있는 때를 기존 경영자 관리인 선임의 예외 사유로 규정하고 있다. 채무자가 재정적 파탄에 이르게 된 원인이 무엇인지, 채무자의 규모, 채무자의 영업의 내용, 채무자의 재정적 상태 등이 어떠한지에 따라 매우 다양한 편차를 보이기는 하겠지만, 채권자협의회는 대체로 기존의 경영진에 대하여 불신을 가지고 있는 경우가 많을 것이므로, 채무자 또는 대표자 이외의 자를 관리인으로 선임할 것을 요청하는 경우가 상당수 있을 수 있다.

그러나 통합도산법은 채권자협의회의 요청이 있다고 하여 항상 채무자 또는 대표자 이외의 자를 관리인으로 선임하도록 하도록 규정하지 않는 것이 아니라 별도로 상당한 이유가 있을 것을 요건으로 한 점에 주의하여야 할 것이다.

즉, 채권자협의회가 비록 회생절차에서 최대 이해관계인의 대표 조직으로 인정되기는 하나, 회생절차는 채권자들의 이익만을 위한 제도가 아니라 채권자·주주·지분권자, 근로자 등 여러 이해관계인의 법률관계를 조정하여 채무자 또는 그 사업의 효율적인 회생을 도모하려는 제도이므로, 채권자협의회가 '상당한 이유 및 그에 대한 소명자료'를 제시함이 없이 기존 관리인 이외의 자의 선임을 요청하였다는 그 사유 자체 하나만으로는 법원이 기존 경영자가 아닌 제3자를 관리인으로 선임할 의무는 없는 것이다.

무엇이 상당한 이유에 해당하는 지가 가장 중요한 문제일 것일진대, 이를 판단함에 있어서는 현행법이 회생절차의 효율성을 제고하기 위해서 기존 경영자 관리인 제도를 도입한 취지와 채권자협의회가 기존 경영자를 퇴출시킴으로써 얻을 수 있는 이익 등을 형량하여 기존 경영자를 관리인으로 선임하지 아니하는 것이 객관적으로 채무자의 효율적인 회생과 채권자의 이익 보호에 바람직한지를 종합적으로 고려하여 판단하여야 할 것이다.

기존 경영자를 회사의 관리인으로 선임하는 것에 반대하는 채권자협의회로서는 위와 같은 상당한 이유가 있다는 점을 소명하여야 할 것이다. 명백한 소명자료의 제출이 없는 한 실무의 운영은 대부분 조사위원의 조사결과를 기다려 밝혀지게 되는 것이 대부분일 것이다.

(3) 통합도산법 제72조 제2항 제3호 사유

통합도산법은 위 제1호 및 제2호 사유 이외에 제3호 '그 밖에 채무자의 회생에 필요한 때'를 기존 경영자 관리인 선임의 예외사유로 규정하고 있다. 제3호 사유는 매우 추상적이고 포괄적인 규정으로서 어떻게 보면 법원에 대하여 제3호를 이유로 기존 경영자 이외의 제3자를 선임할 수 있는 재량권을 줄 수 있는 듯이 보이기도 하다. 그러나 만일 법원이 제3호를 너무 탄력적으로 적용하는 것은, 법이 제1호 및 제2호의 예외 사유를 엄격하게 규정하는 취지와 맞지 아니하고 기존 경영자 관리인 제도의 취지를 몰각시킬 수 있기 때문에 제3호의 적용에 있어서 신중을 기하지 않으면 아니 된다.[40]

제1호 및 제2호에 해당되지 아니한 것으로서 제3호에 해당되는 것으로 볼 수 있는 사유로는 다음과 같은 것을 들 수 있다. 첫째, 비록 기존 경영진에게 재산의 유용이나 은닉, 중대한 부실경영의 책임 등의 사유가 존재하지 않더라도 회사의 지배구조를 둘러싼 다툼 등으로 인하여 발생한 채무자 내부의 경영진 사이의 분열로 인하여 기존 경영진이 회생절차를 효율적이고 신속하게 수행할 수 없는 경우이다.[41] 이 경우에는 관리인을 선임하는 것이 회사 지배구조를 둘러싼 소모적인 다툼을 끝내고 신속하고 회생절차를 진행할 수 있는 효율적인 처방일 것이다.

둘째, 그 밖에 회사의 대표이사를 포함한 기존 경영진이 성실하고 경영능력 자체는 우수하나 회생절차의 진행 및 기업구조조정에 필요한 숙련된 지식이나 경험이 부족한 경우에 그러한 지식과 경험을 갖추고 있는 관리인을 파견함으로써 채무자의 회생을 효율적으로 이끌어낼 수 있는 경우이다.[42] 다만 이런 경우는 극히 예외적으로 인정하는 것이 바람직할 것이다.

셋째, 채무자 회사에 공동대표자가 선임되어 있는 경우 이들 대표자 모두를 공동관리인으로 선임하게 되면 업무분장이 불분명하여 책임소재가 불분명하게 되고 상호간에 불화가 발생하여 회생절차에 지장을 초래할 염려가 높다. 따라서 법원은 공동관리인의 선임이 특히 채무자의 회생에 필요한 경우[43]가 아닌 한 공동대

40) 미국연방파산법 제1104조 (a)(2)항은, "관재인의 선임이 채권자, 주주 기타 재단에 이익이 될 경우"를 관재인 선임사유로 규정하고 있는바, 형식적으로 이는 관재인 선임에 관한 별도의 사유로 보이더라도, 실질적으로 법원이 관재인 선임사유인 제1104조(a)(1)항 소정의 '사기, 불성실 또는 중대한 부실의 사유'가 없음에도 불구하고 관재인을 선임한 경우는 매우 드물다고 한다.

41) Collier Bankruptcy Manual 3rd Edition, 11012-13.

42) Collier Bankruptcy Manual 3rd Edition, 11012-13.

43) 채무자 회사의 업무적 특성상 2개 이상의 전문적 기능을 필요로 하는 경우나, 이해관계인 사이에 대립되는 이해관계의 조정을 위하여 필요한 경우 등이 이에 해당될 수 있다.

표자 중 1인만을 관리인으로 선임하는 것이 채무자의 회생에 필요한 것이라고 보아 그 중 1인만을 관리인으로 선임할 수 있을 것이다.

넷째, 법 제74조 제3항의 관리인 불선임 결정에 의하여 법인의 대표자를 관리인으로 보게 되는 경우, 회생절차개시 후 회생계획인가 전 단계에서는 상법의 규정에 따라 주주들이 법인의 대표자를 선출하고, 회생계획인가 후 단계에서는 회생계획에서 법인의 대표자를 선출할 권한을 부여받은 자들이 법인의 대표자를 선출하게 된다. 이 경우 법인의 대표자나 기타 임원의 선임은 전체 채권자, 주주·지분권자 일반의 이익에 합치되어야 하는데(법 제204조), 만일 법인의 대표자 등의 선출이 이러한 요건에 위반되어 주주 일방 또는 특정 주주나 특정 채권자에게 유리한 방향으로 영향력을 미칠 의도로 이루어지는 경우에는, 법원은 제3자를 관리인으로 선임하는 결정을 함으로써 법 제74조 제3항, 제4항에 의하여 부여된 법인의 대표자의 관리처분권을 박탈할 수 있을 것이다.

마지막으로, 제3호 사유와 관련하여 자산 및 부채의 규모의 크고 작음이 기존 관리인 선임에 회생절차에 필요한 때를 판단하는지에 영향을 줄 수 있는지 여부가 문제될 수 있다. 종래 기존 경영자가 경영권을 유지할 수 있는 화의제도는 자산 및 부채규모가 일정 범위 아래인 중소기업만을 대상으로 하도록 하고, 자산 및 부채규모가 큰 대기업은 원칙적으로 회사정리절차를 이용하도록 하였으나, 화의법이 폐지되고 사법에 의한 재건절차는 제2편 회생절차로 통합된 현행법 하에서는 이러한 구분은 '회생절차에 필요한 때'의 기준으로 사용할 수 없다. 즉 자산 및 부채의 규모의 크고 작음 원칙적으로 기존 경영자를 관리인으로 선임할지 아니할지 여부를 결정하는데 영향을 주어서는 아니 되는 것이다.[44]

3. 法 第74條 第3項, 第4項의 管理人으로 보게 되는 旣存 經營者

가. 의의

통합도산법 제74조 제3항, 제4항은 개인, 중소기업, 그 밖에 대법원규칙이 정하는 자에 대하여 관리인을 선임하지 아니할 수 있도록 하고, 그 경우에 채무자 또는 그 대표자를 관리인으로 보도록 규정하고 있다. 이는 기존의 화의제도의 폐지에 대응하여 신설된 조항으로서 개인이나 중소기업 등의 경우에는, 법원이 관리

44) 미국연방파산법 제1104조 (a)(2)항도 관리인을 선임 여부를 판단함에 있어서는 주주들의 숫자, 자산이나 부채의 규모는 고려사항이 아니라고 규정하고 있다.

인을 선임하지 아니함으로써 화의제도와 유사하게 "기존 경영권"을 보장해 주고, 기존 경영권은 회사정리법, 상법, 정관 등에 의하여 자율적으로 결정되지 법원이 원칙적으로 관여하지 아니하겠다는 규정이다.

즉, 통합도산법 제74조 제3항, 제4항이 통합도산법 제74조 제2항의 기존 경영자 관리인 선임 제도와 가장 큰 차이가 있는 것은, 전자의 경우 회사에 대한 경영권 및 관리·처분권의 변경은 원칙적으로 "법원의 선임결정·해임결정" 등에 의하여 좌우되는 것이 아니라, 채무자의 대표자가 채무자 내부의 지배구조 여하에 따라 변경되는 사정에 의하여 좌우된다는 점이다.

채무자의 대표자가 채무자 내부의 경영권 결정구조에 의하여 달라지거나(회생절차개시 후 회생절차 인가전의 단계), 회생계획에서 정한 절차(회생계획인가 후 단계, 통합도산법 제203조 제1항, 제2항)에 의하여 변경되는 경우에는, 그와 같이 변경된 채무자의 대표자가 법률상 관리인의 지위에 서게 되어 채무자의 사업의 경영권과 재산의 관리처분권을 갖게 되는 것이다. 따라서 통합도산법 제74조 제3항, 제4항이 적용되는 사건에 있어서는 결국 '채무자의 대표자'의 선출권한을 내부적으로 누가 갖고 있는가 여부가 중요한 문제로 떠오르게 된다. 이와 같은 문제는 일찍이 우리나라의 '관리인 제도'가 겪어 보지 못한 새로운 것으로서, 이는 과연 어떠한 유형의 채무자에게 위와 같은 경영권 및 관리·처분권의 자율적 결정 권한을 주는 것이 바람직한 것인가라는 새로운 과제를 던져둔다.

나. 자율적인 채무자의 대표자의 변경과 그 한계

(1) 경영권 및 관리·처분권의 결정 과정

(가) 채무자의 대표자의 변경에 따른 관리처분권자의 변경

통합도산법 제74조 제3항, 제4항에 의하여 관리인으로 보게 되는 채무자의 대표자는, 통합도산법 제74조 제2항의 선임에 의하여 관리인이 된 기존 경영자가 채무자의 대표자의 지위를 상실하였다고 하여 관리인의 지위를 상실하지 아니하는 것과는 달리, 회생절차개시 후 어떠한 사정으로 채무자의 대표자의 지위를 상실하면 사업의 경영권과 재산에 대한 관리처분권을 상실한다. 채무자의 대표자의 지위는 채무자 내부의 대표자 선임절차 또는 회생계획에서 정한 대표자의 선임절차(통합도산법 제203조, 제263조)에 의하여 변경, 교체될 수 있는바, 통합도산법 제74조 제2항의 선임에 의한 관리인과 달리, 채무자의 대표자의 경질에 의하여 사업의 경영권과 관리처분권 등이 새로운 채무자의 대표자에게 귀속된다고 보는 이유는 다음과 같다.

통합도산법 제74조 제2항의 선임에 의한 관리인의 경우에는 사업의 경영권과 관리처분권을 갖게 된 근거가 법원의 선임결정이라는 수권행위에 기인한 것이므로, 일단 선임결정이 확정된 이상 그 후 채무자의 대표자의 변경은 위와 같은 선임결정에 영향을 줄 수 없으므로 관리인의 지위에는 변동이 없게 된다. 그러나 통합도산법 제74조 제3항, 제4항에 의하여 관리인으로 보게 되는 채무자의 대표자의 경우 관리인의 권한과 지위를 갖게 된 근거는 '채무자의 대표자'의 직위에 있다는 사실에서 나오는 것이고, 만일 나중에 '채무자의 대표자'의 직위를 상실하였을 경우에는 더 이상 채무자의 경영권과 관리처분권을 보유할 정당성을 잃어버리기 때문이다.

따라서 통합도산법 제74조 제3항에 의항 법원이 관리인 불선임 결정을 하였을 경우에는, 채무자의 사업의 경영권과 관리처분권을 갖는 자는 채무자의 대표자의 선출권한을 갖는 자에 의하여 결정되게 되므로, 누가 그러한 선출권한을 갖게 되느냐가 회사의 지배구조에 있어서 매우 중요한 사항인 것이다. 만일 채무자가 회생절차에 들어오기 전에 합리적이고 자율적인 임원 선출을 한 경험이 부족하거나 혹은 회생절차 진행 중 대표자 선출 문제로 분열이 생겨 회생절차의 진행에 장애가 생길 우려가 있다고 판단되는 경우에는, 법원은 통합도산법 제74조 제3항에 의한 관리인 불선임 결정을 삼가는 것이 바람직하다고 할 것이다. 즉 통합도산법 제74조 제3항에 의한 관리인 불선임 결정은 자율적인 회사 지배구조를 결정할 만한 체제와 능력을 갖고 있는 채무자에게만 제한적으로 허용함이 타당하다.

(나) 회생절차개시 후 회생계획 인가 전 단계

채무자가 주식회사 · 유한회사의 경우 이사 및 대표이사의 선출권한은 상법 및 정관의 규정에 의하여 주주총회 · 사원총회 또는 이사회의 권한에 속하는바, 회생절차개시 후 회생계획 인가 전 단계에서 아무런 제한 없이 주주총회 또는 이사회의 결의에 의하여 회사의 대표이사를 교체 · 변경하는 것이 허용되는지가 문제된다.

회생절차개시 후 회생계획인가 전 단계에서 주주들이 회사의 대표자를 변경하는 목적은 관리인으로 보게 되는 회사의 대표이사가 주주들의 이익을 충분히 대변하지 못한다고 보고 주주들의 이익을 대변할 수 있는 내용의 회생계획안을 작성, 제출할 것으로 보이는 대표이사를 새로이 선임시키려 하는데 주된 목적이 있는 것이다. 이는 관리인으로 보게 되는 회사의 대표이사가 주주뿐만 아니라 모든 이해관계인의 이익을 대변하는 공적수탁자의 지위에 있다는 점과는 상충되는 측면이 있는 것이다.

종래 회사정리법 하에서의 통설은 회사의 경영 및 재산의 관리처분권은 관리인에게 종속하나 그 외에 사단법적, 조직법적 활동은 여전히 회사가 수행할 수 있는 것이므로[45] 임원의 선임, 해임 등의 절차와 주식명의개서 등 주식에 관한 사항이나 주주명부의 작성, 주주총회의 소집 등은 종전 회사의 권한에 속한다고 보았다. 위와 같이 해석하였던 배경에는 정리절차 내에서는 주주의 공익권이 인정된다 하더라도 사실상 이를 행사할 여지나 실익이 크지 않다는 점을 고려한 것이다. 사업경영과 재산의 관리처분권이 법원에 의하여 선임되어 감독을 받는 관리인에게 전속됨으로서 주주총회를 통한 이사들에 대한 선임·감독권 행사는 큰 의미를 갖지 못하기 때문이다.

현행법 하에서도 주주들의 공익권은 여러 가지 면에서 제약되어 있는 점은 동일하나(통합도산법 제55조, 제203조, 260조), 회생절차개시 후 회생계획 인가 전까지는 주주들이 주주총회를 통하여 사업 경영권과 재산 관리처분권을 갖게 되는 대표이사를 선출할 수 있는 통로가 열려 있으므로, 종전과 같이 주주들의 사단법적, 조직법적 활동이 아무런 제한 없이 허용될 수 있다는 입장은 재검토되어야 할 것이다.

원래 회생절차에 들어온 회사가 부채초과 상태인 경우에는 주주들은 잔여재산분배청구권이 없어 그 권리의 순위에 있어서 가장 후순위일 뿐만 아니라(통합도산법 제217조 제1항), 관계인집회기일의 통지를 받을 권한이나 회생계획안에 대하여 의결권을 행사할 권한이 없으므로(통합도산법 제182조 제2항, 제146조 제3항), 이러한 주주들에게 사업의 경영권 및 관리처분권을 갖게 되는 자를 아무런 제한 없이 교체·변경하게 하여 회생절차에 혼란을 초래하게 하는 것은 문제가 있다고 할 것이다. 따라서 회생절차가 개시된 회사가 부채초과 상태에 있는 경우 주주들이 정기총회에서 임기가 만료된 이사를 유임·교체한 후 이들로 구성된 이사회에서 대표이사를 선출하는 것까지 금지된다고 보기는 어렵다 하더라도, 아직 임기가 남아 있는 대표이사를 특별한 사유없이 교체하고 새 대표이사를 선임하여 영향력을 행사함으로써 회생절차 진행 과정에서 부당한 이득을 얻고자 하는 행위는 공정한 회생절차의 진행을 방해하는 것이므로, 통합도산법 제74조 제3항 단서, 제2항 제호의 규정에 의하여 지체 없이 관리인을 선임함으로써 회생절차가 공정하게 진행될 수 있도록 하여야 할 것이다.[46]

---

45) 따라서 정리절차가 개시되면 회사의 재산관계의 소송절차는 중단하게 되지만, 재산관계와 무관한 회사설립무효의 소, 이사선임결의무효확인의 소 등 회사의 인격적 활동과 관계된 소에서는 여전히 대표이사가 회사를 대표하여 소송을 수행하는 결과 그 소송절차는 중단되지 아니한다.

(나) 회생계획 인가 후의 단계

통합도산법 제203조 제1항은 "법인인 채무자의 이사를 선임하거나 대표이사(채무자가 주식회사가 아닌 때에는 채무자를 대표할 권한이 있는 자를 포함한다. 이하 이 조에서 "대표이사"라 한다)를 선정하는 때에는 회생계획에 선임이나 선정될 자와 임기 또는 선임이나 선정의 방법과 임기를 정하여야 한다."고 규정하고 있다.

위 법 규정들은, 회생절차가 개시된 회사에 의하여, 회생계획 인가 후의 단계에서는 회사의 이사 선임권한을 주주로부터 박탈하고 이를 실질적으로 채권자에게 부여하는 조항이다. 물론 이사 및 대표이사의 선임에 관한 회생계획 조항은 1차적으로 관리인으로 보게 되는 회사의 대표이사가 작성하여 이를 제출하게 되는 경우가 많을 것이고[47], 이 경우 대표이사는 자신을 포함한 다른 임원진들을 대부분 유임하는 내용의 회생계획안을 작성 · 제출할 것으로 보인다.

그러나, 채권자들은 제출한 회생계획안에 대하여 부동의를 하여 회생계획안을 할 부결시킬 강력한 권한이 있으므로, 임원진 구성에 관한 회생계획안에 반대의사를 표명함으로써 종국적으로 채권자의 의사에 부합하는 새 임원진 구성을 관철시킬 수단이 있다고 할 수 있다.

결론적으로 회생계획안에 대한 가결여부를 결정할 수 있는 채권자들은 회생계획안 작성 과정에서 협상을 통하여 기존 대표이사 및 이사들의 유임 또는 새로운 대표이사 및 이사들의 선임 여부, 그 선임방법 · 임기 등에 관하여 채권자들의 의사를 회생계획안에 반영시킴으로써, 관리인이 선임되지 아니한 회사에 대하여 적절히 견제와 감시를 할 수 있을 것이고, 회생계획이 인가 된 후에도 위와 같이 회생계획에 정하여진 대표이사 및 이사들의 선임방법 · 임기 조항에 따라 적절하게 대표이사 및 이사의 교체에 관한 채권단의 의사를 반영시킬 수 있을 것이다.

---

46) 회생절차개시 후에도 채무자가 경영권 및 관리처분권을 그대로 갖는 미국 연방파산법 하의 판례도 유사한 입장을 취하고 있다. In re Johns-Manville Corporation 사건에서 회생계획안에 불만을 품은 주주들은 자신들에게 불리한 회생계획을 제출한 이사회 구성원들을 교체하기 위하여 법원에 주주총회소집허가를 신청하였다. 제2 연방 항소법원은, 주주총회의 소집 자체는 비록 그 주된 목적이 협상력을 높이기 위한 전략적 동기에서 이루어진 것이라 하더라도 그 자체로 잘못된 것이 아니며 오히려 주주들은 다른 이해관계인들 및 채무자 회사의 현존 경영진 등에 대항하여 새로운 이사진의 구성 권한을 협상력으로 사용할 수 있게끔 허용되어야 하나, 만일 채무자 회사가 부채초과 상태에 있어 주주들이 회사에 대한 실질적인 권리가 없다면, 주주들은 실질적으로 회생절차에 관한 이해관계인이라고 볼 수 없기 때문에 주주총회의 소집권한을 부인하는 것이 타당하다고 판시하였다.

47) 물론 목록에 기재되어 있거나 신고한 채권자, 주주 등도 회생계획안을 제출할 수 있다(법 제221조 제1항).

(2) 대표자의 자율적 선임 · 변경의 한계

법원이 통합도산법 제74조 제3항에 의하여 지배구조의 자율적 결정을 존중하려는 목적에서 관리인 불선임 결정을 하였음에도 다시 채무자의 대표자 선임·변경에 관하여 허가권을 행사하여 통제하는 것은 법원 스스로 관리인 불선임 결정을 한 취지에 반하고 회사 내부의 자율적인 경영권 구조를 존중하는 입법 취지에 어긋날 소지가 크다.

다만 주주총회 결의 또는 이사회 결의에 의하든 그 이외에 인가된 회생계획에 별도로 정해져 있는 방법에 의하든(통합도산법 제203조, 제263조), 법인인 채무자의 이사 · 대표이사의 선임 · 선정 또는 유임이나 그 선임 또는 선정의 방법은 형평에 맞아야 하며 회생채권자 · 회생담보권자 · 주주 · 지분권자 일반의 이익에 합치되어야 한다.(통합도산법 제204조)

따라서, 법원이 채무자의 자율적 결정에 의하여 선임된 이사 · 대표이사 등의 선임 · 변경이 회생채권자 · 회생담보권자 · 주주 · 지분권자 일반의 이익에 합치되지 않는다고 보거나, 선임된 채무자의 대표이사에게 통합도산법 제74조 제2항 각 호의 사유가 존재한다고 판단되는 경우에는, 동조 제3항 단서에 의하여 제3자를 관리인으로 선임함으로써 대응할 수 있을 것이다.[48] 이 경우 회사의 대표이사는 당연히 제3자 관리인의 선임에 의하여 사업 경영권 및 재산의 관리처분권을 상실하게 된다.

다. 임기

회생절차개시 후 회생계획인가 전까지 관리인으로 보게 되는 채무자의 대표자의 임기는 상법 또는 정관에 의할 것이다.[49] 그러나 통합도산법 제203조, 263조는 기존 대표이사 · 이사의 유임여부, 회생계획에 선임이나 선정될 자와 임기 또는 선임이나 선정의 방법과 임기를 정하도록 규정하고 있으므로, 기존 대표이사 · 이사의 임기의 만료 여부 및 회생계획인가 후 회생계획 또는 회생계획에서 정한 방법에 의하여 선임된 대표이사의 임기는 회생계획의 임기 조항에 따라 정

48) 대표이사 및 임원 선임에 관한 회생계획은 대표이사 및 임원 선임의 한계 및 자격요건(예를 들면, '특정 채권자 회사의 임원 기타 간부 출신이어서는 아니 된다.' 또는 '채무자 회사의 이사 및 대표이사는 신청 당시의 채무자 회사와 동일· 유사하거나 그 이상의 규모의 회사에서 근무한 경력을 가진 자로서, 신청당시의 이사 또는 대표이사와 동일·유사하거나 그 이상의 경영능력을 가진 사람이어야 한다.'는 등)이 포함되는 것이 바람직하고, 채권자 또는 주주 등 어느 특정 이해관계인의 독자적 이익만을 추구하거나 무능력한 자가 대표이사 및 임원으로 선임되지 아니하도록 하여야 할 것이다.

49) 주식회사의 이사의 경우 상법상 임기는 3년을 초과하지 못하게 규정되어 있다(상법 제383조 제2항).

해질 것이다. 다만 통합도산법 제203조 제1항은 이사의 임기는 1년을 넘지 못하도록 규정하고 있으므로 이 규정의 기속을 받을 것이다.

한편, 법원이 채무자의 자율적 결정에 의하여 선임된 이사·대표이사 등의 선임·변경이 회생채권자·회생담보권자·주주·지분권자 일반의 이익에 합치되지 않는다고 보거나, 선임된 채무자의 대표이사에게 통합도산법 제74조 제2항 각 호의 사유가 존재한다고 판단되는 경우에는, 동조 제3항 단서에 의하여 제3자를 관리인으로 선임할 수 있다. 관리인 불선임 결정에 의하여 관리인으로 보게 되는 채무자의 대표자는 법원의 선임을 전제로 한 사임 및 해임 규정인 통합도산법 제83조 제2항은 그 해당이 없고 위와 같은 관리인 선임결정에 의하여 동일한 목적을 달성할 수 있는 것이다. 이 경우 회사의 대표이사는 당연히 제3자 관리인의 선임에 의하여 사업 경영권 및 재산의 관리처분권을 상실하게 된다.

四. 統合倒産法上 支配株主의 地位 變動

1. 回生計劃認可 後 會社의 支配構造

회생절차에 들어온 회사의 지배구조는 비단 회생절차개시결정에 의해서 뿐만 아니라, 회생계획 인가에 의하여서도 큰 변화의 과정을 겪게 된다. 이는 회생절차에 들어온 회사는 부채가 자산을 훨씬 초과하는 경우가 대부분이고, 이러한 상황하에서는 주주 권리의 감축 및 채권자의 채권의 출자전환을 통하여 종래 지배주주는 회사에 대한 지배 주주로서의 지위를 상실하고, 대신 채권자가 대주주로서 등장하게 되는 새로운 상황이 발생하기 때문이다.

이러한 기존의 주식소각 및 출자전환으로 인한 지배구조의 교체는 종래 회사정리실무 하에서도 보다 통합도산법 하에서 더 큰 의미를 지니게 된다. 그것은 통합도산법 제74조 제3항이 중소기업 기타 대법원규칙이 정하는 회사에 대하여는 관리인을 선임하지 아니하는 결정을 할 수 있고, 이러한 경우 동조 제4항은 회사의 대표자를 관리인으로 본다고 규정하고 있기 때문이다. 만일 회생계획의 임원선임 조항이 회사의 대표자를 주주총회에서 선출하거나 혹은 채권자협의회에서 선출하도록 정하고 있다면, 결국 위 회사의 관리, 처분권자는 실질적으로 출자전환으로 주식을 보유하게 된 채권자에 의하여 결정되게 될 것이다.

2. 統合倒産法上 會社의 支配構造 決定

가. 기존 주주의 주식 강제소각 규정 존치

통합도산법은 기존 경영자 관리인제도를 도입하여 회생절차의 문호를 넓게 개방한다는 기본 취지와 상충되게 종전 제3자 관리인 제도를 전제로 하는 회사정리법상의 여러 규정들, 예컨대 일반 주주에 대한 2분의 1 강제소각 규정(통합도산법 제205조 제3항), 지배 주주에 대한 3분의 2 강제소각 규정(통합도산법 제205조 제4항) 등 종래 "제3자 관리인" 제도에 바탕을 두어 설치되었던 구조를 그대로 존치시켜 두고 있다. 이 규정들은 국가외환위기 사태 이후 '부실기업의 신속한 퇴출'을 강조하던 사회분위기 속에서 '재정경제부'의 주도 하에 1998. 2. 24. 신설된 회사정리법 제221조 제3항과 제4항을 통합도산법이 그대로 답습하고 있는 것으로 상당한 문제점이 있다. 그 문제점이라 함은, 기존 주주의 주식소각 여부는 권리의 우선순위 즉, 통합도산법 제217조 제1항, 제243조 제1항 제2호가 규정하는 상대우선설의 원칙에 따라 부채의 자산 초과 정도, 회사의 계속기업가치의 크기, 채권자의 권리변경 정도, 채권단과 주주의 협상 등에 의하여 종합적으로 결정하여야 할 문제임에도 불구하고 이를 법이 강제적, 획일적으로 규율하고 있는 데에 있다. 예컨대 회사의 부채가 100억, 자산이 90억인 회사의 장래 수익의 현금흐름이 110억인 회사의 경우가 일시적인 재정상태의 악화로 회생절차를 신청하였다고 하여 기존 주주의 주식이 2분의 1 또는 3분의 2 이상 소각될 이유는 찾아보기 어렵다. 위 회사의 경우 일정한 채무유예를 거치기만 하면, 부채 전부를 변제할 수 있는 수익구조를 갖추고 있기 때문이다. 위와 같은 강제주식 소각 규정들은 일시적인 현금 유동성의 부족으로 채무재조정이 필요한 회사들의 회생절차의 진입을 가로막는 매우 부당한 조항으로 작용할 것이다.

이러한 주식 강제 소각 규정들은 어디 다른 나라의 법제에서도 찾아볼 수 없는 기이한 조항들로서, 기존 주주들의 주식 소각 여부 및 정도의 문제는 통합도산법 제217조 제1항 및 제243조 제1항 제2호에 의하여 법원이 회생계획안의 인가 단계에서 '공정 · 형평의 원칙'을 적용하여 충분히 심사할 수 있는 사항이기 때문에 이를 존치시키는 것은 합리성이 부족하고 불필요한 규정이라고 생각된다.

나. 절대우선설 보다 더 경직된 상대우선설

통합도산법은 "공정·형평의 원칙"과 관련하여서 엄격성 및 경직성을 특징으로 하는 회사정리법 제233조 제2호의 규정을 그대로 존치시킴으로써(통합도산법 제

217조 제1항, 제243조 제1항 제2호) 채권자와 기존 경영진 혹은 주주의 협상에 의하여, 회생절차 내에서 회사의 지배권 구조를 결정시킬 수 있는 기회를 원천적으로 봉쇄하고 있다.

권리의 순위와 관련하여 통합도산법 제217조 제1항, 제243조 제1항 제2호의 “相對優先說(Relative Priority Rule)[50)]”보다 엄격한 “絶對優先說(Absolute Priority Rule)[51)]”을 취하는 미국 연방파산법의 경우, 채권자와 주주 상호간의 폭넓은 협상을 장려하기 위하여, 상호 타협의 산물인 회생계획안이 각 채권자 조 및 주주 조에서 모두 가결이 되면, 회생계획안의 공정 · 형평의 원칙 준수 여부를 법원의 인가요건 심사 대상에서 제외시키고 있다. 즉, 개별 채권자는 “청산가치 보장 및 동일한 권리에 대한 평등한 취급”에 관하여서만 주장할 수 있는 권리가 있는 것으로 인정될 뿐, “공정 · 형평의 원칙”과 관련하여서는 이는 어디까지나 “組(class)”의 권리로서 “조의 집단적 의사” 여하에 따라 결정될 사항으로 보고 있는 것이다. 따라서 만일 “채권자 조”가 종합적 판단에 의하여 “주주 조”에게 통상적인 “권리의 우선순위”에 어긋나는 양보를 하고 그러한 내용의 회생계획안에 대하여 동의를 하였다면, 이에 반대하는 개별 채권자는 자신의 권리인 “청산가지 보징 및 동일한 권리에 대한 평등한 취급”이 보장된 이상, 위와 같은 조의 집단적 결의에 대하여 반대나 항고를 제기할 권리가 없는 것으로 되어 있다. 왜냐하면 개별 채권자는 채무자가 파산하였을 경우 받을 청산가치보다 많은 계속기업가치를 회생계획에 의하여 분배받는 이상, 그와 같은 계속기업가치를 분배하기 위한 일환으로 채권자 조와 주주 조가 상호 협상을 통하여 도출한 회생계획안에 대하여 반대할 수 없기 때문이다. 이는 결국 개별 채권자의 권리를 보호함과 동시에 채권자 조와

50) 절대우선설과 같이 회사의 자산을 기준으로 하여 우선하는 순위의 권리자에게 충분하고 완전한 만족을 주지 않더라도 공정·형평한 차등이 있을 수 있다는 이론이다. 이 설은 주장하는 바가 조금씩 다른데, 예컨대, 각 권리자에게 종래의 상대적인 우선권, 즉 수익과 청산시의 재산분배에 관한 우선권이 유지되기만 하면 된다는 견해 혹은 선순위의 권리자보다 후순위의 권리자를 우대해서는 안 된다는 견해 등 여러 가지가 있다. 상대우선설에도 청산적 성격을 중시할 것인지 또는 화해적 성격을 중시할 것인지에 관하여 견해가 나뉜다. 전자의 견해는 현재의 재산을 환가한 후 파산의 경우와 같이 청산할 때 선순위 권리자에게 우선권을 주어야 한다는 것으로서 청산적 성격이 강하게 드러나 있다는 것이고, 후자의 견해는 채권자들에게 의결권을 주고 계획안을 집회에서 심의, 의결하며 다수결에 의해 가결된 후 법원의 인가에 의하여 효력이 생기는 절차는 화의에 흡사한 것으로서 화해적 성격을 갖고 있다는 것이다. 일본의 학자들은 대체로 위의 두 가지 성격이 종합되어 있다고 보고 있다.

51) 우선순위가 다른 각 권리자가 있는 경우에는 우선순위에 따라 우선하는 권리자가 후순위 권리자에게 우선하여 충분하고 완전한 보상(full and complete compensation)을 얻도록 계획안 중에 권리를 부여하여야 하고, 이러한 각 권리자에게 부여하는 권리의 범위는 회사의 자산을 기준으로 하므로 자산에 대한 평가가 이루어져야 하며 이 경우 기업의 평가는 청산가치가 아닌 계속기업가치를 의미한다는 이론이다. 절대우선설에 따르면, 선순위 권리자가 100%의 변제를 받지 않는 한 후순위 권리자는 전혀 분배를 받을 수 없게 된다.

주주 조 사이의 폭넓은 협상을 촉진시키게 된다.

그러나 통합도산법은 종래 기존 주주 및 경영자의 경영권을 박탈하는 것을 전제로 만들어진 회사정리법 제233조 제2호를 그대로 존치시켜 설사 회생계획안이 채권자 조 및 주주 조"에서 가결이 되었음에도 불구하고 여전히 법원으로 하여금 인가요건의 하나로 심사하도록 함으로써 채권자 조와 주주 조 사이에 협상에 의하여 지배주주의 지배권을 보장해 주는 합의를 하였다 하더라도 일부 반대 채권자가 있을 경우에는, 회생계획안에 대하여 인가를 받을 수 없도록 하고 있다.[52]

결국 조기신청을 유도하기 위하여 "기존 경영자 관리인 제도"를 신설하였으면서도 역설적으로 "기존 주주 및 경영자"의 회사지배권을 "협상의 여지도 없이" 강제적으로 박탈당하게끔 지배구조의 틀을 존치시킴으로써 "조기 신청 유도"의 취지를 희석시키고 있다. 종래 화의제도에서 채권자들이 기존 주주의 지배권을 그대로 인정하면서도 권리변경에 모두 동의하여 왔던 점에 비추어 볼 때, 화의제도의 이용이 더 적합한 기업들의 경우에는 이러한 지배권 유지에 관한 배려가 없는 통합도산법으로 말미암아 거꾸로 회생절차를 통한 구조조정을 기피하게 유도하는 결과를 초래할 수 있는 것이다. 화의제도와 회사정리제도는 매우 이질적인 제도인바, 화의제도를 전적으로 폐지하면서 채무자에게 징벌적이고 적대적인 회사정리제도를 손질하지 아니한 채 통합도산법을 제정한 것은 '기존 경영자 관리인 제도'를 도입한 취지를 상당히 퇴색시키게 될 것이다.

다. 출자전환

(1) 출자전환의 의의 및 유용성

出資轉換(Debt-Equity Swap)이라 함은 채권자의 채권을 현금 변제 대신 회사의 주식 또는 출자지분으로 지급하는 것을 말한다. 통합도산법은 출자전환과 관련하여 회사정리법 제222조와 동일한 규정을 통합도산법 제206조에서 두고 있다. 출자전환을 다음과 같은 점에서 특히 회생절차에서 유용한 역할을 한다.

첫째 회생절차가 개시된 회사는 보통 부채가 자산을 초과하는 파산상태에 있는 경우가 많은바, 이 경우 부채의 일부에 관하여 출자전환을 실시하게 되면 부채의 규모를 감소시키고 자본을 증가시켜 재무구조가 건실하게 된다. 둘째 회생절차에 들어온 회사는 대부분 회사의 수익력이나 보유자산의 매각으로도 채무를 현금으

52) 회사정리법 하의 대법원 판례 대결 2000. 1. 5. 99그35은 계획안이 대부분의 채권자의 동의를 받았음에도 일부 채권자가 항고를 한 경우, 위 계획안이 공정·형평에 반하는지 여부를 심사하여야 한다는 입장을 취하고 있었다.

로 완제할 수 없는 상태에 놓여 있는 경우가 많고, 그렇지 않다 하더라도 회사의 기업가치의 일부를 구성하는 '영업용 부동산' 등은 이를 매각하여 채권자에게 분배하는 것이 불가능하므로 이러한 '잔존 자산'은 다른 형태로 채권자에게 분배해 주어야 할 필요성이 있다. 이러한 경우 현금변제가 불가능한 회사의 채무를 면제하기 보다는 이를 주식으로 전환해 줌으로써 향후 회생절차를 통하여 기업가치가 향상되었을 경우 채권자가 개선된 그 기업가치의 일부를 주식을 통하여 분배받을 수 있게 된다. 셋째 회생절차에 들어온 회사의 채무 중 현금변제가 불가능한 부분을 모두 면제시키게 되면, 그 면제된 부분은 법인세법상 '채무면제익'으로 익금처리 되어 이에 대하여 약 30%에 이르는 고율의 법인세를 납부하여야 하나, 이를 채무면제 대신 출자전환을 시키게 되면 적어도 "주식의 액면금"에 해당하는 부분에 한하여는 익금산입을 피할 수 있기 때문이다.

이러한 출자전환이 광범위하게 행하여지는 회생절차에서는 기존 경영진이나 지배주주의 지위는 종래 회사정리법 하에서의 지위와 마찬가지로 불안정하기는 마찬가지이다. 기존 경영진이나 지배주주가 회생절차인가 후에도 경영권이나 지배주주로서의 지위를 상실하지 않기 위해서는 재정적 부실의 정도가 중대하지 아니하여 기존이 주식의 소각율 및 채권의 출자전환율이 높지 않아야 할 것이고, 또한 기존 경영진의 존재가 회사의 경영에 필요하다는 것이 채권자에게 인정을 받는 등 채권단과 원만한 신뢰관계를 유지하고 있지 않으면 아니 된다.

(2) 출자전환과 지배구조 변경에 관한 구체적 검토

① 부채비율이 높아 고강도의 채무재조정이 불가피하고, 따라서 높은 비율의 출자전환 또는 채무면제가 시행될 수밖에 없는 채무자 회사의 경우, 지배주주 등은 지배주주로서의 지분을 유지하기 위하여 출자전환을 하지 않으려는 동기를 부여받게 된다. 그러나 이 경우 출자전환을 억제하게 되면 "회생계획의 수행가능성"이라는 인가요건을 충족시키기 위하여 "출자전환"대신 대규모의 "채무면제"가 불가피하고 그 결과 막대한 채무면제익이 발생하게 된다. 예컨대, 자산 100억 , 자본금 10억, 부채 200억, 계속기업가치 70억, 청산가치 50억인 채무자 회사의 경우, 평균 채무변제율은 35%(계속기업가치 70억 / 부채 200억)로 추산되는바, 나머지 65%에 해당되는 현금 변제가 불가능한 채무 130억 (부채 200억 - 현금변제액 70억)에 대하여, 구 사주의 지분율을 유지하기 위하여 출자전환 대신 채무면제를 택하게 되면 약 39억원의(130억 × 30%)의 법인세가 발생하게 된다. 이렇게 되면 채권자들은 계속기업가치 70억 중 39억 원을 법인세로 납부하고 나머지 31

억 원만을 현금 변제받는데 그치게 되므로, 이러한 회생계획안은 불합리할 뿐만 아니라 채권자의 동의를 받기 어려울 것이다.

또한 화의법과 달리 통합도산법 제217조 제1항, 제243조 제1항 제2호는 권리의 순위를 고려하여 회생계획을 작성할 것을 요구하고 있다. 이 원칙을 지키지 아니하면 회생계획의 인가를 받을 수 없는 회생절차에서는, 위 사례와 같이 채권의 변제율이 35% 수준으로 감축되었다면, 지배주주의 지분율은 35% 밑으로 더 떨어지지 않으면 아니된다. 그렇지 않으면 '공정 · 형평의 원칙'에 위배되어 법원으로부터 인가를 받을 수 없게 되기 때문이다. 따라서 채무자 회사의 부채규모가 기업가치를 훨씬 초과하는 경우에는 '공정 · 형평의 원칙'의 적용에 의하여 지배주주가 과반수 지분을 유지하는 것은 쉽지 아니한 일이다.

② 한편 위 ①의 사례에서 채무면제익의 발생을 최소할 목적으로 출자전환을 광범위하게 실시할 경우, 출자전환비율(= 전환되는 채권자의 채권금액 / 채권자에게 발행되는 주식 1주의 액면가)을 최소화하는 것이 불가피하고, 이렇게 되면 사실상 구사주의 과반수 지분율 유지는 불가능하게 된다. 즉 위 ①의 사례에서 구사주의 종전 자본 10억은 법 제205조 제3항 소정의 2분의 1 강제소각 규정에 의하여 5억으로 감축되는 것이 불가피한데, 구사주의 지분율을 여전히 50%로 유지시켜 주기 위해서는, 출자전환으로 증가하는 자본금을 5억 원 미만으로 억제하여야 하고, 이를 위해서는 현금변제가 불가능한 130억 원의 채권에 대하여 26:1의 비율로 출자전환을 하여야 할 것이다(130억 × 1/26 = 6억). 그러나 이 경우 출자전환된 주식의 액면가액 합계 금 5억 원을 뺀 나머지 출자전환 채권액 125억 원(130억 - 5억)에 대하여는 30%의 채무면제익이 발생하여 이에 대하여 약 37.5억 원(125억 × 30%)의 법인세가 부과되는 상황이 발생하게 된다. 이러한 내용의 회생계획안은 불합리하여 채권자의 동의를 받기 어렵다.

③ 결국 채무재조정에 따른 채무면제익의 발생을 피하기 위해서는 채무자 회사가 회생절차개시 당시 갖고 있는 이월결손금의 규모가 커서 위와 같은 채무면제익의 발생을 상쇄시킬 정도에 이르러야 할 것이다. 그러나 이 경우에도 채무의 감면비율보다 주식의 감면비율이 더 크게 되면 '공정 · 형평의 원칙'에 위배되어 회생계획을 인가받을 수 없게 된다. 만일 출자전환으로 생기게 될 자본금을 늘려 법인세의 발생을 막고 공정 · 형평의 원칙도 준수하려고 한다면, 이 경우에는 부채규모가 계속기업가치를 월등히 초과하는 채무자 회사의 경우 구사주의 과반수 지분 유지는 거의 불가능하게 될 것이다.

(3) 금융기관 등의 주식보유비율 제한 폐지

통합도산법 제206조 제4항은 출자전환의 경우 은행법 제37조 및 제38조 제1호, 보험업법 제19조, 종합금융회사에 관한 법률 제17조, 금융산업의 구조개선에 관한 법률 제24조, 그 밖의 금융기관의 출자, 유상증권 취득 및 재산운용을 제한하는 취지의 규정의 적용을 배제하기 위하여 신설된 조항이다. 원래 위 각 법률 또는 법령은 금융자본에 의한 산업자본의 지배를 막기 위하여 다른 회사의 의결권 있는 발행주식 또는 출자지분의 일정비율 이상의 취득을 금하고 있는 규정들이나, 회생절차에서의 출자전환은 투자나 회사의 지배를 주된 목적으로 하는 것이 아니라 구조조정의 일환으로 주식 또는 출자지분을 취득하는 것이므로 남용의 우려가 없어 이를 허용하는 것이다.

따라서 현행 통합도산법 하에서는 회사정리법의 시절과 달리 금융기관이 출자전환에 의하여 회생기업의 지배주주로서의 지위를 취득하는 경우도 가능할 것이다.

3. 美國 DIP 制度에서의 支配株主 및 旣存 經營陣의 交替

가. 지배주주의 주식 전부소각

DIP 체제를 취하는 미국 연방파산법 하에서는 회생절차가 개시된 채무자의 권리분배에 관하여 '絶代優先의 原則(Absolute Priority Rule)'이 확립되어 있다. 이 원칙은 미국 연방파산법 제1129조 (b)(1)(2)항에서 명문으로 규정되어 있는데 이 원칙이 적용되는 미국에서는 최하위의 권리자는 주주는 상위 권리자인 채권단으로부터 양보를 얻어내지 못하는 한 100%의 주식소각을 당하는 것이 일반화되어 있다.

나. 경영진의 잦은 교체[53)]

회생절차가 개시된 이후에도 기존 경영진이 경영권을 그대로 행사하는 DIP 체제 하에서도 제11장의 회생절차가 기존 경영진의 안식처가 아니라는 것은 경험적으로 입증되어 있다. 종래의 실증적 조사에 따르면 회생절차가 개시된 회사 중 72%가 적어도 1명 이상의 CEO가 회생절차 진행 중 또는 회생계획안에 의하여 교체된 것으로 조사되었다. 이는 도산절차에 들어오지 아니한 일반 회사의 CEO

53) 이 부분은 다음 논문에서 발췌, 요약한 것이다. Lynn M. Lopucki & William C. Withford, "Corporate Governance in the Bankruptcy Reorganization of Large, Publickly Held Companies", 141 U. PA. REV. 669(1993)

의 교체율이 대기업의 경우 매년 10%선에 머무른다는 점을 비교하면 매우 높은 비율이다. 이는 최근 CEO의 회전율(turnover rate)에 대한 다른 두 가지 조사와 일치한다. Gilson의 조사는 29%의 최상위 경영진 (CEO, 이사장, 회장)만이 회생절차개시 기준 전후 2년, 즉 총 4년의 기간 동안에 유임되는 것으로 나타났다. Betker의 조사에 의하면 회사가 경제적 곤란에 처할 당시 재직하였던 최고 경영진 중 9%만이 회생계획 인가일로부터 1년 후에도 유임하는 것으로 나타났다. 경영진의 자율권은 제한되어 있고, 제11장의 절차는 흔히 말하여지듯이 결코 기존 경영진의 도피처가 될 수 없는 점이 거의 일반화된 것이다. 일각에서 주장하듯이 DIP 체제가 이루어지면 기존 주주가 과도하게 영향력을 행사하거나 과도한 보호를 받는다는 우려는 사실상 기우에 불과한 것이다.

다. 기존 경영진의 행동 양식[54)]

DIP 체제를 취하는 미국에서 회생절차개시 후 기존 경영진이 행동하는 태양은 아래 표와 같이 4가지로 구분될 수 있는데, 첫째는 채권자 측의 이익을 대변하는 유형, 둘째는 주주 측의 이익을 대변하는 태양, 셋째는 도산재단의 증식을 위하여 노력하는 태양, 넷째는 회사를 계속기업으로서 보존하기 위하여 노력하는 태양이다.

〈표 3〉 부채·자산 초과의 경우 기존 경영진의 행동 양식

구분	채권자 이익 대변	주주 이익 대변	재단 재산 증식	회사 보존
자산 초과의 경우	없음	3	1	3
부채 초과의 경우	9	2	3	4
합계	9	5	4	7

위 표로부터는 몇 가지 추론이 가능한데, 첫째는 경영진은 채권자의 이익 또는 주주의 이익을 항시 일정하게 대변하는 것이 아니라는 점이다. 둘째는 경영진이 어느 이익을 대변하는가는 채무자 회사가 지급불능 상태에 있는지 여부에 좌우된다는 것이다. 지급불능 상태에 있지 아니한 회사의 경영진은 결코 채권자 측과 제휴하지 아니하는 반면에 지급불능 상태의 회사의 경영진은 주주보다 채권자 측과 제휴하는 경우가 훨씬 빈번하다는 점이다. 셋째는 경영진이 주주 측과 제휴하

54) Lynn M. Lopucki & William C. Withford, 전게 논문에서 발췌, 요약

는 것은 5건에서만 발견되었다는 것이고, 그 5건 모두는 바로 대주주들 자신이 경영진(이사진)을 구성하고 있었다는 점이다. 경영진은 지급불능(부채초과)의 상태에 있는 32개 사건 중 단지 2건만이 주주들과 제휴하였고, 그 2건은 모두 지배주주가 경영에 개인적으로 관여하는 것으로 나타났다.

그 이외의 다른 몇몇 조사결과는 지급불능상태에서 회생절차에 들어온 회사들은 채권자에 의하여 지배되고 있다는 것을 뒷받침하고 있다. 이는 다음과 같은 몇 가지 사항들을 의미한다. 첫째 채권자들이 CEO의 교체에 빈번하게 관여하고 있다는 것이다. 둘째 비록 지급불능 상태에 있는 회사들의 회생계획이 절대우선설의 원칙에서 일부 벗어나는 일이 있더라도 그 정도는 통상적으로 미약한 것이다. 마지막으로 채권자의 경영진에 대한 상당한 영향력은 중요한 회사 재산이 청산되는 빈도로부터 추측될 수 있는데, 43건 중 30건의 사건이 광범위한 재산의 청산과정이 수반되었고, 이러한 중요 재산의 청산은 예외가 없는 것은 아니지만 일반적으로 채권자의 이익을 대변하는 재건 전략이라는 것이다.

이러한 실증적 분석 중에서 가장 두드러진 점은 재건절차를 밟는 대규모 상장기업 CEO의 임기 보장이 매우 약하다는 것이다. 이러한 임기 보장의 취약성은 특히 부패되었다고 판정되는 CEO의 경우 거의 예외 없이 교체되는 점에서 잘 나타나 있다. 또한 일반적으로 자신의 사적 이익을 추구하는 경향을 보이는 경영진은 자신의 지위를 보존하는 것을 첫째 목적으로 삼는다고 말해지는데, 실제 조사대상인 회생절차가 개시된 회사들의 CEO는 그러한 목적을 달성할 수 없었을 뿐만 아니라, 기존 경영진들이 자신들의 권한을 이용하여 사적인 보상을 달성할 수 있었던 사례는 거의 없었다.

五. 結論

통합도산법 제74조의 기존 경영자 제도를 가리켜 실질적으로 미국의 DIP 제도와 유사한 제도를 도입하였다고 하거나, 위 제도의 도입으로 경영진과 대주주의 관계가 밀착되어 있는 우리나라 현실에서 담보권자와 채권자 보다 주주에게 더 큰 권리를 부여하게 되는 결과를 초래할 수 있다는 비판은, 위에서 통합도산법의 제 규정을 검토하고 미국의 실증적 사례에서 검증된 바와 같이 이론적 측면에서는 물론 현실적으로도 수긍하기 어려운 비판이다.

통합도산법은 궁극적으로 관리인 제도의 틀을 그대로 간직하되, 다만 기존 회사의 대표자를 관리인으로 선임하거나 관리인으로 보게 하는 단 한 개의 조문만을 신설하였을 뿐으로, 이로 인하여 회생절차에 종래 회사정리절차와 다른 큰 변화를 주었다고 말하기는 힘들다. 오히려 통합도산법의 회생제도가 활발히 이용되어 활용도가 높고 효율적인 도산처리제도로 정착하기 위해서는 여전히 채무자에게 지나치게 불리하게 되어 있는 징벌적 조항들은 합리적인 방향으로 손질할 필요성에 더 눈을 돌려야 한다.

무릇 도산처리법을 제정함에 있어서 가장 중요하고도 유의하여야 할 점은 채무자와 채권자 사이의 회생절차 내에서의 협상력을 균형 있게 맞추는 일이다. 종래 화의제도와 같이 채무자 측에 지나치게 높은 협상력을 부여할 경우에는 채무자의 경영과정에서 도덕적 해이가 발생하고 채무자는 언제든지 채권자의 손실 하에 도산처리제도를 악용해 보려는 부당한 동기를 가지게 된다. 반면, 회사정리제도와 같이 채무자 측의 거의 모든 권한을 박탈시키고 나아가 채무자 측을 징벌하자는 체제로 구성되고 아울러 채권자 측의 역할 역시 지나치게 경시하는 제도는 도산처리제도의 실제 수요자인 채무자나 채권자 양측으로부터 모두 외면 받게 되는 것을 피할 수 없다. 이는 종래 국가외환사태 이후 회사정리제도의 이용이 외면받고 대신 '지나치게 채권자 위주의 제도'라는 비판을 받은 기업구조촉진법상의 워크아웃제도가 채권자는 물론이고 오히려 채무자로부터도 더욱 호응을 받아 왔던 점에 비추어도 이미 실증된 명제라고 생각된다.

현 상황은, 기존 경영자 관리인 제도를 비판하기 보다는 오히려 부실기업의 조기 회생절차를 진입을 유도하여 부실기업의 재정적 부실의 심화로 인한 기업가치의 하락을 방지하고 채권자들에게 더 많은 분배가 가능하도록, 기존 경영자 및 기존 지배주주에 대한 징벌적 조항들을 보다 합리적인 방향으로 손질하는 작업이 필요하다고 생각한다.

채무자와 채권자의 협상력이 상호 균형을 이루면서 상호 타협과 이해를 통하여 채권자, 주주 기타 이해관계인 모두에게 최적의 분배가 이루어지는 구조야말로 가장 좋은 도산처리제도이고, 그러한 도산처리제도만이 채무자 및 채권자 모두로부터 호응을 받아 우리나라의 대표적인 부실기업의 구조조정절차로 자리매김을 할 수 있는 것이다.

建設會社의 回生節次에 관한 小考

법원행정처 사법정책실 민사심의관·판사 오 민 석

〈目 次〉

一. 들어가며

도급계약이라 함은 당사자 일방이 어느 일을 완성할 것을 약정하고 상대방이 그 일의 결과에 대하여 보수를 지급할 것을 약정함으로써 효력이 발생하는 쌍무계약이다(민법 제664조). 건설회사가 도급인과 사이에 토목공사 또는 건축공사를 완성할 것을 약정하는 건설공사계약은 도급계약의 전형적인 예이다. 건설업은 노동집약적 산업의 대표적인 업종으로서 건설회사는 다수의 건설업 종사자와 거래관계를 형성하게 된다. 종합공사[1]를 시공하는 건설업종의 등록을 한 건설회사가 자신이 보유하고 있는 자본, 노동력 및 기술만으로 건설공사를 수행하는 경우는 거의 없고, 다수의 전문건설업자에게 공사의 일부를 하도급하여 공사를 진행하는 것이 일반적이다. 하도급에 의한 거래관계는 보통 건설회사와 하수급인 사이의 인적 신뢰관계를 토대로 하기 때문에, 이러한 신뢰관계의 형성, 유지는 건설회사 운영의 기반을 이루고 있다. 건설회사의 이러한 특성은 건설회사에 대한 도산절차에도 영향을 미친다. 건설회사가 도산에 직면하게 되면 기존의 신뢰관계는 무너지게 되고 신뢰관계를 토대로 형성되었던 질서도 붕괴될 수밖에 없다. 도산에 직면한 건설회사가 수행하던 공사는 중단되고 다수의 하수급인들은 공사현장을 점거하여 공사대금채권을 회수하기 위한 실력행사에 들어가게 된다. 또한 도산에 따른 신용하락과 공사시공능력의 저하로 인하여 건설회사가 새로운 공사를 수주하는 것은 매우 어렵게 되고, 이는 건설회사의 회생에 걸림돌로 작용한다.

이 글에서는 종합공사를 시공하는 건설업종의 등록을 한 건설회사에 대하여 채무자 회생 및 파산에 관한 법률(이하 "통합도산법"이라 한다) 제2편의 회생절차가 개시된 경우에 발생하는 법적 문제를 몇 가지 논점을 중심으로 검토하고자 한다. 검토의 범위는 건설회사가 도급인으로부터 공사를 수급한 후 공사의 일부를 다른 전문건설업자들에게 하도급하여 건설공사를 수행하는 경우로 제한하기로 한다. 즉, 건설회사가 도급인으로부터 건설공사를 도급받은 수급인임과 동시에 그 일부를 전문건설업자에게 하도급한 하도급인의 지위에 서는 경우로 논의를 한정하면서, 회생절차에서 i) 도급인과의 관계를 둘러싼 문제와 ii) 하수급인과의 관계를 둘러싼 문제를 검토하고, 도급인과 하수급인 모두에 관련된 문제인 iii) 하도급거래 공정화에 관한 법률에 의한 하도급대금 직접지급제에 관한 문제를 검토한 다음, 마지막으로 iv) 보증기관과의 관계를 둘러싼 문제를 검토하기로 한다.

1) 건설산업기본법 제2조 제4의2호는 종합적인 계획·관리 및 조정 하에 시설물을 시공하는 건설공사를 종합공사라고 정의하고 있고, 같은 법 제8조, 건설산업기본법시행령 제7조은 토목공사업, 건축공사업, 토목건축공사업 등을 영위하는 건설업종을 종합공사를 시공하는 건설업종(또는 일반건설업)으로 분류하고 있다. 이 글에서는 종합공사를 시공하는 건설업종의 등록한 건설회사를 종합건설회사라고 한다.

二. 도급인과의 관계를 둘러싼 문제

1. 도산해제특약에 기한 도급인의 계약해제

가. 도산해제특약의 개념

건설공사를 도급받은 건설회사가 공사 도중 부도나 파산, 회생절차개시의 신청을 하게 되면 도급인은 도산의 상태에 빠진 건설회사와 계약관계를 계속 유지하는 데에 불안감을 느끼게 되고, 수급인인 건설회사와의 도급계약을 해소시킨 후 새로운 건설회사에게 공사를 넘겨 잔여공사를 마무리할 수 있기를 바라게 된다. 이러한 경우에 대비하기 위하여 도급인은 건설회사와 공사도급계약을 체결할 때 건설회사에게 회생절차개시의 신청 등의 사실이 발생할 경우에는 발주자가 계약을 일방적으로 해제할 수 있다는 취지의 도산해제특약을 삽입하는 방법을 취하게 되었다. 이러한 경우 건설회사에 대하여 개시된 경우 회생절차에서 도산해제특약에 기한 계약해제의 효력을 인정할 수 있는지가 문제된다.

나. 견해의 대립

해제긍정설은 계약자유의 원칙상 도급인과 수급인 사이에 약정해제권을 유보하는 내용의 특약을 부정할 이유가 없고[2], 약정해제에 의한 수급인이 입게 되는 불이익은 치명적인 것이 아니라고 하여[3] 해제특약을 유효하다고 본다. 이에 대하여 해제부정설은 해제의 효력을 인정할 경우 회생절차의 계속에 불가결한 계약이 소멸되어 사업의 재건이라고 하는 회생절차의 취지와 목적에 반하는 결과가 되고[4], 해제권 유보 특약을 유효하다고 하면 회생절차의 개시 전에 상대방에게 항상 해제권이 발생하여 통합도산법이 관리인에게 이행 또는 해제의 선택권을 부여한 의미가 상실된다[5]는 것을 이유로 해제특약의 효력을 부정한다.

다. 외국의 논의

(1) 미국의 도산법

미국에서는 채무자가 도산절차를 신청하거나 도산에 직면하게 되면 계약을 종

---

2) 竹下守夫, 1982年度 民事主要判例解說, 279.

3) 卷之內茂, "ゼネコン倒産おめぐる法的諸問題", credit & Law (1997, 제98호), 商事法務研究會, 10.

4) 那須克巳, "ゼネコンの会社更生,", 新・裁判實務大系(2004, 第21卷), 青林書院, 227 참조.

5) 임채홍, 백창훈, 회사정리법(상)(2002), 사법행정학회, 361; 全國倒産處理辯護士ネットワーク編, 新註釋民事再生法(上)(2006), 金融財政事情研究会, 238.

료시킬 수 있도록 정한 계약 조항인 ipso facto clause는 도산절차에서 효력이 없다는 것이 도산법에 규정되어 있다.[6] 그 이론적 근거는 다음과 같이 설명된다.[7] 채무자와 계약을 체결하려는 상대방은 계약에 ipso facto clause를 삽입하기를 원하고 채무자도 이러한 요구를 기꺼이 받아들이기 마련이다. 도산절차 밖에서 채무자를 대표하는 자는 주로 주주의 이익을 고려하여 행동한다. 채무자의 대표자를 선임하고 해임할 수 있는 권한을 가지고 있는 것은 바로 주주이기 때문이다. 그런데 주주에게는 채무자가 도산에 처하게 되어 주식이 무가치하게 된 상황이 되어야 불리하게 작용할 수 있는 계약조항에 대하여 반대할 인센티브가 없다. 결국 ipso facto clause는 계약 당사자가 아닌 채권자의 희생을 담보로 한 것으로서 그 손익의 귀속 주체인 채권자의 의사가 반영된 것이 아니기 때문에 도산절차에서 그 효력을 부정하여야 한다는 것이다.

(2) 일본의 판례

일본에서는 소유권유보특약부 할부판매계약에서 회사갱생신청을 해제원인으로 한 특약이 있는 사안에 관하여 해제특약의 효력은 채권자, 주주 그 밖의 이해관계인의 이해를 조정하면서 곤궁에 처한 주식회사의 유지갱생을 도모한다고 하는 회사갱생절차의 취지·목적을 해하는 것이라고 하여 그 효력을 부정한 일본최고재판소의 판례[8]를 둘러싸고, 그 판례의 취지가 계약 일반에 확대 적용될 수 있는지의 측면에서도 논의가 전개되고 있다. 소유권유보부매매에 있어서 그 매도인은 갱생담보권자가 되어 갱생절차에 의한 제약을 받게 된다는 점에 착안하여 그 판례의 취지는 회사갱생절차에 있어서 담보권에 대한 제약을 잠탈하는 결과를 초래한다는 것을 고려한 것이므로 도급계약에는 적용되지 않는다는 견해와 사업의 계속에 불가결한 자산이 산일되고 사업의 유지·갱생이라고 하는 갱생절차의 취지, 목적을 해하는 결과가 되기 때문에 도산해제특약의 효력을 부정하는 것이므로 널리 계약 일반에도 적용된다는 견해가 대립하고 있다고 한다.[9]

라. 대법원의 판례와 비판

대법원은 "도산해지조항이 구 회사정리법에서 규정한 부인권의 대상이 되거나 공서양속에 위배된다는 등의 이유로 효력이 부정되어야 할 경우를 제외하고, 도

6) 11 U.S.C. §365
7) Douglas G. Baird, Elements of Bankruptcy(2001, 3rd Ed.), Foundation press, 120.
8) 日最判 1982. 3. 30.
9) 那須克巳, 주4)의 논문, 226-227.

산해지조항으로 인하여 정리절차개시 후 정리회사에 영향을 미칠 수 있다는 사정만으로는 그 조항이 무효라고 할 수 없다"고 판시하여,[10] 도산해제특약은 원칙적으로 유효라는 보면서도 구체적 사정에 따라서는 무효가 되는 경우도 있을 수 있다는 입장을 취하고 있다.

대법원이 위와 같은 입장을 취하는 논거는 다음과 같다. ① 도산해제특약의 적용 결과가 회생절차개시 후 채무자에게 미치는 영향이라는 것은 당해 계약의 성질, 그 내용 및 이행 정도, 해제사유로 정한 사건의 내용 등의 여러 사정에 따라 달라질 수밖에 없으므로 도산해제특약을 일반적으로 금지하는 법률이 존재하지 않는 상태에서 그와 같은 구체적인 사정을 도외시한 채 도산해제특약은 어느 경우에나 회생절차의 목적과 취지에 반한다고 하여 일률적으로 무효로 보는 것은 계약자유의 원칙을 심각하게 침해하는 결과를 낳을 수 있다. ② 상대방 당사자가 채권자의 입장에서 채무자의 도산으로 초래될 법적 불안정에 대비할 보호가치 있는 정당한 이익을 무시하는 것이 될 수 있다. ③ 관리인은 회생절차개시 당시에 존재하는 채무자의 재산에 대한 관리처분권을 취득하는 데 불과하므로 채무자가 사전에 지급정지 등을 정지조건으로 하여 처분한 재산에 대하여는 처음부터 관리처분권이 미치지 아니한다.

우선 ③의 논거에 관하여 보면, 도산해제특약에 관한 논의는 도산해제특약에 관련된 채무자의 재산에 대하여 관리인의 관리처분권이 미치는지 여부를 정하기 위한 것이므로, 관리인의 관리처분권이 미치지 아니한다는 이유로 도산해제특약의 효력을 부정할 수 있다고 보는 것은 타당하지 않다. 아래에서는 주로 ①과 ②의 논거에 관하여 검토하기로 한다.

①의 논거는 도산해제특약의 적용 결과가 회생절차개시 후 채무자에게 미치는 영향은 사정에 따라 달라질 수 있다는 것과 법률상 명문의 근거가 없다는 것으로 요약할 수 있다. 도산해제특약은 채무자의 재산상태가 장래 악화되어 지급정지, 회생절차개시의 신청 등 도산에 이르게 될 경우에 대비한 것이다. 도산절차의 입장에서 보면, 도산절차에 따른 제약의 회피에 그 주된 목적이 있다. 도산해제특약이 도산절차에 미치는 구체적인 영향은 채무자를 둘러싼 여러 사정에 따라 달라질 수 있다고 하더라도, 도산절차의 회피와 이탈이라는 결과는 모든 도산절차에 공통되는 가장 중요한 영향이다. 특정 채권자가 도산해제특약을 통하여 도산절차에서 이탈하여 독자적인 권리 만족을 추구하는 것은 채권자 사이의 형평을 해하고, 여러 명의 이해관계인의 이해를 조정하여 채무자의 회생을 도모하고자 하는

10) 대판 2007. 9. 6. 2005다38263.

통합도산법의 목적을 훼손하는 결과를 낳는다. 결국, 도산절차의 회피와 이탈을 목적으로 하는 도산해제특약은 통합도산법의 입법목적을 침해한다는 점에서 근본적인 문제점이 있기 때문에 이러한 관점에서 그 유효성 여부를 검토하여야 한다. 도산해제특약의 적용 결과가 채무자에게 미치는 영향을 고려하여 사후적인 관점에서 그 유효성을 판단하는 것은 거래당사자의 지위를 불안정하게 만드는 결과를 초래할 뿐이어서 타당하지 않다. 그리고, 통합도산법의 목적을 훼손하는 결과를 낳는 특약이라면, 명문의 규정이 없더라도 해석론을 통하여 그 효력을 부정할 수 있을 것이다.

다음으로 ②의 논거는 도산해제특약으로 채권자가 보호가치 있는 정당한 이익을 취득한다는 것을 전제로 한다. 도산해제특약에 관한 대법원의 판례는 전체적으로 채권자와 채무자 사이에서 누구의 이익을 우선적으로 보호할 것인가라는 접근방식을 취하고 있는 것 같다. 그러나 도산해제특약의 진정한 이해당사자는 채무자라기보다는 채무자의 다른 채권자들이다. 주식회사인 채무자가 도산상태에 이르게 되면 채무자의 주주가 갖는 주식의 가치는 전무하게 되고, 채권자들이 주주에 대신하여 채무자의 재산 분배와 사업 운영의 성패에 실질적인 이해관계를 갖는 지위에 서게 된다. 도산해제특약은 채무자가 도산상태에 이른 경우에 비로소 작동하므로, 그 특약의 당사자인 채권자를 보호하게 되면 그에 따른 피해는 채무자 자신이 아니라 다른 채권자들에게 귀속되는 결과가 된다. 도산해제특약은 다른 채권자들의 피해를 담보로 하여 특정 채권자의 이익을 도모하기 위한 수단이지만, 그 피해의 실질적 당사자인 다른 채권자들은 그 특약에 삽입 여부나 내용 설정에 관여할 수가 없다. 이러한 상황에서 도산해제특약이 정한 채권자의 지위를 보호가치 있는 정당한 것이라고 하기는 어렵다.

마. 검토

건설회사의 경우 건설도급계약의 완수는 회사 운영자금을 조달하는 원천이 될 뿐만 아니라 사회적 신용의 기반을 이룬다. 건설회사가 회생절차의 개시를 신청하였다는 사유만으로 기존의 도급계약이 해제된다면, 이는 건설회사가 회생절차를 수행하기 위한 기반을 상실한다는 것을 의미하고 회생은 처음부터 곤란하게 된다. 건설회사에 있어서 공사의 계속은 회생을 위한 당연한 전제가 되기 때문이다. 도급인이 도산해제특약에 기하여 약정해제권을 행사할 수 있도록 허용하게 되면 다수 이해관계인의 이해관계를 조정하여 채무자의 사업의 효율적 회생을 도모하고자 하는 회생제도의 목적이 훼손되고, 법 제119조가 관리인에게 쌍방미이행 쌍무계약의 이행을 선택할 수 있는 권한을 부여한 취지도 몰각된다. 도산해제특약은 이해관계인의 법률관계를 합리적으로 조정하여 채무자의 효율적인 회생을 도모하고자 하는 통합도산법의 목적에 반하는 것이므로 그 효력을 부정함이 타당하다.

2. 완성공사와 하자보수

건설회사가 건설공사를 완성하여 신축건물을 도급인에게 인도하였으나 아직 공사대금이 지급되지 않은 상태에서 건설회사에 대하여 회생절차가 개시된 경우에 도급인이 이미 발생한 공사하자를 이유로 하여 또는 향후 발생할 수 있는 공사하자를 이유로 하여 공사대금의 지급을 거절하는 경우가 있다. 완성공사의 하자보수를 둘러싼 문제를 회생절차개시 이전에 이미 하자가 발생한 경우와 회생절차의 개시 당시에는 아직 하자가 발생하지 아니한 경우로 나누어 검토하기로 한다.

가. 회생절차개시 이전에 이미 하자가 발생한 경우

도급은 일의 완성에 대하여 보수를 지급할 것을 약정하는 것이므로 일의 완성과 보수의 지급은 서로 대가관계에 있다. 여기서 일의 완성이란 하자 없는 완전한 일을 할 의무를 말하는 것이므로 일의 목적물에 하자가 있는 경우에는 하자보수를 완료할 때까지는 수급인의 채무가 완전히 이행된 것이 아니다. 따라서 도급인은 민법 제536조의 동시이행의 항변권을 주장하여 그 보수를 완료할 때까지 보수의 지급을 거절할 수 있다.[11)]

건설회사에 대하여 회생절차가 개시된 경우, 건설회사가 회생절차의 개시 이전에 발생한 하자를 보수할 의무와 도급인의 공사대금지급의무는 서로 대가관계에 있으므로, 건설공사도급계약은 통합도산법 제119조가 정하는 쌍방미이행의 쌍무계약에 해당한다. 따라서 건설회사는 통상 계약의 이행을 선택하여 하자보수에 응한 후 공사대금을 지급받게 될 것이다.[12)]

나. 회생절차개시 당시 아직 하자가 발생하지 아니한 경우

회생절차의 개시 당시에 아직 하자가 현실적으로 발생하지 아니한 경우라면,

---

11) 대판 1965. 11. 16. 65다1711.

12) 일본에서도 동일하게 처리되고 있다는 점에 관하여는 門口正人, "ゼネコンの會社更生事件を受理して", 旬刊金融法務事情(1998, 1508号), 金融財政事情硏究會, 21 참조.

도급인이 단지 장래에 하자가 발생할 수도 있다는 막연한 이유를 들어 공사대금의 지급을 거절할 수는 없다. 도급인이 공사대금을 지급한 후 하자가 현실화된 경우라면 도급인의 하자보수청구권은 회생채권으로 취급될 것이다.

도급인은 하자가 발생하기 이전이라도 장차 하자가 현실화될 경우 취득할 하자보수청구권을 회생채권(장래의 청구권)으로서 행사하여 회생절차에 참가할 수 있다. 그러나 현재의 실무상 관리인은 현실화되지 아니한 장래의 하자보수청구권을 채권자목록에 기재하지 않고 있고, 도급인이 아직 현실화되지 아니한 장래의 하자보수청구권을 회생채권으로 행사하며 스스로 회생절차에 참가하는 경우도 거의 없다.[13] 따라서, 도급인이 취득하게 될 장래의 하자보수청구권은 회생계획에 반영될 수 없고, 건설회사는 회생계획인가의 결정이 있는 때에 회생계획에서 인정되지 않은 장래의 하자보수청구권에 관하여 그 책임을 면하게 된다(통합도산법 제251조). 이러한 경우 건설회사가 회생절차의 개시 이후 현실화된 하자를 보수하여 달라는 도급인의 요구에 응할 것인지와 만일 건설회사가 도급인의 요청에 따라 하자보수를 행할 경우 회생절차와의 관계에서 이를 정당화할 수 있는지가 문제된다.

하자보수청구권은 회생채권에 해당하므로 회생절차에 따라서만 변제될 수 있다는 이유로 또는 회생계획인가에 따른 면책을 이유로 하여 건설회사가 하자보수를 거부하는 것은 다른 회생채권자와의 형평이라는 관점에서는 그 정당성이 인정될 수도 있을 것이다. 그러나 건설회사가 완성한 공사의 하자보수를 거부하고 하자를 그대로 방치하면 기업 이미지에 큰 타격을 입게 될 것이고 장래 신규공사의 수주에도 부정적인 영향을 미칠 것이다. 이러한 결과는 채권자 일반의 이익에 반하는 것이고 재정적 파탄에 직면하여 있는 채무자의 회생이라는 회생제도의 목적에 부합한다고 보기도 어렵다. 따라서 건설회사가 회생절차개시 이후에 완성된 공사에 관하여 발생한 하자를 보수하여 주는 것은 경영상 합리적인 선택으로 평가될 수 있다.

다만, 회생계획 인가 결정에 의하여 면책의 효력이 발생한 하자보수청구권을 마치 공익채권과 동일하게 취급하게 되는 결과를 어떻게 정당화할 수 있는지가 문제이다. 건설회사의 관리인은 회생채권으로서의 하자보수청구권에 대하여 변제를 행한 것이 아니라, 도급인의 하자보수요청에 따라 경영판단에 의하여 무상으

13) 하자보수보증계약을 체결한 보증기관이 있을 경우라면 그 보증기관이 장차 도급인에 대하여 하자보수보증채무를 이행할 경우 건설회사에 대하여 취득하게 될 구상채권을 장래의 청구권으로 행사하며 회생절차에 참가할 뿐이다.

로 하자보수를 시행한 것이므로, 그에 따라 발생한 비용은 회생절차개시 후 채무자의 업무 및 재산의 관리와 처분에 관한 비용에 해당한다고 볼 수 있다. 따라서 통합도산법 제179조가 정하는 공익채권으로 취급될 수 있을 것이다.[14)]

과거 회사정리실무상으로도 정리회사의 관리인은, 정리계획에 의하여 하자보수 청구권이 인정되었는지 여부를 묻지 않고, 정리절차개시 이전에 완성된 공사에 관하여 정리절차개시 이후 현실화된 하자를 보수하여 왔다. 이러한 실무는 통합도산법의 시행 이후 회생절차에 있어서도 동일하게 유지될 것으로 예상된다. 일본의 민사재생절차 또는 회사생갱절차에 있어서도 고객의 보호, 신용의 확보, 시장에 있어서의 통념 등을 고려하여 마찬가지로 처리되고 있다.[15)]

三. 하수급인과의 관계를 둘러싼 문제

건설회사가 건설공사를 도급받아 시공함에 있어서 모든 공사를 스스로 시공하지는 않는다. 건설회사는 통상 건설공사를 총괄하여 지휘, 감독하는 역할을 담당하고, 토공, 미장, 방수, 석공, 창호 등의 공사를 전문건설업자에게 하도급하여 시공한다. 건설회사에 대하여 회생절차가 개시된 경우 이러한 하도급거래를 둘러싸고, 회생절차개시 당시 이미 시공된 부분과 관련하여 하수급인은 어떠한 권리를 행사할 수 있는지 여부가 문제된다.

1. 회생절차개시 이전에 완성된 공사 부분에 관한 하수급인의 권리

가. 쌍방미이행의 쌍무계약에 관한 통합도산법의 취급

하수급인이 공사를 완성하기 전에 건설회사에 대하여 회생절차가 개시된 경우, 하도급계약은 쌍방미이행의 쌍무계약에 해당하므로, 건설회사의 관리인은 통합도산법 제119조 제1항에 따라 하도급계약을 해제 또는 해지하거나 건설회사의 채무를 이행하고 하수급인의 채무이행을 청구할 수 있다. 이 경우 하수급인은 관리인에 대하여 계약의 해제나 해지 또는 그 이행의 여부를 확답할 것을 최고할 수 있고, 관리인이 그 최고를 받은 후 30일 이내에 확답을 하지 아니하는 때에는 관리인은 해제권 또는 해지권을 포기한 것으로 보게 된다(통합도산법 제119조 제2항).[16)]

14) 河野玄逸,, "ゼネコン倒産の諸問題", 講座 倒産の法システム(2006, 第4卷), 日本評論社, 413.
15) 河野玄逸, 주14)의 논문, 413쪽 참조; 門口正人, 주12)의 논문, 21 참조.

관리인이 하도급계약을 해제 또는 해지한 때에는 상대방인 하수급인은 손해배상에 관하여 회생채권자로서 그 권리를 행사할 수 있다(통합도산법 제121조 제1항). 손해배상의 범위는 계약의 해제 또는 해지가 실질적으로 건설회사의 귀책사유에 의한 이행불능으로 볼 수 있기 때문에 신뢰이익뿐만 아니라 이행이익의 상실에 의한 손해배상을 포함한다.[17] 한편, 채무자인 건설회사가 받은 반대급부가 채무자의 재산 중에 현존하는 때에는 하수급인은 그 반환을 청구할 수 있으며, 현존하지 아니하는 때에는 하수급인은 그 가액의 상환에 관하여 공익채권자로서 그 권리를 행사할 수 있다(통합도산법 제121조 제2항).

관리인이 계약의 이행을 선택하거나 상대방의 최고에 대하여 확답을 하지 아니하여 이행선택이 간주되는 경우에는 공평의 관점으로부터 계약의 상대방인 하수급인이 가지는 보수청구권은 공익채권이 된다(통합도산법 제179조 제7호).

나. 해제가 선택된 경우의 구체적 법률관계

(1) 해제의 범위

도급계약이 체결되면 수급인은 도급인에 대하여 보수청구권을 취득하지만 그 보수의 지급시기는, 당사자 사이에 특약이나 관습이 없으면, 완성된 목적물의 인도와 동시에 지급하여야 하고, 목적물의 인도를 요하지 아니하는 경우에는 일을 완성한 후 지체없이 지급하여야 한다(법 제665조 제1항). 따라서, 일의 완성의무는 선이행의무이고 보수는 후급이 원칙이며,[18] 일반적으로 도급계약에 있어서 도급인이 완성하여야 하는 일은 불가분이라고 보게 된다.[19]

그런데 건설회사가 하수급인과 공사의 일부에 관한 하도급계약을 체결할 때에는 전형적인 도급계약과는 달리 당해 공사가 완성되기 전이라도 일정한 기간이나 공정마다 기성고를 확인하고 그에 상응한 공사대금을 지급하기로 약정하는 것이 일반적이다. 또한 공사도급계약이 해제되는 경우에 계약 전부를 소급적으로 소멸

16) 통합도산법 제3편의 파산절차에서 도급인이 파산한 경우 민법 제674조에 의하여 파산관재인뿐만 아니라 수급인에게도 계약해제권이 인정되는 것과 달리 제2편 회생절차에서는 관리인만이 해제 또는 이행의 선택권을 갖는다.

17) 임채홍 · 백창훈, 주5)의 책, 359. 손해배상액은 구체적으로 이행에 갈음한 손해배상액으로부터 상대방이 자신의 채무를 면하거나 또는 이미 일부 이행한 급부의 반환을 청구함으로써 얻는 이익을 공제한 잔액이다.

18) 곽윤직, 민법주해(XV)(1997), 박영사, 448. 목적물의 인도가 필요한 경우에도 보수의 지급과 동시이행의 관계에 서는 것은 목적물의 인도이고, 일의 완성 그 자체가 보수의 지급과 동시이행관계에 서는 것은 아니다.

19) 서경환, “회사정리절차가 계약관계에 미치는 영향”, 재판자료집(제86집), 법원행정처, 664; 임채홍 · 백창훈(주5), 378.

시켜 이미 완성된 공사 부분까지 무위로 돌리는 것은 사회경제적으로 큰 손실을 초래하게 되므로 해제의 효과를 제한할 필요성이 있다는 것은 일반적으로 인정되고 있다.

여기서 관리인이 하도급계약의 해제를 선택한 경우에 회생절차개시 이전에 완성된 공사 부분을 포함한 하도급계약 전체가 해제의 대상이 되는 것인지, 아니면 회생절차개시 당시 아직 시공되지 않은 공사 부분에 한하여 해제의 효과가 발생하는 것으로 보아야 하는지가 문제된다.

건축공사도중 도급인이 수급인의 채무불이행을 이유로 도급계약을 해제한 사안에 관하여, 대법원은 미완성 부분에 대하여서만 도급계약이 실효된다고 보아야 한다는 입장을 취하고 있다.[20] 즉, 판례는 계약 해제로 인한 소급효를 건설공사도급계약에 그대로 적용할 경우 이미 진척된 공사를 원상으로 회복하게 되어 중대한 사회적, 경제적 손실을 초래하게 된다는 사정을 고려하여, 계약 해제 시를 기준으로 건설공사도급계약을 이미 완성된 부분과 아직 완성되지 않은 부분으로 나눈 다음, 이미 완성된 부분에 대하여는 해제의 소급효를 제한하고 있다.

일본의 판례도 같은 입장이라고 할 수 있으나,[21] 해제의 소급효를 제한하는 이론 구성을 취하지 않고, 이미 완성된 부분에 관하여는 계약을 해제할 수 없고, 미완성 부분에 관한 계약의 일부 해제를 할 수 있다고 보아 해제의 범위를 제한하는 입장을 취하고 있는 점에서 차이가 있다.

우리 민법은 해제를 소급효 있는 해제와 소급효 없는 해제로 나누고 있지 않으

20) 대법원은 "계약의 해제로 인하여 계약의 효력은 소급적으로 소멸되어 상호 원상회복의무를 부담하게 되고 도급계약에 있어서는 수급인은 일이 완성되었을 때에만 보수를 청구할 수 있는 것이라고 하겠지만, 건설도급계약에 있어서는 미완성부분이 있는 경우라도 공사가 상당한 정도로 진척되어 그 원상회복이 중대한 사회적, 경제적 손실을 초래하게 되고 완성된 부분이 도급인에게 이익이 되는 경우에는 위와는 달리 다루어야 할 것이다. 다시 말하자면 수급인의 채무불이행을 이유로 도급인이 그 도급계약을 해제한 경우 미완성부분에 대하여서만 도급계약이 실효된다고 보아야 하는 것이다. 이는 건물 기타 토지의 공작물에 대한 도급인의 해제권을 부인한 민법 제668조 단서의 취지에 미루어 보거나 신의칙에 비추어 보더라도 그렇다. 따라서 이와 같은 경우에는 수급인은 해제한 때의 상태 그대로 그 건물을 도급인에게 인도하고 도급인은 그 건물의 완성도 등을 참작하여 인도받은 건물에 상당한 보수를 지급하여야 할 의무가 있다"고 판시하였다(대판 1986. 9. 9. 85다카1751).

21) 日最判 1981. 2. 17.에서는, 주택신축공사를 내용으로 하는 도급계약을 체결하면서 공사대금은 기성고에 따라 지불하되 매월 25일에 기성정산을 하여 다음달 10일에 기성공사대금을 지불하기로 약정하였으나, 수급인의 채무불이행을 이유로 도급인이 공사계약을 해제하였고, 그 해제 당시 기성고가 49.4%이었으며, 해제 이후 도급인이 기성공사부분을 인계받아 공사를 속행하여 이를 완성하였던 사안에 관하여, "공사내용이 가분이고 더욱이 당사자가 기시공부분의 급부에 관하여 이익을 가지는 때에는 특단의 사정이 없는 한 기시공부분에 관하여는 계약을 해제할 수 없고, 미시공부분에 관한 계약의 일부 해제를 할 수 있을 뿐이라고 해석하는 것이 상당"하다고 판시하였다. 우리 대법원과 기본적으로 동일한 태도를 취하고 있으나, 계약의 일부 해제만이 가능하다는 것을 명확히 한 점에 차이가 있다.

므로, 대법원 판례와 같이 미시공 부분에 관하여 해제의 소급효를 제한하기 보다는 계약의 일부 해제를 인정하는 것이 보다 간명한 이론 구성이 아닐까 생각한다.[22] 한편, 우리 민법이 계약의 효력을 장래에 대하여 소멸시키는 방법으로 해지를 인정하고 있고, 공사도급계약에서 수급인이 이미 제공한 노무에 대하여 이를 소급적으로 소멸시킨다는 일은 있을 수 없다는 점을 고려하면, 공사도급계약을 계속적 채권관계를 발생시키는 계약에 준하는 것으로 보아 계약의 해지만이 가능한 것으로 해석하는 방법도 생각할 수 있을 것이다.

어떠한 해석론에 의하든, 미완성 부분에 대하여는 해제의 효력이 발생하지 않는다는 점에는 차이가 없다. 건설회사의 관리인이 통합도산법 제119조에 기하여 하도급계약을 해제하는 경우에도 이와 달리 볼 이유는 없으므로, 대법원 판례의 취지가 그대로 적용된다고 할 것이다. 즉, 하도급계약에서 미완성 부분이 있다고 하여도 이미 진행된 공사의 원상회복이 중대한 사회적·경제적 손실을 초래하게 되고 완성된 부분이 도급인에게 이익이 되는 경우라면, 하도급계약을 가분적인 것으로 취급하여 이미 공사가 완성된 부분에 대하여는 계약의 해제를 허용하지 않고, 미완성 부분에 대하여 계약의 일부 해제만이 가능하다고 보아야 할 것이다.[23]

(2) 하수급인의 공사대금청구권의 법적 성격

이상에서 논의한 것과 같이 건설회사의 관리인이 통합도산법 제119조에 따라 하도급계약을 해제하더라도 이미 완성된 공사 부분에 대하여는 아무런 효력을 미치지 않는다고 본다면, 그 부분에 관한 하수급인의 공사대금청구권은 회생절차 개시 전의 원인으로 생긴 재산상의 청구권으로서 회생채권에 해당하게 된다는 것에 대하여 논란의 여지가 없다(통합도산법 제118조 제1호).

그러나, 이와 달리 통합도산법 제119조에 따라 하도급계약을 해제하면 이미 완

22) 李在性, "건축도급계약의 중도해제와 그 경우의 법률관계", 李在性判例評釋集 제10권, 법률문화원, 528. 이 논문은 위 대법원 판례가 건설도급계약의 경우 기시공부분에 대하여는 계약해제의 효과가 미칠 수 없음을 명백히 하였지만 계약해제의 효과가 제한된다는 설시보다는 기시공부분에 대한 계약해제는 불허한다고 설시하는 편이 옳았다고 비판한다. 위 논문 534쪽 참조.

23) 일본에서 주21)의 판례를 토대로 하여 동일한 결론을 도출하는 학설에 관하여는 東京地裁会社更生実務研究會, 会社更生の実務(上)(2005), 金融財政事情研究会, 283-284 참조. 会社更生法 제61조에 의한 미이행쌍무계약의 해제에 있어서도 기시공부분을 포함한 무제한의 해제를 인정하여야 할 합리성을 도출하기 곤란한 점과 건설도급계약의 취지 및 사회적 의의를 고려하여 그 해제의 범위를 미시공부분에 한정하여야 하고, 기시공부분에 관한 보수 등의 청구권은 갱생채권이 되며, 그 반면에 해제의 범위에 포함되지 않는 목적물의 기시공 부분은 도급인의 소유에 귀속된다고 한다.

성된 공사 부분을 포함한 하도급계약 전체가 해제된다고 볼 경우에는 하수급의 공사대금청구권이 회생채권인지 아니면 공익채권인지에 관하여 견해가 대립할 수 있다. 파산절차에서 도급계약 일반의 취급에 관하여 민법 제674조 제1항은 "도급인이 파산선고를 받은 때에는 수급인 또는 파산관재인은 계약을 해제할 수 있다. 이 경우에는 수급인은 일의 완성된 부분에 대한 보수 및 보수에 포함되지 아니한 비용에 대하여 파산재단의 배당에 가입할 수 있다"고 규정하고 있다. 이를 하도급계약에 적용하면 하수급인의 공사대금청구권(또는 공사대금에 상당한 손해배상청구권)은 재단채권이 아니라 파산재단의 배당에 참가하여야 하는 파산채권에 해당하게 된다. 그러나, 회생절차에 관하여는 이와 같은 규정이 없고, 하수급인이 이미 완성한 공사부분에 대한 보수청구권은 통합도산법 제121조 제2항이 정하는 채무자가 받은 반대급부에 관한 청구권으로서 공익채권에 해당한다고 볼 여지도 있기 때문이다.

통합도산법 제119조에 따른 하도급계약 해제의 효력이 이미 완성된 공사 부분을 포함하여 계약 전체에 미친다고 보는 견해는 하도급계약이 불가분이라는 입장에 전제로 한 것이다. 이러한 입장에 서면 하도급계약이 공사 완성 이전에 해제된 이상 원칙적으로 공사의 완성을 내용으로 하는 반대급부가 이루어진 것으로 볼 수 없으므로, 통합도산법 제121조 제2항의 적용 문제는 발생하지 않는다. 즉, 하수급인이 아직 반대급부를 이행하지 않은 이상 그 반환청구의 문제나 그 가액의 상환 문제는 발생할 여지가 없는 것이다. 그러나, 이러한 논리를 그대로 이어가면 하도급계약에 따라 공사의 일부를 완성한 하수급인은 하도급계약에 따라 공사를 일부 시공하고도 그에 상응한 보수를 받을 수 없게 되는 문제가 발생하게 된다. 파산절차에 관한 민법 제674조 제1항은 이러한 하수급인의 지위를 보호하기 위한 규정이고, 대법원 판례가 공사도급계약 해제의 소급효를 제한하고 있는 것도 같은 맥락에서 이해할 수 있다. 따라서 하도급계약의 불가분성을 강조하는 입장이라도, 하수급인은 해제의 소급효를 제한하는 판례 이론을 근거로 하여 공사대금청구권이 회생채권이라고 보는 것이 타당하다. 하도급계약 해제의 효력이 이미 완성된 공사 부분에 소급하지 않는 이상 반대급부의 반환에 관한 통합도산법 제121조 제2항은 적용될 여지가 없는 것이다.

결과적으로 통합도산법 제119조에 따른 하도급계약의 해제 범위에 관하여 어떠한 견해를 취하든, 하수급인이 이미 완성된 공사 부분에 관하여 가지는 공사대금청구권은 회생채권에 해당한다고 보아야 한다.[24)]

---

24) 건축공사도급계약이 중도에 해제된 경우, 도급인이 지급하여야 할 보수액의 산정방법에 관

다. 이행이 선택된 경우의 구체적 법률관계

(1) 학설의 대립

일정기간마다 기성고를 검사하여 그 기성고에 따라 공사대금을 지급하는 하도급계약에 있어서 관리인이 통합도산법 제119조에 따라 하도급계약의 이행을 선택하거나 이행선택이 간주되는 경우에 기시공 부분에 관한 하수급인의 보수청구권이 회생채권인지 아니면 공익채권인지에 관하여 견해가 대립하고 있다.

공익채권설은 관리인이 이행을 선택한 경우 상대방의 보수청구권 또는 비용상환청구권은 회생절차개시 전의 기성고에 관한 부분을 포함하여 전액 공익채권이 된다고 한다. 일반적으로 도급계약에 있어서 도급인이 완성하여야 하는 일은 불가분적이라는 점과 관리인이 계약 중 일부만의 이행을 선택하는 것이 허용되지 아니한다는 점을 근거로 한다.[25] 또한 이 견해는 실무상 수급인의 기성공사대금채권을 공익채권으로 보지 않는다면 수급인의 비협조로 인하여 계약의 이행을 선택한 관리인의 의사는 실현되지 않을 것이라고 주장한다.[26]

회생채권설은 관리인이 이행을 선택한 경우 회생절차개시 이후에 완성된 공사에 관한 보수청구권만이 공익채권이 된다고 한다. 일정기간마다 기성고를 검사하여 그 기성고에 따른 공사대금을 지급하는 경우에는 각각의 급부가 가분이고 매월의 기성고와 그에 대한 기성공사대금의 지불이 대가관계에 서기 때문에 통합도산법 제119조의 쌍방미이행 쌍무계약에 관한 규정은 미완성부분의 공사에 관하여만 적용된다고 보아야 한다는 점을 근거로 한다.[27] 계속적 공급계약의 경우 회생

하여 대판 1995. 6. 9. 94다29300, 94다29317은 "수급인이 공사를 완성하지 못한 채 공사도급계약이 해제되어 기성고에 따른 공사비를 정산하여야 할 경우, 특별한 사정이 없는 한 그 공사비는 약정총공사비에서 막바로 미시공 부분의 완성에 실제로 소요될 공사비를 공제하여 산정할 것이 아니라 기성 부분과 미시공 부분에 실제로 소요되거나 소요될 공사비를 기초로 산출한 기성고 비율을 약정 공사비에 적용하여 산정하여야 하고, 기성고 비율은 이미 완성된 부분에 소요된 공사비에다가 미시공 부분을 완성하는 데 소요될 공사비를 합친 전체 공사비 가운데 이미 완성된 부분에 소요된 비용이 차지하는 비율이"라고 판시하였다.

25) 서경환, 주19)의 논문, 664; 임채홍 · 백창훈, 주5)의 책, 378; 송각엽 "도산절차가 도급계약관계에 미치는 영향", 건설재판실무논단, 서울중앙지방법원, 430. 일본 문헌으로는 廣谷章雄, "請負契約と倒産", 新 · 裁判實務大系(2006, 第27卷), 青林書院, 279; 東京地裁会社更生実務研究會, 주23)의 책, 285-286쪽이 도급계약 일반에 관하여 동일한 견해를 취하고 있으나, 수급인의 일의 내용이 계속적 급부를 목적으로 하는 계약에 해당하는 경우라면 갱생절차개시전의 기시공분은 갱생채권이, 갱생절차채시후의 기시공분 및 시공되어야할 미시공분은 공익채권이 된다고 한다.

26) 임치용, "회사정리절차와 쌍무계약", 사법논집(제36집), 법원행정처, 327.

27) 서울지방법원, 회사정리실무(개정판)(2002. 2.), 188-189 참조. 이 실무책자에서는 "서울지방법원의 실무는 공사도급계약상 중간공정마다 기성고를 확정하고 그에 대한 공사대금을 지급하는 형태로 되어 있는 경우 공사대금청구권과 대가관계에 있는 공사이행청구권 역시 분할되는 급부라는 점을 중시하여 개시결정 이후 완서된 공사분에 한하여 공익채권으로 취급하

절차개시 전에 이미 공급된 부분에 관하여는 통합도산법 제119조가 적용될 수 없고 그 대가청구권은 회생채권이 되는 것과 마찬가지로[28] 건설도급계약에 있어서도 쌍방미이행의 쌍무계약에 관한 규정은 쌍방의 미이행 부분이 서로 대가관계에 있는 경우에 적용되어야 한다고 주장한다.[29]

2003. 2.경 다음에서 보는 대법원 판례가 나오기 이전까지 서울중앙지방법원 파산부의 실무는 회생채권설의 입장에서 처리되었다.

(2) 판례의 태도

대법원은 구 회사정리법 시행 당시 아파트 건설공사 중 전기통신공사 부분을 하도급하면서 기성금을 매월 1회 지급하기로 약정한 사안에 관하여 "일반적으로 도급계약에 있어서 수급인이 완성하여야 하는 일은 불가분이므로 그 대금채권이 회사정리절차개시 전의 원인으로 발생한 것과 그러하지 아니한 것으로 분리될 수 없는 것이 원칙이고, 공사대금의 지급방법에 관하여 매월 1회씩 그 기성고에 따라 지급하기로 한 것은 중간공정마다 기성고를 확정하고 그에 대한 공사대금을 지급하기로 한 것과는 다를 뿐 아니라, 도급인인 정리회사의 관리인들이 단순히 수급인에 대하여 도급계약에 따른 채무이행의 청구를 한 것을 넘어서서 수급인과 사이에 당초의 도급계약의 내용을 변경하기로 하는 새로운 계약을 체결하기까지 하였다면, 정리개시결정 이전에 완성된 공사 부분에 관한 대금채권이라는 이유로 공익채권이 아니라 일반 정리채권에 불과한 것으로 취급될 수 없다"[30]고 판시하였고, 그 후 매월 1회 기성공사부분의 검사를 시행하여 검사에 합격한 때에는 기성부분금을 검사완료일부터 60일 이내에 지급하기로 약정한 사안에 관하여 "이 사건 공사대금의 지급방법에 관하여 쌍방이 매월 1회씩 그 기성고에 따라 지급하기로 약정한 것이라고 보일 뿐, 중간공정(예컨대, 제작, 도장, 운송, 설치기성 등)을 완료할 때마다 완성된 부분의 기성고를 확정하고 그에 대한 공사대금을 지급하기로 한 것으로는 보이지 아니하므로 위 각 도급계약에 기한 원고의 채무는 피

고 있다"고 기술하고 있는바, 그 실무처리방식에 비추어 "중간공정마다"는 "일정기간마다"라는 의미로 보인다.

28) 하도급계약은 1개의 계약이지만, 계약에 기한 급부는 반복, 계속하여 이루어지고 그 보수도 일정기간의 기성고에 의하여 지불되는 것이 보통이므로 대부분의 계약은 가분적인 평가가 가능하고 건설공사완성까지를 기한으로 한 계속적 급부를 목적으로 하는 계약으로 보는 것도 가능하다는 견해도 있다. 那須克巳(주4), 앞의 논문, 299 참조.

29) 中島健仁,, "ゼネコンの会社更生をめぐる法的諸問題,", Credit & Law(1997. 10. No.97), 商事法務硏究會 22-23.

30) 대판 2003. 2. 11. 2002다65691.

고 회사에 대한 회사정리절차 개시 당시에 아직 이행이 완료되지 않았다고 보고 이 사건 미지급 공사대금채권이 회사정리법상의 공익채권에 해당된다고 판단한" 원심을 정당하다고 판시하였다.[31][32]

이러한 판례의 태도에 의하면, 전체 공사를 독립된 가치를 가진 공정별(예컨대, 터파기 공사, 골조공사, 설비공사, 마무리공사 등)로 나누고 각 공정별로 지급될 공사대금을 따로 정한 경우라면 회생절차의 개시 이전에 이미 완성된 공정에 관한 공사대금채권은 회생채권에 해당하게 될 것이다.[33] 그러나 건설회사가 하도급을 할 때에는 제작, 도장, 운송 등의 각 중간공정마다 별도의 전문건설업자와 하도급계약을 체결하는 것이 일반적이기 때문에 하도급과 관련하여 위와 같은 기준이 적용될 수 있는 경우는 많지 않을 것이고, 결국 하수급인의 기성공사대금채권은 대부분 공익채권으로 취급될 것이다.

(3) 비교법적 검토

(가) 일본의 실무

도급인인 건설회사에 대하여 회사갱생절차가 개시된 경우에, 관재인이 회사갱생법 제61조에 기하여 하도급계약의 이행을 선택하면, 하수급인이 회사갱생절차의 개시 전에 기시공한 부분에 관한 공사대금채권을 갱생채권으로 취급하는 것이 지배적이고, 민사재생절차에 있어서도 동일한 취급이 일반적이라고 한다.[34][35]

---

31) 대판 2004. 8. 20. 2004다3512,3529.

32) 한편, 정리회사가 개시결정 전에 아파트를 분양하였고 그 공사를 지체하다가 개시결정을 받고나서 미이행의 쌍무계약의 이행을 선택하여 그 준공을 하였으나 준공을 지체한 경우에도 아파트 수분양자가 정리회사에 대하여 갖는 개시결정 후의 지체기간에 따른 지체상금에 대하여는 구 회사정리법 제121조 제1항 제2호 소정의 정리절차 개시 후의 불이행으로 인한 손해배상과 위약금에 해당하는 후순위정리채권이라고 볼 수 있지 않을까 하는 의문이 있다. 이에 관하여 대법원은 구 회사정리법 제208조 제7호가 규정하는 공익채권에 해당한다고 판시하였다. 대판 2002. 5. 28. 2001다68068 참조

33) 최종길, "가. 도급공사의 기성공사부분에 대한 대금청구 채권이 회사정리법상 공익채권에 해당하는 경우 나. 회사정리법 제145조에 규정된 '확정판결과 동일한 효력'의 의미 및 공익채권자가 자신의 채권을 정리채권으로 신고한 사정만으로 자신의 채권을 정리채권으로 취급하는 데 동의하였다거나 공익채권자의 지위를 포기한 것으로 볼 수 있는지 여부(소극)", 대법원판례해설(2005, 52호), 법원도서관, 200 참조.

34) 河野玄逸, 주14)의 논문, 419.

35) 이와 달리 파산절차에 있어서 도급인인 건설회사에 대하여 파산절차가 개시된 경우에는 파산관재인이 파산법 제53조에 기하여 하도급계약의 이행을 선택하면 하수급인의 미회수보수·비용은 파산절차개시전의 이행부분을 포함하여 모두 재단채권이 되는 것으로 해석되고 있다는 점에 관하여는 斎藤秀夫 外 2人編, 注解破産法(1998, 第3版), 青林書院 332; 河野玄逸, 주14)의 논문, 417-418 참조. 파산절차와 회사갱생절차·민사재생절차에 있어서 기성공사대금채권의 취급을 달리할 이유는 없으므로, 이와 같은 불일치는 논리적 모순이라고 보아야 한다.

이러한 실무 형성의 배경사정으로서는, ① 하도급계약의 다수가 일정기간마다 기성고에 따른 공사대금지불을 가분급부의 형태로 정하고 있어, 기성고 부분에 관하여는 회사갱생법 제62조의 계속적 급부를 목적으로 하는 쌍무계약과 동일하게 취급하는 것이 거래실태에 적합한 점, ② 건설회사의 도산 시점에 있어서 하수급인의 기성공사대금채권을 모두 공익채권으로 보호한다면 갱생계획의 입안이 사실상 불가능하게 되는 점, ③ 갱생절차개시 시점을 기준으로 공사를 전부 이행한 하수급인과 일부만 이행한 하수급인 사이에 처우면에서 현저한 차등을 두게 되어 하수급인 사이의 형평을 현저히 훼손하는 점 등이 제시되고 있다.[36)]

(나) 미국의 이론[37)]

미국에서는 통합도산법의 쌍방미이행 쌍무계약에 대응하는 개념으로서 executory contract라는 개념이 존재한다. Executory contract가 무엇을 말하는지에 관하여 미국 도산법에는 아무런 규정을 두고 있지 않아 학설이 대립하고 있지만, Countryman이 정의한 개념이 일반적으로 받아들여지고 있다. 즉, 채무자와 상대방 쌍방이 부담하는 계약상 의무가 이행되지 않고 있어 어느 일방의 채무불이행이 상대방의 채무를 면제시키는 실질적 계약위반을 구성하는 상태에 있는 계약을 executory contract라고 한다.[38)]

회생절차의 관리인에 대응하는 trustee(또는 Debtor in possession)는 계약종료의 사유를 구성하는 채무불이행이 있더라도 계약의 이행을 선택(assumption)할 수 있으나, 이행을 선택하려면 먼저 채무불이행 상태를 해소하고 상대방이 입은 손해를 배상하여야 하며 장래의 채무가 이행될 것이라는 점에 관한 적절한 보장(adequate assurance)을 제공하여야 한다.[39)] 만일 trustee가 executory contract의 이행을 선택한다면, 채무부담을 포함한 계약 전체를 선택하여야 한다. 계약 중 마음에 드는 일부만을 골라 선택할 수는 없다.[40)]

---

36) 河野玄逸, 주14)의 논문, 419-420.

37) Douglas G. Baird, 주6)의 책, 126-127 참조.

38) Vern Countryman, Executory Contracts in Bankruptcy: Part I, 57 Minn.L.Rev. 439 (1973)

39) 11 U.S.C. §365(b)

40) In re Crippin, 877 F.2d 594(7th Cir. 1989). 이 사건은 chapter 13을 신청한 채무자가 그 신청 전에 고용주인 회사와 사이에 근로자 주식 투자 플랜(Employee Stock Investment Plan, 이하 SIP라고 한다)에 가입하기로 한 계약을 해제(rejection)하였던 사안이다. SIP는 근로자의 급여를 15% 삭감하는 대신 그에 상응하는 회사 주식을 배정하는 내용이었는데 채무자는 삭감된 급여를 원상으로 회복하여야 Chapter 13에 따른 채무변제계획을 수행할 수 있었기 때문에 SIP의 해제를 선택하였다. 이에 대하여 연방항소법원은 SIP만을 떼어놓고 보면 채무자의 근로제공과 회사의 주식 배정이 서로 대가관계에 있는 것처럼 보이지만, SIP는 본질적으로 보수체계의 일부로서 고용관계의 본질적인 부분을 이루기 때문에 고용관계에 따른 다른 보상을 유지하면서 SIP만을 분리하여 해제할 수는 없다고 판시하였다. 이 판결은 도산

이와 같은 미국 도산법 규정과 이론은 통합도산법상 쌍방미이행 쌍무계약과 다음과 같은 점에서 차이가 있다. 즉 Executory contract는 쌍무계약에 한정되지 않고 보다 광범위하게 적용될 수 있는 유연한 개념이다. 미국 도산법과 달리 통합도산법 제119조는 쌍방미이행 쌍무계약의 이행선택을 위하여 채무불이행 상태를 해소할 것을 요구하고 있지 않다. 또한 통합도산법 제122조 제1항은 계속적 급부를 목적으로 하는 쌍무계약에 있어서 회생절차개시신청 전의 공급으로 발행한 채권이 회생채권 또는 회생담보권에 해당한다고 규정하고 있어 계약 중 일부에 관한 이행선택을 명문의 규정으로 인정하고 있다.

(4) 회생절차에서의 구체적 실무처리례

서울중앙지방법원 파산부는 2003. 2. 이후부터 대법원 판례에 따라 건설회사의 관리인이 하도급계약의 이행을 선택하는 경우 회생절차개시 이전의 기성공사대금채권을 포함한 공사대금 전액을 공익채권으로 취급하고 있다. 그러나 건설회사의 경우 회생절차개시 이전의 기성고에 대한 기성공사대금채권을 공익채권으로 취급하여 회생절차에 의하지 아니하고 수시로 변제하는 것은 자금사정상 곤란한 경우가 대부분이고, 기성공사대금채권의 수시 변제를 전제로 하여서는 회생계획안의 입안도 사실상 불가능하게 된다. 결국 건설회사가 회생절차를 통하여 사업재건을 도모하기 위하여는 공익채권자인 하수급인으로부터 채권의 감면 내지 유예에 관한 합의를 얻어내는 것이 필요하다. 서울중앙지방법원 파산부는 건설회사의 관리인에게 공익채권자와 개별적으로 변제조건의 변경에 관한 합의를 도출하도록 한 후 이를 토대로 회생계획안을 입안하도록 지도하고 있다.

구체적인 예로는 주식회사 세창의 경우 관리인의 이행선택에 의하여 공익채권으로 분류된 하수급인이 96개 업체이고 기성공사대금채권액은 합계 369억 원이었는데 그중 89개 업체(채권액 합계 356억 원)와 사이에 기성공사대금 중 50%를 면제한 후 나머지 50%를 3년간 분할변제하는 내용으로 개별 합의를 하였다.

(5) 검토

일반적으로 도급계약에서 수급인이 완성하여야 하는 일은 불가분이라고 하여도

법원이 채무자에게 불리한 계약에서 벗어날 수 있는 해제(rejection)의 권한을 부여할 수 있는 반면, 채무자가 보다 유리한 조건으로 채무를 이행할 수 있도록 계약을 다시 작성할 수 있는 권한을 부여할 수는 없다고 판시하였다(While bankruptcy courts have the power to allow debtors to escape burdensome contracts by rejecting them, bankruptcy courts do not have the power to rewrite contracts to allow debtors to continue to perform on more favorable terms).

모든 도급계약상의 채무를 일률적으로 불가분이라고 볼 이유는 없다. 도급계약에 의하여 수급인이 하여야 하는 급부가 가분인 것으로 취급될 수 있는 경우라면, 그에 상응하는 대금채권 역시 가분으로 취급될 수 있을 것이다. 수급인의 채무불이행을 이유로 도급인이 그 도급계약을 해제한 경우 미완성부분에 대하여서만 도급계약이 실효된다고 보아야 한다는 대법원 판례는 건설도급계약에 있어서 수급인의 공사이행의무가 가분인 것으로 취급될 수 있음을 시사한 것으로 평가할 수 있다.

통합도산법 제119조가 쌍방미이행 쌍무계약에 관한 관리인의 선택권을 규정하고 있는 이유는, 본래 쌍무계약에 기한 쌍방채무는 서로 대가관계에 있고 상호간에 담보시하여 동시이행의 항변권을 통하여 당사자 사이의 공평을 기하고 있는데,[41] 상대방에 대하여 자신의 채무를 완전히 이행하도록 강제하면서 대가관계에 있는 상대방의 채권은 회생채권으로 취급하여 불이익을 감수하도록 하는 것은 형평에 반하기 때문이다[42]. 건설도급계약의 경우 회생절차개시 당시 이미 시공이 완료된 부분에 관하여는 통합도산법 제119조에 의하여 형평을 도모할 필요성을 인정하기 어렵다.[43] 따라서 상대방의 보호를 도모한다는 통합도산법 제119조의 취지를 고려하더라도 건설도급계약에 있어서 미시공부분에 한하여 통합도산법 제119조를 적용하는 것이 가능할 것이다.

회생절차개시 당시 이미 이행을 완료하고 있는 하수급인과 아직 이행을 완료하지 않은 하수급인 사이의 형평도 고려하여야 한다. 회생절차개시 전에 이미 모든 공사를 완성하였다면 그 대가는 전액 회생채권이 된다. 회생절차개시 당시 일부 미이행 부분이 있어 관리인에 의하여 이행이 선택되는 경우에는 이와 달리 공사대금채권이 전액 공익채권으로 취급된다면 공사를 모두 완성한 채권자로서는 용인하기 어려울 것이다. 이미 완성된 부분만으로는 경제적 가치가 인정되지 않지만 나머지 공사를 완성시키는 것에 의하여 급부 전체가 경제적인 가치를 가지게 되는 것과 같이 예외적인 경우, 즉 가분적 평가가 불가능한 경우를 제외하고, 채권 전액을 공익채권으로 취급하는 것은 타당성이 없다.[44] 회생절차개시 당시 완

41) 대판 2000. 4. 11. 99다60559.

42) 임채홍 · 백창훈, 주5)의 책, 351; 三ヶ月 章 外 5人 著, 条解 会社更生法(中)(1999), 弘文堂, 292.

43) 那須克巳, 주4)의 논문, 229. 주20)에서 인용한 대법원 판례에 의하면 건설도급계약에 있어서 기시공부분의 원상회복이 중대한 사회적, 경제적 손실을 초래하게 되고 완성된 부분이 도급인에게 이익이 되는 경우에는 기완성부분에 관하여는 해제의 효력이 미칠 수 없게 된다. 이러한 판례에 의하여도 통합도산법 제119조에 의한 관리인의 해제 또는 이행의 선택권은 미완성부분에 관하여만 인정된다고 볼 수도 있을 것이다.

성된 공사에 관한 대가는 회생채권으로 취급하는 것이 이러한 불균형을 해소하는 방법일 것이다.

건설회사는 통상 건설공사의 진행 도중에 자금사정의 악화로 인하여 하수급인에게 일정기간마다 지급하여야 할 기성고에 따른 공사대금을 지급할 수 없게 된 상태에서 회생절차의 개시를 신청한다. 그런데 건설회사가 회생절차가 개시된 이후에도 공사가 완료되지 않은 하도급계약에 기하여 발생한 기성공사대금을 모두 공익채권으로 변제하여야 한다면, 건설회사는 회생절차 초기의 운전자금을 확보할 수 없게 되고 회생계획의 입안도 사실상 불가능하게 된다. 공익채권설의 입장은 건설회사에 대하여 회생절차의 이용을 원천적으로 봉쇄하는 것과 마찬가지 결과를 초래하는 점에서 근본적인 문제점을 안고 있다.

대법원 판례에 따른 현재의 실무에 있어서 건설회사는 운전자금을 확보하기 위하여 공익채권자인 하수급인과 사이에 개별적인 합의를 도모하고 있다는 것은 앞에서 본 것과 같다. 그러나 회생절차가 개시된 이후 사업의 안정화를 도모하고 회생채권의 파악, 회생계획의 수립 등을 위하여 전력을 기울여야 할 시점에서 관리인이 개별 하수급인과 합의를 도출하기 위하여 동분서주하는 것은 건설회사의 효율적인 회생을 저해하는 요인이 된다. 또한 서울중앙지방법원 파산부의 실무례에서 보는 바와 같이 대부분의 하수급인은 관리인과 개별적인 협상을 통해서 권리의 대폭적인 감면 내지 권리행사 유예에 동의하고 있다. 이러한 현상은 하수급인들이 권리의 감축 내지 포기를 어쩔 수 없는 것으로 받아들이는 한편, 하수급인의 생존을 위하여도 건설회사가 회생절차를 통해 재건되는 것이 미이행공사의 계속 시공과 신규 공사의 수주를 위하여 바람직하다고 인식하고 있음을 나타낸다.[45] 하수급인의 기성공사대금채권을 회생채권으로 취급하여 관리인이 하수급인과의 협상 부담을 덜고 건설회사의 회생에 전력을 다할 수 있도록 하고, 하수급인들은 건설회사의 회생을 통하여 회생절차개시 이후의 시공분에 대한 공사대금채권을 공익채권으로서 확실히 변제받을 수 있도록 하는 것이 모두에게 이득이 되는 해결책일 것이다.

이러한 사정을 모두 고려한다면, 공사도급계약에서 이미 완성된 부분이 도급인에게 이익이 되는 경우에는 관리인은 아직 완성되지 않은 부분에 관하여만 계약을 일부 해제할 수 있고, 그에 따라 이미 완성된 부분에 관하여는 애당초 이행

44) 那須克巳, 주4)의 책, 299-230.

45) 일본에서도 하청업자들이 동일한 인식을 하고 있다는 점에 관하여 河野玄逸, 주14)의 논문, 421-422 참조. 이러한 이유 때문에 민사재생절차에 있어서 하도급 채권자들이 건설회사의 재생계획에 동의하는 경향이 현저하다고 한다.

또는 해제의 선택권은 존재하지 않으므로, 통합도산법 제119조의 미이행쌍무계약에 관한 규정은 아직 완성되지 않은 부분에 한하여 적용된다고 보아야 할 것이다. 따라서 회생절차개시 당시 하도급공사가 완성되지 않은 경우에는 하수급인이 이미 완성한 부분에 관한 공사대금채권은 관리인의 해제 또는 이행의 선택과 상관없이 어느 경우에나 회생채권이 된다고 할 것이다.

四. 하도급거래 공정화에 관한 법률에 관련된 문제

1. 문제점

하도급거래 공정화에 관한 법률(이하 '하도급법'이라 한다) 제14조 제1항 제1호는 원사업자의 지급정지 · 파산 그 밖에 이와 유사한 사유가 있어 원사업자가 하도급대금을 지급할 수 없게 된 경우에 발주자는 수급사업자가 하도급대금의 직접지급을 요청한 때에는 해당 수급사업자에게 이를 직접 지급하여야 한다고 규정하고 있고, 제2항에서는 수급사업자가 위와 같은 사유로 발주자에게 하도급대금의 직접지급을 청구한 때에는 발주자의 원사업자에 대한 대금지급채무와 원사업자의 수급사업자에 대한 하도급대금 지급채무는 그 범위 안에서 소멸한 것으로 본다고 규정하고 있다.[46]

하도급법의 이러한 규정은 "지급정지 · 파산 그 밖에 이와 유사한 사유"가 있는 경우에 적용되는데, 파산과 유사한 사유에 원사업자인 건설회사에 대하여 회생절차가 개시된 경우가 포함되는지가 문제된다.

46) 한편, 하도급거래 공정화에 관한 법률 시행령 제4조는 다음과 같이 규정하고 있다.
제4조(하도급대금의 직접지급)
①법 제14조(하도급대금의 직접지급)제1항의 규정에 의한 수급사업자의 직접지급 요청은 그 의사표시가 발주자에게 도달한 때부터 효력이 발생하며, 그 의사표시가 도달되었다는 사실은 수급사업자가 증명하여야 한다.
②발주자는 하도급대금을 직접지급함에 있어, 「민사집행법」 제248조제1항 등의 공탁사유가 있는 경우에는, 당해 법령에 따라 공탁할 수 있다. 〈개정 2005.6.30〉
③발주자는 원사업자에 대한 대금지급의무의 범위 안에서 하도급대금 직접지급의무를 부담한다.
④하도급대금의 직접지급요건을 갖추고, 그 수급사업자가 제조 · 수리 또는 시공한 분에 대한 하도급대금이 확정된 경우, 발주자는 도급계약의 내용에 따라 수급사업자에게 하도급대금을 지급하여야 한다.

2. 하도급법 제14조의 위헌 여부

하도급대금 직접청구제도의 위헌 여부에 관하여, 헌법재판소는[47] "하도급법의 위와 같은 규정은 원사업자의 지급정지나 파산 등으로 인해 영세한 수급사업자가 하도급대금을 지급받지 못함으로써 연쇄부도에 이르는 것을 방지하기 위한 취지에서 두게 된 것으로, 수급사업자의 자재와 비용으로 완성된 완성품에 대한 궁극적인 이익을 발주자가 보유하게 된다는 점에서 원사업자의 발주자에 대한 도급대금채권은 수급사업자의 원사업자에 대한 하도급대금채권과 밀접한 상호관련성이 있는 반면 원사업자의 일반채권자들이 원사업자에 대하여 가지는 채권은 그러한 관련성이 없다는 것에 근거하여, 원사업자의 발주자에 대한 도급대금채권 중 수급사업자의 원사업자에 대한 하도급대금채권액에 상당하는 부분에 관해서는 일반채권자들보다 수급사업자를 우대한다는 의미를 가지는 것"이라고 하면서 하도급대금 직접청구제도가 헌법상 재산권보장의 원칙이나 평등의 원칙에 위배되지 않는다고 판단하였다.

3. 대법원 판례

원사업자에 대하여 회사정리절차가 개시된 경우 하도급대금 직접청구가 허용될 수 있는지와 관련하여 대법원[48]은 위와 같은 헌법재판소의 결정을 인용하면서, "영세한 수급사업자의 보호를 위해 원사업자가 파산한 경우에 인정되는 이러한 직접청구제도가 원사업자에 대하여 회사정리절차가 개시된 경우라 하여 배제될 이유는 없는 것이므로(특히 회사정리절차에 있어서는 채권자가 회사재산에 대하여 가지는 청산가치 이상의 변제가 보장되어야 한다는 점에서 보더라도, 수급사업자가 원사업자의 파산의 경우보다 불리하게 취급되어서는 안 될 것임), 원사업자에 대하여 회사정리절차가 개시된 경우 '정리채권에 관하여는 정리절차에 의하지 아니하고 변제하거나 변제받거나 기타 이를 소멸하게 할 행위(면제를 제외한다)를 하지 못한다'고 정한 구 회사정리법(2005. 3. 31. 법률 제7428호 채무자 회

47) 헌재결 2003. 5. 15. 2001헌바98.

48) 대판 2007. 6. 28. 2007다17758. 이 판결은 "하수급인이 발주자에게 하도급대금의 직접 지급을 요청하게 되면 하도급법 제14조에 따라 발주자의 직접지급의무가 발생함과 동시에 하수급인의 원사업자에 대한 하도급대금채권은 그 범위 내에서 소멸하게 되므로, 그 후에 하수급인의 하도급대금채권을 변제 대상인 회생채권에 포함하는 내용의 회생계획이 인가된다고 하더라도 그 회생계획은 하수급인에게 아무런 효력이 없다"고 판시하였다.

생 및 파산에 관한 법률 부칙 제2조로 폐지) 제112조의 규정에 의하여 하도급법 제14조의 적용이 배제되어야 한다고 볼 수 없다"고 판시하였다.[49] 나아가 대법원은 "하도급법 제14조에 의한 수급사업자의 발주자에 대한 하도급대금 직접지급청구가 회사정리법 제67조 제1항이 금지하는 '회사재산에 대한 강제집행'에 해당한다고 할 수도 없"다고 판시하였다.

4. 검 토

가. 하도급대금 직접청구와 압류의 관계에 기한 검토

회생절차개시결정이 있으면 채무자는 업무의 수행권한과 재산의 관리처분권을 상실하고 이러한 권한은 관리인에게 전속하게 된다(통합도산법 제56조 제1항). 회생채권 또는 회생담보권에 기하여 채무자의 재산에 대하여 강제집행 · 가압류 · 가처분을 새로 신청하는 것은 허용되지 않고 이미 되어 있는 개별 집행절차는 중지된다(통합도산법 제58조 제1항, 제2항). 또한 원칙적으로 관리인이 변제 등으로 채무를 소멸시키는 행위를 하는 것도 금지된다(통합도산법 제131조). 회생절차개시결정의 이와 같은 효과는 관리인에게 회생채권자 전체를 위하여 압류를 한 압류채권자와 유사한 지위를 부여하게 된다.

그렇다면, 원수급인인 건설회사의 도급인에 대한 공사대금채권이 압류된 이후에 하수급인이 도급인에게 하도급대금을 직접 청구한 경우에 압류에 의하여 집행보

---

49) 이 사건의 개요는 다음과 같다(서울고판 2007. 1. 24. 2006나55403 참조).
하수급인이 하도급계약에 따라 온돌마루바닥 공사를 시공하던 중 원사업자인 영남건설이 2005. 1. 25. 당좌거래정지가 되어 부도처리 되었고, 2005. 2. 17. 회사정리절차가 개시되었다. 하수급인은 2005. 2. 25. 발주자인 대한토지신탁 주식회사에게 영남건설로부터 확인받은 기성공사대금을 다시 확인하면서 잔여공사대금의 직접지급을 요청하였다. 하수급인은 그 무렵 이 사건 공사를 완료하여 대한토지신탁 주식회사로부터 잔여공사대금을 지급받았는바, 위 기성공사대금에 대해서는 2005. 5. 17.에는 대한토지신탁 주식회사에 그 지급을 청구하였고, 그 후 영남건설에 대한 회사정리절차에서 위 기성공사대금을 정리채권으로 신고하였다. 대구지방법원은 2005. 8. 24. 영남건설의 회사정리계획을 인가하였는바, 해당 정리계획상 영남건설의 원고에 대한 하도급대금 채무 원금의 50% 및 이자가 전액 면제되었다.
이 사건에서 영남건설와 하수급인 사이에 체결된 온돌마루바닥 공사는 회사정리절차의 개시 당시 미이행쌍무계약이었다고 할 것인데, 영남건설의 관리인이 회사정리절차의 개시 이후 하도급계약을 해제 또는 해지하였는지 이행을 선택하였는지는 분명하지 않다. 앞에서 본 바와 같이 관리인이 공사계약의 이행을 선택하거나 이행을 선택한 것으로 간주되는 경우라면, 수급인이 회사정리절차의 개시결정 이전에 완성한 공사부분에 대한 수급인의 대금청구권이 공익채권에 해당한다는 대법원 판결의 입장에 따라, 서울고등법원이나 대법원은 정리채권의 변제금지를 규정한 구 회사정리법 제112조에 의하여 하도급법 제14조의 적용이 배제되는지를 판단하기에 앞서 하수급인이 영남건설에 대하여 가지는 기성공사대금 채권이 정리채권인지 공익채권인지를 먼저 심리, 판단하였어야 할 것이다.

전된 공사대금채권이 소멸하는지를 검토할 필요가 있다.

이에 관하여 대법원은, "(수급사업자가 발주자에게 하도급대금의 직접지급을 청구하기) 전에 이루어진 강제집행 또는 보전집행의 효력을 배제하는 규정은 없으므로 그 규정들에 의한 하도급대금 직접지급사유가 발생하기 전에 원사업자의 제3채권자가 원사업자의 발주자에 대한 채권에 대하여 압류 또는 가압류 등으로 채권의 집행보전이 된 경우에는 그 이후에 발생한 하도급공사대금의 직접지급사유에도 불구하고 그 집행보전된 채권은 소멸하지 않는다"고 판시하였다.[50]

이러한 판례의 태도를 회생절차에 적용하면, 회생절차개시결정이 내려진 이후에는 하수급인이 하도급대금을 직접 청구하더라도, 전체 채권자를 위한 압류와 유사한 효력을 가지는 회생절차개시결정의 효력으로 인하여, 원수급인의 도급인에 대한 공사대금채권은 소멸하지 않고, 하수급인은 도급인으로부터 하도급대금을 지급받지 못한다고 볼 여지가 있다.

그러나, 위와 같은 판례에 대하여는, ① 직접지급청구의 대표적 사유인 원수급인의 지급불능이나 파산의 경우에는 대부분 원공사대금채권이 가압류되어 있을 것이므로 그 가압류의 효력을 우선하게 되면 직접청구권을 인정하는 실익이 없어지게 되는 점, ② 파산선고가 있으면 파산채권자는 개별적인 권리행사를 할 수 없고 파산절차에 참가하여 만족을 얻어야 하는 등 파산선고는 파산채권자 전체를 위한 압류의 성질이 있다고 할 것인데, 파산을 직접청구권 발생사유로 보면서도 파산과 동일한 효과가 있는 압류가 되면 직접청구권이 발생하지 않는다고 보는 것은 모순인 점 등을 이유로 비판하는 견해가 유력하고[51], 이러한 견해는 타당하다고 생각한다.

따라서, 회생절차개시결정에 의하여 관리인에게 회생채권자 전체를 위하여 압류를 한 압류채권자와 유사한 지위를 부여하게 된다는 이론구성을 토대로 하여 하도급법 제14조의 적용을 배제하기는 어렵다.

나. 회생절차의 목적에 기한 검토

회생절차는 재정적 어려움으로 인하여 파탄에 직면하여 있는 채무자에 대하여 채권자 등 이해관계인의 법률관계를 조정하여 채무자 또는 그 사업의 효율적인 회생을 도모하는 절차이다. 파탄에 직면한 채무자는 채무의 변제자금은 물론 사

---

50) 대판 2003. 9. 5. 2001다64769.

51) 김현석, 하수급인의 공사대금 직접청구권과 채권가압류, 민사판례연구(XXVII)(2003), 박영사, 388.

업의 운영자금 조달에 커다란 어려움을 겪고 있는 것이 대부분이기 때문에 사업을 중단하지 않고 계속 운영할 수 있는 운전자금을 확보하는 것이 시급한 문제로 대두된다. 이러한 필요에 응하기 위하여 통합도산법은 회생채권에 기한 강제집행 등의 금지(통합도산법 제58조), 회생계획에 의하지 아니한 변제금지(통합도산법 제131조) 등을 규정하고 있다.

원수급인인 건설회사에 대하여 회생절차가 개시되었음에도 불구하고 하수급인이 하도급대금의 직접지급을 청구하여 원수급인의 도급인에 대한 공사대금채권을 소멸시킬 수 있다고 한다면, 파탄에 직면하여 자금조달의 수단이 극히 제한되어 있는 건설회사가 도급인으로부터 공사대금을 지급받고 이를 운전자금으로 사용하여 사업을 유지하면서 회생을 도모하는 길을 원천봉쇄하는 결과를 초래하게 된다.

파산절차는 회생이 어려운 채무자의 재산을 공정하게 환가·배당하는 것을 목적으로 하므로, 원칙적으로 채무자의 사업 계속을 위한 운전자금 확보라는 문제를 고려할 필요가 없다는 점에서 회생절차와 차이가 있다. 건설회사의 회생절차에서 이러한 차이점은 하도급대금 직접지급청구와 결합하여 회생절차의 존재 의의를 좌우할 수 있는 중대한 의미를 갖게 된다. 즉, 하도급대금 직접지급청구에 의하여 하수급인이 건설회사의 도급인에 대한 공사대금채권을 소멸시킬 수 있다면, 건설회사는 운전자금을 조달할 수 있는 가장 중요한 수단이 원천봉쇄되어 회생절차의 이용이 처음부터 곤란한 상황에 놓이게 될 수 있다. 이러한 사정을 고려하면, 회생절차의 개시를 파산과 유사한 사유로 보기는 어렵다.

다. 청산가치 보장의 원칙과의 관계

대법원 판례는, 회생절차에서는 채권자가 채무자의 재산에 대하여 가지는 청산가치 이상의 변제가 보장되어야 한다는 점에서 보더라도, 하수급인이 원수급인이 파산한 경우보다 불리하게 취급되어서는 아니 된다는 것을 회생절차개시의 경우에도 하수급인의 직접지급청구가 인정된다고 해석하는 근거의 하나로 제시하고 있다.

회생절차의 개시 당시 도급인으로부터 지급받을 수 있는 공사대금이 미지급된 하도급대금 전액을 초과하고 있는 공사현장의 경우에는 모든 하수급인이 하도급대금의 직접지급을 청구하여 하도급대금을 지급받을 수 있으므로 아무런 문제가 없고 청산가치 보장을 근거로 하는 대법원의 위와 같은 판단은 타당하다.

그러나 회생절차가 개시된 건설회사는 과다한 부채로 인하여 하도급대금의 지급을 지체하고 있기 마련이고 그에 따라 회생절차의 개시 당시 도급인으로부터 지급받을 수 있는 공사대금은 미지급된 하도급대금 전액에 미치지 못하는 공사현장이 존재하게 된다. 이러한 경우에 하도급대금 직접지급청구를 허용하게 되면, 다른 채권자에 앞서 직접지급을 청구한 하수급인만이 자신의 채권을 우선적으로 전액 지급받을 수 있게 되고, 원수급인의 공사대금채권이 모두 소멸될 때까지 직접지급청구를 하지 않은 하수급인은 회생계획에 따른 채권의 일부 변제에 만족할 수밖에 없게 된다. 즉, 하수급인이 가지는 하도급대금채권의 개별적 청산가치는 직접지급청구를 하였는지 여부와 그 순위에 따라서 하수급인마다 다르게 되고, 원수급인의 공사대금채권이 모두 소멸되기 전에는 청산가치의 산정 자체가 곤란하다. 이러한 상황은 통합도산법 제243조 제1항 제4호가 정하는 청산가치를 보장하는 회생계획의 입안에 지장을 초래하게 된다. 또한 회생절차에서 같은 성질의 권리를 가진 자를 평등하게 취급하여야 한다는 통합도산법 제218조 제1항의 취지에 반하는 결과가 되는 문제도 있다.

건설회사의 회생절차가 공정, 형평한 회생계획의 입안을 토대로 원활하게 진행될 수 있도록 하기 위하여는, 원수급인이 도급인에 대하여 가지는 공사대금의 가치를 하수급인 전원에게 하도급대금 채권액에 비례하여 안분하는 방법으로 각 하도급대금 채권의 청산가치를 산정할 필요가 있다. 이와 같은 청산가치의 산정방법은 회생절차가 개시된 이후에는 하도급대금의 직접지급청구를 허용하지 않는다는 것을 전제로 할 때 가능할 것이다.

결국 청산가치 이상의 변제가 보장되어야 한다는 관점에서 보더라도 회생절차는 파산절차와는 다른 고려요소를 내포하고 있으므로, 회생절차개시를 파산과 유사한 사유라고 보기는 어렵다.

5. 하도급법의 개정 필요성

회생절차에 관하여 하도급법 제14조의 적용 여부가 문제되는 근본 원인은 하도급법 제14조가 다수 이해관계인의 법률관계를 집단적으로 조정하는 도산절차의 특성을 고려하지 않고 있다는 데에 있다. 집단적인 집행절차의 성격을 갖는 회생절차에서는 하수급인과 일반 채권자 사이의 권리관계만이 문제되는 것이 아니라 하수급인 상호간의 권리관계도 문제가 되는데 하도급법 제14조는 이 점에 관하여 아무런 해결책을 제시하지 않고 있다.

원수급인의 도급인에 대한 공사대금 채권과 하수급인의 원수급인에 대한 하도급대금 채권의 상호 관련성에 근거하여 경제적 약자인 하수급인을 보호하기 위한 규정인 하도급법 제14조의 입법취지를 살리면서, 회생절차와의 조화를 도모하는 방법으로는 하수급인의 하도급대금 채권에 대하여 일정 범위에서 우선권이 부여되도록 법률을 개정하는 것을 고려할 수 있다.

즉, 원수급인인 건설회사에 대하여 회생절차가 개시된 경우에는, 원수급인의 도급인에 대한 공사대금 채권액을 각 하수급인의 하도급대금채권액에 따라 안분한 금액의 범위 안에서 각 하수급인의 하도급대금채권을 통합도산법 제217조 제2호의 '일반의 우선권 있는 회생채권'으로 취급하고, 그 범위를 넘는 하도급대금채권은 같은 조 제3호의 일반 회생채권으로 취급하는 것이다.

대법원 판례에 의하면, 하수급인은 회생계획안의 작성 이전은 물론이고, 회생계획안이 관계인집회에서 가결된 이후나 회생계획이 인가된 이후에도 하도급대금의 직접지급을 청구할 수 있게 된다. 관리인으로서는 회생계획을 입안할 당시에 이러한 가능성을 염두에 두지 않을 수 없게 되어 회생계획안의 작성이 어려워질 뿐만 아니라 회생계획이 인가되더라도 하도급대금 직접지급청구에 따라 회생계획이 수행불가능한 상태에 빠져 회생절차가 폐지되는 결과가 초래될 수 있다. 앞에서 본 것과 같이 회생절차에서 하수급인이 가지는 하도급대금 채권의 지위를 입법적으로 명확히 규정하면, 회생계획의 입안 과정에서 발생하는 혼란을 막을 수 있는 장점도 얻을 수 있을 것이다.

五. 건설회사와 보증기관의 관계를 둘러싼 문제

건설회사가 시공사로서 도급계약을 체결할 때에는 시공사의 부도, 파산 등의 사유로 당해 건설공사의 시공책임을 이행할 수 없게 되는 경우에 시공사를 대신하여 시공책임을 이행할 건설업체의 연대보증을 제공하는 것이 보통이다. 또한 공사의 하자보수를 담보하기 위하여 건설공제조합이나 대한주택보증의 하자보수보증을 제공하게 된다.

이와 관련하여 시공을 연대보증한 회사가 회생절차의 개시결정 이후에 잔여공사를 완공함으로써 취득한 사후구상금 채권 또는 하자보수를 보증한 기관이 하자보수공사를 대신 이행함으로써 취득한 사후구상금 채권이 회생채권과 개시후 기타채권 중 어느 것에 해당하는지를 살펴보기로 한다.

1. 회생채권, 개시후 기타채권 그리고 후순위 정리채권

회생채권이란 주로 회생절차 개시 전의 원인으로 생긴 재산상의 청구권을 말하는데, 회생절차에 의하지 아니하고는 변제를 받을 수 없고(통합도산법 제131조), 회생계획에 반영되지 않으면 회생계획 인가의 결정에 의하여 면책의 효과를 받게 된다.(통합도산법 제251조). 개시후 기타채권이란 회생절차개시 이후의 원인에 기하여 발생한 재산상의 청구권으로서 공익채권, 회생채권 또는 회생담보권이 아닌 것을 말하는데, 회생계획에 의한 권리변경의 대상에서 제외되고(통합도산법 제252조), 회생절차가 개시된 때부터 회생계획으로 정하여진 변제기간이 만료하는 때(회생계획인가의 결정전에 회생절차가 종료된 경우에는 회생절차가 종료된 때, 그 기간만료 전에 회생계획에 기한 변제가 완료된 경우에는 변제가 완료된 때를 말한다)까지는 변제를 받을 수가 없지만 그 이후에는 변제를 받을 수 있게 된다(통합도산법 제181조 제1항).

통합도산법은 구 회사정리법 제121조에 규정된 법정 후순위 정리채권 제도을 폐지하면서 같은 조 제4호에 규정되어 있던 '전호에 게기한 것 외에 정리절차 개시후의 원인에 기하여 생긴 재산상 청구권으로서 공익채권이 아닌 것'의 대부분을 개시후 기타채권으로 정하고 있다. 구 회사정리법상의 후순위 정리채권은 일반의 정리채권에 비하여 후순위이기는 하지만 정리채권의 일종으로서 정리절차에 의하지 아니하고는 변제받을 수 없고 정리계획에 그 감면에 관한 규정을 둘 수 있었다. 실무상으로는 후순위 정리채권을 전액 면제하는 것이 통례였다. 이에 반하여 통합도산법상의 개시후 기타채권은 회생절차와 상관없이 그대로 존재하면서 회생계획에 의한 권리변경의 대상이 되지 않고 변제시기만 회생채권보다 후순위로 취급된다.[52] 개시후 기타채권은 회생계획으로 정하여진 변제기간이 만료하는 등의 사유가 발생하면 그 권리를 행사하여 변제받을 수 있게 되는 점에서 후순위 정리채권과는 큰 차이가 있다.

회생절차상 건설업체의 보증인이 회생절차 개시 이후에 취득하는 사후구상권의 법적 성격과 관련하여서는 통합도산법 제118조 제1호가 정하는 회생채권의 요건 중 하나인 "회생절차 개시 전의 원인으로 생긴 재산상의 청구권"이 무엇을 의미하는지가 문제된다. 만일 사후구상권이 회생채권에 해당한다면, 회생계획에서 그 권리가 인정된 경우에 한하여 회생계획에 따라 변제를 받게 되고, 회생계획에서 그 권리를 인정받지 못하였다면 채무자가 그 책임을 면하게 되기 때문에 회생절

52) 서울중앙지방법원 파산부 실무연구회, 회생사건실무(상)(2003), 박영사, 374.

차 밖에서 그 권리를 행사할 수 없게 된다. 반면에, 사후구상권이 개시후 기타채권에 해당한다면, 회생절차를 통하여 변제를 받을 수는 없지만 회생계획으로 정하여진 변제기간이 만료된 이후에는 채무자에 대하여 그 권리를 행사하여 변제를 받을 수 있게 된다.

2. 사후구상금 채권의 성격에 관한 대법원 판례

대법원[53]은 "구 회사정리법 제102조(정리채권)의 '회사에 대하여 정리절차개시 전의 원인에 기하여 생긴 재산상의 청구권'에 해당되려면 의사표시 등 채권발생의 기본적 구성요건 해당사실이 정리절차개시결정 전에 존재하여야 한다."고 전제[54] 한 후, "아파트 건설공사를 도급받은 업체를 위하여 그 이행을 연대보증한 회사가 수급업체에 대한 회사정리절차의 개시결정이 내려진 뒤 그 공사의 잔여 부분을 대신 완공함으로써 취득한 사후구상금 채권은 그 발생의 기초적 법률관계가 연대보증 시에 성립하였다고 하더라도 회사정리절차 개시결정 후 아파트 건설공사의 잔여 부분을 완공하기 전까지는 아직 그 시공보증채무를 이행한 데 따른 사후구상금 채권이 발생하지 않았다고 할 것이다. 이는 구 회사정리법 제110조(장래의 구상권)가 이러한 사후구상권과 별도로 (연대)보증인의 장래의 구상권(사전 구상권)을 일반 정리채권으로 신고할 수 있음을 규정하고 있다고 하여 달리 볼 수 없다. 따라서, 그 사후구상금 채권을 구 회사정리법(2005. 3. 31. 법률 제7428호 채무자 회생 및 파산에 관한 법률 부칙 제2조로 폐지) 제102조의 정리채권에 해당한다고 볼 수 없고, 같은 법 제208조에 열거된 공익채권에 해당한다고 볼 수도 없으므로, 결국 같은 법 제121조 제1항 제4호에 규정된 '전호에 게기한 것 외에 정리절차개시 후의 원인에 기하여 생긴 재산상의 청구권으로서 공익채권이 아닌 것'으로서 후순위정리채권에 해당한다"고 판시하였다.

이러한 판례의 입장을 통합도산법에 적용하면, 보증인의 사후구상권은 회생채권이 아니라 개시후 기타채권에 해당한다고 보게 되고, 따라서 사후구상권자는 회생계획으로 정하여진 변제기간이 만료된 후 채무자에게 그 권리를 재판상 행사할 수 있다는 결론에 이르게 된다.

53) 대판 2006. 8. 25. 2005다16959.

54) 이러한 전제와 동일한 취지의 판례로는 대판 2001. 8. 24. 2001다34515 등이 있다.

3. 판례의 비판

위 판례의 취지가 명확한 것은 아니지만, "구 회사정리법 제110조(장래의 구상권)가 이러한 사후 구상권과 별도로 (연대)보증인의 장래의 구상권(사전 구상권)을 일반 정리채권으로 신고할 수 있음을 규정하고 있다고 하여 달리 볼 수 없다"라고 판시하고 있는 점에 비추어, 사후 구상권은 회생채권에 해당하는 사전 구상권과는 성질이 다른 것으로서 개시후 기타채권에 해당한다는 입장에 서 있는 것으로 보인다. 그러나, 이러한 판례의 입장에는 찬성하기 어렵다.

통설은 위 판례와 마찬가지로 통합도산법 제118조 제1항이 정하는 회생절차 개시 전의 원인으로 생긴 재산상의 청구권에 해당하려면, "의사표시 등 채권발생의 기본적 구성요건 해당사실이 회생절차의 개시결정 전에 존재하여야 한다"고 하면서, 이러한 요건을 갖추고 있는 한 장래의 구상권과 같이 구성요건의 부가적 일부에 관한 해당사실이 아직 존재하지 않는 장래의 청구권도 회생채권에 포함되는 것으로 해석하고 있다.[55] 즉, 보증채무의 이행에 따른 사후구상권이 회생절차의 개시 이후에 발생하더라도 그 기본적 구성요건 해당사실인 보증계약이 회생절차 개시전에 존재하고 있다면 이에 터잡아 발생하는 사후 구상권은 역시 회생채권에 해당하는 것이다.

구 회사정리법 제110조에 대응하는 통합도산법 제126조 제3항은 채무자에 대하여 장래에 행사할 가능성이 있는 구상권을 가진 자는, 채권자가 회생절차개시 시에 가지는 채권 전액에 관하여 회생절차에 참가한 때를 제외하고, 그 전액에 관하여 회생절차에 참가할 수 있다는 것을 규정하고 있다. 보증인의 사전 구상권을 제한하는 민법 제442조에 의할 경우, 보증인은 회생절차에서 사전 구상권을 행사할 수 없게 되고, 그 결과 보증인이 채무자에 대한 회생절차개시 이후에 채권자에게 보증채무를 이행하고 채무자에게 구상을 하려고 하더라도 이미 회생계획이 인가되었거나 회생절차가 종결되었다면 회생채권에 해당하는 사후 구상권을 행사할 수 없는 결과가 발생한다. 통합도산법은 이와 같은 불합리한 결과가 발생하는 것을 방지하기 위하여 회생절차가 개시된 때에는 장래의 구상권으로 회생절차에 참가할 수 있도록 한 것이다[56]. 다시 말하면 통합도산법 제126조 제3항은 사후 구상권이 회생채권에 해당한다는 것을 당연한 전제로 하고 있는 것이다.

결국 보증인이 회생절차개시 전에 체결된 시공보증계약 또는 하자보수보증계약

55) 서울중앙지방법원 파산부 실무연구회, 주52)의 책, 331; 三ヶ月 章 外 5人, 주42)의 책, 283.
56) 서울중앙지방법원 파산부 실무연구회, 주52)의 책, 345쪽 참조.

에 기하여 회생절차개시 후에 그 보증채무를 이행함으로써 취득하게 되는 사후 구상권은 "회생절차 개시 전의 원인으로 생긴 재산상의 청구권"으로서 회생채권에 해당한다고 보아야 한다. 따라서, ① 보증인이 장래에 행사하게 될 사후 구상권이 회생계획에서 인정된 경우에 보증인은 회생계획에 따라 그 권리를 행사할 수 있고, ② 보증인이 장래에 행사하게 될 사후 구상권이 회생계획에서 인정되지 않은 경우에는 채무자는 회생계획인가의 결정에 의하여 그 책임을 면하게 되므로, 보증인은 채무자에 대하여 그 이행을 강제할 수 없게 되고[57], 회생계획으로 정하여진 변제기간이 만료하더라도 이러한 면책의 효력은 그대로 유지된다.

六. 마치며

이상에서 건설공사를 도급받은 건설회사에 대하여 회생절차가 개시된 경우 도급인, 하수급인 및 보증기관과의 관계를 둘러싼 문제를 검토하였다.

건설회사가 건설공사를 도급받으면서 도급인과 사이에 도산해제특약을 하더라도, 이러한 특약은 이해관계인의 법률관계를 합리적으로 조정하여 채무자의 효율적인 회생을 도모하고자 하는 통합도산법의 목적에 반하는 것이므로 특별한 사정이 없는 한 그 효력을 부정하여야 한다. 완성공사의 하자보수와 관련하여서는, 회생절차개시 이전에 이미 하자가 발생한 경우에는 도급인이 동시이행의 항변권을 주장하면 보수의 지급을 거절할 수 있으므로 건설회사는 통상 계약의 이행을 선택하여 하자보수에 응한 후 공사대금을 지급받게 될 것이고, 회생절차개시 당시 아직 하자가 발생하지 아니한 경우에는 비록 도급인의 하자보수청구권이 회생채권에 해당한다고 할 것이지만, 경영상의 합리적인 선택으로서 하자보수를 제공하는 것이 타당하고 그 비용은 공익채권으로 처리할 수 있을 것이다.

건설회사에 대하여 회생절차가 개시될 당시에 아직 완성되지 않은 하도급공사가 있는 경우에는 쌍방미이행 쌍무계약의 처리가 문제된다. 이미 완성된 공사의 원상회복이 중대한 사회적·경제적 손실을 초래하게 되는 경우라면, 관리인은 이미 완성된 공사 부분에 대하여는 계약을 해제할 수 없고 미완성 공사 부분에 대하여만 계약을 일부 해제할 수 있다고 보아야 한다. 이 경우 하수급인의 공사대금청구권은 회생채권에 해당하게 된다. 관리인이 이행을 선택한 경우에도 그 효과는 미완성 공사 부분에 한정된다고 보아야 하고, 따라서 이미 완성된 공사 부

57) 대판 2001. 7. 24. 2001다3122.

분에 관한 하수급인의 공사대금청구권은 회생채권이라고 보는 것이 타당하다.

건설회사에 대하여 회생절차가 개시되더라도, 이러한 사유는 하도급거래 공정화에 관한 법률 제14조 제1항 제1호가 정하는 "원사업자의 파산 그 밖에 이와 유사한 사유"에 해당하지 않는다고 봄이 타당하다. 채무자의 회생을 도모한다는 통합도산법의 취지와 하수급인의 평등한 취급을 고려할 필요가 있기 때문이다. 근본적으로는 채무자에 대하여 회생절차가 개시되면 하수급인의 하도급대금채권을 일정한 범위 안에서 '일반의 우선권 있는 회생채권'으로 취급할 수 있도록 법률을 개정할 필요가 있다.

시공을 연대보증한 회사가 주채무자에 대한 회생절차개시 이후에 잔여공사를 완공함으로써 취득한 사후구상금 채권 또는 하자보수를 보증한 기관이 하자보수공사를 대신 이행함으로써 취득한 사후구상금 채권은 회생채권에 해당하고 이를 개시후 기타채권으로 볼 수는 없다. 따라서 이러한 구상금채권은 회생계획에 따라서만 변제를 받을 수 있고 회생절차 밖에서 그 권리는 행사할 수는 없다.

주로 판례에서 문제된 논점을 중심으로 하여 건설회사에 대한 회생절차의 합리적이고도 원활한 수행이라는 관점에서 문제를 분석하고 견해를 제시하여 보았다. 도산절차에 대한 사회의 요구는 경제사정의 변화와 발전에 따라 생동감 있게 변화하고 있다. 이러한 요구를 수용하면서 합리적 해결 방안을 제시하기 위한 이론적, 실무적 검토와 개선이 지속적으로 이루어져야 할 것이다. 이 글에서 제기한 논의가 이와 같은 맥락에서 비판받고 발전될 수 있기를 기대한다.

도산절차에서의 신탁부동산의 취급

청주지방법원 판사 김 춘 수

〈目 次〉

一. 서론

우리나라에서 인정되고 있는 신탁행위에는 신탁법상의 신탁을 설정하는 법률행위, 민법학상의 신탁행위[1], 판례가 인정하고 있는 명의신탁의 설정을 위한 신탁행위[2]가 있고, 우리나라에서 법률에 의하여 시행하고 있는 신탁으로는 신탁법에 의한 관리·처분신탁, 담보부사채신탁법에 의한 담보신탁[3], 그리고 간접투자자산 운용업법에 의한 투자신탁[4]이 있다. 또한, 신탁을 영업으로 하는 신탁업을 규율하기 위하여 자본시장과 금융투자업에 관한 법률[5]이 제정·시행되고 있으며, 신탁의 등기에 관해서는 부동산등기법(제117조 내지 제129조, 제157조, 제168조)에서 규정하고 있다.

그 중에서 신탁의 가장 기본이 된다고 할 수 있는 신탁법상의 신탁은 신탁설정자(위탁자)와 신탁을 인수하는 자(수탁자)의 특별한 신임관계에 기하여 위탁자가 특정의 재산권을 수탁자에게 이전하거나 기타의 처분을 하고 수탁자로 하여금 일정한 자(수익자)의 이익을 위하여 또는 특정의 목적을 위하여 그 재산권을 관리, 처분하게 하는 법률관계를 말한다(신탁법 제1조 제2항).

신탁의 가장 중요한 특징 또는 이점은 신탁재산을 수탁자의 소유로 완전 이전하면서 이전된 신탁재산을 수익자를 위해 관리, 처분한다는 제약을 수탁자에게 과한다는 것, 즉 신탁재산이 위탁자나 수탁자로부터 독립된 재산으로서의 지위를 누린다는 데에 있다. 이러한 점은 도산절차에서도 채권자와의 관계에서 독립적인 취급을 가능하게 하는데, 이를 신탁의 도산절연효과라고 한다.[6] 즉, 신탁에 있어

---

1) 민법해석학에서 널리 신탁행위라고 할 때의 신탁은 당사자가 채권담보나 채권의 추심 등의 어떤 경제적 목적을 달성하기 위하여 위탁자가 수탁자에게 그 목적달성에 필요한 정도를 넘어서 소유권양도 또는 채권양도를 하면서, 한편으로는 수탁자에게 그 이전받은 권리를 당사자가 달성하려고 하는 경제적 목적을 넘어서 행사하지 않을 의무를 부담케 하는 법률행위를 말한다. 이러한 민법학상의 신탁행위는 담보목적을 위하여 소유권을 이전하는 양도담보 또는 추심목적을 위하여 채권을 양도하는 등의 경우에 관한 민법해석상의 문제를 설명하기 위한 이론으로서 독일보통법시대에 마련된 것으로, 영미신탁법이론에 입각한 신탁법상의 신탁행위와는 구별된다. 즉 신탁법상의 신탁행위는 위탁자가 수익자를 위하여 수탁자에게 재산권을 이전하는 법률행위인데 반하여 민법학상의 신탁행위는 경제적 목적을 넘어서 법적 권리를 이전했을 때 그것을 설명하기 위한 이론이다.

2) 부동산에 관한 명의신탁은 부동산에 관한 소유권 기타 물권을 실권리자가 타인과의 사이에서 대내적으로는 실권리자가 부동산에 관한 물권을 보유하기로 하고 대외적으로 그에 관한 등기는 그 타인의 명의로 하기로 하는 것(부동산 실권리자명의 등기에 관한 법률 제2조 제1호 본문)으로서, 재산권의 명의는 수탁자에게 이전되지만 수탁자가 적극적으로 신탁재산을 관리 또는 처분할 권한을 가지지 못하는 점에서 신탁법상의 신탁과 다르다.

3) 불특정다수의 사채권자의 이익을 보호하기 위하여 신탁의 법리를 이용하여 사채발행회사가 총사채권자를 위하여 그 공동담보로서 수탁회사에 담보를 제공하고, 수탁회사는 그 담보권을 수탁했다가 사채발행회사가 그 사채를 상환하지 않을 때에 그 담보권을 실행하여 사채권자에게 우선 변제를 하게 하는 제도이다. 즉 '물상담보권을 신탁재산으로 하는 타익신탁'이다.

4) 투자자로부터 자산에 운용할 목적으로 자금 등을 모은 위탁자가 그 재산을 수탁자로 하여금 당해 위탁자의 지시에 따라 투자·운용하게 하고, 그에 따른 수익권을 분할하여 당해 투자자에게 취득시키는 것을 말한다(간접투자자산 운용업법 제3조 제3호).

5) 이전에는 신탁업버에 의하여 규율되었으나 신탁업법은 자본시장과 금융투자업에 관한 법률(2007. 8. 3. 법률 제8635호) 부칙 제2조에 의하여 2009. 2. 4. 폐지되었다.

서 '도산절연(bankruptcy remoteness)'이라 함은 신탁재산에 대하여 신탁의 수익자가 위탁자나 수탁자의 도산절차에 구속되지 않고 신탁재산에 대한 권리를 행사할 수 있음을 의미한다.

부동산도 이러한 신탁의 목적물로 될 수 있는데, 신탁제도를 이용하면 위와 같은 도산절연의 효과로 인하여 신탁된 부동산은 채무자의 도산으로부터 자유롭게 된다. 이러한 측면에서 부동산을 목적물로 하는 신탁이 많이 이용되고 있다.

이하에서는 우선 신탁법상의 신탁의 일반 법리, 특히 도산절연과 밀접한 연관을 가지고 있는 신탁재산의 독립성에 대하여 간단히 살펴본 후, 신탁의 당사자인 위탁자와 수탁자 등의 도산 시에 신탁재산, 특히 부동산이 어떻게 취급되고 있는지, 그리고 그의 관련 문제에 대하여 검토해보고자 한다.

二. 부동산신탁에 관한 일반론

1. 의의 및 구조

가. 의의

신탁법상의 신탁으로 인정되기 위해서는 ① 위탁자가 신탁을 설정할 목적으로 특정의 재산권을 수탁자에게 이전하거나 기타의 처분을 하여야 하며, ② 수탁자로 하여금 수익자의 이익을 위하여 또는 특정한 목적을 위하여 그 재산권을 관리, 처분하게 하여야 한다(신탁법 제1조 제2항).[7]

이러한 신탁의 목적물이 부동산일 때 그 신탁을 부동산신탁이라 한다. 즉, 부동산을 소유자가 유언 또는 수탁자와의 신탁계약에 의하여 수탁자에게 소유권을 이전하고 수익자를 위하여 수탁자로 하여금 그 부동산을 관리 · 처분 · 담보 또는 개발케 하는 신탁을 말한다.

부동산신탁은 부동산의 관리, 처분 또는 개발의 전문가에게 신탁하여 부동산소

6) 다만, 담보부사채신탁법에 의한 신탁은 신탁법상의 신탁에 해당하지만, 담보신탁과는 달리 담보권만이 신탁되고 담보권의 목적물에 대한 소유권은 사채의 발행회사에게 남아 있는 것이므로 발행회사에 대하여 회생절차가 개시되는 경우, 수탁자(담보부사채신탁법 제60조에 의하여 담보권은 수탁자에게 귀속하고, 사채권자는 수익자에 불과하다)의 권리는 회생담보권이 되어 발행회사(위탁자)에 대한 회생절차에 구속되므로 위탁자의 도산으로부터 절연되지 않는다.

7) 채권자 자신의 이익을 위해 담보물의 권리를 채권자에게 귀속시키는 양도담보에 관하여 과거 일본에서는 신탁법상의 신탁과 같이 보는 견해가 있었다고 하는데, 이는 수탁자가 공동수익자의 1인이 되는 경우를 제외하고는 수익자가 될 수 없게 하는 신탁법 제29조에 위반된다.

유자가 스스로 관리, 처분, 개발하는 것보다 더 효과적으로 할 수 있게 하기 위해서 이용되는 것이 특징적이다. 또한, 부동산을 담보로 한 전통적인 자금의 조달방법은 채권의 담보목적으로 부동산에 담보물권을 설정하는 것이나, 이러한 담보물권은 채무자의 도산으로 인하여 영향을 받을 수밖에 없어 채권자는 불안정한 지위에 놓이게 되는바, 담보물권의 설정에 의한 실행보다 더 간편한 절차에 의해서 담보권을 실행할 수 있고, 도산절연의 효과를 향유하기 위하여 담보신탁이 이용되고 있다.[8)]

나. 기본구조[9)]

이러한 신탁의 기본구조에 관하여는 여러 학설이 있는데, 이러한 논의는 수익자가 신탁재산에 대하여 가지는 권리 혹은 수탁자가 신탁재산에 대하여 가지는 권리의 법적 성질을 중심으로 한다. 결국 신탁을 순수하게 채권적인 것으로 이해할 것인지 아니면 보다 대세적인(물권적인) 것으로 이해할 것인지에 관한 입장 차이라고 할 수 있다.

학설로는, 수탁자는 신탁재산에 대하여 완전한 권리자가 되고, 위탁자에 대한 관계에서 일정한 목적에 따라 수익자를 위하여 재산을 관리 또는 처분할 의무를 부담하며, 수익자에 대한 관계에서는 수익자는 신탁재산에 대하여 채권을 취득함에 불과하다는 채권설, 수탁자는 신탁재산에 대한 관리자로서의 명의 및 관리권만을 가지고, 수익자는 수탁자에 대한 채권 및 신탁재산에 대한 물권적 권리를 가지며, 신탁재산이 법형식상으로는 수탁자에게 귀속하기 때문에 수익자를 귀속주체로 할 수 없는 한편 신탁법상 법적 효과 때문에 수탁자에 대한 완전한 귀속도 부정해야 하므로 신탁재산을 실질적으로 그 자체 독립한 주체로 인정하는 실질적 법주체성설, 신탁재산에 대한 완전한 권리가 위탁자로부터 수탁자에게 이전되는 것이 아니라 제한적으로 이전되는 것으로서, 신탁목적이 관리인 경우에는 수탁자는 관리권을 갖는 것에 불과하고, 그 목적이 처분인 경우에는 처분권을 갖는바, 즉 대외적으로는 수탁자가 신탁재산의 소유자이나 대내적으로는 위탁자가 소유자라고 보는 제한적 권리이전설, 수탁자가 대외적으로 소유자와 동일한 권리주체성을 가지고, 수익자는 물건의 성질에 따라서 변화하는 채권인 수물권(隨物權)을 가진다는 수물권설 등이 있는바, 우리 판례는 채권설[10)]을 취하고 있다고

---

8) 김상용, "부동산신탁제도 개관", 민사법연구 제3권(2000), 법원사, 392.

9) 정순섭, "신탁의 기본구조에 관한 연구", BFL 제17호(2006. 5.), 서울대학교 금융법센터, 10-14; 오영준, "신탁재산의 독립성", 민사판례연구 제30집(2008), 박영사, 852-859를 주로 참고하였다.

보는 것이 일반적이다.

2. 신탁의 성립과정 및 성립시기

신탁의 성립과정에는 임의신탁(계약, 유언 등 당사자의 의사에 따른 신탁성립)과 해석에 의한 신탁(법률규정 혹은 법원에 의해 신탁성립이 인정되는 경우를 말하는바, 그 예로는 신탁법 제61조의 법정신탁, 임의신탁의 성립시도가 불발되어[11] 수탁자가 위탁자에게 신탁재산을 복귀시켜야 경우에 신탁법 제61조를 유추적용하여 신탁성립을 인정한 경우가 있다)이 있다.[12]

임의신탁 중 계약에 의한 신탁의 경우 그 신탁계약의 법적 성질에 관하여는, 당사자 사이의 계약만으로 성립을 인정하는 낙성계약설과 그 외에 수탁자의 신탁인수 또는 재산의 인도까지 있어야 한다는 요물계약설이 있다. 전자에 의하면 신탁관계의 성립은 신탁계약의 성립시기와 신탁계약의 효력발생시기의 2단계로 나누어져서, 당사자의 합의만에 의하여 신탁계약은 성립하지만(이 시점에서 위탁자와 수탁자는 신탁관계에 채권적으로 구속되어, 그 관계로부터 자유롭게 이탈할 수 없게 된다) 신탁계약의 취지에 따라 재산권의 이전 등이 있어야 효력이 발생한다고 한다.[13]

요물계약설에 따르면 신탁계약을 체결한 후의 수탁자의 사망 혹의 결격사유의 발생 또는 재산의 인도 지연 등이 신탁의 성립 자체를 방해하는 요인이 되는 점에서 수긍하기 어려운 점,[14] 신탁계약을 체결하였으나 아직 재산권을 이전하지 않은 경우 수탁자가 위탁자에게 그 재산권의 이전을 청구할 수 있어야 한다고 보는 것이 당사자의 의사에 부합하는 해석일 것인 점, 요물계약설에 따르면 재산권

---

10) 대판 2002. 3. 15. 2000다52141(공2002, 876); 대판 1994. 10. 14. 93다62119(공1994, 2967)(부동산의 신탁에 있어서 신탁자의 위탁에 의하여 수탁자 앞으로 그 소유권이전등기를 경료하게 되면 대내외적으로 소유권이 수탁자에게 완전히 이전되고, 신탁기간의 만료 등 신탁종료의 사유가 발생하더라도, 수탁자가 수익자나 위탁자에게 목적부동산의 소유권을 이전할 의무를 부담하게 됨에 불과할 뿐, 당연히 목적부동산의 소유권이 수익자나 위탁자에게 복귀된다고 볼 수는 없다).

11) 예를 들어 명시신탁이 신탁목적의 공서양속위반(제5조), 신탁목적의 달성불능(제5조), 탈법목적의 신탁(제6조), 소송목적의 신탁(제7조), 수익자부존재로 인한 신탁의 불성립(제51조) 등의 이유로 무효로 되거나 성립되지 않은 경우 등을 들어진다.

12) 이중기, "신탁의 정의방법과 신탁성립에 관한 제문제", 민사판례연구 제30집(2008), 박영사, 821이하.

13) 낙성계약설이 종래의 일본의 통설이었다. 新井 誠, 신탁법(제3판, 2008), 有斐閣, 119; 김형두, "부동산을 목적물로 하는 신탁의 법률관계", 민사판례연구 제30집(2008), 박영사, 977.

14) 이중기, 주12)의 책, 826.

이 이전되지 아니한 상태에서 수탁자의 선관주의의무위반이 인정되는 경우를 설명하기 어려운 점,[15] 민법상의 요물계약에 해당하는 현상광고의 경우 민법 제675조는 '…에 응한 자가 그 광고에 정한 행위를 완료함으로써 그 효력이 생긴다'고 규정하고 있으나, 신탁법에는 그러한 문언이 없는 점[16] 등에 비추어 낙성계약설을 따른다. 따라서 수탁자의 의무는 계약시로부터 발생하고 수탁자의 최초의무는 신탁재산을 이전받아 확인하고 지배할 의무가 된다.[17]

일본 신(新)신탁법(2006. 12. 15. 법률 제108호, 이하 같다) 제4조 제1항은 '신탁계약의 방식에 의한 신탁은 위탁자가 되려는 자와 수탁자가 되려는 자간의 신탁계약의 체결에 의하여 그 효력이 생긴다'고 명시하여 신탁계약이 낙성계약임을 명문화하였다. 다만, 위의 낙성계약설과는 달리 신탁계약의 성립만 있으면 신탁의 효력도 발생하는 것으로 하였다. 하지만 위탁자로부터 수탁자에게 언제 소유권이 이전하는가에 관하여는 물권변동일반과 마찬가지로 해석에 맡겨져 있다고 한다.[18]

3. 신탁재산의 소유권 이전

신탁법상의 신탁을 통하여 위탁자 소유의 재산을 신탁목적으로 수탁자에게 처분하는 행위(부동산의 경우 소유권이전등기, 동산의 경우 인도)를 거치면 신탁재산이 대내외적으로 위탁자로부터 수탁자에게로 완전하게 이전되고,[19] 신탁재산은 수탁자의 고유재산으로부터 구별되어 관리될 뿐만 아니라 위탁자의 재산권으로부터도 분리되어 독립성을 갖게 되며,[20] 이러한 이유로 위탁자의 채권자는 수탁자에게 신탁된 신탁재산에 대하여는 강제집행을 할 수 없다.[21][22][23] 다만, 신탁재산

15) 이전받을 신탁재산과 이익충돌이 있는 행위를 하지 않을 의무 등이 부과될 수 있다고 한다. 이중기, 주12)의 책, 830.

16) 김형두, 주13)의 책, 977.

17) 이중기, 주12)의 책, 830.

18) 新井 誠, 주13)의 책, 120.

19) 대판 2002. 3. 15. 2000다52141(공2002, 876)(신탁계약에 의하여 아파트의 소유권이 수탁자에게 대내외적으로 완전히 이전되어 그 분양권도 수탁자에게 귀속되었다고 한 사례); 대판 2005. 7. 28. 2004두8767(공2005, 1447); 대판 2002. 4. 12. 2000다70460(공2002, 1114).

20) 대판 1987. 5. 12. 86다545, 86다카2876(공1987, 958); 대결 2002. 12. 6. 2002마2754(공2003, 421) 등 참조.

21) 대판 1987. 5. 12. 86다545, 86다카2876(공1987, 958)(신탁재산은 수탁자의 고유재산으로부터 구별되어 관리될 뿐만 아니라, 위탁자의 재산권으로부터도 분리되어 신탁법 제21조 제1항 단서의 예외의 경우에만 강제집행이 허용될 뿐이다); 대판 1996. 10. 15. 96다17424(공1996, 3388)(위탁자가 수탁자에게 부동산의 소유권을 이전하여 당사자 사이에 신탁법에 의

이 부동산인 경우 위탁자의 채권자 등에 대하여 신탁재산임을 이유로 대항하기 위해서는 신탁등기를 마쳐야 한다.

4. 신탁재산의 독립성 및 보전

가. 신탁재산의 독립성

신탁재산은 신탁목적의 독립성을 반영하여 각 관계당사자, 특히 수탁자 개인으로부터 독립된 지위를 가진다. 따라서 신탁재산은 수탁자의 고유재산으로부터 분별하여 관리하지 않으면 안 된다(신탁법 제30조).

이처럼 신탁재산이 형식적으로는 수탁자에게 귀속되어 있더라도 수익자를 위하여 관리·처분하여야 하므로 그 재산관리에서 생기는 이익은 모두 수익자에게 귀속된다. 마찬가지로 신탁재산의 관리·처분에 따른 손실도 모두 수익자에게 귀속된다.

이에 신탁재산과 수탁자의 고유재산을 분명히 구별하고, 신탁재산이 고유재산에 대하여 독립성을 가진다는 뜻을 신탁법에서는 다음과 같이 규정하고 있다.

즉, ① 수탁자는 원칙적으로 신탁재산을 자기 고유재산과 분별하여 관리해야 하며(제30조), ② 수탁자는 누구의 명의로 하든지 신탁재산을 고유재산으로 하거나 이에 관하여 권리를 취득하지 못하고(제31조 제1항),[24] ③ 신탁재산은 등기·등록할 수 있는 한, 그 공시방법을 갖추어야 하며(제3조), ④ 신탁재산을 수탁자의 개인채무담보로 삼을 수 없으며(제21조), ⑤ 수탁자가 사망하더라도 신탁재산은 수탁자의 상속재산에는 속하지 않으며(제25조), ⑥ 수탁자가 파산하더라도 신탁재산은 수탁자의 파산재단을 구성하지 않는다(제22조).

다만, 위탁자로부터 수탁자에게로의 점유승계에 관하여 수탁자는 위탁자의 점유의 하자를 승계한다(신탁법 제9조 제1항). 이러한 점유의 하자의 승계는 자익신탁(개별신탁에 한한다)과 타익신탁이라고 하더라도 위탁자가 수익자와 통모한 경우

한 신탁관계가 설정되면 단순한 명의신탁과는 달리 신탁재산은 수탁자에게 귀속되고, 신탁 후에도 여전히 위탁자의 재산이라고 볼 수는 없으므로, 위탁자에 대한 조세채권에 기하여 수탁자 명의의 신탁재산에 대하여 압류할 수 없다).

22) 반면, 제한적 권리이전설은 신탁재산은 위탁자에게 속한다고 할 수 있기 때문에 위탁자의 채권자가 신탁재산에 대하여 강제집행을 할 수 있다고 한다. 오영준, 주9) 859-860.

23) 다만, 위탁자가 신탁의 이익을 전부 향수하는 자익신탁의 경우에는 신탁법 제56조 본문이 위탁자는 언제든지 신탁을 해지할 수 있다고 규정하고 있음에 비추어 볼 때, 위탁자의 채권자는 무자력인 위탁자를 대위하여 신탁을 해지하고, 당해 신탁재산을 위탁자의 고유재산으로 환원시킨 후 강제집행을 하는 것은 가능할 것이다.

24) 고유재산을 신탁재산이 취득하도록 하는 것도 허용되지 않는다[대판 2007. 11. 29. 2005다64552(공2007하, 2001)].

나 실질적으로 자익신탁과 동일시할 경우에 한하여 인정된다고 보는 것이 일반적이다.[25)]

이와 같이 신탁재산의 독립성이 인정된다고 하여, 신탁재산 자체가 그 소유자 내지 명의자인 수탁자와 구별되는 별개의 법인격을 가진다는 것까지 의미하는 것은 아니다.[26)]

나. 신탁재산의 보전

(1) 물상대위성

신탁재산에는 물상대위성이 인정되어 신탁재산의 관리 · 처분 · 멸실 · 훼손이나 그 밖의 사유로 수탁자가 얻은 재산은 모두 신탁재산을 구성한다(신탁법 제19조). 신탁재산의 물상대위성은 민법상 담보물권의 성질인 물상대위와 일치하는 개념은 아니다. 즉, 신탁법 제19조의 물상대위성은 단순한 신탁재산의 변형물뿐만 아니라 널리 수탁자가 신탁재산의 관리나 처분 등으로 얻은 모든 재산권을 그 대상으로 한다. 예컨대, 신탁재산에서 생기는 모든 과실(천연 · 법정)도 신탁재산에 포함되며, 적극재산은 물론이고 소극재산도 신탁재산에 포함된다. 이러한 신탁재산의 물상대위성은 신탁재산의 통일성에 기초하고 있다.

부동산신탁의 경우에는 토지만을 신탁한 후에 그 토지 위에 건물이 신축된 경우 그 건물의 소유권귀속, 즉 그 건물이 신탁재산에 속하는지 여부가 문제된다. 토지 소유자가 부동산신탁회사에게 토지를 신탁하고 부동산신탁회사가 그 토지상에 건물을 신축하여 이를 분양한 후 그 수입으로 투입비용을 회수하고 수익자에게 수익을 교부하는 내용의 분양형 토지신탁의 경우, 수탁자가 위탁자로부터 신탁 받은 토지상에 신탁계약에 따라 건물을 신축하는 경우 그 건물도 역시 신탁법 제19조의 규정에 따라 신탁재산에 속하고,[27)] 분양형 토지신탁계약에서 토지와 신축 건물을 신탁재산으로 정하여 분양하되 건물 신축을 위한 차용금채무도 신탁재산에 포함시키기로 약정하였으나 건물을 신축하는 도중에 신탁계약이 해지된 경우, 완공 전 건물의 소유권 귀속에 관하여 특별한 정함이 없는 한 사회통념상 독

25) 최동식, 신탁법(2006), 법문사, 152.

26) 대판 2007. 9. 20. 2005다48956(공2007, 1622).

27) 서울고판 2003. 12. 29. 2003나37282(미상고확정); 서울중앙지판 2005. 1. 12. 2001가합65576(항소중)(이 사건 신탁계약 당시의 신탁재산은 이 사건 토지만 존재하지만 신탁토지 위에 건물이 완성된 경우에는 그 건물까지 신탁재산에 속한다 할 것이고, 이 사건 신탁계약과 같이 신탁계약이 신탁목적을 달성하지 못한 채 종료된 경우에는 특별한 사정이 없는 한 수탁자는 위탁자에게 신탁재산반환의무(토지와 건물 포함)가 있다). 토지신탁의 경우 토지 외에 수탁자인 신탁회사의 발주에 의해 건축된 건물도 신탁재산이 된다(대한부동산신탁 주식회사, 부동산신탁 실무강좌 [토지신탁]편(1991), 44.

립한 건물이라고 볼 수 있을 정도의 형태와 구조를 갖추지 않은 신축중인 건물도 신탁재산에 포함되는 것으로 보아야 한다.[28] 반면, 담보신탁의 경우는, 위탁자가 수탁자에게 토지를 담보신탁한 후 위탁자가 그 토지 위에 건물을 신축한 경우 그 건물은 수탁자에게 소유권이 이전되는 것도 아닐 뿐만 아니라 신탁재산의 관리·처분·멸실·훼손 기타의 사유로 수탁자가 얻은 재산이라고 볼 수 없으므로 신탁재산이라고 할 수 없고, 또한 판례가 자기의 비용과 노력으로 건물을 신축한 자는 그 건축허가가 타인의 명의로 된 여부에 관계없이 그 소유권을 원시취득한다고 하고 있으므로,[29] 위탁자의 소유라고 보아야 할 것이다. 그러나 대부분의 담보신탁의 경우 건물을 신축한 경우에는 그 건물이 완공되면 추가로 신탁하기로 약정하는 것이 보통인바, 그에 따라 소유권이전등기 및 신탁등기를 경료하면 신탁재산이 된다.

(2) 신탁재산독립성의 보전

신탁재산의 독립성을 보전하기 위하여 신탁법은 다음과 같은 규정을 두고 있다.

(가) 신탁재산에 속하는 채권과 신탁재산에 속하지 않는 채무는 상계적상에 있더라도 상계할 수 없다(제20조).

이 규정의 취지는 수탁자가 신탁의 수탁자로서 상대방에 대하여 갖고 있는 채권은 상대방이 수탁자 개인에 대하여 갖고 있는 반대채권과 법형식상으로는 상계가능한 대립관계에 있는 것처럼 보이지만, 이 경우 수탁자에 의한 상계를 허용하게 되면 수탁자 고유의 채무를 신탁재산으로 소멸시켜 수탁자가 신탁재산으로부터 이익을 향수하는 결과를 초래하므로, 이를 금지함으로써 신탁재산의 감소를 방지하고 수익자를 보호하기 위함이다.[30]

28) 대판 2007. 9. 7. 2005다9685(공2007, 1548)). 이 판례의 원심인 서울고판 2004. 12. 28. 2003나57217(미간행))은 "이 사건 건물은 이 사건 계약에 따라 수탁자인 파산 전 회사가 자신의 명의로 건축허가를 받고 그가 비용을 투입하여 시공사에게 시공하도록 하여 현재 신축중인 건물로서 아직 독립된 부동산의 실체를 갖추었다고 볼 수는 없다고 하더라도 이 사건 계약상의 다른 특약이 없는 한, 그 건축허가 명의나 미완성인 구축물 자체의 소유권은 파산 전 회사가 일응 원시취득하였다고 볼 것이다. 그리고 이 사건 계약상 본래 원고가 파산 전 회사에게 신탁 이전한 이 사건 각 토지뿐만 아니라 이 사건 건물도 신탁재산으로 되어 있으나, 이 사건 계약상 수탁자인 파산 전 회사가 건물의 준공검사 후 지체 없이 건설회사로부터 건물을 인도받아 신탁재산으로 소유권보존등기 및 신탁등기를 행하고(이 사건 계약 제7조), 분양 또는 임대를 하여 수익을 얻는 경우 원고는 수익자로서 그로 인한 수익을 받는 지위에 있는 것이고, 그 완공 전에 신탁해지가 된 이 사건의 경우에 원고는 그가 신탁한 이 사건 각 토지의 회복을 구할 수 있을 뿐 파산 전 회사가 신축하는 이 사건 건물은 그 회복의 대상이 되지 않는다고 할 것이다(신축중인 위 건물의 소유권 귀속도 추후 정산의 대상이 될 것이다)"고 판시하였었다.

29) 대판 2006. 5. 12. 2005다68783(공2006, 1035).

이는 수탁자의 채권자가 그의 채권을 자동채권으로 하고, 신탁재산에 속하는 채권을 수동채권으로 하여 상계하는 것은 허용되지 않고,[31] 수탁자 자신도 그와 같은 상계를 할 수 없다는 것을 의미한다.[32] 수탁자가 신탁재산에 속하는 채권을 자동채권으로 하여 상계하는 경우 수동채권이 수탁자의 고유재산에 대한 채권일 뿐 아니라 수탁자가 관리하는 다른 신탁재산에 대한 채권인 경우에도 상계가 허용되지 아니한다.[33] 신탁의 본질상 위와 같은 규정은 강행규정으로 보아야 하므로 이에 반하는 상계는 무효이고, 이에 반하는 약정은 효력이 없다고 주장하는 견해[34]가 있으나, 일본 및 미국의 학설과 판례 등은 신탁법 제20조를 임의규정으로 본다고 한다.[35]

위 규정의 반대해석에 의하여 ① 신탁재산에 속하는 채권과 동일한 신탁재산에 속하는 채무 사이, ② 신탁재산에 속하지 않는 채권(수탁자 개인의 채권)과 신탁재산에 속하는 채무(또는 수익자의 수익권) 사이, ③ 신탁재산에 속하는 채무와 다른 신탁재산에 속하는 채권 사이의 상계가 가능한가가 문제된다. ①의 경우는 채권자와 채무자의 각 지위가 신탁재산 중에 포함되는 관계가 되므로 당연히 상계가 가능하다. ②의 경우에 대하여 신탁법 제20조가 금지하는 상계의 유형에 해당하지 아니할 뿐만 아니라 위와 같은 상계로 인하여 신탁재산의 감소가 초래되거나 초래될 위험이 전혀 없는 점, 수탁자는 상계 후에 신탁법 제42조에 의하여 신탁재산에 대하여 구상할 수 있는 점 등에 비추어 수탁자에 의한 상계는 가능하다는 견해[36]가 많으나, 이에 대하여 신탁재산독립의 원칙에 따르면, 고유-신탁재산 간의 상계도 원칙상 불가능하다고 하여야 하는데, 원칙상 불가능한 것을 가능하다고 하여야 할 근거를 찾기가 어렵고, 신탁재산에 이로운 것이므로 허용되어야 한다는 것도 이론적으로는 매우 박약한 근거이며, 수익자가 파산한 경우에 위와 같은 상계를 인정하면 수탁자로 하여금 신탁재산을 통하여 자신의 채권을 확

30) 대판 2007. 9. 20. 2005다48956(공2007, 1622).

31) 일본 신신탁법 제22조 제1항은 제3자에 의한 상계에 관하여 '제3자가 수탁자의 고유재산에 대하여 갖는 채권'과 '신탁재산이 제3자에 대하여 갖는 채권'을 상계하는 것을 원칙적으로 금지하되, 선의·무과실의 제3자에 의한 상계의 경우와 수탁자의 동의가 있는 경우에는 허용하고 있다.

32) 임채웅, "증권투자신탁과 상계에 관한 연구", 사법논집 제37집(2004), 법원도서관, 60.

33) 서울고판 2001. 6. 27. 2000나51478(미간행, 대판 2002. 11. 22. 2001다49241(공2003, 148)로 상고기각).

34) 임채웅, 주32) 60.

35) 오영준, 주9) 893.

36) 오영준, 주9) 880-893; 홍유석, 신탁법(1999), 법문사, 113; 이재욱·이상호, 신탁법 해설(2000), 한국사법행정학회, 87.

보할 수 있는 길을 열어주게 되어(즉, 위 상계가 허용되지 않는다면, 수탁자는 그의 수익자에 대한 개인채권에 대하여 파산절차에서 배당받을 수밖에 없는데, 상계가 허용됨으로써 100% 변제받게 된다) 부당하다고 비판하면서, 신탁재산독립의 원칙상 위와 같은 상계는 불가능하다는 견해[37]가 있다. 이에 대하여 판례는 수탁자의 위와 같은 상계는 수익자의 반대채권과의 상계를 통한 채권회수를 둘러싸고 신탁재산에 속하는 채권과 수탁자 고유의 채권이 경합하는 관계에 있어 이익상반행위에 해당한다거나 일반 민법상의 권리남용에 해당한다는 등의 특별한 사정이 없는 한 적법·유효한 것으로서 허용된다고 하여 전자의 견해를 취하고 있다.[38] ③의 경우는 다른 신탁재산을 기준으로 하면 신탁법 제20조에 해당하므로 상계할 수 없다.

상계권 행사와 관련하여 위탁자가 신탁재산에 속한 채권으로 상계권을 행사할 수 있는지가 문제되는데, 신탁에 의하여 신탁재산의 소유권은 대내외적으로 수탁자에게 이전하므로 위탁자는 상계권을 행사할 수 없다고 보아야 할 것이고, 증권투자신탁의 경우에 판례도 "상계권에 관하여 위탁회사가 수탁회사에게 지시하여 수탁회사로 하여금 일정한 내용으로 상계권을 행사하게 할 수는 있을 것이나, 스스로 신탁재산에 속한 채권에 관하여 상계권을 행사할 수는 없다"고 판시하고 있다.[39]

(나) 신탁재산에는 수탁자 개인의 채권자나 다른 신탁재산의 채권자가 강제집행하거나 경매할 수 없다(신탁법 제21조 제1항 본문). 이에 위반하여 신탁재산에 대한 강제집행이나 경매에 대하여는 위탁자·그 상속인·수익자·수탁자는 이의를 신청할 수 있고, 이 경우 민사집행법 제48조(제3자이의의 소)가 준용된다(신탁법 제21조 제2항). 단, 신탁 전의 원인으로 발생한 권리 또는 신탁사무의 처리상 발생한 권리에 기한 경우에는 신탁재산에 대하여 강제집행이나 경매를 할 수 있다(신탁법 제21조 제1항 단서).

여기서 예외적으로 강제집행이 가능한 위의 두 가지의 권리가 무엇을 의미하는지가 문제된다. 먼저, '신탁 전의 원인으로 발생한 권리'로는 신탁재산에 대하여 신탁 전에 이미 저당권설정, 압류 등이 이루어져 있는 권리 등이 예로 들어지는데,[40] 여기서 '신탁 전'이라는 것에 대하여는 '신탁행위 전'이라는 견해가 있으나

37) 임채웅, 주32) 80-87.

38) 대판 2007. 9. 20. 2005다48956(공2007, 1622); 서울중앙지판 2001. 7. 6. 98가합6652[대판 2002. 12. 24. 2002다21455(공보불게재)로 상고기각].

39) 대판 2002. 11. 22. 2001다49241(공2003, 148).

40) 이재욱·이상호, 주36) 82.

'어떤 신탁재산에 관하여 신탁관계가 발생하기 이전'이라고 보아야 할 것이다. 즉 '신탁 전의 원인으로 발생한 권리'라 함은 저당권 등이 설정된 부동산을 신탁한 경우와 신탁사무의 처리 중에 저당권 등이 설정된 부동산을 취득한 경우와 같이 신탁관계가 발생하기 전에 이미 신탁재산에 대하여 경매를 실행할 수 있는 권리가 있었던 경우를 말하는 것으로 보여진다.[41] 대법원도 "신탁 전의 원인으로 발생한 권리라 함은 신탁 전에 신탁부동산에 대하여 저당권이 설정된 경우 등, 신탁재산 그 자체를 목적으로 하는 채권이 발생한 경우를 말하는 것이고, 신탁 전에 위탁자에 관하여 생긴 모든 채권이 이에 포함되는 것이 아니다"라고 판시하고 있다.[42] 신탁등기사무처리에 관한 예규(등기예규 제1211호) 5의 나.항 후단도 '위탁자를 등기의무자로 하는 위 등기의 촉탁은 이를 수리하여서는 아니된다. 다만, 신탁 전에 설정된 담보물권에 기한 임의경매등기 또는 신탁전의 가압류등기에 기한 강제경매등기의 촉탁에 있어서는 위탁자를 등기의무자로 한 경우에도 이를 수리하여야 한다'고 규정하고 있다. 다만, 위 조항 전단은 '등기공무원은 수탁자를 등기의무자로 하는 처분제한의 등기, 강제경매등기, 임의경매등기 등의 촉탁은 이를 수리하'여야 한다고 규정하고 있으나, 이는 신탁법 제21조 제1항 단서에 해당하는지 여부는 집행법원이 판단할 문제이지, 등기관이 판단할 사항이 아니라는 점 때문에 규정된 것에 불과하다.[43]

다음 '신탁사무의 처리상 발생한 권리'로는 수탁자의 사무처리행위에 의하여 생긴 권리(예: 신탁재산의 수리에 의한 채권)와 신탁재산 자체에서 유래하는 권리{예: 신탁재산에 관한 조세, 공과금, 신탁사무처리로 매각된 신탁재산의 숨은 하자로 인한 담보책임(민법 제580조), 신탁재산에 속한 공작물의 하자에 기한 소유자의 책임, 신탁재산과 타인의 재산과의 첨부에 의하여 발생한 물건이 수탁자에게

---

41) 한강현, "위탁자가 상속받은 재산을 신탁한 경우, 그 재산상속에 따라 위탁자에게 부과된 상속세 채권이 신탁법 제21조 제1항 소정의 '신탁 전의 원인으로 발생한 권리'에 해당하는지 여부", 대법원판례해설 제27호(1997. 7.), 법원도서관, 306.

42) 대판 1987. 5. 12. 86다545, 86다카2876(공1987, 958); 대판 1996. 10. 15. 96다17424(공1996, 3388)(신탁법 제21조 제1항은 신탁재산에 대하여 신탁 전의 원인으로 발생한 권리 또는 신탁사무의 처리상 발생한 권리에 기한 경우에만 강제집행 또는 경매를 허용하고 있는바, 신탁대상 재산이 신탁자에게 상속됨으로써 부과된 국세라 하더라도 신탁법상의 신탁이 이루어지기 전에 압류를 하지 아니한 이상, 그 조세채권이 신탁법 제21조 제1항 소정의 '신탁 전의 원인으로 발생한 권리'에 해당된다고 볼 수 없다). 이렇듯 '신탁재산 그 자체를 목적으로 하는 채권'에 한정하는 견해에 대하여는 위탁자가 자익신탁에 의하여 집행면탈을 하는 것을 허용하게 된다는 점에서 비판하는 견해가 있다(中野正俊 외 1인, "信託財産に 對する 强制執行", 경영법률 Vol. 11(2000), 한국경영법률학회, 375-381. 오영준, 주9) 859에서 재인용)

43) 부동산등기실무[III], 법원행정처(2007). 48.

귀속한 경우에 있어서의 구상권(민법 제261조) 등}, 신탁목적수행을 위해서 적법하게 차입한 상대방의 채권 등을 들 수 있다.[44] 판례는 신탁회사와 건축도급계약을 체결하고 수급인이 공사를 지체하여 공사계약이 해지된 후 보증인이 신탁회사에게 초과하여 지급한 계약이행보증보험금에 대한 일부 부당이득청구권[45], 분양형 개발신탁의 경우 수분양자가 수탁자에 대하여 가지는 입점지연에 따른 지체상금채권[46], 신탁재산의 관리 또는 처분 등 신탁업무를 수행하는 수탁자의 통상적인 사업활동상의 행위로 인하여 제3자에게 손해가 발생한 경우 피해자인 제3자가 가지는 불법행위에 기한 손해배상채권[47] 등이 이에 해당한다고 한다.

다만, 이러한 예외는, 신탁재산에 대한 강제집행 등이 인정된다는 의미에서의 예외인 것이지, 수탁자의 고유재산으로부터의 독립성의 예외를 인정한 것은 아니라는 점에 주의해야 한다.[48]

(다) 수탁자가 파산하더라도 이미 수탁자 고유재산이 된 것을 제외하고는, 신탁재산은 수탁자 개인의 파산재단을 구성하지 않는다(신탁법 제22조).

(라) 신탁재산이 소유권 이외의 권리인 경우에 수탁자가 그 목적인 재산을 취득하여도 그 권리는 혼동으로 인하여 소멸하지 않는다(신탁법 제23조).

(마) 신탁재산에 관하여 부합·혼화 또는 가공이 있는 경우에는 각 신탁재산과 고유재산은 각각 다른 소유자에게 속한 것으로 간주하여 민법 제256조 내지 제261조의 규정을 준용한다(신탁법 제24조).

---

44) 장현옥, "부동산 신탁에 관한 연구," 연세대학교 대학원 박사학위 논문(1997), 144면. 임채웅, "수탁자 지위의 승계 및 분양대행권의 성격에 관한 연구, 대상판결: 대판 2006. 3. 9. 2004다57694", BFL 제17호(2006. 5.), 서울대학교 금융법센터, 108-109은 신탁법 제21조가 아닌 제48조의 '신탁사무의 처리에 관하여 생긴 채권'의 의미에 대하여 통상은 대여금이나 손해배상 등 금전채권이 이에 해당할 것이나, 그 엄밀한 의미를 규명하는 것은 어려운 문제라고 하면서 '신탁사무의 처리 자체에 대한 것은 아니고, 그와 관련하여 행사할 수 있게 된 채권'이라는 의미로 보면서, 예를 들어 신탁의 목적이 부동산을 임대하여 수익을 올리는 것인데, 제3자가 구수탁자와 계약을 체결하여 신탁계산을 사용할 수 있게 되었고(목적물사용청구권), 그와 관련하여 손해가 발생하여 그 손해배상도 청구할 수 있게 되었다고 할 경우(손해배상청구권), 손해배상청구권만이 이에 해당한다고 한다.

45) 대판 2005. 5. 27. 2005다5454(공보불게재).

46) 대판 2004. 10. 15. 2004다31883, 31890(공2004, 1829); 대판 2004. 10. 15. 2004다31906(공보불게재).

47) 수탁자의 불법행위에 의한 손해배상청구권은 '신탁사무의 처리상 발생한 권리'가 아니라는 것이 종래의 학설이나, 위 본문과 같은 경우에는 신탁재산으로부터도 배상을 받을 수 있다고 보아야 한다고 한다. 최동식, 주25) 297. 또한 판례도 신탁재산의 관리 또는 처분 등 신탁업무를 수행하는 수탁자의 통상적인 사업활동상의 행위로 인하여 제3자에게 손해가 발생한 경우 피해자인 제3자가 가지는 불법행위에 기한 손해배상채권도 신탁법 제21조의 '신탁사무의 처리상 발생한 권리'에 해당한다고 보고 있다[대판 2007. 6. 1. 2005다5843(공보불게재)].

48) 新井 誠, 주13) 333.

부동산의 경우에는 부합이 문제되는바(민법 제256조), 부합하는 물건은 동산뿐만 아니라 부동산도 포함된다고 하는 것이 다수설과 판례이고,[49] 부합은 "훼손하지 아니하면 분리할 수 없거나 분리에 과다한 비용을 요하는 경우는 물론 분리하게 되면 경제적 가치를 심히 감손하는" 정도로 부착, 합체되어야 한다.[50] 부동산의 경우 부합이 문제되는 경우는 대부분 건물의 증·개축이 이루어진 경우인바, 판례는 "건물이 증축된 경우에 증축부분이 기존건물에 부합된 것으로 볼 것인가 아닌가 하는 점은 증축부분이 기존건물에 부착된 물리적 구조뿐만 아니라 그 용도와 기능의 면에서 기존건물과 독립한 경제적 효용을 가지고 거래상 별개의 소유권 객체가 될 수 있는지의 여부 및 증축하여 이를 소유하는 자의 의사 등을 종합하여 판단하여야 한다"고 하고 있다.[51]

이와 관련하여 수탁자 개인으로서 소유하는 건물과 신탁재산인 건물이 합병된 경우 신탁재산이 등기되어 있으면 합병된 건물 중 신탁재산인 건물의 가격에 따른 지분이 신탁재산이 된다. 이는 제3자가 소유하는 건물과 신탁재산인 건물이 합병된 경우나, 수탁자를 동일인으로 하는 두 신탁의 신탁재산이 합병된 경우, 수탁자가 서로 다른 신탁재산인 건물이 합병된 경우에도 마찬가지이다.[52]

(바) 신탁재산은 수탁자의 상속재산에 속하지 아니한다(신탁법 제25조).

5. 부동산신탁의 공시[53]

가. 신탁재산은 독립성을 가지기 때문에 수탁자의 고유재산이나 다른 신탁재산과도 구별하여 관리하여야 한다(신탁법 제30조). 또한, 수탁자는 신탁재산을 신탁목적에 따라 선량한 관리자의 주의의무를 다하여 관리 · 처분하여야 한다(신탁법 제28조). 만약 수탁자가 이에 반하여 신탁재산을 멸실하거나 감소시키거나 그 밖의 손해를 입게 했을 때 또는 신탁목적에 반하여 불법으로 처분했을 때에는 그 손해를 배상하거나 그 신탁재산을 원상으로 회복하여야 한다(신탁법 제38조). 또한, 수익자는 원칙적으로 그 불법처분의 상대방 또는 전득자에게 그 처분을 취소할 수 있다(신탁법 제52조).

---

49) 민법주해[V], 박영사(2006), 493(권오곤 집필부분).
50) 대판 1962. 1. 31. 4294민상445(공보불게재).
51) 대판 2002. 5. 10. 99다24256(공2002, 1319).
52) 김성필, "신탁재산의 법률관계", 민사법학 제17호(1999), 한국사법행정학회. 212.
53) 구체적인 등기신청방법 등에 관하여는 '신탁등기사무처리에 관한 예규(등기예규 제1211호)' 참조.

이처럼 신탁재산에는 그 관리와 처분에 강한 제약을 가하고 있기 때문에 제3자에게 신탁재산인지 확인할 수 있도록 하여야 한다. 그래서 신탁법 제3조는 등기 또는 등록하여야 할 재산권에 관하여는 신탁은 그 등기 또는 등록하여야만 제3자에게 대항할 수 있도록 하여, 신탁의 등기를 제3자에 대한 대항요건으로 규정하고 있다.[54)]

여기서, 수탁자가 도산한 경우의 파산관재인 또는 관리인이 신탁법 제3조의 제3자에 해당하는가의 문제가 된다. 파산관재인이나 관리인은 일반적으로 채무자나 채권자의 대리인이나 대표자 또는 기관이 아니라 모든 이해관계인을 위한 공적 수탁자의 지위를 가진다고 하지만, 현실적으로는 채무자의 재산적 권리에 대한 관리처분권의 포괄승계인으로서의 기능을 가지고, 또한 모든 채권자를 위한 대표자 내지 대리인으로서의 기능도 가지는 점에서 문제된다고 할 수 있다.[55)] 일본의 통설은, 일반적으로 신탁법 제3조의 제3자는 민법상의 대항문제에 있어서의 제3자와 동일한데, 민법의 대항문제에 있어서의 제3자에는 파산관재인이 포함되므로, 파산관재인도 신탁법 제3조의 제3자에 해당한다고 하고,[56)][57)] 일본의 판례도 역시

54) 반면, 금전, 동산, 일반채권 등과 같은 재산권에 관하여는 공시방법이 갖추어져 있지 않고, 신탁의 대항 여부에 관한 규정도 없는바, 이에 관하여는 공시방법의 규정이 없는 이상 신탁을 대항할 수 없다는 견해도 있으나, 원칙적으로 신탁재산으로서의 특정성이 구비되어 있다면 신탁의 공시 없이도 선의의 제3자에게도 대항할 수 있다는 견해(다만, 신탁위반의 처분행위를 취소하기 위해서는 신탁법 제52조 제2항의 요건이 필요하다)가 통설이라고 한다. 홍유석, 주36), 87.; 최동식, 주25), 90; 新井 誠, 주13), 358. 일본의 판례(日最判 2002. 1. 17.(民集 56-1, 20))도 같은 입장인 것으로 보인다.

55) 대법원은, "파산관재인은 파산자나 파산채권자 등의 대리인이라거나 그 이해관계인 단체의 대표자라 할 수 없고 파산절차에서 법원에 의하여 선임되어 법률상의 직무로서 파산재단에 관한 관리처분의 권능을 자기의 이름으로 행사하는 지위에 있는 자라고 풀이할 것인바, 파산법이 파산관재인에게 파산재단에 관한 소에 있어 원고 또는 피고가 된다고 한 것은 파산관재인이 단지 파산자의 이익뿐만 아니라 파산채권자의 이익도 보호하여야 하고, 나아가 파산관재인의 개인적 이익을 넘어 파산목적의 수행상 공정한 입장에 서서 경우에 따라서는 서로 모순되는 이해의 조정을 꾀하여야 하는 지위에 있음을 감안하여 소송법상의 법기술적인 요청에서 당사자적격을 인정한 것뿐이지, 자기의 이름으로 소송행위를 한다고 하여도 파산관재인 스스로 실체법상이나 소송법상의 효과를 받는 것은 아니고 어디까지나 타인의 권리를 기초로 하여 실질적으로는 이것을 대리 내지 대표하는 것에 지나지 않는 것"이라고 판시한바 있다[대판 1990. 11. 13. 88다카26987(공 1991, 57)].

56) 鈴木秀昭, "信託の倒産隔離機能", 信託法硏究 제28호(2003), 信託法學會, 101. 그러나 鈴木秀昭는 수탁자파산의 경우의 파산관재인은 신탁법 제3조의 '제3'자에 해당하지 않고, 신탁의 공시가 없이도 신수탁자는 당해재산을 신탁재산이라고 주장할 수 있다고 해석하는 것이, 신탁법의 구조, 입법경과, 판례에 비추어 타당한 해석이라는 주장을 하고 있다.

57) 우리 판례도 통정허위표시에 있어서의 제3자에 관하여 "파산관재인은 파산자의 포괄승계인과 같은 지위를 가지게 되지만, 파산이 선고되면 파산채권자는 파산절차에 의하지 아니하고는 파산채권을 행사할 수 없고, 파산관재인이 파산채권자 전체의 공동의 이익을 위하여 선량한 관리자의 주의로써 그 직무를 행하므로, 파산관재인은 파산선고에 따라 파산자와 독립하여 그 재산에 관하여 이해관계를 가지게 된 제3자로서의 지위도 가지게 되며, 따라서

같은 입장이다.[58)]

나. 부동산의 경우 신탁의 공시는 신탁을 원인으로 하는 재산권이전의 등기와 신탁재산이라는 것을 공시하는 신탁등기를 하여야 한다. 이와 같이 두 가지의 등기를 하지만 절차상으로는 동시에 이루어지는 것이 원칙이다. 즉 신탁설정의 등기에는 신탁행위에 의한 신탁등기와 신탁재산의 처분에 의한 신탁등기,[59)] 신탁재산의 회복에 의한 신탁등기[60)]가 있는데, 모두 소유권이전등기신청과 한 문서로서 신탁등기도 함께 신청하여야 한다(부동산등기법 제120조).[61)] 만일 신탁의 등기만을 신청한 경우에는 부동산등기법 제55조 제4호에 의하여 각하될 것이고, 소유권이전등기만을 신청한 경우에도 그 등기원인이 신탁임이 판명된 경우에는 각하될 것이다.[62)] 그러나, 신탁재산의 처분에 의한 신탁등기와 신탁재산의 회복에 의한 신탁등기의 경우에는 소유권이전등기가 먼저 경료된 후에 신탁등기만을 따로 신청하여도 무방하고,[63)] 또한 수탁자 단독으로 신청할 수도 있다(부동산등기법 제118조).

신탁을 원인으로 하는 소유권이전등기는 등기부에 하며 그 등기에 의해서 신탁부동산의 소유권이 위탁자에게서 수탁자에게로 이전된다. 신탁등기는 신탁계약의 내용을 공시하는 것으로서 신탁원부에 하게 되고, 그 신탁원부는 등기부의 일부로 보게 되며, 그 신탁등기는 제3자에 대한 대항력을 가질 뿐이다. 신탁원부는 신탁등기 신청시에 함께 제출하는 신탁계약의 내용을 담은 서면 그 자체로써 구

…… 파산선고에 따라 파산자와는 독립한 지위에서 파산채권자 전체의 공동의 이익을 위하여 직무를 행하게 된 파산관재인은 그 허위표시에 따라 외형상 형성된 법률관계를 토대로 실질적으로 새로운 법률상 이해관계를 가지게 된 민법 제108조 제2항의 제3자에 해당한다"고 판시하고 있다[대판 2003. 6. 24. 2002다48214(공2003, 1581)].

58) 日最判 2002. 1. 17.(民集 56-1, 20). 岩藤美智子, "信託契約の成立と受託者破産時の信託財産の帰趨 : 最一小判平14. 1. 17.を手がかりとして", 金融法務事情 No.1659(2002.11), 金融財政事情研究会. 17에서 재인용.

59) 수탁자가 신탁재산의 처분 등에 의하여 취득한 재산도 신탁법 제19조에 의하여 신탁재산이 되는바, 이와 같이 취득한 재산에 관한 경우이다.

60) 수탁자가 관리를 적절히 하지 못하여 신탁재산의 멸실, 감소 기타의 손해를 발생하게 한 경우 또는 신탁의 본지에 위반하여 신탁재산을 처분한 때에는 위탁자, 그 상속인, 수익자 및 다른 수탁자는 그 수탁자에 대하여 신탁재산의 회복을 청구할 수 있는바(신탁법 제38조), 이와 같이 회복된 재산에 관한 경우이다.

61) 신탁등기의 말소의 경우에도 같다. 부동산등기법 제168조 참조.

62) 신탁등기사무처리에 관한 예규 1. 가. (1). 이러한 경우에는 우선 소유권이전등기의 말소를 하여 원래대로 되돌린 후에 다시 소유권이전등기와 신탁등기를 동일한 서면으로 신청하여야 한다(안갑준, "신탁등기절차와 관련되어 실무상 제기되는 몇 가지 문제", 법조(1997. 5.) 법조협회, 204).

63) 부동산등기실무[III], 법원행정처(2007), 20, 24.

성된다(부동산등기법 제123조, 제124조).

법원이 신탁관리인[64]을 선임·해임하거나 수탁자를 해임한 때, 신탁재산의 관리방법을 변경한 때에는 법원이 신탁원부에의 기재를 등기소에 촉탁하여야 하고(부동산등기법 제125조 내지 제127조), 그 외의 경우에는 신탁원부에 기재할 사항에 변경이 생긴 때에는 수탁자는 지체 없이 그 변경을 증명하는 서면을 첨부하여 신탁원부에의 기재를 신청하여야 한다(부동산등기법 제128조).

6. 부동산신탁의 유형

신탁목적에 따라 담보신탁, 관리신탁, 처분신탁, 토지(개발)신탁으로 구분할 수 있다.

가. 관리신탁

부동산의 관리만을 위하여 전문 부동산관리자를 수탁자로 하여 소유권을 이전하는 부동산신탁을 관리신탁이라 한다. 수탁자는 단순히 부동산을 유지관리하는 것이 아니라 부동산에 대하여 포괄적인 관리권(예: 임대, 공작물의 하자에 있어서의 제3자에 대한 손해배상 등)을 행사하는 것이다.

부동산관리신탁에 있어서는 일응 두 가지로 나누어 볼 수 있다. 수탁자가 부동산 소유명의만을 관리해주는 명의관리신탁(을종 관리신탁)과 명의관리뿐만 아니라 그 부동산의 관리까지 해주는 물건관리신탁(갑종 관리신탁)으로 나누어 볼 수 있다.

명의관리신탁은 우리 판례가 인정하는 명의신탁과는 구별된다. 명의관리신탁은 신탁을 소유권이전의 원인으로 등기부에 공시하는 공연명의신탁인데 반하여 명의신탁은 등기부상으로는 신탁을 등기원인으로 하지 아니하므로 은닉된 신탁이다.

나. 처분신탁

부동산처분신탁은 부동산의 처분을 목적으로 수탁자에게 소유권을 이전하고 수탁자가 그 부동산을 처분하여 수익자에게 정산하여 주는 신탁이다. 즉, 대형 · 고가의 부동산으로서 매수자가 제한되어 있는 부동산, 권리관계가 복잡하여 처분방법이나 절차에 어려움이 있는 부동산, 잔금정산까지 장기간이 소요되어 소유권관

64) 신탁법 제18조에 의하여 수익자가 특정되어 있지 아니하거나 아직 존재하지 아니하는 경우에 선임되는 자로서, 수탁자가 사임하거나 해임된 경우에 선임되는 자로서 임시의 수탁자인 신탁재산관리인(신탁법 제16조)과는 다르다.

리에 안전을 요하는 부동산을 전문성과 공신력을 갖춘 수탁자에게 부동산의 처분을 목적으로 소유권을 이전하고 수탁자로 하여금 그 부동산을 처분하게 하는 신탁이다.

부동산처분신탁에도 수탁자가 신탁부동산의 명의관리만을 하다가 처분하는 경우(을종 처분신탁)도 있고, 명의관리 이외에 처분시까지의 물건관리행위 일체를 스스로 하다가 처분하는 경우(갑종 관리신탁)도 있다.

다. 토지(개발)신탁

(1) 토지를 효율적으로 이용할 목적으로 토지소유자 등이 수탁자에게 토지를 신탁하고 수탁자는 신탁계약에 따라서 해당토지에 건물을 건설하거나 토지를 용지로 조성하는 등 유효이용조치를 실행한 다음 건물 또는 용지의 임대·매각 등 부동산사업을 시행하여 그 성과를 토지소유자 등 수익자에게 되돌려 주는 형태의 신탁이다.

토지신탁은 현행 신탁법에 명문의 법적 근거가 없지만 신탁법이 규정하고 있는 「관리·처분」(신탁법 제1조 제2항)에 근거하여 시행되고 있다. 즉, 「관리·처분」은 소극적인 관리와 처분뿐만 아니라 적극적인 방법에 의한 관리와 처분을 포함하는 것이고 부동산을 개발하여 사업을 시행하는 것은 적극적인 방법에 의한 관리와 처분에 해당한다는 것이다.

이러한 토지신탁은 토지소유자인 위탁자가 전문적인 토지개발자인 수탁자에게 소유권을 이전하고 수탁자가 스스로 토지소유권자의 지위에서 그 토지를 개발하여 그로부터의 수익을 배당하는 방법으로서 소위 토지소유자와 전문토지개발자와의 협력에 의하는 합동개발의 한 유형이라고 할 수 있다.

(2) 토지(개발)신탁의 유형

토지신탁은 크게 분류하면 임대형과 분양(처분)형으로 구분할 수 있다. 임대형 토지신탁은 토지를 매각하지 않고 신탁을 통해서 부동산임대사업을 행하되 신탁계약이 종료한 때 신탁재산을 있는 그대로 수익자에게 반환한다. 이 방식은 토지소유자가 실질적인 소유권을 유보하면서 토지의 유효이용을 도모하고 장기적으로 안정적인 부동산임대수입을 얻는 것을 목적으로 하는 신탁이다. 분양형(처분형) 토지신탁은 신탁을 통해서 부동산을 처분하는 신탁이다. 토지·건물 등 신탁재산을 처분한 대금은 신탁의 종료와 함께 수익자에게 지급된다. 토지소유자는 단순히 토지의 매각대금 또는 자본이득을 얻는 것 이외에도 처분에 이르기까지의 부가가치(임대수입 등)를 수익할 수도 있다.

라. 담보신탁

(1) 의의

부동산담보신탁이란 채무자가 위탁자가 되고 채권자를 수익자로 하여 채무자 또는 제3자(일종의 물상보증인에 해당)가 신탁부동산의 소유권을 수탁자에게 이전하고 수탁자는 담보의 목적을 위하여 신탁재산을 관리한 후, 채무자가 변제기에 채무를 변제하면 위탁자에게 목적물을 재양도하고, 채무자가 채무를 변제하지 아니할 때에는 신탁재산을 처분하여 그 대금으로써 채권자인 수익자에게 변제하고 잔액이 있을 때에는 채무자에게 반환하는 방법에 의한 것으로 신탁제도를 이용한 부동산담보방법이다.[65)]

이는 채무자인 위탁자가 채권자를 수익자로 하고 신탁회사를 수탁자로 하여 그 수탁자에게 담보목적으로 소유권을 이전하므로 신탁부동산의 관리도 철저히 될 뿐만 아니라 도산절연의 효과를 누릴 수 있고, 그 채권의 실행은 수탁자의 임의매각방법에 의하게 되므로 경매에 의한 실행방법보다 시간과 비용을 절감할 수 있고, 매각대금도 경락가액보다 일반적으로 높을 것으로 예상되는 등 저당권 등 현행의 부동산담보제도보다 유용하다는 점에서 그 필요성이 인정된다.

그러나 신탁법은 관리신탁과 처분신탁을 규정할 뿐이고(신탁법 제1조 제2항) 담보신탁에 대하여는 명문의 근거규정을 두고 있지 않지만, 담보신탁은 채권자인 수익자를 위한 담보라는 특정의 목적을 위하여 채무자인 위탁자가 자기부동산의 소유권을 수탁자에게 이전하고 그 부동산을 수탁자가 관리하다가 채무자의 채무불이행시 그 부동산을 처분하여 그 대금으로써 채권자에게 변제하는 것을 내용으로 하기 때문에 부동산의 관리와 처분이 그 주내용이 되고, 결국, 담보신탁도 신탁법 제1조 제2항의 「관리 · 처분」에 근거한다고 볼 수 있다.

(2) 담보신탁의 구조

일반적인 형태는, ① 채무자가 채권자와 차입계약을 체결하고 자금을 차용함에 있어 채무자가 위탁자가 되어 신탁을 설정하고, ② 채권자는 신탁원본에 대하여 선순위수익권을, 채무자는 신탁원본에 대한 후순위수익권 및 신탁이익에 대한 수익권을 취득하며, ③ 정상적인 기간에는 채무자에게 신탁수익과 관련한 배당이

65) 학자 및 거래계에서는, 담보신탁에 관하여 위와 같은 유형 외에, 부동산을 신탁회사에 신탁하고 유효담보금액의 범위 내에서 신탁회사로부터 수익권 증서를 발급받아 이를 금융기관에 담보로 제공하고 대출을 받는 유형도 담보신탁으로 보는 경우도 있는 등 양자를 혼용하고 있어, 개념의 정립이 이루어져 있지 않다고 한다. 임채웅, "담보신탁의 연구", 인권과 정의 제378호(2008. 2.), 대한변호사협회, 116-118. 다만, 두 번째 유형은 위탁자의 도산의 경우에 도산격리가 인정되지 않는다[대판 2002. 12. 26. 2002다49484(공2003, 478) 참조].

행하여지나 일정한 사유(차입계약에 정해진 기한의 이익 상실 등)가 발생하면 신탁계약에 정해진 방법에 따라 선순위수익권자에게 신탁재산의 배당이나 원본교부가 행하여지고, ④ 그와 같이 신탁재산이 선순위수익권자에게 배당·교부되는 경우 그 한도에서 채무자의 차입금 채무가 소멸하는 것이다. 만약 차입계약에 따른 원리금이 모두 변제된 경우에는 신탁계약을 해지하여 신탁재산 또는 그 처분대금을 후순위수익권자에게 교부하게 된다.

(3) 이용권 및 처분권의 제약문제

신탁에 있어서는 신탁재산의 소유권이 수탁자에게 이전되기 때문에 위탁자는 점유는 물론 이용권의 설정이나 처분도 할 수 없다. 또한, 신탁의 본질상 신탁재산에 대한 소유권이 수탁자에게 이전되고 수탁자가 점유하여 관리·처분하기 때문에 신탁목적물로부터 발생하는 과실은 수탁자가 취득하고 그것은 신탁재산을 구성한다.

그러나 담보신탁은 담보의 목적으로 설정되므로 점유·이용은 물론 과실수취권을 위탁자에게 귀속시키는 것으로 하여야 할 것이다. 즉, 수탁자와 위탁자 간의 합의에 따라 신탁계약에서 이용권을 채무자가 설정할 수 있도록 허용하고 이를 신탁원부에 공시하여 채무자가 저당권설정자와 같이 신탁목적물을 이용할 수 있도록 하여야 할 것이다.

실무에서는 담보신탁부동산에 대한 점유는 계속 위탁자에게 두고, 위탁자가 제3자와 임대차계약 등 권리를 설정하거나 그 현상을 변경하는 등의 행위를 하는 경우 수탁자의 승낙을 받아서 하도록 하며, 임대차계약을 체결할 경우 임대차보증금은 신탁원본으로 보아 수탁자에게 귀속시키고 임대료는 신탁수익으로 보아 위탁자에게 귀속시킴으로써 수탁자와 위탁자 간의 이해관계를 조절하여 위탁자의 이용권을 보장하고 있다고 한다.

三. 위탁자의 도산

1. 도산절연

가. 신탁법상의 신탁의 경우

(1) 위에서 살펴본 바와 같이 신탁된 부동산은 대내외적으로 위탁자로부터 수

탁자에게로 완전하게 이전되어, 위탁자의 채권자는 신탁부동산을 책임재산으로 파악할 수 없게 되므로 위탁자에 대하여 채무자회생 및 파산에 관한 법률(이하 '통합도산법'이라고 함)에 의한 파산절차나 회생절차가 개시되더라도 신탁부동산은 동 절차에 구속되지 아니한다.

신탁법 제21조 제1항에 의하여 신탁재산에 대하여는 강제집행을 할 수 없고, 통합도산법 제383조 제1항이 압류할 수 없는 재산은 파산재단에 속하지 아니한다고 규정하고 있는 점에서도, 위탁자가 파산한 경우 신탁부동산은 위탁자의 파산재단을 구성하지 않음은 당연하다. 다만, 자익신탁의 경우에는 위탁자의 채권자가 무자력인 위탁자를 대위하여 신탁을 해지하고(신탁법 제56조), 당해 신탁부동산을 위탁자의 고유재산으로 환원시킨다면 위 재산은 파산재단에 속하게 된다.

위탁자의 수탁자에 대한 부동산의 신탁이 처분이나 관리신탁이든 담보신탁이든 신탁부동산이 수탁자에게 완전히 이전되는 신탁법상의 신탁을 전제로 하는 것이어서 모두 도산절연의 효과가 인정되므로, 이 점에서는 신탁의 유형을 구별할 실익은 없어 보인다. 판례[66]도 담보신탁의 경우에도 도산절연의 효과를 인정하고 있다.

(2) 물론, 이러한 도산절연은, 공시방법이 없는 재산권의 경우에는 공시 없이도 인정되지만, 등기 또는 등록하여야 할 재산권에 관하여는 그 등기 또는 등록이 되어야 파산관재인[67]을 포함한 제3자에게 대항할 수 있으므로, 부동산의 경우에는 신탁계약에 따른 소유권이전등기 외에 신탁등기까지 된 것을 전제로 하는 것이다(신탁법 제3조 제1항).

또한 이러한 신탁의 설정과 등기는 파산선고 또는 회생절차개시 전에 이루어져야 한다. 왜냐하면, 파산선고나 회생절차개시는 그 선고 또는 결정시로부터 그 효력이 생기고(통합도산법 제49조 제3항, 제311조), 파산선고나 회생절차개시가 있으면 파산재단이나 회생절차가 개시된 채무자의 재산의 관리 및 처분을 하는 권리는 파산관재인 또는 관리인에게 전속되며(통합도산법 제56조 제1항, 제384조), 파산선고 또는 회생절차개시결정을 받은 채무자가 그 후 파산재단 또는 회생절차가 개시된 채무자에 속하는 재산에 관하여 한 법률행위(신탁)는 파산채권자에게 대항할 수 없거나 회생절차와의 관계에서는 그 효력을 주장할 수 없기 때문이다

66) 대판 2002. 12. 26. 2002다49484(공2003, 478).
67) 파산관재인은 신탁법 제3조의 제3자에 해당한다는 것이 통설이라고 함은 위에서 본 바와 같다. 주56) 참조.

(통합도산법 제64조 제1항, 제329조 제1항).

즉, 신탁계약은 체결하였으나 아직 신탁계약에 의한 소유권이전등기와 신탁등기가 경료되지 아니한 상태에서 위탁자가 도산한 경우에는 신탁계약만으로는 제3자인 파산관재인이나 파산채권자에게 대항할 수 없으므로 위 부동산은 파산재단에 속하게 된다. 그러나 신탁계약에 의한 소유권이전등기는 마쳤으나 신탁등기는 경료되지 아니한 상태에서 위탁자가 도산한 경우에는 위 부동산은 수탁자에게 완전히 이전된 것이므로 위탁자의 도산으로부터 격리된다.

나아가 파산선고 또는 회생절차개시 전에 통합도산법 제43조 또는 제323조에 의한 보전처분에 따른 등기가 경료되어 있는 경우에는 그 후에 행해진 신탁행위는 무효라고 할 것이므로[68] 위 부동산은 파산재단 또는 회생절차가 개시된 채무자의 재산에 속하게 될 것이다.

또한, 부동산 등에 관하여 파산선고 또는 회생절차개시 전에 생긴 채무의 이행 또는 등기원인으로 파산선고 또는 회생절차개시 후에 한 등기 또는 가등기는 파산채권자에게 대항할 수 없거나 회생절차와의 관계에서는 그 효력을 주장할 수 없되, 다만, 등기권리자가 파산선고 또는 회생절차개시의 사실을 알지 못하고 한 등기 또는 본등기에 관하여는 그러하지 아니한바(통합도산법 제66조 제1항, 제331조 제1항), 부동산에 관하여 파산선고 또는 회생절차개시 전에 체결한 신탁계약에 기하여 그 후에 소유권이전등기와 신탁등기를 경료하여도 수탁자가 악의인 한 이는 파산재단 또는 회생절차가 개시된 채무자의 재산에 속한다고 보아야 할 것이다. 여기서 수탁자의 악의 여부를 판단하는데 있어서는, 파산선고 또는 회생절차개시의 공고 전에는 파산선고 등의 사실을 알지 못한 것으로 추정하고, 공고 후에는 그 사실을 안 것으로 추정하는 통합도산법 제68조, 제334조를 참고할 수 있을 것이다. 다만, 위 경우에, 더욱이 수탁자가 선의라면 등기관이 파산등기를 수리할 수 있느냐에 관하여는 견해의 대립이 있는바, 즉 파산등기 등을 촉탁할 때에는 이미 수탁자 앞으로 소유권이전등기와 신탁등기가 경료되어 있으므로 수리할 수 없다는 견해, 통합도산법 제331조 제1항 본문의 취지에 부합하게 수리하여야 한다는 견해가 있으나, 수탁자가 선의인지 여부는 형식적 심사권만을 갖는 등기관이 판단하기 어려우므로 신탁등기가 파산선고일 후에 경료된 것이 명백하

68) 보전처분에 반하는 행위의 효력에 대하여, 그 행위의 상대방이 악의인 경우에는 무효라고 보는 것이 지배적이라고 하는바(서울중앙지방법원 파산부 실무연구회, 회생사건실무(상)(제2판, 2008), 박영사, 76; 齋藤秀夫 · 麻上正信·林屋札二 編, 注解破産法(上)(第三版, 1999), 青林書院, 263, 위와 같이 보전처분에 따른 등기가 경료되어 있는 경우에는 상대방이 악의라고 보아야 할 것이다. 또한 상대방이 악의인 경우에는 부인권의 대상이 될 수도 있다.

다면 파산등기를 수리하되, 수탁자는 파산등기 후에 선의임을 주장하여 파산등기 말소청구를 할 수 있다고 해야 한다는 견해[69]가 타당해 보인다. 그러나 대부분 이러한 신탁행위는 사해신탁의 취소권이나 부인권의 대상이 될 것이다.

나. 자산유동화의 경우

자산유동화란 채권, 부동산 기타의 재산권 등의 유동화자산[70]을 유가증권 기타 채무증서(유동화증권)의 형태로 전환하는 일련의 행위를 말한다. 자산유동화에 관한 법률 제2조 제1호는 자산유동화에 관하여 4가지 유형을 규정하고 있는데, 이 중 3가지 유형에서 신탁회사가 자산유동화의 도관으로 등장하고, 따라서 자산유동화는 크게 신탁형 자산유동화와 매매형 자산유동화로 구분이 가능하다. 이렇듯 자산유동화의 경우에도 부동산을 유동화자산으로 하고, 신탁회사를 도관으로 이용하는 방법이 가능하게 된다. 한편 이러한 신탁회사도 신탁법 및 자본시장과 금융투자업에 관한 법률의 적용을 받게 됨은 물론이나, 그 특수성으로 인하여 자본시장과 금융투자업에 관한 법률의 일부 규정의 적용을 배제하고 있다.[71]

위 두 유형의 자산유동화의 성립과정에서의 가장 큰 차이점은 매매형 자산유동화는 양도의 방식에 관하여 자산유동화에 관한 법률 제13조이 정하는 요건을 충족하여야 함에 비하여, 신탁형 자산유동화에 대하여는 동 조항의 적용이 없다는 점이다. 그리고 매매형 자산유동화의 경우에는 도산절연의 요건으로서 자산유동화에 관한 법률 제13조의 요건을 충족할 것을 요구하나,[72] 신탁형 자산유동화의 경우에 관하여는 규정하고 있지 아니하다. 신탁형 자산유동화에 대하여 실무는 사해신탁이 아니라면 유동화신탁으로 보고 도산절연의 효과를 인정하고 있다고 한다.[73]

---

69) 김정수, "부동산신탁과 처분제한의 등기," 토지법학 제14호, 한국토지법학회(1999), 78면.

70) 자산유동화에 관한 법률 제2조 제3호.

71) 자산유동화에 관한 법률 제16조, 제32조 참조(신탁업법이 2009. 2. 3. 폐지됨에 따라 그 이후부터는 신탁업법 대신에 자본시장과 금융투자업에 관한 법률이 적용되게 된다). 강율리, "신탁을 이용한 자산유동화에 관한 법적 문제점", BFL 제17호(2006. 5.), 서울대학교 금융법센터, 81.

72) 자산유동화에 관한 법률 제13조에서 정한 방식에 의한 경우에는 도산절연의 효과가 인정되나(유동화전문회사가 자산보유자의 도산시 환취권을 행사할 수 있게 된다), 그렇지 않은 경우에는 유동화전문회사는 담보권자에 불과하게 되어 회생절차의 경우에는 담보권의 행사가 제약을 받게 된다. 임치용, "자산유동화와 파산", 사법 창간호(2007. 9.), 사업연구지원재단, 113.

73) 강율리, 주71) 83. 이에 대하여 위 논문은 신탁이라는 형식만 갖추었다고 하여 자산유동화에 관한 법률의 특혜를 받도록 하는 것은 문제라고 하면서, 신탁업법(현재는 자본시장과 금융투자업에 관한 법률)과 다른 규정의 적용 여부를 명확히 판단하기 위해서라도 유동화신탁과 일반적인 타익신탁을 구별할 수 있는 기준이 제시되어야 한다고 주장하고 있다.

2. 수익자의 지위

가. 회생절차의 경우

채권자가 금원을 대여하고 담보권을 설정받는 경우 회사정리절차에 의하지 아니하고 변제받기 위하여 채무담보를 위하여 채무자 소유의 부동산을 수탁자에게 신탁하고, 그 수익권을 채권자에게 부여하는 담보신탁을 이용하는데, 이 경우 그 수익권이 회생담보권에 해당하는가 문제된다.

이에 대하여 판례는, "회사정리법 제123조 제1항 본문[74]에 의하면, '정리채권 또는 정리절차 개시 전의 원인으로 생긴 회사 이외의 자에 대한 재산상의 청구권으로서 정리절차개시 당시 회사 재산상에 존재하는 유치권, 질권, 저당권, 양도담보권, 가등기담보권, 전세권 또는 우선특권으로 담보된 범위의 것은 정리담보권으로 한다'고 규정하고 있으므로, 정리담보권으로 신고하지 아니하였을 때 회사정리법 제241조[75]에 의하여 소멸되는 정리담보권이 되기 위해서는 그 담보권이 정리절차개시 당시 회사 재산을 대상으로 하는 담보권이어야만 한다 할 것인데, 신탁법상의 신탁을 함에 있어서는 그 위탁자가 당연히 수익권자가 되는 것이 아니고 위탁자와 전혀 별개의 존재인 수익자를 지정하여야만 하는 것이며, 위탁자가 자신을 수익자로 지정하는 경우에도 위탁자와 수익자의 지위는 전혀 별개의 것이라고 보아야 할 것이므로, 특히 담보신탁이 아니라 분양형 토지(개발)신탁의 경우에 신탁계약시에 위탁자인 정리 전 회사가 제3자를 수익자로 지정한 이상, 비록 그 제3자에 대한 채권담보의 목적으로 그렇게 지정하였다 할지라도 그 수익권은 신탁계약에 의하여 원시적으로 그 제3자에게 귀속한다 할 것이지, 위탁자인 정리 전 회사에게 귀속되어야 할 재산권을 그 제3자에게 담보 목적으로 이전하였다고 볼 수는 없는 것이어서, 그 경우 그 수익권은 정리절차개시 당시 회사 재산이라고 볼 수 없다 할 것이고, 따라서 그 제3자가 정리절차에서 그 수익권에 대한 권리를 정리담보권으로 신고하지 아니하였다고 하여 회사정리법 제241조에 의하여 소멸된다고 볼 수는 없다"고 하여 회생담보권으로 보지 아니한다.[76] 다만, 위 판례는 신탁계약시에 위탁자인 정리 전 회사가 자신을 수익자로 지정한 후 그 수익권을 담보 목적으로 제3자에게 양도한 경우에는 그 수익권을 양도담보로 제공한 것으로서 정리절차개시 당시 회사 재산에 대한 담보권이 된다고 한다.[77]

74) 통합도산법 제141조 제1항 본문에 해당한다.
75) 통합도산법 제251조에 해당한다.
76) 대판 2002. 12. 26. 2002다49484(공2003, 478).
77) 대판 2002. 12. 26. 2002다49484(공2003, 478).

또 다른 판례도 결론에 있어서는 위의 판례와 같으나, 이론구성에 있어서 약간의 차이가 있는바, 그 판례는, "신탁법상의 신탁은 위탁자가 특정의 재산권을 수탁자에게 이전하거나 기타의 처분을 하고 수탁자로 하여금 수익자의 이익을 위하여 또는 특정의 목적을 위하여 그 재산권을 관리, 처분하게 하는 법률관계를 말하므로, 신탁자가 어음거래약정상의 채무에 대한 담보를 위하여 자기 소유의 부동산에 대하여 수탁자와 담보신탁용 부동산관리·처분신탁계약을 체결하고 채권자에게 신탁원본 우선수익권을 부여하고서, 수탁자 앞으로 신탁을 원인으로 한 소유권이전등기를 경료하였다면, 위탁자의 신탁에 의하여 신탁부동산의 소유권은 수탁자에게 귀속되었다고 할 것이고, 그 후 신탁자에 대한 회사정리절차가 개시된 경우 채권자가 가지는 신탁부동산에 대한 수익권은 회사정리법 제240조 제2항[78]에서 말하는 '정리회사 이외의 자가 정리채권자 또는 정리담보권자를 위하여 제공한 담보'에 해당하여 정리계획이 여기에 영향을 미칠 수 없다고 할 것이므로 채권자가 정리채권 신고기간 내에 신고를 하지 아니함으로써 정리계획에 변제의 대상으로 규정되지 않았다 하더라도, 이로써 실권되는 권리는 채권자가 신탁자에 대하여 가지는 정리채권 또는 정리담보권에 한하고, 수탁자에 대하여 가지는 신탁부동산에 관한 수익권에는 아무런 영향이 없다"고 판시하였다.[79]

즉, 채권담보를 위하여 신탁계약을 이용할 경우에 채무자에 대한 회생채권은 회생절차에 따라야 하지만, 담보권에 대한 도산절차상의 제약은 피할 수 있게 되고,[80] 정리채권자가 신고기간 내에 이를 신고하지 아니하면 그 채권은 실권되나 그 실권되는 권리는 채권자가 위탁자에 대하여 가지는 정리채권과 정리담보권에 한하므로(통합도산법 제251조), 채권자가 수익자로서 가지는 수익권은 실권되지 않는다.[81]

---

78) 통합도산법 제250조 제2항 제2호에 해당한다.

79) 대판 2001. 7. 13. 2001다9267(공2001, 1854); 한편, 대판 2003. 5. 30. 2003다18685(공2003, 1452)은 위탁자가 부동산관리신탁계약에 따라 자익신탁 방식으로 부동산을 수탁자에게 신탁하고 수탁자가 위탁자의 채권자에 대한 채무의 담보를 위하여 신탁부동산에 근저당권을 설정해 준 사안에 관한 것으로서, 위 2001다9267판결이 수익권을 담보로 취득한 것을 제외하면 거의 유사한 사안이다.

80) 김재형, "도산절차에서의 담보권자의 지위," 인권과 정의 제356호(2006. 4.), 대한변호사협회(2006). 18.

81) 나아가 대판 2003. 5. 30. 2003다18685(공2003, 1452)에서의 채권이 정리채권으로서는 실권되었다고 하여도, 그 물상보증인과 동일한 지위에 있는 수탁자에 대하여는 근저당권의 피담보채권의 존재를 주장할 수 있다고 할 것이므로 신탁부동산에 관한 이 사건 근저당권에는 아무런 영향이 없다. 김상준, "신탁자에 대한 회사정리절차가 개시된 경우 토지신탁회사가 신탁자를 위하여 기존에 제공한 물상담보의 효력", 대법원판례해설 제44호(2004. 1.), 법원도서관, 566.

나. 파산절차의 경우

도산절연에 의하여, 채무자인 위탁자에 대하여 파산절차가 개시되더라도 채권자는 그에 관계없이 신탁의 수익권을 행사하여 신탁부동산으로부터 채권을 회수할 수 있고 이는 부인의 대상이 되지 않는다. 이러한 점은 채무자 소유의 재산상에 설정된 다른 일반 담보권의 경우에 담보권자가 별제권자로서 파산절차에 관계없이 담보권을 실행할 수 있는 점과 크게 차이가 나지 않는다고도 볼 수 있다. 다만, 신탁행위 자체가 신탁법상의 사해신탁에 해당되거나 또는 파산절차에서의 부인의 대상이 되는 경우에는 신탁행위 자체가 취소되거나 무효로 될 수 있다.

한편, 담보신탁의 경우 수익자는 기본적으로 위탁자에 대한 채권자이므로 파산채권자로서 현존액주의에 의하여 채권 전액을 파산채권으로 하여 배당에 참가할 수 있을 것인데, 수익자가 수익권을 포기한다면[82] 문제가 되지 않을 것이나 포기하지 않는 경우에는 양측으로부터의 채권회수액이 채권원리금을 넘는 문제가 생길 수 있다.

대부분 신탁부동산이 채권자인 수익자의 채권을 담보하기에 부족하지 않은 경우가 많을 것이므로 문제가 되지 않을 것이고, 부족하더라도 수익자가 신탁부동산의 처분대금을 교부받은 후 잔여채권에 한하여 파산채권으로 신고하여 배당 또는 변제받으면 문제되지 않을 것이다. 그러나 파산채권을 뒤늦게 신고하더라도 실무상 통합도산법 제518조를 유추하여 우선배당을 하기는 하나, 파산재단에 속하는 재산이 부족한 경우에는 먼저 신고한 채권자들보다 적게 배당받을 수 있기 때문에, 위탁자의 파산시에 채권 전액을 신고하는 경우가 많을 것으로 생각된다. 이러한 경우 수익자가 파산재단으로부터 받은 배당금과 신탁부동산의 처분대금으로 받은 금액의 합계가 채권액을 넘게 되는 경우 이를 어떻게 조정할 것인가가 문제된다.

수익자는 일정한 사유가 발생한 경우 신탁재산을 한도로 책임을 지는 일종의 보증인과 같은 지위에 있는 수탁자로부터 신탁재산의 처분대금을 교부받는 자이고, 수익자는 별제권자처럼 신탁재산에 대하여 우선변제권이 있지도 않으며, 신탁재산에 대하여 수탁자의 보수, 비용 및 손해배상청구권이 수익권보다 우선하고, 신탁사무의 처리상 발생한 채권자와 같은 권리를 가진 자는 신탁재산에 대하여 강제집행을 할 수도 있는 등의 이유로 수익자가 신탁재산으로부터 어느 정도의

---

82) 신탁법 제51조 제3항은 수익자는 수익권을 포기할 수 있다고 규정하고 있다. 수익자가 수익권을 포기하면 신탁은 종료되고, 신탁재산은 위탁자 또는 그 상속인에게 귀속된다(신탁법 제55조, 제60조).

채권 만족을 얻을 수 있는지 전혀 알 수 없는 점 등에 비추어 보면, 수탁자를 보증인과 유사하게 보아 수익자는 현존액주의에 의하여 전액을 파산채권으로 신고할 수 있다고 보아야 할 것이다. 다만, 수익자가 파산재단으로부터 받은 배당금과 신탁재산의 처분대금에서 수령한 금액의 합계가 채권액을 넘게 되면 그 초과액을 부당이득으로 반환청구할 수 있을 것이고, 파산관재인으로서는 수익자를 상대로 청구이의의 소를 제기하여 앞으로의 배당에서 제외하여야 할 것이다.

3. 사해신탁의 취소와 부인권

가. 사해신탁의 취소권

(1) 신탁법 제8조는 '채무자가 채권자를 해함을 알고 신탁을 설정한 경우에는 채권자는 수탁자가 선의일지라도 민법 제406조 제1항의 취소 및 원상회복을 청구할 수 있다. 전항의 규정에 의한 취소와 원상회복은 수익자가 이미 받은 이익에 영향을 미치지 아니한다. 단, 수익자가 변제기가 도래하지 아니한 채권의 변제를 받은 경우 또는 수익자가 그 이익을 받은 당시에 채권자를 해함을 알았거나 중대한 과실로 이를 알지 못한 경우에는 예외로 한다'고 하여 사해신탁의 취소권을 인정하고 있다.

그 규정에서 민법 제406조 제1항을 원용하고 있으나, 민법상의 채권자취소권과 달리 수탁자가 선의인 경우에도 신탁행위에 대하여 취소권이 인정되고,[83] 또한 수익자가 수익권을 취득할 당시에 선의였다고 하더라도 취소할 수 있다(다만 수익자가 악의, 중과실이면 이미 받은 이익을 반환하여야 한다).[84] 반면, 사해신탁 취소권 역시 민법상의 채권자취소권의 경우와 같이 소송에 의해서만 행사할 수

83) 이는 수탁자는 신탁재산의 명의자인 동시에 관리권자에 지나지 아니하여 취소의 효과를 항상 미치게 하더라도 그 이익을 해하지 않기 때문이라고 한다. 홍유석, 주36) 93.; 최동식, 주25) 101. 이에 대해서는 부동산신탁의 경우에는 수탁자의 지위가 단순한 신탁수수료만 받고 그 운용의 책임이 종결되는 단순한 관계가 아니라 수탁받은 부동산에 건물을 신축하여 분양하는 복잡한 관계가 형성되며, 그로 인하여 수탁자도 수입을 얻는 구조로 되어 있으므로, 단순히 수탁자가 신탁재산으로부터 이익을 얻을 지위가 없다는 이유만으로 수탁자가 선의임에도 불구하고 신탁이 취소될 수 있다면 불합리하다고 주장하면서 수탁자가 선의인 경우에도 취소될 수 있다는 내용이 삭제되어야 한다는 주장이 있다. 이재욱, "부동산신탁 및 부동산뮤철펀드 등의 함정", 법률신문 2000. 8. 9.자. 임채웅, "사해신탁의 연구", 법조(2006. 9.), 25에서 재인용.

84) 취소의 결과 필요한 한도에서 수익자는 수익권을 잃게 되지만 그것은 수익권의 취득이 무상(증여)인 경우가 보통이므로 수익자의 이익을 해하는 경우가 적고, 더욱이 수익자가 선의인 경우에는 원칙적으로 기득권을 보호받을 수 있기 때문이라고 한다. 최동식, 주25) 101. 신탁법 제8조 제2항은 타익신탁의 경우에 적용되는 것으로서 자익신탁의 경우에는 사실상 적용될 여지가 없다[홍유석, 주36) 93].

있고, 소송의 상대방은 이득의 반환당사자인 수탁자 또는 수익자이고,[85] 사해신탁취소의 소도 민법 제406조가 정하는 사해행위취소의 소의 일종이라 할 것이므로 민법 제406조 제2항의 제소기간 내에 제기되어야 할 것이다.[86]

신탁법 제8조 소정의 사해신탁의 취소는 민법상의 채권자취소권과 마찬가지로 책임재산의 보전을 위한 것이므로 피보전채권은 금전채권이어야 하고, 특정물에 대한 소유권이전등기청구권을 보전하기 위하여 행사하는 것은 허용되지 않는다.[87]

채무자의 사해의사를 판단함에 있어 사해행위 당시의 사정을 기준으로 하여야 할 것임은 물론이나, 사해행위라고 주장되는 행위 이후의 채무자의 변제 노력과 채권자의 태도 등도 사해의사의 유무를 판단함에 있어 다른 사정과 더불어 간접사실로 삼을 수도 있다.[88]

(2) 채권자취소소송은 파산선고를 받은 채무자를 피고로 하는 것은 아니지만 그 소송의 결과는 파산재단에 직접적인 영향이 있고, 이를 부인소송으로 변경하여 파산관재인이 통일적으로 수행할 필요가 있으므로 파산절차개시에 의하여 중단되고(통합도산법 제406조 제1항), 파산관재인이 이를 수계할 수 있으며(통합도산법 제406조 제2항), 상대방의 수계신청이 있는 경우 파산관재인은 파산재단 전체를 고려하여 그 소송이 파산재단의 증식에 유익한 경우에만 수계하여야 하고 어느 채권자가 제기한 소송에 관하여 파산관재인에게 불리한 소송상태를 승계하도록 하는 것은 부당하므로 파산관재인은 종전의 소송상태를 판단하여 수계를 거절할 수 있는바,[89] 신탁법 제8조 제1항의 사해신탁취소도 사해행위취소권의 일종

85) 선의의 수익자를 상대로도 신탁을 취소할 수 있다는 통설적 견해에 대하여, 신탁법 제8조 제2항의 내용을, 수익자에 대하여 별도로 독립적으로 취소권을 행사할 수 있다는 것이 아니라 수탁자에 대한 취소권의 행사와 동시에 또는 그에 대한 취소권행사의 성공 이후의 법률관계에 관하여 규정한 것이라고 해석하면서, 수익자에 대한 독립적인 취소권을 인정하지 않는 견해도 있다[임채웅, 주83) 31이하].

86) 대판 2005. 1. 27. 2004다51009(공보불게재).

87) 대판 2001. 12. 27. 2001다32236(공2002, 354).

88) 대판 2003. 12. 12. 2001다57884(공2004, 110)는 채무자가 토지에 집합건물을 지어 분양하는 사업을 추진하던 중 이미 일부가 분양되었는데도 공정률 45.8%의 상태에서 자금난으로 공사를 계속할 수 없게 되자 건축을 계속 추진하여 건물을 완공하는 것이 이미 분양받은 채권자들을 포함하여 채권자들의 피해를 줄이고 자신도 채무변제력을 회복하는 최선의 방법이라고 생각하고, 사업을 계속하기 위한 방법으로 신탁업법상의 신탁회사와 사이에 신탁계약을 체결한 경우, 위 행위는 사해행위에 해당되지 않는다고 하였다. 이 판례는 사해신탁의 취소에 관한 것이 아닌, 민법상의 사해행위취소에 관한 것이기는 하나, 사해신탁에서의 사해성을 판단함에 있어서 참고가 될 것이다.

89) 서울중앙지방법원 파산부 실무연구회, 법인파산실무(제2판, 2008), 박영사, 76. 이에 대하여

이고, 파산관재인의 관리·처분권이 확립되어 있으므로, 종전의 채권자가 이를 행사하게 하는 것은 타당하지 않고, 민법상의 사해행위취소소송과 동일하게 취급하여야 하므로[90] 중단의 대상이 된다고 해석한다.[91]

파산절차가 개시된 후에는 책임재산의 회복은 파산재단의 증식으로 이어지고, 그 목적은 파산관재인에 의한 부인권행사에 의하여 실현되는 것이 적당하고, 채권자취소소송의 중단·수계는 책임재산의 범위를 둘러싼 당사자적격이 취소채권자로부터 파산관재인에게 이전되었다는 점에 터잡은 것이므로, 파산절차의 개시 후에는 채권자는 사해행위취소소송을 제기할 수 없다.[92] 그러나 신탁법상의 사해신탁취소권은 수탁자가 선의인 때에도 허용된다는 점에서 부인권보다 그 대상이 넓으므로 파산절차 또는 회생절차 개시 후에도 부인권과는 별개로, 파산관재인이나 관리인이 이를 행사할 수 있다고 보아야 한다.[93]

한편, 본래 신탁행위가 사해행위에 해당한다면 원칙적으로 원물반환, 즉 부동산의 경우 그 소유권이전등기의 원상회복을 하게 되지만, 토지신탁의 경우 그 토지의 소유권을 말소한다면 지상건축물의 처리, 수분양자 등의 문제를 야기하게 된다. 이러한 문제를 회피하기 위하여 가액배상을 명하는 것이 조화로운 해결책이 될 것이라는 견해가 있다.[94]

나. 부인권

사해신탁의 취소권이 부인권보다 그 범위가 넓으므로 대부분 사해신탁의 취소권을 행사할 것이나, 그것이 제척기간의 경과로 행사할 수 없는 경우 등에는 부인권의 행사를 고려해야 할 것이다. 또한 사해신탁의 취소권이 위탁자의 채권자에게 인정되는 것임에 비하여, 부인권은 파산관재인이나 관리인만이 행사할 수 있고(다만, 파산채권자 회생채권자 등이 법원에 부인권 행사를 명하도록 신청할 수는 있다), 행사의 방법에 있어서도 사해신탁 취소는 소로써만 가능한 데 대하여, 부인권은 소, 부인의 청구, 항변의 방법으로 할 수 있어 차이가 있는 등 부인권 행사의 필요성도 있을 수 있다.

신탁행위가 통합도산법의 부인행위(제100조, 제391조)에 해당하는 경우에는 파

伊藤 眞, 破産法(第4版 補訂版, 2006), 有斐閣, 297-298은 상대방의 수계신청권이 규정되어 있는 이상, 파산관재인에 의한 수계거절을 인정할 수 없다고 한다.

90) 齋藤秀夫 · 麻上正信·林屋札二 編, 주68) 556.

91) 한민·박종현, "신탁과 도산법 문제", BFL 제17호(2006. 5.), 서울대학교 금융법센터, 35.

92) 伊藤 眞, 주89) 297.

93) 齋藤秀夫 · 麻上正信·林屋札二 編, 주68) 556.

94) 이재욱·이상호, 주36) 107-108.

산관재인이나 관리인이 부인할 수 있고, 부인한 때에는 신탁부동산은 위탁자의 파산재단 또는 회생절차가 개시된 채무자의 재산으로 복귀한다. 이 경우 부인대상행위로 인하여 이익을 받은 자가 채권자를 해하는 사실을 알았는지 여부가 중요하게 되고, 여기서 그 이익을 받은 자를 누구로 볼 것인지가 문제되는데, 수탁자는 신탁부동산의 명의자겸 관리자이지 신탁행위로 인하여 이익을 받는 자로 보기 어렵고, 수탁자를 이익을 받는 자로 볼 경우에는 위탁자가 선의의 수탁자를 이용하여 특수관계인 등의 악의인 제3자에게 수익권을 부여하는 경우 이를 부인하기 어려우므로 수익자를 이익을 받는 자로 보아야 할 것이다.[95] 일본 신신탁법 제12조는 이를 명시적으로 규정하고 있다.

또한 파산상태에 빠진 채무자가 전 재산을 총채권자에 대한 변제를 위하여 신탁하는 경우, 부인권의 대상이 된다는 견해, 부인권의 대상이 되기 이전에 이미 파산법의 강행규정을 회피하는 탈법행위로서 무효라는 견해, 채권자에게 공평하고 완전한 이행을 하기 위하여 재산을 보전, 관리 혹은 이를 환가할 목적으로 한 경우에 채권자를 해할 의도가 보이지 않는 경우에는 유효하고 부인권의 대상이 되지 않는다고 보는 견해가 있는데,[96] 마지막 견해가 타당하다고 생각된다.

4. 미이행쌍무계약

쌍무계약에 관하여 채무자 및 그 상대방이 모두 파산선고 당시 아직 이행을 완료하지 아니한 때에는 파산관재인은 계약을 해제 또는 해지하거나 채무자의 채무를 이행하고 상대방의 채무이행을 청구할 수 있다(통합도산법 제119조, 제335조).

위탁자에 대하여 파산절차나 회생절차가 개시되고, 위탁자와 수탁자 쌍방의 채무가 모두 미이행인 경우에는 파산관재인이 신탁계약을 해제하거나 그 이행을 선택할 수 있다. 여기서 쌍무계약이라 함은 쌍방 당사자가 상호 대등한 대가관계에 있는 채무를 부담하는 계약으로서, 본래적으로 쌍방의 채무 사이에 성립·이행·존속상 법률적·경제적으로 견련성을 갖고 있어서 서로 담보로서 기능하는 것을 가리키는 것이므로, 위 규정이 적용되려면 서로 대등한 대가관계에 있는 계약상 채무의 전부 또는 일부가 이행되지 아니하여야 하고,[97] 부수적인 의무의 불이행이 있는 경우도 미이행에 해당되지 않는다.[98]

95) 한민·박종현, 주91) 35.
96) 최동식, 주25) 108; 이재욱·이상호, 주36) 104.
97) 대판 2007. 9. 6. 2005다38263(공2007, 1530).
98) 대판 1994. 1. 11. 92다56865(공1994, 678).

통상의 신탁계약에 있어서 생각할 수 있는 위탁자의 의무로는 비용 및 보수의 지급의무(위탁자가 비용 및 보수를 지급하기로 약정한 경우), 추가신탁의무(위탁자가 일정한 사유의 발생시 추가로 재산을 신탁하기로 약정한 경우), 신탁재산의 인도에 관한 채무(신탁계약체결 후에 수탁자에게 인도하지 않은 신탁재산이 있는 경우) 등이 있고, 수탁자의 의무로는 신탁사무 이행의무, 법정귀속권리자인 위탁자에 대한 잔여재산의 지급의무(신탁법 제60조) 등이 있다. 예를 들어 위탁자가 비용 및 보수의 지급의무를 이행하지 않은 경우 수탁자도 법정귀속권리자인 위탁자에게 잔여재산을 인도하지 않을 것이므로, 쌍방미이행쌍무계약에 해당할 것이다.

위탁자의 파산관재인 또는 관리인이 쌍방미이행쌍무계약임을 이유로 신탁계약을 해제권을 행사하는 때에는 신탁은 종료되는바, 신탁부동산의 귀속권리자가 신탁행위에 정하여 있지 아니한 때에는 그 신탁부동산은 위탁자 또는 그 상속인에게 귀속하게 되므로(신탁법 제60조), 신탁재산은 파산재단에 속하게 되고, 따라서 수탁자는 신탁재산을 파산관재인에게 반환하지 않으면 안 되며, 이에 따라 수익자가 가지고 있던 수익권은 무효로 된다.

일본 신신탁법 제163조 제8호는 '위탁자가 파산절차개시의 결정, 재생절차개시의 결정 또는 갱생절차개시의 결정을 받은 경우, 미이행쌍무계약에 관한 규정(파산법 제53조 제1항, 민사재생법 제49조 제1항, 회사갱생법 제61조 제1항)에 의하여 신탁계약을 해제한 때'를 신탁의 종료사유로 하고 있어, 위탁자 도산시에 미이행쌍무계약에 관한 조항의 적용을 인정하고 있다.[99]

四. 수탁자의 도산

1. 도산절연

수탁자가 파산한 경우 신탁부동산은 수탁자의 고유재산이 된 것을 제외하고는 수탁자의 파산재단을 구성하지 아니한다(신탁법 제22조).[100]

---

99) 新井 誠, 주13) 328이하. 그러나 新井 誠은 자익신탁의 경우에는 쌍방미이행쌍무계약에 관한 규정을 이용하지 않고도 신신탁법 제164조 제1항에 의하여 해제할 수 있는 점, 타익신탁에서 수익자가 무상으로 수익권을 양수한 경우에는 파산관재인이 사해행위취소를 할 수 없음에도 쌍방미이행쌍무계약에 기한 해제권을 행사할 수 있다거나, 유상으로 수익권을 양수한 경우 쌍방미이행쌍무계약임을 이유로 신탁계약을 해지하여 수익권을 무효화하는 것은 공평의 관점에서 타당하지 않은 점, 위탁자의 신탁재산인도의무 외의 의무는 부수적인 의무로 볼 수 있다는 점에서, 신탁에서는 쌍방미이행쌍무계약에 관한 규정의 적용을 인정한 위 조항을 비판하고 있다.

100) 일본의 신신탁법 제25조는 수탁자에 대하여 갱생절차나 파산절차가 개시되더라도 신탁재산

신탁재산의 독립성을 보장하는 여러 규정의 결과로써 수탁자 개인의 채권자는 신탁재산을 책임재산으로 파악할 수 없게 되는바, 즉 신탁재산인 재산권의 소유권은 수탁자에게 귀속하나 수탁자는 이를 수익자의 이익을 위하여 관리하는 것에 불과하므로 신탁재산에 대하여는 수탁자 개인의 채권자가 강제집행할 수 없고(신탁법 제21조), 따라서 압류할 수 없는 재산은 파산재단에 속하지 아니한다는 통합도산법 제383조 제1항의 논리적 귀결이라고도 볼 수 있다.[101]

또한, 위 조문은 수탁자가 사임하거나 해임된 경우에 선임된 신탁재산관리인(신탁법 제16조, 제71조)이 파산한 경우, 수탁자가 수익자의 동의를 얻어 타인으로 하여금 자기에 갈음하여 신탁사무를 처리하게 한 경우의 수임자(신탁법 제37조)의 파산의 경우[102]에도 마찬가지로 적용될 수 있을 것이다.

이러한 도산절연은 수탁자에 대하여 회생절차가 개시된 경우에도 인정된다. 즉 신탁부동산은 회생절차가 개시된 채무자의 재산을 구성하지 아니한다.[103]

신탁형 자산유동화의 경우에도, 자산유동화에 관한 법률이 신탁의 방식에 관하여 규정하고 있지 않으므로 신탁법이 적용되어야 할 것이고, 따라서 신탁회사(수탁자)의 도산시에 위의 논의가 그대로 적용될 수 있을 것이다.[104]

신탁계약에 의한 소유권이전등기는 마쳤으나 신탁등기는 경료되지 아니한 상태에서 수탁자가 도산한 경우에는, 신탁법 제3조 제1항가 신탁의 등기를 제3자에 대한 대항요건으로 규정하고 있으므로 신탁행위를 원인으로 하여 부동산의 이전등의 등기를 하였다 하더라도 신탁등기를 하지 않은 상태에서 수탁자가 파산한 경우 신탁등기를 경료하지 않은 부동산은 파산재단에 속하게 되어, 신수탁자는

은 파산재단, 갱생회사재산에 속하지 아니한다는 취지의 명시적인 규정을 신설하고 있다.

101) 단 신탁법 제21조 제1항 단서와 같이 예외적으로 신탁재산에 대한 강제집행이 허용되는 경우도 있으나, 이는 일정한 채권의 만족을 위해 예외를 인정한 것에 불과할 뿐이고, 위 규정에 의하여 강제집행을 할 수 있는 채권자와의 관계에서만 신탁재산이 파산재단에 속한다고 해석할 것은 아니라고 생각된다.

102) 강율리, 주71) 85.

103) 대결 2002. 12. 6. 2002마2754(공2003, 421) : 신탁법상의 신탁재산은 위탁자의 재산권으로부터 분리될 뿐만 아니라 수탁자의 고유재산으로부터 구별되어 관리되는 독립성을 갖게 되는 것이며, 그 독립성에 의하여 수탁자 고유의 이해관계로부터 분리되므로 수탁자의 일반채권자의 공동담보로 되는 것은 아니고, 따라서 경매목적물이 정리회사의 고유재산이 아니라 신탁재산이라면 회사정리법 제67조에 따른 경매절차의 금지 내지 중지조항이 적용될 것이 아니다.

104) 다만, 매매형 자산유동화의 경우에는 양도의 방식에 관한 자산유동화에 관한 법률 제13조의 요건이 충족되는 경우(진정매매)에만 유동화전문회사의 도산으로부터 절연이 인정된다. 즉 그 매매가 진정매매라면, 자산관리자가 파산하는 경우, 유동화자산은 자산관리자의 파산재단을 구성하지 아니하며, 유동화전문회사 등은 그 자산관리자 또는 파산관재인에 대하여 유동화자산의 인도를 청구할 수 있다(자산유동화에 관한 법률 제12조). 즉 환취권이 인정되는 것이다.

제3자인 파산관재인를 상대로 그 부동산이 신탁재산임을 주장할 수 없게 된다.

2. 수탁자의 임무종료와 신탁부동산의 관리

가. 파산선고의 경우

(1) 일반론

(가) 수탁자의 임무종료

신탁법은 파산선고를 받은 자는 수탁자가 될 수 없다고 규정하고(신탁법 제10조), 나아가 수탁자가 파산하는 경우 수탁자로서의 임무가 종료된다고 정하고 있다(신탁법 제11조 제1항 전문).[105] 그러나 수탁자인 법인이 해산한 경우도 수탁자의 임무종료사유인데(신탁법 제11조 제1항 후문), 법인은 파산선고가 해산사유로 되므로(민법 제77조 제1항, 상법 제227조 제5호, 제269조, 제517조, 제609조), 파산이 임무종료사유로서 의미를 가지는 것은 개인인 수탁자의 경우이다.

수탁자의 파산을 임무종료사유로 하고 있는 이유는, 위탁자는 수탁자에 대하여 신뢰관계에 기초하여 재산의 관리·처분을 위임한 것이므로, 수탁자가 파산에 의하여 자기의 고유재산에 관한 관리처분권한도 상실한 경우에는 신뢰관계의 유지가 곤란한 것이 통상이기 때문이다.

(나) 신수탁자의 선임

수탁자의 임무가 종료된다고 하더라도, 신탁계약에 특별한 정함이 없는 한(신탁법 제55조) 그로 인하여 신탁 자체가 종료되는 것은 아니다. 따라서 이해관계인은 신탁행위에 특별한 정함이 없는 경우 신수탁자의 선임을 법원에 청구할 수 있다(신탁법 제17조, 이렇게 선임된 자를 신탁재산관리인이라 한다).

여기서 어떤 자를 신수탁자로 선임할 수 있는가가 문제되는데, 미성년자, 금치산자, 한정치산자 및 파산선고를 받은 자는 수탁자가 될 수 없고(신탁법 제10조), 법인의 경우 당해 신탁의 인수가 법인의 권리, 행위능력의 범위에 속하지 않으면 안 되며, 특히 영업신탁의 수탁자는 신탁업을 영위함에 대하여 자본시장과 금융

105) 파산선고를 받은 자는 수탁자가 될 수 없으므로, 신탁계약에서 수탁자가 파산하여도 임무가 종료되지 아니한다고 정하더라도 이는 효력이 없다고 보아야 할 것이다. 반면, 일본 신신탁법 제7조는 수탁자의 부적격사유에서 파산선고를 받은 자를 제외하고 있으므로, 위와 같은 약정도 유효하다고 해석해야 할 것이고(深山雅也, "事業資金の調達方法の多様化と倒産法 : 信託スキ-ムに對する倒産法理の適用", ジュリスト 1349호(2008. 2. 1.), 有斐閣, 80, 그에 따라 일본 신신탁법 제56조 제1항 단서가 그러한 취지를 규정하고 있고, 그러한 경우의 수탁자의 임무는 파산선고를 받은 자가 행한다(일본 신신탁법 제56조 제4항). 그러나 일본 신신탁법에 의하더라도 수탁자가 법인인 경우에는 파산선고로 인하여 해산하게 되어 임무가 종료하게 되므로 위와 같은 약정은 실효성이 없을 것이다.

투자업에 관한 법률에 따른 인가를 받아야 하고(자본시장과 금융투자업에 관한 법률 제11, 12조), 신탁행위에 특정의 자격을 갖는 것을 수탁자의 요건으로 하는 경우 그 자격을 구비해야 하는데(신탁법 제12조), 파산관재인이 그러한 수탁자의 자격을 갖춘 경우는 거의 없을 것이고, 가사 파산관재인이 자격을 갖춘 경우라도 파산재단의 신속한 환가를 해야 할 파산관재인으로서의 의무와 수익자를 위하여 신탁재산의 보존 및 관리를 해야 할 신수탁자로서의 의무가 상치될 가능성도 있으므로 파산관재인을 신수탁자로 선임하는 것은 부적절할 수 있다. 따라서 주로 파산을 선고받은 자와 동일한 내용의 업무를 수행하는 자를 신수탁자로 선임하는 것이 보통일 것이고, 신탁재산은 다른 신탁재산과도 구별하여 관리하여야 하므로(신탁법 제30조) 개별 신탁재산별로 그 특성에 맞게 신수탁자를 선정하여야 할 것이다. 물론 신수탁자가 다수의 신탁재산을 적절히 관리할 수 있는 경우라면 여러 신탁재산에 관하여 동일한 신수탁자의 선임도 가능할 것이다.

(다) 신탁재산의 양도 및 사무인계 등

신·구수탁자와 기타 관계자는 신탁사무의 계산을 하고 수익자 또는 신탁관리인의 입회하에 사무를 인계하여야 하는데(신탁법 제50조 제1항), 수탁자의 파산의 경우에는 파산관재인이 신수탁자가 신탁사무를 처리할 수 있게 될 때까지 신탁재산을 보관하고 신탁사무인계에 필요한 행위를 하여야 한다(신탁법 제11조 제2항).

여기서 파산관재인이 할 수 있는 업무처리의 범위 즉 '신탁재산의 보관, 신탁사무인계에 필요한 행위'의 범위를 어떻게 보아야 하는지 문제되는데, 파산관재인은 수탁자의 임무를 대행하는 것은 아니므로, 신탁재산의 운용 등은 할 수 없다고 보아야 한다.[106] 구체적으로는 신탁재산의 현상을 유지하는 보존행위 또는 신탁재산의 성질을 변하지 아니하는 범위 안에서 그 재산을 사용·수익하는 행위와 신탁사무인계를 위한 소유권이전등기절차이행, 점유의 이전, 관련 서류 등의 제공과 같은 행위 등만을 할 수 있고, 신탁재산의 매각과 같은 처분행위는 할 수 없다고 하여야 할 것이다. 이에 대하여 하급심 판결[107]은 "신탁재산의 보관 및 신

106) 中野正俊, 信託法講義(2005), 酒井書店, 192.; 홍유석, 주36) 99. 한편, 일본 신신탁법 제60조 제5항은 파산관재인이 신탁재산에 속하는 재산의 처분을 한 때에는 각 수익자는 파산관재인에 대하여 그것을 중지할 것을 청구할 수 있다고 규정하고 있다.

107) 서울중앙지판 2007. 5. 9. 2007가합1956(미항소확정); 서울중앙지판 2007. 7. 10. 2006가단476983(미항소확정) 등. 이 판결들은 위 판시내용에 이어서 "따라서 신탁사무의 처리상 발생한 채권을 가지고 있는 채권자는 수탁자가 파산한 경우 파산선고 당시의 채권 전액에 관하여 파산채권자로서의 권리를 행사할 수 있음은 물론, 신수탁자가 신탁사무를 개시하기 전까지는 수탁자의 파산관재인을 상대로 신탁재산에 대한 강제집행을 하기 위하여 그 채권의 이행청구를 할 수도 있다 할 것이고, 이러한 경우 수탁자의 파산관재인은 신탁재산에 대한 관리자로서의 지위와 고유재산으로 구성되는 파산재단의 대표자로서의 지위를 겸하고

탁사무인계에 필요한 행위에는 신탁재산을 처분하거나 새로운 의무를 부담하는 행위는 포함되지 않지만, 수탁자의 신탁사무의 처리상 발생한 채무로서 신수탁자가 신탁사무의 처리를 시작하기 전에 그 이행기가 도달한 경우, 파산관재인이 채무불이행으로 인한 지연손해금의 발생 또는 신탁재산에 대한 강제집 행을 피하기 위하여 위 채무를 이행하는 것은 신탁재산의 보관 및 신탁사무인계에 필요한 행위에 포함된다고 할 것이다"라고 판시한 바 있다.

또한 수탁자의 파산으로 인하여 임무가 종료한 때에는 파산관재인은 신탁재산을 신수탁자에게 양도하여야 할 것인바(신탁법 제26조),[108] 즉 부동산인 경우 등기를 경료하여야 수탁자의 변경을 제3자에게 대항할 수 있는데, 부동산등기법·제122조는 수탁자의 임무가 파산으로 인하여 종료된 때에는 소유권이전등기는 신수탁자가 혼자 이를 신청할 수 있도록 규정하고 있다. 다만, 구수탁자가 신탁법 제49조 제2항의 유치권을 행사하는 경우에는 신탁재산의 인도를 거절할 수 있다.

신수탁자는 구수탁자가 신탁행위에 의하여 수익자에 대하여 부담하는 채무를 승계하는바(신탁법 제48조 제1항), 이에 의하여 구수탁자는 수익자에 대하여 더 이상 채무를 부담하지 않게 된다. 반면, 구 수탁자가 제3자에 대하여 부담하는 채무에 관하여는 임무의 종료와 상관없이 여전히 부담하게 되고, 또한, 신탁사무의 처리에 관하여 생긴 채권은 신탁재산의 한도 내에서 신수탁자에 대하여도 행사할 수 있다(신탁법 제48조 제3항). 물론 채무를 변제한 구수탁자 또는 신수탁자는 신탁법 제42조에 의하여 신탁재산에 대하여 보상청구를 할 수 있다.

나아가 신탁관계에서 수탁자의 경질이 있는 경우 구수탁자가 신탁사무의 처리와 관련하여 체결한 계약관계가 수탁자로서 임무를 종료할 당시에도 존속하고 있었다면 구수탁자의 그 계약상의 지위는 포괄적으로 신수탁자에게 이전된다 할 것이고, 이는 신탁법에 의하여 수탁자가 경질되는 경우뿐만 아니라, 신탁행위의 정함에 따라 구수탁자가 임무를 종료하고 신수탁자가 선임됨으로써 수탁자가 변경되는 경우에도 마찬가지이며, 신탁계약에 따라 사임하는 수탁자의 신탁사무 중 일부 사무를 신수탁자에게 이전하지 않기로 하는 약정은 허용되지 않는다.[109]

있으며, 만약 채권자가 신탁사무의 처리상 발생한 채권에 관한 집행권원으로 파산재단을 구성하는 수탁자의 고유재산 또는 다른 신탁관계로 인한 신탁재산에 강제집행을 한다면 파산관재인은 청구이의의 소를 제기하는 방법으로 이를 저지할 수 있는 것이다"라고 판시하고 있다.

108) 이와 달리 일본 신신탁법 제75조 제1항, 제2항은 수탁자의 임무가 종료한 경우에 있어서, 신수탁자가 취임한 때에는, 신수탁자는 구수탁자의 임무종료시에(다만, 구수탁자가 사임한 때는 신수탁자의 취임시에) 신탁에 관한 권리의무를 승계한 것으로 본다고 규정하고 있다.

109) 대판 2006. 3. 9. 2004다57694(공보불게재).

또한 신탁으로 말미암은 수탁자의 위탁임무가 끝난 때에 소송절차는 중단되고, 이 경우 신수탁자가 소송절차를 수계하여야 하나(민사소송법 제236조), 신탁재산에 관한 소송에 관하여는 당사자인 구수탁자의 임무종료에 의하여 구수탁자가 선임한 소송대리인의 소송대리권은 소멸되지 아니하므로(민사소송법 제95조 제3호), 소송대리인이 있는 경우에는 중단되지 아니한다(민사소송법 제238조).[110]

수탁자의 파산관재인이 신수탁자가 신탁사무를 처리할 수 있게 될 때까지 신탁재산을 보관하고 신탁사무인계에 필요한 행위를 하기 위하여 지불한 비용에 관하여는 신탁법 제42조, 제43조[111]에 의하여 우선권을 가지거나, 수익자에 대하여 청구할 수 있을 것이다.[112]

(2) 실무의 현황

(가) 실무례 및 그 처분근거

위와 같이 수탁자 파산의 경우 이해관계인의 청구에 의하여 법원이 신수탁자를 선임하는 것이 원칙일 것이다. 그러나 신탁업무를 수행하던 금융기관이 파산한 경우, 신탁업무와 신탁재산을 제3인수기관에게 계약이전 등의 방법으로 인수시키지 아니한 경우 신탁재산은 당해 금융기관에 남아 있게 되는데, 이 경우에 실무상으로는 법원이 신수탁자를 선임하지 않고 파산금융기관의 파산관재인으로 하여금 법원의 포괄적인 승인을 얻어 신탁재산의 관리처분도 담당하도록 처리하고 있다.[113] 그 이유는 파산금융기관의 신탁업 인가취소에 따라 신탁재산이 정리(위탁자에게 모두 지급)될 예정이므로 새로운 수탁자를 선임할 필요성이 적고, 그 동안 신탁업무가 은행업무와 함께 수행되어 왔으므로 파산관재인에게 신탁재산 정리업무도 함께 맡기는 것이 효율적이기 때문이었다고 한다.

부동산신탁회사의 파산의 경우에도 파산관재인이 파산법원으로부터의 허가를 얻어 신탁재산을 관리처분하고 있다.[114] 주식회사 코레트신탁의 경우, 현실적으로

---

110) 수탁자의 고유재산, 즉 파산재단에 관한 소송절차는 소송대리인의 유무에 상관없이 중단된다(민사소송법 제239조, 제238조 참조).

111) 신탁법 제43조 전문의 '수익자'는 '수탁자'의 오기로 보이는바, 수정이 필요하다.

112) 일본 신신탁법 제60조 제6항은 파산관재인은 이러한 비용을 신수탁자 또는 신탁재산관리인에 대하여 청구할 수 있다고 규정하고 있다.

113) 서경환, "금융기관의 파산과 관련한 실무상 문제점", 재판자료집(83), 법원도서관, 57. 신탁재산은 파산재단에 속하지 않으므로 신탁재산의 개별적인 관리처분 자체가 파산법상 법원의 허가사항은 아니지만, 파산관재인이 법원의 포괄적인 감독을 받는 점(구 파산법 제151조, 통합도산법 제358조)에 비추어 파산관재인이 관재업무 외에 이와 밀접한 관련이 있는 사무에 종사하는 것에 관하여 법원의 포괄적인 승인을 받을 필요가 있다고 한다.

114) 한국부동산신탁 주식회사 사건(수원지방법원 2003하합4호 사건), 주식회사 코레트신탁 사건

는 이해관계인에 의한 신수탁자의 선임청구가 없는 점, 파산선고 후 신수탁자를 선임하기 어려운 상황, 신수탁자를 선임하더라도 신탁사업의 수지악화로 인하여 이를 계속 진행하기 보다는 신탁재산을 매각하여 부동산 개발비용을 변제하는 것에 불과하게 될 가능성이 많아 새로운 수탁자를 선임하기 보다는 파산관재인으로 하여금 처리토록 하는 것이 신탁재산 정리업무의 효율성 및 비용절감 면에서 유리한 점 등을 고려하고, 법적으로는 주식회사 코레트신탁의 보수 및 직접 사용한 비용, 토지신탁업무를 수행함에 있어 차입한 당해 토지의 개발자금 등은 신탁재산에 관하여 부담한 비용으로서 신탁재산으로부터 우선적으로 보상을 받을 수 있으므로(신탁법 제42조), 이 권리를 행사하여 신탁재산을 처분하여 개발자금 대여자 등에 관한 차입금에 우선 충당하고, 그 외의 보수 및 비용은 파산재단에 편입할 수 있다는 점에 근거하여 위와 같이 처리하였다고 한다.[115] 그러나, 위와 같은 처리는 현실적인 필요성은 수긍할 수 있으나, 법적인 측면에서는 이러한 상태에서의 파산관재인은 신탁법 제11조 제2항에 의한 업무만을 할 수 있는 지위에 있는 것으로 볼 수밖에 없는 점, 차용금을 자신의 고유재산에서 변제하지 아니한 수탁자에게 비용의 선급청구권이 인정되지 않는 점,[116] 신탁법 제42조가 규정하고 있는 수탁자의 고유재산으로부터의 지급 후에 수탁자가 신탁재산에 구상하는 방법 외에 해석상 신탁재산에 현금 등이 있는 경우에는 수탁자가 그 신탁재산을 직접 채권자에게 지급하는 방법도 가능하나,[117] 주식회사 코레트신탁은 차용금을 자신의 고유재산에서 변제한 바가 없고, 신탁재산으로 직접 채권자에게 변제한 것도 아닌 점, 보수청구권에 기하여 신탁재산을 처분하였다고 하여도(신탁법 제43조) 신탁재산의 처분대금 중 보수에 충당하고 남은 대금은 신탁재산이라고 할 것이므로, 이를 파산재단에 편입시키지 말았어야 했다는 점 등에서 문제가 있는 것

(서울중앙지법 2002하합33호 사건).

115) 이는 필자가 주식회사 코레트신탁의 파산관재인에게 법적 근거를 문의한 것에 대한 답변으로 얻은 내용이다.

116) 신탁재산으로부터의 선급을 인정하면 신탁재산을 수탁자의 고유재산화하는 것이 되어 신탁법 제31조에 반하기 때문이라고 한다. 최동식, 주25) 283-284. 그러나 위 책자는 '신탁계약에 특별한 정함이 있거나 수탁자와 수익자가 합의한 경우'에는 선급청구권이 인정된다고 하고 있는바, 위 책자가 신탁법 제31조를 강행규정으로서 그에 위반한 행위를 무효로 보면서도[최동식, 주25) 216-217] 위와 같은 예외를 인정하는 것은, 선급청구권을 인정하지 않는 것이 신탁법 제31조에 반하기 때문이라고 하는 것에 비추어 모순되는 것으로 보인다. 한편, 일본의 경우, 과거에는 선급청구권이 인정되지 않았으나, 신신탁법 제48조 제2항, 제49조 제2항은 비용의 선급청구권을 인정하고, 나아가 선급받기 위하여 신탁재산(다만 당해신탁재산을 처분함에 의하여 신탁의 목적을 달성할 수 없게 되는 신탁재산은 제외)을 처분할 수 있다고 규정하고 있다.

117) 최동식, 주25) 282; 新井 誠, 주13) 315.

으로 보인다.

(나) 신탁부동산의 관리 등

위와 같은 실무례에 의할 경우 신탁부동산은 파산관재인이 관리처분을 하게 되나, 파산관재인은 신탁재산과 고유재산을 분별관리하여야 할 것이고, 따라서 신탁부동산은 파산재단에 속하지 아니하므로 통합도산법상의 제약을 받지 아니하고, 파산등기도 경료하지 않아야 할 것이다. 또한 법원이 새로운 수탁자를 선임하면 수탁자의 파산관재인은 신수탁자에게 신탁재산을 양도하여야 하고, 신탁재산이 부동산일 경우에는 수탁자의 경질로 인한 이전등기절차에 따라야 하는 것(부동산등기법 제121조 제1항, 제157조)과 달리, 위와 같이 파산관재인이 신탁재산의 관리처분을 담당하게 된다면, 이러한 상태에서의 파산관재인은 신수탁자가 아니라 신탁법 제11조 제2항에 의한 임시적인 관리자로서의 지위에 있다고 할 것이므로, 위의 이전등기절차는 불필요할 것이다.

이 경우 파산관재인이 신탁업무를 수행함으로써 생기는 보상청구권이나 보수청구권에 관하여는 신탁법 제42조, 제43조에 의하여 우선권을 가지거나,[118] 수익자에 대하여 청구할 수 있을 것이다.

(다) 소송의 수계

수탁자가 계속하던 신탁재산과 관련한 소송을 파산관재인 또는 관리인이 수계하여야 하는지에 관하여는, 실무상 이전에는 파산관재인이 모두 수계하여 왔고, 법원도 이를 인정하여 왔으나, 대법원 2008. 9. 11. 선고 2006다19788판결은 수탁자가 신탁재산에 관한 소송수행 중에 파산한 경우 그 파산관재인이 소송수계를 신청하면서 상고를 한 사안[119]에서 "원고와 피고 사이의 이 사건 소송절차는 원

118) 다만, 수탁자가 자조매각권을 행사함에 있어서는 신탁재산의 관리인으로서 신탁의 목적에 따라 신탁재산을 처분하여야 하는 제한이 따른다[대판 2005. 12. 22. 2003다55059(공2006, 155)].

119) 사안의 내용을 이해의 편의상 간략하게 임의로 각색하였으나, 실제 사안은 다음과 같다. 즉, 원고가 수탁자인 피고를 상대로 고유재산 소유자로서의 피고가 신탁재산 소유자 내지 관리자로서의 피고에 대하여 보유하고 있는 신탁사업의 비용상환청구권에 대한 근질권자로서 신탁재산 소유자 내지 관리자 지위의 피고에게 직접 위 비용상환청구권의 이행을 구하는 이 사건 소를 제기하여 2002. 10. 1. 제1심에서 원고 승소판결이 선고되고, 피고가 항소를 제기하여 소송대리인을 선임하여 항소심(이 사건 원심) 소송을 수행케 하던 중, 피고가 2002. 12. 30. 10:00 서울중앙지방법원으로부터 파산선고를 받아 파산관재인이 선임되었고, 파산자 피고의 파산관재인이 2003. 1. 23. 원심에 피고에 대한 소송수계신청을 하였으나 2006. 2. 9. 원심으로부터 그 신청을 기각한다는 결정을 받았고, 피고 역시 같은 날 원심으로부터 사실상 항소를 기각하는 내용의 판결을 선고받았으며 그 원심판결이 같은 달 22일 피고의 소송대리인에게 송달되었으며, 파산자 피고의 파산관재인은 2006. 2. 27. 소송수계신청을 기각한 결정에 관하여 불복한다는 취지의 재항고장을 제출하였고 피고 및 피고의 파산관재인은 상고기간 내인 같은 해 3. 7. 원심판결 중 피고 패소 부분 전부에 관하여 불복한다는 취지의 상고장을 제출한 사안이다.

심판결 정본이 피고의 소송대리인에게 송달된 2006. 2. 22. 중단되었는데(민사소송법 제236조, 제238조), 수탁자의 자격으로 이 사건 소송의 당사자가 되어 있는 피고는 신탁법 제11조 제1항에 따라 파산으로 인하여 수탁자로서의 임무가 종료되어 소송절차까지 중단된 이상 상고를 제기할 권한이 없다. 또한, 민사소송법 제236조에 따르면 수탁자가 그 자격으로 당사자가 되어 있는 소송이 계속되던 도중에 수탁자의 임무가 종료되는 경우 소송절차는 새로운 수탁자가 수계하도록 되어 있으므로 피고의 파산관재인은 이 사건 소송을 수계할 적격이 없다고 할 것이어서(신탁법 제11조 제2항, 제1항에 의하면 수탁자가 파산선고를 받아 임무가 종료된 경우 새로운 수탁자가 신탁사무를 처리할 수 있게 될 때까지 파산관재인이 신탁재산을 보관하고 신탁사무인계에 필요한 행위를 하여야 한다고 규정되어 있기는 하나, 이로써 파산관재인에게 신탁재산에 대한 소송수행권을 포함한 관리처분권을 부여한 것으로는 볼 수 없다) 피고의 파산관재인의 상고 역시 아무런 효력이 없다"고 판시하였다. 이에 의하면 수탁자의 파산관재인이 수탁자가 수행하던 신탁재산에 관한 소송을 수계할 수 없게 된다. 즉, 현재까지의 실무에서와 같이 수탁자의 파산관재인이 파산법원의 허가를 얻어 신탁재산에 관한 소송수계를 하더라도 이는 부적법하다는 것이 된다. 따라서 이미 종결된 소송의 경우는 그 판결이 확정 전이면 상소, 확정 후이면 재심의 사유가 될 것이다.

(라) 위와 같은 소송수계에 관한 대법원 판결에 의하여 신수탁자의 선임이 간접적으로 강제됨으로 말미암아, 앞으로 신수탁자의 선임 없이 파산관재인이 신탁재산에 관한 관리·처분권을 행사하는 일은 거의 없을 것으로 보인다.

나. 회생절차개시의 경우

한편, 수탁자에 대하여 회생절차가 개시된 경우에는 수탁자의 임무가 종료되는 것은 아니다. 이는 회생절차의 목적은 채무자의 사업의 회생에 있으므로, 이를 가지고 수탁자의 임무종료사유로 삼는다면 그 취지에 반하기 때문이다. 따라서 신탁계약이 해지되거나 종료되지 않는다면 수탁자의 보전관리인 또는 관리인이 수탁자로서의 임무를 계속하여야 한다.[120)]

일본 신신탁법 제56조 제7항, 제5항 단서는 신탁행위에서 회생절차개시를 임무

120) 일본 신신탁법 제56조 제7항, 제6항은 이를 명문으로 규정하고 있는바, 이는 관리인이 행하여야 할 직무는 채무자의 재산전체를 관리·처분함에 의하여 그 사업을 유지하면서, 회생계획에 의한 채무의 감면 등을 행함에 의해서 사업의 회생을 꾀하는 것이기 때문에, 신탁재산의 관리·처분권도 관리인에 부여하는 것이 회생절차의 목적에 적합하기 때문이라고 한다[深山雅也, 주105) 81].

종료원인으로 정한 경우에는 그에 따른다고 규정하고 있다. 우리법의 해석상으로는 신탁행위에서 임무종료원인으로 할 수 있다는 견해와 신탁자체의 종료에 관한 제55조와 달리 신탁행위로 정할 수 있다는 문구가 없는 점을 근거로 부정하는 견해가 있을 수 있을 것이나 긍정하여도 무방하리라 생각된다.

3. 환취권

가. 일반론

수탁자가 도산한 경우 위탁자 또는 수익자가 신탁부동산에 대하여 환취권을 가지는가가 문제된다.

채무자가 파산선고 당시에 가진 모든 재산은 파산재단에 속하고(통합도산법 제382조 제1항), 그 반대로서 제3자가 파산절차 외에 있어서 어떤 재산에 관하여 그것을 지배하는 실체법상의 권리를 가지고 있는 경우에는 그것이 파산절차에서도 존중되어 파산관재인에 대하여 주장할 수 있어야 하는바, 이러한 권리를 환취권이라 한다. 이러한 권리는 회생절차에서도 인정되는바, 즉 환취권이란 채무자에게 속하지 아니하는 재산을 파산재단 또는 회생절차가 개시된 채무자로부터 배제하는 권리를 의미한다(통합도산법 제70조, 제407조).

환취권의 기초로 되는 권리로는 소유권이 대표적이다. 그러나 단순하게 소유자라는 것만으로는 부족하고, 파산재단의 점유의 근거가 되는 법률관계가 종료되어야 한다(예 : 임대차계약의 해지, 질권에 있어서의 피담보채권의 변제 등). 그 외에 점유권, 물건의 점유 · 사용을 내용으로 하는 타물권(지상권, 질권, 유치권 등), 채무자에 속하지 않는 재산의 급부를 구하는 채권적 청구권(예 : 임대인 또는 임치인 등이 가지는 계약상의 반환청구권, 전대인이 전대차계약의 종료를 이유로 하여 채무자인 전차인의 파산관재인에 대하여 가지는 목적물 반환청구권 등)이 있다. 이러한 권리들 중 그 물건이 자기에게 속한다는 것을 주장하기 위하여 대항요건 등을 필요로 하는 권리에 있어서는 통합도산법 제66조 제1항 단서, 제331조 제1항 단서에 해당하는 경우를 제외하고는 파산선고 또는 회생절차개시 전에 그 요건을 구비해야 한다.[121)]

---

121) 그 외의 재산에 있어서는 공시를 요하지는 않지만 당해 재산의 특정성이 필요하므로, 신탁재산으로서의 특정성을 입증할 수 있는 한 환취권을 행사할 수 있다(三ヶ月章 外, 條解會社更生法(上), 弘文堂(1999), 554. 齋藤秀夫 · 麻上正信·林屋札二 編, 주68) 631. 여기서 신탁재산에 속하는 금전과 고유재산에 속하는 금전이 식별불능인 경우에 환취권을 행사할 수 있는지가 문제된다. 이에 대하여는 그 특정성을 입증하기가 불가능하므로 환취권을 행사할

나. 신탁의 경우

신탁법 제22조는 '신탁재산은 수탁자의 고유재산이 된 것을 제외하고는 수탁자의 파산재단을 구성하지 아니한다'고 규정하고 있고, 근본적으로 신탁재산은 수탁자의 도산으로부터 절연되므로, 수탁자의 파산관재인 또는 관리인은 신탁부동산을 배당재원 등으로 삼아서는 아니 되는데, 파산관재인 등이 이를 간과하고 신탁부동산을 파산재단 등에 편입시켜 관리·처분권을 행사하는 경우가 있을 수 있으므로, 위탁자[122]나 수익자는 신탁부동산을 파산관재인 또는 관리인의 지배로부터 배제할 필요가 있게 된다. 따라서 위탁자나 수익자에게는 환취권이 인정된다고 하여야 할 것이다.

그러면, 수탁자가 도산하면 그것만으로 위탁자나 수익자에게 환취권이 인정되는가? 일부 책자는 수탁자의 파산에 의하여 수탁자의 임무가 종료하고, 신탁부동산에 대한 수탁자 개인의 채권자에 의한 압류가 금지되며, 게다가 압류금지재산은 파산재단에 속하지 아니하고, 신탁법의 제 규정이 당연히 전제로 하는 신탁재산의 독립성으로부터 신탁부동산은 파산재단에 속하지 않게 되어, 위탁자 또는 수익자는 환취권을 가진다'고 기술하고 있다.[123]

그러나 이는 부정확한 기술로 보인다. 즉, 수탁자에 대하여 파산절차가 개시되면 수탁자의 임무가 종료되기는 하나 이해관계인은 신수탁자의 선임을 청구할 수 있을 뿐이고 당연히 신탁계약이 종료되거나 신탁계약을 해지할 수 있는 것은 아니다. 따라서 수탁자에 대하여 파산절차가 개시되었다는 것만으로 신탁부동산이 위탁자나 수익자에게 환원되거나 위탁자나 수익자가 그 환원을 청구할 권리를 가지는 것은 아니므로, 신탁법 제22조만을 근거로 위탁자나 수익자가 당연히 환취권을 가진다고 볼 수 없다. 다만, 신탁계약을 해제 또는 해지한 이후, 또는 신탁행위에서 수탁자의 파산을 신탁의 종료원인으로 규정한 경우(신탁법 제55조)에는 위탁자 또는 수익자[124]는 신탁부동산에 대하여 환취권을 행사할

수 없고, 수익자는 신탁재산의 구별관리의무 위반에 따른 손해배상채권을 파산채권 또는 회생채권으로 행사할 수 있을 뿐이라는 견해[三ヶ月章 外, 주121) 554], 금전이 전체로서 특정되어 있고 신탁재산에 속하여야 하는 금전의 내역이 장부상 명확히 되어 있으면(신탁법 제30조 단서) 외형상 고유재산과 구별되지 않는다고 하더라도 신탁재산의 독립성을 부정할 실질적인 이유가 없으므로 환취권을 인정하고, 현존하는 금전을 장부상 파산재단에 속하는 금액과 장부상 신탁재산에 속하는 금액의 비율로 안분하여 고유재산과 신탁재산으로 배정하자는 견해[金融法委員會, "信託法に關する中間論點整理", Jurist 제1217호(2002. 2. 15.), 有斐閣, 151. 한민·박종현, 주91) 40에서 재인용]가 있다.

122) 신탁법 제60조의 경우이다.

123) 齋藤秀夫 · 麻上正信·林屋札二 編, 주68) 630; 伊藤 眞, 주89) 308.

124) 신탁법 제59조 : 제56조 또는 제57조의 규정에 의하여 신탁이 해지된 때에는 신탁재산은 수익자에게 귀속한다.

수 있다.

한편, 수탁자에 대한 회생절차의 개시가 수탁자의 임무종료사유는 아니지만, 신탁재산에 대한 수탁자 개인의 채권자에 의한 압류가 금지되는 점, 신탁법의 제 규정이 당연히 전제로 하는 신탁재산의 독립성 등을 고려하면, 수탁자에 대하여 회생절차가 개시된 경우에도, 위탁자나 수익자가 신탁계약을 해제한 후, 또는 신탁행위에서 수탁자에 대한 회생절차개시를 신탁의 종료원인으로 규정한 경우(신탁법 제55조)에는 신탁부동산을 환취할 수 있다.[125]

다. 도산해지조항의 효력

이와 같이 환취권은 신탁계약의 해지를 전제로 하는바, 신탁계약에서 수탁자의 파산절차개시 및 회생절차의 개시를 계약종료 사유로 정한 경우 그러한 조항(Ipso Facto Clause)[126]의 유효성이 문제된다.

회사정리사건에서 이러한 도산해제(해지)조항의 효력[127]과 관련하여 대법원[128]은 회사정리절차의 목적과 취지에 반한다는 이유만으로 도산해제(해지)조항을 일률적으로 무효라고 할 수 없다고 하면서도, 쌍방 미이행 쌍무계약의 경우에는 도산해제(해지)조항의 효력을 부정할 여지가 있다고 판단하였다. 즉, "도산해지조항의 적용 결과가 정리절차개시 후 회생절차가 개시된 채무자에 미치는 영향이라는

신탁법 제60조 : 신탁이 종료된 경우에 신탁재산의 귀속권리자가 신탁행위에 정하여 있지 아니한 때에는 그 신탁재산은 위탁자 또는 그 상속인에게 귀속한다.

125) 三ヶ月章 外, 주121) 553.

126) 계약의 당사자들 사이에 채무자의 재산상태가 장래 악화될 때에 대비하여 당사자 일방에게 지급정지나 파산, 회사정리절차의 개시신청 등 도산에 이르는 과정상의 일정한 사실이 발생한 경우에 상대방에게 당해 계약의 해제·해지권이 발생하는 것으로 정하거나 또는 계약의 당연 해제·해지사유로 정하는 특약을 두는 경우가 있는데, 이를 '도산해제(해지)조항'(Ipso Facto Clause)이라 한다.

127) 독일에서는 신도산법의 제정과정에서 "도산절차의 개시를 이유로 쌍무계약의 일방 당사자에게 해제권을 부여하는 합의는 효력이 없다"는 규정이 초안에 포함되어 있었으나, 논의과정에서 삭제되었다고 한다. 한편, 미국 연방파산법 제365조 (e)(1)은 도산절차의 개시를 이유로 쌍무계약이 자동적으로 해지되거나 일방적인 해지권을 부여한 약정을 유일한 근거로 절차개시 이후에 계약을 해제 또는 변경하는 것을 금지하고 있다. 이연갑, "리스계약과 도산절차", 민사판례연구(ＸＸⅧ, 2006), 박영사, 951-952. 서울중앙지방법원 파산부 실무연구회, 주89) 123에서 재인용. 일본의 경우는 명문의 규정은 없으나, 판례는 채권자, 주주 기타의 이해관계인의 이해를 조정하면서 궁경(窮境)에 있는 주식회사의 사업의 유지 갱생을 꾀하려고 하는 회사정리절차의 취지, 목적을 해하는 것이기 때문에, 도산해제조항을 무효로 보고 있다[日最判 1982. 3. 30.(민집 36-3, 484)].

128) 대판 2007. 9. 6. 2005다38263(공2007, 1530) : 이 판결은 조합계약에 해당하는 합작투자계약에 대하여는 쌍방 미이행 쌍무계약에 관한 회사정리법 제103조가 적용된다고 할 수 없고, 계약 당사자는 도산해지조항에 의하여 상대방이 도산에 대비할 정당한 이익을 갖는다고 보아야 한다는 이유로 위 합작투자계약에 정해진 도산해지조항을 무효라고 단정할 수 없다고 판시하였다.

것은 당해 계약의 성질, 그 내용 및 이행 정도, 해지사유로 정한 사건의 내용 등의 여러 사정에 따라 달라질 수밖에 없으므로 도산해지조항을 일반적으로 금지하는 법률이 존재하지 않는 상태에서 그와 같은 구체적인 사정을 도외시한 채 도산해지조항은 어느 경우에나 회사정리절차의 목적과 취지에 반한다고 하여 일률적으로 무효로 보는 것은 계약자유의 원칙을 심각하게 침해하는 결과를 낳을 수 있을 뿐만 아니라, 상대방 당사자가 채권자의 입장에서 채무자의 도산으로 초래될 법적 불안정에 대비할 보호가치 있는 정당한 이익을 무시하는 것이 될 수 있다. 이와 같은 사정과 아울러 구 회사정리법상 관리인은 정리절차개시 당시에 존재하는 회사 재산에 대한 관리처분권을 취득하는 데 불과하므로 채무자인 회사가 사전에 지급정지 등을 정지조건으로 하여 처분한 재산에 대하여는 처음부터 관리처분권이 미치지 아니한다는 점을 생각해 보면, 도산해지조항이 구 회사정리법에서 규정한 부인권의 대상이 되거나 공서양속에 위배된다는 등의 이유로 효력이 부정되어야 할 경우를 제외하고, 도산해지조항으로 인하여 정리절차개시 후 정리회사에 영향을 미칠 수 있다는 사정만으로는 그 조항이 무효라고 할 수 없다"고 하면서도, "쌍방 미이행의 쌍무계약의 경우에는 계약의 이행 또는 해제에 관한 관리인의 선택권을 부여한 구 회사정리법 제103조의 취지에 비추어 도산해지조항의 효력을 무효로 보아야 한다거나 아니면 적어도 정리절차 개시 이후 종료시까지의 기간 동안에는 도산해지조항의 적용 내지는 그에 따른 해지권의 행사가 제한된다는 등으로 해석할 여지가 없지는 않을 것"이라고 판시하였다. 쌍방 미이행 쌍무계약에 관하여 도산해제(해지)조항의 효력을 인정한다면 상대방에게 파산선고 이전에 항상 해제(해지)권이 발생하여 법이 파산관재인에게 계약에 관하여 이행 또는 해제(해지)의 선택권을 부여한 의미가 몰각되므로, 이러한 경우에는 도산해제(해지)조항의 효력을 원칙적으로 부정하여야 할 것이다.[129] 그 이외에 도산해제(해지)조항의 효력이 부정되어야 하는지 여부는 회생절차상 부인권을 인정한 취지를 몰각시킨다거나 공서양속에 위반되는 등의 사정이 있는지를 개별적으로 검토하여 결정하여야 할 것이다.[130]

4. 미이행쌍무계약

수탁자에 대하여 회생절차나 파산절차가 개시된 경우에 수탁자의 파산관재인이

129) 서울중앙지방법원 파산부 실무연구회, 주89) 122-123.
130) 서울중앙지방법원 파산부 실무연구회, 주68) 331.

나 관리인이 통합도산법상의 쌍방미이행쌍무계약에 관한 조문에 기하여 신탁계약을 해제할 수 있는지가 문제된다. 그러나 신탁계약이 쌍방미이행쌍무계약에 해당한다고 하여도, 신탁재산의 독립성의 원칙상 신탁재산은 수탁자의 파산재단 또는 회생절차가 개시된 채무자의 재산을 구성하지 아니하고, 따라서 위 신탁계약은 파산관재인 또는 관리인의 도산처리업무의 대상이 되지 않는 재산에 관한 계약이라 할 것이므로, 파산관재인 또는 관리인의 도산처리업무상 인정되는 도산법상의 권한에 기한 해제권의 행사를 인정하는 것은 상당하지 않기 때문에 통합도산법 제119조 및 제335조가 적용될 여지는 없다. 즉 수탁자의 파산관재인이나 관리인이 쌍방미이행쌍무계약에 관한 조문을 근거로 신탁계약을 해제할 수는 없다.[131)]

5. 수익자의 지위

수탁자가 도산한 경우에 수익권은 파산채권 또는 회생채권(또는 회생담보권)이 되지 않는다. 이는 도산절연의 당연한 효과이다. 즉 수익권은 파산선고 전의 원인에 기하여 파산자에 대하여 생긴 재산상의 청구권이므로 형식적으로는 파산채권에 해당한다고 볼 수 있지만, 신탁재산만을 책임재산으로 하므로, 신탁재산이 파산재단에 속하지 않는다고 보는 이상, 파산채권으로 하여 권리행사하게 할 이유는 없기 때문이다.

6. 신탁사무처리와 관련한 수탁자의 권리와 책임

가. 수탁자의 책임

(1) 수익자에 대한 책임 또는 수익자의 권리

수탁자가 신탁행위에 따라서 수익자에게 지는 채무는 신탁재산의 한도 내에서 이행책임을 진다(신탁법 제32조). 이는 수탁자는 형식상은 신탁재산의 명의인이자 완전권자이지만, 그 실질은 수익자를 위한 재산관리인인바, 따라서 신탁재산으로부터 생긴 경제적인 이익 내지 불이익은 원칙적으로 수익자에게 귀속하기 때문이

131) 파산의 경우에는, 파산관재인의 관리처분권은 신탁재산에 미치지 않고, 수탁자의 임무는 원칙적으로 종료되기 때문에 신탁계약을 해제할 필요성을 인정하기 어렵다. 회생절차의 경우에는 관리인의 관리처분권이 신탁재산에 미치고, 수탁자의 임무도 원칙적으로 종료되는 것은 아니나, 재건해야할 사업은 어디까지나 수탁자의 고유의 사업이고, 신탁업무가 사업의 재건에 지장이 되는 경우에는 위탁자 및 수익자의 동의 또는 법원의 허가를 얻어 수탁자의 지위를 사임하면 족하고(신탁법 제13조), 수탁자의 입장에서 신탁자체를 해제에 의하여 종료시킬 필요성 내지 합리성은 없다고 한다. 深山雅也, 주105) 80.

다. 이러한 의미에서 위 조문상의 물적 유한책임은 신탁법 제29조의 수탁자의 이익향수금지의 원칙과 표리를 이루는 것이라고 한다.[132)]

이렇듯 수탁자의 책임이 한정되는 것은 수익자에 대한 책임에 한하고, 또한 수탁자에게 의무위반이 인정되지 않는 경우에 한한다. 따라서 수탁자가 신탁법 제28조의 선관주의의무를 위반하는 등 의무위반을 하여 수익자에게 손해를 끼친 경우에는 신탁법 제38조 등의 규정에 의하여 수탁자의 고유재산으로 손해배상책임을 지게 된다.

그런데 신탁계약에서 수익자의 책임을 경감하는 특약을 두는 경우가 있다. 대표적인 것으로는 수탁자의 고의 또는 중과실에 의하지 않은 경우에는 수탁자는 수익자에 대한 책임을 부담하지 아니한다는 것이다. 이러한 특약의 유효성에 관한 판례는 아직 없는 것으로 보인다. 그러나 학설 중에는 그 유효성을 인정하는 견해,[133)] 약관의 규제에 관한 법률 제6조에 의하여 '고객에 대하여 부당하게 불리한 조항'에 해당하여 무효로 될 소지가 있는바, 신탁계약상의 여러 가지 계약조건 및 신탁의 보수 등 경제적 관점에서 볼 때 수탁자의 책임경감특약을 둘 만한 실질적이고도 합리적인 사정이 인정되는 경우에 한하여 유효로 보아야 한다는 견해[134)]가 있다.

(2) 수익자 이외의 제3자에 대한 책임

(가) 수탁자의 수익자에 대한 채무와는 달리, 수탁자가 수익자 이외의 제3자에 대하여 부담하는 채무에 대하여는 명문의 규정이 없는 바, 판례는 신탁법 제32조의 반대해석에 의하여 수익자 이외의 자에 대한 수탁자의 이행책임은 신탁재산의 한도로 제한되지 않고 수탁자의 고유재산에 미치게 된다고 한다.[135)] 즉 수탁자의 제3자에 대한 책임은 무한책임이라고 해석되는 것이다. 이에 대하여는 수탁자는 제3자에 대한 관계에서 신탁재산의 소유자이고, 대외적인 행위를 행하는 주체인 점, 전통적으로 신탁은 수탁자의 신용이나 명성을 이용하는 제도라는 점, 신탁법 제42조는 수탁자가 신탁사무의 처리를 위하여 제3자에 대하여 책임을 진 경우 그 비용이나 손해의 보상을 위한 근거로 볼 수 있는 점 등을 근거로 드는 견해가 있

132) 오영준, 주9) 870.

133) 최동식, "신탁재산, 수탁자, 수익자의 지위에 관한 연구," 한양대학교 박사학위 논문(2006), 104-106면. 김형두, 주13) 1021에서 재인용.

134) 김형두, 주13) 1021-1022. 수탁자에 중과실이 있는 경우에도 책임을 면제하는 특약이 있다면, 이는 민법 제103조에 의하여 무효로 될 여지가 있다고 한다.

135) 대판 2004. 10. 15. 2004다31883, 31890(공2004, 1829).

다.[136] 이러한 수탁자의 채무의 성질에 관하여는 신탁재산과 '부담부분이 없는 연대채무'에 유사한 채무라고 한다.[137]

그렇다면 수탁자의 파산시에 위 제3자는 파산채권자로서도 권리를 행사할 수 있다고 할 것인바, 대법원 판례[138]도 신탁사무의 처리상 발생한 채권을 가진 채권자는 파산선고 당시의 채권 전액에 관하여 파산재단에 대하여 파산채권자로서 권리를 행사할 수 있다고 판시하고 있다.

이와 같이 신탁사무의 처리상 발생한 채권을 가진 채권자는 파산재단으로부터의 배당은 물론 신탁재산의 처분대금으로부터도 만족을 얻을 수 있어, 그 관계를 어떻게 정리할 것인가가 문제되는바, 대법원 2004다31883,31890 판결의 원심은 원고들이 신탁재산으로부터 채권의 일부를 변제받는다면 파산재단으로부터는 나머지만 배당받으면 될 것이고, 파산재단으로부터 먼저 일부 배당받는 경우에도 그 나머지만 신탁재산으로부터 변제받으면 된다고 판시하고 있으나, 그 구체적인 배당방법에 대하여는 설시하고 있지 않은바, 위 채권자는 별제권자처럼 신탁재산에 대하여 우선변제권이 있지도 않으며, 신탁재산에 대하여 위 채권자와 같은 권리를 가진 자가 경합하는 등의 이유로 위 채권자가 신탁재산으로부터 어느 정도의 채권 만족을 얻을 수 있는지 전혀 알 수 없는 점 등을 고려한다면, 연대보증인이 파산한 경우와 같이 처리하여야 하지 않을까 한다. 즉, 위 채권자는 현존액주의에 의하여 전액을 파산채권으로 신고할 수 있으나, 파산재단으로부터 받은 배당금과 신탁재산의 처분대금에서 수령한 금액의 합계가 채권액을 넘게 되면 그 초과액을 부당이득으로 반환청구할 수 있을 것이고, 파산관재인으로서는 위 채권자를 상대로 청구이의의 소를 제기하여 앞으로의 배당에서 제외하여야 할 것이다. 한편, 신탁사무의 처리에 관하여 생긴 채권은 신탁재산의 한도 내에서 신수탁자에 대하여도 행사할 수 있는바(신탁법 제48조

136) 정순섭, 주9) 20.

137) 이근영, "신탁수탁자의 제3자에 대한 책임과 그 제한", 민사법이론과 실무 제9권 제1호 (2005. 6.), 민사법의 이론과 실무학회, 44.

138) 대판 2004. 10. 15. 2004다31883, 31890(공2004, 1829) : 신탁사무의 처리상 발생한 채권을 가지고 있는 채권자는 수탁자의 일반채권자와 달리 신탁재산에 대하여도 강제집행을 할 수 있는데(신탁법 제21조 제1항), 수탁자의 이행책임이 신탁재산의 한도 내로 제한되는 것은 신탁행위로 인하여 수익자에 대하여 부담하는 채무에 한정되는 것이므로(신탁법 제32조), 수탁자가 수익자 이외의 제3자 중 신탁재산에 대하여 강제집행을 할 수 있는 채권자에 대하여 부담하는 채무에 관한 이행책임은 신탁재산의 한도 내로 제한되는 것이 아니라 수탁자의 고유재산에 대하여도 미치는 것으로 보아야 하고, 또한 수탁자가 파산한 경우 신탁재산은 수탁자의 고유재산이 된 것을 제외하고는 파산재단을 구성하지 않는 것이지만(신탁법 제22조), 신탁사무의 처리상 발생한 채권을 가진 채권자는 파산선고 당시의 채권 전액에 관하여 파산재단에 대하여 파산채권자로서 권리를 행사할 수 있다.

제3항), 이 경우에도 파산재단으로부터 배당을 받을 수 있으므로 같은 논의가 적용될 것으로 생각된다.

다만, 수탁자는 자신의 고유재산으로 신탁의 채무를 변제한 경우 신탁재산으로부터 구상을 받을 수 있다(신탁법 제42조).[139] 이는 타인사무의 처리에서 '이익이 속하는 자에게 위험도 속한다'는 원칙의 반영이라고 볼 수 있다.[140] 이러한 청구권은 신탁재산에 대한 관계에서는 그 액을 한도로 보고, 수익자에 대한 관계에서는 수익자가 수익권을 포기하면 수탁자는 수익자에게 구상할 수 없게 되므로 일단 수익자가 향수할 수 있는 이익의 범위를 그 한도로 한다.[141]

그러나 수탁자의 자격에서 한 행위라도 그것이 권한 외의 행위(신탁목적의 범위 외의 행위)라면 신탁재산으로는 책임을 지지 않고, 무권대리의 경우와 같이 수탁자 개인이 그 책임을 모두 부담해야 한다. 다만, 수익자가 신탁법 제52조에 의하여 '신탁의 본지에 반하는' 처분행위를 취소한 경우, 수탁자와 거래한 제3자에게 악의 또는 과실이 있다면 수탁자의 위 책임은 인정되지 않을 것이다(민법 제135조 제2항 참조).[142] 한편, 공작물책임과 같이 신탁재산의 소유자로서의 책임,[143] 수탁자가 신탁사무의 집행에 관하여 제3자에게 손해를 입힌 경우[144]에는 수탁자의 고유재산 뿐만 아니라 신탁재산도 책임재산으로 되고, 이러한 경우 수탁자에게 과실이 있는 경우에는 수탁자가 최종적인 부담을 지고, 공작물책임과 같이 과실이 없는 경우에는 신탁재산이 최종적인 책임을 부담하여 수탁자가 구상권(신탁법 제21조)을 행사할 수 있다.[145]

한편, 개인인 수탁자가 파산선고를 받고, 다시 면책허가까지 받은 경우에, 면책의 효력은 수탁자의 고유재산과의 관계에서만 인정되면 족하므로, 수탁자가 제3자에 대하여 부담하는 채무의 면책은 신탁재산과의 관계에서는 그 효력을 주장할 수 없다고 보아야 한다.[146] 또한 회생계획에 의한 수탁자가 제3자에게 부담하는 채무의 면책 또는 변경은 신탁재산과의 관계에서는 그 효력을 주장할 수 없다.[147]

---

139) 수익자가 수익권을 포기하면 보상의무를 면한다(신탁법 제42조 제3항). 다만 이에 대하여는 신탁이익을 향수하거나 이미 발생한 신탁채무와의 관계에서는 수익권포기에 의하여 보상의무를 면할 수 없다는 견해도 있다고 한다. 이근영, 주137) 45.

140) 이근영, 주137) 44.

141) 정순섭, 주9) 20.

142) 이근영, 주137) 46-47.

143) 최동식, 주25) 299. 하자담보책임으로 해결할 수 있다고 한다.

144) 대판 2007. 6. 1. 2005다5843(공보불게재).

145) 최동식, 주25) 298.

146) 일본 신신탁법 제25조 제3항.

(나) 책임재산한정특약

1) 일반론

수탁자가 신탁사무를 수행하는 과정에서 제3자와 대외적인 거래를 하는 경우 그 제3자에 대한 수탁자의 책임은 위에서 보듯이 무한책임이다. 그런데 과거에 비하여 수탁자가 적극적으로 사업을 행하게 됨에 따라 대외적 책임이 거액이 되는 경우가 있어 수탁자는 개인적 무한책임을 한정할 필요가 있고, 또한 수익자의 이익을 위하여 정당한 신탁사무의 수행과정에서 부담한 채무에 대하여서까지 수탁자의 고유재산으로 책임을 부담하도록 하는 것은 공평의 관점에서도 부당하다.

이에 수탁자는 상대방에게 수탁자로서의 거래임을 밝히고 자신은 신탁사무의 수행과정에서 부담한 채무에 대하여는 무한책임을 지지 않고 일정 범위에서 자신의 책임이 제한된다는 것을 상대방과 합의하여 거래하게 되는데, 이러한 약정을 책임재산한정특약이라 한다. 특약의 방법으로는 ① 수탁자가 개인적 채무를 부담하는 한도로서 신탁재산의 가액을 상한으로 하는 방법, ② 책임재산을 신탁재산으로 한정하는 방법 등이 있을 수 있는데, ②의 방법이 가장 현실적이고 사용하기도 쉽다고 한다.

이러한 특약은 수탁자의 책임재산이 신탁재산에 한정되어 있다고 하는 집행제한계약이라고 할 것인바,[148] 즉 신탁채권자가 수탁자에 대하여 채권 전액에 관한 판결을 얻게 되지만, 수탁자가 지는 책임은 책임재산한정특약에 의해 신탁재산으로 한정될 뿐이다.[149] 물론 수탁자의 고유재산으로부터의 변제를 전혀 인정하지 않는다는 특약이 없다면(대부분은 없을 것이다) 수탁자는 임의로 고유재산으로 변제한 후 신탁법 제42조에 의하여 구상할 수 있다.[150] 이러한 책임재산한정특약이 집행기관을 직접 구속하는 것은 아니므로, 신탁채권자가 책임이 한정되어 있는 신탁재산 외의 수탁자의 고유재산에 대하여 강제집행을 하는 경우 이를 당연히 무효라 할 것은 아니고, 수탁자가 부집행특약이 있는 경우와 마찬가지로 청구이의의 소로 그 집행을 막아야 할 것이다.[151]

---

147) 일본 신신탁법 제25조 제7항, 제6항.

148) 이근영, 주137) 53-54.

149) 최동식, 주25) 301. 반면, 상속의 한정승인이 있는 경우, "피고는 원고에게 상속재산의 범위 내에서 얼마를 지급하라"는 형식으로 판결하므로, 이 경우에도 "신탁재산의 범위 내에서 이행하라"라는 판결도 가능할 것이라는 견해도 있다. 이중기, "신탁채권자에 대한 수탁자의 책임의 범위", 민사판례연구 제28권(2008), 박영사, 507.

150) 이근영, 주137) 64-68. 이러한 경우 수탁자가 고유재산으로 변제하는 것은 책임없는 채무의 변제가 되나, 그 변제 역시 신탁사무로 볼 수 있고, 따라서 신탁법 제42조에 의한 구상이 가능하다고 한다.

151) 이중기, 주149) 527. 책임재산을 한정하는 특약에 관한 판례는 없으나, 부집행특약에 대해

수탁자가 책임재산한정특약을 제3자에게 주장하기 위해서는 신탁계약에 근거가 있어야 하고, 공시가 필요한가? 수탁자가 제3자와 책임제한특약을 체결할 때에는 반드시 신탁계약상의 근거가 필요하다고 본다면, 이러한 근거 없이 특약을 맺는 수탁자의 행위는 권한 외의 행위가 되어, 수탁자는 신탁사무처리에 있어 자신의 과실이 없음에도 불구하고 발생한 손실이 신탁재산을 넘는 경우 수탁자 자신의 고유재산으로 부담하게 되어 불합리하다. 또한 제3자인 채권자는 수탁자의 고유재산이나 사회적인 신용에 기초하여 계약하는 것이 일반적이고, 그러한 금전소비대차계약에서 신탁재산은 계약의 목적물이 되지 않는 경우가 오히려 대다수일 것이므로, 책임재산한정특약이 등기되어 있다는 이유만으로 수탁자가 이를 주장할 수 있다고 하는 것은 채권자에게 너무 가혹하다. 따라서, 책임재산한정특약은 신탁계약에 근거가 있을 필요는 없고, 신탁계약에 근거가 있고 그 계약서가 신탁원부로서 공시되어 있다고 하더라도[152] 제3자와의 계약상에 책임제한특약이 없다면, 위 신탁계약만을 근거로 책임제한을 주장할 수 없다고 보아야 한다.[153]

다만, 이러한 특약을 체결한 거래상대방에 대한 거래책임[154]에 대해서만 책임재산을 한정하는 것이므로, 특약을 체결하지 않은 거래상대방에 대한 책임이나, 신탁의 본지에 위반한 행위 또는 수탁자와 계약관계가 없는 제3자에 대한 불법행위로 인한 책임, 신탁재산의 소유자로서의 책임[155] 등[156]의 경우에는 이러한 책임재산한정특약이 적용되지 않는다.[157]

서 청구이의의 소로 다투어야 한다는 판례[대판 1996. 7. 26. 95다19072(공1996, 2583)]를 근거로 한다.

152) 부동산등기법 제124조 제2항에 의하면 신탁원부는 등기부의 일부로 보고, 그 기재는 등기로 보므로, 그 기재사항으로 제3자에게 대항할 수 있다. 대판 1975. 12. 23. 74다736(공1976, 8888) 참조.

153) 이근영, 주137) 57-60.

154) 그 거래상대방에 대하여 채무불이행책임과 불법행위책임이 경합하는 경우, 불법행위책임에 관하여도 수탁자가 책임재산한정특약을 주장할 수 있는가에 관하여, 인신사고에 관한 책임을 한정하는 특약은 공서양속에 반하므로 무효이나, 재산적 손해에 관하여는 특약의 효력이 미치는 것으로 보아야한다는 견해가 있다. 최동식, 주25) 302.

155) 그 예로서는 민법 제758조의 공작물의 소유자의 책임이 주로 들어지나, 국제적으로는 환경오염에 대한 손해배상책임이 큰 문제로 대두되고 있다고 한다. 그 외에 계약에 기한 것이 아닌 신탁재산에 관한 공조공과금채무도 제한이 불가능하다고 한다. 이근영, 주137) 50-51,

156) 불법행위에 기한 책임은 수탁자의 고의·과실에 기초하므로 본래 신탁재산에 귀속되어야 할 채무가 아니고, 또한 무과실의 소유자책임은 채무의 내용이나 금액, 채권자 등을 미리 특정하기가 불가능하기 때문이라고 한다. 이근영, 주137) 50.

157) 이중기, 주149) 527 : 책임재산을 한정하는 특약에 관한 판례는 없으나, 강제집행을 하지 못한다는 부집행특약에 대하여는 이를 청구이의의 소로 다투어야 한다는 판례가 있으므로 수탁자는 청구이의의 소를 제기하고, 이를 본안으로 하는 집행정지가처분을 하여 집행을 막을 수 있을 것이라고 하고 있다.

한편, 일본은 신신탁법 제9장에서 "제3자가 수탁자에 대하여 갖는 권리로서 신탁사무에 관한 거래에서 생긴 권리 등은 기본적으로 그 책임재산인 신탁재산으로 한정되나, 수탁자가 신탁사무를 행함에 있어 악의 또는 중과실이 있는 경우에는 제3자가 입은 손해를 배상할 책임을 지우는 한정책임신탁제도"를 마련하고, 수탁자가 행한 불법행위로 발생한 손해배상청구권에 기하여는 수탁자의 고유재산에 대한 강제집행을 할 수 있도록 하되, 거래안전을 위해서나 제3자를 거래에 유인하기 위하여 이러한 한정책임신탁의 취지 명칭 등 일정사항을 신탁행위로 정하고 등기하여야 효력이 발생하도록 하는 등 여러 가지 특칙을 마련하고 있다.[158] 우리나라의 경우도 간접투자자산운용업법 제90조 제2항에서는 '자산운용회사 또는 수탁회사가 자산의 취득·매각 등의 거래를 한 경우 당해 거래에 대한 이행책임은 투자신탁재산을 한도로 부담한다'라고 하여 펀드의 금융거래상 수탁회사의 책임이 신탁재산에 한정된다고 명문의 규정을 두고 있다.

2) 파산(정리)채권자로서의 권리행사 가부

이렇게 책임재산한정특약이 있는 경우, 수탁자가 도산한 경우에 제3자가 파산채권자로서 권리를 행사할 수 있는가가 문제된다. 일본 신신탁법 제25조 제2항 후문, 제25조 제7항, 제5항은 신탁재산만을 책임재산으로 파악하는 수익권과 같은 이유에서, 제3자의 수탁자에 대한 채권은 파산(정리)채권이 되지 않는다고 규정하고 있다. 우리의 경우에도 책임재산을 신탁재산만으로 한정한 경우에는 같이 보아야 하지 않을까 생각한다.

나. 수탁자의 권리

수탁자가 파산하면 수탁자의 임무는 종료하고 지체 없이 신탁재산을 신수탁자에게 양도하여야 하는 의무를 부담하지만, 반면 수탁자는 위에서 본 바와 같이 비용 및 손해보상청구권, 보수청구권 등을 가지는바, 파산한 수탁자가 위와 같은 권리의 만족을 얻지 못한 경우에는 어떻게 권리를 실현할 수 있는지 문제된다.[159] 파산관재인이 법원의 허가를 얻어 신탁재산의 관리처분을 담당하는 경우에는 위에서 본 바와 같이 신탁법 제42조, 제43조에 의하여 우선권을 가지거나, 수익자에 대하여 청구하면 될 것이다. 그러나 그러하지 않은 경우에는 어떻게 처리해야 하는가?

---

158) 오영준, 주9) 872.

159) 수탁자에 대하여 회생절차가 개시된 경우는 수탁자의 임무종료사유가 아니므로, 수탁자의 관리인은 신탁법 제42조 제43조에 의한 임의매각방식에 의하여 보상을 받을 수 있을 것이다.

신탁법 제49조는 구수탁자는 신탁법 제42조 제1항의 비용 또는 손해의 보상을 받을 권리, 제43조의 보수를 받을 권리에 기하여 신탁재산에 대하여 강제집행을 하거나 경매를 할 수 있고, 그 권리를 행사하기 위하여 신탁재산을 유치할 수 있다고 규정하고 있으므로, 수탁자가 파산으로 인하여 변경된 경우에는 구수탁자는 비용, 손실 및 보수채권의 만족을 얻기 위하여 신탁재산을 신탁법 제42조에 의하여 임의매각할 수 없고, 강제집행 또는 경매만을 할 수 있다고 볼 것이다(법문상 구수탁자에게는 우선변제권도 인정되지 않는 것으로 해석되나, 구수탁자는 유치권을 행사하여 우선변제권을 행사하는 것과 동일한 효과를 거둘 수 있을 것이다).[160] 판례도 "수탁자가 재임중에는 신탁재산의 관리인이 수탁자 자신이어서 신탁재산에 대하여 비용상환청구권 강제집행과 같은 방법으로 행사할 수는 없고(수탁자의 임무가 종료한 후에는 신수탁자를 상대로 보상청구권을 행사하여 신탁재산에 대하여 강제집행을 할 수 있다), 신탁법 제42조 제1항에서 규정하고 있는 바와 같이 신탁재산을 매각하여 그 매각대금으로 다른 권리자에 우선하여 비용상환청구권의 변제에 충당할 수 있을 뿐이다"라고 판시하고 있다.[161][162]

7. 신탁재산의 도산

신탁법은 신탁재산의 파산의 경우에 관한 규정을 두고 있지 아니하다. 그러나 수탁자는 고유재산과 신탁재산을 분별하여 관리하여야 하는데, 수탁자가 특정 신

---

160) 김용상, "수탁자가 신탁계약에 근거한 신탁재산의 처분권을 행사하기 위하여 신탁재산을 점유하고 있는 수익자에 대하여 그 인도를 구할 수 있는지 여부(대판 2005. 4. 15. 2003다47621 : 공2005상, 729)", 대법원판례해설 제55호(2005. 12.), 법원도서관, 21.

161) 대판 2005. 12. 22. 2003다55059(공2006, 155).

162) 한편, 신탁이 신탁법 제55조 내지 제57조에 의하여 절대적으로 종료된 이후에는, 신탁법 제62조는 "제27조와 제49조의 규정은 신탁의 종료로 인하여 신탁재산이 수익자 기타의 자에게 귀속한 때에 준용한다."고 규정하고 있을 뿐, 제42조를 준용한다는 규정을 두고 있지 아니하므로, 신탁이 종료되었을 경우 수탁자는 그 비용, 손실 및 보수채권의 만족을 얻기 위하여 신탁재산을 강제집행 또는 경매할 수는 있지만 임의매각할 수는 없다고 해석된다. 다만, 신탁법 제62조가 강행규정이라고 볼 만한 근거가 없을뿐더러 사적 자치의 원칙상 위탁자와 수탁자의 합의로서 신탁종료 후 수탁자에게 신탁재산에 대한 임의매각권을 부여하는 약정도 유효하다고 볼 것이다[대판 2003. 5. 16. 2003다11134(공보불게재) : 신탁계약이 해지된 이상 수탁자인 소외 회사는 신탁종료시의 손실 보전을 규정한 신탁계약 제21조에 따라 이 사건 토지를 처분하여 손실을 충당할 수 있다고 할 것이므로 이를 두고 이 사건 신탁계약의 본지에 위배되는 행위라고 할 수 없다]. 또한, 수탁자는 이러한 임의매각권의 실행을 위한 환가절차의 일환으로서 신탁재산을 점유하고 있는 위탁자 겸 수익자를 상대로 그 인도를 구할 수 있다[대판 2005. 4. 15. 2003다47621(공2005, 729)].

탁계정을 위하여 거래하면서 책임재산을 한정해 계약을 체결한 경우[163]에는 수탁자인 채무자의 신용의 기초로 되는 것은 신탁재산만이 될 것이므로, 신탁재산의 채무초과가 발생하면 신탁재산의 도산도 생각해볼 수 있다.[164]

통합도산법은 보통파산원인으로 '채무자가 지급을 할 수 없는 때(지급불능)'[165]를 규정하면서도(제305조), 주식회사나 유한회사 등의 물적 회사, 합명회사나 합자회사 등의 인적 회사의 청산시, 상속재산에 대하여는 채무초과[166]를 별개의 독립된 파산원인으로 규정하고 있고(제306조, 제307조), 회생개시원인으로서 '파산원인인 사실이 생길 염려가 있는 때'를 규정하고 있다(제34조). 이는 신용 등에 의하여 자금을 조달할 수 있는 자연인, 인적회사와 달리 물적 회사의 경우에는 회사재산만이 채권자에 대한 책임의 기초가 되므로 채무가 초과된 상태에서 영업을 계속하는 것은 채권자의 손실을 증가시킬 염려가 있고, 상속재산의 경우에는 신용 등을 고려할 여지가 없어 일단 채무초과에 빠지면 이를 회복할 가능성이 거의 없기 때문이다.

신탁에 있어서도, 책임재산한정특약이 있다면 물적 회사와 같이 신탁재산만이 채무자의 신용의 기초로 될 것이므로 신탁재산의 채무초과 또는 채무초과가 생길 염려는 도산원인이 된다고 볼 수 있다.

그러나 신탁재산은 독립된 법인격이 없어[167] 파산능력이 없으므로 문제되는데, 이에 대하여는 상속재산에 파산능력을 인정하는 규정을 유추적용하여 신탁재산의 경우에도 파산능력을 인정해야 할 것이라는 견해[168]와 신탁재산 자체는 도산절차의 채무자가 될 수 없으므로, 수탁자의 명의를 차용하여 도산절차를 밟을 수밖에 없고, 상업적 신탁의 경우 도산원인은 신탁재산만을 기준으로 판단해야 한다고

163) 이 경우는 수탁자에게는 지급불능 등의 파산원인이 없는 경우이다.

164) 신탁재산의 도산의 문제는 책임재산한정특약이 있는 경우에 생기는 문제이다. 왜냐하면 책임재산한정특약이 없다면 수탁자의 고유재산에 의하여도 채무를 부담하기 때문에 고유재산을 포함하여 채무초과로 되는 경우에는 수탁자의 도산으로 보면 되기 때문이다. 이근영, 주137) 73.

165) 지급불능이란 채무자가 변제능력이 부족하여 즉시 변제하여야 할 채무를 일반적·계속적으로 변제할 수 없는 객관적 상태를 말하므로[대결 1999. 8. 16. 99마2084(공1999, 2156)], 채무자가 자산이 부족하다고 하더라도 신용과 노력 등을 활용하여 다른 곳에서 융통을 얻을 수 있는 상태에 있거나, 일시적으로 지급이 곤란하다는 사정만으로는 지급불능이라고 할 수 없다.

166) 법인이 채무초과 상태에 있는지 여부는 법인이 실제 부담하는 채무의 총액과 실제 가치로 평가한 자산의 총액을 기준으로 판단하는 것이지 대차대조표 등 재무제표에 기재된 부채 및 자산의 총액을 기준으로 판단할 것은 아니다[대결 2007. 11. 15. 2007마887(공2008, 353)].

167) 대판 2007. 9. 20. 2005다48956(공2007, 1622).

168) 이근영, 주137) 71-73; 정순섭, 주9) 21도 상속재산의 파산에 관한 조항을 기준으로 제도화 필요성을 검토하여야 한다고 한다.

하는 견해[169]가 있다.

이렇듯 우리나라 학설의 대부분이 책임재산한정특약을 체결한 경우에 한하여 신탁재산의 도산문제를 검토하고 있는 반면, 일본의 신신탁법은 신탁한정책임신탁에 한하지 않고 신탁일반에 관하여 파산제도를 도입하였고,[170][171] 신탁재산의 파산제도를 규율하기 위하여 '신탁법의 시행에 따른 관계 법률의 정비 등에 관한 법률'에 의하여 파산법을 개정하였다.[172] 그리고 이 경우 신탁재산 자체의 파산능력을 인정할 것인지에 관하여는, 일본의 신신탁법이 상속재산과 마찬가지로 신탁재산 자체의 파산능력을 인정한 것이라고 보는 견해[173]가 있으나, 상속재산의 파산의 경우 일본의 대부분의 학설이 상속재산을 법인 아닌 재단으로 보고 상속재산 자체를 파산자로 보고 있음에 반하여, 일본 판례는 상속인을 파산자로 보면서도, 파산선고에 따른 인적효과는 상속인에 미치지 않는다고 하고 있는 점[174]에 비추어 보면, 일본의 판례가 위의 견해와 같이 판단할 것인지는 지켜보아야 할 것으로 생각된다. 반면, 회생절차와 같은 재건형 도산절차에 대하여는 신탁재산으로 영위하는 사업에 있어서 당해신탁고유의 상호(暖簾)적 가치가 있는지가 명확하지 않고, 따라서 신탁자체를 유지한 상태에서 그 신탁에 사업을 계속하게 할 필요가 있는지가 명확하지 않기 때문에 도입하지 아니하였다고 한다.[175]

---

169) 이중기, 주149) 507이하. 이 논문은 신탁재산 파산시의 처리절차에 관하여 비교적 상세하게 검토하고 있다.

170) 일본 신신탁법 제163조 제7호는 '신탁재산에 관한 파산절차개시의 결정이 있는 때'를 신탁의 종료사유로 규정하고 있고, 또한 제179조는 '청산중의 신탁에 있어서 신탁재산에 속한 재산이 그 채무를 완제하기에 부족한 것이 명백하게 된 때는, 청산수탁자는 즉시 신탁재산에 관한 파산절차개시의 신청을 하여야 한다'고 규정하고 있다.

171) 신탁일반에 관하여 파산제도를 도입한 것은, 신탁채권자는 신탁재산 외에 수탁자의 고유재산도 책임재산으로 파악하고 있는바, 신탁재산과 고유재산의 쌍방의 재무상태가 서서히 악화되는 경우 신탁채권자는 재무상태가 보다 양호한 상태에 있는 신탁재산만을 청산하여 배당받을 기대를 가지고 있다고 볼 수 있는 점, 현재의 신탁실무하에서도 유한책임거래가 상당정도 침투되어 있어 신탁재산을 주된 책임재산으로서 기대하는 것이 결코 드물지 않은 점, 무한책임사원이 존재하는 합명회사에도 파산제도가 인정되는 점 등을 근거로 한다고 한다. 즉, 수탁자의 고유재산에 의하여 신탁채권이 만족하는 것으로 한정하고 있지 않기 때문에, 그 경우에 공평한 변제를 확보하고, 신탁채권자의 보호를 꾀하기 위하여 도산상태에 있는 신탁재산의 청산에 관한 절차를 정비할 필요가 있기 때문이라고 한다. 新井 誠(주13), 392-393.

172) 상세한 설명은 新井 誠, 주13) 394이하 참조.

173) 新井 誠, 주13) 393; 小野·傑·深山雅也, 新しい信託法解說((2007), 三省堂, 54.

174) 日大決 1931. 12. 12.(法律評論 24卷 54頁). 이근영, 주137) 73에서 재인용; 伊藤 眞, 주89) 63.; 박기동, "파산절차 개시의 요건과 파산선고의 효과", 재판자료집(82), 법원도서관, 66-67.

175) 深山雅也, "信託と倒産", 金融·商事判例 No.1261 증간 : 新しい信託法の理論と實務(2007. 3.), 經濟法令硏究會, 122.

五. 수익자의 도산

수익자가 도산한 경우, 수익자는 신탁계약의 당사자는 아니므로, 신탁재산은 영향을 받지 않는다. 다만, 위탁자가 동시에 수익자인 경우에는 앞서 설명한 위탁자의 도산의 경우과 같이 처리될 것이다.

따라서 수익자가 가지는 수익권은 파산재단 내지 회생절차가 개시된 채무자의 재산을 구성하게 되고, 파산관재인이나 관리인이 환가처분해야 할 것인데, 수익권의 양도가능성에 대하여 원칙적으로는 양도가능하다고 볼 것이지만, 그 성질상 양도가 불가능하거나 신탁행위에서 양도를 금지하는 경우에는 양도할 수 없다고 해야 한다.

六. 결어

신탁의 가장 큰 이점 내지 활용목적이 도산절연이라고 할 것이다. 그리고 이러한 점에서 앞으로도 신탁의 이용은 활발할 것으로 생각된다. 그러나 우리 신탁법은 신탁과 도산과의 관계에 대하여 간단하게 규정하고 있을 뿐 상세하고 명쾌하게 규율하지 못하고 있는 것이 아닌가 생각된다. 이에 따라 많은 부분이 해석에 맡겨져 있는바, 우리나라의 경우 신탁법에 관한 연구가 많이 활발해진 것으로 보이나, 아직 연구되지 않은 부분도 많은 것으로 보인다. 일본의 경우 신탁법의 개정에 의하여 기존에 이론적으로 문제가 되었던 부분을 대부분 명문화하였고, 그에 따라 파산법도 개정하였음을 위에서 본 바와 같은바, 우리에게 많은 시사점을 주고 있다고 생각된다.

또한, 그동안 부동산신탁회사의 파산과 관련하여 처리하여 온 실무례가 대법원 2008. 9. 11. 선고 2006다19788판결에 의하여 바뀔 수밖에 없을 것으로 보이는바, 그 귀추가 주목된다.

倒産節次開始時 現存額主義에 관한 考察

서울고등법원 판사 박 상 구

〈目 次〉

一. 保證債務·物的 擔保의 附從性에 대한 例外

예를 들어 채권자 X에 대하여 1,500만 원의 채무가 있는 주채무자 A, 연대보증인 B, 물상보증인 C가 있는데, 순차적으로 A에 대하여 회생절차가 개시되고 B에 대하여 파산이 선고된 이후 X가 회생채무자 A로부터 회생계획의 수행으로 500만 원을 변제받고, C로부터 담보권의 실행으로 500만 원을 변제받은 경우 X가 B에 대한 파산절차에 참가하여 행사할 수 있는 채권액은 얼마인가?

주채무자와 보증인 한쪽 또는 전부에 대하여 도산처리절차인 파산·회생절차가 개시된 경우 다수당사자의 채권관계, 특히 채무자와 보증인 또는 물상보증인 사이의 실체법상의 권리관계가 채무자 또는 보증인에 대한 도산처리절차의 개시 및 담보제공자의 변제 등에 의하여 어떠한 영향을 받는 것인가는 도산처리절차에 있어서 채권자의 권리행사의 범위의 문제[1]로 귀결된다.

민사법의 일반원칙에 의하면 주채무자에 대한 채무의 감면 등은 절대적 효력을

1) 도산처리절차에서 권리행사의 결과 회생계획이나 변제조건 등에 의하여 채권자의 권리가 변경되는 것과는 별개의 문제이다.

가지는 것으로서 보증인이나 물상보증인에게도 그 효력이 미치지만,[2] 근본적으로 변제자력의 궁핍으로 인한 파산이나 회생 등의 절차야말로 보증 본래의 목적이 기능하여야 할 전형적 상황이라 할 수 있고,[3] 회생계획 · 변제계획 등에 의한 권리의 감축 변경으로 인한 채권자의 희생은 최소한에 그쳐야 하기 때문에 주채무자에 대하여 그 절차상의 특별한 목적을 달성하기 위해서 채무의 일부 감면 또는 책임의 제한이 행해지는 경우에도 보증인이나 물상보증인 등에게 그 효력이 미치지 않는다는 취지의 규정을 두어 부종성 원칙을 수정, 완화하고 있다.[4]

그렇다면, 도산법 원리가 채권자와 보증인 또는 물상보증인 등의 권리관계에 어떠한 변경을 가져오고 있고 그 근거가 타당한지를 분석하는 것은 도산처리절차의 특수성을 이해한다는 차원에서 뿐만 아니라, 회생절차에서의 M&A와 회생계획 작성 등의 실무에 있어서도 필요한 작업이라 할 수 있다.

---

2) 민법 제369조, 제430조

3) 박병대 집필부분, 민법주해[X], 채권(3), 박영사, 179.

4) 반면, 채권금융기관들과 재무적 곤경에 처한 주채무자인 기업 사이에 기업의 경영정상화를 도모하고 채권금융기관들의 자산 건전성을 제고하기 위하여 일부 채권을 포기하거나 채무를 면제하는 등 채무조건을 완화하여 주채무를 축소·감경하는 내용의 기업개선작업약정을 체결한 경우, 이를 규율하는 기업구조조정촉진법에서 보증채무의 부종성에 관한 예외규정을 두고 있지 아니할 뿐만 아니라, 기업개선작업약정은 법원의 관여 없이 일부 채권자들인 채권금융기관들과 기업 사이의 사적 합의에 의하여 이루어지고 그러한 합의의 내용에 따른 효력을 갖는 것으로서, 법원의 관여 하에 전체 채권자들을 대상으로 하여 진행되고 법에서 정해진 바에 따른 효력을 갖는 화의법상의 화의와 동일시할 수 없어 여기에 보증채무의 부종성에 대한 예외를 정한 화의법 제61조, 파산법 제298조 제2항의 규정이 유추적용된다고 할 수도 없으므로, 보증인으로서는 원래의 채무 전액에 대하여 보증채무를 부담한다는 의사표시를 하거나 채권금융기관들과 사이에 그러한 내용의 약정을 하는 등의 특별한 사정이 없는 한, 보증채무의 부종성에 의하여 기업개선작업약정에 의하여 축소·감경된 주채무의 내용에 따라 보증채무를 부담한다(대판 2004. 12. 23. 2004다46601).
또한 소위 워크아웃(Workout) 절차는 회사정리절차와는 달리 법원이 개입하지 아니한 상태에서 채권자들에 의하여 부실징후기업의 정상화방안을 마련하는 절차로서, 워크아웃절차를 통한 기업개선작업약정을 법원에 의하여 인가를 받은 회사정리계획과 동일시할 수 없다는 점, 위 기업개선작업약정에 기하여 채권자들의 해태제과에 대한 보증채권이 일부 출자전환된 이후인 2001. 8. 14. 소위 워크아웃절차에 대한 근거법규로 제정된 기업구조조정촉진법은 채권금융기관협의회의 채권재조정 의결이 있는 경우 그 의결에 반대의 의사를 표시한 채권금융기관은 위 협의회에 대하여 채권매수청구를 할 수 있는 권한을 부여하고 있을 뿐(제29조), 부종성의 예외에 관한 아무런 규정을 두고 있지 아니한 점 등에 비추어 보면, 명문의 규정 없이 회사정리법 제240조 제2항이 워크아웃절차에도 당연히 준용된다고 보기 어려울 뿐만 아니라, 채권의 출자전환은 현물출자의 한 방법이므로, 채권자는 출자전환으로 인하여 당해 기업의 주식을 취득함으로써 채권의 만족을 얻음과 동시에 출자전환된 채권액만큼의 당해 기업에 대한 채권은 물론 다른 주채무자 또는 보증채무자에 대한 채권도 절대적으로 소멸한다고 보아야 할 것이고, 출자전환된 주식의 시가가 출자전환된 채권액에 미치지 못한다고 하여 달리 해석할 것은 아니라 할 것이며, 이는 구체적 사안에서 주식 1주로 출자전환되는 채권의 액이 적정한가의 관점에서 검토되어야 할 별개의 문제에 불과하다 할 것이다(서울중앙지판 2002. 5. 23. 2001가합78534).

二. 倒産節次開始時 現存額主義의 法理

도산처리절차가 개시될 때를 기준으로 하여 그때에 채무자에 대하여 주장할 수 있는 채권의 全額을 가지고 당해 도산처리절차상의 채권으로서 행사하는 것을 **現存額主義**라 한다. 도산처리절차 개시에 앞서 채권소멸사유가 있거나 당해 도산처리절차에 의한 변제 또는 배당이 있으면 그 만족을 얻은 부분을 제외한 잔액이 도산처리절차상의 채권액이 된다. 도산처리절차 개시 후 채무자 이외의 보증인 등에 관하여 채권소멸사유가 있거나 당해 도산처리절차에 의한 변제 또는 배당이 있는 경우에도 부종성의 법리가 적용되는지 여부가 현존액주의에 대한 이해에 있어 관건이 된다. 도산절차개시시 현존액주의는 도산이라고 하는 채권의 全面的인 만족이 의심스러운 국면에서는 전부의무자에 대한 채권자의 優先的 만족이 도모되어야 한다는 債權者 優先主義 사상에 입각하고 있다.[5)]

채무자 회생 및 파산에 관한 법률(이하 "법")[6)]은 도산처리절차 중 특히 회생절차개시시 현존액주의에 대한 상세한 규정을 두고 있는바, 주채무자와 보증인의 전원 또는 1인에 대하여 같은 회생절차가 개시된 경우의 현존액주의를 정한 규정이 제126조[7)] 제1항이고, 제2항은 회생절차 개시 후 채무 일부 소멸의 경우 현존액주의에 대한 판례의 입장을 명문화한 것이고, 제4항은 회생절차 개시 후에 채권자에게 변제를 한 때는 채권자의 채권 전액이 소멸한 경우에 한해서 그 구상권

---

5) 三ヶ月 章 등, 條解 會社更生法(中)(1999), 弘文堂, 352.

6) 회사정리법, 파산법, 화의법은 2005. 3. 31. 법률 제7428호 채무자 회생 및 파산에 관한 법률 부칙 제2조로 폐지되었으나, 본고에서는 판례와 설명의 편의상 현행 채무자 회생 및 파산에 관한 법률을 '법'으로 구 회사정리법을 '회사정리법', 구 파산법을 '파산법', 구 화의법을 '화의법'으로 표기하기로 한다.

7) 법 제126조(채무자가 다른 자와 더불어 전부의 이행을 할 의무를 지는 경우) ① 여럿이 각각 전부의 이행을 하여야 하는 의무를 지는 경우 그 전원 또는 일부에 관하여 회생절차가 개시된 때에는 채권자는 회생절차개시 당시 가진 채권의 전액에 관하여 각 회생절차에서 회생채권자로서 그 권리를 행사할 수 있다. (회사정리법 제108조, 파산법 제19조, 화의법 제49조가 같은 취지의 규정을 두고 있었다.)

② 제1항의 경우에 다른 전부의 이행을 할 의무를 지는 자가 **회생절차 개시 후**에 채권자에 대하여 변제 기타 채무를 소멸시키는 행위(이하 '변제 등')를 한 때라도 그 채권의 전액이 소멸한 경우를 제외하고는 그 채권자는 회생절차의 개시시에 가지는 채권의 전액에 관하여 그 권리를 행사할 수 있다.

④ 제1항의 규정에 의하여 채권자가 회생절차에 참가한 경우 채무자에 대하여 장래에 행사할 가능성이 있는 구상권을 가지는 자가 회생절차 개시 후에 채권자에 대한 변제 등으로 그 채권의 전액이 소멸한 경우에는 그 구상권의 범위내에서 채권자가 가진 권리를 행사할 수 있다.

⑤ 제2항 내지 제4항의 규정은 채무자의 채무를 위하여 담보를 제공한 제3자가 채권자에게 변제 등을 하거나 채무에 대하여 장래에 행사할 가능성이 있는 구상권을 가지는 경우에 준용한다.

을 가지는 자가 구상권의 범위 내에서 채권자의 권리를 회생채권자로서 행사할 수 있는 것으로 한다는 취지이다. 보증인에 대하여 회생절차가 개시된 때에는 주채무자에 대하여도 도산처리절차가 개시되었는지에 관계없이 현존액주의를 관철시키고 있는 규정이 법 제127조[8]이다.[9]

회생절차의 경우 회생계획의 인가결정이 있은 때에는 회생계획의 내용 또는 법의 규정에 의하여 인정된 권리를 제외하고 채무자는 모든 회생채권과 회생담보권에 관하여 그 책임을 면하게 되고(법 제251조), 회생채권자, 회생담보권자와 주주의 권리는 회생계획의 규정에 따라 변경된다(법 제252조 제1항). 그런데, 법 제250조 제2항은 '회생계획은 회생채권자 또는 회생담보권자가 회생절차가 개시된 채무자의 보증인 그 밖에 회생절차가 개시된 채무자와 함께 채무를 부담하는 자에 대하여 가지는 권리와 채무자외의 자가 회생채권자 또는 회생담보권자를 위하여 제공한 담보에 영향을 미치지 아니한다'라고 규정하고 있는바,[10][11] 이는 회생계획에 따라 채무자의 채무가 면책되거나 변경되더라도 보증인이나 물상보증인 등의 의무는 면책되거나 변경되지 않는다는 취지이다.

한편, 물상보증인에 대하여는 종래 피담보채권을 전액 변제한 때 정리채권자 또는 파산채권자의 권리 취득 및 행사에 관한 준용규정만이 있었다.[12] 이행의무를 부담하지 않고 책임을 부담할 뿐인 물상보증인의 지위를 도산처리절차에서 어떻게 평가할 것인지, 특히 연대보증인과 물상보증인이 서로 다르나 보증계약과 물상보증계약이 동일한 채무를 담보하기 위한 중첩적 성질을 가지는 경우[13] 즉 보증채무의 주채무와 물상보증의 피담보채무의 동일성이 인정될 때 도산처리절차에서 물

---

8) 법 제127조(채무자가 보증채무를 지는 경우) 보증인인 채무자에 관하여 회생절차가 개시된 때에는 채권자는 회생절차개시 당시 가진 채권의 전액에 관하여 회생채권자로서 권리를 행사할 수 있다(회사정리법 제109조, 파산법 제20조, 화의법 제49조가 역시 같은 취지를 규정을 두었었다.)

9) 파산절차의 경우는 회생절차와 달리 파산법 규정과 동일한 방식으로 법 제428조 내지 제430조에서 현존액주의와 구상권에 대한 규정을 두고 있다.

10) 정리채권자는 회사정리법 제240조 제2항에 의하여 주채무자에 대한 정리계획과 관계없이 보증인에 대하여 언제든지 본래의 채권을 청구할 수 있고, 정리계획에 의하여 정리채권의 수액이나 변제기가 변경되더라도 보증인의 책임범위에는 아무런 영향이 없다고 할 것이다(대판 1993. 8. 24. 93다25363).

11) 이와 같이 민법상의 보증채무나 물적 담보의 부종성 원칙에 대한 예외를 규정한 舊 會社更生法 제240조 제2항(현행 會社更生法 제203조 제2항)에 대해서 日最判 1970. 6. 10. 民集24-6, 499는 합리적인 차별로서 일본 헌법 제14조 제1항에 위반되지 않는다고 판시한 바 있다.

12) 회사정리법 제110조 제3항

13) 양 계약은 피담보채무를 같이 한다는 것 뿐이고 엄연히 별개의 계약으로서 그 성립과 존속 및 효력에 있어 일응 상호 독립하여 있으며, 보증채무와 물상보증의 견련관계를 인정한다고 하더라도 이는 상호적인 것이기보다는 보증채무의 물상보증에 대한 片面的인 附從性으로 봄이 보다 정확하다고 한다. 박병대, 주3) 238-239.

상보증인을 보증인과 마찬가지로 취급할 수 있는가의 문제가 있었다. 법 제126조 제5항은 물상보증인과의 관계에서도 현존액주의의 적용을 관철시키고 있다.

三. 全部義務者[14] 및 物上保證人의 全部 또는 一部에 대하여 倒産節次가 開始된 경우의 法律關係[15]

1. 保證

가. 주채무자에 대하여만 도산처리절차가 개시된 경우

(1) 주채무의 소멸[16]

주채무자에 대하여 파산・화의・회사정리절차 등 도산처리절차가 개시되어 채권자가 동 절차에서 채권의 일부 배당을 받거나,[17] 이러한 절차에 의하지 않고 채무자로부터 임의로 일부 변제를 받아 현실적으로 만족을 얻은 경우에는 보증인도 채권 소멸의 효력을 주장할 수 있다.

① 대판 1997. 4. 8. 96다6943 : 주채무자의 현금변제

주채무자인 정리회사가 정리계획에 따라 구상채권자에게 변제한 금액이 있는 경우에는 그 구상채무를 보증한 보증인으로서는 그 금액의 공제를 주장할 수 있다.

② 대판 2003. 1. 10. 2002다12703, 12710 : 주채무자의 출자전환

주채무자의 회사채 발행에 대하여 지급보증한 채권자에게 부담하게 되는 구상금채무 등에 대하여 연대보증한 경우 주채무자에 대하여 회사정리절차가 개시된 이후 정리계획에서 출자전환으로 정리채권의 변제에 갈음하기로 하였다면 신주발행의 효력발생일 당시를 기준으로 하여 정리채권자가 인수한 신주의 시가를 평가하여 그 평가액에 상당하는 채권액이 변제된 것으로 보아야 하고, 이러한 경우

14) 각자 전부의 이행을 할 의무를 부담하는 자를 의미하여 연대채무자와 어음법상의 합동채무자 등도 그 대상으로 하지만, 본고에서는 주로 보증인의 경우에 초점을 두기로 한다.

15) 회사정리법 등 구법이 적용된 판례의 분석은 구법상의 현존액주의에 대한 이해와 문제제기의 출발점이다.

16) 이하에서 ○○채무의 '소멸'이라고 할 때는 특별히 전부 소멸이라고 하지 않는 한 '일부 소멸'을 의미한다.

17) 파산면책, 화의조건, 정리계획 등에 의하여 주채무가 감면된 것만으로는 보증인에 대한 채권액이 감액되지 아니하고, 정리회사가 정리계획의 수행에 의하여 정리채권을 실제 변제하거나 주채무자가 화의조건을 실제로 이행한 때에 그 범위에서 보증채무도 소멸한다.

주채무자인 정리회사의 채무를 보증한 보증인들로서는 정리채권자에 대하여 위 변제된 금액의 공제를 주장할 수 있다.

③ 대판 2004. 7. 22. 2004다19135 : 화의인가 후 주채무 면제

[사안] 채권자가 화의인가결정이 확정된 주채무자에 대하여 어음할인거래로 인한 대출채무 중 원금 25% 현금 변제 이외의 잔여채무를 면제하였고, 그로 인해 감축된 채무를 주채무자가 모두 변제한 이후 채권자가 연대보증인을 상대로(주채무자에 대해서는 면제한) 위 잔여채무 상당 금원의 지급을 청구함

[판시사항] 민법상의 보증채무나 물적 담보의 부종성 원칙에 대한 예외를 규정한 파산법 제298조 제2항이 준용되는 화의법 제61조의 취지 및 보증채무의 본질적인 성격에다가 화의인가결정 확정 후의 사정변경(화의조건을 이행할 수 없게 된 경우 등)에 따라 화의채권자가 다시 채무자의 채무를 감면하거나 변제기를 유예해 주는 행위[18]가 보증채무 등에 영향을 미친다고 보게 되면 화의채권자들이 화의인가결정 확정 후에는 보증채무 등에 미칠 불이익을 고려하여 화의인가결정에 의하여 변경된 주채무를 다시 감면해주지 않게 되어 결과적으로 화의의 목적을 달성하지 못할 우려가 있어 이러한 경우에 보증채무의 부종성의 예외를 인정하더라도 실질적으로는 보증인에게 불이익이 없다고 보이는 점 등을 종합하여 보면, 화의인가결정 확정 후 화의채권자가 채무자와의 사이에 화의인가결정에 따라 변경된 채무를 다시 감면 내지 완화해주는 경우에는 특별한 사정이 없는 한 파산법 제298조 제2항이 유추적용되어 보증채무에는 영향이 없다.

[평석] 실제적인 채권의 만족을 주는 것은 아니지만 채무면제는 채권의 절대적 소멸을 가져오는 점, 화의인가결정 확정 이후의 주채무 면제를 회사정리절차 종결 이후의 주채무 면제[19]와 달리 취급할 논리가 부족한 점[20] 등에 비추어 의문이 남는 사건이다.

④ 대판 2007. 3. 30. 2006다83130 : 회사정리절차 종결 이후 주채무자와 채권자 사이의 임의조정

[사안] 변제기가 도래하기 전에 회사정리절차가 개시된 주채무자의 정리계획에

18) 원심은 화의조건을 전제로 화의채무를 재조정한 약정이라고 보았다.

19) 바로 뒤에 예시한 사건이 회사정리절차 종결 이후의 정리계획상의 주채무 면제시 현존액주의의 적용을 쟁점으로 하고 있다.

20) 화의인가결정이 확정되면 사실상 화의절차가 종료되었다고 볼 수 있는바, 화의인가결정의 확정 이후에도 화의채무자에게 보고의무의 존재, 화의조건 미이행시 화의인가 취소 등을 이유로 화의절차가 종료되지 않았다고 보는 견해에 의하면 이 사건도 결론에 있어서는 긍정할 수 있으나 판결이유에 화의절차의 특성 등이 논거로 제시되지는 않았다.

따라 채권액이 감면된 정리채권자가 회사정리절차 종결 이후 주채무자와 연대보증인을 상대로 권리변경 전 채권 전액의 연대지급을 구하는 소를 제기하였다가 1심에서 주채무자와의 사이에 임의조정으로 권리변경된 정리채권을 다시 감경[21]한 사안

[판시사항] 회사정리절차가 종결된 이후 정리회사였던 주채무자와 정리채권자였던 채권자 사이에 정리계획상의 잔존 주채무를 줄이기로 하는 내용의 합의가 성립한 때에는, 보증인이 원래의 채무 전액에 대하여 보증채무를 부담한다는 의사표시를 하거나 채권자 사이에 그러한 내용의 약정을 하는 등의 특별한 사정이 없는 한 '정리계획의 효력 범위'에 관하여 보증채무의 부종성을 배제한 회사정리법 제240조 제2항의 규정은 적용될 수 없으므로 그 합의에 의하여 잔존 주채무가 줄어든 액수만큼 보증채무의 액수도 당연히 줄어든다고 할 것이다. 이 경우 정리계획인가의 결정에 의하여 일부 면제된 주채무 부분은 주채무자와 채권자 사이에서는 이미 실체적으로 소멸한 것이어서 주채무자와 채권자 사이의 합의에 의하여 다시 줄어들 수 있는 성질의 것이 아니므로, 위와 같이 주채무자와 채권자 사이에서 잔존 주채무를 줄이기로 한 합의에 따라 줄어드는 보증채무의 범위에는 정리계획인가의 결정에 의하여 이미 소멸한 주채무 부분이 포함될 수 없다. 따라서 정리계획인가의 결정에 의하여 일부 면제된 주채무가 회사정리절차종결 이후 주채무자와 채권자 사이에서 성립한 조정에 의하여 다시 줄어들게 되었다 하더라도, 정리계획인가의 결정에 의하여 이미 소멸한 주채무 부분에 대하여는 연대보증채무가 소멸하지 아니한다.

[평석] 회사정리절차 종결 이후의 채무감면과 같이 도산절차 외에서 주채무가 부정되는 경우에는 보증채무의 부종성이라는 민사법리에 따라 보증채무 등의 존부를 판단하면 족하다는 중요한 원칙을 회사정리법 제240조 제2항 소정의 정리계획의 효력 범위에 대한 해석으로 천명한 사안이다.[22]

---

21) 주채무자에 대한 회사정리절차 종결 당시 이 사건 정리채권자에게 변제되지 않은 원금이 743,170원, 변제되지 않은 경과이자가 13,462,309원이었으나, 위 임의조정에서 전액 감액되었다.

22) 보증인의 책임의 기초가 되는 주채무자에 대한 채권의 효력의 전부 또는 일부가 '부정'되는 것은 회사정리 · 파산 · 화의 등 도산처리절차에서 특수하게 다루어야 할 것이 아니라(즉, 도산처리절차에서 기왕에 유효하게 존재하던 채권의 전부 또는 일부가 '소멸, 변경'되는 것과는 다른 사정에 기초한 것이므로) 일반론으로 돌아가 판단하면 충분할 것이다. 즉 주채무자에 대한 채권이 회사정리계획 또는 회사정리법 제241조 소정 실권이 아닌 다른 실체법적인 이유로 인하여 전부 또는 일부가 부정되는 경우라면 민법상의 보증채무와 물적 담보의 부종성에 대한 예외를 규정한 회사정리법 제240조 제2항이 적용될 여지는 없는 것이고, 일반론으로 돌아가 보증채무 등의 부종성의 원칙에 따라 주채무의 존부와 범위에 따라 보증채무 등의 존부 등을 판단하면 될 것이다. 김상준, "신탁자에 대한 회사정리절차가 개시된 경우

(2) 보증채무의 소멸

주채무자에 대한 파산·회생절차 등 도산처리절차 개시 전 보증인이 변제한 경우 채권자의 채권은 보증인의 대위변제액만큼 소멸한다.[23] 권리변경 전 주채무와 보증채무는 동일하여 민법의 일반법리가 적용되는 것이다.

반면, 주채무자에 대한 도사처리절차 개시 후에 보증인에 의한 변제 기타 소멸사유가 생겨도 그에 의하여 채권자가 채권 전액에 대하여 만족을 얻은 것이 아닌 한 주채무자에 대한 도산처리절차에 있어서 채권자의 권리행사는 영향을 받지 아니하게 된다.

① 日最判 1987. 6. 2. : 화의인가 후 합동채무 일부 소멸

[사안] 화의채권자가 4000만 円의 약속어음채권을 그 발행인인 화의채무자에 대해 가지고 있었는데, 화의인가결정의 확정 후 화의채무자가 화의조건에 따른 제1회 분할변제금 중 320만 円만 변제하자 화의채권자가 그 미지급액인 80만 円의 지급을 구하는 소를 제기하였고, 이에 대해 화의채무자는 위 약속어음의 '배서인'이 화의인가결정의 확정 후에 위 약속어음채권 중 800円을 이미 화의채권자에게 변제한 것을 들어 그 지급을 거절함

[판시사항] 화의법 제45조(우리나라 화의법 제49조에 해당)에 의하여 준용되는 파산법 제24조 및 제26조 제2항(우리나라 파산법 제19조 및 제21조 제2항에 해당)이 적용되어 4000만 円 전액이 변제되지 않은 이상 제1회분인 400만 円 전액에 대해 지급을 구할 수 있다.

② 대판 2005. 11. 10. 2005다48482 : 정리계획에 따른 보증채무 면제

[사안] 정리회사인 주채무자가 '변경계획에 의거 정리채무가 종결되었을 때 정리회사의 연대보증인의 채무도 종결된다'는 내용이 포함된 정리계획 변경계획에 따른 채무 변제와 출자전환을 완료하였고, 정리회사에 대한 회사정리절차가 종결되었는바, 정리담보권자가 권리변경 전의 대출금 중 위 변경계획에 따라 변제 또는 출자전환됨으로써 소멸된 금액을 제외한 잔여금의 지급을 청구함

[판시사항]

[1] 회사정리절차는 공익상의 필요에서 재정적 궁핍으로 파탄에 직면한 회사의

토지신탁회사가 신탁자를 위하여 기존에 제공한 물상담보의 효력", 대법원판례해설(44), 법원도서관 참조.

23) 朴宰完, "현존액주의에 관하여", 법조(2008. 12.), 법조협회, 90-91 同旨

정리재건의 목적을 이루기 위하여 회사가 부담하고 있는 채무 또는 책임을 감소시켜 되도록 부담이 가벼워진 상태에서 회사가 영업을 계속하여 수익을 올릴 수 있는 여건을 만들어 주자는 것이므로, 회사가 정리채권자에 대하여 부담하는 채무에 관해서는 면책 등 광범위한 변경을 가하여 그 이해의 조정을 하게 되지만, 보증인 등 회사가 아닌 제3자가 정리채권자에 대하여 부담하는 채무를 경감시키는 것은 회사정리절차가 달성하고자 하는 본래의 목적과는 전혀 무관한 것일 뿐만 아니라, 만약 정리계획에 의하여 정리채권자가 회사에 대하여 갖는 권리가 소멸 또는 감축되는 이외에 보증인 등에 대하여 갖는 권리까지도 마찬가지로 소멸 또는 감축되게 된다면, 이는 회사의 정리재건에 직접 필요한 범위를 넘어 정리채권자에게 일방적인 희생을 강요하게 되는 셈이 되어 오히려 회사의 정리재건을 저해하는 요인이 될 수 있다 할 것이며, 회사정리법 제240조 제2항에서 정리계획은 보증인 등의 책임범위에 아무런 영향이 없다고 규정하고 있는 것도 이러한 취지에서 비롯된 것이다.

[2] 정리회사의 채무를 보증한 보증인의 책임을 면제하는 것과 같은 내용은 정리계획으로 정할 수 있는 성질의 것이 아니고, 설사 그와 같은 내용을 정리계획에 규정했다고 하더라도 그 부분은 정리계획으로서의 효력이 없다.

[평석] 정리계획에 따라 정리회사의 채무가 감면되는 경우 권리변경된 채무는 정리회사와 연대보증인의 연대채무가 되나, 이를 초과하는 권리변경 전 채무는 연대보증인의 단독 채무라 할 것이다. 따라서 정리계획에 따라 권리변경된 채무가 변제 또는 출자전환되었더라도 권리변경 전 채무 중 변제 또는 출자전환으로 소멸된 부분을 제외한 잔존채무는 여전히 연대보증인이 부담하는 것임에도 주채무자에 대한 정리계획의 변경을 통하여 연대보증인의 아무런 출재 없이 권리변경 전 채무 전부를 소멸시킬 수 있는지 여부가 쟁점이었다. 대상판결은 정리회사의 보증인의 책임을 면제하는 조항이 규정된 정리계획이 법정 정족수 이상의 정리채권자들로부터 동의를 받아 인가되었다 하더라도 이 조항은 정리계획으로서 효력이 없다고 판단함으로써 정리채권자나 정리담보권자와 정리회사의 보증인 사이의 이해 조정의 한계에 대한 일응의 기준을 제시하였다는 점에서 의미가 있다 할 것이다.[24)]

---

24) 이에 대하여 채권자와의 사이에서 회사정리법 제240조 제2항에 의하여 정리계획의 효력을 받지 않는 보증인인 제3자가 보증인 채무면제를 받는 대가로 정리를 위하여 채무를 부담하거나 담보를 제공하는 경우 회사정리법 제240조 제1항에 의하여 정리계획의 효력을 받는 자가 되고, 제3자에 대한 특별한 사정이 있는 경우에는 보증인 채무면제조항, 보증인이 정리를 위하여 새로운 채무를 부담하거나 담보를 제공한 조항 모두 정리계획으로서 유효하다고 해석하는 견해가 있다. 李政桓, "정리회사의 보증인 채무를 면제하는 정리계획 규정의 효력", 민사판례연구[XXIX](2007), 박영사, 793-796 참조.

또한, 민법상 보증채무의 부종성의 원칙의 예외로서 규정한 회사정리법 조항에 반하는 정리계획의 효력을 부정하였다는 점에서 뒤에서 보는 현존액주의에 대한 기존 판례의 태도 또는 이를 입법화한 법 제126조 제2항에 반하는 회생계획의 효력에 대한 논의에 있어서 부정설의 논거로도 원용될 수 있어 시사하는 바가 크다.

그러나, 이 사건의 판단이 보증인 등 제3자의 채무면제(third-party releases)가 주채무자가 아닌 제3자에 대한 정리계획 규정에 의한 경우도 기속할 수 있는지에 대해서는 결론을 달리하는바, 뒤에서 살펴 보기로 한다.

③ 서울중앙지판 2006. 7. 21. 2005가합55164 (확정) : 보증인 대위변제금의 정리채권에의 충당

[사안]

○ 주채무자의 인가된 정리계획은 정리채권의 개시전 이자를 면제하고 원금의 60%는 출자전환하며, "회사정리계획안 인가일 이후 정리채권자가 보증인으로부터 대위변제받는 경우에는 정리계획안의 최초년도 해당 분부터 순차적으로 원금, 개시후 이자 순으로 변제하는데 충당한다"는 규정(이하 '이 사건 변제충당 규정')을 둠

○ 정리절차개시 후 주채무자는 개시후 이자를, 연대보증인은 정리채권자 사이에 변제충당의 합의없이 현금을 각 변제함

○ 연대보증인은 이 사건 변제충당 규정에 따라 원금은 모두 변제충당으로 소멸되었다고 주장하면서 잔존 개시후 이자만을 지급함

○ 정리회사 M&A로 인하여 납입된 인수대금 816억 원을 재원으로 하여 정리담보권 및 정리채권을 변제하면서 이 사건과 같이 변제금액 관련 분쟁이 계속 중인 정리채권은 별도로 금융기관의 에스크로우(Escrow) 계좌에 예치하여 그 지급을 유보하는 내용의 정리계획 변경계획이 인가됨

[판시사항] 정리계획에 따라 회사의 채무가 면책되거나 변경되더라도 보증인이 의무는 면책되거나 변경되지 않는 것이고, 비용, 이자, 원본에 대한 변제충당에 있어서는 민법 제476조는 준용되지 아니하므로 당사자 사이에 특별한 합의가 없는 한 비용, 이자, 원본의 순서로 충당하여야 할 것이고 채무자는 물론 채권자라도 위 법정순서와 다르게 일방적으로 충당의 순서를 지정할 수는 없는 것이다. 이 사건 변제충당규정이 정리채권자에 대한 보증인의 채무 변제 충당 순서에 있어서도 당연히 효력을 미친다고는 볼 수 없고, 또한, 정리계획에 따라 정리회사의 채무의 일부가 면제되거나 감액되는 경우 권리 변경 후에 확정된 채무는 정리회

사와 연대보증인의 연대채무가 되나, 이를 초과하는 원래의 채무는 연대보증인이 단독으로 부담하는 채무이므로, 보증인이 정리채무 중 일부를 변제하는 경우 정리채권자와 보증인 사이에 충당 순서에 대한 별도의 합의가 없는 이상 민법 제477조 제2호의 취지에 따라 그 변제금은 변제 이익이 큰 보증인의 단독부담부분에 민법 제479조 제1항에 정한 순서에 따라 비용, 이자, 원본의 순서로 충당되고, 그 나머지가 정리회사와 공동으로 부담하는 부분에 충당되며, 공동부담부분에 충당될 때 비로소 이 사건 변제충당규정에 정해진 순서인 원금, 개시후 이자 순으로 충당되는 것으로 보아야 한다. 따라서, 이 사건 변제충당 규정은 "물상보증인, 보증인 기타 제3자가 정리회사의 채무를 대위변제 받아 정리채권 중 권리변경 후 정리회사가 변제하여야 할 부분에 충당되는 경우에는 본 정리계획안의 최초년도 해당 분부터 원본, 개시후의 이자 순으로 변제하는데 충당한다"는 내용으로 해석되어야 할 것이다.

[평석] 채무자에 대하여 정리절차가 개시된 후에 보증인 등이 대위변제할 때 대위변제금의 충당에 관한 규정을 정리계획에 둔 경우 다수당사자의 채권관계에 있어 도산절차의 현존액주의를 이해하는데 매우 중요한 쟁점을 제공하고 있는 사안이다. 정리계획을 통한 권리변경 전 정리채권의 소멸이라는 공통의 쟁점을 가진 바로 앞의 사건과는 연대보증인이 실제 현금변제를 한 점, 주채무자의 정리계획에 이 사건 변제충당 규정이 있는 점 등에서 사안을 달리하고 있다.

대상판결은 정리계획에 따른 다수당사자 채권관계의 이원화를 전제로 하면서 이 사건 변제충당 규정이 보증인이 단독으로 부담하는 채무 부분에는 적용될 수 없다고 해석하는바, 변제자인 보증인과 정리채권자 사이의 충당순서에 관한 합의가 없는 이 사건에서 주채무자의 정리계획상의 이 사건 변제충당 규정이 정리채권자가 보증인에 대하여 갖는 권리를 변경할 수 있다는 점에서 회사정리법 제240조 제2항의 해석의 문제로 귀결된다.[25] 도산실무에서 보증부 채권[26]과 무보증부 채권[27]이 함께 있는 경우 보증인의 변제금은 무보증부 채권부터 충당하는 것이 일반적인 반면, 이 사건 변제충당 규정을 보증부 채권에의 충당을 허용하는 것으

25) 朴宰完, 주23), 112는 변제충당권은 채권자의 회생채무자에 대한 권리가 아니라 채권자의 보증인 등에 대한 권리로서 보증인 등이 변제한 금원의 변제충당 문제는 채권자와 보증인 등 사이의 권리관계에 속하는 문제이지 채권자와 회생채무자 사이의 권리관계에 속하는 문제는 아닌 것이므로, 위와 같은 변제충당규정은 권리변경의 한계를 일탈한 것으로서 가사 인가결정이 확정되어도 아무런 효력이 없는 것으로 보는 것이 타당하다는 입장이다.

26) 회생계획상의 권리변경된 채권

27) 회생채권 중 권리변경된 권리를 초과하는 권리변경 전 채권으로 연대보증인이 단독으로 부담하는 부분

로 해석하는 경우 위와 같은 변제충당 규정이 없는 경우에 비하여 보증인의 책임이 감경되는 불합리한 결과가 발생한다는 문제 제기를 예상할 수 있다.[28] 그러나 권리변경 전 정리채권의 면제가 아닌 보증인의 출재로 인한 정리채권의 소멸 순서를 정하고 있을 뿐인 이 사건 변제충당 규정이 정리계획이 인가됨으로써 유효하다가 보증인에 대한 관계에서도 아닌 주채무자에 대한 관계에서까지 그 효력이 부인하는 것은 정리계획의 취지 및 정리계획으로 표시되는 다수당사자의 의사를 무시하는 해석으로 못 볼 바 아니라고 생각한다.

회사정리법 제240조 제2항의 단순 적용만으로는 이 사건 변제충당 규정 중 정리계획안 최초년도 해당 분에 우선하여 변제충당되는 정리채권자가 보증인으로부터 대위변제 받는 경우를 대위변제 받아 정리채권 중 권리변경 후 정리회사가 변제하여야 할 부분에 충당되는 경우를 의미할 뿐 보증인이 단독으로 부담하는 부분에 충당되는 경우는 포함되지 않는다고 보기에 부족하고,[29] 도산절차상 다수당사자의 이해관계에 있어 채권자의 이익을 우선시하는 명시적인 규정이 추가되었어야 할 것이다.[30]

나. 보증인에 대하여 도산처리절차가 개시된 경우

(1) 주채무자에 대한 도산처리절차가 개시되기 전에 보증채무가 소멸한 경우

주채무자에 대한 도산절차가 개시되기 이전에 이미 다른 전부의무자인 보증인에 대하여 개시된 도산절차에 의하여 현실로 변제를 받은 경우 채권자는 그 금액을 공제하고 나머지 금액에 한하여 주채무자에 대한 도산절차에서 채권을 행사한다.[31]

---

28) 朴宰完, 주23) 110은 보증인 등으로부터 변제받은 금원을 법이 예정하고 있는 것과는 달리 회생절차 내부에서의 권리 그 중에서도 회생계획인가 이후 단계에서의 권리 즉, 회생계획상의 권리에 충당한다는 변제충당규정은 권리변경의 한계를 일탈한 것으로서 회생계획인가결정이 확정되어도 아무런 효력이 없다고 보고 있다.

29) 뒤에 보는 정리회사 나산의 정리계획에 관한 2건의 서울고등법원 판결 및 결정은 유사한 구조의 변제충당 규정을 이 사건과는 달리 해석하고 있다.

30) 장래 구상권 항목에서 "1. 이 정리계획안 작성기준일 이후 정리담보권자 또는 정리채권자가 제3자의 재산상에 설정된 담보권을 실행하여 그 대금을 교부받거나 물상보증인, 보증인 기타 제3자로부터 대위변제 받아 정리담보권 또는 정리채권 중 권리변경 후 **정리회사가 변제하여야 할 부분**의 변제에 충당하는 경우에는 이 정리계획의 최종년도 변제 해당 분부터 역순으로 원금, 개시후 이자 순으로 변제하는데 충당되는 것으로 한다. 2. 이 정리계획안 인가일 이후 물상보증인, 보증인 기타 제3자가 정리회사의 채무를 대위변제하여 구상권을 취득한 경우에는 **정리회사가 변제하여야 할** 권리변경 후 정리담보권 및 정리채권의 잔액 범위내에서 대위변제되어 상환된 정리담보권 및 정리채권을 승계하며, ---" 등의 규정을 둔 정리회사 성원에 대한 정리계획을 예로 들 수 있다.

31) 條解 會社更生法(中), 주5) 353.

(2) 주채무자에 대한 도산처리절차가 개시된 후에 보증채무가 소멸한 경우

종래 대법원 판결에 따르면, 주채무자에 대한 도산절차개시 후에 채권자가 보증인으로부터 일부변제를 받거나 보증인에 대한 도산절차에 참가하여 변제 또는 배당을 받았다 하더라도 그에 의하여 채권자가 권리변경 전 채권 전액에 대하여 만족을 얻은 것이 아닌 한 채권액에 감소를 가져오는 것은 아니므로, 채권자는 여전히 주채무자에 대한 도산절차개시 당시의 채권 전액으로써 계속하여 도산절차에 참가할 수 있다.[32] 이러한 경우 일부 변제를 한 보증인은 채권자가 채권의 전액에 관하여 만족받지 못하는 한 그 변제한 가액에 비례하여 채권자의 권리를 취득할 수도 없다.[33]

① 서울중앙지판 2005. 3. 29. 2004가단360350 (확정) : 주채무자・보증인 전부 화의채무자

[사안] 주채무자보다 먼저 화의인가결정을 받은 공동보증인 중 1인이 주채무자에 대한 화의인가결정 이후 화의조건에 따른 이행을 하지 못하다가 화의채권자와 사이에 채무재조정 약정에 의하여 주채무 및 보증채무에 관하여 현금변제 및 출자전환을 하였는데, 화의채권자가 다른 공동보증인을 상대로 감면 내지 완화되기 전 채권 전액의 청구를 함

[판시사항] 채권자와 보증인과의 사이에 발생한 사유는 변제 등 채권을 만족하게 하는 사유를 제외하고는 주채무자에게는 영향이 없는바, 따라서 보증채무가 감면 내지 완화하였다고 하더라도 이는 주채무자에는 영향이 없고, 따라서 수인의 공동보증인 중 한 보증인에게도 영향이 없다고 할 것이다. 그러나, 이러한 채무의 감면 내지 완화가 화의채권자가 화의채무자와 더불어 채무를 부담하는 자에 대하여 가지는 권리에 영향을 미치지 않는다고 하더라도, 화의채무자가 감면 내지 완화된 채무의 이행 과정에서 실제로 채무를 변제하거나 채무를 변제한 것으로 볼 수 있는 사정이 있다면 적어도 그 한도에서는 화의채권자의 채권은 완전한 만족을 얻은 것이므로 이로써 그 한도에서 주채무가 소멸하고, 이에 따라 보증채무도 부종성에 따라 감소되는 것이며, 출자전환으로 변제에 갈음하기로 한 경우에는 신주발행의 효력발생일 당시를 기준으로 하여 정리채권자가 인수한 신주의 시가를 평가하여 그 평가액에 상당하는 채권액이 변제된 것으로 보아야 한다.

---

32) 대판 2002. 12. 24. 2002다24379 참조.

33) 종래 대판 2001. 6. 29. 2001다24938 등은 회사정리법 제110조 제2항, 파산법 제21조 제2항을 채권자의 완전한 만족 후의 대위를 예정한 규정으로 해석하여 왔는데, 법 제126조 제4항은 이를 명문화하였다.

[평석] 주채무자에 대한 화의인가 전 보증인에 대한 화의인가결정에 따라 보증채무를 감면한 것이 아님에도, 주채무자에 대한 화의인가결정 후 보증인의 화의채권자 사이에 약정한 채무재조정에 따른 이행을 전자와 동일하게 취급한 결론에 이르고 있는바, 화의인가결정 확정 후의 채무재조정을 회사정리절차 종결 후의 채무재조정과 달리 보지 않는 경우[34] 가능한 논리이다.

② 서울고판 2005. 7. 15. 2005나6930 (확정) : 주채무자·보증인 겸 물상보증인 전부 정리회사

[사안]

○ 주식회사 나산(이하 '나산')은 1997. 7. 29. 대한종합금융 주식회사(파산선고를 받으면서 Y가 파산관재인으로 선임됨, 이하 '대한종금')와 사이에 어음거래약정을 체결하여 대한종금으로부터 어음을 할인받는 방법으로 대출을 받았고(이하 '이 사건 대출금'), 그 때 주식회사 나산클레프(이하 '나산클레프')는 이 사건 대출원리금 반환채무를 연대보증하면서(이하 '이 사건 보증'), 그 소유의 부동산(이하 '이 사건 부동산')에 관하여 근저당권자 대한종금의 제1, 2순위 근저당권설정등기를 마침

○ 서울지방법원은 1998. 7. 14. 나산에 대하여 회사정리절차 개시결정을 하였고, 1999. 1. 27. "대한종금의 정리회사 나산에 대한 정리채권 중 경과이자는 모두 면제하고 원금 중 20%는 출자전환하며 나머지 80%를 분할하여 변제받기로 하고, 정리회사 나산에 대한 정리계획(이하 '이 사건 제1정리계획') 인가결정일 이후 <u>정리담보권자 또는 정리채권자가 제3자의 재산상에 설정된 담보권을 실행하여 채무를 변제받거나 물상보증인, 보증인 기타 제3자로부터 대위변제받은 경우에는 정리계획의 변제기일이 먼저 도래하는 변제예정액부터 원금, 경과이자, 발생이자의 순으로 변제하는 데 충당한다</u>"는 내용의 이 사건 제1정리계획을 인가함

○ 나산의 계열회사인 나산클레프도 1998. 12. 18. 광주지방법원으로부터 회사정리절차 개시결정을 받았고, 이에 대한종금의 파산관재인인 Y는 나산클레프에 대한 이 사건 보증채권의 원리금을 정리담보권으로 신고하여 확정됨

○ 광주지방법원은 1999. 11. 8. 정리담보권 중 보증채권의 경우 1998. 12. 17.까지 발생한 이자를 모두 면제하는 것으로 정한 정리회사 나산클레프의 정리계획의, 2003. 11. 28. 정리담보권자가 주채무자에 대한 채권을 감축

34) 지적한 바 있는 대판 2004. 7. 22. 2004다19135의 논리적 취약성을 극복하여야 가능하다.

또는 면제하거나 기타의 원인으로 주채무자에 대한 채권이 감축 또는 면제된 경우 정리회사 나산클레프에 대한 보증채권도 그에 따라 감축 또는 면제되는 것으로 정한 정리회사 나산클레프의 정리계획변경계획(원 정리계획 포함하여 '이 사건 제2정리계획')을 인가함

○ 한편, 정리회사 나산클레프의 관리인은 정리회사 나산클레프의 주요 영업재산인 이 사건 부동산의 매각대금으로 정리채권 등을 변제하기로 하고 정리법원의 허가를 받아 2003. 6. 13. 이 사건 부동산을 350억 원에 매도하였는데, 대한종금은 2004. 3. 17. 이 사건 제2정리계획에 따라 정리회사 나산클레프로부터 135억 원을 지급받고 이 사건 부동산에 관한 근저당권설정등기를 말소함

○ 정리회사 나산의 관리인인 X는, 정리회사 나산의 이 사건 대출금 채무는 이 사건 제1정리계획에 의하여 원금의 80% 부분인 30,407,064,904원만을 분할하여 지급하는 내용으로 변경되었고, 정리회사 나산클레프의 이 사건 보증채무 또한 이 사건 제2정리계획에 의하여 정리회사 나산의 주채무와 같은 내용으로 변경되었는데, 그 후 정리회사 나산클레프가 이 사건 부동산을 매각하여 그 대금 중 135억 원으로 이 사건 보증채무 일부를 변제하였고, 이 사건 제1정리계획은 이 사건 대출금 채무를 보증인이 변제한 경우 정리계획에서 정한 변제기일이 먼저 도래하는 변제예정액부터 그 변제에 충당되는 것으로 정하였으므로, 결국 X가 이 사건 제1정리계획에 의하여 Y에게 2004. 12. 30.부터 2006. 12. 30.까지 분할하여 지급할 금원 중 합계 135억 원을 변제하여야 할 채무는 정리회사 나산클레프의 위 변제로 인하여 모두 소멸하였다고 주장하면서 정리채무부존재확인의 소를 제기함

[판시사항]

1) 제1심 판결(서울중앙지판 2004. 12. 3. 2004가합39653): 청구인용

가) 주채무자와 물상보증인이 모두 정리회사일 경우 물상보증인의 정리담보권자에 대한 변제가 주채무자에게도 물상보증인의 정리계획에서 정한 대로의 효력을 가지는지에 관하여 살피건대, 회사정리법 제108조, 같은 법 제240조 제2항에 의하면 정리절차개시결정 후에 정리채권자가 다른 채무자로부터 일부 변제를 받거나 다른 채무자에 대한 회사정리절차에 참가하여 변제 또는 배당을 받았다 하더라도 그에 의하여 채권자가 채권 전액에 대하여 만족을 얻은 것이 아닌 한 정리채권액에 감소를 가져오는 것은 아니므로, 채권자는 여전히 정리절차개시결정시의 채권 전액으로써 계속하여 정리절차에 참가할 수 있다고 할 것이고, 또 위 각

규정들이 회사의 정리·재건을 위한 정리채권자 등의 희생을 최소한에 그치게 하기 위하여 주채무자와 보증인 또는 물상보증인에 관한 민사법의 일반원칙을 수정한 특별한 규정임에 비추어 보면 물상보증인에 대한 정리계획도 주채무자 등에게 그 효력이 미치지 않는다고 할 것이며, 또한 주채무자와 물상보증인이 모두 정리회사라고 하더라도 이와 달리 해석할 수는 없다 할 것이므로, 결국 주채무자에 대하여 물상보증인의 정리계획에서 정한 대로의 효력을 가짐을 전제로 한 X의 위 주장은 이유 없다.

나) 정리회사 나산의 정리계획의 장래의 구상권 규정이 "제3자 제공의 담보권을 실행하거나 보증인 등 제3자의 대위변제에 의하여 정리계획에서 면제된 정리채권 부분을 초과하는 금원을 변제받은 경우"에만 적용된다고 해석할 수는 없고, 또 가사 위 규정을 위와 같이 해석하지 아니할 경우 위 조항이 회사정리법 제108조 또는 제240조 제2항에 위배되는 결과가 초래한다고 하더라도 앞서 본 바와 같이 정리회사 나산의 정리계획에 대하여 관리인집회를 거쳐 서울지방법원으로부터 적법하게 정리계획인가결정이 내려졌고 위 정리계획이 변경절차에 의하여 변경되지 아니한 이상 위 조항은 그 효력이 없다고 할 수 없다. 따라서, 위 135억 원이 주채무의 원금에 변제충당된 결과 대한종금이 정리회사 나산에 대하여 가지고 있는 어음할인 정리채권과 관련하여 X가 정리회사 나산의 정리계획에 따라 Y에게 합계 135억 원을 각 변제하여야 할 채무는 존재하지 아니한다.

2) 제2심 판결(대상판결): 항소기각, 상고 취하로 확정

가) 정리회사 나산클레프가 부담하는 보증채무의 내용

회사정리법 제240조 제2항은 정리계획이 정리채권자 또는 정리담보권자가 회사의 보증인 등에 대하여 가진 권리에 아무런 영향을 미치지 못한다고 규정하고 있으나, 위 규정은 주채무자인 정리회사 나산에 대한 이 사건 제1정리계획에 의하여 이 사건 대출금 채무의 내용이 변경되어도 정리회사 나산클레프의 이 사건 보증채무는 아무런 영향을 받지 않는다는 취지일 뿐, 정리회사 나산클레프에 대한 이 사건 제2정리계획에 의하여 그 보증채무의 내용이 변경되는 것을 배제하는 내용은 아니다.

나) 변제충당에 관한 판단

정리회사 나산클레프가 이 사건 제2정리계획에 따라 이 사건 부동산의 매각대금 중 135억 원을 대한종금에 지급한 것은 특별한 사정이 없는 한 <u>이 사건 제2정리계획에 의하여 변경된 정리회사 나산클레프의 보증채무 30,407,064,904원 중 일부에 대한 변제</u>라 봄이 상당하므로, 결국 이 사건 제1정리계획에 의하여 변경

된 정리회사 나산의 이 사건 대출금 채무의 원금 30,407,064,904원 중 135억 부분은 또한 위 변제로써 소멸하였다고 할 것이다. 이와 달리 정리계획에 의하여 면제된 이 사건 대출금의 원금 또는 이자의 변제에 우선 충당되어야 한다거나, 이 사건 제1정리계획에 따라 정리회사 나산이 부담하는 정리절차 개시결정 이후의 이자의 변제에 충당하여야 한다는 주장은 받아들일 수 없다.

회사정리법 제108조에서 수인이 각각 전부의 이행을 할 의무를 지는 경우 그 전원 또는 그 중 수인에 관하여 정리절차가 개시된 때에는 채권자는 정리절차개시당시 가진 채권의 전액에 관하여 각 정리절차에 있어서 정리채권자로서 그 권리를 행사할 수 있다고 함은 정리절차에서 정리절차 개시 당시의 그 채권 전액을 정리채권으로 삼아 정리절차에 참가할 수 있다는 취지에 불과하고, 정리계획에 의하여 채권자의 권리가 변경된 이후에는 정리회사에 대하여 정리계획이 정한 바에 따라서만 권리를 행사할 수 있다고 보아야 하므로, 이 사건 제1정리계획에서 보증인 등 제3자가 정리회사 나산의 채무를 변제하는 경우 정리계획의 변제기일이 먼저 도래하는 변제예정액부터 원금, 경과이자, 발생이자의 순으로 변제에 충당하는 것으로 정하였다고 하여 이를 들어 위 회사정리법의 규정에 위반되어 무효라고 볼 수 없고, 또한 정리회사 나산클레프가 지급한 135억 원이 이 사건 제2정리계획에 따라 변경된 이 사건 보증채무 30,407,064,904원의 변제에 충당되고 위 정리계획에 의하여 면제된 원금과 이자 또는 이 사건 제1정리계획에 의하여 정리회사 나산이 부담하는 정리절차 개시결정 이후의 이자의 변제에 충당되지 않는 것은, 이 사건 제2정리계획에 따른 결과이고 이 사건 제1정리계획의 변제충당 규정에 따른 결과는 아니다. 따라서, 위 변제충당 규정에 따라 정리회사 나산클레프의 135억 원 변제로 인하여 X가 Y에게 2004. 12. 30.부터 2006. 12. 30.까지 지급할 금원 중 135억 원을 지급할 채무는 모두 소멸하였다.

[평석] 대상판결은 바로 도산처리절차가 모두 개시된 주채무자 및 보증인 양자 중 한 채무자의 채무가 변경되는 경우 도산처리절차 개시 전후에 관계없이 다른 채무자의 채무도 조정되도록 규정한, 즉 현존액주의에 반하는 정리계획의 효력을 쟁점으로 다루고 있다. 정리회사인 주채무자의 정리절차개시 이후 정리채권자가 보증인으로부터 일부 대위변제를 받으면 주채무도 동액 상당 소멸된다거나 주채무자에 대한 정리채권이 감축 또는 면제되는 경우 보증채무도 그에 따라 변경된다는 내용의 정리계획은, 회사정리법 제240조 제2항에 반하는 정리계획의 효력을 부정한 판례[35]에 비추어 볼 때 일견 현존액주의나 보증채무 면제(third-party

35) 대판 2005. 11. 10. 2005다48482.

releases)의 법리에 반하는 것으로 보일 수 있는바, 대상판결에 대한 상고가 유지되었을 경우 대법원이 보증인의 채무를 면제하는 정리계획 규정의 효력을 부정하였을 가능성도 적지 않았다.

그러나, 이 사건 제2정리계획 중 주채무에 따른 보증채무의 감축 또는 면제규정은 주채무자의 정리계획에 의하여 보증인에 대한 채권을 감축 또는 면제한 것이 아니라 연대보증인 겸 물상보증인에 대한 정리계획에 의한 것이므로 회사정리법 240조를 위배한 것으로 볼 수 없는바, 변제충당규정을 원용하지 않고도 도산절차에서 보증채무의 분리라는 도식에 따라 물상보증인의 변제가 이 사건 제1정리계획에 의한 정리계획에 의하여 면제된 채권에 충당되어야 한다는 논리를 잠재울 수 있는 이중의 장치라 할 수 있다. 주채무자와 보증인 전원에 대하여 회사정리절차가 개시된 사건에서 주채무의 감축 또는 면제에 따른 보증채무의 소멸의 효과를 가져오는 주채무자와 보증인 각자의 정리계획의 규정의 효력에 대해서 대법원이 이를 정면으로 다룰 기회가 사라졌다는 아쉬움이 큰 이유이다.

③ 대판 2006. 4. 13. 2005다34643 : 주채무자 정리회사, 보증인 파산자

[사안]

○ 정리회사인 주채무자의 정리계획에 따라 X의 정리채권이 두 차례 출자전환되었고, 그 후 파산자인 보증인이 파산절차에서의 중간배당을 통하여 X에게 배당금을 지급하면서 채권양도계약서를 작성받고 주채무자에 대한 채권자명의가 X에서 보증인으로 변경신고됨

○ 주채무자에 대한 수정 정리계획에 따라 위 두 차례의 출자전환 이후 액면가로 계산하여 남은 X(이미 보증인으로 채권자명의변경 통보됨)의 정리채권액이 정해지자 X가 보증인의 주채무자(관리인)에 대한 채권의 처분금지가처분을 구하고, 이에 주채무자(관리인)가 위 잔존 정리채권액을 채권자불확지 공탁함

○ X가 위 공탁금출급청구권의 확인을 구함에 대하여, 보증인은 출자전환으로 배정받은 신주의 액면가로 계산하여 남은 X의 정리채권액을 초과한 금원을 변제하면서 X로부터 그 변제금에 해당하는 정리채권을 양수받았음을 전제로 위 공탁금에 대하여 보증인의 단독 소유 또는 X의 잔여 정리채권과 보증인의 구상금 채권의 비율에 따른 권리행사를 다툼

[판시사항]

[1] X의 정리채권이 두 차례 출자전환됨으로써 그에 대한 보증채무는 X가 인

수한 주채무자 주식의 각 출자전환 효력발생 당시의 시가 상당액 범위 내에서만 소멸하므로, 그 후 보증인이 X에게 파산채권과 관련된 잔여 정리채권에 부족한 배당금을 지급한 것은 보증채무의 일부 변제에 해당한다.

[2] 수인이 각각 전부의 이행을 할 의무를 지는 경우에 그 1인에 관하여 회사정리절차가 개시되고 채권자가 채권의 전액에 관하여 정리채권자로서 권리를 행사한 후 채권의 일부에 대하여 대위변제가 있는 때에는 채권자만이 정리절차개시 당시 가진 채권의 전액에 관하여 정리채권자로서 권리를 행사할 수 있을 뿐, 채권의 일부에 대하여 대위변제를 한 구상권자가 자신이 변제한 가액에 비례하여 채권자와 함께 정리채권자로서 권리를 행사하게 되는 것은 아니라고 할 것이다.

[3] 정리채권자가 정리회사의 보증인으로부터 보증채무의 일부변제를 받으면서 채권양도계약서를 작성해 준 경우, 이는 향후 정리채권에 관한 완전한 변제가 이루어졌을 경우 보증인으로 하여금 정리채권자의 채권을 대신 행사할 수 있도록 한다는 의미로 작성된 것에 불과할 뿐, 보증인에 대하여 정리채권에 관한 우선변제권을 부여하거나 혹은 안분하여 정리채권에 관한 권리를 행사할 수 있도록 한다는 의미는 아니다.

[평석] 금융 실무에서 보증인의 대위변제와 구상권 및 현존액주의 등과 관련한 적지 않은 논점을 제공하는 정리채권의 양도(claims trading)에 있어 당사자의 의사해석[36]을 조명한 점에서 의미가 있는 사건이다.[37] 그러나 보증인의 관점에서 보면, 정리채권의 출자전환으로 주채무가 실질적으로 만족을 얻은 만큼 보증채무도 소멸하여야 한다는 설시 부분은 뒤에서 살펴 볼 보증인에 대한 도산절차개시 후 주채무의 소멸로 인한 보증채무의 소멸 여부의 문제로 현존액주의에 관한 기존 판례와 부합하지 않는다. 다만, 보증인에 대한 파산절차에서 X의 파산채권에

36) 정리채권자와 보증인 사이에 체결된 채권양도계약에 있어 당사자의 의도를 분석함이 없이 회사정리법 규정의 해석에만 근거하여 보증인의 정리채권자로서의 권리 행사를 부정한 대판 2006. 4. 13. 2004다6221의 1심인 서울중앙지판 2003. 5. 13. 2002가합65764에 대하여 "당사자들의 의사의 합치에 의하여 현존액주의를 벗어나는 것을 막을 이유는 없을 것이고, 현존액주의를 천명하는 회사정리법 조문을 강행규정으로 볼 근거도 없어 보인다"는 취지로 비판한 견해로는, 金春洙, "정리채권자에 대하여 일부변제한 보증인의 권리", 민사판례연구[XXX](2008), 박영사, 513.

37) 채권자가 보증인 등으로부터 대위변제를 받으면서 대위변제금 상당 주채무자에 대한 파산채권의 채권자명의를 대위변제자로 변경할 수 있도록 한 사안에서, 서울고판 2006. 6. 2. 2005나41315(상고가 심리불속행으로 기각되어 확정)는 "채권자명의변경신청서 작성 및 그에 따른 명의변경만으로는 대위변제자가 주채권자로부터 파산채권을 확정적으로 양도받았다고 보기는 어렵고(보증인에 대한 파산절차에서 배당액이 유보되지 않도록 하기 위하여 권리양도의 의미로 대위변제한 보증인에게 채권자명의를 변경해주었다는 점을 인정할 아무런 증거가 없다), 또한 그것이 주채권자가 주채무자에 대한 파산절차에 채권자로서 참가하기를 포기하는 의사의 표시라고 볼 수도 없다"라고 판시하였다.

서 위 출자전환에 따른 주채무자 발생의 시가상당액을 공제하지 않더라도 보증인의 X에 대한 중간 배당금이 일부 변제에 불과한 점은 변함이 없다.

④ 대판 2008. 8. 21. 2007다37752 : 주채무자 파산자, 보증인 정리회사

[사안]

○ 파산자는 1998. 8. 14. 회사정리절차개시결정을 받았으나, 2002. 1. 11. 회사정리절차가 폐지되고 파산선고를 받았고, 같은 날 X가 그 파산관재인으로 선임되었으며, Y는 1998. 8. 14. 회사정리절차개시결정을 받았다가 2003. 12. 20. 회사정리절차가 종결됨

○ 파산자는 Y에게 알루미늄 원자재의 수입을 의뢰하면서 그 선급금으로 2001. 1. 22.부터 10. 30.까지 사이에 합계 541,054,556원을 지급하였으나, 현재까지 알루미늄 원자재를 공급받지 못하였고, 위 선급금도 반환받지 못함

○ Y는 파산자가 파산선고를 받기 전에 파산자의 제3자에 대한 채무를 연대보증하였는데 파산선고 이후 그 보증채무(제3자의 파산자에 대한 파산채권)의 일부를 변제함

○ X의 선급금반환 청구에 대하여 Y가 항변으로 파산자에 대하여 취득한 구상채권을 자동채권으로 하는 상계권 행사

[판시사항]

[1] 파산선고 후에 파산채권자가 다른 채무자로부터 일부 변제를 받거나 다른 채무자에 대한 회사정리절차 내지 파산절차에 참가하여 변제 또는 배당을 받았다 하더라도 그에 의하여 채권자가 채권 전액에 대하여 만족을 얻은 것이 아닌 한 파산채권액에 감소를 가져오는 것은 아니어서, 채권자는 여전히 파산선고시의 채권 전액으로써 계속하여 파산절차에 참가할 수 있고, 채권의 일부에 대한 대위변제를 한 구상권자가 자신이 변제한 가액에 비례하여 채권자와 함께 파산채권자로서 권리를 행사할 수 있는 것은 아니다.

[2] 따라서, 파산자의 보증인이 파산선고 후 채권자에게 그 보증채무의 일부를 변제하여 그 출재액을 한도로 파산자에 대하여 구상권을 취득하였다 하더라도 채권자가 파산선고시의 채권 전액을 파산채권으로 신고한 이상 보증인으로서는 파산자에 대하여 그 구상권을 파산채권으로 행사할 수 없어 이를 자동채권으로 하여 파산자에 대한 채무와 상계할 수도 없다고 보아야 한다.

(3) 보증인에 대한 도산처리절차가 개시되기 전에 주채무가 소멸한 경우

주채무자에 대한 도산처리절차에 관계없이 채권자는 주채무자, 보증인에 대하여 주채무자가 실제로 변제한 금액을 공제한 잔존채권을 행사할 수 있다.

(4) 보증인에 대한 도산처리절차가 개시된 후에 주채무가 소멸한 경우

① 대판 2002. 1. 11. 2001다64035 : 주채무자 정리회사 미도파, 보증인 파산자

[사안] 회사채 채무자인 정리회사가 출자전환하여 신주발행의 효력발생일에 사채의 변제에 갈음하기로 하는 내용의 정리계획이 인가되었고, 주채무자의 회사채 원리금채권에 대하여 지급보증을 한 보증인이 파산선고를 받은 이후 위 회사채 채무 중 일부가 출자전환되어 신주발행이 이루어짐

[판시사항] 주채무자의 정리계획에서 채권자가 인수한 사채 원금 30%에 대하여 출자전환하기로 하면서 신주 발행의 효력발생일에 당해 채권액이 변제된 것으로 갈음하기로 규정하였으므로, 만약 파산선고 전에 위와 같은 일부 변제의 효력이 발생하였다면 당연히 이를 공제한 잔액이 파산채권액이 된다고 할 것이다. 그러나 이 사건의 경우에는 파산선고 후에 신주 발행이 이루어졌으며, 이와 같은 경우에는 파산법 제19조에 의하여, **파산선고 후**에 파산채권자가 다른 채무자로부터 일부변제를 받거나 다른 채무자에 대한 회사정리절차 내지 파산절차에 참가하여 변제 또는 배당을 받았다 하더라도 그에 의하여 채권자가 **채권전액에 대하여 만족을 얻은 것이 아닌 한** 파산채권액에 감소를 가져오는 것은 아니므로, 채권자는 여전히 보증인에 대한 파산선고시의 채권 전액으로써 계속하여 파산절차에 참가할 수 있다.

[사례 적용] 처음에 본 사례에서 일단 뒤에서 보는 물상보증인 C의 경우를 감안하지 않고 이러한 법리를 적용하면, X는 B에 대한 파산절차에서 채권 전액인 1,500만 원을 행사할 수 있는 것이다.

② 대판 2003. 2. 26. 2001다62114 : 주채무자 정리회사 기아자동차, 보증인 파산자

[사안] 주채무자에 대한 회사정리절차에서 채권자의 어음할인거래약정에 의한 정리채권 중 일부가 위 어음상의 채무를 보증한 보증인에 대한 파산선고 후에 출자전환됨

[판시사항] 채권자는 보증인의 파산선고일에 보증인에 대하여 갖고 있던 채권 전액을 갖고 보증인에 대한 파산절차에 참가할 수 있고, 채권자가 주채무자의 회

사정리절차에서 위와 같은 출자전환으로 일부 채권의 만족을 얻은 것이 그 파산선고일 이후였다면 보증인에 대한 파산절차에서 채권자의 파산채권액에 감소를 가져오는 것은 아니다. 그러므로 원심으로서는 주채무자에 대한 회사정리절차에서 채권자가 출자전환에 의하여 채권 일부의 만족을 얻은 것이 보증인의 파산선고일 전인지 아니면 그 이후인지를 밝힌 후 그 선후에 따라 판단하여야 한다.

③ 대판 2003. 5. 30. 2002다67482 : 보증인 정리회사

[사안] 채권자와 주채무자 사이의 팩토링거래와 관련한 채무를 연대보증한 보증인[38]에게 회사정리절차가 개시된 이후 채권자가 주채무자 소유의 토지에 대한 임의경매절차에서 배당받아 위 팩토링거래와 관련하여 주채무자에 대하여 가지고 있던 어음할인채권에 충당함

[판시사항] 정리절차개시 후에 정리채권자가 다른 채무자로부터 일부 변제를 받거나 다른 채무자에 대한 회사정리절차 내지 파산절차에 참가하여 변제 또는 배당을 받았다 하더라도 그에 의하여 채권자가 채권 전액에 대하여 만족을 얻은 것이 아닌 한 정리채권액에 감소를 가져오는 것은 아니므로, 채권자는 여전히 정리절차개시 당시의 채권 전액으로써 계속하여 정리절차에 참가할 수 있다. 따라서 원심이, 채권자가 구하는 바에 따라, 그 신고 채권액의 범위 안에서 채권자의 주채무자에 대한 담보권을 행사하여 그 원리금채권을 일부 변제충당한 뒤 남은 원금채권 상당의 정리채권 및 의결권을 가지고 있다고 본 원심판단은 옳다.

[평석] 채권자가 보증인에 대한 정리절차개시 당시의 채권 전액의 확정을 구할 수 있음에도 주채무자에 대한 담보권 행사로 일부 변제충당된 부분을 스스로 공제한 잔존액 상당의 정리채권의 확정을 구하고 있을 뿐, 보증인에 대한 정리절차가 개시된 이후에 주채무의 일부가 변제 등으로 소멸되더라도 정리채권인 보증채권에는 영향이 없다는 결론에는 변함이 없다.

④ 대판 2004. 10. 15. 2003다61566 : 주채무자 기업개선작업 대상업체,[39] 보증인 파산자

[사안] 회사채 지급보증을 한 보증인이 파산선고를 받은 후 중간배당이 실시되었으나 중간배당액은 채권자에게 지급하지 아니하고 임치하였고, 주채무자의 채권

38) 주채무자와 같은 그룹의 계열사

39) 워크아웃 절차에 있어서 보증채무의 부종성이 제한되어야 할 근거가 부족함은 앞서 기업구조조정촉진법 등에 관한 판례에서 살펴 본 바와 같으므로, 도산처리절차가 개시되지 않은 주채무자와 다를 바 없다고 이해하면 된다.

자들로 구성된 채권금융기관협의회에서 기업개선작업 추가약정에 따라 회사채 일부가 주식으로 출자전환되었으며, 일부가 변제공탁됨

[판시사항] 채권자가 보증채권을 파산자에 대한 파산채권으로 신고하여 그 보증채권이 아무런 이의 없이 채권표에 기재되어 확정된 이상 비록 파산선고 후에 파산채권자가 다른 채무자로부터 일부 변제를 받았다고 하더라도 그에 의하여 채권자가 채권 전액에 대하여 만족을 얻은 것이 아닌 한 파산채권액에 감소를 가져오는 것은 아니므로, 채권자는 여전히 파산선고시의 채권 전액으로써 계속하여 파산절차에 참가할 수 있고, 또 파산선고일 이후에 파산채권자가 주채무자 또는 다른 보증인으로부터 일부 변제를 받았다고 하더라도 그 부분만큼의 채권신고를 취하할 의무를 지는 것도 아니다.

[평석] 보증인에 대한 파산절차에서 파산채권에 대하여 일부 배당이 있었으나 중간배당액이 채권자에게 지급되지 않고 임치되는 바람에 현실적으로 만족을 얻지 못하였고, 주채무의 출자전환의 효력발생일 이전에 보증인이 파산선고를 받았으므로 주채무의 일부 변제는 파산채권액에 아무런 영향을 주지 않음은 앞서 검토한 현존액주의의 법리에 비추어 보면 당연하다.

다만, <u>보증인이 파산선고 후에</u> 채권자를 피공탁자로 하여 <u>변제공탁</u>한 금원은 파산채권자가 파산자인 보증인으로부터 변제받는 것인 이상 파산채권액의 감소를 가져오는 것이므로, 보증인으로서는 채권자의 위 미지급 중간배당액 지급청구에 대하여 주채무의 전부 소멸에 기한 항변이 아니라 파산채권의 변제 또는 공제 항변을 하였더라면 이점에 대한 법원의 판단을 보다 구체적으로 알 수 있었을 것이다.

⑤ 대판 2005. 1. 27. 2004다27143 : 주채무자·보증인 전부 정리회사

[사안]

○ 채권자가 주채무자와 사이에 어음거래약정을 체결함에 있어서 어음거래 또는 어음보증 등으로 부담하는 모든 채무에 대하여 보증인이 연대보증

○ 주채무자에 대하여 1999. 9. 3. 회사정리절차 개시

○ 채권자가 위 어음거래약정상의 미회수 구상금의 원리금 채권을 피보전권리로 하여 보증인의 예금채권에 대하여 질권을 설정받고 2001. 6. 28. 보증인으로부터 59,671,595원을 변제받아 위 구상금 원금에 충당

○ 보증인에 대하여 2001. 8. 8. 회사정리절차 개시

○ 주채무자가 2002. 9. 27. 채권자에게 구상금채권의 잔존 원금(기존의 잔존 원금 중 위 59,671,595원을 공제[40]한 금원) 중 3,551,106,734원을 정리절차

개시 후의 이자 128,238,733원과 함께 현금으로 변제하고, 나머지 원리금의 변제에 갈음하여 전환사채를 발행함

[판시사항] 정리채권의 변제에 갈음하여 정리채권자에게 전환사채를 발행하는 경우에는 정리채권자는 여전히 채권자의 지위를 유지하고 있고 단지 채권액을 감액하고 유통성을 높이고자 유가증권의 형식을 갖춘 것에 불과하다는 점에 비추어 볼 때, 전환권이 실제로 행사된 때에 그 주식의 시가 상당액의 보증채무가 소멸하는 것으로 봄은 별론으로 하고, 그 행사 이전에는 달리 특별한 사정이 없는 한 전환사채를 취득하였다 하여 이를 취득한 시점에 그 평가액만큼 주채무가 실질적으로 만족을 얻은 것으로 볼 수는 없고, 따라서 그 평가액만큼 보증채무가 소멸한다고 할 수는 없다.[41]

정리절차개시 후에 정리채권자가 다른 채무자로부터 일부 변제를 받거나 다른 채무자에 대한 회사정리절차 내지 파산절차에 참가하여 변제 또는 배당을 받았다 하더라도 그에 의하여 채권자가 채권 전액에 대하여 만족을 얻은 것이 아닌 한 정리채권액에 감소를 가져오는 것은 아니므로, 채권자는 여전히 정리절차 개시 당시의 채권 전액으로써 계속하여 정리절차에 참가할 수 있다. 이 사건에 있어서는 보증인에 대한 회사정리절차가 개시된 이후 주채무자가 위 개시 후 이자액을 변제하였던 것이어서 채권자는 여전히 보증인에 대한 정리절차 개시 당시의 정리채권액 전액으로써 계속하여 정리절차에 참가할 수 있다고 할 것이고, 따라서 원심[42]이 위 개시 후 이자 상당액을 공제하지 아니한 조치는 결과적으로 옳다.

[평석] 먼저 이 판결은 '보증인에 대한 도산처리절차가 개시되기 전에 보증채무가 일부 소멸한 경우'와 '보증인에 대한 도산처리절차가 개시된 후에 주채무가 소멸한 경우'에 각각 보증인에 대한 도산처리절차에서 채권자의 권리행사의 범위를 비교하여 볼 수 있는 좋은 사례였다.

보증인에 대한 회사정리절차가 개시되기 전에 보증채무가 일부 소멸한 경우 채권자가 보증인에 대한 회사정리절차에 참가하여 행사할 수 있는 정리채권의 범위가 그만큼 감축되는 것은 현존액주의가 적용되지 않고 민사법리상 당연하므로 채권자가 보증인으로부터 변제받은 부분을 공제한 원심의 판단까지는 타당하였으나,

---

40) 주채무자가 임의로 공제한 것에 불과한바, 주채무자에 대한 도산절차 개시 후 보증채무의 일부만이 소멸하였기 때문에 앞서 본 바와 같이 주채무자에 대한 도산절차에 있어서 채권자의 권리에는 아무런 영향을 주지 않는다.

41) 대법원이 정리채권자가 정리계획에 따라 변제에 갈음하여 '전환사채'를 취득하는 경우 '출자전환'과 비교하면서 정리회사의 주채무가 실질적으로 만족을 얻은 것으로 볼 수 있는 시점에 대한 기준을 제시한 점에서는 중요한 의미가 있다.

42) 서울고판 2004. 4. 30. 2003나59480.

보증인에 대한 정리절차 개시 후 주채무자의 정리계획에 따른 변제에 채무소멸의 절대적 효력이 인정되는 듯이 설시[43]하면서 이를 보증인에 대한 정리채권액에서 공제한 원심의 판단 부분은 현존액주의에 관한 기존 판례와 부합하지 않는다고 할 수 있다.

즉 기존 판례의 취지대로라면, 대법원으로서는 채권자가 주채무 일부의 실질적인 만족을 얻은 것이 보증인에 대한 회사정리절차 개시 전인지 아니면 그 이후인지를 먼저 밝히고 그 선후에 따라 보증인의 채무도 그 액수만큼 감축되는지 여부를 결정하여야 함에도,[44] 오히려 보증인에 대한 회사정리절차가 개시된 이후 주채무자가 같은 날 함께 현금으로 변제한 원금 및 개시 후 이자 부분에 대하여 결과적으로 다른 판단을 함으로써 논리적 일관성을 잃고 있다.[45]

⑥ 서울고판 2005. 4. 28. 2004나31991 (확정)

[사안]

○ 채권자 A, B가 할인매수한 채무자 C, D, E 발행의 기업어음(CP)이 지급거절되고, 1998년 위 각 기업어음을 지급보증한 Y에 파산선고

○ A, B로부터 위 기업어음 채권을 양도받은 X가 Y를 상대로 파산채권확정의 소를 제기하여 항소심에서 승소판결 확정

○ X가 2002년 C의 주채무 일부 면제

○ D가 위 파산채권확정 소송 항소심의 변론종결일 전후에 걸쳐 X에게 일부 변제

○ Y가 2003. 3. X에게 C 대위하여 일부 변제

○ 파산채권에 속한 위 기업어음 채무 중 E가 주채무자인 기업어음 채무가 파산선고 후 E의 일부 현금변제, 출자전환 및 기업인수합병을 통하여 모두 소멸됨

○ Y가 2003. 9. 파산채권에 대하여 X에게 배당률 79.9%로 중간배당 실시

43) 원심은 1심과 같이 "정리채권자가 정리채무자 아닌 제3자로부터 변제를 받고 이에 의하여 정리채권을 소멸시키는 것까지 금지하는 것은 아니다"라고 판단하고 있다.

44) 주채무가 전액 소멸하는 경우라면 이에 따라 보증채무도 모두 소멸하므로 주채무의 변제 시기에 대한 검토 선행 여부가 큰 의미가 없게 되나, 주채무자로부터 일부 변제받은 경우라면 소멸되는 보증채무의 범위를 검토하기에 앞서 먼저 보증인에 대한 회사정리절차 개시 후 주채무의 소멸에 따라 보증채무가 소멸되는지 아니면 존속하는지에 관한 검토가 선행되어야 한다.

45) 이에 대하여 金龍德, "정리채권의 출자전환과 공동채무자의 채무소멸", 상사판례연구[VII](2007), 박영사, 447은, 원고가 제1심 판결에 대하여 항소하지 아니함에 따라 위 원금 변제 항변에 관한 판단이 항소심 및 상고심에서 그대로 유지된 것으로 보인다고 추론하고 있다.

[판시사항]

[1] X가 C에 대하여 화의인가 후 별도로 주채무 일부를 면제하였다 하더라도 보증채무의 부종성에 대한 예외로 그 면제의 효력이 파산자 Y의 보증채무에는 미치지 않는다고 할 것이고,[46] 그 결과 Y로서는 당초 내용대로의 보증채무를 부담하게 된다고 할 것이므로, Y가 주채무자에 대한 채무면제 후 보증채무를 변제하였다 하더라도 그 변제금액이 **파산채권액을 초과하지 않는 이상** 이로써 X가 법률상 원인 없이 어떤 이득을 얻었다고 할 수 없고, 나아가 파산선고일 이후에 파산채권자가 보증인으로부터 일부 변제를 받았다고 하더라도 그 부분만큼의 채권신고를 취하할 의무를 지는 것도 아니므로 X가 이 사건 파산채권을 소구함에 있어 Y의 위 대위변제금 상당액을 공제하지 아니한 것에 어떠한 잘못이 있다고 할 수도 없다.

[2] D가 X에게 변제를 할 당시 X에 대한 전체 기업어음 채무 중 우선적으로 이 사건 파산채권에 속한 20억 원의 기업어음 채무의 변제에 우선 충당하기로 하는 변제 충당에 관한 합의가 있었다거나 그에 관한 지정행위가 있었다는 점에 관한 아무런 주장, 입증이 없을 뿐만 아니라 이 사건 파산채권에 우선 법정 변제충당된다고 인정할 자료도 없으므로 위 변제로 인하여 이 사건 파산채권 20억 원이 전부 소멸되었다고 할 수 없고, 이 사건 파산채권 20억 원을 포함한 전체 채무에 안분 충당되어 D에 대한 이 사건 파산채권 중 169,356,856원만이 변제되었다고 할 것인데 **위 금액과 위 파산채권에 대한 배당액 1,598,000,000원(2,000,000,000원 x 79.9%)을 더하더라도 이 부분 파산채권액 20억 원에 미달**됨이 계산상 명백하므로 어느 모로 보나 X가 D에 대한 파산채권 전액에 대하여 만족을 얻었다고 할 수 없고 채권자가 채권 전액에 대하여 만족을 얻은 것이 아닌 이상 이 사건 파산채권액의 감소를 가져오지는 않는다고 할 것이고, 나아가 채권자가 주채무자로부터 확정 채권액의 일부를 배당표 작성 전에 변제받았다고 하더라도 채권자에게 주채무자로부터 변제받은 부분만큼 신고를 취하할 의무가 있다고 할 수도 없으니

46) "보증채무의 부종성을 제한할 필요성은 화의인가결정 후 화의조건을 변경하거나 수정하는 절차가 마련되어 있지 않은 화의절차에 있어서 사정변경에 따라 화의채권자와 화의채무자 사이의 약정으로 화의조건에서 정한 채무액이나 변제기를 일부 변경하는 경우에도 달라지지 아니할 뿐만 아니라 화의조건에 변경을 가한 화의채권자와 화의채무자 사이의 약정에 관하여 보증채무의 부종성에 대한 예외를 인정하더라도 결과적으로 화의채무자의 파산을 예방하자는 화의의 목적에 기여하게 되어 보증인에게 실질적인 불이익이 없다고 할 것이므로, 화의인가결정 후 화의채권자가 화의채무자와의 사이에 화의인가결정에 따라 변경된 채무를 다시 감면 내지 완화해 주는 내용의 약정을 하는 경우 특별한 사정이 없는 한 파산법 제298조 제2항이 유추적용되어 그 약정의 효력이 보증채무에는 미치지 않는다"고 판시한 대판 2004. 7. 22. 2004다2281을 원용하고 있다.

결국 X는 여전히 파산선고시의 채권 전액으로써 계속하여 파산절차에 참가할 수 있다.

[3] 주채무자 E로부터 채권 전액에 대하여 만족을 얻은 X로서는 E에 대한 채권으로 더 이상 이 사건 파산재단에 대하여 파산채권자로서 권리를 행사할 수 없다고 할 것이고 설사 Y로부터 위 채권에 대한 배당금을 임의변제 받는다 하더라도 부당이득으로서 반환하여야 할 것인바, E에 대한 30억 원의 기업어음 채권을 포함한 이 사건 파산채권 50억 원 전액에 대하여 앞서 본 배당비율에 따른 배당표가 작성되어 형식적으로 확정됨으로써 파산절차 내에서는 이를 다툴 수 없게 되었음을 기화로 이 사건 배당금 청구 소송으로 E에 대한 채권에 상응하는 배당금 2,397,000,000원(3,000,000,000원 x 79.9%)의 지급을 구하는 것은 사회생활상 용인할 수 없는 행위로써 권리남용에 해당한다고 할 것이다(또한, E에 대한 채권에 상응하는 배당금이 공제되지 아니한 채 위 배당표에 기초한 배당금 전액을 인용하는 판결이 선고, 확정될 경우 그와 같은 확정판결이 재심의 소 등으로 취소되지 아니하는 한 확정판결에 기한 이행으로 교부받은 돈은 법률상 원인 없는 이익이 되지 아니하여 Y로서는 위 배당금 상당액에 대하여 부당이득반환을 구할 수도 없는 사정에 비추어 위 배당금이 이 사건 소송에서 공제되는 것이 신의칙에 부합한다).

[평석] 주채무의 변제 등 현실적으로 만족을 가져오는 소멸사유가 발생하는 경우에 채권자로서는 보증인에 대한 도산처리절차 개시 당시의 채권액을 한도로 위 소멸된 주채무액을 공제한 범위내에서 변제 또는 배당 등을 받아야 부당이득이 되지 않는다는 대상판결의 취지는, 현존액주의의 원칙에 입각한 권리행사와는 별도로 그에 따라 채권자의 이중만족 등의 부당한 결과가 발생하면 부당이득, 신의칙 등 민법상의 일반 원리에 따라 시정되어야 함을 보여준다는 점에서 도산처리절차에서의 채권자, 채무자 및 보증인의 권리관계에 대한 실무상 문제의 해결방안에 시사하는 바가 크다 할 것이다.

2. 物上保證

주채무자와 보증인에 대한 도산처리절차 개시 후 채권자가 담보권의 실행 등에 의해 물상보증인으로부터 일부의 변제를 받을 경우 각각의 도산처리절차에 있어서의 채권자 및 물상보증인의 권리행사와 관련해서, 구법상으로는 현존액주의를 준용하는 등의 규정이 없어 도산처리절차 개시 후에 담보권 실행에 의해 채권자가 그 채권의 일부의 만족을 얻은 경우 그 한도에서 채권자가 도산처리절차에 있어서 행사할 수 있는 채권액은 감액되고 물상보증인은 그 부분의 채권자의 권리를 취득하여 도산처리절차에 참가할 수 있다는 견해[47]와 보증인으로부터의 일부변제와 마찬가지로 해석하여 채권자는 여전히 도산처리절차 개시시의 채권 전액의 권리행사가 가능하고 그 반면에 물상보증인은 채권자가 그 전액의 만족을 얻지 못하는 한 도산처리절차에서의 권리행사를 인정할 수 없다는 견해[48]가 대립하였다.

이를 처음 사례로 돌아가 B에 대한 파산절차에서 살펴보면, 첫 번째 견해에 따르면 X는 1,000만 원, C는 500만 원의 권리를 행사[49]할 수 있는 반면, 두 번째 견해에 따르면 X는 1,500만 원의 권리를 행사[50]할 수 있고 C는 아무런 권리를 행사할 수 없게 된다.

법 126조 5항은 두 번째 견해를 취하여 물상보증의 경우 현존액주의를 입법한 것으로 일컬어진다.

① 日最判 2002. 9. 24.(民集 56-7, 1524)

[사안] 채권자가 채무자의 파산선고 후에 파산선고시의 채권액을 파산채권으로 신고하였던바, 채권자가 물상보증인 겸 연대보증인에게서 담보부동산을 취득한 자[51]로부터 파산선고 후에 담보권 말소와 동시에 신고채권액의 일부인 350만엔을

47) 파산사건실무(개정판), 서울지방법원, 225.

48) 條解 會社更生法(中)(1999), 352.

49) 일본 파산법 제26조 제3항(우리나라 파산법 제21조 제3항)은 물상보증인이 '파산자에 대하여' 장래의 구상권이 있을 경우에 대한 규정이고, 또 일반적으로 물상보증인은 보증인에 대해서 구상권을 갖지 않는다(변제에 의한 대위가 있을 뿐이다)고 이해되고 있기 때문에 보증인의 파산의 경우에 변제에 의한 대위를 통한 물상보증인의 권리행사에 대해서는 직접적인 규정이 없지만, 제26조 제2항(우리나라 파산법 제21조 제2항)의 권리행사가 변제에 의한 대위에 기초를 두는 것으로 이해하는 한은 유추적용해서 마찬가지로 취급할 수 있게 된다(즉 앞서 본 사례에서 물상보증인 C도 파산자인 보증인 B에 대하여 변제자대위에 의한 권리행사 여부를 논할 수 있다)고 한다. 沖野眞已, "保證·物上保證と更生節次における權利行使", 判例タイムズ(1132호, 2003. 12. 10.), 121.

50) 만약 B에 대한 파산선고 후 물상보증인 C에 대한 회사정리절차가 개시되었다고 가정한다면, X는 C에 대한 정리절차에서 정리담보권자로서 1,500만 원의 채권을 행사할 수 있을 것이다. 한편, 물상보증인 C에 대한 파산절차는 특별한 의미를 가지지 못한다. 이 경우 X는 별제권자로서 파산절차에 의하지 않은 권리행사가 가능하기 때문에 담보권 실행에 있어서 선고시 현존액주의는 영향이 없기 때문에 담보권 실행에 의한 배당에 앞서 변제가 행해진 경우는 피담보채권이 감액되어 그 범위로만 우선권을 행사할 수 있는 것은 아니다. 沖野眞已, 주 48) 119.

51) 일본에서는 이 사건에 관한 최고재판소 판결이 나오기 전까지 전혀 인적채무를 부담하지 않는 물상보증인 뿐만 아니라 연대채무자가 동시에 자기의 특정부동산에 채권자를 위하여 저당권을 설정한 즉 전부의무자 겸 물상보증인의 경우와, 물상보증인으로부터 목적재산을 양

변제받았다는 이유로, 파산관재인 Y가 파산채권은 350만엔분만큼 감소하였다고 하여 이의를 진술하였기 때문에, Y에 대하여 채권확정소송을 제기함

[판시사항] 채권전액을 파산채권으로 신고한 채권자는, 채무자에 대한 파산선고 후에 물상보증인으로부터 신고채권을 변제받더라도, 그 전부의 만족을 얻지 아니하는 한, 신고채권 전부에 관하여 파산채권자의 권리를 행사할 수 있다.[52)]

[평석][53)] 일본에서 종래부터 물상보증인의 일부변제에 대하여도 도산법상의 현존액주의를 준용하거나 유추적용[54)]할 수 있는가라는 해석문제로서 견해가 대립되어 온 논점에 관하여 일본 최고재판소가 처음으로 판단한 것이었다.[55)]

일본 구 파산법도 우리나라와 같이 복수의 전부의무자의 파산에 관한 규정[56)]을 두고 있을 뿐 파산채권에 대하여 물상보증이 있는 경우에 대한 규정이나 준용규정은 두고 있지 않았는바, 물상보증인이 신고한 파산채권의 일부를 변제한 경우(물상보증물건의 대가로부터의 배당 또는 임의변제)의 채권자의 권리행사 범위에 관하여, 변제받은 액만큼 감액된다는 감액설[57)]과 신고채권액 전액을 행사할 수 있다는 비감액설[58)]로 견해가 대립되어 있었다.

수한 자의 경우에도 각각 현존액주의와 장래의 구상권에 관한 규정이 유추적용되는가의 문제가 하급심판례에서 내용이 일치되지 않았다. 伊藤 眞, "現存額主義再考－物上保證人による辨濟への適用可能性", 倒産法大系－倒産法と市民保護の法理(2001), 弘文堂, 46~50.

52) 일본 구 파산법 제24조(수인의 전부의무자의 파산)의 준용 내지 유추적용에 의하여 파산선고시의 채권액으로 권리를 행사할 수 있다는 X의 주장을 배척하고, X가 권리를 행사할 수 있는 범위는 변제받은 분만큼 감소한다고 하여, X의 청구를 기각한 원심판결을 파기하고 1심판결을 취소하여, X의 청구를 인용하였다.

53) 金融 · 商事判例 No.1161(2003. 3. 1.)에 원문이 게재되고 2003. 4. 22. 부산고등법원 한일비교법연구회에서 이영갑 판사가 발표한 평석 번역 및 해설에 기초한 것이다.

54) 독일의 경우 현존액주의에 관한 구 파산법 제68조(신 파산법 제43조)가 물상보증인인 제3자에 의한 파산선고 후의 변제에 대해서도 유추적용될 수 있다는 연방최고재판소의 판례이론이 정착되어 있다고 한다. 伊藤 眞, 주52) 55-56.

55) 보다 정확하게는 담보부동산의 제3취득자에 의한 피담보채권의 일부변제의 경우에도 현존액주의가 유추적용될 수 있는가의 문제이겠지만, 같은 해석이 가능한 물상보증인의 경우로 일반화하여 논의를 전개한다.

56) 2003년 개정된 일본의 會社更生法은 파산절차에 있어서 상응하는 규정인 일본 파산법 제24조 등을 갱생절차가 개시된 경우에 있어서 갱생채권자등의 권리행사에 준용하고 있다.

57) 감액설은 그 근거로서 주로 ① 일본 파산법 제24조는 파산법 제26조 제3항과 같은 물상보증인에 대한 준용규정이 없기 때문에, 물상보증인이 일부변제를 했을 경우에 관해서도 파산법 제24조를 준용 내지 유추적용해야 한다는 것은 법해석으로 무리라는 점, ②비감액설에서는 물상보증인이 전책임을 이행하더라도 구상할 수 없을 경우가 생겨 그 보호가 부족하다는 점을 들고 있다.

58) 비감액설은 ① 실질상 물상보증인의 책임은 담보목적물에 한정된다고 하나, 담보권의 불가분성에 의하여 임의변제에 의하여 담보권을 말소시키기 위해서는 피담보채권전액을 변제할 필요가 있다는 점에서 보면 전부의무자와 물상보증인을 구별할 합리적 이유가 없다는 것과, ② 연대채무, 보증, 물적담보의 목적이 하나의 급부를 위한 채무(일반재산) 또는 하나의 채무를 위한 책임재산을 집적하는 것에 의하여 채무자의 자력부족을 보충하는 채권자에 대한

대상판결은, 물상보증인은 담보에 제공된 특정재산의 가액의 한도에서 책임을 지는 데에 지나지 않는 점에서 채무 전액에 대하여 변제의무를 지는 연대보증인과 성질에서 차이는 있지만, 어느 것이나 채권자가 채무자로부터 채권의 완전한 변제를 받을 수 없는 경우에 대비하여 유한 또는 무한책임을 부담하는 것이고 責任의 集積에 의한 채권의 효력 강화를 도모한다는 점에서 다르지 않고, 변제자대위제도의 취지, 일본 구 파산법 제26조 제2, 3항의 해석,[59] 물상보증의 성질에 비추어 보면 물상보증인에 관해서도 일본 구 파산법 제26조 2항은 채권자의 만족 후의 대위를 예정한 규정이라는 해석을 채택하는 것이 합리적이라고 하여 비감액설을 채택하는 것을 명백하게 하였다는 점에서 의의가 있다.

물상보증인의 책임에 의해서 담보되는 것은 피담보채권 전액이기 때문에 물상보증인이 채권자의 도산처리절차상의 권리를 대위행사할 수 있으려면 '담보물의 가액에 상당한 금액'이 변제되는 것만으로 충분한 것이 아니라, '담보된 채권액 전액'이 변제되는 것이 필요하다.

한편, 일본 신 파산법도 구법하의 판례[60]를 수용하여 물상보증인이 파산절차개시 후 채권자에 대하여 변제 등을 한 경우에 현존액주의를 준용하는 규정을 두고 있다(제104조 제2항・제5항). 이 규정은 채권의 일부변제가 행하여진 경우의 대위에 관한 일본 민법 제502조 제1항의 규정을 염두에 두고, 전부의무자에 의한 변제 또는 대위변제, 물상보증인에 의한 일부 대위변제가 있는 경우에도 절차개시시 현존액주의를 채용하는 취지를 정하고 있는 것이다.[61]

② 대판 2004. 12. 23. 2003다44486

[사안] 채무자(뉴코아)가 채권자와의 어음거래 약정상의 채무에 대한 물적 담보

변제확보에 있다면, 변제자대위가 문제되는 사태라고 할 수 있는 채무자의 경제상태가 악화되었을 때에는 채권자에 대한 변제를 우선하게 하고, 채권자가 채권 전액의 만족을 얻은 후에 변제액에 따른 대위행사를 하는 것이 채권자 및 인적・물적담보를 제공한 자의 의사에 부합한다는 것 등을 근거로 든다.

59) 일본 파산법 제26조 제2항(우리나라 파산법 제21조 제2항)은 파산선고 후에 변제한 연대보증인 등 전부의무자는 변제의 비율에 따라 파산채권자의 권리를 취득한다고 규정하고 있는바, 이것은 동조 1항에 비추어보면 구상권을 취득한 전부의무자의 파산절차에 있어서의 권리행사는 구상권이 아니라 대위에 따른 채권자의 신청에 관계된 '원채권'을 취득하여 행사하는 방법에 의한다는 점을 정한 것이고, 그 원채권의 취득 그 자체가 채권자가 만족을 얻을 때까지 부정된다고 해석하여야 하므로, 동조 제3항(우리나라 파산법 제21조 제3항)에서 물상보증인에 관하여 준용되는 제2항의 해석을 전부의무자에 적용되는 경우와 달리할 이유는 발견되지 않는다.

60) 대상판결 및 日最判 1987. 6. 2.(民集 41-4, 769)

61) 潮見佳男, "複數債權のうちの一部債權の全額辨濟と破産債權査定-一部債權の全額辨濟と破産節次における「節次開始時現存額主義」", NBL (No.89, 2008. 10. 15.), 商事法務, 12-16.

의 제공을 위하여 채무자 소유 부동산을 신탁하고 채권자에게 수익권증서를 교부하였는데, 채무자 겸 신탁자에 대한 회사정리절차가 개시되고 정리채권자표가 작성된 이후 위 부동산 일부가 공매됨에 따라 그 처분대금을 채권자가 수탁자로부터 수익금으로 교부받아 정리계획상의 채권원리금에[62] 충당함

[판시사항] 위탁자의 신탁에 의하여 신탁부동산의 소유권은 수탁자에게 귀속되었다고 할 것이고, 그 후 신탁자에 대한 회사정리절차가 개시된 경우 채권자가 가지는 신탁부동산에 대한 수익권은 회사정리법 제240조 제2항에서 말하는 "정리회사 이외의 자가 정리채권자를 위하여 제공한 담보"에 해당하여 정리계획이 여기에 영향을 미칠 수 없는 것이 원칙이다.[63]

한편, 정리채권자로서는 출자전환이 이루어지기까지는 정리절차 외에서 물상보증인 등으로부터 채권 전액에 대하여 권리행사를 할 수 있다.

[평석] 원심은 정리계획에서 출자전환으로 정리채권의 변제에 갈음하기로 한 경우에는 신주발행의 효력발생일 당시를 기준으로 하여 정리채권자가 인수한 신주의 시가를 평가하여 그 평가액에 상당하는 채권액이 변제된 것으로 보아야 하고, 이러한 경우 비로소 물상보증인 등으로서 정리채권자에 대하여 위 변제된 금액의 공제를 주장할 수 있다고 판시함으로써 정리채권자와 물상보증인 등의 권리관계도 전부의무자인 보증인의 그것과 마찬가지로 해석하고자 하였는데, 대법원은 원심이 '물상보증인 등'이라고 명시한 부분을 기존 판례의 설시대로 '보증인'으로 바꾸어 판시함으로써 물상보증의 경우에도 현존액주의가 유추적용되는지가 분명하지 않았다.

③ 서울남부지판 2005. 1. 14. 2000가합9603 (확정) : 채무자 파산자, 물상보증인 정리회사

[사안] 채무자인 파산자에 의해 담보로 제공된 담보물의 제3취득자가 파산선고 후에 그 피담보채무의 채권자(이하 '주채권자')에게 위 피담보채무의 일부를 대위변제한 후 주채권자에 대하여, 그 대위변제한 금액만큼 주채권자의 파산채권이 감액되고 대신 물상보증인 또는 제3취득자가 그 부분의 파산채권을 취득한다는 전제에서 주채권자에서 제3취득자로의 파산채권자 명의변경신고절차의 이행을 구함

62) 정리계획상 출자전환이 예정된 부분도 포함한다.

63) 따라서 채권자가 정리채권 신고기간 내에 신고를 하지 아니함으로써 정리계획에 변제의 대상으로 규정되지 않았다 하더라도, 이로써 실권되는 권리는 채권자가 '신탁자에 대하여 가지는 정리채권 또는 정리담보권'에 한하고, '수탁자에 대하여 가지는 신탁부동산에 관한 수익권'에는 아무런 영향이 없다고 할 것이다(대판 2001. 7. 13. 2001다9267).

[판시사항] 파산법 제19조의 '현존액주의'는 파산회사를 위해 담보를 제공한 물상보증인 또는 그 담보목적물의 제3취득자에 대하여도 동일하게 적용 또는 유추적용되어야 할 것이라는 점[64], 장래 구상권자가 일부 대위변제한 경우에도 주채권자만이 파산선고 당시 가진 채권의 전액에 관하여 파산채권자로서 권리를 행사할 수 있다고 해석하는 근본적인 이유는 동일 채무에 대하여 이중의 권리행사가 이루어지는 것을 방지함과 동시에 주채권자와 구상권자의 권리 사이에서는 주채권자의 권리에 우월성을 인정함이 타당하기 때문인데[65], 이러한 측면에서 볼 때 주채권자의 권리와 물상보증인 또는 제3취득자의 구상권이 충돌할 경우에도 주채권자의 권리를 우선함이 타당한 것으로 보이는 점[66] 등에 비추어 볼 때, 주채권자가 채권의 전액에 관하여 파산채권자로서 권리를 행사한 때에는 그 후 <u>물상보증인 또는 제3취득자가 그 채권의 일부를 대위변제함으로써 구상권을 취득하였다 하더라도, 위 대위변제금과 다른 채무자 및 파산회사가 변제한 금액의 합계가 주채권자의 채권 전액에 달함으로써 주채권자가 완전한 만족을 얻게 되는 경우가 아닌 한</u>, 그 대위변제한 금액만큼 주채권자의 파산채권이 감액되고 대신 물상보증인 또는 제3취득자가 그 부분의 파산채권을 취득하게 되는 것은 아니라고 해석함이 타당하다. 즉, 현존액주의의 법리는 파산회사를 위해 담보를 제공한 물상보증인 또는 그 담보목적물의 제3취득자에게도 동일하게 적용되는 것이라고 보아야 할 것이다.

④ 서울고결 2007. 9. 20. 2007라715 (재항고) : 주채무자·물상보증인 전부 파산자, 보증인 정리회사

[사안]

○ 나산종합건설 주식회사(이하 '나산종건')는 1996. 12. 4.부터 1997. 5. 26.까

64) 파산절차에서 물상보증인 또는 제3취득자와 인적보증인을 서로 달리 취급해야 할 특별한 이유가 없는 점, 1인 또는 수인의 보증인이 채무의 일부에 대하여만 보증한 경우에도 그 부담부분의 한도 내에서는 위 파산법 제19조가 준용된다고 해석되는 점(파산법 제22조 참조), 채권자의 입장에서는 인적담보의 경우보다 물적담보의 경우에 더욱 강력한 담보기능을 가지는 것으로 파악하여 그 채권회수에 좀더 유리하게 기능할 것으로 기대하는 것이 보통이므로, 이러한 물적담보의 경우에 파산법 제19조가 적용되지 않는다고 해석하게 되면 인적담보의 경우보다 물적담보의 경우에 오히려 채권자가 더 불리한 위치에 처하게 되는 결과가 초래되는 점 등에 비추어 보면, 파산법 제19조는 물상보증인이나 제3취득자의 경우에도 동일하게 적용 또는 유추적용된다고 해석함이 타당하다.

65) 민법상의 일부대위에 관한 대판 1988. 9. 27. 88다카1797 참조.

66) 만일, 물상보증인이나 제3취득자가 일부 변제한 경우 그 금액만큼 주채권자의 파산채권이 감액된다고 해석한다면, 그와 같이 해석하지 아니하는 경우에 비해 주채권자가 배당받게 될 금액이 줄어들 가능성이 있어, 이는 주채권자의 권리보다 물상보증인이나 제3취득자의 구상권을 우선시하는 결과가 된다.

지 서울보증보험 주식회사(이하 '서울보증보험')와 사이에 '나산종건이 발행하는 회사채에 관한 사채보증보험약정'을 체결하였는데, 회사채보증보험약관상 제3자로부터 변제받은 금액을 원금, 이자 순으로 충당하는 규정을 두고 있었음

○ 위 사채보증약정 체결시 나산, 주식회사 나산유통(이하 '나산유통'), 나산그룹 경영주 안병균은 나산종건의 채무를 연대보증하였고, 그와 함께 나산유통은 서울 강남구 논현동 소재 나산백화점 부지 및 건물(이하 '나산백화점') 및 광명시 철산동 소재 토지 및 건물(이하 '광명시 담보물')에 관하여, 안병균은 서울 강남구 대치동 소재 샹제리제 빌딩(이하 '샹제리제빌딩')과 인천 도화동 소재 상가빌딩(이하 '인천 상가건물')에 관하여 서울보증보험에 근저당권을 설정하여 줌

○ 나산(이하 나산을 '정리회사')은 1998. 7. 14. 서울지방법원에서 회사정리절차 개시결정을 받았고, 서울보증보험은 위 정리절차에 참가하여 101,919,466,583원을 정리채권으로 신고하였고, 위 금액은 정리회사의 관리인에 의해 그대로 시인되어 1999. 1. 27. 정리계획인가결정시 101,919,466,583원의 정리채권(보증채무)이 확정됨(위와 같이 인가된 정리계획을 '원 정리계획')

○ 정리회사의 원 정리계획에는 "본 정리계획안 인가일 이후 정리채권자가 제3자의 재산상에 설정된 담보권을 실행하여 그 대금을 교부받거나 물상보증인, 보증인 기타 제3자로부터 대위변제받은 경우에는 정리계획안의 조기도래분 변제예정액부터 원금, 경과이자, 발생이자 순으로 변제하는 데 충당하는 것으로 한다"고 규정되어 있었음

○ 서울보증보험은 안병균이 담보로 제공한 샹제리제빌딩의 경매절차에서 15억원을 배당받은 후, 1999. 11. 20. 정리회사에게 '1998. 12. 31. 기준으로 위 배당금 15억 원을 정리회사에 대한 확정된 정리채권(보증채무)에 변제충당한다'는 내용의 변제확인서를 작성해주었고, 2001. 11. 23. 정리회사에 대한 위 정리채권을 유동화하여 C에게 양도함

○ 위 정리채권(보증채무)을 양수받은 C는 인천상가 건물 및 광명시 담보물의 경매절차에서 도합 16,213,627,610원(= 인천상가 건물 1,418,106,578원 + 광명시 담보물 14,795,521,032원)을 배당받았는데, 정리회사는 C에게 '위 배당금을 C의 정리채권(보증채무)에 어떻게 변제충당할 것인지 통보하여 줄 것'을 요구하였고, C는 2003. 6. 30. 정리회사에게 '위 경매배당금의 변제충당 결과, 정리회사에 대한 정리채권 잔액이 2003. 6. 27. 현재 88,485,740,993

원'이라는 취지의 답변서를 보냄

○ 정리회사는 2006. 11. 22. B와 사이에 "정리회사 주식회사 나산의 M&A를 위한 투자계약"을 체결하고, 2007. 3. 13. 이러한 내용이 반영된 '정리계획 변경계획안'을 서울중앙지방법원에 제출하였으며, 서울중앙지방법원은 2007. 4. 6. 정리계획 변경계획(이하 '이 사건 변경계획')을 인가하는 결정을 함

○ 이 사건 변경계획에는, 서울보증보험 및 C가 위 각 경매절차에서 배당받은 금원 중 도합 13,433,725,590원은 원 정리계획에 따라 변제로 된 것으로 보아, 이에 대하여 아무런 규정을 두고 있지 않았음

[쟁점]

1) 변제충당에 관한 주장

경매 배당금은 채권자의 지정변제충당이나 당사자간의 합의충당이 허용되지 않고, 민법상의 법정변제충당 순서에 따라 비용, 이자, 원본의 순서대로 충당되어야 한다. 그러므로 C 및 서울보증보험이 위 각 경매절차에서 배당받은 도합 13,433,725,590원(이하 '경매배당금 134억 원 부분')은 C의 구상금채권 중 '이자' 부분에 법정변제충당될 뿐이며, 정리회사가 부담하는 정리채무 즉 '구상금채무의 원금'에 변제충당될 수 없다. 그럼에도 이 사건 변경계획은 '경매배당금 134억 원 부분이 구상금채무의 원금에 충당되어 위 금액에 해당하는 정리채무가 소멸하였다'고 보아, 이에 대하여 아무런 규정을 두고 있지 않으므로 위법하다.

2) 현존액주의에 관한 주장

위 배당금액이 정리회사가 부담하는 정리채권(구상금채무 원금)의 일부에 변제충당된 것으로 본다 하더라도, 현존액주의에 관한 회사정리법 제108조, 제109조 및 대법원 판례에 의하면, 정리절차개시 후에 정리채권자 또는 정리담보권자가 다른 채무자로부터 일부 변제를 받거나 다른 채무자에 대한 회사정리절차 내지 파산절차에 참가하여 변제 또는 배당을 받았다 하더라도, 그에 의하여 채권자가 채권 전액에 대하여 만족을 얻은 것이 아닌 한 정리채권액에 감소를 가져오는 것은 아니고, 채권자는 여전히 정리절차개시 당시의 채권 전액으로써 계속하여 정리절차에 참가할 수 있다. 따라서 C는 여전히 정리절차개시 당시의 확정정리채권 101,919,466,583원 전액으로써 계속하여 정리절차에 참여할 수 있다. 그럼에도 C의 확정정리채권 중 경매배당금 134억 원 부분에 대한 변제계획 없이 또한 그에 대한 의결권을 부여하지 않는 채 인가된 이 사건 변경계획은 위법하다.

[판시사항]

1) 원 정리계획 제8절 '장래의 구상권'에 관한 규정에서 '제3자의 재산상에 설정

된 담보권을 실행하여 그 대금을 교부받는 경우에 관한 변제충당의 규정을 둔 것'은 정리채권자가 정리회사 외의 제3자의 재산상에 설정된 담보권을 실행하여 그 대금을 교부받음으로써 정리회사의 정리채권자에 대한 채무가 일부 소멸하게 되는 경우에 그 충당의 순서를 정한 것으로 해석되고(대법원 2007. 4. 26. 선고 2005다38300 판결 참조), 확정된 정리계획에 반영된 변제충당에 관한 합의는 경매절차에서도 유효한 것이다. 따라서 경매배당금 134억 원 부분은 원 정리계획에 따라 C의 정리회사에 대한 정리채권에 충당되어 소멸된 것이고, 그렇다면 이 사건 변경계획에서 '경매배당금 134억 원 부분이 변제로 소멸된 것으로 보아, 이에 대하여 아무런 규정을 두고 있지 않은 것'은 정당하다.

2) 인가된 원 정리계획에서 위와 같이「제3자의 재산상에 설정된 담보권을 실행하여 그 대금을 교부받거나, 다른 연대보증인으로부터 변제받은 부분을 정리회사의 정리채무에 충당하기」로 정하고 있고 그에 따라 변제가 이루어진 경우, 그 금액만큼 정리채권은 소멸되고, 그 후 정리계획을 변경할 때에는 위와 같이 소멸되고 남은 잔존채권액이 정리절차의 대상이 된다. 따라서 정리절차개시 후에 정리채권자가 다른 채무자로부터 일부 변제를 받은 경우와 달리, 이 사건의 경우는 현존액주의의 적용이 없다.

[평석]

나산그룹 계열사들인 주채무자의 보증인에 대한 정리절차개시 후 물상보증인인 다른 계열사가 제공한 담보에 대한 경매절차에서 채권자가 배당을 받은 경우 그 변제충당 순서를 규정을 두고 있는 **"보증인의 정리계획"**에 따라 보증인에 대한 정리채권이 소멸되는 것으로 보는 것이 현존액주의에 반하는가의 문제는 현존액주의에 반하는 정리계획의 효력과 관련하여 중요한 화두를 제공한다.

물상보증인이 제공한 담보물의 경매절차에 의하여 정리채권을 변제받았을 뿐 파산자인 물상보증인과 채권자 사이에 변제충당이나 정리채무의 감축에 대한 어떠한 합의나 약정이 없는 이 사건의 변제충당규정이야말로 변제금의 '충당부분'을 권리변경 후의 정리채권으로 해석될 수 있도록 하는 중요한 근거이다.

이 사건은 정리절차개시 후 보증인 겸 물상보증인의 변제가 있을 때 주채무자에 대한 정리절차개시시 현존액주의의 적용이 문제되었던 사건[67]과 달리 정리절차개시 후 물상보증인의 변제가 있을 때 보증인에 대한 정리절차개시시 현존액주의의 적용 여부라는 구조를 가지고 있으나, 채권자가 제3자 소유의 재산에 설정된 담보권을 실행하여 채무를 일부 변제받거나 물상보증인, 보증인 기타 제3자로

67) 서울고판 2005. 7. 15. 2005나6930.

부터 일부 대위변제받은 경우 정리회사 나산의 정리계획상의 변제예정액에 충당함으로써 정리회사 나산에 대한 정리채권이 소멸되도록 규정한 정리계획의 효력이라는 동일한 쟁점을 가지고 있다.

서울고등법원은 위와 같은 정리계획이 회사정리법의 현존액주의 규정에 위반되어 무효라 볼 수 없다고 판시한 앞의 항소사건과 기본적인 취지를 같이 하면서도 이 항고사건에서는 현존액주의의 적용이 없다는 논리를 폈는바, 항고심이 현존액주의에 대한 이해를 기존의 주류적 판례의 취지하에서 새롭게 하거나 아니면 그와 달리한 것인지 또는 판례법리에 반하여 이를 뛰어넘은 것인지는 분석하기 어렵다. 재항고되어 있으나, 현존액주의에 대한 부분은 직접적인 재항고대상이 아니어서 이에 대한 대법원의 판단은 받기 어려울 것으로 예상된다.

⑤ 日大阪高判 2008. 4. 17.; 2008. 5. 30.(상고)[68] : 주채무자·보증인 전부 파산자

[사안]

○ G(中小企業金融公庫)는 S유한회사에 5차례에 걸쳐 합계 1억 8,000만 円을 대여(5개 채권을 대여순서에 따라 貸付 1·2·3·4·5로 표기)하고, B가 이 5개 채권 전부를 담보하기 위해 연대보증인이 됨

○ S 및 D(S의 대표자)가 2분의 1 지분을 공유하고 있는 甲 토지와 S가 소유하고 있는 乙 건물에 최고한도액 1억 5,000만 円의 근저당권이 설정됨

○ 그 후 S와 B가 파산절차개시 결정을 받고, X가 파산관재인에 선임되었는데, 그 당시 잔존채권액은 원본만 합계 1억 2,477만 円 정도임

○ S의 파산사건에 있어 G가 貸付 1·2·3·4·5의 원본 및 이에 대한 이자, 파산절차개시 결정일 전날까지의 지연손해금 및 파산절차개시 결정일부터 완제일까지의 지연손해금 등을 채권신고함

○ 그 후 갑 토지와 을 건물이 임의매각된 결과, 매각액은 갑 토지에 관해 S 지분 상당액이 약 4,817만 엔(이하 "변제금①"), D 지분 상당액이 약 4,817만 엔(이하 "변제금②"), 을 건물에 관해 2,878만 円임 (총계가 1억 2,513만 円)

○ G는 변제금 ①·③이 貸付 1·2·3·4·5의 지연손해금, 貸付 1·2의 원본금액 및 대부 3의 원본의 일부에 충당된 것으로 하여, 위 파산채권에서 변제금 ①·③의 합계액을 공제한 액을 확정부족액으로 한 신고서를 파산재판소에 제출하자 이에 대하여 X가 확정부족액 전액에 대하여 이의함

○ G가 大阪地方裁判所 堺支部에 S에 대한 破産債權査定의 신청을 하였더니

68) 양 판결의 사안 및 판시사항은 潮見佳男, 주61) 16-20에 기초한 것이다.

같은 지부는 2006. 10. 24. G의 주장과 같이 파산채권의 액을 55,019,842円으로 사정하는 결정을 하자 이에 불복하여 X가 G를 피고로 하여 파산채권사정이의의 소를 제기함 (이하 "제1사건")

○ 또한, G는 B의 파산사건에 있어 貸付 1・2・3・4・5의 원본 및 이에 대한 이자, 파산절차개시 결정일 전날까지의 손해금 및 파산절차개시 결정일부터 완제일까지의 손해금 등을 주채권으로 하는 보증채권을 채권신고함

○ 그 후 앞서 본 임의매각 결과, G는 위의 매각대금 1억 2,513만 円을 본건 대여채권에 대한 변제로 수령하여 이것을 貸付 1・2・3・4・5의 지연손해금, 貸付 1・2의 원본금액 및 대부 3의 원본의 일부에 충당함

○ X가 G의 신고채권 전액에 대하여 이의하여, G가 大阪地方裁判所 堺支部에 B에 대한 破産債權査定의 신청을 하였더니, 같은 지부는 2006. 10. 24. 변제금 ①・②・③을 공제하지 아니하고 파산채권의 액을 貸付 1・2・3・4・5의 원본, 이에 대한 이자, 파산절차개시 결정일 전날까지의 지연손해금의 합계 126,675,955円으로 사정하는 결정을 하였는데,[69] 이에 불복하여 X가 G를 피고로 하여 파산채권사정이의의 소를 제기함 (이하 "제2사건")

○ D에 의한 변제금②는 S에 의한 변제금 ①・③을 충당한 후의 대부 3・4의 채권을 전액 소멸시키기에 충분하나 대부 3・4・5의 채권총액을 소멸시키기에는 부족한 액수임

[판시사항]

1) 제1사건 (파산자 주채무자 S)

수개의 채무의 전부의무자는 다른 채무자에 대한 파산절차가 개시된 후 그 가운데 일부 채무를 전액변제하여도 당해 변제한 부분에 대하여 채권자를 대위할 수는 없어, 채권자는 위 변제분을 공제하지 않은 금액으로 파산채권을 행사할 수 있다.

1개의 근저당권으로 수개의 채권을 담보하는 경우 그 근저당권을 자기 소유의 부동산에 설정하는 물상보증인은 최고한도 및 당해 담보 부동산의 교환가치를 한

69) 원결정이 貸付 1ㆍ2의 채권까지 절차개시시 현존액주의의 대상으로 한 것과 달리 제2사건의 大阪高裁 판결은 貸付 1ㆍ2 채권에 대해서는 채권자 G가 S의 재산에서 전액의 만족을 얻었고 연대보증인 B로부터의 구상ㆍ대위의 문제가 일어나지 않기 때문에 부종성에 의하여 보증채권도 소멸하고 그 한도에서 절차개시시 현존액주의는 배제된다고 판시하였다. 潮見佳男, 주61) 22.
우리나라의 현존액주의에 대한 판례법리에 따른다면, 본건은 연대보증인 B에 대한 파산절차 개시된 후에 주채무가 소멸한 경우 채권총액 전부에 대하여 만족을 얻지 않는 경우에 해당한다며 현존액주의가 적용되었을 것인바, 이점에서 주채무 소멸의 경우까지 현존액주의를 이렇게 형식적으로 적용하는데 대한 비판은 시사하는 바가 크다.

도로 한정되는 것은 아니고 수개의 피담보채권 전부에 관하여 채권자(근저당권자)를 만족시킬 책임을 부담하는 바, 주채무자의 파산절차개시결정 후 당해 부동산의 매각 등에 의하여 수개의 피담보채권의 일부에 있어 전액변제가 행하여져도 채권자는 물상보증에 관련된 피담보채권 전액의 만족에는 이른 것이 아니다.

채권자는 물상보증인에 의한 변제액을 공제함이 없이 신고채권 전액에 관하여 파산채권으로 행사할 수 있다고 해석함이 상당하다.

2) 제2사건 (파산자 연대보증인 B)

보증인 파산의 경우에 있어 주채무에서 변제에 의하여 수개의 채권 가운데 일부 채권이 완제되더라도, 아직 총채권에 대한 변제가 없으면 채권자의 총채권 전액의 권리행사를 인정할 수 있다면, 파산절차에 있어서는 본래 평등하게 취급할 해당 채권자와 다른 일반채권자와의 균형이 크게 깨어져서 다른 일반채권자의 보호에 흠결이 있다고 하지 않을 수 없다. 따라서, 개시시 현존액주의를 수개의 채권 가운데 일부 채권에 대한 전액변제가 있는 경우에까지 확장하는 것은 상당하지 않다.

G는 貸付 3·4의 각 채권에 대해서는 완전한 만족을 얻고 동시에 물상보증인인 D가 해당채권에 대위하여도 G가 불이익을 받는 것은 아니기 때문에 D는 G에 대위하여 파산절차에 참가할 수 있고, 반면 G는 물상보증인 D에 의해 전부변제된 채권액을 공제한 액을 파산채권으로 행사할 수 있다고 보는 것이 平成17년 最高裁判所 판결[70]의 이익형량에 정합한다고 생각된다.

본건의 경우에 채권자는 배당자원인 S의 일반재산에 대하여는 어떠한 우선적 지위를 가지고 있지 아니하기 때문에 1987년 4월 最高裁判所 판결[71]의 이익형량

70) 日最判 2005. 1. 27. (2005년 판결)은, 1개의 저당권으로 담보된 수개의 채권 가운데 한 채권에만 보증인이 된 자가 스스로 보증하였던 채권을 대위변제한 경우에 있어 그 후 저당부동산의 매각대금의 배당에 관한 사안에서 채권자와 보증인은 채권자의 잔존채권액과 보증인이 대위에 의하여 취득한 채권액에 비례하여 안분하여 변제를 받는다고 판시하였다. 平成17년 판결은 일부채권 전액 대위변제의 경우에 채권자의 이익만이 아니라 대위변제자의 대위에의 이익도 고려하여 채권자가 원채권에서 우선적으로 만족을 얻는지의 여부를 결정할 필요가 있다는 것을 시사한 판결이다. 潮見佳男, 주61) 18-21.

71) G가 S에 대하여 대여금채권이 있고, 그 채권을 담보하기 위하여 S 소유 부동산 위에 저당권이 설정되어 있는데, 동 채권을 보증하고 있던 D가 대여금채권을 일부변제한 사례에서 日最判 1987. 4. 23. (金法 1169号, 29)는 "채권의 일부에 대한 대위변제가 행여진 경우 채권을 피담보채권으로 하는 저당권의 실행에 의한 매각대금의 배당에 대해서는 채권자가 대위변제자에 우선한다"고 판시하였다 (1987년 판결). 1987년 판결에서는 채권자가 선순위저당권을 가지고 저당물건에서 후순위저당권자에 우선하여 만족을 받을 수 있는 관계에 있는 반면, 본건에서는 파산재단에서의 만족에 관해 채권자 G는 물상보증인 D에 대하여 우선하는 관계가 아니다. 따라서 昭和62년 판결과 본건은 사안을 달리하여 昭和62년 판결이 말하는 원채권자의 우선은 본건에는 타당하지 않다. 潮見佳男, 주61) 19-21.

을 원용하기에는 적당하지 않다.

또한, D는 물상보증인으로서 담보물건의 가치전부를 피담보채권 전부를 위해 제공하고 있는 것이기 하나, 전부의무자였던 경우 이상으로 불이익하게 취급받을 이유는 없고, 오히려 물상보증인은 담보물의 가치의 한도에 있어만 책임을 부담한 것으로 한 이상 본건 토지의 D 공유지분에 관한 담보권이 실행됨으로써 부담하는 책임을 전부 이행하였다고 할 수 있다. 그러므로, 채권자가 담보물의 교환가치를 초과하여 피담보채권 전부의 만족을 얻을 때가지 물상보증인은 채권자에 열후하다고 보는 것은 타당하지 않고, 또한 그것이 당사자 쌍방의 합리적 기대라고도 할 수 없다.

[평석] 일본 大阪高等裁判所의 두 판결에 대한 일본 학계의 평석은 대체적으로, 제1사건에 대한 판결은 파산재단에서의 채권회수의 이익을 가진 일반채권자의 이익을 고려하지 않고 채권자 G의 잔존채권의 회수 이익을 우선시 한 점, 본래 물적 유한책임만을 부담하는 물상보증인의 지위를 피담보채권 총액을 채권자에게 만족시킬 책임에까지 확장시킴으로써 채권총액에 대한 만족을 받지 않은 채권자 G의 이익을 채권총액에 대한 만족을 주지 않은 물상보증인 D의 이익에 우선시키고 있는 점에서 문제가 있고, 물적유한책임을 완전히 이행하였는가—그 결과로서 일부채권의 전액 만족을 줄 수 있다—를 형량요소로 고려하여야 한다는 점에서 제2사건의 판결을 타당한 것으로 보고 있다.[72]

본건은 보증인·물상보증인 등과의 관계에서 우리나라에서 주로 논의된 일부대위변제와는 유형을 달리하는 수개의 채권 중 일부채권의 전액변제 유형에 있어 파산절차개시시 현존액주의의 적용 여부를 근간으로 하고 있으나, 나산 항고사건과 주채무 소멸 부분을 제외하고는 비슷한 구조와 쟁점을 가지고 있고, 특히 제2사건의 경우 원채권자 G에 의한 지정충당의 쟁점도 있으며, 일본 회사갱생법 제135조가 현존액주의 규정인 신 파산법 제104조를 준용하여 파산사건과 회사갱생사건을 다르게 취급하지 않고 있는 점 등에 비추어 볼 때 결론을 달리하고 있는 일본 大阪高等裁判所의 양 판결에 대한 향후 最高裁判所의 판단은 우리나라 회생사건의 현존액주의에 관한 판례법리와 실무처리에서의 혼란을 이론적으로 정리할 수 있는 계기도 될 수 있지 않을까 기대해 본다.

72) 潮見佳男, 주61) 22. ; 加々美博久, “開始時現存額主義の適用範圍(日大阪高判 2008. 5. 30.)”, 金法(1843号, 2008), 10 · 16 ; 杉本和士, 連帶保證人の破産節次において, 根抵當權が複數口の債權お擔保し, そのうちの一部の債權についてのみ抵當不動産である主債務所有建物並びに主債務者および物上保證人共有土地の任意賣却によって全額辨濟された場合の現存額主義の適用範圍”, 金融 · 商事判例(No.1305, 2008. 12. 15.), 經濟法令研究會, 26-30.

四. 實務와 法理의 間隙

1. 도산실무에서 현존액주의의 의미

미확정 보증채무의 현실화 여부는 M&A 및 정리계획변경에 있어 까다로운 문제로 되어 왔다. 특히 정리채권이 보증채무이고 주채무자도 도산처리절차에 있는 경우 주채무의 현금변제, 출자전환, 면제 등의 소멸 사유와 그 시기에 따라 보증인에 대한 정리채권에 미치는 영향이 달라지기 때문에 먼저 앞서 살펴 본 방법으로 보증인에 대한 정리채권의 행사 범위를 확정하여야만 뒤이어 M&A 절차상 인수대금에 따른 정리채권의 변제율 등의 산정이 가능하고, 나아가 그 M&A로 인하여 유입된 자금으로 정리회사가 보증채무를 변제하는 경우 주채무자에 대하여 장래에 행사할 구상권의 존부 및 행사범위도 좌우되게 된다.

회사정리실무상 정리회사로 하여금 정리채권자들로부터 보증인 등의 대위변제에 따른 주채무의 소멸에 관한 채권잔액확인서 또는 변제확인서 등을 징구하여 정리채권의 확정에 활용하여 왔는바, 실제 정리채권자들이 현금변제 받은 부분을 공제한 잔액에 대해서만 정리채권의 확정을 구하여 정리채권자들이 구하는 바에 따라 신고 채권액의 범위 안에서 주채무자의 현금변제 부분을 공제하거나 담보권을 행사하여 일부 변제충당한 뒤 남은 잔존채권에 대해서만 의결권을 인정하여 그와 같이 권리변경된 정리계획이 확정되기도 하였다.

또한, 신용보증에 기한 금융기관 대출의 경우 채무자에 대한 정리절차개시 후에 일부 대위변제자의 구상권의 행사를 허용하지 않는 회사정리법의 규정과의 저촉 문제를 의식하여 일부 대위변제한 신용보증기금 등이 금융기관으로부터 대위변제액 상당 채권을 양도받아 정리채권으로 신고하여 금융기관은 채권양도를 원인으로 잔존채권액의 의결권만을 행사하는 사례도 있었고,[73] 주로 대위변제자의 구상권 행사에 관한 법리오해에 기하여 채무자를 지급보증한 금융기관은 대위변제를 하고 금융채권자에게 도산절차내에서의 채권자 명의를 대위변제자로 변경하여 줄 것을 요구하여 채권자로부터 채권자명의변경신청서를 교부받아 채권자의 명의를 대위변제자로 변경하여 주채무자에 대한 도산절차에 참가하여 변제 또는 배당을 받기도 하였다.[74]

---

73) 신용보증대출 구조에 기인한 신용보증기금 등과 일반 금융기관 사이의 역학관계 등 금융계의 특수한 사정이 채권양도라는 방법으로 정리절차에 있어서 보증인의 구상권 법리마저 극복하는 현상을 가능케 한 것으로 보인다.

한편, 도산절차에서 채권자가 주채무자로부터 변제받은 금액과 보증인으로부터 변제 또는 배당받은 금액의 합계가 채권액을 넘게 되면, 채권초과액을 지급하게 된 자가 누구냐에 따라 주채무자 또는 보증인과의 관계에서 부당이득이 될 수 있다. 처음 사례에서 X가 B에 대한 파산절차에서 파산채권 전액인 1,500만 원으로 참가하여 1,000만 원을 배당받는다고 가정하면, X로서는 B와의 관계에서 500만 원을 부당이득하게 되는 문제가 있다. 채권자가 실체법상 채권액 이상의 배당을 받는 사태가 발생할 가능성이 있어 그 이해를 조정하기 위해서는 부당이득반환으로 해결해야 할 것이다.[75]

회사정리절차에서 정리계획으로 부당이득의 문제를 해결한 경우도 있다. 보증인인 정리회사 미도파가 먼저 M&A를 통하여 유입된 인수대금으로 보증채무를 대위변제하고 구상권[76]을 취득하였는데, 정리담보권자 국민은행의 채권에 있어 보증인의 대위변제액과 주채무자 정리회사 대농의 정리계획상 변제예정금액[77]의 합계가 위 정리담보권자의 주채무자에 대한 정리절차 개시 당시의 채권액을 초과하게 되어, 정리계획으로 원채권자에 대하여는 정리절차개시시 채권액에서 보증인의 대위변제액을 공제한 잔존액에 대해서만 의결권을 인정하여 변제하고 보증인[78]에 대하

74) 서울고판 2006. 6. 2. 2005나41315는 "대위변제자가 주채무자에 대한 도산절차에서 변제받거나 배당받는 금원은 현존액주의에 따르면 주채권자에게 귀속되어야 하는 부분이었고, 보증인 제도는 채권자의 주채무자에 대한 채권의 담보로서 기능하는 것이므로 보증인이 채권자에 우선하여 주채무자에 대한 구상권을 확보할 수는 없다 할 것인바, 재화가 정당한 권리자에게 귀속되지 않는 경우에 그 부당성을 시정하기 위한 부당이득 제도의 취지를 고려하여 볼 때 채무자가 채무 없음을 모르고 변제한 것이 부당이득이 되는 것과 유사하게 주채권자가 자신의 권리가 있는 것을 모르고 그 권리의 행사를 포기함에 따라 우선권이 없는 대위변제자가 취득한 변제금 또는 배당금은 부당이득이 된다"고 판시하였다.

75) 牧山 市治, "債務者に對する破産宣告後に擔保不動産の第三3取得者による被擔保債權の一部辨濟と當該辨濟を受けた後の破産債權者の權利行使の範圍", 金融法務事情(No.1679, 2003. 7. 5.), 32에서 부당이득반환의 복잡한 문제 대신에 시각을 바꾸어 변제자에게 예비적 배당 신청의 기회를 부여하자고 제안한다. 즉, 파산채권자의 신고채권과 변제자의 구상채권을 합하여 실질적으로 하나의 파산채권으로 보고, 이것에 대한 배당액을 결정하여 그 배당액의 범위내에서 먼저 파산채권자의 殘債權에 충당하고 그래도 剩餘가 있으면 구상권자에 대한 배당을 실시할 수 있도록 하기 위해서 파산절차상 일부 변제자에 의한 예비적 신청을 인정하는 방법을 들고 있다.

76) 주채권자가 채권의 전액에 관하여 회생채권자로서 권리를 행사한 때에는 채무자에 대하여 장래의 구상권을 가진 자는 회생채권자로서 권리를 행사할 수 없게 되지만, 장래의 구상권자가 채권 전액을 대위변제한 경우에는 법 154조에서 정하는 신고명의의 변경을 함으로써 채권자의 권리를 대위행사할 수 있는 것이 원칙이다.

77) 채권자가 보증인 미도파로부터 전액 만족을 얻지 못하여 주채무자 대농에 대한 정리절차에서 정리채권 전액을 행사하여 변제받을 금액

78) 보증인인 정리회사 미도파가 보증채무를 변제함으로써 정리회사인 주채무자 대농에 대하여 구상권을 취득하는지 여부는 주채무자의 채권자가 채권 전액의 만족을 얻었는지 여부에 따라 결정된다. 보증인인 미도파의 변제를 통하여 주채무자의 채권자가 일부 만족을 얻었을 뿐이라면 회사정리법 제110조 제2항의 해석에 의하여 미도파가 대농에 대하여 구상권은 취

여는 대위변제액 상당의 의결권을 인정하여 변제한 사안이 그 예이다.[79)]

2. 회생계획을 통한 해법에 대한 분석

대법원은 기존 법리를 고수하면서 최종 법률심 등의 제약으로 현존액주의에서 벗어나는 경우가 간혹 있었던 반면, 하급심 판결에서는 이를 부지불식간에 무시하거나 또는 의도적으로 회피하는 경우가 있음을 현존액주의를 쟁점으로 가지고 있는 판결에서 볼 수 있었다. 도산실무에서도 주채무자와 보증인 어느 쪽에서 먼저 변제 또는 배당이 있으면 당연히 변제의 효력이 있는 것을 전제로 다른 쪽에서 이를 공제하는 등 도산처리절차에서 현존액주의를 철저하게 구현하지 못하는 경우가 있었고, 이와 같은 문제에 대한 인식조차 결여되거나 무시한 채 M&A에 따른 정리계획 변경계획안이 작성되어 인가된 바도 없지 않았다. 이는 역설적으로, 채권자들뿐만 아니라 법관들 역시 종래 도산처리절차에서의 도식적인 현존액주의의 적용을 의도적 또는 무의식적으로 거부하고 있음을 방증하는 것으로도 볼 수 있다.

그렇다면, 이와 같은 실무와 법리의 불일치는 어떤 방식으로 해소될 수 있을까? 각각 전부의 이행을 하여야 하는 채무자들과 담보를 제공한 제3자에 대한 도산절차에서 부당이득 문제가 원천적으로 발생하지 않도록 변제기준이 되는 각 도산처리절차에 참가할 수 있는 채권액 자체를 감액할 수 없는 것일까? 회생계획에 다른 도산처리절차에서 배당 또는 변제받은 부분을 공제한 잔여채권을 변제기준으로 하여 변제율을 정하면 공정·형평의 원칙에 반하는 것일까?

다른 도산처리절차에서 변제받을 수 없는 것이 확정(현실화)될 때 변제하는 조항이 있는 회생계획[80)]으로써 다른 도산처리절차에서 변제받은 것을 시인된 채권에서 공제한 잔여채권이 권리변경의 기준이 되는 채권액으로 볼 수 있다는 견해가 가능하다. 이 견해는 주채무자 또는 제3자의 변제에 따른 보증채무의 소멸을 설명하는 근거로는 유용하나, 일단 현존액주의에 입각하여 보증인에 대한 도산처리절차 개시 전후인지에 따라 보증채무의 소멸 여부를 구분하는 판례의 벽을 넘

득할 수 없고, 대위변제의 비율에 따른 원채권자의 권리를 취득하게 된다.

79) 결국 주75)에서 예시한 일본에서 제안된 방법을 정리계획을 통하여 채용한 셈이다.

80) 다수의 서울중앙지방법원 회사정리 사건의 정리계획에는, '보증채권은 주채무자에 대한 담보권 행사 및 주채무자의 회사정리절차, 화의절차, 파산절차에 의하여도 변제받지 못함이 확정되는 때(보증채권 확정일)에 주채무자로부터 변제받지 못함이 확정된 원금을 변제하고, 보증채권이 최종년도까지 확정되지 않을 경우에는 주채무자의 자산가치와 부채를 평가하여 배당가능액을 공제한 원금을 지급'하는 취지로 규정되어 있다.

어, 채무자가 주채무자 또는 보증인 여부를 불문하고 채무자와 함께 채무를 전부 이행할 의무를 부담하는 자 또는 담보를 제공한 자의 변제가 채무자의 채무에 미치는 영향을 일률적으로 설명할 수 있는 근거논리가 뒷받침되어야 할 것이다.

이에 대하여는 보증인으로부터 변제액이 정작 회생채권의 이자에만 충당될 뿐인 경우까지 회생계획으로 회생채권액 중 원금 부분이 감액된다고 규정하는 것은 회생채권자의 희생으로 채무자를 보호할 뿐이라는 비판이 가능하다. 그러나, 위에서 원금에 우선하여 변제충당하는 내용의 정리계획의 효력을 인정한 사례에서 살펴 본 바와 같이 회생절차의 특수성만을 내세워 실체법상의 우선순위, 보증 및 변제충당 등의 법리를 전적으로 도외시하는 기존의 주류적 대법원 판결에 대해서는 재고를 요한다. 이런 점에서 현존액주의에 대한 판례법리를 확장하거나 새롭게 해석하려는 하급심의 시도는 불명확한 현존액주의의 적용범위에 대한 대법원의 판단을 이끌어낸다는 의미가 있고 계속될 필요가 있다.

주채무자에 대한 도산처리절차 개시 후에 행한 보증인의 변제 역시 개시 전 행한 보증이나 또는 개시 전에 발생한 주채무에 기인한 회생채권(prepetition claim)에 대한 변제이므로, 변제 등에 따른 채무소멸의 효과를 도산처리절차개시 전후에 따라 구별하지 않는 것이 더 논리적이라 할 것이다.[81] 다만, 도산처리절차에서의 현존액주의는 그 입법경과와 취지를 십분 고려하여 볼 때 다음과 같이 적용범위를 이해할 수 있을 것이다. 즉, 회생절차의 목적, 회생채권자의 권리 및 다른 채권자들과의 평등 등에 비추어 **회생절차에서 채권자가 전부의 이행을 할 의무를 지는 보증인 또는 물상보증인으로부터 현금, 출자전환 등의 出財에 의하여 실질적인 변제를 받은 경우에 한하여 채무자, 보증인 및 물상보증인 상호간에 공히 권리변경된 회생채권의 소멸의 효과가 미치도록 규정하여 회생채권자의 동의로 인가된 회생계획의 효력을 인정**하는 것이 현존액주의에 관한 법 규정 및 판례법리와의 정합성도 가질 수 있다고 생각한다.[82]

---

81) 필자가 2008년 상반기에 Columbia Law School 커리큘럼의 일환으로 externship을 수행한 Bankruptcy Court, Southern District of New York의 판사인 Hon. Robert D. Drain도 비록 미국 파산법적인 시각에서 답변이지만, 우리나라 도산법상의 현존액주의를 고려한 필자의 질문에 같은 취지로 설명하였다.

82) 미국 파산법상으로는 채권자가 주채무를 면제한 경우 보증채무의 면제(releasing the claims of third parties) 여부는 일반적 계약법리에 따라 보증문언(wording of the guaranty)이 좌우하는바, 우리나라에서의 단순 보증채무와 마찬가지로 최고검색의 항변권이 있는 미국 계약법상의 통상적인 보증의 경우에는 파산절차에서의 주채무 면제에 따라 소멸할 것이고, 우리나라에서의 연대보증에 유사한 joint and several liability를 부담하는 특수한 형태의 보증의 경우에는 소멸되지 않을 것이다.

五. 評價와 展望

어느 채무에 대하여 복수의 전부의무자가 존재할 때 기능적으로는 당해 채무에 있어서 인적 담보가 존재함을 의미한다. 이러한 인적담보의 효력을 도산의 국면에서 어느 정도의 것으로 인정할 것인가는 다분히 정책적 판단이다.

보증, 제3자의 담보제공이라는 도산절차 이외의 실체법상의 권리관계가 도산절차에 의하여 받는 영향 및 그 근거의 타당성에 대한 논의는 인적·물적보증의 취지 및 그 부종성 제한의 필요성에 대한 이해와 상통한다 할 것이다.

원래 주채무자로부터 완전한 만족을 얻지 못하는 경우에 대비하려는 것이 보증제도의 주된 목적인데, 채권자로서는 채권 전액의 만족을 얻지 못하더라도 감액된 실체법상의 채권액만을 도산처리절차에서 행사할 수 있다면 특히 회생절차에서는 의결권 비율에 따라 이익이 침해될 수 있고,[83] 다른 일반채권자와의 평등한 취급[84]만을 강조하게 되는 결과 본래의 채권 전액이 아니라 도산처리절차 개시시

83) 일본에서의 논의를 빌리자면, 갱생채권자에게 인정되는 의결권액에 있어서는, (1) 실체법상의 채권액에 의해 결정되어야 하기 때문에 전부의무자 등의 변제후의 의결권액도 감액된다는 방안, (2) 채권자는 갱생절차 개시시의 현존액을 기준으로 하여 다른 채권자와 같은 조건에서 배당을 받기 때문에 의결권액도 감액되지 않는다는 방안이 있다. 일부 변제 등에 의한 실체법상 채권의 일부가 소멸된 경우에 갱생절차 개시시 현존액(名目額)에 의한 의결권행사를 채권자에게 인정하면, 실체법상 채권의 일부가 소멸된 부분 중 변제에 의한 대위가 발생한 부분은 대위변제자(전부의무자 등)의, 대위가 발생하지 않은 부분은 다른 일반채권자의 이익으로 돌아가야 마땅함에도 당해 갱생채권자가 의결권을 행사하게 되어 소위 agency(エイジェンシー)문제가 발생한다. 예를 들어 주채무자의 갱생절차가 개시된 후 1,000만엔의 채권에 대하여 보증인이 800만엔을 변제하고 별도로 500만엔의 채권을 가진 갱생채권자가 있는 사례를 가정하면, 채권자는 실체법상의 잔액 200만엔을 초과하여 변제를 확보할 誘因(incentive)가 없음에도 완전한 만족(20% 변제)을 주장한다면 명목액에 기초한 의결권으로는 다수(채권자 1,000만엔, 다른 갱생채권자 500만엔)가 되고, 다른 갱생채권자와 대위변제자인 보증인의 이익을 해하게 된다고 지적된다. 그러나, 다른 한편, 실체적인 권리관계에 기초하여 채권자 200만엔, 대위변제자인 보증인 800만엔, 다른 갱생채권자 500만엔으로 의결권행사를 인정하면 대위변제자인 보증인이 과반수를 점하게 되어 대위변제자인 보증인은 채권자와의 관계에서 배당에 있어 열후한 지위에 있을 따름이어서 위험이 큰 변제 비율에 따른 구상을 주장하여, 확실한 만족을 바라는 채권자 및 다른 갱생채권자의 이익을 해할 수 있음도 상정할 수 있다. 이러한 문제를 완전하게 해결하려면 실체법상의 채권의 귀속에 따라 의결권을 인정하면 되나, 파산절차에서 보면, 먼저 실체법상의 권리는 대위변제자에게 이전한다고 하면서도 배당이 원채권자에 비해 劣後하고, 다음으로 신고 또는 명의변경 등을 바꾸는 것만으로 변제에 의한 대위를 둘러싼 실체관계를 반영하는 것인가 하는 문제가 있다. 채권자가 실질적으로 전액의 변제를 받은 때에는 그 이상은 권리행사할 수 없다고 하는 上限의 제약이 있는 것은 아닌 점, 채권자가 대위변제자와의 관계에서는 오히려 우선적으로 배당을 받을 지위에 있는 것을 감안하면 결국 의결권행사에 있어서 대위변제자에 대한 열후적인 취급을 할 수 없는 이상 역시 채권자에게는 배당기준액에 있어 전액의 의결권행사를 인정하지 않을 수 없다. 沖野眞已, 주48) 121.

84) 현존액주의의 모법인 독일 舊 파산법 제68조(현행 신 도산법 제43조)는 원 파산채권자의 보호를 목적으로 일반채권자의 이익을 해하지 않는 한도에서 구상권자의 이익보다 원 파산채

의 현존액에 한정하여 인적담보 등을 가진 당해 채권자의 이익을 최대한 존중하고자 한 도산처리절차의 취지가 퇴색되는 사례가 발생할 가능성을 배재할 수는 없다. 이러한 영향으로, 전부의무자에 대한 판례의 입장은 비교적 확립되어 있고, 물상보증인에 대한 논의는 충분하지 못하였으나, 도산처리절차상 채무의 일부 소멸에 따른 채권자, 주채무자, 보증인·물상보증인 사이의 권리관계에 관한 현재까지의 주류적 판례와 유력설에 따르면, 다른 전부의무자에 대한 도산처리절차에 의한 변제 또는 배당 뿐만 아니라 임의변제,[85] 담보권 실행을 포함하여 도산처리절차에 의하지 않은 채무의 일부 소멸행위에 대해서도 채권 전액의 만족을 가져오는 경우를 제외하고는 채권자는 도산처리절차상의 채권 전액[86]을 행사할 수 있고, 일부 채무소멸행위를 한 다른 전부의무자나 물상보증인은 권리행사를 할 수 없는 것으로 판단되어 왔다. 이와 같은 주류적 판례의 입장은 현존액주의에 대한 구체적 내용이 법 제126조 제2항, 제5항으로 법정화됨에 따라 한층 강화될 소지가 있다.

반면, 구상도 대위도 발생하지 않는 주채무자에 의한 변제의 경우에도 부종성에 따른 감액이 고려되지 않는다고 하면 불공평하게 된다는 점에서 현존액주의의 재검토를 거론하는 시각도 상존한다.[87] 도산처리절차 구조상 채권자가 주채무자와 보증인·물상보증인 양쪽에서 채권액 한도를 넘어 부당이득 문제가 생길 정도로 변제 또는 배당받는 경우가 이론상 가능하고 실제 발생하고 있는 점에서도,[88] 다수당사자의 권리관계에 있어서 일부 소멸된 채무액만큼 채권자의 권리행사에 있어서 조정의 필요성이 인정될 수 있다. 母子관계에 있는 채무자와 물상보증인으로부터 공동담보를 제공받은 회생담보권자가 채무자에 대한 회생절차개시후 물상보증인 소유의 부동산에 관하여 담보권실행된 경매에서 30억 원을 배당받아 담보물 평가액이 회생담보권자의 잔존 피담보채권액 10억 원을 훨씬 상회하는 부동산을 소유한 채무자에 대한 회생계획안에 회생담보권자에게 부당이득이 발생되지 않도록 절차개시시 피담보채권액 40억 원에서 물상보증인 소유 재산에 설정된 담

권자의 이익을 우선시키는 것을 취지로 한다고 이해하고 있다. 伊藤 眞, 주52) 53.

85) 담보부동산의 임의매각에 의한 변제도 포함한다.

86) 정리계획, 화의조건에 의하여 감축·변경되기 전의 채권 전액을 의미한다.

87) 金龍德, “회사정리절차와 채권자의 지위”, 청주법률논단 1집, 충북법률실무연구회, 15.

88) 앞서 든 대농-미도파 정리사건 이외에도 서울중앙지방법원 98하138호 동서호라이증증권 주식회사에 대한 파산사건에서 주채권자로부터 변제받은 금액과 보증인인 파산자로부터 배당받은 금액을 합산하면 채권액의 100%를 초과하여 배당받는 문제가 발생한 바가 있다. 이에 대한 해결방안은 서울중앙지방법원 파산부 실무연구회, 법인파산실무(제2판, 2008), 박영사, 318 참조.

보권이 실행되어 교부받은 30억 원이 변제된 것으로 작성하여 채무자에 대한 회생절차에서 잔존 채권액 10억 원에 대한 의결권만 인정하려고 하자 회생담보권자가 자신이 채무자에 대한 회생절차를 통하여 권리변경이 없는 회생담보권을 전액 변제받고 회생담보권자조에서 결의 정족수를 절대적으로 좌지우지하는 지위를 상실하는 것도 아님에도[89] 회생절차 밖에서 중지되어 있던 담보권실행 경매를 통하여 단시간내 만족을 얻을 요량으로 회생계획 수립, 채무자와 채권자들과의 변제안 협의 및 결의를 위한 관계인집회 준비 과정 등에서 부적절한 행태를 보인 끝에 채무자가 회생절차의 폐지를 신청한 사례[90] 등을 예로 들 수 있다.

채무가 일부 소멸하는 시기가 주채무자 또는 보증인에 대한 도산처리절차 개시 前인가 아니면 後인가에 따라 보증채무 부종성의 變容을 살펴 본 방법이 도산절차개시시 현존액주의를 이해하는 도구로서는 유용하게 기능하는 측면이 크나 다분히 기교적이며, 채무자 또는 보증인의 회생계획이 주채무 또는 보증채무의 변제 및 물적담보의 실행 등에 따른 회생채권의 소멸을 내용으로 하는 규정을 두고 있는 경우까지도 회생채권에 있어서 절차개시시 현존액주의를 적용하는 것은 도산절차의 이념과 목적, 그리고 채무자 및 그 인적·물적담보관계에 있는 도산처리절차 이해관계인들의 의사를 외면하고 만족면에서의 채권자 우선주의만을 내세운 도그마라 할 것이다. 특히 대기업집단내에서 계열사간에 얽힌 지급보증 등을 도산절차에서 처리하였던 회사정리실무에서 뿐만 아니라 채무자 회사를 보증한 채무자의 대표자 또는 관리인 및 특수관계인이 회사와 별도로 회생절차개시를 신청[91]하여 회사, 대표이사 및 대표이사의 배우자 등에 대한 각 회생절차가 병행되기도 하는 회생실무에 있어 회생계획을 수립할 때 절차개시시 현존액주의 적용의 타당한 범위가 현실적으로 문제되고 있다.

---

89) 총 의결권액 중 비중이 약 70.3%에서 약 60%로 감축되었다.

90) 채무자는 회생담보권자에게 배당받은 금원만큼의 회생채권을 물상보증인에게 양도하여 줄 것을 요청하였으나, 회생담보권자가 전액 만족이 아니라는 이유로 이를 거절하고 회생채권자까지 부동의하도록 만들겠다고 공언하는 등 현존액주의로 포장한 압박에 향후 회생계획안 부결 또는 인가에 대한 항고 등 절차상 불안을 느껴 절차 초기부터 회생절차 밖에서 사적 해결을 원하던 회생담보권자의 뜻대로 제출하였던 회생계획안을 철회하여 회생절차가 폐지되기에 이르렀다.

91) 중소기업이 금융기관 등으로부터 차입하여 조달한 회사 운영자금의 지급채무를 설립자 또는 지배주주 겸 대표이사 및 그 배우자 등의 가족이 보증을 하고 회사에 대하여 회생절차가 개시된 후 회생채무자의 대표자 또는 관리인 및 그 배우자 등이 개인 채무자로서 회생절차개시 신청을 하는 경우가 그 예이다.

회생절차와 조세법률관계

서울동부지방법원 판사 주 진 암

〈目 次〉

一. 머리말

채무자가 재정적 어려움으로 파탄에 직면한 때에 수많은 이해관계인 사이의 법률관계를 조정하는 도산처리절차는, 그 목적에 따라 채무자의 재산을 처분 · 환가하여 채권자에게 배당하는 청산형 절차와 채무자를 재건하여 그 수입 등을 채권자에게 분배하는 재건형 절차로 나뉜다.

우리나라는 도산처리절차를 규율하는 법률로서 2006. 4. 1.부터 채무자 회생 및 파산에 관한 법률(이하 편의상 '법' 또는 '통합도산법'이라 한다)을 시행하면서 구 파산법, 구 회사정리법, 구 화의법, 구 개인채무자회생법을 모두 폐지하고, 청산형 절차로 제3편 파산절차(이하 '파산절차'라 한다)를, 재건형 절차로 제2편 회생절차(이하 '회생절차[1]'라 한다)와 제4편 개인회생절차(이하 '개인회생절차[2]'라 한다)를 규정하고 있다.

조세는 모든 경제활동에서 중요한 한 요소로 고려될 수밖에 없는데, 회생절차에서도 채무자를 둘러싼 수많은 이해관계인들이 존재한다는 점에서, 그 중요성은 두말할 필요 없다. 세법은 조세채권의 공익성을 감안하여 일반 채권에 대한 우월적 지위를 보장하고 있는데, 이러한 우월적 지위는 도산절차에서도 기본적으로 그대로 유지되면서, 다만 채무자의 청산 또는 회생이라는 도산절차의 목적과 특수성으로 인하여 어느 정도 제한되고 있다.

아래에서는 이해의 편의를 위하여 조세채권[3]의 특성을 간략히 검토한 다음, 회생절차와 관련하여 조세채권이 어떻게 취급되는지, 채무자와 채권자·주주 등 이해관계인의 조세채무는 어떤 영향을 받는지를 살펴보기로 한다.

二. 조세채권의 특성

1. 납세의무의 성립·확정

가. 납세의무의 성립

조세법률주의에 따라 모든 과세요건은 법률에 명확하게 규정되어야 하는데[4],

1) 회생절차는 개인·법인 구분 없이 모두 이용할 수 있으나, 관리인과 조사위원을 선임하고 회생계획안에 대하여 채권자집회나 서면결의를 거치는 등 다소 복잡한 과정을 거치는 제도로서, 회생계획의 인가결정으로 권리변경의 효력이 발생하고, 담보권자도 그 권리행사가 중지되고 회생계획에 의한 권리변경이 가능하다.

2) 개인회생절차는 담보채무 10억 원 이하, 무담보채무 5억 원 이하의 급여소득자 또는 영업소득자인 개인채무자만 이용할 수 있는 제도로서, 채권자들의 결의가 필요 없는 간이·신속한 절차이나, 변제계획에 따른 변제를 완료한 때에 면책결정을 받을 수 있을 뿐 변제계획의 인가결정으로 당연히 권리변경의 효력이 발생하는 것은 아니고, 담보권자도 별제권자로 취급되어 인가결정시까지 담보권의 실행이 제한될 뿐이다.

3) 법은 국세징수의 예에 의하여 징수할 수 있는 청구권으로서 그 징수우선순위가 일반 회생채권보다 우선하는 것을 국세징수법 또는 지방세법에 의하여 징수할 수 있는 청구권(조세채권)과 원칙적으로 동일하게 취급하고 있는바, 이 글은 조세채권에 한정하여 논하나, 전자의 경우에도 원칙적으로 그대로 적용될 수 있을 것이다.

과세요건을 모두 충족하여 납세의무가 추상적으로 발생하는 것을 납세의무의 성립이라 한다. 즉, 납세의무는 납세의무자나 과세권자의 어떠한 행위도 필요 없이 과세요건의 충족이라는 사실만으로 당연히 성립하는 것이다. 납세의무의 성립시기에 관하여는 국세기본법 제21조, 지방세법 제29조 등에서 상세히 규정하고 있는데, 주요 세목에 대한 납세의무의 성립시기를 보면 원칙적으로[5], 소득세 · 법인세 · 부가가치세는 과세기간 종료시(단 청산소득에 대한 법인세는 해산 · 합병시, 수입재화에 대한 부가가치세는 세관장에게 수입신고를 하는 때), 상속세는 상속개시시, 증여세는 증여로 인한 재산취득시, 취득세 · 등록세는 취득 · 등록시, 가산세는 이를 가산할 국세의 납세의무 성립시[6]이다.

나. 납세의무의 확정

납세의무가 추상적으로 성립하였더라도 현실적인 일정액의 금전채무로 구체화되기 전에는 조세채무의 납부 · 징수를 할 수 없고, 이를 위하여는 어떠한 행위나

4) 우리 헌법은 제38조에서 '모든 국민은 법률이 정하는 바에 의하여 납세의 의무를 진다'라고 규정하는 한편, 제59조에서 '조세의 종목과 세율은 법률로 정한다'라고 규정하고 있다. 조세법률주의는 조세평등주의와 함께 조세법의 기본원칙으로서, 법률의 근거 없이는 국가는 조세를 부과 · 징수할 수 없고 국민은 조세의 납부를 요구당하지 않는다는 원칙이다. 이러한 조세법률주의는 조세는 국민의 재산권을 침해하는 것이 되므로, 납세의무를 성립시키는 납세의무자, 과세물건, 과세표준, 과세기간, 세율 등의 과세요건과 조세의 부과 징수절차는 모두 국민의 대표기관인 국회가 제정한 법률로써 이를 규정하여야 한다는 과세요건법정주의와 아울러 과세요건을 법률로 규정하였다고 하더라도 그 규정내용이 지나치게 추상적이고 불명확하면 과세관청의 자의적인 해석과 집행을 초래할 염려가 있으므로 그 규정내용이 명확하고 일의적이어야 한다는 과세요건명확주의를 그 핵심적 내용으로 하고 있다. 결국 과세요건법정주의와 과세요건명확주의를 핵심내용으로 하는 조세법률주의의 이념은 과세요건을 법률로 명확하게 규정함으로써 국민의 재산권을 보장함과 동시에 국민의 경제생활에 법적 안정성과 예측가능성을 보장함에 있다(헌재결 2000. 6. 29. 98헌바35).

5) 예외적인 경우로는, 원천징수하는 소득세 · 법인세는 소득금액 또는 수입금액 지급시, 중간예납하는 소득세 · 법인세 또는 예정신고에 대한 부가가치세는 중간예납기간 또는 예정신고기간 종료시, 수시부과에 의하여 징수하는 세액은 수시부과사유 발생시에 그 납세의무가 성립한다.

6) 가산세는 본세와 그 성립요건이 다르므로 이론적으로 한다면 본세와 무관하게 가산세 자체의 성립요건을 충족한 시점을 가산세의 납세의무 성립시기로 규정하여야 할 것이나, 세법은 편의상 가산세의 납세의무 성립시기를 본세의 납세의무 성립시기와 같이 규정한 것이다. 그러나 본세의 납세의무 성립시기 이후에 별도의 의무불이행 행위가 있어야만 가산세가 발생하는 경우에는 본세의 납세의무 성립시기에 가산세의 납세의무가 성립한다고 볼 수는 없고, 그 의무불이행 행위가 있는 때에 비로소 가산세의 납세의무가 성립한다고 봄이 타당하다. 예컨대, 취득세에 대한 신고·납부불성실가산세는 본세인 취득세의 납세의무 성립시기(취득시) 이후에 별도로 신고·납부불이행이라는 행위가 있어야만 가산세가 발생하므로, 그 본세인 취득세 자체의 납세의무 성립시기에 신고·납부불성실가산세의 납세의무가 성립한다고 볼 수는 없고, 신고·납부불이행이라는 요건을 충족한 때 즉 자진신고·납부기간이 도과한 때에 신고·납부불성실가산세가 성립한다고 봄이 타당하다(대판 1996. 3. 8. 95다51113, 대판 1997. 4. 11. 96다40264 등 참조).

절차를 거쳐 납세의무가 구체적으로 확정되어야 하는데, 이를 납세의무의 확정이라 한다. 납세의무의 확정방법으로는 납세자의 신고에 의하여 그대로 납세의무가 확정되는 신고확정방식[7], 과세권자의 과세처분이라는 행정처분에 의하여 납세의무가 확정되는 부과확정방식[8], 그밖에 납세자나 과세관청의 특별한 행위나 절차 없이 성립과 동시에 확정되는 자동확정방식이 있다. 납세의무의 확정시기에 관하여는 국세기본법 제22조, 같은 법 시행령 제10조의2, 관세법 제38조, 제39조, 지방세법 제30조 등에서 상세히 규정하고 있는데, 신고확정방식은 소득세, 법인세, 부가가치세, 관세[9] 등, 부과확정방식은 상속세, 증여세, 취득세 등, 자동확정방식은 원천징수하는 소득세 또는 법인세, 중간예납하는 법인세(다만 과세관청이 조사결정하는 경우는 제외) 등이 있다.

2. 조세채권의 우월성

가. 우선권

조세채권은 그 공익성을 감안하여 채권자평등의 원칙에 대한 예외로서 일반채권에 우선하여 징수하는데, 다만 등기나 등록에 의해 공시되는 것이 아니므로 담보물권과 관련하여 거래의 안전을 해할 수 있다는 점을 고려하여 '법정기일[10]' 이전에 공시를 수반하는 담보물권이 설정된 경우에는 그 담보권이 조세채권에 우선

---

7) 신고확정방식에서도 납세자가 신고를 하지 않거나 수시부과 등의 사유로 과세권자가 부과처분을 하는 경우가 있는데 이러한 경우에는 그 부과처분에 의하여 납세의무가 확정된다. 신고확정방식의 조세에 있어서 과세관청이 납세의무자의 신고에 따라 세액을 수령하는 것은 사실행위에 불과할 뿐 이를 부과처분으로 볼 수는 없다.

8) 부과확정방식에서도 납세자의 신고가 필요한 경우가 있으나 이는 부과처분을 위한 참고자료를 제공하는 것일 뿐 이로써 과세표준과 세액이 확정되는 것은 아니고, 과세권자가 과세요건사실을 조사확정하고 이에 관계법령을 적용하여 과세표준과 세액을 확정하여 납세의무자에게 통지함으로써 그 조세채권이 구체적으로 확정되는 것이므로 납세신고자가 그 신고에 기속되는 것은 아니다(대판 1985. 7. 23. 84누247).

9) 관세법은 부과확정방식을 취하다가 1993. 12. 31. 법 개정에 따라 신고확정방식으로 전환한 다음, 1995. 12. 6. 개정된 법에서 종래의 수입면허제도가 수입신고수리제도로 전환됨으로써 완전한 신고확정방식으로 바뀌었다. 현행 관세법은 제38조에 따라 원칙적으로 신고확정방식을 취하면서 예외적으로 제39조에 의해 일부 수입물품에 대하여 부과확정방식을 적용하고 있다.

10) 법정기일에 관하여는 국세기본법 제35조 제1항 제3호, 지방세법 제31조 제2항 제3호에서 상세히 규정하고 있는데, 여기서 법정기일이란 원칙적으로 신고로 확정된 당해 세액은 신고일, 과세처분으로 확정된 당해 세액은 납세고지서 발송일, 원천징수의무자로부터 징수하는 세액은 그 납세의무 확정일 등을 말하고, 예외적으로 일정한 사유가 있어 확정 후에는 당해 조세를 징수할 수 없다고 인정되어 확정되리라고 추정되는 금액의 한도 안에서 납세자의 재산을 확정 전에 미리 압류한 때(국세징수법 제24조 제2항, 지방세법 제28조 제2항)에 그 압류와 관련하여 확정된 세액에 대하여 그 압류등기일 등을 말한다.

하고[11], 또 사회정책적 고려에서 주택임대차보호법 제8조나 상가건물임대차보호법 제14조 소정의 소액임차보증금과 근로기준법 제37조 소정의 임금채권이 조세채권에 우선하는 등 일정한 예외가 있다(국세기본법 제35조 제1항 본문, 관세법 제3조, 제26조, 지방세법 제31조 제1항 등 참조).

나. 자력집행권

납세자가 확정된 조세채무를 납부하지 아니하면, 과세권자는 납부기한을 정하여 이행청구(납세고지 또는 납부고지)를 하고, 그 납부기한 내에도 이행되지 아니하면 독촉 또는 최고를 거쳐, 자력구제(체납처분[12])를 하는데, 이를 조세채권의 징수절차라 한다. 과세권자는 원칙적으로 납부기한 내에는 징수절차를 진행할 수 없으나, 납세자에게 체납처분 · 강제집행 · 어음부도 · 경매개시 · 해산 등의 일정한 사유가 있는 경우에는 납기 전이라도 납세의무가 확정된 세액을 징수할 수 있는데, 이를 납기 전 징수라 한다(국세징수법 제14조, 지방세법 제26조). 또 과세권자는 납세자가 사업의 중대한 위기 등의 사유로 조세를 납부할 수 없다고 인정되면 납세의 고지를 유예하거나 결정한 세액을 분할 고지할 수 있고, 납세자가 납세고지 또는 독촉을 받은 후에 그와 같은 사유로 조세를 납부할 수 없다고 인정되면 이미 체납되었는지 여부를 불문하고 납부기한을 다시 정하여 징수를 유예할 수 있으며, 그 징수유예기간에 대하여는 가산금 · 중가산금[13]을 징수하지 아니한

11) 헌법재판소는, 조세채권과 담보권 사이의 우열을 가리는 기준은 조세의 우선권을 인정하는 공익목적과 담보권의 보호 사이의 조화를 이루는 선에서 법률로 명확하게 정하여야 할 것이므로, 그 기준시기는 담보권자가 조세채권의 존부 및 범위를 확인할 수 있고, 과세관청 등에 의하여 임의로 변경될 수 없는 시기이어야 할 것이나, 다만 그 구체적인 기준시기는 입법자가 위에서 밝힌 기준시기에 대한 원칙을 지키는 한 그의 합리적인 판단에 의하여 정할 입법재량에 속하는바, 신고에 의하여 납세의무가 확정되는 법인세나 부가가치세 등 이른바 신고납세방식의 국세에서는 사업년도인 과세기간이 종료하는 때 또는 그밖에 각 해당세법이 정하는 과세요건이 충족되는 때에 납세의무가 성립하고, 납세의무자가 법정된 신고기한 내에 과세표준과 세액을 신고한 경우에는 그 신고일에 납세의무가 구체적으로 확정되어 담보권을 취득하려는 자도 그 존부 및 범위를 확인할 수 있으므로, 신고에 의하여 납세의무가 확정되는 국세에서 납세의무자가 이를 신고한 경우 그 조세채권과 저당권 등 담보권과의 우선순위를 신고일을 기준으로 하도록 정한 법률조항은 담보권자의 예측가능성을 해한다거나 또는 과세관청의 자의가 개재될 소지를 허용하는 것이 아니고, 달리 그 기준시기의 설정이 현저히 불합리하다고 볼 수도 없다고 판시하였다(헌재결 1995. 7. 21 93헌바4).

12) 현행법상 국세체납절차와 민사집행절차는 별개의 절차로서 그 절차 상호간의 관계를 조정하는 법률의 규정이 없으므로 한 쪽의 절차가 다른 쪽의 절차에 간섭을 할 수 없는 반면 쌍방절차에서의 각 채권자는 서로 다른 절차에서 정한 방법으로 그 다른 절차에 참여할 수밖에 없다(대판 1989. 1. 31. 88다카42).

13) 납부기한까지 완납하지 아니한 때에는 그 납부기한이 경과한 날로부터 체납된 세액에 대하여 3%의 가산금을 징수하고, 또 그 납부기한이 경과한 날로부터 매 1월이 경과할 때마다(그 기간은 60월을 초과하지 못한다) 체납된 세액의 1.2%의 중가산금으로 징수한다(국세기

다(국세징수법 제15조, 제17조, 제19조, 지방세법 제41조, 제43조).

과세권자는 납세자가 독촉장(또는 납부최고서)을 받거나 납기 전 징수고지를 받고 지정된 기한까지 조세를 완납하지 아니하면 납세자의 재산을 압류[14]·매각하여 그 매각대금을 체납세액에 충당·배분하는 체납처분절차를 진행한다. 압류는 원칙적으로 납세의무가 확정된 이후에 가능하나, 납기 전 징수의 사유가 있어 조세의 확정 후에는 당해 조세를 징수할 수 없다고 인정되는 때에는 예외적으로 확정되리라고 추정되는 세액의 한도 안에서 납세자의 재산을 압류할 수 있는데, 이를 확정 전 보전압류라 한다(국세징수법 제24조 제2항, 지방세법 제28조 제2항). 체납처분은 재판상의 가압류 또는 가처분으로 인하여 그 집행에 영향을 받지 않는다(국세징수법 제35조, 지방세법 제82조)[15].

三. 회생절차에서 조세채권의 지위

1. 개요

가. 절차의 구조

회생절차는 개인과 법인이 모두 이용할 수 있는 재건형 도산절차로서, 담보권과 조세채권을 포함한 모든 채권을 절차 내로 끌어들여 그 권리행사를 제한하고, 채무자의 재산을 전면적으로 평가한 후, 이해관계인과의 협상을 통한 회생계획에 기하여 청산가치 이상을 변제하고 자본관계를 재구성함으로써, 궁극적으로 채무자를 재건하는데 그 목적이 있다.

이러한 목적을 달성하기 위하여 회생절차에서는, 공익채권[16]이 회생절차에 의

본법 제21조, 제22조, 관세법 제41조, 지방세법 제82조).

14) 과세권자는 직접 납세자의 재산을 압류하는 이외에도, 납세자에 대하여 이미 체납처분 · 강제집행 · 경매개시 · 법인해산 등의 절차가 진행 중이면 그 집행법원이나 파산관재인 등에 대하여 조세의 교부를 청구하거나 이에 갈음하여 참가압류를 할 수도 있다(국세징수법 제56조, 제57조, 지방세법 제82조).

15) 이는 선행의 가압류 또는 가처분이 있다고 하더라도 체납처분의 진행에 영향을 미치지 않는다는 취지의 절차진행에 관한 규정일 뿐이고 체납처분의 효력이 가압류, 가처분의 효력에 우선한다는 취지의 규정은 아니므로 부동산에 관하여 처분금지가처분의 등기가 된 후에 가처분권자가 본안소송에서 승소판결을 받아 확정이 되면 피보전권리의 범위 내에서 가처분 위반행위의 효력을 부정할 수 있고 이와 같은 가처분의 우선적 효력은 그 위반행위가 체납처분에 기한 것이라 하여 달리 볼 수 없다(대결 1993.2.19. 92마903).

16) 개시 후의 원인에 기하여 생긴 청구권으로서 성질상 공익채권인 것이 대부분이나 근로자의 임금채권이나 원천징수하는 조세채권 등 개시 전의 채권을 정책적 고려에서 공익채권으로 격상한 것도 있다(법 제179조). 개시 후의 원인에 기하여 생긴 청구권이라 하더라도 법 제

하지 아니하고 수시로 회생채권 등에 우선하여 변제받고(법 제180조 제1항, 제2항) 강제집행 등이 가능[17]한 것과 달리, 회생채권[18]과 회생담보권[19]은 강제집행이나 담보권실행 등의 개별적 권리행사가 금지되고(법 제58조 제2항) 법에 특별히 규정되어 있는 경우 외에는 회생계획에 따르지 아니하고 변제받을 수 없도록 하고 있다(법 제131조).

나. 조세채권의 우월성

도산절차에서의 조세채권의 지위와 관련하여, 파산절차에서는 파산선고 전의 원인으로 생긴 것이라 하더라도 재단채권으로서 파산절차에 의하지 아니하고 수시로 파산채권보다 먼저 변제받지만(법 제473조, 제475조, 제476조), 회생절차에서는 회생채권 등에 해당하여 일정기간 체납처분(조세채무담보를 위하여 제공된 물건의 처분을 포함한다. 이하 편의상 '체납처분'이라고만 한다)이 중지·금지되고(법 제44조, 제58조 제3항) 원칙적으로 회생계획에 의하지 아니하고는 변제받을 수 없으며(법 제131조 본문) 관리인이 제출한 목록에 기재되어 있지 않고 신고기간 내에 신고도 없으면 다른 회생채권 등과 마찬가지로 실권되는데(법 제251조), 이러한 차이를 들어 파산절차에서와 달리 회생절차에서는 조세채권이 일반채권과 원칙적으로 평등하게 취급되고 다만 조세채권은 그 성질상 특수성으로 인하여 일반채권과 전적으로 동일시할 수는 없으므로 법에서 여러 가지 특칙을 두고 있다고 논해진다.

그러나 조세채권은 파산절차에서는 재단채권에 해당하더라도 파산선고 전에 이미 체납처분[20]을 개시하지 아니한 이상 새로이 체납처분을 개시할 수 없는 것[21][22]

179조에 열거되지 아니한 청구권은 개시 후 기타 채권으로서 공익채권과 달리 변제 또는 강제집행·담보권실행 등이 금지된다(법 제181조).

17) 다만 법원은 채무자의 회생에 현저한 지장을 초래하고 채무자에게 환가하기 쉬운 다른 재산이 있는 때, 채무자의 재산이 공익채권의 총액을 변제하기에 부족한 것이 명백하게 된 때에 한하여 예외적으로 공익채권에 기한 강제집행 등의 중지·취소를 명할 수 있다(법 제180조 제3항).

18) 채무자에 대하여 회생절차 개시 전의 원인으로 생긴 재산상의 청구권과 법에서 정하는 회생절차 개시 후에 생긴 재산상의 청구권을 말하는데(법 제118조), 실체법상의 우선권 유무에 따라 일반의 우선권 있는 회생채권, 일반 회생채권, 후순위 회생채권으로 구분된다.

19) 회생채권이나 회생절차개시 전의 원인으로 생긴 채무자 외의 자에 대한 재산상 청구권으로서 회생절차개시 당시 채무자의 재산상에 존재하는 담보권에 의하여 담보되는 범위의 것을 말한다. 다만 이자 또는 채무불이행으로 인한 손해배상이나 위약금의 청구권에 관하여는 회생절차개시 결정 전날까지 생긴 것에 한한다(법 제141조 제1항).

20) 압류와 참가압류를 말하고 교부청구는 이에 해당하지 아니한다. 岡正晶, "四つの倒産處理手續(破産·特別淸算·民事再生·會社更生)における租稅債權の取扱い", 租稅法硏究 33號(2005), 有斐閣, 102.

(법 제349조 제2항)과 달리, 회생절차에서는 일정기간 동안 체납처분이 중지・금지될 뿐 그 기간 경과한 후에는 체납처분을 진행할 수 있고, 또 우선권 있는 회생채권으로서 일반 회생채권에 대한 우선권이 보장되어 있는데다가 징수권자의 동의가 없는 한 회생계획에 의하더라도 원칙적으로 권리변경이 불가능하므로(법 제140조 제3항, 법 제236조 제2항 단서)[23], 채무자의 재건을 목적으로 하는 회생절차에서 조세채권은 실권되지 아니한 이상 그 전액 변제가 사실상 예정되어 있는 것이다. 따라서 조세채권이 파산절차에서보다 회생절차에서 더 열후적으로 취급된다기보다는, 그 우선권과 자력집행권으로서 일반 채권에 대한 우월적 지위를 그대로 유지하면서, 파산 또는 회생이라는 도산절차의 이념과 목적에 따라 그 우월적 지위가 적절하게 제한되고 있을 뿐이라고 봄이 타당하다.

다. 통지 등

회생절차가 개시되면 조세채권에 관하여 여러 가지 제약이 가해지므로 조세채권자에게 그 사실을 통보하여 부과・징수의 편의[24]를 도모하고, 또 채무자와 종

21) 이에 관해 구 파산법은 파산선고 후에 새로이 강제집행을 할 수 있는지 여부에 관하여 명백히 규정하지 않았는데, 대판 2003. 3. 28. 2001두9486은, 구 파산법 제62조는 파산선고 전의 체납처분은 파산선고 후에도 속행할 수 있다는 것을 특별히 정한 취지에서 나온 것이므로 파산선고 후에 새로운 체납처분을 하는 것은 허용되지 아니한다는 것으로 해석함이 상당하고, 또한 파산법 등 관계 법령에서 국세채권에 터 잡아 파산재산에 속하는 재산에 대하여 체납처분을 할 수 있다는 것을 정한 명문의 규정이 없는 점 등을 종합하여 보면, 국세채권에 터 잡아 파산선고 후에 새로운 체납처분을 하는 것은 허용되지 아니한다고 판시하였다.

22) 이와 달리 파산선고 전에 체납처분을 이미 개시한 경우에는 그 속행 및 그에 기한 우선변제가 허용되는데, 그 이유는 체납처분에 의해 채무자의 재산을 압류하면 당해재산에 관하여 압류의 처분금지효에 의하여 제3자에 대한 대항력이 생기고, 또 국세기본법 제35조 등에 의하면 당해조세의 신고일 등 법정기일 후에 대항요건을 구비한 담보권자에 대하여 조세채권의 우선권이 인정되므로, 결국 체납처분을 행한 조세채권은 법정기일을 등기일로 한 담보권과 동등하게 취급될 수 있기 때문이다. 岡正晶, 주20) 102.

23) 법은 회생계획에서 일반의 우선권 있는 회생채권을 회생담보권보다 후순위로, 일반 회생채권보다 선순위로 취급할 것을 요구하면서도(제217조 제1항), 조세채권에 대하여는 그 적용을 배제함으로써(제217조 제2항), 조세채권이 회생담보권보다 선순위로 취급될 여지를 남겨둠과 동시에(조세채권과 담보권의 우열관계는 법정기일과 등기일의 선후로 가릴 것이기 때문이다), 조세채권을 회생계획안 결의를 위한 조 분류 대상에서 제외하여(법 제236조 제2항 단서), 다수결의 원칙에 의한 권리변경을 금지한 채, 오로지 당해 과세권자의 동의로만 권리변경이 가능하도록 하고(법 제140조 제3항), 다만 예외적으로 3년 이하의 기간 동안 징수유예 또는 체납처분유예의 경우에 한하여 징수권자의 동의 없이 그 의견청취로만 가능하도록 규정하고 있다(법 제140조 제2항).

24) 과세권자는 회생절차개시신청을 통지받고, 사안에 따라 적절하게, 수시부과(소득세법 제82조, 법인세법 제69조 등), 납기 전 징수(국세징수법 제14조), 확정 전 보전압류(국세징수법 제24조 제2항), 체납처분(미리 체납처분을 해 두면 회생절차에서도 일정기간 경과 후에는 체납처분의 속행이 가능하고, 파산절차로 진행되더라도 파산선고 전에 체납처분을 한 경우에는 체납처분의 속행이 가능하므로 그 실익이 있다) 등 조세채권 확보를 위한 처분을 할 수도 있

래부터 관계를 가져온 과세권자로부터 회생절차에 참고가 될 수 있는 자료를 수집할 필요가 있다. 이에 법은, 일반 회생채권자는 회생절차개시결정이 있어야 비로소 통지를 받고(법 제51조 제2항), 관계인집회를 통하여만 의견진술이 가능한 것과 달리, 주식회사인 채무자에 대하여 회생절차개시 신청이 있으면 세무서장에게 그 뜻을 반드시 통지하여야 하고(법 제40조 제1항 제3호), 또 법원은 필요하다고 인정하는 때에는 징수권자에게 회생절차에 관한 의견진술을 요구할 수 있으며(법 제40조 제2항), 징수권자도 법원에 회생절차에 관한 의견을 진술할 수 있도록 하고 있다(법 제40조 제3항).

2. 공익채권인 조세채권

가. 의의

공익채권에 해당하는 조세채권은, 성질상 당연히 공익채권인 회생절차개시 후의 원인으로 발생한 것(법 제179조 제2호 소정의 공익채권인 회생절차개시 후의 채무자의 업무 및 재산의 관리와 처분에 관한 비용상환청구권에 해당한다)과 정책적 고려에서 공익채권으로 격상된 것(법 제179조 제9호 소정의 원천징수하는 조세 등[25])이 있다.

정책적 고려에서 공익채권으로 격상된 법 제179조 제9호 소정의 원천징수하는 조세 등이 공익채권에 해당하려면 회생절차개시 당시 아직 납부기한이 도래하지 아니한 것이어야 하는데, 여기서 "납부기한"이 법령에 정해진 납부기한(법정납부기한[26][27])과 과세관청이 징수절차의 일환으로서 발부한 납세고지서 등에 의하여

고, 납기연장(국세기본법 제6조), 징수유예(국세징수법 제15조, 제17조), 체납처분유예(국세징수법 제85조의2) 등 채무자의 회생에 실질적으로 도움이 되는 처분을 할 수도 있을 것이다.

25) 다음 각목의 조세로서 회생절차개시 당시 아직 납부기한이 도래하지 아니한 것을 말한다.
가. 원천징수하는 조세. 다만, 법인세법 제67조(소득처분)의 규정에 의하여 대표자에게 귀속된 것으로 보는 상여에 대한 조세는 원천징수된 것에 한한다.
나. 부가가치세, 특별소비세, 주세 및 교통세
다. 본세의 부과징수의 예에 따라 부과징수하는 교육세 및 농어촌특별세
라. 특별징수의무자가 징수하여 납부하여야 하는 지방세

26) 법령에 정해진 납부기한은, 원천징수하는 소득세·법인세는 그 징수일이 속하는 다음달 10일(법인세법 제73조, 소득세법 제128조), 부가가치세는 과세기간 종료일 후 25일(부가가치세법 제18조, 제19조), 특별소비세는 판매일이 속하는 달의 다음달 말일(특별소비세법 제10조, 제9조), 주세는 출고일이 속하는 달의 다음달 말일(주세법 제26조, 제23조) 등이다.

27) 국세기본법 제6조에 의하여 납부기한이 연장되는 때에 그 연장된 납부기한을 법정납부기한으로 볼 수 있는지가 문제된다. 생각건대, 국세기본법 제6조에서 말하는 납부기한 연장이 어떤 의미인지 다소 불명확하기는 하나 이와 별도로 국세징수법 제15조 이하에서 징수유예를 규정하고 있는데, 징수유예는 세액이 구체적으로 확정된 다음의 징수단계에서 그 징수절

지정된 납부기간(지정납부기한) 중 어느 것을 말하는지가 문제된다.

일본에서는 당초 징세실무와 학설의 다수가 지정납부기한설을 취하였다가, 최고재판소 판결[28]의 원심판결[29]이 법정납부기한설을 취하자 그에 관한 논의가 활발하였는데, 원심판결이 법정납부기한설을 취한 논거는, 원천징수하는 조세 등이 회생절차개시 이후에 발생한 것인지를 직접 문제 삼기 곤란하기 때문에 객관적으로 명백한 기준을 설정하고자 한 것이 그 입법취지라고 하면서, 이러한 입법취지를 고려하면 객관적으로 명확한 법정납부기한이라고 해석함이 타당하고, 지정납부기한으로 해석하면 징수절차를 게을리 한 과세권자에게 부당하게 유리한 결과가 된다는 것이다.

이에 대하여 최고재판소는 지정납부기한설을 취하였는데 그 논거는, 원천징수하는 조세 등은 일종의 예금적 성질을 가지는 것으로서 환취권과 비슷하게 취급하는 것이 상당한데, 이를 철저히 하면 다른 이해관계인에게 미치는 영향이 크므로 이해관계를 조정한다는 정책적 견지에서 이를 제한하여 회생절차개시 당시 이미 납부기한이 도래하여 강제징수가 가능한 것은 회생채권으로 취급하여 환취권적 취급에서 제외하고, 아직 납부기한이 도래하지 아니한 것에 대하여만 공익채권으로 보호하여 환취권적 취급을 하고자 하는 것이 그 입법취지라고 하면서, 이러한 입법취지를 고려하면 과세권자가 강제징수할 수 있는 시점인 지정납부기한을 기준으로 하여, 회생절차개시 당시 이미 지정납부기한이 경과하여 강제징수절차를 취할 수 있었던 것[30]은 환취권적 취급의 대상에서 제외하여 이를 회생채권으로

차를 유예하는 것인 반면, 국세기본법 제6조의 납부기한 연장은 세액을 구체적으로 확정하는 단계에서의 신고·납부기한을 연장하는 것을 말한다고 보이고, 소득세나 법인세와 같이 신고확정방식의 조세에 있어서는 신고에 의하여 확정되고 그 세액이 납부되지 아니하였을 때 비로소 국세징수법에 따라 납세고지서를 발부하여 납부기한을 지정하게 되므로, 신고기한 이전에 법정납부기한이 도래하는 경우를 예상하기 어려우며, 국세기본법 제6조에서 납부기한의 연장뿐 아니라 신고기한의 연장도 함께 규정하고 있는 점을 고려하면, 국세기본법 제6조에 의하여 납부기한이 연장된 경우에는 법정납부기한 자체가 연장된 것으로 보아야 할 것이다.

28) 日最判 1974. 7. 22.(民集 28-5, 1008)

29) 日東京高判 1971. 6. 30.(高民集 24-2, 283)

30) 이와 관련하여 최완주, "정리절차와 조세", 재판자료집(86), 법원도서관, 541쪽은, 최고재판소의 견해에 따르면, 우리나라의 경우 원천징수하는 소득세 · 법인세, 원천징수하는 농어촌특별세, 특별징수하는 주민세는 납세의무가 성립과 동시에 확정되고 강제징수를 위하여 별도의 납세고지절차가 필요 없는 자동확정방식의 조세이므로 공익채권 해당 여부의 기준이 되는 납부기한은 법정납기를 뜻하게 되고, 신고납세방식의 조세인 부가가치세, 특별소비세, 주세, 교통세 중 신고확정된 경우는 강제징수를 위하여 별도의 납부고지절차가 필요 없으므로 법정납기가, 신고를 하지 아니하거나 신고내용에 오류 또는 탈루가 있어 정부가 결정 또는 경정결정을 하는 경우에는 강제징수를 위하여 별도의 납부고지를 하여야 하므로 고지된 납부기한이 각 공익채권 해당 여부의 기준이 되는 납부기한이 된다고 한다. 그러나 자동확정방

취급하고, 강제징수절차를 취할 수 없었던 것에 대하여는 그 세금 본래의 예금적 성질을 감안하여 이를 공익채권으로서 환취권적 취급을 하는 것이 타당하고, 조세채권의 발생시점이 회생절차개시 전후의 어느 시점인지의 문제에 관하여는 원천징수하는 조세 등이 다른 조세에 비하여 특히 판단이 곤란하다고 볼 수 없고, 과세권자가 자의적으로 납세고지를 지연하는 등의 경우에는 신의칙 등에 의해 공익채권으로의 청구를 제한할 수 있으므로 문제될 것이 없다는 것이다.

일본의 다수설은, 원천소득세는 과세요건의 충족에 의하여 자동적으로 확정되나 그 법정납부기한이 다음날 10일에 도래하기 때문에 과세권자가 법정납부기한 도래 후 곧바로 원천소득세를 파악하는 것은 곤란하다는 이유로 지정납부기한설을 취한 최고재판소 판결을 지지하고 있고, 원심판결을 지지하는 유력설은, 과세당국이 지정납부기한을 자의적으로 지연할 수 있고 신의칙에 의해 공익채권을 한정하여 판단한다는 것도 불명확하다는 점을 강조하고 있다고 한다[31].

생각건대, 지정납부기한설은 고지된 납부기한이 경과하여야만 강제징수절차를 취할 수 있다고 하여 강제징수를 체납처분에 한정하는 듯하나[32], 징수절차는 납세고지에서 시작하여 독촉을 거쳐 체납처분에 이르는 일련의 절차를 의미하므로, 징수절차를 체납처분에 한정할 필요는 없고, 납세자가 법정신고납부기한 내에 신고납부하지 아니하면 과세권자로서는 당연히 부과·징수절차에 착수할 수 있으며[33], 다만 납세의무자가 신고하지 아니하는 등으로 과세요건 충족 사실을 현실적으로 파악하기 어려워 부과·징수절차에 착수하는데 지장을 받을 뿐이다. 또한 회생절차가 진행되면 관리인과 조사위원이 개시 당시의 재산상태를 조사·평가하고, 관리인은 이를 토대로 회생계획안을 수립하여 이해관계인들을 설득하며, 이해관계인들도 이러한 회생계획안을 검토하여 관계인집회에서 이를 심리·결의하는 것이므

식이나 신고납세방식에 의하여 납세의무가 확정된 경우라 하더라도 강제징수를 위하여는 반드시 납세고지가 필요하므로(국세징수법 제9조 제1항 참조, 이 경우 납세고지는 부과처분으로서의 의미는 없고 징수처분으로서의 의미만 있다), 위 견해는 설득력이 없다.

31) 岡正晶, "會社更生手續において共益債權とされる租税の範圍", ジュリスト 別册 No.178 : 租税判例百選(4版, 2005), 有斐閣, 230.

32) 지정납부기한설을 엄격하게 고수한다면, 국세징수법 제17조에 의한 징수유예 중 체납 전에 납부기한을 다시 정하는 징수를 유예하는 경우(즉 납세고지서를 발부하여 납부기한을 지정하였는데 그 납부기한이 도래하기 전에 다시 납부기한을 정하여 징수유예의 통지를 하는 경우)에는 납부기한이 연장되어 강제징수를 할 수 없게 되었으므로, 그 연장된 납부기한을 기준으로 공익채권 여부를 판단하여야 할 것이다.

33) 예컨대 소득세법 제85조 제3항 본문은, 납세지 관할세무서장은 원천징수의무자 또는 제156조의 규정에 따라 원천징수하여야 할 자가 징수하였거나 징수하여야 할 세액을 그 납부기한 내에 납부하지 아니하였거나 미달하게 납부한 때에는 당해 원천징수의무자로부터 그 징수하여야 할 세액에 제1258조 제1항에 따른 가산액을 가산한 금액을 그 세액으로 징수하여야 한다고 규정하고 있다.

로, 회생절차에 있어서 관리인과 조사위원의 조사보고서는 매우 중요한 역할을 하게 되는데, 조사보고서에 나타나지 아니하여 회생계획안의 심리·결의 과정에서 전혀 검토되지 아니한 조세채권(그것이 회생절차개시 전의 원인으로 발생한 것이라는 점에서 문제가 되는 것이다)이 갑자기 등장하여 공익채권으로 취급됨으로써, 채무자의 회생에 막대한 지장을 초래하거나 회생 자체를 불가능하게 하는 등 그 결과에서 부당함은 두말할 필요 없다[34]. 이에 대하여 지정납부기한설은 과세관청이 고의로 납세고지를 지연하는 경우 신의칙 등에 의해 공익채권으로의 주장을 제한할 수 있으므로 문제될 것이 없다는 입장이나, 관리인이나 이해관계인이 납세고지에 이르게 된 경위 등에 관한 정보를 입수하기 어렵고 설사 그러한 정보를 입수하더라도 신의칙 위반 여부의 판단이 어렵다는 점에서 문제가 있다.

반면 법정납부기한설에도 문제가 있다. 즉, 위 규정은 예금적 성질을 가진 원천징수하는 조세 등을 환취권적으로 취급하는 것을 관철하면 이해관계인에게 중대한 영향을 미치므로 이를 적절하게 제한하기 위하여, 납세의무의 성립일이 아니라 납부기한을 기준으로 공익채권 여부를 판단함으로써 그 기준시기를 뒤로 늦추어 놓은 것인데, 예컨대 원천징수하는 소득세는 소득금액을 지급하는 때에 납세의무가 성립·확정되고, 그 징수일(지급하는 때에 징수하여야 한다. 소득세법 제127조 제1항)이 속하는 다음달 10일까지 원천징수세액을 납부하여야 하므로, 그 법정납부기한은 그 지급일(납세의무 성립 및 확정일)이 속하는 다음달 10일인데, 납세의무 성립일과 법정납부기한 사이가 단기간이어서, 입법취지를 제대로 살리지 못하고 사실상 환취권적 취급을 포기하는 꼴이 된다. 또한 위 조세채권은 원래 예금적 성질을 가진 것일 뿐 채무자의 것이 아니어서 이해관계인들에게 분배될 것이 아닌데, 과세관청이 회생절차개시 이후에 뒤늦게 징수처분을 하였다는 이유만으로 이해관계인들에게 분배되는 데 사용한다는 것도 부당하다.

결국 환취권적 취급이라는 입법취지를 고려한다면 지정납부기한설이 타당하다 할 수 있으나, 실무 운영상의 여러 문제점으로 인해 법정납부기한설에 의할 수밖에 없지 않을까 생각한다[35]. 다만 입법론으로, 지정납부기한설에 의하여 환취권적 취급을 원칙적으로 보장하되, 채무자의 회생과 이해관계인의 권리보호를 위하여

34) 사실 이러한 문제는 법정납부기한설에서도 나타난다. 즉 법정납부기한설에 의하면 회생절차개시 당시에 법정납부기한이 도래하지 아니한 것이 공익채권이 되는데, 회생계획안 심리·결의를 위한 관계인집회기일까지 그 부과·징수처분이 없다가 뒤늦게 부과·징수처분이 되는 경우를 상정할 수 있다. 다만, 지정납부기한설에 의하는 경우보다 공익채권의 범위를 축소함으로써 그 한도 내에서 부당함을 어느 정도 시정할 뿐이다.

35) 법정납부기한설이 타당하다는 견해로는, 최완주, 주30) 541; 오충현, "회사정리절차에 있어서 조세채권의 취급", 형평과 정의(20), 물레, 171.

회생계획안의 심리를 위한 관계인집회가 끝나기 전(또는 서면결의에 부치는 결정이 있기 전)까지 납세고지가 된 경우에 한하여 공익채권으로 취급하고, 그 이후에 납세고지가 된 것은 과세관청이 부과·징수권한의 행사를 소홀히 하였다고 보아 공익채권에서 제외하여 회생채권으로 취급하는 방안을 제안하고 싶다(이렇게 하면 회생계획안의 심리를 위한 관계인집회가 끝난 후에 납세고지가 된 것은 채권신고도 불가능하여 면책될 것이다).

이와 관련하여 대법원은, 과세관청이 1995.에서 1997. 사이에 납세의무가 성립한 1995년도 내지 1997년도 귀속 근로소득세할 또는 이자소득세할 주민세를 정리절차개시결정 이후인 1998. 12. 15. 정리회사에 납세고지를 한 사안에서, 위 조세채권은 정리채권에 해당하고 징수권자가 제3회 관계인 집회일까지 법원에 이를 신고하지 아니하였으므로 정리계획 인가결정시에 실권되어 소멸하였다는 원심의 판단을 정당하다고 수긍하면서, 또한 "지방세법 제179조의3 제2항, 제3항에 의하면 특별징수하는 주민세의 납부기한은 특별징수의무자가 특별징수세액을 소득세와 동시에 징수하였거나 징수할 날이 속하는 달의 다음달 10일이라고 해석되므로, 이 사건 주민세채권은 정리절차개시 당시 이미 납부기한이 경과한 것이어서 회사정리법 제208조 제9호 소정의 공익채권에도 해당하지 않는다"고 판시함으로써 법정납부기한설을 취하였다[36].

한편, 법정납부기한설을 취할 경우 가산세와 관련하여, 회생절차개시 전에 본세의 납기는 경과하였으나 아직 납세고지가 이루어지지 아니하여 가산세의 납기가 정해지지 아니하였거나 납세고지에 의해 정해진 납기가 아직 경과하지 아니한 경우, 가산세는 법령에 납기가 정해져 있지 않고 과세관청의 납세고지에 의해서 납기가 정해질 뿐[37]이어서 과세관청이 납부고지서에 기재한 납부기한을 기준으로 공익채권 여부를 판단할 수밖에 없으므로, 개시 당시 본세의 법정납기가 이미 도과하였으나 아직 납부고지가 이루어지지 아니한 경우에는 본세는 회생채권이 되고 가산세는 공익채권이 된다는 견해[38]가 있다. 그러나 본세가 회생채권인데 가산세가 공익채권이 된다는 결론은 납득하기 어렵다. 또한 가산세는 과세권의 행사와 조세채권의 실현을 용이하게 하기 위하여 세법에 규정된 의무를 정당한 이

36) 대판 2004. 12. 10. 2003두8814; 대법원은 위 판결 이전에도, 정리절차개시 전에 신고 누락한 부분에 대한 부가가치세 등을 정리절차개시결정 이후에 부과한 사안에서, 위 부가가치세 등은 그 성립시기가 정리절차개시결정 전이므로 정리채권에 해당한다고 판시하였다(대판 1994. 3. 25. 93누14417).

37) 대판 1998. 3. 24. 95누15704.

38) 최완주, 주30) 543.

유 없이 위반한 납세자에게 부과하는 일종의 행정상 제재로서, 징수절차의 편의상 당해 세법이 정하는 조세(본세)의 세목으로 하여 그 세법에 의하여 산출한 본세의 세액에 가산하여 함께 징수하는 것일 뿐, 세법이 정하는 바에 의하여 성립·확정되는 본세와 본질적으로 그 성질이 다른 것이므로[39], 본세가 예금적 성질을 가지는지 여부와 무관하게, 가산세 자체를 기준으로 공익채권 여부를 판단함이 타당하다[40]. 따라서 가산세가 예금적 성질을 가진 것이 아닌 한[41], 납부기한이 아니라 성립시기(가산세의 납세의무 성립시기는 원칙적으로 이를 가산할 본세의 납세의무가 성립한 때[42]이다. 국세기본법 제21조 제1항 제11호, 지방세법 제29조 제1항 제13호)를 기준으로 공익채권 여부를 판단하여야 할 것이다.

가산금과 중가산금은 별도의 확정절차 없이 납세고지에 의한 납부기한이 도과함으로써 당연히 발생하는 조세 미납분에 대한 지연이자의 성격을 지닌 것이므로[43], 그 원본인 본세나 가산세가 공익채권이면, 그에 대한 가산금과 중가산금도 그 원본의 성질을 따라 공익채권에 해당한다고 보아야 할 것이다.

나. 우선권의 제한

공익채권은 회생절차에 의하지 아니하고 수시로 변제받고(법 제180조 제1항), 회생채권과 회생담보권에 우선하여 변제받으며(법 제180조 제2항)[44] 회생계획에 의한 권리변경의 대상이 되지 아니한다. 조세채권도 마찬가지이다. 다만, 채무자의 재산이 공익채권의 총액을 변제하기에 부족한 것이 명백하게 된 때(이하 편의상 '재도산'이라 한다)에는 법령에 정하는 우선권에 불구하고 아직 변제하지 아니한 채권액의 비율에 따라 변제받아야 하므로(법 제180조 제7항 본문), 조세채권의 우선권이 제한된다.

다. 자력집행권의 제한

일반적으로 공익채권은 원칙적으로 개별적인 강제집행 등이 가능하나(법 제180

39) 대판 2005. 9. 30. 2004두2356.

40) 같은 취지로는, 오충현, 주35) 172 이하

41) 현행법상 예금적 성질을 가진 가산세는 찾아보기 어렵다.

42) 예외적인 경우에 관하여는 주6) 참조.

43) 대판 2005. 3. 10. 2004다64494.

44) 위 조항은 공익채권은 채무자의 일반재산으로부터 변제를 받는 경우에 우선한다는 의미이지, 회생담보권이 설정된 특정재산의 매각대금으로부터도 우선변제를 받는다는 의미는 아니고, 회생담보권이 설정된 재산 위에 공익담보권이 설정된 경우에는 회생담보권이 우선함을 주의하여야 한다(대판 1993. 4. 9. 92다56216 참조).

조 제3항), 공익채권에 기한 강제집행 또는 가압류가 회생에 현저하게 지장을 초래하고 채무자에게 환가하기 쉬운 다른 재산이 있는 때 또는 재도산의 경우에는 법원이 관리인의 신청 또는 직권으로 담보를 제공하게 하거나 담보를 제공하게 하지 아니하고 공익채권에 기하여 채무자의 재산에 대하여 한 강제집행 또는 가압류의 중지·취소를 명할 수 있다(법 제180조 제3항[45]).

그러나 공익채권인 조세채권에 기한 체납처분은 법 제180조 제3항에 정한 중지·취소명령의 대상이 아니므로, 회생법원이 간편하게 위 규정에 따라 체납처분을 중지·취소할 수는 없고, 국세징수법 또는 지방세법에 의한 체납처분유예 등의 제도를 이용할 수 있을 뿐이다. 체납처분유예사유로는 재산의 압류나 압류재산의 매각을 유예함으로써 사업을 정상적으로 운영할 수 있게 되어 체납액의 징수가 가능하다고 인정되는 때 등이 있고, 체납처분유예는 채무자에게 신청권이 없고 징수권자가 직권으로 발한다(국세징수법 제85조의2, 지방세법 제41조 참조). 따라서 관리인은 필요한 경우 징수권자와 교섭을 통하여 문제를 해결하여야 할 것이다.

다만, 재도산의 경우에는 법령에 정하는 우선권에 불구하고 아직 변제하지 아니한 채권액의 비율에 따라 변제받아야 하는데(법 제180조 제7항 본문), 징수권자가 이에 위반하여 일방적으로 체납처분을 진행하는 것은 위법하므로, 관리인은 이를 이유로 본래의 절차(행정심판·행정소송)에 따라 그 체납처분의 취소를 구할 수 있다[46]. 재도산의 경우 파산절차에 의하여 처리하는 것도 입법론으로 가능하나, 법은 회생절차에 대한 신뢰도를 높이기 위하여, 회생절차상의 최우선채권인 공익채권에 대한 평등배당을 행하여 회생절차 내에서 청산하는 것을 예정함으로써, 파산절차에서와 달리 이미 행해진 체납처분의 취소도 가능하도록 한 것이다[47].

하지만, 재도산의 경우에도 공익채권을 위한 유치권·질권·저당권·전세권 및

45) 구 회사정리법 하에서는 공익채권에 기한 강제집행으로 인하여 채무자의 회생에 지장을 초래하는 경우에도 이를 저지할 법률적인 근거가 없어 입법론적으로 재검토를 요한다는 지적이 있었고, 이에 법 제180조 제3항을 신설하였다.

46) 이러한 통설적 견해에 대하여 체납처분의 금지와 같은 중대사항은 법률에 명문으로 규정되어야 하는데 현행법이 이를 명문으로 금지하고 있지 아니한 점을 들어, 입법론으로는 몰라도 법해석론으로서, 재도산의 경우 체납처분이 금지된다고 해석할 수는 없고, 더욱이 파산선고 전에 개시된 체납처분은 등기된 담보권과 같이 취급됨에도 불구하고 회생절차에서 재도산이라는 사정만으로 담보권과 달리 그 체납처분의 속행을 금지하는 것은 이론적 타당성이 없다는 견해가 있다. 岡正晶, "共益債權弁済不能狀態における滞納處分の中止", ジュリスト 別册 184號 : 倒産判例百選(第4版, 2006), 有斐閣, 99 이하 참조.

47) 日大阪高判 1981. 5. 6.; 池田辰夫, "共益債權弁済不能狀態における滞納處分の中止", ジュリスト 別册 163號 : 倒産判例百選(第3版, 2002), 有斐閣, 250 이하 참조.

우선특권의 효력에는 영향을 미치지 아니하므로(법 제180조 제7항 단서), 공익채권인 조세채권에 대해 납세담보물이 제공된 경우에는 그 담보물로써 체납세액을 징수할 수 있다[48].

3. 우선적 회생채권 및 회생담보권인 조세채권

가. 의의

회생절차개시 전의 원인으로 생긴 조세채권은, 정책적 고려에서 공익채권으로 격상된 것이 아닌 한, 회생채권에 해당한다(법 제118조 제1호). 조세채권이 '회생절차개시 전의 원인으로 생긴' 것인지 여부는 회생절차개시 전에 법률에 의한 과세요건이 충족되어 납세의무가 성립하였는지 여부를 기준으로 결정한다[49]. 회생채권인 본세나 가산세에 대한 지연이자의 성질을 가지는 가산금·중가산금은 그 원본인 본세나 가산세의 성질에 따라 회생절차개시 이후에 발생한 것도 회생채권으로 보아야 할 것이다[50]. 회생채권인 조세채권은 본세, 가산세, 가산금·중가산

---

48) 납세담보물에 의한 체납세액의 징수방법은 국세기본법 제33조, 같은법 시행령 제16조에 규정되어 있다.

49) 회생절차개시 전에 납세의무가 성립된 이상 그 이후에 부과처분이 있더라도 그 조세채권은 회생채권이다(대판 2002. 9. 4. 2001두7268(법인세에 관한 사안); 대판 1994. 3. 25. 93누14417(부가가치세 등에 관한 사안); 대판 1982. 5. 11. 82누56(부가가치세에 관한 사안) 등 참조).

50) 파산절차에서는 파산선고 후의 가산금 등이 재단채권인지 후순위파산채권인지 다툼이 있다. 즉, 재단채권인 조세채권의 범위에 관하여 법 제473조 제2호는 "국세징수법 또는 지방세법에 의하여 징수할 수 있는 청구권(국세징수의 예에 의하여 징수할 수 있는 청구권으로서 그 징수우선순위가 일반 파산채권보다 우선하는 것을 포함하며, 제446조의 규정에 의한 후순위파산채권을 제외한다). 다만, 파산선고 후의 원인으로 인한 청구권은 파산재단에 관하여 생긴 것에 한한다."고 규정하고 있다. 파산선고 전에 납세의무가 성립한 조세채권에 기하여 파산선고 후에 발생하는 가산금·중가산금이 후순위파산채권으로서 재단채권에서 제외되기 위하여는, 위 밑줄 부분이 괄호 밖의 조세채권에도 적용되고 또 파산선고 후의 가산금·중가산금이 제446조의 후순위파산채권에 해당하여야 한다. 그러나 위 밑줄 규정이 괄호 밖의 조세채권에도 적용된다는 데에는 동의하나, 가산금·중가산금이 후순위파산채권에 해당한다는 견해에도 동의할 수 없다. 개인적으로는 위 밑줄 규정은 과태료를 염두에 둔 규정이지 가산금·중가산금을 염두에 둔 규정이 아니고, 파산관재인이 재단채권인 조세채권을 지급하지 아니함으로써 발생하는 가산금·중가산금은 법 제473조 제4호 소정의 재단채권에 해당하는 것이지 위 제2호와는 무관하다고 본다. 원본이 재단채권이라면 그에 기한 지연손해금의 성질을 가진 가산금·중가산금은 원본의 성질에 따라 재단채권이 된다고 봄이 타당하고, 통합도산법 입법과정에서 가산금·중가산금을 후순위파산채권으로 규정하려다 실패한 것에 비추어 보더라도 가산금·중가산금이 후순위파산채권에 해당한다고 해석하는 것은 무리이며, 이러한 해석은 재단채권의 본질에도 반하는 것이다. 이에 관한 자세한 논의는, 주진암, "도산절차에서의 가산금·중가산금의 지위", 법조(2008. 10.), 법조협회, 142-157 참조.
일본에서도 구 파산법 시행 당시부터 본세가 재단채권이면 그에 기하여 파산선고 후에 생기는 가산금 등도 재단채권이라는 데 의견이 모아졌고, 다만 신 파산법의 시행과 함께 가산금

금, 체납처분비 모두 실체법상 우선권이 보장되므로 일반의 우선권 있는 회생채권에 해당한다.

회생채권인 조세채권에 대해 채무자 소유 재산이 납세담보물로 제공된 경우에는 그 담보된 범위의 것은 회생담보권이 된다(법 제141조 제1항 본문). 다만 가산금, 중가산금은 회생절차개시결정 전날까지 생긴 것만이 회생담보권에 해당하므로(법 제141조 제1항 단서), 회생절차개시결정 이후에 생긴 것은 회생채권이 된다. 한편 회생절차개시 전에 채무자에게 재산을 양도담보로 제공한 자가 체납세액을 납부하지 못하여 채무자가 그 양도담보재산으로서 그 체납세액에 대한 책임을 부담하는 경우(이를 '양도담보권자의 물적납세의무'라 한다. 국세기본법 제42조, 지방세법 제36조) 그 조세채권도 회생담보권으로 취급하여야 할 것이다[51].

나. 우선권의 제한

조세채권은 일반의 우선권 있는 회생채권(납세담보물이 있으면 회생담보권)으로서 징수권자의 동의 없이는 원칙적으로 권리변경이 불가능하므로 다른 회생채권 등에 대하여는 그 우선권이 보장되나, 공익채권에 대하여는 공익채권이 회생채권에 우선하므로 그 우선권이 배제된다.

다. 자력집행권의 제한

(1) 개시결정 전

조세채권에 기한 체납처분의 중지를 명할 수는 있다. 즉, 법원은 회생절차개시 신청이 있는 경우 필요하다고 인정하는 때에는 이해관계인의 신청에 의하거나 직

등을 재단채권으로 보는 근거가 신 파산법 제148조 제2호(파산재단의 관리, 환가 및 배당에 관한 비용의 청구권)와 제148조 제4호(파산재단에 관하여 파산관재인이 한 행위에 의하여 생긴 청구권) 중 어디인가에 관한 다툼이 생겼다. 이는 일본 신 파산법 제152조 제2항이 구 파산법과 달리 재단부족의 경우 제148조 제1항 제1호, 제2호의 재단채권을 다른 재단채권에 우선 변제한다고 규정하고 있기 때문이다. 이와 관련하여 일반적인 견해는 신 파산법 제148조 제4호에 의한 재단채권이라고 보고 있는데(4호설), 그 논거 중 하나로 日最判 1984. 5. 17. 및 日最判 1968. 6. 13.(파산재단 소속 건물이 타인의 토지를 불법점유하고 있는 때에 파산선고 후에 발생하는 임료상당액의 손해금은 재단채권이라는 취지)을 언급하고 있다. 구 파산법 당시는 물론 신 파산법 입법과정에서도 4호설에 의하는데 별다른 의문이 없었는데, 신 파산법이 제정되어 재단채권 상호간의 우선순위가 달라지자, 신 파산법 제148조 제2호에 의한 재단채권으로 보아야 한다는 일부 견해(2호설)가 등장하였다고 한다. 자세한 내용은, 伊藤 眞 외 2, Jurist增刊 新破産法の基本構造と實務(2007), 有斐閣, 332-333 참조 ; 2호설을 취한 견해로 永石一郎, "破産手續と稅務", 新·裁判實務大系 28 新版 破産法(2007), 青林書院, 564 참조.

51) 山田二郎, "租稅債權の倒産法上の取扱い", (新)實務民事訴訟講座(13) : 倒産手續(1981), 日本評論社, 275.

권으로, 미리 징수권자의 의견을 들어, 회생절차개시의 신청에 대한 결정이 있을 때까지[52] 체납처분의 중지를 명할 수 있다(법 제44조 제1항 제5호). 징수권자의 의견을 듣는 것으로 족하고 그 동의를 얻어야 하는 것은 아니다. 징수권자의 의견을 듣지 아니하고 중지명령이 발하여진 경우 그 명령의 효력에 관하여 무효설과 유효설이 있으나 위 규정이 효력규정이 아니라고 본다면 유효설이 타당하다[53]. 중지기간 중에는 시효가 진행하지 아니한다(법 제44조 제2항). 중지명령에 위반하여 행해진 체납처분은 무효이다.

그러나 조세채권에 기한 체납처분의 취소·금지를 명할 수는 없다. 즉, 법원은 회생채권 또는 회생담보권에 기한 강제집행·가압류·가처분 또는 담보권실행을 위한 경매절차에 대하여는 채무자의 회생을 위하여 특히 필요하다고 인정되면 중지된 그 절차의 취소를 명할 수 있고(법 제44조 제4항), 중지명령만으로 회생절차의 목적을 충분히 달성하지 못할 우려가 있다고 인정할만한 특별한 사정이 있으면 그 절차의 금지를 명하는 이른바 포괄적 금지명령을 발할 수 있으나(법 제45조), 체납처분은 그 취소명령이나 포괄적 금지명령의 대상에서 제외되어 있다.

(2) 개시결정 후

회생절차개시결정이 있으면 파산·강제집행·가압류·가처분·담보권실행경매 등은 전면적으로 금지·중지되지만(법 제58조 제1항, 제2항), 조세채권에 기한 체납처분은 회생절차개시결정이 있는 날부터 일정기간(회생계획인가일·회생절차종료일 또는 회생절차개시결정일로부터 2년이 되는 날 중 먼저 도래하는 기간, 다만 법원은 필요하다고 인정하는 때에는 관리인의 신청에 의하거나 직권으로 1년 이내의 범위에서 그 기간을 늘릴 수 있다) 동안 중지·금지될 뿐이므로(법 제58조 제3항), 그 중지·금지기간이 경과하면 체납처분의 개시·속행이 허용된다. 다만 실무상으로는 회생계획에서 조세채권에 대하여도 법 제140조 제2항에 의하여 징수유예 또는 체납처분유예를 정하는 것이 일반적이므로, 이러한 경우에는 그 유예기간까지 체납처분이 중지·금지된다. 체납처분의 중지·금지기간 중에는 시효가 진행하지 아니한다(법 제58조 제4항, 제140조 제5항).

52) 1999. 12. 31. 법률 제6085호로 개정되기 전의 구 회사정리법 제37조 제3항은 '중지의 결정은 정리절차개시의 신청에 관하여 결정이 있은 때 또는 중지의 결정의 날로부터 5월을 경과하면 그 효력을 잃는다'고 규정하여 정리절차개시의 신청에 관한 결정이 있을 때까지 효력이 존속하는 다른 절차에 대한 중지명령과 달리 규정하고 있었으나, 구 회사정리법이 개정되면서 그 규정은 삭제되었다.

53) 임채홍·백창훈, 회사정리법(상)(제2판, 2002), 한국사법행정학회, 184.

중지된 체납처분에 대하여, 법원은 회생에 지장이 없다고 인정하는 때에는 그 속행을 명할 수 있고, 나아가 회생을 위하여 필요하다고 인정하는 때에는 그 취소를 명할 수도 있다(법 제58조 제5항[54]). 이 경우 속행으로 인한 체납처분비는 공익채권이 된다(법 제58조 제6항). 개시결정 전에는 체납처분의 취소가 불가능하나 개시결정이 있으면 중지된 체납처분의 취소가 가능하다는 점에 차이가 있다. 그러나 체납처분은 파산절차로 이행하는 경우 파산선고가 체납처분의 속행을 방해하지 아니하고 체납처분이 이루어진 조세는 압류선착주의 및 법정기일의 선후 등의 비교에 의하여 실체법적으로 담보권과 권리의 우선순위를 다투는 담보권 유사의 법적 지위를 갖고 있고(법 제349조), 또 회생절차는 조세채권의 전액 변제는 물론 그것이 불가능할 경우 체납처분의 속행을 예정하고 있으므로, 체납처분의 취소는 당해 체납처분이 채무자의 회생에 막대한 지장을 초래하고 있고 또 체납처분을 취소하더라도 체납세액의 납부에 지장이 없음이 명백하다는 등의 특별한 사정이 있는 때에 한하여 예외적으로 허용함이 타당하고, 단순히 운전자금의 부족이나 회생절차의 편의를 위하여 쉽사리 인정할 것은 아니라고 본다.

(3) 인가결정 후

일반 회생채권에 기한 강제집행 등은 회생절차개시결정으로 중단되었다가 회생계획인가결정으로 인하여 실효되지만(법 제256조 제1항 본문), 체납처분은 실효되지 아니하고 인가결정과 동시에 그 개시 · 속행이 가능하다(법 제58조 제3항). 다만 실무상 회생계획에서 조세채권에 대한 징수유예나 체납처분유예를 정하는 경우가 많으므로, 이러한 경우에는 인가결정이 있더라도 그 유예기간이 도래할 때까지는 체납처분의 개시 · 속행이 허용되지 아니한다.

(4) 재도산의 경우

재도산의 경우 공익채권인 조세채권에 기하여 체납처분을 강행하는 것은 평등변제를 규정한 법 제180조 제7항을 위반하였음을 이유로 관리인이 본래(행정심판 · 행정소송)의 절차에 따라 그 취소를 구할 수 있는바, 재도산의 경우에는 채무자의 일반재산은 공익채권자에 대한 평등변제의 자원이 되고, 공익채권자보다 후순위인 회생채권자 또는 회생담보권자가 일반재산으로부터 변제 등 채권을 만족

54) 법 제58조 제5항은 동조 "제2항"만을 언급하고 있으나 그 본문 전단이 규정대상으로 "일반회생채권보다 징수우선순위가 우선하는 청구권"에 관한 제140조 제2항을 인용하고 있는 점에 비추어 위 "제2항"은 "제2항, 제3항"의 오기로 보인다.

받는 것은 허용되지 아니한다고 보아야 할 것이다. 따라서 재도산의 경우 회생채권인 조세채권에 기하여 새로운 체납처분을 하는 것은 허용되지 아니하고, 또 회생절차개시 전에 이미 착수하였다가 회생절차개시로 인하여 중지된 체납처분을 속행하는 것도 더 이상 허용되지 아니한다고 할 것이므로, 관리인은 그 위법을 이유로 본래의 절차에 따라 그 체납처분의 취소를 구할 수 있다고 본다[55].

라. 기타

(1) 채권신고ㆍ조사에 관한 특칙

관리인이 제출한 목록에 기재되어 있지 아니하고 채권신고도 없는 회생채권 등은 회생계획상의 분배에서 제외되어 종국적으로 실권되는데(법 제251조), 이는 조세채권도 마찬가지이다.

다만 채권신고기간에 관하여는, 일반 회생채권 등은 법원이 정한 채권신고기간 내에 신고를 하여야 하는 것과 달리, 조세채권은 '지체 없이' 신고하면 족하다(법 제156조 제1항). 여기서 '지체 없이'라 함은, 조세채권이 회생계획에 반영되려면 회생계획안이 법원에 제출되어 심리 및 결의를 거쳐 법원의 인가를 받아야 하는 점에 비추어, 늦어도 회생계획안의 심리가 끝나기 전(제2회 관계인집회가 끝나기 전 또는 법 제240조에 의한 서면결의에 부친다는 결정이 있기 전, 법 제152조 제3항 참조)까지를 말한다고 봄이 타당하다[56].

한편 채권조사에 관하여는, 조세채권이 행정처분에 의하여 발생한 청구권으로서 그 부과처분이 취소되지 아니하는 한 공정력을 갖고 있는 점을 고려하여, 일단 관리인이 제출한 목록에 기재되어 있거나 과세권자가 신고한 조세채권에 대하여는 회생절차 내에서 채권조사의 대상으로 삼지 아니하고 일응 진정한 채권으로 취급하되, 관리인만이 채무자가 할 수 있는 방법, 즉 행정심판이나 행정소송 등으로 불복할 수 있도록 하고 있다(법 제157조 제1항).

(2) 권리변경에 관한 특칙

회생계획은 실체법상의 권리순위를 고려하여 공정하고 형평에 맞는 차등을 두어 권리변경을 가하고(법 제217조 제1항), 이를 회생담보권자, 일반의 우선권 있는 회생채권자, 그 밖의 회생채권자, 주주 등으로 분류된 조별로 결의를 거쳐 법

55) 日大阪高判 1981. 5. 6.

56) 구 회사정리법 하에서 판례(대판 1981. 7. 28. 80누231)는 "지체 없이"라 함은 정리계획안 수립에 장애가 되지 아니하는 시기 즉, 늦어도 정리계획안 심리기일 이전(통상 제2회 관계인집회일 전)까지를 뜻한다고 판시하였다.

원의 인가를 받으면 족하므로(법 제236조 제1항, 제2항 본문), 각 채권자에 대하여는 청산가치를 보장하는 한 개별적인 동의를 받을 필요는 없다(법 제243조 제1항 제4호).

그러나 조세채권은 전혀 달리 취급된다. 즉, 조세채권은 관계인집회에서 의결권은 없고(법 제191조), 실체법상의 권리순위를 고려하여 공정하고 형평에 맞는 차등을 두어야 한다는 규정이 적용되지도 아니하며(법 제217조 제2항), 회생계획안 결의를 하여 분류된 특정한 '조'에 가입되지 아니하고(제236조 제2항 단서), 오로지 권리변경을 위하여는 징수권자의 개별적인 동의가 필요하고(법 제140조 제3항), 다만 3년 이하의 기간 동안 징수유예 또는 체납처분유예를 정하는 경우에 한하여 징수권자의 의견을 들으면 족하다(법 제140조 제2항). 결국 조세채권은 사실상 전액 변제가 예정된 것이나 마찬가지이다.

(3) 부인권대상에서 제외

조세채권에 관하여 징수권자에게 한 담보의 제공 또는 채무의 소멸에 관한 행위는 부인권의 대상이 되지 아니한다(법 제100조 제2항).

(4) 변제에 관한 특칙

회생채권 등은 원칙적으로 법원의 허가가 없는 한 회생계획에 의하지 아니하고는 변제하거나 변제받는 등 이를 소멸하게 하는 행위를 하지 못하나, 조세채권에 대하여는, 체납처분 등이 허용되거나 체납처분에 의한 압류를 당한 채무자의 채권에 관하여 제3채무자가 임의로 이행하는 경우, 그 예외를 인정하고 있다(법 제131조, 제132조).

(5) 조세환급금 충당의 허용 시기

일반의 회생채권자 또는 회생담보권자의 경우에는, 그 신고기간만료 전에 상계적상에 있는 경우에 한하여 그 기간 내에만 상계가 허용되고, 그 이외에는 회생계획에 의하지 아니하고 상계할 수 없다(법 제144조).

그런데 조세환급금의 충당(국세기본법 제51조, 지방세법 제45조 참조)에 관하여는 위와 같은 특별 규정이 없어 해석상 논란의 여지가 있다. 이에 관하여 채권신고기간 내에 상계가 허용되므로 그 사이에 충당할 수 있음은 문제가 없으나 그 이후의 충당에 관하여는 현행법에 아무런 특칙 규정이 없으므로 부정되어야 한다는 견해가 있다[57]. 개인적으로는, 충당은 상계와 다른 제도로서 상계 제한 규정이 적용될 수 없으므로 전면적으로 허용되어야 한다고 본다[58]. 또한 상계 제한 규정이 충당에 적용된다는 견해를 취하더라도, 조세채권은 일반 회생채권 등과 달리 신고기간이 정해진 것이 아니라 지체 없이 신고하면 족하므로 제2회 관계인 집회가 끝나기 전까지는 충당이 가능하고, 그 기간이 경과한 이후라도 조세채권에 기한 체납처분이 가능한 때(실무상 회생계획에서 분할변제를 규정하고 있으므로 그 각 변제기가 도래하면 체납처분이 가능하다)에는 충당이 허용된다고 봄이 타당하므로, 조세환급금의 충당이 금지되는 기간은 제2회 관계인집회가 끝난 때로부터 회생계획에서 정한 변제기가 도래하기 전까지에 한정된다고 보아야 할 것이다.

입법론으로는, 조세환급금의 충당이 민법상의 상계와 유사한 제도이긴 하나 조세법규에서 그 요건과 효과를 별도로 규정하고 있어 민법상의 상계와는 다른 제도로 볼 수밖에 없고[59], 조세채권은 일반 회생채권과 달리 체납처분의 속행과 전액 변제가 예정되어 있으며, 그밖에 조세채권의 공익성을 아울러 고려하면, 조세환급금의 충당에 관하여 별도의 규정을 두어 상계보다 너그럽게 허용함이 타당하다. 일본 회사갱생법은 변제금지에 대한 예외로서 징수권자에 의한 조세환급금의 충당을 규정함으로써(제47조 제6항 제3호), 조세환급금의 충당을 전면적으로 허용하고 있다.

(6) 청산가치보장의 원칙이 적용되는지 여부

회생계획을 인가하기 위해서는 회생계획에 의한 변제방법이 채무자의 사업을 청산할 때 각 채권자에게 변제하는 것보다 불리하지 않게 변제하는 내용이어야 한다. 즉 회생채권자나 회생담보권자에 대하여는, 그 개별적 동의가 없는 한, 최

57) 임채홍 · 백창훈, 주53) 560.

58) 필자가 개인적으로 알아본 바에 의하면, 과세관청은 시기적 제한 없이 조세환급금으로 체납세액을 충당하고 있고, 이에 대해 채무자측에서 정식으로 문제제기를 하는 사례는 거의 없다고 한다.

59) 국세환급금의 충당은 세법에 그 요건이나 절차, 방법이 따로 정하여져 있고 그에 따른 효과로 납세의무가 소멸하는 것으로 규정되어 있으나, 충당이 납세의무자가 갖는 환급청구권의 존부나 범위 또는 소멸에 구체적이고 직접적인 영향을 미치는 처분이라기보다는 국가의 환급금채무와 조세채권이 대등액에서 소멸되는 점에서 오히려 민법상의 상계와 비슷하고, 소멸대상인 조세채권이 존재하지 아니하거나 당연무효 또는 취소되는 경우에는 그 충당의 효력이 없는 것으로서 이러한 사유가 있는 경우에 납세의무자로서는 충당의 효력이 없음을 주장하여 언제든지 민사소송에 의하여 이미 결정된 국세환급금의 반환을 청구할 수 있다고 할 것이다(대판 1994. 12. 2. 92누14250). 다만, 국세환급금의 충당이 있는 경우 소멸대상인 국세의 납기가 도래한 시기에 소급하여 환급금의 반환채무가 대등액에서 소멸하는 것이 아니라, 충당행위가 있은 날부터 장래에 향하여 충당의 효력이 발생한다는 점에서 민법상의 상계와 구별된다(대판 1989. 5. 23. 87다카3223, 대판 2000. 4. 25. 98두12987).

소한 파산적 청산시의 배당액 이상으로 변제받는 내용으로 회생계획이 작성되어야만 하는데,(법 제243조 제1항 제4호), 이를 청산가치보장의 원칙이라 한다.

그런데, 조세채권에 대하여는 원칙적으로 징수권자의 동의가 있어야만 권리변경이 가능하고 다만 예외적으로 3년 이하의 기간 동안 징수유예나 체납처분유예는 징수권자의 의견청취만으로 가능한바, 징수권자의 개별적인 동의를 얻어 권리변경을 하는 경우에 청산가치보장의 원칙이 적용되지 아니함은 의문의 여지가 없으나, 징수권자의 의견청취만으로 3년 이하의 기간 동안 분할변제를 규정하는 경우 청산가치보장의 원칙이 적용되는지 여부가 문제된다.

현재 회생실무는 조세채권에 대하여 징수권자의 의견청취만으로 3년 이하의 기간 동안 분할변제를 규정하는 경우 그 분할변제기간 동안에 가산금·중가산금이 발생하지 아니한다는 전제[60]에서 회생계획을 수립·인가하고 있는데, 이로 인하여 대부분의 사건에서, 조세채권에 대한 청산배당률이 100%임에도 현가변제액이 이에 미달하여 청산가치가 보장되지 아니하는 것이 아닌가 하는 의문이 제기된다(조세채권의 법정기일이 담보권의 등기일보다 앞서 조세채권이 담보권보다 선순위인 경우에는, 회생담보권에 대한 청산배당률이 100%인 경우에는 청산가치보장의 원칙에 따라 변제금의 현가할인액이 100% 이상이어야 하지만, 선순위인 조세채권에 대하여는 그 현가할인액이 이에 미달하게 되는 점에서 그 의문은 증대된다).

이 문제에 관하여 아직 깊은 논의는 없는 것으로 보이나[61], 개별채권자에 대한 청산가치보장은 동일한 채권자 조에 속하는 다수의 채권자들의 동의에 의하여 소수의 반대 채권자들의 의사를 무시하고 회생계획안의 구속력을 반대 채권자들에게 미치게 하는 것을 정당화시키기 위한 것인데[62], 조세채권은 특정한 조에 편입되지 않고 의결권도 없으며 오로지 개별적 동의나 의견청취만으로 권리변경 등이 가능하여 다른 회생채권 등에 적용되는 청산가치보장의 원칙을 조세채권에 그대로 적용할 필요가 없고, 또 의견청취만으로 3년 이내 분할변제를 규정할 수 있도록 법에서 특별한 정하고 있는 이상 그에 따른 변제는 그 자체로서 적법하다고

60) 이러한 회생실무가 부당하다는 점에 관하여는, 이 글 37면 이하 참조.

61) 부산고결 2007. 9. 21. 2007라147은 회생계획의 수행가능성 여부를 주된 쟁점으로 판단하면서 부가적으로 "조세채권 등의 청산가치 배당률이 100%임은 앞서 본 바와 같은데, 이 사건 회생계획에서 조세채권 등에 대하여 이자를 전혀 고려하고 있지 않은 채 원금 전체의 분할상환만을 정하고 있어 변제액의 현재가치가 청산가치에 미치지 못함도 분명하다"고 판시함으로써 .조세채권에도 청산가치보장의 원칙이 적용됨을 명확히 하였다. 이에 대하여 대결 2008. 1. 14. 2007마1256은 특별한 이유를 설시하지 아니한 채 위 부산고등법원 결정을 유지하였다. 그러나 위 사안은 수행가능성 여부가 주된 쟁점인 사건으로서 위 결정만으로는 조세채권에 청산가치보장의 원칙이 적용된다는 판례가 형성되었다고 보기는 어려울 것이다.

62) 서울중앙지방법원 파산부 실무연구회, 회생사건실무(상)(제2판, 2008), 박영사, 509.

보이므로, 현행법상 조세채권에는 청산가치보장의 원칙이 적용되지 아니한다고 봄이 타당하다[63].

4. 벌금·과료 등

조세범칙행위자에 대하여는 조세범처벌법(지방세법 제84조에 의하여 지방세에 관한 범칙행위에 대하여 준용된다)과 관세법에 따라 형사처벌을 하게 되는데, 회생절차개시 전의 벌금·과료 등의 청구권은 회생채권에 해당하므로[64], 국가는 벌금 등을 회생채권으로 신고하여 변제받을 수 있으나(조세채권과 마찬가지로, 채권신고는 '지체 없이'하면 족하고, 회생절차 내에서 채권조사를 하는 것이 아니라 관리인만이 채무자가 할 수 있는 방법으로 불복할 수 있을 뿐이다. 법 제156조 제1항, 제157조), 회생계획안 결의를 위한 조 분류 대상에 해당하지 아니할 뿐만 아니라(법 제236조 제2항 단서) 회생계획에서 권리변경을 정할 수도 없으므로(법 제140조 제1항), 채권자인 국가의 동의에 의하여도 권리변경이 전혀 불가능하고, 또한 채권신고를 하지 아니하여 회생계획에 포함되지 아니하여도 실권되지 아니한다(법 제251조 단서).

한편, 예컨대 회생절차개시 전에 사기 기타 부정한 방법으로 탈세를 하였으나 회생계획 인가 이후에 그 사실이 밝혀져 벌금이 부과된 경우에는, 그 포탈세액 자체는 회생채권에 해당하나(따라서 회생계획에 반영되지 아니한 이상 실권될 수밖에 없다), 그 벌금은 개시 후에 발생한 것으로서 법 제179조에서 열거한 공익채권에 해당하지 아니하므로 법 제181조에 따라 개시후 기타채권으로 보아야 할 것이다[65]. 개시후 기타채권에 대하여는 회생계획에서 정한 변제기간이 만료하는 때(회생계획인가의 결정전에 회생절차가 종료된 경우에는 회생절차가 종료된 때, 그 기간만료 전에 회생계획에 기한 변제가 완료된 경우에는 변제가 완료된 때를 말한다)까지 사이에는 변제를 하거나 변제를 받는 행위 그밖에 이를 소멸시키는 행위를 할 수 없고, 강제집행 등도 할 수 없다(법 제181조). 따라서 공익채권, 회생담보권, 회생채권 등에 대한 변제가 완료되기 이전에는 변제를 받을 수 없게 된다.

---

63) 미국 파산법에 따르면 조세채권은 5년간 분할변제를 할 수 있으나 그 현재가치가 계획안의 효력발생일의 채권액과 동등해야 하는바{제1129조(a) (9) (c), 제507조 (a) (8)}, 이에 의하면 조세채권에 대하여도 청산가치보장의 원칙이 적용되는 것으로 보인다.

64) 구 회사정리법 제121조 제1항 제5호는 이를 후순위정리채권으로 규정하였으나 통합도산법은 일반 회생채권으로 규정하고 있다.

65) 이와 달리 관리인이 개시 후에 그 업무수행과 관련하여 조세를 포탈한 경우에는 그 포탈세액은 물론 그로 인한 벌금도 법 제179조 제2호에 의하여 공익채권에 해당한다.

四. 채무자의 조세채무

1. 개요

회생절차가 개시되었다고 하더라도, 사업연도나 과세기간, 납세의무자, 신고·납부, 신고기간 등에 관한 특칙 규정은 없으므로, 관리인은 통상의 경우와 마찬가지로 각종 세금을 신고·납부하여야 한다[66]. 입법론으로는 회생절차개시 전후를 기준으로 회생채권 여부를 판단하여야 하는 점, 회생절차개시에 따라 채권자 등 이해관계인에 의해 채무자의 운명이 결정되게 되어 이해관계인에게 그 재산이 실질적으로 양도된다고 볼 수도 있는 점, 인가결정에 따라 채무면제나 출자전환 등 권리변경이 행해져 채무자가 새출발을 하게 되는 점을 고려할 때 법인세 등 기간과세대상인 조세에 관하여 회생절차개시 시점 및 인가 시점을 기준으로 사업연도나 과세기간을 분리할 필요가 있다[67]. 이하 실무상 자주 문제되는 부분을 살펴본다.

2. 주요 쟁점

가. 재산평가

회생절차개시결정이 있으면 관리인은 채무자에게 속하는 모든 재산의 개시 당시의 가액을 평가하여야 하고, 그 평가금액을 반영한 재산목록과 대차대조표를 작성하여야 한다(법 제90조, 제91조). 재산평가에 관하여 법은 일반적으로 공정·타당하다고 인정되는 회계관행을 따르되(법 제94조 제1항), 다만 고정자산에 대하

66) 회생절차개시결정이 있으면 업무집행권과 재산의 관리처분권은 관리인에게 전속한다. 회생절차개시결정이 있기 전이라도 보전관리인에 의한 관리명령이 있으면 업무집행권과 재산의 관리처분권은 보전관리인에게 옮겨진다. 따라서 보전관리인에 의한 관리명령 또는 회생절차개시결정이 내려진 경우 대표이사가 아니라 보전관리인 또는 관리인이 신고·납부의무를 이행하여야 한다.

67) 일본 회사갱생법 제232조 제2항에 의하면, 개시결정시에 일단 사업연도가 종료하고 그 때로부터 인가시(또는 그 전에 종료된 때에는 종료일)까지를 1개 사업연도로 보되, 법인세와 사업세에 관하여는 개시결정시부터 인가시(또는 종료시)까지의 기간이 1년을 초과하는 경우에는 개시결정시부터 매 1년마다 별개의 사업엽도로 보게 된다. 인가 이후에는 사업연도에 관한 특례규정이 없으므로 원래의 사업연도로 복귀하게 된다. 따라서 관리인은 개시시부터 인가시(또는 종료시)까지 사이의 기간이 1년을 초과하더라도 그 사이에는 개시시와 인가시 두 번만 결산재무재표를 작성하면 족하나, 세무신고를 위하여는 결산재무제표가 아니더라도 매년 별도의 재무제표를 작성할 수밖에 없다. 일본 회사갱생법이 결산재무제표를 매년 작성하지 아니하도록 한 취지는 갱생절차 진행 동안 주주에 대한 배당을 행하지 아니하므로 매년 결산재무제표를 작성할 필요가 없는데다가 관리인으로 하여금 갱생에 전력하도록 하고자 하는데 있다고 한다. 三ヶ月章 등, 條解 會社更生法(下)(1999), 弘文堂, 934-935 참조.

여는 취득원가로 계상하여야 한다는 상법 제31조 제2호의 적용을 배제하는 특칙 규정을 두고 있을 뿐이어서(법 제94조 제2항), 법문을 엄격하게만 본다면 고정자산을 제외한 나머지 자산의 평가에 관하여는 상법과 기업회계기준을 따라야 하는데, 상법 제31조 제1호는 '유동자산은 취득가액·제작가액 또는 시가에 의한다. 그러나 시가가 취득가액 또는 제작가액보다 현저하게 낮은 때에는 시가에 의한다"고 규정하고 있고, 기업회계기준에서도 이러한 원가법이나 저가법에 의한 회계처리를 요구하는 경우가 많아, 결국 고정자산을 제외한 나머지 자산에 대하여는 시가로 평가하여서는 아니 되고 원가법이나 저가법으로 평가하여야 하는 것이 아닌지 의문이 제기될 수 있다.

그러나 회생절차에서 재산가액을 평가하는 목적이, 회생절차의 개시결정이 있으면 채무자의 업무 및 관리권한이 관리인에게 귀속되므로 관리인이 채무자의 재산상태를 정확하게 파악할 필요가 있고, 회생절차에 참가할 이해관계인의 권리범위를 명확히 하며, 회생계획의 수행가능성이나 권리분배의 공정·형평성 여부를 판단하는 전제자료로 삼고자 하는 데 있음을 고려하면, 재산가액은 원가법이나 저가법이 아니라 시가법에 따라 개시 당시의 정확한 시세로 평가함이 타당하고, 법 제94조 제2항은 이러한 점을 선언적으로 규정한 취지로 보아야 할 것이다[68].

68) 판례는 "회사재산평가에 있어서 그 평가의 객관적 기준은 회사의 유지, 갱생 즉 기업의 계속을 전제로 평가한 가액인 이른바 계속기업가치이어야 하고 회사의 해산과 청산 즉 기업의 해체·처분을 전제로 한 청산가치이어서는 안될 것이므로 개개재산의 처분가액을 기준으로 할 것이 아닌바, 계속기업가치는 그 기업의 수익성에 의하여 좌우되는 것이므로 수익환원법에 의한 수익가치의 평가방식이 표준적인 방식이라고 할 수 있으나, 재산의 종류와 특성에 따라 재조달원가에 의한 평가방식이나 비준가액에 의한 평가방식이라도 기업의 계속성을 감안한 객관적 가액을 표현할 수 있는 것이면 족하다"는 태도이다(대결 1991. 5. 28. 90마954). 개인적으로는, 청산가치로 평가하여서는 아니된다는 점에는 찬동하나 반드시 계속기업가치로 평가하여야 하는지는 의문이다. 일본에서도 계속기업가치로 평가하여야 한다고 규정하였다가(구 회사갱생법 제177조 제2항), 법을 개정하면서 시가로 평가하도록 변경하였다(회사갱생법 제83조 제2항). 원래 계속기업가치란 기업재산을 해체하지 않고 일괄하여 그 기업이 계속 존속함을 전제하여 평가한 기업의 가치를 말하는 것이어서 재산가액을 계속기업가치로 평가하려면 조직체로서의 기업 가치를 다시 개별 자산별로 분배하여야 하는 작업이 필요한데 계속기업가치 산정 자체의 불확실성은 물론 계속기업가치를 개별 자산별로 분배하는 데 많은 시간과 노력이 소요되어 개시 즉시 재산가액을 평가하여야 하는 관리인으로서는 위와 같은 방법으로 재산가액을 평가하는 것이 사실상 불가능한 반면, 개별재산을 시가로 평가하여도 재산평가의 목적을 충분히 달성할 수 있고 계속기업가치로 평가하는 경우보다 시간과 노력이 적게 소요되어 관리인이 지체 없이 개시 당시의 재산가액을 평가하여야 한다는 법 규정에도 부합하고, 또 회생절차에서 재산가액을 평가하는 이유는, ① 관리인이 재산상태를 정확하게 파악하고, ② 회생담보권자와 주주 등 이해관계인이 회생절차에서 어떠한 지위를 부여받을 것인지 즉 이해관계인의 권리범위를 명확히 하고, ③ 회생계획의 수행가능성 및 권리분배의 공정·형평성 여부를 판단하는 자료로 삼기 위한 것인데, 그 중 ③은 기업 자체의 가치인 계속기업가치와 청산가치를 비교하면 족하므로 개별 자산을 평가할 필요는 없고, ①도 대략적인 평가만으로 그 목적을 달성할 수 있는 반면, ②는 회생담보권자, 회생채권자, 주주 등 이해관계인이 회생절차에서 어떠한 지위를 부여받을 것인지를 결정하는 것과 직결

그런데, 세법은 자산의 임의적인 평가를 통한 소득금액의 조작을 방지하고자 이를 원칙적으로 금지하면서, 예외적으로 고정자산에 대하여는 천재지변 등으로 인하여 파손 또는 멸실되어 시가로 감액 평가하거나 보험업법 기타 법률에 의하여 증액 평가하는 것, 재고자산에 관하여는 파손·멸실 등의 사유로 정상가격으로 판매할 수 없어 시가로 감액 평가하거나 세법에서 정한 평가방법[69]으로 평가하는 것, 유가증권(주식, 채권, 간접투자자산운용업법 제2조 제7호의 규정에 의한 유가증권등을 말한다)､ 화폐성 외화자산 및 부채와 통화스왑계약에 관하여는 세법에서 정한 평가방법[70]으로 평가하는 것만을 허용하고 있다(법인세법 제18조 제1호, 제22조, 제42조, 소득세법 제33조 제1항 제7호). 결국 회생절차가 개시되었다고 하여 자산평가에 있어서 세법상 특칙은 없고, 다만 관리인이 고정자산을 개시 당시의 시가로 증액 평가한 경우 '기타 법률에 의한 증액 평가'로서 허용될 수 있는지가 문제된다.

이와 관련하여 특별한 이유를 설시하지 아니한 채 '기타 법률의 규정에 의한 고정자산의 증액 평가'에 해당한다는 긍정설[71]과, 법 제90조의 재산평가규정은 청산가치와 계속기업가치를 산정하여 회생절차개시 여부를 판단하는 기초자료를 제공하라는 규정으로 보이는 점 및 기업회계기준상 대차대조표는 고정자산에 대하여 취득원가주의를 원칙으로 하고 있는데 법 제91조가 기업회계기준의 취득원가주의를 배척하고 시가대로 사업연도말 대차대조표를 작성하여 공시하라는 규정으로까지 보기는 어려운 점을 고려할 때 위 법 규정을 세법상 예외조항인 '기타 법률에 의한 고정자산의 증액평가'에 해당한다고 보기 어렵다는 부정설[72]이 있다.

되어 있으므로 그 가치를 명확하게 평가할 필요가 있는데 이는 기업 자체의 가치를 평가할 필요 없이 개별 재산의 시가를 평가하는 방법으로도 그 목적을 충분히 달성할 수 있는 점 등을 고려하면, 기업 자체의 가치를 평가하여 이를 개별 재산에 분배하는 복잡한 절차를 취할 필요 없이, 개별 재산 자체의 시가를 바로 평가하는 것이 타당하다. 이 경우 개별 재산의 시가의 총합계와 계속기업가치가 이론적으로 같아야 할 것이므로, 그 차액이 발생하는 경우에는 영업권 또는 부(-)의 영업권으로 볼 수 있을 것이다.

69) 재고자산은 원가법(개별법, 선입선출법, 후입선출법, 총평균법, 이동평균법, 매출가격환원법)과 저가법으로 평가할 수 있는데, 평가방법을 변경하려면 변경할 사업연도의 종료일 이전 3월이 되는 날까지 평가방법변경신고를 하여야 한다(법인세법 시행령 제74조, 소득세법 시행령 제91조, 제92조, 제94조).

70) 유가증권은 개별법(채권에 한한다), 총평균법, 이동평균법, 시가법으로 평가할 수 있는데, 평가방법을 변경하려면 변경할 사업연도의 종료일 이전 3월이 되는 날까지 평가방법변경신고를 하여야 한다(법인세법 시행령 제75조, 소득세법 시행령 제93조, 제94조). 회폐성 외화자산 및 부채와 통화스왑계약은 사업연도 종료일 현재의 외국환거래법에 의한 기준환율 또는 재정환율에 의하여 평가한다(법인세법 시행령 제76조, 소득세법 시행령 제97조).

71) 최완주, 주 30), 517.

72) 이상우, "회사정리절차상 조세채권에 관한 연구", 중앙대학교 대학원 법학과 석사 논문(2003), 52.

생각건대 회생절차란 채무자를 관념적으로 청산하여 채권단이 관리하는 별개의 새로운 채무자에 포괄적으로 양도하는 것이라고 해석되고 있는 점[73], 일본 회사갱생법이 개시시와 인가시에 사업연도를 단절하고 관리인이 평가한 재산가액을 인가시의 기업회계상 취득가액으로 반영하도록 한 것은 이러한 해석론을 바탕으로 한 것으로 보이는 점[74], 회생절차개시로 인하여 채무자의 운명은 채권자를 비롯한 이해관계인들에 의해 결정되므로 재산의 사실상 유상이전이 있는 것과 마찬가지로 볼 여지가 있는데 기업회계기준에 의하더라도 유상취득의 경우에는 그 취득원가를 장부가액으로 반영하여야 하는 점 등을 고려하면, 회생절차개시 당시의 재산평가액을 결산재무제표에 반영할 수 있다고 해석할 여지가 전혀 없는 것은 아니다. 그러나 소득세나 법인세의 과세소득은 결산재무제표를 바탕으로 세무조정을 행하는 것이므로, 관리인이 법 제90조, 제91조, 제94조에 따라 고정자산을 증액 평가하고 그에 따라 작성·제출한 대차대조표가 결산대차대조표라면 그 증액 평가가 '기타 법률의 규정에 의한 고정자산의 증액 평가'에 해당할 수 있음에 의문의 여지가 없으나, 일본 회사갱생법과 달리 우리 법은 개시시 및 인가시에 사업연도를 단절하고 개시시의 재산평가액을 인가시의 결산재무제표에 반영하도록 하는 규정을 두고 있지 아니하므로 개시시의 재산평가액을 결산재무제표에 반영한 근거가 없고, 기업회계기준에 이러한 증액평가를 허용하는 근거 규정이 없어 결산대차대조표에 위 증액 평가금액을 반영할 수 있을지 의문의 여지가 있는 점에서 소극설이 타당하다고 본다. 다만 개시결정으로 인하여 채무자의 운명은 채권자 등 이해관계인에게 귀속되어 기존의 채무자와는 성질을 달리한다고 볼 여지가 있고 또 인가결정에 의한 권리변경을 기업회계에 반영할 필요가 있다는 점에서 입법적으로는 개시시 및 인가시에 회계연도를 단절시키고, 개시시의 재산평가액을 인가시의 결산재무제표에 반영하도록 함이 타당하다고 본다.

적극설에 의할 경우에는, 고정자산의 평가차익을 익금에 산입하는 경우에는 채무자에게 과거 5년간의 누적 결손금이 충분하여 그 평가차익을 상쇄할 수 있다면 몰라도 그렇지 아니하다면 과세문제가 생길 수밖에 없고(법인세법 제13조 제1호, 소득세법 제45조 제2항), 특히 토지와 같이 과다한 평가차익이 발생하는 경우에는 채무자의 회생에 막대한 지장을 초래할 수도 있다. 이러한 문제를 해결하기

73) 伊藤 眞 외 2, 新しい會社更生法(2004), 有斐閣, 243.

74) 일본은 개시결정시 및 인가시에 사업연도가 각 종료하고(회사갱생법 제232조 제2항), 그 각 사업연도말에 대차대조표를 작성하여야 하는데(상법 제33조 제2항), 개시 당시의 재산평정금액을 인가시의 결산대차대조표의 취득가액으로 회계처리하도록 규정하고 있다(회사갱생법시행규칙 제1조).

위하여는 평가차익에 대하여 압축기장충당금이나 일시상각충당금을 설정하는 방법으로 즉시 손금 처리하거나, 이월결손금에서 공제할 수 있도록 허용하는 등의 입법적인 보완이 필요하다. 고정자산의 감액 평가를 허용하지 아니하는 것도 문제이다.

한편 적극설에 의할 경우, 관리인이 개시시의 재산평가액을 반드시 결산재무제표의 장부가액에 반영하여 세무신고를 하여야 하는지에 관하여는 논란이 있을 수 있다. 특히 고정자산 평가차익이 발생하는 경우가 문제된다. 개인적으로는, 일본 회사갱생법에 의하면 개시시와 인가시에 사업연도를 단절하고 개시시의 재산평가액을 인가시의 결산재무제표에 반영하도록 하고 있으므로 개시시의 재산평가액을 반드시 인가시의 결산재무제표에 반영하여야 할 것이나[75], 통합도산법에 의하면 관리인이 회생절차개시 당시를 기준으로 재산을 평가하고 대차대조표를 작성 제출하는 것은 채무자의 재산상태를 정확히 파악하고 이해관계인의 권리범위를 명확히 하는 등 회생절차 내적인 목적에 기인한 것일 뿐 회생절차개시 및 인가로 인하여 사업연도가 단절되는 것도 아니고 또 재산평가액을 반드시 결산대차대조표의 취득원가로 계상하여야 한다는 규정도 없으므로, 관리인은 그 재산평가액을 결산재무제표에 반영할 의무가 없다고 본다. 고정자산 평가차익을 결산재무제표의 장부가액에 반영하지 아니한 이상, 이를 익금에 가산하여 세무신고할 필요가 없음은 당연하다.

나. 대손처리[76]

기업은 결산시에 채권의 회수가능성 여부를 검토하여 회수가 불확실한 채권은 합리적이고 객관적인 기준에 따라 산출한 대손추산액을 대손충당으로 설정하고, 대손추산액에서 대손충당금 잔액을 차감한 금액을 대손상각비로 계상하여 비용처리를 한다. 한편 회수가 불가능한 채권은 대손충당금과 상계하고 대손충당금이 부족한 경우에는 그 부족액을 대손상각비로 처리한다. 그런데 기업이 대손충당금을 설정하거나 대손상각비를 처리한 경우에 당연히 세법상 인정되는 것은 아니고 세법이 정한 요건을 충족하여야 한다.

---

75) 일본에서는 회사갱생법 및 회사갱생법시행규칙에서 개시 당시의 재산평정금액을 인가시 결산대차대조표의 장부가액으로 기재하도록 규정하고 있음에도 불구하고, 재산평정금액을 장부가액에 반영하지 않고 주기방식 또는 각주방식으로 처리하는 일부 실무례가 있다고 한다. 事業再生研究機構, 更生計画の實務と理論(2004), 商事法務, 453; 小林信明, (Q&A)改正會社更生法のすべて : 新法・新規則の全條文を收錄(2003), 中央經濟社, 196.

76) 대손처리가 문제되는 것은 진정한 채권인 경우에 한하고 채무자가 허위채권을 계상한 경우에는 그 채권은 당연히 대차대조표의 자산항목에서 제외되어야 한다.

즉, 세법은 외상매출금, 받을어음, 대여금, 미수금 등의 채권에 관하여 엄격한 요건 하에 대손충당금이나 대손금으로 손금처리를 할 수 있도록 허용하고 있는데 (법인세법 제34조, 소득세법 제28조 제1항), 대손충당금은 설정대상 채권의 장부가액 합계액의 1%(일정한 금융기관의 경우에는 2%)에 상당하는 금액과 채권잔액에 대손실적률을 곱하여 계산한 금액 중 큰 금액을 한도로 하여 설정할 수 있고, 대손충당금을 설정한 이후에 대손금이 발생한 때에는 그 대손금을 이미 계상된 대손충당금과 상계하여야 한다(법인세법시행령 제61조, 소득세법시행령 제56조). 한편 대손금은 채무자의 파산 등 세법에서 정한 일정한 사유로 회수할 수 없는 때에 한하여 손금에 산입할 수 있다(법인세법 제34조 제2항, 소득세법시행령 제1항 제16호). 결국 금전채권은 대손충당금이나 대손금으로 손금처리하는 외에 자산평가방법으로 손금처리할 수는 없으므로, 당해 금전채권이 회수불능인 사실이 객관적으로 명백한 때[77]에 한하여 대손금으로 처리할 수 있고, 불량채권이라 하더라도 회수불능인 사실이 객관적으로 명백하지 아니한 이상 대손금으로 처리할 수 없고, 이는 대손충당금의 설정으로 해결할 수밖에 없다.

다. 채무면제·출자전환

회생계획에는 회생채권·회생담보권 중 현금변제를 하지 아니하는 부분을 채무

77) 파산선고가 있으면 파산자가 파산선고시에 가진 모든 재산은 파산재단을 구성하고, 파산채권자는 그 채권을 일정한 기간 내에 파산법원에 신고한 후 채권조사기일에서의 조사를 거쳐 확정된 금액 및 순위에 따라 배당을 받게 되므로, 파산선고 자체만 가지고 당연히 그 채권을 회수할 수 없는 경우에 해당한다고 볼 수는 없고, 파산관재인이 최후 배당액을 결정, 통지함으로써 배당이 확정될 때 채권액에 대하여 전혀 배당이 없든가 그 중 일부만이 배당되었을 경우에 비로소 회수할 수 없는 채권액으로 확정된다고 봄이 상당하다[부산고판 2004. 1. 30. 2003누3222(확정)].
그러나 법원의 파산폐지 또는 파산종결 공고일 이전에 파산절차 진행과정에서 관계서류 등에 의해 해당 채권자가 배당받을 금액이 채권금액에 미달하는 사실이 객관적으로 확인되는 경우, 그 미달하는 금액은 회수할 수 없는 채권으로 보아 대손금으로 손금에 산입할 수 있고(법인세법기본통칙 34-62…1), 파산관재인보고서상 예상배당율에 의하여 회수가능한 금액이 없는 것으로 확인되고 사실상 회수할 수 있는 재산이 없음이 객관적으로 인정되는 경우에는 최후배당 전이라도 당해 법인의 채권에 대하여는 대손금으로 손금에 산입할 수 있으며(서면2팀-1247, 2008. 6. 19.), 법인이 채권을 회수하기 위하여 채무자의 재산에 근저당권을 설정하였으나 당해 재산의 시가가 채권액에 현저히 미달하고 동 재산 이외에 사실상 회수할 수 있는 자산이 없는 경우에는 근저당권 설정재산 시가상당액을 초과하는 금액은 대손금으로 손금산입할 수 있다(제도46012-10639, 2001. 4. 18.). 한편 특수관계인에게 소득처분된 원천세대납액은 대손금으로 처리할 수 없다(법인세법기본통칙 34-62…4). 또한, 약정에 의해 채권의 전부 또는 일부를 포기하는 경우에는 대손금으로 처리할 수 없고 기부금이나 접대비로 처리해야 하되, 특수관계자 외의 자와의 거래에서 부도발생 등으로 채권의 조기회수를 위해 당해 채권의 일부를 불가피하게 포기한 경우 포기행위에 객관적으로 정당한 사유가 있는 때에는 대손금으로 처리가 가능하다(법인세법기본통칙 34-62…5).

면제 또는 출자전환하는 것이 일반적이다. 따라서 이와 관련한 세금문제가 회생 실무에서 가장 중요하다고 할 수 있다.

채무면제로 인한 부채의 감소액(채무면제이익[78])은 이월결손금[79)80)]의 보전에 충당한 나머지 금액을 채무면제를 행한 당해 사업연도의 익금에 가산하여 법인세나 소득세[81)]를 납부하여야 하는데(법인세법 제18조 제8호, 소득세법 제26조 제2항, 소득세법시행령 제51조 제3항 제4호), 이는 채무자의 회생에 막대한 지장을 초래할 수 있다. 이에 조세특례제한법 제44조는 2009. 12. 31.까지 회생계획인가를 받은 법인이 금융기관으로부터 채무의 일부를 면제받은 경우에 한하여, 그 채무면제이익(법인세법시행령 제18조 제1항 소정의 이월결손금을 초과하는 금액에 한한다)을 당해 사업연도와 그 후 3사업연도의 기간의 익금에 산입하지 아니하고 유예하였다가 그 다음 3사업연도의 기간에 그 균등액 이상을 익금 산입하되, 유예기간이 경과하기 전에 사업을 폐지하거나 해산하는 경우에는 익금에 산입되지 아니한 잔액을 그 사유가 발생한 날이 속하는 사업연도의 익금에 산입하는 특례를 규정하고 있다. 위 특례규정은 법인채무자의 금융기관채무에 대하여만 적용되고, 개인채무자나 상거래채무 등에 대하여는 적용되지 아니한다. 입법적인 보완이 필요하다.

한편 출자전환의 경우 발행주식의 액면가액과 출자전환되는 채권액의 차액은 형식상 자본거래로 인한 수익인 주식발행액면초과액에 해당하여 법인세 과세대상이 되지 아니한다고 볼 여지가 있으나[82)], 출자전환이 사실상 채무면제와 같은 효과가 있다는 점에서 이를 모두 과세대상에서 제외하는 것은 부당하다. 이에 법인세법은 채무의 출자전환으로 주식 등을 발행하는 경우에는 당해 주식 등의 시가를 초과하여 발행된 금액을 익금불산입 대상인 주식발행액면초과액에서 제외함으

78) 채권자의 권리 미신고로 인하여 채무자가 면책된 경우에도 채무면제이익으로 볼 수 있는지는 논란의 여지가 있을 수 있다. 면책으로 인한 이익이 실질적으로 채무면제로 인한 이익과 다를 바 없는 점을 중시한다면 이를 긍정하여야 할 것이다.

79) 법인세나 소득세 과세표준을 산정함에 있어서는 과거 5년간의 이월결손금만을 공제할 수 있음에 반해, 채무면제이익이나 출자전환으로 인한 시가초과금액 등을 이월결손금에서 공제하는 경우에 그 이월결손금은 시기적 제한이 없이 전면적으로 허용된다.

80) 어느 사업연도에 속하거나 속하게 될 손금의 총액이 그 사업연도에 속하거나 속하게 될 익금의 총액을 초과하는 금액은 법인세법상 결손금에 해당한다고 보아야 하고, 이와 달리 반드시 법인의 과세표준 등 확정신고나 정부의 조사·결정에 의해 과세표준 등 확정시에 결손금으로 조사된 금액만이 결손금에 해당한다고 해석하는 것은 법문상 근거 없는 확장해석이다(대판 1993. 11. 12. 93누3677).

81) 개인은 사업 관련 채무의 면제에 대하여만 소득세 문제가 생기고, 사업 무관 채무의 면제에 대하여는 증여세 문제가 생긴다.

82) 과거 재정경제부 예규(법인 46012-191, 1999. 12. 6.)도 같은 입장이었다.

로써 원칙적으로 시가초과금액{발행가액－시가(시가가 액면가액에 미달하면 액면가액)}을 익금 항목에 포함시키되(법인세법 제17조 제1항 제1호 단서)[83], 다만 채무면제와는 다른 성질이 있음을 고려하여, 이월결손금의 보전에 충당한 나머지를 바로 익금 가산하는 채무면제이익과 달리, 출자전환으로 인한 시가초과금액 중 이월결손금의 보전에 충당하고 남은 금액을 당해 사업연도의 익금에 즉시 산입하지 아니하고 장래에 발생할 결손금의 보전에 충당할 수 있도록 하면서(법인세법 제17조 제2항), 채무자가 결손금 보전에 충당하기 전에 사업을 폐지하거나 해산하는 경우에는 그 사유가 발생한 사업연도에 그 잔액을 익금 산입하도록 규정하고 있다(법인세법시행령 제15조 제5항).

결국 채무자가 인가된 회생계획을 수행하지 못하여 파산으로 이행되는 경우에는 채무면제이익이나 출자전환으로 인한 시가초과금액이 즉시 익금 산입되어 다액의 법인세가 부과될 수 있다. 이를 해결하기 위하여는 회생계획에서 채무면제 또는 출자전환시기를 최종 연도로 미루어 두고 회생절차 폐지시 출자전환이 예정된 채권[84]을 다른 회생채권보다 열후화시키는 방법 등이 고려될 수 있다[85].

라. 대손세액추징

사업자인 회생채권자 등이 부가가치세 과세대상인 재화나 용역을 채무자에게 공급한 경우에는 그 매출채권을 현실적으로 회수하였는지 여부와 무관하게, 그 공급시기에 회생채권자 등은 그 매출채권에 대한 부가가치세 매출세액을 부담하고, 채무자는 그 매입채무에 대한 부가가치세 매입세액 공제를 받게 된다. 그런데 채무자가 그 매입채무를 현실적으로 지급하기 이전에 회생절차가 개시되고 그 회생계획에서 채무면제나 출자전환을 규정하는 경우 또는 회생계획에 채권의 존속 규정이 없어 면책된 경우에는, 그 사업자인 회생채권자 등은 대손세액(대손금액의 10/110)을 대손이 확정된 날이 속하는 과세기간의 매출세액에서 공제받을 수 있는데, 이 경우 채무자는 대손세액 상당액을 대손이 확정된 날이 속하는 과세기간

---

83) 법인세법이 위와 같이 규정하기 이전부터 재정경제부는 2003. 3. 5.자로 예규(법인 6012-37)를 변경하여 시가초과금액을 채무면제이익으로 보았고, 그 후 2003. 12. 개정된 조세특례제한법 제44조에서 출자전환채무면제이익의 과세이연을 규정하였다가, 2005. 12. 조세특례제한법의 위 규정이 삭제되고 법인세법 제17조 제1항 제1호 단서에서 위와 같이 규정하기에 이르렀다.

84) 출자전환예정채권은 회생계획에서 정한 시점에 신주의 교부를 청구할 수 있을 뿐 더 이상 금원 지급을 청구할 수는 없고, 회계상으로도 대차대조표상 자본조정 항목으로 대체하고 부채로 취급하지 아니한다(기업회계기준서 제13호 참조).

85) 구체적인 대응방안에 관하여는, 서울중앙지방법원 파산부 실무연구회, 제2판 회생사건실무(상)(2008), 박영사, 605 이하 참조.

의 매입세액에서 차감하는 방식으로 추징당하게 된다. 이 경우 추징세액은 대손이 확정된 때에 비로소 그 납세의무가 성립하므로 공익채권이 된다[86].

마. 감자차익

회생계획에는 주식을 무상소각하거나 병합하는 등의 방법으로 무상감자를 실행하는데 이 때 감자차익이 생긴다. 감자차익은 주식발행시에 자본금으로 회계처리한 금액 중 감자 후에도 자본의 형태로 회사 내에 남아 있는 부분에 해당하고 이는 주주를 상대로 한 자본거래에서 발생한 잉여금이기 때문에 법인의 순자산을 증가시키지만, 자본거래로 인한 수익으로서 익금불산입 항목으로 규정되어 있으므로(법인세법 제17조 제1항 제3호 본문), 이로 인한 법인세 과세문제는 생기지 아니한다.

바. 가산세 · 가산금[87]

가산세는 세법에 규정하는 의무의 성실한 이행을 확보하기 위하여 그 세법에 의하여 산출한 세액에 가산하여 징수하는 금액을 말하고(국세기본법 제2조 제4호), 가산금은 납세자가 조세를 납부기한까지 납부하지 아니한 때에 세법에 따라 고지세액에 가산하여 징수하는 금액과 납부기한 경과 후 일정기한까지 납부하지 아니한 때에 그 금액에 다시 가산하여 징수하는 금액(중가산금)을 말한다(국세기본법 제2조 제5호).

보전처분이나 회생절차개시결정이 내려졌더라도 가산세와 가산금의 발생을 저지하는 근거규정이 없으므로 가산세와 가산금이 발생한다는 점에 관하여는 의문의 여지가 없으나, 현재 논란이 되는 부분은 법 제140조 제2항이 3년 이하의 기간 동안의 징수유예나 체납처분유예에 관하여는 징수권자의 동의 없이 의견청취만으로 가능하도록 허용하고 있는데, 위 규정에 따라 분할변제를 규정한 기간 동안에 가산금 · 중가산금이 발생하는지 여부이다. 회생실무는, 위 규정에 따라 회생계획에 분할변제를 규정한 경우 기한유예의 효력이 있으므로 그 유예기간에 대하여는 납세의무의 이행지체에 대하여 부과되는 지연배상금의 성질을 가진 가산금·중가산금이 발생하지 아니한다는 이유[88]로, 인가결정일 이전까지의 가산금·중가산금만 변제하고 그 이후 가산금·중가산금이 발생하지 아니하는 것으로 처리하였

86) 대판 2006. 10. 12. 2005다3687

87) 이 부분에 관한 자세한 논의는, 주진암, 주50) 129-141 참조.

88) 같은 취지의 하급심 판결로, 대구고결 2002. 11. 29. 2002라6(확정), 서울행정판 2002. 8. 28. 2002구합13994[서울고판 2003. 7. 11. 2002누14920(항소기각)으로 확정] 참조.

다[89]. 과거 대법원은 법에 가산금·중가산금의 발생을 저지하는 근거규정이 없는 이상 법에 따른 징수유예에 당연히 납부기한연장의 효력이 있다고 볼 수 없으므로 가산금·중가산금의 발생을 저지하기 위하여는 개별 법률(세법)에 별도의 근거규정이 필요하다는 태도를 취하였는데[90], 세법의 해석상 위 분할변제기간 동안 가산금·중가산금이 발생하지 않는다고 볼 근거가 있는가에 다툼이 있었다. 이 문제는 주로 구 국세징수법(2008. 12. 26. 법률 제9265호로 개정되기 전의 것) 제19조 제4항, 제2항과 관련된 것인데, 구 국세징수법의 법문에 충실하여 납부기한 후에 징수유예를 정한 회생계획이 인가되면 회생계획에 따라 징수유예된 세액을 징수할 수 없을 뿐이고 국세징수법상의 가산금·중가산금은 계속 발생한다는 견해[91]와, 구 국세징수법 제19조 제4항이 같은 조 제2항의 규정을 적용하는데 제2항은 세무서장이 납부기한 경과 후에 징수유예를 한 경우 징수유예기간은 가산금 계산기간에 산입하지 아니한다는 내용이므로 회생계획에 따라 징수유예된 세액에 대하여 가산금·중가산금이 발생하지 아니한다는 견해[92]가 대립하였다.

다만 2008. 12. 26. 법률 제9265호로 개정되어 2009. 1. 1.부터 시행되는 현행 국세징수법 제19조 제4항은 '납세자가 납세의 고지 또는 독촉을 받은 후에 채무자 회생 및 파산에 관한 법률 제140조에 따른 징수의 유예가 있은 때에는 가산금 징수에 있어서 제1항 및 제2항을 적용한다'고 규정함으로써, 구 국세징수법 제19조 제4항과 달리 회생계획 인가 당시 납부기한 또는 독촉기한이 도과하였는지 여부를 불문하고 통합도산법 제140조에 따른 징수유예의 경우 그 유예기간 중에 가산금 등이 발생하지 아니하도록 규정하고 있다[93]. 개정이유는 '채무자회생 및

89) 회생절차에서는 회생계획에 따른 변제액의 현재가치가 청산가치를 초과하여야 하는 청산가치보장의 원칙이 적용되는데, 조세채권을 3년간 분할변제하면서 가산금 등을 지급하지 아니하다보니 유독 조세채권에 대하여는 청산가치가 보장되지 아니하는 문제가 발생한다(다만 필자는 조세채권에 대하여는 청산가치보장의 원칙이 적용되지 아니한다는 보고 있다).

90) 대판 1991. 3. 12. 90누2833은 "국세징수법 제21조에 규정된 가산금은 납세의무의 이행지체에 대하여 부담하는 지연배상금의 성질을 띤 것으로서 납부기한이 경과함으로써 당연히 발생하고, 다만 납부기한연장의 효력이 있는 같은 법 제17조 소정의 징수유예처분이 있는 때에는 그 유예기간 중 이행지체에 빠지지 않으므로 가산금이 발생하지 않는바, 회사정리법 제122조의 규정에 의한 징수유예에 대하여도 납부기한 연장의 효력을 인정하여 가산금을 징수하지 않도록 규정하고 있는 국세징수법 제19조 제4항 개정규정(1983. 12. 19. 법률 제3661호)의 시행 전에 있어서는 회사정리법 제122조 소정의 징수유예에 당연히 납부기한연장의 효력이 있다고 보기 어려우나, 정리계획에서 조세채권자의 동의를 얻어 납부기한을 연장하는 취지로 징수유예를 정한 것이라고 인정되는 경우에는 당초의 납부기한을 경과하였다고 하여 이행지체의 책임을 물을 수 없어 가산금이 발생하지 않는다고 보아야 할 것이다"고 취지로 판시하였다.

다만 뒤에서 보는 바와 같이 대결 2009. 1. 30. 2007마1584.

91) 조춘연, "조세측면에서 본 회사정리와 구조조정", 한국세정신문사(2000), 411.

92) 최완주, 註30) 547.

파산에 관한 법률에 따른 회생절차 개시부터 회생계획 인가결정까지는 장기간(평균 283일)이 소요되어 납부기한 이후에 회생계획이 인가된 자는 징수유예에 따르는 중가산금 면제 혜택을 받을 수 없는 문제점을 개선하기 위하여 납부기한과 관계없이 회생계획인가가 결정된 경우에는 중가산금을 면제하는 개정내용은 타당하다'는 점을 고려한 때문이다[94]. 따라서 앞으로는 세무관서에서도 현재의 회생실무를 문제 삼지 아니할 것으로 보인다. 그러나 위와 같은 입법의 필요성에는 전적으로 동의하나 국세징수법에서, 그것도 체납처분유예가 아니라 징수유예 항목에서, 위와 같이 입법화한 것은 찬성하기 어렵다. 굳이 입법화하려고 하였다면 일본 회사갱생법 제169조 제1항 제2호와 마찬가지로 통합도산법 자체에 징수유예 및 체납처분에 의한 재산환가의 유예기간 중에는 가산금·중가산금이 발생하지 아니한다는 특별규정을 두었어야 할 것이다. 이렇게 함으로써 뒤에서 보는 바와 같이 지방세법을 둘러싼 해석의 논란도 잠재울 수 있을 것이다.

국세징수법이 위와 같이 개정되기 전의 사안과 관련하여, 최근 대법원은 법 제140조 제2항에 의하여 회생계획에서 3년 이내의 징수유예를 정한 경우 그 자체만으로 당연히 분할변제기간 동안 가산금·중가산금이 발생하지 아니하고 이를 위하여 별도의 세법상 근거를 요하지 아니한다는 취지로 판시하였다. 즉 대결 2009. 1. 30. 2007마1584는 "채무자회생법이 회생계획에서 조세 등 청구권의 징수유예 등에 관하여 정할 경우 구 국세징수법 등에서 정하는 요건이나 절차를 요구하지 않고 있고, 징수유예 등의 기간 또한 3년 이하까지는 징수의 권한을 가진 자의 의견을 들어 정할 수 있는 것으로 하고 있으며, 체납액의 징수유예를 할 경우 체납액에 대한 납부기한의 도과 여부를 묻지 않고 있는 등 구 국세징수법 및 같은 법 시행령의 규정보다는 조세 등 청구권의 징수유예를 할 수 있는 범위를 확대하고 있다. 이는 채무자가 회생절차개시의 신청을 할 때에는 이미 조세 등 청구권의 납부기한이 도과된 경우가 많고, 회생계획의 인가까지 절차적으로 상당한 기간이 필요하여 체납액의 납부기한이 도과하기 전에 징수유예를 정한 회생계획의 인가를 받기 어려운 점과 체납액의 납부기한이 도과된 후에는 회생계획에서 징수

93) 구 국세징수법 제19조 제4항은 '납세자가 납세의 고지 또는 독촉을 받은 후에 국세 또는 체납액의 납부기한 전에 채무자 회생 및 파산에 관한 법률 제140조의 규정에 의한 징수의 유예가 있은 때에는 가산금 징수에 있어서 제1항 및 제2항의 규정을 적용한다'고 규정하고 있었다. 현행 국세징수법 제19조 제4항은 위 밑줄 부분을 삭제한 것이다.

94) 국회 기획재정위원회 전문위원 이한규 작성의 2008. 11. 국세징수법 일부개정안 검토보고서 참조. 다만 위 검토보고서에는 '악용우려가 있으므로 납부기한 내에 회생절차개시를 신청한 자에게만 중가산금 면제혜택을 부여하는 것이 타당하다'는 취지가 기재되어 있으나 이러한 견해가 입법에 반영되지는 못한 것으로 보인다.

유예를 정할 수 없게 하면 회생계획이 수행되는 동안에도 조세 등 청구권에 대하여 중가산금이 계속 부과되어 채무자의 회생이 사실상 어렵게 되는 점 등을 고려하여, 조세 등 청구권의 경우에 이미 발생한 본세와 가산금 등의 감면은 징수의 권한을 가진 자의 동의 없이 할 수 없게 하는 대신에, 3년을 초과하지 않는 범위 내에서 징수를 유예하는 내용을 회생계획에서 정할 경우에는 징수의 권한을 가진 자의 의견을 들으면 족하도록 함으로써 채무자 또는 그 사업의 효율적인 회생을 도모함과 아울러 채권자·주주·지분권자 등 이해관계인의 법률관계를 합리적으로 조정하려는 것이다. 또한, 채무자회생법 제251조는, 회생계획 인가의 결정이 있는 때에는 회생계획이나 위 법률의 규정에 의하여 인정된 권리를 제외하고는 채무자는 모든 회생채권과 회생담보권에 관하여 그 책임을 면한다고 규정하고 있는바, 위 법 제140조 제2항, 제3항에서 규정하는 조세 등 청구권도 위 법 제251조에서 규정하는 권리변경의 대상이 되는 회생채권에 속하므로 채무자가 회생계획인가 후 이러한 조세 등 청구권에 대하여 변제하여야 할 채무의 범위는 다른 일반 회생채권과 마찬가지로 인가된 회생계획의 내용에 따라 정해지게 된다. 따라서 회생계획에서 조세 등 청구권에 대하여 징수유예의 규정을 둔 이상, 징수가 유예된 체납액 등에 대하여는 회생계획에서 정한 바에 따라 중가산금이 부과될 수 없는 것이며, 별도로 징수유예에 관한 구 국세징수법의 규정이나 세무서장 등의 징수유예에 따라 그 효력이 발생하는 것은 아니라고 할 것이다. 현행 국세징수법(2008. 12. 26. 법률 제9265호로 개정된 것)이 제19조 제4항을 '납세자가 납세의 고지 또는 독촉을 받은 후에 채무자회생법 제140조의 규정에 의한 징수의 유예가 있는 때'로 개정하여 국세 체납액의 납부기한이 지난 후의 징수유예에 대하여도 회생계획에서 정하면 효력이 있는 것으로 규정하고 있는 것은 바로 이러한 법리를 명확히 한 것으로 볼 수 있다. 이러한 법리에 비추어 보면, 구 국세징수법 제19조 제4항이 납세자가 납세의 고지 또는 독촉을 받은 후에 "국세 또는 체납액의 납부기한 전에" 채무자회생법 제140조의 규정에 의한 징수의 유예가 있는 때의 징수유예의 효력만을 규정하고 있더라도, 위 규정에 의하여서만 인가된 회생계획에서 정한 징수유예의 효력이 발생하는 것은 아니므로, 회생계획에서는 체납액의 납부기한이 도과된 경우에도 징수유예를 정할 수 있고 회생계획의 인가에 따라 채무자가 부담할 조세 등 청구권의 수액과 기한이 정해진다고 보아야 할 것이며, 따라서 회생계획에서 위 규정과 달리 체납액의 납부기한이 경과된 후에 징수유예를 정하였다고 하여 그러한 회생계획에 대한 인가결정이 구 국세징수법을 위반하여 위법하다거나 무효라고 볼 것은 아니다"는 취지로 판시하였다.

개인적으로는 위 대법원 결정은 찬성하기 어렵다. 위 대법원 결정이 타당하기 위하여는 납부기한(납세고지서에 정해진 납부기한)은 물론 독촉기간(독촉장에 정해진 납부기한)이 도과한 이후에도 통합도산법 제140조 제2항의 의한 징수유예가 가능하다는 것과, 나아가 그러한 징수유예에 대하여는 세법에 별도 근거규정이 없어도 그 자체만으로 당연히 가산금ㆍ중가산금이 발생하지 아니한다는 것이 전제되어야 한다. 그러나 이러한 전제는 부당하다.

먼저 통합도산법 제140조 제2항이 징수유예의 가능시기를 확장한 것인가 하는 점인데, 이 문제를 이해하기 위하여는 징수절차와 체납처분절차를 구분할 필요가 있다. 왜냐하면 징수유예는 말 그대로 징수절차를 유예하는 것인 반면, 체납처분유예는 체납처분절차를 유예하는 것이기 때문이다. 통합도산법 제140조 제2항은 징수유예뿐만 아니라 체납처분에 의한 재산의 환가유예를 함께 규정하면서 양자의 개념을 별도를 정의하고 있지 아니하므로 그 개념은 당연히 세법상의 그것으로 해석하여야 할 것이다. 그런데 국세징수법은 징수절차(징수절차는 먼저 납세고지서를 발부하고, 납세고지서에 의한 납부기한 내에 세액이 납부되지 아니하면 그 체납세액에 대하여 다시 납부기한을 정하여 독촉장을 발부하는 절차로서, 징수절차 단계에서는 납세자의 임의이행을 기대하여 징수관청이 강제로 체납세액을 징수하는 체납처분절차에 착수하지 아니한다는 점에서 체납처분절차의 전단계 절차이다)와 체납처분절차(독촉장에 의한 납부기한의 도과로 체납자의 임의이행을 기대하는 징수절차는 종결되고, 그 다음부터는 압류, 환가, 배당이라는 일련의 강제징수절차를 취하게 되는데 이를 체납처분절차라 한다)를 엄격히 구분하면서 징수절차를 유예하는 징수유예(국세징수법 제15조 내지 제17조)와 체납처분절차를 유예하는 체납처분유예(국세징수법 제85조의2)를 별도로 규정하고 있고, 징수절차는 독촉장에 의한 납부기한이 도과하기 전에만 가능하고(국세징수법 제17조 제1항), 독촉장에 의한 납부기한이 도과함으로써 징수절차는 종결되고, 이제 체납처분절차로 넘어간다고 보아야 한다. 그렇다면 독촉장에 의한 납부기한이 도과함으로써 징수절차가 종결된 다음에 이미 종결된 징수절차를 새삼스럽게 유예한다는 것은 개념상 허용되기 어렵다. 징수관청의 입장에서는 납세고지서의 발부와 독촉장의 발부로 징수절차를 모두 이행하였고 독촉장에 의한 납부기한이 도과하면 더 이상 진행할 징수절차가 존재하지 아니한다. 물론 체납처분 단계에서도 납세자가 임의로 이행할 수 있지만 이는 체납처분을 할 권한을 가진 징수관청이 납세자의 임의이행을 시인하고 그 세액을 수령한다는 의미일 뿐 그것이 본래의 징수절차에서의 세액납부와 동일시 될 수는 없는 것이다. 만약 그러한 절차의 유예를 상정한다면 그것은 체납처분유예를 의미한다고 봄이 타당하고 굳이 징수유예 개념을 확장하면서까지 이를 허용할 것은 아니다. 이러한 사견에 의하면 통합도산법 제140조 제2항은 징수유예의 가능시기를 확장한 것이 아니라 시기적 제한은 동일하되, 회생 채무자가 처한 사정 등을 고려하여 국세징수법에 정한 엄격한 요건을 요하지 아니하고 징수권자의 의견청취만으로 회생계획에서 이를 정할 수 있도록 허용한 것에 불과하다는 것이다. 대법원이 이와 달리 해석한 이유는 아마도 국세징수법이 체납처분유예에는 가산금、중가산금 면제규정을 두지 않고 징수유예에만 가산금、중가산금 면제 규정을 두고 있기 때문으로 짐작된다. 국세징수법이 체납처분유예에도 가산금、중가산금 면제규정을 두고 있다면 그러한 경우에도 대법원이 위와 같이 해석하였을 지는 의문이다. 이러한 점에서 현행 국세징수법 제19조 제4항이 마치 독촉기간이 도과한 이후에도 통합도산법 제140조 제2항에 의한 징수유예가 가능하고 이 경우 가산금·중가산금이 발생하지 아니한다는 식으로 규정한 것은 납득하기 어렵고, 이러한 법 규정은 징수유예와 체납처분유예를 명확하게 구분하지 아니한 잘못된 입법이다.

한 가지 더 언급하고 싶은 것은 통합도산법 제140조 제2항은 체납처분에 의한 재산환가의 유예만을 규정하고 있으므로, 국세징수법이 언급하는 체납처분유예 중 징수권자의 의견청취만으로 가능한 것은 위와 같은 환가의 유예에 국한되고, 회생계획이 인가되더라도 징수권자가 압류를 하는 것 자체는 허용된다고 해석된다. 그런데 위 대법원 결정처럼 독촉기간 도과 후에도 징수유예가 가능하다는 견해를 취한다면, 징수절차 진행 중에는 체납처분절차를 진행할 수 없으므로 압류도 할 수 없게 된다. 그러나 이러한 해석은 통합도산법이 체납처분에 의한 환가의 유예만을 허용하고 있는 점에 비추어 부당하므로, 통합도산법이 언급하는 징수유예도 어디까지나 독촉기간이 도과하지 전에만 허용되는 것이고, 그 이후에는 체납처분에 의한 환가의 유예만 허용되며 징수권자는 이 경우 압류를 할 수 있다고 보아야 할 것이다. 한편 위 대법원 결정에 의하면 징수권자가 체납처분에 착수하여 이미 압류를 한 경우에도 회생계획에서 징수유예를 정할 수 있다는 것인지는 불분명하나 그 취지에 비추어 볼 때 이 역시 허용된다는 취지로 보이는데, 이는 징수절차가 종결된 다음에야 체납처분이 가능하다는 기본 전제에 모순된다. 결국 사견에 의하면 회생계획에서 징수유예를 규정하기 위하여는 인가 당시에 독촉기간이 도과하지 아니하여야 하므로, 적어도 그 시점에 독촉장에 의한 독촉기간이 도과하지 아니하였거나 징수권자에 의한 징수유예처분이 계속되고 있었어야 하는 것이다. 징수권자의 입장에서는 회생계획이 인가된다고 하더라도 그 수행가능성

자체에 의문을 가질 수 있으므로 회생계획 인가 전에 징수유예를 하지 아니하였다가 회생계획 인가 즉시 압류처분을 해 둠으로써 향후 파산절차로 진행될 경우 별제권자와 마찬가지로 체납처분을 속행할 수 있도록 조치를 취할 수 있고, 이것이 바로 통합도산법 제140조 제2항에서 체납처분유예 모두를 허용한 것이 아니라 체납처분에 의한 재산환가의 유예만을 허용한 입법취지가 아닐까 생각한다.

다음으로 징수유예를 하였다고 하여 당연히 가산금·중가산금이 발생하지 아니하는 것은 아니라는 점이다. 만약 징수유예의 경우 당연히 가산금·중가산금이 발생하지 아니한다면 국세징수법 제19조(징수유예기간 중에 가산금·중가산금이 발생하지 아니한다는 취지의 규정)는 무의미하게 된다. 그러나 국세징수법은 분명히 납세고지서에 의한 납부기한 내에 세액이 납부되지 아니하면 그 납부기한이 지난 날로부터 당연히 가산금이 발생하고(제21조), 또 그로부터 매 1월이 지날 때마다 당연히 중가산금이 발생한다(제22조)고 규정하고 있으므로, 징수유예가 납세고지서에 의한 납부기한 자체를 유예하는 경우라면 가산금、중가산금이 발생할 여지가 없겠지만, 그것이 아니라면 국세징수법 제21조, 제22조에 의하여 당연히 가산금·중가산금이 발생할 수밖에 없는데, 징수유예기간 중에 가산금·중가산금을 발생하도록 하는 것은 부당하다는 입법적 고려에서 그 유예기간 중에 가산금、중가산금을 면제하기 위한 특별 규정으로 국세징수법 제19조를 두었다고 봄이 타당하다. 이러한 문제는 체납처분유예의 경우에도 마찬가지로 발생한다. 현행 국세징수법은 체납처분유예기간에 대하여는 중가산금 면제 규정을 두고 있지 아니한데 이 또한 부당한 점은 있고, 따라서 입법적 판단으로 체납처분유예기간 중에도 중가산금을 면제하는 특별 규정을 도입할 수도 있겠지만, 그 규정이 도입되기 전에는 당연히 중가산금이 발생하는 것이다. 이러한 점에서 위 대법원 결정에는 찬성하기 어렵고, 오히려 통합도산법에 따른 징수유예만으로 당연히 가산금、중가산금이 발생하지 아니하는 것이 아니라 이를 위하여는 세법상 별도 근거 규정이 필요하다는 대법원의 과거 판단(대판 1991. 3. 12. 90누2833)이 더 타당하다고 보인다. 일본 회사갱생법이 회생계획에서 징수유예 및 체납처분에 의한 재산환가의 유예를 규정할 수 있다는 것과 별도로 그 유예기간 동안 가산금·중가산금이 발생하지 아니한다는 취지의 규정을 두고 있는 것도 이러한 이유에서 기인한다고 보인다.

지금까지는 국세와 관련하여 살펴보았다. 그런데 지방세법과 관련하여서는 또 다른 해석상 논란이 있다. 즉 지방세법은 제9절에서 '징수유예등'이라는 제목하에 징수유예와 체납처분유예를 함께 규정하면서, '징수유예등[95)]'을 한 경우 그 유예기간 중에 가산금·중가산금이 발생하는지에 관하여, 지방세법 제43조 제1항은 "…. 제41조의 규정에 의하여 '징수유예등'을 한 기간중에는 그 유예한 지방자치단체의 징수금에 대하여 가산금, 중가산금의 징수 또는 체납처분(교부청구를 제외한다)을 할 수 없다"고 규정하고, 제2항은 "통합도산법 제140조의 규정에 의한 징수의 유예가 있는 때에는 가산금, 중가산금의 징수를 할 수 없다"고 규정하고 있다. 그런데 제1항과 관련하여 살펴보면, ① 지방세법상 '고지유예 및 분할고지'는 그 유예기간 중에 납부기한 자체가 도래하지 아니한 경우이고, 지방세법상 '징수유예'도 납세고지서에 의한 납부기한이 도래하기 전에 그 납부기한 자체를 연장하는 것이어서 그 유예기간 중에 납부기한이 도래하지 아니한 경우이므로, 앞서 국세와 관련하여 살펴본 바와 같이, 당초부터 그 유예기간 중에 가산금이 발생할 여지가 없어 제1항이 특별한 의미를 가지는 것은 아니고, ② 지방세법상 '체납처분등유예 중 납세고지서에 의한 납부기한이 도과한 다음 즉 체납액에 대하여 징수유예를 하는 경우'(납세고지서에 의한 납부기한 도과 후 독촉기한 도과 전에 징수유예를 하는 것으로서, 국세징수법 제17조에서 정한 징수유예의 한 유형인 '체납 후 단계에서 하는 징수유예'에 해당한다)에는, 원래 납세고지서에 의한 납부기한이 도과함으로써 당연히 가산금을 징수하고 그로부터 매월마다 중가산금을 징수하여야 하나, 제1항에 의해 특별히 가산금과 중가산금의 발생을 제한하는 것임에 의문이 없으나, ③ '체납처분등유예 중 독촉기한이 도과한 다음에 하는 체납처분유예'(이는 국세징수법상 체납처분유예에 해당한다)의 경우에도 제1항이 적용되어 가산금과 중가산금이 면제되는지에 관하여는 다툼의 여지가 있다. 행정정은 '체납처분유예의 경우에도 가산금, 중가산금을 징수할 수 없다'고 해석(세정13430-170, 1997. 4. 9.)하고 있으나, 제1항과 달리 제2항은 '통합도산법 제140조의 규정에 의한 징수유예'에 관하여만 가산금을 면제한다고 규정하고 있는데 만약 제1항이 체납처분유예에 대하여도 중가산금 면제를 규정한 취지라면 제2항에서 징수유예만을 규정할 이유가 없는 점, 제1항에서 '가산금, 중가산금의 징수 및 체납처분을 할 수 없다'가 아니라 '가산금, 중가산금의 징수 또는 체납처분을 할 수 없다'고 규정하고 있는데 이는 체납액에 대한 징수유예의 경우에는 가산금·중가산금을 징수할 수 없고 체납처분유예의 경우에는 체납처분을 할 수 없다는 뜻으로 해석할 수 있는

95) 지방세법 제41조 제1항은 고지유예·분할고지·징수유예 및 체납처분등 유예를 '징수유예등'이라고 표한하고 있는데, 그 정의개념규정인 지방세법 시행령 제29조 제1항에 비추어 보면, 여기서 말하는 고지유예·분할고지·징수유예는 물론 '체납처분등 유예 중 독촉기간 도과 전에 하는 것'은 모두 국세징수법상 징수유예를 말하는 것이고, '체납처분등 유예 중 독촉기간 도과 후에 하는 것'은 국세징수법상 체납처분유예를 말하는 것이다.

점, 지방세법이 국세징수법과 달리 체납처분유예에 관하여 중가산금 면제규정을 둘 특별한 이유는 없어 보이는 점을 고려하면, 제1항은 '순수한 의미의 징수유예'의 경우 가산금을 면제하고 '순수한 의미의 체납처분유예'의 경우 체납처분만 할 수 없고 가산금은 발생한다는 의미로 해석함이 타당하다. 또한 제2항은 제1항과 달리 '통합도산법 제140조의 규정에 의한 징수유예'에 관하여만 가산금 면제를 규정하고 있으므로 '통합도산법 제140조의 규정에 의한 체납처분유예'에는 가산금이 면제되지 아니함이 명백하다. 통합도산법 제140조가 독촉기한 도과 이후에도 징수유예를 허용함으로써 징수유예의 시기를 확장한 것이라는 전제에서[96] 지방세법 제43조 제2항을 근거로 그러한 징수유예에 대하여도 중가산금이 면제된다고 볼 수 있다는 견해[97]도 있으나, 지방세법 제43조 제2항에서 말하는 '징수유예'도 지방세법에 의하여 허용되는 징수유예를 뜻한다고 볼 것인데, 앞서 본 바와 같이 지방세법은 국세징수법과 마찬가지로 독촉기한이 도과하기 전에만 징수유예를 허용하고 있고 그 이후에는 체납처분유예만 가능한데 그 유예기간에는 중가산금 면제 규정이 없으므로, 위 견해는 타당하지 않다.

한편 납부불성실가산세와 관련하여, 징수유예 또는 체납처분에 의한 환가유예에 관한 규정을 유추적용하여 회생계획에서 이미 도래한 법정납부기한의 연장(연장기간이 3년 이하이면 과세관청의 의견을 들어, 3년이 넘으면 과세관청의 동의를 얻어)을 정할 수 있다는 전제에서, 법정납기가 연장된 이상 납부불성실가산세를 부과할 수 없다는 견해[98]가 있으나, 징수유예나 체납처분유예는 이미 성립·확정된 납세의무를 전제로 그 징수절차와 체납처분절차에서 인정되는 제도인 반면, 납부불성실가산세는 법정납부기한 내에 납부하지 아니하거나 미달하게 납부된 때에 부과되는 것으로서 과세권자가 이를 부과한 때에 비로소 확정되는 점을 감안하면, 징수유예나 체납처분유예에 관한 규정을 유추적용하여 법정납기를 연장할 수 있는지는 의문이다. 법정납기가 도래하였더라도 납부불성실가산세가 부과되지 아니하였다면 이를 굳이 회생계획에서 고려할 필요는 없을 것이고, 납부불성실가산세가 이미 부과되었다면 그 조세감면은 징수권자의 동의를 얻어야만 가능할 것이다(법 제140조 제3항).

---

96) 현행 국세기본법 제19조 제4항은 독촉기간 도과 후에도 통합도산법 제140조에 의한 징수유예가 가능하다는 전제에서 한 입법으로 보이나, 과연 그와 같이 해석하는 것이 타당한지는 의문이다.

97) 이상주, "이미 회사정리계획이 확정된 이상 회사정리법 제122조 제1항에서 정한 징수의 권한을 가진 자의 동의를 받지 아니한 절차상의 하자가 있다는 사정만으로는 회사정리계획의 효력을 다툴 수 있는지 여부", 대법원판례해설(55), 법원도서관, 157-168.

98) 최완주, 주30) 548.

사. 개인채무자와 관련한 몇 가지 문제점

(1) 소득세

개인채무자에 대하여는 사업과 관련된 부분은 사업소득세, 사업과 무관한 부분은 양도소득세나 근로소득세 등이 문제될 수 있다. 법인세법이 순자산증가설에 따라 순자산증가를 모두 과세대상 소득에 포함시키는 것과 달리, 소득세법은 과세대상이 되는 소득을 발생원천에 따라 이자소득, 배당소득, 부동산임대소득, 사업소득, 근로소득, 연금소득, 기타소득, 퇴직소득, 양도소득 등으로 구분하고 있기 때문이다.

따라서 개인채무자가 토지나 건물 등 고정자산을 처분하는 경우에도 그로 인한 소득은 사업소득세가 아니라 양도소득세가 부과되고(소득세법 제94조), 당해 사업 자체와 무관한 경비는 사업소득을 계산함에 있어 필요경비에 산입되지 아니한다[99](소득세법 제33조 제13호). 한편 개인채무자는 채무면제이익의 익금 산입 유예에 관한 조세특례제한법 제44조를 적용받을 수 없음은 앞서 본바와 같다.

(2) 증여세

사업자인 개인채무자가 회생계획에 따라 사업과 관련된 채무를 면제받은 경우에는 이월결손금을 공제한 나머지 금액이 총수입금액에 산입되어 소득세가 부과될 수 있으나(법 제26조 제2항), 사업자인 개인채무자가 사업과 무관한 채무를 면제받거나, 비사업자인 개인채무자가 채무를 면제받은 경우에는 증여세가 문제된다[100]. 즉 상속세 및 증여세법(이하 '상증법'이라 한다) 제36조는 '채권자로부터 채무의 면제를 받거나 제3자로부터 채무의 인수 또는 변제를 받은 경우에는 그 면제·인수 또는 변제로 인한 이익에 상당하는 금액(보상액의 지불이 있는 경우에는 그 보상액을 차감한 금액으로 한다)을 그 이익을 얻은 자의 증여재산가액으로 한다'고 규정하고 있다. 다만 수증자(채무자)가 증여세를 납부할 능력이 없다고 인정되는 때에는 그에 상당하는 증여세의 일부 또는 전부를 면제하나(상증법 제4조 제3항), 이러한 경우에는 수증자(채무자)가 증여자(채무자)가 납부할 증여세에 대하여 연대하여 납부할 의무를 부담하게 되므로(상증법 제4조 제4항), 회생계획에서 채무면제를 함부로 규정하는 것은 부적절하고, 채권자들의 동의를 얻기도 어려울 것이다.

여기서 '채무의 면제로 인한 이익에 상당하는 금액'이 무슨 의미인지가 문제되

99) 따라서 사업과 무관한 금전채권에 대하여는 대손충당금을 설정하거나 대손금으로 비용처리를 할 수 없다.

100) 증여재산에 대하여 소득세나 법인세가 부과되는 때에는 증여세가 부과되지 아니한다(상속세 및 증여세법 제2조 제2항).

는데, 이에 관한 본격적인 논의는 아직 없는 것으로 보인다[101]. 통합도산법 시행 초기에 회생실무는 채무면제가액 자체를 증여재산가액으로 보아 증여세를 계산한 다음 최종 변제연도에 채무면제를 하는 것으로 처리하였다. 이에 의하면, 채무자가 1억 원 상당의 재산을 보유하고 있고 채무액이 10억 원인 경우 회생계획에서 2억 원을 변제하고 8억 원을 면제하는 경우 8억 원이 증여재산가액이 된다는 것이다. 그러나 채무자의 현재 보유 재산이 1억 원뿐인데 8억 원을 증여재산가액으로 하는 것은 부당하다. 이에 현재 회생실무는 원칙적으로 증여세가 부과되지 아니하는 것을 전제로 회생계획을 수립·인가하고 있다.

생각건대, ① 상증법 제36조가 '채무면제로 인한 이익에 상당하는 금액'을 증여재산가액으로 보고 있는 것은, 사법상 증여 자체가 아니지만 채무면제로 인하여 사실상 증여와 같이 경제적 이익이 채권자로부터 채무자에게 이전된다는 측면을 고려한 것으로 보아야 할 텐데, 회생사건에서 채권자들이 채무면제를 하는 이유는 청산가치 이상을 변제받고 더 이상 회수불가능하다고 판단하여 이를 포기하는 것일 뿐 채권자가 채무자에게 어떠한 경제적 이익을 이전한 것이라고 볼 수는 없고, 채무자 역시 자신이 변제할 수 없는 채무를 탕감 받는 것일 뿐 그로 인하여 어떠한 경제적 이익을 얻은 것이라 할 수는 없으므로, 채무자가 상증법 36조 소정의 '채무면제로 인한 이익에 상당하는 금액'을 얻었다고 볼 수 없는 점, ② 상증법 제60조 1항은 증여세가 부과되는 재산의 가액을 '증여일 현재의 시가에 의한다'고 규정하고 있는데, 회생사건에서 채무면제 받은 것을 상증법 제36조에 따라 증여재산가액에 포함된다고 보더라도, 청산가치보장의 원칙이 적용되는 회생사건에서 그 면제된 채권의 시가는 사실상 "0"이라고 봄이 타당한 점, ③ 회생사건에서의 채무면제이익이 상증법 제36조에 따라 증여세 부과대상이라면, 상증법 제4조 제3항에 따라 수증자가 증여세를 납부할 능력이 없다고 인정되는 때에만 그에 상당하는 증여세의 일부 또는 전부를 면제할 수 있을 뿐이고, 그 부분에 한하여 증여자(채권자)의 연대납부의무(상증법 제4조 제4항)를 면하게 되므로, 채무면제 시점에 수증자가 증여세 납부자력이 있는 경우에는 증여자가 연대납부의무를

101) 과세관청은 회단 사건에서 채무면제이익에 대한 증여세 부과 여부에 관한 질의 회신(서면4팀-3079, 2006. 9. 7.)에서, 상속세 및 증여세법 제36조의 규정에 의하여 채무면제이익에 상당하는 금액을 그 이익을 얻은 자의 증여재산가액으로 하여 증여세가 과세되고, 다만 수증자가 증여세를 납부할 능력이 없다고 인정되는 때에는 같은법 제4조 제3항의 규정에 의하여 그에 상당하는 증여세의 전부 또는 일부를 면제하는 것이고, 이에 해당하는지 여부는 구체적인 사실관계에 따라 판단할 사항이라며 명확한 판단을 유보한 채, 이 경우 수증자가 증여세를 납부할 능력이 없다고 인정되어 그에 상당하는 증여세의 전부 또는 일부를 면제받은 때에는 증여자는 면제받은 증여세에 대하여 연대하여 납부할 의무를 지지 아니한다고 해석하고 있다.

부담할 수밖에 없고, 따라서 증여세 부과처분 이후에 수증자가 납부자력을 상실하는 경우에는 최종적으로 증여자가 그 증여세를 납부하여야 하는바, 채권자로서는 회수불가능한 채권을 포기하였을 뿐인데, 그로 인하여 발생하는 증여세에 대하여 연대납부의무까지 부담할 지도 모르는 불확실한 상황에서, 채무면제가 포함된 회생계획에 동의하도록 요구하는 것 자체가 부당함은 말할 필요가 없는 점, ④ 마지막으로 일본 상속세법은 제8조에서 '자력을 상실하여 채무의 변제가 곤란한 상태에서 채무면제를 받은 경우에 그 변제가 곤란한 부분의 금액은 증여세가 부과되지 아니한다'는 취지로 규정하고 있는데, 위 규정에 의하여 채무초과 상태에서 채무면제를 받은 경우 그 채무초과 부분에 대하여는 특별한 사정이 없는 한 증여세를 부과하지 아니하고 있는 점[102] 등을 고려하면, 특별한 사정이 없는 한 증여세가 부과되지 아니한다고 봄이 타당하다.

아. 분할 · 합병 등에 관한 과세문제

회생절차에서 제3자 신주배정이나 사업양도 등의 방법으로 M&A를 추진하는 경우가 있다. M&A 실무에서는 채무자가 여러 사업부문을 운영하고 있는 경우 그 중 일부 사업부문을 회사분할방식으로 분리한 후 분할된 회사를 주식양도방식으로 매각하거나 다른 회사와 합병하고 잔존 사업부문을 청산하는 등 복잡한 구도를 취할 수도 있다. 이와 관련한 세금문제를 간단히 살펴본다.

(1) 분할[103]

먼저 분할법인에 대하여는 청산소득이나 자산양도차익의 과세문제가 발생한다. 인적분할의 경우에는, 분할법인이 해산하면 청산소득[104]에 대한 법인세가 과세될 수 있고(법인세법 제81조), 분할법인이 존속하면 청산소득에 대한 법인세를 과세할 수 없으므로 소멸한 사업부분에 대한 청산소득[105]을 산출하여 각 사업연도의 소득

102) 일본 상속세기본통달 7-4, 7-5.

103) 회사분할은 회사 재산의 전부 또는 일부가 분리되어 1개 이상의 신설되거나 존립중인 다른 회사에 포괄적으로 승계되는 제도이다. 분할에 따라 발행된 신설회사 또는 기존회사의 주식(분할신주)을 배정받는 자가 분할회사인 경우를 물적분할, 분할회사의 주주인 경우를 인적분할이라고 한다. 분할당사회사는 모두 주식회사일 것이 요구된다.

104) 분할법인의 주주가 분할신설법인 또는 분할합병의 상대방법인으로부터 받은 분할대가의 총합계액에서 분할법인의 분할등기일 현재의 자기자본의 총액을 공제한 금액(법인세법 제81조 제1항).

105) 분할법인의 주주가 분할신설법인 또는 분할합병의 상대방법인으로부터 받은 분할대가의 총합계액에서 분할로 인하여 감소한 분할법인의 자기자본(분할한 사업부분의 것에 한한다)을 공제한 금액(법인세법 제48조 제1항).

에 대한 법인세로 과세된다(법인세법 제48조). 물적분할의 경우에는, 분할법인이 분할사업부문을 양도하고 분할신설법인의 주식을 취득하는데, 법인세법은 물적분할을 현물출자의 성격으로 보아 분할시 발생하는 자산양도차익을 과세대상으로 규정하면서, 법인세법 제46조 제1항 각호의 과세특례요건[106](제2호의 경우 전액이 주식이어야 한다)을 갖춘 경우 한하여 자산양도차익에 상당하는 금액을 압축기장충당금을 설정하여 손금에 산입할 수 있도록 허용하고 있다(법인세법 제47조).

다음으로 분할신설법인(분할 또는 분할합병으로 인하여 설립된 법인 또는 존속하는 법인)에 대하여는 분할차익, 이월결손금의 승계, 취득세, 등록세의 과세문제가 발생한다. 분할차익[107]은 분할평가차익, 분할감자차익, 분할법인의 자본잉여금 · 이익잉여금으로 구성된다. 분할차익은 자본거래로 인한 수익으로서 익금불산입하는 것이 원칙이나, 분할평가차익에 대하여는 분할신설법인의 각 사업연도 소득금액 계산상 익금에 산입하도록 규정하고 있다(법인세법 제17조 제1항 제4호). 다만 법인세법 제46조 제1항 각호의 과세특례요건을 갖춘 경우에는 토지와 건축물의 분할평가차익에 대하여 압축기장충당금 또는 일시상각충당금을 설정하여 과세이연할 수 있도록 하고 있다[108](법인세법 제46조, 같은법 시행령 제82조). 물적분할의 경우에는 분할시 분할교부주식을 시가로 평가하여 분할법인에 대하여 직접 과세하므로 인적분할과 달리 분할신설법인이 자산을 시가로 승계하여 분할평가차익을 계상하여도 이중과세방지를 위하여 분할평가차익을 과세하지 아니한다. 한편 분할신설법인은 분할법인의 자산을 장부가액으로 승계하는 경우로서 법인세

106) 법인세법 제46조 제1항 각호의 과세특례요건은 다음과 같다.
1. 사업목적 등에 관한 요건 : 분할등기일 현재 5년 이상 계속하여 사업을 영위한 내국법인이 독립된 사업부분을 분할하는 것으로 분할사업부문의 자산 및 부채가 포괄적으로 승계되어야 하고 분할법인만의 출자에 의하여 분할하는 것일 것.
2. 지분의 계속성에 관한 요건 : 분할법인의 주주가 분할신설법인으로부터 받는 분할대가의 전액이 주식이고, 그 주식이 분할법인의 주주가 소유하던 주식의 비율에 따라 배정될 것.
3. 사업의 계속성에 관한 요건 : 분할신설법인이 분할등기일이 속하는 사업연도의 종료일까지 분할법인 또는 소멸한 분할합병의 상대방법으로부터 승계받은 사업을 계속할 것.

107) 분할신설법인이 분할법인으로부터 승계한 순자산가액이 분할법인의 주주 등에게 지급한 분할대가를 초과하는 경우 그 초과액을 말한다.

108) 분할을 현물출자로 보는 견해에서는 분할법인이 자산 · 부채를 시가로 평가하여 양도가 이루어지는 것으로 보므로 분할법인의 분할양도차익으로 과세하는 것이 타당하고, 분할을 인격의 분할로 보는 견해에서는 분할신설법인은 자산 · 부채를 장부가액으로 승계하는 것이 당연하고 분할로 인하여 평가차손익이 발생한다는 것이 있을 수 없다. 자산을 시가로 평가하여 승계한다는 것은 그 본질이 현물출자의 입장에 있다는 것이고 분할양도차익에 해당하는 것으로 분할법인에서 청산소득 또는 각 사업연도소득으로 과세하여야 하는 것이다. 하지만 현생세법은 구조조정의 지원이라는 차원에서 이를 분할신설법인에 분할평가차익으로 귀속시키고 익금불산입하여 과세를 이연시키는 것이다. 조성태, "회사분할 과세제도의 문제점과 개선방안", 공인회계사(통권 142호, 2005. 3.) 참조.

법 제48조의2 제1항 각호의 요건[109] 을 갖춘 경우에는 분할법인의 결손금 중 승계받은 사업에 속하는 금액을 승계할 수 있다(법인세법 제48조의2). 분할신설법인이 분할로 인하여 취득한 재산에 관하여는 취득세, 등록세가 면제된다(조세특례제한법 제119조 제1항 제10호, 제120조 제1항 제9호).

(2) 합병[110]

먼저 합병으로 인하여 해산하는 피합병법인에 대하여는 청산소득[111]에 대한 과세문제가 발생한다(법인세법 제80조 제1항). 합병으로 인한 청산소득에 대한 일반적 조세혜택은 존재하지 않는다. 다만, 법인세법 제44조 제1항 제1호, 제2호의 과세특례요건[112]을 충족하는 경우에는 합병대가로 받은 주식의 가액을 액면가로 계산할 수 있다(법인세법 제80조 제4항, 같은법 시행령 제122조 제1항 제1호, 법인세법 제16조 제1항 제5호, 같은법 시행령 제14조 제1항 제1호 가목). 한편 포합주식에 대하여는 청산소득 과세가 강화된다. 즉, 합병법인이 보유한 포합주식(합병등기일 전 2년 이내에 취득한 피합병법인의 주식)에 대하여 합병법인의 주식등을 교부하지 않으면, 합병에 의한 청산소득금액을 계산함에 있어서 포합주식의 취득가액만큼 합병대가의 총합계액을 증액시킴으로써(법인세법 제80조 제2항), 합병전에 합병법인이 매수 등을 통하여 피합병법인의 주식을 미리 취득하는 방법으로 합병에 따른 청산소득과세를 피하는 것을 막고 있다.

---

109) 다음 각호의 요건을 모두 갖춘 분할로서 분할신설법인이 분할법인의 자산을 장부가액으로 승계할 것을 요한다.
   1. 법인세법 제46조 제1항 각호의 요건에 해당할 것
   2. 분할합병의 경우에는 분할법인의 주주 등이 분할신설법인으로부터 받은 주식 등이 당해 분할신설법인의 분할등기일 현재 발행주식총수 또는 출자총액의 10% 이상일 것
   3. 분할신설법인이 법인세법 제113조 제3항의 규정에 의하여 구분경리할 것. 다만, 분할합병의 경우로서 법인세법 제25조 제1항 제1호의 규정에 따른 중소기업간 또는 동일사업을 영위하는 법인간 합병하는 경우에는 구분경리하지 아니할 수 있다.

110) 합병이란 둘 이상의 법인이 계약에 의하여 하나의 법인으로 되는 것이다. 합병으로 인하여 소멸하는 법인의 자산 및 부채, 권리와 의무는 청산절차를 거치지 않고 포괄적으로 존속법인 또는 신설법인에게 승계되는데, 전자를 흡수합병, 후자를 신설합병이고 하고, 소멸하는 법인을 피합병법인, 신설 또는 존속하는 법인을 합병법인이라고 한다.

111) 피합병법인의 주주 등이 합병법인으로부터 받은 합병대가의 총합계액에서 피합병법인의 합병일 현재의 자기자본의 총액을 공제한 금액(법인세법 제80조 제1항).

112) 법인세법 제44조 제1항 각호의 과세특례요건은 다음과 같다.
   1. 합병등기일 현재 1년 이상 계속하여 사업을 영위하던 내국법인간의 합병일 것.
   2. 피합병법인의 주주 등이 합병법인으로부터 합병대가를 받은 경우에는 동합병대가의 총합계액 중 주식등의 가액이 95% 이상일 것.
   3. 합병법인이 합병등기일이 속하는 사업연도의 종료일까지 피합병법인으로부터 승계받은 사업을 계속 영위할 것

다음으로 합병법인에 대하여는 합병차익, 이월결손금의 승계, 취득세, 등록세의 과세문제가 발생한다. 합병차익[113]은 합병평가차익, 합병감자차익, 피합병법인의 자본잉여금·이익잉여금으로 구성될 수 있다. 합병차익은 자본거래로 인한 수익으로서 익금불산입하는 것이 원칙이나, 합병평가차익에 대하여는 합병법인의 각 사업연도 소득금액 계산상 익금에 산입하도록 규정하고 있다(법인세법 제17조 제1항 제3호). 다만 법인세법 제44조 제1항 각호의 과세특례요건을 갖춘 경우에는 토지와 건축물의 분할평가차익에 대하여 압축기장충당금 또는 일시상각충당금을 설정하여 과세이연할 수 있도록 하고 있다(법인세법 제44조, 같은법 시행령 제80조). 한편 합병법인은 피합병법인의 자산을 장부가액으로 승계하는 경우로서 법인세법 제45조 제1항 각호의 요건[114]을 갖춘 경우에는 피합병법인의 결손금 중 승계받은 사업에 속하는 금액을 승계할 수 있다(법인세법 제45조). 따라서 피합병법인의 이월결손금의 승계는 장부가액에 의한 합병으로서 위와 같은 일정한 요건을 갖춘 경우에 한하여 제한적으로 허용되는 반면, 합병법인이 보유하고 있던 이월결손금은 계속 공제 가능하므로 결손회사를 존속회사로 하여 흡수합병하는 이른바 역합병도 가능하나, 그것이 조세를 부당하게 감소시키기 위한 목적의 합병으로서 법인세법 시행령 제81조 제5항[115]이 정하는 합병에 해당하는 경우에는 합병

113) 합병법인이 피합병법인으로부터 승계한 순자산가액이 합병법인의 주주 등에게 지급한 합병대가를 초과하는 경우 그 초과액을 말한다.

114) 다음 각호의 요건을 갖춘 합병으로서 합병법인이 피합병법인의 자산을 장부가액으로 승계할 것을 요한다.
1. 법인세법 제44조 제1항 각호의 요건을 갖출 것
2. 피합병법인의 주주 등이 합병법인으로부터 받은 주식 등이 합병법인의 합병등기일 현재 발행주식총수 또는 출자총액의 10% 이상일 것
3. 합병법인이 법인세법 제113조 제3항의 규정에 의하여 구분경리할 것. 다만, 법인세법 제25조 제1항 제1호의 규정에 따른 중소기업간 또는 동일사업을 영위하는 법인간 합병하는 경우에는 구분경리하지 아니할 수 있다.

115) 합병등기일 현재 법인세법 제13조 제1호의 규정에 따른 결손금이 많은 법인을 합병법인으로 하는 합병으로서 다음 각 호의 어느 하나에 해당하는 합병을 말한다.
1. 합병등기일이 속하는 사업연도의 직전 사업연도 개시일(그 개시일이 서로 다른 법인이 합병한 경우에는 먼저 개시한 날을 말한다)부터 합병등기일까지의 기간 중에 피합병법인의 상호(합병법인의 상호와 피합병법인의 상호 중 피합병법인의 상호만 포함된 다른 상호를 포함한다. 이하 같다)로 미리 변경등기하였거나 합병등기일 후 5년 이내에 합병법인의 상호를 피합병법인의 상호로 변경등기할 것
2. 합병법인이 다음 각 목의 요건을 모두 충족할 것
가. 합병계약 당시 주식 등의 시가가 피합병법인보다 낮을 것
나. 피합병법인보다 합병등기일이 속하는 사업연도의 직전 사업연도의 소득금액이 적거나 결손금이 많을 것
다. 합병등기일이 속하는 사업연도의 직전 사업연도의 장부가액에 의한 순자산가액이 피합병법인보다 적을 것
라. 합병등기일이 속하는 사업연도의 직전 3사업연도의 소득금액 합계액이 결손금 합계

회사의 이월결손금조차도 공제되지 아니하게 되므로(법인세법 제45조 제3항), 주의를 요한다. 합병법인이 합병으로 인하여 취득한 재산에 관하여는 취득세가 부과되지 아니한다(지방세법 제110조 제4호). 또한 회생계획에 의한 합병에 대하여 법원의 촉탁으로 등기, 등록을 하는 경우[116]에는 등록세가 부과되지 아니한다(지방세법 제128조 제3호).

⑶ 사업양도 · 자산양도 등

사업양도에 포함되는 개별 재산의 양도차익에 대하여는 개인의 경우 양도소득세, 법인의 경우 법인세가 과세될 수 있다. 자산양도의 경우에도 마찬가지이다. 다만 조세특례제한법은 기업구조조정을 지원하기 위하여 몇 가지 특례를 규정하고 있는데 주요한 것으로는 다음의 것이 있다.

첫째, 개인사업자의 법인전환에 관한 특례로, 개인이 사업용고정자산을 현물출자하거나 일정한 사업양수도방식[117]에 따라 2009. 12. 31.까지 법인(소비성서비스업을 영위하는 법인을 제외한다)으로 전환하는 경우로서, 새로 설립하는 법인의 자본금이 법인으로 전환되는 사업장의 순자산가액 이상인 경우에 한하여, 당해 사업용고정자산에 대하여는 이월과세[118]를 적용받을 수 있다(조세특례제한법 제32조, 같은법 시행령 제29조). 이 경우 취득세, 등록세는 면제된다(조세특례제한법 제119조 제4항, 제120조 제5항).

둘째, 중소기업의 통합과 사업전환에 대한 특례로, 특정업종을 영위하는 중소기

액에 미달할 것

마. 합병등기일 현재 합병법인과 피합병법인간 법인세법 제13조 제1호의 규정에 따른 결손금의 차액이 합병법인의 결손금의 50%를 초과할 것

116) 한편 통합도산법 제24조 제2항은 "법원은 회생계획의 수행이나 이 법의 규정에 의하여 회생절차가 종료되기 전에 등기된 권리의 득실이나 변경이 생긴 경우에는 직권으로 지체없이 그 등기를 촉탁하여야 한다. 다만, 채무자 · 채권자 · 담보권자 · 주주 · 지분권자와 신회사 외의 자를 권리자로 하는 등기의 경우에는 그러하지 아니하다"고 규정하고 있는데, 같은 법 제25조 제4항은 "이 경우 등록세를 부과하지 아니한다고 규정하고 있다".

117) 당해 사업을 영위하던 자가 발기인이 되어, 사업용고정자산을 현물출자하거나 사업양수도하여 법인으로 전환하는 사업장의 순자산가액(현물출자일 현재의 시가로 평가한 자산의 합계액에서 충당금을 포함한 부채의 합계액을 공제한 금액을 말한다) 이상을 출자하여 법인을 설립하고, 그 법인설립일부터 3월 이내에 당해 법인에게 사업에 관한 모든 권리와 의무를 포괄적으로 양도하는 것을 말한다(조세특례제한법 시행령 제29조 제2항).

118) '이월과세'라 함은 개인이 당해 사업에 사용되는 사업용고정자산등을 법인에게 현물출자 등을 통하여 양도하는 경우 이를 양도하는 개인에 대하여는 소득세법 제94조의 규정에 의한 양도소득에 대한 소득세를 과세하지 아니하고, 그 대신 이를 양수한 법인이 당해 사업용고정자산등을 양도하는 경우 개인이 종전 사업용고정자산등을 동 법인에게 양도한 날이 속하는 과세기간에 다른 양도자산이 없다고 보아 계산한 동법 제104조의 규정에 의한 양도소득 산출세액 상당액을 법인세로 납부하는 것을 말한다(조세특례제한법 제2조 제1항 제6호).

업이 사업을 통합하기로 하여 사업용고정자산을 통합으로 존속하는 법인에게 2009. 12. 31.까지 양도하는 경우 당해 사업용고정자산에 대하여 이연과세를 적용받을 수 있고(조세특례제한법 제31조), 또 중소기업을 영위하는 내국인이 5년 이상 계속하여 영위하던 사업을 수도권과밀억제권역 외의 지역에서 제조업 등으로 전환하기 위하여 전환전사업에 직접 사용하는 사업용고정자산을 2008. 12. 31.까지 양도하고 양도일부터 1년 이내에 전환사업에 직접 사용할 사업용고정자산을 양도하는 경우 전환전 사업용고정자산을 양도함에 따라 발생하는 양도차익 중 일부를 익금에 산입하지 아니할 수 있다(조세특례제한법 제33조). 이 경우 취득세, 등록세는 면제된다(조세특례제한법 제119조 제1항 제3호, 제120조 제1항 제2호).

셋째, 법인의 현물출자에 의한 다른 법인 신설에 대한 특례로, 5년 이상 계속하여 사업을 영위한 내국법인이 2009. 12. 31.까지 주식 또는 사업용자산을 현물출자하여 새로운 내국법인을 설립하는 경우에는 그 출자로 인하여 취득한 신설법인의 주식가액 중 현물출자로 인하여 발생한 자산의 양도차익에 상당하는 금액(주식의 시가에서 현물출자한 자산의 장부가액을 차감한 금액을 말한다)은 당해 사업연도의 소득금액계산에 있어서 이를 손금에 산입하여 과세이연[119]을 받을 수 있고, 이 경우 손금에 산입하는 금액은 취득한 주식의 압축기장충당금으로 계상한 후, 당해 주식을 양도하는 사업연도에 익금에 산입한다(조세특례제한법 제38조, 같은법 시행령 제35조). 이 경우 취득세, 등록세는 면제된다(조세특례제한법 제119조 제1항 제7호, 제120조 제1항 제6호).

(4) 사재제공

회생절차에서 채무자의 대주주 등이 사재를 무상 제공하여 운영자금이나 변제자금으로 사용하도록 하는 경우가 있을 수 있다. 이에 관하여 구 조세특례제한법(2007. 12. 31. 법률 제8827호로 개정되기 전의 것) 제41조, 제119조 제1항 제8호, 제120조 제1항 제7호는 중소기업이 채권금융기관과 경영정상화계획의 이행을 위한 협약을 체결하고 그 이행을 위하여 주주 등이 자기 소유 자산을 법인에 무상으로 교부하거나 이를 매각하여 그 양도대금을 법인에 증여하는 경우에 그 무

119) '과세이연'이라 함은 공장의 이전 등을 위하여 개인이 당해 사업에 사용되는 사업용고정자산 등을 양도하고 그 양도가액으로 다른 사업용고정자산 등을 대체 취득한 경우 종전 사업용고정자산 등의 양도에 따른 양도차익 중 그 양도가액이 대체용 자산의 취득가액에서 차지하는 비율에 해당하는 금액에 대하여는 양도소득세를 과세하지 아니하되, 대체용 고정자산등을 양도하는 때에 그 취득가액에서 과세이연금액을 차감한 금액을 취득가액으로 보아 양도소득세를 과세하는 것을 말한다(조세특례제한법 제2조 제1항 제7호).

상수증이익에 대하여 익금 산입을 일정기간 유예하거나 그 양도소득세를 감면하고 취득세와 등록세를 면제하는 특례규정을 두고 있었으나, 회생절차에서의 사채제공과 관련한 특례규정은 없었다. 회생절차의 특성을 고려할 때 입법적인 보완을 요한다.

(5) 연대납세의무의 특칙

세법은 법인이 분할 또는 분할합병하는 경우 분할법인에 대하여 그 이전에 부과되거나 납세의무가 성립한 조세채무는 분할법인과 분할신설법인이 연대하여 납부할 책임을 지고, 통합도산법 제215조에 따라 신회사를 설립하는 경우 기존의 채무자에 대하여 부과되거나 납세의무가 성립한 조세채무는 신회사가 연대하여 납부할 책임을 진다고 규정하고 있다(국세기본법 제25조, 지방세법 제18조). 그러나 통합도산법 제280조는 회생계획에서 신회사가 채무자의 조세채무를 승계할 것을 정한 때[120]에는 신회사가 그 조세를 납부할 책임을 지고 채무자의 조세채무는 소멸한다는 특례를 규정하고 있다.

五. 채권자·주주의 조세채무

1. 대손처리

현행 세법은 채권의 회수 여부와 관계없이 채권이 확정되면 납세의무가 성립하는 이른바 권리의무확정주의를 채택하고 있다. 그런데 채권자가 확정된 채권을 현실적으로 회수하기 이전에 채무자의 도산 등으로 인하여 채권회수가 불가능한 것이 객관적으로 명백한 때에는 그 채권에 대한 납세의무를 시정할 필요가 있다. 이에 법인세법과 소득세법은 회수불가능한 채권을 대손금으로 처리할 수 있도록 허용하고 있고, 부가가치세법은 회수불가능한 매출채권에 대하여 대손세액공제를 허용하고 있다.

즉, 채권자가 채무자에 대한 채권이 발생한 시점에서 당해 채권에 대한 법인세나 사업소득세를 부담한 이후에, 당해 채권을 현실적으로 회수하기 이전에 채무자에 대한 회생절차가 개시되어, 그 회생계획에서 채무감면을 규정하거나 회생계획에 그 채권에 대한 존속 규정이 없어 면책되면, 그 부분은 회생계획이 인가됨으로써 회수

120) 회생계획에서 신회사가 채무자의 조세채무를 승계할 것을 정하려면 통합도산법 제140조 제3항에 따라 징수권자의 동의가 필요하다.

할 수 없는 것으로 확정된다 할 것이므로, 이를 회생계획이 인가된 당해 사업연도의 대손금[121]으로 비용처리할 수 있다(법인세법 제34조 제2항, 같은법 시행령 제62조, 소득세법 시행령 제55조 제1항 제16호, 제2항, 같은법 시행규칙 제25조). 회생계획은 채권자가 보증인이나 물상보증인에 대하여 가진 권리에 영향이 없으므로 보증인이나 물상보증인으로부터 회수할 수 있다면 대손처리할 수 없다. 개인채권자는 사업자로서 당해 사업과 관련한 채권에 대하여만 대손처리가 가능하다.

여기서 문제가 되는 것은 법인인 채권자에 대하여 회생계획에서 출자전환을 실시하게 되면 당해 채권자로서는 세법상 그 출자전환과 관련된 채권액을 대손처리할 수 없다는 것이다. 즉 2006. 2. 9. 법인세법시행령 제72조 제4호가 개정되어(2006. 7. 1.부터 시행) '회생계획에 의하여 채무자의 출자전환으로 취득한 주식은 출자전환된 채권의 장부가액을 그 취득가액'으로 할 수밖에 없게 되었는데, 위 시행령이 개정되기 전에는 회생계획에 따라 채권자가 채무의 출자전환으로 주식을 취득하는 경우, 그 취득 당시의 시가를 취득가액으로 함으로써, 그 취득가액(시가)와 출자전환된 채무의 장부가액의 차액을 대손금으로 비용처리 할 수 있었으나, 위 시행령 개정으로 위 주식의 취득가액은 출자전환된 채무의 장부가액을 그대로 사용할 수밖에 없으므로, 예전과 같이 대손처리하는 것은 더 이상 허용될 수 없게 된 것이다[122]. 이러한 점에서 현재 회생실무가 출자전환을 폭 넓게 허용하는 것이 타당한지는 의문이다. 최소한 채권자들에게 이러한 사정을 알리고 양해를 얻는 절차를 거쳐야 할 것이다.

한편, 회생채권 등이 부가가치세 과세대상인 재화나 용역의 공급으로 인한 것이라면, 채권자는 회생계획이 인가된 당해 과세기간의 매출세액에서 그 대손세액(대손금액의 10/110)을 공제받을 수 있다[123]. 이 경우 채무자가 이미 매입세액공제를 받았다면 그 대손세액 상당액을 대손이 확정된 과세기간의 매입세액에서 공제하는 방법으로 추징당하게 된다(부가가치세법 제17조의2).

---

121) 소득의 원인이 되는 채권이 발생된 때라 하더라도 그 과세대상이 되는 채권이 채무자의 도산 등으로 인하여 회수불능이 되어 장래 그 소득이 실현될 가능성이 전혀 없게 된 것이 객관적으로 명백한 때에는 그 경제적 이득을 대상으로 하는 소득세는 그 전제를 잃게 되고, 그와 같은 소득을 과세소득으로 하여 소득세를 부과할 수 없다고 할 것이나, 이 때 그 채권의 회수불능 여부는 구체적인 거래내용과 그 후의 정황 등을 따져서 채무자의 자산상황, 지급능력 등을 종합하여 사회통념에 의하여 객관적으로 평가하는 방법으로 판정하여야 한다(대판 2003. 12. 26. 2001두7176).

122) 법인세법과 달리 소득세법에는 위와 같은 개정이 이루어지지 아니한 것으로 보이므로, 개인사업자인 채권자가 출자전환으로 주식을 취득하는 경우에는 과거와 마찬가지로 주식의 시가와 채무의 장부가액의 차액을 대손처리할 수 있을 것으로 보인다.

123) 다만 재화나 용역의 공급일부터 5년이 경과된 날이 속하는 과세기간에 대한 확정신고기한까지 대손이 확정된 경우에 한한다(부가가치세법 시행령 제63조의2 제2항).

2. 간주취득세, 제2차납세의무

과점주주[124]로서 당해 법인의 발생주식총수의 50%를 초과하는 주식에 관한 권리를 실질적으로 행사하거나 경영을 사실상 지배하는 자는 당해 법인의 부동산 등을 취득한 것으로 보아 취득세가 부과되고(지방세법 제105조 제6항), 과점주주가 된 이후에 성립한 당해 법인의 체납세액에 대하여 제2차납세의무를 부담한다(국세기본법 제39조, 지방세법 제22조). 여기서 회생계획에 따른 출자전환으로 인하여 과점주주가 된 경우에도 간주취득세나 제2차납세의무를 부담할 수 있는지 여부가 문제된다. 그러나 회생절차개시결정이 있은 때에는 채무자의 경영과 재산의 관리처분권은 관리인에 전속하고, 관리인은 채무자의 기관이나 그 대표자는 아니지만 채무자와 그 채권자 및 주주로 구성되는 이해관계인 단체의 관리자인 일종의 공적 수탁자라는 입장에서 채무자의 대표, 업무집행 및 재산관리 등의 권한행사를 혼자서 할 수 있게 되므로 회생절차개시 후에 비로소 과점주주가 된 자는 과점주주로서의 주주권을 실질적으로 행사할 수 없게 되는 점을 감안하면, 회생절차가 진행중인 한, 형식적으로 과점주주 요건을 갖추었다 하더라도 실질적으로 그 주주권을 행사하거나 경영을 사실상 지배한다고 볼 수 없어 간주취득세나 제2차납세의무를 부담하지 아니한다[125].

3. 의제배당

채무자에 대한 M&A절차에서 채무자를 분할·합병하는 경우에 주주에 대하여 의제배당으로 인한 과세문제가 발생한다.

먼저 분할의 경우를 본다. 분할법인의 주주에 대하여는, 자신이 수취한 분할대가가 분할법인의 주식을 취득하기 위하여 소요된 금액을 초과하는 경우 그 초과금액이 의제배당에 해당하여 과세되는데(법인세법 제16조 제1항 제6호, 소득세법 제17조 제2항 제6호), 다만 법인세법 제46조 제1항의 과세특례요건을 갖춘 경우에는 분할대가를 전액 주식으로 받게 되고 그 분할신주의 가액을 액면가액으로 평가한다(법인세법 시행령 제14조 제1항 제1호 가목, 소득세법 시행령 제27조 제1항 제1호 나목). 분할신설법인의 주주에 대하여는, 분할 당시 의제배당 문제가

124) 주주와 그 특수관계자로서 그들의 소유주식의 합계가 당해 법인의 발생주식총수의 50%를 초과하는 자들을 말한다.

125) 대판 1989. 7. 25. 88누10961(제2차납세의무에 관한 사례); 대판 1994. 5. 24. 92누11138(간주취득세에 관한 사례)

발생하지 아니하나 분할신설법인이 분할차익을 자본에 전입하여 무상주를 교부할 경우 의제배당으로 과세된다.

다음으로 합병의 경우를 본다. 피합병법인의 주주가 합병법인으로부터 취득하는 합병대가가 피합병법인의 주식을 취득하기 위하여 소요된 금액을 초과하는 경우 그 초과금액이 의제배당에 해당하여 과세되는데(법인세법 제16조 제1항 제5호, 소득세법 제17조 제2항 제4호), 다만 법인세법 제46조 제1항의 과세특례요건을 갖춘 경우에는 분할대가를 전액 주식으로 받게 되고 그 분할신주의 가액을 액면가액으로 평가한다(법인세법 시행령 제14조 제1항 제1호 가목, 소득세법 시행령 제27조 제1항 제1호 나목).

4. 증여의제

특수관계 있는 법인의 합병으로 인하여 합병당사법인의 대주주가 이익을 얻은 경우(상속세 및 증여세법 제38조), 당해 법인의 주주가 아닌 자가 당해 법인으로부터 신주를 직접 배정받음으로써 자신 또는 특수관계자가 이익을 얻은 경우(같은 법 제39조 제1항 제1호 다목, 제2호 다목), 일부 주주의 주식 또는 지분을 소각함으로 인하여 그와 특수관계에 있는 대주주가 얻은 이득(같은 법 제39조의2), 결손법인의 주주와 특수관계 있는 자가 당해 법인과의 거래를 통하여 그 주주가 이익을 얻은 경우(같은 법 제41조) 등에는 그 이익에 대하여 증여세가 부과될 수 있다. 다만 그 이익에 대하여 소득세나 법인세가 부과되는 때에는 증여세가 부과되지 아니한다(같은 법 제2조 제2항).

六. 맺음말

이 글은 필자가 사법연수원에서 실시한 2007년도 주제별 연수(제목 : 회생절차의 이해와 실무)에서 발표한 자료를 바탕으로 그 동안 생각해왔던 논점을 보완한 것이다. 서울중앙지방법원 파산부에 근무한지 11개월 남짓 하던 시기에 당시 파산부에 함께 근무하던 판사님으로부터 위 주제별 연수에서 '회생절차와 조세'라는 제목으로 발표해 줄 것을 부탁받고, 그 기회에 회생절차와 관련된 조세문제를 정리해보고 싶은 욕심에 무턱대고 이를 승낙하였다가 발표 자료를 정리하느라 많은 어려움을 겪었던 기억이 생생하다. 당시 필자는 회생절차와 관련하여 좀 더 많은 경험을 쌓는다면 더 좋은 글을 내놓았을 것이라며 아쉬움을 토로했으나, 파산부에 근무한 지 2년이 넘는 시점에서 다시 살펴보아도 더 좋은 글을 내놓는다는 것은 역부족임을 느끼게 된다.

나름대로 많은 쟁점을 언급하려고 노력하였으나, 의욕만 앞선 나머지 깊이 있는 검토 없이 개인적인 의견만을 섣불리 드러낸 것은 아닌지 모르겠다. 혹시 필자가 오해한 부분이 있더라도 너그러운 이해를 바라며, 아무쪼록 이 글이 회생절차와 관련한 조세문제를 이해하는데 도움이 되기를 바란다.

회생계획과 주주
-회생절차에서 출자전환된 주주의 지위를 중심으로-

법원도서관 조사심의관·판사 심 활 섭

〈目 次〉

一. 서설

회생절차는 재정적 어려움으로 인하여 파탄에 직면하여 있는 채무자에 대하여 채권자, 주주 · 지분권자 등 이해관계인의 법률관계를 조정하여 채무자 또는 그 사업의 효율적인 회생을 도모하는 것을 목적으로 하는 제도이다(채무자 회생 및 파산에 관한 법률[1] 제1조 전단). 회생절차에서는 채무자의 계속기업가치 및 청산가치를 토대로 하여 그 가치를 채권자, 주주 및 지분권자 등 이해관계인에게 분배하는 회생계획안을 작성하게 되는데, 그 분배에 관한 이해관계인 상호간의 순위는 특별한 사정이 없는 한 실체법상의 권리의 우선순위에 의하여 정해진다.[2]

회생절차에서는 실체법적 권리의 우선순위에 따라 권리가 변경됨에 따라 잔여재산분배청구권(상법 제538조, 제612조)만을 가지는 주주·지분권자의 경우에는 채권 감축률 이상의 권리감소가 필연적으로 뒤따르게 되는데, 채권자의 채권에 대하여 출자전환이 광범위하게 이루어지는 경우에 부실의 정도가 심한 채무자 주식회사의 경우에는 신 주주(출자전환을 한 채권자)가 보유하게 되는 주식의 비율이 구 주주(회생절차에서 출자전환이 이루어지기 전의 주주)가 보유하게 되는 주식의 비율보다 높아지게 된다. 따라서 회생절차 중인 채무자의 계속기업가치의 분배방법과 지배구조의 내역은 원칙적으로 회생계획에 의하여 정해진다고 할 것이다.

그런데, 회생절차 실무에서는 회생회사가 회생계획을 달성하지 못하고 채무 변제 유예기를 지나 본격적인 채무변제시기에 접어들면 회생계획의 수행에 심각한 어려움을 겪는 것이 보통이고, 이를 방치할 경우에는 더 나아가 회생절차 폐지에 이르게 되는 것이 현실이다.[3] 서울중앙지방법원 파산부 및 수원지방법원 파산부의 회생절차실무에서도 최근 몇 년간 회생계획을 온전히 수행하고 회생에 성공한 사례는 거의 찾아볼 수 없는 상황이다. 이에 따라 제3자 배정 신주인수방식에 의한 M&A를 거쳐 채무를 재조정하여 채무자를 재건시키는 방식이 널리 활용되고 있다. 회생실무에서 M&A가 본격적으로 도입된 2000년 이후에 M&A를 수반하지 않고 회생계획의 수행을 완료하여 회생절차를 종결한 회사는 찾을 수 없는 상황이다.[4]

이와 관련하여 제3자 배정 신주인수방식에 의한 M&A과정에서 출자전환으로 주주가 된 채권자는 어떠한 지위에 있는지가 문제되고, 제3자 배정 신주인수방식에 의한 M&A과정에서 원 회생계획에 의하여 정해진 계속기업가치 배분방법을

1) 이하 「채무자 회생 및 파산에 관한 법률」은 "법"으로만 약칭하고, 법명 표시 없이 법조문만을 표시한 경우는 「채무자 회생 및 파산에 관한 법률」을 일컫는 것이다.

2) 법 제217조는 ① 담보권자(제1호), ② 무담보채권자(제2, 3호), ③ 주주·지분권자(제4, 5호)의 순으로 가치분배순서를 규정하고 있다.

3) 홍성준, "회사정리·회생절차와 M&A", BFL No.20(2006. 11.), 서울대 금융법센터, 57.

4) 홍성준, 주3) 58.

변경함에 있어서 고려하여야 하는 것은 무엇인지를 살펴볼 필요가 있다.

이하에서는 편의상 회생절차신청사건의 대부분을 차지하는 주식회사의 경우를 염두에 두고 살펴보기로 한다.

二. 회생계획과 관련한 주주의 지위

1. 기존주주의 권리변경

가. 임의적 자본감소

일반적으로 채무자의 자산상태는 대부분 부실하고 대부분이 파산상태에 처해 있는 실정이다. 따라서 채무자의 재건을 위해서는 부채를 감소시킴과 동시에 자본을 감소시킬 필요가 있다. 회생계획이 인가되기 위해서는 채무자가 회생계획에 정해진 채무변제계획을 모두 이행하여야 할 뿐만 아니라, 다시 회생절차에 들어오지 않을 수 있는 건전한 재정상태를 구비하여야 하고, 건전한 재정상태의 구비여부를 판단함에 있어서는 정상기업으로서의 건전한 재무상태와 적정한 자본구성을 유지할 수 있는 능력을 갖추어야 하기 때문이다(법 243조 1항 2호 참조).[5] 이와 같은 점에서 '수행가능성'에 대한 판단은 '갱생의 가능성'에 대한 판단이라고 할 것이다.[6] 따라서 회생계획의 수행가능성의 판단을 위해서는 ① 재정적 건정성{자기자본에 대한 타인자본의 비율인 부채비율(부채비율=총부채/자기자본×100), 유동부채(기준일로부터 1년 이내에 기한이 도래하는 부채)의 자기자본에 대한 비율인 유동부채비율(유동부채비율=유동부채/자기자본×100), 자산의 구성비율, 자산과 자본의 비율 등을 동일업종의 동일규모의 기업에 관한 표준비율과 비교}과 ② 회생계획의 실행가능성(가령 운전자금을 차입금에 의하여 조달하는 내용의 계획에서는 거래은행의 의향에 비추어 차입이 가능한지, 새로이 납입을 받아 신주를 발행하는 계획인 경우에는 현실적으로 납입이 이루어질 수 있는지, 계획에서 예정된 수익을 현실적으로 올릴 수 있는지 등)의 측면에서 회생계획이 검토되어야 하고, 회생계획에서의 채권자의 권리변경은 인가후의 자본금액과 총부채의 합계액이 자산총액과 일치되도록 이루어져야 한다.[7] 구체적으로는 회생계획인가전의 자

5) 서울중앙지방법원 파산 실무연구회, 회생사건실무(하)(제2판, 2008), 박영사, 59.

6) 三ヶ月 章 외 5, 條解 會社更生法(下), 弘文堂, 617.

7) 채무자가 재건중임을 감안하여 다소의 자본결손은 예상된 절차종결시까지 해소될 것이 확실하게 기대되는 한 허용되나, 회생계획인가시에 파산원인인 채무초과의 상태가 해소되지 않으면 안된다[三ヶ月 章 외 5, 주6) 622].

산총액에 일치하도록 자본총액(부채 + 자기자본액)을 정하여 채권총액을 어느 정도로 감축할 것인가, 또한 자본은 어느 정도 감소시킬 것인가를 정하고, 이를 바탕으로 부채비율(자기자본비율), 유동부채비율 등의 재무구성비율이 적정하게 되도록 회생채권과 회생담보권 중 주식으로 출자전환할 비율과 그 변제기를 정하여야 하고, 이와 같은 과정에서 주주의 권리변경의 한도가 저절로 정해지게 된다.[8)]

자본감소의 규모는 채무자의 자산 및 부채, 채무자의 수익력을 참작하여 정하여야 하는데(법 205조 2항), 단순히 자본의 감소만을 행하는 것은 주주의 권리가 감축되지 않아[9)], 공정·형평의 관점에서 위법한 회생계획이 된다. 한편, 자본감소는 자본구성의 적정성을 도모할 수 있어 신규자금의 유치에 필요한 여건을 조성할 수 있다는 점에서 의의가 있다.

나. 기존 주식의 강제소각

(1) 채무초과시의 필요적 자본감소

회생절차 개시결정 당시 채무자의 부채총액이 자산총액을 초과하는 경우에는 회사 발행주식의 2분의 1 이상을 소각하거나 2주 이상을 1주로 병합하는 방법으로 자본을 감소할 것을 정하여야 한다(법 205조 1항). 이는 자본이 잠식된 주식회사인 채무자에 대하여 제3자 인수를 촉진하기 위하여 둔 규정이다.[10)11)]

(2) 지배주주 등에 대한 징벌적인 주식소각 · 병합

주식회사인 채무자의 이사나 지배인의 중대한 책임이 있는 행위로 인하여 회생절차 개시의 원인이 발생한 경우에는 회생계획에 그 행위에 상당한 영향력을 행사한 주주 및 그 친족 그 밖에 대통령령이 정하는 범위의 특수관계에 있는 주주가 가진 주식의 3분의 2 이상을 소각하거나 3주 이상을 1주로 병합하는 방법으로 자본을 감소할 것을 정하여야 한다(법 205조 4항·6항). 특수관계에 있는 주주의

8) 三ヶ月 章 외 5, 주6) 622-623.

9) 가령 액면금 5,000원인 주식 10만주를 발행하여 자본금 5억 원인 회사가 회생계획에서 자본금을 10분의 1로 감소시키면서 종래의 주식 10주를 1주로 병합하여 주식수 1만주, 자본금 5,000만원인 회사가 되었다고 하더라도 종래의 주식 10,000주를 보유한 주주는 새로운 주식 1,000주를 보유한 주주가 되어 의결권행사나 이익배당에 발행주식 전체의 10%의 비율로 참여할 수 있다는 점에서 자본감소 전후에 그 권리에 아무런 변동이 없게 된다.

10) 서울중앙지방법원 파산 실무연구회, 회생사건실무(상) (제2판, 2008), 박영사, 564.

11) 주식의 소각에 의한 감자에 의하여 주식수가 감소하더라도, 그 감소한 수의 주식에 대하여는 이미 주식의 발행권한을 행사하였기 때문에 수권주식총수 중의 미발행주식수가 그만큼 환원·증가하는 것이 아니어서[정찬형, 상법강의(상)(제12판, 2009), 박영사, 982], 제3자 인수 신주발행을 할 수 있도록 수권주식총수를 대폭 증가시킨다.

범위에 관하여는 대통령령이 정하고 있다(채무자회생및파산에관한법률시행령 15조[12]).

지배주주 · 지분권자 등에 대한 징벌적인 주식소각 · 병합의 비율은 ① 주식의 실질적 재산가치가 전무하다고 인정되는 때에는 주식 전부를 소각하고, ② 상장주식으로서 시세가 형성되어 있거나 비상장주식이더라도 다소나마 재산적 가치가 있다고 인정되는 경우에는 금융기관 회생채권자 조의 변제비율을 현재가치로 환산한 후 그 3분의 1에 해당하는 비율에다가 구 경영주의 책임의 정도, 주식의 재산적 가치, 채무자의 재산상태, 회생절차를 신청한 시기 등 제반 사정을 종합하고 적의 가감하여 구 경영주의 주식 잔존비율을 정하는 방식으로 정하는데, 부실경영에 영향력을 행사한 지배주주 및 특수관계인의 주식은 이를 100% 소각한 사례[13]가 거의 대부분이다.[14]

---

12) 제15조 (특수관계에 있는 주주) 법 제205조제4항에서 "그 밖에 대통령령이 정하는 범위의 특수관계에 있는 주주"라 함은 당해 주식회사의 주주로서 제4조 각 호의 어느 하나에 해당하는 자를 말한다.

제4조 (특수관계인) 법 제101조제1항, 법 제218조제2항 각 호 및 법 제392조제1항에서 "대통령령이 정하는 범위의 특수관계에 있는 자"라 함은 다음 각 호의 어느 하나에 해당하는 자를 말한다.

1. 본인이 개인인 경우에는 다음 각 목의 어느 하나에 해당하는 자
   가. 배우자(사실상의 혼인관계에 있는 자를 포함한다. 이하 같다)
   나. 8촌 이내의 혈족이거나 4촌 이내의 인척
   다. 본인의 금전 그 밖의 재산에 의하여 생계를 유지하는 자이거나 본인과 생계를 함께 하는 자
   라. 본인이 단독으로 또는 그와 가목 내지 다목의 관계에 있는 자와 합하여 100분의 30이상을 출자하거나 임원의 임면 등의 방법으로 법인 그 밖의 단체의 주요 경영사항에 대하여 사실상 영향력을 행사하고 있는 경우에는 당해 법인 그 밖의 단체와 그 임원
   마. 본인이 단독으로 또는 그와 가목 내지 라목의 관계에 있는 자와 합하여 100분의 30이상을 출자하거나 임원의 임면 등의 방법으로 법인 그 밖의 단체의 주요 경영사항에 대하여 사실상 영향력을 행사하고 있는 경우에는 당해 법인 그 밖의 단체와 그 임원
2. 본인이 법인 그 밖의 단체인 경우에는 다음 각 목의 어느 하나에 해당하는 자
   가. 임원
   나. 계열회사(「독점규제 및 공정거래에 관한 법률」 제2조제3호에 따른 계열회사를 말한다) 및 그 임원
   다. 단독으로 또는 제1호 각 목의 관계에 있는 자와 합하여 본인에게 100분의 30이상을 출자하거나 임원의 임면 등의 방법으로 본인의 주요 경영사항에 대하여 사실상 영향력을 행사하고 있는 개인 및 그와 제1호 각 목의 관계에 있는 자와 법인 그 밖의 단체(계열회사를 제외한다. 이하 이 호에서 같다) 및 그 임원
   라. 본인이 단독으로 또는 그와 가목 내지 다목의 관계에 있는 자와 합하여 100분의 30이상을 출자하거나 임원의 임면 등의 방법으로 단체의 주요 경영사항에 대하여 사실상 영향력을 행사하고 있는 경우에는 당해 법인 그 밖의 단체 및 그 임원

13) 부실경영에 책임이 있다고 보아 지배주주 및 특수관계인의 주식을 100% 소각한 예로는 ㈜아인텍정보, ㈜동원개발, ㈜한광, ㈜비오이하이디스[서울중앙지방법원 파산 실무연구회, 주5) 563 주87], 현대아이티 등이 있다.

미국 연방파산법의 경우 회생계획에 따른 담보권자, 무담보권자 및 주주의 권리변경이 "공정, 형평"하게 이루어져 있을 것이 강제인가(cram down)의 요건으로 되어 있어, 사실상 회생계획안에 대한 채권단의 동의를 받기 위하여 주주의 권리를 100% 소각하는 내용의 회생계획이 일반화되어 있을 뿐이고,[15] 법 자체에서 회사의 자본구조에 직접적으로 관여하여 일반 주주 및 지배주주의 주식에 관하여 소각 또는 병합을 명하는 규정을 두고 있지는 않다.[16]

이에 따라 법 제217조 역시 회생담보권자, 회생채권자, 주주의 권리변경에 있어서 그 권리의 순위를 고려하여 회생계획의 조건에 공정하고 형평에 맞는 차등을 두어야 한다고 규정하고 있고, 법 243조는 위와 같은 공정, 형평의 원칙[17] 준수 여부를 인가요건으로 규정하고 있어, 주주의 권리 역시 채권자보다 더 불리한 정도로 그 권리가 감축되어야 함이 예정되어 있으므로, 굳이 획일적인 주식 강제소각 규정을 둘 필요는 없으며, 위 규정은 1997년 외환위기과정에서 부실기업의 신속한 퇴출이 국가사회적 과제로 대두하였던 시대적 배경하에서 신설된 것이나, 어느 나라의 도산법제에서도 찾아볼 수 없는 기형적인 조항인 만큼 삭제되어야 한다는 견해가 있다.[18]

위와 같은 획일적인 주식 강제소각규정은 지배주주에게 회생절차가 경영권을 박탈하는 "징벌적 절차"라는 인식을 준다는 점에서는 입법정책적으로는 그 타당성에 의문이 들기는 하나, 앞서 본 바와 같이 단순한 비율적인 자본감소만으로는 주주로서의 권리의 내용이 변경되는 것이 아니어서 단순한 주식의 소각·병합만으로 주주로서의 권리가 감축된다고는 볼 수 없고, 신주발행에 의한 실질적인 지분

14) 서울중앙지방법원 파산 실무연구회(註10), 563.

15) 오영준, 기존 경영자 관리인제도와 채무자 회사의 지배구조, 통합도산법(2006), 법문사, 236.

16) 미국연방파산법의 제11장 절차는 재건계획의 내용에 엄격한 규제를 두지 않고, 채무자나 채권자 등 관계자의 자율적 결정에 맡기고 있는 것이 특징이고, 재건계획에 의한 배당은 청산가치를 보장하면 족하고 청산가치를 초과한 가치의 분배는 관계자간의 교섭에 맡겨져 있고(村田典子, 再建型倒産處理手續の機能(2), 民商法雜誌 129권 4=5호 666), 나아가 최소한 1개의 조에 의하여 계획안이 수락되면 반대하는 채권자에게도 계획안을 강제할 수 있는 "cram down"조항이 적용되는 경우에 한하여 절대적 우선의 원칙(absolute priority rule)이 적용된다(11 U.S.C.A. §1129(b)). 미국에서 절대적 우선의 원칙(absolute priority rule)이 과연 어느 정도 지켜지는지에 대한 실증연구{Lawrence A. Weiss, "Bankruptcy Resolution : Direct Costs and Violation of Priority of Claims," Corporate Bankruptcy, ed. by Jagdeep S. Bhandari/Lawrence A. Weiss(Cambridge, 1996), pp. 266-275}에 의하면 조사대상인 37개 상장기업의 회생계획안 중에서 78%가 절대적 우선의 원칙을 벗어나고 있다고 한다(오수근, "청산가치를 하회하는 정리계획안의 당부", 민사판례연구[XXIII], 박영사, 592 주 26에서 재인용).

17) 공정·형평의 의미에 대하여는 선순위권리자의 권리가 후순위권리자의 권리에 대하여 상대적으로 우선되면 된다는 상대우선설의 입장이 통설이고, 실무상으로도 상대우선설이 채용되고 있다.

18) 오영준, 주15) 236-237.

의 저감 비율, 장래 예상되는 출자전환이나 인수·합병을 위한 신주발행에 의하여 예상되는 지분의 저감비율, 순자산에 대한 지분금액의 규모 등을 두루 참작하여야 할 것인데, 위와 같은 주식의 강제소각·병합규정이 적용되는 경우는 주주의 순자산에 대한 지분금액이 존재하지 않는 경우이어서 "징벌적인 권리의 제한"으로는 보기 어렵다.

채무자의 지배구조는 공정하고 형평에 맞는 차등을 둔 권리변경을 내용으로 하는 회생계획에 의하여 정해지는 것인데, 주주보다 상순위인 권리자들의 변제율을 감안한 권리변경의 정도에 따라 주주의 권리감축의 정도가 정해지는 것이라는 점,[19] 채무자의 지배구조는 주주에 대한 권리변경의 정도에 따라 정해지는 것이어서 위와 같은 강제소각규정만으로 지배권의 향방이 결정되는 것은 아니라는 점, 회생채권자에 대하여 청산가치를 배당하면 그보다 후순위인 주주에 대한 기업가치배분을 내용으로 하는 회생계획을 강제인가를 할 수 있는데 이는 무담보채권자의 채권에 대하여 계획인가의 효력발생일 현재의 시가를 보장하도록 하고 있는 미국 연방도산법의 경우보다도 주주의 권리를 두텁게 보호하고 있는 점에서 채무초과시 필요적으로 자본을 감소하도록 한 것이나 지배주주 등에 대하여 징벌적인 주식소각 · 병합을 하도록 한 규정이 부당하다고 단정하기는 어렵다.[20]

다. 기존 주주의 권리변경의 정도

법은 회생계획의 권리변경조항을 정함에 있어 이해관계인의 권리의 순위를 고려하여 공정하고 형평에 맞게 차등을 둘 것과(법 제217조), 같은 성질의 권리를 가진 자 간에는 평등할 것(법 제218조)을 대원칙으로 하고 있다. '회생계획이 공정하고 평형에 맞을 것'에 대하여 우리나라의 통설은 상대우선설의 입장에서 선순위권리자에게 충분하고 완전한 만족을 주지 않더라도 공정 · 형평한 차등이 있을 수 있고, 따라서 선순위의 권리자보다 후순위의 권리자를 우대하지 않는다면 이에 반하지 않는다는 태도를 보이고 있다.[21][22] 대법원은 "공정 · 형평의 원칙은 선

19) 일본의 경우 주주의 권리는 무상소각에 의하여 100% 감자한다고 한다[東京地裁會社更生實務硏究會, 會社更生の實務(下)(2005), 金融財政事情硏究會, 244].

20) 다만, 채무자의 지배주주 등의 회생절차개시신청에 대한 거부감을 줄여 회생절차를 보다 조기에 신청하도록 유도할 수는 있을 것이다.

21) 서울중앙지방법원 파산 실무연구회, 주5) 58.

22) 이론적인 측면에서도 ① 법 제217조가 '권리의 순서에 따라'라고 규정하지 않고, '권리의 순서를 고려하여'라고 규정하고 있어 절대우선원칙을 완화한 것이라는 점, ② 이질적인 권리자로 구성된 각 조에 의한 다수결을 거친다는 점에서 화해로서의 성격도 있는 점, ③ 기업가치의 평가에는 애매하고 불확실한 점이 있는 점, ④ 미국의 회생절차에서 공정·형평한 권리의 차등의 대상이 되는 권리자는 주로 사채권자와 주주라는 증권소지인이어서 증권적 권리

순위 권리자에 대하여 수익과 청산시의 재산분배에 관하여 우선권을 보장하거나 후순위 권리자를 선순위 권리자보다 우대하지 않아야 됨을 의미한다고 할 것이어서, 예컨대 정리채권자의 권리를 감축하면서 주주의 권리를 감축하지 않는 것은 허용되지 아니하고, 다만 주식과 채권은 그 성질이 상이하여 단순히 정리채권의 감축비율과 주식 수의 감소 비율만을 비교하여 일률적으로 우열을 판단할 수는 없고, 자본의 감소와 그 비율, 신주발행에 의한 실질적인 지분의 저감 비율, 정리계획안 자체에서 장래 출자전환이나 인수·합병을 위한 신주발행을 예정하고 있는 경우에는 그 예상되는 지분 비율, 그에 따라 정리계획에 의하여 정리회사가 보유하게 될 순자산 중 기존주주의 지분에 따른 금액의 규모, 변제될 정리채권의 금액과 비율, 보증채권의 경우 주채무자가 그 전부 또는 일부를 변제하였거나 변제할 개연성이 있다면 그 규모 등을 두루 참작하여야 한다."라고 판시하였다.[23]

2. 채권자의 출자전환

가. 출자전환의 의의

출자전환이란 채권자가 보유하고 있는 채권을 주식회사인 채무자의 주식으로 전환하는 것을 말한다.[24]

출자전환의 허용 여부에 관하여 상법 제334조가 주식회사의 자본충실을 기하기 위하여 주주는 납입에 관하여 상계로써 회사에 대항하지 못한다는 규정을 두고 있기는 하나[25], 회생절차에서 채권의 출자전환은 법 제206조 제1항에서 명문의 규정을 두고 있어 출자전환이 허용된다고 보는데 별다른 이견이 없다.[26] 회생절

상호간에 권리의 차등이 주로 문제됨에 반하여, 모든 권리자, 특히 단기간의 채권자와 주주가 권리변경의 대상이 되어 단순히 청산적 취급을 하는 것만으로는 타당성을 결여하게 된다는 점에서 상대우선설의 입장이 있을 뿐, 절대우선설의 입장을 취하는 견해는 없다고 한다 [三ヶ月 章 외 5, 주6) 544-545].

23) 대결 2004. 12. 10.자 2002그121.

24) 서울중앙지방법원 파산 실무연구회(註10), 601; 이제원, "출자전환의 법적 성질", 증권법연구 제1권 제1호(2000), 283.

25) 출자전환의 방식으로는 ① 신주의 제3자 배정방식, ② 전환사채의 발행방식이 있고, 신주의 제3자 배정방식에 있어 가능한 구체적인 유형은 ① 채권의 현물출자방식, ② 주식대금의 상계방식, ③ 선출자 후 채무변제방식이 있을 것이나, 사채대금을 납입하는 경우에는 주식대금의 납입의 경우에 있어서 상법 제334조와 같이 상계를 제한하는 규정이 없으므로 전환사채를 인수하는 채권자들이 회사에 대한 채권으로써 사채대금납입채무에 대하여 상계를 하는 것이 가능하고, 선출자 후 채무변제방식은 실제 현금납입이 이루어지기 때문에 출자전환의 허용성이 문제되지 않는다.

26) 서울중앙지방법원 파산 실무연구회, 주10) 601; 임치용, 파산법연구2, 박영사(2006), 426. 한편, 기업개선작업약정에 따라 출자전환을 하는 경우 주식인수대금 납입채무와 대상기업의

차에서 채권을 출자전환하는 경우 그 법적 성격에 관하여 대물변제로 보는 견해, 현물출자로 보는 견해 등이 있으나, 판례의 입장은 회생절차에서의 출자전환의 성격을 대물변제로 보고 있는 것으로 보인다.[27)]

나. 출자전환의 효용[28)] 및 비효용[29)]

출자전환의 효용(Merit)은 ① 채무자는 다액의 채무를 부담하여 변제능력이 부족하므로 출자전환을 함으로써 대차대조표상의 부채를 줄이고, 자본을 증가시킴과 동시에 출자전환되는 채권에 대한 변제자금을 조달할 필요가 없고, 실무는 회생절차 중 주주에 대한 배당을 하고 있지 아니하므로 채무자의 재무구조를 강화함으로써 회생계획의 수행가능성을 높일 수 있고, ② 회생채권자의 입장에서는 채권감면이나 변제기의 연장으로 인한 희생보다는 재건 가능한 회사에 대하여 차라리 채권 대신 회사의 주식을 받음으로써 장차 재건이 이루어진 후 주식의 가치가 채권액보다 높아질 것을 기대할 수 있으며, ③ 출자전환을 통하여 채권자가 채무자의 지배주주가 됨으로써 기업구조조정을 통한 M&A를 용이하게 할 수 있고, 그 보유지분을 제3자에게 양도할 수 있고[30)], ④ 채무자의 입장에서 다액의 채무를

채무가 상계되었음을 전제로 주채무 및 보증채무의 소멸범위에 대하여 밝힌 판례로는 대판 2004. 12. 23. 2004다46601이 있다.

27) 서울고판 2002. 1. 18. 2001나43030·43047은 "출자전환의 법적 성질은 상법상 채권의 현물출자라고 볼 수 있고, 그 출자한 채권은 정리회사에 대한 채권이므로 출자가 있게 되면 혼동으로 소멸하는 것으로 볼 수 있다"고 판시하였는데, 위 판결에 대한 상고심인 대판 2003. 1. 10. 2002다12703·12710은 이 점에 대하여 따로 판단하지 않았다. 반면, 서울고판 2004. 10. 22. 2003나80743(대판 2006. 12. 22. 2004다63354로 상고기각)은 위 대판 2003. 1. 10. 2002다12703·12710을 참조판례로 들면서 "회사정리법상 정리계획이나 워크아웃절차상 채권금융기관의 채권재조정 합의에 의하여 출자의 전환으로 채권의 변제에 갈음하기로 한 경우에는 신주발행의 효력발생일 당시를 기준으로 하여 채권자가 인수한 신주의 시가를 평가하여 그 평가액에 상당하는 채권 금액이 변제되었고, 그 평가액을 제외한 나머지 채권 금액은 실권 소멸된 것으로 보아야 한다"라고 판시하였고, 서울고판 2008. 1. 11. 2006나58983도 "출자전환으로 변제에 갈음하기로 한 부분에 대하여는 신주발행일을 기준으로 원고가 발행받은 주식의 시가상당액의 채권액을 변제받은 것으로 봄이 상당하다"고 판시하였고, 이 판결의 상고심인 대판 2008. 9. 11. 2008다12248은 "원심이 출자전환으로 원고가 발행받은 주식에 관하여는 이를 실제로 처분하여 회수한 금액이 아니라 신주발행일을 기준으로 하여 그 시가 상당액의 채권액을 변제받은 것으로 봄이 상당하다고 판단한 것은 정당하다"고 판시하였다(판시 내용 중 밑줄은 필자가 붙인 것이다).

28) 임치용, 주26) 421-422; 김용덕, "회사정리절차와 주주, 주식", 통합도산법, 법문사(2006), 309-310; 오수근, "회사정리계획안의 변제계획에 대한 연구", 상사법연구 제18권 제2호(1999), 371; 서울고판 2002. 1. 18. 2001나43030·43047.

29) 岡正晶, "倒産税務/倒産會計-債權型企業倒産における「債務免除益」をめぐる新しい問題", 講座倒産の法システム第4巻, 72-73.

30) 김용덕, 주28) 309-310은 경영에 책임이 있는 주주의 주식을 상당수 내지 거의 전부를 소각하여야 할 경우 새로운 자본주를 영입하는 M&A를 할 수 없는 경우에는 채권자에게 주식을 인수시켜서 경영권을 인수시키는 것이 향후의 M&A에 대한 사전 준비 내지는 회생절차 종

면제받게 되면 채무면제이익에 대하여 법인세법상 익금으로 처리되어 과다한 법인세를 납부하여야 하지만 회생계획에 의하여 출자전환이 이루어지는 경우 면세혜택을 얻어 계획의 수행 가능성을 높일 수 있고, ⑤ 채무자가 주식을 발행하는 경우에는 발행시에 금융위원회에 신고서를 제출하도록 하는 증권거래법 제8조의 규정이 배제되므로 그 절차가 간편하고(법 제277조), ⑥ 출자전환을 통하여 기왕의 채권자가 회사의 새로운 주주가 됨으로써 회사의 운명을 주주라는 동질적인 집단이 결정할 수 있게 된다는 점에 있다.

반면 출자전환의 비효용(Demerit)은 ① 채무자는 자본·자본준비금의 금액이 증가하고, 세법상의 중소기업에 대한 조세특례규정의 적용이 배제되며(조세특례제한법 시행령 제2조 참조), 균등할분부담액이 증가하고 등록세·면허세의 부담도 생기며, 회사지배권자인 주주가 증가하게 되고[31], ② 채권자로서는 채무면제든 출자전환이든 어느 것도 하지 않는 것이 제일 바람직하고, 이에 비하면 출자전환도 불이익한 것인데, 채권자가 출자전환에 응할 경우 경제적 합리성에 대하여 응답할 수 있어야 하고, 그렇지 않을 경우 그 주주들로부터 위법한 경영판단으로서 법적인 책임을 추급당할 우려가 있다.

다. 발행가격의 결정

출자전환과 관련하여 신주의 발행가액을 출자된 채권의 명목액으로 볼 것인가(券面額說), 변제가능성을 고려한 시가에 의할 것인가(市價說)에 관한 논의가 있다. 출자전환은 회사의 재무상태가 악화된 상태에서 이루어지는 것이 보통이므로 자본충실의 원칙상 채권평가액은 주식의 권면액을 밑돌게 마련인데 권면액을 출자전환의 가액으로 하는 것은 사실상 액면미달발행에 해당되어 주주총회를 거쳐야 하는 것은 아닌가가 문제되기 때문인데,[32] 일본에서는 채권에 기한 출자전환시에 검사인의 검사보고를 거치고 있었으므로 그 절차와 관련하여 다툼이 있었으나, 종전 일본의 실무는 채권평가설이 유력하다가 2000년 이후의 실무는 권면액설을 취하고 있는데 그 근거는 다음과 같다. ① 출자전환을 하면 채권의 권면액

결 후의 회사 운영에 대한 감독을 위하여 바람직하다고 한다.

31) 다만, 무의결권주식 등의 종류주식을 다양하게 활용하는 방안으로 지배권을 가지는 주식의 증가를 저지할 수 있다.

32) 회사가 신주발행의 경우에 할인발행을 하기 위해서는 ① 회사가 성립한 후 2년을 경과하여야 하고(상법 제417조), ② 할인발행의 여부와 최저발행가액의 결정은 주주총회의 특별결의를 거쳐야 하며(상법 제417조 제1항), ③ 법원의 인가를 얻어야 한다(상법 제417조 제1항, 비송사건처리법 제86조). 주권상장법인이나 코스닥상장법인의 경우에는 할인발행에 대한 특례가 인정되어 법원의 인가를 얻지 아니하고도 주주총회의 특별결의만으로 신주의 할인발행을 할 수 있다(자본시장과 금융투자업에 관한 법률 제165조의 8 제1항).

상당의 채무가 감소되는 결과 회사의 순자산액의 증가 또는 자본결손액 혹은 채무초과액의 감소가 그 권면액만큼 발생한다. 이 경우 평가액설을 따라 평가액에 대하여만 자본증가를 행하면 권면액과 평가액과의 차액에 대하여 채무면제익을 계상하지 않으면 안 된다. 이는 자본거래를 하고자 하였던 당사자의 의사에 반하여 손익거래로 취급하게 되어 회사 및 채권자의 의사에 반하게 되고, 채무초과에 처하여 대차대조표의 조정을 위하여 출자전환을 행한 결과 면제이익을 계상하여 과세의 대상이 되는 것은 매우 불합리하고, ② 실제로 채권을 평가한다는 것은 회사의 대차대조표상 채무가 자본으로 바뀌는 것에 불과하여 채권권면액을 신주식발행가의 총액이라고 하는 권면액설에 의할 경우 채권의 실질가치에 대하여 평가할 필요가 없고, 채권의 존재와 그 가액을 확인하면 족하고 굳이 채권의 시가를 평가하는데 복잡한 절차와 시간을 소비할 필요가 없다.[33]

서울중앙지방법원 파산부의 실무는 회생절차 개시 후에 이미 회사에 대한 기업가치가 평가되고, 회생계획 작성시에 채권의 가치가 평가되고 있음을 고려하여 출자전환가액을 정함에 있어서는 채무자의 계속기업가치, 동종 업계의 자본금 규모 등을 종합적으로 판단하여 산정한 '채무자의 적정 자본금규모'와 대주주에 대한 주식소각으로 '감소되는 자본금의 규모'에 비추어 회생계획에 의하여 '출자전환되는 자본금의 규모'를 산정하는 방식으로 할증발행을 하고 있어 평가액설을 취하고 있는 것으로 보인다.[34] 따라서 신주발행가액을 정하기 위해서는 회사의 기업가치를 결정하는 것이 전제되어야 하므로, 기업가치에 터잡은 회생채권의 실제가치의 산정이 매우 중요하다.

3. 회생계획인가 후의 회생절차에서의 주주의 지위

가. 주주의 잔여재산에 대한 권리

회생계획은 인가의 결정이 있은 때로부터 효력이 생기고[35](법 246조), 회생채권자, 회생담보권자, 주주의 권리는 회생계획에 따라 변경된다(법 252조 1항).

회생절차는 회생할 가치가 있으나 재정적 어려움으로 파탄에 직면한 채무자를

33) 松嶋隆弘, "債務の株式化に関する一考察", 21世紀の企業法制:酒卷俊雄先生古稀記念(2004), 商事法務, 805; 임치용, 회사정리절차와 출자전환, BFL 제9호(2005. 1.), 48.

34) 서울중앙지방법원 파산 실무연구회, 주10) 565; 임치용, 주33) 48.

35) 구체적으로는 관계인집회의 결의를 거쳐 선고기일에 회생계획의 인가결정을 선고한 경우에는 인가결정의 선고시부터 효력이 생기고, 서면결의를 거쳐 회생계획의 인가결정을 선고한 경우에는 회생계획 인가결정의 공고가 있은 날의 다음날부터 효력이 생긴다.

재건하는 것이 사회경제적으로 효율적이라는 전제하에, 채무자로 하여금 청산가치를 초과하는 계속기업가치를 창출할 수 있도록 하고, 계속기업가치와 청산가치의 차액의 분배는 회생절차에 이해관계를 가진 채무자, 채권자(담보채권자, 무담보채권자)와 주주 사이의 협상에 맡겨[36], 그 협상에서 정해지는 분배의 내역을 회생계획안에 기재하도록 하고, 법원이 회생계획안을 인가하면 회생계획에 따라 권리의 변동이 일어나도록 하고 있어, 회생계획은 회생절차를 통하여 증대될 기업가치를 이해당사자 사이에 어떻게 분배할 것인가에 대한 협상의 결과를 기재한 것이다. 회생계획안은 주로 채무자의 관리인이 제출하는 것이 일반적이나(법 220조 1항), 그 회생계획안의 가결 여부에 대한 결정권은 채권자 등이 쥐고 있기 때문에 채권자 등은 회생계획이 작성되는 과정에서 큰 협상력을 보유하게 되고, 일단 회생계획안이 가결되고 법원이 이를 인가하여 회생계획이 확정되면 장차 늘어날 기업가치의 배분내역이 확정된다. 채권자는 확정된 회생계획에서 정한 권리변경 내용대로 채권을 변제받게 되고, 주주는 채권자에게 변제하고도 남은 기업가치가 있을 경우 이에 대한 권리를 갖게 된다.

일반적인 채권추심절차에서는 채무자 회사의 재산으로 먼저 채권자에 대한 채무를 변제하게 되어, 만일 채무자의 재산으로 위 채무를 변제하기에 부족하면 주주에게 돌아갈 몫은 없고, 변제를 다 하고도 남은 재산이 있으면 이는 주주의 몫이 된다. 주주는 회사 재산에 대하여 채권자보다는 언제나 후순위이지만 채권자가 권리를 행사한 다음 남은 부분에 대하여는 배타적인 권리인 잔여재산분배청구권(상법 538조, 621조)을 가진다. 따라서 주주의 몫은 회사의 가치에 따라 변동되는 유동적인 성질을 가진다.[37] 주주가 잔여재산에 대하여 배타적인 권리를 가진다는 것은 채권자에 대하여 정상적으로 변제가 행하여지고 있는 경우에도 채권자에게 변제하고도 남은 재산이 있다면 이에 대하여 주주가 권리를 가진다는 것인데, 회생절차에서는 사업경영과 재산에 대한 관리처분권이 관리인에게 전속되고, 회생절차에 의하지 않고는 회생절차 중인 채무자에 대한 포괄적이고 전면적인 주주의 자익권이나 공익권이 인정되지 않는다는 제약이 있기는 하나, 회생절차 중인 채무자에 대하여도 주주의 잔여재산분배청구권이 제한을 받거나 소멸되는 것은 아니어서(회생계획에 의하여 기존 주주의 주식지분이 100% 소각되었다고 하더

36) 다만, 법 243조 1항은 회생계획인가의 요건으로서 '회생계획이 공정하고 형평에 맞아야 하며 수행이 가능할 것', '회생계획에 의한 변제방법이 채무자의 사업을 청산할 때 각 채권자에게 변제하는 것보다 불리하지 아니하게 변제하는 내용일 것'을 규정하고 있다.

37) 오수근, 정리계획의 수행과 주주의 권리-국제상사 사건을 중심으로-, 상사판례연구 20집 3권(2007. 9. 30.), 654.

라도 이는 당해 주주가 채무자의 잔여재산에 대하여 이익이 있지 않은 사정을 반영한 것이거나, 채무자가 회생절차에 이르게 한 중대한 책임행위에 영향력을 행사하였던 사정을 반영한 것일 뿐이고, 회생계획상의 자본감소규정이 주주의 잔여재산분배권 자체를 박탈한 것은 아니며, 기존에 발행된 주식을 소각하지 않고 남겨두거나, 회생채권을 출자전환하거나 전환사채나 신주인수권부사채 등으로 교환하는 경우 등 일단 회생계획에서 주주로 인정된 자가 있으면 주주로서의 권리를 갖는다.), 주주가 채무자의 잔여재산에 대하여 배타적인 권리를 가진다는 점에서는 변함이 없고[38], 주주의 잔여재산분배청구권은 채무자에 대하여 회생절차가 진행 중인지 여부와도 상관이 없이 인정되는 권리이다.

이에 대하여 채무자의 자산이 부채를 초과하는 경우에도 주주에게 돌아가야 할 몫은 회생계획의 수행과정에서 인정되기 어렵다는 견해[39]가 있다. 이 견해는 그 이유를 ① 채무자의 주주의 권리는 회생계획의 규정에 따라 변경된 것이고, 권리변경조항에 관한 법 217조 1항의 해석상 상대우선설을 지지하는 우리나라의 회생절차 실무상 주주의 권리는 선순위의 권리자인 채권자의 양보와 희생하에 인정되는 것인데, 이러한 선순위권리자의 양보는 채무자의 회생이라는 공동목표를 달성하기 위한 것이므로, 향후 회생계획수행 과정에서 채무자의 자산이 부채를 초과하게 되는 등의 사정변경이 발생하였다 하더라도 채무자의 주주는 여전히 회생계획에 정한 사항의 제약을 받는 것이 당연하고, ② 회생절차개시 후 채권은행으로부터 출자전환된 주식을 공매를 통해 인수한 주주이든 또는 증권시장에서 주식을 매집한 주주이든 그 주식의 취득가격은 회생계획에 관한 모든 정보를 반영하고 있다고 볼 수 없는데, 만약 이러한 과정을 통하여 새롭게 출현한 대주주에게 다른 특별한 사정이 없이 단순히 주주의 기득권보호라는 이유만으로 회사의 지배권을 확보할 수 있게 해 준다면 이는 대주주에게 주식 취득 당시 예상치 않았던 이익(windfall profits)을 안겨 주는 결과가 되어 부당하다고 한다.

---

38) 서울중앙지방법원에서 자본감소의 정도를 정할 때에는, ① 자본감소후에 남는 자본금의 규모는 채무자에 대한 제3자 인수를 추진하기에 적합한 규모이어야 하고, ② 만약 채무자가 상장법인이어서 주식시장에서 주식의 가격이 형성되어 있다면, 주식의 시가총액이 자본금이 되도록 조정할 수 있는 비율로 자본감소를 하는 것을 원칙으로 한다는 2가지 기준을 적용하고 있는데[서울중앙지방법원 파산 실무연구회, 주10) 565], 이와 같은 실무에서는 회생절차개시당시의 주주들은 주식지분에 대한 임의적 자본감소나 필요적 자본감소 또는 징벌적 소각에 의하여 사실상 소수 주주로 전락하게 되어 회생계획의 수행에 참가할 여지가 없게 되는 경우가 많을 것이나, 주주로서의 지위에는 회생채권을 출자전환하여 발행한 주식의 주주이든 회생절차 개시 후 매수한 주식의 주주이든 주주라는 점에서의 지위에는 아무런 차이가 없고, 기존주주나 출자전환한 주주의 권리의 내용에 차등도 없다.

39) 권순일, "정리회사의 재무구조 변경과 주주의 지위", 상사판례연구, 박영사, 403-404.

그러나, ① 회생절차에서 주주의 권리가 회생담보권자·회생채권자의 권리와 비교하여 공정하고 형평에 맞게 차등 되어야 하고, 회생담보권자·회생채권자의 권리보다 열등하게 취급되어야 한다는 것은 회생계획에서 주주의 권리감축의 정도를 정할 때 준수되어야 할 사항이지(법 217조 참조), 이미 인가되어 확정된 회생계획안에서 정해진 주주의 권리를 인가 후의 사정변경 유무에 따라 제한하거나 박탈할 수 있는 것은 아니고, ② 회생절차에서도 회생채권의 양도가 인정되고(법 128조), 회생절차가 개시되어도 주식의 유통에는 아무런 제한이 없으므로, 회생채권을 적법하게 양도받은 후 회생계획에서 정한 바에 따라 출자전환이 이루어지거나, 증권거래소에서 유통되는 주식을 양수함으로써 주주의 지위를 취득한 것이 어떠한 위법이 있다고 할 수 없는데다가, 이와 같은 절차를 거쳐 주주가 된 것은 회생계획에서 주주의 몫으로 정해진 기업가치를 취득한 것으로, 장래 채무자의 부실화에 대한 위험을 감수하고 주식을 취득한 것이어서 회생절차수행 중 자산이 부채를 초과하게 되었다는 등의 사정변경을 이유로 이미 정해진 주주의 권리를 변경할 수는 없다고 할 것이다.

나. 회생절차중인 회사에 대한 주주의 지배권

주식회사의 경우 회사를 경영하고 지배하는 권한은 이사회에 부여되어 있고(상법 제393조 제1항), 주주에게 부여되어 있는 법률상의 권한은 주주총회에서 의결권을 행사할 수 있는 권한(즉, 공익권)과 회사의 이익으로부터 배당받을 권리(즉, 자익권)에 한하므로, 주주가 가지는 '경영권'이란 '주주총회에서의 의결권 행사를 통하여 이사를 선출하여 이사회를 구성할 수 있는 권한'이라고 할 것이다. 즉 지배주주는 이사회를 구성하는 이사를 선출함으로써 간접적으로 회사에 대하여 지배권을 행사하게 된다.

회생절차 중의 회사는 사업의 경영과 재산의 관리 및 처분을 하는 권리가 관리인에게 전속하고, 중요자산의 매각 또는 영업의 양도, 대표이사와 이사의 변경, 자본의 감소, 신주의 발행, 합병, 분할, 해산 등과 같이 통상적인 회사라면 이사회의 결의 및 주주총회의 결의를 통하여 이루어질 회사의 조직과 관련된 행위들은 모두 회생절차 내에서 회생계획을 통하여 이루어지며, 회생계획의 수행에 관하여는 법령 또는 정관의 규정에도 회사의 창립총회, 주주총회 또는 이사회의 결의를 요하지 않으므로, 회생절차의 개시로 인하여 이사회 및 주주총회의 권한 중 중요한 부분의 권한은 대부분 그 행사가 제한되므로, 회생절차의 개시에 따라 이사회와 주주총회의 기능은 사실상 정지된다는 점에서 주주총회를 통하여 의결권을 행사할 권한이 없는 회생절차 중의 회사의 주주는 회사에 대하여 어떠한 지배권이 있다고 보기 어려워 이른바 '경영권'을 가지고 있다고 보기가 어려운 경우가 일반적이다.

그런데 법 제74조 제3항·제4항은 채무자의 대표자가 채무자 내부의 주주총회 등의 절차에 의하여 변경되거나, 회생계획에서 정한 대표자 선정방법(법 제203조, 제263조)에 의하여 변경된 대표자가 채무자의 업무의 수행권과 재산의 관리처분권을 가질 수 있도록 하고 있고, 이에 근거하여 채무자 회생 및 파산에 관한규칙 제51조는 ① 회생절차개시신청 당시 자본시장과 금융투자업에 관한 법률 제9조 제15항에서 규정된 상장법인에 해당하는 채무자(2호), ② 회생절차개시 당시 재정적 부실의 정도가 중대하지 아니하고 일시적인 현금 유동성의 악화로 회생절차를 신청한 채무자(3호), ③ 회생절차개시 당시 일정한 수준의 기술력, 영업력 및 시장점유율을 보유하고 있어 회생절차에서의 구조조정을 통하여 조기 회생이 가능하다고 인정되는 채무자(4호), ④ 회생절차개시결정 당시 주요 회생담보권자 및 회생채권자와 사이에 회생계획안의 주요 내용에 관하여 합의가 이루어진 채무자(5호), ⑤ 회생절차개시 당시 자금력 있는 제3자 또는 구 주주의 출자를 통하여 회생을 계획하고 있다고 인정되는 채무자(6호), ⑥ 그 밖에 관리인을 선임하지 아니하는 것이 채무자의 회생에 필요하거나 도움이 된다고 법원이 인정하는 채무자(7호)를 관리인을 선임하지 아니할 수 있는 채무자로 열거하고 있고, 회생계획 인가 후 회생절차 종결 전의 단계에서의 기존 대표이사 및 이사들의 유임 여부 또는 새로운 대표이사 및 이사들의 선임 여부, 그 선임방법·임기 등은 회생계획에 의하여 정해지는 것이고(법 제203조 제1항), 회생계획안에 대한 가결 여부를 결정할 수 있는 채권자들은 회생계획안 작성과정에서 협상을 통하여 그들의 의사를 반영할 수 있어 구 사주의 주식이 대부분 소각되어 출자전환된 주주들이 대주주를 구성하게 될 경우에는 주주들이 자율적으로 지배구조를 정할 수 있도록 할 수 있으므로[40)41)] 회생절차 중의 회사의 주주라고 하여 회사에 대하여 언제나 지배권이 없다거나 경영권이 없다고 단정할 수는 없고, 결국 회생계획에서 정하여

40) 목록에 기재되어 있거나 신고한 채권자·주주 등도 회생계획안을 제출할 수 있으므로(법 제221조 제1항), 법 제74조 제3항·제4항에 의하여 법원이 관리인 불선임결정을 하였을 경우에만 회생계획 인가 후 회생절차 종결 전의 단계에서의 지배구조의 결정방법을 출자전환된 주주들이 자율적으로 결정할 수 있도록 할 수도 있다.

41) 다만, 법인 채무자의 이사·대표이사의 선임·선정 또는 유임이나 그 선임 또는 선정의 방법에 과한 회생계획(주주총회의 결의, 이사회의 결의 또는 그 밖의 방법 등)은 형평에 맞아야 하며, 회생채권자, 회생담보권자, 주주·지분권자 일반의 이익에 합치하여야 한다(법 제204조).

진 지배구조 결정방법에 의하여 주주의 지배권 보유 여부가 결정되게 된다.

한편, 일본 회사갱생법은 갱생계획 인가결정 후에는 갱생계획의 정함이나 재판소의 결정으로 갱생회사의 사업의 경영권 및 재산의 관리처분권을 관재인에게 전속시키는 규정을 적용하지 않고, 갱생회사의 이사 등의 기관에게 회복시킬 수 있도록 규정하고 있어(제72조 제4항), 회생절차 중인 채무자의 주주의 경영권이 언제나 부정되는 것은 아님을 시사하고 있다.

4. 조기종결과 주주의 지위

법 제283조는 회생계획의 수행에 지장이 있다고 인정되지 않는 한 회생계획에 따른 변제가 시작되면 법원은 신청 또는 직권으로 회생절차종결의 결정을 한다고 규정하고 있고, 현재의 실무는 회생계획에 다른 채무 변제가 시작된 후 회생계획의 수행가능성 여부가 명백하게 드러났다고 인정되는 때에 회생절차를 조기에 종결하는 것으로 방침을 정하고 있다.[42][43] 이는 가능한 한 채무자를 회생절차에서 조기에 벗어나도록 하는 것이 채무자의 회생에 더욱 유용할 수 있다는 것을 고려한 것이다.[44]

실무운용에 있어서 조기종결이 적극적으로 이루어질 경우 회생절차 중인 회사

42) 서울중앙지방법원 회생실무준칙 제14호 "회생절차의 조기종결에 관한 준칙", 서울중앙지방법원 파산 실무연구회, 주5) 653-655.

43) '정리계획의 수행에 지장이 없다고 인정된 경우'가 정리절차종결의 적극적 요건으로 규정되어 있었던 회사정리법하에서 2004. 4. 개정된 대법원 재판예규 제768호 회사정리사건처리요령(재민 92-5)은, 수행에 지장이 없다고 인정할 긍정적인 요소로서 ① 정리계획상 주요 부분의 변제가 차질 없이 이행되고 있는 경우, ② 회사의 총 자산이 총 부채를 안정적으로 초과하고 있는 경우, ③ 회사가 정리계획상 예정된 경상수지수준을 대폭 초과 달성하거나 수년간 계속하여 상당한 정도로 초과 달성하고 있고, 앞으로도 그 수준을 유지할 가능성이 큰 경우, ④ 제3자가 회사를 인수하여 앞으로 정리계획 수행에 필요한 자금조달이나 경상이익의 실현에 지장이 없다고 보이는 경우 등을 열거하고 있었다. 실무는 그 밖에 ① 정상기업으로 활동하기에 족한 자본구성 여부, ② 공익채권의 크기, ③ 금융비용 부담의 크기 등을 종결결정시의 참작요소로 보고 있었다{서울지방법원, 회사정리사건실무(개정판), 535}. 회생계획의 수행에 지장이 있는지 여부가 소극적 요건으로 규정되어 있는 법 하에서는 ① 회생계획에 따른 변제가 제대로 이행되지 못하고 있고 앞으로도 변제의 지체가 계속될 것으로 예상되는 경우, ② 영업실적이 회생계획상 예정된 사업계획의 수준에 비하여 현저히 미달하고 있고 가까운 장래에 회복될 전망이 보이지 않는 경우, ③ 회생계획에서 정한 자산매각계획을 실현하지 못하여 앞으로 자금수급계획에 현저한 지장을 가져올 우려가 있는 경우, ④ 공익채권이 과다하게 증가하여 앞으로 회생계획의 수행에 지장을 가져올 우려가 있는 경우, ⑤ 노사쟁의, 기타 채무자 내부의 분규나 이해관계인의 불합리하고 과다한 간섭 등이 계속되어 사업운영에 심각한 차질이 발생한 경우 등이 참작요소로 들어지고 있다[서울중앙지방법원 파산 실무연구회, 주5) 200-201].

44) 박형준, "법정관리기업 인수·합병(M&A)의 실무와 전망", 사법논집 제44집(2007), 652.

의 주주는 회사에 대한 지배권을 조기에 회복할 수 있게 되고, 회생계획인가 이후 신주발행이 이루어지기 전에 회생절차가 종결될 경우 회생계획인가시 확정된 지배구조가 그대로 확정되게 될 것이다.[45)]

三. 회생계획의 수행과 회생계획의 변경

1. 관리인의 회생계획 수행

회생절차에서 관리인은 채무자의 업무의 수행과 재산의 관리 및 처분권한을 가진다(법 56조 1항). 즉, 관리인은 채무자의 사업을 경영하는 회사의 대표자로서의 권한과 파산절차에서 파산관재인과 같이 채무자가 가지는 재산의 관리처분을 행할 권한을 가진다. 회생절차에서 관리인에게 채무자에게 이와 같이 광범한 권한을 부여한 것은 궁극적으로 채무자의 사업을 재건시키기 위한 것으로, 관리인은 회생계획안을 제출할 권한(법 220조 1항) 및 회생계획이 인가될 경우 이를 수행할 권한(법 257조 1항)을 갖는다.

회생계획안을 작성하기 위한 전제로서 관리인은 신속하게 채무자의 사업을 안정적인 상태로 복귀시켜, 채무자가 곤경에 처한 원인을 규명함과 동시에 채무자의 재산상황과 부채의 상황을 파악할 필요가 있다. 관리인은 사업의 조기안정을 위하여 미이행쌍무계약을 해제할 수 있다(법 119조). 또한, 관리인은 자산·부채의 상황을 파악하기 위하여 채무자의 이사 등이나 사용인에 대하여 채무자의 업무 및 재산상황에 대하여 보고를 요구하고, 채무자의 장부나 서류 등을 검사할 권한(법 79조 1항)을 가지고, 채무자의 재산에 대한 재산평정(법 90조)과 부채에 대한 채권조사(법 161조 1항 1호)를 행한다. 조사결과 회생절차 개시 전에 부당한 재산처분이 있었을 경우에는 관리인은 부인권을 행사할 수 있고(법 105조 1항), 채무자의 이사 등에게 책임이 있는 경우 손해배상청구권의 존부와 그 내용에 관하여 조사확정하는 재판을 할 수 있다(법 115조 1항).

관리인은 채무자의 인격적 활동을 제외하고, 채무자의 경영에 관한 광범위한 권한을 가지고 있는데, 이와 같은 권한은 채무자의 대표자는 아니고 채무자의 사업의 경영자 및 재산의 관리자의 지위에서 갖는 것이다. 채무자가 사업의 계속으

45) 조기종결방침에 대해 우려하는 채권자들로서는 최초 계획안에서부터 적극적으로 출자전환 등을 통해 회사지배구조를 채권자들이 장악하는 것으로 변경하려고 시도할 경우가 많을 것이라고 한다[박형준, 주84) 652].

로서 일상의 영업활동을 행하는 것에 대하여는 법원의 감독을 받는다는 점을 제외하면 별다른 변함은 없다. 당연히 소정의 정관범위를 일탈하는 영업활동은 허용되지 않고, 소정의 정관변경의 절차를 거치더라도 개시결정시의 사업목적을 전환하여 완전히 다른 업태로 변경하는 것도 원칙적으로 허용되지 않는다.[46)]

회생계획인가결정이 있으면 관리인은 지체없이 회생계획을 수행하여야 하는데(법 257조), 수익변제형 회생계획인 경우 계획에 따라 사업수익을 올릴 수 있도록 사업을 경영하여 회생채권자 · 회생담보권자로의 변제와 회사의 조직변경(감자나 증자, 합병 등)을 실행한다.

2. 회생계획의 변경

가. 회생계획 변경의 불가피성

회생계획의 변경이라 함은 회생계획인가의 결정이 있은 후 부득이한 사유로 계획에 정한 사항을 변경하는 것을 말한다(법 282조 1항). 회생계획의 변경은 인가에 의하여 회생계획이 대외적으로 성립되어 현실적으로 수행되고 있는 단계에서 행하여지는 것이고 인가로 인한 권리변경이나 면책의 효과가 발생된 후의 채권이나 주식 · 출자지분을 대상으로 하는 것이라는 점에서 회생계획 성립과정에 있어서의 회생계획안의 수정(법 228조, 229조) 내지 변경(법 234조)과는 구별된다.

회생계획은 관계인집회에서의 결의와 법원의 인가를 거쳐 확정되어 회생계획에서 정한 권리변경 및 실권의 효과가 이미 발생되었을 뿐만 아니라 그것에 기초하여 이미 변제의 수행이 이루어지고 있기 때문에 원칙적으로 그 변경을 인정할 수 없으나, 회생계획이 인가되더라도 관리인이 채무자를 계속하여 경영하는 회생제도 하에서는 회생채권자 등의 권리를 축소하지 않으면 회생계획을 수행할 수 없거나 신주나 회사채를 발행할 수 없어 채무자의 정상적인 경영을 위하여 필요한 신규자금을 조달할 수 없는 경우에도 회생절차를 다시 신청할 수는 없고[47)], 이와 같은 경우라고 하여 회생절차를 폐지할 수밖에 없다면 수익력 등에 비추어 경제성 내지 회생 가망성이 있는 채무자의 경우에는 사회경제적인 관점에서도 바람직하지 않고 이해관계인의 의사에도 반할 수 있으므로 법률은 일정한 요건하에 회생계획을 변경할 수 있도록 하고 있다.

---

46) 三ヶ月 章 외 5, 條解 會社更生法(上), 弘文堂, 498.

47) 미국이나 독일에서는 회생계획이 인가되면 원칙적으로 회생절차를 종결하고 채무자는 다른 일반 회사와 마찬가지로 주주가 경영권을 선임하며 운영해 나간다. 미국 파산법 및 독일 파산법의 조문내용에 대하여는 오수근, 주37) 663 주15) 및 주16) 참조.

나. 회생계획변경이 허용되는 '부득이한 사유'

회생계획의 변경이 허용되는 경우는 회생계획인가의 결정이 있은 후 "부득이한 사유"로 회생계획에 정한 사항을 "변경할 필요"가 생긴 때라야 한다(법 282조). 부득이한 사유가 인가 후에 생긴 것이 아니라 인가 전부터 존재하던 사정이라면 계획을 변경할 필요가 있다고 볼 수 없다.[48)]

"부득이한 사유"란 원 회생계획의 인가 당시 그러한 사정이 예상되었다면 당연히 현재와 다른 계획이 수립되었을 것이라는 사태의 출현을 말한다. 인가 후 경제상황의 급변, 법령의 개폐와 같은 일반적인 사정변경 또는 합병계획의 상대방 회사에 대하여 합병무효의 판결이 확정된 경우(법 271조 6항), 행정청으로부터 인·허가를 예정대로 받지 못하였거나 취소당한 경우(법 243조 1항 6호), 관련기업의 도산 등 외부적 사유뿐만 아니라, 주력 공장의 소실(燒失), 종업원의 장기파업, 의외의 영업부진과 같은 내부적 사유도 원 회생계획인가 당시 예상할 수 없었던 경우에는 "부득이한 사유"에 해당된다고 볼 수 있다.[49)] 불가항력에 의한 것인지는 묻지 않는다.[50)]

계획에 정한 사항을 "변경할 필요"라 함은 현재의 상태를 그대로 내버려두면 회생계획의 전부 또는 일부가 수행 불능 또는 현저하게 곤란하게 되는 상황에 처해 있으나, 그 계획을 변경한다면 그와 같은 사태를 회피할 수 있고 채무자의 회생을 도모할 수 있는 경우를 말한다.[51)] 그러나 회생계획은 최초부터 수행가능성을 전제로 인가된 것이므로 사후에 이를 변경하는 것은 예외적인 경우에만 허용되어야 한다.[52)]

이와 관련하여 국제상사사건에 대한 정리계획변경계획인가결정에 대한 즉시항고사건에서 부산고결 2006. 12. 29. 2006라153은 "① 정리회사의 주력 브랜드인 프로스펙스의 시장 점유율이 1993년에는 1위를 차지하고 있다가 2005년에는 1, 2위와 격차가 많이 벌어진 3위로 추락하는 등 시장경쟁력이 갈수록 약해지고 있는 점, ② 정리회사의 2003년 매출총액은 약 2,089억 원, 영업이익은 약 424억 원이었는데, 2004년 매출총액은 약 1,990억 원, 영업이익은 약 347억 원으로서 정리회사의 영업이익이 갈수록 줄어들고 있고, 이러한 영업이익의 축소는 추가로 자

---

48) 서울중앙지방법원 파산 실무연구회, 주13) 141.

49) 서울중앙지방법원 파산 실무연구회, 주13) 141; 東京地裁破産再生實務硏究會, 破産·民事再生の實務[新版] 下, 297.

50) 三ヶ月 章 외 5, 주6) 966.

51) 서울중앙지방법원 파산 실무연구회, 주5) 142.

52) 서울중앙지방법원 파산 실무연구회, 주5) 142.

본을 투여하지 않고서는 방어하기가 불가능할 것으로 보이는 점, ③ 용산사옥의 임대수입은 2003년 총 매출액 중 12.4%, 총 영업이익 중 43.3%에 해당하였고, 2004년 총 매출액 중 13.6%, 총 영업이익 중 55.9%에 해당하여 원 정리계획에서 예정하고 있던 바에 따라 용산사옥을 매각하여 정리회사의 갱생을 도모하기는 힘들게 된 점, ④ 미래현금흐름추정에 의하여 정리회사의 지속가능성을 검토한 결과 2009년부터 정리채무를 일부 변제할 수 없게 되어 2010년까지 500억 원 이상의 정리채무를 변제할 수 없고, 앞으로의 영업상황에 따라 이러한 변제불능 액수는 더 많아질 수도 있을 뿐만 아니라, 상환불능 시점이 앞당겨질 수도 있으며, 회사정리절차를 조속하게 종결하지 못할 경우 투자기회의 상실로 정리회사의 경영 상황은 더 나빠질 수 있는 점을 종합해 보면, 이 사건 원 정리계획을 변경하여야 할 부득이한 사유가 있다고 보이고, 이러한 경우 신주를 발행하여 자금을 조달하는 방법으로 정리계획의 수행불능이나 곤란을 피할 수 있고, 이는 일반적으로 정리회사에 있어서 통용되는 방법인 점, 원 정리계획 인가 후에 정리회사의 경쟁력 상실 내지 추락 등 경제상황의 급변으로 인하여 원 정리계획의 일부가 수행 불가능하게 되거나 현저하게 곤란하게 되는 사정을 피하여야 하고, 책임 있는 경영주체의 확보가 필요한 점 등에 비추어 이 사건 원 정리계획을 변경계획안과 같이 변경할 필요가 있다."고 판시하였다.

그러나, 국제상사사건의 경우에는 원 정리계획에 용산사옥을 2002년까지 1,100억 원 정도에 매각하여 정리담보권의 상환에 사용하도록 되어 있었음에도 관리인이 용산사옥이 영업이익 및 경상이익에 기여하는 바가 크자 이를 그대로 보유하는 것이 정리회사를 위하여 유익하다고 판단하고 용산사옥 매각대금으로 변제하여야 할 정리담보권 1,026억 6,400만 원의 상환에 사용하기 위한 이익잉여금을 적립하였는데[53] 이로 인하여 현금흐름에 지장이 생긴 것으로 보여 회생계획 인가 당시 예상할 수 없었던 '외부적 요인'이 발생한 것으로 보기는 어렵다. 관리인은 경영 및 관리처분권의 범위 안에서 경영상의 판단을 할 권한을 가지지만, 이는 정리계획에서 정한 범위에서 인정되는 것이고, 정리계획이 정한 바를 실행하지 않으려면 정리계획을 변경하는 절차를 밟아야 할 것이다. 이는 정리계획에서 정한 방법 이외의 방법으로 자산을 운영하는 것이 영업이익을 높일 수 있다는 등의 사정이 있는 경우도 마찬가지이며, 관리인이 경영상 판단을 이유로 정리계획을 실행하지 않는 것은 관리인의 임무를 해태한 것이라고 볼 수 있다.[54]

53) 창원지결 2006. 7. 18. 98파1102(부산고판 2006. 12. 29. 2006라153의 원심 결정이다).
54) 오수근, 주37) 665-667.

四. 회생절차에서의 M&A와 주주의 지위

1. 회생절차에서의 M&A의 필요성

회생계획인가 후의 회생절차는 회생계획에 따라 사업을 영위하거나 유휴자산을 매각하여 조달한 자금으로 권리변경된 회생채무를 모두 변제하여 채무자 또는 그 사업의 효율적인 회생을 도모하는 절차이다. 그러나 채무자에 따라서는 회생절차 개시신청 전의 부도 등의 여파로 신용도가 급격히 하락하고 기존의 거래관계가 무너지고 유능한 종업원이 이탈하여 기업가치가 크게 손상됨으로써 사업 전체 또는 일부에 관하여 정상적인 회생절차의 진행에 큰 어려움을 겪게 되는 경우도 있다.[55]

미국에서의 서브프라임모기지로 인한 금융위기발생 및 이로 인한 세계경기의 급격한 침체를 비롯하여 세계경제 또는 우리나라 경제상황의 급격한 변동이나 침체의 장기화 등과 같이 회생계획수립 당시에는 도저히 예측할 수 없었던 여러 사정의 변동으로 인하여 현재 시점에서는 회생계획을 제대로 수행할 수 없는 경우가 있고, 채무자에 따라서는 회생계획안의 가결을 위하여 채권자들의 무리한 요구를 무분별하게 수용함으로써 당초부터 무리한 회생계획을 인가받았던 경우도 있다. 이와 같은 경우에 대규모 신주발행을 통하여 조달한 재원으로 회생채무를 조기에 변제하는 것은 채무자의 사업을 효율적으로 회생시킬 수 있는 유용한 수단이다.[56][57]

55) 회생절차가 진행 중인 회사에 대하여는 ① 신용불량업체라는 인식으로 인하여 거래상 불이익을 입거나, ② 신용평가상의 불이익으로 말미암아 보증서의 발급이 거절되어 입찰자격 자체가 제한되거나, ③ 계속기업으로서의 존속이 의문시되어 거래처에서 거래량을 축소하거나 원자재가격의 단가인상을 요구받거나, ④ 지급결제수단이 현금에 한정되는 등의 불이익이 있어 사업수행상태가 회생절차개시전의 상태로 회복하기가 어렵다고 한다.

56) 대부분의 회생회사의 회생계획은 회생회사가 조기에 그 수익력을 회복하지 못한다는 현실을 감안하여 계획초기에는 조세채무만을 변제하고 나머지 채무는 변제를 유예하는 내용의 회생계획을 작성함으로써 회생계획이 인가된 후 일정기간 동안은 채무의 압박에서 벗어나 오로지 사업력과 수익력의 복원에 집중할 수 있도록 하여 회생계획 수행의 토대를 확보할 수 있도록 하고 있으나, 대부분의 회생회사는 이러한 계획조차 재대로 달성하지 못하여 채무의 변제유예기가 경과하여 본격적인 채무 변제시기에 접어들면 회생계획의 수행에 심각한 어려움을 겪는 것이 보통이다. 이와 달리 회생회사가 회생채무를 회생계획에 따라 변제하기에 충분한 규모의 수익을 올리는 수준을 넘어서 향후에 변제할 회생채무 잔액 전부를 일시에 변제할 수 있는 수준의 현금을 영업활동을 통하여 확보하거나(회생회사 메디슨), 부동산의 가격 상승 등으로 보유 자산의 가치가 올라가 불필요한 자산을 처분하면 향후의 회생채무 전액을 변제할 수 있는 상황에 이른 경우도 있으나, 이러한 사례는 극히 예외적인 경우이다.

57) 회사정리법 하에서 M&A로 회사정리절차를 조기종결한 57개 회사의 M&A 추진시기와 그와

2. 서울중앙지방법원의 M&A수행실적[58)]

서울중앙지방법원은 제3자 관리인 선임을 원칙으로 하는 회사정리법하에서 정리회사 M&A를 정리절차 운영의 주요방침으로 정하고 M&A를 적극적으로 추진하여 왔다. 그 결과 서울중앙지방법원에서는 M&A 성공으로 2000년에 기아자동차 등 2건, 2001년에 신호스틸, 유원건설, 계몽사 등 14건, 2002년에 미도파, 쌍방울, 한신공영 등 19건, 2003년에 삼미, 통일중공업, 기아특수강 등 8건, 2004년에 뉴코아, 동서산업 등 14건, 2005년에 일화, 두루넷, 진로 등 6건, 2006년에 아남건설, 효성금속 등 6건, 2007년에 건영, 나산 등 8건에 대한 회사정리절차를 조기에 종결하였다.

3. 회생절차에서의 M&A추진 여부 결정

채무자의 M&A를 추진할 주체는 관리인이다. 채무자의 업무의 수행과 재산의 관리 및 처분권은 관리인에게 전속하고(법 56조), 관리인은 채무자와 그 채권자 및 주주로 구성되는 소위 이해관계인 단체의 공적 수탁자로서 채무자를 회생시킬 임무가 있으며, 인가된 회생계획을 수행하여야 할 권한과 의무가 있기 때문이다.

기존 경영자가 관리인으로 선임된 경우 또는 관리인 불선임결정에 의하여 관리인으로 보게 되는 기존 경영자의 경우에는 수익변제형의 회생계획을 제출하는 경우가 많고, 이 경우에는 회생계획의 수행단계에서 더이상 정상적인 회생절차의 진행이 어렵게 된 경우에야 회사의 재건을 위하여 M&A가 추진되게 될 것이다.[59)]

그러나 채권자들은 제출된 회생계획안에 대하여 부동의하여 회생계획안을 부결시킬 수 있는 강력한 권한이 있으므로, 관리인이 제출한 수익변제형 회생계획안

관련한 채권회수율에 대한 실증적 분석에 관하여는 홍성준, 주3) 58 참조.

58) 서울중앙지방법원 파산 실무연구회, 주5) 158.

59) 법이 시행된 이후에 회생절차가 개시된 사건 중 M&A로 종결된 경우는 ① 회생절차 밖에서 채권자와의 채무재조정 약정인 워크아웃(workout)과정에서 인수후보자로 선정되었던 회사와 사이에 영업양도계약을 체결하여 회생계획인가 전 영업양도를 하고 그 양도대가의 사용방법 등을 규정한 청산형 회생계획이 인가됨에 따라 회생절차가 종결된 사례(서울중앙지법 2006회합7 현대엘씨디), ② 대주주의 횡령에 의하여 회생절차에 이르게 된 채무자에 대하여 제3자관리인이 선임되었고, 회생계획인가직후부터 M&A를 추진하도록 하는 내용의 회생계획이 가결됨에 따라 관리인이 회생계획인가직후부터 M&A를 추진하고, 제3자에게 신주를 발행하여 채무변제자금을 조달함에 따라 회생절차가 종결된 사례(수원지법 2006회합5 현대아이티) 등이 있을 뿐이다.

에 반대의사를 표명함으로써 종국적으로 채권자의 의사에 부합하는 내용으로 M&A 추진 여부를 관철할 수 있다. 정리회사 ㈜진로의 경우, 조기 M&A를 희망한 채권자들의 의사가 반영되어 정리계획에 '관리인 및 회사는 경영의 조기 정상화와 채무변제 극대화를 위하여 정리계획안 인가 결정일로부터 1년 이내에 정리회사의 제3자 인수가 성사되도록 추진하여야 하며, 그 절차는 공개경쟁 입찰 방식으로 투명하고 공정하게 진행하고, 관리인은 그 진행상황을 수시로 법원에 보고하여야 한다.'라고 규정하여, M&A 추진에 관한 사항을 정리계획에 명시하였고, 다만 기업매각을 위한 본계약이 체결되었으나 절차상의 시일 촉박으로 인해 M&A 기한을 연장할 필요가 있다고 판단하는 경우, 특정한 일정시점을 경과하지 않는 범위에서 법원의 허가를 받아 연장할 수 있는 것으로 규정하였고[60], 주식회사 코오롱티엔에스의 경우 회사정리절차 개시일(2002. 8. 21.)의 9개월 후부터 M&A를 적극 추진하다가 정리계획인가(2003. 9. 1.) 후에 M&A를 다시 추진하였는데 정리계획에는 2004. 12.까지 M&A를 완료하지 못할 경우 관리인이 회사정리절차폐지신청을 하여야 한다는 규정을 두었다.[61]

이와 관련하여 법 74조 2항에 의하여 기존 경영자가 관리인으로 선임된 경우 또는 같은 조 3항에 의한 관리인 불선임 결정에 의하여 관리인으로 보게 되는 기존 경영자의 경우, 이들에 대하여 처음부터 M&A의 적극적인 추진을 요구하는 것은 곧 기존 경영자의 경영권 박탈로 이어지므로 부실기업의 조기신청을 유도하기 위하여 기존 경영자의 경영권을 보장해주겠다는 입법취지와 부합하지 않는 측면이 있으므로, 기존 경영자를 관리인으로 선임하는 등의 경우 관리인 등이 작성, 제출한 독자생존방식의 계획이 현실성이 있다고 판단되고 그 계획안이 채권단에 의하여 가결되었다면, M&A의 추진은 일단 유보될 수 있고, 기존 경영자 관리인이 독자생존방식의 회생계획을 성실히 수행하고 있는 한 M&A를 추진하지 않고 있다는 사유를 들어 관리인을 해임할 수는 없다고 보아야 할 것이다.[62] 법 시행 후 M&A가 추진되었거나 추진되고 있는 아인텍정보, 세창, 에이치엘스포츠, 비오이하이디스테크놀로지, 현대아이티, 벨웨이브 등은 대부분 기존 경영자 관리인이 배제되었거나 기존 경영자 관리인이 회생계획을 정상적으로 수행하는 것이 불가능한 것으로 예측되는 경우이고, 그 외에 기존 경영자 관리인이 회생계획을 제대

60) 2003회9 회사정리사건에서 2004. 4. 30. 인가된 정리회사 주식회사 진로의 회사정리계획 제12장 참조.

61) 2002회3 회사정리사건에서 2003. 9. 2. 권리보호조항을 정하고 인가된 주식회사 코오롱티엔에스의 회사정리계획 제1장 제3절 제6항 및 제16장 참조.

62) 서울중앙지방법원 파산 실무연구회, 주5) 172.

로 수행하고 있는 나머지 회사들의 경우에는 M&A에 착수하지 않고 있다. 채무자가 회생계획을 안정적으로 수행하고 있고 앞으로도 그 수행을 위한 자금을 보유하고 있거나 그 밖에 회생계획의 수행에 지장을 가져올 만한 사정이 없어 당초 인가된 회생계획이 정해진 바에 따라 수행된다면 M&A를 추진할 필요가 없을 것이다.[63] 이와 같은 경우에 M&A를 추진하는 것은 채권자의 채권의 만족이라는 이해관계, 채무자의 회생이라는 이해관계와는 아무런 관련이 없고, 단지 인수희망자에 대하여 신주를 발행함으로써 회생채무자의 지배구조의 변동이라는 결과만을 가져오는 것에 불과하기 때문이다.

채무자에 대한 회생계획의 변경 필요성은 원 회생계획의 수행 가능성의 관점에서 살펴보아야 한다. 채무자가 자체 능력으로 회생채무를 완제할 수 있다면 회생계획의 변경 필요성이 없다. 만일 회생회사가 회생계획을 안정적으로 수행하고 있고 앞으로도 그 수행을 위한 자금을 보유하고 있거나 그 밖에 회생계획의 수행에 지장을 가져올 만한 사정이 없음에도 이와 같은 회생계획에 대하여 인수희망자를 물색하여 M&A를 추진하는 것은 채권자의 채권의 만족이라는 이해관계, 채무자 회사의 회생이라는 이해관계와는 아무런 관련이 없고, 단지 인수희망자에 대하여 신주를 발행함으로써 회생회사의 지배구조의 변동만을 가져오는 결과가 될 것이다. 이런 채무자의 경우에는 채권자의 이해관계인 회생채무의 변제와 채무자의 이해관계인 회생채무 변제를 통한 회생절차의 종결 추진은 원 회생계획에서 정한 대로 이행되고 있고, 회생회사의 지배구조는 가결·인가된 원 회생계획에 따라 이미 완료되어 있는 상태로서 원 회생계획의 수행가능성의 문제는 생기지 아니하므로, 회생계획을 변경할 필요가 없다고 할 것이다.[64]

채무자에 대한 M&A는 확정된 회생계획을 수행하지 못할 상황에서만 시행하는 것이고,[65] 부실기업의 M&A는 일반적으로 독자생존 계획의 수립이나 그 수행이 불투명한 경우에 대체수단으로 강구되는 경우가 많은데, 회사정리법하에서도 원

63) 다만, 회생계획이 적정하게 운영되는 시점에는 M&A를 추진하지 않고 있다가, 회생계획의 수행이 불가능한 상태에 이르러 M&A를 추진한다면 이미 M&A 시장의 상품으로서의 기업의 가치는 크게 하락한 상태일 것이어서 대부분은 M&A의 성사가 불가능할 것이므로, DIP제도의 딜레마라고 한다[서울중앙지방법원 파산 실무연구회, 주5) 173].

64) 홍성준, 주3) 85-86.

65) 채무자에 따라서는 회생계획안의 가결을 위하여 채권자들의 요구를 무분별하게 수용함으로써 애당초 무리한 회생계획을 인가받았던 경우도 있고, 그렇지 않더라도 경기침체의 장기화 등 회생계획 수립 당시 미처 예측하지 못했던 여러 사정으로 인하여, 현재 시점에서 회생계획이 제대로 수행되리라 기대할 수 없는 경우도 있다. 이 경우 매각 가능한 사업부문을 양도하거나 대규모 신주발행을 통하여 회생채무를 조기에 변제함으로써 채무자의 사업을 효율적으로 회생시킬 수 있을 것이다[서울중앙지방법원 파산 실무연구회, 주5) 157].

정리계획의 수립이 불가능하거나 혹은 인가된 원 정리계획의 수행이 불가능한 것으로 판명되어 M&A 유상증자 대금 및 사채 인수대금 등으로 고강도의 채무 재조정을 재실시하여 채무자를 재건시킨 유형이 대부분이었다.[66]

4. 회생절차에서의 M&A과정에서 주주의 지위에 관하여 논의된 사례

가. 국제상사㈜사건

[사안의 개요]

㈜이엘인터내셔날과 그 관계사는 2002. 6. 19.경부터 같은 해 11. 13.경까지 구 채권자로부터 공개경쟁입찰이나, 증권시장에서의 매집을 통하여 정리회사 국제상사㈜의 주식의 50% 이상을 취득한 대주주가 되었는데, 그 무렵인 2002. 12. 31. 기준의 국제상사㈜의 자산총액은 3,994억 원, 부채총액은 3,155억 원으로 자산이 부채를 초과하고 있었다.

국제상사㈜의 관리인은 ㈜이엘인터내셔날이 2002. 9.부터 같은 해 10.까지 추가적인 자금의 출자 없이 정리회사의 용산사옥을 매각하고 잉여금을 사용하는 등의 방법에 의한 정리절차의 종결추진의사를 밝히자, 추가적인 자금출자의 의사가 없는 것으로 보아 제3자 배정 신주발행의 방식에 의한 매각을 추진하고, 이를 위하여 정리회사의 수권자본의 수를 4,000만 주에서 8,000만 주로 증가시키고, 정리회사가 M&A에 의하여 회사를 인수할 자에게 기업인수에 따른 신주발행 주식 전부를 배정하는 때에는 주주 외의 자에게 신주를 배정할 수 있다는 조항을 신설하는 내용의 정관변경허가신청을 하자, 정리법원이 정리계획의 변경 없이 정관변경허가결정을 하였다. 그러나 관리인은 그 효력에 대하여 문제가 제기되고 소송이 제기되자(대법원 2003그38 사건) 이해관계인들에게 불리한 영향을 미치지 않는다는 이유로 관계인집회 등의 절차를 거치지 않고 정리계획변경신청을 하였고 정리법원이 정리계획변경결정을 하자 이에 대하여 항고가 이루어져 정리계획변경절차가 필요한 것으로 판단되자(부산고결 2004. 6. 4.자 2003라37, 대결 2005. 6. 15. 2004그84), 국제상사㈜의 관리인은 제3자 배정 신주발행을 통한 M&A를 계속 추진하여 인수인을 선정하고 정리계획을 변경하여 주주조를 포함한 이해관계인의 결의를 거쳐 권리보호조항을 정한 강제인가를 거쳐 제3의 인수인에게 매각이 완료되었다.

66) 서울중앙지방법원 파산 실무연구회, 주5) 158.

[법원의 판단]

(1) 부산고결 2004. 6. 4.자 2003라37은 "법률이 정관변경에 관하여 2가지 방법을 예정하고 있는 이유는 변경하고자 하는 정관의 내용이 정리계획 조항 속에 포함된 주요사항일 경우 이해관계인의 권리에 중대한 영향을 미치므로 그 정관의 변경은 원칙적으로 그들 이해관계인의 의견수렴절차를 거칠 필요가 있어 반드시 정리계획변경절차에 의하여야 하고(이때 정리계획은 정관보다 상위의 규범이 되므로 정리계획이 변경되면 정관은 당연히 변경된다.), 정관 내용이 정리계획 조항에 포함되지 않았거나, 포함되었다 하더라도 영업목적의 변경, 본점의 이전, 공고방법의 변경, 임원의 수의 감소 등 이해관계인의 권리에 중대한 영향을 미치지 않는 경미한 사항이라면 거기에 대하여까지 굳이 정리계획변경절차를 통해서만 이를 변경할 수 있다고 한다면 불편하고 비경제적이므로, 이러한 경미한 사항에 대한 정관변경은 정리계획의 변경절차를 거침이 없이 관리인이 법원의 허가를 얻어 간단한 방법으로 변경할 수 있도록 함에 있다. 발행예정주식의 총수를 증가시키고 주주 외의 자에게 신주인수권을 부여하는 등 주주의 신주인수권을 실질적으로 박탈하는 내용의 정관변경은 반드시 소정의 정리계획변경의 절차를 거쳐야 하므로[67], 정리계획변경절차에 의하지 않고 수권자본을 늘린 정관변경은 효력이 없

67) 위 결정에서는 불이익한 것인지 여부에 관하여 "법 제270조 제2항 소정의 '불리한 영향을 미치는 경우'란 이해관계인의 회사에 대한 권리나 지위가 원 회생계획에 비하여 질적·양적으로 감소하거라 불안정하게 되는 일체의 경우를 말하는 것으로서, 특정사건에서 과연 그 변경안이 주주들에게 불리한 영향을 미치는지 여부를 판단함에 있어서는 주식의 취득경위, 회생계획의 진척도, 회사의 재무상태, 투자유치의 가능성, 회생절차 종결의 가능성과 가능한 시기 등 여러 가지 사정을 종합적으로 고려하여 판단하여야 할 것이다. 이 사건에서 회생절차가 회생계획의 변경 없이 그대로 진행된다면, 회생절차가 종결되는 2010년까지 주주들은 회생절차 진행 중에 주주총회가 개최되지 않기 때문에 의결권을 행사할 수 없고, 이익배당도 받을 수 없을 뿐만 아니라, 주식가치도 제대로 평가받을 수 없게 되나(2004. 12. 31.까지 회생절차가 종결되지 않을 경우, 주식 상장이 폐지되는 사정을 고려한다면 더욱더 그러하다.), 회생계획이 위와 같이 변경되고 M&A 절차가 진행되어 채무자의 회생절차가 종결될 경우에는 주주는 주주총회를 통하여 의결권을 행사할 수 있고, 이익배당도 받을 수 있을 뿐만 아니라, 주식가치도 상승할 가능성이 있는 점에 착안하면 위 변경안이 항고인에게 불리하지 않을 수 있다고도 볼 수 있다. 그러나 이 사건 회생계획변경안은 수권자본을 4,000만 주에서 8,000만 주로 증가시키고, 기존 주주의 신주인수권을 실질적으로 박탈하는 내용인바, 만약 수권자본이 4,000만 주에서 8,000만 주로 2배로 증가되어, 약 4,800만 주의 주식이 새롭게 발행되고, M&A를 위하여 관리인이 그 신주 전부를 제3자에게 인수시킨다면, 현재 51.17%에 달하는 항고인의 주식 보유 지분율은 과반수에 훨씬 못 미치는 약 22.4%로 하락하게 된다. 그렇게 되면 채무자를 인수해 새로운 도약을 시도하던 항고인은 조만간 정상화되어 조기에 회생절차가 종결될 가능성이 큰 채무자에 대한 장래의 경영권을 잃게 되고, 따라서 회사에 대한 항고인의 지위가 원 회생계획에 비하여 실질적으로 감소하거나 불안정하게 될 수밖에 없게 되는 것이다. 결국, 회생계획안이 위와 같이 변경되면 항고인에게 앞서 본 바와 같은 주식가액 증가 등의 이익이 있을 수도 있겠지만, 그와 같은 예상이익은 장래에 회사의 경영권을 얻고자 이 사건 채무자의 주식 과반수를 확보해 온 항고인에게는 경영권의 박탈이라는 더 큰 실질적인 불이익을 준다고 할 것이므로 위 회생계획변경안은 항고인

다."라고 판시하였다. 위 결정은 나아가 "정리절차 중에 있는 회사는 정리계획수행을 통하여 회사의 채무를 변제하고, 회사의 갱생을 도모하기 위하여 주주에 의한 경영권을 배제한 채, 정리법원에 의하여 선임된 관리인이 정리법원의 감독하에 정리회사를 위하여 회사의 경영 등을 맡아서 하는 것이긴 하나, 주식회사의 본질상 회사의 소유는 여전히 주주에게 있고, 정리절차가 종결되면 결국 회사는 주주에게 복귀되는 것이므로, 비록 정리회사의 특수성이 있다고 하더라도, 정리회사의 관리인으로서는 회사 전체 주식의 과반수를 확보한 최대주주가 더구나 의결권까지 갖추어 새롭게 나타나, 회사의 정상화 내지 신규자금조달 등에 참여하기를 원하는 경우라면, 회사정리절차의 원활한 수행을 위해서 그들에게 신주인수권을 우선 부여하는 등[68] 적극적으로 그들의 협조를 이끌어 내면서 나아갈 수밖에 없는 것이다."라고 판시하였다.

⑵ 위 고등법원 결정에 대한 특별항고 사건인 대결 2005. 6. 15. 2004그84은 "원 정리계획안에서 정관변경에 관하여 "정리절차기간 중 정관변경의 필요성이 있을 때에는 관리인이 법원의 허가를 얻어 변경한다."라고 규정하고 있더라도, 원 정리계획상 고려대상이 아니었던 제3자의 인수·합병에 의한 정리절차의 진행 및 종결을 위한 정관변경은 전체적인 정리계획의 기본적인 구도가 변경되는 결과를 가져오므로 이러한 정관변경을 정리계획변경절차에 의하지 아니하고 원 정리계획의 위 정관변경조항에 기한 법원의 정관변경허가결정만으로 하는 것은 허용될 수 없다."라고 판시하였다. 아울러 정리절차에서의 주주의 의결권에 관하여는 "회사정리절차에서 정리채권자·정리담보권자 및 주주 등 이해관계인은 정리절차 중에는 직접적인 개별적 권리행사가 금지되고, 다만 의결권의 행사에 의하여 자기에게 불리한 정리계획을 저지하고 유리한 계획의 실현을 기하는 길이 있을 따름이므로, 회사정리법에서 특별히 규정하는 경우 외에는 정리계획에 의한 권리변경에 관하여 그 의사를 반영하기 위하여 이해관계인에게 관계인집회에서 계획안의 가

인 주주에게 불리한 영향을 미치는 경우에 해당한다고 할 것이다."라고 판시하였다.

68) 위 결정은 "신주를 발행할 경우 신주인수권은 주주로서 가지는 핵심적인 권리이므로 법에서 정리계획안으로 주주에게 주는 신주인수권을 제한할 수 있도록 규정하고 있다고 하더라도, 이는 구주주의 신주인수권만을 인정하고서는 자금조달이 원활치 못하다는데 그 주된 취지가 있는 것이지, 기성 주주의 자금으로 신주발행을 해서는 안된다는 것은 아니므로, 이 사건에서와 같이 주주가 충분한 신주인수 의사와 능력을 갖춘 경우에는 먼저 그에게 신주인수 여부를 결정케 한 뒤 타에 신주인수를 시키도록 하는 것이 법의 취지에 맞다고 할 것이다(이렇게 보더라도, 이 건의 경우 회사의 파탄에 책임이 있는 기존 주주의 주식은 대부분 무상으로 소각되거나, 주식병합으로 감자가 되고, 회사파탄에 책임이 없는 주주들만이 남아 있으므로 부당한 결과가 되지 않는다)"고 판시하여 정리회사의 경우에도 그 소유자는 여전히 주주들임을 확인하였다.

부를 결정하기 위한 의결권을 부여함이 원칙이고, 정리절차는 파산원인이 있는 경우에 한하지 않고 사업의 계속에 현저한 지장을 가져옴이 없이는 변제기에 있는 채무를 변제할 수 없는 경우에 개시할 수 있으므로, 계산상으로는 회사의 재산이 채무 총액보다 많은 경우가 있을 수 있고, 그러한 경우에는 주주가 잔여재산에 대하여 이익이 있으므로 그 이해를 정리절차에 반영하는 것이 필요하다 할 것인바, 회사정리법은 정리절차의 개시 당시 회사의 부채의 총액이 자산의 총액을 초과하는 경우 이외에는 주주에게 그가 가진 주식의 수에 따라 관계인집회에서 의결권을 갖도록 규정하고 있다."라고 판시하여 회생절차에서는 회생채권자·회생담보권자 및 주주 등의 이해관계인은 회생절차 중에는 직접적인 개별적 권리행사가 금지되기 때문에 회생계획안에 의한 권리변경에 관하여 그 의사를 반영할 수 있도록 하는 것이 원칙이어서 회생절차 개시 당시 회사의 부채의 총액이 자산의 총액을 초과하는지 여부에 따라 결정하도록 규정하고 있고, 수권자본 규모의 확충 등 정관변경을 내용으로 하는 회생계획변경이 주주에게 실질적으로 불리한 영향을 미치는 경우에 해당하여 법에 의하여 관계인집회의 개최 및 주주의 조의 의결이 필요하다고 하더라도 이것이 주주에게 신주인수권과 경영권을 인정한 것은 아니라는 취지를 밝히고 있다.

나. 충남방적㈜ 사례

[사안의 개요]

2003. 9. 정리계획이 인가된 충남방적㈜는 정리절차개시 전 정관에 "회사가 발행할 주식의 총수 : 4천만 주"로 되어 있고, 정리계획 조항에 "M&A 추진 및 정리법원의 허가에 의한 제3자 배정 방식의 추상적인 신주발행 조항"을 두고 있었다. 정리회사는 10년 이상 지속적으로 적자가 누적된 회사로서 매출액은 당초 정리계획과 달리 매년 감소추세에 있고, 영업이익도 계속 적자 상태에 있으며, 특히 자회사인 베트남 현지법인은 신규투자 없이는 정상 경영이 어려운 상태였다. 이와 같은 상황 하에서 정리법원은 대전공장을 2004. 8.경 정리계획보다 훨씬 고가(1,934억)에 매각한 관계로 자금력에 여유가 생겨 정리채권 완제가 가능하게 되었다. 정리회사의 관리인은 당초 원 정리계획에서 정한 대로 제3자 M&A를 추진할 필요성이 있다고 판단하여 M&A를 추진하고 정리법원은 2007. 7. 3. 제3자 배정 유상증자를 허가하였는데, 그 결과 신주인수대금 988억 원의 현금이 정리회사에 유입되고, 액면 5,000원 짜리 보통주 800만이 발행되어 자본금이 400억이 증가함에 따라 기존 주식 460만주의 보유 주주들의 지분율이 희석화되자 대주주가 기업

매각절차의 중단을 요구하는 가처분을 제기하였으나 기각되었고(대전지결 2007. 4. 13. 2007카합327; 대전고결 2007. 6. 19.자 2007라91), 2007. 7. 3.자 제3자 배정 유상증자 및 정리채권 출자전환 허가결정에 대하여 대법원에 특별항고를 제기하였다.

[법원의 판단]

(1) 대전지결 2007. 4. 13.자 2007카합327은 "정리회사의 주주에게도 일부 자익권과 공익권이 인정되고, 특히 정리회사의 자산이 부채를 초과하는 경우에는 관계인집회에서 의결권도 가지나, 위와 같은 권리가 인정된다 하여 그것에 정리회사에 대한 포괄적이고 전면적인 주주의 자익권이나 공익권이 인정된다는 취지는 아니며, 정리절차 밖에서 일반적으로 정리회사에 대한 주주로서의 포괄적이고 전면적인 권리가 있음을 인정할 수 없고, 다만 회사정리절차의 목적과 절차의 진행에 부합하는 한도 내에서 각개의 구체적인 권리를 인정할 수 있을지가 검토될 수 있을 뿐이다"고 하면서, "정리계획 수행과정에서 회사의 자산이 부채를 초과하는 등의 사정변경이 발생하였다 하더라도 정리회사의 주주의 권리는 여전히 정리계획에 정한 사항의 제약을 받는다고 봄이 상당하고, 정리절차개시 후 주식을 취득한 주주의 경우 주식의 취득가격은 정리계획에 관한 모든 정보를 반영하고 있다고 볼 수 없는데, 이러한 과정을 통하여 새롭게 출현한 대주주에게 다른 특별한 사정없이 단순히 주주의 기득권 보호라는 이유만으로 회사의 지배권을 확보할 수 있게 해준다면 이는 일반적으로 대주주에게 주식 취득 당시 예상치 않았던 이익을 안겨 주는 결과가 되어 부당한데, 회사정리법의 규정, 회사정리절차의 목적, 정리회사 주주의 정리절차 안에서의 권리 등에 비추어볼 때, 비록 정리회사의 자산이 부채를 초과하고 있다 할지라도 정리회사의 주주에게 신주인수권이 인정된다고 할 수 없다"고 판시하고, "회사정리계획안에서 M&A에 의한 기업매각절차를 진행할 계획임을 이미 명시하고 있었던 점, 회사정리절차의 목적 및 절차, 회사정리법은 정리회사의 경영수행권 등을 관리인에게 부여하고 주주는 의결권 등 정리절차에 참여하여 자신의 이익을 보호받도록 규정하고 있는 점, 정리절차가 개시된 이후에 정리회사의 최대주주가 된 주주들이 정리회사에 대한 경영권을 지배·장악하고 있다거나 장래 경영권을 장악할 수 있는 법적 지위에 있다고 단정할 수 없는 점, 정리회사의 자산이 부채를 초과하고 있더라도 다시 부채초과 상태로 전환될 가능성도 있어 경영권에 대한 기대권을 일반적으로 인정하기는 어렵다는 점에서 지배주주로서의 경영권 행사에 대한 기대권 내지 신뢰이익까지 관념되어야 한다고 단정 지을 수 없다"고 판시하였다.[69]

⑵ 대결 2008. 5. 9. 2007그127은 "정리회사의 관리인이 정관에 규정된 수권자본금 한도 내에서 정리법원의 허가 하에 향후 제3자 배정방식의 신주발행을 계획하고 있는 정리계획 조항에 따라 신규자금을 유치할 목적으로 정리법원의 허가를 받아 신주를 발행하는 경우에는 정리회사의 기존 주주들이 정리계획에 의하여 감수하기로 예정한 불이익이 구체적으로 현실화되는 것에 불과하므로 특별한 사정이 없는 한 제3자 배정방식의 신주발행을 위하여 정리계획 변경절차를 거칠 필요가 없다"로 판시하였다.

다. 대한통운㈜ 사례

[사안의 개요]

대한통운의 경우 회사정리절차 신청당시(2000. 11. 3.)부터 자산이 부채를 크게 초과하고 있었을 뿐만 아니라 매년 522억 원 이상의 영업이익을 달성하고 있었다(2006년의 경우 회생계획 대비 81.3%를 달성하였다). 대한통운㈜의 정리계획에는 신주발행에 관하여 "상법에 의한 정리회사의 수권자본금 범위 내에서 관리인이 법원의 허가를 얻어서 발행한다.", "신주를 인수할 자, 신주의 배정방법, 발행가와 납입기일은 법원의 허가를 얻어 관리인이 이를 정한다." 등의 추상적이고 포괄적인 규정을 두고 있었다. 대한통운에 대하여 M&A가 추진되자 이와 같은 M&A를 위한 신주발행을 위해서는 정리계획 변경을 하여야 하고 주주조의 의결을 거쳐야 한다는 주장이 제기되었으나, 관리인과 정리법원은 인수대금의 일부로 기존 정리채무 전액을 변제하고, 정리계획 변경 없이 인수인에게 정리절차 종결 후 회사지분 60%를 확보할 수 있는 대량의 신주를 발행하여 M&A절차를 종결하였다.

5. 회생계획에 제3자에 의한 인수·합병 조항(M&A추진 조항)이 있는 경우

가. 관리인의 M&A추진 권한

종래 법원은 변제자금의 효과적인 조달과 책임 있는 경영주의 확보를 회생절차의 운영상 가장 중요한 두 가지 목표로 삼고 이를 동시에 달성할 수 있는 방법으

---

69) 이에 대하여 서정걸, "회생회사 M&A 절차에서 주주의 지위", 사법 4호(2008. 6.), 181은 "정리절차 개시 후 주식을 취득한 주주의 경우 주식의 취득가격이 정리계획에 관한 모든 정보를 반영하고 있다고 볼 수 없다는 근거가 명확하지 않고, 정리회사의 주식을 대량 취득하는 주주들은 지배권에 대한 기대를 가지고 취득하는 것이 일반적일 것이므로, 대주주에게 지배권을 확보할 수 있게 해 주는 것이 일반적으로 대주주에게 주식 취득 당시 예상치 않았던 이익을 안겨 주는 것인지도 의문"이라고 한다.

로 회생절차 주인 채무자의 M&A를 적극 추진해 왔다. 회생계획에는 '채무자의 제3자 인수'라는 제목 하에 관리인에게 적극적으로 자본유치 및 인수·합병(M&A)을 추진하여야 할 의무를 부과하고 있는 경우가 있다. 이와 같이 회생계획에 제3자에 의한 인수합병 조항이 포함되어 있는 경우 관리인으로서는 채무재조정 등의 필요로 인하여 회생계획을 변경할 필요가 있는 경우 이외에는 회생계획변경의 부담 없이 제3자 M&A를 추진할 수 있다.[70)]

나. 일반적·추상적 신주발행규정만 있는 경우

실무는 회생계획에 신주의 발행에 관하여 "신주를 발행하고자 하는 경우에는 관리인은 정관에 정한 발행예정주식총수의 범위 안에서 발행할 주식의 수, 발행가액, 증가할 자본의 액, 신주의 배정방법, 단주 및 실권주의 처리 기타 신주발행에 관한 사무절차에 관하여 법원의 허가를 얻어 발행할 수 있다"는 규정[71)]한 후 위와 같은 회생계획상의 규정을 근거로 법원의 허가만으로 신주를 발행할 수 있는 것으로 보고 있다.[72)]

이와 관련하여 원 회생계획안에서 회생담보권자와 회생채권자들의 채권 중 일정 부분을 출자전환시킴으로써 기존 주주들보다도 출자전환을 받은 회생담보권자, 회생채권자들의 주식지분율이 더 높아진 경우, 이러한 회사지배구조가 그대로 확정된다고 볼 수 있을 것인가에 대하여 이를 일률적으로 단언하기는 어렵고 특히 회생절차가 계속 진행되면서 M&A가 가능하도록 수권자본의 규모를 충분히 확대시켜둔 경우에 출자전환으로 주주가 된 자들을 포함한 기존주주들이 신주발행을 통하여 회사지배구조가 변경될 수 있음을 수긍한 것으로 볼 것인지, 아니면 최초의 출자전환을 통해 회사의 지배구조를 확정시켜 둔 것인지를 판단하기란 그리 쉬운 일이 아니라고 하면서, 이러한 이해의 대립은 특히 자산초과 회사의 M&A에서 새로운 지배주주가 되고자 하는 인수인측과 출자전환 주주를 포함한 기존 주주들 사이에서 극명히 드러날 것인데, 최초 계획안 수립 당시 이러한 지배구조에 대한 충분한 고민과 채권자들 및 주주의 의견반영이 이루어진 것이 명백하다면 최초의 출자전환을 통해 회사의 지배구조를 확정시켜 둔 것으로 해석할 수 있을 것이지만, 그러한 사항이 명백하지 않고 향후 M&A 진행을 예상한 회생절차가 계속 진행되어 왔다면 신주발행을 통하여 회사지배구조가 변경될 수 있음을 수긍한

70) 권순일, 주39) 401.
71) 서울중앙지방법원 파산 실무연구회, 주10), 570 회생계획기재례 참조.
72) 서울중앙지방법원 파산 실무연구회, 주10), 569.

것으로 해석하는 것이 보다 합리적일 것[73]이라거나, 관리인이 법원의 허가를 얻어 신주를 발행할 수 있다는 규정이 있고, 신주발행의 규모가 정관에 정해진 수권자본금의 한도에서 이루어지는 경우에는 기존 주주는 회생절차 진행 중에는 적어도 수권자본금의 범위 내에서 신주가 발행될 수 있다는 것을 감수하여야 하므로 회생계획의 변경 없이 신주를 발행할 수 있다는 견해[74]가 있다. 이와 같은 입장의 근거는 ① 이를 인정하지 않는 경우 회사 경영이 정상화되어 자산이 부채를 초과하는 경우 기존 주주로서 신주발행의 회생계획변경에 찬성하는 자는 거의 없을 것이므로 실상 제3자 인수방식의 신주발행에 관한 사항을 회생계획에 추가할 수 없게 된다는 점, ② 채권자들의 희생, 법원과 관리인의 노력으로 회사를 정상화시키더라도 회사는 추가적인 자본확충의 기회를 상실한 채 실제로 회사 회생에는 거의 역할을 하지 않은 기존 주주에게 회사의 경영권을 넘겨주는 것은 부당한 결과가 초래될 가능성이 크다는 점, ③ 회사의 기존 주주는 회생절차 중에는 최대 수권자본금의 범위 안에서는 신주가 발행될 수 있다는 점을 감수하여야 할 것이라는 점이 들어지고 있다.[75]

이에 대하여 대부분의 회생회사들의 경우에 최초의 회생계획안이 관계인집회에 부쳐질 당시에는 채무자의 부채가 자산을 초과하는 경우가 대부분이어서 기존 주주들은 회생계획안에 대하여 결의할 기회 자체를 가지지 못한 경우가 대부분이고, 출자전환으로 주주가 되는 채권자들은 출자전환을 통하여 회사의 지배주주가 되는 경우에는 그와 같은 출자전환으로 인하여 장래 회사의 추가 부실화에 대한 위험을 부담하였으므로 회사가 회생하여 정상화되는 경우에 그로 인한 이익도 당연히 자신들이 향유하여야 한다는 생각을 하는 경우가 대부분일 것이고, M&A를 거치지 않고 회생계획이 안정적으로 수행되어 회생절차가 종결되는 경우에는 주주들이 회사의 지배권을 가지는 것이 원칙이므로 최초 회생계획수립 당시 채권자들 및 주주들이 지배구조에 대한 충분한 검토와 합의를 이루었는지 여부가 명백하지 않다면 기존 주주들은 제3자 배정방식의 신주발행을 통하여 회사지배구조가 변경될 수 있음을 수긍하지 않은 것으로 보아야 한다는 견해가 있다.[76] 이와 같은 입장의 근거는 ① 수권자본의 범위 내에서는 M&A를 통하여 경영권을 완전히 이전하는 신주발행도 허용된다고 보는 것은 원 회생계획에 의하여 확정된 회사의 지배구조를 근거 없이 변경하는 것이라는 점, ② 실제 거래계의 실무상 회사의

73) 박형준, 법정관리기업 인수·합병(M&A)의 실무와 전망, 사법논집 44집(2007), 52.
74) 서울중앙지방법원 파산실무연구회, 주10) 569-570. 또한, 김용덕, 주28) 318.
75) 서울지방법원, 회사정리실무(개정판), 331; 김용덕, 주28) 318.
76) 서정걸, 주69) 191-192 주45).

수권주식의 수 또는 수권자본금의 액은 정관 제정 또는 개정시 주주들의 수인한도나 M&A에 대한 특별한 고려 없이 임의적으로 정해지는 경우가 많아 수권자본규정만으로 M&A를 용인하였다고 보기 어렵다는 점, ③ M&A를 위한 신주발행은 '전체적인 회생계획의 기본적 구도가 변경되는 경우'에 해당하여 회생계획의 변경을 요한다고 할 것이라는 점, ④ 일반·추상적인 신주발행조항이 회생계획에 포함되었다는 사유만으로는 수권주식수의 범위 내에서는 장래 가능한 모든 형태의 신주발행으로 인한 불이익이 원 회생계획의 범위내의 것으로 예정되었다거나 주주들이 수인하기로 한 것이라고 해석하는 것은 공정한 해석이라고 보기 어렵다는 점, ⑤ 채권자들이 출자전환을 받아들이는 것은 회생회사의 지배주주가 되어 채무자의 M&A를 활성화시키려는 것이라는 점 등이 들어지고 있다.[77]

회사의 경영이 정상화되어 자산이 부채를 초과하고 있는 경우에는 회생계획에서 정한 회사의 지배구조를 변경하기 위하여 제3자 인수방식의 신주발행에 관한 사항을 비로소 회생계획에 추가할 필요는 없을 것이라는 점,[78] 원 회생계획에 의하여 출자전환된 주주들에게 채무자 회사의 파탄에 대한 책임을 물을 수는 없고, 기존 주주의 경우에도 원 회생계획에 의한 권리변경[79]과정에서 기존 주주의 몫이 인정되었다면 회사가 정상화되었다고 하여 사후적으로 그 권리를 박탈할 수는 없다고 할 것이라는 점에서 원 회생계획에서 정해진 회사의 지배구조를 임의로 변경하는 것은 허용되기 어렵다고 할 것이나, 실무상 회생절차에서의 자본감소의 규모를 정함에 있어서는 회사의 계속기업가치, 동종 업계의 자본금 규모 등을 종합적으로 고려하되 제3자 인수를 추진하기에 적합한 규모인지를 고려하고 있어,[80] 회생절차가 진행됨에 있어 M&A가 가능할 정도로 수권자본규모가 확대되어 있는 경우에는 주주로서는 신주발행을 통해 회사지배구조가 변경될 수 있음을 충분히 수긍한 것으로 볼 수 있을 것이라는 점[81], 채권자들이 출자전환을 받아들이

77) 서정걸, 주69) 190-196.

78) 부산고결 2004. 6. 4.자 2003라37은 주식회사 국제상사의 경우 '경영이 상당히 정상화되어 영업실적이 호전되어 회사가 흑자로 돌아서고, 회사의 자산이 부채를 초과하고 회사의 가치 또한 크게 상승되어 있는 상태이므로 경우에 따라서는 법 271조에 따른 정리절차 종결도 검토해볼 수 있을 것으로 보인다'고 판시하였다.

79) 앞서 본 바와 같이 지배주주에 대한 징벌적인 주식소각·병합(법 제205조 제4항·제6항)과 채무초과시의 필요적 자본감소(법 제205조 제3항·제6항)에 의하여 권리가 변경되고, 실무는 부실경영에 영향력을 행사한 지배주주 및 특수관계인의 주식은 100% 소각하고 있다.

80) 서울중앙지방법원 파산실무연구회, 주10) 565.

81) 만일, 출자전환하여 주주가 될 채권자들이 장차 신주발행을 통해 회사지배구조가 변경될 수 있을 것이라는 점에 대하여 명백히 반대의 의사를 가지고 있다면 그와 같은 회생계획안에 대하여 반대하면 될 것이다.

는 이유를 반드시 회생회사의 지배주주가 되어 채무자의 M&A를 활성화시키려는 것에 목적이 있다고 보기는 어려워[82] 수권자본금의 범위 내에서 신주가 발행함에 있어서는 회생계획의 변경의 필요가 없을뿐더러, 수권자본의 범위 내에서 주식을 발행하는 것은 '전체적인 회생계획의 기본적 구도를 변경하는 것'은 아닐 뿐만 아니라, 회생계획을 수행하는 것에 불과하여 "변경할 회생계획의 내용"조차 없어 관계인집회의 결의를 받아 회생계획을 변경할 필요나 이유가 없다는 점[83], 기존 주주의 회사에 대한 지배력은 신주인수에 관한 기존 주주의 우선권의 형태로 보장되는 것인데 법 제255조 제2항은 상법 제418조의 적용을 배제하면서 기존 주주의 신주인수에 관한 우선권을 보장하지 않고 있고, 기존 주주도 제3자와 마찬가지로 법 제206조 제3항의 규정에 따라 회생계획에 의하여 신주인수권을 부여받는 것이라는 점에서 주주의 경영권 또는 지배권을 인정하기는 어렵고 원 회생계획에서 정한 수권자본 범위 내에서 인수인에 대하여 신주를 발행하는 것은 회생계획의 변경 없이 허용되는 것으로 보아야 한다.

다. 재무구조의 변경(개선)이나 지배주주의 형성을 위한 신주발행

회생계획이 재대로 실행되고 있더라도 채무자의 재무구조의 개선을 위하여 또는 지배주주의 형성을 위하여 신주를 발행할 수 있는가가 문제된다. 이는 회생절차의 목적을 회생채무의 변제에 한정하지 아니하고, 회생채무의 변제뿐만 아니라 회사의 조직과 재무구조를 발전적으로 재구성함과 동시에 '책임 있는 경영주체'를 확보하도록 하여 회생절차 종결 후에도 채무자가 독자생존할 수 있는 방안을 강구하는 것 또한 회생절차의 목적이라는 점에서 기존 주주의 지위가 단순히 양도되는 것만으로는 회생회사에 새로운 자본의 유입이 없어 재무구조의 개선에는 도움이 되지 않고, 출자전환을 통하여 지배주주가 된 금융회사의 경우에는 투자금의 회수에 급급할 뿐 회생회사의 경영에는 아무런 관심이 없어, 회생절차가 종결된 이후에도 회생회사가 원활히 존속하기 위해서는 '책임 있는 지배주주'가 형성될 필요가 있다는 점을 고려한 것이다. 국제상사사건에서 부산고결 2006. 12. 29. 자 2006라153은 "보유주식과 특수관계인이 보유하고 있는 주식을 합하면 발행주

82) 회생채권자 입장에서는 채권의 감면으로 인한 손실보다는 차라리 회생회사의 주식을 받음으로써 주식의 가치가 채권액보다 높아질 것을 기대해볼 수도 있다.

83) 서정걸, 주69) 199-200는 수권자본이 충분하다고 하더라도 제3자 배정 신주발행이 반드시 필요하다고 판단하는 경우에는 회생계획을 변경하기 위한 관계인집회의 결의를 거쳐야 한다고 설명하나, 수권자본이 충분한 경우 제3자 배정 신주발행을 한다고 하여 변경하여야 할 회생계획규정은 없다.

식 총수의 51.74%를 보유하고 있고, 정리회사의 부실에 책임이 없는 대주주이더라도, ① 정리회사에 대한 기업매각공고일 이전인 2002. 9. 6. 정리회사가 소유하고 있는 핵심 자산인 용산사옥의 매각에 의한 변제자금의 조달을 주안점으로 하는 방안을 제시하였는데, 그 방안은 수권자본의 확충보다 정리회사로 하여금 추가적인 부채를 부담시키는 것이었던 점, ② 2002. 10. 8.에 한 2차 제안 또한 수권자본의 확충 없이 정리회사가 소유하고 있는 용산사옥 매각을 통하여 정리담보권을 조기에 상환하고 정리회사 영업 초과수입금으로 정리채권을 조기에 상환함으로써 정리절차를 종결하겠다는 내용이었던 점, ③ 대주주 자신의 신용등급이 부정적 또는 유동적으로 변경된 점에 비추어 보면, 정리회사의 이익창출 및 갱생도모 보다는 정리회사에 대한 M&A절차가 진행되어 자신의 잠재적인 지배권이 상실될 우려가 발생하자 이를 저지할 목적으로 정리회사에 대한 M&A절차에서 인수인이 제시한 인수조건과 비슷한 내용의 변경계획신청을 한 것으로 보이고, 정리회사의 갱생도모에 걸맞은 역량 있는 지배주주라고 단정할 수 없다"고 판시하면서, "회사정리절차에서는 주주의 신주인수권을 보장하는 상법 제418조의 적용이 배제되는 만큼 지배주주의 의사를 무시하고 제3자 M&A를 내용으로 하는 변경계획안을 인가하였다고 하여 위법하다고 할 수 없다"고 판시하고 있어 회생절차에서 책임 있는 경영주체가 선정되어야 함을 강조하고 있는 것으로 보인다.

그런데, 앞서 본 바와 같이 주식회사의 경우 회사를 경영하고 지배하는 권한은 이사회에 부여되어 있고(상법 제393조 제1항), 주주에게 부여되어 있는 법률상의 권한은 주주총회에서 의결권을 행사할 수 있는 권한(즉, 공익권)과 회사의 이익으로부터 배당받을 권리(즉, 자익권)에 한한다. 따라서 주주가 가지는 경영권이란 주주총회에서의 의결권행사를 통하여 이사를 선출하여 이사회를 구성하는 것이고, 이사는 회사나 제3자에 대하여 손해배상책임을 부담하기도 하나(상법 제399조 제1항, 제401조 제1항), 주주는 자신의 판단이 잘못되는 경우 투자액을 모두 잃게 되는 손해를 감수하여야 할 책임(주주의 유한책임)이 있을 뿐이어서, 상법(회사법)이나 법은 '책임 있는' 경영주인지, '역량 있는' 경영주인지 여부를 판단할 기준을 제시하고 있지 않으므로, 법원이나 관리인이 누가 채무자를 경영할 만한 적격자인지, 즉 '책임 있는 경영주'인지를 판단하기는 곤란하고, 현실적으로 '책임 있는 경영주체'와 '무책임한 경영주체'를 어떻게 구별할 기준을 정하는 것도 쉽지 않은 데다가, 회생계획이 예정하고 있는 채무를 모두 변제하는 한 잔존기업가치는 모두 주주에게 귀속되어야 할 것이므로, 관리인이나 법원이 오로지 채무자의 재무구조나 지배주주의 형성만을 목적으로 채무자에 대하여 M&A를 추진하는 것은 그 정당성에 대한 근거를 찾기 어렵다.

6. 회생계획에 제3자에 의한 인수·합병 조항(M&A추진 조항)이 없는 경우

가. 정관변경의 방법에 의한 M&A추진의 가부

법 202조는 회생계획에 의하여 정관을 변경할 경우에 회생계획에 그 변경내역을 정하도록 규정하고 있고, 법 제262조는 변경내역의 효력발생시기에 관하여 규정하고 있는데, 정관변경에 관한 내용은 임의적 기재사항으로서 주로 주주의 권리변경, 수권자본의 변경, 회생계획에 대응한 회사목적의 변경, 발행할 주식의 종류, 본점 소재지, 명칭, 공고의 방법, 결산의 시기·회수, 임원의 종류·명칭·권한의 변경 등에 관한 것이어서,[84] 그 내용이 반드시 회생절차를 통하여 변경하여야 하는 것으로 한정되지는 않는다. 한편, 법 제55조 제2항은 회생절차에 의하지 아니하고 법원의 허가로도 정관을 변경할 수 있도록 규정하고 있는데, 법원의 허가에 의한 정관변경은 본래 회생계획에 의하여 변경하여야 할 사항, 즉 수권자본의 변경이나 이해관계인의 권리변경에 관한 것 등을 제외한 변경만이 허용되는 것으로,[85] 예컨대 영업목적의 변경, 본점의 이전, 공고방법의 변경, 이사의 수의 변경, 명의개서대리인의 변경 등이 이에 해당하고,[86] 제3자에 의한 인수·합병과 같이 전체적인 회생계획의 기본적 구도가 변경되는 결과를 초래하는 정관변경을 법원의 정관변경허가결정만으로 하는 것은 허용될 수 없다.[87]

나. 회생계획변경을 위한 관계인집회 개최 여부

회생계획에는 '채무의 변제자금의 조달방법'과 '회생계획에서 예상된 액을 넘는 수익금의 용도'에 관한 조항을 두어야 하고(법 제193조 제1항 제3호·제4호), 통상 회생계획에는 "예상을 초과하는 영업수익 또는 자산매각대금이 발생한 경우 관리인은 법원의 허가를 얻어 공익채권의 변제, 운전자금의 사용, 회생담보권·회생채권의 변제 등으로 사용한다"고 규정하고 있어,[88] 회생계획에서 정하고 있는 자금조달방법(원 회생계획에서 포괄적으로 신주발행을 예정하고 있는 경우에는 신주

84) 三ヶ月 章 외 5, 주6) 465.
85) 三ヶ月 章 외 5, 주6) 466.
86) 이 경우에도 법원의 허가 이외에도 상법이 정하고 있는 특별결의를 거쳐야 한다{三ヶ月 章 외 5, 주6) 466}.
87) 대결 2005. 6. 15. 2004그84.
88) 서울중앙지방법원 파산 실무연구회, 주10) 589.

발행을 통한 자금조달방법을 포함한다)에 의하여 조달한 자금으로 회생담보권 또는 회생채권 전액을 변제계획에서 정하여진 시기보다 앞당겨 변제하는 것은 채무자가 기한의 이익을 포기하는 것에 불과하여 회생계획을 변경할 필요가 없다.[89)]

제3자에 의한 인수·합병을 허용하는 내용으로 회생계획을 변경하는 경우에는 법 제282조에 의하여 회생채권자·회생담보권자·주주에게 불리한 영향을 미칠 수 있는 내용으로의 변경인지 여부에 따라 관계인집회를 소집하여 불리한 영향을 받는 조의 결의를 얻어야 하는지 여부가 결정되는데, '불리한 영향을 미칠 것으로 인정되는 회생계획의 변경'에 해당되는 경우로는 ① 이해관계인의 회사에 대한 권리나 지위가 원 회생계획에 비하여 질적·양적으로 감소하거나 불안정하게 되는 경우[90)]와 ② 원 회생계획과 변경회생계획을 비교하지 않더라도 그 변경이 기업의 경영과 관련하여 중요한 의미를 가지고, 이해관계인의 회사에 대한 지위를 변경할 우려가 있는 경우로서, 감자 및 신주발행(다만, 원 회생계획상 포괄적으로 신주발행을 예정하고 있는 경우에는 신주를 발행할 때마다 회생계획 변경절차를 거쳐야 하는 것은 아니다), 합병, 해산, 조직변경, 이익·이자의 배당, 청산, 영업의 양도, 경영의 위임, 신회사의 설립 등을 새로이 추가하거나 그 중요한 내용을 변경하는 경우[91)]이다.

따라서 회생계획에 제3자에 의한 인수·합병 조항(M&A추진 조항)을 추가하고, 그 조달자금으로는 회생채권 및 회생담보권 전액을 변제할 수 없는 경우에는 그 변경내용이 회생채권자·회생담보권자·주주 등 이해관계인에게 불리한 영향을 미치는 것으로 인정되는 경우이므로 회생계획안의 제출이 있은 경우의 절차에 관한 규정에 따라 관계인집회에서의 가결과 가결된 변경계획에 대한 법원의 인부결정이 필요하다.

五. 회생계획에 의한 지배구조 형성

회생절차 개시신청 이후에도 기존 경영진이 회사를 계속 운영하게 하는 DIP관리인제도를 도입한 것은 기존 경영자가 경영권 상실의 우려 때문에 회생절차의

89) 회사정리법하에서 정리회사 신한, 신성통상, 세계물산, 진로 등에 대하여 M&A를 추진하면서 정리계획 변경절차를 거치지 않고 원 정리계획 조항에 따라 제3자 배정방식의 유상증자를 실시한 후, 유상증자대금으로 정리채무 조기 할인 변제 또는 전액 변제에 동의하믄 채권자들을 대상으로 정리채무를 변제하고 정리절차를 조기 종결하였다[서울중앙지방법원 파산 실무연구회, 주5) 143].

90) 권순일, 주39) 406; 서울중앙지방법원 파산 실무연구회, 주5) 143.

91) 三ヶ月 章 외 5, 주6) 969.

신청을 지연하는 것을 막고 회생절차를 적극적으로 이용할 수 있도록 하고, 회사에 대하여 가장 잘 알고 있는 기존 경영자의 지식과 경험을 활용하기 위한 것이다.[92] 회사의 이사는 일반적인 의무로 회사에 대하여 선량한 관리자의 주의의무(선관의무)를 부담하고[93], 회사의 채권자에 대하여는 선관의무를 부담하지 않는데,[94] 채무자가 지급불능에 처하게 되면 이사는 채권자를 위하여 회사재산을 수탁하는 자와 동일한 지위를 갖게 되어 수탁자로서의 선관주의의무를 부담한다는 견해(신탁설)[95]와 회사의 재정위기시에는 이사가 채권자의 담보가 되는 회사재산에 위험을 초래할 가능성이 높아 채권자를 보호할 필요가 있다는 견해가 있고[96][97], 어느 견해에 의하더라도 DIP경영진은 채권자에 대해서까지 선관주의의무를 부담하게 되는데, 법 제74조 제4항은 관리인 불선임결정의 경우에 대표자를 관리인으로 보는 규정을 두고 있고, 법 제82조는 관리인의 선관주의의무를 규정하고 있다.

회생회사의 지배구조는 원칙적으로 회생계획에 의하여 정해지게 되므로 원 회생계획의 작성 및 인가 당시에 회사의 지배구조가 명확히 정해질 수 있도록 하여야 한다. 구체적으로 어떠한 지배구조가 채택될 것인지는 채무자의 자산 및 부채의 규모, 채권자들의 의사 등에 의하여 결정될 것이나, ① 구 주주들이 원칙적으로 회사의 다수의 지분을 계속 보유하면서 회사에 대한 지배권을 유지하는 방법, ② 채권자들이 대규모의 출자전환을 통하여 회사의 지배권을 인수하는 방안, ③ 조기 M&A를 통하여 제3의 투자자 내지는 인수인을 찾아서 그 제3자에게 회사에 출자하게 하고 대량의 신주를 발행하여 주는 방안이 있을 수 있다. 그런데 위 ② 및 ③의 경우에는 실질적으로 DIP경영진의 경영권이 유지될 수 없게 된다. DIP경영진의 경영권이 유지되는 것은 모든 이해관계인의 이익을 위하여 인정되는 것일 뿐, 구 경영진이나 구 주주의 경영권을 보장하기 위한 것이 아닌 만큼 채무조정과정에서 대규모의 출자전환이 이루어지는 경우에는 구 경영진이나 구 주주의 경영권은 배제될 수 밖에 없다. 결국 경영진이나 지배주주가 채무자에 대한 경영

92) 서울중앙지방법원 파산 실무연구회, 주10) 9.

93) 이사의 선관의무가 주주에 대한 것이라는 견해도 있다[Ashman v. Miller, 101 F.2d85, 90(6th Cir. 1939), Newby v. Enron Corp., 188F.Supp.2d 684, 704 (S.D.Tex. 2002)].

94) Francis v. United Jersey Bank, 432 A.2d 814, 824 (N.J. 1981)

95) In re Jersey Materials Co., 50 F.Supp 428, 430 (D.N.J. 1943)

96) Credit Lyonnais Bank Nederland N.V. v.Pathe Communications Corp.,No. CIV.A. 1250, 1991 WL 277613 (Del.Ch.Dec.30,1991)

97) Credit Lyonnais사건에서 델라웨어법원은 회사가 도산에 근접한 경우에는 이사가 채권자에 대한 위험에도 불구하고 주주의 이익을 도모할 가능성이 있음을 이유로 지급불능에 근접한 시점부터 채권자에 대한 선관주의의무를 인정하고 있다.

권을 계속 유지하기 위하여는 재정적 부실의 정도가 중대하지 아니하여 기존 주식의 소각비율 및 채권의 출자전환비율이 높지 않을 상황에서 회생절차를 신청하여야 할 것이다.

六. 결론

회생절차에서의 관리인은 자신에게 부여된 이해관계의 공정한 조정자로서의 권한을 행사할 수 있고, 법원은 관리인의 권한행사가 적절한 범위 내에서 행사될 수 있도록 감독하여야 할 것이다. 그러나 회생절차의 근거법령인 통합도산법은. 명문의 근거규정이 있는 경우에 한하여 회생절차의 목적 달성을 위하여 필요한 범위 내에서 일반법의 적용을 배제할 수 있을 것이므로, 그 법령의 집행자인 관리인으로서는 도산절차의 목적인 '이해관계인의 만족'과 '채무자의 회생'을 넘어서서 지배구조만의 변경만을 목적으로 하여 그 권한을 행사하는 것은 적정하지 않다고 생각된다.

회생회사의 지배구조는 원칙적으로 회생계획에 의하여 정해지게 되므로 회생계획인가시 예정되었던 회사지배구조가 유지되도록 하되, 이에 대하여 변경이 예정되어 있는 경우에는 도산절차의 목적인 '이해관계인의 만족'과 '채무자의 회생'이라는 목적하에서만 지배구조의 변경이 허용된다고 보아야 할 것이다.

한편, 채무자가 회생절차중에 있음을 이유로 거래관계 등에서 불이익을 입는 경우가 많은 점을 고려하면 회생계획이 인가된 채무자에 대하여 조기에 종결결정을 할 필요가 있다고 생각되며, 회생계획인가결정후에는 법원의 결정이나 회생계획의 정함에 따라 관리인이 채무자의 사업의 경영권 및 재산의 관리처분권을 갖지 않는 것으로 하고, 단지 채무자의 사업의 경영 및 재산의 관리처분을 감독하도록 하는 방법[98]으로 채무자의 대표자의 변경이 자율적으로 이루어질 수 있도록 하는 방법을 도입하는 것이 타당하다고 생각된다.

98) 일본 회사갱생법 제72조 제4항(제1항부터 제3항의 규정에 대하여는 갱생계획의 정함 또는 재판소결정으로 갱생계획인가결정 후의 갱생회사에 대하여는 적용하지 아니하는 것으로 할 수 있다. 이 경우에는 관재인은 갱생회사의 사업의 경영 및 재산의 관리 및 처분을 감독한다) 참조.

신도산법의 파산절차가 소송절차에 미치는 영향

인천지방법원 부장판사 정 준 영

〈目 次〉

一. 序說

이 글은 필자가 1999년에 발표한 논문[1]을 그 이후의 실무와 판례를 반영하여 보완한 것이다. 그 동안 파산사건이 급증하였을 뿐 아니라 민사소송법이 2002. 1. 26. 법률 제6626호로 전면개정되었고, 기존의 회사정리법, 파산법, 화의법, 개인채무자회생법을 폐지하고 그 내용을 통합하여 제정된 채무자 회생 및 파산에 관한 법률(2005. 3. 31. 법률 제7428호, 이하 이 글에서는 이를 '채무자회생법'이라고 함)이 2006. 4. 1.부터 시행됨에 따라 위 논문을 보완할 필요가 있었다. 다만 이 글은 위 논문 중 파산절차가 민사소송절차에 미치는 영향 부분을 보완한 것이고,

1) 鄭晙永, "破産節次가 係屬中인 民事訴訟에 미치는 影響", 재판자료집83(1999), 법원도서관, 127~ 223

그 이외의 주제와 새로 제기되는 주제에 대한 검토는 다른 기회로 미룬다.

소송절차가 진행되는 중에 당사자가 파산선고를 받은 경우 그 소송절차는 어떻게 처리해야 하는가. 즉 파산선고는 파산선고를 받은 채무자(파산자)[2]가 파산선고 전부터 수행하던 소송절차에 어떠한 영향을 미치는가. 이에 관한 기본적인 법 규정을 모아 보면 다음과 같다.

'파산재단(破産財團)[3]에 관한 소송'에서는 파산관재인이 당사자가 되어야 하므로(채무자회생법 359조), 당사자가 파산선고를 받은 때에는 파산선고 당시 계속중인 '파산재단에 관한 소송절차'는 중단되고 채무자회생법에 따른 수계가 이루어지는데(민사소송법 239조),[4] 파산재단에 관한 소송 중 '파산재단에 속하는 재산에

---

2) 채무자회생법에서는 파산법상 '파산자'의 부정적 이미지를 없애기 위해 '채무자'라는 용어를 사용하고 있다. 그러나 이 글에서는 논의의 명확성과 편의를 위해 파산선고를 받은 채무자를 '파산자'로 표기하였다.

3) 破産財團이라 함은 파산자가 파산선고 당시에 가진 모든 재산(다만 新得財産 및 押留禁止財産 등 自由財産을 제외한다)을 말한다(채무자회생법 382조, 383조). 즉, 총채권자에게 공통의 만족을 주기 위하여 채무자회생법에서 정하는 재산으로서 破産管財人이라는 독립적 관리기관에 의하여 관리되는 파산자의 재산이다. 파산절차는 총채권자를 위하여 파산자의 총재산에 대하여 하는 포괄집행절차이고, 채권자간의 공평을 도모하는 것을 주된 목적으로 한다. 이 목적을 위하여 총채권자의 공통의 만족에 제공되는 파산자의 재산을 다른 재산에서 분리하여 조직하고, 그 관리처분권을 파산자에게서 빼앗아 파산관재인에게 專屬시키고 총채권의 담보로 한다. 이것이 파산재단이다. [齋藤秀夫·麻上正信 編, 注解 破産法(改訂版, 1992), 青林書院(이하 '注解 破産法'이라고 함), 57]
채무자회생법상 '破産財團'이라는 용어는 다음 세가지 내용으로 쓰이고 있다. 첫째, 채무자회생법이 예정하는 파산재단, 즉, 파산관재인의 현실적 점유·관리하에 있는지 여부에 관계없이 법률상 당연히 객관적으로 그 범위가 정하여지는 관념적·추상적 의미의 파산재단이 있다. 이를 '法定破産財團'이라고 부르고(채무자회생법 382조, 383조, 384조), 통상 파산재단은 이러한 의미에서 사용된다. 압류할 수 없는 재산과 면제재산(채무자회생법 383조 1항, 2항)과 파산자가 파산선고후에 새로이 취득한 新得財産은 이러한 법정파산재단에 속하지 아니한다. 둘째, 파산관재인의 현실적 점유·관리하에 있는 재산을 파산재단이라고 표현하는데 이는 '現有破産財團'이라고 부를 수 있다(채무자회생법 407조). 현유파산재단에는 법정파산재단이 아닌 재산도 포함될 수 있고(이 경우에는 진정한 권리자에 의한 還取權行使의 대상이 될 것이다), 법정파산재단임에도 현유파산재단에 포함되어 있지 아니한 경우(이 경우에는 破産管財人의 否認權行使의 대상이 될 것이다)도 있을 수 있다. 셋째, 파산채권자의 配當財源으로 되는 재산이 있는데, 이를 '配當破産財團'이라고 부를 수 있을 것이다(채무자회생법 505조).

4) 우리나라와 같이 일본에서도 민사소송법 125조와 구파산법 69조로 나뉘어 소송절차의 중단 · 수계를 규정하고 있었는데, 이러한 조문체계는 2004년 신파산법 44조에서 소송절차의 중단 · 수계를 규정하는 것으로 통합하여 정비하였고 민사소송법 125조는 삭제하였다.
참고로 일본 신파산법 44조의 규정은 다음과 같다.
제44조(파산재단에 관한 소송의 취급)
① 파산절차개시의 결정이 있은 때에는 파산자를 당사자로 하는 파산재단에 관한 소송절차는 중단된다.
② 파산관재인은 전항의 규정에 의하여 중단된 소송절차 중에서 파산채권에 관련되지 아니한 것을 수계할 수 있다. 이 경우 수계신청은 상대방도 할 수 있다.
③ 전항의 경우에 상대방의 파산자에 대한 소송비용 청구권은 재단채권으로 한다.
④ 파산절차가 종료된 때에는 파산관재인을 당사자로 하는 파산재단에 관한 소송절차는 중

관한 소송'[5])은 파산관재인 또는 상대방이 이를 수계할 수 있고(채무자회생법 347조 1항 전문), '파산채권 중 이의채권[6])에 관하여 계속중인 소송'은 채권자가 그 권리의 확정을 구하고자 하는 때에는 이의자 전원을 그 소송의 상대방으로 하여 소송을 수계하여야 한다(채무자회생법 464조).

그렇다면 왜 파산재단에 관한 소송의 당사자는 파산관재인이 되어야 하는가. 파산선고 당시 係屬中인 訴訟節次가 中斷되고 이를 파산관재인이 受繼하는 이유는 무엇인가. 아래에서 살펴 보기로 한다.

二. 破産財團에 관한 訴訟節次의 中斷 및 受繼

1. 破産宣告와 破産財團에 관한 訴訟의 當然承繼

破産宣告가 내려지면 파산자의 재산은 破産財團을 구성하고(채무자회생법 382조 1항), 파산재단에 대한 管理處分權은 파산자로부터 파산관재인[7])에게로 移轉된다(채무자회생법 384조). 이것은 채무자회생법이 창설한 破産宣告의 파산자의 재산에 대한 효력이다. 파산자에게 파산재단의 관리처분권을 그대로 두었다가는 파산자나 채권자에 의하여 그 재산이 散逸·隱匿·處分될 우려가 있기 때문이다. 따라서 파산선고 후에는 파산재단의 관리처분권을 파산자에게서 빼앗아 파산관재인에게 주는 것이다.

이와 같이 破産宣告의 효력에 의하여, 파산재단에 대한 관리처분권이 파산자에게서 파산관재인으로 이전함에 따라, 파산재단에 관한 소송에 있어서는 파산관재인이 當事者適格을 갖게 된다(채무자회생법 359조). 즉, 破産宣告가 있더라도 파산재단에 대한 實體法上의 權利는 의연히 파산자에게 남아있다고 할 것이나,[8])

단된다.

⑤ 파산자는 전항의 규정에 따라 중단된 소송절차를 수계하여야 한다. 이 경우 수계신청은 상대방도 할 수 있다.

⑥ 제1항의 규정에 따라 중단된 소송절차에 대하여 제2항의 규정에 의한 수계가 이루어지기 전에 파산절차가 종료된 때에는 파산자는 당연히 소송절차를 수계한다.

5) 파산자가 채권자 또는 물권자인 경우의 소송으로서 파산자의 적극재산에 관한 소송을 말한다.

6) 파산채권의 조사에서 신고한 파산채권의 내용에 대하여 파산관재인 또는 다른 파산채권자가 이의를 한 파산채권을 말한다.

7) 파산선고와 동시에 파산관재인이 선임된다(채무자회생법 312조 1항). 그러나 파산선고와 동시에 파산폐지결정을 하는 이른바 '동시폐지사건'의 경우에는 파산관재인이 선임되지 않는다.

8) 파산관재인이 갖는 파산재단에 대한 관리처분권은 파산절차의 목적상 갖게되는 권리일 뿐, 實體法上의 權利는 여전히 파산자가 보유한다. 즉, 파산재단의 관리처분권이 파산관재인에게 주어진다고 하여도 파산자는 재산의 귀속주체가 되는 지위, 즉 파산재단에 대한 실체법적 권리까지 잃는 것은 아니다. 따라서, 부동산 등기부나 자동차등록원부 등 각종 등기·등록원

관리처분권이 파산관재인에게로 이전함에 따라, 파산자는 파산재단과 관련된 紛爭의 主体로서의 地位를 상실하게 되어 소송에서도 당사자적격을 상실하고, 오로지 파산관재인 만이 당사자적격을 갖게 되는 것이다. 이를 '第3者의 訴訟擔當' 중 '法定訴訟擔當'이라고 부를 수 있을 것이고,[9] 法定訴訟擔當者인 파산관재인이 소송수행권을 행사하여 判決을 받으면 그 旣判力은 당사자가 아니었던 실체법상의 권리주체인 파산자에게도 미친다(민사소송법 218조 3항).[10]

그렇다면, 파산선고후에 제기되는 파산재단에 관한 新訴訟에서의 당사자적격은 법정소송담당자인 파산관재인에게 있다는 것은 명백하다(채무자회생법 359조). 나아가, 파산선고 전에 訴가 提起되어 파산선고당시 파산자가 수행하던 파산재단에 관한 소송에서도, 破産宣告後의 당사자적격은 파산자가 아니라 오로지 법정소송담당자인 파산관재인에게만 인정된다. 따라서, 파산선고에 의하여 파산선고당시 계속중인 파산재단에 관한 소송의 당사자적격은 파산자에게서 파산관재인으로 移轉되어야 하고, 소송의 당사자는 파산자에서 파산관재인으로 交替되어야 한다. 이를 소송법상 파산선고에 의한 파산재단에 관한 소송의 當然承繼라고 부를 수 있을 것이다.[11]

부상에 소유자명의를 파산관재인에게 이전하는 것이 아니라 그대로 파산자명의로 두고 등기·등록원부상에 파산선고의 기입등기·등록 만을 하게 된다. 또, 파산재단에 대한 관리처분권이 파산관재인에게 이전되었다고 하여 파산자가 파산재단에 관한 행위를 전혀 할 수 없는 것은 아니다. 예를 들면, 파산재단에 관한 파산자 자신의 행위는 絶對的으로 無效인 것은 아니고, 이로써 파산채권자에 대항할 수 없다는 相對的 無效에 그친다(채무자회생법 329조). 따라서, 파산선고의 취소결정이 확정되거나 파산절차가 배당·강제화의 · 폐지에 의하여 종결된 때에는 그 때부터 파산자의 행위는 완전히 유효하게 된다. 즉, 파산선고는 파산재단에 속하는 재산에 대한 押留와 같은 효력이 있다고 할 수 있고, 파산관재인이 권리를 포기하면(채무자회생법 24조 4항, 492조 12호), 파산자도 그 권리를 잃게 되는 효과가 따르는 것이 아니라, 오히려 파산자가 完全한 管理處分權을 回復하는 효과가 생긴다. [注解 破産法, 69] 한편, 재산적 법률행위가 아닌 自然人의 身分法上 法律行爲와 法人의 組織法上 法律行爲는 파산자의 재산과 관련이 없는 한 아무런 법률적 제약없이 그대로 행할 수 있다.

9) 민사소송에서는 보통은 실체법상의 권리자와 의무자, 더 정확히 말하면 권리자라고 주장하는 자와 의무자로 주장된 자가 당사자가 되나, 반드시 이러한 자들만이 당사자가 되는 것은 아니고, 구체적 소송에서 법률관계의 주체 이외의 자가 당사자적격을 가지는 수가 있는데 이러한 경우를 '제3자의 소송담당'이라고 한다. 그리고, 제3자의 소송담당은 '任意的 訴訟擔當'과 '法定訴訟擔當'으로 나눌 수 있고, 破産管財人의 경우는 法定訴訟擔當의 하나로서, 본래의 법률관계의 당사자가 소송수행권을 상실하고 담당자인 제3자만이 당사자적격을 갖는 경우로 설명할 수 있다고 한다. 자세한 것은 호문혁, 민사소송법(제6판, 2008), 법문사, 223. 한편 李時潤, 新民事訴訟法(제4판, 2008), 博英社, 135-136에서는 파산재단에 관한 소송을 하는 파산관재인을 제3자가 권리관계의 주체인 사람에 갈음하여 소송수행권을 갖는 경우로 설명한다.

10) 호문혁, 주9) 227.

11) 널리 소송계속중에 소송의 목적인 권리관계에 대하여 당사자적격이 제3자에게 이전되는 경우에 이 新適格者가 종전의 당사자의 소송상의 지위를 인계받는 경우를 소송승계라고 한다. 소송승계는 '신청에 의한 승계'와 '당연승계'로 나눌 수 있다. 당사자의 신청에 의한 승계는

다만, 日本에서는 구체적 소송의 유형에 따라 파산관재인의 受繼義務가 인정되지 않는 경우가 있는데, 이와 같이 수계의무가 인정되지 아니하는 소송은 파산관재인에게 당연승계되지 않는다는 견해와 수계의무를 전면적으로 인정한 후 종전의 소송수행결과에는 반드시 구속될 필요는 없다고 하는 견해가 있다.[12] 그러나, 파산선고당시 파산자가 수행하고 있던 '파산재단에 관한 소송'은 파산재단에 대한 관리처분권의 이전에 따라 파산자에게서 파산관재인으로 當然承繼되고, 이에 따라 상대방이 수계신청한 경우에는 파산관재인으로서는 수계를 거절할 수 없으며, 수계한 소송에서도 절차처리가 번잡해지는 것을 방지하기 위하여 파산관재인의 고유의 공격방어방법을 제출할 수 있다는 것을 제외하고는 파산자의 종전 소송수행결과에 구속된다고 해석하는 것이 옳다고 생각한다. 다만, 파산채권자가 수행하던 채권자취소소송의 경우에는, 그것이 결국 일탈재산을 파산재단으로 회복시키기 위한 것으로서 파산재단의 증식과 관련된 것이므로 파산재단에 관한 소송으로 볼 수는 있으나, 파산자가 파산선고당시 당사자로서 수행하던 소송이 아니므로(원고는 파산채권자이고 피고는 수익자 또는 전득자이다), 채무자회생법 406조의 규정에 의하여 파산관재인이 파산채권자가 수행하던 소송의 소송절차를 수계한다고 하여도 이를 곧 당연승계라고 설명하기는 어렵다. 파산관재인이 채권자취소권을 행사하는 파산채권자로부터 어떠한 관리처분권을 이전받는 관계가 아니기 때문이다. 단지 책임재산보전 및 회복은 파산선고후에는 파산재단의 증식과 직결되는 파산관재인의 주된 업무라는 측면에서, 채무자회생법이 특별히 파산자가 소송의 당사자가 아님에도 파산관재인이 소송절차를 수계할 수 있도록 규정한 것으로 보아야 한다. 따라서, 채권자취소소송에 있어서는 파산관재인의 수계거절권을 인정하는 견해, 상대방의 수계신청권을 부정하는 견해, 파산관재인에게 수계의무를 인정하되 파산채권자의 종전소송수행결과에는 구속되지 아니한다는 견해 등이 있을 수 있는데, 그 중에서 파산관재인의 수계거절권을 인정하는 견해가 타당하다고 생각한다.[13]

소송물의 양도에 따른 것으로서 민사소송법 81조, 82조의 승계참가, 인수참가를 들 수 있고, 당연승계는 사망·합병·파산 등 법이 정한 사유의 발생(여기에서의 법은 민사소송법 233조 내지 240조가 된다)으로 당연히 소송이 승계되는 것을 말한다. 前者를 특정승계, 後者를 포괄승계라고도 한다. 즉, 당연승계는 법률상 당연히 당사자가 되어 종전의 당사자의 지위를 인계받는 경우로서, 紛爭主体의 變更이 自動的으로 소송에 반영되므로, 소송주체로 되는데에는 아무런 신청도 필요로 하지 않는다. 다만, 당연승계인이 소송절차에 관여할 권리를 보장하기 위한 소송법상 기술로서 '소송절차의 중단 및 수계'가 필요한 것이다. 破産의 경우는 당연승계로 설명한다. 호문혁, 주9), 893; 李時潤, 주9) 726.

12) 上田徹一郎·井上治典 編集, 注釋 民事訴訟法(2), 有斐閣(1992), 242.

13) 아래 'Ⅲ. 3. 가. 債權者取消訴訟' 부분 참조

파산관재인이 파산재단에 관한 소송을 당연승계하였다고 하더라도, 파산관재인이 실제로 그 소송에 관여할 수 있게 되었을 때에 비로소 소송이 정상적으로 진행될 수 있다. 이는 당사자의 소송관여권 보장의 차원에서 볼 때 당연하다.[14] 이와 같이 파산관재인이 실제로 소송에 관여하는 訴訟法上 技術이 '소송절차의 中斷 및 受繼'[15]이다. 즉, 파산선고당시 係屬中인 파산재단에 관한 소송의 소송절차는 당사자가 파산선고를 받음과 동시에 中斷되고, 受繼節次를 통하여 파산관재인을 파산자에 代身하여 소송절차에 관여시킴으로써 中斷狀態를 解消하는 것이다.

2. 소송절차의 中斷

가. 중단사유

(1) 파산선고

당사자가 파산선고를 받은 때에 파산재단에 관한 소송절차는 중단되고, 채무자회생법에 따른 수계가 이루어진다(민사소송법 239조). 파산선고와 동시에 선임된 파산관재인에게 파산재단에 대한 관리처분권이 이전되고 파산관재인이 파산재단에 관한 소송을 당연승계하기 때문이다.

(2) 파산절차의 해지

당사자가 파산선고를 받은 후 채무자회생법에 따라 파산재단에 관한 소송의 수계가 이루어진 뒤 파산절차가 해지[16]된 때에는 다시 소송절차가 중단되고, 이 경우 파산선고를 받은 자가 소송절차를 수계하여야 한다(민사소송법 240조). 이 경우 파산절차의 해지로 인하여 파산선고를 받았던 자가 파산재단에 대한 관리처분권을 회복하고 소송을 당연승계하기 때문이다.

(3) 동시폐지된 경우

파산선고로 인한 소송절차 중단·수계는 파산선고로 인한 소송의 당연승계를 절차적으로 해결하기 위한 것이다. 즉 파산선고로 인하여 파산재단에 관한 관리

---

14) 宋相現, 民事訴訟法(新訂版, 1997), 博英社, 421.

15) 현행법상은 당연승계에 관한 법조문은 없으므로, 오히려 소송절차의 중단 및 수계에 관한 규정인 민사소송법 233조부터 247조까지의 규정으로부터 소송의 당연승계관계를 推知할 수 있다고 한다. [上田徹一郎·井上治典 編集, 注釋 民事訴訟法(2), 有斐閣(1992), 242]

16) 破産節次의 解止는 더 이상 파산절차가 진행되지 아니한다는 의미로서, 파산취소확정, 파산폐지확정, 강제화의확정, 파산종결 등으로 파산절차가 종료된 것을 말한다.

처분권과 당사자적격이 파산자에게서 파산관재인에게로 이전되므로 인정되는 것이다. 그런데 파산재단으로써 파산절차의 비용을 충당하기에도 부족하여 파산관재인을 선임하지 않고 파산선고와 동시에 파산폐지결정을 내리는 경우(이른바 동시폐지사건)에는 파산관재인이 선임되지 않으므로 파산자가 종래 수행하던 소송의 당연승계는 있을 수 없고 따라서 소송절차를 중단할 필요가 없다. 민사소송법 240조는 파산선고와 동시에 소송절차가 중단되고 채무자회생법에 따른 수계가 이루어지기 전에 파산절차가 해지되면 파산선고를 받은 자가 당연히 소송절차를 수계한다고 규정하고 있으나, 이 규정은 파산선고와 동시에 파산관재인이 선임되었으나 수계를 하기 전에 파산절차가 해지된 경우에 관한 것으로 해석하여야 할 것이다. 다만 파산폐지결정이 취소되어 파산관재인이 선임되면 그 시점에서 소송의 당연승계가 있으므로 소송절차는 중단되고 파산관재인이 소송을 수계해야 할 것이다.

나. 중단의 대상

(1) 破産宣告當時 係屬中인 파산재단에 관한 소송

破産財團에 관한 訴訟의 係屬[17]中에 당사자가 파산선고를 받은 경우 그 소송절차는 中斷되고, 채무자회생법에 의한 受繼가 이루어진다(민사소송법 239조). 파산재단에 관한 소송은 파산선고가 있으면 파산관재인에게 當然承繼되므로, 파산관재인이 그 소송의 소송절차에 관여하기 위하여는 소송절차가 中斷된 후 파산관재인이 이를 受繼하여 소송절차를 續行하여야 한다. 이러한 소송절차의 중단 및 수계의 절차에 관하여는 민사소송법 233조 내지 247조, 채무자회생법 347조, 464조에서 규정하고 있다.

소송절차의 중단 및 수계가 문제되는 파산재단에 관한 소송에 있어서의 破産財團은 現有破産財團을 의미한다. 즉, 파산관재인이 현실적으로 파악하여 점유·관리하고 있는 재산을 의미한다. 예를 들어 法定破産財團에 속하지 아니하는 재산이더라도 사실상 파산관재인이 파산재단소속 재산으로 인정하여 점유관리하고 있는 한, 그것에 관한 소송은 파산선고에 의하여 중단된다.[18] 現有破産財團이지만 법정

17) 訴訟係屬이라 함은 특정한 청구에 대하여 법원에 판결절차가 현실적으로 걸려있는 상태, 다시 말하면 법원이 판결하는 데 필요한 행위를 할 수 있는 상태를 말하고, 소장부본이 피고에게 송달되는 때에 소송계속이 생기고, 소장의 각하, 판결의 확정, 이행권고결정 · 화해권고결정의 확정, 화해조서나 청구의 포기·인낙조서의 작성 또는 소의 취하·취하간주에 의하여 소멸된다. [李時潤, 주9) 249-250]

18) 注解 破産法, 283.

파산재단이 아닌 경우 실체적 권리자의 還取權行使의 대상이 될 수 있고, 이 경우 환취권행사에 의한 소송은 결국 파산재단에 관한 소송에 포함된다.[19)]

민사소송법 239조의 '破産財團에 관한 소송'은 채무자회생법 359조에서 말하는 '破産財團에 관한 소송'과 同義語이다. 이 '파산재단에 관한 소송'은 채무자회생법 347조 1항의 '破産財團에 속하는 재산에 관한 소송'보다는 넓은 개념이다. 즉, '파산재단에 관한 소송'에는 '파산재단에 속하는 재산에 관한 소송' 즉 積極財産에 관한 소송과 '파산채권에 관한 소송'과 '재단채권에 관한 소송' 등 消極財産에 관한 소송이 포함된다.[20)] 파산선고를 받은 당사자가 원고이든 피고이든 상관없다.

민사소송법 239조에 의하여 소송절차가 中斷되는 것은, 소송당사자에 대하여 破産宣告가 내려진 경우이지만, 파산채권자가 수익자 또는 전득자를 상대로 제기한 債權者取消訴訟(채무자회생법 406조), 파산채권자가 파산자를 代位하여 파산자의 채무자를 상대로 제기한 債權者代位訴訟,[21)] 제3자가 파산채권자를 상대로 제기한 第3者異議訴訟(채무자회생법 348조 2항)[22)]과 같이 訴訟當事者가 아닌 者의 파산에 의하여도 소송절차의 中斷이 생긴다.

소송은 1심 뿐 아니라 항소심 및 상고심[23)]도 포함한다. 소송절차와 같은 對立的 構造를 취하는 다른 재판절차도 민사소송법 239조를 준용하여 中斷된다고 보아야 할 것이다.[24)] 즉, 독촉절차, 조정절차, 항고심절차, 가압류·가처분절차, 소송비용확정절차, 재산분할청구 등 가사비송 등에 대하여도 원칙적으로 준용된다. 다만, 파산채권에 기하여 파산재단에 속하는 재산에 대하여 한 가압류·가처분의 신청절차 및 항고심절차는 당해 가압류·가처분 자체가 失效(채무자회생법 348조 1항

19) 還取權은 現有破産財團에 속하는 재산에 대한 實體的 權利者가 파산관재인을 상대로 그 재산을 돌려받을 수 있는 권리로서, 예를 들면, 소유권에 기한 반환청구 등이 환취권행사에 해당한다. 이러한 환취권행사에 의한 소송은 '파산재단에 관한 소송' 중 積極財産에 관한 것으로서 채무자회생법 347조 1항의 '파산재단에 속하는 재산에 관한 소송'에 포함된다.

20) 즉, 파산재단에 관한 소송 = 적극재산에 관한 소송(파산재단에 속하는 재산에 관한 소송) + 소극재산에 관한 소송(파산채권에 관한 소송과 재단채권에 관한 소송)

21) 채무자회생법에 명문규정은 없으나, 민사소송법 239조를 준용 또는 채무자회생법 406조를 유추적용하여 소송절차의 중단 및 수계를 인정하고 있다. 구체적인 내용은 아래 'Ⅲ. 3. 나. 債權者代位訴訟'에서 논한다.

22) 파산관재인이 채무자회생법 348조 1항 단서에 의하여 강제집행절차를 속행할 경우이다. 파산관재인이 강제집행을 속행하지 아니하면 그 강제집행은 파산선고로 失效되어 제3자이의의 소는 각하를 면치 못할 것이다. 아래 'Ⅲ. 3. 다. 第3者異議의 訴'에서 논한다.

23) 다만 판례는 상고심의 경우 상고이유서가 제출된 후 또는 상고이유서제출기간 경과 후에 소송당사자가 파산선고를 받은 때에 변론없이 판결할 경우 소송수계의 필요성이 없다고 하고 있다. 구체적인 내용은 아래 'Ⅱ. 2. 라. (2) (가)'에서 논한다.

24) 金祥源 외 3人, 註釋 新民事訴訟法(Ⅲ)(제1판, 1997), 韓國司法行政學會 [이하 '주석 신민사소송법(Ⅲ)'이라고만 함], 410.

본문) 및 禁止되므로 却下될 것이며, 파산채권에 기한 가압류·가처분에 대한 이의 또는 취소절차는 파산관재인이 파산선고에 따른 당해 가압류·가처분의 실효를 주장하여 그 집행을 취소할 수 있다면 따로 가압류·가처분에 대한 이의 또는 취소절차를 취할 실익이 없다.[25]

破産財團에 속하는 재산에 대하여 파산선고 당시 행정쟁송절차가 係屬하고 있는 때에는, 그 절차는 파산선고와 동시에 中斷되고, 채무자회생법 347조의 규정을 준용하여 破産管財人이 이를 受繼한다(채무자회생법 350조 1항, 2항). 행정청을 상대방으로 하는 사건이라도 소송절차인 행정소송사건은 민사소송법 239조를 준용하여 中斷된다고 보아야 하므로, 채무자회생법 350조 1항이 예정하고 있는 것은 행정심판법이나 국세기본법, 특허법 등의 특별법에 기한 불복심사절차이다.

(2) 破産宣告에 의하여 中斷되지 아니하는 소송

破産宣告가 있더라도 破産者가 소송능력 자체를 상실하는 것은 아니고, 破産宣告에 의하여 破産財團에 관한 소송이 파산관재인에게 당연승계되어 그 소송수행권이 파산관재인에게 이전할 뿐이다. 이와 같이 파산재단에 관한 소송의 수행권이 파산관재인에게 이전하는 것은 그 소송이 파산재단의 유지 · 증식에 영향을 주므로 파산재단의 관리처분권을 가지는 파산관재인이 수행하여야 하기 때문이다.

따라서 파산재단의 유지 · 증식에 관련이 없는 소송, 즉 파산재단과 관계없는 소송에는 파산관재인이 관여할 수 없다. 즉 파산재단과 관계없는 非財産權上의 소송인 이혼, 친자관계 기타 신분관계에 관한 소송,[26] 회사해산의 소, 설립무효의 소, 합병무효의 소, 주주총회결의취소·무효확인의 소 기타 파산법인의 조직법상 다툼에 관한 소송[27]이나 自由財産(破産者가 破産宣告後에 새로 취득한 新得財産, 押

25) 다만, 파산관재인은 당해 가압류·가처분이 파산채권에 기한 것이므로 실효되었다고 주장하여 그 집행취소를 집행기관에 구하였으나 거부된 경우에는, 가압류·가처분이의 또는 취소절차를 유지할 실익이 있으므로, 이러한 경우에는 이의 또는 취소절차가 파산관재인의 수계를 위하여 중단된다고 해석할 수 있을 것이다.

26) 이혼에 따른 재산분할청구사건은 파산재단에 관한 소송으로 보아야 할 것이다. 아래 'II. 1. 라. (1) (다) 財産分割請求의 문제' 참조

27) 다만, 조직법상의 다툼에 관한 소송이라도, 회사의 재산관계에 영향을 가져올 수 있는 소송에 대하여는 소송절차의 中斷을 인정하고, 破産管財人이 受繼하여야 한다. 여기에 대하여 中斷을 인정하지 아니하고, 破産管財人이 공동소송적 보조참가를 하면 족하다고 하는 반대견해가 있다고 한다. [伊藤眞, 破産法(新版, 1998), 有斐閣, 225의 주55)에서 재인용] 그래서, 이사 · 감사의 선임 · 해임에 관한 株主總會 決議無效의 訴는 中斷되지 않지만, 增資에 관한 株主總會 決議無效의 訴는 中斷된다고 한다. 日大判 1925. 7. 8. (일본의 法律新聞 2473, 9)은 주주실권통지무효확인의 소에 관하여 破産管財人에게 소송절차를 受繼할 권한이 없다고 판시하고 있으나, 반대견해가 있다고 한다. 한편, 상호의 부정사용금지소송에서의 소송절차는 중단되지 않지만, 등록한 상표권에 관한 소송에서의 소송절차는 중단된다고 한다. [注

留禁止財産 등)에 관한 소송의 소송절차는 破産宣告에 의하여 中斷되지 아니하고, 파산자가 종전대로 소송수행을 하게 되므로 수계의 문제도 생기지 아니한다.[28]

(3) 병합된 소송의 문제

소의 객관적병합의 경우 또는 本訴에 대하여 反訴가 제기된 경우에는 破産財團에 관한 부분에 대하여만 소송절차가 中斷되고, 소의 주관적병합의 경우에는 공동소송인 중에서 破産宣告를 받은 자의 소송절차만 中斷된다.[29]

예를 들어 파산자를 상대로 이혼 및 재산분할청구사건이 계속중인 경우, 파산선고가 내려지면 이혼청구부분은 파산재단과 관계없는 비재산권상의 청구이므로 그대로 파산자가 소송수행권을 잃지 않으나, 재산분할청구부분은 파산재단에 관한 소송이므로 중단되고 파산관재인이 소송수행권을 갖는다.

또, 원고 X_1, X_2가 공동소송인으로서 피고 Y를 상대로 물품대금청구의 소[30]를 제기하여 재판진행중 원고 X_1에 대하여만 파산선고가 내려지면 원고 X_1은 소송수행권을 잃고 원고 X_1의 파산관재인이 소송수행권을 갖게 되므로, 원고 X_1과 피고 Y사이의 소송만이 중단되고, 원고 X_2와 피고 Y사이의 소송은 아무런 영향없이 그대로 진행된다. 다만, 필수적 공동소송에서 공동소송인 가운데 한 사람이 파산선고를 받은 경우에는 공동소송인 전원에 대한 소송이 모두 중단되고(민사소송법 67조 3항), 파산자가 파산관재인으로 수계된 후 소송절차가 속행된다.

(4) 破産宣告後의 新訴訟

파산선고후에 파산재단에 관하여 소송이 제기된 때에는 소송승계의 여지가 없으므로 소송절차의 중단 및 수계의 문제도 없다. 破産宣告後에 破産財團에 관하여 새로이 訴를 제기할 때에는 처음부터 破産管財人을 원고 또는 피고로 하여 訴를 제기하여야 하기 때문이다(채무자회생법 359조).

또, 어떤 재산이 파산재단에 속하는지 여부에 관하여 파산자와 파산관재인 사이에 분쟁이 생긴 경우에는 파산자와 파산관재인이 각각 그 당사자가 될 것이다.[31]

解 破産法, 284]

28) 注解 破産法, 290.

29) 注解 破産法, 284.

30) 이는 아래에서 말하는 적극재산(물품대금채권)에 관한 적극소송(파산자가 원고인 경우)의 형태이다.

31) 注解 破産法, 291.

다. 中斷의 時期

(1) 卽時效

파산재단에 관한 소송의 소송절차의 中斷은 破產宣告에 의하여 즉시(破產宣告의 확정을 기다리지 아니하고) 발생하고,[32] 채무자회생법에 따른 受繼가 있거나 또는 채무자회생법에 따른 受繼가 이루어지기 전에 破產節次가 解止되어 파산선고를 받은 자가 당연히 소송절차를 수계할 때까지 中斷의 효력이 지속된다(민사소송법 239조). 소송절차의 中斷은 소송의 당연승계를 소송절차상 반영시키는 訴訟法上 技術이므로, 당연승계사실인 파산선고가 있으면 법률상 당연히 발생하고, 법원이나 당사자의 知·不知와는 무관하다. 또, 破產宣告가 즉시항고 등 불복신청에 의하여 취소되더라도 일단 발생한 中斷의 效力이 소급하여 소멸하는 것은 아니다.[33]

(2) 訴訟代理人이 있는 경우

破產者로부터 파산재단에 관한 소송대리를 위임받은 소송대리인이 존재하여 소송을 수행하고 있던 경우에도 파산선고와 동시에 소송절차는 중단되는가.

민법 127조에 의하면 代理權의 消滅事由로서 본인의 사망과 대리인의 사망 · 금치산 · 파산만을 들고 있고, 本人의 破產을 대리권 소멸사유로 정하고 있지 않다. 그러나 민법 128조에 의하면 "법률행위에 의하여 수여된 대리권은 前條의 경우외에 그 원인된 법률관계의 종료에 의하여 소멸한다."라고 규정한다. 따라서 본인의 위임행위에 의하여 수여된 대리권, 즉 임의대리권은 민법 690조에 의하여 "당사자 일방의 사망 또는 파산으로 인하여" 위임이 종료됨으로써 소멸한다고 볼 수 있다.[34] 다만, 임의대리권은 파산의 경우에는 파산재단에 관한 것이어야 할 것이다.

이와 같이, 임의대리권은 본인 또는 대리인의 사망, 파산에 의하여 소멸하나, 임의대리권 중 소송대리권의 경우에는 민사소송법에서 특칙을 두고 있다. 즉, 민사소송법 95조는 소송대리권은 당사자의 사망, 소송능력의 상실, 당사자인 법인의 합병에 의한 소멸, 당사자인 수탁자의 신탁임무의 종료, 법정대리인의 사망, 소송능력의 상실 또는 대리권의 소멸이나 변경으로 인하여 소멸하지 아니한다고 규정

---

32) 파산관재인이 파산선고와 동시에 선임되지 않는 동시폐지사건에서는 소송절차의 중단이 생기지 않는다.

33) 注解 破產法, 283.

34) 郭潤直 외 3人, 民法注解(Ⅲ) 총칙(3), 博英社(1992), 185. 다만, 본인의 파산의 경우에도 法定代理權은 소멸하지 않는다고 보아야 할 것이다. [郭潤直 외 3人, 民法注解(Ⅲ) 총칙(3), 博英社(1992), 186]

한다. 또, 이를 반영하여 민사소송법 238조는 訴訟經濟를 위하여 소송의 당연승계사유가 있어도 소송대리인이 있는 경우에는 소송절차는 중단되지 아니한다는 취지로 규정하고 있다. 즉, 소송절차가 중단되지 아니하고 그대로 진행하는 상태에서 소송승계인으로의 受繼가 이루어지게 된다. 그러나 '本人의 破産'의 경우는 위에서 언급한 민사소송법 95조, 238조에서 제외되어 있다.[35] 따라서, 本人에 대하여 破産宣告가 있으면 파산재단에 관한 소송에서의 소송대리권은 임의대리권의 일종으로서 消滅하고, 소송대리인이 있다고 하더라도 소송절차는 중단된다.

이와 같이 파산의 경우만 소송대리권을 특별하게 취급하는 이유는 무엇일까. 예를 들어 당사자의 사망, 법인의 합병은 소송의 당연승계사유가 되는데, 이 경우 통상 소송승계인(상속인, 합병회사)과 피승계인(피상속인, 소멸회사)은 訴訟物에 관한 利害關係가 一致하고, 나아가 피승계인 자체의 법인격이 소멸되어 완전히 승계인으로 交替된다. 따라서 동일한 이해관계를 갖는 자로 승계되었는데 굳이 소송대리권을 소멸시킬 필요가 없고 소송중단의 필요성도 없다. 그러나, 파산의 경우는 다르다. 파산도 소송의 당연승계사유가 되나, 파산선고에 의하여 파산재단에 대한 관리처분권이 강제적으로 파산관재인에게 移轉됨으로써 소송승계가 이루어지므로, 소송승계인(파산관재인)과 피승계인(파산자) 사이의 소송물에 관한 이해관계는 서로 對立하는 경우가 있을 수 있고,[36] 피승계인 자체의 법인격이 소멸되지도 아니하고 의연히 실체법적 권리관계의 주체로 남아 있다. 따라서 파산자의 위임에 의한 소송대리권은 민법 128조, 690조에 의하여 파산선고와 동시에 소멸하는 것이다. 다만, 파산관재인이 소송절차를 수계한 후에 파산자의 소송대리인이었던 자가 파산관재인으로부터 다시 소송위임을 받을 수는 있다고 할 것인데, 이는 파산자에 의한 소송대리권은 일단 소멸하고, 파산관재인이 새로이 소송대리를 위임한 것으로 보아야 하기 때문이다.

라. 中斷의 效果

소송절차가 中斷되면 판결의 선고를 제외하고(민사소송법 247조 1항), 당사자의 행위이건 법원의 행위이건 막론하고 일시적으로 본안에 관한 訴訟行爲도 할 수 없게 된다.[37] 이는 중단사유가 발생한 당사자의 소송승계인의 소송관여권를 보호하

35) 호문혁, 주9) 336.

36) 파산자는 타인과 공모하여 어떤 특정재산을 소송을 통하여 파산재단에서 빼내어 가려고 할 수 있고(부당한 환취권행사가 이에 해당할 것이다), 파산관재인은 이를 방어하는 입장에 설 수 있다.

37) 주석 신민사소송법(III), 464.

기 위하여 상대방 당사자나 법원에 대하여도 소송행위를 금지하는 것이다.[38] 또한, 소송절차의 중단으로 인하여 期間의 進行도 停止되고, 소송절차의 수계사실을 당사자에게 통지한 때부터 전체기간이 새로이 진행된다(민사소송법 247조 2항).

(1) 當事者의 訴訟行爲

소송절차가 中斷된 중에 한 당사자의 소송행위는 상대방 당사자에 대한 관계에서 원칙적으로 無效이다.[39] 다만, 소송절차 중단중이더라도 受繼申請[40]을 할 수 있다는 것은 당연하고, 訴訟委任行爲[41]나 訴取下[42]는 할 수 있다. 그러나, 소송절차의 중단제도는 공익적인 제도가 아니라 당사자보호를 위한 제도이므로, 소송절차 중단중에 한 소송행위는 중단이 해소된 후, 소송행위의 상대방이 責問權을 抛棄[43]하거나, 소송행위 당사자가 追認[44]한 경우에는 유효하게 된다.[45]

(2) 法院의 訴訟行爲

(가) 일반론

소송절차중단 중에는 재판을 비롯하여 모든 법원의 소송행위는 당사자쌍방과의

38) 宋相現(註14), 423.

39) 주석 신민사소송법(Ⅲ), 464; 姜玹中, 民事訴訟法(第三全訂版, 1997), 博英社, 406.

40) 이는 중단상태를 해소시키기 위한 당사자의 소송행위로서 법률에서 정하는 소송행위이다(민사소송법 233조 내지 244조, 채무자회생법 347조). 이는 파산관재인과 상대방이 모두 할 수 있는데, 통상 수계신청과 함께 기일지정신청을 할 것이다.

41) 소송위임행위는 소위 訴訟外의 訴訟行爲로서, 法院의 關與없이 이루어지고, 또 訴訟節次와의 關聯性도 直接的이지 않기 때문이다. 다만, 파산자는 소송위임행위를 할 수 없다고 할 것이다. 파산선고에 의하여 파산관재인이 그 소송을 승계하므로 소송위임행위의 주체도 파산자가 아니라 파산관재인이다. 따라서, 소송절차 중단중에 소송위임행위를 할 수 있는 者는 파산관재인 또는 상대방이 될 것이다.

42) 소취하는 당사자에 의한 소송종료행위로서 법원이 관여없이 이루어지며, 소취하로 인하여 상대방이 특별히 불이익을 입는 경우는 없기 때문에 소송절차 중단중에도 할 수 있다고 본다. 다만, 소송이 파산관재인에게로 당연 승계되었으므로 파산자는 소취하할 권한이 없다. 파산자가 수행하던 소송을 승계한 파산관재인이 수계신청을 함과 동시에 소취하할 수도 있을 것이다. 상대방의 경우에는 자유로이 소취하를 할 수 있다고 할 것인데(파산채권자가 파산채권을 파산법원에 신고하여 이의없이 확정된 경우에는 채권자표에 확정판결과 동일한 효력이 생기므로, 이러한 경우에는 오히려 파산채권자가 파산채권에 관한 소를 취하하는 것이 무의미한 소송절차를 진행시키는 것보다 낫다), 다만 파산자가 파산선고 이전에 본안에 관한 준비서면을 제출하거나 준비절차에서 진술하거나 변론을 한 후에는 소송승계인인 파산관재인이 소송절차를 수계한 후 파산관재인의 동의를 얻어야만 소취하할 수 있다(민사소송법 266조 참조).

43) 이 '책문권의 포기'에는 소송절차중단이 해소된 후 상대방의 소송행위의 무효를 다투지 아니하고 그 효력을 인정하는 것을 전제로 소송을 진행함으로써 책문권의 포기로 볼 수 있는 경우(즉, 책문권의 상실이라고 부를 수 있을 것이다)가 포함된다. [宋相現(註14), 423]

44) 파산자의 경우에는 소송승계인인 파산관재인만이 추인할 수 있다.

45) 鄭東潤, 民事訴訟法(三訂版― 1992), 法文社, 523.

관계에서 無效로 된다는 것이 多數說[46]이다. 따라서 법원은 中斷된 것이 判明된 즉시 그 사건에 관한 모든 소송행위를 보류하여야 하고, 기일이 이미 지정되어 있더라도 변론절차를 열어서는 안된다.[47] 그러나, 중단중의 법원의 소송행위는 당사자 쌍방의 책문권포기로 인하여 有效로 될 수 있다.[48]

소송절차중단 중에도 판결선고만은 할 수 있으므로(민사소송법 247조 1항), 辯論終結 後에 파산선고가 내려진 경우에는 법원은 파산자를 당사자로 하여 판결을 선고할 수 있다.[49] 판결의 송달은 파산자에게는 할 수 없고 중단이 해소된 후 파산관재인에게 송달하여야 한다. 다만 상대방 당사자에게는 이의없으면 중단해소전이라도 판결의 송달은 할 수 있다고 할 것이나, 상소기간은 중단해소전에는 진행되지 않는다(민사소송법 247조 2항).

한편 판례는 상고심의 경우 상고이유서가 제출된 후 또는 상고이유서제출기간 경과 후에 소송당사자가 파산선고를 받은 때에 변론없이 판결할 경우 소송수계의 필요성이 없다고 하여, 소송절차의 중단도 없는 것으로 보고 있다.[50] 파산관재인에게 소송이 수계되지 않으므로 상고심판결의 송달 역시 원래의 당사자인 파산자에게 하게 될 것이다. 그러나 그 판결의 기판력은 아래 파산선고를 간과한 판결의 효력과 같이 파산관재인에게도 미치는데, 파산선고시 소송은 당연히 파산관재인에게 승계되어 그 시점에서 파산관재인이 이미 소송의 당사자가 되었기 때문이다.

(나) 파산선고를 간과한 판결의 효력

파산재단에 관한 訴訟係屬中 당사자가 파산선고를 받았음에도 이를 법원에 알리지 아니하고 그대로 소송을 진행시켜 판결이 선고되는 경우가 있다. 즉, 辯論終結 前에 파산선고가 있었던 경우이다. 특히, 파산자가 소송대리인을 선임한 경우 소송대리인이 일시적으로 본인과 연락이 되지 아니하여 파산선고 사실을 간과하

46) 宋相現, 주14), 423; 鄭東潤, 주45) 523; 姜玹中, 주39) 406. 이에 대하여 소송절차의 중단이라는 제도는 중단사유가 발생한 당사자의 이익을 보호하기 위하여 마련된 것이므로 그러한 소송행위는 중단사유가 발생한 당사자 일방에 대하여서만 무효가 되고 그렇지 않은 당사자에 대한 관계에서는 유효하다는 견해도 있다. [이재성, "승소자에게 소송중단사유가 발생한 경우의 패소자의 상소제기기간," 민사재판의 제문제(제6권), 257 {宋相現, 주14) 423에서 재인용}]

47) 주석 신민사소송법(Ⅲ), 466-467.

48) 이 경우, 주46)에서 언급한 소송절차 중단중의 법원의 소송행위가 중단사유가 발생한 당사자 일방에 대하여만 무효라는 견해에 따르면 중단사유가 발생하였던 당사자인 파산관재인만 책문권을 포기하면 될 것이다. [宋相現, 주14) 423]

49) 그 이유는 변론이 종결된 이상 당사자의 관여가 필요없고, 또 되도록 신속히 판결을 선고하는 것이 적당하기 때문이라고 한다. [주석 신민사소송법(Ⅲ), 474; 鄭東潤, 주45) 523; 姜玹中, 주39) 406]

50) 소송절차의 수계없이 상고를 기각한 사례로 대판 2007. 9. 21. 2005다22398(미간행), 소송절차의 수계없이 파기환송한 사례로 대판 2001. 6. 26. 2000다44928,44935(공2001, 1698)

는 경우가 있을 수 있다. 이러한 경우에 다음과 같은 문제가 있다. 즉, 中斷事實을 간과하고 변론을 종결하여 선고한 판결은 당연무효인가. 무효가 아니라면 그 판결의 기판력이 파산관재인에게도 미치는가. 그 판결을 집행권원으로 하여 파산재단에 대하여 강제집행할 수 있는가.

먼저, 그러한 판결은 당연무효가 아니다. 즉 이러한 경우에는 그 판결은 소송에 관여할 수 있는 적법한 수계인의 권한을 배제한 결과가 되는 절차상 위법은 있지만 그 판결이 당연 무효라 할 수는 없고, 다만 그 판결은 대리인에 의하여 적법하게 대리되지 않았던 경우와 마찬가지로 보아 대리권 흠결을 이유로 상소 또는 재심에 의하여 그 취소를 구할 수 있을 뿐이다.[51] 다만, 항소심의 속심적 성격에 비추어 파산관재인이 수계신청함과 동시에 항소하거나, 항소심법원에서 파산관재인이 수계신청을 하면 그 하자는 치유된다고 볼 것이다.[52] 그러나 상고심에서는 파산관재인이 수계하여 원심판결의 위법을 주장할 수 있다.[53]

당연무효의 판결이 아니므로, 중단사실을 간과하고 선고된 판결의 기판력은 파산관재인에게 미친다. 왜냐하면, 변론종결전에 파산선고나 사망·합병 등의 사유가 발생한 경우 소송은 당연히 파산관재인, 상속인·합병회사에게 승계되어 그 시점에서 이미 소송의 당사자가 되는 것이므로,[54] 소송승계인이 소송절차면에서 수계절차를 취하지 못하여 형식상 당사자로 등장하지 못하였다고 하더라도, 소송의 당연승계인은 의연히 민사소송법 218조 1항의 "당사자"에 해당한다고 보아야 하기 때문이다.[55]

그러나 파산채권자는 파산절차에 의하여만 그 권리행사를 할 수 있으므로(채무

---

51) 대판 1995. 5. 23. 94다28444(전합)(공1995, 2116) ; 대판 1998. 5. 30. 98그7(공1998, 1844) ; 대판 2003. 11. 14. 2003다34038(공2003, 2348) (모두 사망의 경우에 관한 판례임). 위 대판 1995. 5. 23. 94다28444(전합) 이전의 판례는 당연무효의 판결로 보았다. [李時潤, 주9) 402; 姜玹中, 주39) 406]

52) 姜玹中, 주39) 406. 대판 1996. 2. 9. 94다61649(공1996, 888)(사망의 경우) 참조.

53) 대판 1996. 2. 9. 94다24121(공1996, 865)(사망의 경우) 참조.

54) 따라서, 민사소송법 218조 2항의 추정승계인은 승계참가 또는 인수참가 등 소송물양도에 의한 특정승계자에 한한다. 당연승계자는 그 사유가 명백하게 증명되므로 추정의 대상이 되지 아니하고, 변론종결전에 당연승계사유가 발생하면 그 시점에서 소송승계인이 이미 당사자가 되기 때문이다.

55) 즉, 변론종결전의 소송승계인에 대하여는 기판력 확장의 문제로 되지 아니하고, 소송승계의 문제로서 취급된다. 이것은, 현행법이 소위 소송승계주의를 택하고 있기 때문이다. 당연승계인이 아닌 민사소송법 79조에 의한 당사자참가인과, 민사소송법 81조, 82조에 의한 권리승계인, 채무승계인 등 '당사자의 신청에 의한 특정승계인'은 변론종결전에 승계절차를 취하여야만 민사소송법 218조 1항의 '당사자'로서 기판력을 받는다. 변론종결전의 특정승계인이더라도 변론종결시까지 승계의 사실을 진술하지 아니한 때에는 변론종결후에 승계한 것으로 추정하여(민사소송법 218조 2항) '변론종결후의 승계인'으로서 기판력을 받는다.

자회생법 424조), 설령 집행력있는 판결 등 집행권원에 대하여 승계집행문을 받는다고 하더라도 파산재단에 대한 강제집행을 할 수 없다.[56] 판례는 재단채권에 기한 파산재단에 대한 강제집행도 허용되지 않는다고 하였다.[57]

(3) 期間의 進行

소송절차가 중단되면 기간(상소기간 등)의 진행이 정지되고, 수계 또는 속행명령에 의하여 중단이 해소된 때로부터 잔여기간이 아니라 全体期間이 새로이 진행한다(민사소송법 247조 2항).[58]

3. 소송절차 中斷의 解消

일반적으로 소송절차의 중단은 당사자측의 受繼(민사소송법 233조 내지 243조, 채무자회생법 347조, 406조) 또는 법원의 續行命令(민사소송법 244조)에 의하여 解消된다. 중단이 해소되면 소송절차의 진행이 재개되어 소송행위를 할 수 있게 되고, 정지되었던 期間의 진행도 全体期間이 새로이 진행된다(민사소송법 247조 2항).

아래에서는 소송절차중단의 해소방법으로서의 수계 및 속행명령에 관하여 살펴보되, 受繼는 주로 채무자회생법 347조에 의한 파산재단에 속하는 재산에 관한 소송의 경우를 중심으로 논하기로 한다. 다른 유형의 소송절차의 수계는 결국 이것을 준용하게 된다.

가. 소송절차의 受繼

(1) 意義

受繼는 소송의 당연승계인이 소송절차에 관여하기 위한 절차로서 피승계인으로부터 소송절차를 이어받는 것을 말한다.

파산재단에 관한 소송의 경우 통상 파산관재인이 파산자의 소송수계인이 되나, 파산선고 당시 소송이 계속되어 있는 채권에 관하여 파산채권으로 신고하였는데 이의가 있는 경우 그 권리의 확정을 구하고자 하는 파산채권자가 이의자 전원을

56) 파산채권자는 판결에 기한 집행권원이 있더라도 파산법원에 파산채권신고를 하여 채권조사절차를 거쳐 파산관재인으로부터 배당받는 것으로서 그 채권만족을 얻을 수 밖에 없고, 개별적인 민사집행을 할 수는 없다.

57) 대결 2007. 7. 12. 2006마1277(공2007, 1248)

58) 李時潤, 주9) 402; 姜玹中, 주39) 407.

그 소송의 상대방으로 하여 소송을 수계시키고(채무자회생법 464조),[59] 채권자취소소송의 경우 파산관재인이 채권자취소소송을 수행하던 파산채권자(즉 원고)의 소송수계인이 되며(채무자회생법 406조), 파산관재인이 강제집행을 속행할 경우의 제3자이의의 소의 경우 파산관재인이 강제집행을 하고 있는 파산채권자(즉 피고)의 소송수계인이 된다(채무자회생법 348조 2항 후단).

(2) 受繼申請

(가) 신청권자

원래 민사소송법상 수계신청은 소송승계인 또는 그 상대방이 할 수 있고(민사소송법 241조), 파산의 경우에는 파산관재인 또는 그 상대방이 수계신청을 할 수 있다(채무자회생법 347조). 파산관재인이 수계신청을 하지 아니하는 경우에 소송절차의 신속한 진행을 위하여 소송의 상대방에게도 수계신청권을 부여하는 것이다.[60] 상대방으로서도, '상대편 당사자의 파산'이라고 하는 우연히 발생한 사건에 의하여 그때까지의 소송수행의 결과가 쓸데없는 것이 되어버리는 것을 受忍할 이유는 없으므로, 破産管財人에 對하여 受繼申請을 할 수 있다.

파산관재인이 상대방의 수계신청을 거절할 수 있는가. 민사소송법 및 채무자회생법이 相對方에게 受繼申請權을 認定하고 있는 점을 고려할 때, 파산관재인은 상대방의 수계신청을 거절할 수 없다고 할 것이다.[61] 다만, 債權者取消訴訟의 경우에는 상대방의 수계신청에 대하여 파산관재인의 수계거절권을 긍정하여야 할 것이다.[62]

(나) 수계신청을 하여야 할 법원

수계신청은 원칙적으로 파산선고당시에 소송이 係屬하는 법원에 하여야 한다. 이송결정 후 확정전에 파산선고가 있는 경우에는 소송은 아직 이송결정을 한 법원에 係屬하고 있으므로 그 법원에 수계신청을 하여야 한다. 종국판결 선고후에 파산선고가 내려져 上訴와 함께 受繼申請을 하는 경우에는 原法院에 하여야 한다.[63]

(다) 수계신청의 방식

59) 이 경우 이의자들이 파산자의 소송수계인이 된다.

60) 주석 신민사소송법(III), 447.

61) 注解 破産法, 291.

62) 자세한 것은 아래 'III. 3. 가. 債權者取消訴訟' 에서 논의하기로 한다.

63) 上訴狀提出에 관하여 原法院主義(민사소송법 397조, 425조)를 채택하였기 때문이다. [李時潤, 주9) 400].

受繼申請의 방식에 대하여는 특별한 규정이 없으므로 신청을 하여야 할 법원에 구술 또는 서면에 의하여 할 수 있을 것이나, 상대방에게 이를 通知하여야 하므로(민사소송법 242조) 書面에 의하는 것이 보통이다. 통상은 기일지정신청과 함께 受繼申請을 하게 될 것이다. 受繼申請書에는 인지를 붙이지 아니한다.[64]

(라) 수계신청의 통지

파산관재인 또는 상대방으로부터 수계신청이 있는 때에는 법원은 반드시 이를 상대방 당사자에게 통지하여야 한다(민사소송법 242조). 이는 상대방 당사자에 대한 관계에서 수계에 대한 이의를 진술할 기회를 주는 한편, 이 통지에 의하여 소송절차중단을 해소시키기 위한 것이다.

(마) 수계신청에 대한 심사

당사자의 수계신청이 있는 경우 그 적부와 이유의 유무는 직권조사사항이다(민사소송법 243조 1항). 따라서, 신청에 있어서 새로운 소송수행자는 절차속행의 의사를 표명하는 외에 직권조사에 대비하기 위하여 새로운 소송수행자의 자격을 증명하는 자료(파산관재인 선임증, 법인등기부등본 등)도 제출하여야 한다. 수계신청이 이유가 없다고 인정되면 법원은 결정으로 신청을 기각하여야 하는데(민사소송법 243조 1항), 이 결정에 대하여는 통상항고로써 불복할 수 있다(민사소송법 439조). 반대로 수계신청이 이유있으면 별도의 재판없이 법원은 소송절차를 진행시킨다.[65]

다만 판결송달후 중단된 때에는 그 판결의 효력을 받을 자를 명백히 하며 또 그 판결을 확정시킬 필요때문에 受繼申請에 대한 裁判을 하여야 한다(민사소송법 243조 2항). 이 경우는 변론중에 소송절차가 중단된 경우와는 달리 수계신청이 이유있는 경우이건 이유없는 경우이건 명백히 결정으로 재판할 필요가 있는 것이다. 신청을 기각하는 결정에 대해서는 보통항고를 할 수 있으나, 허가하는 결정에 대하여는 독립하여 항고할 수 없고 종국판결과 함께 상소하지 않으면 안된다. 허가결정은 판결에 있어서 구당사자의 표시를 신당사자로 변경하는 부가적 재판으로서 사후적·중간적 재판의 성질을 가진 것이기 때문이다.[66]

(3) 中斷解消의 時期

수계에 의한 중단의 해소는 수계신청인과의 관계에서는 신청과 동시에 생기고,

64) 법원행정처, 법원실무제요 민사소송(II) (2005), 529.

65) 호문혁, 주9) 339.

66) 주석 신민사소송법(III), 455.

상대방과의 관계에서는 수계신청의 통지(민사소송법 242조)를 한 때부터 생긴다. 그러나, 변론기일을 여는 것과 같이 쌍방에 대한 소송행위는 쌍방 모두가 중단이 해소된 후에 실시되어야 한다. 종국판결선고 후에 중단된 경우에도 같다고 할 것이나, 다만 상소기간의 진행은 수계를 허가하는 결정이 송달된 때로부터 진행한다.[67]

(4) 受繼의 效果

법원이 수계신청을 기각하는 경우를 제외하고는, 수계신청을 상대방에게 통지함으로써 별도의 재판없이 당연히 파산관재인으로 하여금 소송절차를 수계하도록 하는 효력이 발생한다. 파산관재인이 소송절차를 수계한다는 것은 파산선고당시의 소송상태를 파산관재인이 그대로 引繼받는다는 의미이다. 즉, 종전에 파산자가 하였던 유효한 소송행위는, 적극적 행위이건 소극적 행위이건 모두 유효하며, 파산관재인이 그대로 인계받는 것이다. 이에 따라 破産管財人은 中斷時까지의 소송수행결과에 구속되고, 破産者가 이미 제출할 수 없게 된 공격방어방법을 제출할 수 없다. 물론, 파산관재인은 그가 가지는 固有의 攻擊防禦方法, 예를 들면 선의의 제3자의 항변[68] 등은 제출할 수 있다. 그리고, 파산관재인은 法定訴訟擔當者이므로 수계소송에서 한 소송행위는 모두 파산자를 위하여 또는 파산자에 대하여 그 효력이 생기게 된다. 이와 같이 소송행위의 효과는 파산자에게 미치지만, 소송의 당사자는 파산관재인이고 파산자는 제3자의 지위에 선다. 따라서, 법원은 파산관재인이 당사자로서 수행하는 소송에서는 파산자를 증인으로서 신문하여야 하고, 파산자는 파산관재인을 위하여 소송에 보조참가할 수 있을 뿐이다.[69]

(5) 파산절차의 解止의 경우 수계문제

소송절차가 파산선고에 의하여 中斷된 경우에 있어서, 破産管財人이 그것을 受繼하지 아니하는 사이에, 파산절차가 해지되면 당연히 破産者가 중단된 소송절차를 受繼하게 된다(민사소송법 239조 후문). 이 경우는 별도의 수계신청이 필요없다.

일단 破産管財人이 소송절차를 受繼한 후에 파산절차가 해지되면, 다시 소송절

67) 주석 신민사소송법(III), 451.

68) 판례에 의하면, 파산관재인은 민법 제108조 제2항의 경우 등에 있어 제3자에 해당되고[대판 2003. 6. 24. 2002다48214(공2003, 1581)], 총파산채권자를 기준으로 하여 파산채권자 모두가 악의로 되지 않는 한 파산관재인은 선의의 제3자라고 할 수밖에 없다고 한다[대판 2006. 11. 10. 2004다10299(공2006, 2066)].

69) 注解 破産法, 283 및 292.

차는 中斷되고, 破産者가 그 소송절차를 受繼하여야 한다(민사소송법 240조). 채권자대위소송이나 채권자취소소송의 경우에는 舊 原告인 채권자가 이를 受繼한다.

나. 續行命令

법원은 당사자가 소송절차를 수계하지 아니하는 경우에는 직권으로 그 속행을 명할 수 있다(민사소송법 244조). 속행명령은 중단 당시 소송이 係屬하는 법원이 한다. 속행명령은 중간적 재판이므로 독립하여 불복할 수 없다.[70] 속행명령에 의한 中斷解消의 時期는 속행명령이 당사자에게 고지된 때이다. 속행명령과 더불어 지정된 기일에 불출석하면 期日懈怠의 불이익을 입는다.[71]

누가 受繼適格者인가는 당사자가 제일 잘 알고 있을 것이기 때문에 당사자가 수계신청을 하여 소송절차중단을 해소하는 것이 원칙이겠지만, 당사자 쌍방 모두 수계신청이 없이 사건이 중단된 채 방치되어 있을 경우에는 법원이 직권으로 수계적격자를 찾아서 속행명령을 내릴 수 있다. 소송의 진행에 관하여 직권진행주의를 취하는 결과이지만, 수계신청을 촉구하여도 불응하는 당사자는 드물 것이므로 이러한 명령을 내릴 일은 드물다고 하겠다.[72]

三. 각종 소송절차의 中斷과 受繼의 모습

소송절차가 중단되는 소송은 파산선고당시 계속중인 파산재단에 관한 소송이다. 아래에서는 파산재단에 관한 소송을 파산자의 적극재산에 관한 소송과 소극재산에 관한 소송으로 나누어 구체적 소송에서의 소송절차의 중단 및 수계의 모습을 살펴보고, 그 이외의 소송에 관한 문제를 논의하기로 한다.

1. 積極財産에 관한 訴訟

파산재단에 관한 소송 중 '破産財團에 속하는 財産에 관한 소송(채무자회생법 347조 1항 전문)'을 말한다. 파산자가 債權者 또는 物權者인 경우의 소송으로서, 還取權 및 別除權에 관한 소송도 이에 포함된다.

---

70) 호문혁, 주9) 339; 李時潤, 주9) 401.
71) 주석 신민사소송법(III), 459.
72) 주석 신민사소송법(III), 458.

가. 意義

破産者를 당사자로 하는 破産財團에 속하는 재산(즉 積極財産)에 관하여 파산선고 당시 係屬中인 訴訟은 破産財團에 관한 소송의 하나로서 破産宣告에 의하여 中斷된다(민사소송법 239조). 적극재산에 관한 소송에는 다음과 같은 소송이 포함된다.

(1) 적극재산에 관한 적극소송

破産者가 원고로서 제기한 재산권에 기한 소송을 말한다. 즉, (ⅰ) 파산자가 채권자인 채권에 관한 소송인 물품대금지급청구, 소유권이전등기청구 등과 (ⅱ) 파산자가 물권자인 물권(소유권, 저당권, 질권 등)에 관한 소송인 소유물반환청구, 소유권에 기한 방해배제청구, 저당권말소등기회복청구, 파산자의 소유부동산에 설정된 저당권말소청구(이는 별제권에 관한 소송이 된다) 등이 있을 수 있다.

(2) 적극재산에 관한 소극소송

破産者를 피고로 하여 現有破産財團에 속하는 재산의 귀속이 다투어지는 소송이다. (ⅰ) 파산자가 채권자인 채권에 관한 소송인 채무부존재확인청구 등과 (ⅱ) 파산자가 물권자인 물권(소유권, 저당권, 질권 등)에 관한 소송인 물건인도청구 및 소유권이전등기말소청구(환취권행사의 전형적 형태이다), 파산자 소유 물건상의 질권, 저당권 등의 담보물권 확인의 소(別除權의 유무에 관한 것) 등이 있을 수 있다.

나. 受繼

中斷된 소송절차는 破産管財人 또는 상대방이 受繼申請을 할 수 있고, 이 受繼에 의하여 소송절차의 중단은 해소되며, 破産管財人이 破産者를 갈음하여 당사자로서 소송절차에 관여하게 되고 破産者의 從前 訴訟遂行結果에 구속된다. 수계에 관한 자세한 것은 앞에서 이미 논하였다.

다. 訴訟費用의 문제

채무자회생법 347조 2항은, 이 경우에 있어서 소송비용이 財團債權으로 된다고 규정하고 있다. 이는 파산관재인이 소송을 수계한 때에는 수계소송에 대하여 생긴 소송비용은 모두 재단비용으로 된다고 하는 취지이다. 수계신청이 파산관재인에 의한 것이건 상대방에 의한 것이건 묻지 아니하고, 또 수계전의 소송비용[73]이건 수계후에 발생한 소송비용이건 묻지 않는다. 이러한 수계소송에 있어서 소송비용을 재단채권으로 하는 것은 그 수계소송이 파산재단증식을 위하여 지출되는 것으로서 파산채권자 공동의 이익을 위하여 생기는 재판상의 비용이기 때문이다.[74]

여기에서 말하는 소송비용은, 破産管財人이 敗訴한 경우에 있어서의 소송비용을 말한다. 破産管財人이 勝訴하면, 비용은 상대방이 부담하게 되고, 이 경우 파산관재인이 가지는 소송비용상환청구권은 파산재단에 귀속하는 권리가 되기 때문이다.[75]

파산관재인이 패소한 경우 상대방이 갖게되는 소송비용상환청구권은 재단채권으로 취급되므로, 파산관재인은 이를 파산절차에 의하지 아니하고 隨時로 辨濟하여야 한다(채무자회생법 475조). 그러나 재단채권이 된 소송비용의 구체적 금액은 소송비용액 확정재판(민사소송법 110조)을 통하여 확정되어야 한다.[76]

라. 還取權 및 別除權에 관한 소송

(1) 還取權(또는 還取權이 될 권리)에 관한 소송

(가) 還取權의 意義

환취권은 제3자가 파산관재인에 대하여 파산관재인이 점유·관리하는 특정한 재산이 파산재단에 속하지 아니한다고 주장하여 이를 파산관재인으로부터 돌려받을 수 있는 권리이다(채무자회생법 407조). 즉, 現有破産財團에 속하는 어떤 재산에 대하여 파산관재인의 지배의 배제를 구하는 권리이다.

파산재단은 파산선고시 파산자에게 속하는 재산으로만 구성되어야 하나(法定破産財團), 파산선고와 동시에 파산법원이 선임한 파산관재인으로서는 파산자의 재산의 일탈을 방지하기 위하여 파산선고당시에 파산자에게 속한다고 외형적으로 판단되는 재산에 대하여 시급히 점유·관리를 개시하여야 한다. 이에 따라 파산관재인이 현실적으로 점유·관리하게 되는 現有破産財團에는 파산자에게 속하지 않는 재산이 混入되어 있을 수가 있다. 이러한 제3자의 재산은 그것이 어떠한 사정으로 現有破産財團에 혼입되어 있다고 하여도 파산자의 재산이 아니므로 이를 파산

73) 채무자회생법 473조 3호에 의하면 受繼後의 소송비용은 당연히 財團債權이 되므로, 채무자회생법 347조 2항의 의미는, 受繼前에 破産者가 당사자였던 부분의 소송비용이 財團債權으로 된다는 것을 규정한 것이라고 볼 수 있다. [伊藤眞, 주27) 225의 주56)에서 재인용]

74) 注解 破産法, 293.

75) 注解 破産法, 293.

76) 竹下守夫 외 5인, 大コンメンタール 破産法, 青林書院(2007), 183.

적 청산에 제공하는 것은 허용되지 않는다. 이 경우 파산자에게 속하지 않는 재산에 대하여 실체법상 권리를 가지고 있는 제3자는 現有破産財團으로부터 이를 돌려받는 것이 허용되는데, 이를 환취권이라 한다.[77]

이러한 환취권은 채무자회생법이 새롭게 창설한 권리가 아니고, 제3자가 가지는 실체법상 권리가 그대로 파산절차상에도 인정되는 것에 지나지 않는다. 다만, 이 경우의 제3자의 권리 내지는 지위를 파산절차와의 관계에서 환취권이라고 부르는 것이다.[78]

구체적으로 환취권행사에 해당하는 것으로서는, 제3자가 적극적으로 파산관재인에 대하여 행사하는 現有破産財團에 속하는 물건에 대한 인도청구, 부동산상의 파산자명의의 등기말소청구를 하는 경우 뿐 아니라, 파산관재인이 제3자의 지배하에 있는 재산이 法定破産財團에 속한다고 주장하여 그 인도청구, 이전등기청구 등을 하여 온 때에 제3자가 소극적으로 그 재산에 대한 자기의 권리를 주장하여 파산관재인의 요구를 배척하는 경우도 포함된다.

(나) 中斷 및 受繼

환취권에 관한 소송은 파산절차로부터 어떠한 영향을 받을까. 환취권에 관한 소송은 주로 현유파산재단에 속하는 어느 재산이 법정파산재단에 속하는지 아닌지에 관한 소송이므로 '파산재단에 관한 소송' 중 '파산재단에 속하는 재산에 관한 소송'에 해당한다. 따라서 파산선고당시 계속중인 환취권이 될 권리에 관한 소송은 파산선고가 내려지면 그 소송절차는 中斷되고(민사소송법 239조), 破産管財人 또는 相對方(즉, 제3자인 환취권자)이 受繼申請을 할 수 있다(채무자회생법 347조 1항).

그렇지만, 상대방은 종전에 진행한 소송내용을 바꿀 필요는 전혀 없고, 破産管財人을 소송당사자로서 受繼시키면 족하다. 종전의 권리가 破産宣告가 내려짐에 따라 파산절차에서 還取權으로 불리게 되었다고 하더라도 그 권리의 기초는 조금도 변하지 않았기 때문이다. 즉, 파산선고는 파산자에 속하지 아니하는 재산을 파산재단으로부터 환취하는 권리에 영향을 미치지 아니한다(채무자회생법 407조).

파산선고후에 제기하는 환취권에 관한 새로운 소송에서는 파산관재인만이 그 당사자적격을 갖는다(채무자회생법 359조).

(다) 財産分割請求의 문제

이혼에 따른 재산분할청구가 환취권에 기한 소송인지 여부는 문제이다. 재산분할청구권에는 共同財産의 淸算的 要素와 扶養的 要素[79]가 있으므로 이러한 요소

---

77) 田炳西, 破産法(제1판, 1999), 韓國司法行政學會, 203.

78) 注解 破産法, 465.

를 구별하여 검토하여야 한다. 또, 재산분할청구권이 파산선고전에 협의 또는 조정·심판 혹은 판결에 의하여 具體化되었는지 여부에 따라 구별할 필요가 있다.[80)]

(a) 구체화되기 전의 재산분할청구권

부양적 부분은 파산채권이 될 것이나, 청산적 부분에 대하여는 파산관재인을 상대로 하여 환취권행사로서의 잠재적 지분을 주장하거나 또는 파산관재인을 상대방으로 하여 협의 등 구체화 절차를 거칠 필요가 있다. 구체화된 후에는 위에서 본 것과 같이 취급하면 될 것이다.[81)]

(b) 구체화된 후의 재산분할청구권

① 부양적 재산분할청구권 : 채무자회생법 473조 9호를 유추하여 재단채권으로 된다는 견해도 있으나, 재산분할자가 파산한 경우까지 부양적 재산분할청구권에 대하여 파산절차에 의하지 아니한 완전한 이행을 보장할 필요가 있다고는 생각되지 아니하므로 파산채권이라고 보는 것이 타당하다.

② 청산적 재산분할청구권 : 공동재산의 청산이라는 것은 혼인중에 취득한 재산에 대한 잠재적 지분의 顯在化 내지 還取, 일종의 공유물분할이라고 파악할 수 있으나, 구체적인 물건에 의한 분할과 금전에 의한 분할로 구분할 필요가 있다. 즉, 구체적 물건으로 분할된 경우에는 그 권리에 기하여 환취권자로서 권리를 행사할 수 있다. 그러나, 이혼시 재산분할로서 금전의 지급을 명하는 재판이 확정되고 그 후에 분할자인 배우자가 파산선고를 받은 경우에는 재산분할금의 지급을 목적으로 하는 채권은 파산채권이 되므로 분할의 상대방은 위 채권의 이행을 환취권의 행사로서 파산관재인에게 청구할 수 없다고 해석하여야 한다. 이혼에 있어서 재산분할은 분할자에 속하는 재산을 상대방에게 이행하는 것이어서 금전의 지급을 내용으로 하는 재산분할을 명하는 재판이 확정되었다고 하여도 분할의 상대방은 당해 금전의 지급을 구하는 채권을 취득하는데 지나지 않고 위 채권액에 상당하는 금전이 분할의 상대방에게 당연히 귀속하는 것은 아니기 때문이라고 하여 환취권을 부정한 일본의 재판례가 있다고 한다.[82)]

---

79) 閔裕淑, "財産分割의 具體的 認定範圍", 재판자료집62(1993), 法院行政處, 414에 의하면, 우리의 민법 체계상 이혼급부의 3요소 중 손해배상적인 요소는 민법 843조의 위자료로, 청산과 부양적 요소는 재산분할로 각 해결하도록 규정되어 있으므로, 재산분할에는 위자료적 요소는 포함되지 않는다고 해석하여야 한다고 한다.

80) 이하의 설명은 注解 破産法, 503이하를 참조한 것임.

81) 注解 破産法, 506

82) 日最判 90. 9. 27. (判時 1363, 89). [田炳西, "破産法上 還取權 考察," 법조(1999. 3.), 法曹協會, 159에서 재인용]

(2) 別除權(또는 別除權이 될 권리)에 관한 소송

(가) 別除權의 意義

별제권이라 함은, 파산재단에 속하는 특정재산으로부터 파산절차에 의하지 아니하고 우선변제를 받을 수 있는 권리를 말한다. 파산재단에 속하는 재산상에 존재하는 유치권, 질권, 저당권 또는 전세권을 가진 자는 그 목적인 재산에 관하여 별제권을 가진다(채무자회생법 411조). 이와 같은 별제권은 담보물권 등 실체법상 우선적인 지위를 부여받는 자의 권리를 파산절차에 있어서도 우선적인 취급을 함으로써 실체법상의 권리관계를 파산절차에 그대로 반영한다고 하는 취지에서 마련된 것으로서, 파산재단에 대하여 담보물권등이 가지는 효력 내지 작용을 나타내는 관념이고, 채무자회생법이 창설한 권리는 아니다.

별제권은 파산재단 중 특정재산에서 우선변제를 받을 수 있는 권리라는 점에서 파산재단전체로부터 우선변제를 받는 권리인 재단채권과 다르다. 또, 파산재단에 속하는 재산의 금전적 가치를 우선적으로 취득하는 권리라는 점에서 당초부터 법정파산재단에 속하지 아니하는 특정재산을 환취할 권리인 환취권과도 다르다.

(나) 中斷 및 受繼

파산자가 원고가 되어 별제권자를 상대로 한 저당권말소청구소송과 같은 별제권에 관한 소송이 破産宣告當時에 係屬中인 경우, 이러한 소송은, 파산재단에 속하는 재산상에 설정된 별제권에 관한 소송이므로 '파산재단에 관한 소송' 중 '파산재단에 속하는 재산에 관한 소송'에 해당한다. 따라서 그 소송절차는 中斷되고(민사소송법 239조), 破産管財人 또는 相對方(즉, 별제권자)이 受繼申請을 할 수 있다(채무자회생법 347조 1항).

別除權도 환취권과 마찬가지로 채무자회생법이 창설한 권리는 아니므로, 파산절차에 의하지 아니하고 이를 행사할 수 있고(채무자회생법 412조), 破産宣告 후에도 종전의 소송내용을 변경할 필요가 없다. 종전의 권리가 破産宣告가 내려짐에 따라 別除權으로 불리게 되었다고 하더라도 그 권리의 기초는 조금도 변하지 않았기 때문이다.

파산선고후에 제기하는 별제권에 기한 새로운 소송에서는 파산관재인에게만 당사자적격이 있다(채무자회생법 359조).

2. 消極財産에 관한 訴訟

파산자가 債務者로서 소송의 당사자가 된 경우로서 상대방이 파산채권자인 경우(파산채권에 관한 소송)와 재단채권자인 경우(재단채권에 관한 소송)가 있다.

가. 破産債權에 관한 소송

(1) 中斷

破産債權에 관한 소송은 파산재단 중 소극재산에 관한 소송으로서 '파산재단에 관한 소송'에 해당하므로, 채무자가 破産宣告를 받으면, 그 소송의 소송절차는 中斷된다(민사소송법 239조). 파산채권을 만족시킬 財源으로 되는 책임재산의 관리주체가 破産者에서 破産管財人으로 변경되고, 분쟁주체의 지위가 변동한다는 것이 그 이유이다.

破産債權에 관한 소송으로서는 破産者를 상대로 한 파산채권에 기한 이행의 소, 채권확인의 소, 또는 破産者로부터 제기된 채무부존재확인의 소, 청구이의의 소 등이 있다.

(2) 受繼

破産債權은 파산절차에 의하여만 이를 행사할 수 있다(채무자회생법 424조). 그 의미는 파산채권자는 파산법원에 파산채권의 신고를 하여 파산관재인으로부터 배당받아야 하고, 그 이외의 다른 방법으로 파산채권의 만족을 얻을 수 없다는 뜻이다. 즉, 파산채권에 대하여는 개별적 강제집행을 통한 채권만족이 허용되지 아니한다. 따라서, 파산채권에 기한 소송의 소송절차가 파산선고당시 계속중이었다고 하여도 파산채권자는 파산선고시 정하여진 신고기간내에 파산법원에 파산채권을 신고하여야 배당을 받을 수 있다. 신고된 채권에 대하여 債權調査期日에 조사가 행하여지고, 채권조사의 결과에 따라 다음과 같이 受繼된다.

(가) 신고된 破産債權에 관하여 채권조사기일에 破産管財人 또는 다른 破産債權者로부터 異議가 진술되지 아니한 경우

이 경우에는 破産債權의 存在 및 內容(채권액, 우선성 등)이 확정되고(채무자회생법 458조), 확정채권에 관하여 파산채권자표에 기재한 때에는 그 기재는 파산채권자 전원에 대하여 '確定判決과 同一한 效力'이 있다(채무자회생법 460조). 확정판결과 동일한 효력이라 함은 기판력이 아닌 확인적 효력을 가지고 파산절차 내부에 있어 불가쟁의 효력이 있다는 의미이다.[83)]

---

83) 대판 2006. 7. 6. 2004다17436(미간행). 다만 '確定判決과 同一한 效力'에 관하여 일본에서는 이를 기판력으로 파악하는 旣判力說, 기판력은 아니고 채권표에 기재된 확정채권부분을 재판을 통하여 다시 다투는 것을 금하는 규정에 지나지 않는다고 하는 旣判力否定說, 채권표에 확정채권으로 기재된 이후에는 채권자집회의 의결권의 판정이나 배당표의 작성에 있어

이와 같이 신고된 破産債權이 異議없이 확정되어 파산채권자표에 기재되면, 파산채권의 존재 및 내용에 관하여 다툴 수 없는 不可爭力이 생기므로, 破産債權에 관한 소송을 유지할 필요가 없어지고 受繼의 문제도 발생하지 않는다. 통상 이러한 경우에는 파산채권자가 訴를 取下함으로써 소송이 종료될 것이다. 그러나, 파산채권자가 채권확정후에도 종전의 소송을 유지하는 경우에는, 재판부는 破産管財人이 소송절차를 수계하도록 한 다음, 파산채권자표에 기재된 확정채권부분에 대하여는 訴로써 다툴 수 없게 되어 소송을 유지할 목적을 흠결하였다는 이유로 訴를 却下하면 될 것이다.

(나) 신고된 破産債權에 관하여 債權調査期日에 破産管財人 또는 다른 破産債權者로부터 異議가 진술된 경우

채무자회생법에서의 파산채권조사확정절차의 특징 중의 하나는 채권조사기일에 이의가 진술된 파산채권을 보유한 파산채권자는 결정절차인 '파산채권 조사확정재판(채무자회생법 462조)'을 통해 간이하고 신속하게 채권조사확정을 받을 수 있게 된 점이다.[84] 그리고 '파산채권 조사확정재판'에 불복하는 경우에 결정서 송달일로부터 1개월 이내에 불복하는 자가 원고가 되어 판결절차인 '파산채권 조사확정재판에 대한 이의의 소(채무자회생법 463조)'를 제기할 수 있도록 하였다.

그런데 이의가 진술된 채권에 관하여 파산선고 당시 소송이 계속되어 있는 경우와 그 채권에 관하여 집행력있는 집행권원이나 종국판결이 있는 경우에는 '파산채권 조사확정재판'을 신청할 수 없다(채무자회생법 462조 1항 단서).

이의가 진술된 채권에 관하여 파산선고 당시 계속되어 있던 소송은 파산채권자와 이의자 사이의 破産債權確定訴訟으로 變更되어야 한다. 즉 이의가 진술된 파산채권을 보유한 파산채권자는 이의자 전원을 상대방으로 하여 中斷中인 訴訟의 소송절차를 受繼시키고(채무자회생법 464조), 請求趣旨를 파산채권확인을 구하는 것으로 변경하여 소송의 속행을 구하게 된다.

다만 파산채권자가 파산채권에 관하여 이미 執行力 있는 집행권원 또는 終局判決을 가지고 있는 경우에는 異議者가 上訴, 再審, 請求異議 등 破産者가 행할 수 있는 訴訟節次에 의하여서만 이의를 주장할 수 있으므로(채무자회생법 466조

서 파산채권의 존재, 액, 우선성 등을 확정채권표의 기재에 따라야 하고, 파산관재인이나 파산채권자 상호간에서도 이것을 다툴 수 없다고 하는 特別拘束力說이 대립하고 있다고 한다. [注解 破産法, 981]

84) 파산채권 조사확정재판은 판결절차인 '파산채권 조사확정재판에 대한 이의의 소'와 다르므로, 이에 대하여는 소가결정이나 이에 따른 고액의 인지 첩부가 불필요하고 일률적으로 금 1,000원의 인지를 붙이면 된다. [민사접수서류에 붙일 인지액 및 그 편철방법 등에 관한 예규(재민 91-1) 제3조 관련 별표]

1항), 파산선고 당시 소송계속중이라면 이의자는 그 파산채권자를 상대방으로 하는 소송절차를 수계하여야 한다(같은 조 2항).

(3) 破産宣告後의 파산채권에 기한 新訴訟의 경우

破産宣告가 있은 후에 破産債權에 기하여 破産管財人을 상대로 하여 소를 제기한 경우는 어떻게 처리하여야 하는가. 이 경우 재판부는 심리결과 원고의 청구권이 파산채권인 경우 원고에게 파산채권신고를 하였는지 석명을 구하여,[85] 원고가 파산채권을 신고한 경우에는 채권조사결과에 따라 다음과 같이 처리하면 될 것이다.

채권조사기일에 파산채권에 대하여 이의가 진술되었으면 이의자 전원을 상대방으로 하여 파산채권 조사확정의 재판을 신청하고(채무자회생법 462조), 그 재판에 불복하는 경우 그 결정서의 송달을 받은 날부터 1개월 이내에 소송은 파산채권 조사확정재판에 대한 이의의 소로 변경되어야 하고, 피고는 이의자 전원으로 경정되어야 한다.

채권조사기일에 이의가 없거나, 이의에 따라 신청한 파산채권 조사확정의 재판에 대한 불복이 없으면 파산채권은 그대로 확정되어 파산채권자표에 기재됨으로써 확정판결과 동일한 효력이 있게 되므로(채무자회생법 460조, 468조 2항) 더 이상 訴로써는 다툴 수 없는 상태가 된다.

그러나, 원고가 재판부의 석명에 대하여, 파산법원에 파산채권의 신고를 하지 않았을 뿐 아니라 앞으로도 파산채권신고를 할 의사가 없다는 뜻을 명백히 하는 경우가 문제이다. 특히 소송의 기초가 되는 권리가 破産債權이 아니라 財團債權이라고 주장하는 경우가 있다. 이 경우 재판부로서는, 파산채권에 대하여 파산채권신고에 의한 확정절차를 거치지 아니하여 訴의 提起 자체가 不適法하다는 이유로 訴를 却下하면 될 것이다.[86]

나. 財團債權에 관한 소송

(1) 意義

財團債權은 파산절차에 의하지 아니하고 隨時로[87] 破産債權에 우선하여 변제받

85) 파산채권확정을 구하는 소에서 파산채권신고 여부는 소송요건으로서 직권조사사항이다[대판 2006. 11. 23. 2004다3925(공2007, 1)].

86) 부적법 각하하게 되면, 그제서라도 당사자인 파산채권자는 破産債權으로 배당받기 위하여 파산법원에 破産債權申告를 하게 될 수도 있다. 이와 같이 부적법 각하하지 아니하고 최후 배당시까지 채권신고를 할 기회를 주기 위하여 기일을 추정하여 두었다가, 결국 당사자가 채권신고를 하지 아니하고 파산절차가 종결되면 파산재단이 전혀 남아 있지 아니하므로 당사자에게는 아무런 구제수단이 없는 결과가 된다.

을 수 있는 채권으로서(채무자회생법 475조, 476조), 채무자회생법 473조에서 열거적으로 규정하고 있다.[88] 주로 破産宣告後에 발생한 관리비용, 파산절차비용, 조세채권 등이 이에 해당한다.

財團債權은 통상 破産宣告後에 성립하는 채권이기 때문에 소송절차의 中斷 및 受繼의 문제는 생기지 않는다. 그러나 財團債權 중에 破産宣告前에 발생하는 것이 있는데, 예컨대, 당사자 쌍방이 아직 그 이행을 완료하지 아니한 쌍무계약에 관하여 破産管財人이 채무자회생법 335조 1항에 의하여 이행을 선택한 경우에는 상대방이 가지는 청구권(채무자회생법 473조 7호)이나 조세채권(2호), 채무자의 근로자의 임금·퇴직금 및 재해보상금(제10호), 파산선고 전의 원인으로 생긴 채무자의 근로자의 임치금 및 신원보증금의 반환청구권(제11호) 등이 이에 해당한다.

이러한 財團債權에 관한 소송은 파산재단(소극재산)에 관한 소송이므로 파산선고 당시 계속중인 경우 그 소송절차가 중단되는 것은 당연하고(민사소송법 239조 전문), 채무자회생법은 그 중 하나인 미이행쌍무계약에서 파산관재인이 이행을 선택한 경우 상대방이 가지는 재단채권에 관한 소송에 관하여 파산재단에 속하는 재산에 관한 수계절차에 의한다고 규정하고 있으나(채무자회생법 347조 1항 후문), 나머지 재단채권에 관한 소송절차의 수계에 관하여는 규정하고 있지 않다. 그러나 財團債權에 대하여는, 破産債權의 채권조사와 같은 특별한 확정절차가 행하여지지 아니하므로, "破産財團에 속하는 재산에 관한 소송"의 경우에 준하여 破産管財人이 受繼하는 것이 타당할 것이다. 아래에서 살펴 보기로 한다.

(2) 채무자회생법 473조 7호의 財團債權에 관한 소송

雙務契約에 關하여 破産者 및 그 相對方이 모두 破産宣告 當時 아직 履行을 完了하지 아니한 때에는 破産管財人은 契約을 解除 또는 해지하거나 破産者의 債務를 履行하고 相對方의 債務履行을 請求할 수 있다(채무자회생법 335조 1항). 이 경우 破産管財人이 채무를 이행하는 경우에 상대방이 가지는 청구권은 財團債權이 된다(채무자회생법 473조 7호).

예를 들어, 어느 부동산의 매도인 甲이 매수인 乙에 대하여 소유권이전등기절

87) 수시로 변제한다는 것은 채권의 본래 이행기에 따라 그때 그때 변제하는 것을 의미한다.

88) 財團債權은 파산절차에 의하지 아니하고 수시로 변제받는다는 점에서 회생절차에 의하지 아니하고 수시로 변제받는 채무자회생법상의 共益債權(채무자회생법 179조)과 비슷한 개념이라고 할 수 있다. 그러나, 파산은 清算을 목적으로 하고 회생은 企業의 維持·再建을 목적으로 하므로, 그 범위에 있어서 차이가 있다. 즉, 파산선고전에 성립한 조세채권은 파산절차에서는 재단채권이나 회생절차개시전에 성립한 조세채권은 회생절차에서는 공익채권으로 취급되지 아니한다.

차를 이행하여 주지 아니한 상태에서 매매잔대금지급을 구하는 소를 제기하여 그 소송계속중에 매수인 乙이 破産宣告를 받은 경우를 생각할 수 있다. 이 매매계약에 대하여 매수인 乙의 破産管財人이 채무자회생법 335조 1항의 규정에 의하여 채무이행을 선택하면, 매도인 甲이 갖는 매매잔대금채권은 財團債權이 된다. 이 소송은 破産財團(소극재산인 재단채권)에 관한 소송으로서 破産宣告에 의하여 中斷되고, 破産管財人이 이행의 선택을 한 단계에서, 채무자회생법 347조 1항 후문에 의하여 破産管財人에게 소송을 受繼시키게 된다. 상대방에게도 受繼申請權이 인정되는 점과 소송비용 상환청구권이 財團債權으로 되는 점은 파산재단에 속하는 재산에 관한 소송의 경우와 같다(채무자회생법 347조 2항).

한편, 破産管財人이 계약을 해제하는 편이 파산재단에 이익이 된다고 판단하여 계약의 해제를 선택한 경우에는 위 소송은 어떻게 되는가. 中斷 및 受繼에 관한 특별한 규정이 없으므로, 破産管財人은 위 소송에서 破産者인 매수인 乙을 위하여 소송에 보조참가를 한 후 破産管財人이 위 계약의 해제를 선택하였다는 주장을 하여야 할 것이다. 이와 같이 파산관재인이 계약을 해제한 경우, 상대방은 그로 인하여 생긴 손해의 배상에 관하여 破産債權者로서 파산절차에 참가하여 그 權利를 行使할 수 있고(채무자회생법 337조 1항),[89] 파산자가 반대급부를 받은 경우(즉, 파산자가 계약의 일부이행을 받은 경우)에는 공평의 견지에서 상대방으로 하여금 원상으로 회복시킬 수 있도록 다음의 두가지 방법을 열어 두고 있다. 첫째, 破産者가 받은 反對給付가 破産財團中에 現存하는 때에는 그 返還을 請求할 수 있고(같은 조 2항 전단),[90] 둘째, 現存하지 아니하는 때에는 그 價額에 關하여 財團債權者로서 그 權利를 行使할 수 있다(같은 조 2항 후단).[91]

(3) 그 밖의 財團債權에 관한 소송

그런데 재단채권에 관한 소송에는 위와 같이 미이행쌍무계약의 경우 외에도 파

89) 이 손해배상청구권은 파산선고후의 불이행에 의하여 생긴 것이므로 본래의 의미의 파산채권에는 해당하지 아니하나, 상대방의 지위를 공평하게 보호한다는 견지에서 파산채권으로 한다는 특별규정을 둔 것이라고 한다. 단, 도급인이 파산선고를 받은 때에 계약해제로 인한 손해의 배상을 청구하지 못한다고 한 민법 674조 2항은 채무자회생법 337조 1항에 대한 특별규정으로 보아 이 경우에는 채무자회생법의 적용은 없다고 한다. [注解 破産法, 231~232]

90) 이 경우 상대방의 반환청구권은 還取權의 일종으로 볼 수 있다. 왜냐하면 파산자가 받은 반대급부가 파산재단중에 현존하지 아니하는 때에는 상대방은 그 가액에 관하여 財團債權者로서 그 권리를 행사할 수 있는 것과의 균형때문이다. 따라서, 이 반환청구도 파산절차에 의하지 아니하고 파산관재인에 대하여 행사할 수 있다. [注解 破産法, 232]

91) 이 경우 상대방의 청구권을 단순한 파산채권으로 취급하면 실질상 상대방에게 불공평하기 때문이다. 또, 재단채권으로 한다는 점에서는 실질상 위에서 본 채무자회생법 335조 1항에 따라 파산관재인이 이행을 선택한 경우의 상대방이 갖는 청구권과 같다고 하겠다. [注解 破産法, 233]

산선고당시 계속중인 경우가 있을 수 있다. 즉 破産宣告前에 발생원인을 갖는 財團債權으로서, 그 이외에 租稅債權(채무자회생법 473조 2호),[92] 채무자의 근로자의 임금·퇴직금·재해보상금채권(10호), 파산선고 전의 원인으로 생긴 채무자의 근로자의 임치금 및 신원보증금의 반환청구권(11호) 등이 있고, 이러한 재단채권에 기하여 파산선고 당시 계속중이던 소송, 예를 들어, 파산자가 과세관청을 상대로 한 과세처분취소소송, 파산자의 근로자가 파산자에 대한 임금청구소송 등이 있을 수 있다. 이러한 경우에도 채무자회생법 347조 1항 후문을 유추적용하여 모두 소송절차의 중단·수계를 인정할 것인지가 문제된다.

재단채권에 관한 소송은 소극재산에 관한 소송으로서 '파산재단에 관한 소송'에 해당하여 파산선고로 중단되고(민사소송법 239조 전문), 破産債權의 채권조사와 같은 특별한 확정절차가 행하여지지 아니하므로, 채무자회생법 347조 1항 후문을 준용하여, 破産管財人이 그 소송절차를 바로 受繼하여야 한다. 판례는 재단채권은 파산절차에 의하지 아니하고 파산관재인으로부터 수시로 변제받을 수 있으므로, 재단채권자로서는 파산관재인이 변제하지 않을 경우 파산관재인을 상대로 이행소송을 제기할 수 있다는 입장이므로,[93] 파산선고 당시 재단채권에 기한 소송절차는 파산관재인이 수계하는 것이 당연하다고 하겠다. 다만 파산관재인이 재단채권에 관한 소송절차를 수계하여 소송을 진행한 결과 재단채권자가 승소하였다고 하더라도, 판례는 재단채권에 기한 파산재단에 대한 강제집행은 허용되지 않고,[94] 임금채권 등 재단채권에 기하여 파산선고 전에 파산재단에 대해 강제집행이 이루어진 경우에도, 그 강제집행은 파산선고로 인하여 그 효력을 잃는다고 하고 있다.[95]

우리나라의 민사소송법 및 채무자회생법과 조문체계가 같았던 일본의 구파산법하[96]에서도 미이행쌍무계약에서 파산관재인이 채무를 이행하는 경우에 상대방이 가지는 재단채권에 관한 소송에 관한 규정을 준용하여 그 밖의 재단채권에 기한

92) 국세징수법 또는 지방세법에 의하여 징수할 수 있는 청구권(국세징수의 예에 의하여 징수할 수 있는 청구권으로서 그 징수우선순위가 일반 파산채권보다 우선하는 것을 포함하며, 후순위파산채권을 제외한다). 다만, 파산선고 후의 원인으로 인한 청구권은 파산재단에 관하여 생긴 것에 한한다.

93) 대판 2001. 12. 24. 2001다30469(공2002, 341). 한편, 이에 관하여 재단채권에 기한 파산재단을 상대로 한 강제집행은 허용되지 않으므로, 이행판결을 할 경우 강제집행이 가능하다고 오해를 불러일으킬 수 있으므로, 결국 재단채권에 기해서는 확인소송만이 가능하다는 견해가 있다. [임치용, 파산법연구2, 박영사(2006), 241]

94) 대결 2007. 7. 12. 2006마1277(공2007, 1248)

95) 대결 2008. 6. 27. 2006마260(공2008하, 1072)

96) 일본에서 2004년 개정되기 전의 민사소송법 125조와 구파산법 69조

소송절차도 파산관재인이 이를 수계한다고 해석하는 것이 다수설이었다.[97] 그런데 일본 신파산법 44조 2항은 이러한 학설에 따라 "파산관재인은 전항의 규정에 따라 중단된 소송절차[98] 중 파산채권에 관련되지 아니한 것을 수계할 수 있다." 고 규정함으로써, 채권조사확정절차가 있는 파산채권에 관한 소송을 제외한 모든 파산재단에 관한 소송을 파산관재인이 수계할 수 있다고 하고, 재단채권에 관한 소송에 관한 특별규정을 두고 있지 않다.[99]

3. 기타 소송의 경우

가. 債權者取消訴訟

(1) 일반론

민법 제406조의 규정에 의하여 파산채권자가 제기한 債權者取消訴訟(詐害行爲取消訴訟)의 係屬中에 채무자가 파산한 경우 그 소송절차는 受繼 또는 파산절차의 종료시까지 中斷된다(채무자회생법 406조). 채권자취소소송의 原告는 파산채권자이고, 被告는 수익자 또는 전득자로서 채무자를 피고로 하는 것은 아니지만, 그 소송의 결과는 破産財團의 增減에 직결된다고 말할 수 있으므로, 이를 債權者取消訴訟보다 더욱 강력한 수단인 "否認訴訟"으로 변경하여 破産管財人이 수행할 필요가 있기 때문이다. 채무자회생법 406조 2항에 의하여 채무자회생법 347조의 규정이 준용되므로, 중단된 소송절차는 파산관재인이 原告로서 이를 수계하게 된다.

채권자취소소송의 中斷 및 受繼는 책임재산의 범위를 둘러싼 분쟁의 주체인 지위가 개별 채권자로부터 총채권자의 이익을 대표하는 破産管財人에게로 바뀌었다고 하는 점에 기인하는 것이고, 破産管財人은 破産債權者 전체의 이익을 대표하여 소송절차를 受繼한다.[100]

(2) 파산관재인이 수계를 거절할 수 있는지

종래 파산채권자가 수행하던 채권자취소소송이 破産管財人에게 有利한 경우에는 破産管財人으로서도 그것을 적극적으로 受繼하겠지만,[101] 종래의 소송을 受繼

---

97) 伊藤眞, 주27) 223.

98) 파산절차개시결정이 있은 때 파산자를 당사자로 하는 파산재단에 관한 소송절차를 말한다(신파산법 44조 1항).

99) 竹下守夫 외 5인, 주76) 182.

100) 伊藤眞, 주27) 224.

101) 특히, 채권자취소권을 주장하는 채권자가 파산선고전에 취소권 보전을 위하여 處分禁止假處分을 하여 그 기입등기를 한 경우에는, 破産管財人으로서는 그 假處分을 援用하여 假處

하는 것이 不利하고 차라리 破産管財人이 다시 부인소송을 개시하는 편이 유리하다고 판단되는 때에는, 受繼를 거절할 수 있는지 하는 문제가 있다.

우리나라의 규정과 같았던 일본의 구파산법하에서의 하급심 판례 및 통설은, 破産債權者 전체의 이익을 대표하는 破産管財人은, 어느 한 채권자의 소송수행의 결과에 구속되어서는 안된다는 이유로, 相對方의 受繼申請權을 否定하거나[102] 또는 破産管財人의 受繼拒絶權을 肯定한다.[103] 이 견해에 대하여, 소송절차 中斷後 受繼申請權을 일방 당사자에게만 한정하는 것은 종전 사해행위취소소송을 수행하여 원고 패소로 끝나면 기판력의 이익을 받을 수 있는 타방 당사자의 이익을 부당하게 해하는 것으로 된다는 점(즉, 당사자의 이익)과 破産管財人이 受繼를 拒絶한다는 한가지 이유로 다시 別訴인 否認訴訟에 대응하여야 한다고 하는 점(즉, 소송경제)을 고려한다면, 상대방에게도 受繼申請權이 있고, 破産管財人은 受繼를 거절할 수 없다고 해석하여야 한다는 견해도 있었다.[104] 다만, 이 견해에 의하더라도 破産管財人의 否認權의 보호라는 견지에서, 破産管財人은 受繼한 소송절차에 있어서 종전의 소송수행결과에 구속되지 아니한다고 해석하고 있다. 즉 受繼한 경우에 종전의 소송상태의 전부를 인계하여야 하는 것은 아니고, 소송절차 자체의 受繼와 소송내용에의 拘束을 구별하여, 당사자의 이익, 소송경제 등을 고려하여 前者만을 受繼할 수 있다고 해석한다. 또, 당해 소송중에 사해행위취소권과 요건을 달리하는 부인권을 행사하는 것도 가능하다고 해석한다.

그런데 일본의 신파산법은 채무자에 대한 파산선고 당시 채권자취소소송이 계속중인 때에는 그 소송은 중단되고 파산관재인이 그 소송절차를 수계할 수 있고, 이 경우 상대방도 수계신청을 할 수 있다고 하여 상대방의 수계신청권을 명문화하였으므로(신파산법 45조 2항), 더 이상 상대방의 수계신청권을 부정하는 견해는 유지될 수 없고, 상대방의 수계신청에 대하여 파산관재인이 수계를 거절할 수 있다고 하는 견해[105]와 수계를 거절할 수 없으나 소송내용에는 구속되지 않는다는 견해만 가능하게 되었다.[106]

分債權者로서의 지위를 주장할 필요가 있을 것이다. 日大判 1936. 7. 11. (民集 15, 1367)의 입장이다. [伊藤眞, 주27) 225의 주57)에서 재인용]

102) 日東京地決 1974. 9. 19. (判時 771, 66); 日東京地判 1975. 10. 29. (判時 818, 71). [注解 破産法, 462에서 재인용]

103) 注解 破産法, 461.

104) 注解 破産法, 462.

105) 竹下守夫 외 5인, 주76) 189.

106) 伊藤眞, 破産法·民事再生法, 有斐閣(2007), 303-304에서는 상대방의 수계신청권이 명문화된 신파산법하에서는 파산관재인에 의한 수계거절을 인정하여야 하는 것은 아니며, 다만 파산관재인이 부인권의 행사 등 독자의 공격방어방법을 제출할 수는 있다고 하여 파산관재

파산관재인이 파산선고 전에 파산자가 한 소송수행결과에 구속되는 것은 부득이하지만, 파산선고 전에 일반채권자가 한 채권자취소소송의 소송수행결과에까지 구속될 이유는 없고 파산재단 또는 파산채권자 전체의 이익에 부합한다고 판단한 경우에만 수계하면 된다고 보아야 하므로 파산관재인의 수계거절권을 인정하는 것이 타당하다고 생각된다.[107] 그러나 파산관재인이 수계를 거절하지 않고 일단 수계한 후에는 파산관재인도 취소채권자의 종전 소송수행결과에 구속된다고 해석하여야 할 것이다.

물론 상대방이 수계신청을 하지 않는 때에는 파산관재인은 중단중의 사해행위취소소송을 수계하지 않고 새로이 부인소송을 제기할 수 있고, 파산관재인이 새로이 부인소송을 제기하는 경우라도 취소채권자가 한 처분금지가처분절차를 수계하여 가처분채권자의 지위를 승계할 수 있다.[108]

(3) 재단채권자가 제기한 채권자취소소송의 경우

채무자회생법 406조는 '파산채권자'가 제기한 채권자취소소송의 중단·수계를 규정하고 있는데, '재단채권자'가 제기한 채권자취소소송의 경우는 어떠할까.

재단채권은 파산절차에 의하지 아니하고 파산관재인으로부터 수시로 변제받을 수 있으므로 파산관재인이 변제하지 않을 경우 파산관재인을 상대로 이행소송을 제기할 수 있기는 하나,[109] 재단채권에 기하여 파산재단에 대한 강제집행은 허용되지 않고,[110] 임금채권 등 재단채권에 기하여 파산선고 전에 파산재단에 대해 강제집행이 이루어진 경우에도, 그 강제집행은 파산선고로 인하여 그 효력을 잃는 점[111]을 고려하면 책임재산의 회복과 파산자의 재산에 대한 강제집행의 준비로서의 의미가 있는 채권자취소소송의 수행은 파산관재인에게 맡기는 것이 타당하다. 따라서 재단채권자가 제기한 채권자취소소송에 관하여는 명문의 규정은 없으나 민사소송법 239조 또는 채무자회생법 406조를 유추적용하여 중단 및 수계를 인정할 수 있을 것이다.

인의 수계거절권을 부정하는데, 이와 같은 경우 소송내용에도 구속되는지 여부에 관하여는 견해를 밝히지 않고 있다.

107) 竹下守夫 외 5인, 주76) 189.

108) 日大判 1936. 7. 11. (民集 15, 1367) [伊藤眞, 破産法·民事再生法, 有斐閣(2007), 304의 각주 135)에서 재인용]

109) 대판 2001. 12. 24. 2001다30469(공2002, 341)

110) 대결 2007. 7. 12. 2006마1277(공2007, 1248)

111) 대결 2008. 6. 27. 2006마260(공2008하, 1072)

참고로 일본 신파산법 45조는 파산채권자가 제기한 것 뿐 아니라 재단채권자가 제기한 채권자취소소송도 중단 및 수계의 대상으로 하고 있다.[112]

(4) 채권자취소소송을 본안으로 하는 가처분

채권자취소소송을 본안으로 하는 가처분이 파산선고 전에 있은 경우, 파산선고 전에 제기된 채권자취소소송을 수계하거나 부인의 소를 제기한 파산관재인은 가처분채권자의 지위를 승계한다. 파산선고 전에 내려진 가처분이 미집행상태인 경우 파산관재인이 승계집행문을 얻어 집행하여야 한다.[113]

(5) 파산선고 후의 新訴訟

한편, 채무자가 破産宣告를 받은 다음에는 채무자가 한 詐害行爲는 오로지 파산관재인에 의한 否認權行使의 對象이 되어야 하므로, 파산채권자는 물론 파산관재인도 민법 406조에 의한 채권자취소소송을 제기할 수 없다.[114] 따라서, 破産宣告後에 제기된 債權者取消의 訴는 却下하여야 한다.[115] 다만, 파산채권자는 파산관재인에 의한 부인소송에의 보조참가는 가능할 것이고, 파산절차가 해지된 후에는 채권자취소의 소를 제기할 수 있다.

나. 債權者代位訴訟

(1) 일반론

민법 제404조에 기하여 파산채권자가 제기한 채권자대위소송에 있어서도 破産

---

112) 일본 신파산법 45조(채권자대위소송 및 사해행위취소소송의 취급)
① 민법 제423조(채권자대위소송) 또는 제424조(채권자취소소송)의 규정에 의하여 파산채권자 또는 재단채권자가 제기한 소송이 파산절차개시 당시 계속하는 때에는 그 소송절차는 중단된다.
② 파산관재인은 전항의 규정에 의하여 중단된 소송절차를 수계할 수 있다. 이 경우 수계신청은 상대방도 할 수 있다.
③ 전항의 경우에 상대방의 파산채권자 또는 재단채권자에 대한 소송비용 청구권은 재단채권으로 한다.
④ 제1항의 규정에 따라 중단된 소송절차에 대하여 제2항의 규정에 의한 수계가 있은 후에 파산절차가 종료된 때에는 그 소송절차는 중단된다.
⑤ 전항의 경우에는 파산채권자 또는 재단채권자가 그 소송절차를 수계하여야 한다. 이 경우 수계신청은 상대방도 할 수 있다.
⑥ 제1항의 규정에 따라 중단된 소송절차에 대하여 제2항의 규정에 의한 수계가 이루어지기 전에 파산절차가 종료된 때에는 파산채권자 또는 재단채권자는 당연히 소송절차를 수계한다.

113) 竹下守夫 외 5인, 주76) 188.

114) 竹下守夫 외 5인, 주76) 188.

115) 日松山地判 1961. 8. 23. (判時 280, 50). [荒木新五 編著, 判例便覽 詐害行爲取消權, 社團法人 商事法務硏究會(1989), 207에서 재인용]

者는 소송당사자는 아니다. 그러나 채권자대위소송도 그 목적은 채무자의 책임재산을 보전하기 위하여 원래 파산재단에 속하는 권리를 채권자로서 행사하는 것이고, 破産宣告가 내려진 것에 의하여 재산보전의 책임은 재산에 대한 관리처분권을 가지는 破産管財人에게 이전하므로 원고측에 대하여 분쟁의 주체인 지위의 交替가 있다고 보여지고, 또 파산채권자는 파산절차에 의하지 아니하고 개별적인 권리행사를 할 수 없으므로 명문의 규정은 없지만 민사소송법 239조를 준용 또는 채무자회생법 406조를 유추적용하여 中斷 및 受繼를 인정하여도 지장이 없을 것이다. 그리고 재단채권자가 제기한 채권자대위소송도 마찬가지로 취급할 수 있을 것이다.

판례도 파산채권자가 파산자에 대한 채권을 보전하기 위하여 파산재단에 관하여 파산관재인에 속하는 권리를 대위하여 행사하는 것은 법률상 허용되지 않으므로 파산선고후에 제기한 채권자대위소송은 부적법하다고 하고 있다.[116)]

일본의 구파산법에는 우리나라와 마찬가지로 債權者代位訴訟의 중단 · 수계에 관하여 명문의 규정이 없었는데 파산선고 당시 계속중이던 채권자대위소송의 소송절차는 中斷되고 破産管財人이 原告로서 受繼할 수 있다는 것이 실무이자 有力說이었고,[117)] 일본의 신파산법 45조는 이러한 실무와 학설의 입장을 받아들여 파산채권자 또는 재단채권자가 제기한 채권자대위소송의 중단 및 수계에 관한 규정을 채권자취소소송과 함께 나란히 규정하였다.[118)]

(2) 주주의 대표소송

株主가 회사를 대신하여 理事 또는 監事의 책임을 추궁하기 위하여 상법 403조, 415조에 의하여 제기한 代表訴訟도 대위소송의 일종으로서 제3자의 소송담당 중 법정소송담당에 해당한다고 볼 수 있다.[119)] 회사의 파산선고전에 제기된 대표소송은 회사의 파산으로 인하여 아무런 영향을 받지 아니한다는 견해도 있지만 기본적으로는 채권자대위소송과 같.이 해석되고 있다.[120)] 즉, 회사가 파산한 경우

116) 대판 2000. 12. 22. 2000다39780(공2001, 345)

117) 日大判 1922. 7. 26. (民集 1, 421)은, 中斷·受繼를 부정하지만, 이는 일본의 구파산법 시행 이전의 판례라고 한다. 오히려, 일본 하급심판례는, 中斷·受繼를 긍정한다. 日東京地判 1954. 3. 30. (下民集 5-3, 431); 日名古屋地判 1971. 6. 29. (判時 648, 87) [伊藤眞, 주27) 226의 주59)에서 재인용]

118) 일본 신파산법 45조는 주112) 참조

119) 호문혁, 주9) 225; 李時潤, 주9) 135; 鄭東潤, 會社法(第四全訂增補版, 1997), 法文社, 435; 鄭熙喆 · 鄭燦亨, 商法原論(上)(第一改訂版, 1996), 博英社, 752; 崔基元, 商法學新論(上)(第9全訂增補版, 1999), 博英社, 800.

120) 鈴木正裕·青山善充 編集, 注釋 民事訴訟法(4), 有斐閣(1997), 586.

에는 理事나 監事에 대한 손해배상청구권 등은 파산재단에 속하게 되고 파산재단의 관리처분권은 破産管財人에게 專屬하므로, 주주는 회사의 파산후에는 대표소송을 제기할 수 없고,[121] 이미 제기되어 있는 주주의 대표소송절차는 회사가 파산선고를 받으면 中斷되고, 파산관재인이 원고로서 受繼한다.[122]

그 밖에, 파산한 회사의 이사의 책임추궁이라는 점에서는 상법 401조(제3자에 대한 이사의 책임)도 회사의 倒産과 밀접한 관련성이 있다. 동조의 소송도 채권자가 원고로서 이사를 피고로 하는 형태이므로 파산자인 회사는 당사자가 아니다. 비교법적으로는 회사의 도산처리와 관계가 깊은 理事에 대한 責任追窮을 회사의 도산절차 밖에 두는 것은 오히려 드문 일이므로, 이 소송의 채권자 구제기능에 비추어 회사에 대한 파산선고로 인한 중단, 파산관재인에 의한 수계를 고려하여야 한다는 견해도 있으나,[123] 상법 401조에 기한 소송은 채권자가 회사를 대신하여 이사에 대하여 그 책임을 묻는 절차가 아니라 이사가 그 업무집행으로 인하여 제3자에게 손해를 가한 경우 손해를 입은 자가 이사를 상대로 하는 손해배상청구이므로 소송절차의 중단 및 수계는 부정하여야 할 것이다. 따라서, 제3자가 회사 및 이사를 상대로 손해배상청구소송을 수행하던 중 회사에 대하여 파산선고가 내려지면 회사에 대한 손해배상청구소송은 파산채권에 기한 것이므로 그 소송절차는 중단되고, 파산채권신고 및 조사를 통하여 파산채권에 관하여 이의가 진술되면 이의자 전원을 그 소송의 상대방으로 하여 소송절차를 수계하여야 하나, 이사에 대한 손해배상청구소송은 그 소송절차가 중단되지 아니하고 그대로 진행한다.

다. 第3者異議의 訴

파산자에게 속하는 재산으로 보아 강제집행이 행하여 진 경우 그 강제집행의

121) 대판 2002. 7. 12. 2001다2617(공2002, 1932)에 의하면, 주주가 파산관재인에 대하여 이사 또는 감사에 대한 책임을 추궁할 것을 청구하였는데 파산관재인이 이를 거부하였다고 하더라도 주주가 상법 제403조, 제415조에 근거하여 대표소송으로서 이사 또는 감사의 책임을 추궁하는 소를 제기할 수 없다고 보아야 하며, 이러한 이치는 주주가 회사에 대하여 책임추궁의 소의 제기를 청구하였지만 회사가 소를 제기하지 않고 있는 사이에 회사에 대하여 파산선고가 있은 경우에도 마찬가지라고 한다.

122) 上柳克郎 외 2人 編集, 注釋 會社法(6)(新版, 1987), 有斐閣, 369. 특히, 임원의 책임 등의 査定制度(채무자회생법의 경우 115조의 이사등에 대한 손해배상청구권 등의 조사확정재판 제도임)가 있으므로 이사 등에 대한 책임추궁권한을 管財人에게 집중시켜야할 요청이 강한 會社更生節次에 있어서는 회사갱생절차개시결정 후에는 주주는 위 상법상 대표소송을 제기할 수 없다고 하고 있다. 日大阪高判 1989. 10. 26. (判タ 711, 253). [鈴木正裕·青山善充, 주120) 586에서 재인용]

123) 鈴木正裕·青山善充, 주120) 586.

목적물에 관하여 제3자가 소유권을 주장하거나 목적물의 양도나 인도를 저지하는 권리를 주장하는 제3자이의소송(민사집행법 48조)이 파산선고 당시 계속중인 경우는 어떠한가.

破産宣告當時 係屬中인 제3자이의소송은 그 强制執行이 파산채권 또는 재단채권에 기한 것인 경우 그 강제집행 자체가 破産宣告에 의하여 그 효력을 잃게 되므로,[124] 소송을 유지할 목적을 흠결하게 되어 却下하여야 할 것이다.[125] 이 경우 제3자이의소송은 파산자가 수행하던 파산재단에 관한 소송이 아니므로 중단 및 수계의 문제도 생기지 아니하고, 제3자로서는, 還取權을 주장하여 破産管財人을 상대로 새로이 소를 제기할 수 밖에 없다.[126] 이에 대하여 제3자이의소송의 실질이 목적물의 破産財團에의 귀속을 다투는 것임에 착안하여, 파산선고전부터 제기된 제3자이의소송절차는 파산선고에 의하여 중단되고, 파산관재인이 강제집행을 속행하는 경우는 물론, 속행하지 아니하고 임의매각하려고 하는 경우에도, 환취권에 관한 다툼으로서 원고와 파산관재인 사이에 소송을 속행하여야 하므로, 제3자가 破産管財人에 대하여 목적물의 환취를 주장하는 환취소송으로서 破産管財人이 피고측을 受繼하여야 한다는 견해도 있다.[127]

다만, 파산채권에 기하여 파산재단에 속하는 재산에 한 강제집행은 파산선고에 의하여 失效되나, 파산관재인은 파산재단을 위하여 실효된 강제집행절차를 속행할 수 있는데(채무자회생법 348조 1항 단서), 이와 같이 파산관재인이 강제집행절차를 속행하는 경우에는 제3자이의 소에 관하여는 破産管財人이 피고로 된다(채무자회생법 348조 2항). 이 경우, 새로이 제기된 제3자이의의 소의 피고가 破産管財人으로 되는 점에 대하여는 문제가 없지만, 破産宣告當時 係屬中인 제3자이의의 소의 처리방법에 관하여는 논의가 있을 수 있다. 破産宣告에 의하여 일단 집행이 失效되므로 제3자이의의 소는 소의 이익을 잃는 것으로 보여지지만, 채무자회생법 347조 1항을 준용하여, 破産管財人이 집행채권자를 受繼하여야 한다고 볼 것이다.

124) 파산채권에 기한 강제집행은 채무자회생법 348조 1항에 의하여 효력을 잃고, 대결 2008. 6. 27. 2006마260(공2008하, 1072)에 의하면 재단채권에 기한 강제집행도 파산선고로 인하여 효력을 잃는다고 하고 있다.

125) 日最判 1970. 1. 29. (民集 24-1, 74)은, "가압류채무자가 破産宣告를 받은 경우 假押留執行은 破産財團에 대하여는 효력을 잃고, 假押留執行의 배제를 구하는 제3자이의의 소도 그 소의 이익을 잃는다. 破産管財人을 상대방으로 하여 還取權을 행사하여야 한다."라고 하고 있다. [注解 破産法, 314에서 재인용] 한편, 강제집행이 종료된 후의 제3자이의의 소의 訴의 利益과 관련하여 우리나라 대판 1997. 10. 10. 96다49049(공1997, 3409)는 "강제집행이 종료된 후에 제3자이의 소가 제기되거나 또는 제3자이의의 소가 제기된 당시 존재하였던 강제집행이 소송계속중 종료된 경우에는 소의 이익이 없어 부적법하다."라고 판시하였다.

126) 前註의 일본 판례 참조.

127) 注解 破産法, 315; 伊藤眞(註27), 227.

四. 결론

破産宣告가 내려지면 파산재단에 대한 관리처분권이 파산자에게서 파산관재인에게로 강제적으로 移轉되므로 파산선고당시 계속중인 파산재단에 관한 소송은 파산자로부터 파산관재인에게로 當然承繼된다. 이에 따라 파산관재인이 當事者適格을 갖게되는데, 그가 소송에 관여하는 訴訟法上 技術이 '訴訟節次의 中斷 및 受繼'이다. 즉, 파산관재인이 당사자로서 소송에 관여할 때까지 소송절차는 중단된다. 또한, 파산선고후에 새로이 파산재단에 관하여 소를 제기할 때에는 파산관재인이 원고 또는 피고가 된다. 이와 같이 파산선고가 소송절차에 영향을 미치는 법리의 기초는 파산선고와 동시에 파산재단에 대한 관리처분권이 破産管財人에게 移轉된다는 데에 있다. 이는 채무자회생법이 창설한 파산선고의 효과이다. 파산재단을 충실하게 관리하고 증식시켜 파산채권자들에게 더 많이 배당하려는 파산절차를 통한 清算目的을 달성하기 위하여, 파산재단에 대한 관리처분권을 파산자에게서 강제적으로 빼앗아 파산관재인에게 이전시키는 것이다.

따라서 파산관재인은 파산재단에 대한 관재업무를 착수하면서 파산자가 수행하여 오던 소송을 파악하여 파산재단의 유지 및 증감에 관련된 소송의 경우 수계 등을 통하여 이를 신중하게 수행할 필요가 있다. 특히 제조물책임소송 등 소송에 따라서는 파산자의 경제적 회생과 배당에 막대한 영향을 가져오는 것도 있다. 승소할 경우 파산자가 도산상태에서 벗어날 수도 있고, 패소할 경우라도 채무자회생법에 따른 공평한 배당과 정의롭고 신속한 청산을 통해 자원배분의 순기능을 담당할 수 있을 것이다.

파산채권의 확정절차
- 청구원인의 제한을 중심으로 -

부산지방법원 부장판사 박 태 준

〈目 次〉

一. 머리말

파산원인[1] 사실이 인정되고 파산장해사유[2]가 없으면 파산선고를 한다. 파산선

1) 파산원인으로는 지급불능과 채무초과가 있다. 지급불능이란 변제능력이 부족하여 변제기가 도래한 채무를 일반적, 계속적으로 변제할 수 없는 객관적 상태를 말한다{대결 1999. 8. 16. 99마2084(공1999, 2156) 참조}. 지급불능은 자연인과 법인에 대하여 공통한 파산원인이다(채무자 회생 및 파산에 관한 법률 제305조 제1항). 채무초과란 부채의 총액이 자산의 총액을 초과하는 것을 말한다. 채무초과는 인적회사인 합명회사·합자회사를 제외한 법인에 대하여는 지급불능과 함께 파산원인이고(같은 법 제306조), 상속재산에 대하여는 유일한 파산원인이다(같은 법 제307조).

2) 파산장해사유란 파산원인이 있어도 절차를 개시할 수 없게 하는 사유를 말한다. 회생절차개시결정(채무자 회생 및 파산에 관한 법률 제58조), 개인회생절차개시결정(같은 법 제600조)

고에 의하여 채무자가 파산선고 당시에 가진 국내외의 모든 재산은 파산재단을 구성한다(채무자 회생 및 파산에 관한 법률 제382조 제1항). 그리고 이후의 파산절차는 파산재단에 속하는 재산을 대상으로 이루어진다. 구 파산법(2005. 5. 31. 법률 제7428호 채무자 회생 및 파산에 관한 법률 부칙 제2조로 폐지, 이하 '구 파산법'이라고만 하고, 채무자 회생 및 파산에 관한 법률은 '현행법'이라고 한다)에서 규정하고 있었던 속지주의가 폐지되었으므로[3] 재산이 대한민국 내에 소재하고 있을 것을 요하지 않는다. 파산선고에 의하여 채무자는 파산재단을 구성하는 재산에 관한 관리처분권을 잃고, 이 관리처분권은 파산관재인에게 전속한다(현행법 제384조). 파산관재인은 파산선고 후 즉시 파산재단의 점유관리에 착수하고, 파산재단에 관한 소송에 관하여는 당사자로서 소송행위를 한다(현행법 제359조).

파산선고가 있으면 파산선고 당시 계속중이던 파산재단에 관한 소송은 파산선고에 의하여 중단된다(민사소송법 제239조). 일반 민사소송과 달리 소송대리인이 있는 경우에도 중단된다(민사소송법 제238조 참조). 파산재단에 속하는 재산 그 자체에 관한 소송은 파산관재인이 소송을 수계한다. 수계신청은 파산관재인은 물론 상대방도 할 수 있다(현행법 제347조). 파산채권에 관한 소송은 파산관재인이 당연히 수계하는 것이 아니라, 상대방의 채권신고와 그에 대한 채권조사의 결과에 따라 처리한다. 상대방의 채권이 신고되고 채권조사기일에 파산관재인 또는 파산채권자의 이의가 진술되지 아니하면 파산채권은 확정되므로, 중단되어 있던 소송은 확정판결에 저촉되는 것으로 간주되어 각하되어야 한다.[4] 채권조사기일에 이의가 진술되면 중단하고 있던 소송은 채권확정소송으로 청구취지 등이 변경되어 속행된다. 통상은 파산채권자가 이의자를 상대방으로 하여 수계하지만(현행법 제464조) 집행권원 있는 채권의 경우에는 반대로 이의자가 파산채권자를 상대방으로 하여 수계하여야 한다(현행법 제466조 참조).

파산선고에 의하여 파산채권자는 개별적인 권리행사가 금지된다. 파산선고 전에 파산채권에 기하여 파산재단 소속의 재산에 대하여 한 강제집행, 보전처분은 파산재단에 대하여는 그 효력을 잃는다(현행법 제348조 제1항). 파산채권자는 파

이 있으면 파산선고를 할 수 없으므로 이들 선행 도산절차는 파산장해사유가 된다. 서울중앙지방법원 파산부 실무연구회, 법인파산실무(제2판, 2008), 박영사, 65 참조.

3) 구 파산법 제2조는 외국인의 지위에 관하여 "외국인 또는 외국법인은 파산에 관하여 한국인 또는 한국법인과 동일한 지위를 가진다. 단, 본국법에 의하여 한국인 또는 한국법인이 동일한 지위를 가지는 때에 한한다."고 규정하였으나, 현행법 제2조는 외국인 및 외국법인의 지위에 관하여 "외국인 또는 외국법인은 이 법의 적용에 있어서 대한민국 국민 또는 대한민국 법인과 동일한 지위를 가진다."고만 규정하고 있다.

4) 법인파산실무, 주2) 75.

산절차에 참가하여서만 그 만족을 얻을 수 있다(현행법 제424조). 즉 파산채권자는 그 채권을 일정기간 내에 파산법원에 신고한 후, 채권조사기일에서의 조사를 거쳐 확정된 액 및 순위에 따라 배당을 받아야 한다.

본고에서는 파산채권자의 파산절차의 참가와 파산채권의 확정절차, 특히 그 청구원인의 제한[5]의 의미에 대하여 살펴보기로 한다.

二. 파산채권의 신고

1. 신고의 의의

가. 파산채권의 신고는 파산법원에 대하여 파산절차에 참가를 신청하는 형식이다. 파산채권자는 이 신고에 의하여 비로소 절차상의 파산채권자가 되고, 파산절차에 참가하여 파산재단으로부터 배당받을 수 있는 기회가 부여된다. 또한 파산채권 신고에 의하여 실체법상으로도 소멸시효가 중단되는 효과가 생긴다(현행법 제32조 제2호).[6]

나. 한편, 2005. 1. 1.부터 시행된 일본의 신파산법에서는 채권자의 절차참여를 효율적으로 하기 위하여 대리위원 제도를 신설하였다. 따라서 동일한 원인에 기한 동종의 채권을 가진 채권자가 다수 존재할 경우에 파산채권자가 대리위원을 선임하는 것을 재판소가 허가한 경우에는, 대리위원은, 다수의 파산채권자의 권리를 일괄해서 대리하게 되고, 파산채권자를 대신해서 채권신고를 할 수 있다(일본의 신파산법 제110조). 이 제도는, 파산채권자의 절차참가의 실질적 기회를 보장하려고 하는 것이고, 또한 파산절차의 신속화에도 이바지할 것으로 기대되고 있다고 한다.[7]

5) 현행법 제455조는 파산채권자는 제459조 제1항의 규정에 의하여 '파산채권자표에 기재한 사항에 한하여' 채권조사확정재판의 신청을 하거나 제463조 제1항의 소를 제기하거나 제464조의 규정에 의하여 소송을 수계할 수 있다고 규정하고 있다. 구 파산법 제220조도 동일한 취지의 규정을 하고 있었다.

6) 법인파산실무(주2), 289.

7) 園尾隆司, 西謙二, 中島肇, 中山孝雄, 多比羅誠 편저, 新 裁判實務大系 第28卷 新版 破産法(초판, 2007), 青林書院, 414-415(瀬戸英雄 집필부분)

2. 채권신고기간 및 신고기간 경과 후의 신고

가. 파산선고와 함께 채권신고기간을 정하는데, 그 기간은 파산선고일로부터 2주 이상 3월 이하로 하여 법원이 정한다(현행법 제312조 제1항 제1호). 채권신고기간은 실무상 대체로 파산선고일로부터 4주 전후로 정하고 있다.[8] 채권신고기간이 경과하더라도 신고의 종기를 제한하는 명문의 규정이 없으므로 최후배당의 배당제외기간까지의 채권신고는 유효하다.

나. 그러나 일본의 신파산법에서는 파산채권 신고기간의 제한이 없는 경우 배당 등 파산절차 전체를 지연시키는 원인이 된다는 비판을 고려하여 파산채권신고의 시기적 제한을 정하였다. 즉, 일본의 신파산법에서는 일반조사기간 경과 후 또는 일반조사기일의 종료 후에 파산채권을 신고하기 위해서는 파산채권자가 그 책임으로 돌릴 수 없는 사유로 인해서, 일반조사기간의 만료 또는 일반조사기일의 종료까지 신고를 할 수 없었던 경우에 그 사유가 소멸된 후 일개월 이내에 한해서, 파산채권의 신고를 추완할 수 있는 것으로 정하였다(일본의 신파산법 제112조 제1항). 여기서 '파산채권자의 책임으로 돌릴 수 없는 사유'라 함은, 파산절차개시의 통지가 파산채권자에 대하여 송달되지 않았기 때문에 파산절차가 개시된 것을 알 수 없었던 경우, 파산채권자의 입원, 장기의 해외출장 등의 경우, 채권신고의 수단인 우편 등의 잘못된 배달에 의한 도달의 지연 등을 생각해 볼 수 있다.[9]

3. 파산채권자표의 작성

채권신고서가 접수되면 법원사무관 등은 신고서에 접수인을 압날하고, 파산채권자표를 작성한다(현행법 제448조 제1항). 파산채권자표는 채권신고서와 일체로 만들어져 있다(앞면은 파산채권자표, 뒷면은 채권신고서). 채권신고서와 파산채권자표를 일체로 한 것은 대조를 용이하게 하고 채권신고서가 분실된 경우 발생할 수 있는 파산채권자표의 기재 내용에 대한 분쟁을 예방하기 위해서이다.[10] 파산채권

8) 법인파산실무, 주2) 290.

9) 園尾隆司 외 4인, 주7) 415-416(瀨戶英雄 집필부분)

10) 채권자가 자기가 신고한 내용대로 파산채권자표에 기재되어 있지 않다고 주장하는 경우 그 착오기재의 원인이 채권자측에 있는지 법원측에 있는지 확인하기 쉽게 된다. 법인파산실무, 주2) 290-291.

자표는 현행법 제448조 제1항 각 호의 사항[11]을 기재할 수 있도록 양식화되어 있다. 법원사무관 등은 파산채권자표의 등본을 파산관재인에게 교부한다(현행법 제448조 제2항).

4. 신고의 변경

가. 파산채권 신고 후에 신고된 파산채권을 취득한 자는 신고명의를 변경할 수 있다. 법원에 신고명의변경신고서를 제출하면 신고채권자의 지위의 승계가 인정된다. 채권 이전의 사실이 인정되면 법원사무관 등은 파산채권자표의 채권자명의를 변경하고, 파산관재인에게 명의변경신고서의 부본을 교부한다.[12]

나. 파산채권자는 신고한 사항에 관하여 다른 파산채권자의 이익을 해하지 않는 내용의 변경이 생긴 때에는 증거서류 또는 그 사본을 첨부하여 지체 없이 그 변경의 내용 및 원인을 법원에 신고하여야 한다.[13] 채권액의 증액이 있는 등 변경된 내용이 다른 채권자에게 불리한 영향을 미치는 경우에는 특별조사기일을 열어 조사한다(현행법 제454조, 제453조).

三. 파산채권의 조사

1. 신고채권의 조사방법

가. 신고채권에 대한 조사를 하기 위하여 법원에 의하여 채권조사기일이 지정된다. 채권조사기일에는 일반기일과 특별기일이 있다.

나. 한편, 일본의 신파산법에서는 채권조사의 방식으로 기일방식 이외에 파산관재인이 작성한 인부서에 대하여 조사시간 내에 파산채권자와 파산자가 서면에 의해서 이의를 진술하도록 하는 기간방식을 도입하였다(일본의 신파산법 제116조).

11) 제448조(파산채권자표의 작성) ① 법원사무관등은 다음 각 호의 사항을 기재한 파산채권자표를 작성하여야 한다. 1. 채권자의 성명 및 주소, 2. 채권액 및 원인, 3. 일반의 우선권이 있는 때에는 그 권리, 4. 제446조 제1항 각 호의 어느 하나에 해당하는 청구권을 포함하는 때에는 그 구분, 5. 별제권자가 제447조 제2항의 규정에 의하여 신고한 채권액.

12) 채무자 회생 및 파산에 관한 규칙 제76조 참조.

13) 채무자 회생 및 파산에 관한 규칙 제75조 참조.

사건규모, 법원의 인적·물적 대응능력 등에 비추어 법원이 적절한 방식을 선택할 수 있으나, 현재까지는 기간방식을 원칙으로 규정한 법률상의 규정에 불구하고 기일방식이 이용되는 예가 많다고 한다.[14] 또한, 일본의 신파산법은 파산재단으로써 파산절차의 비용을 충당하기에 부족할 우려가 있다고 인정되는 경우에는 재판소는 채권신고기간 및 채권조사기간 내지 채권조사기일을 정하지 아니할 수 있다는 규정을 신설하였다(일본의 신파산법 제31조 제2항). 채권신고는 배당에 참가하기 위하여 행하는 것이기 때문에 이시폐지가 예상되는 경우까지 채권신고를 하게 하는 것은 합리적이지 않다고 하는 생각에서 만들어진 규정으로 종래 일부 재판소에서 행해지던 운용방식을 명문화한 것이다.[15]

다. 서울중앙지방법원 파산부의 실무에 있어서도 채권신고의 기간과 채권조사의 기일을 정하도록 규정하고 있는 현행법 제312조에 불구하고, 배당가능성이 없음이 예상되는 파산사건에서 채권자들로 하여금 채권신고를 하게 하는 것은 불필요한 부담을 지우는 것이고, 법원이나 파산관재인의 입장에서도 부담이 된다는 이유로 일반파산채권자에 대한 배당 가능성이 없고 이시폐지될 가능성이 큰 사건에 대한 파산선고를 할 경우에 채권신고기간 및 채권조사기일을 추후로 지정하고, 채권자에게는 채권신고용지를 보내지 아니하며, 제1회 채권자집회에서 채권조사를 행하지 아니하는 방식(이른바 채권조사 추후지정방식)을 시험적으로 운용하고 있다.[16][17]

2. 일반기일에서의 조사

가. 채권조사의 일반기일은 파산선고와 동시에, 채권신고기간의 말일로부터 1주일 이상 1월 이하의 기간 내에서 법원이 정한다(현행법 제312조 제1항 제3호). 주로 채권신고기간 내에 신고가 있은 채권에 대한 조사를 하지만 채권신고기간

---

14) 園尾隆司 외 4인, 주7) 420-421(瀬戸英雄 집필부분)

15) 須藤英章, 宮川勝之, 深山雅也 편저, 新しい破産法解說(초판, 2004), 三省堂, 116.

16) 임치용, 파산법연구2(초판, 2006), 박영사, 46 참조.

17) 이성용, "이시폐지절차의 합리화방안", 사법부지식관리 코트넷 도산법분야연구회 자료실 게시판 2006. 9. 8. 게시자료 참조. 이러한 채권조사 추후지정방식이 현행법 제312조에 법정된 동시결정사항을 무시한다는 비판이 있을 수 있지만 동시결정은 절차지연을 막고 배당을 신속히 하려는 데에 목적이 있는 것이므로 배당지연으로 인한 채권자의 권리침해의 우려가 없는 경우에는 현행법 하에서도 문제가 없다고 한다. 다만 시효중단이나 채무명의 확보 등을 위하여 채권신고를 하려고 하는 경우에는 파산관재인에게 연락하여 파산채권 신고절차를 밟을 수 있다는 내용을 기재한 통지서를 파산채권자에게 보내고 있다.

후에 신고가 있은 채권이라도 파산관재인 및 출석채권자의 동의를 얻어 일반기일에 조사를 할 수 있다(현행법 제453조 제1항).

나. 파산관재인이 채권조사의 일반기일에 출석하지 아니하면 채권의 조사를 할 수 없다(현행법 제452조). 파산관재인은 파산채권자의 채권신고서와 그 첨부서류, 회사에 보관하고 있는 관련 장부, 채무자 및 신고채권자의 진술 등을 대조 검토하여 인부 여부를 결정하여야 한다. 그러나 채권의 발생원인사실의 입증책임은 어디까지나 신고채권자가 지는 것이므로, 채권 시인 여부의 결정은 엄격하게 하여야 한다.

3. 특별기일에서의 조사

가. 채권조사의 특별기일은 신고기간 경과 후에 신고된 채권, 또는 신고기간 경과 후에 신고사항에 관하여 다른 파산채권자의 이익을 해하는 변경이 가해진 채권에 관하여 일반기일에서 조사함에 대하여 파산관재인 또는 다른 파산채권자가 이의한 경우, 또는 일반기일 이후에 채권이 신고된 경우에 채권조사를 위하여 특별히 여는 기일을 말한다(현행법 제453조 제2항, 제454조, 제455조). 실무상 특별기일은 일반기일 이후에 신고된 채권을 조사하기 위하여 여는 경우가 대부분이다.[18]

나. 특별기일은 파산관재인의 신청에 의하여 결정한다. 통상 배당을 앞두고 일반기일 이후 신고된 채권을 배당에 참가시키기 위하여 신청하는 예가 많다. 법원은 특별기일 지정신청이 있으면 비용을 부담하게 되는 조사 대상 채권자에게 비용예납을 명한다(현행법 제453조 제2항 후문). 조사 대상 채권자가 예납명령에 응하지 않으면 파산신청인이 절차의 비용을 미리 납부하지 아니한 때 파산신청을 기각할 수 있도록 한 현행법 제309조 제1항 제1호를 유추하여 채권신고를 각하한다.

다. 한편, 일본의 신파산법에서는 조사 대상 채권자가 특별조사기간 및 특별조사기일에 관한 비용의 예납명령에 응하지 않는 때에는, 재판소가 결정으로 당해 채권신고를 각하하여야 한다는 규정을 신설해두고 있다(일본의 신파산법 제120조 제5항, 제122조 제2항). 이는 구법하의 운용방식을 명문화한 것이다.[19]

18) 법인파산실무, 주2) 306.

4. 채권조사의 대상

가. 채권조사의 대상으로 되는 것은 기준시인 파산선고시[20]에 있어서 신고채권의 존재와 그 채권액, 파산채권으로서의 적격의 유무, 우선권의 유무, 후순위 파산채권의 구분, 별제권자가 신고한 피담보채권액의 존부 및 예정부족액의 당부이다(현행법 제450조, 제448조 제1항).

나. 파산관재인, 파산채권자 및 채무자는 채권조사기일에 신고채권에 대하여 이의를 할 수 있고, 파산관재인 및 파산채권자의 이의는 채권의 확정을 저지한다(현행법 제458조). 법원사무관 등은 채권조사의 결과 및 채무자가 진술한 이의를 파산채권자표에 기재한다(현행법 제459조 제1항).

四. 파산채권의 확정

1. 채권확정제도의 취지

가. 파산절차에 있어서 파산채권의 변제는 파산관재인이 파산재단의 환가에 의하여 얻은 금전을 신고채권의 순위 및 액수에 따라 분배하는 방법에 의하여 이루어지고 있으므로 그 전제로서 신고채권의 순위 및 액을 확정하는 것이 필요하다. 따라서 채권확정절차는 불가결한 것이다.

나. 다만, 일본의 신파산법에서 파산재단을 가지고 파산절차의 비용을 지급함에 부족하여 이시폐지가 예상되는 사안에서는, 파산절차개시결정과 동시에 채권조사기일 등을 지정하지 않는 것도 가능하도록 하였다는 점은 앞서 살펴 본 바와 같다(일본의 신파산법 제31조 제2항). 채권조사는 배당을 위하여 행하여지는 것이므로 배당이 없는 경우에는 채권조사는 필요하지 않다는 점을 고려한 규정이다.[21]

---

19) 須藤英章 외 2인, 주15) 122.

20) 현행법 제423조는 채무자에 대하여 파산선고전의 원인으로 생긴 재산상의 청구권은 파산채권으로 한다고 정의하고 있다.

21) 園尾隆司 외 4인, 주7) 419(瀨戶英雄 집필부분) 참조.

2. 조사기일에 파산관재인 및 파산채권자로부터 이의가 없는 경우

가. 채권조사기일에 파산관재인 및 다른 파산채권자로부터 이의가 없는 신고채권은 신고 내용대로 확정되고(현행법 제458조), 파산채권자표에 기재되면 파산채권자 전원에 대하여 확정판결과 동일한 효력이 부여된다(현행법 제460조). 다만, 채무자의 이의는 채권의 확정을 저지하지는 않으나, 채무자가 이의를 진술하지 아니한 경우에 한하여 파산채권자표의 기재가 채무자에 대하여도 확정판결과 같은 효력을 가지게 된다(현행법 제535조).

나. 여기서 말하는 확정판결과 동일한 효력이 기판력을 의미하는가에 대하여 견해가 나누어져 있다. ① 기판력 긍정설은 확정된 파산채권의 내용은 파산절차 내에서 더 이상 다툴 수 없고, 의결권의 판정이나 배당표의 작성에 있어서 파산채권자표의 기재에 따라야만 할 뿐만 아니라, 파산절차 외에 있어서도 파산채권자 사이에 기판력이 미쳐 확정된다는 것을 의미한다고 한다. 이것은 집단적 권리확정절차의 특질을 고려해서 법이 기판력을 부여한 것이라고 해석한다.[22] 이에 반하여, ② 기판력 부정설은 확정된 파산채권에 기판력을 부정하고, 배당 및 의결권의 판정에 있어서 파산채권자표의 기재에 따라야 한다는 절차 내에서의 불가쟁의 효력이라고 한다.[23] 한편, 대법원은 확정판결과 동일한 효력이라 함은 기판력이 아닌 확인적 효력을 가지고 파산절차 내부에 있어 불가쟁의 효력이 있다는 의미에 지나지 않는다고 판시하여 기판력 부정설을 취하고 있다.[24]

사견으로는, 기판력이라고 함은 법원의 재판에 기하여 원칙적으로 소송당사자 사이에서만 발생하는 것임에 반하여 파산절차에 관한 현행법 제460조에서는 기일에 출석하지 않은 채권자, 신고를 하지 않은 채권자를 구별하지 않고 파산채권자 전원에 대하여 확정판결과 동일한 효력이 미친다고 규정하고 있는 점, 채권의 확

22) 伊藤 眞, 破産法(第4版 補訂版, 2006), 有斐閣, 448.

23) 宗田親彦, 破産法概說(新訂 第2版, 2005), 慶應義塾大學出版會, 277.

24) 대판 2006. 7. 6. 2004다17436(미간행), 대법원은 정리채권자표 기재의 효력에 관하여 동일한 내용을 규정하고 있는 구 회사정리법(2005. 5. 31. 법률 제7428호 채무자 회생 및 파산에 관한 법률 부칙 제2조로 폐지, 이하 '구 회사정리법'이라고만 한다) 제145조의 해석에 관하여도 위 법조에서 말하는 확정판결과 동일한 효력이라 함은 기판력이 아닌 확인적 효력을 가지고 정리절차 내부에 있어 불가쟁의 효력이 있다는 의미에 지나지 않는다고 판시하였다[대판 1991. 12. 10. 91다4096(공1992, 469), 대판 2003. 5. 30. 2003다18685(공2003, 1452)].

정절차가 법원의 재판을 거치지 않고 파산관재인 및 파산채권자의 의사에 기하여 수많은 파산채권이 획일적으로 확정되는 점 등에 비추어보면 파산채권자표 기재에 부여되는 확정판결과 동일한 효력이라고 하는 것은 확정된 채권의 내용을 파산절차 내에서는 더 이상 다툴 수 없다는 불가쟁의 효력이라고 해석하는 기판력 부정설이 타당하다고 생각한다.[25]

3. 조사기일에 파산관재인 및 파산채권자로부터 이의가 진술된 경우

가. 파산관재인 또는 파산채권자가 채권조사기일에 채권에 대하여 이의를 진술한 때에는 그 채권의 확정이 저지되므로 별개의 파산채권확정절차에 의하여 그 채권의 존부나 내용이 확정된다. 채권확정절차는, ① 채권조사확정의 재판(현행법 제462조)과 ② 채권조사확정재판에 불복하는 자가 제기하는 이의의 소(현행법 제463조), ③ 이의채권에 관하여 파산선고 당시 소송이 계속되어 있는 경우 채권확정소송으로의 수계(현행법 제464조) 및 ④ 집행력 있는 집행권원이나 종국판결 있는 채권에 관하여 이의가 있는 자가 다투는 소송절차(현행법 제466조)의 4가지로 구성되어 있다.

나. 채권조사확정의 재판(현행법 제462조)

(1) 파산채권조사에서 신고한 파산채권의 내용에 대하여 파산관재인 또는 파산채권자가 이의를 한 때에는 그 파산채권(이의채권)을 보유한 파산채권자는 그 내용의 확정을 위하여 이의자 전원을 상대방으로 하여 법원에 채권조사확정재판을 신청할 수 있다(제462조 제1항 본문).

(2) 채권조사확정재판절차는 현행법에서 신설된 것이다. 구 파산법은 채권신고에 대하여 이의가 진술된 경우에는 곧바로 변론절차를 거치는 파산채권확정소송을 통하여 권리를 확정하도록 하고 있었다. 그러나 변론절차를 거치는 소송을 통한 채권확정절차는 지나치게 많은 시간과 비용이 소요되어 파산절차를 지연시키는 원인이 된다고 비판을 받아왔다. 현행법은 이러한 점을 감안하여 변론절차를 거치는 소송을 제기하기에 앞서 보다 간이·신속한 결정절차인 조사확정재판 절차

---

25) 구 회사정리법 제145조의 '확정판결과 동일한 효력'의 해석에 관한 일본 및 국내의 학설 및 판례의 내용에 대한 자세한 논의는 임치용, "정리채권의 확정절차와 그 불복방법", 파산법연구(초판, 2004), 박영사, 280-287 참조.

를 거치고 이에 불복이 있는 경우에 한하여 조사확정재판에 대한 이의의 소를 제기하여 소송절차에서 다투도록 하고 있다.[26] 한편, 일본의 신파산법에서도 파산채권사정결정절차를 도입하였다. 사정결정절차는 판결절차가 아닌 결정절차에 의해 신속한 심리를 실현할 수 있고 파산절차를 주재하고 있는 재판소가 심리를 하는 등의 특징이 있으며, 파산절차의 신속화에 도움이 될 것으로 기대된다고 한다.[27]

(3) 채권조사확정재판의 신청은 이의가 있는 파산채권에 관한 조사를 위한 일반조사기일 또는 특별조사기일로부터 1월 이내에 하여야 한다(현행법 제462조 제5항). 구 파산법에는 채권확정소송의 제기기간에 제한이 없었으나, 현행법은 채권조사확정재판의 신청기간을 제한하고 있다. 이는 신속한 채권의 확정을 도모하기 위한 것이다.

(4) 채권조사확정재판은 결정절차이지만 일반적인 결정절차와는 달리 필요적으로 이의자를 심문하여야 한다(현행법 제462조 제3항). 채권조사확정재판에서 정할 대상은 이의가 있는 파산채권의 존부와 그 내용이지 신청의 당부가 아니다(현행법 제462조 제2항).

다. 채권조사확정재판에 대한 이의의 소(현행법 제463조)

(1) 채권조사확정재판에 대하여 불복이 있는 경우에는 이에 대한 이의의 소를 제기하여야 한다(제463조 제1항).

(2) 이의의 소는 채권조사확정재판의 결정서를 송달받은 날로부터 1월의 불변기간 이내에 제기하여야 한다(제463조 제1항).

(3) 이의의 소의 판결은 그 소가 부적법하여 각하하는 경우를 제외하고는 채권조사확정재판의 결정을 인가하거나 변경하는 판결을 하여야 한다(제463조 제5항).

라. 이의채권에 관한 소송의 수계(현행법 제464조)

(1) 파산선고 당시 이미 이의채권에 관하여 소송이 계속중인 경우에 새로이 조사확정재판 등을 제기하도록 하는 것은 비용과 시간의 측면에서 비경제적이고,

---

26) 법인파산실무, 주2) 307.

27) 伊藤 眞, 주22) 450 참조.

종래 소송의 경과를 무시하는 것이 되어 공평에 반하므로, 이러한 경우에는 조사확정재판과 이에 대한 이의의 소를 제기하는 대신에 중단된 소송을 수계하도록 하였다.

(2) 이의채권의 보유자는 이의자 전원을 상대방으로 하여 소송을 수계하여야 한다(제464조). 파산절차에 관하여는 수계신청의 시기를 제한하는 규정은 존재하지 아니한다.

마. 집행력 있는 집행권원이나 종국판결 있는 채권의 확정소송(현행법 제466조)

(1) 집행력 있는 집행권원이 있는 채권은 강제집행에 착수할 수 있는 지위에 있고, 종국판결을 얻은 채권은 권리의 존재에 관하여 고도의 추정력이 있는 재판을 받은 것이므로 법은 이러한 점을 존중하여 이의채권에 관하여 집행력 있는 집행권원이 있거나 종국판결이 있는 경우에는 이의자는 채무자가 할 수 있는 소송절차에 의하여만 이의를 주장할 수 있는 것으로 규정하고 있다(제466조 제1항).

(2) 집행력 있는 집행권원 또는 종국판결이 있는 파산채권에 관하여 파산선고 당시에 이미 소송이 계속중인 경우 이의자가 이의를 주장하고자 하는 때에는, 이의자가 이의채권의 보유자를 상대로 하여 그 소송을 수계하여야 한다(제466조 제2항).

(3) 구체적으로는 집행력 있는 집행권원에 대하여는 재심의 소, 청구이의의 소 등으로써, 미확정의 종국판결의 경우에는 상소로써 이의를 주장하여야 한다.

五. 파산채권 확정에 관한 소송과 청구원인의 제한

1. 청구원인의 제한 취지

현행법 제465조는 파산채권자는 파산채권자표에 기재한 사항에 한하여 채권조사확정재판의 신청을 하거나 채권조사확정재판에 대한 이의의 소를 제기하거나 이의채권에 관한 소송을 수계할 수 있도록 규정하고 있고, 집행권원이 있는 채권에 대하여 이의자가 다투는 소송절차에도 같은 규정을 준용하고 있다(현행법 제

466조 제3항).[28]

따라서 채권신고를 해서 채권조사기일에 조사되어 이의의 대상이 된 사항(채권의 존재 또는 속성)만이 채권조사확정재판 등의 심판대상이 되고, 채권자는 파산채권자표에 기재된 이의사항이 아닌 권리 등의 확정을 구할 수 없다. 만일 파산채권자표에 기재되지 않은 사항의 확정을 구할 수 있다고 한다면, 그 사항은 채권조사확정재판 등의 당사자 사이에서만 확정되는 것이 되고, 파산채권의 확정을 파산관재인 및 모든 파산채권자의 이의에 의해 결정하는 법(현행법 제458조)의 취지에 반하고, 재판의 당사자가 되지 못한 파산관재인이나 다른 채권자의 이의권을 침해하는 것이 된다.[29] 즉, 현행법 제465조에서 청구원인을 제한하는 취지는 모든 이의권자에게 이의를 진술할 기회를 보장하기 위한 것이다.

2. 채권확정에 관한 소송에서의 심판대상의 제한

가. 채권조사기일에 이의의 대상으로 되는 것은 신고채권의 존재와 그 채권액, 파산채권으로서의 적격의 유무, 우선권의 유무, 후순위 파산채권의 구분, 별제권자가 신고한 피담보채권액의 존부 및 예정부족액의 당부이다(현행법 제450조, 제448조 제1항). 법원사무관 등은 이의가 있는 채권에 대한 이의자 및 이의의 내용을 파산채권자표에 기재할 것을 요한다(현행법 제459조 제1항). 따라서 이 파산채권자표에 이의가 기재된 구체적 사항만이 채권조사확정재판 등의 심판대상이 된다. 채권자는 파산채권자표에 기재되지 않은 권리를 새로이 주장할 수 없으며, 파산채권자표에 기재된 것보다 다액의 채권액이나 새롭게 우선권을 주장할 수는 없다.[30]

28) 한편, 회생절차에 관한 현행법 제173조는 '주장의 제한'이라는 제목 아래 회생채권자 또는 회생담보권자는 채권조사확정재판, 제171조 제1항의 규정에 의한 채권조사확정재판에 대한 이의의 소 및 제172조 제1항의 규정에 의하여 수계한 소송절차에서 이의채권의 원인 및 내용에 관하여 회생채권자표 및 회생담보권자표에 기재된 사항만을 주장할 수 있다고 규정하고, 현행법 제174조 제3항은 집행권원이 있는 채권에 대하여 이의자가 다투는 소송절차에도 제173조를 준용한다고 규정하고 있어 파산절차에 관한 현행법 제465조 및 제466조 제3항과 동일한 취지의 규정을 두고 있다. 구 회사정리법 제150조, 제152조 제2항에서도 동일한 내용의 규정이 있었다.

29) 齋藤秀夫·麻上正信·林屋礼二 編, 注解 破産法(下)(第三版, 1999), 青林書院, 541. 三ヶ月章, 竹下守夫, 霜島甲一, 前田庸, 田村諄之輔, 青山善充, 條解 會社更生法(中)(第3次 補訂, 1999), 弘文堂, 768.

30) 다만, 신고보다 적은 액을 주장하거나, 권리의 우선순위에 있어서 신고된 것보다 후순위를 주장하는 것은 그에 대한 이의권을 보장하지 않아도 이의권자의 이익을 해하지 않기 때문에 허용된다. 三ヶ月章 외 5인, 주29) 772 참조.

그러므로 파산채권자표에 기재되지 않은 권리, 액, 우선권의 유무 등의 확정을 구하는 파산채권확정의 소 또는 파산채권자표에 기재되지 않은 권리에 관하여 소송이 계속되어 있는 경우의 그 수계신청 등은 모두 부적법하다.[31]

나. 사례

(1) 대판 2000. 11. 24. 2000다1327[32]

이 판결의 사안은 지연손해금에 관하여 파산채권으로 신고하지 아니하였음에도 불구하고 파산채권확정의 소의 대상으로 삼은 경우이다. 대법원은 파산채권자는 파산채권자표에 기재한 사항에 관하여서만 채권확정의 소를 제기하거나 파산 당시에 이미 계속되어 있는 소송을 수계할 수 있으므로, 채권조사기일까지 신고하지 않은 채권을 새로이 주장할 수는 없으며, 파산채권자표에 기재된 것보다 다액의 채권액이나 새롭게 우선권을 주장할 수는 없고, 따라서 파산채권자표에 기재되지 않은 권리, 액, 우선권의 유무 등의 확정을 구하는 파산채권확정의 소 또는 파산채권자표에 기재되지 않은 권리에 관하여 소송이 계속되어 있는 경우의 그 수계신청 등은 모두 부적법하며, 파산채권확정을 구하는 소에서 파산채권신고 여부는 소송요건으로서 직권조사 사항이라고 판시하면서 지연손해금 부분을 파기하고, 그 부분 소를 각하하였다.

(2) 대판 2002. 4. 23. 2002다8308[33]

이 판결의 사안은 원고가 확정을 구하는 파산채권 중 원금 12억 원 상당의 지급인수채권에 대하여는 채권조사기일까지 그 신고를 하지 아니하여 위 금액이 채권자표에 기재된 사실이 없음에도 파산채권확정의 소의 대상으로 삼았고, 원심이 이를 인용하였다. 대법원은 이 부분을 파기하여 각하하였다.

3. 청구원인의 제한 정도

가. 문제의 제기

주로 논의가 되고 있는 것은 채권확정에 관한 소송에서 주장할 수 있는 청구원인을 어느 정도까지 제한 또는 허용할 것인가 하는 점이다. 즉 파산채권자표에

31) 齋藤秀夫 외 2인, 주29) 541. 대판 2007. 4. 12. 2004다51542(공2007, 671) 등 참조.

32) 공2001, 124

33) 미간행

기재되어 있는 권리에 대신하여 이것과 급부내용 또는 수액에 있어서 같고 청구의 기초는 동일하지만, 그 발생원인을 달리 하는 다른 권리의 확정을 구할 수 있는가 하는 점이다.

나. 학설의 대립

(1) 채권자표에 기재된 채권과 청구의 기초는 동일하지만 청구의 원인을 달리 하는 권리의 확정을 구하는 것은 허용되지 아니한다는 학설

파산채권자표에 기재된 권리 이외의 권리에 대하여 확정을 구하는 것을 제한하고 엄격하게 해석하여 독립된 채권확정소송, 수계 후의 소의 변경, 반소 제기 등을 묻지 않고 모두 허용되지 않는다고 하는 견해가 있다.[34)]

(2) 청구의 기초에 변경이 없고 사회경제적으로 동일한 이익을 목적으로 하는 경우에는 허용된다는 학설

파산채권자표에 기재되어 있는 권리와 다른 원인에 기한 권리라고 하여도 청구의 기초에 변경이 없는 한 소의 변경에 의해 주장하는 것이 가능하다거나[35)], 경제적으로 동일하다고 인정된다면 법률상 별개의 권리라도 좋다고 하는 견해[36)], 법률상의 성질은 다르더라도 발생원인사실로부터 동일한 채권이라고 평가되는 경우라면 파산채권자표에 기재된 신고사항과 다른 주장을 하는 것도 허용된다는 견해[37)] 등이 이에 해당한다.

일반론으로는 파산채권자표에 기재되지 않은 권리를 채권확정소송의 당사자 사이에서만 확정하는 것은 소송당사자 이외의 파산채권자와 파산관재인의 이의권을 침해하는 것이 되지만, 한편 파산채권신고의 단계에 있어서 채권자에게 그 권리에 대하여 법적으로 적절한 원인을 결정하도록 기대하는 것은 사실관계의 불명확 및 법적 의미의 이해가 불충분할 가능성을 고려한다면 가혹한 경우도 있다. 그래서 신고채권을 채권확정소송에서 적절한 채권으로 변경할 수 없는 신고채권자의 불이익과 비교해보면, 조사기일에 신고채권자의 권리에 대해서 이의를 하지 않고 신고채권자가 파산채권자가 되는 것에 대해서 이의하지 않은 파산관재인과 다른

34) 加藤正治, 破産法要論(新訂增補, 1952), 有斐閣, 367면과 石原辰次郎, 破産法和議法實務總攬(全訂版, 1966), 酒井書店, 454면의 견해라고 한다{齋藤秀夫 외 2인, 주29) 542 참조}.

35) 松田二郎, 會社更生法(增補版, 1968), 有斐閣, 125면의 견해라고 한다{齋藤秀夫 외 2인, 주29) 542 참조}.

36) 青山善充, "裁判に現れた會社更生法の諸問題", 民訴雜誌 16号, 300면의 견해라고 한다{齋藤秀夫 외 2인, 주29) 542 참조}.

37) 伊藤 眞, 주22) 455.

파산채권자가 사회경제적으로 동일한 이익을 목적으로 하는 권리로 변경된 채권확정소송의 대상에 대해서 이의를 진술하지 않았다고 하여도 파산관재인과 다른 파산채권자의 이익을 부당하게 침해하는 것이라고 말할 수는 없다고 한다.[38]

여기서 '사회경제적으로 동일한 이익을 목적'으로 하는 권리인지 여부는 2개의 권리가 실체법상 1회의 급부만을 인정하도록 하는 권리인지 여부에 따라 판정해야 한다고 한다.[39]

다. 판례의 태도

(1) 우리나라

(가) 서울고판 2000. 7. 21. 2000나13339[40]는 파산절차에 관한 현행법 제465조와 동일한 취지의 구 회사정리법 제150조를 해석함에 있어 약속어음금 채권을 신고하였다가 정리채권확정소송에서 손해배상채권을 주장하는 것은 허용되지 않는다고 판시하였다. 위 사례에서 원고는 제1심에서 약속어음금 채권에 기하여 정리채권의 확정을 구하다가 청구가 기각되자, 항소심에서 예비적으로 정리회사의 피용자가 사무집행에 관하여 한 약속어음의 배서행위로 원고가 입은 손해에 대한 정리회사의 사용자책임을 묻는 손해배상채권의 확정을 구하는 청구를 추가하였으나 원고가 정리법원에 약속어음 배서행위로 인한 약속어음금 채권만을 신고하였을 뿐 원고가 예비적으로 구하는 위 손해배상금채권을 신고한 바 없다는 이유로 예비적 청구에 관한 소가 각하되었다. 위 사례는 채권자표에 기재된 채권과 청구의 기초는 동일하지만 청구의 원인을 달리하는 권리의 확정을 구하는 것은 허용되지 아니한다는 견해를 취한 것으로 보인다.

(나) 대판 2007. 4. 12. 2004다51542[41]는 파산채권자표에 기재된 권리와 청구의 기초에 변경이 없고 사회경제적으로 동일한 이익을 목적으로 하는 권리의 확정을 구하는 것은 허용된다고 보는 견해를 취하고 있다.

예금자들이 파산법원에 예금채권으로 신고하였으나, 파산채권확정의 소에서 선택적 청구로서 예금 관련 금융기관의 사용자책임으로 인한 손해배상채권의 확정을 구한 사례에서 이 사건의 원심(대구고판 2004. 8. 27. 2003나2407)은 원고들이 파산법원에 예금채권에 관하여 파산채권신고를 한 후 파산채권확정의 소에서 파산자의 직원 소외인의 불법행위로 인한 사용자 책임에 기한 손해배상액 상당의

38) 齋藤秀夫 외 2인, 주29) 542. 三ケ月章 외 5인, 주29) 770-771.

39) 三ケ月章 외 5인 주29) 772.

40) 상고되지 않고 확정됨.

41) 공2007, 671.

파산채권확정을 구하는 청구부분은 파산채권자표에 기재되지 않은 권리의 확정을 구하는 것으로서 부적법하다고 하였다.

그러나 대법원은 원고들이 파산법원에 신고한 금융기관인 파산자에 대한 각 예금채권과 위 각 예금채권의 발생원인인 예금계약이 파산자를 대리한 그 직원 소외인의 비진의 의사표시이어서 무효로 되는 경우 원고들이 파산자에 대하여 가지게 되는 피용자의 불법행위로 인한 예금 상당액의 손해배상채권은 비록 그 법률상의 성격은 다르더라도 그 발생원인사실이 동일할 뿐만 아니라 사회경제적으로 동일한 채권으로 평가되는 경우이고 또한 그 신고의 경위 및 내용에 비추어 파산관재인이나 다른 채권자들의 이의권을 실질적으로 침해하는 것도 아니므로, 원고들은 이 사건 파산채권확정의 소에서 위와 같은 내용의 손해배상채권의 확정을 구할 수 있다고 판시하였다.

본 판결은 그 논거에 대해 다음과 같이 설시하고 있다. 채권조사기일까지 신고하지 아니한 채권을 새로이 주장할 수 없도록 하는 것은 소송당사자가 되지 못한 파산관재인이나 다른 채권자의 이의권 행사의 기회를 보장하기 위한 것인데, 다른 한편 신고채권자의 입장에서 보면 채권신고의 단계에서 그 권리에 관한 충분한 법률적 검토를 거쳐 정확히 신고한다는 것은 사실관계의 불명확성까지 감안할 때 매우 어려운 일이다. 따라서 채권신고 단계에서 법률구성을 잘못한 결과를 오로지 신고채권자의 자기책임으로 돌리기보다는 신고채권자와 다른 채권자 등과의 이해관계를 합리적으로 조정할 필요가 있다는 입장에서 본다면 확정소송절차에서 당초의 신고채권과 그 발생원인사실부터 별개의 채권으로 보이는 것의 확정을 구하는 것은 허용되지 않는다 할 것이지만, 파산채권자표에 기재되어 있는 권리와 급부의 내용이나 수액에 있어서 같고 청구의 기초가 동일하지만 그 발생원인을 달리 하는 다른 권리의 확정을 구하는 경우와 같이 비록 법률상의 성격은 다르더라도 사회경제적으로 동일한 채권으로 평가되는 권리로서 그 채권의 확정을 구하는 것이 파산관재인이나 다른 채권자 등의 이의권을 실질적으로 침해하는 것이 아니라면 그러한 채권의 확정을 구하는 것은 허용된다고 봄이 상당하다.

(2) 일본

(가) 日大判 1936. 10. 16.[42]은 채권자가 소비대차상의 연대보증채무에 관한 권리로 신고한 것을, 파산채권확정의 소를 제기한 후에, 준소비대차상의 연대보증채무에 관한 권리이고 자신이 계약당사자인 것은 아니며, 계약당사자로부터 양수한

42) 일본 民集 15, 1825.

것이라고 주장을 변경한 사례에서 채권의 동일성을 해하지 않는 한, 신고의 원인으로 기재한 권리의 발생사실에 다소의 부가변경을 하여도 지장을 주지 않는다는 이유로 위와 같은 주장의 변경을 허용하였다.

(나) 그러나 회사정리절차에 관한 日大阪地裁 1954. 6. 17.[43]은 정리채권자표에 기재된 매매대금 채권과 다른 약속어음 채권의 확정을 구하는 소송은 허용되지 않는다고 하였고, 日東京地裁 1955. 10. 28.[44] 역시 매매대금 채권으로 신고하였다가 채권확정소송 제기 후 위임계약상의 채권으로 주장을 변경하는 것은 부적법하다고 하였다.

라. 검토

사견으로는 채권조사확정재판 등에서 주장할 수 있는 청구원인을 엄격하게 해석하는 것보다는 파산채권확정재판 등에서 주장하는 청구의 내용이 파산채권자표에 기재된 권리와 비교하여 청구의 기초에 변경이 없고 사회경제적으로 동일한 이익을 목적으로 하는 경우에는 이의권자의 이의권을 실질적으로 침해하는 것이 아니기 때문에 허용된다고 유연하게 해석하는 견해가 타당하다고 생각한다.

따라서 앞서 살펴 본 일본의 하급심 판례처럼 정리채권자표에 기재된 매매대금 채권과 다른 약속어음 채권의 확정을 구하는 소송은 허용되지 않는다고 한 사례와 매매대금 채권으로 신고하였다가 채권확정소송 제기 후 위임계약상의 채권으로 주장을 변경하는 것은 부적법하다고 한 사례는 모두 그 결론이 부당하다고 생각된다.

위와 같은 경우 전자의 사례에서의 약속어음금 채권과 손해배상금 채권 또는 후자의 사례에서의 매매대금 채권과 위임계약상의 채권은 비록 법률적인 근거를 달리한다고 하여도 청구의 기초에 변경이 없고 사회경제적으로 동일한 이익을 목적으로 하는 경우에 해당되어 관리인이나 다른 채권자들의 이의권을 실질적으로 침해하는 것이 아니므로 채권자 보호를 위하여 파산채권확정소송에서 주장의 변경을 허용하는 것이 타당하다고 생각된다. 일본의 하급심 판례처럼 엄격한 해석을 하게 되면 채권자에게 가혹한 결과가 초래될 수 있다. 마찬가지 이유로 서울고판 2000. 7. 21. 2000나13339의 판시도 부당하다고 할 것이다.

---

43) 일본 判タ 42号, 63.
44) 일본 下民集 6-10, 2291.

4. 이의자가 이의 사유에 구속되는지 여부

채권조사기일에 파산관재인이 이의를 진술하는 경우 실무상 파산채권자표의 비고란에 간략한 이유를 기재하고 있다. 그러나 파산관재인이 신고된 채권에 대한 이의를 하면서 그 이유를 진술할 의무가 없으므로 후일 파산채권의 확정에 관한 소송에서 그 진술에 구속될 이유가 없다.[45] 파산관재인이 이의자인 때에는 파산관재인은 부인권을 행사할 수 있는 이외에 채무자가 주장할 수 있는 여러 가지 항변을 주장할 수 있다. 이에 대하여 파산채권자가 이의자인 경우에는 채무자가 주장할 수 있는 항변권은 그 행사에 의하여 일반적으로 재단에 속하는 권리의 소멸도 수반하므로 파산채권자는 원칙적으로 이를 주장할 수 없다.[46]

六. 결론

이상에서 파산채권자의 파산절차의 참가와 파산채권의 확정절차, 특히 그 청구원인의 제한의 의미에 대하여 살펴보았다. 청구원인의 제한과 관련하여 大判 2007. 4. 12. 2004다51542는 파산채권자는 파산채권자표에 기재한 사항에 관하여서만 채권확정의 소를 제기할 수 있다고 규정한 구 파산법 제220조를 해석함에 있어서 파산관재인이나 다른 채권자의 이의권을 실질적으로 보장하면서도 채권신고단계에서 자신의 채권에 대한 법률상 분석을 충분히 하지 못한 신고채권자가 채권확정소송에서 적절한 다른 채권으로 변경하지 못함으로써 입게 되는 불이익을 최소화하기 위한 조화로운 해석을 시도하고 있다. 파산채권확정소송에서 채권자가 파산채권자표에 기재된 권리와 청구의 기초에 변경이 없고 사회경제적으로 동일한 이익을 목적으로 하는 권리의 확정을 구하는 것은 비록 법률상의 성격은 다르더라도 사회경제적으로 동일한 채권으로 평가할 수 있으므로 그러한 주장의 변경을 허용하는 위 판결의 태도는 타당하고, 채권조사확정재판 등에서 주장할 수 있는 청구원인의 변경에 대한 기준을 제시한 의미 있는 판결이라고 생각된다.[47]

45) 서울중앙지판 2000. 9. 5. 99가합65245 참조. 한편, 伊藤 眞, 주22) 455은 파산채권자가 이의를 한 경우에는 파산관재인이 이의를 한 경우와는 구별하여 일본 파산규칙 제39조 제1항 전단, 제43조 제1항 전단에서 이의의 이유를 부기할 것이 절차상의 의무로 되어 있으므로 후에 그것과 다른 이유를 주장하는 것은 신의칙 위반으로 될 가능성이 있다고 한다. 우리나라의 채무자회생 및 파산에 관한 규칙에는 파산채권자에게 위와 같은 의무를 부과하는 규정이 없다.

46) 齋藤秀夫 외 2인, 주29) 543. 전병서, 파산법(제2판, 2001), 한국사법행정학회, 291-292.

47) 위 대법원 판례에서 제시한 기준은 파산절차에 관한 현행법 제465조뿐만 아니라 회생절차에 관한 현행법 제173조에도 똑같이 적용될 수 있다고 생각된다.

각 도산절차상 면책의 효력 및 그 비교

수원지방법원 평택지원 지원장 이 동 원

〈目 次〉

一. 서론

1. 일반론

「채무자 회생 및 파산에 관한 법률」(이하 법이라 한다)은 회생, 개인파산, 개인회생의 각 절차에서 채무자에 대한 면책규정을 두고 있다. 면책은 회생, 개인파산, 개인회생의 각 절차에서 변제되지 아니한 잔여 채무에 관하여 채무자에게 그 책임을 면제하는 것을 말한다. 법이 이와 같은 면책규정을 두고 있는 것은 채무자의 갱생을 도모하기 위한 것이다.

한편, 법인파산절차에는 면책제도가 없다. 법인파산의 경우 파산절차를 통하여 법인에 대한 해체·청산이 마쳐지면 법인격이 소멸하게 되고, 잔여재산이 없는 한 채무자의 법인격 소멸에 의하여 채권 역시 소멸하게 되므로, 면책은 문제가 되지 않는다. 법인파산절차가 종료한 후에도 잔여재산이 있어서 추가로 청산작업을 해야 되는 경우가 종종 있기는 하나, 그 경우에도 청산종결이 되면 법인격이 소멸되므로 면책규정을 둘 필요는 없는 것이다.

다만, 법인파산절차(개인파산절차에서도 마찬가지이다)에서도, 파산채권으로 신고된 채권에 관하여 채권조사기일에서 이의가 있음에도, 신고한 파산채권자가 그 내용의 확정을 위하여 조사기일로부터 1월 이내에 채권조사확정재판을 신청하지 아니한 경우에는 후에 이의가 철회되는 경우를 제외하고는 사실상 파산절차에서 그 권리를 행사할 수 없게 되므로, 그 채권에 관하여는 파산절차의 진행에 있어서 면책된 것과 유사한 취급을 하게 된다.

그리고 법인파산절차(개인파산절차에서도 마찬가지이다)에서 파산채권이 확정된 후에도 채권신고를 취하할 수 있는가의 문제가 있지만, 장래를 향하여 파산절차에 참가하지 않고 배당을 받을 권리를 포기하겠다는 의사표시로 보아 이를 긍정하는 것이 타당하다고 할 것이고, 실무상으로도 파산채권의 확정 후 신고취하를 인정하고 있는데[1], 이 경우 신고취하는 배당수령권의 포기를 의미하므로, 다시 채권신고를 하는 것이 허용되지 않는다. 따라서 파산채권이 확정된 후에 채권신고를 취하한 경우 역시, 사실상 그 채권에 관하여는 파산절차의 진행에 있어서 면책된 것과 유사한 취급을 하게 된다.

---

1) 서울중앙지방법원 파산부실무연구회, 법인파산실무(제2판, 2006), 박영사, 295.

2. 헌법위반의 논의

면책제도에 관하여는 헌법위반 여부에 대한 논의가 종종 있어 왔다. 이와 관련하여, 헌법재판소는 1996. 1. 25. 선고 93헌바5 · 58 결정으로, 구 회사정리법 제241조(법 제251조에 해당) 중 "정리계획인가의 결정이 있은 때에는 계획의 규정 또는 본법의 규정에 의하여 인정된 권리를 제외하고 회사는 모든 정리채권에 관하여 그 책임을 면하며" 부분은 헌법에 위반되지 아니한다고 판시하였다. 헌법위반의 이유로 제시된 여러 논점에 대하여는, ① 재정적 궁핍으로 파탄에 직면하였으나 갱생의 가망이 있는 회사의 정리 · 재건이라는 회사정리절차의 목적과 정리채권의 성격, 그리고 재산권의 행사는 공공복리에 적합하도록 하여야 한다고 규정하고 있는 헌법 제23조 제2항의 취지 등에 비추어 볼 때, 위 법조항부분이 위와 같은 목적의 달성을 위하여 신고기간 내에 신고가 이루어지지 않거나 정리채권자를 포함한 이해관계인들로 구성된 관계인 집회의 결의와 법원의 인가를 거쳐 성립되고 집단적 화해로서의 의미를 가지는 정리계획의 규정에 의하여 감면되거나 변경된 정리채권에 대하여 예외적으로 회사의 이행책임을 전부 혹은 일부 면제하고 있다고 하더라도 그것만으로 정리채권이라는 재산적 권리가 형해화할 정도에 이르러 그 본질적 내용이 침해되었다고 단정할 수 없고, ② 위 법조항부분은 정리채권자 등 이해관계인의 조정적 손실분담을 통하여 회사사업의 신속하고 효율적인 정리 · 재건을 도모함으로써 정리채권자를 포함한 이해관계인들과 전체 국가사회의 경제적 손실을 최소화하려는 긴급한 공익적 목적의 달성을 위하여 인가된 정리계획에 의하여 인정되지 아니하는 정리채권에 대하여 일률적으로 회사가 면책되도록 하는 수단을 택하였고, 제한되는 권리도 권리자의 고의 혹은 그에게 책임 있는 사유로 신고기간 내에 신고를 하지 아니함으로써 정리계획에 포함되지 아니한 정리채권과 이해관계인들의 집단적 화해를 통하여 성립된 정리계획에 의하여 감축되거나 변경된 범위내의 정리채권에 한정되는 것이므로 그 목적의 정당성, 수단의 상당성, 침해의 최소성, 법익의 균형성을 갖추어 과잉금지의 원칙에 반하지 아니하며, ③ 정리채권자가 회사에 대하여 정리계획과 관계없이 언제라도 자신의 권리를 주장할 수 있다고 한다면 신속하게 각 이해관계인의 이해를 조정하여 정리계획을 세우고 그 계획에 따라 회사의 재건을 도모한다는 회사정리제도의 목적달성에 중대한 장애가 초래될 소지가 크므로 신고기간 내에 신고하여 정리절차에 참가한 정리채권자와 신고하지 아니함으로써 정리절차에 참가하지 아니한 정리채권자의 권리내용에 차등을 두는 것은 합리적 이유가 충분하고, 정리채권자의 권리는 신고되지 아니하는 한 회사에 대하여 그 존부가 불확실함에 반하여, 주주의 권리는 회사가 그 존재 자체에 대하여 이를 다툴 수 있는 성질의 것이 아니고 주식의 수와 내용 및 그 귀속주체 또한 회사에 현저한 사항일 뿐만 아니라, 주식회사의 본질상 주주는 회사의 잔여재산이 있는 이상 그에 대하여 균등한 비율의 권리를 가져야 마땅하다는 점 등에 비추어 볼 때 신고하지 아니한 정리채권자를 신고하지 아니한 주주에 비하여 합리적 이유없이 차별대우하는 것이라고 할 수 없다는 등의 근거를 들어 모두 배척하였다.

위와 같은 헌법재판소의 판단근거에 비추어 보면, 현행법상 회생절차에서의 면책은 물론, 개인파산 및 개인회생의 각 절차에서의 면책에 관하여도 헌법위반 여부는 그리 문제될 것이 없어 보인다.

3. 이하 논의의 대상

이하에서는 회생, 개인파산, 개인회생의 각 절차에 있어서의 면책의 효력에 관하여 살펴보고[2], 각 절차상의 면책제도를 비교해 보기로 한다. 아울러 최근 들어 재판의 실무에서 문제가 되고 있는 외국도산절차에서의 면책재판이 국내에서 어떠한 효력을 갖는지에 대하여도 간단히 언급하기로 한다.

二. 회생절차상 면책의 효력

1. 의의

회생계획 인가결정이 있으면, 채무자는 회생계획이나 법의 규정에 의하여 인정된 권리를 제외한 모든 회생채권과 회생담보권에 관하여 그 책임을 면하며, 주주·지분권자의 권리와 채무자의 재산상에 있던 모든 담보권은 소멸한다(법 제251조 본문). 따라서 회생절차 중에 목록에 기재되지 아니하거나 신고하지 않은 권리(예외적으로 회생계획에서 존속하는 것으로 정한 경우는 제외), 회생계획에서 존속할 것을 정하지 않은 권리는 모두 실권하게 된다.

하지만 법 제147조에 의하여, 관리인의 목록제출의무 제도를 도입한 현행법 하

2) 서울중앙지방법원 파산부실무연구회, 회생사건실무(하)(제2판, 2008), 박영사, 83 이하와 같은 실무연구회, 개인파산·회생실무(제2판, 2008), 박영사, 179 이하, 444 이하를 주로 참조하였다.

에서 관리인이 당해 채권자의 채권의 존재를 알면서도 채권자 목록에 기재하지 아니하고 채권자도 회생절차 개시사실을 통지받지 못하는 등의 사정으로 채권신고를 하지 못한 경우, 과연 당해 채권을 실권된 것으로 보아야 하는지 논란이 있을 수 있다. 왜냐하면 회사정리법하에서 채권자의 실권을 정당화하는 중요한 근거 중의 하나는 당해 채권자가 신고를 할 수 있었음에도 불구하고 이를 해태한 이상 그 책임을 져야 한다는 데 있었는데[3], 현행법은 채권자의 실권을 방지하기 위한 목적에서 관리인에게 목록제출의무를 지우고 있기 때문에, 관리인의 악의적인 목록제출의무 위반과 채권자의 회생절차개시사실 부지에 의한 채권 미신고가 결합된 경우까지 당해 채권이 실권되었다고 보는 것은 고의로 의무를 위반한 자를 보호하고 상대방의 권리를 박탈하는 것이 되어 부당하고 헌법상의 적법절차의 원리에도 반한다고 볼 여지가 있을 뿐만 아니라[4] 법이 신설한 관리인의 목록제출 제도가 형해화될 우려가 있기 때문이다. 또한 만일 이러한 경우 실권처리를 한다 하더라도 관리인은 실권된 채권자를 위하여 응당 이행했어야 할 '목록제출의무'를 해태함으로써 선관주의의무 위반에 따른 손해배상책임(법 제82조 제2항)을 부담하여야 한다는 주장이 제기될 여지도 있어 결과적으로 실권되지 아니하였다면 회생계획에 의하여 받을 수 있는 금액 상당을 배상하여야 한다는 주장이 제기될 수도 있다.

다만, 관리인이 목록에 기재하지 아니하였다 하더라도 채권자가 회생절차 개시결정을 통지받았거나 그 밖에 다른 경로(예컨대 채무자의 전화, 팩스 등)를 통하여 회생절차의 개시사실 및 채권신고기간을 알게 된 경우에는, 채권미신고에 따른 실권효를 적용하는 데 문제가 없다. 채권자는 목록의 기재 여부를 확인한 후 자신의 권리를 보호하기 위하여 신고할 책임을 해태하였기 때문이다.

위와 같은 문제가 있기는 하나, 개인파산절차에서는 "채무자가 악의로 채권자목록에 기재하지 아니한 청구권"은 면책에서 제외한다는 명문 규정(법 제566조 단

3) 헌재결 1996. 1. 25. 93헌바5·58은 회사정리법하에서 정리채권의 신고기간이 정리채권자에게 개별통지 없이 공고되어 정리채권자가 개시결정 여부나 신고기간을 알 수가 없어 신고를 못하여 실권처리된 사안에 관하여 "… 청구인들이 책임질 수 없는 사유로 인하여 신고를 하지 못하였다고 인정되는 권리에 대하여까지 일률적으로 회사의 면책을 인정하고 있는 것은 아니므로…"라고 판시하면서 실권에 관한 회사정리법 제241조가 위헌이 아니라고 결정하였다.

4) 현행법이 신설한 목록제출 제도의 모태가 된 미국 연방도산법의 경우 관재인이 당해 채권자의 채권 존재사실을 알면서도 채권자목록에 이를 기재하지 아니하고, 채권자도 회생절차개시사실을 통지받지 못하여 채권신고를 하지 못한 경우 헌법상의 적법절차(Due Process)의 원리상 당해 채권자의 채권을 실권시키는 것은 위헌이어서 허용되지 않는다는 입장을 취하고 있다[서울중앙지방법원 파산부실무연구회, 회생사건실무(하) (제2판, 2008), 박영사, 84 재인용]

서 제7호)을 두고 있음에 반하여, 회생절차에서는 그와 같은 규정을 두지 않고 있는 이상, 관리인이 당해 채권의 존재를 알면서도 채권자 목록에 기재하지 아니하고 채권자도 회생절차 개시사실을 통지받지 못하는 등의 사정으로 채권신고를 하지 못한 경우라도 현행법의 해석으로서는 실권된다고 볼 수밖에 없는 것이 아닌가 생각된다.

2. 권리의 변경에 의한 채무면제와의 구별

회생계획의 인가결정이 있으면 회생채권자, 회생담보권자의 권리는 회생계획에 따라 변경된다(법 제252조 제1항). 회생계획으로 채무의 면제를 정한 경우에는 회생계획의 조항에 따라 채무의 전부 또는 일부의 면제의 효과가 생긴다. 이 점에서 책임만이 면제되는 법 제251조의 면책과는 성질이 다르다.[5)]

권리의 변경에 의한 채무면제의 경우, 예컨대 "변제해야 할 채권총액의 50%를 변제한 때에는 잔액을 면제한다"거나 "다만, 예상을 초과하여 수익이 발생하는 때에는 면제액의 10%를 추가 변제한다"는 등의 정지조건부 또는 해제조건부로 면제의 효과를 생기게 할 수 있다. 이 점에서도 조건에 친하지 않는 법 제251조의 면책과 차이가 있다.

3. 면책의 대상이 되는 권리

가. 회생채권, 회생담보권

면책의 대상이 되는 권리는 채무자에 대한 회생채권, 회생담보권으로 회생계획에 존속 규정이 없거나 법에 특별한 규정이 없는 것이다. 조세채권도 회생채권에 해당하는 것이라면 면책의 대상이 된다.[6)] 따라서 목록에 기재되지 아니하거나 신고되지 않은 회생채권 등이나, 목록에 기재되거나 신고되어 확정되었다 하더라도 회생계획에 변제의 대상으로 되지 않는 것은 면책되어 채무이행을 할 필요가 없다. 그러나 공익채권이나 환취권(법 제70조), 회생절차 개시 전의 벌금, 과료, 형사소송비용, 추징금과 과태료(법 제251조 단서, 제140조 제1항)는 면책되거나 소멸하지 않는다.

한편, 회생담보권자의 피담보채권이 제3자에 대한 권리이고, 채무자에 대하여는

---

5) 대판 2003. 3. 14. 2002다20964(공2003, 974); 서울중앙지방법원 파산부실무연구회, 주4) 88.
6) 대판 2007. 9. 6. 2005다43883(공2007, 1535)

그 재산상에 담보권을 가지는 데에 불과한 때에는 회생계획에 기재가 없어도 소멸되는 것은 담보권뿐이고, 피담보채권마저 면책되는 것은 아니다.[7)]

또한 피담보채권만이 목록에 기재되거나 회생채권으로서 신고되고, 담보권의 신고를 하지 아니하여 회생계획에 회생담보권에 관하여 정함이 없는 경우에는 담보권만이 소멸한다.

회생계획의 규정이나 법의 규정에 의하여 인정된 권리를 제외한 모든 회생채권과 회생담보권에 관하여 책임을 면한다고 한 의미에 관하여는, 채무가 절대적으로 소멸한다는 견해(채무소멸설)와 채무 자체는 존속하지만 채무자에 대하여 이행을 강제할 수 없는 이른바 자연채무로 남는다는 견해(자연채무설), 그리고 종국적으로는 책임만이 소멸되지만 회생절차 중에는 채권의 효력이 정지되어 마치 채권 자체가 소멸한 것과 같이 보아야 한다는 견해[8)]가 있는데, 대법원 판례[9)]는 "채무 자체는 존속하지만 회사에 대하여 이행을 강제할 수 없다라고 봄이 상당하다"고 판시하여 자연채무설을 취하고 있다. 채무소멸설과 자연채무설의 실제적인 차이는, 면책된 회생채권·회생담보권에 대한 변제가 나중에 파산절차가 개시된 경우에 무상부인(법 제391조 제4호)의 대상이 되는가, 이를 부당이득으로서 반환청구를 할 수 있는가의 문제에서 나타난다. 채무소멸설을 따를 경우 이를 긍정할 것이다. 자연채무설을 따를 경우 부당이득의 반환청구는 부정될 것이나 무상부인에 해당하는지에 대하여는 다툼이 있을 것으로 보인다. 그 밖의 관련 문제들은 뒤에 나오는 개인파산 부분에서 상세히 보기로 한다.

만약 채권의 신고를 하고 조사결과 확정되어 회생채권자표에도 기재가 되었음에도 불구하고 착오로 회생계획에 반영되지 않은 권리가 있다면 어떻게 취급할 것인지 문제이다. 이러한 경우에는 그것이 기록상 명백한 때에는 판결경정에 준하여 신고를 한 자는 회생계획 인가결정의 경정을 구할 수 있다고 볼 것이다.[10)] 같은 취지에서 대법원은 구 회사정리사건에 관한 2008. 6. 26. 선고 2006다77197 판결[11)]에서, "구 회사정리법에 의한 회사정리절차에서 정리채권·정리담보권 조사절차나 정리채권·정리담보권 확정소송을 통하여 확정된 권리가 정리회사의 관리인의 잘못 등으로 정리계획(또는 정리계획변경계획)의 권리변경 및 변제대상에서

---

7) 三ヶ月章 등, 條解 會社更生法(下)(2001), 弘文堂, 727.

8) 三ヶ月章 등(註7), 736 이하; 宮脇幸彦 등, 注解 會社更生法(1986), 青林書院, 890.

9) 대판 2001. 7. 24. 2001다3122(공2001, 1919). 같은 취지로는 대판 2003. 3. 14. 2002다20964(공2003, 974)

10) 서울중앙지방법원 파산부실무연구회, 주4) 86; 三ヶ月章 등, 주7) 726.

11) 공2008하, 1052.

아에 누락되거나 혹은 이미 소멸한 것으로 잘못 기재되어 권리변경 및 변제대상에서 제외되기에 이른 경우 등에는, 특별한 사정이 없는 한 인가된 정리계획의 규정 또는 구 회사정리법의 규정에 의하여 인정된 권리를 제외하고는 회사가 면책된다는 취지를 규정한 구 회사정리법 제241조는 그 적용이 없고, 나아가 위와 같은 경위로 확정된 권리가 권리변경 및 변제대상에서 누락되거나 제외된 정리계획을 가리켜 구 회사정리법 제242조 제1항에 따라 확정된 권리를 변제 없이 소멸시키는 권리변경을 규정한 것이라고 볼 수도 없다."고 판시하였다. 대법원은 이 경우 그 권리를 구제받기 위하여는 정리회사에 대하여 아직 회사정리절차가 진행중인 때에는 정리계획의 경정 등을 통하여, 회사정리절차가 종결된 때에는 종결후의 회사를 상대로 이행의 소를 제기하는 등으로 그 권리를 구제받을 수 있는데, 이행의 소를 제기하는 때에는 특별한 사정이 없는 한 당해 정리채권자 · 정리담보권자의 정리채권 · 정리담보권에 대하여는 그 권리의 성질 및 내용에 비추어 가장 유사한 정리채권 · 정리담보권에 대한 정리계획의 권리변경 및 변제방법이 적용될 수 있다고 한다.

나. 목록에서 누락되거나 미신고된 권리의 보호

실무에서는 관리인이 목록에 누락하였거나 신고되지 않았다 하더라도 회생계획을 통하여 그 권리를 보호해 주는 경우가 있다. 채무자가 주택 사업을 하는 건설회사인 경우에 수분양자들이 회사에 대하여 가지는 소유권이전등기청구권과 하자보수청구권이나 임대주택에 입주한 임차인들이 회사에 대하여 가지는 임대차보증금 반환청구권, 회사가 제품 판매를 위하여 다수의 대리점을 두고 있는 경우에 그러한 대리점이 회사에 대하여 가지는 영업보증금 반환채권 등이 여기에 해당된다. 이러한 권리들은 대체로 소액인데다가 채권자수가 많고, 목록에 기재되지 아니하거나 신고되지 않았다는 이유로 모두 실권시킨다면 주로 서민층인 권리자들의 생계에 큰 타격을 주게 된다.

관리인의 목록 제출 의무가 도입된 현행법하에서 법원으로서는 이러한 권리들이 목록에서 누락되는 일이 없도록 관리인을 지도하여야 할 것이고, 이러한 권리가 목록에 기재되지 아니하거나 신고되지 아니한 경우 사안에 따라 회생계획안에 미신고 권리에 대한 보호 규정을 두는 등으로 배려할 필요가 있을 것이다.

4. 보증인 등에 대한 효력

가. 의의

회생계획은 회생채권자 또는 회생담보권자가 회생절차가 개시된 채무자의 보증인 그 밖에 회생절차가 개시된 채무자와 함께 채무를 부담하는 자에 대하여 가지는 권리와 채무자 외의 자가 회생채권자 또는 회생담보권자를 위하여 제공한 담보에 영향을 미치지 아니한다(법 제250조 제2항). 이는 회생계획에 따라 채무자의 채무가 면책되거나 변경되더라도 보증인이나 물상보증인 등의 의무는 면책되거나 변경되지 않는다는 취지이다.

민사법의 일반원칙에 의하면 주채무자에 대한 채무의 감면 등은 절대적 효력을 가지는 것으로서 보증인이나 물상보증인에게도 그 효력이 미치게 되겠지만, 회생절차에서는 채권자의 의사에 반하여 회생계획안이 가결되는 경우도 많고, 채무자의 회생을 위한 채권자의 희생은 최소한에 그쳐야 하기 때문에 회생계획은 보증인이나 물상보증인 등에게 그 효력이 미치지 않는다는 특별한 규정을 한 것이다.

과거에 회사정리절차와 관련하여 이러한 규정이 헌법의 평등의 원칙에 반하는지 여부가 소송을 통하여 다투어진 예가 있는데, 대판 1995. 10. 13. 94다57800[12)]은 "주채무자인 정리회사에 대한 정리채권자의 권리가 정리계획에 의하여 변경되는 경우에도 정리회사의 보증인의 보증채무는 아무런 영향을 받지 아니하게 됨으로써 보증채무의 부종성의 원칙이 수정되어 정리회사의 보증인에게 불리한 결과가 된다 하더라도, 위 규정은 재정적 궁핍으로 파탄에 직면하였으나 갱생의 가망이 있는 주식회사에 관하여 채권자, 주주 기타의 이해관계인의 이해를 조정하며 그 사업의 정리재건을 도모하려는 회사정리법의 목적에 부합하는 합리적인 규정으로서, 헌법 제23조, 제11조 제1항, 제10조, 제37조 제2항 등에 위반되는 것은 아니다"라고 판시하여 이 규정이 헌법에 반하지 않는다는 취지를 분명히 하였다. 헌재결 1992. 6. 26. 선고 91헌가8 · 9(전원재판부), 헌재결 2000. 8. 31. 선고 98헌바27 · 99헌바13(전원재판부), 헌재결 2005. 11. 24 선고 2004헌바95(전원재판부) 등도 같은 취지이다.

나. 적용범위

"회생절차가 개시된 채무자의 보증인 그 밖에 회생절차가 개시된 채무자와 함께 채무를 부담하는 자"라 함은 채무자의 공동의무자로서 민법 등의 일반원칙에

12) 공1995, 3771.

의하면 채무자의 채무가 감면되는 경우 그의 채무도 부분적으로 감면되는 자를 말하는 것으로서, 일반적인 보증인, 연대보증인뿐 아니라 어음법, 수표법상의 합동채무자도 포함된다. “채무자 외의 자가 회생채권자 또는 회생담보권자를 위하여 제공한 담보”란 회생채권자 등이 채무자에 대한 채권을 피담보채권으로 하여 제3자의 재산상에 가지고 있는 담보물권을 말한다. 후자의 경우는 제3자의 의사에 기하여 담보권이 설정된 경우뿐 아니라, 회생채권자 등이 채무자 재산의 제3취득자에 대하여 가지는 권리도 포함된다.[13)]

신탁자가 자기 소유의 부동산에 대하여 수탁자와 부동산관리신탁계약을 체결하고 수탁자 앞으로 신탁을 원인으로 한 소유권이전등기를 경료한 다음 수탁자로 하여금 신탁부동산에 관하여 다시 신탁자의 채권자의 채권을 위하여 근저당권설정등기를 마치도록 하였다면, 수탁자는 결국 신탁자를 위한 물상보증인과 같은 지위를 갖게 되었다고 할 것이어서 그 후 신탁자에 대한 회생절차가 개시된 경우 채권자가 신탁부동산에 대하여 갖는 근저당권 등 담보권은 ‘채무자 외의 자가 회생채권자 또는 회생담보권자를 위하여 제공한 담보’에 해당한다.[14)]

만약 회생채권자·회생담보권자 등의 권리가 목록에 기재되지 아니하거나 신고되지 아니하는 등으로 실권된 경우에, 이들 회생채권자·회생담보권자가 보증인이나 물상보증인에 대하여 갖는 권리가 실권되는지 문제되는데, 통설[15)], 판례[16)]는 이러한 경우에도 실권된 권리자가 보증인이나 물상보증인에 대하여 갖는 권리는 실권되지 않는다고 보고 있다.

다. 효과

회생계획에 의하여 주채무자에 대하여 채무의 감면이나 권리의 변경이 이루어진다 하더라도, 채권자의 보증인이나 물상보증인에 대한 권리는 영향을 받지 않는다. 채무자에 대한 채권의 개별행사가 금지되더라도 보증인 등에 대한 권리행사가 금지되는 것이 아니므로, 결국 채권자는 회생절차와 관계없이 언제라도 채무자의 보증인 등에 대하여 권리를 행사할 수 있게 된다. 판례는 회사정리절차에서 제3자가 주채무를 면책적으로 인수하는 내용의 정리계획이 인가 · 확정되었다고 하더라도 보증인의 책임 범위에는 아무런 영향이 없고, 면책적 채무인수에 있어 보증책임의 소멸을 규정하고 있는 민법 제459조는 이 경우 그 적용이 배제된

13) 三ヶ月章 등, 주7) 714.
14) 대판 2003. 5. 30. 2003다18685(공2003, 1452)
15) 三ヶ月章 등, 주7) 714 이하
16) 대판 2001. 6. 12. 99다1949(공2001, 1565)

다고 판시하였다.[17] 또한 판례는 보증인의 책임을 면제하는 것과 같은 내용은 정리계획으로 정할 수 있는 성질의 것이 아니고 설사 그와 같은 내용을 정리계획에 규정했다고 하더라도 그 부분은 정리계획으로서의 효력이 없다고 판시하였다.[18]

회생계획에 의한 출자전환과 관련하여, 그 출자전환의 효력발생시에 그 채권액만큼 회생채권·회생담보권이 절대적으로 소멸되는가 여부가 문제로 된다. 종래 출자전환에 의한 채무변제의 시기 및 범위에 관하여는 여러 가지 견해[19]의 대립이 있었으나, 판례[20]는 회생계획에서 신주를 발행하는 방식의 출자전환으로 회생채권이나 회생담보권의 전부 또는 일부의 변제에 갈음하기로 한 경우에는 신주발행의 효력발생일 당시를 기준으로 하여 회생채권자 또는 회생담보권자가 인수한 신주의 시가 상당액에 대하여 채무자의 주채무가 실질적으로 만족을 얻은 것으로 볼 수 있어 보증채무도 그만큼 소멸하는 것으로 보아야 한다고 하는 입장을 취하고 있다.

이에 반하여, 회생계획에 의한 전환사채발행의 경우에는 회생채권자 또는 회생담보권자는 여전히 채권자의 지위를 유지하고 있고 단지 채권액을 감액하고 유통성을 높이고자 유가증권의 형식을 갖춘 것에 불과하다는 점에 비추어 볼 때, 전환권이 실제로 행사된 때에 그 주식의 시가 상당액의 보증채무가 소멸하는 것으로 봄은 별론으로 하고, 그 행사 이전에는 달리 특별한 사정이 없는 한 전환사채를 취득하였다 하여 이를 취득한 시점에 그 평가액만큼 주채무가 실질적으로 만족을 얻은 것으로 볼 수는 없고, 따라서 그 평가액만큼 보증채무가 소멸한다고 할 수는 없다.[21]

---

17) 대판 2005. 10. 28. 2005다28273(공2005, 1860)

18) 대판 2005. 11. 10. 2005다48482(공2005, 1967). 이 판결은 나아가 "원심이 원고가 관계인집회에서 보증면제조항이 포함된 정리계획안에 대하여 동의하였다는 사정만으로는 보증인에 대하여 보증채무를 면제한다는 개별적인 의사표시를 하였다고 볼 수 없다고 판단한 것은 정당"하다고 판시하였다.

19) 그 견해는 ① 채권을 출자전환한 것만으로 채권자가 보증인 등에 대하여 권리를 행사할 수 없다면 법 제250조 제2항의 취지에 반하는 것이므로, 이러한 경우에는 실제로 채권자가 주식의 양도나 배당금의 수령을 통하여 현실적으로 금전적인 만족을 얻은 때 비로소 그 현실적인 만족의 범위 내에서 보증인이 그 책임을 면한다고 하는 견해, ② 채권의 출자전환은 현물출자의 한 방법이고, 채권자는 출자전환으로 인하여 주식을 취득함으로써 채권의 만족을 얻음과 동시에 채권자의 지위를 상실한다고 보아야 하므로, 출자전환의 효력발생시에 채권액 전부에 대하여 채권자는 보증채무의 이행을 구할 수 없다고 보는 견해, ③ 회생계획 인가시, 출자전환시 또는 출자전환된 주식의 최초 거래가 가능한 시기를 기준으로 출자전환된 주식의 액면가 또는 시가에 상당하는 채권만이 변제된 것으로 보아야 한다는 견해 등이다.

20) 대판 2005. 1. 27. 2004다27143(공2005, 308); 대판 2003. 1. 10. 2002다12703, 12710(공2003, 612)

21) 서울중앙지방법원 파산부실무연구회(註4), 92.

한편, 회생계획상 권리변경에 의하여 채무가 일부 면제되고, 일부 변제하는 금원은 원본에 우선 충당하기로 정해진 후에, 채무자가 채권자에게 일부 금원을 지급하여 원본의 변제에 충당한 경우, 위 변제 충당은 채권자와 보증인 사이의 법률관계에 어떠한 영향을 미치는가가 문제이다. 즉, 채권자가 보증인에 대하여 보증채무의 이행을 청구하면서, 법정충당보다 채권자에게 불리한 위와 같은 회생절차에서의 변제 충당은 회생절차의 영향을 받지 않는 보증인에게는 효력이 없으므로, 보증인에 대한 관계에서는 채무자가 변제한 금원이 법정충당이 된 것으로 취급하여야 한다고 주장할 수 있는가 하는 것이다. 다른 견해도 있을 수는 있겠으나, 소견으로는 회생절차가 보증인에게 효력을 미치지 않는다는 것을 이러한 경우에까지 확대할 수는 없다고 생각한다. 변제충당에 대하여는 주채무자나 보증인이나 동일하게 충당되는 것으로 보아야 한다. 따라서, 변제에 의하여 원본채권이 소멸(전부 또는 일부)된 이상 그 소멸은 보증인에게도 절대적인 효력이 있다고 할 것이다.

三. 개인파산절차상 면책결정의 효력

1. 면책의 효력발생 시기

법원이 채무자의 면책신청에 대하여 파산선고 후 따로 면책결정을 한 다음, 그 결정이 확정되어야 면책의 효력이 발생한다(법 제565조). 면책허가결정은 형성적 효과를 그 내용으로 하고 달리 소급효를 인정하는 규정도 없으므로 소급효가 인정되지 않는다.

2. 파산채권자에 대한 효력

면책을 받은 채무자는 파산절차에 의한 배당을 제외하고는 파산채권자에 대한 채무의 전부에 관하여 그 책임이 면제된다(법 제566조 본문).

가. 면책의 대상

면책은 비면책채권을 제외한 모든 파산채권에 대한 것이다. 따라서, 소유권에 기한 반환청구권 등의 환취권이나 별제권 등에는 면책의 효력이 미치지 아니한다.[22] 또한 파산선고후의 원인에 기하여 생긴 청구권은 파산채권이 아니므로 면책의 효력이 미치지 아니한다.

통설이 면책의 효력은 파산채권에만 미치고 재단채권에는 미치지 아니한다고 보고 있는 데 대하여, 재단채권이라는 이유만으로 당연히 면책대상에서 제외되는 것은 아니라는 유력한 견해가 제기되고 있다[23]. 사견으로는, 면책은 채권에 대한 책임을 법에 의하여 면해주는 것이므로 면책의 대상이 되기 위하여는 법에 명문의 규정이 있어야 할 것임에도, 법 제566조가 “파산채권자에 대한 채무의 전부에 관하여 그 책임이 면제된다”고 규정하고 있을 뿐 재단채권에 대하여는 따로 면책의 근거로 삼을 만한 규정(비면책채권에 재단채권이 상당수 포함되어 있기는 하나, 이는 성질상 파산채권이었던 것을 재단채권화하면서 법문을 말끔하게 정리하지 못한데 기인한 것이지, 이를 근거로 비면책채권으로 언급되지 아니한 재단채권에 대하여는 면책의 효력이 미친다는 반대해석을 할 것은 아니라고 본다)을 두고 있지 아니한 이상, 통설의 입장을 지지하지 않을 수 없다.

나. 책임의 면제

면책된 채무는 채무 자체가 소멸하는 것인지(채무소멸설), 채무 자체는 존속하고 채무자에게 책임을 물을 수 없는 자연채무로 되는 것인지(자연채무설)가 문제이나 위 조문(“책임이 면제된다”고 되어 있다)과 면책이 채무자의 보증인에 대해서는 영향을 미치지 않는다는 점, 면책을 받은 파산자로부터 임의로 변제를 받는 것까지 금지하는 것은 아니므로 채무가 소멸한다고 볼 필요가 없다는 점 등에 근거하여 자연채무로 된다는 것이 통설이다.[24] 즉, 채무 자체가 소멸하는 것은 아니고 채무자가 채무를 변제할 책임에서 벗어날 뿐이다. 자연채무설을 택하는 경우 채무소멸설과 비교할 때 효과상의 기본적 차이는 채무자가 면책후 임의로 파산채무의 변제를 하면 그것이 유효한 채무의 변제로 되어 비채변제로 되지 않고 따라서 채무자는 파산채권자에 대하여 부당이득으로서 변제한 것의 반환을 청구할 수 없다는 점에 있다. 일반 사회통념은 채무자가 면책을 받은 후 재기하여 많은 피해를 입혔던 채권자에게 파산채권의 일부라도 자진하여 변제하는 것은 좋은 일이라고 보고 있

22) 이에 반하여 법 제2편 회생절차에서는 담보권일지라도 목록에 기재되지 않거나 신고되지 아니할 경우 실권된다.

23) 임치용, 파산법연구2(2006), 박영사, 251; 斎藤秀夫 등, 注解 破産法(下)(1999), 青林書院, 823; 伊藤眞, 破産法・民事再生法(2007), 有斐閣, 543~545

24) 일본 판례도 자연채무설을 취하고 있다. 日最判 1999. 11. 9.(民集 53-8, 1403), 日最判 1997. 2. 25.(判時 1607, 51)

는 것 같다. 따라서 자연채무설쪽이 그와 같은 변제를 유효하다고 보는 점에서도 사회통념에 부합하고 이론적으로도 지지할 만한 견해라고 하겠다.

최근에는 위와 같은 자연채무설과 채무소멸설 외에 유력한 제3의 견해로서 채무의 소멸이라는 입장을 피하면서, 채권자로부터의 추심을 억제하는 데에도 상당한 배려를 하고 있는 주체소멸설이 주장되고 있다[25]. 이에 의하면, 면책의 대상으로 된 채무 자체는 존속하지만, 당해 채무는 채무주체와의 결합을 풀고, 채무자 인격의 재산법상의 표현인 '일반재산에 의한 담보의 뒷받침'을 상실하게 되어, 채권자는 채무자에 대하여 그의 자유재산(책임재산)에 대한 강제집행은 물론, 재판상·재판외의 청구도 할 수 없게 된다고 한다.[26]

면책된 채권은 통상의 채권이 가지는 소 제기의 권능과 집행력을 상실한다. 한편, 채권에는 재판 외에서 변제를 요구할 수 있는 권능이 있는데 그 행사의 방법에 따라 채무자에게 심각한 정신적인 고통을 주거나 심지어는 자살에 이르게 할 정도의 강력한 위력을 발휘하기도 한다. 따라서 면책결정은 소송상 청구뿐만 아니라 소송 외에서 임의의 변제를 청구할 권능까지 상실하게 한다고 볼 것이다.

다만, 채무자가 면책채권을 임의로 이행할 경우 그 급부를 보유할 수 있는 권능만이 남게 된다. 임의변제가 유효하기 위해서는 자발성이 인정되어야 한다. 채무자가 채권자로부터 추심독촉을 받은 가족들을 위하여 변제한 경우에는 채권자의 직접적인 변제요구가 없어도 자발성이 인정될 수 없다.[27] 이처럼 자발성은 채무자가 변제를 하게 된 경위를 객관적 기준 하에 살펴봄으로써 인정될 수 있을 것이다. 면책 후 자발성이 인정되는 임의변제는 유효한 변제로서 부당이득의 문제는 생기지 않는다.

면책결정 후 파산채권자가 채무자에게 이행청구소송을 제기하는 경우의 처리에 관하여, 면책항변에 따라 청구를 기각하여야 한다는 견해[28]와 소제기의 권능을 상실하였으므로 소를 각하하여야 한다는 견해로 나뉘어 있다[29].

---

25) 山野目章夫, "倒産と債權效力の實體的變動"(별책NBL 60호)(2000), 166-172.

26) 中島弘雅 교수는 주체소멸설이 자연채무설, 채무소멸설이 갖는 각각의 결점을 보충하는 견해로서 주목할 만한 가치가 있다고 한다. 中島弘雅, 體系倒産法 I(破産·特別淸算)(2007), 中央經濟社, 512

27) 서울중앙지방법원 파산부실무연구회, 개인파산·회생실무 (제2판, 2008), 박영사, 180.

28) 서울중앙지방법원 파산부실무연구회(註27), 180.

29) 서울고판 2003. 10. 24. 2003나14173을 비롯한 상당수 하급심 판결은 청구기각설을 따르고 있고, 斎藤秀夫 등(註23) 823과 서울고판 2005. 11. 8. 2005나32106 등은 소각하설을 따르고 있다. 滝澤孝臣, "自然債務とその訴訟法上の取扱い", 銀行法務21(643호)(2005. 3.), 46을 보면 일본의 실무도 청구기각설이 일반적임을 알 수 있다.

다. 비면책채권

법은 파산채권 중 면책의 효력을 부여하는 것이 여러 가지 이유에서 부적당한 다음과 같은 채권에 대하여는 이른바 비면책채권으로서 면책에서 제외하고 있다(법 제566조 단서). 즉, ① 조세, ② 벌금·과료·형사소송비용·추징금 및 과태료, ③ 채무자가 고의로 가한 불법행위로 인한 손해배상, ④ 채무자가 중대한 과실로 타인의 생명 또는 신체를 침해한 불법행위로 인하여 발생한 손해배상, ⑤ 채무자의 근로자의 임금·퇴직금 및 재해보상금, ⑥ 채무자의 근로자의 임치금 및 신원보증금, ⑦ 채무자가 악의로 채권자목록에 기재하지 아니한 청구권(다만, 채권자가 파산선고가 있음을 안 때에는 그러하지 아니하다. 여기서 채무자가 '악의'로 채권자목록에 기재하지 아니한 청구권이라 함은 채무자가 면책결정 이전에 '채권의 존재 사실을 알면서도' 이를 채권자목록에 기재하지 않은 경우를 뜻하므로 채무자가 채권의 존재 사실을 알지 못한 때에는 이에 해당하지 아니한다[30]. 채무자가 채권의 존재 사실을 알면서 과실로 채권자목록에 기재하지 아니한 경우에도 본 호에 해당하는지, 아니면 채권자목록에 기재하지 아니한 데에까지 고의를 요하는지에 관하여는 논란의 여지가 있다[31]), ⑧ 채무자가 양육자 또는 부양의무자로서 부담하여야 하는 비용 등은 면책의 대상에서 제외된다.

라. 비면책채권인지 여부에 다툼이 있는 경우

면책절차에서는 당해 채권이 비면책채권에 해당하는가를 판단, 결정할 수 없고, 당해 채권자가 별도로 제기한 소송에서 채무자가 면책결정의 확정을 항변으로 주장하면 채권자는 법 제566조 단서 소정의 비면책채권임을 재항변으로 주장하여 다투는 방법으로 비면책채권의 여부가 심리, 확정된다.

3. 채무자에 대한 효력

면책결정이 확정되면 채무자는 당연히 복권되어(법 제574조 제1항 제1호) 공·사법에 따른 신분상의 제한이 소멸된다. 그러나 일부면책결정은 동시에 일부 불허가결정이기도 하므로, 확정되더라도 법 제574조 제1항 제1호에서 정하고 있는

30) 대판 2007. 1. 11. 2005다76500(공2007, 284)

31) 일본 파산법 제253조 제6호는 우리 법과 달리 '알면서 채권자명부에 기재하지 아니한 청구권'을 비면책채권으로 규정하고 있는데, 일본의 통설은 채무자가 그 존재를 알고 있음에도 불구하고 채권자명부에 기재하지 아니한 이상 기재하지 아니한 것이 채무자의 과실에 의한 경우에도 이에 해당한다고 보고 있다. 斎藤秀夫 등(註23), 826 참조.

"면책의 결정이 확정된 때"에 해당하지 아니하여 당연 복권되지는 않는다. 이 경우에 채무자는 일부 면책되지 않은 채무를 변제하거나 채권자의 면제 등으로 그 책임을 면하였다는 점을 증명하여 복권절차를 밟아야 한다.

그 밖에 자연인이 파산선고를 받고 면책을 받으면 전국은행연합회가 관리하는 신용관리정보 중 기존의 신용불량정보에 해당하는 연체기록정보가 해제되나 파산 후 면책받은 사실이 특수기록 정보에 7년간 등록되어 개별 금융기관으로부터 대출제한 등 금융거래상의 불이익을 받는 것이 현실이다. 이는 파산에 따른 법률상의 효과가 아니므로 면책결정이 확정된다고 해서 금융거래상의 불이익까지 당연히 면할 수 있게 되는 것은 아니다.

4. 채무자의 보증인 등에 대한 효력

가. 보증인의 보증채무 및 물상보증인의 책임

채무자의 면책은 그 보증인, 기타 채무자와 공동으로 채무를 부담하는 공동채무자, 중첩적 채무인수인 등의 변제책임과 물상보증인이 제공한 담보에 아무런 영향을 미치지 않는다(법 제567조). 일반적으로 인적 · 물적 담보가 제 기능을 발휘하는 것은 주채무자가 무자력인 경우이므로 면책의 효과가 보증채무에는 미치지 않는 것은 당연하다.[32] 또 면책결정의 확정으로 파산채권은 자연채무로 남게 되고, 당해 채권의 책임재산이 파산재단에 한정되는 데 불과하므로, 보증채무 또는 담보권의 부종성에 반하는 것도 아니다. 실무상 이와 같은 규정을 알지 못하고 보증인도 함께 면책되는 것을 목적으로 파산신청을 하는 예가 있어, 파산사건의 채무자 심문시에 면책의 효과가 보증채무에는 미치지 않는다는 점을 주지시키고 있다고 한다.[33]

나. 보증인 등의 구상권에 대한 영향

보증인이 주채무자에 대한 면책결정 확정 후 채권자에게 보증채무를 이행하고 채무자에 대한 구상채권을 취득하더라도 이는 면책 후에 새로이 취득한 채권이

---

32) 다만, 채무자의 친족이나 친구가 보증인이 되므로 이들에게 면책의 효과가 미치지 않는 것이 채무자에 대한 간접적 압력이 되어 채무자의 갱생이라는 면책제도의 본래의 목적을 달성하기 어렵게 되는 경우가 있고, 보증인이 있는 채무자는 파산신청을 주저하거나 단념하는 경우도 있다. 면책의 실효성을 확보하기 위하여 보증인 등 지위에 관한 정비가 필요하다는 견해가 있다. 장수태, 파산면책에 관한 연구, 대전대학교 박사학위논문(2000), 100.

33) 서울중앙지방법원 파산부실무연구회, 주27) 184.

아니라 이미 채무자에 대한 장래의 구상권(법 제427조 제 2 항)으로 취득한 파산채권이 현실화된 것일 뿐이므로 당연히 면책의 효력을 받는다. 따라서 보증인은 채무자에 대하여 구상권을 행사할 수 없다. 보증인은 일정한 요건 하에 파산절차에 참가하여 배당받을 수 있는 권리가 보장되어 있다(법 제430조). 보증인이 사전구상권(민법 제442조)을 가지는 경우 사전구상권에 면책의 효력이 미침은 의문이 없다. 실무상 보증인 등의 구상권에 면책의 효력이 미치는 점을 고려하여 파산 및 면책절차에서의 채권자목록에 채무자를 위하여 보증을 한 보증인을 기재하도록 하여 이들에게도 절차 참여의 기회를 부여하고 있다고 한다.[34]

다. 보증채무 이행청구권의 소멸시효 등

주채무의 면책과 보증채무 이행청구권의 소멸시효에 관하여, 일본 판례[35]는 "면책결정의 효력을 받는 채권은 채권자가 이행청구의 소를 제기하여 강제적으로 실현할 수 없으므로 소멸시효의 기산점이 되는 '권리를 행사할 수 있는 때'라는 관념이 있을 수 없다. 따라서 채무자가 면책결정을 받은 경우 채권자가 그 보증인에 대해 보증책임의 이행을 구하는 경우에는 보증인이 주채무의 소멸시효를 원용할 수 없다."고 판시하고 있다. 이에 따르면, 채권자는 보증채무 이행청구권에 대하여만 소멸시효 중단의 조치를 취하여 두면 된다.

주채무의 면책과 물상보증인의 소멸시효에 관하여는, 위 일본 판례의 견해를 전제로 하면, 물상보증채무라고 하는 것은 생각할 수 없는 것이므로, 담보권 그 자체에 관한 소멸시효(민법 제162조 제2항에 의하면 20년)만이 고려된다고 하겠다.[36]

이와 관련하여 주채무자인 파산법인이 파산종결로 소멸한 경우도 면책과 동일한 문제가 생기지만, 일본 판례[37]는 주채무자의 면책의 경우와 동일한 판단을 하고 있다.

5. 관련 문제

가. 면책된 채무의 지급 약속

파산선고 후 면책결정 확정 전에 채무자가 파산채권자와 사이에 경개, 준소비

34) 서울중앙지방법원 파산부실무연구회, 주27) 185.
35) 日最判 1999. 11. 9.(判時 1695, 66)
36) 今中利昭 등, 實務 倒産法講義(下)(2006), 民事法研究會, 884.
37) 日最判 2003. 3. 14.(民集 57-3, 286)

대차 등의 계약을 체결하고 파산채권의 지급을 약속한 경우에도 면책 제도의 취지에 비추어 파산채권을 기초로 하는 새로운 채무에 면책의 효과가 미친다.[38]

면책결정 확정 후의 합의는 채무자가 새로운 이익을 얻기 위하여 종전의 채무를 함께 처리하기 위하여 합의를 한 경우와 같이 채무자에게도 이익이 있는 경우에는 그 효력을 인정할 수 있으나, 채권자의 계속된 강요에 의하여 어쩔 수 없이 이루어진 것과 같이 채무자에게 아무런 이익이 없는 내용이라면 무효로 보아야 한다.[39]

나. 별제권 행사 후 잔여채무에 대한 면책 여부

파산을 선고받은 채무자의 재산에 대하여 유치권 · 질권 · 저당권 또는 전세권을 가진 채권자는 별제권자로서 면책결정 후에도 그 재산에 대해 별제권을 행사할 수 있다(법 제411조, 제412조). 별제권의 행사 후 남은 채권은 파산채권에 불과하므로 이에 대해서는 면책결정의 효력이 미친다.

다. 면책된 채권을 자동채권으로 하는 상계의 가부

소멸시효가 완성된 채권도 그 완성 전에 상계적상에 있었던 경우에는 상계가 허용되고(민법 제495조) 상계권의 행사시기에 법률상 제한도 없으므로 파산채권자가 채무자에 대하여 채무를 부담하고 있는 경우 면책의 효력을 받는 채권이 면책허가에 의하여 자연채권화되기 이전에 상계적상에 있었다면 이를 상계의 자동채권으로 하는 것은 가능하다. 다만, 면책결정 확정 후에 채무자에 대하여 채무를 부담하게 된 경우 면책된 파산채권을 자동채권으로 상계를 허용한다면 이는 채무자의 의사에 반하여 변제를 강제하는 결과가 되어 채무자의 새로운 경제활동에 장애가 되므로 상계를 허용할 수 없다.

상계를 제한적으로 허용하는 입장 가운데도, 상계적상에 있어야 할 시점을 위와 같이 면책허가를 받기 전의 시점이 아니라 파산선고 전의 시점이어야 한다는 유력한 견해도 있다.[40]

라. 사해행위취소권 및 채권자대위권 행사 여부

사해행위취소권은 채무자에 대한 강제집행의 대상이 되는 책임재산을 보전하기

38) 日名古屋地判 1980. 12. 12.(判タ 440, 139)

39) 日横浜地判 1988. 2. 29.(判時 1280, 151)

40) 中野貞一郎 · 道下徹, 基本法 コンメンタール 破産法(제2판, 1997), 日本評論社, 364. 재판례로서는 日名古屋地判 2005. 5. 27.(判時 1900, 135)

위한 것으로 채권의 권능 중 하나인 집행력을 그 본질로 한다.[41] 따라서 면책으로 집행력이 상실된 이상 면책된 파산채권을 피보전권리로 한 채권자취소권이 허용되지 아니한다.[42] 한편 채권자가 자기의 채권을 보존하기 위해 채무자가 가지고 있는 권리를 행사할 수 있는 채권자대위권 역시 채무자에 대한 청구력 및 소구력의 제3자에 대한 확장이므로[43] 면책된 파산채권을 피보전권리로 한 채권자대위권 역시 허용될 수 없다.

마. 면책결정과 강제집행 등

(1) 기존의 강제집행 등

채무자의 재산에 대하여 파산선고 전에 이미 행하여지고 있던 강제집행·가압류 또는 가처분은 면책신청으로 중지되고, 면책결정이 확정된 때에는 중지된 강제집행 등은 그 효력을 잃는다(법 제557조). 실효란, 소급하여 집행처분이 당연히 무효로 되며, 그 집행처분이 기대하는 효과가 실질적으로도 발생하지 아니한다는 것을 뜻한다. 집행법원은 별도의 집행취소결정을 할 필요 없이 관련 기입등기의 말소를 촉탁하는 등 외관을 제거하고 사건을 종결처리하면 족하다. 다만 현실적으로는 채무자가 집행기관에 대하여 면책결정정본을 제출하면서 강제집행의 실효에 의한 종결처리를 구하고, 집행법원이 이에 응하여 사건을 종결처리하는 방식을 취하게 될 것이다.

(2) 새로운 강제집행 등

채권자가 면책된 채권에 관하여 집행권원을 가지고 있을지라도 면책결정의 효력이 발생된 후에는 위 집행권원에 기하여 강제집행을 할 수 없다. 강제집행을 하는 경우 채무자는 청구이의의 소를 제기하여 다툴 수 있다.

이에서 더 나아가 면책된 채권에 기한 집행이라는 점이 명백한 경우, 면책결정 정본이 민사집행법 제49조(집행의 필수적 정지·제한) 제1호에 정한 서류(집행할 판결 또는 그 가집행을 취소하는 취지나, 강제집행을 허가하지 아니하거나 그 정지를 명하는 취지 또는 집행처분의 취소를 명한 취지를 적은 집행력 있는 재판의 정본)에 해당한다는 전제에서, 그 정본이 집행법원에 제출되면 집행법원은 집행을 취소하여야 한다는 주장이 있기도 하다.[44] 그러나 면책결정정본을 민사집행법 제

41) 곽윤직 등, 민법주해 Ⅷ(1995), 박영사, 19.

42) 대판 2008. 6. 26. 2008다25978(공2008하, 1069); 日最判 1997. 2. 25.(判時 1607, 51)

43) 日最判 1997. 2. 25. (判時 1607, 51)

44) 김정만, "파산면책의 효력", 사법논집 30집(1999), 237; 伊藤眞, 주23) 542; 中島弘雅, 주26) 512.

49조 각호의 문서에 해당하는 것으로 보는 것은 무리이므로, 그 제출이 있어도 강제집행의 정지 · 취소를 할 수는 없다고 보인다.[45]

(3) 과태료 부과

면책을 받은 개인인 채무자(회생, 개인파산, 개인회생절차 모두)에 대하여 면책된 사실을 알면서 면책된 채권에 기하여 강제집행·가압류 또는 가처분의 방법으로 추심행위를 한 자는 500만 원 이하의 과태료에 처해진다(법 제660조 제3항). 여기서 말하는 '면책된 사실을 알면서'라 함은 사실상 인식을 뜻한다. 입법과정에서 모든 추심행위에 대한 제재 여부가 논의되었으나 입법되지 못하였다. 법이 과태료로 규제하고 있는 채권자의 행위는 '강제집행 · 가압류 또는 가처분'에 한한다.[46]

6. 일부면책

일부 면책의 허용여부에 관하여는 논란이 있었으나, 대결 2006. 9. 22. 2006마600[47]으로, "법원은 면책불허가사유가 있는 경우라도 파산에 이르게 된 경위, 그 밖의 사정을 고려하여 상당하다고 인정되는 경우에는 면책을 허가할 수 있고, 또한 그와 같은 재량면책을 함에 있어서는 불허가사유의 경중이나 채무자의 경제적 여건 등 제반 사정을 고려하여 예외적으로 채무액의 일부만을 면책하는 소위 일부면책을 할 수도 있으나, 채무자의 경제적 갱생을 도모하려는 것이 개인파산제도의 근본 목적이라는 점을 감안할 때 채무자가 일정한 수입을 계속적으로 얻을 가능성이 있다는 등의 사정이 있어 잔존채무로 인하여 다시 파탄에 빠지지 않으리라는 점이 소명된 경우에 한하여 그러한 일부면책이 허용된다"고 판시하여, 면책불허가 사유가 있는 경우에 한하여 제한적으로 일부 면책을 할 수 있음을 명백히 하고 있다.

종래 실무상 경미한 면책불허가사유가 있는 경우 비율적 일부면책을 선고한 사례가 있었으나, 최근에는 일부면책을 거의 활용하고 있지 않다.

---

45) 日大阪高決 1994. 7. 18.(判時 1545, 58) 등 일본 판례와 통설의 입장이다.

46) 서울중앙지방법원 파산부실무연구회, 주27) 187. 한편, 미국 연방 파산법상으로는 채무자가 면책을 받으면 채권자는 강제집행 등의 법적 조치뿐만 아니라 사실상의 추심행위, 추심을 목적으로 하는 형사고소까지도 모두 금지되어 면책의 실질적 효과를 높이고 있다고 한다(위 같은 곳에서 재인용).

47) 공2006, 1802.

일부 면책이 선고된 경우에는 파산채권자에 대한 채무 중 면책이 선고된 일부의 채무에 한하여만 그 책임이 면제된다고 볼 수밖에 없을 것이다.

7. 면책의 취소

면책결정이 확정된 경우에도 사기파산죄로 유죄의 확정판결을 받은 때(법 제569조 제1항 전문)와 부정한 방법으로 면책을 받은 때(법 제569조 제1항 후문)에는 면책을 취소할 수 있다. 전자의 경우에는 법원이 직권취소를 할 수 있으나 후자의 경우에는 법원이 직권취소를 할 수 없다. 또한 후자의 경우의 면책취소신청은 면책 후 1년 이내에 해야 한다.

면책취소결정이 확정되면 면책의 효력을 받는 모든 파산채권자의 권리는 면책 전의 상태로 회복되고 채무자의 책임이 부활한다.

면책취소결정의 확정으로 파산채권자의 권리는 면책 이전의 상태로 회복되지만 면책 후 취소에 이르기까지의 사이에 생긴 원인으로 채권을 가지게 된 자는 다른 채권자에 우선하여 변제를 받을 권리를 가진다(법 제572조).

면책취소결정이 확정되면 복권은 장래에 향하여 효력을 잃게 되므로(법 제574조 제2항), 취소되기 전 면책으로 당연복권되었던 기간의 신분상의 효과에는 아무런 영향이 없다.

四. 개인회생절차상 면책결정의 효력

1. 면책이 되기 위한 요건 및 면책의 효력발생시기

첫째, 채무자가 변제계획에 따른 변제를 완료한 경우, 둘째, 채무자가 변제계획에 따른 변제를 완료하지 못하였더라도 ① 채무자가 책임질 수 없는 사유로 인하여 변제를 완료하지 못하였고, ② 개인회생채권자가 면책결정일까지 변제받은 금액이 채무자가 파산절차를 신청한 경우 파산절차에서 배당받을 금액보다 적지 아니하며, ③ 변제계획의 변경이 불가능하다는 요건을 갖춘 경우에는 법원이 면책결정을 하게 된다(법 제624조).

즉 변제계획의 인가 또는 변제계획에 따른 변제의 완료에 의하여 곧바로 면책이 되는 것이 아니라, 법원이 채무자의 신청에 의하거나 직권에 의하여 따로 면책결정을 하여 확정됨으로써 면책의 효력이 발생하는 것이다(법 제625조 제1항).

2. 면책의 효력이 미치는 범위

면책결정은 개인회생채권자목록에 기재된 개인회생채권자에 대한 채무에 한하여 효력이 미친다. 개인회생채권자목록에 기재되고 이에 대한 개인회생채권 조사확정재판 없이 이의기간을 경과하여 확정된 개인회생채권, 개인회생채권 조사확정재판을 통하여 확정되었거나 개인회생채권 조사확정재판에 대한 이의의 소를 거쳐 확정된 채권 중 변제되지 않고 남은 부분이 모두 면책된다.

3. 면책의 의미 및 효력

면책을 받은 채무자는 변제계획에 따라 변제한 것을 제외하고 개인회생채권자에 대한 채무에 관하여 그 책임이 면제된다(법 제625조 제2항). 채무에 관하여 '책임이 면제된다'는 것은 앞서 개인파산 부분에서 본 바와 같이 채무 자체가 소멸하는 것이 아니라 채무 자체는 존속하고 채무자에게 책임을 물을 수 없는 자연채무로 된다는 의미이다.

면책의 효력이 개인회생채권자목록에 기재된 개인회생채권자에 한하여 미친다는 점을 제외하고는 면책의 효력과 관련된 제반 사항은 개인파산 부분의 설명을 참조하면 된다.

4. 면책에서 제외되는 채권

다음의 각 청구권은 면책의 효력을 받는 대상에서 제외된다(법 제625조 제2항). 즉, ① 개인회생채권자목록에 기재되지 아니한 청구권, ② 법 제583조 제1항 제2호의 규정에 의한 조세 등의 청구권, ③ 벌금·과료·형사소송비용·추징금 및 과태료, ④ 채무자가 고의로 가한 불법행위로 인한 손해배상, ⑤ 채무자가 중대한 과실로 타인의 생명 또는 신체를 침해한 불법행위로 인하여 발생한 손해배상, ⑥ 채무자의 근로자의 임금·퇴직금 및 재해보상금, ⑦ 채무자의 근로자의 임치금 및 신원보증금, ⑧ 채무자가 양육자 또는 부양의무자로서 부담하여야 할 비용 등은 면책의 대상에서 제외된다.

5. 면책의 취소

채무자가 면책을 받았다고 하더라도, 법원은 채무자가 기망 그 밖의 부정한 방법으로 면책을 받은 것일 때는 이해관계인의 신청에 의하거나 직권으로 면책을 취소할 수 있다(법 제626조).

五. 외국도산절차상 면책재판의 국내적 효력[48)]

외국도산절차에서 한국인이나 한국 법인이 또는 외국인이나 외국 법인이 면책재판을 받은 경우 그 면책재판의 국내적 효력이 문제가 된다. 예컨대 한국인이 미국에 재산 또는 영업소의 소재를 관할근거로 삼아 미국 파산법 제7장(청산절차)에 의한 절차를 신청하여 면책결정을 받은 경우 그 면책결정의 국내적 효력이 어떻게 되는가 하는 것이다.

원래 도산절차의 개시에 따른 포괄집행적 효력이나 관리처분권이전의 효력은 다양한 법률효과를 가져오지만, 면책재판은 도산채권자와 채무자간의 채무의 감면이라고 하는 단순하고 일의적인 내용이므로 채권자들이 다수라는 점을 제외하면 민사소송법상의 외국판결의 승인제도와 다를 바가 없다. 그리고 보통의 외국도산절차의 승인재판에서는 외국도산절차의 대표자가 국내에서 진행되고 있는 각종 소송 및 집행절차의 중지, 재산의 환가 및 처분을 목적으로 하는 것으로서 외국도산절차의 대표자에게만 승인재판의 신청권을 부여하고 있다.

하지만 외국면책재판의 효과가 문제되는 장면은 외국면책재판의 효력이 한국내에 미치는 것을 부정하는 채권자들의 이행청구소송이나 강제집행에 대하여 외국면책재판의 효력을 항변으로 주장하거나 적극적으로 채무부존재확인의 소송을 구하는 것이다. 이러한 경우 채무자에게 승인신청을 요구하는 것은 절차상의 부담이 클 뿐 아니라 외국도산절차의 승인신청권한을 외국도산절차의 대표자에게 한정한 법체계와의 정합성에 어긋난다.

현행법은 별도로 이에 관한 규정을 두지 않았으므로, 민사소송법상(제217조)의 외국판결승인의 법리에 따라 외국면책재판의 국내적 효력을 인정하는 것이 원칙이라고 하겠다.[49)] 다만, 채무자가 외국도산절차의 대표자의 지위에 있는 경우에는

48) 서울중앙지방법원 파산부실무연구회, 주4) 279.

49) 석광현, "채무자회생 및 파산에 관한 법률(이른바 통합도산법)에 따른 국제도산법", 국제거래법연구 15-2(2006), 356은 법이 결정승인제를 취하고, 모델법과 달리 승인결정 자체에 단순

그 밖에 적어도 외국도산절차의 승인재판을 신청하여 외국도산절차가 승인(승인결정에 대하여는 즉시항고가 가능하고, 즉시항고에는 집행정지의 효력이 없기는 하나, 외국면책재판의 국내적 효력을 인정하기 위하여는 위 승인결정이 확정되어야 한다고 생각한다)될 것을 요한다고 하겠다.[50] 나아가 외국도산절차의 승인 이후에 별도의 지원처분까지 있어야만 외국면책재판의 국내적 효력이 인정될 수 있는지 여부에 대하여는 논란이 있을 수 있으나, 외국도산절차에 대한 지원처분 없이 승인만으로는 면책의 국내적 효력을 발생시킬 수는 없다고 본다. 법은 외국도산절차의 승인결정 자체에 별도의 효력을 부여하지 않고 있고, 따라서 외국파산법원의 면책재판에 대하여 승인재판을 한다고 하더라도 별도의 지원처분을 하지 않는 이상 면책의 효과를 국내에 미치도록 하는 방법은 마련되어 있지 않기 때문이다. 즉, 승인결정 자체는 단순히 지원처분을 할 수 있는 기초로서의 의미만을 가지고 있는 것이다.

외국도산절차가 한국 채권자의 적법한 절차 참가권을 침해하거나, 그 도산절차가 공서양속에 비추어 도저히 용인하기 어려운 사정이 있는 경우(법원이 아닌 행정청이 절차를 주재하는 경우 등)에 해당하면, 공서양속 위반을 이유로 외국면책재판의 효력을 부인할 수 있다.

서울중앙지결 2008. 7. 9. 자 2008하합20(파산선고)에서, 채무자가 파산신청인의 채권이 미국 도산절차에서 면책되었으므로 파산신청을 배척하여야 한다고 주장한 데에 대하여, 해당 미국 도산절차가 진행되는 동안 국내의 도산법률관계를 규율하던 구 파산법, 구 회사정리법, 구 화의법은 국내에서 개시된 도산절차의 대외적 효력이나 외국에서 개시된 도산절차의 대내적 효력을 모두 부정하는 이른바 엄격한 속지주의를 표방하는 규정을 두고 있었으므로, 당시 그러한 국내 도산법체계에 의지하여 미국 도산절차에 참여하지 않고 채무자의 국내재산에 관한 개별집행을 별도로 진행해 온 국내 채권자인 신청인에 대하여도 위 면책의 효력을 전

히 지원처분을 할 수 있는 기초로서의 의미만을 부여한 이상, 외국도산절차를 구성하는 외국법원의 재판들 중에서 면책재판에 대하여만 예외를 인정하여 승인결정과 지원처분이 모두 불필요하다고 보아 자동승인제를 취할 근거가 없고, 오히려 그러한 예외를 인정하는 것이 법의 체계와 정합성이 없다는 이유로 이에 반대하고 있다. 다만, 석광현 교수는 지원처분이 필요한지 여부와 가능한지 여부, 그리고 어떤 형태의 지원처분이 필요한지에 관하여 논란이 있을 수 있다고 하면서 적어도 외국도산절차의 승인결정은 있어야 한다고 한다.

50) 伊藤眞 교수는 파산절차와 면책절차는 실질적으로 일체의 것이라는 점, 외국도산법의 목적에는 국제적으로 정합된 재산의 청산 뿐 아니라 채무자에 관하여 경제적 재생을 꾀하고 있다는 것도 포함되어 있는 점을 고려하면, 외국면책허가결정 또는 면책의 효과를 수반하는 외국도산처리절차에 관하여는 외국도산처리절차의 승인을 거쳐 비로소 그 국내적 효력이 인정될 수 있다고 한다. 伊藤眞, 주23) 546.

면적으로 인정하는 것은 국내 사법질서에 반할 뿐 아니라 국내 채권자의 이익을 부당하게 침해할 우려가 있고, 소급효금지의 원칙 등에도 어긋나므로 해당 미국 도산절차는 민사소송법 제217조 제3호의 요건을 갖추지 않았다고 할 것이어서 그 효력을 인정할 수 없고, 한편 외국도산절차의 승인 및 지원의 관점에서 보더라도, 국내에서 채무자에 대한 외국도산절차 승인결정이 있기는 하였으나 확정되지 아니하였을 뿐 아니라 어떠한 지원결정도 내려지지 아니한 이상 미국 도산절차상의 면책의 효력이 국내 채권자에게 그대로 미치는 것으로 볼 수 없다고 판단하여 채무자의 주장을 배척하고, 채무자에 대하여 파산을 선고하였다.

六. 각 절차상 면책의 효력 등에 관한 비교

1. 별도의 면책결정의 요부

회생절차에서는 회생계획인가에 의하여 면책의 효력이 발생하나, 개인파산절차나 개인회생절차에서는 별도의 면책결정을 하여 확정된 때 비로소 면책의 효력이 발생하게 된다.

개인회생절차에서 변제계획인가결정이 있고, 그 변제계획에서 개인회생채권의 일부에 관하여만 변제하기로 하는 내용이 포함되어 있다 하더라도, 변제계획 인가의 효력에 의하여 그 변제계획에서 정하여진 변제방법 및 변제 예정액의 범위 내로 이행기가 유예되거나 권리감면의 효력이 생기는 것은 아니다. 법 제615조 제1항 단서는 "변제계획에 의한 권리의 변경은 면책결정이 확정되기까지는 생기지 아니한다"고 규정하여 이를 명백히 하고 있다. 이 점에서 회생계획의 인가에 의하여 면책 및 권리변경의 효력이 발생하는 회생절차와는 명백히 구별된다. 따라서 개인회생절차의 변제계획은 그 자체로 면책이나 권리변경의 효력을 발생시키는 '형성적 효력'을 갖는 것이 아니라, 단지 변제계획에서 정하여진 변제기간 동안 정해진 변제율과 변제방법에 따라 변제를 완료하면 추후 면책신청절차를 통하여 면책결정을 받아 나머지 채무를 모두 면책받을 수 있다는 취지를 개인회생채권자들에게 명백히 알리는 '예고'로서의 성격을 갖는 것으로 보아야 할 것이다.

위와 같이 변제계획이 인가되더라도 그 변제계획에서 정한 내용대로 권리변경의 효력이 발생할 여지가 없기 때문에, 법원사무관등은 변제계획조항을 별도의 개인회생채권자표에 기재할 필요가 없다. 이는 회생절차에서는 인가의 효력에 의하여 권리변경의 효력이 발생하기 때문에, 회생계획인가결정이 확정된 때에 법원 사무관등이 회생계획의 조항을 회생채권자표 등에 기재하도록 하고 있는 것(법 제249조)과 명백히 대비된다.

2. 면책의 성질

통설 및 판례는 회생, 개인파산, 개인회생절차 모두에 있어서 면책에 의하여 채무가 자연채무로 된다고 보고 있다.

3. 면책의 효력이 미치는 범위

가. 면책의 효력을 받는 권리자

회생절차에서의 면책은 회생채권과 회생담보권에 대한 것인데, 두 단계로 나누어 살펴볼 수 있다. 첫째 단계는 실권에 의하여 면책될 운명에 처해지는 단계이다. 회생절차에서는 채권신고의무가 있어서, 신고기간 내에 신고하지 아니한 회생채권자와 회생담보권자 중 목록에 기재되지 아니한 권리자는 실권된다. 실권된 회생채권자와 회생담보권자의 권리는 회생절차에서 정당한 권리로서 인정되지 않는 것이 보통이다. 따라서, 실권된 권리자는 회생계획인가에 의한 본래의 면책의 효력이 발생하기 전단계에서 사실상 면책될 운명에 처해지게 된다. 둘째 단계는 회생계획인가에 의한 본래 의미로서의 면책 단계이다. 회생채권자와 회생담보권자로서 신고하였거나 목록에 기재되었다고 하더라도 회생계획에 의하여 인정된 권리를 제외하고는 그 권리가 면책된다. 회생절차에서 실권과 면책은 개념상 구별이 되기는 하나, 실권된 권리에 대하여는 회생계획에서 이를 인정하지 않는 것이 원칙이기 때문에 실권과 면책은 유사한 의미로 혼용되기도 한다.

개인파산절차에서의 면책결정은 모든 파산채권자에 대하여 미치는 것이 원칙이다. 따라서 면책결정문에는 채권자목록을 붙일 필요가 없다.

개인회생절차에서는 개인회생채권자 중 개인회생채권자목록에 기재된 채권자에 대하여만 면책의 효력이 미친다. 따라서, 현재 실무상은 면책결정을 함에 있어서 "채무자를 면책한다"는 주문을 사용할 뿐이고 결정문에 개인회생채권자목록을 붙이지 않고 있으나, 사견으로는 면책결정을 함에 있어서는 개인회생채권자목록을 별지로 붙여 "별지목록기재 개인회생채권에 대하여 채무자를 면책한다"는 주문을 사용하는 것이 좋지 않을까 한다.

나. 담보권의 소멸

회생절차에서는 담보권일지라도 목록에 기재되지 않거나 신고되지 아니할 경우 면책되지만, 개인파산절차와 개인회생절차에서는 별제권으로서 면책의 효력이 미치지 못한다.

다. 보증인 등에 대한 효력

회생, 개인파산, 개인회생 모두에 있어서 면책은 채권자가 채무자의 보증인 그 밖에 채무자와 함께 채무를 부담하는 자에 대하여 가지는 권리와 채무자 외의 자가 채권자를 위하여 제공한 담보에 영향을 미치지 아니한다.

라. 환취권, 공익채권, 재단채권 등에 대한 면책의 효력

각 절차에서 환취권, 벌금·과료·형사소송비용·추징금 및 과태료 등은 면책의 대상이 되지 않는다. 회생절차에서의 공익채권과 개인회생절차에서의 개인회생재단채권은 면책의 대상이 되지 않는다. 개인파산절차에서의 재단채권에 대하여는 면책의 대상이 되는지 여부에 대하여 다툼이 있으나, 면책의 대상이 되지 않는다고 보는 것이 통설이다.

4. 면책취소 제도

회생절차에서는 면책을 취소하는 별도의 제도를 두고 있지 않다. 그러나, 개인파산절차와 개인회생절차에서는 면책결정후 면책을 취소하는 별도의 제도를 두고 있다.

5. 비면책채권이라는 개념의 존부

회생절차에서는 비면책채권 또는 면책제외채권이라는 개념이 별도로 존재하지 아니함에 반하여, 개인파산절차와 개인회생절차에서는 그와 같은 개념이 존재하고, 비면책채권에 해당되는지 여부에 대한 다툼이 많다.

6. 회생절차 및 개인회생절차의 폐지와 면책의 관계

회생절차에서는 회생계획인가에 의하여 면책의 효력이 발생하는 반면, 개인회생절차에서는 변제계획의 인가시가 아니라 면책결정의 확정에 의하여 면책의 효력이 발생하는 것이다. 따라서, 회생절차에서는 회생폐지가 되어도 면책의 효력은 유지되나, 개인회생절차에서는 개인회생폐지가 되면 면책조치가 취해지지 않은 상태에서 절차가 종료된다.

즉, 회생계획 인가 후에 회생절차가 폐지되는 경우에는 그 동안의 회생계획의 수행이나 법률의 규정에 의하여 생긴 효력에 영향을 미치지 아니하므로(법 제288조 제4항), 법 제251조에 의한 면책의 효력과 법 제252조에 의한 권리변경의 효력은 회생절차가 폐지되더라도 그대로 유지된다.[51)]

반면, 개인회생절차에서의 변제계획의 인가에는 면책이나 권리변경의 효력이 없기 때문에, 변제계획에서 정한 개인회생채권의 변제기간, 변제방법, 변제액수는 개인회생절차 폐지가 확정되면 효력을 잃게 되어, 채권자는 원래의 채권의 내용대로 채권을 행사하고 집행할 수 있게 된다.

---

51) 대판 1998. 8. 21. 98다20202(공1998, 2301)은 "신고하지 아니한 정리채권은 정리계획 인가 결정이 있는 때에는 실권되고, 이와 같이 실권된 정리채권은 그 후 정리절차가 폐지되더라도 부활하지 아니한다"고 판시하고 있다.

외국에서 받은 면책재판의 국내적 효력

변호사(전 서울중앙지방법원 판사) 이 용 운

〈目 次〉

一. 들어가며

최근 기업뿐만 아니라 개인도 그 활동이 국제화되면서 외국에서 거주하는 채무자[1]가 재정적 파탄으로 외국 법원에서 파산절차를 거쳐 면책을 받는 경우도 볼 수 있게 되었다. 외국에서 면책[2]을 받은 이러한 채무자가 한국에서 경제활동을 다시 시작하여 상당한 재산을 형성하자 기존의 파산채권자[3]가 이미 면책을 받은 파산채권에 기하여 대한민국 법원에 채무자를 상대로 이행의 소를 제기한 경우 대한민국 법원은 당해 소를 어떻게 처리해야 될 것인가. 즉 외국에서 받은 면책재판이 국내에서 어떠한 효력을 가지는가의 문제가 발생할 수 있다. 속지주의를 취하여 외국 파산절차의 효력이 부정되던 구파산법에서는 외국면책재판의 효력이

1) 법은 도산절차에서 내외국인의 차별을 두지 않고 있으므로(법 제2조), 여기서의 채무자는 한국인이 아니라도 상관 없다.

2) 외국에서의 면책은 우리나라의 개인파산절차에서의 면책뿐만 아니라 회생계획의 인가로 인하여 권리변동의 효력이 발생한 경우도 같은 문제가 발생하지만, 여기서는 논의의 편의상 외국에서 우리나라와 같은 개인파산절차에서와 같은 면책결정를 받아 외국도산절차가 종료되었음을 가정하여 설명하기로 한다.

3) 한국에 거주하는 채권자일 수도 있고, 외국에 거주하는 채권자일 수도 있다.

전면적으로 부정하여야 한다는 견해도 있을 수 있었지만, 구파산법의 속지주의 조항이 폐지되고, 채무자 회생 및 파산에 관한 법률(이하 법이라고만 한다) 제5편 국제도산이 신설된 현재에는 더 이상 외국면책재판의 대내적 효력을 전면적으로 부정하는 것은 불가능하게 되었다.

그렇지만 외국면책재판의 대내적 효력이 인정된다고 하더라도 법 제5편의 외국도산절차의 승인과 관련하여 외국면책재판이 국내에서 효력을 인정받기 위해서는 서울중앙지방법원의 외국도산절차의 승인결정 및 지원처분을 받아야 하는 것인지[4], 아니면 민사소송법 제217조의 외국판결에 준하여 일정한 요건이 충족되면 외국면책재판의 효력이 자동적으로 승인되어 당해 청구를 받은 각 지방법원이 선결문제로 처리하면 충분한 것인지 문제가 된다.

이는 결국 법 제5편의 외국도산절차의 승인지원제도의 성격과 관련된 문제로서, 이하에서는 우선 법 제5편에서 신설된 외국도산절차에 있어서 승인지원제도의 이론적 성격을 살펴본 후, 외국의 면책재판이 우리나라에서 어떠한 방식과 요건하에서 그 효력을 인정받을 수 있는지 검토해 보고자 한다.

二. 외국도산절차의 승인지원제도의 성격

1. 외국판결의 승인과의 비교

법 제5편에서 "외국도산절차의 승인"이라 함은 외국도산절차에 대하여 대한민국 내에 이 편의 지원처분을 할 수 있는 기초로서 승인하는 것을 말한다고 정의하고 있다(법 제628조 제3호). 그런데, 법 제632조에서 정하고 있는 외국도산절차의 승인의 요건은 민사소송법 제217조의 외국판결의 승인의 요건과 유사한 측면이 없지 않은바, 그렇다면 두 승인은 이론적으로 동일한 성격을 가지고 있는 것인지 우선 살펴볼 필요가 있다.

외국판결이 민사소송법에 정한 요건을 구비한 경우에 통상 당해 외국판결이 판결국에서 가지는 효력이 국내에서도 확장된다고 보는 것이 일반적인 견해이다[5]. 즉 외국판결은 승인요건을 구비한 때에는 이른바 자동적 승인으로서 특별한 절차 없이 그 자체만으로도 그 외국에서 효력이 발생한 시점에서 국내에서도 집행력을

4) 외국도산절차의 승인 및 지원에 관한 사건은 서울중앙지방법원 합의부의 관할에 전속한다(법 제630조). 자세한 것은 후술.

5) 최공웅, "외국판결의 효력", 사법논집(18집), 법원도서관, 331.

제외한 기판력, 형성력 그밖에 참가적 효력 등이 발생한다.

그렇지만 법 제5편 외국도산절차의 승인의 경우에 있어서는 아래에서 보는 바와 같이 결정승인의 방식을 취하고 있으므로, 승인의 요건을 구비한 경우 별도의 승인결정이 필요하고, 승인결정이 있더라도 외국도산절차의 효력이 국내에서 확장되는 것이 아니고, 국내법에서 인정하고 있는 채무자의 재산에 대한 소송절차의 중지 등의 효력이 자동적으로 발생하는 것도 아니다[6]. 즉 승인결정 자체만으로는 특별한 효력이 발생하는 것이 아니고, 승인결정을 전제로 하여 법원에 의한 중지명령 등의 별도의 지원처분의 재판이 필요하고, 이러한 지원처분의 재판을 할 때에는 채무자의 업무 및 재산이나 채권자의 이익을 보호하기 위하여 필요한지 여부, 그 신청이 대한민국의 선량한 풍속 그 밖의 사회질서에 반하는지 여부의 심리를 거친 후 채권자 · 채무자 그 밖의 이해관계인의 이익을 고려하여 결정된다.

위에서 본 바와 같이 외국판결의 승인은 외국법원의 재판절차를 대상으로 하는 것이 아니라 외국법원의 판단인 판결을 승인의 대상으로 하여 국내에 있어서도 그 효력을 인정함으로써 일정 시점에서 종료하는 개념이지만, 외국도산절차에 있어서의 승인은 외국도산절차의 개시결정 등 하나하나의 재판을 대상으로 한 것이 아니고 외국도산절차 그 전체를 승인의 대상으로 하여, 외국법원에서 현재 진행되고 있는 외국도산절차에 협조하기 위하여 국내법 독자의 관점에서 장래 각종의 지원처분을 하기 위하여 이른바 당해 외국도산절차에 대한 입장권[7]을 부여하는 개념이므로, 두 승인의 성격은 전혀 다른 것이다. 이러한 점을 기초로 하여 외국도산절차의 승인제도의 특색을 좀 더 구체적으로 살펴본다.

2. 외국도산절차를 전제로 하는 종속적 절차

외국도산절차의 승인지원절차는 채무자의 도산절차를 외국도산절차에 따라 일원적으로 행하기 위해 외국도산절차에 대한 지원처분을 함으로써, 국내에 있는 채무자의 재산에 관하여 당해 외국도산절차에서 따라서 국제적인 조정을 실현하기 위한 절차이다.

따라서, 승인지원절차는 채무자의 도산처리를 자기완결적으로 수행하는 국내도산절차와는 그 성격이 다르고, 어디까지나 외국도산절차의 존재를 전제로 하여

6) 이 점에 있어서 UNCITRAL모델법(이하 모델법이라고 한다)은 외국도산절차를 주절차와 종절차로 구분하여 외국주절차에 대해서는 개별절차의 중지, 재산의 처분 등 금지의 효력이 자동적으로 발생하는 것으로 되어 있다

7) 中西 康, "承認の 理論的性格", 金融 · 商事判例 增刊号 No.1112(2001), 121.

절차가 시작되고, 외국도산절차가 존속하는 동안 존재하는 절차이다. 따라서 외국도산절차가 종료한 경우에는 그 존재 원인을 상실한다고 보아야 한다[8].

또한 국내도산절차에서는 불가결의 구성요소인 도산채권의 신고 · 조사 · 확정을 위한 절차, 도산채권자에 대한 배당절차 또는 재건형절차에 있어서 회생계획의 수립절차 등은 모두 외국도산절차에서 행해지기 때문에 승인지원절차에서는 이러한 절차는 존재하지 않는다. 따라서 승인지원절차가 진행되고 있다고 하더라도 국내의 채권자는 승인된 외국도산절차에 정해진 바에 따라 외국법원 등에 채권의 신고를 하고 외국도산절차에 따라 배당을 받게 된다[9].

3. 승인제도의 존재방식

각국의 국산도산법제에 있어서 외국도산절차의 효력이 국내에 미치는 방식에 관하여, 외국도산절차가 일정의 요건을 충족하면 법원 등의 판단을 거칠 필요 없이 당연히 당해 절차의 효력이 국내에도 미친다고 하는 자동승인의 방식과 외국도산절차에 승인의 요건이 구비되었다고 하는 법원의 판단(승인의 재판)을 거친 후라야 당해 절차의 효력이 국내에 미친다고 하는 결정승인의 방식이 존재한다. EU규칙은 외국주절차(채무자가 그 주된 이익의 중심지를 두고 있는 국가에서 개시된 절차)에 대하여 전자의 방식을 취하고 있고(동규칙 제16조 제1항), 모델법(동법 제3장) 및 일본의 승인원조법은 후자의 방식을 취하고 있다. 우리나라의 외국도산절차의 승인지원절차는 모델법에 따라서 법원의 승인을 얻은 후에야 외국도산절차의 효력이 국내에 미치는 것으로 하고 있다.

또한 외국도산절차의 효력이 국내에 미친다고 하더라도 어떠한 형식으로 국내에 미치는 것인가에 관해서도, 외국도산절차에서 발생하는 각종의 효력이 기본적으로 그대로 국내에서도 인정하는 방식과 자국법의 입장에서 외국도산절차를 지원하기 위하여 각종의 효력을 부여함으로써 간접적으로 당해 절차의 효력이 미치는 방식이 존재한다. EU규칙은 전자의 방식을 채용하고 있고(동규칙 제4조 제1항), 모델법도 외국주절차(채무자가 그의 주된 이익의 중심지를 두고 있는 국가에서 개시된 절차)가 승인된 경우에는 ①소송절차 및 담보권실행으로서의 경매절차 등의 중지, ②강제집행절차 등의 중지, ③채무자의 재산의 처분권한의 정지 등의

8) 일본의 승인원조법 第56조는 당해 외국도산절차가 파산종결의 결정, 강제화의인가의 결정, 재생계획인가의 결정, 갱생계획인가의 결정, 기타 사유로 종결한 때에는 승인취소의 결정을 하여야 한다고 규정하고 있다.

9) 深山卓也, 新しい國際倒産法制, 金融財政事情硏究會(2001), 13-15.

효력이 당연히 발생하는 것으로 하고 있다(동법 제2조(a)(b), 20조).

우리나라 승인지원절차는 외국도산절차가 주절차인지 종절차인지 구분하지 않고 승인 결정 그 자체에 의해서는 이해관계인에 대한 구체적인 법적 효과가 발생하지 않고, 필요에 따라서 국내법의 입장에서 외국도산절차에 대하여 각종의 지원처분을 함으로써 채무자의 국내재산에 대하여 구체적인 효력이 미치는 것으로 하고 있다. 이 점에 있어서는 일본의 승인원조법과 같다. 일본의 승인원조법에서 이러한 방식을 채용한 것은, ①외국도산절차에서는 인정되지만 국내도산절차에서는 인정되지 않는 효력이 국내에서 바로 발생하게 되면 국내의 이해관계인에게 예측가능성을 침해할 수 있는 점, ②도산절차에서 인정되고 있는 각종의 효력(강제집행 등 개별적 권리행사의 금지효, 변제금지효 등)의 내용이나 범위는 각국 도산법제 마다 다양하지만 승인원조절차에 있어서 외국도산절차가 진행되고 있는 본국에서 인정되고 있는 효력보다 강력하고 광범한 효력을 인정하는 것은 원조의 목적을 넘어서는 것으로서 적당하지 않은 점, ③외국도산절차를 원조하기 위하여 필요한 모든 효력을 법정하는 것은 곤란하고, 법원이 개개의 도산사안에 따라 적절한 처분을 선택하는 것이 합리적인 점, ④승인의 결정에 이해관계인에 대한 효력을 인정하지 않는 편이 법원이 신속한 판단을 할 수 있는 점 등이 그 이유가 되었다고 한다[10].

三. 외국면책재판의 국내적 효력

1. 효력이 발생하는 형식

가. 학설의 대립

구파산법의 속지주의 조항이 폐지되고, 법 제5편 국제도산이 신설된 현재에는 더 이상 외국면책재판의 국내적 효력을 전면적으로 부정하는 것은 불가능하게 되었다. 그런데 국내적 효력을 인정하기 위해서는 본 편의 외국도산절차의 승인 및 지원처분을 받아야만 하는가 아니면 외국판결의 승인에 준하여 자동적으로 승인되는가. 만약 본 편의 외국도산절차의 승인 및 지원처분을 받아야 한다면 외국도산절차의 승인 및 지원에 관한 사건은 서울중앙지방법원 합의부의 관할에 전속하므로(법 제630조), 외국면책재판의 효력이 문제가 되는 경우 지방의 각 법원은 재판

10) 深山卓也, 新しい國際倒産法制, 金融財政事情硏究會(2001), 13-15.

을 일단 정지하고 서울중앙지방법원의 승인결정 여부에 따라 재판을 하여야 할 것이고, 외국판결의 승인에 준한다면 지방의 각 법원이 각 사건의 선결문제로 처리하면 족하므로 어떤 입장을 취하느냐에 따라 실무상 많은 차이가 발생하게 된다.

외국의 면책재판이 국내에서 효력이 인정되기 위해서는 본 편의 외국도산절차의 승인 및 지원처분이 필요하다고 하는 견해에서는, ①법이 자동승인의 방식이 아닌 결정승인의 방식을 취하여 모델법과 달리 승인결정 자체에 단순히 지원처분을 할 수 있는 기초로서의 의미만을 부여한 이상, 외국도산절차를 구성하는 외국법원의 재판들 중에서 면책재판에 대하여만 예외를 인정하여 승인결정과 지원처분이 모두 불필요하다고 보아 자동승인제를 취할 근거가 없고, 오히려 그러한 예외를 인정하는 것은 법의 체계와 정합성이 없고, ②만약 면책재판에 대하여 자동승인제를 취할 의도였다면 법에 명문의 규정을 두었어야 한다고 주장한다[11].

또한 일본에서는 ①파산절차와 면책절차는 실질적으로는 일체를 이루고 있으며, 나라에 따라서는 파산절차의 결과로서 자동적으로 면책의 효력이 인정되고 있고, ②외국도산법의 목적에는 국제적으로 조정된 재산의 청산뿐만 아니라 채무자에 대하여 경제적 재생을 기도하는 것도 포함되어 있으므로, 이러한 점을 고려하면 외국면책허가결정 또는 면책의 효과를 부여하는 절차에 관해서는 외국도산절차의 승인을 거쳐야 비로소 국내적 효력이 인정될 수 있다고 한다[12].

이에 반하여 외국도산절차의 승인 및 지원처분이 필요 없이 외국판결에 준하여 자동적으로 승인된다고 하는 견해는, ①원래 도산절차의 개시효력에 따른 포괄집행적 효력이나 관리처분권이전의 효력은 다양한 법률효과를 가져오지만, 면책재판은 도산채권자와 채무자간의 채무감면이라고 하는 단순하고 일의적인 내용이므로 채권자들이 다수라는 점을 제외하면 민사소송법상의 외국판결의 승인제도와 다를 바가 없고, ②보통의 외국도산절차의 승인재판에서는 외국도산절차의 대표자가 국내에서 진행되고 있는 각종 소송 및 집행절차의 중지, 재산의 환가 및 처분을 목적으로 하는 것으로서 외국도산절차의 대표자에게만 승인재판의 신청권을 부여하고 있는데, 외국면책재판의 효과가 문제가 되는 장면은 외국면책재판의 효력이 대한민국내에 미치는 것을 부정하는 채권자들의 이행청구소송이나 강제집행에 대하여 외국면책재판의 효력을 항변으로 주장하거나 적극적으로 채무부존재확인의 소송을 구하는 것이 대부분이므로, 이러한 경우에 채무자에게 승인요청을 구하는

11) 석광현, "채무자 회생 및 파산에 관한 법률(이른바 통합도산법)에 따른 국제도산법", 국제거래법연구 15집 2호(2006), 355-358.

12) 伊藤 眞, 破産法(第4版補訂版, 2006). 有斐閣, 538.

것은 절차상의 부담이 클 뿐 아니라 외국도산절차의 승인신청권한을 외국도산절차의 대표자에게 한정한 법체계와는 정합성에 어긋나므로, 현행법에 별도로 이에 관한 규정을 두지 않은 이상 민사소송법상의 외국판결승인의 법리에 따를 수밖에 없다고 주장한다[13].

나. 검토

위 외국도산절차의 승인지원제도의 성격에서 본 바와 같이, 우리나라가 도입한 승인지원절차는 외국도산절차의 존속을 전제로 하여 어디까지나 외국도산절차에 협조하기 위한 절차이므로 외국도산절차가 종료하면 그 존속기반을 잃는 개념이다. 그리고 각국의 입법에 차이는 있지만 도산절차의 원리상 면책재판은 도산절차의 종료시점에 행해지고 면책재판의 확정과 동시에 도산절차가 종료되는 것이 일반적이다. 따라서 이미 외국도산절차가 종료하였다면 논리상 외국도산절차에 협조할 어떠한 처분도 존재하지 아니하므로 제5편의 승인지원절차가 개시될 수 없다. 제5편에 있어서의 승인은 어디까지나 외국도산절차의 승인이고 외국도산절차에 있어서의 재판의 승인은 아니기 때문이다.

승인결정이 필요하다는 견해는 외국도산절차를 구성하는 외국법원의 재판들 중에서 면책재판에 대하여만 예외를 인정하여 승인결정과 지원처분이 모두 불필요하다고 보아 자동승인제를 취할 근거가 없다고 주장하나, 이는 제5편의 승인이 외국도산절차의 협조를 위한 절차개시를 의미하고, 외국도산절차가 이미 종료하였다면 승인지원절차가 더 이상 존재할 수 없다는 점을 간과하고 있는 것으로 보인다. 더구나 법이 외국도산절차의 대표자에게만 승인재판의 신청권을 부여하고 있는데 외국면책재판이 문제가 되는 경우 이미 외국도산절차는 종료하여 대표자가 존재하지 아니하므로, 현실적으로 문제가 된 재판의 당사자가 승인재판을 신청할 방법도 없으므로, 외국면책재판의 국내적 효력은 법 제5편의 승인지원절차에 의해서가 아니라, 바로 민사소송법상의 외국판결의 효력의 법리에 따라 해결하지 않을 수 없다.

즉 외국판결이 일정한 요건하에서 국내에서 그 효력을 인정받는 것은 당사자가 이미 확보한 법적 생활의 안정과 국내 재판권 행사 및 사법절차의 반복과 번거로움을 절감하기 위한 것이므로, 외국에서의 면책재판 역시 관할권이 있는 외국법원이 채권자에게 절차참가를 보장한 후에 면책재판을 하였다면, 그 외국재판이

13) 서울중앙지방법원 파산부 실무연구회, 회생사건실무(하)(2006), 박영사, 273 ; 임치용, 파산법연구2, 박영사(2006), 326.

대한민국의 사회질서에 반한다는 사정이 없는 이상 그 효력을 국내에서 인정하여 채무자의 법적 안정성을 확보해 주는 것이 현대 선진국가의 법상 당연하다고 할 수 있다.

2. 효력이 발생하기 위한 요건

위에서 검토한 바와 같이 외국면책재판은 외국판결에 준하여 민사소송법에 따라 처리되어야 한다. 즉 기존의 파산채권자가 외국에서 면책된 파산채무의 변제를 국내 법원에 제소를 한 경우 외국파산면책의 효력은 그 사건의 선결문제로 되어 민사소송법 제217조를 구비하였다고 인정되는 경우에는 당해 청구가 기각될 것이다. 민사소송법 제217조는 그 요건으로서 ①국제재판관할, ②송달, ③공서양속, ④상호보증을 규정하고 있으므로 어떠한 경우에 외국면책재판이 효력을 인정받을 수 있는지 구체적으로 살펴본다.

가. 국제재판관할권

먼저 외국면책재판이 우리나라에서 그 효력을 인정받기 위해서는 면책재판을 한 외국 법원이 한국의 법령 또는 조약에 따른 국제재판관할의 원칙상 그 외국법원의 국제재판관할권이 있어야 한다.

외국도산절차가 국내에서 승인받기 위하여는 당해 절차를 신청한 외국에 채무자의 영업소, 사무소 또는 주소가 있을 것이 필요하다고 규정하고 있는데(법 제631조), 이 관할원인이 일응 외국면책재판의 국내효를 인정하는 국제재판관할권의 기준이 된다고 할 것이나, 외국면책재판의 국내에서의 효력 인정은 앞에서 본 바와 같이 외국도산절차의 승인과는 그 성격을 달리하고, 또한 외국면책재판의 효력이 타국에서 미치는 이유에 비추어 보면, 외국면책재판의 국제관할권은 채무자의 주된 경제적 이해관계의 중심지(채무자의 두된 영업소, 주된 영업소가 없는 경우에는 채무자의 주소지)로 한정된다고 보아야 할 것이다.

나. 송달

민사소송법 제217조 제2호는 패소한 피고가 소장 또는 이에 준하는 서면 및 기일통지나 명령을 적법한 방식에 따라 방어에 필요한 시간 여유를 두고 송달받았거나(공시송달이나 이와 비슷한 송달에 의한 경우를 제외한다), 송달 받지 아니하였더라도 소송에 응하였을 것을 요건으로 한다. 이는 소송계속 등을 모르고 판결이 되어 결석재판 등에 의한 패소 피고를 보호하기 위한 요건이다.

외국면책재판이 국내에서 효력을 인정받기 위해서도 파산채권자에 대한 적정수단의 보장의 점에서 파산채권자에게 당해 외국법의 규정에 따른 송달이 이루어졌다는 것이 요건이 된다. 그 송달이 당해 외국내에서 행해진 것인가 혹은 당해 외국외에서 행해진 것인가는 묻지 않는다. 그러나 한국법의 입장에서 보아서 사법공조를 통해서 당해 외국외에서 송달해야 했음에도 불구하고 공시송달 등 당해 외국내에서의 송달밖에 이루어지지 않은 경우는 당해 외국파산면책의 승인은 부정될 것이다.

다. 공서양속

민사소송법 제217조 제3호는 외국판결의 효력을 인정하는 것이 한국의 선량한 풍속이나 그 밖의 사회적 질서에 어긋나지 않을 것을 요구하고 있다. 외국판결의 승인의 결과 우리나라 법질서의 혼란을 가져오거나, 국내 사법제도에 대한 신뢰를 상실하는 것을 방지하기 위한 규제 장치이다. 우리나라의 공서양속을 해하는 외국판결까지 그 효력을 인정하는 것은 우리의 국가이익에 해하며, 정의에도 반하기 때문이다. 공서양속에 위반하는 것에는 판결의 내용 자체(실체적 공서) 뿐만 아니라, 판결의 성립과정 내지 소송절차가 공서양속에 반하는 경우(절차상의 공서)도 포함한다.

외국면책재판이 국내에서 효력을 인정받는 것도 기본적으로는 외국판결의 승인과 같은 입장에서 검토되어야 할 것이지만, 특히 외국면책재판에 있어서는 면책되지 않은 채권의 범위, 일부면책, 면책불허가의 재판이 문제가 될 수 있다.

먼저 외국파산면책이 법 제566조에 열거된 채권 이외의 채권을 면책하지 않고 존속시키는 경우와 동조에 열거된 채권도 면제시키는 경우가 있다. 전자의 경우에는 면제시키지 않은 채권이 광범위하게 되면 면책제도 그 자체의 의의가 없어지게 되므로 공서위반에 해당한다고 해석될 여지가 있을 것이다. 그러나 기본적으로 공서위반이라고 할 수 없는 경우가 대부분일 것이다. 반대로 후자의 경우에는 대부분 공서위반에 해당될 것으로 생각된다. 그런데 동조의 1호 및 2호의 채권은 민사상의 채권이 아니므로 공서위반로 되는 것이 아니라 외국파산의 승인대상이 아닌 것으로 보는 것도 가능할 것이다[14]. 외국의 일부면책의 재판도 공서위반이라고 보기 어려울 것이다.

면책불허가 재판에 있어서도 상인에게 면책이 인정되지 않는다 등의 포괄적 면

14) 小室百合, "渉外事件における個人破産の問題", 倒産法大系(弘文堂), 617-630.

책부정제도가 있다든지, 면책제도가 당해 파산채무자를 차별적 취급을 하고 있다는 등의 특수사정이 없는 한 공서에 반하지 않을 것이다.

라. 상호보증

외국판결은 당해 판결을 한 외국이 국내법이나 조약에 의하여 한국에서 외국판결을 승인하는 요건과 대등하거나 그보다 관대한 요건으로 한국 법원의 판결의 효력을 인정하는 조건하에서 그 효력을 인정받는다. 이를 상호주의라 한다. 외국면책재판에 있어서도 당해 외국법이 민사소송법 제217조와 중요한 점에서 유사한 조건에서 한국의 면책재판을 승인하고 있다는 것이 외국면책재판의 승인의 요건이 될 것이다. 외국의 도산법이 속지주의를 채택하고 있는 경우 그 외국에서의 면책재판은 우리나라에서 승인받을 수 없다.

四. 맺으며

현재 각국의 국제도산법의 추세는 속지주의에서 보편주의로 옮겨가는 과정에 있다. 보편주의의 이념은 채무자의 파산절차는 경제적 이해관계의 중심지 국가에서 관리하고 그 절차에서 이루어진 명령과 처분은 세계 어디서나 효력을 인정하자는 것이다. 이것은 국제화시대에 있어서 분쟁해결의 종국성을 고려하여 외국판결의 효력을 존중하려는 것이 세계적인 대세인 것과 일맥상통한다. 따라서 채무자의 경제적 이해관계의 중심지에서 적정한 절차에 따라서 받은 외국면책재판의 효력은 국내에도 인정됨은 이제 당연하다고 할 수 있고, 그 방식도 민사소송법 제217조의 외국판결의 효력과 같은 원리로 포섭하면 족하다고 할 것이다. 앞으로 외국면책재판과 관련한 국제적 분쟁사건이 증가될 것으로 예상되므로 외국면책재판의 효력에 관하여 보다 깊은 관심을 가지고 적극적으로 연구되기를 기대한다.

채무자 회생 및 파산에 관한 법률 조문대비표

채무자 회생 및 파산에 관한 법률 (2005. 3. 31. 법률 제7428호)	會社整理法, 파산법
제1편 총 칙	
제1조(목적) 이 법은 재정적 어려움으로 인하여 파탄에 직면하여 있는 채무자에 대하여 채권자·주주·지분권자 등 이해관계인의 법률관계를 조정하여 채무자 또는 그 사업의 효율적인 회생을 도모하거나, 회생이 어려운 채무자의 재산을 공정하게 환가·배당하는 것을 목적으로 한다.	第1條 (目的) 本法은 財政的 窮乏으로 破綻에 直面하였으나 經濟的으로 更生의 價値가 있는 株式會社(以下 本法中 “會社”라 한다)에 關하여 債權者, 株主 其他의 利害關係人의 利害를 調整하며 그 事業의 整理再建을 圖謀함을 目的으로 한다.
제2조(외국인 및 외국법인의 지위) 외국인 또는 외국법인은 이 법의 적용에 있어서 대한민국 국민 또는 대한민국 법인과 동일한 지위를 가진다.	第3條 (外國人의 地位) 外國人 또는 外國法人은 會社의 整理에 關하여 大韓民國國民 또는 大韓民國法人과 同一한 地位를 가진다. 第2條 (外國人의 地位) 外國人 또는 外國法人은 破産에 關하여 韓國人 또는 韓國法人과 同一한 地位를 가진다. 但, 本國法에 依하여 韓國人 또는 韓國法人이 同一한 地位를 가지는 때에 限한다.
제3조(재판관할) ①회생사건 및 파산사건은 채무자의 주된 사무소 또는 영업소(외국에 주된 사무소 또는 영업소가 있는 때에는 대한민국에 있는 주된 사무소 또는 영업소를 말한다)의 소재지를 관할하는 지방법원본원 합의부의 관할에 전속한다. 다만, 채무자가 개인이거나 채무자의 사무소 또는 영업소가 없는 때에는 채무자의 보통재판적 소재지를 관할하는 지방법원본원의 관할에 전속한다. ②개인회생사건은 채무자의 보통재	第6條 (整理事件의 管轄) ①整理事件은 會社의 本店의 所在地, 外國에 本店이 있는 때에는 大韓民國에 있는 主된 營業所의 所在地를 管轄하는 地方法院本院合議部의 管轄에 專屬한다. ②削除 ③第1項의 本店 또는 主된 營業所의 所在地는 登記簿에 의한다. 第96條 (破産事件의 관할) ①債務者가 營業者인 破産事件은 그 주된 營業所의 所在地(外國에 주된 營業所가 있는 경우에는 大韓民國에 있는 주된 營業所의

판적 소재지를 관할하는 지방법원본원의 관할에 전속한다.	所在地)를 관할하는 地方法院本院 合議部의 관할에 專屬한다. ②債務者가 營業者가 아닌 破産事件 또는 營業所가 없는 破産事件은 그 普通裁判籍의 所在地를 관할하는 地方法院 本院의 관할에 專屬한다.
③제1항 및 제2항의 규정에 의한 관할법원이 없는 때에는 채무자 재산의 소재지(채권의 경우에는 재판상의 청구를 할 수 있는 곳을 그 소재지로 본다)를 관할하는 지방법원본원의 관할에 전속한다. ④제1항의 규정에 불구하고 독점규제및공정거래에관한법률 제2조(정의) 제3호의 규정에 의한 계열회사에 대한 회생사건 또는 파산사건이 계속되어 있는 때에는 계열회사중 다른 회사에 대한 회생절차개시 또는 파산선고의 신청은 그 계열회사에 대한 회생사건 또는 파산사건이 계속되어 있는 지방법원본원에도 할 수 있다. ⑤제1항의 규정에 불구하고 법인에 대한 회생사건 또는 파산사건이 계속되어 있는 때에는 그 법인의 대표자에 대한 회생절차개시 또는 파산선고의 신청은 그 법인에 대한 회생사건 또는 파산사건이 계속되어 있는 지방법원본원에도 할 수 있다. ⑥제1항의 규정에 불구하고 회생사건 및 파산사건은 채무자의 주된 사무소 또는 영업소의 소재지를 관할하는 고등법원 소재지의 지방법원본원에 신청할 수 있다. ⑦제1항 및 제2항의 규정에 불구하고 다음 각호의 어느 하나에 해당하	第98條 (財産所在地의 管轄) ①前2條의 規定에 依한 管轄法院이 없는 때에는 財産의 所在地를 管轄하는 地方法院의 管轄에 專屬한다. ②債權은 裁判上의 請求를 할 수 있는 곳을 그 所在地로 본다. ③前2項의 規定에 依하여 2以上의 法院이 管轄權을 가지는 때에는 먼저 破産申請이 있은 法院의 管轄에 專屬한다.

는 자에 대한 회생사건·파산사건 또는 개인회생사건이 계속되어 있는 때에는 그 호에 규정된 다른 자에 대한 회생절차개시·파산선고 또는 개인회생절차개시의 신청은 그 회생사건·파산사건 또는 개인회생사건이 계속되어 있는 지방법원본원에도 할 수 있다. 1. 주채무자 및 그 보증인 2. 채무자 및 그와 함께 동일한 채무를 부담하는 자 3. 부부	
⑧상속재산에 관한 파산사건은 상속개시지를 관할하는 지방법원본원의 관할에 전속한다.	第97條 (相續財産破産의 管轄) 相續財産에 關한 破産事件은 相續開始地를 管轄하는 地方法院의 管轄에 專屬한다.
⑨제1항 내지 제3항, 제8항의 규정에 의하여 서울동부지방법원·서울남부지방법원·서울북부지방법원 또는 서울서부지방법원의 관할에 속할 사건은 서울중앙지방법원의 관할에 전속한다.	
제4조(손해나 지연을 피하기 위한 이송) 법원은 현저한 손해 또는 지연을 피하기 위하여 필요하다고 인정하는 때에는 직권으로 회생사건·파산사건 또는 개인회생사건을 다음 각호의 어느 하나에 해당하는 지방법원본원으로 이송할 수 있다. 1. 채무자의 다른 영업소 또는 사무소나 채무자재산의 소재지를 관할하는 지방법원본원 2. 채무자의 주소 또는 거소를 관할하는 지방법원본원 3. 제3조제4항 내지 제7항의 규정에 의한 지방법원본원	第7條 (整理事件의 移送) 第6條의 法院은 顯著한 損害 또는 遲延을 避하기 爲하여 必要하다고 認定하는 때에는 職權으로 整理事件을 會社의 다른 營業所나 財産의 所在地를 관할하는 地方法院 또는 會社와 獨占規制및公正去來에관한法律 第2條第3號의 規定에 의한 系列會社의 관계에 있는 會社에 대하여 整理節次를 진행중인 地方法院에 移送할 수 있다. 第98條의2 (事件의 移送) 法院은 第96條 내지 第98條의 경우 현저한 損害 또는 지연을 피하기 위하여 필요하다고 인정하는 때에는 職權으로 事件을 營業

4. 제3조제4항 내지 제7항의 규정에 의하여 해당 지방법원에 회생사건·파산사건 또는 개인회생사건이 계속되어 있는 때에는 제3조제1항 내지 제3항의 규정에 의한 지방법원본원	者의 다른 營業所 또는 財産의 所在地를 관할하는 法院에 移送할 수 있다.
제5조(법원간의 공조) 이 법에 의한 절차에서 법원은 서로 법률상의 협조를 구할 수 있다.	第100條 (法院間의 共助) 破産事件에 關하여는 法院은 서로 法律上의 補助를 求할 수 있다.
제6조(회생절차폐지 등에 따른 파산선고) ①파산선고를 받지 아니한 채무자에 대하여 회생계획인가가 있은 후 회생절차폐지의 결정이 확정된 경우 법원은 그 채무자에게 파산의 원인이 되는 사실이 있다고 인정하는 때에는 직권으로 파산을 선고하여야 한다. ②파산선고를 받지 아니한 채무자에 대하여 다음 각호의 어느 하나에 해당하는 결정이 확정된 경우 법원은 그 채무자에게 파산의 원인이 되는 사실이 있다고 인정하는 때에는 채무자 또는 관리인의 신청에 의하거나 직권으로 파산을 선고할 수 있다. 1. 회생절차개시신청의 기각결정 2. 회생계획인가전 회생절차폐지결정 3. 회생계획불인가결정	第23條 (破産節次에의 移行) ①破産宣告전의 會社에 관하여 整理節次廢止 또는 整理計劃不認可의 決定이 확정된 경우에 法院은 職權으로 破産法에 따라 破産을 宣告하여야 한다. 다만, 會社에 破産의 원인인 사실이 없는 경우에는 그러하지 아니하다. ②破産宣告전의 會社에 관하여 整理節次開始申請棄却의 決定이 확정된 경우에 會社에 破産의 원인인 사실이 있다고 인정되는 때에는 法院은 職權으로 破産法에 따라 破産을 宣告할 수 있다.
③제1항 및 제2항의 규정에 의하여 파산선고를 한 경우 다음 각호의 어느 하나에 해당하는 등기 또는 등록의 촉탁은 파산의 등기 또는 등록의 촉탁과 함께 하여야 한다 1. 제23조제1항, 제24조제4항·제5항의 규정에 의한 등기의 촉탁 2. 제27조에서 준용하는 제24조제4	③第1項 및 第2項의 境遇에 第19條의 規定에 依한 登記 또는 第22條에서 準用하는 第19條의 規定에 依한 登錄의 囑託은 破産의 登記 또는 登錄의 囑託과 같이 하여야 한다.

항 및 제5항의 규정에 의한 등록 의 촉탁	第24條(破産宣告의효력) ① 第23條第1項 또는 同條第2項의 規定에 依하여 破産宣告가 있은 때에는 破産法 第1編의 適用에 關하여는 整理節次開始의 申請 또는 和議節次에 있어서의 和議開始의 申請 또는 詐欺破産의 罪에 該當할 會社의 理事 또는 이에 準하는 者의 行爲는 그 前에 支給의 停止나 破産의 申請이 없은 때에는 이를 支給의 停止 또는 破産의 申請으로 보고 共益債權은 財團債權으로 한다.
④ 제1항 또는 제2항의 규정에 의한 파산선고가 있는 경우 제3편(파산절차)의 규정을 적용함에 있어서 그 파산선고 전에 지급의 정지 또는 파산의 신청이 없는 때에는 다음 각호의 어느 하나에 해당하는 행위를 지급의 정지 또는 파산의 신청으로 보며, 공익채권은 재단채권으로 한다. 1. 회생절차개시의 신청 2. 제650조의 사기파산죄에 해당하는 법인인 채무자의 이사(업무집행사원 그 밖에 이에 준하는 자를 포함한다. 이하 같다)의 행위	
⑤ 회생계획인가결정 전에 제2항의 규정에 의한 파산선고가 있는 경우 제3편(파산절차)의 규정을 적용함에 있어서 제2편(회생절차)에 의한 회생채권의 신고, 이의와 조사 또는 확정은 파산절차에서 행하여진 파산채권의 신고, 이의와 조사 또는 확정으로 본다. 다만, 제134조 내지 제138조의 규정에 의한 채권의 이의, 조사 및 확정에 관하여는 그러하지 아니하다.	② 整理計劃認可決定전에 第23條第1項 또는 同條第2項의 規定에 의하여 破産宣告가 있은 때에는 破産法을 적용함에 있어서 이 法에 의하여 행하여진 整理債權의 申告·調査·異議 또는 확정은 破産節次에서 행하여진 破産債權의 申告·調査·異議 또는 확정으로 본다. 다만, 第114條 내지 第118條에 規定된 債權의 調査, 異議 및 확정에 관하여는 그러하지 아니하다.
⑥ 제1항 또는 제2항의 규정에 의한 파산선고가 있는 때에는 관리인 또는 보전관리인이 수행하는 소송절차는 중단된다. 이 경우 파산관재인 또는 그 상대방이 이를 수계할 수 있다.	③ 第23條第1項 또는 同條第2項의 規定에 의하여 破産宣告가 있은 때에는 管理人 또는 保全管理人이 수행하고 있던 訴訟節次는 중단된다. 이 경우 破産管財人 또는 그 相對方이 이를 受繼할 수 있다.
⑦ 제1항 또는 제2항의 규정에 의한 파산선고가 있는 때에는 제2편(회생절차)의 규정에 의하여 회생절차에서 행하여진 다음 각호의 어느 하나에 해당하는 자의 처분·행위 등은 그 성질에 반하지 아니하는 한 파산절차	④ 第23條第1項 또는 同條第2項의 規定에 의하여 破産宣告가 있은 때에는 法院은 整理節次에서 이 法에 의하여 행하여진 法院,管理人, 保全管理人, 調査委員, 第93條의2의 規定에 의한 管理委員會(이하 "管理委員會"라 한다), 管理

에서도 유효한 것으로 본다. 이 경우 법원은 필요하다고 인정하는 때에는 유효한 것으로 보는 처분·행위 등의 범위를 파산선고와 동시에 결정으로 정할 수 있다. 1. 법원 2. 관리인·보전관리인·조사위원·관리위원회·관리위원·채권자협의회 3. 채권자·담보권자주주·지분권자(주식회사가 아닌 회사의 사원 및 그 밖에 이와 유사한 지위에 있는 자를 말한다. 이하 같다) 4. 그 밖의 이해관계인	委員會의 委員(이하 "管理委員"이라 한다), 第173條의2의 規定에 의한 債權者協議會(이하 "債權者協議會"라 한다), 整理債權者, 整理擔保權者, 株主 기타 이해관계인의 처분이나 행위 등에 대하여 그 성질에 반하지 아니하는 한 破産節次에서도 이를 有效한 것으로 인정할 수 있다. 이 경우 法院은 有效한 것으로 인정하는 처분이나 행위등의 범위를 破産宣告와 동시에 決定으로 정하여야 한다.
⑧파산선고를 받은 채무자에 대한 회생계획인가결정으로 파산절차가 효력을 잃은 후 제288조의 규정에 의한 회생절차폐지결정이 확정된 때에는 법원은 직권으로 파산을 선고하여야 한다. ⑨제8항의 경우 제3편(파산절차)의 규정을 적용함에 있어서 회생계획인가결정으로 효력을 잃은 파산절차에서의 파산신청이 있은 때에 파산신청이 있은 것으로 보며, 공익채권은 재단채권으로 한다. ⑩제3항·제6항 및 제7항의 규정은 제8항의 경우에 관하여 준용한다.	第26條 (職權破産宣告) ①破産宣告後의 會社에 關하여 整理計劃認可의 決定으로 破産節次가 效力을 잃은 後 第276條의 規定에 依한 整理節次廢止의 決定이 確定된 境遇에는 法院은 職權으로 破産宣告를 하여야 한다. ②前項의 境遇에는 破産法 第1編의 適用에 關하여는 整理計劃認可의 決定으로 效力을 잃은 破産節次에서의 破産의 申請時에 破産의 申請이 있은 것으로 보고 共益債權은 財團債權으로 한다. ③第23條第3項, 第24條第3項 및 第4項의 規定은 第1項의 境遇에 準用한다.
제7조(파산절차가 속행되는 경우의 공익채권 등) ①파산선고를 받은 채무자에 대하여 다음 각호의 어느 하나에 해당하는 결정이 확정되어 파산절차가 속행되는 때에는 공익채권은 재단채권으로 한다. 1. 회생절차개시신청의 기각결정 2. 회생계획인가전 회생절차폐지결정	第25條 (破産節次의 續行) ①破産宣告後의 會社에 關하여 整理節次開始申請棄却, 第271條의3, 第272條 또는 第273條의 規定에 依한 整理節次廢止 또는 整理計劃不認可의 決定의 確定으로 破産節次가 續行된 때에는 共益債權은 財團債權으로 한다.

3. 회생계획불인가결정 ②제6조제5항 내지 제7항의 규정은 파산선고를 받은 채무자에 대하여 제1항 각호의 어느 하나에 해당하는 결정이 확정되어 파산절차가 속행되는 경우에 관하여 준용한다.	②第24條第2項 내지 第4項의 規定은 第1項의 경우에 이를 準用한다.
제8조(송달) ①이 법의 규정에 의한 재판은 직권으로 송달하여야 한다.	第10條 (裁判의 職權送達) 整理節次에 關한 裁判은 職權으로 送達하여야 한다. 第102條 (裁判의 職權送達) 破産節次에 關한 裁判은 職權으로써 그 送達을 하여야 한다.
②회사인 채무자의 사채권자 또는 주주·지분권자에 대한 송달은 사채권자 또는 주주·지분권자가 이 법에 의하여 주소를 신고한 때에는 그 주소에, 주소를 신고하지 아니한 때에는 사채원부·주주명부·사원명부 또는 등기부에 기재된 주소 또는 그 자가 회사인 채무자에 통지한 주소에 서류를 우편으로 발송하여 할 수 있다.	第14條 (社債權者等에 對한 送達) ①本法의 規定에 依하여 하는 會社의 社債權者 또는 株主에 對한 送達은 社債權者 또는 株主로부터 本法의 規定에 依한 住所의 申告가 있은 때에는 그 住所, 申告가 없은 때에는 社債原簿 또는 株主名簿에 記載된 住所나 그 者가 會社에 通知한 住所에 對하여 書類를 郵便으로 發送하여 할 수 있다.
③등기된 담보권을 가진 담보권자에 대한 송달은 그 담보권자가 이 법의 규정에 의하여 주소를 신고한 때에는 그 주소에, 주소를 신고하지 아니한 때에는 등기부에 기재된 주소에 서류를 우편으로 발송하여 할 수 있다.	②登記한 擔保權을 가진 整理擔保權者에 對한 送達은 그 整理擔保權者로부터 本法의 規定에 依한 住所의 申告가 있은 때에는 그 住所, 申告가 없은 때에는 登記簿에 記載된 住所에 對하여 書類를 郵便으로 發送하여 할 수 있다.
④제2항 및 제3항의 규정에 의하여 서류를 우편으로 발송한 때에는 그 우편물이 보통 도달할 수 있는 때에 송달된 것으로 본다.	③前2項의 規定에 依하여 書類를 郵便으로 發送한 境遇에는 그 郵便物이 普通 到達할 수 있는 때에 送達된 것으로 본다.
⑤제2항 및 제3항의 경우 법원서기관·법원사무관·법원주사 또는 법원주사보(이하 "법원사무관등"이라 한다)는 서면을 작성하여 다음 각호의 사항을 기재하고 기명날인하여야 한다.	④第1項과 第2項의 境遇에는 法院書記官 또는 書記는 書面을 作成하여 送達을 받을 者의 姓名, 住所와 發送의 年, 月, 日, 時를 記載하고 署名捺印하여야 한다.

1. 송달을 받을 자의 성명 및 주소
2. 발송의 연·월·일·시

⑥제1항 내지 제5항의 규정은 이 법에 특별한 정함이 있는 때에는 적용하지 아니한다.

제9조(공고) ①이 법의 규정에 의한 공고는 관보에의 게재 또는 대법원규칙이 정하는 방법에 의하여 행한다.

②제1항의 규정에 의한 공고는 관보에 게재된 날의 다음 날 또는 대법원규칙이 정하는 방법에 의한 공고가 있은 날의 다음 날에 그 효력이 생긴다.

③제1항의 규정에 의하여 재판의 공고가 있는 때에는 모든 관계인에 대하여 그 재판의 고지가 있은 것으로 본다. 다만, 이 법에 특별한 정함이 있는 때에는 그러하지 아니하다.

第12條 (公告) ①本法의 規定에 依하여 하는 公告는 官報와 法院이 指定하는 新聞紙에 揭載하여야 한다.

②公告는 新聞紙에 揭載된 날의 翌日로부터 效力이 생긴다.

第105條 (公告의 方法 및 發效) ①이 編의 規定에 의하여 하는 公告는 官報와 法院이 지정하는 日刊新聞에 게재하여야 한다.

②公告는 日刊新聞에 게재한 날의 다음날부터 그 效力이 생긴다.

제10조(송달에 갈음하는 공고) ①이 법의 규정에 의하여 송달을 하여야 하는 경우 송달하여야 하는 장소를 알기 어렵거나 대법원규칙이 정하는 사유가 있는 때에는 공고로써 송달을 갈음할 수 있다.

②제1항의 규정은 이 법에 특별한 정함이 있는 때에는 적용하지 아니한다.

第16條 (送達에 갈음하는 公告) 本法의 規定에 依하여 送達을 받을 者의 住所, 居所 其他 送達을 할 場所를 알기 어려운 境遇에는 法院은 公告로써 그 送達에 갈음할 것을 命할 수 있다.

第107條 (送達에 갈음하는 公告) 本編의 規定에 依하여 送達을 하여야 할 境遇에는 公告로써 이에 갈음할 수 있다.

제11조(공고 및 송달을 모두 하여야 하는 경우) ①이 법의 규정에 의하여 공고 및 송달을 모두 하여야 하는 경우에는 송달은 서류를 우편으로 발송하여 할 수 있다.

②제1항의 규정에 의한 공고는 모든 관계인에 대하여 송달의 효력이 있다.

第15條 (公告와 送達을 할 境遇) ①本法의 規定에 依하여 公告와 送達을 하여야 할 境遇에는 送達은 書類를 郵便으로 發送하여 할 수 있다.

②前項의 境遇에는 公告는 모든 關係人에 對한 送達의 效力이 있다.

	③前條第4項의 規定은 第1項의 境遇에 準用한다. 第108條 (公告와 송달) ①本編의 規定에 依하여 公告와 송달을 하여야 할 境遇의 送達은 書類를 郵便으로 發送하여 할 수 있다. ②前項의 境遇에 있어서는 公告는 모든 關係人에 對하여 送達의 效力이 있다.
제12조(임의적 변론과 직권조사) ①이 법의 규정에 의한 재판은 변론을 열지 아니하고 할 수 있다. ②법원은 직권으로 회생사건·파산사건·개인회생사건 및 국제도산사건에 관하여 필요한 조사를 할 수 있다.	第9條 (任意的 辯論과 職權調査) ①整理節次에 關한 裁判은 辯論을 하지 아니하고 할 수 있다. ②法院은 職權으로 整理事件에 關하여 必要한 調査를 할 수 있다. 第101條 (任意的 辯論 및 職權調査) ①破産節次에 關한 裁判은 辯論을 하지 아니하고 이를 할 수 있다. ②法院은 職權으로써 破産事件에 關하여 必要한 調査를 할 수 있다.
제13조(즉시항고) ①이 법의 규정에 의한 재판에 대하여 이해관계를 가진 자는 이 법에 따로 규정이 있는 때에 한하여 즉시항고를 할 수 있다. ②제1항의 규정에 의한 즉시항고는 재판의 공고가 있는 때에는 그 공고가 있은 날부터 14일 이내에 하여야 한다. ③제1항의 규정에 의한 즉시항고는 집행정지의 효력이 있다. 다만, 이 법에 특별한 정함이 있는 경우에는 그러하지 아니하다.	第11條 (抗告) 整理節次에 關한 裁判에 對하여는 本法에 따로 規定이 있는 境遇에 限하여 그 裁判에 利害關係를 가진 者는 卽時抗告를 할 수 있다. 이 期間은 裁判의 公告가 있은 境遇에는 그 公告가 있은 날로부터 起算하여 2週間으로 한다. 第103條 (不服申請) ①破産節次에 關한 裁判에 對하여는 本編에 따로 定한 境遇를 除外하고 그 裁判에 利害關係를 가진 者는 卽時抗告를 할 수 있다. ②前項의 規定에 依한 卽時抗告의 期間은 裁判의 公告가 있은 境遇에는 그 公告가 있은 날로부터 起算하여 14日로 한다.

제14조(불복의 방법) 이 법의 규정에 의한 재판에 대한 불복은 서면으로 하여야 한다.	第104條 (申請, 陳述 및 抗告의 方法) 破産節次에 關한 申請, 陳述 및 抗告는 書面 또는 口述로써 이를 할 수 있다.
제15조(관리위원회의 설치) 이 법의 규정에 의한 절차를 적정·신속하게 진행하기 위하여 대법원규칙이 정하는 지방법원에 관리위원회를 둔다.	第93條의2 (設置) 整理事件·破産事件 및 和議事件을 적정·신속하게 처리하기 위하여 大法院規則이 정하는 地方法院에 管理委員會를 둔다.
제16조(관리위원회의 구성 등) ①관리위원회는 위원장 1인을 포함한 3인 이상 15인 이내의 관리위원으로 구성한다. ②관리위원의 임기는 3년으로 한다. ③관리위원은 다음 각호의 어느 하나에 해당하는 자 중에서 지방법원장이 위촉한다.	第93條의4 (管理委員會의 구성) ①管理委員會는 委員長 1人을 포함한 3人이상 15人이내의 委員으로 구성한다. ②管理委員의 任期는 3年으로 하고, 委員중 過半數는 常任으로 한다. ③管理委員은 다음 各號의 1에 해당하는 者중에서 地方法院長이 위촉한다.
1. 변호사 또는 공인회계사의 자격이 있는 자 2. 은행법에 의한 금융기관 그 밖에 대통령령이 정하는 법인에서 15년 이상 근무한 경력이 있는 자 3. 상장기업의 임원으로 재직한 자 4. 법률학·경영학·경제학 또는 이와 유사한 학문의 석사학위 이상을 취득한 자로서 이와 관련된 분야에서 7년 이상 종사한 자 5. 제1호 내지 제4호에 규정된 자에 준하는 자로서 학식과 경험을 갖춘 자 ④다음 각호의 어느 하나에 해당하는 자는 관리위원이 될 수 없다. 1. 금치산선고·한정치산선고 또는 파산선고를 받은 자로서 복권되지 아니한 자 2. 금고 이상의 실형의 선고를 받고	1. 辯護士 또는 公認會計士의 資格이 있는 者 2. 銀行法에 의한 金融機關에서 15年이상 勤務한 經歷이 있거나 上場企業의 任員으로 在職한 者 3. 法律學·經營學·經濟學 또는 이와 유사한 學問에서 碩士學位이상을 취득한 者로서 이와 관련된 分野에서 7年이상 종사한 者 4. 第1號 내지 第3號에 規定된 者에 준하는 者로서 學識과 經驗을 갖춘 者 ④다음 各號의 1에 해당하는 者는 管理委員이 될 수 없다. 1. 禁治産者·限定治産者 또는 破産者로서 復權이 되지 아니한 者 2. 禁錮이상의 刑의 宣告를 받고 그 執行이 종료(執行이 종료된 것으로 보는 경우를 포함한다)되거나 執行이 免除된 날부터 5年이 경과되지 아니한 者

그 집행이 종료(집행이 종료된 것으로 보는 경우를 포함한다)되거나 집행이 면제된 날부터 5년이 경과하지 아니한 자
3. 금고 이상의 형의 집행유예선고를 받고 그 유예기간이 만료된 날부터 2년이 경과하지 아니한 자
4. 금고 이상의 형의 선고유예를 받고 그 유예기간중에 있는 자
5. 다른 법률 또는 법원의 판결에 의하여 자격이 정지 또는 상실된 자

⑤관리위원회는 재적위원 과반수의 출석과 출석위원 과반수의 찬성으로 의결한다.

⑥관리위원회의 설치·조직 및 운영, 관리위원의 자격요건·신분보장 및 징계 등에 관하여는 대법원규칙으로 정한다.

⑦관리위원은 형법 그 밖의 법률의 규정에 의한 벌칙의 적용에 있어서는 이를 공무원으로 본다.

3. 禁錮이상의 刑의 執行猶豫 宣告를 받고 그 猶豫期間이 만료된 날부터 2年을 경과하지 아니한 者
4. 禁錮이상의 刑의 宣告猶豫를 받고 그 猶豫期間중에 있는 者
5. 法院의 判決 또는 다른 法律에 의하여 資格이 상실 또는 정지된 者

⑤管理委員會는 構成員 過半數의 出席과 出席委員 過半數의 贊成으로 議決한다.

⑥管理委員會의 設置·組織·운영, 管理委員의 資格要件·身分保障및 懲戒 기타 필요한 사항은 大法院規則으로 정한다.

⑦管理委員은 刑法 기타 法律의 規定에 의한 罰則의 적용에 있어서는 이를 公務員으로 본다.

제17조(관리위원회의 업무 및 권한) ①관리위원회는 법원의 지휘를 받아 다음 각호의 업무를 행한다.
1. 관리인·보전관리인·조사위원·파산관재인·회생위원 및 국제도산관리인의 선임에 대한 의견의 제시
2. 관리인·보전관리인·조사위원·파산관재인 및 회생위원의 업무수행의 적정성에 관한 감독 및 평가
3. 회생계획안·변제계획안에 대한 심사
4. 채권자협의회의 구성과 채권자에 대한 정보의 제공
5. 이 법의 규정에 의한 절차의 진행상황에 대한 평가

第93條의3 (管理委員會의 業務 및 權限) ①管理委員會는 法院의 指揮를 받아 다음 各號의 業務를 행한다.
1. 保全管理人·管理人 및 調査委員의 選任에 대한 의견의 제시
2. 保全管理人·管理人 및 調査委員의 業務遂行의 적정성에 관한 監督 및 評價
3. 整理計劃案에 대한 審査
4. 債權者協議會의 구성 및 債權者에 대한 情報傳達
5. 整理節次의 進行狀況에 대한 評價

6. 관계인집회 및 채권자집회와 관련된 업무 7. 그 밖에 대법원규칙 또는 법원이 정하는 업무	6. 기타 法令 또는 法院이 정하는 業務 第101條의2 (管理委員會의 業務 및 權限) ①會社整理法 第93條의2의 規定에 의한 管理委員會(이하 "管理委員會"라 한다)가 設置된 경우 管理委員會는 破産節次에 관하여 法院의 指揮를 받아 다음 各號의 業務중 法令 또는 法院이 정하는 業務를 행한다. 1. 破産管財人의 選任에 대한 의견의 제시 2. 破産管財人의 業務遂行에 관한 監督 및 評價 3. 債權者集會에 관련된 業務 4. 기타 破産節次에 관한 事務
②관리위원회는 제1항 각호의 업무를 효율적으로 수행하기 위하여 관리위원에게 업무의 일부를 위임할 수 있다.	②管理委員會는 第1項 各號의 業務를 효율적으로 수행하기 위하여 管理委員에게 業務의 일부를 위임할 수 있다. ②管理委員會는 第1項 各號의 業務를 효율적으로 수행하기 위하여 管理委員會의 委員(이하 "管理委員"이라 한다)에게 業務의 일부를 위임할 수 있다.
③법원은 제2항의 규정에 의하여 업무를 수행하는 관리위원이 그 업무를 수행하는 것이 적절하지 아니하다고 인정하는 때에는 관리위원회에 그 업무를 다른 관리위원에게 위임할 것을 요구할 수 있다.	③法院은 第2項의 規定에 의하여 業務를 수행하는 管理委員이 해당 業務를 수행하는 것이 적절하지 아니하다고 인정하는 경우에는 管理委員會에 다른 管理委員에게 그 業務를 위임할 것을 요구할 수 있다. ③法院은 第2項의 規定에 의하여 業務를 수행하는 管理委員이 해당 業務를 수행하는 것이 적절하지 아니하다고 인정하는 경우에는 管理委員會에 대하여 다른 管理委員에게 그 業務를 위임할 것을 명할 수 있다.
④관리위원회가 설치되어 있지 아니한 때에는 다음 각호의 사항을 적용하지 아니한다.	④管理委員會가 設置되지 아니한 경우에는 第24條第4項, 第54條의2, 第54條의3, 第95條의2, 第284條第1項의 規定

1. 제6조제7항, 제18조, 제19조 및 제30조제1항중 관리위원에 관한 사항 2. 제6조제7항, 제42조, 제43조제1항·제3항·제4항, 제50조제1항, 제62조제2항, 제87조제1항, 제92조, 제114조제4항, 제132조제3항, 제257조제3항·제4항, 제287조제3항, 제288조제2항 및 제355조제1항중 관리위원회에 관한 사항	중 管理委員에 관한 사항과 第24條第4項, 第39條第1項·第3項·第4項, 第46條, 第94條, 第112條의2第3項, 第179條, 第181條의2第1項, 第247條第3項·第4項, 第274條 및 第277條第1項의 規定중 管理委員會에 관한 사항은 이를 적용하지 아니한다. ⑥管理委員會가 設置되지 아니한 경우에는 第147條의 規定중 管理委員會에 관한 사항은 이를 적용하지 아니한다.
제18조(관리위원에 대한 허가사무의 위임) 법원은 제61조제1항 각호의 행위중 통상적인 업무에 관한 허가사무 또는 파산절차에 관한 허가사무를 관리위원에게 위임할 수 있다. 이 경우 위임의 범위·절차 등에 관하여 필요한 사항은 대법원규칙으로 정한다.	第54條의2 (管理委員에 대한 許可事務의 위임) 法院은 第54條 各號의 행위중 통상적인 業務에 관한 許可事務를 大法院規則이 정하는 바에 의하여 管理委員에게 위임할 수 있다. ④法院은 破産節次에 관한 許可事務중 일부를 管理委員에게 위임할 수 있다. 이 경우 위임의 범위 및 節次 등에 관하여는 大法院規則으로 정한다.
제19조(관리위원의 행위에 대한 이의신청) ①제18조의 규정에 의하여 위임을 받아 관리위원이 행한 결정 또는 처분에 불복하는 자는 관리위원에게 이의신청서를 제출하여야 한다.	第54條의3 (管理委員의 행위에 대한 異議) ①第54條의2의 規定에 의한 위임을 받아 管理委員이 행한 決定 또는 처분에 불복이 있는 者는 法院에 書面으로 異議申請을 할 수 있다. ⑤會社整理法 第54條의3의 規定은 第4項의 規定에 의하여 管理委員이 행한 事務에 관하여 이를 準用한다.
②관리위원은 제1항의 규정에 의한 이의신청이 이유있다고 인정하는 때에는 지체없이 그에 따른 상당한 처분을 하고 이를 법원에 통지하여야 한다.	②管理委員은 第1項의 規定에 의한 異議申請이 이유있다고 인정하는 때에는 그에 따른 상당한 처분을 하여야 한다.
③관리위원은 제1항의 규정에 의한 이의신청이 이유없다고 인정하는 때에는 이의신청서를 제출받은 날부터	③管理委員은 第1項의 規定에 의한 異議申請이 이유없다고 인정하는 때에는 3日이내에 이유를 붙여 事件을 法院에

3일 이내에 이의신청서를 법원에 송부하여야 한다.	송부하여야 한다.
④제1항의 규정에 의한 이의신청은 집행정지의 효력이 없다.	④第1項의 規定에 의한 異議申請은 執行停止의 효력이 없다.
⑤법원은 제3항의 규정에 의하여 이의신청서를 송부받은 때에는 이유를 붙여 결정을 하여야 하며, 이의신청이 이유있다고 인정하는 때에는 관리위원에게 상당한 처분을 명하고 그 뜻을 이의신청인에게 통지하여야 한다.	⑤法院은 異議申請에 대하여 이유를 붙여 決定을 하여야 하며, 異議가 이유있다고 인정한 때에는 管理委員에게 상당한 처분을 명하고 그 취지를 異議申請人에게 통지하여야 한다.
제20조(채권자협의회의 구성) ①관리위원회(관리위원회가 설치되지 아니한 때에는 법원을 말한다. 이하 이 조에서 같다)는 회생절차개시신청 또는 파산신청이 있은 후 채무자의 주요채권자를 구성원으로 하는 채권자협의회를 구성하여야 한다. 다만, 채무자가 개인 또는 중소기업기본법 제2조제1항의 규정에 의한 중소기업자(이하 "중소기업자"라 한다)인 때에는 채권자협의회를 구성하지 아니할 수 있다.	第173條의2 (구성) ①管理委員會(管理委員會가 設置되지 아니한 경우에는 法院을 말하며, 이하 이 條에서 같다)는 整理節次 開始申請후에 會社의 主要 債權者들을 構成員으로 하는 債權者協議會(이하 이 章에서 "協議會"라 한다)를 구성하여야 한다. 다만, 會社가 中小企業인 경우에는 그러하지 아니하다.
②채권자협의회는 10인 이내로 구성한다.	②協議會는 10人이내로 구성하되, 擔保權者외의 債權者가 過半數이어야 한다.
③관리위원회는 필요하다고 인정하는 때에는 소액채권자를 채권자협의회의 구성원으로 참여하게 할 수 있다.	③管理委員會는 필요하다고 인정하는 경우에는 少額債權者를 協議會의 構成員으로 참여하게 할 수 있다.
제21조(채권자협의회의 기능 등) ①채권자협의회는 채권자간의 의견을 조정하여 다음 각호의 행위를 할 수 있다. 1. 회생절차 및 파산절차에 관한 의견의 제시 2. 관리인·파산관재인 및 보전관리인의 선임 또는 해임에 관한 의견의 제시	第173條의3 (協議會의 機能) 協議會는 債權者들 사이의 利害를 調整하여 法院에 整理節次에 관한 의견을 제시할 수 있다.

3. 법인인 채무자의 감사(상법 제415조의2의 규정에 의한 감사위원회의 위원을 포함한다. 이하 같다) 선임에 대한 의견의 제시 4. 회생계획인가 후 회사의 경영상태에 관한 실사의 청구 5. 그 밖에 법원이 요구하는 회생절차 및 파산절차에 관한 사항 6. 그 밖에 대통령령이 정하는 행위 ②채권자협의회의 의사는 출석한 구성원 과반수의 찬성으로 결정한다. ③법원은 결정으로 채권자협의회의 활동에 필요한 비용을 채무자에게 부담시킬 수 있다.	
④채권자협의회의 구성 및 운영에 관하여 필요한 사항은 대법원규칙으로 정한다.	第173條의4 ⑥協議會의 구성·機能·權限 기타 필요한 사항은 大法院規則으로 정한다.
⑤채권자협의회가 구성되어 있지 아니한 때에는 제50조제1항·제62조제2항·제132조제3항·제203조제4항·제259조·제287조제3항 및 제288조제2항중 채권자협의회에 관한 사항은 적용하지 아니한다.	
제22조(채권자협의회에 대한 자료제공) ①법원은 회생절차 또는 파산절차의 신청에 관한 서류·결정서·감사보고서 그 밖에 대법원규칙이 정하는 주요자료의 사본을 채권자협의회에 제공하여야 한다.	第173條의4 (協議會에 대한 資料提供등) ①法院은 整理節次開始申請에 관한 書類·決定書·監査報告書 기타 大法院規則이 정하는 整理節次에 관한 主要資料의 寫本을 協議會에 제공하여야 한다.
②관리인 또는 파산관재인은 법원에 대한 보고서류중 법원이 지정하는 주요서류를 채권자협의회에 분기별로 제출하여야 한다.	②管理人은 法院에 대한 報告書類중 法院이 지정하는 主要書類를 協議會에 分期別로 제출하여야 한다.
③채권자협의회는 대법원규칙이 정하는 바에 따라 관리인 또는 파산관	③協議會는 整理節次와 관련한 意思決定을 위하여 필요한 경우 會社의 帳簿

재인에게 필요한 자료의 제공을 청구할 수 있다. ④제3항의 규정에 의하여 자료제공을 요청받은 자는 대법원규칙이 정하는 바에 따라 자료를 제공하여야 한다. ⑤채권자협의회에 속하지 아니하는 채권자의 요청이 있는 때에는 채권자협의회는 제1항 내지 제3항의 규정에 의하여 제공받은 자료를 제공하여야 한다.	기타 整理節次에 관한 資料의 閱覽을 요청할 수 있다. ④第3項의 規定에 의한 요청을 받은 者는 정당한 이유가 없는 한 이에 응하여야 한다. ⑤協議會에 속하지 아니하는 債權者의 요청이 있는 경우에는 整理節次에 관련된 情報 및 資料를 제공하여야 한다.
제23조(법인에 관한 등기의 촉탁) ①법인인 채무자에 대하여 다음 각호의 어느 하나에 해당하는 사유가 있는 경우에는 법원사무관등은 직권으로 지체없이 촉탁서에 결정서의 등본 또는 초본 등 관련서류를 첨부하여 채무자의 각 사무소 및 영업소(외국에 주된 사무소 또는 영업소가 있는 때에는 대한민국에 있는 사무소 또는 영업소를 말한다. 이하 이 조에서 같다)의 소재지의 등기소에 그 등기를 촉탁하여야 한다. 1. 회생절차개시 또는 파산선고의 결정이 있는 경우	第17條 (整理節次開始의 登記의 囑託) ①整理節次開始의 決定을 한 때에는 法院은 職權으로 遲滯없이 囑託書에 決定書의 謄本 또는 抄本을 添附하여 整理節次開始의 登記를 會社의 本店과 支店(外國에 本店이 있는 때에는 大韓民國에 있는 營業所)의 所在地의 登記所에 囑託하여야 한다. ②前項의 登記에는 管理人의 姓名이나 名稱도 記載하여야 한다. ③第1項의 規定은 前項에 揭記한 事項에 變更이 생긴 境遇와 整理計劃의 遂行이나 本法의 規定에 依하여 整理節次終了前에 會社나 新會社에 關하여 登記할 事項이 생긴 境遇에 準用한다.
2. 회생절차개시결정취소, 회생절차폐지 또는 회생계획불인가의 결정이 확정된 경우 3. 회생계획인가 또는 회생절차종결의 결정이 있는 경우 4. 제266의 규정에 의한 신주발행, 제268조의 규정에 의한 사채발행, 제269조의 규정에 의한 주식의 포괄적 교환, 제270조의 규정에 의한 주식의 포괄적 이전, 제271조의 규정에 의한 합병, 제272조의 규정에	第19條 (整理節次에 關한 다른 登記에의 準用) 第17條第1項과 前條第1項의 規定은 整理節次開始決定取消, 整理節次廢止 또는 整理計劃不認可의 決定이 確定된 境遇와 整理計劃認可 또는 整理節次終結의 決定이 있은 境遇에 準用한다. 第109條 (法人의 破産登記) 法人에 對하여 破産宣告를 한 때에는 法院은 遲

의한 분할 또는 분할합병이나 제273조 및 제274조의 규정에 의한 신회사의 설립이 있는 경우
5. 파산취소·파산폐지 또는 파산종결의 결정이 있는 경우
②법인인 채무자에 대하여 제43조제3항·제74조제1항·제355조 또는 제636조제1항제4호의 규정에 의한 처분이 있는 때에는 법원사무관등은 직권으로 지체없이 촉탁서에 그 처분의 등본 또는 초본을 첨부하여 그 처분의 등기를 채무자의 각 사무소 및 영업소의 소재지의 등기소에 촉탁하여야 한다. 등기된 처분이 변경 또는 취소된 때에도 또한 같다.
③제2항의 규정에 의한 처분의 등기에는 관리인·보전관리인·파산관재인 또는 국제도산관리인의 성명 또는 명칭과 주소 또는 사무소를 기재하여야 한다. 이 경우 기재사항이 변경된 때에는 법원사무관등은 지체없이 그 변경의 등기를 채무자의 각 사무소 및 영업소의 소재지의 등기소에 촉탁하여야 한다.

滯없이 職權으로써 囑託書에 破産決定書의 謄本을 添附하여 各 營業所 또는 各 營業事務所所在地의 登記所에 破産登記를 囑託하여야 한다.
第111條(破産에 관한 다른 등기에의 準用) 前2條의 규정은 破産取消,파산폐지 또는 强制和議取消의 결정이 확정된 경우 및 파산종결의 결정이 있은 경우에 이를 準用한다. 파산관재인이 破産登記가 있는 권리를 破産財團으로부터 포기한 경우에 등기촉탁의 申請이 있은 때에도 또한 같다.

제24조(등기된 권리에 관한 등기 등의 촉탁) ①다음 각호의 경우 법원사무관등은 직권으로 지체없이 촉탁서에 결정서의 등본 또는 초본을 첨부하여 회생절차개시의 등기 또는 그 보전처분의 등기를 촉탁하여야 한다. 제2호 또는 제3호의 보전처분이 변경 또는 취소되거나 효력을 상실한 때에도 또한 같다.
1. 법인이 아닌 채무자에 대하여 회생절차개시의 결정이 있는 경우

第18條 (同前) ①會社財産에 屬하는 權利로서 登記한 것이 있음을 안 때에는 法院은 職權으로 遲滯없이 囑託書에 整理節次開始決定書의 謄本 또는 抄本을 添附하여 整理節次開始의 登記를 登記所에 囑託하여야 한다.

그 채무자의 재산에 속하는 권리 중에 등기된 것이 있는 때 2. 처분대상인 채무자의 재산에 속하는 권리로서 등기된 것에 관하여 제43조제1항의 규정에 의한 보전처분이 있는 때 3. 등기된 권리에 관하여 제114조제1항 또는 제3항의 규정에 의한 보전처분이 있는 때	第39條 (보전처분 및 保全管理人) ⑧法院이 第1項 · 第3項 및 第4項의 規定에 의한 처분을 한 때에는 지체없이 職權으로 처분대상인 權利의 目的物을 관할하는 登記所 또는 會社의 本店所在地(外國에 本店이 있는 때에는 大韓民國에 있는 주된 營業所의 所在地)의 登記所에 登記를 촉탁하여야 한다.
②법원은 회생계획의 수행이나 이 법의 규정에 의하여 회생절차가 종료되기 전에 등기된 권리의 득실이나 변경이 생긴 경우에는 직권으로 지체없이 그 등기를 촉탁하여야 한다. 다만, 채무자·채권자·담보권자·주주·지분권자와 신회사 외의 자를 권리자로 하는 등기의 경우에는 그러하지 아니하다.	第18條 ②前項의 規定은 整理計劃의 遂行이나 本法의 規定에 依하여 整理節次終了前에 登記있는 權利의 得失이나 變更이 생긴 境遇에 準用한다. 그러나 會社, 整理債權者, 整理擔保權者 ,株主와 新會社 以外의 者를 權利者로 하는 登記에 關하여는 그러하지 아니하다.
③법원사무관등은 법인이 아닌 파산선고를 받은 채무자에 관한 등기가 있는 것을 안 때에는 직권으로 지체없이 촉탁서에 파산결정서의 등본을 첨부하여 파산등기를 촉탁하여야 한다. 파산재단에 속하는 권리로서 등기된 것이 있음을 안 때에도 또한 같다.	第110條 (破産登記의 囑託) 法院이 破産者에 關한 登記가 있는 것을 안 때에는 遲滯없이 職權으로써 囑託書에 破産決定書의 謄本을 添附하여 破産登記를 登記所에 囑託하여야 한다. 破産財團에 屬하는 權利로서 登記한 것이 있음을 안 때에도 또한 같다.
④법원사무관등은 파산관재인이 파산등기가 되어 있는 권리를 파산재단으로부터 포기하고 그 등기촉탁의 신청을 하는 경우에는 촉탁서에 권리포기허가서의 등본을 첨부하여 권리포기의 등기를 촉탁하여야 한다.	
⑤제1항 및 제3항의 규정은 제23조제1항제1호 내지 제3호·제5호의 경우에 관하여 준용한다.	第19條 (整理節次에 關한 다른 登記에의 準用) 第17條第1項과 前條第1項의 規定은 整理節次開始決定取消, 整理節次廢止 또는 整理計劃不認可의 決定이 確定된 境遇와 整理計劃認可 또는 整理

	節次終結의 決定이 있은 境遇에 準用한다.
	第111條(破産에 관한 다른 등기에의 準用) 前2條의 규정은 破産取消,파산폐지 또는 强制和議取消의 결정이 확정된 경우 및 파산종결의 결정이 있은 경우에 이를 準用한다. 파산관재인이 破産登記가 있는 권리를 破産財團으로부터 포기한 경우에 등기촉탁의 申請이 있은 때에도 또한 같다.
⑥법원사무관등은 채무자의 재산에 속하는 권리로서 등기된 것에 대하여 개인회생절차에 의한 보전처분 및 그 취소 또는 변경이 있는 때에는 직권으로 지체없이 촉탁서에 결정서의 등본 또는 초본을 첨부하여 그 처분의 등기를 촉탁하여야 한다. ⑦법원사무관등은 제636조제1항제3호 또는 제4호의 규정에 의한 처분이 있는 경우 채무자의 재산에 속하는 권리로서 등기된 것이 있음을 안 때에는 직권으로 지체없이 촉탁서에 결정서의 등본 또는 초본을 첨부하여 그 처분의 등기를 촉탁하여야 한다. 제635조제1항의 규정에 의하여 외국도산절차의 승인결정전에 제636조제1항제3호의 처분이 있는 경우에도 또한 같다.	
제25조(등기소의 직무 및 등록세 면제) ①등기소는 제23조 또는 제24조의 규정에 의한 등기의 촉탁을 받은 때에는 지체없이 그 등기를 하여야 한다. ②등기소는 회생계획인가의 등기를 하는 경우 채무자에 대하여 파산등기가 있는 때에는 직권으로 그 등기를	第20條 (登記所의 職務) ①登記所는 前3條의 規定에 依한 登記의 囑託을 받은 때에는 遲滯없이 그 登記를 하여야 한다. ②登記所는 整理節次開始의 登記를 하는 境遇에 會社에 關하여 和議開始의 登記가 있는 때에는 職權으로 그 登記

말소하여야 한다. ③등기소는 회생계획인가취소의 등기를 하는 경우 제2항의 규정에 의하여 말소한 등기가 있는 때에는 직권으로 그 등기를 회복하여야 한다.	를 抹消하여야 한다. ③登記所는 整理節次開始決定取消의 登記를 하는 境遇에 前項의 規定에 依하여 抹消한 登記가 있는 때에는 職權으로 그 登記를 回復하여야 한다. ④前2項의 規定은 整理計劃認可나 그 取消의 登記를 하는 境遇에 破産의 登記에 關하여 準用한다. 第112條 (登記所의 職務 및 登記稅免除) ①登記所가 前3條의 規定에 依하여 登記의 囑託을 받은 때에는 遲滯없이 그 登記를 하여야 한다.
④제1항 내지 제3항의 규정에 의한 등기에 관하여는 등록세를 부과하지 아니한다.	②前項의 登記에는 登記稅를 課하지 아니한다.
제26조(부인의 등기) ① 등기의 원인인 행위가 부인된 때에는 관리인, 파산관재인 또는 개인회생절차에서의 부인권자는 부인의 등기를 신청하여야 한다. 등기가 부인된 때에도 또한 같다.	第21條 (否認의 登記) ①登記의 原因인 行爲가 否認된 때에는 管理人은 否認의 登記를 하여야 한다. 登記가 否認된 때에도 같다.
②제1항의 규정에 의한 등기에 관하여는 등록세를 부과하지 아니한다. ③제23조제1항제1호 내지 제3호 및 제5호의 규정은 제1항의 경우에 관하여 준용한다. ④법원은 관리인 또는 파산관재인이 제1항의 부인의 등기가 된 재산을 임의매각한 경우에 그 임의매각을 원인으로 하는 등기가 된 때에는 이해관계인의 신청에 의하여 제1항의 부인의 등기, 부인된 행위를 원인으로 하는 등기, 부인된 등기 및 위 각 등기의 뒤에 되어 있는 등기로서 회생채권자 또는 파산채권자에게 대항할 수 없는 것의 말소를 촉탁하여야 한다.	②第19條의 規定은 前項의 境遇에 準用한다. 第113條 (否認의 登記) ①登記의 原因인 行爲가 否認된 때에는 破産管財人은 否認의 登記를 하여야 한다. 登記가 否認된 때에도 또한 같다. ②第111條 및 前條 第2項의 規定은 前項의 境遇에 이를 準用한다.

제27조(등록된 권리에의 준용) 제24조 내지 제26조의 규정은 채무자의 재산, 파산재단 또는 개인회생재단에 속하는 권리로서 등록된 것에 관하여 준용한다.	第22條 (登錄에의 準用) 前4條의 規定은 會社財産에 屬하는 權利로서 登錄한 것에 準用한다 第114條 (登錄에의 準用) 前4條의 規定은 破産財團에 屬하는 權利로서 登錄한 것에 이를 準用한다
제28조(사건기록의 열람 등) ①이해관계인은 법원에 사건기록(문서 그 밖의 물건을 포함한다)의 열람·복사, 재판서·조서의 정본·등본이나 초본의 교부 또는 사건에 관한 증명서의 교부를 청구할 수 있다. ②제1항의 규정은 사건기록중 녹음테이프 또는 비디오테이프(이에 준하는 방법에 의하여 일정한 사항을 기록한 물건을 포함한다. 이하 이 조에서 같다)에 관하여는 적용하지 아니한다. 다만, 이해관계인의 신청이 있는 때에는 법원은 그 복제를 허용할 수 있다. ③제1항 및 제2항의 규정에 불구하고 다음 각호의 자는 당해 각호의 각목에서 정하는 재판의 어느 하나가 있을 때까지는 제1항 및 제2항의 규정에 의한 신청을 할 수 없다. 다만, 그 자가 회생절차개시의 신청인인 때에는 그러하지 아니하다. 1. 채무자 외의 이해관계인 가. 제43조제1항의 규정에 의한 보전처분 나. 제43조제3항의 규정에 의한 보전관리명령 다. 제44조제1항의 규정에 의한 중지명령 라. 제45조제1항의 규정에 의한 포괄적 금지명령	

마. 회생절차개시신청에 대한 재판
2. 채무자
가. 제1호 각목의 재판
나. 회생절차개시신청에 관한 변론기일의 지정
다. 채무자를 소환하는 심문기일의 지정

④법원은 채무자의 사업유지 또는 회생에 현저한 지장을 초래할 우려가 있거나 채무자의 재산에 현저한 손해를 줄 우려가 있는 때에는 제1항 및 제2항의 규정에 의한 열람·복사, 정본·등본이나 초본의 교부 또는 녹음테이프 또는 비디오테이프의 복제를 허가하지 아니할 수 있다.

⑤제4항의 규정에 의한 불허가결정에 대하여는 즉시항고를 할 수 있다.

제29조(채무자의 재산 등에 관한 조회)

①법원은 필요한 경우 관리인·파산관재인 그 밖의 이해관계인의 신청에 의하거나 직권으로 채무자의 재산 및 신용에 관한 전산망을 관리하는 공공기관·금융기관·단체 등에 채무자명의의 재산에 관하여 조회할 수 있다.

②면책의 효력을 받을 이해관계인이 제1항의 규정에 의한 신청을 하는 때에는 조회할 공공기관·금융기관 또는 단체를 특정하여야 한다. 이 경우 법원은 조회에 드는 비용을 미리 납부하도록 명하여야 한다.

③제1항의 규정에 의한 조회에 관하여는 민사집행법 제74조(재산조회)제3항·제4항 및 제75조(재산조회의 결과 등)제1항의 규정을 준용한다.

④제1항 내지 제3항의 규정에 따라

조회를 할 공공기관·금융기관 또는 단체 등의 범위 및 조회절차, 이해관계인이 납부하여야 할 비용, 조회결과의 관리에 관한 사항 등은 대법원규칙으로 정한다.	
제30조(관리인 등의 보수 등) ①다음 각호의 자는 비용을 미리 받거나 보수 또는 특별보상금을 받을 수 있다. 이 경우 보수 및 특별보상금의 액은 법원이 정한다. 1. 관리인·관리인대리·보전관리인·파산관재인·파산관재인대리 2. 조사위원·회생위원·고문 3. 그 직무를 수행하는 관리위원 ②제1항의 규정에 의한 보수 및 특별보상금은 그 직무와 책임에 상응한 것이어야 한다. ③제1항의 규정에 의한 결정에 대하여는 즉시항고를 할 수 있다.	第284條 (管理人等의 報酬等) ①調査委員·保全管理人·管理人 및 그 職務를 수행하는 管理委員은 費用의 先給과 法院이 정하는 報酬를 받을 수 있다. 顧問과 管理人代理도 같다. 第156條 (破産費用의 先給) 破産管財人은 費用의 先給 및 報酬를 받을 수 있다. 그 額은 法院이 이를 定한다. ②前項에 定하는 報酬의 額은 그 職務와 責任에 相應한 것이어야 한다. 第285條 (同前) 前條에 掲記한 者가 그 資格을 얻은 後 法院의 許可를 얻지 아니하고 會社 또는 新會社에 對한 債權 또는 그 株式을 讓受하거나 讓渡할 때에는 費用과 報酬의 支給을 받지 못한다.
제31조(대리위원 등의 보상금 등) ①법원은 다음 각호의 자에 대하여 적절한 범위 안에서 비용을 상환하거나 보상금을 지급할 것을 허가할 수 있다. 이 경우 비용 또는 보상금의 액은 법원이 정한다. 1. 회생절차에서 회생에 공적이 있는 채권자·담보권자·주주·지분권자나 그 대리위원 또는 대리인 2. 파산절차에서 파산재단의 관리 또는 환가에 공적이 있는 자 ②제1항의 규정에 의한 결정에 대하여는 즉시항고를 할 수 있다.	第286條 (代理委員等의 報償金等) 整理債權者, 整理擔保權者, 株主나 代理委員 또는 그 代理人이 整理에 功績이 있은 때에는 法院은 그에 對하여 會社財産에서 適當한 範圍內의 費用을 償還하거나 報償金을 支給할 것을 許可할 수 있다. 그 額은 法院이 定한다.

第287條 (同前) 整理債權者, 整理擔保權者 또는 株主는 整理節次開始後 會社나 新會社에 對한 債權 또는 그 株式을 讓受하거나 讓渡하여 利益을 얻은 事實이 있은 때에는 法院은 前條의 許可를 함에 있어 그 事實을 考慮하여야 한다. 代理委員 또는 代理人이 그 資格을 얻은 後 會社나 新會社에 對한 債權 또는 그 株式을 讓受하거나 讓渡하여 利益을 얻은 事實이 있은 때에도 같다.

第288條 (抗告) 第284條와 第286條의 規定에 依한 決定에 對하여는 卽時抗告를 할 수 있다.

제32조(시효의 중단) 다음 각호의 경우에는 시효중단의 효력이 있다.

1. 제147조의 목록의 제출 그 밖의 회생절차참가. 다만, 그 목록에 기재되어 있지 아니한 회생채권자 또는 회생담보권자가 그 신고를 취하하거나 그 신고가 각하된 때에는 그러하지 아니하다.
2. 파산절차참가. 다만, 파산채권자가 그 신고를 취하하거나 그 신고가 각하된 때에는 그러하지 아니하다.
3. 제589조제2항의 개인회생채권자목록의 제출 그 밖의 개인회생절차참가. 다만, 그 목록에 기재되어 있지 아니한 개인회생채권자가 그 조사확정재판신청을 취하하거나 그 신청이 각하된 때에는 그러하지 아니하다.

제32조의2(차별적 취급의 금지) 누구든지 이 법에 따른 회생절차·파산절차 또는 개인회생절차 중에 있다는 이유

로 정당한 사유 없이 취업의 제한 또는 해고 등 불이익한 처우를 받지 아니한다.〈본조 신설 2006. 3. 24.〉	
第33조(민사소송법 및 민사집행법의 준용) 회생절차·파산절차·개인회생절차 및 국제도산절차에 관하여 이 법에 규정이 없는 때에는 민사소송법 및 민사집행법을 준용한다.	第8條 (民事訴訟法의 準用) 整理節次에 關하여는 本法에 따로 規定이 없는 때에는 민사소송법 및 민사집행법을 準用한다. 第99條 (민사소송법 및 민사집행법의 準用) 破産節次에 關하여는 本法에 따로 定한 것이 없는 때에는 민사소송법 및 민사집행법을 準用한다.
제2편 회생절차	
제1장 회생절차의 개시	
제1절 회생절차개시의 신청	
第34조(회생절차개시의 신청) ①다음 각호의 어느 하나에 해당하는 경우 채무자는 법원에 회생절차개시의 신청을 할 수 있다. 1. 사업의 계속에 현저한 지장을 초래하지 아니하고는 변제기에 있는 채무를 변제할 수 없는 경우 2. 채무자에게 파산의 원인인 사실이 생길 염려가 있는 경우	第30條 (節次의 開始) ①事業의 繼續에 顯著한 支障을 招來함이 없이는 辨濟期에 있는 債務를 辨濟할 수 없는 때에는 會社는 法院에 對하여 整理節次開始의 申請을 할 수 있다. 會社에 破産의 原因인 事實이 생길 念慮가 있는 때에도 같다.
②제1항제2호의 경우에는 다음 각호의 구분에 따라 당해 각호의 각목에서 정하는 자도 회생절차개시를 신청할 수 있다. 1. 채무자가 주식회사 또는 유한회사인 때 가. 자본의 10분의 1 이상에 해당하	②前項 後段의 境遇에 있어서는 資本의 10分의 1以上에 該當하는 債權을 가진 債權者 또는 發行株式의 總數의 10分의 1以上에 該當하는 株式을 가진 株主도 이를 申請할 수 있다.

는 채권을 가진 채권자 나. 자본의 10분의 1 이상에 해당하는 주식 또는 출자지분을 가진 주주·지분권자 2. 채무자가 주식회사 또는 유한회사가 아닌 때 가. 5천만원 이상의 금액에 해당하는 채권을 가진 채권자 나. 합명회사·합자회사 그 밖의 법인 또는 이에 준하는 자에 대하여는 출자총액의 10분의 1 이상의 출자지분을 가진 지분권자	
③법원은 제2항의 규정에 의하여 채권자·주주·지분권자가 회생절차개시의 신청을 한 때에는 채무자에게 경영 및 재산상태에 관한 자료를 제출할 것을 명할 수 있다.	③第2項의 規定에 의한 債權者 또는 株主가 整理節次開始의 申請을 한 경우에는 法院은 會社에 경영 및 財産狀態에 관한 資料를 제출할 것을 명할 수 있다.
제35조(파산신청의무와 회생절차개시의 신청) ①채무자의 청산인은 다른 법률에 의하여 채무자에 대한 파산을 신청하여야 하는 때에도 회생절차개시의 신청을 할 수 있다. ②청산중이거나 파산선고를 받은 회사인 채무자가 회생절차개시의 신청을 하는 때에는 상법 제229조(회사의 계속)제1항, 제285조(해산, 계속)제2항, 제519조(회사의 계속) 또는 제610조(회사의 계속)의 규정을 준용한다.	第29條 (破産의 申請義務와 整理節次開始의 申請) 다른 法律에 依하여 會社의 淸算人이 會社에 對하여 破産의 申請을 하여야 할 境遇에도 整理節次開始의 申請을 할 수 있다. 第31條 (解散後의 會社의 申請) 淸算中의 會社나 破産宣告後의 會社가 整理節次開始의 申請을 함에는 商法 第434條의 定하는 決議에 依하여야 한다.
제36조(신청서) 회생절차개시의 신청은 다음 각호의 사항을 기재한 서면으로 하여야 한다. 1. 신청인 및 그 법정대리인의 성명 및 주소 2. 채무자가 개인인 경우에는 채무자	第32條 (申請書) ①整理節次開始의 申請은 書面으로 하여야 한다. ②申請書에는 다음의 事項을 記載하여야 한다. 1. 申請人과 法定代理人의 姓名과 住所 2. 會社의 商號, 本店의 所在場所, 代表

의 성명·주민등록번호(주민등록번호가 없는 사람의 경우에는 외국인등록번호 또는 국내거소번호를 말한다. 이하 같다) 및 주소

3. 채무자가 개인이 아닌 경우에는 채무자의 상호, 주된 사무소 또는 영업소(외국에 주된 사무소 또는 영업소가 있는 때에는 대한민국에 있는 주된 사무소 또는 영업소를 말한다)의 소재지, 채무자의 대표자(외국에 주된 사무소 또는 영업소가 있는 때에는 대한민국에서의 대표자를 말한다. 이하 같다)의 성명
4. 신청의 취지
5. 회생절차개시의 원인
6. 채무자의 사업목적과 업무의 상황
7. 채무자의 발행주식 또는 출자지분의 총수, 자본의 액과 자산, 부채 그 밖의 재산상태
8. 채무자의 재산에 관한 다른 절차 또는 처분으로서 신청인이 알고 있는 것
9. 회생계획에 관하여 신청인에게 의견이 있는 때에는 그 의견
10. 채권자가 회생절차개시를 신청하는 때에는 그가 가진 채권의 액과 원인
11. 주주·지분권자가 회생절차개시를 신청하는 때에는 그가 가진 주식 또는 출자지분의 수 또는 액

者의 姓名과 外國에 本店이 있는 境遇에는 大韓民國에 있는 主된 營業所의 所在場所 및 大韓民國에 있어서의 代表者의 姓名

3. 申請의 趣旨
4. 整理節次開始의 原因인 事實
5. 會社의 目的과 業務의 狀況
6. 會社發行株式의 總數, 資本의 額과 資產, 負債 其他의 財產狀態
7. 會社財產에 關한 다른 節次 또는 處分으로서 申請人에게 알려져 있는 것
8. 整理計劃에 關하여 申請人에게 意見이 있으면 그 意見

③申請書에는 前項에 揭記한 事項外에 債權者가 申請할 때에는 그가 가진 債權의 額과 原因, 株主가 申請하는 때에는 그가 가진 株式의 數를 記載하여야 한다.

第37조(서류의 비치) 회생절차개시의 신청에 관한 서류는 이해관계인의 열람을 위하여 법원에 비치하여야 한다.

第49條 (書類의 備置) 整理節次開始의 申請에 關한 書類는 利害關係人의 閱覽에 供하기 爲하여 法院에 備置하여야 한다.

제38조(소명) ①회생절차개시의 신청을 하는 자는 회생절차개시의 원인인 사실을 소명하여야 한다. 이 경우 채무자에 대하여 제628조제1호의 규정에 의한 외국도산절차가 진행되고 있는 때에는 그 채무자에게 파산의 원인인 사실이 있는 것으로 추정한다. ②채권자·주주·지분권자가 회생절차개시의 신청을 하는 때에는 그가 가진 채권의 액 또는 주식이나 출자지분의 수 또는 액도 소명하여야 한다.	第33條 (疎明) ①整理節次開始의 申請을 하는 때에는 整理節次開始의 原因인 事實을 疎明하여야 한다. ②債權者 또는 株主가 前項의 申請을 하는 때에는 그가 가진 債權의 額 또는 株式의 數도 疎明하여야 한다.
제39조(비용의 예납 등) ①회생절차개시의 신청을 하는 때에는 신청인은 회생절차의 비용을 미리 납부하여야 한다. ②제1항의 규정에 의한 비용은 사건의 대소 등을 고려하여 법원이 정한다. 이 경우 채무자 이외의 자가 신청을 하는 때에는 회생절차개시 후의 비용에 관하여 채무자의 재산에서 지급할 수 있는 금액도 고려하여야 한다. ③채무자 외의 자가 회생절차개시를 신청하여 회생절차개시결정이 있는 때에는 신청인은 채무자의 재산으로부터 제1항의 규정에 의하여 납부한 비용을 상환받을 수 있다. ④제3항의 규정에 의한 신청인의 비용상환청구권은 공익채권으로 한다.	第34條 (費用의 豫納) ①整理節次開始의 申請을 하는 때에는 節次의 費用으로 法院이 定하는 金額을 豫納하여야 한다. ②前項의 金額은 法院이 事件의 大小 等을 考慮하여 定한다. 會社 以外의 者가 申請을 한 때에는 整理節次開始後의 費用에 關하여는 會社財産에서 支給할 수 있는 金額도 考慮하여 定하여야 한다. ③費用의 豫納에 關한 決定에 對하여는 卽時抗告를 할 수 있다.
제40조(감독행정청에의 통지 등) ①주식회사인 채무자에 대하여 회생절차개시의 신청이 있는 때에는 법원은 다음 각호의 자에게 그 뜻을 통지하여야 한다. 1. 채무자의 업무를 감독하는 행정청	第35條 (監督行政廳에의 通知等) ①整理節次開始의 申請이 있은 때에는 法院은 會社의 業務를 監督하는 行政廳, 金融監督委員會, 會社의 本店(外國에 本店이 있는 때에는 大韓民國에 있는 主된 營業所. 以下 本條中 같다)의 所在

2. 금융감독위원회 3. 채무자의 주된 사무소 또는 영업소(외국에 주된 사무소 또는 영업소가 있는 때에는 대한민국에 있는 주된 사무소 또는 영업소를 말한다)의 소재지를 관할하는 세무서장	地를 管轄하는 稅務署의 長과 그 本店이 所在하는 特別市, 廣域市, 道와 市·郡·區(自治區를 말한다) 또는 이에 準하는 公共團體의 長에 그 뜻을 通知하여야 한다.
②법원은 필요하다고 인정하는 때에는 다음 각호의 어느 하나에 해당하는 자에 대하여 회생절차에 관한 의견의 진술을 요구할 수 있다. 1. 채무자의 업무를 감독하는 행정청 2. 금융감독위원회 3. 국세징수법 또는 지방세법에 의하여 징수할 수 있는 청구권(국세징수의 예, 국세 또는 지방세체납처분의 예에 의하여 징수할 수 있는 청구권으로서 그 징수우선순위가 일반 회생채권보다 우선하는 것을 포함한다)에 관하여 징수의 권한을 가진 자	②法院은 必要하다고 認定하는 때에는 會社의 業務를 監督하는 行政廳, 金融監督委員會와 第122條第1項에 揭記하는 請求權에 關하여 徵收의 權限을 가진 者에 對하여 會社의 整理節次에 關한 意見의 陳述을 要求할 수 있다.
③제2항 각호의 어느 하나에 해당하는 자는 법원에 대하여 회생절차에 관하여 의견을 진술할 수 있다.	③前項에 揭記한 者는 法院에 對하여 會社의 整理節次에 關하여 意見을 陳述할 수 있다.
제41조(심문) ①회생절차개시의 신청이 있는 때에는 법원은 채무자 또는 그 대표자를 심문하여야 한다. ②제1항의 규정에 불구하고 다음 각호의 사유가 있는 때에는 심문을 하지 아니할 수 있다. 1. 채무자 또는 그 대표자가 외국에 거주하여 채무자에 대한 심문이 절차를 현저히 지체시킬 우려가 있는 때 2. 채무자 또는 그 대표자의 소재를	第36條 (審問) 定理節次開始의 申請이 있는 때에는 法院은 會社의 代表者(外國에 本店이 있는 때에는 大韓民國에서의 代表者. 以下 같다)를 審問하여야 한다.

알 수 없는 때	
제42조(회생절차개시신청의 기각사유) 다음 각호의 어느 하나에 해당하는 경우 법원은 회생절차개시의 신청을 기각하여야 한다. 이 경우 관리위원회의 의견을 들어야 한다. 1. 회생절차의 비용을 미리 납부하지 아니한 경우 2. 회생절차개시신청이 성실하지 아니한 경우 3. 그 밖에 회생절차에 의함이 채권자 일반의 이익에 적합하지 아니한 경우	第38條 (節次開始의 條件) 다음의 境遇에는 法院은 整理節次開始의 申請을 棄却하여야 한다. 이 경우 管理委員會의 의견을 들어야 한다. 1. 整理節次의 費用의 豫納이 없는 때 2. 債權者 또는 株主가 整理節次開始의 申請을 하기 爲하여 그 債權 또는 株式을 取得한 때 3. 破産回避의 目的 또는 債務免脫을 主된 目的으로 申請한 때 4. 法院에 破産節次, 和議節次가 係屬하고 있으며 그 節次에 依함이 債權者의 一般의 利益에 適合한 때 5. 會社를 淸算할 때의 가치가 會社의 事業을 계속할 때의 가치보다 큰 것이 명백한 경우 6. 租稅債務의 履行을 回避하거나 其他 租稅債務의 履行에 關하여 利益을 얻을 것을 主된 目的으로 申請한 때 7. 削除 〈1998.2.24〉 8. 其他 申請이 誠實하지 아니한 때
제43조(가압류·가처분 그 밖의 보전처분) ①법원은 회생절차개시의 신청이 있는 때에는 이해관계인의 신청에 의하거나 직권으로 회생절차개시신청에 대한 결정이 있을 때까지 채무자의 업무 및 재산에 관하여 가압류·가처분 그 밖에 필요한 보전처분을 명할 수 있다. 이 경우 법원은 관리위원회의 의견을 들어야 한다.	第39條 (보전처분 및 保全管理人) ①法院은 整理節次開始의 決定을 하기 전에 利害關係人의 申請에 의하여 또는 職權으로 會社의 業務와 財産에 관하여 假押留·假處分 기타 필요한 보전처분을 명할 수 있다. 이 경우 法院은 管理委員會의 의견을 들어야 한다.
②이해관계인이 제1항의 규정에 의한 보전처분을 신청한 때에는 법원은 신청일부터 7일 이내에 보전처분 여	②利害關係人이 第1項의 規定에 의한 보전처분을 申請한 경우에 法院은 申請日부터 14日이내에 보전처분여부를 決

부를 결정하여야 한다.	定하여야 한다.
③법원은 제1항의 규정에 의한 보전처분외에 필요하다고 인정하는 때에는 관리위원회의 의견을 들어 보전관리인에 의한 관리를 명할 수 있다. 이 경우 법원은 1인 또는 여럿의 보전관리인을 선임하여야 한다.	③法院은 第1項의 規定에 의한 보전처분외에 필요하다고 인정하는 경우에는 管理委員會의 의견을 들어 保全管理人에 의한 관리를 命할 수 있다.
④법원은 관리위원회의 의견을 들어 제1항의 규정에 의한 보전처분 또는 제3항의 규정에 의한 보전관리명령을 변경하거나 취소할 수 있다.	④法院은 管理委員會의 의견을 들어 第1項 및 第3項의 規定에 의한 처분을 변경하거나 取消할 수 있다.
⑤제1항·제3항 및 제4항의 규정에 의한 재판 및 그 신청을 기각하는 재판은 결정으로 한다.	⑤第1項·第3項 및 第4項의 規定에 의한 裁判 및 그 申請을 棄却하는 裁判은 決定으로 한다. 이 決定에 대하여는 卽時抗告를 할 수 있다.
⑥제5항의 규정에 의한 결정에 대하여는 즉시항고를 할 수 있다.	⑥第5項의 規定에 의한 卽時抗告에는 執行停止의 효력이 없다.
⑦제6항의 즉시항고는 집행정지의 효력이 없다.	⑦法院은 第3項의 規定에 의한 처분을 한 때 또 는 그 처분을 변경하거나 取消한 때에는 이를 公告하여야 한다.
⑧법원은 제3항의 규정에 의한 보전관리명령을 하거나 이를 변경 또는 취소한 때에는 이를 공고하여야 한다.	⑨第8項의 規定에 의한 登記囑託을 함에 있어서는 決定書의 謄本 또는 抄本을 첨부하여야 한다.
	⑩第8項 및 第9項의 規定은 會社財産으로서 登錄된 것에 이를 準用한다.
제44조(다른 절차의 중지명령 등) ①법원은 회생절차개시의 신청이 있는 경우 필요하다고 인정하는 때에는 이해관계인의 신청에 의하거나 직권으로 회생절차개시의 신청에 대한 결정이 있을 때까지 다음 각호의 어느 하나에 해당하는 절차의 중지를 명할 수 있다. 다만, 제2호의 규정에 의한 절차의 경우 그 절차의 신청인인 회생채권자 또는 회생담보권자에게 부당	第37條 (다른 節次의 中止命令等) ①整理節次開始의 申請이 있은 境遇에 必要하다고 認定하는 때에는 法院은 利害關係人의 申請에 依하여 또는 職權으로 整理節次開始의 申請에 關하여 決定이 있을 때까지 破産節次, 和議節次, 整理債權이나 整理擔保權에 基하여 會社財産에 對하여 이미 하고 있는 强制執行, 假押留, 假處分, 擔保權實行 등을 위한 競賣節次, 會社의 財産關係의 訴訟節次

한 손해를 끼칠 염려가 있는 때에는 그러하지 아니하다. 1. 채무자에 대한 파산절차 2. 회생채권 또는 회생담보권에 기한 강제집행, 가압류, 가처분 또는 담보권실행을 위한 경매절차(이하 "회생채권 또는 회생담보권에 기한 강제집행등"이라 한다)로서 채무자의 재산에 대하여 이미 행하여지고 있는 것 3. 채무자의 재산에 관한 소송절차 4. 채무자의 재산에 관하여 행정청에 계속되어 있는 절차	또는 會社의 財産關係의 事件으로서 行政廳에 係屬하고 있는 것의 節次의 中止를 命할 수 있다. 그러나 强制執行, 假押留, 假處分 또는 競賣節次에 關하여는 債權者 또는 競賣申請人에 不當한 損害를 끼칠 念慮가 있는 때에는 그러하지 아니하다.
5. 국세징수법 또는 지방세법에 의한 체납처분, 국세징수의 예(국세 또는 지방세체납처분의 예를 포함한다. 이하 같다)에 의한 체납처분 또는 조세채무담보를 위하여 제공된 물건의 처분. 이 경우 징수의 권한을 가진 자의 의견을 들어야 한다.	②整理節次開始의 申請이 있은 境遇에 必要하다고 認定하는 때에는 法院은 國稅徵收法에 依한 滯納處分, 國稅徵收의 例에 依한 滯納處分 또는 租稅債務擔保를 爲하여 提供된 物件의 處分의 中止를 命할 수 있다. 이 境遇에는 徵收의 權限을 가진 者의 意見을 들어야 한다. ③삭제 〈1999.12.31〉
②제1항제5호의 규정에 의한 처분의 중지기간중에는 시효는 진행하지 아니한다.	④第2項의 規定에 依한 處分의 中止期間中에는 時效는 進行하지 아니한다.
③법원은 제1항의 규정에 의한 중지명령을 변경하거나 취소할 수 있다.	⑤法院은 第1項과 第2項의 規定에 依한 中止의 決定을 變更하거나 取消할 수 있다.
④법원은 채무자의 회생을 위하여 특히 필요하다고 인정하는 때에는 채무자(보전관리인이 선임되어 있는 때에는 보전관리인을 말한다)의 신청에 의하거나 직권으로 중지된 회생채권 또는 회생담보권에 기한 강제집행등의 취소를 명할 수 있다. 이 경우 법원은 담보를 제공하게 할 수 있다.	⑥法院은 第39條의 規定에 의한 보전처분이 있은 후 會社의 更生을 위하여 필요하다고 인정하는 때에는 保全管理人의 申請에 의하여 또는 職權으로 整理節次開始의 申請후에 행하여진 會社財産에 대한 假押留 또는 假處分의 取消를 명할 수 있다. 이 경우 法院은 擔保를 제공하게 할 수 있다.
	⑦第6項의 規定에 의하여 효력을 잃은 節次로 인하여 會社에 대하여 생긴 債

權과 그 節次에 관한 會社에 대한 費用請求權은 共益債權으로 한다.

제45조(회생채권 또는 회생담보권에 기한 강제집행등의 포괄적 금지명령) ①법원은 회생절차개시의 신청이 있는 경우 제44조제1항의 규정에 의한 중지명령에 의하여는 회생절차의 목적을 충분히 달성하지 못할 우려가 있다고 인정할 만한 특별한 사정이 있는 때에는 이해관계인의 신청에 의하거나 직권으로 회생절차개시의 신청에 대한 결정이 있을 때까지 모든 회생채권자 및 회생담보권자에 대하여 회생채권 또는 회생담보권에 기한 강제집행등의 금지를 명할 수 있다.

②제1항의 규정에 의한 금지명령(이하 "포괄적 금지명령"이라 한다)을 할 수 있는 경우는 채무자의 주요한 재산에 관하여 다음 각호의 처분 또는 명령이 이미 행하여졌거나 포괄적 금지명령과 동시에 다음 각호의 처분 또는 명령을 행하는 경우에 한한다.

1. 제43조제1항의 규정에 의한 보전처분
2. 제43조제3항의 규정에 의한 보전관리명령

③포괄적 금지명령이 있는 때에는 채무자의 재산에 대하여 이미 행하여진 회생채권 또는 회생담보권에 기한 강제집행등은 중지된다.

④법원은 포괄적 금지명령을 변경하거나 취소할 수 있다.

⑤법원은 채무자의 사업의 계속을 위하여 특히 필요하다고 인정하는 때에는 채무자(보전관리인이 선임되어 있는 때에는 보전관리인을 말한다)의

신청에 의하여 제3항의 규정에 의하여 중지된 회생채권 또는 회생담보권에 기한 강제집행등의 취소를 명할 수 있다. 이 경우 법원은 담보를 제공하게 할 수 있다.

⑥포괄적 금지명령, 제4항의 규정에 의한 결정 및 제5항의 규정에 의한 취소명령에 대하여는 즉시항고를 할 수 있다.

⑦제6항의 즉시항고는 집행정지의 효력이 없다.

⑧포괄적 금지명령이 있는 때에는 그 명령이 효력을 상실한 날의 다음 날부터 2월이 경과하는 날까지 회생채권 및 회생담보권에 대한 시효는 완성되지 아니한다.

제46조(포괄적 금지명령에 관한 공고 및 송달 등) ①포괄적 금지명령이나 이를 변경 또는 취소하는 결정이 있는 때에는 법원은 이를 공고하고 그 결정서를 채무자(보전관리인이 선임되어 있는 때에는 보전관리인을 말한다) 및 신청인에게 송달하여야 하며, 그 결정의 주문을 기재한 서면을 법원이 알고 있는 회생채권자·회생담보권자 및 채무자(보전관리인이 선임되어 있는 때에 한한다)에게 송달하여야 한다.

②포괄적 금지명령 및 이를 변경 또는 취소하는 결정은 채무자(보전관리인이 선임되어 있는 때에는 보전관리인을 말한다)에게 결정서가 송달된 때부터 효력을 발생한다.

③제45조제5항의 규정에 의한 취소명령과 같은 조 제6항의 즉시항고에

대한 재판(포괄적 금지명령을 변경 또는 취소하는 결정을 제외한다)이 있는 때에는 법원은 그 결정서를 당사자에게 송달하여야 한다. 이 경우 제10조 및 제11조의 규정은 적용하지 아니한다.

第47조(포괄적 금지명령의 적용 배제) ①법원은 포괄적 금지명령이 있는 경우 회생채권 또는 회생담보권에 기한 강제집행등의 신청인인 회생채권자 또는 회생담보권자에게 부당한 손해를 끼칠 우려가 있다고 인정하는 때에는 그 회생채권자 또는 회생담보권자의 신청에 의하여 그 회생채권자 또는 회생담보권자에 대하여 결정으로 포괄적 금지명령의 적용을 배제할 수 있다. 이 경우 그 회생채권자 또는 회생담보권자는 채무자의 재산에 대하여 회생채권 또는 회생담보권에 기한 강제집행등을 할 수 있으며, 포괄적 금지명령이 있기 전에 그 회생채권자 또는 회생담보권자가 행한 회생채권 또는 회생담보권에 기한 강제집행등의 절차는 속행된다.

②제1항의 규정에 의한 결정을 받은 자에 대하여 제45조제8항의 규정을 적용하는 때에는 제45조제8항중 "그 명령이 효력을 상실한 날"은 "제47조제1항의 규정에 의한 결정이 있은 날"로 한다.

③제1항의 규정에 의한 신청에 관한 재판에 대하여는 즉시항고를 할 수 있다.

④제3항의 즉시항고는 집행정지의 효력이 없다.

⑤제1항의 규정에 의한 신청에 대한 재판과 제3항의 즉시항고에 대한 재판이 있는 때에는 법원은 그 결정서를 당사자에게 송달하여야 한다. 이 경우 제10조의 규정은 적용하지 아니한다.	
제48조(회생절차개시신청 등의 취하의 제한) ①회생절차개시의 신청을 한 자는 회생절차개시결정 전에 한하여 그 신청을 취하할 수 있다. ②다음 각호의 결정이 있은 후에는 법원의 허가를 받지 아니하면 회생절차개시신청 및 보전처분신청을 취하할 수 없다. 1. 제43조제1항의 규정에 의한 보전처분 2. 제43조제3항의 규정에 의한 보전관리명령 3. 제44조제1항의 규정에 의한 중지명령 4. 제45조제1항의 규정에 의한 포괄적 금지명령	第39條의2 (申請取下의 制限) ①第39條第1項 또는 第3項의 規定에 의한 處分이 있은 후에는 法院의 許可를 얻지 아니하면 整理節次 開始申請 및 保全處分申請을 取下할 수 없다. ②第1項의 許可에 관한 裁判에 대하여는 卽時 抗告를 할 수 있다.
제2절 회생절차개시의 결정	
제49조(회생절차개시의 결정) ①채무자가 회생절차개시를 신청한 때에는 법원은 회생절차개시의 신청일부터 1월 이내에 회생절차개시 여부를 결정하여야 한다.	第45條의2 (開始決定의 時期) 法院은 整理節次開始의 申請日부터 1月내에 整理節次開始與否의 決定을 하여야 한다.
②회생절차개시결정서에는 결정의 연·월·일·시를 기재하여야 한다. ③회생절차개시결정은 그 결정시부터 효력이 생긴다.	第45條 (開始決定書) 整理節次開始의 決定書에는 決定의 年月日時를 記載하여야 한다. 第2條 (整理節次의 效力發生時期) 整理節次는 그 開始의 決定을 한 때로부터

채무자 회생 및 파산에 관한 법률	회사정리법
	效力이 생긴다.
제50조(회생절차개시결정과 동시에 정하여야 할 사항) ①법원은 회생절차개시결정과 동시에 관리위원회와 채권자협의회의 의견을 들어 1인 또는 여럿의 관리인을 선임하고 다음 각호의 사항을 정하여야 한다.	第46條 (開始와 同時에 定하여야 할 事項) 法院은 整理節次開始의 決定과 同時에 管理委員會와 債權者協議會의 意見을 들어 1人 또는 數人의 管理人을 選任하고 다음의 事項을 定하여야 한다.
1. 제1회 관계인집회의 기일. 이 경우 기일은 회생절차개시결정일부터 4월 이내이어야 한다.	1. 整理債權, 整理擔保權과 株式의 申告期間. 그러나 그 期間은 決定한 날로부터 2週間以上 2月以下이어야 한다.
2. 관리인이 제147조제1항에 규정된 목록을 작성하여 제출하여야 하는 기간. 이 경우 기간은 회생절차개시결정일부터 2주 이상 2월 이하이어야 한다.	2. 第1回의 關係人 集會의 期日. 그러나 그 期日은 決定의 날로부터 4月이내이어야 한다.
3. 회생채권·회생담보권·주식 또는 출자지분의 신고기간(이하 이 편에서 "신고기간"이라 한다). 이 경우 신고기간은 제2호의 규정에 의하여 정하여 진 제출기간의 말일부터 1주 이상 1월 이하이어야 한다.	3. 整理債權과 整理擔保權 調査의 期日. 그러나 그 期日과 申告期日의 末日과의 사이에는 1週間以上 2月以下의 期間이 있어야 한다.
4. 목록에 기재되어 있거나 신고된 회생채권·회생담보권의 조사기간(이하 이 편에서 "조사기간"이라 한다). 이 경우 조사기간은 신고기간의 말일부터 1주 이상 1월 이하이어야 한다.	
②법원은 특별한 사정이 있는 때에는 제1항 각호의 규정에 의한 기일을 늦추거나 기간을 늘일 수 있다.	
제51조(회생절차개시의 공고와 송달) ①법원은 회생절차개시의 결정을 한 때에는 지체없이 다음 각호의 사항을 공고하여야 한다	第47條 (開始의 公告와 送達) ①法院이 整理節次開始의 決定을 한 때에는 卽時 다음의 事項을 公告하여야 한다.

1. 회생절차개시결정의 주문 2. 관리인의 성명 또는 명칭 3. 제50조의 규정에 의하여 정하여진 기간 및 기일 4. 회생절차가 개시된 채무자의 재산을 소지하고 있거나 그에게 채무를 부담하는 자는 회생절차가 개시된 채무자에게 그 재산을 교부하여서는 아니된다는 뜻이나 그 채무자에게 그 채무를 변제하여서는 아니된다는 뜻과 회생절차가 개시된 채무자의 재산을 소지하고 있거나 그에게 채무를 부담하고 있다는 사실을 일정한 기간안에 관리인에게 신고하여야 한다는 뜻의 명령	1. 整理節次開始 決定의 主文 2. 管理人의 姓名 또는 名稱 3. 前條의 規定에 依하여 定한 期間과 期日 4. 會社의 債務者와 會社財産의 所持者는 會社에 辨濟하거나 그 財産을 交付하여서는 아니된다는 뜻과 債務를 負擔하는 事實 또는 그 財産을 所持하는 事實을 一定한 期間內에 管理人에게 申告하여야 한다는 뜻의 命令
②법원은 다음 각호의 자에게 제1항 각호의 사항을 기재한 서면을 송달하여야 한다. 1. 관리인 2. 채무자 3. 알고 있는 회생채권자·회생담보권자·주주·지분권자 4. 회생절차가 개시된 채무자의 재산을 소지하고 있거나 그에게 채무를 부담하는 자	②管理人, 會社, 알고 있는 整理債權者·整理擔保權者·株主·會社의 債務者 및 會社財産의 所持者에게는 第1項에 規定된 사항을 기재한 書面을 송달하여야 한다.
③제1항 및 제2항의 규정은 제1항제2호 내지 제4호의 사항에 변경이 생긴 경우에 관하여 준용한다. 다만, 조사기간의 변경은 공고하지 아니할 수 있다.	③前2項의 規定은 第1項第2號 乃至 第4號에 揭記한 事項에 變更이 생긴 境遇에 準用한다. 그러나 整理債權 또는 整理擔保權의 調査期日의 變更에 關하여는 公告를 要하지 아니한다.
④고의 또는 과실로 제1항제4호의 규정에 의한 신고를 게을리한 자는 이로 인하여 채무자의 재산에 생긴 손해를 배상하여야 한다.	④故意 또는 過失로 第1項第4號의 申告를 懈怠한 者는 이로 因하여 會社財産에 생긴 損害를 賠償하여야 한다.

第52조(회생절차개시의 통지) 주식회사인 채무자에 대하여 회생절차개시의 결정을 한 때에는 법원은 제51조제1항 각호의 사항을 채무자의 업무를 감독하는 행정청, 법무부장관과 금융감독위원회에 통지하여야 한다. 제51조제1항제2호 및 제3호의 사항에 변경이 생긴 경우도 또한 같다.	第48條 (開始의 通知) ①第47條第1項에 規定된 사항은 會社의 業務를 監督하는 行政廳, 法務部長官과 金融監督委員會에 通知하여야 한다. ②前項의 規定은 前條第1項第2號와 第3號에 揭記한 事項에 變更이 생긴 境遇에 準用한다.
제53조(회생절차개시신청에 관한 재판에 대한 즉시항고) ①회생절차개시의 신청에 관한 재판에 대하여는 즉시항고를 할 수 있다.	第50條 (抗告) ①整理節次開始의 申請에 關한 裁判에 對하여는 卽時抗告를 할 수 있다.
②제43조 내지 제47조의 규정은 회생절차개시신청을 기각하는 결정에 대하여 제1항의 즉시항고가 있는 경우에 관하여 준용한다.	②第37條의 規定은 整理節次開始申請棄却의 決定에 對하여 卽時抗告가 있은 境遇에 準用한다.
③제1항의 규정에 의한 즉시항고는 집행정지의 효력이 없다.	
④항고법원은 즉시항고의 절차가 법률에 위반되거나 즉시항고가 이유없다고 인정하는 때에는 결정으로 즉시항고를 각하 또는 기각하여야 한다.	③抗告法院은 抗告의 節次가 法律에 違反하거나 抗告가 理由없다고 인정한 때에는 決定으로 抗告를 却下 또는 棄却하여야 한다.
⑤항고법원은 즉시항고가 이유있다고 인정하는 때에는 원심법원의 결정을 취소하고 사건을 원심법원에 환송하여야 한다.	④抗告法院은 抗告가 理由있다고 인정하는 때에는 原決定을 取消하고 事件을 原審法院에 還送하여야 한다.
제54조(회생절차개시결정의 취소) ①법원은 회생절차개시결정을 취소하는 결정이 확정된 때에는 즉시 그 주문을 공고하여야 한다.	第51條 (開始決定의 取消) ①整理節次開始決定取消의 決定이 確定된 때에는 卽時 그 主文을 公告하여야 한다.
②제51조제2항과 제52조의 규정은 제1항의 경우에 관하여 준용한다.	②第47條第2項과 第48條第1項의 規定은 前項의 境遇에 準用한다.
③관리인은 회생절차개시결정을 취소하는 결정이 확정된 때에는 공익채	③第1項의 境遇에는 管理人은 그 共益債權을 辨濟하며 異議가 있는 것에 關

권을 변제하여야 하며, 이의있는 공익채권의 경우에는 그 채권자를 위하여 공탁하여야 한다.	하여는 그 債權者를 爲하여 供託하여야 한다.
제55조(회생절차개시후의 자본감소 등) ①회생절차개시 이후부터 그 회생절차가 종료될 때까지는 채무자는 회생절차에 의하지 아니하고는 다음 각호의 행위를 할 수 없다. 1. 자본 또는 출자액의 감소 2. 지분권자의 가입, 신주 또는 사채의 발행 3. 자본 또는 출자액의 증가 4. 주식의 포괄적 교환 또는 주식의 포괄적 이전 5. 합병·분할·분할합병 또는 조직변경 6. 해산 또는 회사의 계속 7. 이익 또는 이자의 배당	第52條 (開始後의 資本의 減少等) ①整理節次開始後 그 終了까지는 整理節次에 依하지 아니하면 資本의 減少, 新株나 社債의 發行, 合併, 分割, 分割合併, 解散, 會社의 組織變更이나 繼續 또는 利益이나 利子의 配當을 할 수 없다.
②회생절차개시 이후부터 그 회생절차가 종료될 때까지 회생절차에 의하지 아니하고 법인인 채무자의 정관을 변경하고자 하는 때에는 법원의 허가를 받아야 한다.	②整理節次開始後 그 終了까지에 整理節次에 依하지 아니하고 會社의 定款을 變更하고자 할 때에는 法院의 許可를 얻어야 한다.
제56조(회생절차개시후의 업무와 재산의 관리) ①회생절차개시결정이 있는 때에는 채무자의 업무의 수행과 재산의 관리 및 처분을 하는 권한은 관리인에게 전속한다.	第53條 (開始後의 業務와 財産의 管理) ①整理節次開始의 決定이 있은 때에는 會社事業의 經營과 財産의 管理 및 處分을 하는 權利는 管理人에게 專屬한다.
②개인인 채무자 또는 개인이 아닌 채무자의 이사는 제1항에 규정에 의한 관리인의 권한을 침해하거나 부당하게 그 행사에 관여할 수 없다.	②會社의 理事나 이에 準할 者는 第1項에 規定한 管理人의 權限을 侵害하거나 부당하게 그 行使에 관여할 수 없다.
제57조(정보 등의 제공) 관리인은 다음 각호의 어느 하나에 해당하는 행위를	第53條의2 (情報등의 제공) 管理人은 債權者의 요청이 있는 경우에는 大法院

하고자 하는 자에 대하여는 대법원규칙이 정하는 바에 따라 채무자의 영업·사업에 관한 정보 및 자료를 제공하여야 한다. 다만, 정당한 사유가 있는 때에는 관리인은 정보 및 자료의 제공을 거부할 수 있다. 1. 채무자의 영업, 사업, 중요한 재산의 전부나 일부의 양수 2. 채무자의 경영권을 인수할 목적으로 하는 주식 또는 출자지분의 양수 3. 채무자의 주식의 포괄적 교환, 주식의 포괄적 이전, 합병 또는 분할합병	規則이 정하는 바에 따라 整理節次에 관련된 情報 및 資料를 제공하여야 한다. 다만, 정당한 사유가 있는 경우에는 管理人은 이를 거부할 수 있다.
第58조(다른 절차의 중지 등) ①회생절차개시결정이 있는 때에는 다음 각호의 행위를 할 수 없다. 1. 파산 또는 회생절차개시의 신청 2. 회생채권 또는 회생담보권에 기한 강제집행등 3. 국세징수의 예에 의하여 징수할 수 있는 청구권으로서 그 징수우선순위가 일반 회생채권보다 우선하지 아니한 것에 기한 체납처분 ②회생절차개시결정이 있는 때에는 다음 각호의 절차는 중지된다. 1. 파산절차 2. 채무자의 재산에 대하여 이미 행한 회생채권 또는 회생담보권에 기한 강제집행등 3. 국세징수의 예에 의하여 징수할 수 있는 청구권으로서 그 징수우선순위가 일반 회생채권보다 우선하지 아니한 것에 기한 체납처분	第67條 (다른 節次의 中止等) ①整理節次開始의 決定이 있은 때에는 破産, 和議開始 또는 整理節次開始의 申請과 整理債權 또는 整理擔保權에 依한 會社財産에 對한 强制執行, 假押留, 假處分, 擔保權實行 등을 위한 競賣를 할 수 없으며 破産節次 및 整理債權 또는 整理擔保權에 依하여 會社財産에 對하여 이미 行한 强制執行, 假押留, 假處分, 擔保權實行 등을 위한 競賣節次는 中止하고 和議節次는 그 效力을 잃는다.
③회생절차개시결정이 있는 때에는 다음 각호의 기간 중 말일이 먼저 도	②整理節次開始의 決定이 있은 때에는 그 決定한 날로부터 整理計劃認可 또는

래하는 기간동안 회생채권 또는 회생담보권에 기한 채무자의 재산에 대한 국세징수법 또는 지방세법에 의한 체납처분, 국세징수의 예에 의하여 징수할 수 있는 청구권으로서 그 징수우선순위가 일반 회생채권보다 우선하는 것에 기한 체납처분과 조세채무담보를 위하여 제공된 물건의 처분은 할 수 없으며, 이미 행한 처분은 중지된다. 이 경우 법원은 필요하다고 인정하는 때에는 관리인의 신청에 의하거나 직권으로 1년의 범위 안에서 그 기간을 늘일 수 있다. 1. 회생절차개시결정이 있는 날부터 회생계획인가가 있는 날까지 2. 회생절차개시결정이 있는 날부터 회생절차가 종료되는 날까지 3. 회생절차개시결정이 있는 날부터 2년이 되는 날까지	整理節次終了까지 또는 그 決定한 날로부터 1年間은 整理債權 또는 整理擔保權에 依한 會社財産에 對한 國稅徵收法에 依한 滯納處分, 國稅徵收의 例에 依한 滯納處分과 租稅債務擔保를 爲하여 提供된 物件의 處分은 할 수 없고 이미 行한 處分은 中止한다. ③法院은 必要하다고 認定하는 때에는 管理人의 申請에 依하여 또는 職權으로 第2項의 기간을 6月의 범위안에서 연장할 수 있다. ④削除 〈1998.2.24〉
④제3항의 규정에 의하여 처분을 할 수 없거나 처분이 중지된 기간 중에는 시효는 진행하지 아니한다.	⑤第2項과 第3項의 規定에 依하여 處分을 할 수 없거나 處分이 中止된 期間中에는 時效는 進行하지 아니한다.
⑤법원은 회생에 지장이 없다고 인정하는 때에는 관리인이나 제140조제2항의 청구권에 관하여 징수의 권한을 가진 자의 신청에 의하거나 직권으로 제2항의 규정에 의하여 중지한 절차 또는 처분의 속행을 명할 수 있으며, 회생을 위하여 필요하다고 인정하는 때에는 관리인의 신청에 의하거나 직권으로 담보를 제공하게 하거나 제공하게 하지 아니하고 제2항의 규정에 의하여 중지한 절차 또는 처분의 취소를 명할 수 있다. 다만, 파산절차에 관하여는 그러하지 아니하다.	⑥法院은 整理에 支障이 없다고 認定하는 때에는 管理人 或은 第122條第1項에 揭記한 請求權에 關하여 徵收의 權限을 가진 者의 申請에 依하여 또는 職權으로 中止한 節次 또는 處分의 續行을 命할 수 있고 整理를 爲하여 必要하다고 認定하는 때에는 管理人의 申請에 依하여 또는 職權으로 擔保를 提供하게 하거나 提供하게 하지 아니하고 中止한 節次 또는 處分의 取消를 命할 수 있다. 그러나 破産節次에 關하여는 그러하지 아니하다.

⑥제5항의 규정에 의하여 속행된 절차 또는 처분에 관한 채무자에 대한 비용청구권은 공익채권으로 한다.	⑦第1項의 規定에 依하여 效力을 잃은 節次로 因하여 會社에 對하여 생긴 債權과 그 節次에 關한 會社에 對한 費用請求權 및 前項의 規定에 依하여 續行된 節次 또는 處分에 關하여 會社에 對한 費用請求權은 共益債權으로 한다.
제59조(소송절차의 중단 등) ①회생절차개시결정이 있는 때에는 채무자의 재산에 관한 소송절차는 중단된다. ②제1항의 규정에 의하여 중단한 소송절차중 회생채권 또는 회생담보권과 관계없는 것은 관리인 또는 상대방이 이를 수계할 수 있다. 이 경우 채무자에 대한 소송비용청구권은 공익채권으로 한다. ③제2항의 규정에 의한 수계가 있기 전에 회생절차가 종료한 때에는 채무자는 당연히 소송절차를 수계한다. ④제2항의 규정에 의한 수계가 있은 후에 회생절차가 종료한 때에는 소송절차는 중단된다. 이 경우 채무자는 소송절차를 수계하여야 한다. ⑤제4항의 경우에는 상대방도 소송절차를 수계할 수 있다. ⑥제1항 내지 제5항의 규정은 채무자의 재산에 관한 사건으로서 회생절차개시 당시 행정청에 계속되어 있는 것에 관하여 준용한다.	第68條 (訴訟節次의 中斷) 整理節次開始의 決定이 있은 때에는 會社의 財産關係의 訴訟節次는 中斷한다. 第69條 (受繼) ①前條의 規定에 依하여 中斷한 訴訟節次中 整理債權 또는 整理擔保權에 關係없는 것은 管理人 또는 相對方이 이를 受繼할 수 있다. 이 境遇에는 會社에 對한 訴訟費用請求權은 共益債權으로 한다. ②前項의 規定에 依한 受繼가 있기 前에 整理節次가 終了한 때에는 會社는 當然히 訴訟節次를 受繼한다. ③第1項의 規定에 依한 受繼가 있은 後에 整理節次가 終了한 때에는 訴訟節次는 中斷한다. 이 境遇에는 會社가 訴訟節次를 受繼하여야 한다. ④前項의 境遇에는 相對方도 訴訟節次를 受繼할 수 있다. 第70條 (行政廳에 係屬한 事件) 前2條의 規定은 會社의 財産關係의 事件으로서 整理節次開始當時 行政廳에 係屬한 것에 準用한다.
제60조(이송) ①회생법원(회생사건이 계속되어 있는 지방법원을 말한다. 이하 같다)은 회생절차개시 당시 채무자의 재산에 관한 소송이 다른 법원에 계속되어 있는 때에는 결정으로써 그 이송을 청구할 수 있다. 회생절차	第71條 (移送) ①整理法院은 整理節次開始當時 會社의 財産關係의 訴訟이 다른 法院에 係屬하고 있는 때에는 決定으로써 그 移送을 請求할 수 있다. 整理節次開始後 다른 法院에 係屬하게 된 것에 關하여도 같다.

개시 후 다른 법원에 계속되어 있게 된 것에 관하여도 또한 같다.	
②제1항의 결정이 있는 때에는 이송의 청구를 받은 법원은 소송을 회생법원에 이송하여야 한다.	②前項의 決定이 있은 때에는 移送의 請求를 받은 法院은 訴訟을 整理法院에 移送하여야 한다.
③제2항의 규정에 의한 이송은 소송절차의 중단 또는 중지중에도 할 수 있다.	③前項의 移送은 訴訟節次가 中斷 또는 中止中에도 할 수 있다.
④제1항 내지 제3항의 규정은 상소심법원에 계속되어 있는 소송에 관하여는 적용하지 아니한다.	④前3項의 規定은 上訴審法院에 係屬한 訴訟에 關하여는 適用하지 아니한다.
제61조(법원의 허가를 받아야 하는 행위) ①법원은 필요하다고 인정하는 때에는 관리인이 다음 각호의 어느 하나에 해당하는 행위를 하고자 하는 때에 법원의 허가를 받도록 할 수 있다.	第54條 (法院의 許可를 要하는 行爲) 法院은 必要하다고 認定할 때에는 管理人이 다음 各號의 行爲를 함에 있어서는 法院의 許可를 얻어야 하는 것으로 할 수 있다.
1. 재산의 처분	1. 會社財産의 處分
2. 재산의 양수	2. 財産의 讓受
3. 자금의 차입 등 차재	3. 借財
4. 제119조의 규정에 의한 계약의 해제 또는 해지	4. 第103條의 規定에 依한 契約의 解除 또는 解止
5. 소의 제기	5. 訴의 提起
6. 화해 또는 중재계약	6. 和解
7. 권리의 포기	7. 權利의 抛棄
8. 공익채권 또는 환취권의 승인	8. 共益債權과 還取權의 承認
9. 그 밖에 법원이 지정하는 행위	9. 其他 法院이 指定하는 行爲
②관리인은 법원의 허가를 받지 아니하고는 다음 각호의 행위를 하지 못한다.	
1. 채무자의 영업 또는 재산을 양수하는 행위	
2. 채무자에 대하여 자기의 영업 또는 재산을 양도하는 행위	
3. 그 밖에 자기 또는 제3자를 위하여 채무자와 거래하는 행위	

③법원의 허가를 받지 아니하고 한 제1항 각호 또는 제2항 각호의 행위는 무효로 한다. 다만, 선의의 제3자에게 대항하지 못한다.	第55條 (法院의 許可없는 행위의 효력) 第54條의 許可를 얻지 아니하고 한 行爲는 無效로 한다. 그러나 善意의 第三者에게 對抗하지 못한다.
제62조(영업 등의 양도) ①회생절차개시 이후 회생계획인가 전이라도 관리인은 채무자의 회생을 위하여 필요한 경우 법원의 허가를 받아 채무자의 영업 또는 사업의 전부 또는 중요한 일부를 양도할 수 있다. ②제1항의 규정에 의한 허가를 하는 때에는 법원은 다음 각호의 자의 의견을 들어야 한다. 1. 관리위원회 2. 채권자협의회 3. 채무자의 근로자의 과반수로 조직된 노동조합 4. 제3호의 노동조합이 없는 때에는 채무자의 근로자의 과반수를 대표하는 자 ③제1항의 규정에 의한 허가를 하는 경우 법원은 양도대가의 사용방법을 정하여야 한다. ④제1항의 허가를 하는 경우 주식회사인 채무자의 부채총액이 자산총액을 초과하는 때에는 법원은 관리인의 신청에 의하여 결정으로 상법 제374조(영업양도·양수·임대 등)제1항의 규정에 의한 주주총회의 결의에 갈음하게 할 수 있다. 이 경우 상법 제374조(영업양도·양수·임대 등)제2항 및 제374조의2(반대주주의 주식매수청구권)와 증권거래법 제191조(주주의 주식매수청구권)의 규정은 적용하지 아니한다.	

⑤제61조제3항의 규정은 제1항의 규정에 의한 허가를 받지 아니하고 행한 행위에 관하여 준용한다.	
제63조(주식회사의 영업 등의 양도에 대한 허가결정의 송달 등) ①법원은 제62조제4항의 규정에 의한 결정을 한 때에는 그 결정서를 관리인에게 송달하고 그 결정의 요지를 기재한 서면을 주주에게 송달하여야 한다. ②제62조제4항의 규정에 의한 결정은 그 결정서가 관리인에게 송달된 때에 효력이 발생한다. ③제62조제4항의 규정에 의한 결정에 대하여 주주는 즉시항고를 할 수 있다.	
제64조(회생절차개시후의 채무자의 행위) ①채무자가 회생절차개시 이후 채무자의 재산에 관하여 법률행위를 한 때에는 회생절차와의 관계에 있어서는 그 효력을 주장하지 못한다. ②제1항의 규정을 적용하는 경우 채무자가 회생절차개시가 있은 날에 행한 법률행위는 회생절차개시 이후에 한 것으로 추정한다.	第56條 (開始後의 會社의 行爲) ①會社가 整理節次開始後 會社財産에 關하여 한 法律行爲는 整理節次의 關係에 있어서는 그 效力을 主張하지 못한다. ②會社가 整理節次開始를 한 날에 行한 法律行爲는 整理節次開始後에 한 것으로 推定한다.
제65조(회생절차개시후의 권리취득) ①회생절차개시 이후 회생채권 또는 회생담보권에 관하여 채무자의 재산에 대한 권리를 채무자의 행위에 의하지 아니하고 취득한 때에도 회생절차와의 관계에 있어서는 그 효력을 주장하지 못한다. ②제64조제2항의 규정은 제1항의 규정에 의한 취득에 관하여 준용한다.	第57條 (開始後의 權利取得) ①整理節次開始後 整理債權 또는 整理擔保權에 關하여 會社財産에 對한 權利를 會社의 行爲에 依하지 아니하고 取得하여도 그 取得은 整理節次의 關係에 있어서는 그 效力을 主張하지 못한다. ②前條第2項의 規定은 前項의 取得에 準用한다.

제66조(회생절차개시후의 등기와 등록) ①부동산 또는 선박에 관하여 회생절차개시 전에 생긴 등기원인으로 회생절차개시 후에 한 등기 및 가등기는 회생절차와의 관계에 있어서는 그 효력을 주장하지 못한다. 다만, 등기권리자가 회생절차개시의 사실을 알지 못하고 한 본등기는 그러하지 아니하다.	第58條 (開始後의 登記와 登錄) ①不動産 또는 船舶에 關하여 整理節次開始前에 생긴 登記原因으로 整理節次開始後에 한 登記 또는 不動産登記法 第3條의 規定에 依한 假登記는 整理節次의 關係에 있어서는 그 效力을 主張하지 못한다. 그러나 登記權者가 整理節次開始의 事實을 알지 못하고 한 登記 또는 假登記는 그러하지 아니하다.
②제1항의 규정은 권리의 설정·이전 또는 변경에 관한 등록 또는 가등록에 관하여 준용한다.	②前項의 規定은 權利의 設定, 移轉 또는 變更에 關한 登錄 또는 假登錄에 準用한다.
제67조(회생절차개시후의 채무자에 대한 변제) ①회생절차개시 이후 그 사실을 알지 못하고 한 채무자에 대한 변제는 회생절차와의 관계에 있어서도 그 효력을 주장할 수 있다. ②회생절차개시 이후 그 사실을 알고 한 채무자에 대한 변제는 채무자의 재산이 받은 이익의 한도에서만 회생절차와의 관계에 있어서 그 효력을 주장할 수 있다.	第59條 (開始後의 會社에 對한 辨濟) ①整理節次開始後 그 事實을 알지 못하고 한 會社에 對한 辨濟는 整理節次의 關係에 있어서도 그 效力을 主張할 수 있다. ②整理節次開始後 그 事實을 알고 한 會社에 對한 辨濟는 會社財産이 받은 利益의 限度에서만 整理節次의 關係에 있어서 그 效力을 主張할 수 있다.
제68조(선의 또는 악의의 추정) 제66조 및 제67조의 규정을 적용함에 있어서 회생절차개시의 공고 전에는 그 사실을 알지 못한 것으로 추정하고, 공고 후에는 그 사실을 안 것으로 추정한다.	第60條 (善意, 惡意의 推定) 前2條의 規定의 適用에 關하여는 整理節次開始의 公告前에는 그 事實을 알지 못한 것으로 推定하고 公告後에는 그 事實을 안 것으로 推定한다.
제69조(공유관계) ①채무자가 타인과 공동으로 재산권을 가진 경우 채무자와 그 타인 사이에 그 재산권을 분할하지 아니한다는 약정이 있더라도 회생절차가 개시된 때에는 관리인은 분할의 청구를 할 수 있다.	第61條 (共有關係) ①會社가 他人과 共同하여 財産權을 가진 境遇에 整理節次開始가 있은 때에는 管理人은 分割을 하지 아니한다는 約定이 있는 때에도 分割의 請求를 할 수 있다.

②제1항의 경우 다른 공유자는 상당한 대가를 지급하고 채무자의 지분을 취득할 수 있다.	②前項의 境遇에는 다른 共有者는 相當한 補償을 支給하고 會社의 持分을 取得할 수 있다.
제70조(환취권) 회생절차개시는 채무자에게 속하지 아니하는 재산을 채무자로부터 환취하는 권리에 영향을 미치지 아니한다.	第62條 (還取權) 整理節次開始는 會社에 屬하지 아니하는 財産을 會社로부터 還取할 權利에 影響을 미치지 아니한다.
	第63條 (讓渡擔保의 還取禁止) 整理節次의 開始前에 會社에 財産을 讓渡한 者는 擔保의 目的으로 한 것을 理由로 그 財産을 還取하지 못한다.
제71조(운송중인 매도물의 환취) ①매도인이 매매의 목적인 물건을 매수인에게 발송하였으나 매수인이 그 대금의 전액을 변제하지 아니하고, 도달지에서 그 물건을 수령하지 아니한 상태에서 매수인에 관하여 회생절차가 개시된 때에는 매도인은 그 물건을 환취할 수 있다. 이 경우 관리인은 법원의 허가를 받아 대금 전액을 지급하고 그 물건의 인도를 청구할 수 있다.	第64條 (運送中의 賣渡物의 還取) ①賣渡人이 賣買의 目的인 物件을 買受人에게 發送한 境遇에 買受人이 그 代金의 全額을 辨濟하지 아니하고 또 到達地에서 그 物件을 受領도 하지 아니한 境遇에 買受人에 關하여 整理節次開始가 있은 때에는 賣渡人은 그 物件을 還取할 수 있다. 그러나 管理人이 法院의 許可를 얻어 代金全額을 支給하고 그 物件의 引渡를 請求할 수 있다.
②제1항의 규정은 제119조의 적용을 배제하지 아니한다.	②前項의 規定은 第103條의 規定의 適用을 排除하지 아니한다.
제72조(위탁매매인의 환취권) 제71조제1항의 규정은 물건매수의 위탁을 받은 위탁매매인이 그 물건을 위탁자에게 발송한 경우에 관하여 준용한다.	第65條 (委託賣買人의 還取權) 前條第1項의 規定은 物件買受의 委託을 받은 委託賣買人이 그 物件을 委託者에게 發送한 境遇에 準用한다.
제73조(대체적 환취권) ①채무자가 회생절차개시 전에 환취권의 목적인 재산을 양도한 때에는 환취권자는 반대급부의 이행청구권의 이전을 청구할	第66條 (賠償的 還取權) ①會社가 整理節次開始前에 還取權의 目的인 財産을 讓渡한 境遇에는 還取權者는 反對履行의 請求權의 移轉을 請求할 수 있다.

수 있다. 관리인이 환취권의 목적인 재산을 양도한 때에도 또한 같다. ②제1항의 경우 관리인이 반대급부의 이행을 받은 때에는 환취권자는 관리인이 반대급부로 받은 재산의 반환을 청구할 수 있다.	管理人이 還取權의 目的인 財産을 讓渡한 境遇에도 같다. ②前項의 境遇에 管理人이 反對履行을 받은 때에는 還取權者는 管理人이 反對履行으로서 받은 財産의 給與를 請求할 수 있다.
제2장 회생절차의 기관	
제1절 관리인	
제74조(관리인의 선임) ①법원은 관리위원회와 채권자협의회의 의견을 들어 관리인의 직무를 수행함에 적합한 자를 관리인으로 선임하여야 한다. ②법원은 다음 각호에 해당하는 때를 제외하고 개인인 채무자나 개인이 아닌 채무자의 대표자를 관리인으로 선임하여야 한다. 1. 채무자의 재정적 파탄의 원인이 다음 각목의 어느 하나에 해당하는 자가 행한 재산의 유용 또는 은닉이나 그에게 중대한 책임이 있는 부실경영에 기인하는 때 가. 개인인 채무자 나. 개인이 아닌 채무자의 이사 다. 채무자의 지배인 2. 채권자협의회의 요청이 있는 경우로서 상당한 이유가 있는 때 3. 그 밖에 채무자의 회생에 필요한 때 ③제1항의 규정에 불구하고 채무자가 개인, 중소기업, 그 밖에 대법원규칙이 정하는 자인 경우에는 관리인을 선임하지 아니할 수 있다. 다만, 회생절차의 진행 중에 제2항 각호의 사유	第94條 (選任) 法院은 管理委員會와 債權者協議會의 의견을 들어 管理人의 職務를 수행함에 적합한 者를 管理人으로 選任하여야 한다.

가 있다고 인정되는 경우에는 관리인을 선임할 수 있다. ④관리인이 선임되지 아니한 경우에는 채무자(개인이 아닌 경우에는 그 대표자를 말한다)는 이 편의 규정에 의한 관리인으로 본다. ⑤관리인을 선임하는 경우 법원은 급박한 사정이 있는 때를 제외하고는 채무자나 채무자의 대표자를 심문하여야 한다.	
⑥법인은 관리인이 될 수 있다. 이 경우 그 법인은 이사 중에서 관리인의 직무를 행할 자를 지명하고 법원에 신고하여야 한다.	第95條 (同前) ①銀行(銀行法 第2條第2號의 規定에 의한 金融機關을 말한다)·信託會社 및 綜合金融會社는 管理人이 될 수 있다. ②第1項의 境遇에는 그 法人은 理事중에서 管理人의 職務를 行할 者를 指名하고 法院에 申告하여야 한다. 第95條의2 (中小企業의 管理人 選任의 特例) 會社가 中小企業基本法 第2條第1項에 規定된 中小企業(同法 第2條第3項의 規定에 의하여 中小企業으로 보는 會社를 제외하며, 이하 "中小企業"이라 한다)인 경우에는 管理委員을 管理人으로 選任할 수 있다.
第75조(여럿인 관리인의 직무집행) ①관리인이 여럿인 때에는 공동으로 그 직무를 행한다. 이 경우 법원의 허가를 받아 직무를 분장할 수 있다. ②관리인이 여럿인 때에는 제3자의 의사표시는 그 1인에 대하여 하면 된다.	第97條 (數人의 管理人의 職務執行) ①管理人이 數人인 때에는 共同으로 그 職務를 行한다. 그러나 法院의 許可를 얻어 職務를 分掌할 수 있다. ②管理人이 數人인 때에는 第三者의 意思表示는 그 1人에 對하여 하면 된다.
第76조(관리인대리) ①관리인은 필요한 때에는 그 직무를 행하게 하기 위하여 자기의 책임으로 1인 또는 여럿의	第98條 (管理人의 代理) ①管理人은 必要한 때에는 그 職務를 行하게 하기 爲하여 自己責任으로 管理人代理를 選任

관리인대리를 선임할 수 있다. ②제1항의 규정에 의한 관리인대리의 선임은 법원의 허가를 받아야 한다. ③법원은 제2항의 규정에 의한 허가를 한 때에는 이를 공고하여야 한다. 관리인대리의 선임에 관한 허가를 변경하거나 취소한 때에도 또한 같다. ④채무자가 법인인 경우 제2항의 규정에 의한 허가가 있는 때에는 법원사무관등은 직권으로 지체없이 촉탁서에 결정서의 등본을 첨부하여 관리인대리의 선임에 관한 등기를 촉탁하여야 한다. 관리인대리의 선임에 관한 허가가 변경 또는 취소된 때에도 또한 같다.	할 수 있다. ②前項의 管理人代理의 選任은 法院의 許可를 얻어야 한다. ③法院이 第2項의 許可를 한 때에는 第39條第7項 내지 第9項의 規定을 準用한다.
⑤관리인대리는 관리인에 갈음하여 재판상 또는 재판외의 모든 행위를 할 수 있다.	④管理人代理는 管理人에 갈음하여 裁判上 또는 裁判外의 모든 행위를 할 수 있다.
제77조(고문) 관리인은 필요한 때에는 법원의 허가를 받아 법률 또는 경영에 관한 전문가를 고문으로 선임할 수 있다.	第186條 (顧問) 管理人은 必要한 때에는 法院의 許可를 얻어 法律 또는 경영에 관한 專門家(이하 "顧問"이라 한다)를 選任할 수 있다.
제78조(당사자적격) 채무자의 재산에 관한 소송에서는 관리인이 당사자가 된다.	第96條 (當事者適格) 會社의 財産에 關한 訴에 있어서는 管理人이 原告 또는 被告가 된다.
제79조(관리인의 검사 등) ①관리인은 다음 각호의 어느 하나에 해당하는 자에 대하여 채무자의 업무와 재산의 상태에 관하여 보고를 요구할 수 있으며, 채무자의 장부·서류·금전 그 밖의 물건을 검사할 수 있다. 1. 개인인 채무자나 그 법정대리인 2. 개인이 아닌 채무자의 이사·감사	第98條의2 (管理人의 調査) ①管理人은 會社의 理事, 監事와 支配人 기타의 사용인에 대하여 會社의 業務 및 財産의 상태에 관하여 보고를 요구하며 會社의 帳簿, 書類, 金錢 기타의 물건을 檢査할 수 있다.

·청산인 및 이에 준하는 자 3. 채무자의 지배인 또는 피용자	
②관리인은 필요한 경우 법원의 허가를 받아 감정인을 선임하여 감정을 하게 할 수 있다.	②管理人은 필요한 경우 法院의 許可를 받아 鑑定人을 選任할 수 있다.
③관리인이 제1항의 규정에 의한 검사를 하는 때에는 법원의 허가를 받아 집행관의 원조를 요구할 수 있다.	③管理人은 調査를 함에 있어 法院의 許可를 받아 執行官의 援助를 요구할 수 있다.
제80조(우편물의 관리 및 그 해제) ①법원은 체신관서·운송인 그 밖의 자에 대하여 채무자에게 보내오는 우편물·전보 그 밖의 운송물을 관리인에게 배달할 것을 촉탁할 수 있다.	第175條 (郵便物의 管理) ①法院은 遞信官署 其他의 者에 對하여 會社에 보내오는 郵便物 또는 電報를 管理人에게 配達할 것을 囑託할 수 있다.
②관리인은 그가 받은 제1항의 규정에 의한 우편물·전보 그 밖의 운송물을 열어 볼 수 있다.	②管理人은 그가 받은 前項의 郵便物 또는 電報를 開披할 수 있다.
③채무자는 제2항의 규정에 의한 우편물·전보 그 밖의 운송물의 열람을 요구할 수 있으며, 채무자의 재산과 관련이 없는 것의 교부를 요구할 수 있다.	③會社는 前項의 郵便物 또는 電報의 閱覽을 要求하고 또 會社財産에 關하지 아니한 것의 交付를 要求할 수 있다.
④법원은 채무자의 청구에 의하거나 직권으로 관리인의 의견을 들어 제1항의 규정에 의한 촉탁을 취소 또는 변경할 수 있다.	第176條 (郵便物管理의 解除等) ①法院은 會社의 請求에 依하여 또는 職權으로 管理人의 意見을 들어 前條第1項의 囑託을 取消하거나 變更할 수 있다.
⑤회생절차가 종료한 때에는 법원은 제1항의 규정에 의한 촉탁을 취소하여야 한다.	②整理節次가 終了한 때는 法院은 前條第1項의 囑託을 取消하여야 한다.
제81조(관리인에 대한 감독) ①관리인은 법원의 감독을 받는다.	第98條의3 (管理人의 監督) ①管理人은 法院의 監督을 받는다.
②법원은 관리인에게 그 선임을 증명하는 서면을 교부하여야 한다.	②法院은 管理人에 대하여 그 選任을 증명하는 書面을 교부하여야 한다.
③관리인은 그 직무를 수행하는 경우 이해관계인의 요구가 있는 때에는	③管理人은 그 職務를 執行함에 있어 이해관계인의 請求가 있는 때에는 第2

제2항의 규정에 의한 서면을 제시하여야 한다.

項의 書面을 제시하여야 한다.

제82조(관리인의 의무 등) ①관리인은 선량한 관리자의 주의로써 직무를 수행하여야 한다.
②관리인은 제1항의 규정에 의한 주의를 게을리한 때에는 이해관계인에게 손해를 배상할 책임이 있다. 이 경우 주의를 게을리한 관리인이 여럿 있는 때에는 연대하여 손해를 배상할 책임이 있다.

第98條의4 (管理人의 注意義務) ①管理人은 선량한 管理者의 주의로써 그 職務를 執行하여야 한다.
②管理人이 第1項의 주의를 懈怠한 경우 그 管理人은 이해관계인에 대하여 連帶하여 損害를 賠償할 責任이 있다.

제83조(관리인의 사임 및 해임) ①관리인은 정당한 사유가 있는 때에는 법원의 허가를 얻어 사임할 수 있다.
②법원은 다음 각호의 어느 하나에 해당하는 사유가 있는 때에는 이해관계인의 신청에 의하거나 직권으로 관리인을 해임할 수 있다. 이 경우 법원은 그 관리인을 심문하여야 한다.
1. 관리인으로 선임된 후 그 관리인에게 제74조제2항제1호의 사유가 발견된 때
2. 관리인이 제82조제1항의 규정에 의한 의무를 위반한 때
3. 관리인이 경영능력이 부족한 때
4. 그 밖에 상당한 이유가 있는 때

③제2항의 규정에 의한 관리인의 해임결정에 대하여는 즉시항고를 할 수 있다.
④ 제3항의 즉시항고는 집행정지의 효력이 없다.
⑤법원은 제2항의 규정에 의하여 관리인을 해임한 후 새로운 관리인을 선임하는 때에는 제74조제2항의 규정

第98條의5 (管理人의 解任) 法院은 상당한 이유가 있는 때에는 이해관계인의 申請에 의하여 또는 職權으로 管理人을 解任할 수 있다. 이 경우에는 그 管理人을 審問하여야 한다.

을 적용하지 아니한다.	
제84조(임무종료의 경우의 보고의무 등) ①관리인의 임무가 종료된 때에는 관리인 또는 그 승계인은 지체없이 법원에 계산에 관한 보고를 하여야 한다. ②관리인의 임무가 종료된 경우 급박한 사정이 있는 때에는 관리인 또는 그 승계인은 후임의 관리인 또는 채무자가 재산을 관리할 수 있게 될 때까지 필요한 처분을 하여야 한다.	第99條 (計算의 報告義務) 管理人의 任務가 終了한 境遇에는 管理人 또는 그 承繼人은 遲滯없이 法院에 計算의 報告를 하여야 한다. 第100條 (任務終了의 境遇의 緊急處分) 管理人의 任務가 終了한 境遇에 急迫한 事情이 있는 때에는 管理人 또는 그 承繼人은 後任의 管理人 또는 會社가 財産을 管理할 수 있게 될 때까지 必要한 處分을 하여야 한다.
제2절 보전관리인	
제85조(보전관리인의 권한) 제43조 제3항의 규정에 의한 보전관리명령이 있는 때에는 회생절차 개시결정전까지 채무자의 업무수행, 재산의 관리 및 처분을 하는 권한은 보전관리인에게 전속한다.	第39條의3 (管理人 및 開始決定에 대한 規定등의 準用) 第53條 내지 第55條, 第68條 내지 第70條, 第94條 내지 第100條 및 第186條의 規定은 保全管理人 및 保全處分決定에 대하여 이를 準用한다.
제86조(관리인에 관한 규정 등의 준용) ①제61조, 제74조, 제75조, 제78조 내지 제84조 및 제89조의 규정은 보전관리인에 관하여 준용한다. ②제59조제1항 및 제2항의 규정은 보전관리명령이 있는 경우에, 제59조제3항 내지 제5항의 규정은 보전관리명령이 효력을 상실한 경우에 관하여 각각 준용한다. ③제59조제1항 내지 제5항의 규정은 채무자의 재산에 관한 사건으로서 보전관리명령 당시 행정청에 계속되어 있는 것에 관하여 준용한다. 이 경우 제59조제3항 및 제4항중 "회생절차가	

종료한 때"는 "보전관리명령이 효력을 상실한 때"로 본다.

제3절 조사위원

제87조(조사위원) ①법원은 필요하다고 인정하는 때에는 관리위원회의 의견을 들어 1인 또는 여럿의 조사위원을 선임할 수 있다.
②조사위원은 조사에 필요한 학식과 경험이 있는 자로서 그 회생절차에 이해관계가 없는 자중에서 선임하여야 한다.
③법원은 조사위원을 선임한 때에는 기간을 정하여 조사위원에게 제90조 내지 제92조에 규정된 사항을 조사하게 하고, 회생절차를 진행함이 적정한지의 여부에 관한 의견을 제출하게 할 수 있다.
④법원은 필요하다고 인정하는 때에는 조사위원에게 제3항의 규정에 의한 사항외의 사항을 조사하여 보고하게 할 수 있다.
⑤법원은 상당한 이유가 있는 때에는 이해관계인의 신청에 의하여 또는 직권으로 조사위원을 해임할 수 있다. 이 경우 법원은 그 조사위원을 심문하여야 한다.

第181條의2 (調査委員) ①法院은 필요하다고 인정하는 때에는 管理委員會의 의견을 들어 1人 또는 數人의 調査委員을 選任할 수 있다.
②調査委員은 調査에 필요한 學識과 經驗이 있는 者로서 이해관계가 없는 者중에서 選任하여야 한다.
③法院은 調査委員을 選任한 경우에는 기간을 정하여 調査委員에게 第177條 내지 第180條에 規定된 사항의 전부 또는 일부를 調査하게 하고, 整理節次를 계속 진행함이 적정한지의 여부에 관한 의견서를 제출하게 할 수 있다.
④法院은 필요하다고 인정하는 때에는 調査委員에게 第3項의 規定에 의한 사항외의 사항을 調査하여 보고하게 할 수 있다.

제88조(관리인에 관한 규정의 준용) 제79조 및 제81조 내지 제83조제1항의 규정은 조사위원에 관하여 준용한다.

第181條의3 (管理人에 관한 規定의 準用) 第95條의2, 第98條의2 내지 第98條의5의 規定은 調査委員에 관하여 이를 準用한다.

제3장 채무자재산의 조사 및 확보

제1절 채무자의 재산상황의 조사

제89조(채무자의 업무와 재산의 관리) 관리인은 취임 후 즉시 채무자의 업무와 재산의 관리에 착수하여야 한다.	第174條 (會社의 業務와 財産의 管理) 管理人은 就任後 卽時 會社의 業務와 財産의 管理에 着手하여야 한다.
제90조(재산가액의 평가) 관리인은 취임 후 지체없이 채무자에게 속하는 모든 재산의 회생절차개시 당시의 가액을 평가하여야 한다. 이 경우 지체될 우려가 있는 때를 제외하고는 채무자가 참여하도록 하여야 한다.	第177條 (財産의 價額의 評價) 管理人은 整理節次開始後 遲滯없이 法院書記官이나 書記, 執達吏 또는 公證人의 參與下에 會社에 屬하는 모든 財産의 價額을 評價하여야 한다. 이 境遇에는 遲滯의 憂慮가 있는 때를 除外하고는 會社를 參與하게 하여야 한다.
제91조(재산목록과 대차대조표의 작성) 관리인은 취임 후 지체없이 회생절차개시 당시 채무자의 재산목록 및 대차대조표를 작성하여 법원에 제출하여야 한다.	第178條 (財産目錄과 貸借對照表의 作成) ①管理人은 整理節次開始後 遲滯없이 節次開始時의 財産目錄과 貸借對照表를 作成하여야 한다. ②管理人은 前項의 財産目錄과 貸借對照表의 謄本에 署名捺印하고 이를 法院에 提出하여야 한다.
제92조(관리인의 조사보고) 관리인은 지체없이 다음 각호의 사항을 조사하여 제1회 관계인집회의 기일 전까지 법원과 관리위원회에 보고하여야 한다.	第179條 (管理人의 調査報告) 管理人은 다음의 사항을 調査하여 第1回의 關係人集會의 期日전까지 法院과 管理委員會에 보고하여야 한다.
1. 채무자가 회생절차의 개시에 이르게 된 사정	1. 整理節次의 開始에 이르게 된 事情
2. 채무자의 업무 및 재산에 관한 사항	2. 會社의 業務 및 財産에 關한 經過와 現狀
3. 제114조제1항의 규정에 의한 보전처분 또는 제115조제1항의 규정에 의한 조사확정재판을 필요로 하는 사정의 유무	3. 會社의 사업을 계속할 때의 價値가 會社를 淸算할 때의 價値보다 큰지의 여부

4. 그 밖에 채무자의 회생에 관하여 필요한 사항	4. 第72條에 定한 處分을 必要로 하는 事情의 有無 5. 其他 整理에 關하여 必要한 事項
	第180條 (整理債權者等의 調査) 管理人은 法院이 定한 期間내에 다음에 揭記하는 事項을 調査하여 法院에 報告하여야 한다. 1. 整理債權者의 姓名 및 住所, 整理債權의 內容 및 原因, 議決權의 額과 優先權있는 債權 또는 後順位債權인 때에는 그 事項 2. 整理擔保權者의 姓名 및 住所, 整理擔保權의 內容 및 原因, 擔保權의 目的 및 그 價額, 議決權의 額과 會社 以外의 者가 債務者인 때에는 그 姓名 및 住所 3. 株主의 姓名 및 住所, 株式의 種類 및 數
제93조(그 밖의 보고 등) 관리인은 제90조 내지 제92조의 규정에 의한 것 외에 법원이 정하는 바에 따라 채무자의 업무와 재산의 관리상태 그 밖에 법원이 명하는 사항을 법원에 보고하고, 회생계획인가의 시일 및 법원이 정하는 시기의 채무자의 재산목록 및 대차대조표를 작성하여 그 등본을 법원에 제출하여야 한다.	第181條 (그 後의 報告等) 管理人은 前4條의 規定에 依한 것 外에 法院이 定하는 바에 따라 會社의 業務와 財産의 管理狀態 其他 法院이 命하는 事項을 法院에 報告하고 또 整理計劃認可의 時日 및 法院이 定하는 時期의 財産目錄과 貸借對照表를 作成하여 그 謄本을 法院에 提出하여야 한다.
제94조(영업용 고정재산의 평가) ①관리인이 채무자의 재산목록 및 대차대조표를 작성하는 때에는 일반적으로 공정·타당하다고 인정되는 회계관행에 따라야 한다. ②제1항의 경우 상법 제31조(자산평	第182條 (營業用固定財産의 評價) 第178條와 前條의 規定에 依하여 作成하는 財産目錄에 記載하는 營業用固定財産의 評價와 整理節次에 依한 會社의 營業用固定財産의 評價에 關하여는 商法 第31條第2號의 規定은 適用하지 아

가의 원칙)제2호의 규정은 적용하지 아니한다.	니한다.
제95조(서류의 비치) 제87조·제91조 내지 제93의 규정에 의하여 법원에 제출된 서류는 이해관계인이 열람할 수 있도록 법원에 비치하여야 한다.	第183條 (書類의 備置) 第178條 乃至 第181條의2의 規定에 依하여 法院에 提出된 書類는 利害關係人으로 하여금 閱覽하게 하기 爲하여 法院에 備置하여야 한다.
제96조(영업의 휴지) 채무자의 영업을 계속하는 것이 부적당하다고 인정할 만한 특별한 사정이 있는 경우에는 관리인은 법원의 허가를 얻어 그 영업을 휴지시킬 수 있다.	第184條 (營業의 休止) 營業繼續中의 會社에 關하여 그 營業의 繼續이 不適當하다고 할 特別한 事情이 있는 境遇에 그 營業을 休止하고자 할 때에는 管理人은 法院의 許可를 얻어야 한다.
제97조(재산의 보관방법 등) 법원은 금전 그 밖의 재산의 보관방법과 금전의 수입과 지출에 관하여 필요한 사항을 정할 수 있다.	第185條 (財産의 保管方法等) 法院은 金錢 其他의 財産의 保管方法과 金錢의 收支에 關하여 必要한 事項을 定할 수 있다.
제98조(제1회 관계인집회) 관리인은 제92조 각호에 규정된 사항의 요지를 제1회 관계인집회에 보고하여야 한다.	第187條 (第1回의 關係人集會) 管理人은 第179條 또는 第180條에 揭記한 事項의 要旨를 第1回의 關係人集會에 報告하여야 한다.
제99조(법원의 의견청취) 법원은 제1회 관계인집회에서 다음 각호의 자로부터 관리인 및 조사위원의 선임, 채무자의 업무 및 재산의 관리, 회생절차를 계속 진행함이 적정한지의 여부 등에 관한 의견을 들어야 한다. 1. 관리인·조사위원 2. 채무자 3. 제147조제1항의 규정에 의한 목록에 기재되어 있거나 신고한 회생채권자·회생담보권자·주주·지분권자	第188條 (法院의 意見聽取) 第1回의 關係人集會에 있어서는 法院은 管理人, 調査委員, 會社, 申告한 整理債權者·整理擔保權者 및 株主로부터 管理人 및 調査委員의 選任, 會社의 業務 및 財産의 관리, 整理節次를 계속 진행함이 적정한지의 여부등에 관한 의견을 들어야 한다.

제2절 부인권	
제100조(부인할 수 있는 행위) ①관리인은 회생절차개시 이후 채무자의 재산을 위하여 다음 각호의 행위를 부인할 수 있다.	第78條 (否認權) ①다음에 規定된 行爲는 整理節次開始後 會社財産을 爲하여 否認할 수 있다.
1. 채무자가 회생채권자 또는 회생담보권자를 해하는 것을 알고 한 행위. 다만, 이로 인하여 이익을 받은 자가 그 행위 당시 회생채권자 또는 회생담보권자를 해하는 사실을 알지 못한 경우에는 그러하지 아니하다.	1. 會社가 整理債權者 또는 整理擔保權者(以下 本條中 "整理債權者等"이라 한다)를 害할 것을 알고 한 行爲. 그러나 이로 因하여 利益을 받은 者가 그 行爲當時 整理債權者等을 害하게 되는 事實을 알지 못한 때에는 그러하지 아니하다.
2. 채무자가 지급의 정지, 회생절차개시의 신청 또는 파산의 신청(이하 이 조 내지 제103조에서 "지급의 정지등"이라 한다)이 있은 후에 한 회생채권자 또는 회생담보권자를 해하는 행위와 담보의 제공 또는 채무의 소멸에 관한 행위. 다만, 이로 인하여 이익을 받은 자가 그 행위 당시 지급의 정지등이 있는 것 또는 회생채권자나 회생담보권자를 해하는 사실을 알고 있은 때에 한한다.	2. 會社가 支給의 停止 또는 破産, 和議開始 또는 整理節次開始의 申請(以下 本條中 "支給의 停止等"이라 한다)이 있은 後에 한 整理債權者等을 害하는 行爲와 擔保의 提供 또는 債務의 消滅에 關한 行爲. 그러나 이로 因하여 利益을 받은 者가 그 行爲當時 支給의 停止等이 있는 것 또는 整理債權者等을 害하는 事實을 알고 있은 때에 限한다.
3. 채무자가 지급의 정지등이 있은 후 또는 그 전 60일 이내에 한 담보의 제공 또는 채무의 소멸에 관한 행위로서 채무자의 의무에 속하지 아니하거나 그 방법이나 시기가 채무자의 의무에 속하지 아니한 것. 다만, 채권자가 그 행위 당시 채무자가 다른 회생채권자 또는 회생담보권자와의 평등을 해하게 되는 것을 알지 못한 경우(그 행위가 지급의 정지등이 있은	3. 會社가 支給의 停止等이 있은 後 또는 그 前 60日내에 한 擔保의 提供 또는 債務의 消滅에 關한 行爲로서 會社의 義務에 屬하지 아니하거나 그 方法 또는 時期가 會社의 義務에 屬하지 아니하는 것. 그러나 債權者가 그 行爲當時 會社가 다른 整理債權者等과의 平等을 害하게 되는 것을 알고 한 事實을 알지 못한 때나 支給의 停止等이 있은 後의 境遇에는 그 事實도 알지 못한 때에는 그러하지 아니하다.

채무자 회생 및 파산에 관한 법률	회사정리법
후에 행한 것인 때에는 지급의 정지등이 있은 것도 알지 못한 경우에 한한다)에는 그러하지 아니하다.	
4. 채무자가 지급의 정지등이 있은 후 또는 그 전 6월 이내에 한 무상행위 및 이와 동일시할 수 있는 유상행위	4. 會社가 支給의 停止等이 있은 後 또는 그 前 6月內에 한 無償行爲와 이와 同視하여야 할 有償行爲
②제1항의 규정은 채무자가 제140조제1항 및 제2항의 청구권에 관하여 그 징수의 권한을 가진 자에 대하여 한 담보의 제공 또는 채무의 소멸에 관한 행위에 관하여는 적용하지 아니한다.	②前項의 規定은 會社가 第121條第1項第5號와 第122條第1項에 掲記한 請求權에 關하여 그 徵收의 權限을 가진 者에 對하여 한 擔保의 提供 또는 債務의 消滅에 關한 行爲에 對하여는 適用하지 아니한다.
제101조(특수관계인을 상대방으로 한 행위에 대한 특칙) ①제100조제1항제2호 단서를 적용하는 경우 이익을 받은 자가 채무자와 대통령령이 정하는 범위의 특수관계에 있는 자(이하 이 조에서 "특수관계인"이라 한다)인 때에는 그 특수관계인이 그 행위 당시 지급의 정지등이 있은 것과 회생채권자 또는 회생담보권자를 해하는 사실을 알고 있었던 것으로 추정한다. ②제100조제1항제3호의 규정을 적용하는 경우 특수관계인을 상대방으로 하는 행위인 때에는 같은 호 본문에 규정된 "60일"을 "1년"으로 하고, 같은 호 단서를 적용하는 경우에는 그 특수관계인이 그 행위 당시 채무자가 다른 회생채권자 또는 회생담보권자와의 평등을 해하게 되는 것을 알았던 것으로 추정한다. ③제100조제1항제4호의 규정을 적용하는 경우 특수관계인을 상대방으로	

하는 행위인 때에는 같은 호에 규정된 "6월"을 "1년"으로 한다.	
제102조(어음채무지급의 예외) ①제100조제1항의 규정은 채무자로부터 어음의 지급을 받은 자가 그 지급을 받지 아니하면 채무자의 1인 또는 여럿에 대한 어음상의 권리를 상실하게 된 경우에는 적용하지 아니한다. ②제1항의 경우 최종의 상환의무자 또는 어음의 발행을 위탁한 자가 그 발행 당시 지급의 정지등이 있는 것을 알았거나 과실로 인하여 알지 못한 때에는 관리인은 그로 하여금 채무자가 지급한 금액을 상환하게 할 수 있다.	第79條 (어음債務支給의 境遇의 例) ①前條第1項의 規定은 會社로부터 어음의 支給을 받은 者가 그 支給을 받지 아니하였으면 債務者의 1人 또는 數人에 對한 어음上의 權利를 喪失하게 되었을 境遇에는 이를 適用하지 아니한다. ②前項의 境遇에 最終의 償還義務者 또는 어음의 發行을 委託한 者가 發行當時 支給의 停止 또는 破産, 和議開始 或은 整理節次開始의 申請이 있음을 알았거나 過失로 因하여 알지 못한 때에는 管理人은 그로 하여금 會社가 支給한 金額을 償還하게 할 수 있다.
제103조(권리변동의 성립요건 또는 대항요건의 부인) ①지급의 정지등이 있은 후 권리의 설정·이전 또는 변경을 제3자에게 대항하기 위하여 필요한 행위를 한 경우 그 행위가 권리의 설정·이전 또는 변경이 있은 날부터 15일을 경과한 후에 지급의 정지등이 있음을 알고 한 것인 때에는 이를 부인할 수 있다. 다만, 가등기 또는 가등록을 한 후 이에 의하여 본등기 또는 본등록을 한 때에는 그러하지 아니하다. ②제1항의 규정은 권리취득의 효력을 발생하는 등기 또는 등록에 관하여 준용한다.	第80條 (權利變動의 對抗要件과 效力要件의 否認) ①支給의 停止 또는 破産, 和議開始, 整理節次開始의 申請이 있은 後 權利의 設定, 移轉 또는 變更으로써 第三者에 對抗하기 爲하여 必要한 行爲를 한 境遇에 그 行爲가 權利의 設定, 移轉 또는 變更이 있은 날로부터 15日을 經過한 後 惡意로 한 것인 때에는 이를 否認할 수 있다. 그러나 登記와 登錄에 關하여는 假登記 또는 假登錄을 한 後 本登記 또는 本登錄을 한 때에는 그러하지 아니한다. ②前項의 規定은 權利取得의 效力을 發生하는 登記 또는 登錄에 準用한다.
제104조(집행행위의 부인) 부인권은 부인하고자 하는 행위에 관하여 집행력있는 집행권원이 있는 때 또는 그 행	第81條 (執行行爲의 否認) 否認權은 否認하고자 하는 行爲에 關하여 執行力있는 집행권원이 있는 때 또는 그 行爲가

위가 집행행위에 의한 것인 때에도 행사할 수 있다.	執行行爲에 基한 것인 때에도 이를 行使할 수 있다.
제105조(부인권의 행사방법) ①부인권은 소, 부인의 청구 또는 항변의 방법으로 관리인이 행사한다. ②법원은 회생채권자·회생담보권자·주주·지분권자의 신청에 의하거나 직권으로 관리인에게 부인권의 행사를 명할 수 있다. ③제1항의 규정에 의한 소와 부인의 청구사건은 회생법원의 관할에 전속한다.	第82條 (否認權의 行使) ①否認權은 訴, 否認의 請求 또는 抗辯에 依하여 管理人이 이를 行使한다. ②法院은 整理債權者, 整理擔保權者 또는 株主의 申請에 의하여 管理人에게 否認權의 행사를 명할 수 있다. ③第1項의 訴와 否認의 請求事件은 整理法院의 管轄에 專屬한다.
제106조(부인의 청구) ①관리인은 부인의 청구를 하는 때에는 그 원인인 사실을 소명하여야 한다. ②부인의 청구를 인용하거나 그것을 기각하는 재판은 이유를 붙인 결정으로 하여야 한다. ③법원은 제2항의 결정을 하는 때에는 상대방을 심문하여야 한다. ④법원은 부인의 청구를 인용하는 결정을 한 때에는 그 결정서를 당사자에게 송달하여야 한다.	第83條 (否認의 請求原因의 疎明) 否認의 請求를 하는 때에는 그 原因인 事實을 疎明하여야 한다. 第84條 (否認의 請求에 關한 裁判) ①否認의 請求를 認容하거나 이를 棄却하는 裁判은 理由를 붙인 決定으로써 하여야 한다. ②法院은 決定前에 相對方 또는 轉得者를 審問하여야 한다.
제107조(부인의 청구를 인용하는 결정에 대한 이의의 소) ①부인의 청구를 인용하는 결정에 불복이 있는 자는 그 송달을 받은 날부터 1월 이내에 이의의 소를 제기할 수 있다. ②제1항의 규정에 의한 기간은 불변기간으로 한다. ③제1항의 규정에 의한 소는 회생법원의 관할에 전속한다. ④제1항의 규정에 의한 소에 대한	第85條 (異議의 訴) ①否認의 請求를 認容하는 決定에 不服이 있는 者는 그 送達을 받은 날로부터 1月의 不變期間內에 異議의 訴를 提起할 수 있다. ②前項의 訴는 整理法院의 管轄에 專屬한다.

판결에서는 부인의 청구를 인용하는 결정을 인가·변경 또는 취소한다. 다만, 부적법한 것으로 각하하는 때에는 그러하지 아니하다.	
⑤ 부인의 청구를 인용하는 결정의 전부 또는 일부를 인가하는 판결이 확정된 때에는 그 결정(그 판결에서 인가된 부분에 한한다)은 확정판결과 동일한 효력이 있다. 제1항의 소가 같은 항에서 규정한 기간 내에 제기되지 아니한 때, 취하된 때, 또는 각하된 경우의 부인의 청구를 인용하는 결정에 관하여도 또한 같다.	第86條 (同前) 否認의 請求를 認容하는 決定을 認可하는 判決이 確定된 때에는 그 決定은 確定判決과 同一한 效力이 있다. 前條第1項의 期間內에 訴의 提起가 없을 때와 訴가 却下된 때에도 같다.
제108조(부인권행사의 효과 등) ①부인권의 행사는 채무자의 재산을 원상으로 회복시킨다.	第87條 (否認權行使의 效果) ①否認權의 行使는 會社의 財產을 原狀으로 回復시킨다.
②제100조제1항제4호의 규정에 의한 행위가 부인된 경우 상대방이 그 행위 당시 지급정지등을 알지 못한 때에는 이익이 현존하는 한도 안에서 상환하면 된다.	②第78條第1項第4號에 揭記한 行爲가 否認된 境遇에 相對方이 그 行爲當時 善意이었을 때에는 利益이 現存하는 限度內에서 償還하면 된다.
③채무자의 행위가 부인된 경우 상대방은 다음 각호의 구분에 따라 권리를 행사할 수 있다. 1. 채무자가 받은 반대급부가 채무자의 재산 중에 현존하는 때에는 그 반대급부의 반환을 청구하는 권리 2. 채무자가 받은 반대급부에 의하여 생긴 이익의 전부가 채무자의 재산 중에 현존하는 때에는 공익채권자로서 현존이익의 반환을 청구하는 권리	第88條 (相對方의 地位) ①會社의 行爲가 否認된 境遇에 그 받은 反對履行이 會社의 財產中에 現存하는 때에는 相對方은 그 返還을 請求하고 反對履行으로 因하여 생긴 利益이 現存하는 때에는 그 利益의 限度內에서 共益債權者로서 그 權利를 行使할 수 있다.
3. 채무자가 받은 반대급부에 의하여 생긴 이익이 채무자의 재산 중에 현존하지 아니하는 때에는 회생	②反對履行으로 因하여 생긴 利益이 現存하지 아니하는 때에는 相對方은 그 價額의 償還에 關하여 整理債權者로서

채권자로서 반대급부의 가액상환을 청구하는 권리 4. 채무자가 받은 반대급부에 의하여 생긴 이익의 일부가 채무자의 재산 중에 현존하는 때에는 공익채권자로서 그 현존이익의 반환을 청구하는 권리와 회생채권자로서 반대급부와 현존이익과의 차액의 상환을 청구하는 권리	그 權利를 行使할 수 있다. 反對履行의 價額이 現存하는 利益보다 큰 境遇에 그 差額에 關하여도 같다.
제109조(상대방의 채권의 회복) ①채무자의 행위가 부인된 경우 상대방이 그가 받은 급부를 반환하거나 그 가액을 상환한 때에는 상대방의 채권은 원상으로 회복된다. ②채무자의 행위가 회생계획안 심리를 위한 관계인집회가 끝난 후 또는 제240조의 규정에 의한 서면결의에 부치는 결정이 있은 후에 부인된 때에는 제152조제3항의 규정에 불구하고 상대방은 부인된 날부터 1월 이내에 신고를 추후 보완할 수 있다.	第89條 (相對方의 債權의 復活) 會社의 行爲가 否認된 境遇에 相對方이 그 받은 履行을 返還하거나 그 價額을 償還한 때에는 相對方의 債權은 이로써 原狀으로 回復된다.
제110조(전득자에 대한 부인권) ①다음 각호의 어느 하나에 해당하는 경우에는 부인권은 전득자(轉得者)에 대하여도 행사할 수 있다.	第90條 (轉得者에 對한 否認權) ①다음에 揭記하는 境遇에는 否認權은 轉得者에 對하여도 行使할 수 있다.
1. 전득자가 전득 당시 각각 그 전자(前者)에 대하여 부인의 원인이 있음을 안 때	1. 轉得者가 轉得當時 各各 그 前者에 對한 否認의 原因이 있음을 안 때
2. 전득자가 제101조의 규정에 의한 특수관계인인 때. 다만, 전득 당시 각각 그 전자(前者)에 대하여 부인의 원인이 있음을 알지 못한 때에는 그러하지 아니하다.	2. 轉得者가 無償行爲 또는 이와 同視하여야 할 有償行爲로 因하여 轉得한 境遇에 各各 그 前者에 對하여 否認의 原因이 있는 때
3. 전득자가 무상행위 또는 그와 동일	

시할 수 있는 유상행위로 인하여 전득한 경우 각각 그 전자(前者)에 대하여 부인의 원인이 있는 때	
②제108조제2항의 규정은 제1항제3호의 규정에 의하여 부인권이 행사된 경우에 관하여 준용한다.	②第87條第2項의 規定은 前項第2號의 規定에 依하여 否認權이 行使된 境遇에 準用한다.
제111조(지급정지를 안 것을 이유로 하는 부인의 제한) 회생절차개시의 신청이 있은 날부터 1년 전에 한 행위는 지급정지의 사실을 안 것을 이유로 하여 부인하지 못한다.	第91條 (支給停止를 안 것을 理由로 하는 否認의 制限) 整理節次開始의 申請이 있은 날로부터 1年前에 한 行爲는 支給停止의 事實을 안 것을 理由로 하여 否認하지 못한다.
제112조(부인권행사의 기간) 부인권은 회생절차개시일부터 2년이 경과한 때에는 행사할 수 없다. 제100조제1항 각호의 행위를 한 날부터 10년이 경과한 때에도 또한 같다.	第92條 (否認權의 消滅時效) 否認權은 整理節次開始가 있은 날로부터 2年間 이를 行使하지 아니하면 消滅時效가 完成한다. 第78條第1項 各號의 행위를 한 날부터 10年을 경과한 때에도 또한 같다.
제113조(채권자취소소송의 중단) ①민법 제406조(채권자취소권)제1항의 규정에 의하여 회생채권자가 제기한 소송 또는 파산절차에 의한 부인의 소송이 회생절차개시 당시 계속되어 있는 때에는 소송절차는 중단된다.	第93條 (債權者取消訴訟等) ①民法 第406條第1項의 規定에 依하여 整理債權者가 提起한 訴訟 또는 破産法의 規定에 依한 否認의 訴訟이 整理節次開始當時 係屬한 때에는 訴訟節次는 中斷된다.
②제59조제2항 내지 제5항의 규정은 제1항의 경우에 관하여 준용한다. 이 경우 같은 조제2항 및 제3항 중 "채무자"는 이를 "회생채권자 또는 파산관재인"으로 본다.	②第69條의 規定은 第1項의 境遇에 準用한다. 이 경우 同條第2項 및 第3項중 "會社"는 이를 "整理債權者 또는 破産管財人"으로 본다.
제3절 법인의 이사등의 책임	
제114조(법인의 이사등의 재산에 대한 보전처분) ①법원은 법인인 채무자에 대하여 회생절차개시결정이 있는 경	第72條 (法院의處分) ①整理節次開始의 決定이 있은 때에 必要하다고 認定하는 때에는 法院은 管理人의 申請에 依하여

우 필요하다고 인정하는 때에는 관리인의 신청에 의하거나 직권으로 채무자의 발기인·이사(상법 제401조의2 제1항의 규정에 의하여 이사로 보는 자를 포함한다)·감사·검사인 또는 청산인(이하 이 조 내지 제116조에서 "이사등"이라 한다)에 대한 출자이행청구권 또는 이사등의 책임에 기한 손해배상청구권을 보전하기 위하여 이사등의 재산에 대한 보전처분을 할 수 있다.	또는 職權으로 第39條에 定하는 處分外에 다음의 處分을 할 수 있다. 1. 發起人, 理事(商法 第401條의2第1項의 規定에 의하여 理事로 보는 者를 포함한다. 이하 이 項에서 같다), 監事, 檢査人 또는 淸算人에 對한 株金納入請求權 또는 그 責任에 基한 損害賠償請求權의 査定 2. 前號의 株金納入請求權 또는 損害賠償請求權에 關하여 發起人, 理事 ,監事, 檢査人 또는 淸算人의 財産에 對하여 하는 保全處分
②관리인은 제1항의 규정에 의한 청구권이 있음을 알게 된 때에는 법원에 제1항의 규정에 의한 보전처분을 신청하여야 한다.	②管理人은 第1項第1號의 規定에 의한 請求權이 있음을 알게 된 때에는 法院에 同項各號의 規定에 의한 査定과 보전처분을 申請하여야 한다.
③법원은 긴급한 필요가 있다고 인정하는 때에는 회생절차개시결정전이라도 채무자(보전관리인이 선임되어 있는 때에는 보전관리인을 말한다)의 신청에 의하거나 직권으로 제1항의 규정에 의한 보전처분을 할 수 있다.	③緊急한 必要가 있다고 認定할 때에는 法院은 整理節次開始의 決定을 하기 前에도 第1項第2號의 處分을 할 수 있다.
④법원은 관리위원회의 의견을 들어 제1항 또는 제3항의 규정에 의한 보전처분을 변경 또는 취소할 수 있다.	④第39條第4項 및 第5項의 規定은 第1項第2號와 第3項의 規定에 依한 處分에 準用한다.
⑤제1항 또는 제3항의 규정에 의한 보전처분이나 제4항의 규정에 의한 결정에 대하여는 즉시항고를 할 수 있다.	
⑥제5항의 즉시항고는 집행정지의 효력이 없다.	
⑦제1항 또는 제3항의 규정에 의한 보전처분이나 제4항의 규정에 의한 결정과 이에 대한 즉시항고에 대한 재판이 있는 때에는 그 결정서를 당사자에게 송달하여야 한다.	

제115조(손해배상청구권 등의 조사확정재판) ①법원은 법인인 채무자에 대하여 회생절차개시결정이 있는 경우 필요하다고 인정하는 때에는 관리인의 신청에 의하거나 직권으로 이사등에 대한 출자이행청구권이나 이사등의 책임에 기한 손해배상청구권의 존부와 그 내용을 조사확정하는 재판을 할 수 있다.	第72條 (法院의處分) ①整理節次開始의 決定이 있은 때에 必要하다고 認定하는 때에는 法院은 管理人의 申請에 依하여 또는 職權으로 第39條에 定하는 處分外에 다음의 處分을 할 수 있다. 1. 發起人, 理事(商法 第401條의2第1項의 規定에 의하여 理事로 보는 者를 포함한다. 이하 이 項에서 같다), 監事, 檢査人 또는 淸算人에 對한 株金納入請求權 또는 그 責任에 基한 損害賠償請求權의 査定 2. 前號의 株金納入請求權 또는 損害賠償請求權에 關하여 發起人, 理事 ,監事, 檢査人 또는 淸算人의 財産에 對하여 하는 保全處分
②관리인은 제1항의 규정에 의한 청구권이 있음을 알게 된 때에는 법원에 제1항의 규정에 의한 재판을 신청하여야 한다.	②管理人은 第1項第1號의 規定에 의한 請求權이 있음을 알게 된 때에는 法院에 同項各號의 規定에 의한 査定과 보전처분을 申請하여야 한다.
③관리인은 제1항의 규정에 의한 신청을 하는 때에는 그 원인되는 사실을 소명하여야 한다.	第73條 (株金納入請求權等의 査定節次의 開始) ①前條第1項第1號의 規定에 依한 査定의 申請을 할 때에는 그 原因인 事實을 疎明하여야 한다.
④법원은 직권으로 조사확정절차를 개시하는 때에는 그 취지의 결정을 하여야 한다.	②法院이 職權으로 査定節次를 開始하는 境遇에는 그 뜻의 決定을 하여야 한다.
⑤제1항의 규정에 의한 신청이 있거나 제4항의 규정에 의한 조사확정절차개시결정이 있은 때에는 시효의 중단에 관하여는 재판상의 청구가 있은 것으로 본다.	第77條 (時效의 中斷) 査定의 申請은 時效의 中斷에 關하여는 裁判上의 請求로 본다. 職權에 依한 査定節次의 開始도 같다.
⑥제1항의 규정에 의한 조사확정의 재판과 조사확정의 신청을 기각하는 재판은 이유를 붙인 결정으로 하여야	第74條 (査定에 關한 裁判) ①査定의 裁判과 査定의 申請을 棄却하는 裁判은 理由를 붙인 決定으로 하여야 한다.

한다. ⑦법원은 제6항의 규정에 의한 결정을 하는 때에는 미리 이해관계인을 심문하여야 한다.	②法院은 決定前에 利害關係人을 審問하여야 한다.
⑧조사확정절차(조사확정결정이 있은 후의 것을 제외한다)는 회생절차가 종료한 때에는 종료한다. ⑨조사확정결정이 있은 때에는 그 결정서를 당사자에게 송달하여야 한다.	
제116조(이의의 소) ①제115조제1항의 규정에 의한 조사확정의 재판에 불복이 있는 자는 결정을 송달받은 날부터 1월 이내에 이의의 소를 제기할 수 있다. ②제1항의 규정에 의한 기간은 불변기간으로 한다. ③제1항의 소는 이를 제기하는 자가 이사등인 때에는 관리인을, 관리인인 때에는 이사등을 각각 피고로 하여야 한다.	第75條 (異議의 訴) ①査定의 裁判에 不服이 있는 者는 決定의 送達을 받은 날로부터 1月의 不變期間內에 異議의 訴를 提起할 수 있다.
④제1항의 소는 회생법원의 관할에 전속하며, 변론은 결정을 송달받은 날부터 1월을 경과한 후가 아니면 개시할 수 없다.	③第1項의 訴는 整理法院의 管轄에 專屬하고 辯論은 同項의 期間을 經過한 後가 아니면 開始할 수 없다.
⑤여러 개의 소가 동시에 계속되어 있는 때에는 법원은 변론을 병합하여야 한다. ⑥제1항의 규정에 의한 소에 대한 판결에서는 같은 항의 결정을 인가·변경 또는 취소한다. 다만, 부적법한 것으로 각하하는 때에는 그러하지 아니하다.	④數個의 訴가 同時에 係屬하는 때에는 辯論과 裁判은 倂合하여야 한다.
⑦조사확정의 결정을 인가하거나 변경한 판결은 강제집행에 관하여는 이행을 명한 확정판결과 동일한 효력이 있다.	②査定을 認可하거나 變更한 判決은 强制執行에 關하여는 履行을 命한 判決과 同一한 效力이 있다.

제117조(조사확정재판의 효력) 제116조 제1항의 규정에 의한 소가 같은 항의 기간안에 제기되지 아니하거나 취하된 때 또는 각하된 때에는 조사확정의 재판은 이행을 명한 확정판결과 동일한 효력이 있다.	第76條 (査定의 效力) 前條第1項의 期間內에 訴의 提起가 없을 때에는 査定은 履行을 命한 確定 判決과 同一한 效力이 있다. 訴가 却下된 때에도 같다.
제4장 회생채권자·회생담보권자·주주·지분권자	
제1절 회생채권자·회생담보권자·주주·지분권자의 권리	
제118조(회생채권) 다음 각호의 청구권은 회생채권으로 한다. 1. 채무자에 대하여 회생절차 개시전의 원인으로 생긴 재산상의 청구권 2. 회생절차개시후의 이자 3. 회생절차개시후의 불이행으로 인한 손해배상금 및 위약금 4. 회생절차 참가의 비용	第102條 (整理債權) 會社에 對하여 整理節次開始前의 原因으로 생긴 財産上의 請求權은 이를 整理債權으로 한다. 第121條 (後順位整理債權) ①다음에 揭記하는 請求權은 整理債權으로 한다. 1. 整理節次開始後의 利子 2. 整理節次開始後의 不履行으로 因한 損害賠償과 違約金 3. 整理節次參加의 費用 4. 前號에 揭記한 것 外에 整理節次開始後의 原因에 基하여 생긴 財産上의 請求權으로서 共益債權이 아닌 것 5. 整理節次開始前의 罰金, 科料, 刑事訴訟費用, 追徵金과 過怠料 ②前項의 請求權은 다른 整理債權의 後順位로 한다. 그러나 國稅徵收法 또는 國稅徵收의 例에 依하여 徵收할 수 있는 請求權은 그러하지 아니하다.
제119조(쌍방미이행 쌍무계약에 관한 선택) ①쌍무계약에 관하여 채무자와 그 상대방이 모두 회생절차개시 당시에 아직 그 이행을 완료하지 아니한	第103條 (雙務契約) ①雙務契約에 關하여 會社와 그 相對方이 모두 整理節次開始當時에 아직 그 履行을 完了하지 아니한 때에는 管理人은 契約을 解除

때에는 관리인은 계약을 해제 또는 해지하거나 채무자의 채무를 이행하고 상대방의 채무이행을 청구할 수 있다. 다만, 관리인은 회생계획안 심리를 위한 관계인집회가 끝난 후 또는 제240조의 규정에 의한 서면결의에 부치는 결정이 있은 후에는 계약을 해제 또는 해지할 수 없다.	또는 解止하거나 會社의 債務를 履行하고 相對方의 債務履行을 請求할 수 있다.
②제1항의 경우 상대방은 관리인에 대하여 계약의 해제나 해지 또는 그 이행의 여부를 확답할 것을 최고할 수 있다. 이 경우 관리인이 그 최고를 받은 후 30일 이내에 확답을 하지 아니하는 때에는 관리인은 제1항의 규정에 의한 해제권 또는 해지권을 포기한 것으로 본다.	②前項의 境遇에 相對方은 管理人에 對하여 契約의 解除나 解止 또는 그 履行의 與否를 確答할 것을 催告할 수 있다. 管理人이 그 催告를 받은 後 30日內에 確答을 하지 아니하는 때에는 管理人은 前項의 規定에 依한 解除權 또는 解止權을 抛棄한 것으로 본다.
③법원은 관리인 또는 상대방의 신청에 의하거나 직권으로 제2항의 규정에 의한 기간을 늘이거나 줄일 수 있다.	③法院은 管理人 또는 相對方의 申請에 依하여 또는 職權으로 前項의 期間을 伸長하거나 短縮할 수 있다.
④제1항 내지 제3항의 규정은 단체협약에 관하여는 적용하지 아니한다.	⑤第1項 내지 第4項의 規定은 團體協約에는 適用하지 아니한다.
제120조(지급결제제도 등에 대한 특칙) ①지급결제의 완결성을 위하여 한국은행총재가 재정경제부장관과 협의하여 지정한 지급결제제도(이 항에서 "지급결제제도"라고 한다)의 참가자에 대하여 회생절차가 개시된 경우, 그 참가자에 관련된 이체지시 또는 지급 및 이와 관련된 이행, 정산, 차감, 증거금 등 담보의 제공·처분·충당 기타 결제에 관하여는 이 법의 규정에도 불구하고 그 지급결제제도를 운영하는 자가 정한 바에 따라 효력이 발생하며 해제, 해지, 취소 및 부	

인의 대상이 되지 아니한다. 지급결제제도의 지정에 관하여 필요한 구체적인 사항은 대통령령으로 정한다.
②증권거래법, 선물거래법 기타 법령에 따라 증권·파생금융거래의 청산결제업무를 수행하는 자 기타 대통령령에서 정하는 자가 운영하는 청산결제제도의 참가자에 대하여 회생절차가 개시된 경우 그 참가자와 관련된 채무의 인수, 정산, 차감, 증거금 기타 담보의 제공·처분·충당 기타 청산결제에 관하여는 이 법의 규정에도 불구하고 그 청산결제제도를 운영하는 자가 정한 바에 따라 효력이 발생하며 해제, 해지, 취소 및 부인의 대상이 되지 아니한다.
③일정한 금융거래에 관한 기본적 사항을 정한 하나의 계약(이 항에서 "기본계약"이라 한다)에 근거하여 다음 각호의 거래(이 항에서 "적격금융거래"라고 한다)를 행하는 당사자 일방에 대하여 회생절차가 개시된 경우 적격금융거래의 종료 및 정산에 관하여는 이 법의 규정에도 불구하고 기본계약에서 당사자가 정한 바에 따라 효력이 발생하고 해제, 해지, 취소 및 부인의 대상이 되지 아니하며, 제4호의 거래는 중지명령 및 포괄적 금지명령의 대상이 되지 아니한다. 다만, 채무자가 상대방과 공모하여 회생채권자 또는 회생담보권자를 해할 목적으로 적격금융거래를 행한 경우에는 그러하지 아니하다.

1. 통화, 유가증권, 출자지분, 일반상품, 신용위험, 에너지, 날씨, 운임, 주파수, 환경 등의 가격 또는 이

자율이나 이를 기초로 하는 지수 및 그밖의 지표를 대상으로 하는 선도, 옵션, 스왑 등 파생금융거래로서 대통령령이 정하는 거래 2. 현물환거래, 유가증권의 환매거래, 유가증권의 대차거래 및 담보콜거래 3. 제1호 내지 제2호의 거래가 혼합된 거래 4. 제1호 내지 제3호의 거래에 수반되는 담보의 제공·처분·충당	
제121조(쌍방미이행 쌍무계약의 해제 또는 해지) ①제119조의 규정에 의하여 계약이 해제 또는 해지된 때에는 상대방은 손해배상에 관하여 회생채권자로서 그 권리를 행사할 수 있다. ②제1항의 규정에 의한 해제 또는 해지의 경우 채무자가 받은 반대급부가 채무자의 재산중에 현존하는 때에는 상대방은 그 반환을 청구할 수 있으며, 현존하지 아니하는 때에는 상대방은 그 가액의 상환에 관하여 공익채권자로서 그 권리를 행사할 수 있다.	第104條 (雙務契約) ①前條의 規定에 依하여 契約이 解除 또는 解止된 때에는 相對方은 損害賠償에 關하여 整理債權者로서 그 權利를 行使할 수 있다. ②會社가 받은 反對履行이 會社財産中에 現存하는 때에는 相對方은 그 返還을 請求할 수 있고 現存하지 아니하는 때에는 相對方은 그 價額의 償還에 關하여 共益債權者로서 그 權利를 行使할 수 있다.
제122조(계속적 급부를 목적으로 하는 쌍무계약) ①채무자에 대하여 계속적 공급의무를 부담하는 쌍무계약의 상대방은 회생절차개시 신청전의 공급으로 발생한 회생채권 또는 회생담보권을 변제하지 아니함을 이유로 회생절차개시 신청후 그 의무의 이행을 거부할 수 없다. ②제1항의 규정은 단체협약에 관하여는 적용하지 아니한다.	第103條 (雙務契約) ④會社에 대하여 繼續的 供給義務를 負擔하는 雙務契約의 相對方은 整理節次開始 申請전의 供給으로 발생한 整理債權 또는 整理擔保權을 辨濟하지 아니함을 理由로 整理節次開始 申請후 그 義務의 履行을 拒否할 수 없다. ⑤第1項 내지 第4項의 規定은 團體協約에는 適用하지 아니한다.

제123조(개시후의 환어음의 인수 등) ①환어음의 발행인 또는 배서인인 채무자에 관하여 회생절차가 개시된 경우 지급인 또는 예비지급인이 그 사실을 알지 못하고 인수 또는 지급을 한 때에는 그 지급인 또는 예비지급인은 이로 인하여 생긴 채권에 관하여 회생채권자로서 그 권리를 행사할 수 있다.	第105條 (開始後의 어음의 引受等) ①換어음의 發行人 또는 背書人인 會社에 關하여 整理節次가 開始된 境遇에 支給人 또는 豫備支給人이 그 事實을 알지 못하고 引受 또는 支給을 한 때에는 그 支給人 또는 豫備支給人은 이로 因하여 생긴 債權에 關하여 整理債權者로서 그 權利를 行使할 수 있다.
②제1항의 규정은 수표와 금전 그 밖의 물건 또는 유가증권의 지급을 목적으로 하는 유가증권에 관하여 준용한다.	②前項의 規定은 手票와 金錢 其他의 物件 또는 有價證券의 支給을 目的으로 하는 有價證券에 準用한다.
③제68조의 규정은 제1항 및 제2항의 적용에 관하여 준용한다.	③第60條의 規定은 前2項의 規定의 適用에 關하여 準用한다.
제124조(임대차계약 등) ①임대인인 채무자에 대하여 회생절차가 개시된 때에는 차임의 선급 또는 차임채권의 처분은 회생절차가 개시된 때의 당기(當期)와 차기(次期)에 관한 것을 제외하고는 회생절차의 관계에서는 그 효력을 주장할 수 없다.	第106條 (賃貸借契約等) ①賃貸人인 會社에 關하여 整理節次가 開始된 境遇에는 借賃의 前給 또는 借賃債權의 處分은 整理節次開始의 때의 當期와 次期에 關한 것을 除外하고는 整理節次의 關係에 있어서는 그 效力을 主張할 수 없다.
②제1항의 규정에 의하여 회생절차의 관계에서 그 효력을 주장하지 못함으로 인하여 손해를 받은 자는 회생채권자로서 손해배상청구권을 행사할 수 있다.	②前項의 規定에 依하여 整理節次의 關係에 있어서 그 效力을 主張하지 못함으로 因하여 損害를 받은 者는 그 損害賠償에 關하여 整理債權者로서 그 權利를 行使할 수 있다.
③제1항과 제2항의 규정은 지상권에 관하여 준용한다.	③前2項의 規定은 地上權에 準用한다.
④임대인인 채무자에 관하여 회생절차가 개시된 경우 임차인이 다음 각호의 어느 하나에 해당하는 때에는 제119조의 규정을 적용하지 아니한다. 1. 주택임대차보호법 제3조(대항력 등)제1항의 대항요건을 갖춘 때	

2. 상가건물임대차보호법 제3조(대항력 등)의 대항요건을 갖춘 때

채무자 회생 및 파산에 관한 법률	會社整理法
제125조(상호계산) ①상호계산은 당사자의 일방에 관하여 회생절차가 개시된 때에는 종료한다. 이 경우 각 당사자는 계산을 폐쇄하고 잔액의 지급을 청구할 수 있다. ②채무자의 상대방이 갖게 된 제1항의 규정에 의한 청구권은 회생채권으로 한다.	第107條 (相互計算) ①相互計算은 當事者의 一方에 關하여 整理節次가 開始된 때에는 終了한다. 이 境遇에는 各 當事者는 計算을 閉鎖하고 殘額의 支給을 請求할 수 있다. ②前項의 規定에 依한 請求權은 相對方이 이를 가지는 때에는 整理債權으로 한다.
제126조(채무자가 다른 자와 더불어 전부의 이행을 할 의무를 지는 경우) ①여럿이 각각 전부의 이행을 하여야 하는 의무를 지는 경우 그 전원 또는 일부에 관하여 회생절차가 개시된 때에는 채권자는 회생절차개시 당시 가진 채권의 전액에 관하여 각 회생절차에서 회생채권자로서 그 권리를 행사할 수 있다. ②제1항의 경우에 다른 전부의 이행을 할 의무를 지는 자가 회생절차 개시 후에 채권자에 대하여 변제 기타 채무를 소멸시키는 행위(이하 이 조에서 "변제 등"이라고 한다)를 한 때라도 그 채권의 전액이 소멸한 경우를 제외하고는 그 채권자는 회생절차의 개시시에 가지는 채권의 전액에 관하여 그 권리를 행사할 수 있다.	第108條 (會社가 다른 者와 더불어 全部 義務를 지는 境遇) 數人이 各各 全部의 履行을 할 義務를 지는 境遇에는 그 全員 또는 그中 數人에 關하여 整理節次가 開始된 때에는 債權者는 整理節次開始當時 가진 債權의 全額에 關하여 各 整理節次에 있어서 整理債權者로서 그 權利를 行使할 수 있다.
③제1항의 경우에 채무자에 대하여 장래에 행사할 가능성이 있는 구상권을 가진 자는 그 전액에 관하여 회생절차에 참가할 수 있다. 다만, 채권자가 회생절차개시시에 가지는 채권 전액에 관하여 회생절차에 참가한 때에	第110條 (將來의 求償權) ①數人이 各各 全部의 履行을 할 義務를 지는 境遇에 그 全員 또는 그中 數人이나 1人에 關하여 整理節次가 開始된 때에는 그 者에 對하여 將來 行使하는 境遇가 있을 求償權을 가진 者는 그 全額에 關하

는 그러하지 아니하다.	여 整理債權者로서 그 權利를 行使할 수 있다. 그러나 債權者가 그 債權의 全額에 關하여 整理債權者로서 그 權利를 行使한 때에는 그러하지 아니하다.
④제1항의 규정에 의하여 채권자가 회생절차에 참가한 경우 채무자에 대하여 장래에 행사할 가능성이 있는 구상권을 가지는 자가 회생절차 개시 후에 채권자에 대한 변제 등으로 그 채권의 전액이 소멸한 경우에는 그 구상권의 범위 내에서 채권자가 가진 권리를 행사할 수 있다.	②前項 但書의 境遇에 同項의 求償權을 가진 者가 辨濟를 한 때에는 그 辨濟의 比率에 따라 債權者의 權利를 取得한다.
⑤제2항 내지 제4항의 규정은 채무자의 채무를 위하여 담보를 제공한 제3자가 채권자에게 변제 등을 하거나 채무에 대하여 장래에 행사할 가능성이 있는 구상권을 가지는 경우에 준용한다.	③前2項의 規定은 擔保를 提供한 第三者가 會社에 對하여 將來 行使하는 境遇가 있을 求償權에 準用한다.
제127조(채무자가 보증채무를 지는 경우) 보증인인 채무자에 관하여 회생절차가 개시된 때에는 채권자는 회생절차개시 당시 가진 채권의 전액에 관하여 회생채권자로서 권리를 행사할 수 있다.	第109條 (會社가 保證債務를 지는 境遇) 保證人인 會社에 關하여 整理節次가 開始된 때에는 債權者는 整理節次開始當時 가진 債權의 全額에 關하여 整理債權者로서 그 權利를 行使할 수 있다.
제128조(법인의 채무에 대해 무한의 책임을 지는 자에 대하여 회생절차가 개시된 경우의 절차 참가) 법인의 채무에 대하여 무한의 책임을 지는 자에 관하여 회생절차 개시의 결정이 있는 경우에 해당 법인의 채권자는 회생절차 개시시에 가진 채권의 전액에 관하여 회생절차에 참가할 수 있다.	

제129조(법인의 채무에 대해 유한책임을 지는 자에 대하여 회생절차가 개시된 경우의 절차 참가 등) ①법인의 채무에 관하여 유한책임을 지는 사원에 대하여 회생절차 개시의 결정이 있는 경우에 법인의 채권자는 회생절차에 참가할 수 없다. ②법인에 대하여 회생절차 개시의 결정이 있는 경우에 법인의 채권자는 법인의 채무에 관하여 유한의 책임을 지는 사원에 대하여 그 권리를 행사할 수 없다.	
제130조(일부보증의 경우) 제126조 및 제127조의 규정은 여럿의 보증인이 각각 채무의 일부를 부담하는 경우 그 부담부분에 관하여 준용한다.	第111條 (一部保證의 境遇) 第108條, 第109條와 前條第1項·第2項의 規定은 數人의 保證人이 各各 債務의 一部를 負擔할 境遇에 그 負擔部分에 準用한다.
제131조(회생채권의 변제금지) 회생채권에 관하여는 회생절차가 개시된 후에는 이 법에 특별한 규정이 있는 경우를 제외하고는 회생계획에 규정한 바에 따르지 아니하고는 변제하거나 변제받는 등 이를 소멸하게 하는 행위(면제를 제외한다)를 하지 못한다. 다만, 관리인이 법원의 허가를 받아 변제하는 경우와 제140조제2항의 청구권에 해당하는 경우로서 다음 각호의 어느 하나에 해당하는 경우에는 그러하지 아니하다. 1. 그 체납처분이나 담보물권의 처분 또는 그 속행이 허용되는 경우 2. 체납처분에 의한 압류를 당한 채무자의 채권(압류의 효력이 미치는 채권을 포함한다)에 관하여 그 체납처분의 중지중에 제3채무자	第112條 (整理債權의 辨濟禁止) 整理債權에 關하여는 整理節次에 依하지 아니하고 辨濟하거나 辨濟받거나 其他 이를 消滅하게 할 行爲(免除를 除外한다)를 하지 못한다. 그러나 第122條第1項에 揭記하는 請求權에 關하여는 그 滯納處分이나 擔保物權의 處分 또는 그 續行이 許容되는 境遇, 滯納處分에 依한 押留를 當한 會社의 債權(押留의 效力이 미치는 債權을 包含한다)에 關하여 그 滯納處分의 中止中에 第三債務者가 徵收의 權限을 가진 者에게 任意로 履行하는 境遇와 管理人이 法院의 許可를 얻어 辨濟하는 境遇에는 그러하지 아니하다.

가 징수의 권한을 가진 자에게 임의로 이행하는 경우	
제132조(회생채권의 변제허가) ①채무자의 거래상대방인 중소기업자가 그가 가지는 소액채권을 변제받지 아니하면 사업의 계속에 현저한 지장을 초래할 우려가 있는 때에는 법원은 회생계획인가결정전이라도 관리인·보전관리인 또는 채무자의 신청에 의하여 그 전부 또는 일부의 변제를 허가할 수 있다. ②법원은 회생채권을 변제하지 아니하고는 채무자의 회생에 현저한 지장을 초래할 우려가 있다고 인정하는 때에는 회생계획인가결정전이라도 관리인·보전관리인 또는 채무자의 신청에 의하여 그 전부 또는 일부의 변제를 허가할 수 있다. ③법원은 제1항 및 제2항의 규정에 의한 허가를 함에 있어서는 관리위원회 및 채권자협의회의 의견을 들어야 하며, 채무자와 채권자의 거래상황, 채무자의 자산상태, 이해관계인의 이해 등 모든 사정을 참작하여야 한다.	第112條의2 (整理債權의 辨濟許可) ①會社를 主된 去來相對方으로 하는 中小企業者가 會社에 대하여 갖는 少額債權의 辨濟를 받지 아니하고서는 事業의 계속에 顯著한 支障을 招來할 우려가 있을 때에는 法院은 整理計劃認可 決定전이라도 保全管理人, 管理人 또는 會社의 申請에 의하여 그 全部 또는 一部의 辨濟를 許可할 수 있다. ②法院은 整理債權을 辨濟하지 아니하고는 會社의 更生에 현저한 지장을 초래할 우려가 있다고 인정되는 경우에는 整理計劃 認可決定전이라도 保全管理人·管理人 또는 會社의 申請에 의하여 그 전부 또는 일부의 辨濟를 許可할 수 있다. ③法院은 第1項 및 第2項의 規定에 의한 許可를 함에 있어서 管理委員會와 債權者協議會의 의견을 들어야 하며, 會社와 債權者의 去來의 狀況, 會社의 資産狀態, 利害關係人의 利害 기타 모든 사정을 참작하여야 한다.
제133조(회생채권자의 권리) ①회생채권자는 그가 가진 회생채권으로 회생절차에 참가할 수 있다. ②회생채권자는 제134조 내지 제138조에 규정된 채권에 관하여는 그 규정에 의하여 산정한 금액에 따라, 그 밖의 채권에 관하여는 그 채권액에 따라 의결권을 가진다.	第113條 (整理債權者의 權利) ①整理債權者는 그가 가진 整理債權으로 整理節次에 參加할 수 있다. ②整理債權者는 第114條 乃至 第118條에 揭記한 債權에 關하여는 그 規定에 依하여 算定한 金額에 따라, 其他의 債權에 關하여는 그 債權에 따라 議決權을 가진다.
제134조(이자없는 기한부채권) 기한이	第114條 (利子없는 期限附債權) 利子없

회생절차개시 후에 도래하는 이자없는 채권은 회생절차가 개시될 때부터 기한에 이르기까지의 법정이율에 의한 이자와 원금의 합계가 기한 도래 당시의 채권액이 되도록 계산한 다음 그 채권액에서 그 이자를 공제한 금액으로 한다.	는 債權의 期限이 整理節次開始後에 到來할 境遇에는 整理節次開始의 때로부터 期限에 이르기까지의 法定利率에 依한 元利의 合計額이 債權額이 될 計算에 依하여 算出되는 利子의 額에 相當하는 金額을 債權額에서 控除한다.
제135조(정기금채권) 제134조는 금액과 존속기간이 확정되어 있는 정기금채권에 준용한다.	第115條 (定期金債權) 前條의 規定은 金額과 存續期間이 確定되어 있는 定期金債權에 準用한다. 그러나 그 總額이 法定利率에 依하여 그 定期金에 相當한 利子가 생기게 되는 元本額을 超過하는 때에는 그 元本額에 依한다.
제136조(이자없는 불확정기한채권등) 기한이 불확정한 이자없는 채권은 회생절차가 개시된 때의 평가금액으로 한다. 정기금채권의 금액 또는 존속기간이 불확정한 때에도 또한 같다.	第116條 (不確定期限債權等) 第114條의 境遇에 期限이 不確定한 때에는 整理節次開始때의 評價額에 依한다. 定期金債權의 金額 또는 存續期間이 不確定한 때에도 같다.
제137조(비금전채권 등) 채권의 목적이 금전이 아니거나 그 액이 불확정한 때와 외국의 통화로서 정하여진 때에는 회생절차가 개시된 때의 평가금액으로 한다.	第117條 (非金錢債權等) 債權의 目的이 金錢이 아닌 때 또는 그 額이 不確定한 때나 外國의 通貨로서 定하여진 때에는 整理節次開始때의 評價額에 依한다.
제138조(조건부채권과 장래의 청구권) ①조건부채권은 회생절차가 개시된 때의 평가금액으로 한다. ②제1항의 규정은 채무자에 대하여 행사할 수 있는 장래의 청구권에 관하여 준용한다.	第118條 (條件附債權과 將來의 請求權) ①條件附債權은 整理節次開始의 때의 評價額에 依한다. ②前項의 規定은 會社에 對하여 行使할 수 있을 將來의 請求權에 準用한다.
제139조(우선권의 기간의 계산) 일정한 기간안의 채권액에 관하여 우선권이	第120條 (優先權의 期間의 計算) 優先權이 一定한 期間內의 債權額에 關하여

있는 때에는 그 기간은 회생절차가 개시된 때부터 소급하여 계산한다.

제140조(벌금·조세 등의 감면) ①회생절차개시전의 벌금·과료·형사소송비용·추징금 및 과태료의 청구권에 관하여는 회생계획에서 감면 그 밖의 권리에 영향을 미치는 내용을 정하지 못한다.

②회생계획에서 국세징수법 또는 지방세법에 의하여 징수할 수 있는 청구권(국세징수의 예에 의하여 징수할 수 있는 청구권으로서 그 징수우선순위가 일반 회생채권보다 우선하는 것을 포함한다)에 관하여 3년 이하의 기간동안 징수를 유예하거나 체납처분에 의한 재산의 환가를 유예하는 내용을 정하는 때에는 징수의 권한을 가진 자의 의견을 들어야 한다.

③회생계획에서 제2항의 규정에 의한 청구권에 관하여 3년을 초과하는 기간동안 징수를 유예하거나 체납처분에 의한 재산의 환가를 유예하는 내용을 정하거나, 채무의 승계, 조세의 감면 또는 그 밖에 권리에 영향을 미치는 내용을 정하는 때에는 징수의 권한을 가진 자의 동의를 얻어야 한다.

④제2항의 규정에 의한 청구권에 관하여 징수의 권한을 가진 자는 제3항의 규정에 의한 동의를 할 수 있다.

⑤제2항 및 제3항의 규정에 의하여 징수를 유예하거나 체납처분에 의한 재산의 환가를 유예하는 기간중에는 시효는 진행하지 아니한다.

있는 境遇에는 그 期間은 整理節次開始의 때로부터 遡及하여 計算한다.

第121條 (後順位整理債權) ①다음에 揭記하는 請求權은 整理債權으로 한다.

5. 整理節次開始前의 罰金, 科料, 刑事訴訟費用, 追徵金과 過怠料

③第1項第5號의 請求權에 關하여는 整理計劃에서 減免 其他 權利에 影響을 미칠 規定을 하지 못한다.

第122條 (租稅等의 請求權) ①整理計劃에서 國稅徵收法 또는 國稅徵收의 例에 依하여 徵收할 수 있는 請求權에 關하여 2年이하의 期間의 徵收의 猶豫 또는 滯納處分에 依한 財産의 換價의 猶豫의 規定을 함에는 徵收의 權限을 가진 者의 意見을 들어야 하며 2年을 초과하는 期間의 徵收의 猶豫 또는 滯納處分에 依한 財産의 換價의 猶豫, 債務의 承繼 其他 權利에 影響을 미칠 規定을 함에는 徵收의 權限을 가진 者의 同意를 얻어야 한다.

②徵收의 權限을 가진 者는 前項의 同意를 할 수 있다.

③第1項의 規定에 依하여 徵收의 猶豫 또는 滯納處分에 依한 財産의 換價의 猶豫期間中에는 時效는 進行하지 아니한다.

제141조(회생담보권자의 권리) ①회생채권이나 회생절차개시 전의 원인으로 생긴 채무자 외의 자에 대한 재산상의 청구권으로서 회생절차개시 당시 채무자의 재산상에 존재하는 유치권·질권·저당권·양도담보권·가등기담보권·전세권 또는 우선특권으로 담보된 범위의 것은 회생담보권으로 한다. 다만, 이자 또는 채무불이행으로 인한 손해배상이나 위약금의 청구권에 관하여는 회생절차개시결정 전날까지 생긴 것에 한한다.	第123條 (整理擔保權) ①整理債權 또는 整理節次開始前의 原因으로 생긴 會社以外의 者에 對한 財産上의 請求權으로서 整理節次開始當時 會社財産上에 存在하는 留置權, 質權, 抵當權, 讓渡擔保權, 假登記擔保權, 傳貰權 또는 優先特權으로 擔保된 範圍의 것은 整理擔保權으로 한다. 다만, 利子 또는 債務不履行으로 인한 損害賠償이나 違約金의 請求權에 관하여는 整理節次 開始決定 前日까지 생긴 것에 한한다.
②제126조 내지 제131조 및 제139조의 규정은 회생담보권에 관하여 준용한다.	②第108條 乃至 第112條와 第120條의 規定은 整理擔保權에 準用한다.
③회생담보권자는 그가 가진 회생담보권으로 회생절차에 참가할 수 있다.	第124條 (整理擔保權者의 權利) ①整理擔保權者는 그가 가진 整理擔保權으로 整理節次에 參加할 수 있다.
④회생담보권자는 그 채권액중 담보권의 목적의 가액(선순위의 담보권이 있는 때에는 그 담보권으로 담보된 채권액을 담보권의 목적의 가액으로부터 공제한 금액을 말한다. 이하 이 조에서 같다)을 초과하는 부분에 관하여는 회생채권자로서 회생절차에 참가할 수 있다.	②整理擔保權者는 그 債權額中 擔保權의 目的의 價額(先順位의 擔保權이 있을 때에는 그 擔保權으로 擔保된 債權額을 擔保權의 目的의 價額으로부터 控除한 額, 以下 本條中 같다)을 超過하는 部分에 關하여는 整理債權者로서 整理節次에 參加할 수 있다.
⑤회생담보권자는 그 담보권의 목적의 가액에 비례하여 의결권을 가진다. 다만, 피담보채권액이 담보권의 목적의 가액보다 적은 때에는 그 피담보채권액에 비례하여 의결권을 가진다.	③整理擔保權者는 그 擔保權의 目的의 價額, 被擔保債權의 額이 擔保權의 目的의 價額보다 적을 때에는 그 被擔保債權額에 따라 議決權을 가진다.
⑥제133조제2항 및 제134조 내지 제138조의 규정은 회생담보권자의 의결권에 관하여 준용한다.	④第113條第2項과 第114條 乃至 第118條의 規定은 整理擔保權者의 議決權에 準用한다.

제142조(대리위원) ①회생채권자·회생담보권자·주주·지분권자는 법원의 허가를 받아 공동으로 또는 각각 1인 또는 여럿의 대리위원을 선임할 수 있다.	第160條 (代理委員) ①整理債權者, 整理擔保權者 또는 株主는 法院의 許可를 얻어 各各 共同으로 또는 各別로 1人 또는 數人의 代理委員을 選任할 수 있다.
②대리위원의 권한은 서면으로 증명하여야 한다.	②代理委員의 權限은 書面으로 證明하여야 한다.
③대리위원은 그를 선임한 회생채권자·회생담보권자·주주·지분권자를 위하여 회생절차에 관한 모든 행위를 할 수 있다.	③代理委員은 그를 選任한 整理債權者, 整理擔保權者 또는 株主를 爲하여 整理節次에 關한 모든 行爲를 할 수 있다.
④대리위원이 여럿인 때에는 공동으로 그 권한을 행사한다. 그러나 제3자의 의사표시는 그 중 1인에 대하여 하면 된다.	④代理委員이 數人있을 때에는 共同으로 그 權限을 行使한다. 그러나 第三者의 意思表示는 그中 1人에 對하여 하면 된다.
⑤법원은 대리위원의 권한의 행사가 현저하게 불공정하다고 인정하는 때에는 제1항의 규정에 의한 허가를 취소할 수 있다.	⑤代理委員의 權限의 行使가 顯著하게 不公正하다고 認定되는 때에는 法院은 第1項의 許可를 取消할 수 있다.
⑥회생채권자·회생담보권자·주주·지분권자는 대리위원을 해임한 때에는 지체없이 그 사실을 법원에 신고하여야 한다.	⑥整理債權者, 整理擔保權者 또는 株主는 代理委員을 解任한 때에는 遲滯없이 그 뜻을 法院에 申告하여야 한다.
제143조(수탁회사) ①담보부사채신탁법의 규정에 의한 수탁회사는 사채권자집회의 결의에 의하여 총사채권자를 위하여 회생채권 또는 회생담보권의 신고, 의결권의 행사 그 밖의 회생절차에 관한 모든 행위를 할 수 있다.	第161條 (受託會社) ①擔保附社債信託法의 受託會社는 社債權者集會의 決議에 依하여 總社債權者를 爲하여 整理債權 또는 整理擔保權의 申告, 議決權의 行使 其他 整理節次에 關한 모든 行爲를 할 수 있다.
②수탁회사가 총사채권자를 위하여 제1항의 규정에 의한 행위를 하는 때에는 각각의 사채권자를 표시하지 아니할 수 있다.	②前項의 受託會社가 總社債權者를 爲하여 同項에 揭記한 行爲를 하는 境遇에는 各別로 社債權者를 表示함을 要하지 아니한다.
제144조(상계권) ①회생채권자 또는 회	第162條 (相計權) ①整理債權者 또는

생담보권자가 회생절차개시 당시 채무자에 대하여 채무를 부담하는 경우 채권과 채무의 쌍방이 신고기간만료전에 상계할 수 있게 된 때에는 회생채권자 또는 회생담보권자는 그 기간안에 한하여 회생절차에 의하지 아니하고 상계할 수 있다. 채무가 기한부인 때에도 같다.	整理擔保權者가 整理節次開始當時 會社에 對하여 債務를 負擔하는 境遇에 債權과 債務의 雙方이 整理債權과 整理擔保權의 申告期間滿了前에 相計할 수 있게 되었을 때에는 整理債權者 또는 整理擔保權者는 그 期間內에 限하여 整理節次에 依하지 아니하고 相計할 수 있다. 債務가 期限附인 때에도 같다.
②회생채권자 또는 회생담보권자의 회생절차개시 후의 차임채무에 관하여는 당기(當期)와 차기(次期)의 것에 한하여 제1항의 규정에 의하여 상계할 수 있다. 다만, 보증금이 있는 때에는 그 후의 차임채무에 관하여도 상계할 수 있다.	②前項의 規定에 依한 相計는 整理債權者 또는 整理擔保權者의 整理節次開始後의 借賃債務에 關하여는 當期와 次期의 것에 限하여 할 수 있다. 그러나 保證金이 있을 때에는 그 後의 借賃債務에 關하여도 相計할 수 있다.
③제2항의 규정은 지료(地料)에 관하여 준용한다.	③前項의 規定은 地料에 準用한다.
제145조(상계의 금지) 다음 각호의 어느 하나에 해당하는 때에는 상계하지 못한다.	第163條 (相計의 禁止) 다음의 境遇에는 相計하지 못한다.
1. 회생채권자 또는 회생담보권자가 회생절차개시 후에 채무자에 대하여 채무를 부담한 때	1. 整理債權者 또는 整理擔保權者가 整理節次開始後에 會社에 對하여 債務를 負擔한 때
2. 회생채권자 또는 회생담보권자가 지급의 정지, 회생절차개시의 신청 또는 파산의 신청이 있음을 알고 채무자에 대하여 채무를 부담한 때. 다만, 다음 각목의 어느 하나에 해당하는 때를 제외한다.	2. 整理債權者 또는 整理擔保權者가 지급의 정지 또는 破産·和議開始·整理節次開始의 申請이 있었음을 알고 會社에 대하여 債務를 부담한 때. 다만, 다음 各目의 1에 해당하는 때를 제외한다.
가. 그 부담이 법률에 정한 원인에 기한 때	가. 그 부담이 法定의 원인에 기한 때
나. 회생채권자 또는 회생담보권자가 지급의 정지, 회생절차개시의 신청 또는 파산의 신청이 있은 것을 알기 전에 생긴 원인에	나. 整理債權者 또는 整理擔保權者가 지급의 정지 또는 破産·和議開始·整理節次開始의 申請이 있은 것을 알기전에 생긴 원인에 기한 때

의한 때 다. 회생절차개시시점 및 파산선고 시점중 가장 이른 시점보다 1년 이상 전에 생긴 원인에 의한 때	다. 破産宣告·和議開始 및 整理節次開始時點중 가장 이른 時點보다 1年이상 전에 생긴 원인에 기한 때
3. 회생절차가 개시된 채무자의 채무자가 회생절차개시 후에 타인의 회생채권 또는 회생담보권을 취득한 때	3. 會社의 債務者가 整理節次開始後에 他人의 整理債權 또는 整理擔保權을 取得한 때
4. 회생절차가 개시된 채무자의 채무자가 지급의 정지, 회생절차개시의 신청 또는 파산의 신청이 있음을 알고 회생채권 또는 회생담보권을 취득한 때. 다만, 제2호 각목의 어느 하나에 해당하는 때를 제외한다.	4. 會社의 債務者가 支給停止 또는 破産, 和議開始나 整理節次開始의 申請이 있음을 알고 整理債權 또는 整理擔保權을 取得한 때. 그러나 그 取得이 法定의 原因에 基한 때, 債務者가 支給停止 또는 破産, 和議開始나 整理節次開始의 申請이 있음을 안 때보다 前에 생긴 原因에 基하거나 破産宣告, 和議開始 또는 整理節次開始의 어느때보다도 1年以上 前에 생긴 原因에 基한 때에는 그러하지 아니하다.
第146조(주주·지분권자의 권리) ①주주·지분권자는 그가 가진 주식 또는 출자지분으로 회생절차에 참가할 수 있다.	第129條 (株主의 權利) ①株主는 그가 가진 株式으로 整理節次에 參加할 수 있다.
②주주·지분권자는 그가 가진 주식 또는 출자지분의 수 또는 액수에 비례하여 의결권을 가진다.	②株主는 그가 가진 株式의 數에 따라 議決權을 가진다.
③회생절차의 개시 당시 채무자의 부채총액이 자산총액을 초과하는 때에는 주주·지분권자는 의결권을 가지지 아니한다. 다만, 제282조의 규정에 의한 회생계획의 변경계획안을 제출할 당시 채무자의 자산총액이 부채총액을 초과하는 때에는 그러하지 아니하다.	③整理節次의 開始당시 會社의 負債의 總額이 資産의 總額을 초과하는 경우에는 株主는 議決權을 가지지 아니한다. 다만, 第270條의 規定에 의한 整理計劃의 變更計劃案을 제출할 당시 會社의 資産의 總額이 負債의 總額을 초과하는 경우에는 그러하지 아니하다.
④제282조의 규정에 의한 회생계획의 변경계획안을 제출할 당시 채무자의	

부채총액이 자산총액을 초과하는 때에는 주주·지분권자는 그 변경계획안에 대하여 의결권을 가지지 아니한다.

제2절 회생채권자·회생담보권자·주주·지분권자의 목록작성 및 신고

제147조(회생채권자·회생담보권자·주주·지분권자의 목록) ①관리인은 회생채권자의 목록, 회생담보권자의 목록과 주주·지분권자의 목록(이 편에서 "목록"이라 한다)을 작성하여 제50조제1항제2호의 규정에 의한 기간안에 제출하여야 한다.

②목록에는 다음 각호의 사항을 기재하여야 한다.

1. 회생채권자의 목록
   가. 회생채권자의 성명과 주소
   나. 회생채권의 내용과 원인
   다. 의결권의 액수
   라. 일반의 우선권 있는 채권이 있는 때에는 그 뜻
2. 회생담보권자의 목록
   가. 회생담보권자의 성명 및 주소
   나. 회생담보권의 내용 및 원인, 담보권의 목적 및 그 가액, 회생절차가 개시된 채무자 이외의 자가 채무자인 때에는 그 성명 및 주소
   다. 의결권의 액수
3. 주주·지분권자의 목록
   가. 주주·지분권자의 성명 및 주소
   나. 주식 또는 출자지분의 종류 및 수

③법원은 신고기간 동안 이해관계인이 목록을 열람할 수 있도록 하여야

한다. ④관리인은 신고기간의 말일까지 대법원규칙이 정하는 바에 따라 법원의 허가를 받아 목록에 기재된 사항을 변경 또는 정정할 수 있다.	
第148조(회생채권의 신고) ①회생절차에 참가하고자 하는 회생채권자는 신고기간 안에 다음 각호의 사항을 법원에 신고하고 증거서류 또는 그 등본이나 초본을 제출하여야 한다. 1. 성명 및 주소 2. 회생채권의 내용 및 원인 3. 의결권의 액수 4. 일반의 우선권 있는 채권인 때에는 그 뜻	第125條 (整理債權의 申告) ①整理節次에 參加하고자 하는 整理債權者는 法院이 定한 申告期間內에 姓名, 住所, 各債權의 內容 및 原因, 議決權의 額과 一般의 優先權있는 債權 또는 第121條第1項에 揭記한 債權(以下 "後順位債權"이라 한다)인 때에는 그 뜻을 法院에 申告하고 證據書類 또는 그 謄本이나 抄本을 提出하여야 한다.
②회생채권 중에서 일반의 우선권 있는 부분은 따로 신고하여야 한다.	②各 債權中에서 一般의 優先權있는 部分과 後順位債權에 關한 部分은 따로 申告하여야 한다.
③회생채권에 관하여 회생절차개시 당시 소송이 계속하는 때에는 회생채권자는 제1항 및 제2항에 규정된 사항 외에 법원·당사자·사건명 및 사건번호를 신고하여야 한다.	③整理債權에 關하여 整理節次開始當時 訴訟이 係屬하는 때에는 第1項에 定하는 事項外에 法院, 當事者, 件名과 番號를 申告하여야 한다.
第149조(회생담보권의 신고) ①회생절차에 참가하고자 하는 회생담보권자는 신고기간 안에 다음 각호의 사항을 법원에 신고하고 증거서류 또는 그 등본이나 초본을 제출하여야 한다. 1. 성명 및 주소 2. 회생담보권의 내용 및 원인 3. 회생담보권의 목적 및 그 가액 4. 의결권의 액수 5. 회생절차가 개시된 채무자 외의 자가 채무자인 때에는 그 성명 및	第126條 (整理擔保權의 申告) ①整理節次에 參加하고자 하는 整理擔保權者는 法院이 定한 申告期間內에 姓名, 住所, 各 整理擔保權의 內容 및 原因, 擔保權의 目的 및 그 價額, 議決權의 額, 會社以外의 者가 債務者인 때에는 그 姓名 및 住所를 法院에 申告하고 證據書類 또는 그 謄本이나 抄本을 提出하여야 한다.

주소 ②제148조제3항의 규정은 제1항의 경우에 관하여 준용한다.	②前條第3項의 規定은 整理擔保權에 準用한다.
제150조(주식 또는 출자지분의 신고) ①회생절차에 참가하고자 하는 주주·지분권자는 신고기간 안에 다음 각호의 사항을 법원에 신고하고 주권 또는 출자지분증서 그 밖의 증거서류 또는 그 등본이나 초본을 제출하여야 한다. 1. 성명 및 주소 2. 주식 또는 출자지분의 종류 및 수 또는 액수 ②법원은 기간을 정하여 주주명부를 폐쇄할 수 있다. 이 경우 그 기간은 2월을 넘지 못한다. ③제148조제3항의 규정은 제1항의 경우에 관하여 준용한다.	第130條 (株式의 申告) ①整理節次에 參加하고자 하는 株主는 法院이 定한 申告期間內에 姓名, 住所와 株式의 種類 및 數를 法院에 申告하고 株券 其他의 證據書類 또는 그 謄本이나 抄本을 提出하여야 한다. ②株主權에 關하여 整理節次開始當時 訴訟이 係屬하는 때에는 前項에 揭記한 事項外에 法院, 當事者, 件名과 番號를 申告하여야 한다.
제151조(신고의 의제) 목록에 기재된 회생채권·회생담보권·주식 또는 출자지분은 제148조 내지 제150조의 규정에 의하여 신고된 것으로 본다.	
제152조(신고의 추후 보완) ①회생채권자 또는 회생담보권자는 그 책임을 질 수 없는 사유로 인하여 신고기간 안에 신고를 하지 못한 때에는 그 사유가 끝난 후 1월 이내에 그 신고를 보완 할 수 있다. ②제1항의 규정에 의한 기간은 불변기간으로 한다. ③제1항의 규정에 의한 신고는 다음 각호의 어느 하나에 해당하는 때에는	第127條 (申告의 追完等) ①整理債權者 또는 整理擔保權者가 그 責任을 질 수 없는 事由로 因하여 法院이 定한 期間內에 申告를 하지 못한 境遇에는 그 事由가 끝난 後 1月內에 限하여 그 申告의 追完을 할 수 있다. 이 期間에 關하여는 민사소송법 제172조제1항의 規定은 準用하지 아니한다. ③前2項의 申告는 整理計劃案審理를 爲한 關係人集會가 끝난 後에는 하지

하지 못한다. 1. 회생계획안심리를 위한 관계인집회가 끝난 후 2. 회생계획안을 제240조의 규정에 의한 서면결의에 부친다는 결정이 있은 후 ④제1항 내지 제3항의 규정은 회생채권자 또는 회생담보권자가 그 책임을 질 수 없는 사유로 인하여 신고한 사항에 관하여 다른 회생채권자 또는 회생담보권자의 이익을 해하는 내용으로 변경하는 경우에 관하여 준용한다.	못한다. ④第1項과 前項의 規定은 整理債權者 또는 整理擔保權者가 그 責任을 질 수 없는 理由로 因하여 申告한 事項에 關하여 다른 整理債權者 또는 整理擔保權者의 利益을 害할 變更을 加하는 境遇에 準用한다.
第153조(신고기간 경과후 생긴 회생채권등의 신고) ①신고기간이 경과한 후에 생긴 회생채권과 회생담보권에 관하여는 그 권리가 발생한 후 1월 이내에 신고하여야 한다. ②제152조제2항 내지 제4항의 규정은 제1항의 규정에 의한 신고에 관하여 준용한다.	第127條 (申告의 追完等) ②申告期間經過後에 생긴 整理債權과 整理擔保權에 關하여는 그 權利가 發生한 後 1月의 不變期間內에 申告하여야 한다. ③前2項의 申告는 整理計劃案審理를 爲한 關係人集會가 끝난 後에는 하지 못한다.
第154조(명의의 변경) ①목록에 기재되거나 신고된 회생채권 또는 회생담보권을 취득한 자는 신고기간이 경과한 후에도 신고명의를 변경할 수 있다. ②제1항의 규정에 의한 명의변경을 하고자 하는 자는 다음 각호의 사항을 법원에 신고하고 증거서류 또는 그 등본이나 초본을 제출하여야 한다. 1. 성명 및 주소 2. 취득한 권리와 그 취득의 일시 및 원인	第128條 (申告名義의 變更) ①申告한 整理債權 또는 整理擔保權을 取得한 者는 申告期間이 經過한 後에도 申告名義의 變更을 할 수 있다. ②前項의 申告名義의 變更을 하고자 하는 者는 姓名, 住所, 取得한 權利와 그 取得의 日時 및 原因을 法院에 申告하고 證據書類 또는 그 謄本이나 抄本을 提出하여야 한다.
第155조(주식 또는 출자지분의 추가신고) ①법원은 상당하다고 인정하는	第131條 (追加申告) 法院은 相當하다고 認定하는 때에는 申告期間이 經過한 後

때에는 신고기간이 경과한 후 다시 기간을 정하여 주식 또는 출자지분의 추가신고를 하게 할 수 있다. 이 경우 법원은 그 뜻을 공고하고, 다음 각호의 자에게 그 뜻을 기재한 서면을 송달하여야 한다. 1. 관리인 2. 채무자 3. 알고 있는 주주·지분권자로서 신고를 하지 아니한 자 ②제162조 내지 제165조의 규정은 제1항의 경우에 관하여 준용한다.	다시 期間을 定하여 株式의 追加申告를 하게 할 수 있다. 이 境遇에는 그 뜻을 公告하고 또 管理人, 會社와 알고있는 株主로서 申告를 하지 아니한 者에 對하여 같은 趣旨를 記載한 書面을 送達하여야 한다.
제156조(벌금·조세 등의 신고) ①제140조제1항 및 제2항의 청구권을 가지고 있는 자는 지체없이 그 액 및 원인과 담보권의 내용을 법원에 신고하여야 한다. ②제167조제1항의 규정은 제1항의 규정에 의하여 신고된 청구권에 관하여 준용한다.	第157條 (罰金, 租稅等의 申告) ①第121條第1項第5號와 第122條第1項에 揭記한 請求權에 關하여는 國家 또는 公共團體는 遲滯없이 그 額, 原因과 擔保權의 內容을 法院에 申告하여야 한다. ②第144條第1項의 規定은 前項의 規定에 依하여 申告가 있은 請求權에 準用한다.
제157조(회생절차개시전의 벌금 등에 대한 불복) ①관리인은 제156조 제1항의 규정에 의하여 신고된 청구권의 원인이 행정심판, 소송 그 밖의 불복이 허용되는 처분인 때에는 그 청구권에 관하여 채무자가 할 수 있는 방법으로 불복을 신청할 수 있다. ②제172조, 제175조와 제176조제1항의 규정은 제1항에 의한 불복의 신청에 관하여 준용한다.	第158條 (不服의 申請이 許容되는 境遇) ①管理人은 前條第1項의 規定에 依하여 申告한 請求權의 原因이 訴願, 訴訟 其他의 不服의 申請을 許容하는 處分인 때에는 그 請求權에 關하여 會社가 할 수 있는 方法으로 不服을 申請할 수 있다. ②第149條, 第153條와 第154條의 規定은 前項의 不服의 申請에 準用한다.

제3절 회생채권·회생담보권 등의 조사 및 확정

제158조(회생채권자표·회생담보권자표와 주주·지분권자표) 법원사무관등은 목록에 기재되거나 신고된 회생채권, 회생담보권, 주식 또는 출자지분에 대하여 회생채권자표·회생담보권자표와 주주·지분권자표를 작성하여 권리의 성질에 따라 분류하고 각각 다음 각호의 사항을 기재하여야 한다.

1. 회생채권자표
 가. 회생채권자의 성명과 주소
 나. 회생채권의 내용과 원인
 다. 의결권의 액수
 라. 일반의 우선권이 있는 채권이 있는 때에는 그 뜻
2. 회생담보권자표
 가. 회생담보권자의 성명과 주소
 나. 회생담보권의 내용 및 원인, 담보권의 목적 및 그 가액, 채무자 외의 자가 채무자인 때에는 그 성명 및 주소
 다. 의결권의 액수
3. 주주·지분권자표
 가. 주주·지분권자의 성명 및 주소
 나. 주식 또는 출자지분의 종류와 수 또는 액수

第132條 (整理債權者表, 整理擔保權者表와 株主表) 法院書記官 또는 書記는 整理債權者表, 整理擔保權者表와 株主表를 作成하여 權利의 性質에 따라 分類하고 各各 다음의 事項을 記載하여야 한다.

整理債權者表
1. 整理債權者의 姓名과 住所
2. 整理債權의 內容과 原因
3. 議決權의 額
4. 優先權있는 債權 또는 後順位債權이 있는 때에는 그 뜻

整理擔保權者表
1. 整理擔保權者의 姓名과 住所
2. 整理擔保權의 內容과 原因, 擔保權의 目的과 그 價額, 會社 以外의 者가 債務者인 때에는 그 姓名과 住所
3. 議決權의 額

株主表
1. 株主의 姓名과 住所
2. 株式의 種類와 數

제159조(등본의 교부) 법원사무관등은 회생채권자표·회생담보권자표와 주주·지분권자표의 등본을 관리인에게 교부하여야 한다.

第133條 (謄本의 交付) 法院書記官 또는 書記는 整理債權者表, 整理擔保權者表와 株主表의 謄本을 管理人에게 交付하여야 한다.

제160조(조사기간 동안의 서류열람) 다음 각호의 서류는 조사기간 동안 이

第134條 (權利申告의 書類等의 備置) 整理債權, 整理擔保權과 株式의 申告에

해관계인의 열람을 위하여 법원에 비치하여야 한다.
1. 목록
2. 신고 및 이의에 관한 서류
3. 회생채권자표·회생담보권자표와 주주·지분권자표

關한 書類, 整理債權者表, 整理擔保權者表와 株主表는 利害關係人으로 하여금 閱覽하게 하기 爲하여 法院에 備置하여야 한다.

제161조(회생채권 및 회생담보권에 대한 이의 등) ①다음 각호의 자는 조사기간 안에 목록에 기재되거나 신고된 회생채권 및 회생담보권에 관하여 서면으로 법원에 이의를 제출할 수 있다.
1. 관리인
2. 채무자
3. 목록에 기재되거나 신고된 회생채권자·회생담보권자·주주·지분권자
②조사기간을 변경하는 결정을 한 때에는 법원은 그 결정서를 제1항 각호의 자에게 송달하여야 한다.
③제2항의 규정에 의한 송달은 서류를 우편으로 발송하여 할 수 있다.

第135條 (整理債權과 整理擔保權 調査의 期日) 整理債權과 整理擔保權調査의 期日에는 申告된 各 整理債權과 整理擔保權에 關하여 第132條에 揭記한 事項을 調査한다.

第138條 (申告期間後에 申告된 整理債權等의 調査) ①第127條의 規定에 依하여 申告된 整理債權과 整理擔保權에 關하여는 管理人, 整理債權者, 整理擔保權者와 株主의 異議가 없는 때에 限하여 整理債權과 整理擔保權調査의 一般期日에 그 調査를 할 수 있다. 申告期間 經過後에 申告된 其他의 整理債權과 整理擔保權에 關하여도 같다.
②前項에 揭記한 者의 異議가 있는 때에는 法院은 第127條의 規定에 依하여 申告된 整理債權과 整理擔保權에 關하여는 그 調査를 하기 爲하여 特別期日을 定하여야 한다. 이 境遇에는 費用은

제162조(신고기간 후에 신고된 회생채권 및 회생담보권의 조사) 법원은 제152조제1항 및 제153조제1항의 규정에 의하여 신고된 회생채권 및 회생담보권을 조사하기 위한 특별기일(이

하 "특별조사기일"이라 한다)을 정하여야 한다. 이 경우 조사비용은 그 회생채권자 또는 회생담보권자의 부담으로 한다.	그 整理債權者 또는 整理擔保權者의 負擔으로 한다.
	第139條 (申告事項의 變更) 前條의 規定은 整理債權者 또는 整理擔保權者가 申告한 事項에 關하여 申告期間 經過後 다른 整理債權者 또는 整理擔保權者의 利益을 害할 變更을 加한 境遇에 準用한다. 第140條 (一般期日에 申告의 追完을 한 整理債權等의 調査) 第138條第2項의 規定은 整理債權者 또는 整理擔保權者가 第127條의 規定에 依하여 整理債權과 整理擔保權 調査의 一般期日後에 申告하거나 申告한 事項에 關하여 變更을 加한 境遇에 準用한다.
제163조(특별조사기일의 송달) 법원은 특별조사기일을 정하는 결정을 한 때에는 그 결정서를 다음 각호의 자에게 송달하여야 한다. 1. 관리인 2. 채무자 3. 목록에 기재되거나 신고된 회생채권자·회생담보권자·주주·지분권자	第141條 (整理債權과 整理擔保權 調査의 特別期日) ①整理債權과 整理擔保權 調査의 特別期日을 定하는 決定은 管理人, 會社와 申告한 整理債權者, 整理擔保權者 및 株主에게 送達하여야 한다. ②前項의 送達은 書類를 郵便으로 發送하여 할 수 있다. ③第14條第3項과 第4項의 規定은 前項의 境遇에 準用한다. 第142條 (期日의 變更, 延期와 續行) 前條의 規定은 整理債權과 整理擔保權 調査의 期日의 變更과 整理債權, 整理擔保權調査의 延期와 續行에 準用한다. 그러나 宣告가 있을 때에는 送達을 要하지 아니한다.
제164조(관계인의 출석) ①개인인 채무자 또는 개인이 아닌 채무자의 대표	第136條 (關係人의 出席) ①會社의 代表理事는 整理債權과 整理擔保權調査

자는 특별조사기일에 출석하여 의견을 진술하여야 한다. 다만, 정당한 사유가 있는 때에는 대리인을 출석하게 할 수 있다.	의 期日에 出席하여 意見을 陳述하여야 한다. 그러나 正當한 事由가 있는 때에는 代理人을 出席하게 할 수 있다.
②목록에 기재되거나 신고된 회생채권자·회생담보권자·주주·지분권자나 그 대리인은 특별조사기일에 출석하여 다른 회생채권 또는 회생담보권에 관하여 이의를 할 수 있다. ③제1항 및 제2항의 규정에 의한 대리인은 대리권을 증명하는 서면을 제출하여야 한다.	②申告한 整理債權者, 整理擔保權者와 株主 또는 그 代理人은 前項의 調査의 期日에 出席하여 다른 整理債權 또는 整理擔保權에 關하여 異議를 할 수 있다. ③代理人은 代理權을 證明하는 書面을 提出하여야 한다.
제165조(관리인의 출석) 특별조사기일에 관리인이 출석하지 아니한 때에는 회생채권과 회생담보권을 조사하지 못한다.	第137條 (管理人의 出席) 整理債權과 整理擔保權의 調査는 管理人의 出席이 없으면 이를 하지 못한다.
제166조(회생채권 및 회생담보권 등의 확정) 조사기간 안에 또는 특별조사기일에 관리인·회생채권자·회생담보권자·주주·지분권자의 이의가 없는 때에는 다음 각호의 권리의 내용과 의결권의 액수가 확정되며, 우선권 있는 채권에 관하여는 우선권 있는 것이 확정된다. 1. 신고된 회생채권 및 회생담보권 2. 신고된 회생채권 또는 회생담보권이 없는 때에는 관리인이 제출한 목록에 기재되어 있는 회생채권 또는 회생담보권	第143條 (整理債權과 整理擔保權等의 確定) 整理債權과 整理擔保權 調査의 期日에 管理人, 整理債權者, 整理擔保權者와 株主의 異議가 없는 때에는 整理債權과 整理擔保權의 內容, 議決權의 額이 確定되며 優先權있는 債權 또는 後順位債權에 關하여는 優先權이 있는 것 또는 後順位인 것이 確定된다.
제167조(회생채권자표 및 회생담보권자표에의 기재) ①법원사무관등은 회생채권 및 회생담보권에 대한 조사결과를 회생채권자표 및 회생담보권자표	第144條 (整理債權者表와 整理擔保權者表에의 記載) ①法院은 整理債權과 整理擔保權 調査의 結果를 整理債權者表와 整理擔保權者表에 記載하여야 한다.

에 기재하여야 한다. 채무자가 제출한 이의도 또한 같다. ②법원사무관등은 확정된 회생채권 및 회생담보권의 증서에 확정된 뜻을 기재하고 법원의 인(印)을 찍어야 한다. ③법원사무관등은 회생채권자 또는 회생담보권자의 청구에 의하여 그 권리에 관한 회생채권자표 또는 회생담보권자표의 초본을 교부하여야 한다.	會社가 提出한 異議도 같다. ②法院書記官 또는 書記는 確定된 整理債權과 整理擔保權의 證書에 確定된 뜻을 記載하고 法院印을 押捺하여야 한다. 第147條 (整理債權 또는 整理擔保權確定의 訴) ④法院은 整理債權者 또는 整理擔保權者의 請求에 依하여 그 權利에 關한 整理債權者表 또는 整理擔保權者表의 抄本을 交付하여야 한다.
第168조(기재의 효력) 확정된 회생채권 및 회생담보권을 회생채권자표 및 회생담보권자표에 기재한 때에는 그 기재는 회생채권자·회생담보권자·주주·지분권자 전원에 대하여 확정판결과 동일한 효력이 있다.	第145條 (記載의 效力) 確定된 整理債權과 整理擔保權에 關하여는 整理債權者表와 整理擔保權者表의 記載는 整理債權者, 整理擔保權者와 株主의 全員에 對하여 確定判決과 同一한 效力이 있다.
第169조(이의의 통지) 회생채권 또는 회생담보권에 관하여 이의가 있는 때에는 법원은 이를 그 권리자에게 통지하여야 한다.	第146條 (異議의 通知) 整理債權者 또는 整理擔保權者가 整理債權과 整理擔保權 調査의 期日에 出席하지 아니한 境遇에 그 權利에 關하여 異議가 있는 때에는 法院은 이를 그 權利者에게 通知하여야 한다.
第170조(회생채권 및 회생담보권 조사확정의 재판) ①목록에 기재되거나 신고된 회생채권 및 회생담보권에 관하여 관리인·회생채권자·회생담보권자·주주·지분권자가 이의를 한 때에는 그 회생채권 또는 회생담보권(이하 이 편에서 "이의채권"이라 한다)을 보유한 권리자는 그 권리의 확정을 위하여 이의자 전원을 상대방으로 하여 법원에 채권조사확정의 재판(이하	

이 편에서 "채권조사확정재판"이라 한다)을 신청할 수 있다. 다만, 제172조 및 제174조의 경우에는 그러하지 아니하다. ②제1항 본문의 규정에 의한 신청은 조사기간의 말일 또는 특별조사기일부터 1월 이내에 하여야 한다. ③채권조사확정재판에서는 이의채권의 존부 또는 그 내용을 정한다. ④법원은 채권조사확정재판을 하는 때에는 이의자를 심문하여야 한다. ⑤법원은 채권조사확정재판의 결정서를 당사자에게 송달하여야 한다.	
제171조(채권조사확정재판에 대한 이의의 소) ①채권조사확정재판에 불복하는 자는 그 결정서의 송달을 받은 날부터 1월 이내에 이의의 소를 제기할 수 있다.	第147條 (整理債權 또는 整理擔保權確定의 訴) ①異議(會社의 異議는 除外한다)있는 整理債權 또는 整理擔保權에 關하여는 그 權利者는 그 異議者에 對하여 訴로써 그 權利의 確定을 請求할 수 있다. ②前項의 訴는 그 權利의 調査가 있은 날로부터 1月內에 提起하여야 한다.
②제1항의 소는 회생법원의 관할에 전속한다.	第148條 (整理債權 또는 整理擔保權 確定訴訟의 管轄) 整理債權 또는 整理擔保權確定의 訴는 整理法院의 管轄에 專屬한다.
③제1항의 소를 제기하는 자가 이의채권을 보유하는 권리자인 때에는 이의자 전원을 피고로 하고, 이의자인 때에는 그 회생채권자 또는 회생담보권자를 피고로 하여야 한다. ④제1항의 소의 변론은 결정서를 송달받은 날부터 1월을 경과한 후가 아니면 개시할 수 없다. ⑤동일한 이의채권에 관하여 여러 개의 소가 계속되어 있는 때에는 법	第147條 ③異議者가 數人 있을 때에는 이를 共同被告로 한다.

원은 변론을 병합하여야 한다.
⑥제1항의 소에 대하여 법원은 그 소가 부적법하여 각하하는 경우를 제외하고는 채권조사확정재판을 인가하거나 변경하는 판결을 하여야 한다.

제172조(이의채권에 관한 소송의 수계) ①회생절차개시 당시 이의채권에 관하여 소송이 계속하는 경우 회생채권자 또는 회생담보권자가 그 권리의 확정을 구하고자 하는 때에는 이의자 전원을 그 소송의 상대방으로 하여 소송절차를 수계하여야 한다.

②제167조제3항 및 제170조제2항의 규정은 제1항의 규정에 의하여 소송절차를 수계하기 위한 신청에 관하여 준용한다.

제173조(주장의 제한) 회생채권자 또는 회생담보권자는 채권조사확정재판, 제171조제1항의 규정에 의한 채권조사확정재판에 대한 이의의 소 및 제172조제1항의 규정에 의하여 수계한 소송절차에서 이의채권의 원인 및 내용에 관하여 회생채권자표 및 회생담보권자표에 기재된 사항만을 주장할 수 있다.

第149條 (異議있는 整理債權 또는 整理擔保權에 關한 訴訟의 受繼) ①第147條第1項에 揭記한 整理債權 또는 整理擔保權에 關하여 整理節次開始決定當時 訴訟이 係屬하는 境遇에 整理債權者 또는 整理擔保權者가 그 權利의 確定을 請求하고자 할 때에는 異議者를 相對로 하여 訴訟을 受繼하여야 한다.
②第147條第2項 乃至 第4項의 規定은 前項의 境遇에 準用한다.

第150條 (請求原因의 制限) 整理債權者 또는 整理擔保權者는 第144條第1項의 規定에 依하여 整理債權者表 또는 整理擔保權者表에 記載한 事項에 關하여서만 權利確定의 訴를 提起하거나 前條의 規定에 依하여 訴訟을 受繼할 수 있다.

第151條 (整理債權者等만의 異議主張方法)
①第147條第1項에 揭記한 整理債權 또는 整理擔保權中 整理債權者, 整理擔保權者 또는 株主만이 異議가 있는 것에 關하여는 異議者는 訴訟節次에 依하여서만 그 異議를 主張할 수 있다.
②第147條第2項 乃至 第4項과 第148條

乃至 前條의 規定은 前項의 境遇에 準用한다.

제174조(집행력있는 집행권원이 있는 채권 등에 대한 이의) ①이의채권중 집행력있는 집행권원 또는 종국판결이 있는 것에 대하여는 이의자는 채무자가 할 수 있는 소송절차에 의하여서만 이의를 주장할 수 있다.

②회생절차개시 당시 제1항의 규정에 의한 회생채권 또는 회생담보권에 관하여 법원에 소송이 계속하는 경우 이의자가 같은 항의 규정에 의한 이의를 주장하고자 하는 때에는 이의자는 그 회생채권 또는 회생담보권을 보유한 회생채권자 또는 회생담보권자를 상대방으로 하여 소송절차를 수계하여야 한다.

③제170조제2항의 규정은 제1항의 규정에 의한 이의의 주장 또는 제2항의 규정에 의한 수계에 대하여 준용하고, 제171조제4항 및 제5항과 제173조의 규정은 제1항과 제2항에 관하여 준용한다. 이 경우 제171조제4항 중 "결정서를 송달받은 날부터 1월"은 "이의채권에 관계되는 조사기간의 말일 또는 특별조사기일부터 1월의 불변기간"으로 본다.

④제3항의 규정에 의하여 준용하는 제170조제2항의 규정에 의한 기간안에 제1항의 규정에 의한 이의의 주장이나 제2항의 규정에 의한 수계가 행하여지지 아니한 경우 이의자가 회생채권자 또는 회생담보권자인 때에는 제161조제1항 또는 제164조제2항의 규정에 의한 이의는 없었던 것으로

第152條 (債務名義있는 債權等에 對한 異議主張方法) ①第147條第1項에 掲記한 整理債權 또는 整理擔保權中 執行力있는 債務名義 또는 終局判決이 있는 것에 關하여는 異議者는 會社가 할 수 있는 訴訟節次에 依하여서만 그 異議를 主張할 수 있다.

②第147條第2項 乃至 第4項, 第149條와 第150條의 規定은 前項의 境遇에 準用한다.

보며, 이의자가 관리인인 때에는 관리인이 그 회생채권 또는 회생담보권을 인정한 것으로 본다.

제175조(회생채권 및 회생담보권의 확정에 관한 소송결과의 기재) 법원사무관등은 관리인·회생채권자 또는 회생담보권자의 신청에 의하여 회생채권 또는 회생담보권의 확정에 관한 소송결과(채권조사확정재판에 대한 이의의 소가 제171조제1항의 규정에 의한 기간안에 제기되지 아니하거나 각하된 때에는 그 재판의 내용을 말한다)를 회생채권자표 및 회생담보권자표에 기재하여야 한다.

第153條 (整理債權 또는 整理擔保權確定訴訟의 結果의 記載) 法院은 管理人, 整理債權者, 整理擔保權者 또는 株主의 申請에 依하여 整理債權 또는 整理擔保權의 確定에 關한 訴訟의 結果를 整理債權者表 또는 整理擔保權者表에 記載하여야 한다.

제176조(회생채권 및 회생담보권의 확정에 관한 소송의 판결 등의 효력) ①회생채권 및 회생담보권의 확정에 관한 소송에 대한 판결은 회생채권자·회생담보권자·주주·지분권자 전원에 대하여 그 효력이 있다.
②채권조사확정재판에 대한 이의의 소가 제171조제1항의 규정에 의한 기간안에 제기되지 아니하거나 각하된 때에는 그 재판은 회생채권자·회생담보권자·주주·지분권자 전원에 대하여 확정판결과 동일한 효력이 있다.

第154條 (整理債權 또는 整理擔保權 確定訴訟의 判決의 效力) 整理債權 또는 整理擔保權의 確定에 關하여 한 判決은 整理債權者, 整理擔保權者와 株主의 全員에 對하여 그 效力이 있다.

제177조(소송비용의 상환) 채무자의 재산이 회생채권 또는 회생담보권의 확정에 관한 소송(채권조사확정재판을 포함한다)으로 이익을 받은 때에는 이의를 주장한 회생채권자 또는 회생담보권자, 주주·지분권자는 그 이익의 한도 안에서 공익채권자로서 소송

第155條 (訴訟費用의 償還) 會社財産이 整理債權 또는 整理擔保權의 確定에 關한 訴訟으로 利益을 받은 때에는 異議를 主張한 整理債權者, 整理擔保權者 또는 株主는 그 利益의 限度에서 共益債權者로서 訴訟費用의 償還을 請求할 수 있다.

비용의 상환을 청구할 수 있다.

채무자 회생 및 파산에 관한 법률	구법
第178조(회생채권 또는 회생담보권 확정소송의 목적의 가액) 회생채권 또는 회생담보권의 확정에 관한 소송의 목적의 가액은 회생계획으로 얻을 이익의 예정액을 표준으로 하여 회생법원이 정한다.	第156條 (整理債權 또는 整理擔保權 確定訴訟의 目的의 價額) 整理債權 또는 整理擔保權의 確定에 關한 訴訟의 目的의 價額은 整理計劃으로 얻을 利益의 豫定額을 標準으로 하여 整理法院이 定한다.
제4절 공익채권과 개시후기타채권	
第179조(공익채권이 되는 청구권) 다음 각호의 어느 하나에 해당하는 청구권은 공익채권으로 한다.	第208條 (共益債權) 다음에 規定된 請求權은 共益債權으로 한다.
1. 회생채권자, 회생담보권자와 주주·지분권자의 공동의 이익을 위하여 한 재판상 비용청구권	1. 整理債權者, 整理擔保權者와 株主의 共同利益을 爲하여 하는 裁判上의 費用
2. 회생절차개시 후의 채무자의 업무 및 재산의 관리와 처분에 관한 비용청구권.	2. 整理節次開始後의 會社의 事業의 經營과 財産의 管理 및 處分에 關한 費用
3. 회생계획의 수행을 위한 비용청구권. 다만, 회생절차종료 후에 생긴 것을 제외한다.	3. 整理計劃遂行에 關한 費用 그러나 整理節次終了後에 생긴 것은 除外한다.
4. 제30조 및 제31조의 규정에 의한 비용·보수·보상금 및 특별보상금청구권	4. 第284條와 第286條의 規定에 依하여 支給하여야 할 報酬, 費用과 報償金
5. 채무자의 업무 및 재산에 관하여 관리인이 회생절차개시 후에 한 자금의 차입 그 밖의 행위로 인하여 생긴 청구권	5. 會社의 業務와 財産에 關하여 管理人이 權限에 依하여 한 資金의 借入 其他의 行爲로 因하여 생긴 請求權
6. 사무관리 또는 부당이득으로 인하여 회생절차개시 이후 채무자에 대하여 생긴 청구권	6. 事務管理 또는 不當利得으로 整理節次開始後 會社에 對하여 생긴 請求權
7. 제119조제1항의 규정에 의하여 관리인이 채무의 이행을 하는 때에 상대방이 갖는 청구권	7. 第103條第1項의 規定에 依하여 管理人이 債務의 履行을 하는 境遇에 相對方이 가진 請求權

8. 계속적 공급의무를 부담하는 쌍무계약의 상대방이 회생절차개시신청 후 회생절차개시 전까지 한 공급으로 생긴 청구권	8. 繼續的 供給義務를 負擔하는 雙務契約의 相對方이 整理節次 開始申請후 整理節次 開始전까지의 사이에 한 供給으로 생긴 請求權
9. 다음 각목의 조세로서 회생절차개시 당시 아직 납부기한이 도래하지 아니한 것 가. 원천징수하는 조세. 다만, 법인세법 제67조(소득처분)의 규정에 의하여 대표자에게 귀속된 것으로 보는 상여에 대한 조세는 원천징수된 것에 한한다. 나. 부가가치세·개별소비세 및 주세 다. 본세의 부과징수의 예에 따라 부과징수하는 교육세 및 농어촌특별세 라. 특별징수의무자가 징수하여 납부하여야 하는 지방세	9. 整理債權중 源泉徵收하는 租稅·附加價値稅·特別消費稅·酒稅·交通稅 및 本稅의 賦課·徵收의 예에 따라 賦課·徵收하는 教育稅·農漁村特別稅와 特別徵收 義務者가 徵收하여 納付하여야 할 地方稅로서 整理節次開始 당시 아직 納付期限이 경과하거나 到來하지 아니한 것
10. 채무자의 근로자의 임금·퇴직금 및 재해보상금	10. 會社의 勤勞者의 給料·退職金 및 災害補償金
11. 회생절차개시전의 원인으로 생긴 채무자의 근로자의 임치금 및 신원보증금의 반환청구권	11. 整理節次 開始전의 原因으로 생긴 會社의 勤勞者의 任置金과 身元保證金의 返還請求權
12. 채무자 또는 보전관리인이 회생절차개시신청 후 그 개시 전에 법원의 허가를 받아 행한 자금의 차입, 자재의 구입 그 밖에 채무자의 사업을 계속하는 데에 불가결한 행위로 인하여 생긴 청구권	12. 會社 또는 保全管理人이 整理節次 開始申請후 그 開始전에 法院의 許可를 얻어 資金의 借入, 資材의 購入, 기타 會社事業의 계속에 不可缺한 行爲를 함으로 인하여 생긴 請求權
13. 제21조제3항의 규정에 의하여 법원이 결정한 채권자협의회의 활동에 필요한 비용	
14. 제1호 내지 제13호에 규정된 것 외의 것으로서 채무자를 위하여 지출하여야 하는 부득이한 비용	13. 會社를 위하여 支出하여야 할 不得已한 費用으로 第1號 내지 第12號에 게기한 이외의 것

제180조(공익채권의 변제 등) ①공익채권은 회생절차에 의하지 아니하고 수시로 변제한다. ②공익채권은 회생채권과 회생담보권에 우선하여 변제한다. ③법원은 다음 각호의 어느 하나에 해당하는 때에는 관리인의 신청에 의하거나 직권으로 담보를 제공하게 하거나 담보를 제공하게 하지 아니하고 공익채권에 기하여 채무자의 재산에 대하여 한 강제집행 또는 가압류의 중지나 취소를 명할 수 있다. 1. 그 강제집행 또는 가압류가 회생에 현저하게 지장을 초래하고 채무자에게 환가하기 쉬운 다른 재산이 있는 때 2. 채무자의 재산이 공익채권의 총액을 변제하기에 부족한 것이 명백하게 된 때 ④법원은 제3항의 규정에 의한 중지명령을 변경하거나 취소할 수 있다. ⑤제3항의 규정에 의한 중지 또는 취소의 명령과 제4항의 규정에 의한 결정에 대하여는 즉시항고를 할 수 있다. ⑥제5항의 즉시항고는 집행정지의 효력이 없다.	第209條 (共益債權의 辨濟) ①共益債權은 整理節次에 依하지 아니하고 隨時로 辨濟한다. ②共益債權은 整理債權과 整理擔保權에 優先하여 辨濟한다.
⑦채무자의 재산이 공익채권의 총액을 변제하기에 부족한 것이 명백하게 된 때에는 공익채권은 법령에 정하는 우선권에 불구하고 아직 변제하지 아니한 채권액의 비율에 따라 변제한다. 다만, 공익채권을 위한 유치권·질권·저당권·전세권 및 우선특권의 효력에는 영향을 미치지 아니한다.	第210條 (會社財産不足의 境遇의 辨濟方法) 會社財産이 共益債權의 總額을 辨濟하기에 不足한 것이 明白하게 된 때에는 共益債權은 法令에 定하는 優先權에 不拘하고 아직 辨濟하지 아니한 債權額의 比率에 따라 辨濟한다. 그러나 共益債權에 關하여 存在하는 留置權, 質權, 抵當權, 傳貰權과 優先特權의 效力에 影響을 미치지 아니한다.

제181조(개시후기타채권) ①회생절차 개시 이후의 원인에 기하여 발생한 재산상의 청구권으로서 공익채권, 회생채권 또는 회생담보권이 아닌 청구권(이하 "개시후기타채권"이라 한다)에 관하여는, 회생절차가 개시된 때부터 회생계획으로 정하여진 변제기간이 만료하는 때(회생계획인가의 결정 전에 회생절차가 종료된 경우에는 회생절차가 종료된 때, 그 기간만료 전에 회생계획에 기한 변제가 완료된 경우에는 변제가 완료된 때를 말한다)까지의 사이에는 변제를 하거나 변제를 받는 행위 그밖에 이를 소멸시키는 행위(면제를 제외한다)를 할 수 없다.

②제1항에 규정된 기간 중에는 개시후기타채권에 기한 채무자의 재산에 대한 강제집행, 가압류, 가처분 또는 담보권 실행을 위한 경매의 신청을 할 수 없다.

제5장 관계인집회

제182조(기일의 통지) ①법원은 다음 각호의 자에게 관계인집회의 기일을 통지하여야 한다.

1. 관리인
2. 조사위원
3. 채무자
4. 목록에 기재되어 있거나 신고한 회생채권자·회생담보권자·주주·지분권자
5. 회생을 위하여 채무를 부담하거나 담보를 제공한 자가 있는 때에는 그 자

第164條 (期日의 召喚) ①關係人集會의 期日에는 管理人, 調査委員, 會社, 申告한 整理債權者·整理擔保權者 및 株主와 整理를 爲하여 債務를 負擔하거나 擔保를 提供한 者가 있는 때에는 그 者를 召喚하여야 한다.

②제1항의 규정에 불구하고 의결권을 행사할 수 없는 회생채권자·회생담보권자·주주·지분권자에게는 관계인집회의 기일을 통지하지 아니할 수 있으며, 제1회 관계인집회의 경우에는 제51조제2항에 의하여 송달을 받은 자에게도 관계인집회의 기일을 통지하지 아니할 수 있다.	②前項의 規定에 不拘하고 議決權을 行使할 수 없는 整理債權者, 整理擔保權者와 株主는 召喚하지 아니할 수 있다. 第1回의 關係人集會에 關하여는 第47條第2項의 規定에 依하여 送達을 받은 者도 같다.
제183조(기일의 통지) 법원은 주식회사인 채무자의 업무를 감독하는 행정청과 법무부장관 및 금융감독위원회에게 관계인집회의 기일을 통지하여야 한다.	第165條 (期日의 通知) 關係人集會의 期日은 會社의 業務를 監督하는 行政廳, 法務部長官과 金融監督委員會에 通知하여야 한다.
제184조(법원의 지휘) 관계인집회는 법원이 지휘한다.	第166條 (法院의 指揮) 關係人集會는 法院이 指揮한다.
제185조(기일과 목적의 공고) ①법원은 관계인집회의 기일과 회의의 목적인 사항을 공고하여야 한다. ②관계인집회의 연기 또는 속행에 관하여 선고가 있는 때에는 송달 또는 공고를 하지 아니하여도 된다.	第167條 (期日과 目的의 公告) ①法院은 關係人集會의 期日과 會議의 目的인 事項을 公告하여야 한다. ②關係人集會의 延期 또는 續行에 關하여 宣告가 있은 때에는 送達 또는 公告를 要하지 아니한다.
제186조(관계인집회의 기일과 특별조사기일의 병합) 법원은 상당하다고 인정하는 때에는 관리인의 신청에 의하거나 직권으로 관계인집회의 기일과 특별조사기일을 병합할 수 있다.	第168條 (期日의 倂合) 法院은 相當하다고 認定하는 때에는 管理人의 申請에 依하여 또는 職權으로 關係人集會와 整理債權 및 整理擔保權 調査의 各 期日을 倂合할 수 있다.
제187조(의결권에 대한 이의) 다음 각 호의 자는 관계인집회에서 회생채권자·회생담보권자·주주·지분권자의 의결권에 관하여 이의를 할 수 있다. 다만, 이 편 제4장제3절의 규정에 의	第169條 (議決權에 對한 異議) 管理人과 申告한 整理債權者, 整理擔保權者 및 株主는 整理債權者, 整理擔保權者와 株主의 議決權에 關하여 異議를 陳述할 수 있다. 그러나 前章의 調査節次에 있

한 조사절차에서 확정된 회생채권 또는 회생담보권을 가진 회생채권자 또는 회생담보권자의 의결권에 관하여는 그러하지 아니하다. 1. 관리인 2. 목록에 기재되어 있거나 신고된 회생채권자·회생담보권자·주주·지분권자	어서 確定된 整理債權과 整理擔保權을 가진 整理債權者와 整理擔保權者의 議決權에 關하여는 그러하지 아니하다.
제188조(의결권의 행사) ①확정된 회생채권 또는 회생담보권을 가진 회생채권자 또는 회생담보권자는 그 확정된 액이나 수에 따라, 이의없는 의결권을 가진 주주·지분권자는 목록에 기재되거나 신고한 액이나 수에 따라 의결권을 행사할 수 있다.	第170條 (議決權의 行使) ①確定된 整理債權 및 整理擔保權과 異議없는 議決權을 가진 整理債權者, 整理擔保權者 및 株主는 그 確定額 또는 申告한 額이나 數에 따라 議決權을 行使할 수 있다.
②법원은 이의있는 권리에 관하여는 의결권을 행사하게 할 것인지 여부와 의결권을 행사하게 할 액 또는 수를 결정한다.	②異議있는 權利에 關하여는 法院이 議決權을 行使하게 할 것인가의 與否와 議決權을 行使하게 할 額 또는 數를 定한다.
③법원은 이해관계인의 신청에 의하거나 직권으로 언제든지 제2항의 규정에 의한 결정을 변경할 수 있다.	③法院은 利害關係人의 申請에 依하여 또는 職權으로 언제든지 前項의 規定에 依한 決定을 變更할 수 있다.
④제2항 및 제3항의 규정에 의한 결정은 송달을 하지 아니하여도 된다.	④前2項의 規定에 依한 決定은 그 宣告가 있은 때에는 送達을 要하지 아니한다.
제189조(의결권의 불통일행사) ①의결권자는 의결권을 통일하지 아니하고 행사할 수 있다. ②제1항의 경우 의결권자는 관계인집회 7일 전까지 법원에 그 취지를 서면으로 신고하여야 한다.	
제190조(부당한 의결권자의 배제) ①법원은 권리취득의 시기, 대가 그 밖의 사정으로 보아 의결권을 가진 회생채	第171條 (不當한 議決權者의 排除) ①法院은 權利取得의 時期, 對價 其他의 事情으로 보아 議決權을 가진 整理債權

권자·회생담보권자·주주·지분권자가 결의에 관하여 재산상의 이익을 수수하는 등 부당한 이익을 얻을 목적으로 그 권리를 취득한 것으로 인정되는 때에는 그에 대하여 그 의결권을 행사하지 못하게 할 수 있다. ②법원은 제1항의 규정에 의한 처분을 하기 전에 그 의결권자를 심문하여야 한다.	者, 整理擔保權者 또는 株主가 關係人集會의 決議에 關하여 財産上의 利益을 收受하는 等 不當한 利益을 얻을 目的으로 그 權利를 取得한 것으로 認定하는 때에는 그에 對하여 그 議決權을 行使하지 못하게 할 수 있다. ②法院은 前項의 處分을 하기 前에 그 議決權者를 審問하여야 한다.
제191조(의결권을 행사할 수 없는 자) 다음 각호의 어느 하나에 해당하는 자는 의결권을 행사하지 못한다. 1. 회생계획으로 그 권리에 영향을 받지 아니하는 자 2. 제140조제1항 및 제2항의 청구권을 가지는 자 3. 제118조제2호 내지 제4호의 청구권을 가지는 자 4. 제188조 및 제190조의 규정에 의하여 의결권을 행사할 수 없는 자 5. 제244조제2항의 규정에 의하여 보호되는 자	第172條 (議決權을 行使할 수 없는 者) 前2條의 規定에 依하여 議決權을 行使할 수 없는 者外에 다음에 揭記하는 者는 議決權을 行使하지 못한다. 1. 整理計劃으로 그 權利에 影響을 받지 아니한 者 2. 第121條第1項第5號와 第122條第1項에 揭記한 請求權을 가진 者 3. 第234條第2項의 規定에 依하여 그 保護가 定하여져 있는 者
제192조(의결권의 대리행사) ①회생채권자·회생담보권자·주주·지분권자는 대리인에 의하여 그 의결권을 행사할 수 있다. 이 경우 대리인은 대리권을 증명하는 서면을 제출하여야 한다. ②대리인이 위임받은 의결권을 통일하지 아니하고 행사하는 경우에는 제189조 제2항을 준용한다.	第173條 (議決權의 代理行使) 整理債權者, 整理擔保權者와 株主는 代理人에 依하여 그 議決權을 行使할 수 있다. 이 境遇에는 代理人은 代理權을 證明하는 書面을 提出하여야 한다.

제6장 회생계획

제1절 회생계획의 내용

제193조(회생계획의 내용) ①회생계획에는 다음 각호의 사항을 정하여야 한다.
1. 회생채권자·회생담보권자·주주·지분권자의 권리의 전부 또는 일부의 변경
2. 공익채권의 변제
3. 채무의 변제자금의 조달방법
4. 회생계획에서 예상된 액을 넘는 수익금의 용도
5. 알고 있는 개시후기타채권이 있는 때에는 그 내용

②회생계획에는 다음 각호의 사항을 정할 수 있다.
1. 영업이나 재산의 양도, 출자나 임대, 경영의 위임
2. 정관의 변경
3. 이사·대표이사(채무자가 주식회사가 아닌 때에는 채무자를 대표할 권한이 있는 자를 포함한다)의 변경
4. 자본의 감소
5. 신주나 사채의 발행
6. 주식의 포괄적 교환 및 이전, 합병, 분할, 분할합병
7. 해산
8. 신회사의 설립
9. 그 밖에 회생을 위하여 필요한 사항

③제1회 관계인집회의 기일 전날까지 전부 또는 일부의 채권자들 사이에 그들이 가진 채권의 변제순위에 관한 합의가 되어 있는 때에는 회생계획안중 다른 채권자를 해하지 아니하는

第211條 (整理計劃의 條項) ①整理計劃에서는 全部 또는 一部의 整理債權者, 整理擔保權者 또는 株主의 權利를 變更하는 條項과 共益債權의 辨濟에 關한 條項을 定하여야 한다. 債務의 辨濟資金의 調達方法과 計劃에서 豫想된 額을 넘은 收益金의 用途에 關한 條項에 關하여도 같다.

②計劃에서는 營業이나 財産의 讓渡, 出資나 賃貸, 事業의 經營의 委任, 定款의 變更, 理事, 代表理事나 監事의 變更, 資本의 減少, 新株나 社債의 發行, 合併, 分割, 分割合併, 解散 또는 新會社의 設立에 關한 條項 其他 整理를 爲하여 必要한 條項을 定할 수 있다.

第228條 (條件의 差等) ③제1회의 관계인집회의 기일 전날까지 전부 또는 일부의 채권자 사이에서 그들이 가진 채권의 변제순위에 관한 합의가 되어 있는 경우 정리계획안중 다른 채권자를

범위 안에서 변제순위에 관한 합의가 되어 있는 채권에 관한 한 그에 반하는 규정을 정하여서는 아니된다. 이 경우 채권자들은 합의를 증명하는 자료를 제1회 관계인집회의 기일 전날까지 법원에 제출하여야 한다.	해하지 아니하는 범위안에서 합의한 채권자가 가진 당해 채권에 관한 한 그에 반하는 규정을 정하여서는 아니된다. 이 경우 채권자는 합의를 증명하는 자료를 제1회의 관계인집회의 기일 전날까지 법원에 제출하여야 한다.
제194조(회생채권자 등의 권리) ① 회생채권자·회생담보권자·주주·지분권자의 권리를 변경하는 때에는 회생계획에 변경되는 권리를 명시하고, 변경후의 권리의 내용을 정하여야 한다. ② 회생채권자·회생담보권자·주주·지분권자로서 회생계획에 의하여 그 권리에 영향을 받지 아니하는 자가 있는 때에는 그 자의 권리를 명시하여야 한다.	第212條 (整理債權者等의 權利) ①整理債權者, 整理擔保權者 또는 株主의 權利를 變更하는 때에는 變更될 權利를 明示하고 또 變更後의 權利의 內容을 定하여야 한다. ②整理債權者, 整理擔保權者 또는 株主로서 整理計劃으로 그 權利에 影響을 받지 아니하는 者가 있는 때에는 그 者의 權利를 明示하여야 한다.
제195조(채무의 기한) 회생계획에 의하여 채무를 부담하거나 채무의 기한을 유예하는 경우 그 채무의 기한은 담보가 있는 때에는 그 담보물의 존속기간을 넘지 못하며, 담보가 없거나 담보물의 존속기간을 판정할 수 없는 때에는 10년을 넘지 못한다. 다만, 회생계획의 정함에 의하여 사채를 발행하는 경우에는 그러하지 아니하다.	第213條 (債務의 期限) 整理計劃에 依하여 債務가 負擔되거나 債務의 期限이 猶豫되는 境遇에 그 債務의 期限은 擔保가 있는 때에는 그 擔保物의 耐用期間, 擔保가 없는 때 또는 擔保物의 耐用期間을 判定할 수 없는 때에는 10年을 넘지 못한다.
제196조(담보의 제공과 채무의 부담) ① 채무자 또는 채무자 외의 자가 회생을 위하여 담보를 제공하는 때에는 회생계획에 담보를 제공하는 자를 명시하고 담보권의 내용을 정하여야 한다. ② 채무자 외의 자가 채무를 인수하거나 보증인이 되는 등 회생을 위하여 채무를 부담하는 때에는 회생계획	第214條 (擔保의 提供과 債務의 負擔) ①會社 또는 會社 以外의 者가 整理를 爲하여 擔保를 提供하는 때에는 擔保를 提供하는 者를 明示하고 또 擔保權의 內容을 定하여야 한다. ②會社 以外의 者가 債務를 引受하거나 保證人이 되는 等 整理를 爲하여 債務를 負擔하는 때에는 그 者를 明示하고

에 그 자를 명시하고 그 채무의 내용을 정하여야 한다.	또 그 債務의 內容을 定하여야 한다.
제197조(미확정의 회생채권 등) ①이의 있는 회생채권 또는 회생담보권으로서 그 확정절차가 종결되지 아니한 것이 있는 때에는 그 권리확정의 가능성을 고려하여 회생계획에 이에 대한 적당한 조치를 정하여야 한다. ②회생계획에는 제109조제2항의 규정에 의하여 신고할 수 있는 채권에 관하여 적당한 조치를 정하여야 한다.	第215條 (未確定의 整理債權等) 異議있는 整理債權 또는 整理擔保權으로서 그 確定節次가 終結되지 아니한 것이 있는 때에는 그 權利確定의 可能性을 考慮하여 이에 對한 適確한 措置를 定하여야 한다.
제198조(변제한 회생채권 등) 회생채권 및 회생담보권 중 제131조단서, 제132조제1항 및 제2항의 규정에 의하여 변제한 것은 회생계획에 이를 명시하여야 한다.	第215條의2 (辨濟한 整理債權등) 整理債權 및 整理擔保權중 第112條의2第1項 및 第2項의 規定에 의하여 辨濟한 것은 이를 明示하여야 한다.
제199조(공익채권) 공익채권에 관하여는 회생계획에 이미 변제한 것을 명시하고 장래 변제할 것에 관하여 정하여야 한다.	第216條 (共益債權) 共益債權에 關하여는 이미 辨濟한 것을 明示하고 또 將來 辨濟할 것에 關하여 合理的인 規定을 定하여야 한다.
제200조(영업 또는 재산의 양도 등) ① 다음 각호의 어느 하나에 해당하는 경우에는 회생계획에 그 목적물·대가·상대방 그 밖의 사항을 정하여야 한다. 1. 채무자의 영업이나 재산의 전부나 일부를 양도·출자 또는 임대하는 경우 2. 채무자의 사업의 경영의 전부나 일부를 위임하는 경우 3. 타인과 영업의 손익을 같이 하는 계약 그 밖에 이에 준하는 계약을 체결·변경 또는 해약하는 경우	第217條 (營業 또는 財産의 讓渡等) 會社의 營業이나 財産의 全部나 一部를 讓渡, 出資 또는 賃貸하거나, 會社의 事業의 經營의 全部나 一部를 委任하거나, 他人과 營業의 損益을 같이 하는 契約 其他 이에 準할 契約을 締結, 變更 또는 解約하거나, 他人의 營業이나 財産의 全部나 一部를 讓受하는 때에는 그 目的物, 對價, 相對方 其他의 事項을 定하고 對價를 整理債權者, 整理擔保權者 또는 株主에게 分配하는 때에는 그 分配의 方法도 定하여야 한다.

4. 타인의 영업이나 재산의 전부나 일부를 양수하는 경우

②제1항의 경우 대가를 회생채권자·회생담보권자·주주·지분권자에게 분배하는 때에는 그 분배의 방법도 정하여야 한다.

제201조(분쟁이 해결되지 아니한 권리) 채무자에게 속하는 권리로서 분쟁이 해결되지 아니한 것이 있는 때에는 회생계획에 화해나 조정의 수락에 관한 사항을 정하거나 관리인에 의한 소송의 수행 그 밖에 권리의 실행에 관한 방법을 정하여야 한다.	第218條 (紛爭이 解決 안된 權利) 會社에 屬하는 權利로서 紛爭이 解決되지 아니한 것이 있는 때에는 和解나 調停의 受諾에 關한 事項을 定하거나 管理人에 依한 訴訟의 遂行 其他 權利의 實行에 關한 確實한 方法을 定하여야 한다.
제202조(정관의 변경) 채무자의 정관을 변경하는 때에는 회생계획에 그 변경의 내용을 정하여야 한다.	第219條 (定款의 變更) 會社의 定款을 變更하는 때에는 그 變更의 內容을 定하여야 한다.
제203조(이사 등의 변경) ①법인인 채무자의 이사를 선임하거나 대표이사(채무자가 주식회사가 아닌 때에는 채무자를 대표할 권한이 있는 자를 포함한다. 이하 이 조에서 "대표이사"라 한다)를 선정하는 때에는 회생계획에 선임이나 선정될 자와 임기 또는 선임이나 선정의 방법과 임기를 정하여야 한다.	第220條 (理事等의 變更) ①會社의 理事 또는 監事를 選任하거나 會社의 代表理事를 選定하는 때에는 選任이나 選定될 者와 任期 또는 選任이나 選定의 方法과 任期를 定하여야 한다.
②법인인 채무자의 이사 또는 대표이사 중 유임하게 할 자가 있는 때에는 회생계획에 그 자와 임기를 정하여야 한다. 다만, 이사 또는 대표이사에 의한 채무자 재산의 도피, 은닉 또는 고의적인 부실경영 등의 원인에 의하여 회생절차가 개시된 때에는 유임하게 할 수 없다.	②會社의 理事, 代表理事 또는 監事中 留任하게 할 者가 있는 때에는 그 者와 任期를 定하여야 한다. 그러나 整理節次 開始의 原因이 理事, 代表理事 또는 監事의 會社財産의 逃避·隱匿 또는 故意的인 不實經營등의 行爲에 起因한 경우에는 留任하게 할 수 없다.

③제1항 및 제2항의 경우 여럿의 대표이사에게 공동으로 채무자를 대표하게 하는 때에는 회생계획에 그 뜻을 정하여야 한다.	③前2項의 境遇에 數人의 代表理事에게 共同으로 會社를 代表하게 할 때에는 그 뜻을 定하여야 한다.
④법인인 채무자의 감사는 채권자협의회의 의견을 들어 법원이 이를 선임한다. 이 경우에 임기를 정하여야 한다.	
⑤제1항 및 제2항의 규정에 의한 이사의 임기는 1년을 넘지 못한다.	④第1項과 第2項에 定하는 任期는 1年을 넘지 못한다.
제204조(이사 등의 선임 등에 관한 사항) 법인인 채무자 또는 신회사(합병 또는 분할합병으로 인하여 설립되는 신회사를 제외한다)의 이사·대표이사 또는 감사의 선임·선정 또는 유임이나 그 선임 또는 선정의 방법에 관한 회생계획은 형평에 맞아야 하며, 회생채권자·회생담보권자·주주·지분권자 일반의 이익에 합치하여야 한다.	第230條 (理事等의 選任等에 關한 規定) 會社 또는 新會社(合併 또는 分割合併으로 因하여 設立되는 新會社를 除外한다)의 理事, 代表理事나 監事의 選任, 選定이나 留任 또는 그 選任이나 選定의 方法에 關한 整理計劃의 規定은 衡平하고도 整理債權者, 整理擔保權者와 株主의 一般의 利益에 合致하는 것이어야 한다.
제205조(주식회사 또는 유한회사의 자본감소) ①주식회사인 채무자의 자본을 감소하는 때에는 회생계획에 다음 각호의 사항을 정하여야 한다.	第221條 (資本의 減少) ①會社의 資本을 減少하는 때에는 다음에 揭記하는 事項을 定하여야 한다.
1. 감소할 자본의 액	1. 減少할 資本의 額
2. 자본감소의 방법	2. 資本減少의 方法
②제1항의 규정에 의한 자본감소는 채무자의 자산 및 부채와 채무자의 수익능력을 참작하여 정하여야 한다.	②第1項의 規定에 의한 資本의 감소는 會社의 資産과 負債, 會社의 收益力을 참작하여 정하여야 한다.
③회생절차개시 당시 주식회사인 채무자의 부채총액이 자산총액을 초과하는 때에는 회생계획에 발행주식의 2분의 1 이상을 소각하거나 2주 이상을 1주로 병합하는 방법으로 자본을 감소할 것을 정하여야 한다.	③整理節次開始 당시의 會社의 負債의 總額이 資産의 總額을 초과하는 경우에는 會社發行株式의 2分의 1이상을 消却하는 방법으로 資本을 감소할 것을 정하여야 한다.

④주식회사인 채무자의 이사나 지배인의 중대한 책임이 있는 행위로 인하여 회생절차개시의 원인이 발생한 때에는 회생계획에 그 행위에 상당한 영향력을 행사한 주주 및 그 친족 그 밖에 대통령령이 정하는 범위의 특수관계에 있는 주주가 가진 주식의 3분의 2 이상을 소각하거나 3주 이상을 1주로 병합하는 방법으로 자본을 감소할 것을 정하여야 한다.	④會社의 理事나 이에 준하는 者 또는 支配人의 중대한 責任이 있는 행위로 인하여 整理節次開始의 원인이 발생한 경우에는 그 행위에 상당한 影響力을 행사한 株主 및 그 親族 기타 大法院規則이 정하는 特殊關係에 있는 株主가 가진 株式 3分의 2이상을 消却하는 방법으로 資本을 감소할 것을 정하여야 한다.
⑤제4항의 규정에 의한 자본감소 후 제206조의 규정에 의하여 신주를 발행하는 때에는 제4항의 규정에 의한 주주는 신주를 인수할 수 없다. 다만, 제4항의 규정에 의한 주주에 대하여 상법 제340조의2(주식매수선택권)의 규정에 의한 주식매수선택권을 부여할 수 있다.	⑤第4項의 규정에 의한 資本減少後 第222條에 의하여 新株를 發行하는 경우에 第4項에 규정한 株主는 新株를 引受할 수 없다.
⑥제1항 내지 제4항 및 제5항 본문의 규정은 유한회사의 경우에 준용한다.	
第206조(주식회사 또는 유한회사의 신주발행) ①주식회사인 채무자가 회생채권자·회생담보권자 또는 주주에 대하여 새로 납입 또는 현물출자를 하게 하지 아니하고 신주를 발행하는 때에는 회생계획에 다음 각호의 사항을 정하여야 한다.	第222條 (新株의 發行) ①會社가 整理債權者, 整理擔保權者 또는 株主에 對하여 새로 納入 또는 現物出資를 하게 하지 아니하고 新株를 發行하는 때에는 다음에 揭記하는 事項을 定하여야 한다.
1. 신주의 종류와 수	1. 新株의 種類와 數
2. 신주의 배정에 관한 사항	2. 新株의 配定에 關한 事項
3. 신주의 발행으로 인하여 증가하게 되는 자본과 준비금의 액	3. 新株의 發行으로 因하여 增加할 資本과 準備金의 額
4. 신주의 발행으로 감소하게 되는 부채액	
②주식회사인 채무자가 회생채권자·회생담보권자 또는 주주로 하여금 새	②會社가 整理債權者, 整理擔保權者 또는 株主에 對하여 새로 納入 또는 現物

로 납입 또는 현물출자를 하게 하고 신주를 발행하는 때에는 회생계획에 다음 각호의 사항을 정하여야 한다.	出資를 하게 하고 新株를 發行하는 때에는 다음에 揭記하는 事項을 定하여야 한다.
1. 제1항제1호 및 제3호의 사항	1. 前項第1號와 第3號에 揭記한 事項
2. 납입금액 그 밖에 신주의 배정에 관한 사항과 신주의 납입기일	2. 納入金額 其他 新株의 配定에 關한 事項과 新株의 納入期日(이 期日은 整理計劃認可의 決定이 있은 날로부터 3月以上을 經過한 날이어야 한다)
3. 새로 현물출자를 하는 자가 있는 때에는 그 자, 출자의 목적인 재산, 그 가격과 이에 대하여 부여할 주식의 종류와 수	3. 새로 現物出資를 하는 者가 있을 때에는 그 者, 出資의 目的인 財産, 그 價格과 이에 對하여 附與할 株式의 種類와 數
③제1항 및 제2항의 경우를 제외하고 주식회사인 채무자가 신주를 발행하는 때에는 회생계획에 다음 각호의 사항을 정하여야 한다.	③前2項에 定하는 境遇를 除外하고 會社가 新株를 發行하는 때에는 다음에 揭記하는 事項을 定하여야 한다.
1. 제1항제1호의 사항	1. 第1項第1號에 揭記한 事項
2. 제2항제3호의 사항	2. 前項第3號에 揭記한 事項
3. 신주의 발행가액과 납입기일	3. 新株의 發行價額과 納入期日(이 期日은 計劃認可의 決定이 있은 날로부터 3月以上을 經過한 날이어야 한다)
4. 신주의 발행가액중 자본에 추가되지 아니하는 금액	
④제1항의 규정에 의하여 신주를 발행하는 경우에는 다음 각호의 규정을 적용하지 아니한다.	
1. 은행법 제37조 및 제38조 제1호	
2. 보험업법 제19조	
3. 종합금융회사에관한법률 제17조	
4. 금융산업의구조개선에관한법률 제24조	
5. 그 밖의 금융기관(금융기관부실자산등의효율적처리및한국자산관리공사의설립에관한법률 제2조 및 금융산업의구조개선에관한법률 제2조에 의한 금융기관을 말한다)	

의 출자, 유가증권취득 및 재산운용을 제한하는 내용의 법령

⑤제1항 내지 제3항의 규정은 유한회사의 경우에 준용한다

제207조(주식회사의 주식의 포괄적 교환) 주식회사인 채무자가 다른 회사와 주식의 포괄적 교환을 하는 때에는 회생계획에 다음 각호의 사항을 정하여야 한다.

1. 다른 회사의 상호
2. 다른 회사가 상법 제360조의2(주식의 포괄적 교환에 의한 완전모회사의 설립)제1항의 규정에 의한 완전모회사(이하 "완전모회사"라 한다)로 되는 경우 그 회사가 주식의 포괄적 교환에 의하여 정관을 변경하는 때에는 그 규정
3. 완전모회사로 되는 회사가 주식의 포괄적 교환을 위하여 발행하는 신주의 총수·종류 및 종류별 주식의 수와 상법 제360조의2(주식의 포괄적 교환에 의한 완전모회사의 설립)제1항의 규정에 의한 완전자회사(이하 "완전자회사"라 한다)가 되는 회사의 주주에 대한 신주의 배정에 관한 사항
4. 완전모회사로 되는 회사의 증가하게 되는 자본의 액과 준비금에 관한 사항
5. 다른 회사의 주주에게 금전을 지급하거나 사채를 배정할 것을 정하는 때에는 그 규정
6. 다른 회사의 주식의 포괄적 교환계약서 승인결의를 위한 주주총회의 일시(그 회사가 주주총회의

승인을 얻지 아니하고 주식의 포괄적 교환을 하는 때에는 그 뜻)
7. 주식의 포괄적 교환을 하는 날
8. 다른 회사가 주식의 포괄적 교환을 하는 날까지 이익을 배당하거나 상법 第462조의3(중간배당)제1항의 규정에 의하여 금전으로 이익배당을 하는 때에는 그 한도액
9. 상법 第360조의6(신주발행에 갈음할 자기주식의 이전)의 규정에 의하여 완전모회사가 되는 회사가 자기의 주식을 이전하는 때에는 이전할 주식의 총수 및 종류와 종류별 주식의 수
10. 완전모회사가 되는 회사에 취임하는 이사 및 감사를 정하는 때에는 그 성명 및 주민등록번호

第208조(주식회사의 주식의 포괄적 이전) 주식회사인 채무자가 주식의 포괄적 이전을 하여 완전모회사인 신회사를 설립하는 때에는 회생계획에 다음 각호의 사항을 정하여야 한다.
1. 신회사의 상호
2. 신회사의 정관의 규정
3. 신회사가 주식의 포괄적 이전을 위하여 발행하는 주식의 종류 및 수와 완전자회사가 되는 채무자의 회생채권자·회생담보권자 또는 주주에 대한 주식의 배정에 관한 사항
4. 신회사의 자본의 액과 준비금에 관한 사항
5. 완전자회사가 되는 채무자의 주주에게 금전을 지급하거나 사채를 배정할 것을 정하는 때에는 그 규정

6. 주식의 포괄적 이전을 하는 시기
7. 완전자회사가 되는 채무자가 주식의 포괄적 이전의 날까지 이익을 배당하거나 상법 제462조의3(중간배당)제1항의 규정에 의하여 금전으로 이익배당을 하는 때에는 그 한도액
8. 신회사의 이사 및 감사의 성명 및 주민등록번호

제209조(주식회사의 사채발행) 주식회사인 채무자가 사채를 발행하는 때에는 회생계획에 다음 각호의 사항을 정하여야 한다.

1. 사채의 총액
2. 각 사채의 금액, 사채의 이율, 사채상환의 방법 및 기한, 이자지급의 방법 그 밖에 사채의 내용
3. 사채발행의 방법과 회생채권자·회생담보권자 또는 주주에 대하여 새로 납입하게 하거나 납입하게 하지 아니하고 사채를 발행하는 때에는 그 배정에 관한 사항
4. 담보부사채인 때에는 그 담보권의 내용

제210조(회사의 흡수합병) 회사인 채무자가 다른 회사와 합병하여 그 일방이 합병 후 존속하는 때에는 회생계획에 다음 각호의 사항을 정하여야 한다.

1. 다른 회사의 상호
2. 존속하는 회사가 합병시 발행하는 주식 또는 출자지분의 종류와 수, 그 주식 또는 출자지분에 대한 주주·지분권자의 신주인수권 또는

第223條 (社債의發行) 會社가 社債를 發行하는 때에는 다음에 揭記한 事項을 定하여야 한다.

1. 社債의 總額
2. 各 社債의 金額, 社債의 利率, 社債償還 및 利子支給의 方法과 期限 其他 社債의 內容
3. 社債發行의 方法과 整理債權者, 整理擔保權者 또는 株主에 對하여 새로 納入하게 하거나 하게 하지 아니하고 社債를 發行하는 때에는 그 配定에 關한 事項
4. 擔保附社債인 때에는 그 擔保權의 內容

第224條 (吸收合併) 會社가 다른 會社와 合併하여 그 一方이 合併後 存續하는 때에는 다음에 規定된 事項을 定하여야 한다.

1. 다른 會社의 商號
2. 存續하는 會社가 合併으로 因하여 그 發行하는 株式의 總數를 增加하는 때에는 그 增加할 株式의 種類와 數, 그 株式에 對한 株主의 新株引受權의 制限

출자지분인수권의 제한에 관한 사항과 특정한 제3자에 부여할 것을 정하는 때에는 이에 관한 사항	에 關한 事項과 特定한 第三者에 附與할 것을 定한 때에는 이에 關한 事項
3. 합병으로 인하여 소멸하는 회사의 회생채권자·회생담보권자·주주·지분권자에 대하여 발행할 주식 또는 출자지분의 종류 및 수와 그 배정에 관한 사항	3. 合併으로 因하여 消滅하는 會社의 整理債權者, 整理擔保權者 또는 株主에 對하여 發行할 新株의 種類, 數와 그 配定에 關한 事項
4. 존속하는 회사의 증가할 자본과 준비금의 액	4. 存續하는 會社의 增加할 資本과 準備金의 額
5. 합병으로 인하여 소멸하는 회사의 주주·지분권자에게 금전을 지급하거나 사채를 배정할 것을 정하는 때에는 그 규정	5. 合併으로 因하여 消滅하는 會社의 株主에게 金錢을 支給하거나 社債를 配定할 것을 定한 때에는 그 規定
6. 합병계약서의 승인결의를 위한 다른 회사의 주주총회 또는 사원총회의 일시	6. 다른 會社에 있어서의 合併契約書承認決議를 爲한 株主總會의 日時
7. 합병을 하는 날	7. 合併을 할 날
8. 존속하는 회사가 합병으로 인하여 정관을 변경하기로 정한 경우에는 그 규정	
9. 다른 회사가 합병으로 인하여 이익의 배당 또는 상법 제462조의3(중간배당)제1항의 규정에 의하여 금전으로 이익배당을 하는 때에는 그 한도액	
10. 합병으로 인하여 존속하는 회사에 취임하게 될 이사 및 감사(감사위원회 위원을 포함한다. 이하 이 조 내지 제213조에서 같다)를 정하는 때에는 그 성명 및 주민등록번호	
제211조(회사의 신설합병) 회사인 채무자가 다른 회사와 합병하여 신회사를 설립하는 때에는 회생계획에 다음 각	第225條 (新設合併) 會社가 다른 會社와 合併하여 新會社를 設立하는 때에는 다음에 揭記하는 事項을 定하여야 한다.

호의 사항을 정하여야 한다.	
1. 다른 회사의 상호	1. 다른 會社의 商號
2. 신회사의 상호, 목적, 본점 및 지점의 소재지, 자본과 준비금의 액 및 공고방법	2. 新會社의 商號, 目的, 本店 및 支店의 所在地와 公告의 方法
3. 신회사가 발행하는 주식 또는 출자지분의 종류와 수 및 그 배정에 관한 사항	3. 新會社가 發行할 株式의 種類와 數
4. 신회사설립시에 정하는 신회사가 발행하는 주식 또는 출자지분에 대한 주주·지분권자의 신주인수권 또는 출자지분인수권의 제한에 관한 사항과 특정한 제3자에 부여할 것을 정하는 때에는 이에 관한 사항	4. 新會社 設立時에 定하는 新會社가 發行할 株式의 總數에 對한 株主의 新株引受權의 制限에 關한 事項과 特定한 第三者에 附與할 것을 定한 때에는 이에 關한 事項
5. 회생채권자·회생담보권자 또는 각 채무자의 주주·지분권자 또는 다른 회사의 주주·지분권자에 대하여 발행하는 주식 또는 출자지분의 종류 및 수와 그 배정에 관한 사항	5. 整理債權者, 整理擔保權者 또는 各 會社의 株主에 對하여 發行할 株式의 種類 및 數와 그 配定에 關한 事項
	6. 新會社의 資本과 準備金의 額
6. 각 회사의 주주·지분권자에게 금전을 지급하거나 사채를 배정하는 것을 정하는 때에는 그 규정	7. 各 會社의 株主에게 金錢을 支給하거나 社債를 配定할 것을 定한 때에는 그 規定
7. 합병계약서 승인결의를 위한 다른 회사의 주주총회 또는 사원총회의 일시	8. 前條第6號와 第7號에 揭記한 事項
8. 합병을 하는 날	
9. 다른 회사가 합병으로 인하여 이익의 배당 또는 상법 제462조의3(중간배당)제1항의 규정에 의하여 금전으로 이익배당을 하는 때에는 그 한도액	
10. 합병으로 인하여 존속하는 회사에 취임하게 될 이사 및 감사를	

정하는 때에는 그 성명 및 주민등록번호	
제212조(주식회사의 분할) ①주식회사인 채무자가 분할되어 신회사를 설립하는 때에는 회생계획에 다음 각호의 사항을 정하여야 한다.	第225條의2 (分割) ①會社가 分割되어 新會社를 設立하는 때에는 다음 各號의 사항을 정하여야 한다.
1. 신회사의 상호, 목적, 본점 및 지점의 소재지, 발행할 주식의 수, 1주의 금액, 자본과 준비금의 액 및 공고의 방법	1. 新會社의 商號, 目的, 本店의 所在地 및 公告의 방법
2. 신회사가 발행하는 주식의 총수, 종류 및 종류별 주식의 수	2. 新會社가 발행할 株式의 總數 및 1株의 금액
3. 신회사설립시에 정하는 신회사가 발행하는 주식에 대한 주주의 신주인수권의 제한에 관한 사항과 특정한 제3자에게 신주인수권을 부여하는 것을 정하는 때에는 그에 관한 사항	3. 新會社 設立時에 정하는 新會社가 발행할 株式의 總數에 대한 株主의 新株引受權의 제한에 관한 사항과 특정한 第3者에게 新株引受權을 부여할 것을 정한 때에는 이에 관한 사항
4. 채무자의 회생채권자·회생담보권자 또는 주주에 대하여 새로이 납입을 시키지 아니하고 신회사의 주식을 배정하는 때에는 발행하는 주식의 총수 및 종류, 종류별 주식의 수 및 그 배정에 관한 사항과 배정에 따라 주식의 병합 또는 분할을 하는 때에는 그에 관한 사항	4. 整理債權者 整理擔保權者 또는 株主에 대하여 발행하는 株式의 總數, 종류 및 종류별 株式의 數와 그 配定에 관한 사항 및 配定에 따른 株式의 併合 또는 分割을 하는 경우에는 그에 관한 사항
5. 채무자의 주주에게 금전을 지급하거나 사채를 배정하는 것을 정하는 때에는 그 규정	5. 會社의 株主에게 金錢을 지급하거나 社債를 配定할 것을 정한 때에는 그 規定
6. 신회사에 이전되는 재산과 그 가액	7. 新會社에 移轉될 財産과 그 價額
7. 상법 제530조의9(분할 및 분할합병 후의 회사의 책임)제2항의 규정에 의한 정함이 있는 때에는 그 내용	8. 商法 第530條의9第2項의 정함이 있는 경우에는 그 내용
8. 신회사의 이사·대표이사 및 감사	9. 新會社의 理事, 代表理事와 監事가

가 될 자나 그 선임 또는 선정의 방법 및 임기. 이 경우 임기는 1년을 넘을 수 없다.	될 者 또는 그 選任이나 선정의 방법과 任期. 이 경우 任期는 1年을 넘을 수 없다.
9. 신회사가 사채를 발행하는 때에는 제209조 각호의 사항	10. 新會社가 社債를 발행하는 때에는 第223條 各號의 사항
10. 회생채권자·회생담보권자·주주 또는 제3자에 대하여 새로 납입하게 하고 주식을 발행하는 때에는 그 납입금액 그 밖에 주식의 배정에 관한 사항과 납입기일	11. 整理債權者, 整理擔保權者, 株主 또는 第3者에 대하여 새로 納入을 하게 하고 株式을 발행하는 때에는 그 納入金額 기타 株式의 配定에 관한 사항과 納入期日
11. 현물출자를 하는 자가 있는 때에는 그 성명 및 주민등록번호, 출자의 목적인 재산, 그 가격과 이에 대하여 부여하는 주식의 종류 및 수	12. 現物出資를 하는 者가 있을 때에는 그 姓名과 住民登錄番號, 出資의 目的인 財産, 그 價格과 이에 대하여 부여할 株式의 종류와 數
12. 그 밖에 신회사의 정관에 기재하고자 하는 사항	13. 기타 新會社의 定款에 기재할 사항
13. 자본과 준비금의 액	6. 新會社의 資本과 準備金에 관한 사항
14. 분할하는 날	
②분할 후 채무자가 존속하는 때에는 회생계획에 채무자에 관하여 다음 각호의 사항을 정하여야 한다.	②分割후 會社가 存續하는 때에는 會社에 관하여 다음 各號의 사항을 정하여야 한다.
1. 감소하는 자본과 준비금의 액	1. 감소할 資本과 準備金의 額
2. 자본감소의 방법	2. 資本減少의 방법
3. 분할로 인하여 이전하는 재산과 그 가액	3. 分割로 인하여 移轉할 財産과 그 價額
4. 분할 후의 발행주식의 총수	4. 分割후의 發行株式의 總數
5. 채무자가 발행하는 주식의 총수를 감소하는 때에는 그 감소하는 주식의 총수·종류 및 종류별 주식의 수	5. 會社가 발행할 株式의 總數를 감소하는 경우에는 그 감소할 株式의 總數, 종류 및 종류별 株式의 數
6. 그 밖에 정관변경을 가져 오게 하는 사항	6. 기타 定款變更을 가져오게 하는 사항
제213조(주식회사의 분할합병) ①주식회사인 채무자가 분할되어 그 일부가 다른 회사와 합병하여 그 다른 회사	第225條의3 (分割合併) ①會社가 分割되어 그 일부가 다른 會社와 合併하여 그 다른 會社가 存續하는 때 또는 다른

가 존속하는 때와 다른 회사가 분할되어 그 일부가 주식회사인 채무자와 합병하여 그 채무자가 존속하는 때에는 회생계획에 다음 각호의 사항을 정하여야 한다.	會社가 分割되어 그 일부가 會社와 合併하여 會社가 存續하는 때에는 다음 各號의 사항을 정하여야 한다.
1. 다른 회사의 상호	1. 다른 會社의 商號
2. 존속하는 회사가 분할합병으로 인하여 발행하여야 하는 주식의 총수가 증가하는 때에는 증가하는 주식의 총수·종류 및 종류별 주식의 수, 그 주식에 대한 주주의 신주인수권의 제한에 관한 사항과 특정한 제3자에게 신주인수권을 부여하는 것을 정하는 때에는 그에 관한 사항	2. 存續하는 會社가 分割合併으로 인하여 발행할 株式의 總數를 증가하는 경우에는 증가할 株式의 總數, 종류 및 종류별 株式의 數, 그 株式에 대한 株主의 新株引受權의 제한에 관한 사항과 특정한 第3者에게 新株引受權을 부여할 것을 정한 때에는 이에 관한 사항
3. 분할되는 채무자의 회생채권자·회생담보권자 또는 주주에 대하여 발행하는 신주의 총수 및 종류, 종류별 주식의 수 및 그 배정에 관한 사항과 배정에 따른 주식의 병합 또는 분할을 하는 때에는 그에 관한 사항	3. 分割되는 會社의 整理債權者, 整理擔保權者 또는 株主에 대하여 발행하는 新株의 總數, 종류 및 종류별 株式의 數와 그 配定에 관한 사항 및 配定에 따른 株式의 併合 또는 分割을 하는 경우에는 그에 관한 사항
4. 분할되는 회사의 주주에게 금전을 지급하거나 사채를 배정하는 것을 정하는 때에는 그에 관한 사항	4. 分割되는 會社의 株主에게 金錢을 지급하거나 社債를 配定할 것을 정한 때에는 그 規定
5. 존속하는 회사의 증가하는 자본의 총액과 준비금에 관한 사항	5. 存續하는 會社의 증가할 資本의 總額과 準備金에 관한 사항
6. 분할되는 채무자가 존속하는 회사에 이전하는 재산과 그 가액	6. 分割되는 會社가 存續하는 會社에 移轉할 財産과 그 價額
7. 상법 제530조의9(분할 및 분할합병 후의 회사의 책임)제3항의 규정에 의한 정함이 있는 때에는 그에 관한 사항	7. 商法 第530條의9第3項의 정함이 있는 경우에는 그 내용
8. 분할합병계약서를 승인하는 결의를 하기 위한 다른 회사의 주주총회의 일시	8. 다른 會社에 있어서의 分割合併契約書承認決議를 위한 株主總會의 日時

9. 분할합병을 하는 날	9. 分割合併을 할 날
10. 다른 회사가 존속하는 경우 그 회사의 이사 및 감사를 정하는 때에는 그 성명 및 주민등록번호	10. 다른 會社가 存續하는 경우 그 會社의 理事와 監事를 정한 때에는 그 姓名과 住民登錄番號
11. 그 밖에 존속하는 채무자의 정관 변경을 가져오게 하는 사항	11. 기타 存續하는 會社의 定款變更을 가져오게 하는 사항
②채무자가 분할되어 그 일부가 다른 회사 또는 다른 회사의 일부와 분할합병을 하여 신회사를 설립하는 때와 다른 회사가 분할되어 그 일부가 채무자 또는 채무자의 일부와 분할합병을 하여 신회사를 설립하는 때에는 회생계획에 다음 각호의 사항을 정하여야 한다.	②會社가 分割되어 그 일부가 다른 會社 또는 다른 會社의 일부와 分割合併을 하여 新會社를 設立하는 때 또는 다른 會社가 分割되어 그 일부가 會社 또는 會社의 일부와 分割合併을 하여 新會社를 設立하는 때에는 다음 各號의 사항을 정하여야 한다.
1. 다른 회사의 상호	1. 다른 會社의 商號
2. 신회사의 상호, 목적, 본점 및 지점의 소재지, 발행할 주식의 수, 1주의 금액, 자본과 준비금의 액 및 공고방법	2. 第225條의2第1項第1號 내지 第3號, 第6號 내지 第8號 및 第13號에 規定된 사항
3. 신회사설립시에 정하는 신회사가 발행하는 주식에 대한 주주의 신주인수권의 제한에 관한 사항과 특정한 제3자에게 신주인수권을 부여하는 것을 정하는 때에는 그에 관한 사항	3. 각 會社의 整理債權者, 整理擔保權者 또는 株主에 대하여 발행하는 株式의 總數, 종류 및 종류별 株式의 數와 그 配定에 관한 사항 및 配定에 따른 株式의 併合 또는 分割을 하는 경우에는 그에 관한 사항
4. 채무자 또는 다른 회사가 신회사에 이전하는 재산과 그 가액	4. 각 會社가 新會社에 移轉할 財産과 그 價額
5. 상법 제530조의9(분할 및 분할합병 후의 회사의 책임)제2항의 규정에 의한 정함이 있는 때에는 그 내용	
6. 그 밖에 신회사의 정관에 기재하고자 하는 사항	
7. 채무자의 회생채권자·회생담보권자·주주 또는 다른 회사의 주주에 대하여 발행하는 주식의 총수	

및 종류, 종류별 주식의 수 및 그 배정에 관한 사항과 배정에 따른 주식의 병합 또는 분할을 하는 때에는 그에 관한 사항	
8. 채무자 또는 다른 회사의 주주에게 금전을 지급하거나 사채를 배정하는 것을 정하는 때에는 그 사항	5. 각 會社의 株主에게 金錢을 지급하거나 社債를 配定할 것을 정한 때에는 그 規定
9. 다른 회사에서 분할합병계약서를 승인하는 결의를 하기 위한 주주총회의 일시	6. 第1項第8號 및 第9號에 規定된 사항
10. 분할합병을 하는 날	
11. 신회사의 이사·대표이사 및 감사가 될 자나 그 선임 또는 선정의 방법 및 임기. 이 경우 임기는 1년을 넘을 수 없다.	7. 新會社의 理事와 監事를 정한 때에는 그 姓名과 住民登錄番號
③제212조의 규정은 제1항 및 제2항의 규정에 의하여 채무자의 분할합병을 하지 아니하는 부분을 정하는 경우에 관하여 준용한다.	③第225條의2의 規定은 第1項 및 第2項의 경우에 會社의 分割合併을 하지 아니하는 부분의 정함에 관하여 이를 準用한다.
제214조(주식회사의 물적분할) 제212조 및 제213조의 규정은 분할되는 주식회사인 채무자가 분할 또는 분할합병으로 인하여 설립되는 회사의 주식의 총수를 취득하는 경우에 관하여 준용한다.	第225條의4 (物的 分割) 第225條의2 또는 第225條의3의 規定은 分割되는 會社가 分割 또는 分割合併으로 인하여 設立되는 會社의 株式의 總數를 취득하는 경우에 이를 準用한다.
제215조(주식회사 또는 유한회사의 신회사 설립) ①회생채권자·회생담보권자·주주·지분권자에 대하여 새로 납입 또는 현물출자를 하지 아니하고 주식 또는 출자지분을 인수하게 함으로써 신회사(주식회사 또는 유한회사에 한한다. 이하 이 조에서 같다)를 설립하는 때에는 회생계획에 다음 각 호의 사항을 정하여야 한다.	第226條 (新會社의 設立) ①整理債權者, 整理擔保權者 또는 株主에 對하여 새로 納入 또는 現物出資를 하지 아니하고 株式을 引受하게 함으로써 新會社를 設立하는 때에는 다음에 揭記하는 事項을 定하여야 한다.

1. 신회사의 상호, 목적, 본점 및 지점의 소재지와 공고의 방법	1. 新會社의 商號, 目的, 本店과 支店의 所在地와 公告의 方法
2. 신회사가 발행하는 주식 또는 출자지분의 종류와 수	2. 新會社가 發行할 株式의 總數
3. 1주 또는 출자 1좌의 금액	3. 1株의 金額
4. 신회사설립시에 정하는 신회사가 발행하는 주식 또는 출자지분에 대한 주주의 신주인수권 또는 지분권자의 출자지분인수권의 제한에 관한 사항과 특정한 제3자에 부여하는 것을 정하는 때에는 이에 관한 사항	4. 新會社 設立時에 定하는 新會社가 發行할 株式의 總數에 對한 株主의 新株引受權의 制限에 關한 事項과 特定한 第三者에 附與할 것을 定한 때에는 이에 關한 事項
5. 회생채권자·회생담보권자·주주·지분권자에 대하여 발행하는 주식 또는 출자지분의 종류 및 수와 그 배정에 관한 사항	5. 整理債權者, 整理擔保權者 또는 株式에 對하여 發行할 株式의 種類 및 數와 그 配定에 關한 事項
6. 그 밖에 신회사의 정관에 기재하는 사항	6. 其他 新會社의 定款에 記載할 事項
7. 신회사의 자본 또는 출자액의 준비금의 액	7. 新會社의 資本과 準備金의 額
8. 채무자에서 신회사로 이전하는 재산과 그 가액	8. 會社에서 新會社로 移轉할 財産과 그 價格
9. 신회사의 이사·대표이사 및 감사가 될 자나 그 선임 또는 선정의 방법 및 임기. 이 경우 임기는 1년을 넘을 수 없다.	9. 新會社의 理事, 代表理事와 監事가 될 者 또는 그 選任이나 選定의 方法과 任期(그러나 1年을 넘을 수 없다)
10. 신회사가 사채를 발행하는 때에는 제209조 각호의 사항	10. 新會社가 社債를 發行하는 때에는 第223條에 揭記하는 事項
②제1항에 규정된 경우를 제외하고 주식의 포괄적 이전·합병·분할 또는 분할합병에 의하지 아니하고 신회사를 설립하는 때에는 회생계획에 다음 각호의 사항을 정하여야 한다.	②第1項에 定하는 境遇를 除外하고 合併, 分割 또는 分割合併에 依하지 아니하고 新會社를 設立하는 때에는 다음에 規定하는 事項을 定하여야 한다.
1. 제1항제1호 내지 제3호, 제6호와 제8호 내지 제10호의 사항	1. 前項第1號 乃至 第3號, 第6號와 第8號 乃至 第10號에 揭記한 事項
2. 신회사설립 당시 발행하는 주식	2. 新會社의 設立當時 發行하는 株式의

또는 출자지분의 종류 및 수와 회생채권자·회생담보권자 또는 주주·지분권자에 대하여 새로 납입 또는 현물출자를 하게 하거나 하게 하지 아니하고 주식 또는 출자지분을 인수하게 하는 때에는 제1항제5호의 사항	種類 및 數와 整理債權者, 整理擔保權者와 株主에 對하여 새로 納入 또는 現物出資를 하게 하거나 하게 하지 아니하고 株式을 引受하게 하는 때에는 前項第5號에 揭記한 事項
3. 새로 현물출자를 하는 자가 있는 때에는 그 성명 및 주민등록번호, 출자의 목적인 재산, 그 가액과 이에 대하여 부여하는 주식 또는 출자지분의 종류와 수	3. 새로 現物出資를 하는 者가 있는 때에는 그 姓名과 住民登錄番號, 出資의 目的인 財産, 그 價格과 이에 對하여 附與할 株式의 種類와 數
제216조(해산) 채무자가 합병·분할 또는 분할합병에 의하지 아니하고 해산하는 때에는 회생계획에 그 뜻과 해산의 시기를 정하여야 한다.	第227條 (解散) 會社가 合併, 分割 또는 分割合併에 依하지 아니하고 解散할 때에는 그 뜻과 解散의 時期를 定하여야 한다.
제217조(공정하고 형평한 차등) ①회생계획에서는 다음 각호의 규정에 의한 권리의 순위를 고려하여 회생계획의 조건에 공정하고 형평에 맞는 차등을 두어야 한다.	第228條 (條件의 差等) ①整理計劃에서는 다음에 揭記하는 權利의 順位를 考慮하여 計劃의條件에 公正, 衡平한 差等을 두어야 한다.
1. 회생담보권	1. 整理擔保權
2. 일반의 우선권있는 회생채권	2. 一般의 優先權있는 整理債權
3. 제2호에 규정된 것외의 회생채권	3. 前號와 次號에 揭記하는 것 以外의 整理債權
	4. 後順位整理債權
4. 잔여재산의 분배에 관하여 우선적 내용이 있는 종류의 주주·지분권자의 권리	5. 殘餘財産의 分配에 關하여 優先的 內容이 있는 種類의 株主의 權利
5. 제4호에 규정된 것외의 주주·지분권자의 권리	6. 前號에 揭記하는 것 以外의 株主의 權利
②제1항의 규정은 제140조제1항 및 제2항의 청구권에 관하여는 적용하지 아니한다.	②第1項의 規定은 第121條第1項第5號와 第122條第1項에 規定된 請求權에 關하여는 適用하지 아니한다.

제218조(평등의 원칙) ①회생계획의 조건은 같은 성질의 권리를 가진 자 간에는 평등하여야 한다. 다만, 다음 각호의 어느 하나에 해당하는 때에는 그러하지 아니하다.

1. 불이익을 받는 자의 동의가 있는 때
2. 채권이 소액인 회생채권자, 회생담보권자 및 제118조제2호 내지 제4호의 청구권을 가지는 자에 대하여 다르게 정하거나 차등을 두어도 형평을 해하지 아니하는 때
3. 그 밖에 동일한 종류의 권리를 가진 자 사이에 차등을 두어도 형평을 해하지 아니하는 때

② 회생계획에서는 다음 각호의 청구권을 다른 회생채권과 다르게 정하거나 차등을 두어도 형평을 해하지 아니한다고 인정되는 경우에는 다른 회생채권보다 불이익하게 취급할 수 있다.

1. 회생절차개시 전에 채무자와 대통령령이 정하는 범위의 특수관계에 있는 자의 채무자에 대한 금전소비대차로 인한 청구권
2. 회생절차개시 전에 채무자가 대통령령이 정하는 범위의 특수관계에 있는 자를 위하여 무상으로 보증인이 된 경우의 보증채무에 대한 청구권
3. 회생절차개시 전에 채무자와 대통령령이 정하는 범위의 특수관계에 있는 자가 채무자를 위하여 보증인이 된 경우 채무자에 대한 보증채무로 인한 구상권

第229條 (平等의 原則) 整理計劃의 條件은 같은 性質의 權利를 가진 者間에서는 平等하여야 한다. 그러나 整理債權者와 整理擔保權者에 對하여는 그 債權이 少額인 境遇에 다른 規定을 하거나 其他 이들 間에 差等을 두어도 衡平을 害하지 아니하는 때에는 그러하지 아니하다.

第219조(특별한 이익을 주는 행위의 무효) 채무자가 자신 또는 제3자의 명의로 회생계획에 의하지 아니하고 일부 회생채권자·회생담보권자·주주·지분권자에게 특별한 이익을 주는 행위는 무효로 한다.	第231條 (特別利益의 供與의 無效) 會社 또는 第三者가 整理計劃의 條件에 依하지 아니하고 어느 整理債權者, 整理擔保權者 또는 株主에게 特別한 利益을 주는 行爲는 無效로 한다.
제2절 회생계획안의 제출	
第220조(회생계획안의 제출) ①법원은 채무자의 사업을 계속할 때의 가치가 채무자의 사업을 청산할 때의 가치보다 크다고 인정하는 때에는 제1회 관계인집회의 기일 또는 그 후 지체없이 관리인에게 기간을 정하여 채무자의 존속, 주식교환, 주식이전, 합병, 분할, 분할합병, 신회사의 설립 또는 영업의 양도 등에 의한 사업의 계속을 내용으로 하는 회생계획안의 제출을 명하여야 한다.	第189條 (整理計劃案의 제출) ①法院은 會社의 사업을 계속할 때의 價値가 會社를 淸算할 때의 價値보다 크다고 인정하는 경우에는 第1回의 關係人集會의 期日 또는 그후 지체없이 管理人에게 기간을 정하여 會社의 存續, 合倂, 分割, 分割合倂, 新會社의 設立 또는 營業의 讓渡등에 의한 사업의 계속을 내용으로 하는 整理計劃案의 제출을 명하여야 한다.
②법원은 제1항의 규정에 의한 결정을 한 때에는 그 결정의 내용과 제221조제1항의 규정의 취지를 공고하여야 한다.	②法院은 第1項의 規定에 의한 決定을 한 때에는 이를 公告하고 管理人, 調査委員, 會社, 申告한 整理債權者·整理擔保權者 및 株主에게 송달하여야 한다.
③법원은 신청에 의하거나 직권으로 제1항의 규정에 의한 기간을 늘일 수 있다.	③法院은 職權으로 또는 申請에 의하여 第1項의 기간을 연장할 수 있다.
④관리인은 회생계획안을 작성할 수 없는 때에는 제1항 또는 제3항의 규정에 의한 기간안에 이를 법원에 보고하여야 한다.	④管理人은 整理計劃案을 작성할 수 없는 때에는 第1項 또는 第3項의 기간내에 그 뜻의 보고서를 法院에 제출하여야 한다.
⑤제1항의 규정에 의하여 법원이 정하는 기간은 4월을 넘지 못한다. 다만, 채무자가 개인인 때에는 2월을 넘지 못한다.	⑤第1項의 規定에 의하여 法院이 정하는 기간은 4月을 넘지 못한다.

⑥제3항의 규정에 의한 기간의 연장은 2월을 넘지 못한다. 다만, 채무자가 개인이거나 중소기업자인 때에는 1월을 넘지 못한다.	⑥第3項의 規定에 의한 기간연장은 2月을 넘지 못한다. 다만, 中小企業의 경우에는 1月을 넘지 못한다.
제221조(회생채권자 등의 회생계획안 제출) ①다음 각호의 어느 하나에 해당하는 자는 제220조제1항의 규정에 의한 기간안에 회생계획안을 작성하여 법원에 제출할 수 있다. 1. 채무자 2. 목록에 기재되어 있거나 신고한 회생채권자·회생담보권자·주주·지분권자	第190條 (整理債權者등의 整理計劃案 제출) ①會社와 申告한 整理債權者, 整理擔保權者 및 株主는 第189條第1項의 기간내에 整理計劃案을 作成하여 法院에 提出할 수 있다.
②제220조제3항 및 제6항의 규정은 제1항의 경우에 관하여 준용한다.	②第189條第3項 및 第6項의 規定은 第1項의 경우에 이를 準用한다.
제222조(청산 또는 영업양도 등을 내용으로 하는 회생계획안) ①법원은 채무자의 사업을 청산할 때의 가치가 채무자의 사업을 계속할 때의 가치보다 크다고 인정하는 때에는 다음 각호의 어느 하나에 해당하는 자의 신청에 의하여 청산(영업의 전부 또는 일부의 양도, 물적 분할을 포함한다)을 내용으로 하는 회생계획안의 작성을 허가할 수 있다. 다만, 채권자 일반의 이익을 해하는 때에는 그러하지 아니하다. 1. 관리인 2. 채무자 3. 목록에 기재되어 있거나 신고한 회생채권자·회생담보권자·주주·지분권자	第191條 (清算을 내용으로 하는 計劃案) ①法院은 會社를 清算할 때의 價値가 會社의 사업을 계속할 때의 價値보다 크다고 인정하는 경우에는 管理人, 會社, 申告한 整理債權者·整理擔保權者 또는 株主의 申請에 의하여 清算을 내용으로 하는 計劃案의 작성을 許可할 수 있다. 그러나 債權者의 一般의 이익을 해하는 때에는 그러하지 아니하다.
②제1항의 규정은 회생절차개시후 채무자의 존속, 합병, 분할, 분할합	②第1項의 規定은 整理節次開始후 會社의 存續, 合併, 分割, 分割合併, 新會

병, 신회사의 설립 등에 의한 사업의 계속을 내용으로 하는 회생계획안의 작성이 곤란함이 명백하게 된 경우에 관하여 준용한다.

③법원은 회생계획안을 결의에 부칠 때까지는 언제든지 제1항 또는 제2항의 규정에 의한 허가를 취소할 수 있다.

④제236조제4항의 규정은 제1항 및 제2항에 의한 허가에 관하여 준용한다.

제223조(회생계획안의 사전제출) ①채무자의 부채의 2분의 1이상에 해당하는 채권을 가진 채권자는 회생절차개시의 신청이 있은 때부터 제1회 관계인집회의 기일 전날까지 회생계획안을 작성하여 법원에 제출할 수 있다.

②법원은 제1항의 규정에 의하여 제출된 회생계획안(제228조 또는 제229조제2항의 규정에 의하여 회생계획안을 수정한 때에는 그 수정된 회생계획안을 말한다. 이하 이 조에서 "사전계획안"이라 한다)을 법원에 비치하여 이해관계인에게 열람하게 하여야 한다.

③사전계획안을 제출한 채권자외의 채권자는 회생계획안의 결의를 위한 관계인집회의 기일 전날까지 그 사전계획안에 동의한다는 의사를 서면으로 법원에 표시할 수 있다.

④사전계획안을 제출하거나 제1회 관계인집회의 기일 전날까지 사전계획안에 동의한 채권자가 가진 채권의 총액이 목록에 기재되거나 신고된 회생채권 및 회생담보권의 3분의 2 이

社의 設立 또는 營業의 讓渡등에 의한 사업의 계속을 내용으로 하는 整理計劃案의 작성이 곤란함이 명백하게 된 경우에 이를 準用한다.

③法院은 計劃案을 決議에 부칠 때까지는 언제든지 第1項 또는 第2項의 規定에 의한 許可를 取消할 수 있다.

④第159條第3項의 規定은 第1項 및 第2項의 規定에 의한 許可에 관하여 이를 準用한다.

제190조의2 (정리계획안의 사전 제출에 관한 특례) ①회사의 부채의 2분의 1 이상에 해당하는 채권을 가진 채권자는 정리절차개시의 신청이 있는 때부터 제1회의 관계인집회의 기일 전날까지 정리계획안을 작성하여 법원에 제출할 수 있다.

②법원은 제1항의 규정에 의하여 제출된 정리계획안(제196조 또는 제197조제2항의 규정에 의하여 동 정리계획안을 수정한 때에는 그 수정된 정리계획안을 말하며, 이하 이 조에서 "사전계획안"이라 한다)을 비치하여 이해관계인으로 하여금 이를 열람하게 하여야 한다.

③사전계획안을 제출한 채권자 외의 채권자는 정리계획안 결의를 위한 관계인집회의 기일 전날까지 그 사전계획안에 동의한다는 의사를 서면으로 법원에 표시할 수 있다.

④사전계획안을 제출하거나 제1회의 관계인집회의 기일 전날까지 사전계획안에 동의한 채권자가 가진 채권의 총액이 제180조의 규정에 의하여 관리인이 조사하여 보고한 정리채권 및 정리

상에 해당하는 경우 제220조제1항의 규정에 의하여 법원이 정하는 기간은 같은 조 제5항의 규정에 불구하고 2월을 넘지 못하며, 같은 조 제3항의 규정에 의한 기간의 연장은 같은 조 제6항의 규정에 불구하고 1월을 넘지 못한다.

⑤사전계획안이 제출된 때에는 관리인은 법원의 허가를 받아 회생계획안을 제출하지 아니하거나 제출한 회생계획안을 철회할 수 있다.

⑥사전계획안을 제출하거나 그 사전계획안에 동의한다는 의사를 표시한 채권자(제1회 관계인집회의 기일 후 제3항의 규정에 의한 동의의사를 표시한 채권자를 포함한다)는 결의를 위한 관계인집회에서 그 사전계획안을 가결하는 때에 동의한 것으로 본다. 다만, 사전계획안의 내용이 그 채권자에게 불리하게 수정되거나, 현저한 사정변경이 있거나 그 밖에 중대한 사유가 있는 때에는 결의를 위한 관계인집회의 기일 전날까지 법원의 허가를 받아 동의를 철회할 수 있다.

제224조(회생계획안심리를 위한 관계인집회) 회생계획안의 제출이 있는 때에는 법원은 그 회생계획안을 심리하기 위하여 기일을 정하여 관계인집회를 소집하여야 한다. 다만, 제240조의 규정에 의한 서면결의에 부치는 때에는 그러하지 아니하다.

제225조(회생계획안에 대한 의견청취) 제224조의 규정에 의한 관계인집회에서는 회생계획안의 제출자로부터 회

담보권의 3분의 2 이상에 해당하는 경우 제189조제1항의 규정에 의하여 법원이 정하는 기간은 동조제5항의 규정에 불구하고 2월을 넘지 못하며, 동조제3항의 규정에 의한 기간 연장은 동조제6항의 규정에 불구하고 1월을 넘지 못한다.

⑤제4항의 경우 관리인은 법원의 허가를 받아 제189조제1항의 규정에 의한 정리계획안을 제출하지 아니할 수 있다.

⑥제4항의 경우 그 사전계획안을 제출하거나 그 사전계획안에 동의한다는 의사를 표시한 채권자(제1회의 관계인집회의 기일 이후 제3항의 규정에 의한 동의의사를 표시한 채권자를 포함한다)는 관계인 집회에서 그 사전계획안을 가결함에 있어서 동의한 것으로 본다. 다만, 사전계획안의 내용이 당해 채권자에게 불리하게 수정되거나 현저한 사정변경이 있거나 그 밖에 중대한 사유가 있는 때에는 그 관계인집회의 기일 전날까지 법원의 허가를 받아 동의를 철회할 수 있다.

第192條 (整理計劃案 審理를 爲한 關係人集會) 整理計劃案의 提出이 있은 때에는 法院은 그 計劃案을 審理하기 爲하여 期日을 定하여 關係人集會를 召集하여야 한다.

第193條 (同前) 前條의 關係人集會에 있어서는 整理計劃案의 提出者로부터 計劃案에 對한 說明을 들은 後 法院은

생계획안에 대한 설명을 들은 후 법원은 다음 각호의 자로부터 회생계획안에 대한 의견을 들어야 한다.
1. 관리인
2. 채무자
3. 목록에 기재되어 있거나 신고한 회생채권자·회생담보권자·주주·지분권자

管理人, 會社와 申告한 整理債權者, 整理擔保權者 및 株主로부터 計劃案에 對한 意見을 들어야 한다.

제226조(감독행정청 등의 의견) ①법원은 필요하다고 인정하는 때에는 채무자의 업무를 감독하는 행정청, 법무부장관, 금융감독위원회 그 밖의 행정기관에 대하여 회생계획안에 대한 의견의 진술을 요구할 수 있다.
②행정청의 허가·인가·면허 그 밖의 처분을 요하는 사항을 정하는 회생계획안에 관하여는 법원은 그 사항에 관하여 그 행정청의 의견을 들어야 한다.
③채무자의 업무를 감독하는 행정청, 법무부장관 또는 금융감독위원회는 언제든지 법원에 대하여 회생계획안에 관하여 의견을 진술할 수 있다.

第194條 (監督行政廳等의 意見) ①法院은 必要하다고 認定하는 때에는 會社의 業務를 監督하는 行政廳, 法務部長官, 金融監督委員會 其他의 行政機關에 對하여 整理計劃案에 對한 意見의 陳述을 要求할 수 있다.
②行政廳의 許可, 認可, 免許 其他의 處分을 要하는 事項을 定하는 計劃案에 關하여는 法院은 그 事項에 關하여 當該 行政廳의 意見을 들어야 한다.
③會社의 業務를 監督하는 行政廳, 法務部長官 또는 金融監督委員會는 언제든지 法院에 對하여 計劃案에 關하여 意見을 陳述할 수 있다.

제227조(채무자의 노동조합 등의 의견) 법원은 회생계획안에 관하여 다음 각호의 어느 하나에 해당하는 자의 의견을 들어야 한다.
1. 채무자의 근로자의 과반수로 조직된 노동조합
2. 제1호의 규정에 의한 노동조합이 없는 때에는 채무자의 근로자의 과반수를 대표하는 자

第195條 (會社의 勞動組合等의 意見) 法院은 整理計劃案에 關하여 會社의 使用人의 過半數로 組織하는 勞動組合이 있는 때에는 그 勞動組合, 會社의 使用人의 過半數로 組織하는 勞動組合이 없는 때에는 會社의 使用人의 過半數를 代表하는 者의 意見을 들어야 한다.

제228조(회생계획안의 수정) 회생계획

第196條 (整理計劃案의 修正) 整理計劃

안의 제출자는 회생계획안의 심리를 위한 관계인집회의 기일 또는 제240조의 규정에 의한 서면결의에 부치는 결정이 있는 날까지는 법원의 허가를 받아 회생계획안을 수정할 수 있다.

案의 提出者는 計劃案審理를 爲한 關係人集會의 期日까지는 法院의 許可를 얻어 計劃案을 修正할 수 있다.

제229조(회생계획안의 수정명령) ①법원은 이해관계인의 신청에 의하거나 직권으로 회생계획안의 제출자에 대하여 회생계획안을 수정할 것을 명할 수 있다.
②제1항의 규정에 의한 법원의 명령이 있는 때에는 회생계획안의 제출자는 법원이 정하는 기한안에 회생계획안을 수정하여야 한다.

第197條 (整理計劃案의 修正命令) ①法院은 利害關係人의 申請에 依하여 또는 職權으로 整理計劃案의 提出者에 對하여 計劃案을 修正할 것을 命할 수 있다.
②前項의 規定에 依한 法院의 命令이 있은 때에는 計劃案의 提出者는 法院의 定하는 期限內에 計劃案을 修正하여야 한다.

제230조(관계인집회의 재개) ①회생계획안 심리를 위한 관계인집회의 기일 후에 제229조의 규정에 의한 수정이 있는 때에는 법원은 그 수정안을 심리하기 위하여 다시 기일을 정하여 관계인집회를 소집할 수 있다.
②제225조의 규정은 제1항의 관계인집회에 관하여 준용한다.

第198條 (關係人集會의 再開) ①整理計劃案 審理를 爲한 關係人集會의 期日後에 前條의 規定에 依한 修正이 있은 때에는 法院은 그 修正案을 審理하기 爲하여 다시 期日을 定하여 關係人集會를 召集할 수 있다.
②第193條의 規定은 前項의 關係人集會에 準用한다.

제231조(회생계획안의 배제) 회생계획안이 다음 각호의 어느 하나에 해당하는 경우에는 법원은 회생계획안을 관계인집회의 심리 또는 결의에 부치지 아니할 수 있다.
1. 회생계획안이 법률의 규정에 위반한 경우
2. 회생계획안이 공정하지 아니하거나 형평에 맞지 아니한 경우
3. 회생계획안의 수행이 불가능한 경우

第199條 (整理計劃案의 排除) 整理計劃案이 法律의 規定에 違反되거나 公正, 衡平하지 아니하거나 遂行不可能한 것이라고 認定되는 때에는 法院은 計劃案을 關係人集會의 審理 또는 決議에 부치지 아니할 수 있다.

제232조(회생계획안의 결의를 위한 관계인집회) ①제224조 또는 제230조의 규정에 의한 관계인집회의 심리를 거친 회생계획안에 관하여 수정명령을 하지 아니하는 때에는 법원은 회생계획안에 관하여 결의를 하기 위하여 기일을 정하여 관계인집회를 소집하여야 한다.	第200條 (整理計劃案 決議를 爲한 關係人集會) ①第192條 또는 第198條의 規定에 依한 關係人集會의 審理를 거친 整理計劃案에 關하여 修正命令을 하지 아니하는 때에는 法院은 計劃案에 關하여 決議를 하기 爲하여 期日을 定하여 關係人集會를 召集하여야 한다.
②제1항의 경우 법원은 미리 그 계획안의 사본 또는 그 요지를 다음 각호의 자에게 송달하여야 한다. 1. 관리인 2. 채무자 3. 목록에 기재되어 있거나 신고한 회생채권자·회생담보권자·주주·지분권자(의결권을 행사할 수 없는 자를 제외한다) 4. 회생을 위하여 채무를 부담하거나 담보를 제공하는 자	②第1項의 境遇에는 法院은 미리 그 計劃案의 寫本 또는 그 要旨를 管理人, 會社와 申告한 整理債權者, 整理擔保權者 및 株主(議決權을 行使할 수 없는 者를 除外한다) 整理를 爲하여 債務를 負擔하거나 擔保를 提供하는 者, 會社의 業務를 監督하는 行政廳, 法務部長官과 金融監督委員會에 送達하여야 한다.
③제2항의 규정에 의한 송달은 서류를 우편으로 발송하여 할 수 있다.	
④제3항의 송달에 관하여는 제8조제4항·제5항의 규정을 준용한다.	③前項의 送達에 關하여는 第141條第2項과 第3項의 規定을 準用한다.
제233조(회생을 위하여 채무를 부담하는 자 등의 출석) ①회생을 위하여 채무를 부담하거나 담보를 제공하는 자는 제232조제1항의 규정에 의한 기일에 출석하여 그 뜻을 진술하여야 한다. 다만, 정당한 사유가 있는 때에는 대리인을 출석하게 할 수 있다.	第201條 (整理를 爲하여 債務를 負擔하는 者等의 出席) ①整理를 爲하여 債務를 負擔하거나 擔保를 提供하는 者는 前條第1項의 期日에 出席하여 그 뜻을 陳述하여야 한다. 그러나 正當한 事由가 있는 때에는 代理人을 出席하게 할 수 있다.
②제1항 단서의 규정에 의한 대리인은 대리권을 증명하는 서면을 제출하여야 한다.	②代理人은 代理權을 證明하는 書面을 提出하여야 한다.
③제240조의 규정에 의한 서면결의에 부치는 때에는 그 채무를 부담하	

거나 그 담보를 제공하는 자의 동의를 얻어 회생계획안에 그 내용을 정함으로써 제1항의 규정에 의한 진술에 갈음한다.	
제234조(회생계획안의 변경) 회생계획안의 제출자는 회생채권자·회생담보권자·주주·지분권자에게 불리한 영향을 주지 아니하는 때에 한하여 제232조제1항의 규정에 의한 관계인집회에서 법원의 허가를 받아 회생계획안을 변경할 수 있다.	第202條 (整理計劃案의 變更) 整理計劃案의 提出者는 整理債權者, 整理擔保權者와 株主에게 不利한 影響을 주지 아니하는 境遇에 限하여 第200條第1項의 關係人集會에서 法院의 許可를 얻어 計劃案을 變更할 수 있다.
제3절 회생계획안의 결의	
제235조(결의의 시기) 회생계획안은 조사기간의 종료 전에는 결의에 부치지 못한다.	第203條 (決議의 時期) 整理計劃案은 一般의 整理債權 또는 整理擔保權의 調査의 終了前에는 決議에 부치지 못한다.
제236조(결의의 방법과 회생채권자 등의 분류) ①제232조제1항의 규정에 의하여 관계인집회에서 결의하거나 제240조의 규정에 의하여 서면결의에 의하는 때에는 회생채권자·회생담보권자·주주·지분권자는 본조 제2항, 제3항 및 제5항의 규정에 의하여 분류된 조별로 결의하여야 한다.	第204條 (決議의 方法) 第200條第1項의 關係人集會에서는 整理債權者, 整理擔保權者와 株主는 第159條의 規定에 依하여 分類된 組別로 決議한다.
②회생채권자·회생담보권자·주주·지분권자는 회생계획안의 작성과 결의를 위하여 다음 각호의 조로 분류한다. 다만, 제140조제1항 및 제2항의 청구권을 가진 자는 그러하지 아니한다.	第159條 (整理債權者等의 分類) ①整理債權者, 整理擔保權者와 株主는 整理計劃案의 作成과 決議를 爲하여 다음의 組로 分類되는 것으로 한다. 그러나 第121條第1項第5號와 第122條第1項에 揭記한 請求權을 가진 者는 그러하지 아니한다.
1. 회생담보권자	1. 整理擔保權者
2. 일반의 우선권있는 채권을 가진	2. 一般의 優先權있는 債權을 가진 整

회생채권자 3. 제2호에 규정된 회생채권자외의 회생채권자	理債權者 3. 前號와 다음 號에 揭記하는 整理債權者 以外의 整理債權者 4. 後順位債權을 가진 整理債權者
4. 잔여재산의 분배에 관하여 우선적 내용을 갖는 종류의 주식 또는 출자지분을 가진 주주·지분권자	5. 殘餘財産의 分配에 關하여 優先的 內容을 갖는 種類의 株式을 가진 株主
5. 제4호에 규정된 주주·지분권자외의 주주·지분권자	6. 前號에 揭記한 株主 以外의 株主
③법원은 제2항 각호의 자가 가진 권리의 성질과 이해관계를 고려하여 2개 이상의 호의 자를 하나의 조로 분류하거나 하나의 호에 해당하는 자를 2개 이상의 조로 분류할 수 있다. 다만, 회생담보권자·회생채권자·주주·지분권자는 각각 다른 조로 분류하여야 한다.	②法院은 前項各號에 揭記한 者가 가진 權利의 性質과 利害의 關係를 考慮하여 2以上의 組의 者를 1의 組로 하거나 1의 組의 者를 2以上의 組로 分類할 수 있다. 그러나 整理債權者, 整理擔保權者와 株主는 各各 다른 組로 하여야 한다.
④다음 각호의 어느 하나에 해당하는 자는 제3항의 규정에 의한 분류에 관하여 의견을 진술할 수 있다. 1. 관리인 2. 채무자 3. 목록에 기재되어 있거나 신고한 회생채권자·회생담보권자·주주·지분권자	③管理人會社와 申告를 한 整理債權者, 整理擔保權者와 株主는 前項의 分類에 關하여 意見을 陳述할 수 있다.
⑤법원은 회생계획안을 결의에 부칠 때까지는 언제든지 제2항 및 제3항의 규정에 의한 분류를 변경할 수 있다.	④法院은 計劃案을 決議에 回附할 때까지는 언제든지 分類를 變更할 수 있다.
⑥제163조의 규정은 제3항 및 제5항의 규정에 의한 결정의 송달에 관하여 준용한다. 다만, 관계인집회의 기일에 선고가 있는 때에는 송달을 하지 아니할 수 있다.	⑤第141條의 規定은 第2項과 前項의 規定에 依한 決定의 送達에 準用한다. 그러나 關係人集會의 期日 또는 整理債權과 整理擔保權 調査의 期日에 宣告가 있은 때에는 送達을 要하지 아니한다.
제237조(가결의 요건) 관계인집회에서는 다음 각호의 구분에 의하여 회생	第205條 (可決의 요건) 關係人集會에서 整理計劃案을 可決함에 있어서는 다음

계획안을 가결한다.	各號에 의한다.
1. 회생채권자의 조 의결권을 행사할 수 있는 회생채권자의 의결권의 총액의 3분의 2 이상에 해당하는 의결권을 가진 자의 동의가 있을 것	1. 整理債權者組 : 議決權을 행사할 수 있는 整理債權者의 議決權의 總額의 3分의 2이상에 해당하는 議決權을 가진 者의 同意가 있을 것
2. 회생담보권자의 조	2. 整理擔保權者組
가. 第220조의 규정에 의한 회생계획안에 관하여는 의결권을 행사할 수 있는 회생담보권자의 의결권의 총액의 4분의 3 이상에 해당하는 의결권을 가진 자의 동의가 있을 것	가. 第189條의 規定에 의한 整理計劃案에 관하여는 議決權을 행사할 수 있는 整理擔保權者의 議決權의 總額의 4分의 3이상에 해당하는 議決權을 가진 者의 同意가 있을 것
나. 第222조의 규정에 의한 회생계획안에 관하여는 의결권을 행사할 수 있는 회생담보권자의 의결권의 총액의 5분의 4 이상에 해당하는 의결권을 가진 자의 동의가 있을 것	나. 第191條의 規定에 의한 計劃案에 관하여는 議決權을 행사할 수 있는 整理擔保權者 全員의 同意가 있을 것
3. 주주·지분권자의 조 회생계획안의 가결을 위한 관계인집회에서 의결권을 행사하는 주주·지분권자의 의결권의 총수의 2분의 1 이상에 해당하는 의결권을 가진 자의 동의가 있을 것	3. 株主組 : 議決權을 행사할 수 있는 株主의 議決權의 總數의 過半數에 해당하는 議決權을 가진 者의 同意가 있을 것
第238조(속행기일의 지정) 관계인집회에서 회생계획안이 가결되지 아니한 경우 다음 각호의 자가 모두 기일의 속행에 동의한 때에는 법원은 관리인 또는 채무자나 의결권을 행사할 수 있는 회생채권자·회생담보권자·주주·지분권자의 신청에 의하거나 직권으로 속행기일을 정할 수 있다. 1. 회생채권자의 조에서 의결권을 행사할 수 있는 회생채권자의 의결	第206條 (續行期日의 指定) 關係人集會에서 整理計劃案이 可決되지 아니한 境遇에도 整理債權者의 組에 있어서는 議決權을 行使할 수 있는 整理債權者의 議決權의 總額의 過半數에 該當하는 議決權을 가진 者, 整理擔保權者의 組에 있어서는 議決權을 行使할 수 있는 整理擔保權者의 議決權의 總額의 3分의 2 以上에 該當하는 議決權을 가진 者, 株主의 組에 있어서는 議決權을 行使할

권의 총액의 2분의 1 이상에 해당하는 의결권을 가진 자 2. 회생담보권자의 조에서 의결권을 행사할 수 있는 회생담보권자의 의결권의 총액의 3분의 2 이상에 해당하는 의결권을 가진 자 3. 주주·지분권자의 조에서 의결권을 행사하는 주주·지분권자의 의결권의 총수의 3분의 1 이상에 해당하는 의결권을 가진 자	수 있는 株主의 議決權의 總數의 3分의 1以上에 該當하는 議決權을 가진 者가 各各 期日의 續行에 同意한 때에는 法院은 管理人, 會社 또는 議決權을 行使할 수 있는 整理債權者, 整理擔保權者나 株主의 申請에 依하여 또는 職權으로 續行期日을 定하여 宣告하여야 한다.
제239조(가결의 시기) ①회생계획안의 가결은 제232조제1항의 규정에 의한 관계인집회의 제1기일부터 2월 이내에 하여야 한다.	第207條 (可決의 時期) ①整理計劃案의 可決은 第200條第1項의 關係人集會의 第1期日로부터 2月內에 하여야 한다.
②법원은 필요하다고 인정하는 때에는 계획안제출자의 신청에 의하거나 직권으로 제1항의 규정에 의한 기간을 늘일 수 있다. 이 경우 그 기간은 1월을 넘지 못한다.	②法院은 必要하다고 認定하는 때에는 計劃案提出者의 申請에 依하여 또는 職權으로 前項의 期間을 연장할 수 있다. 그러나 그 期間은 1月을 넘지 못한다.
③회생계획안의 가결은 회생절차개시일부터 1년 이내에 하여야 한다. 다만, 불가피한 사유가 있는 때에는 법원은 6월의 범위안에서 그 기간을 늘일 수 있다.	③整理計劃案의 可決은 整理節次 開始日부터 1年내에 하여야 한다. 다만, 불가피한 사유가 있는 때에는 法院은 6月의 범위안에서 그 기간을 연장할 수 있다.
제240조(서면에 의한 결의) ①법원은 회생계획안이 제출된 때에 상당하다고 인정하는 때에는 회생계획안을 서면에 의한 결의(이하 이 편에서 "서면결의"라 한다)에 부치는 취지의 결정을 할 수 있다. 이 경우 법원은 그 뜻을 공고하여야 한다. ②제1항의 규정에 의한 서면결의를 결정한 때에는 법원은 제182조제1항에 규정된 자에 대하여 회생계획안의	

사본 또는 그 요지를 송달함과 동시에 의결권자에 대하여는 회생계획안에 동의하는지 여부와 인가 여부에 관한 의견, 회생계획안이 가결되지 아니한 경우 속행기일의 지정에 동의하는지 여부를 법원이 정하는 기간(이하 이 조에서 "회신기간"이라 한다)안에 서면으로 회신하여야 한다는 뜻을 기재한 서면을 송달하여야 한다. 이 경우 회신기간은 제1항의 규정에 의한 결정일부터 2월을 넘을 수 없다. ③제2항의 규정에 의한 송달은 서류를 우편으로 발송하여 할 수 있다. ④제2항의 규정에 의하여 회생계획안을 송달한 때에는 제224조의 회생계획안 심리를 위한 관계인집회가 완료된 것으로 본다. ⑤회신기간안에 회생계획안에 동의한다는 뜻을 서면으로 회신하여 법원에 도달한 의결권자의 동의가 제237조의 규정에 의한 가결요건을 충족하는 때에는 그 회생계획안은 가결된 것으로 본다. ⑥제188조제1항 내지 제3항 및 제189조의 규정은 서면결의에 관하여 준용한다. ⑦서면결의로 가결되지 아니한 회생계획안에 대하여 제238조의 규정에 의한 속행기일이 지정된 때에는 속행기일에서 결의에 부쳐야 하고 다시 서면결의에 부칠 수 없다. 제241조(회생계획안이 가결된 경우의 법인의 존속) 청산중이거나 파산선고를 받은 사단법인 또는 재단법인인	

채무자에 대하여 회생절차가 개시되어 회생계획안이 가결된 때에는 그 사단법인은 정관의 변경에 관한 규정에 따라, 재단법인은 주무관청의 인가를 받아 법인을 존속하게 할 수 있다.	
제4절 회생계획의 인가 등	
제242조(회생계획의 인가 여부) ①관계인집회에서 회생계획안을 가결한 때에는 법원은 그 기일에 또는 즉시로 선고한 기일에 회생계획의 인가 여부에 관하여 결정을 하여야 한다.	第232條 (整理計劃의 認否) ①關係人集會에서 整理計劃案을 可決한 때에는 法院은 그 期日에 또는 卽時로 宣告한 期日에 計劃의 認否에 關하여 決定을 하여야 한다.
②제1항의 규정에 의한 기일에서 다음 각호의 어느 하나에 해당하는 자는 회생계획의 인가 여부에 관하여 의견을 진술할 수 있다. 1. 제182조제1항 각호의 자 2. 채무자의 업무를 감독하는 행정청·법무부장관 및 금융감독위원회	②第164條와 第165條에 揭記한 者는 計劃의 認否에 關하여 意見을 陳述할 수 있다.
③회생계획의 인가 여부의 기일을 정하는 결정은 선고를 한 때에는 공고와 송달을 하지 아니할 수 있다.	③計劃認否의 期日을 定하는 決定은 宣告를 한 때에는 公告와 送達을 要하지 아니한다.
④서면결의에 의하여 회생계획안이 가결된 때에는 법원은 지체없이 회생계획의 인가 여부에 관하여 결정을 하여야 한다.	
⑤법원은 제4항의 규정에 의하여 회생계획의 인가 또는 불인가의 결정을 한 때에는 제182조제1항 각호의 자에 대하여 그 주문 및 이유의 요지를 기재한 서면을 송달하여야 한다.	
제243조(회생계획인가의 요건) ①법원은 다음의 요건을 구비하고 있는 경우에 한하여 회생계획인가의 결정을	第233條 (整理計劃認可의 要件) ①法院은 다음의 要件을 具備하고 있는 境遇에 限하여 整理計劃認可의 決定을 할

할 수 있다.	수 있다.
1. 회생절차 또는 회생계획이 법률의 규정에 적합할 것	1. 整理節次 또는 計劃이 法律의 規定에 合致되어 있을 것
2. 회생계획이 공정하고 형평에 맞아야 하며 수행이 가능할 것	2. 計劃이 公正, 衡平하고 遂行可能할 것
3. 회생계획에 대한 결의를 성실·공정한 방법으로 하였을 것	3. 決議를 誠實, 公正한 方法으로 하였을 것
4. 회생계획에 의한 변제방법이 채무자의 사업을 청산할 때 각 채권자에게 변제하는 것보다 불리하지 아니하게 변제하는 내용일 것. 다만, 채권자가 동의한 경우에는 그러하지 아니하다.	
5. 합병 또는 분할합병을 내용으로 한 회생계획에 관하여는 다른 회사의 주주총회 또는 사원총회의 합병계약서 또는 분할합병계약서의 승인결의가 있었을 것. 다만, 그 회사가 주주총회 또는 사원총회의 승인결의를 요하지 아니하는 경우를 제외한다.	4. 合併 또는 分割合併을 內容으로 한 計劃에 關하여는 다른 會社의 株主總會의 合併契約書 또는 分割合併契約書의 승인의 決議가 있었을 것
6. 회생계획에서 행정청의 허가·인가·면허 그 밖의 처분을 요하는 사항이 제226조제2항의 규정에 의한 행정청의 의견과 중요한 점에서 차이가 없을 것	5. 行政廳의 許可, 認可, 免許 其他의 處分을 要하는 事項을 定한 計劃에 關하여는 第194條第2項의 規定에 依한 行政廳의 意見에 重要한 點에서 違反하고 있지 아니할 것
7. 주식의 포괄적 교환을 내용으로 하는 회생계획에 관하여는 다른 회사의 주주총회의 주식의 포괄적 교환계약서의 승인결의가 있을 것. 다만, 그 회사가 상법 제360조의9(간이주식교환) 및 제360조의10(소규모 주식교환)의 규정에 의하여 주식의 포괄적 교환을 하는 경우를 제외한다.	
②회생계획의 인가 여부 결정에 이	②整理節次가 法律의 規定에 違反하는

르기까지의 절차가 법률의 규정에 위반되는 경우에도 그 위반의 정도, 채무자의 현황 그 밖의 모든 사정을 고려하여 회생계획을 인가하지 아니하는 것이 부적당하다고 인정되는 때에는 법원은 회생계획인가의 결정을 할 수 있다.	境遇에도 그 違反의 程度, 會社의 現況 其他 모든 事情을 考慮하여 計劃을 認可하지 아니하는 것이 不適當하다고 認定하는 때에는 法院은 計劃認可의 決定을 할 수 있다.
제244조(동의하지 아니하는 조가 있는 경우의 인가) ①회생계획안에 관하여 관계인집회에서 결의하거나 제240조의 규정에 의한 서면결의에 부치는 경우 법정의 액 또는 수 이상의 의결권을 가진 자의 동의를 얻지 못한 조가 있는 때에도 법원은 회생계획안을 변경하여 그 조의 회생채권자·회생담보권자·주주·지분권자를 위하여 다음 각호의 어느 하나에 해당하는 방법에 의하여 그 권리를 보호하는 조항을 정하고 회생계획인가의 결정을 할 수 있다.	第234條 (不同意의 組가 있는 境遇의 認可) ①整理計劃案에 關하여 關係人集會에서 法定의 額 또는 數以上의 議決權을 가진 者의 同意를 얻지 못한 組가 있는 境遇에도 法院은 計劃案을 變更하여 그 組의 整理債權者, 整理擔保權者 또는 株主를 爲하여 다음에 揭記하는 方法의 1에 依하여 그 權利를 保護하는 條項을 定하고 計劃認可의 決定을 할 수 있다.
1. 회생담보권자에 관하여 그 담보권의 목적인 재산을 그 권리가 존속되도록 하면서 신회사에 이전하거나 타인에게 양도하거나 채무자에게 유보하는 방법	1. 整理擔保權者에 關하여 그 擔保權의 目的인 財産을 그 權利를 存續하게 하면서 新會社에 移轉하거나 他人에게 讓渡하거나 會社에 保留하는 方法
2. 회생담보권자에 관하여는 그 권리의 목적인 재산을, 회생채권자에 관하여는 그 채권의 변제에 충당될 채무자의 재산을, 주주·지분권자에 관하여는 잔여재산의 분배에 충당될 채무자의 재산을 법원이 정하는 공정한 거래가격(담보권의 목적인 재산에 관하여는 그 권리로 인한 부담이 없는 것으로 평가한다) 이상의 가액으로 매	2. 整理擔保權者에 關하여는 그 權利의 目的인 財産, 整理債權者에 關하여는 그 債權의 辨濟에 充當될 會社의 財産, 株主에 關하여는 殘餘財産의 分配에 充當될 會社의 財産을 法院이 定하는 公正한 去來價格(擔保權의 目的인 財産에 關하여는 그 權利로 因한 負擔이 없는 것으로 評價한다)以上의 價額으로 賣却하고 그 賣得金에서 賣却의 費用을 控除한 殘金으로 辨濟하거나 分配하거나

각하고 그 매각대금에서 매각비용을 공제한 잔금으로 변제하거나 분배하거나 공탁하는 방법	供託하는 方法
3. 법원이 정하는 그 권리의 공정한 거래가액을 권리자에게 지급하는 방법	3. 法院이 定하는 그 權利의 公正한 去來價額을 權利者에게 支給하는 方法
4. 그 밖에 제1호 내지 제3호의 방법에 준하여 공정하고 형평에 맞게 권리자를 보호하는 방법	4. 其他 前各號에 準하여 公正, 衡平하게 權利者를 保護하는 方法
②회생계획안에 관하여 관계인집회에서 결의하거나 제240조의 규정에 의한 서면결의에 부치는 경우 회생계획안의 가결요건을 충족하는 데에 필요한 동의를 얻지 못할 것이 명백한 조가 있는 때에는 법원은 회생계획안을 작성한 자의 신청에 의하여 미리 그 조의 회생채권자·회생담보권자·주주·지분권자를 위하여 제1항 각호의 방법에 의하여 그 권리를 보호하는 조항을 정하고 회생계획안을 작성할 것을 허가할 수 있다.	②計劃案에 關하여 關係人集會에서 法定의 額 또는 數以上의 議決權을 가진 者의 同意를 얻지 못할 것이 明白한 組가 있는 때에는 法院은 計劃案作成者의 申請에 依하여 미리 그 組의 整理債權者, 整理擔保權者 또는 株主를 爲하여 前項에 揭記한 方法의 1에 依하여 그 權利를 保護하는 條項을 定하고 計劃案을 作成할 것을 許可할 수 있다.
③제2항의 규정에 의한 신청이 있는 때에는 법원은 신청인과 동의를 얻지 못할 것이 명백한 조의 권리자 1인 이상의 의견을 들어야 한다.	③前項의 申請이 있은 때에는 法院은 申請人과 同項에 定하는 組의 權利者 1人以上의 意見을 들어야 한다.
제245조(회생계획인가 여부 결정의 선고 등) ①법원은 회생계획의 인가 여부의 결정을 선고하고 그 주문, 이유의 요지와 회생계획이나 그 요지를 공고하여야 한다. 이 경우 송달은 하지 아니할 수 있다.	第235條 (整理計劃認否의 決定의 宣告等) ①整理計劃認否의 決定을 宣告하고 그 主文, 理由의 要旨와 計劃이나 그 要旨를 公告하여야 한다. 그러나 送達을 要하지 아니한다.
②제41조제1항의 규정은 제1항의 규정에 의한 결정이 있는 경우에 관하여 준용한다.	②第35條第1項의 規定은 前項의 決定이 있은 境遇에 準用한다.
③제1항의 규정에 불구하고 제1항의	

규정에 의한 회생계획인부의 결정이 제240조의 규정에 의한 서면결의에 관한 것인 때에는 법원은 그 주문, 이유의 요지와 회생계획 및 그 요지를 다음 각호의 자에게 송달하여야 한다. 1. 제182조제1항 각호의 자 2. 채무자가 주식회사인 경우에는 채무자의 업무를 감독하는 행정청·법무부장관 및 금융감독위원회	
제246조(회생계획의 효력발생시기) 회생계획은 인가의 결정이 있은 때부터 효력이 생긴다.	第236條 (整理計劃의 效力發生時期) 整理計劃은 認可의 決定이 있은 때로부터 效力이 생긴다.
제247조(항고) ①회생계획의 인가 여부의 결정에 대하여는 즉시항고를 할 수 있다. 다만, 목록에 기재되지 아니하거나 신고하지 아니한 회생채권자·회생담보권자·주주·지분권자는 그러하지 아니하다.	第237條 (抗告) ①整理計劃認否의 決定에 對하여는 卽時抗告를 할 수 있다. 그러나 申告하지 아니한 整理債權者, 整理擔保權者 또는 株主는 그러하지 아니하다.
②의결권이 없는 회생채권자·회생담보권자·주주·지분권자는 제1항의 규정에 의한 즉시항고를 하는 때에는 회생채권자·회생담보권자·주주·지분권자인 것을 소명하여야 한다.	②議決權이 없는 整理債權者, 整理擔保權者 또는 株主가 前項의 抗告를 함에는 整理債權者, 整理擔保權者 또는 株主인 것을 疏明하여야 한다.
③회생계획인가의 결정에 대한 항고는 회생계획의 수행에 영향을 미치지 아니한다. 다만, 항고법원 또는 회생법원은 항고가 이유있다고 인정되고 회생계획의 수행으로 생길 회복할 수 없는 손해를 예방하기 위하여 긴급한 필요가 있음을 소명한 때에는 신청에 의하여 항고에 관하여 결정이 있을 때까지 담보를 제공하게 하거나 담보를 제공하게 하지 아니하고 회생계획	③整理計劃認可의 決定에 대한 抗告는 計劃의 遂行에 影響을 미치지 아니한다. 그러나 抗告法院 또는 整理法院은 抗告가 法律上 理由있다고 認定되고 計劃의 遂行으로 생길 回復할 수 없는 損害를 避하기 爲하여 緊急한 必要가 있고 또 事實에 關하여 疏明이 있은 때에는 申請에 依하여 抗告에 關하여 決定이 있을 때까지 擔保를 提供하게 하거나 擔保를 提供하게 하지 아니하고 計

의 전부나 일부의 수행을 정지하거나 그 밖에 필요한 처분을 할 수 있다. ④회생계획불인가의 결정에 대한 항고가 있는 때에는 회생법원은 기간을 정하여 항고인에게 보증으로 대법원규칙이 정하는 범위 안에서 금전 또는 법원이 인정하는 유가증권을 공탁하게 할 수 있다. ⑤제4항의 경우 항고인이 법원이 정하는 기간 안에 보증을 제공하지 아니하는 때에는 법원은 결정으로 항고를 각하하여야 한다. ⑥제4항의 규정에 의한 항고가 기각되고 채무자에 대하여 파산선고가 있거나 파산절차가 속행되는 때에는 보증으로 제공한 금전 또는 유가증권은 파산재단에 속한다. ⑦제1항의 즉시항고에 관한 재판의 불복은 민사소송법 제442조(재항고)의 규정에 의한다. 이 경우 제1항 내지 제6항의 규정은 이에 준용한다.	劃의 全部나 一部의 遂行을 停止하거나 其他 必要한 處分을 할 수 있다. ④整理計劃不認可의 決定에 대한 抗告가 있은 때에는 整理法院은 기간을 정하여 抗告人에게 보증으로 大法院規則이 정하는 범위안에서 金錢 또는 法院이 인정하는 有價證券을 供託하게 할 수 있다. ⑤第4項의 경우에 抗告人이 法院이 정하는 기간내에 보증을 제공하지 아니하는 때에는 法院은 決定으로 抗告를 却下하여야 한다. ⑥第4項의 抗告가 棄却되고 會社에 대하여 破産宣告가 있거나 破産節次가 續行되는 때에는 보증으로 제공한 金錢이나 有價證券은 破産財團에 속한다. ⑦第1項 내지 第6項의 規定은 第8條에서 準用하는 민사소송법 제449조의 規定에 依한 抗告에 準用한다.
제248조(회생계획불인가의 결정이 확정된 경우) 제291조 및 제292조의 규정은 회생계획불인가의 결정이 확정된 경우에 관하여 준용한다.	第238條 (整理計劃不認可의 決定이 確定된 境遇) 第281條와 第282條의 規定은 整理計劃不認可의 決定이 確定된 境遇에 準用한다.
제249조(회생채권자표 등의 기재) 회생계획인가의 결정이 확정된 때에는 법원사무관등은 회생계획에서 인정된 권리를 회생채권자표, 회생담보권자표와 주주·지분권자표에 기재하여야 한다.	第239條 (整理債權者表等의 記載) 整理計劃認可의 決定이 確定된 때에는 法院書記官 또는 書記는 計劃의 條項을 整理債權者表, 整理擔保權者表와 株主表에 記載하여야 한다.
제250조(회생계획의 효력범위) ①회생계획은 다음 각호의 자에 대하여 효	第240條 (整理計劃의 效力範圍) ①整理計劃은 會社, 모든 整理債權者, 整理擔

력이 있다.

1. 채무자
2. 회생채권자·회생담보권자·주주·지분권자
3. 회생을 위하여 채무를 부담하거나 담보를 제공하는 자
4. 신회사(합병 또는 분할합병으로 설립되는 신회사를 제외한다)

②회생계획은 다음 각호의 권리 또는 담보에 영향을 미치지 아니한다.

1. 회생채권자 또는 회생담보권자가 회생절차가 개시된 채무자의 보증인 그 밖에 회생절차가 개시된 채무자와 함께 채무를 부담하는 자에 대하여 가지는 권리
2. 채무자외의 자가 회생채권자 또는 회생담보권자를 위하여 제공한 담보

제251조(회생채권 등의 면책 등) 회생계획인가의 결정이 있는 때에는 회생계획이나 이 법의 규정에 의하여 인정된 권리를 제외하고는 채무자는 모든 회생채권과 회생담보권에 관하여 그 책임을 면하며, 주주·지분권자의 권리와 채무자의 재산상에 있던 모든 담보권은 소멸한다. 다만, 제140조제1항의 청구권은 그러하지 아니하다.

제252조(권리의 변경) ①회생계획인가의 결정이 있는 때에는 회생채권자·회생담보권자·주주·지분권자의 권리는 회생계획에 따라 변경된다.

②상법 제339조(질권의 물상대위)와 제340조(기명주식의 등록질)제3항의 규정은 주주·지분권자가 제1항의 규

保權者와 株主, 整理를 爲하여 債務를 負擔하거나 擔保를 提供하는 者와 新會社(合併 또는 分割合併으로 設立되는 新會社를 除外한다)를 爲하여 또 이들에 對하여 效力이 있다.

②計劃은 整理債權者 또는 整理擔保權者가 會社의 保證人 其他 會社와 함께 債務를 負擔하는 者에 對하여 가진 權利와 會社 以外의 者가 整理債權者 또는 整理擔保權者를 爲하여 提供한 擔保에 影響을 미치지 아니한다.

第241條 (整理債權等의 免責等) 整理計劃認可의 決定이 있은 때에는 計劃의 規定 또는 本法의 規定에 依하여 認定된 權利를 除外하고 會社는 모든 整理債權과 整理擔保權에 關하여 그 責任을 免하며 株主의 權利와 會社의 財産上에 있던 모든 擔保權은 消滅한다. 그러나 第121條第1項第5號에 揭記하는 請求權은 그러하지 아니하다.

第242條 (權利의 變更) ①整理計劃認可의 決定이 있은 때에는 整理債權者, 整理擔保權者와 株主의 權利는 計劃의 規定에 따라 變更된다.

②商法 第339條와 第340條第3項의 規定은 株主가 前項의 規定에 依한 權利의 變更으로 받을 金錢 其他의 物件,

정에 의한 권리의 변경으로 받을 금전 그 밖의 물건, 주식 또는 출자지분, 채권 그 밖의 권리와 주권에 관하여 준용한다.	株式, 債權 其他의 權利와 株券에 準用한다.
第253条(회생채권자 및 회생담보권자의 권리) 회생계획에 의하여 정하여진 회생채권자 또는 회생담보권자의 권리는 확정된 회생채권 또는 회생담보권을 가진 자에 대하여만 인정된다.	第243條 (整理債權者와 整理擔保權者의 權利) 整理計劃의 規定에 依하여 整理債權者 또는 整理擔保權者에 對하여 權利가 認定된 境遇에는 그 權利는 確定된 整理債權 또는 整理擔保權을 가진 者에 對하여서만 認定된다.
第254条(신고하지 아니한 주주·지분권자의 권리) 회생계획에 의하여 인정된 주주·지분권자의 권리는 주식 또는 출자지분의 신고를 하지 아니한 주주·지분권자에 대하여도 인정된다.	第244條 (申告하지 아니한 株主의 權利) 整理計劃의 規定에 依하여 株主에 對하여 權利가 認定된 境遇에는 그 權利는 株式의 申告를 하지 아니한 株主에 對하여도 認定된다.
第255条(회생채권자표 등의 기재의 효력) ①회생채권 또는 회생담보권에 기하여 회생계획에 의하여 인정된 권리에 관한 회생채권자표 또는 회생담보권자표의 기재는 회생계획인가의 결정이 확정된 때에 다음 각호의 자에 대하여 확정판결과 동일한 효력이 있다. 1. 채무자 2. 회생채권자·회생담보권자·주주·지분권자 3. 회생을 위하여 채무를 부담하거나 또는 담보를 제공하는 자 4. 신회사(합병 또는 분할합병으로 설립되는 신회사를 제외한다)	第245條 (整理債權者表等의 記載의 效力) ①整理計劃認可의 決定이 確定된 때에는 整理債權 또는 整理擔保權에 基하여 計劃의 規定에 依하여 認定된 權利에 關하여는 그 整理債權者表 또는 整理擔保權者表의 記載는 會社, 新會社(合併 또는 分割合併으로 設立되는 新會社를 除外한다), 整理債權者, 整理擔保權者, 會社의 株主와 整理를 爲하여 債務를 負擔하거나 또는 擔保를 提供하는 者에 對하여 確定判決과 同一한 效力이 있다.
②제1항의 규정에 의한 권리로서 금전의 지급 그 밖의 이행의 청구를 내용으로 하는 권리를 가진 자는 회생	②前項에 定하는 權利로서 金錢의 支給 其他의 履行의 請求를 內容으로 하는 것을 가진 者는 整理節次終結後 會

절차종결 후 채무자와 회생을 위하여 채무를 부담한 자에 대하여 회생채권자표 또는 회생담보권자표에 의하여 강제집행을 할 수 있다. 이 경우 보증인은 민법 제437조(보증인의 최고, 검색의 항변)의 규정에 의한 항변을 할 수 있다.	社와 整理를 爲하여 債務를 負擔한 者에 對하여 整理債權者表 또는 整理擔保權者表에 依하여 强制執行을 할 수 있다. 이 境遇에도 保證人은 民法 第437條의 規定에 依하여 抗辯할 수 있다.
③민사집행법 제2조(집행실시자) 내지 제18조(집행비용의 예납 등), 제20조(공공기관의 원조), 제28조(집행력있는 정본) 내지 제55조(외국에서 할 집행)의 규정은 제2항의 경우에 관하여 준용한다. 다만, 민사집행법 제33조(집행문부여의 소), 제44조(청구에 관한 이의의 소) 및 제45조(집행문부여에 대한 이의의 소)의 규정에 의한 소는 회생법원의 관할에 전속한다.	③민사집행법 제2조 내지 제18조, 제20조, 제28조 내지 제55조의 規定은 前項의 境遇에 準用한다. 그러나 민사집행법 제33조·제44조 및 제45조의 規定에 依한 訴는 整理法院의 管轄에 專屬한다.
제256조(중지중의 절차의 실효) ①회생계획인가의 결정이 있은 때에는 제58조제2항의 규정에 의하여 중지한 파산절차, 강제집행, 가압류, 가처분, 담보권실행 등을 위한 경매절차는 그 효력을 잃는다. 다만, 같은 조제5항의 규정에 의하여 속행된 절차 또는 처분은 그러하지 아니한다.	第246條 (中止中의 節次의 失效) ①整理計劃認可의 決定이 있은 때에는 第67條第1項의 規定에 依하여 中止한 破産節次, 强制執行, 假押留, 假處分, 擔保權實行 등을 위한 競賣節次는 그 效力을 잃는다. 그러나 同條第6項의 規定에 依하여 續行된 節次 또는 處分은 그러하지 아니한다.
②제1항의 규정에 의하여 효력을 잃은 파산절차에서의 재단채권(제473조제2호 및 제9호에 해당하는 것을 제외한다)은 공익채권으로 한다.	②前項의 規定에 依하여 效力을 잃은 破産節次에서의 財團債權(그러나 破産法 第38條第2號와 第9號에 揭記한 것을 除外한다)은 共益債權으로 한다.
제7장 회생계획인가 후의 절차	
제257조(회생계획의 수행) ①회생계획인가의 결정이 있는 때에는 관리인은 지	第247條 (整理計劃의 遂行) ①整理計劃認可의 決定이 있은 때에는 管理人은

체없이 회생계획을 수행하여야 한다. ②회생계획에 의하여 신회사를 설립하는 때에는 관리인이 발기인 또는 설립위원의 직무를 행한다. ③관리위원회는 매년 회생계획이 적정하게 수행되고 있는지의 여부에 관하여 평가하고 그 평가결과를 법원에 제출하여야 한다. ④관리위원회는 법원에 회생절차의 종결 또는 폐지 여부에 관한 의견을 제시할 수 있다.	遲滯없이 計劃을 遂行하여야 한다. ②計劃의 規定에 依하여 新會社를 設立하는 때에는 發起人 또는 設立委員의 職務는 管理人이 行한다. ③管理委員會는 整理計劃이 적정하게 수행되고 있는지의 여부에 관하여 評價하고 그 의견을 매년 法院에 제출하여야 한다. 〈新設 1998.2.24〉 ④管理委員會는 法院에 整理節次의 終結 또는 廢止 여부에 관한 의견을 제시할 수 있다.
제258조(회생계획수행에 관한 법원의 명령) ①법원은 다음 각호의 자에 대하여 회생계획의 수행에 필요한 명령을 할 수 있다. 1. 채무자 2. 회생채권자·회생담보권자·주주·지분권자 3. 회생을 위하여 채무를 부담하거나 담보를 제공하는 자 4. 신회사(합병 또는 분할합병으로 설립되는 신회사를 제외한다) 5. 관리인	第248條 (整理計劃遂行에 關한 法院의 命令) ①法院은 第240條第1項에 揭記한 者와 管理人에 對하여 整理計劃의 遂行에 必要한 命令을 할 수 있다.
②법원은 회생계획의 수행을 확실하게 하기 위하여 필요하다고 인정하는 때에는 회생계획 또는 이 법의 규정에 의하여 채권을 가진 자와 이의있는 회생채권 또는 회생담보권으로서 그 확정절차가 끝나지 아니한 것을 가진 자를 위하여 상당한 담보를 제공하게 할 수 있다.	②法院은 計劃의 遂行을 確實하게 하기 爲하여 必要하다고 認定하는 때에는 計劃의 規定 또는 本法의 規定에 依하여 債權을 가진 者와 異議있는 整理債權 또는 整理擔保權으로서 그 確定節次가 끝나지 아니한 것을 가진 者를 爲하여 相當한 擔保를 提供하게 할 수 있다.
③민사소송법 제122조(담보제공방식), 제123조(담보물에 대한 피고의 권리), 제125조(담보의 취소) 및 제126조(담보물변경)의 규정은 제2항의 규	③민사소송법 제122조·제123조·제125조 및 제126조의 規定은 前項의 規定에 依한 擔保에 準用한다.

정에 의한 담보에 관하여 준용한다.

제259조(채무자에 대한 실사) 다음 각 호의 어느 하나에 해당하는 경우 법원은 채권자협의회의 신청에 의하거나 직권으로 조사위원으로 하여금 채무자의 재산 및 영업상태를 실사하게 할 수 있다.
1. 회생계획을 제대로 수행하지 못하는 경우
2. 회생절차의 종결 또는 폐지 여부의 판단을 위하여 필요한 경우
3. 회생계획의 변경을 위하여 필요한 경우

제260조(주주총회 또는 사원총회의 결의 등에 관한 법령의 규정 등의 배제) 회생계획을 수행함에 있어서는 법령 또는 정관의 규정에 불구하고 법인인 채무자의 창립총회·주주총회 또는 사원총회(종류주주총회 또는 이에 준하는 사원총회를 포함한다) 또는 이사회의 결의를 하지 아니하여도 된다.

第249條 (株主總會의 決議等에 關한 法令의 規定等의 排除) 整理計劃의 遂行에 있어서는 法令 또는 定款의 規定에 不拘하고 會社의 創立總會, 株主總會(어느 種類의 株主總會를 包含한다) 또는 理事會의 決議를 要하지 아니한다.

제261조(영업양도 등에 관한 특례) ① 제200조의 규정에 의하여 회생계획에서 다음 각호의 행위를 정한 때에는 회생계획에 따라 그 행위를 할 수 있다.
1. 다음 각목의 어느 하나에 해당하는 계약 또는 이에 준하는 계약의 체결·변경 또는 해약
   가. 채무자의 영업이나 재산의 전부나 일부를 양도·출자 또는 임대하는 계약

第250條 (營業의 讓渡等에 關한 商法規定의 特例) ①第217條의 規定에 依하여 整理計劃에 있어서 會社의 營業 또는 財産의 全部나 一部를 讓渡, 出資 또는 賃貸하거나 會社의 事業의 經營의 全部나 一部를 委任하거나 他人과 營業의 損益을 같이 하는 契約 其他 이에 準할 契約을 締結, 變更 또는 解約하거나 他人의 營業이나 財産의 全部나 一部를 讓受할 것을 約定한 때에는 計劃의 規定에 依하여 이 行爲를 할 수 있다.

나. 채무자의 사업의 경영의 전부나 일부를 위임하는 계약 다. 타인과 영업의 손익을 같이 하는 계약 그 밖에 이에 준하는 계약 2. 타인의 영업이나 재산의 전부나 일부를 양수할 것에 대한 약정	
②제1항의 경우 상법 제374조(영업양도·양수·임대 등)제2항 및 제374조의2(반대주주의 주식매수청구권)와 증권거래법 제191조(주주의 주식매수청구권)의 규정은 적용하지 아니한다.	②第1項의 경우 商法 第374條第2項, 第374條의2와 證券去來法 第191條의 規定은 이를 적용하지 아니한다.
제262조(정관변경에 관한 특례) 제202조의 규정에 의하여 회생계획에서 채무자의 정관을 변경할 것을 정한 경우에는 정관은 회생계획인가결정이 있는 때에 회생계획에 의하여 변경된다.	第251條 (定款의 變更에 關한 商法의 規定의 特例) 第219條의 規定에 依하여 整理計劃에서 會社의 定款을 變更할 것을 定한 때에는 定款은 計劃認可가 決定된 때 計劃의 規定에 依하여 變更된다.
제263조(이사 등의 변경에 관한 특례) ①제203조의 규정에 의하여 회생계획에서 이사의 선임이나 대표이사의 선정을 정한 경우 이들은 회생계획이 인가된 때에 선임 또는 선정된 것으로 본다.	第252條 (理事等의 變更에 關한 商法의 規定의 特例) ①第220條의 規定에 依하여 理事나 監事의 選任 또는 代表理事의 選定을 定한 때에는 이 者는 計劃認可가 決定된 때에 選任 또는 選定된 것으로 한다.
②제203조의 규정에 의하여 회생계획에서 이사의 선임이나 대표이사의 선정의 방법을 정한 때에는 회생계획에서 정한 방법으로 이사를 선임하거나 대표이사를 선정할 수 있다. 이 경우 이사의 선임이나 대표이사의 선정에 관한 다른 법령이나 정관의 규정은 적용하지 아니한다.	②第220條의 規定에 依하여 計劃에서 理事나 監事의 選任 또는 代表理事의 選定의 方法을 定한 때에는 이 者의 選任 또는 選定은 計劃에서 定한 方法으로 할 수 있다. 이 境遇에는 商法 第382條第1項, 第389條第1項과 第409條第1項의 規定은 適用하지 아니한다.
③제203조제4항의 규정에 의하여 법원이 감사를 선임하는 때에는 감사의	③會社의 理事, 代表理事 또는 監事로서 計劃에서 留任할 것을 定하지 아니

선임에 관한 다른 법령이나 정관의 규정을 적용하지 아니한다.	한 者는 計劃認可가 決定된 때에 解任된 것으로 한다.
④회생계획에서 유임할 것으로 정하지 아니한 이사 또는 대표이사는 회생계획이 인가된 때에 해임된 것으로 보며, 감사로서 제203조제4항의 규정에 의하여 감사로 선임되지 아니한 자는 법원이 제203조제4항의 규정에 의하여 감사를 선임한 때에 해임된 것으로 본다.	④第1項과 第2項의 規定에 依하여 選任되거나 選定된 또는 計劃의 規定에 依하여 留任한 理事, 代表理事 또는 監事의 任期와 代表理事의 代表의 方法은 計劃의 規定에 依한다.
⑤제1항 및 제2항의 규정에 의하여 선임 또는 선정되거나 회생계획에 의하여 유임된 이사 또는 대표이사의 임기와 대표이사의 대표의 방법은 회생계획에 의하며, 제203조제4항의 규정에 의하여 선임된 감사의 임기는 법원이 정한다.	
제264조(자본감소에 관한 특례) ①제205조의 규정에 의하여 회생계획에서 자본의 감소를 정한 때에는 회생계획에 의하여 자본을 감소할 수 있다.	第253條 (資本의 減少에 關한 商法等의 規定의 特例) ①第221條의 規定에 依하여 整理計劃에서 資本의 減少를 定한 때에는 計劃의 規定에 依하여 資本을 減少할 수 있다
②제1항의 경우 상법 제343조(주식의 소각)제2항, 제439조(자본감소의 방법, 절차)제2항·제3항, 제440조(주식병합의 절차), 제441조(주식병합의 절차), 제445조(감자무효의 소) 및 제446조(준용규정)의 규정은 적용하지 아니하며, 같은 법 제443조(단주의 처리)제1항 단서에 규정된 사건은 회생법원의 관할로 한다.	②前項의 境遇에는 商法 第343條第2項, 第439條第2項, 第3項, 第445條와 第446條의 規定은 適用하지 아니하며 同法 第443條第1項 但書에 定한 事件은 整理法院의 管轄로 한다.
③제1항의 경우 채무자의 자본감소로 인한 변경등기의 신청서에는 회생계획인가결정서의 등본 또는 초본을 첨부하여야 한다.	③第1項의 境遇에는 會社의 資本減少로 因한 變更登記의 申請書에는 計劃認可의 決定書의 謄本 또는 抄本을 添附하여야 한다.

제265조(납입 등이 없는 신주발행에 관한 특례) ①제206조제1항 및 제4항의 규정에 의하여 회생계획에서 채무자가 회생채권자·회생담보권자 또는 주주에 대하여 새로 납입 또는 현물출자를 하게 하지 아니하고 신주를 발행할 것을 정한 때에는 이 권리자는 회생계획인가가 결정된 때에 주주가 된다. 다만, 회생계획에서 특별히 정한 때에는 그 정한 때에 주주가 된다. ②제1항의 경우에는 신주인수권에 관한 정관의 규정을 적용하지 아니한다. ③상법 제440조(주식병합의 절차) 내지 제444조(단주의 처리)의 규정은 주주에 대하여 배정할 주식에 단수(端數)가 생긴 경우에 관하여 준용한다. 이 경우 같은 법 제443조(단주의 처리)제1항 단서에 규정된 사건은 회생법원의 관할로 하고, 비송사건절차법 제83조(단주매각의 허가신청)의 규정을 준용한다.	第254條 (新株의 發行에 關한 商法等의 規定의 特例) ①第222條第1項의 規定에 依하여 整理計劃에서 會社가 整理債權者, 整理擔保權者 또는 株主에 對하여 새로 納入 또는 現物出資를 하게 하지 아니하고 新株를 發行할 것을 定할 때에는 이 權利者는 計劃認可가 決定된 때 또는 整理計劃에서 정한 때에 株主가 된다. ②第1項의 境遇에는 新株引受權에 關한 定款의 規定에 羈束되지 아니한다. ③商法 第440條 乃至 第444條의 規定은 株主에 對하여 配定할 株式에 端數가 생긴 境遇에 準用한다. 이 境遇에는 同法 第443條第1項 但書에 定한 事件은 整理法院의 管轄로 하고 非訟事件節次法 第83條의 規定을 準用한다.
제266조(납입 등이 있는 신주발행에 관한 특례) ①제206조제2항·제3항의 규정에 의하여 회생계획에서 채무자가 신주를 발행할 것을 정한 때에는 회생계획에 의하여 신주를 발행할 수 있다. ②제1항의 경우에는 상법 제418조(신주인수권의 내용 및 배정일의 지정·공고), 제422조(현물출자의 검사), 제424조(유지청구권), 제424조의2(불공정한 가액으로 주식을 인수한 자의 책임), 제428조(이사의 인수담보책임) 및 제429조(신주발행무효의 소) 내지 제432조(무효판결과 주주에의	第255條 (同前) ①第222條第2項 또는 第3項의 規定에 依하여 整理計劃에서 會社가 新株를 發行할 것을 定할 때에는 計劃의 規定에 依하여 新株를 發行할 수 있다. ②前項의 境遇에는 商法 第418條, 第422條, 第424條, 第424條의2, 第428條와 第429條 乃至 第432條의 規定은 適用하지 아니한다.

환급)의 규정은 적용하지 아니한다.	
③제1항의 경우에는 신주인수권에 관한 정관의 규정을 적용하지 아니하며, 상법 제425조(준용규정)제1항에서 준용하는 같은 법 제306조(납입금의 보관자 등의 변경)에 규정된 사건은 회생법원의 관할로 한다.	③第1項의 境遇에는 新株引受權에 關한 定款의 規定에 羈束되지 아니하며 商法 第425條第1項에서 準用하는 同法 第306條에 定한 事件은 整理法院의 管轄로 한다.
④제1항의 경우 상법 제419조(신주인수권자에 대한 최고)의 규정을 준용한다. 이 경우 상법 제419조(신주인수권자에 대한 최고)제2항중 "주권"은 "주권 또는 사채권"으로 본다.	④第1項의 境遇에는 商法 第419條의 規定을 準用한다. 이 境遇에 同條第2項中 "株券"은 "株券 또는 社債券"으로 한다.
⑤회생채권자·회생담보권자 또는 주주에 대하여 새로 납입 또는 현물출자를 하게 하여 신주를 발행하는 때에는 이들 권리자는 회생계획에서 정한 금액을 납입하거나 현물출자를 하면 된다.	⑤整理債權者, 整理擔保權者 또는 株主에 對하여 새로 納入 또는 現物出資를 하게 하여 新株를 發行하는 때에는 이 權利者는 計劃에 定한 金額을 納入하거나 計劃에 定한 現物出資를 하면 된다.
⑥제265조제3항의 규정은 주주에 대하여 새로 납입 또는 현물출자를 하게 하여 배정할 주식에 단수(端數)가 생긴 경우에 관하여 준용한다. 다만, 종전의 주주에 교부할 대금에서 단주(端株)에 대하여 납입할 금액 또는 이행할 현물출자에 상당하는 금액을 공제하여야 한다.	⑥前條第3項의 規定은 株主에 對하여 새로 納入 또는 現物出資를 하게 하여 配定할 株式에 端數가 생긴 境遇에 準用한다. 그러나 이 境遇에는 從前의 株主에 交付할 代金에서 端株에 對하여 納入할 金額 또는 履行할 現物出資에 相當하는 金額을 控除하여야 한다.
⑦제1항의 경우 채무자의 신주발행으로 인한 변경등기의 촉탁서 또는 신청서에는 회생계획인가결정서의 등본 또는 초본외에 주식의 청약과 인수를 증명하는 서면과 납입금의 보관에 관한 증명서를 첨부하여야 한다.	⑦第1項의 境遇에는 會社의 新株發行으로 因한 變更登記의 囑託書 또는 申請書에는 計劃認可의 決定書의 謄本 또는 抄本外에 株式의 請約과 引受를 證明하는 書面과 納入金의 保管에 關한 證明書를 添附하여야 한다.
제267조(주식회사의 납입 등이 없는 사채발행에 관한 특례) ①제209조의 규정에 의하여 회생계획에서 주식회사	第256條 (社債의 發行에 關한 商法等의 規定의 特例) ①第223條의 規定에 依하여 整理計劃에서 會社가 整理債權者,

인 채무자가 회생채권자·회생담보권자 또는 주주에 대하여 새로 납입을 하게 하지 아니하고 사채를 발행할 것을 정한 때에는 이들 권리자는 회생계획인가가 결정된 때에 사채권자가 된다.	整理擔保權者 또는 株主에 對하여 새로 納入을 하게 하지 아니하고 社債를 發行할 것을 定한 때에는 이 權利者는 計劃認可가 決定된 때에 社債權者가 된다.
②제1항의 경우에는 상법 제471조(사채모집의 제한)의 규정은 적용하지 아니한다.	②前項의 境遇에는 商法 第471條의 規定은 適用하지 아니한다.
③제1항의 경우 회생계획의 규정에 의하여 회생채권자 또는 회생담보권자에 대하여 발행하는 사채의 액은 상법 제470조(총액의 제한)의 규정에서 정하는 사채의 총액에 산입하지 아니한다.	③第1項의 境遇에는 計劃의 規定에 依하여 整理債權者 또는 整理擔保權者에 對하여 發行하는 社債의 額은 商法 第470條의 規定의 適用에 關하여는 이를 社債의 總額에 算入하지 아니한다. ④削除 〈1984.4.10〉 ⑤削除 〈1984.4.10〉
제268조(주식회사의 납입 등이 있는 사채발행에 관한 특례) ①제267조에 규정된 경우를 제외하고 제209조의 규정에 의하여 회생계획에서 주식회사인 채무자가 사채를 발행할 것을 정한 때에는 회생계획에 의하여 사채를 발행할 수 있다.	第257條 (同前) ①前條에 定한 境遇를 除外하고 第223條의 規定에 依하여 整理計劃에서 會社가 社債를 發行할 것을 定한 때에는 計劃의 規定에 依하여 社債를 發行할 수 있다.
②회생채권자·회생담보권자 또는 주주에 대하여 새로 납입을 하게 하여 사채를 발행하는 때에는 이들 권리자는 회생계획에 정한 금액을 납입한 때에 사채권자가 된다.	②整理債權者, 整理擔保權者 또는 株主에 對하여 새로 納入을 하게 하여 社債를 發行할 때에는 이 權利者는 計劃에 定한 金額을 納入하면 된다.
③제266조제4항 및 제267조제2항·제3항의 규정은 제1항의 경우에 관하여 준용한다.	③第255條第4項과 前條第2項 및 第3項의 規定은 第1項의 境遇에 準用한다.
④제1항의 경우 전환사채 또는 신주인수권부사채의 등기의 촉탁서 또는 신청서에는 다음 각호의 서면을 첨부하여야 한다.	④第1項의 경우에 轉換社債 또는 新株引受權附社債의 登記의 囑託書 또는 申請書에는 計劃認可의 決定書의 謄本 또는 抄本외에 轉換社債 또는 新株引受權

1. 회생계획인가결정서의 등본 또는 초본
2. 전환사채 또는 신주인수권부사채의 청약 및 인수를 증명하는 서면
3. 각 전환사채 또는 신주인수권부사채에 대하여 납입이 있은 것을 증명하는 서면

제269조(주식회사의 주식의 포괄적 교환에 관한 특례) ①제207조의 규정에 의하여 회생계획에서 주식회사인 채무자가 다른 회사와 주식의 포괄적 교환을 하는 것을 정한 때에는 회생계획에 의하여 주식의 포괄적 교환을 할 수 있다.

②제1항의 경우 완전모회사로 되는 회사의 주식의 배정을 받는 회생채권자 또는 회생담보권자는 회생계획인가시에 주식인수인으로 되고, 주식의 포괄적 교환의 효력이 생긴 때에 주주로 된다.

③제1항의 경우 상법 제360조의4(주식교환 계약서 등의 공시), 제360조의5(반대주주의 주식매수청구권), 제360조의7(완전모회사의 자본증가의 한도액) 및 제360조의14(주식교환무효의 소)의 규정은 적용하지 아니한다.

④제1항의 경우 채무자에 대한 상법 제360조의8(주권의 실효절차)의 규정을 적용하는 때에는 같은 조에서 "제360조의3제1항의 규정에 의한 승인"은 "주식의 포괄적 교환을 내용으로 하는 회생계획인가"로 본다.

⑤제1항 내지 제4항의 규정은 주식의 포괄적 교환의 상대방인 다른 회사에 대한 상법의 적용에 영향을 미

附社債의 請約 및 引受를 證明하는 書面 및 各 轉換社債 또는 新株引受權附社債에 대하여 納入이 있은 것을 證明하는 書面을 첨부하여야 한다.

⑤削除 〈1984.4.10〉

치지 아니한다.
⑥제1항의 경우 채무자가 완전모회사로 되는 때에 주식의 포괄적 교환에 의한 회사의 변경등기의 촉탁서 또는 신청서에는 다음 각호의 서류를 첨부하여야 한다.
1. 회생계획인가결정서의 등본 또는 초본
2. 주식의 포괄적 교환계약서
⑦제1항의 경우 주식의 포괄적 교환의 상대방인 다른 회사가 완전모회사로 되는 때에는 그 회사의 주식의 포괄적 교환에 의한 변경등기의 신청서에는 다음 각호의 서류를 첨부하여야 한다.
1. 회생계획인가결정서의 등본 또는 초본
2. 그 회사의 주주총회의 의사록(그 회사가 주주총회의 승인을 얻지 아니하고 주식의 포괄적 교환을 한 때에는 그 회사의 이사회의 의사록)

제270조(주식회사의 주식의 포괄적 이전에 관한 특례) ①제208조의 규정에 의하여 회생계획에서 주식회사인 채무자가 주식의 포괄적 이전을 할 것을 정한 때에는 회생계획에 따라 주식의 포괄적 이전을 할 수 있다.
②제1항의 경우 설립된 완전모회사인 신회사의 주식의 배정을 받는 회생채권자 또는 회생담보권자는 회생계획의 인가시에 주식인수인으로 되고 주식의 포괄적 이전의 효력이 생긴 때에 주주로 된다.
③제1항의 경우 상법 제360조의17

채무자 회생 및 파산에 관한 법률	회사정리법
(주식이전계획서 등의 서류의 공시), 제360조의18(완전모회사의 자본의 한도액), 제360조의22(주식교환 규정의 준용)에서 준용하는 같은 법 제360조의5(반대주주의 주식매수청구권) 및 제360조의23(주식이전무효의 소)의 규정은 적용하지 아니한다. ④ 제1항의 경우 회사에 대한 상법 제360조의19(주권의 실효절차)의 규정의적용에 관하여는 같은 조에서 "제360조의16제1항의 규정에 의한 결의"는 "주식의 포괄적 이전을 내용으로 하는 회생계획인가"로 본다. ⑤주식의 포괄적 이전에 의한 설립등기의 촉탁서 또는 신청서에는 다음 각호의 서류를 첨부하여야 한다. 1. 회생계획인가결정서의 등본 또는 초본 2. 대표이사에 관한 이사회의 의사록	
제271조(합병에 관한 특례) ①제210조 또는 제211조의 규정에 의하여 회생계획에서 채무자가 다른 회사와 합병할 것을 정한 때에는 회생계획에 따라 합병할 수 있다. ②제1항의 경우 합병 후 존속하는 회사나 합병으로 설립되는 신회사의 주식 또는 출자지분의 배정을 받은 회생채권자 또는 회생담보권자는 회생계획인가가 결정된 때에 주식 또는 출자지분의 인수인이 되며, 합병의 효력이 생긴 때에 주주 또는 사원이 된다.	第258條 (合併에 關한 商法等의 規定의 特例) ①第224條 또는 第225條의 規定에 依하여 整理計劃에서 會社가 다른 會社와 合併할 것을 定한 때에는 計劃의 規定에 依하여 合併할 수 있다. ②前項의 境遇에는 合併後 存續하는 會社 또는 合併으로 設立되는 新會社의 株式의 配定을 받은 整理債權者 또는 整理擔保權者는 計劃認可가 決定된 때에 株式引受人이 되며 合併의 效力이 생긴 때에 株主가 된다.
③제1항의 경우 상법 제522조의2(합병계약서 등의 공시), 제522조의3(합병반대주주의 주식매수청구권), 제52	③第1項의 境遇에는 商法 第522條의2, 第522條의3, 第527條의5, 第527條의6, 第529條와 證券去來法 第191條의 規定

7조의5(채권자보호절차), 제527조의6(합병에 관한 서류의 사후공시) 및 제529조(합병무효의 소)와 증권거래법 제191조(주주의 주식매수청구권)의 규정은 적용하지 아니한다.

④상법 제530조(준용규정)제3항 또는 제603조(준용규정)에서 준용하는 같은 법 제443조(단주의 처리)제1항 단서에 규정된 사건은 회생법원의 관할로 한다.

⑤제1항의 경우 상법 제530조(준용규정)제2항 또는 제603조(준용규정)의 규정에 불구하고 같은 법 제237조(준용규정) 내지 제240조(준용규정), 제374조(영업양도·양수·임대 등)제2항, 제374조의2(반대주주의 주식매수청구권)제2항 내지 제4항 및 제439조(자본감소의 방법, 절차)제3항의 규정은 준용하지 아니한다.

⑥제1항 내지 제5항의 규정은 합병의 상대방인 다른 회사에 대한 상법의 규정의 적용에 영향을 미치지 아니한다.

⑦제267조의 규정은 제210조제5호 또는 제211조제6호의 규정에 의하여 주주에게 사채를 배정한 경우에 관하여 준용한다. 이 경우 주주는 합병의 효력이 생긴 때에 사채권자가 된다.

⑧제1항의 경우 합병으로 인한 채무자의 해산 또는 변경의 등기의 촉탁서 또는 신청서에는 다음 각호의 서류를 첨부하여야 한다.

1. 회생계획인가결정서의 등본 또는 초본
2. 합병계약서

⑨제1항의 경우 합병으로 인한 신회

은 적용하지 아니하며 商法 第530條第3項에서 準用하는 同法 第443條第1項 但書에 定한 事件은 整理法院의 管轄로 한다.

④第1項의 境遇에는 商法 第530條第2項의 規定에 不拘하고 同法 第237條 내지 第240條, 第374條第2項, 第374條의2 第2項 내지 第4項 및 第439條第3項의 規定은 準用하지 아니한다.

⑤前4項의 規定은 合倂의 相對方인 다른 會社에 對한 商法의 規定의 適用에 影響을 미치지 아니한다.

⑥第256條의 規定은 第224條第5號 또는 第225條第7號의 規定에 依하여 株主에게 社債를 配定한 境遇에 準用한다. 이 境遇에는 株主는 合倂의 效力이 생긴 때에 社債權者가 된다.

⑦第1項의 境遇에는 合倂으로 因한 會社의 解散 또는 變更의 登記의 囑託書 또는 申請書에는 計劃認可의 決定書의 謄本 또는 抄本外에 合倂契約書를 添附하여야 한다.

⑧第1項의 境遇에는 合倂으로 因한 設

사의 설립등기의 촉탁서 또는 신청서에는 다음 각호의 서류를 첨부하여야 한다.

1. 회생계획인가결정서의 등본 또는 초본
2. 합병계약서
3. 정관
4. 창립총회의 의사록
5. 대표이사에 관한 이사회의 의사록
6. 합병의 상대방인 다른 채무자가 선임한 설립위원의 자격을 증명하는 서면

立登記의 囑託書 또는 申請書에는 計劃認可의 決定書의 謄本 또는 抄本外에 合併契約書, 定款, 創立總會의 議事錄, 代表理事에 關한 理事會의 議事錄, 合併의 相對方인 다른 會社가 選任한 設立委員의 資格을 證明하는 書面을 添附하여야 한다.

제272조(분할 또는 분할합병에 관한 특례) ①제212조 내지 제214조의 규정에 의하여 회생계획에 의하여 주식회사인 채무자가 분할되거나 주식회사인 채무자 또는 그 일부가 다른 회사 또는 다른 회사의 일부와 분할합병할 것을 정한 때에는 회생계획에 의하여 분할 또는 분할합병할 수 있다.

②제1항의 경우 분할합병후 존속하는 채무자 또는 분할합병으로 설립되는 신회사의 주식을 배정받은 채무자의 주주·회생채권자 또는 회생담보권자는 회생계획인가가 결정된 때에 주식인수인이 되며, 분할합병의 효력이 생긴 때에 주주가 된다.

③제1항의 경우 상법 제530조의7(분할대차대조표 등의 공시), 상법 제522조의3(합병반대주주의 주식매수청구권)과 증권거래법 제191조(주주의 주식매수청구권)의 규정은 적용하지 아니하며, 상법 제530조의11(준용규정) 제1항에서 준용하는 같은 법 제443조(단주의 처리)제1항 단서에 규정된

第258條의2 (分割 또는 分割合併에 관한 商法등의 規定의 特例) ①第225條의2 내지 第225條의4의 規定에 의하여 整理計劃에서 會社가 分割되거나 會社 또는 會社의 일부가 다른 會社 또는 다른 會社의 일부와 分割合併할 것을 정한 때에는 同 整理計劃의 規定에 의하여 分割 또는 分割合併할 수 있다.

②第1項의 경우 分割合併후 存續하는 會社 또는 分割合併으로 設立되는 新會社의 株式의 配定을 받은 會社, 整理債權者 또는 整理擔保權者는 計劃認可가 決定된 때에 株式引受人이 되며 分割合併의 효력이 생긴 때에 株主가 된다.

③第1項의 경우 商法 第530條의7과 證券去來法 第191條의 規定은 이를 적용하지 아니하며 商法 第530條의11第1項에서 準用하는 同法 第443條第1項 但書에 정한 事件은 整理法院의 관할로 한다.

사건은 회생법원의 관할로 한다.	
④제1항의 경우 상법 제530조의9(분할 및 분할합병 후의 회사의 책임)제4항 및 제530조의11(준용규정)의 규정에 불구하고 같은 법 제237조(준용규정) 내지 제240조(준용규정), 제374조(영업양도·양수·임대 등)제2항, 제439조(자본감소의 방법, 절차)제3항, 제522조의3(합병반대주주의 주식매수청구권), 제527조의5(채권자보호절차) 및 제529조(합병무효의 소)의 규정은 준용하지 아니한다.	④第1項의 경우 商法 第530條의9第4項과 第530條의11의 規定에 불구하고 同法 第237條 내지 第240條, 第374條第2項, 第439條第3項, 第522條의3, 第527條의5와 第529條의 規定은 이를 準用하지 아니한다.
⑤제1항 내지 제4항의 규정은 분할합병의 상대방인 다른 회사에 대한 상법의 규정의 적용에 영향을 미치지 아니한다.	⑤第1項 내지 第4項의 規定은 分割合併의 相對方인 다른 會社에 대한 商法의 規定의 적용에 영향을 미치지 아니한다.
⑥제267조의 규정은 제212조제1항제5호, 제213조제1항제4호 또는 제2항제8호의 규정에 의하여 주주에게 사채를 배정한 경우에 관하여 준용한다. 이 경우 주주는 분할 또는 분할합병의 효력이 생긴 때에 사채권자가 된다.	⑥第256條의 規定은 第225條의2第1項第5號, 第225條의3第1項第4號 또는 第2項第5號의 規定에 의하여 株主에게 社債를 配定한 경우에 이를 準用한다. 이 경우 株主는 分割 또는 分割合併의 효력이 생긴 때에 社債權者가 된다.
⑦제1항의 경우 분할로 인한 채무자의 해산등기 또는 변경등기의 촉탁서 또는 신청서에는 회생계획인가결정서의 등본 또는 초본을 첨부하여야 하며, 분할합병으로 인한 채무자의 해산등기 또는 변경등기의 촉탁서 또는 신청서에는 회생계획인가결정서의 등본 또는 초본외에 분할합병계약서를 첨부하여야 한다.	⑦第1項의 경우 分割로 인한 會社의 解散登記 또는 變更登記의 囑託書 또는 申請書에는 整理計劃認可의 決定書의 謄本 또는 抄本을 첨부하여야 하며, 分割合併으로 인한 會社의 解散登記 또는 變更登記의 囑託書 또는 申請書에는 整理計劃認可의 決定書의 謄本 또는 抄本外에 分割合併契約書를 첨부하여야 한다.
⑧제1항의 경우 분할합병으로 인한 설립등기의 촉탁서 또는 신청서에는 다음 각호의 서류를 첨부하여야 한다.	⑧第1項의 경우 分割合併으로 인한 設立登記의 囑託書 또는 申請書에는 整理計劃認可의 決定書의 謄本 또는 抄本外에 分割合併契約書, 定款, 創立總會의

채무자 회생 및 파산에 관한 법률	회사정리법
1. 회생계획인가결정서의 등본 또는 초본 2. 분할합병계약서 3. 정관 4. 창립총회의 의사록 5. 대표이사에 관한 이사회의 의사록	議事錄, 代表理事에 관한 理事會의 議事錄을 첨부하여야 한다.
제273조(새로운 출자가 없는 신회사의 설립에 관한 특례) ①제212조제1항 또는 제214조의 규정에 의하여 회생계획에서 주식회사인 채무자를 분할하여 채무자의 출자만으로 신회사를 설립할 것을 정하거나 제215조의 규정에 의하여 회생계획에서 회생채권자·회생담보권자·주주·지분권자에 대하여 새로 납입 또는 현물출자를 하게 하지 아니하고 주식 또는 출자지분을 인수하게 함으로써 신회사를 설립할 것을 정한 때에는 신회사는 정관을 작성하고 회생법원의 인증을 얻은 후 설립등기를 한 때에 성립한다.	第259條 (新會社의 設立에 關한 商法等의 規定의 特例) ①第225條의2第1項 또는 第225條의4의 規定에 의하여 整理計劃에서 會社가 分割되어 會社의 出資만으로 新會社를 設立할 것을 정하거나 第226條의 規定에 依하여 整理計劃에서 整理債權者, 整理擔保權者 또는 株主에 對하여 새로 納入 또는 現物出資를 하게 하지 아니하고 株式을 引受하게 함으로써 新會社를 設立할 것을 定한 때에는 新會社는 定款을 作成하고 整理法院의 認證을 얻은 後 設立登記를 한 때에 成立한다.
②제1항의 경우 신회사가 성립한 때에 회생계획에 의하여 신회사에 이전할 채무자의 재산은 신회사에 이전하고, 신회사의 주식, 출자지분 또는 사채를 배정받은 채무자의 회생채권자·회생담보권자·주주·지분권자는 주주·지분권자 또는 사채권자가 된다.	②第1項의 境遇에는 新會社가 成立한 때에 計劃의 規定에 依하여 新會社에 移轉할 會社의財産은 新會社에 移轉하고 新會社의 株式이나 社債의 配定을 받은 會社, 整理債權者,整理擔保權者 또는 株主는 株主 또는 社債權者가 된다.
③제263조제1항·제2항·제5항, 제265조제3항 및 제268조의 규정은 제1항 및 제2항의 경우에 관하여 준용한다.	③第252條第1項, 第2項, 第4項, 第254條第3項, 第256條第3項과 第257條의 規定은 前2項의 境遇에 準用한다.
④제1항의 경우 신회사의 설립등기의 촉탁서에는 다음 각호의 서류를 첨부하여야 한다. 1. 회생계획인가결정서의 등본 또는 초본	④第1項의 境遇에는 新會社의 設立登記의 囑託書에는 計劃認可의 決定書의 謄本 또는 抄本外에 定款과 計劃에서 理事나 監事의 選任 또는 代表理事의 選定의 方法을 定한 때에는 그 選任이

2. 정관 3. 회생계획에서 이사 또는 감사의 선임이나 대표이사의 선정의 방법을 정한 때에는 그 선임이나 선정에 관한 서류 4. 명의개서대리인을 둔 때에는 이를 증명하는 서면	나 選定에 관한 書類와 名義改書代理人을 둔 때에는 이를 證明하는 書面을 첨부하여야 한다.
제274조(그 밖에 신회사의 설립에 관한 특례) ①제273조에 규정된 경우를 제외하고 제212조제1항 또는 제214조의 규정에 의하여 회생계획에서 주식회사인 채무자를 분할하여 신회사를 설립할 것을 정하거나 합병·분할 또는 분할합병에 의하지 아니하고 제215조의 규정에 의하여 회생계획에서 신회사를 설립할 것을 정한 때에는 회생계획에 의하여 신회사를 설립할 수 있다.	第260條 (新會社의 設立에 관한 商法등의 規定의 特例) ①第259條에 정한 경우를 제외하고 第225條의2第1項 또는 第225條의4의 規定에 의하여 整理計劃에서 會社가 分割되어 新會社를 設立할 것을 정하거나 第226條의 規定에 의하여 整理計劃에서 合倂, 分割 또는 分割合倂에 의하지 아니하고 新會社를 設立할 것을 정한 때에는 同 整理計劃의 規定에 의하여 新會社를 設立할 수 있다.
②제1항의 경우 상법 제288조(발기인), 제291조(설립 당시의 주식발행사항의 결정) 내지 제293조(발기인의 주식인수), 제295조(발기설립의 경우의 납입과 현물출자의 이행)제1항, 제296조(발기설립의 경우의 임원선임), 제299조(검사인의 조사, 보고), 제300조(법원의 변경처분), 제302조(주식인수의 청약, 주식청약서의 기재사항)제2항제4호, 제310조(변태설립의 경우의 조사), 제311조(발기인의 보고), 제313조(이사, 감사의 조사, 보고)제2항, 제314조(변태설립사항의 변경), 제315조(발기인에 대한 손해배상청구), 제321조(발기인의 인수, 납입담보책임) 내지 제324조(발기인의 책임면제, 주주의 대표소송),	②前項의 境遇에는 商法 第288條, 第291條 乃至 第293條, 第295條第1項, 第296條, 第299條, 第300條, 第302條第2項第4號, 第310條, 第312條, 第313條第2項, 第314條, 第315條, 第321條 乃至 第324條, 第327條와 第328條의 規定은 適用하지 아니한다.

제327조(유사발기인의 책임)와 제328조(설립무효의 소)의 규정은 적용하지 아니한다.	
③제1항의 경우 정관은 회생법원의 인증을 받아야 하고, 상법 제306조(납입금의 보관자 등의 변경)에 규정된 사건은 회생법원의 관할로 하며, 창립총회에서는 회생계획의 취지에 반하여 정관을 변경할 수 없고, 같은 법 제326조(회사불성립의 경우의 발기인의 책임)의 규정에 의한 발기인의 책임은 채무자가 진다.	③第1項의 境遇에는 定款은 整理法院의 認證을 받아야 하고 商法 第306條에 定한 事件은 整理法院의 管轄로 하며 創立總會에서는 計劃의 趣旨에 反하여 定款을 變更할 수 없고 同法 第326條에 定하는 發起人의 責任을 會社가 지는 것으로 한다.
④제1항의 경우 채무자·회생채권자·회생담보권자·주주·지분권자에 대하여 새로 납입 또는 현물출자를 하게 하지 아니하고 주식 또는 출자지분을 인수하게 하거나 새로 납입을 하게 하지 아니하고 사채를 인수하게 하는 때에는 이 권리자는 신회사가 성립한 때에 주주나 지분권자 또는 사채권자가 된다.	④第1項의 境遇에 會社, 整理債權者, 整理擔保權者 또는 株主에 對하여 새로 納入 또는 現物出資를 하게 하지 아니하고 株式을 引受하게 하거나 새로 納入을 하게 하지 아니하고 社債를 引受하게 하는 때에는 이 權利者는 新會社가 成立한 때에 株主 또는 社債權者가 된다.
⑤제1항의 경우 회생채권자·회생담보권자·주주 또는 제3자에 대하여 새로 납입 또는 현물출자를 하게 하고 주식을 인수하게 하는 때에는 이 자에 대하여 발행할 주식 중에서 인수가 없는 주식에 관하여는 상법 제289조(정관의 작성, 절대적 기재사항) 제2항의 규정에 반하지 아니하는 한 새로 주주를 모집하지 아니하고 그 주식의 수를 신회사설립시에 발행하는 주식의 총수에서 뺄 수 있다.	⑤第1項의 境遇에 整理債權者, 整理擔保權者, 株主 또는 第3者 對하여 새로 納入 또는 現物出資를 하게 하고 株式을 引受하게 하는 때에는 이 者에 對하여 發行할 株式中에서 引受가 없는 株式에 關하여는 商法 第289條第2項의 規定에 反하지 아니하는 限 새로 株主를 募集하지 아니하고 그 株式數를 新會社의 設立時에 發行하는 株式의 總數에서 控除할 수 있다.
⑥제263조제1항·제2항·제5항, 제265조제3항, 제266조제4항 내지 제6항, 제267조제3항 및 제268조의 규정은 제1항 내지 제5항의 경우에 관하여	⑥第252條第1項, 第2項, 第4項, 第254條第3項, 第255條第4項 乃至 第6項, 第256條第3項과 第257條의 規定은 前5項의 境遇에 準用한다.

준용한다.
⑦제1항의 경우 신회사의 설립등기의 촉탁서 또는 신청서에는 다음 각 호의 서류를 첨부하여야 한다.
1. 제273조제4항 각호의 서류
2. 주식의 청약 및 인수를 증명하는 서면
3. 이사 및 감사의 조사보고서와 그 부속서류
4. 창립총회의 의사록
5. 납입금을 보관한 금융기관의 납입금보관증명서

⑦第1項의 境遇에는 新會社의 設立登記의 囑託書 또는 申請書에는 前條第4項에 揭記하는 書類外에 株式의 請約과 引受를 證明하는 書面, 理事 및 監事의 調査報告書와 그 附屬書類, 創立總會의 議事綠과 納入金을 保管한 銀行 其他의 金融機關의 納入金의 保管에 關한 證明書를 添附하여야 한다.

제275조(해산에 관한 특례) ①제216조의 규정에 의하여 회생계획에서 채무자가 합병·분할 또는 분할합병에 의하지 아니하고 해산할 것을 정한 때에는 채무자는 회생계획이 정하는 시기에 해산한다.
②제1항의 경우 해산등기의 신청서에는 회생계획인가결정서의 등본 또는 초본을 첨부하여야 한다.

第261條 (解散에 關한 商法等의 規定의 特例) ①第227條의 規定에 依하여 整理計劃에서 會社가 合併, 分割 또는 分割合併에 依하지 아니하고 解散할 것을 定하는 때에는 會社는 計劃에 定하는 時期에 解散한다.
②前項의 境遇에는 解散登記의 申請書에는 計劃認可의 決定書의 謄本 또는 抄本을 添附하여야 한다.

第262條 (新株主等의 失權) ①會社, 整理債權者, 整理擔保權者 또는 株主가 第254條第1項, 第256條第1項,第258條第2項 · 第6項, 第258條의2第2項 · 第6項, 第259條第2項 또는 第260條第4項의 規定에 依하여 새로 會社 또는 新會社의 株主 또는 社債權者가 된 때에는 第254條第3項(第259條第3項과 第260條第6項에서 準用하는 境遇를 포함한다), 商法第530條第3項 또는 第530條의11第1項의 規定에 依하여 株券의 提出이 있은 境遇를 除外하고 會社 또는 新會社는 遲滯없이 그 者에 對하여 株券 또는 債

	券의 交付를 請求할 뜻과 株主 또는 社債權者가 된 後 3年內에 이를 請求하지 아니한 때에는 그 權利를 잃는다는 뜻을 公告하고 알고 있는 權利者에게는 各別로 그 뜻을 通知하여야 한다. ②株主 또는 社債權者이었던 者가 前項의 請求를 함에는 從前의 株券 또는 債券을 會社 또는 新會社에 提出하여야 한다. ③從前의 株券 또는 債券은 公示催告의 節次에 依하여 無效로 할 수 있다. 이 境遇에 除權判決을 얻은 者에 關하여는 前項의 規定은 適用하지 아니한다. ④會社 또는 新會社가 第1項의 公告를 하여도 同項의 期間內에 株券 또는 債券의 交付를 請求하지 아니하는 때에는 同項에 定하는 株主 또는 社債權者는 그 權利를 잃는다. ⑤前項의 規定에 依하여 株主가 그 權利를 잃은 때에는 會社 또는 新會社는 商法 第341條의 規定에 不拘하고 그 株式을 取得할 수 있다. 이 境遇에는 會社 또는 新會社는 相當한 時期에 그 株式을 處分하여야 한다.
	第263條 (同前) 株式 또는 社債權者이었던 者가 前條第1項의 期間內에 從前의 株券 또는 債券을 提出할 수 없는 境遇에 同 期間內에 그 者의 請求가 있고 그 期間內에 그外에 이를 請求하는 者가 없는 때에는 會社 또는 新會社는 同條의 規定에 不拘하고 그 請求者에 對하여 株券 또는 債券을 交付할 수 있다.
第276조(주식 등의 인수권의 양도) 회	第264條 (株式等의 引受權의 讓渡) 整

생채권자·회생담보권자·주주·지분권자는 회생계획에 의하여 채무자 또는 신회사의 주식·출자지분 또는 사채를 인수할 권리가 있는 때에는 이를 타인에게 양도할 수 있다.	理債權者, 整理擔保權者 또는 株主는 整理計劃의 規定에 依하여 會社 또는 新會社의 株式 또는 社債를 引受할 權利가 있는 때에는 이를 他人에게 讓渡할 수 있다.
제277조(증권거래법의 적용 배제) 주식회사인 채무자 또는 신회사가 주식 또는 사채를 발행하는 때에는 증권거래법 제8조(모집 또는 매출의 신고)의 규정을 적용하지 아니한다.	第265條 (證券去來法의 적용 排除) 整理會社 또는 新會社가 株式 또는 社債를 발행하는 경우에는 證券去來法 第8條의 規定은 이를 적용하지 아니한다.
제278조(공장재단 등에 관한 처분제한의 특례) 회생계획에 의하여 채무자의 재산을 처분하는 때에는 공장재단 그 밖의 재단 또는 재단에 속하는 재산의 처분제한에 관한 법령은 적용하지 아니한다.	第266條 (財團에 關한 處分의 制限의 特例) 整理計劃의 規定에 依하여 會社의 財産을 處分하는 境遇에는 工場財團 其他의 財團 또는 財團에 屬하는 財産의 處分의 制限에 關한 法令의 規定은 適用하지 아니한다.
제279조(허가·인가 등에 의한 권리의 승계) 회생계획에서 채무자가 행정청으로부터 얻은 허가·인가·면허 그 밖의 처분으로 인한 권리의무를 신회사에 이전할 것을 정한 때에는 신회사는 다른 법령의 규정에 불구하고 그 권리의무를 승계한다.	第267條 (許可, 認可等에 依한 權利의 承認) 整理計劃에서 會社가 行政廳으로부터 얻은 許可, 認可, 免許 其他의 處分으로 因한 權利義務를 新會社에 移轉할 것을 定한 때에는 新會社는 다른 法令의 規定에 不拘하고 그 權利義務를 承繼한다.
제280조(조세채무의 승계) 회생계획에서 신회사가 채무자의 조세채무를 승계할 것을 정한 때에는 신회사는 그 조세를 납부할 책임을 지며, 채무자의 조세채무는 소멸한다.	第268條 (租稅債務의 承繼) 整理計劃에서 新會社가 會社의 租稅債務를 承繼할 것을 定한 때에는 新會社는 그 租稅를 納付할 責任을 지며 會社의 租稅債務는 消滅한다.
제281조(퇴직금 등) ①회생절차개시 후 채무자의 이사·대표이사·감사 또는 근로자이었던 자로서 계속하여 신회	第269條 (退職手當) ①整理節次開始後 會社의 理事, 代表理事, 監事 또는 使用人이었던 者로서 繼續하여 新會社의 理

사의 이사·대표이사·감사 또는 근로자가 된 자는 채무자에서 퇴직한 것을 이유로 하여 퇴직금 등을 지급받을 수 없다.	事, 代表理事, 監事 또는 使用人이 된 者는 會社에서 退職한 것을 理由로 하여 退職手當의 支給을 받을 수 없다.
②제1항에 규정된 자가 채무자에서 재직한 기간은 퇴직금 등의 계산에 관하여는 신회사에서 재직한 기간으로 본다.	②前項에 定하는 者의 整理節次開始後의 會社에 있어서의 在職期間은 退職手當의 計算에 關하여는 新會社에 있어서의 在職期間으로 본다.
제282조(회생계획의 변경) ①회생계획인가의 결정이 있은 후 부득이한 사유로 회생계획에 정한 사항을 변경할 필요가 생긴 때에는 회생절차가 종결되기 전에 한하여 법원은 관리인, 채무자 또는 목록에 기재되어 있거나 신고한 회생채권자·회생담보권자·주주·지분권자의 신청에 의하여 회생계획을 변경할 수 있다.	第270條 (整理計劃의 變更) ①整理計劃認可의 決定이 있은 後 不得已한 事由로 計劃에 定한 事項을 變更할 必要가 생긴 때에는 整理節次終結前에 限하여 法院은 管理人, 會社 또는 申告한 整理債權者, 整理擔保權者 또는 株主의 申請에 依하여 計劃을 變更할 수 있다.
②제1항의 규정에 의하여 회생채권자·회생담보권자·주주·지분권자에게 불리한 영향을 미칠 것으로 인정되는 회생계획의 변경신청이 있는 때에는 회생계획안의 제출이 있는 경우의 절차에 관한 규정을 준용한다. 다만, 이 경우에는 회생계획의 변경으로 인하여 불리한 영향을 받지 아니하는 권리자를 절차에 참가시키지 아니할 수 있다.	②前項의 規定에 依하여 整理債權者, 整理擔保權者 또는 株主에게 不利한 影響을 미칠 것으로 認定되는 計劃의 變更申請이 있은 境遇에는 整理計劃案의 提出이 있은 境遇의 節次에 關한 規定을 準用한다. 그러나 計劃의 變更으로 不利한 影響을 받지 아니하는 權利者는 節次에 參加하게 할 것을 要하지 아니하며 從前의 計劃에 同意한 者로서 變更計劃案에 關하여 決議를 하기 爲한 關係人集會에 出席하지 아니한 者는 變更計劃에 同意한 것으로 본다.
③제246조 및 제247조의 규정은 회생계획변경의 결정이 있은 경우에 관하여 준용한다.	③第236條와 第237條의 規定은 計劃變更의 決定이 있은 境遇에 準用한다.
④다음 각호의 어느 하나에 해당하는 경우 종전의 회생계획에 동의한 자는 변경회생계획안에 동의한 것으	

로 본다. 1. 변경회생계획안에 관하여 결의를 하기 위한 관계인집회에 출석하지 아니한 경우 2. 변경회생계획안에 대한 서면결의 절차에서 회신하지 아니한 경우	
제283조(회생절차의 종결) ①회생계획에 따른 변제가 시작되면 법원은 다음 각호의 어느 하나에 해당하는 자의 신청에 의하거나 직권으로 회생절차종결의 결정을 한다. 다만, 회생계획의 수행에 지장이 있다고 인정되는 때에는 그러하지 아니하다. 1. 관리인 2. 목록에 기재되어 있거나 신고한 회생채권자 또는 회생담보권자 ②법원이 제1항의 규정에 의한 결정을 한 때에는 그 주문 및 이유의 요지를 공고하여야 한다. 이 경우 송달은 하지 아니할 수 있다. ③제40조제1항의 규정은 제1항의 규정에 의한 결정이 있은 경우에 관하여 준용한다.	第271條 (整理節次의 終結) ①整理計劃에 따른 辨濟가 시작된 이후 整理計劃의 수행에 지장이 없다고 인정되는 때에는 法院은 管理人, 申告한 整理債權者 또는 整理擔保權者의 申請에 의하여 또는 職權으로 整理節次終結의 決定을 하며, 그 主文과 이유의 요지를 公告하여야 한다. 이 경우 송달을 요하지 아니한다. ②第35條第1項의 規定은 前項의 決定이 있은 境遇에 準用한다.
제284조(이사등의 경영참여금지) 제203조제2항 단서의 규정에 의하여 이사 또는 대표이사로 유임되지 못한 자는 회생절차종결의 결정이 있은 후에도 채무자의 이사로 선임되거나 대표이사로 선정될 수 없다.	第271條의2 (理事등의 經營參與禁止) 第220條第2項 但書의 規定에 의하여 理事, 代表理事 또는 監事로 留任되지 못한 者는 整理節次 終結의 決定이 있은 후에라도 會社의 理事 또는 監事로 選任되거나 代表理事로 選定될 수 없다.
제8장 회생절차의 폐지	
제285조(회생계획안 제출명령 전의 폐지) 법원은 채무자의 사업을 청산할	第271條의3 (整理計劃案 提出命令전의 廢止) 法院은 會社를 清算할 때의 價値

때의 가치가 채무자의 사업을 계속할 때의 가치보다 명백히 크다고 인정되는 때에는 제1회 관계인집회 전이라도 제220조제1항의 규정에 의한 회생계획안의 제출을 명하지 아니하고 관리인이나 목록에 기재되어 있거나 신고한 회생채권자 또는 회생담보권자의 신청에 의하거나 직권으로 회생절차폐지의 결정을 하여야 한다. 다만, 제222조의 규정에 의하여 청산 등을 내용으로 하는 회생계획안의 작성을 허가하는 때에는 그러하지 아니하다.	가 會社의 사업을 繼續할 때의 價値보다 크다고 인정하는 경우에는 第189條第1項의 規定에 의한 整理計劃案의 제출을 명하지 아니하고 管理人, 申告한 整理債權者나 整理擔保權者의 申請에 의하여 또는 職權으로 整理節次廢止의 決定을 하여야 한다. 다만, 淸算을 내용으로 하는 計劃案의 작성을 許可하는 경우에는 그러하지 아니하다.
제286조(회생계획인가 전의 폐지) ① 다음 각호의 경우 법원은 직권으로 회생절차폐지의 결정을 하여야 한다. 1. 법원이 정한 기간 또는 연장한 기간안에 회생계획안의 제출이 없거나 그 기간안에 제출된 모든 회생계획안이 관계인집회의 심리 또는 결의에 부칠 만한 것이 못되는 때 2. 회생계획안이 부결되거나 결의를 위한 관계인집회의 제1기일부터 2월 이내 또는 연장한 기간안에 가결되지 아니하는 때 3. 회생계획안이 제239조제3항의 규정에 의한 기간안에 가결되지 아니한 때 4. 제240조제1항의 규정에 의한 서면결의에 부치는 결정이 있은 때에 그 서면결의에 의하여 회생계획안이 가결되지 아니한 때. 다만, 서면결의에서 가결되지 아니한 회생계획안에 대하여 제238조의 규정에 의한 속행기일이 지정된 때에는 그 속행기일에서 가결	第272條 (整理計劃認可전의 廢止) ① 다음의 境遇에는 法院은 職權으로 整理節次廢止의 決定을 하여야 한다. 1. 法院이 定한 期間 또는 연장한 期間內에 整理計劃案의 提出이 없거나 그 期間內에 提出된 모든 計劃案이 關係人集會의 審理 또는 決議에 부칠만한 것이 못되는 때 2. 計劃案이 否決되거나 決議를 爲한 關係人集會의 第1期日로부터 2月內 또는 연장한 期間內에 可決되지 아니한 때 3. 整理計劃案이 第207條第3項의 規定에서 정한 기간내에 可決되지 아니한 때

되지 아니한 때를 말한다. ②회생계획안제출명령이 있은 후 채무자의 사업을 청산할 때의 가치가 채무자의 사업을 계속할 때의 가치보다 크다는 것이 명백하게 밝혀진 때에는 법원은 회생계획인가결정전까지 관리인의 신청에 의하거나 직권으로 회생절차폐지의 결정을 할 수 있다.	②整理計劃案 提出命令 이후라도 會社를 淸算할 때의 價値가 會社의 사업을 계속할 때의 價値보다 큼이 명백하게 밝혀진 경우에는 法院은 整理計劃認可決定전까지 職權으로 또는 管理人의 申請에 의하여 整理節次廢止의 決定을 하여야 한다.
제287조(신청에 의한 폐지) ①채무자가 목록에 기재되어 있거나 신고한 회생채권자와 회생담보권자에 대한 채무를 완제할 수 있음이 명백하게 된 때에는 법원은 다음 각호의 어느 하나에 해당하는 자의 신청에 의하여 회생절차폐지의 결정을 하여야 한다. 1. 관리인 2. 채무자 3. 목록에 기재되어 있거나 신고한 회생채권자 또는 회생담보권자	第273條 (申請에 依한 廢止) ①會社가 申告期間內에 申告한 모든 整理債權者와 整理擔保權者에 對한 債務를 完濟할 수 있음이 明白하게 된 때에는 法院은 管理人, 會社 또는 申告한 整理債權者나 整理擔保權者의 申請에 依하여 整理節次廢止의 決定을 하여야 한다.
②신청인은 제1항의 규정에 의한 회생절차폐지의 원인인 사실을 소명하여야 한다.	②申請人은 前項에 定하는 整理節次廢止의 原因인 事實을 疎明하여야 한다.
③제1항의 규정에 의한 신청이 있는 때에는 법원은 채무자, 관리위원회, 채권자협의회 및 목록에 기재되어 있거나 신고한 회생채권자와 회생담보권자에 대하여 그 뜻과 의견이 있으면 법원에 제출할 것을 통지하고, 이해관계인이 열람할 수 있도록 신청에 관한 서류를 법원에 비치하여야 한다.	第274條 (同前) 前條의 申請이 있은 때에는 法院은 會社·管理委員會·債權者協議會 및 申告한 整理債權者와 整理擔保權者에 對하여 그 뜻과 意見이 있으면 法院에 提出할 것을 通知하며 또 利害關係人으로 하여금 閱覽하게 하기 爲하여 申請에 關한 書類를 備置하여야 한다.
④법원은 제3항의 규정에 의한 통지를 발송한 후 1월 이상이 경과하지 아니하면 회생절차폐지의 결정을 하지 못한다.	第275條 (同前) 法院은 前條의 通知를 發送한 後 1月以上이 經過하지 아니하면 整理節次廢止의 決定을 하지 못한다.

제288조(회생계획인가 후의 폐지) ①회생계획인가의 결정이 있은 후 회생계획을 수행할 수 없는 것이 명백하게 된 때에는 법원은 관리인이나 목록에 기재되어 있거나 신고한 회생채권자 또는 회생담보권자의 신청에 의하거나 직권으로 회생절차폐지의 결정을 하여야 한다. ②법원은 제1항의 규정에 의한 결정을 하기 전에 기일을 열어 관리위원회·채권자협의회 및 이해관계인의 의견을 들을 수 있다. 다만, 기일을 열지 아니하는 때에는 법원은 기한을 정하여 관리위원회·채권자협의회 및 이해관계인에게 의견을 제출할 기회를 부여하여야 한다. ③제2항의 규정에 의한 기일이나 기한을 정하는 결정은 공고하여야 하며, 확정된 회생채권 또는 회생담보권에 기하여 회생계획에 의하여 인정된 권리를 가진 자중에서 알고 있는 자에 대하여는 송달하여야 한다. ④제1항의 규정에 의한 회생절차폐지는 회생계획의 수행과 이 법의 규정에 의하여 생긴 효력에 영향을 미치지 아니한다.	第276條 (整理計劃認可後의 廢止) 整理計劃認可의 決定이 있은 後 計劃遂行의 可望이 없음이 明白하게 된 때에는 法院은 管理人, 申告한 整理債權者 또는 整理擔保權者의 申請에 의하여 또는 職權으로 整理節次廢止의 決定을 하여야 한다. 第277條 (同前) ①法院은 第276條의 決定을 하기 前에 期日을 열어 管理委員會·債權者協議會 및 利害關係人의 意見을 들을 수 있다. 期日을 열지 아니하는 경우에는 法院은 期限을 정하여 管理委員會·債權者協議會 및 利害關係人에게 의견을 제출할 기회를 부여하여야 한다. ②第1項의 期日이나 期限을 定하는 決定은 公告하여야 하고 確定된 整理債權 또는 整理擔保權에 基하여 整理計劃의 規定에 依하여 認定된 權利를 가진 者中에서 알고 있는 者에 對하여는 送達하여야 한다. 第278條 (同前) 第276條의 規定에 依한 整理節次廢止는 整理計劃의 遂行과 本法의 規定에 依하여 생긴 效力에 影響을 미치지 아니한다.
제289조(폐지결정의 공고) 법원은 회생절차폐지의 결정을 한 때에는 그 주문과 이유의 요지를 공고하여야 한다. 이 경우 송달은 하지 아니할 수 있다.	第279條 (廢止決定의 公告) 法院은 整理節次廢止의 決定을 한 때에는 그 主文과 理由의 要旨를 公告하여야 한다. 그러나 送達을 要하지 아니한다.
제290조(항고) ①제247조제1항·제2항 및 제4항 내지 제7항의 규정은 회생절차폐지의 결정에 대한 항고에 관하	第280條 (抗告) ①第237條第1項·第2項 및 第4項 내지 第6項의 規定은 整理節次廢止의 決定에 對한 抗告와 第8條

여 준용한다.	에서 準用하는 민사소송법 제449조의 規定에 依한 抗告에 準用한다.
②제40조제1항의 규정은 회생절차폐지의 결정이 확정된 경우에 관하여 준용한다.	②第35條第1項의 規定은 整理節次廢止의 決定이 確定된 境遇에 準用한다.
제291조(공익채권의 변제) 회생절차폐지의 결정이 확정된 때에는 제6조제1항의 규정에 의하여 파산선고를 하여야 하는 경우를 제외하고 관리인은 채무자의 재산으로 공익채권을 변제하고 이의있는 것에 관하여는 그 채권자를 위하여 공탁을 하여야 한다.	第281條 (共益債權의 辨濟) 整理節次廢止의 決定이 確定된 때에는 第23條第1項 또는 第27條의 規定에 依하여 破産宣告 또는 和議申請의 認可를 할 境遇를 除外하고 管理人은 共益債權을 辨濟하며 異議있는 것에 關하여는 그 債權者를 爲하여 供託을 하여야 한다.
제292조(회생채권자표 등의 기재의 효력) ①제286조 또는 제287조의 규정에 의한 회생절차폐지의 결정이 확정된 때에는 확정된 회생채권 또는 회생담보권에 관하여는 회생채권자표 또는 회생담보권자표의 기재는 채무자에 대하여 확정판결과 동일한 효력이 있다. 다만, 채무자가 회생채권과 회생담보권의 조사기간 또는 특별조사기일에 그 권리에 대하여 이의를 하지 아니한 경우에 한한다.	第282條 (整理債權者表等의 記載의 效力) ①第272條 또는 第273條의 規定에 依한 整理節次廢止의 決定이 確定된 때에는 確定된 整理債權 또는 整理擔保權에 關하여는 整理債權者表 또는 整理擔保權者表의 記載는 會社에 對하여 確定判決과 同一한 效力이 있다. 그러나 會社가 整理債權과 整理擔保權調査의 期日에 그 權利에 對하여 異議를 하지 아니한 境遇에 限한다.
②회생채권자 또는 회생담보권자는 회생절차종료후 제6조의 규정에 의하여 파산선고를 하는 경우를 제외하고 채무자에 대하여 회생채권자표 또는 회생담보권자표에 기하여 강제집행을 할 수 있다.	②整理債權者 또는 整理擔保權者는 整理節次終了後 會社에 對하여 整理債權者表 또는 整理擔保權者表에 依하여 强制執行을 할 수 있다.
③제255조제3항의 규정은 제2항의 경우에 관하여 준용한다.	③第245條第3項의 規定은 前項의 境遇에 準用한다.
제293조(준용규정) 제255조제2항 및 제3항의 규정은 제288조제1항의 규정	第283條 (同前) 第245條第2項과 第3項의 規定은 第276條의 規定에 依한 整理

채무자 회생 및 파산에 관한 법률	파산법
에 의한 회생절차폐지의 결정이 확정된 경우에 관하여 준용한다.	節次廢止의 決定이 確定된 境遇에 準用한다.
제3편 파산절차	<u>제3편에서 인용 조문은 파산법임</u>
제1장 파산절차의 개시 등	
제1절 파산신청	
	第3條 (屬地主義) ①破産은 破産者의 財産으로서 韓國內에 있는 것에 對하여서만 그 效力이 있다. ②外國에서 宣告한 破産은 韓國內에 있는 財産에 對하여는 그 效力이 없다. ③民事訴訟法에 依하여 裁判上 請求할 수 있는 債權은 韓國內에 있는 것으로 본다.
제294조(파산신청권자) ①채권자 또는 채무자는 파산신청을 할 수 있다. ②채권자가 파산신청을 하는 때에는 그 채권의 존재 및 파산의 원인인 사실을 소명하여야 한다.	第122條 (破産申請權者) ①債權者 또는 債務者는 破産의 申請을 할 수 있다. ②債權者가 破産의 申請을 하는 때에는 그 債權의 存在 및 破産의 原因인 事實을 疏明하여야 한다.
제295조(법인의 파산신청권자) ①민법 그 밖에 다른 법률에 의하여 설립된 법인에 대하여는 이사가, 합명회사 또는 합자회사에 대하여는 무한책임사원이, 주식회사 또는 유한회사에 대하여는 이사가 파산신청을 할 수 있다. ②청산인은 청산중인 법인에 대하여 파산신청을 할 수 있다.	第123條 (法人의 破産申請權者) ①民法에 依하여 設立된 法人에 對하여는 理事가, 合名會社 또는 合資會社에 對하여는 無限責任社員이, 株式會社에 對하여는 理事가 破産의 申請을 할 수 있다. ②前項에 規定한 法人에 對하여는 淸算人도 또한 破産의 申請을 할 수 있다.
제296조(일부 이사등의 파산신청) 이사·무한책임사원 또는 청산인의 전원이 하는 파산신청이 아닌 때에는 파산의	第124條 (理事等의 一部의 者의 申請) 理事, 無限責任社員 또는 淸算人의 全員이 하는 破産申請이 아닌 境遇에는 破

원인인 사실을 소명하여야 한다.	産의 原因인 事實을 疏明하여야 한다.
제297조(그 밖의 법인에의 준용) 제295조 및 제296조의 규정은 제295조의 규정에 의한 법인외의 법인과 법인 아닌 사단 또는 재단으로서 대표자 또는 관리자가 있는 것에 관하여 준용한다.	第125條 (其他法人에의 準用) 前2條의 規定은 第123條에 規定한 法人以外의 法人 및 法人아닌 社團 또는 財團으로써 代表者 또는 管理人이 있는 것에 이를 準用한다.
제298조(법인해산후의 파산신청) 법인에 대하여는 그 해산 후에도 잔여재산의 인도 또는 분배가 종료하지 아니한 동안은 파산신청을 할 수 있다.	第118條 (法人解散後의 破産申請) 法人에 對하여는 그 解散後에라도 殘餘財産의 引渡 또는 分配가 終了하지 아니한 동안은 破産申請을 할 수 있다.
제299조(상속재산의 파산신청권자) ① 상속재산에 대하여 상속채권자, 유증을 받은 자, 상속인, 상속재산관리인 및 유언집행자는 파산신청을 할 수 있다. ②상속재산관리인, 유언집행자 또는 한정승인이나 재산분리가 있은 경우의 상속인은 상속재산으로 상속채권자 및 유증을 받은 자에 대한 채무를 완제할 수 없는 것을 발견한 때에는 지체없이 파산신청을 하여야 한다. ③상속인·상속재산관리인 또는 유언집행자가 파산신청을 하는 때에는 파산의 원인인 사실을 소명하여야 한다.	第126條 (相續財産의 破産申請權者) ① 相續財産에 對하여는 相續債權者 및 受遺者外에 相續人, 相續財産管理人 및 遺言執行者도 또한 破産의 申請을 할 수 있다. ②相續財産管理人, 遺言執行者 또는 限定承認이나 財産分離가 있은 境遇의 相續人은 相續財産으로써 相續債權者 및 受遺者에 對한 債務를 完濟할 수 없는 것을 發見할 때에는 遲滯없이 破産의 申請을 하여야 한다. ③相續人, 相續財産管理人 또는 遺言執行者가 破産의 申請을 하는 때에는 破産의 原因인 事實을 疏明하여야 한다.
제300조(상속재산에 대한 파산신청기간) 상속재산에 대하여는 민법 제1045조(상속재산의 분리청구권)의 규정에 의하여 재산의 분리를 청구할 수 있는 기간에 한하여 파산신청을 할 수 있다. 이 경우 그 사이에 한정승인 또는 재산분리가 있은 때에는 상	第121條 (相續財産에 對한 破産申請期間) 相續財産에 對하여는 民法 第1045條의 規定에 依하여 財産의 分離를 請求할 수 있는 期間에 限하여 破産申請을 할 수 있다. 그 사이에 限定承認 또는 財産分離가 있은 境遇에는 相續債權者 및 受遺者에 對한 辨濟가 아직 終了

속채권자 및 유증을 받은 자에 대한 변제가 아직 종료하지 아니한 동안에도 파산신청을 할 수 있다.	하지 아니한 동안도 또한 같다.
제301조(외국에서 파산선고가 있은 경우) 파산신청 당시 채무자에 대하여 이미 외국에서 파산선고가 있은 때에는 파산의 원인인 사실이 존재하는 것으로 추정한다.	第127條 (外國에서 破産宣告가 있은 境遇) 破産申請當時에 이미 外國에서 破産宣告가 있은 때에는 破産申請人은 破産의 原因인 事實을 疎明할 必要가 없다.
제302조(신청서) ①파산신청은 다음 각호의 사항을 기재한 서면으로 하여야 한다. 1. 신청인 및 그 법정대리인의 성명 및 주소 2. 채무자가 개인인 경우에는 채무자의 성명·주민등록번호 및 주소 3. 채무자가 개인이 아닌 경우에는 채무자의 상호, 주된 사무소 또는 영업소의 소재지, 대표자의 성명 4. 신청의 취지 5. 신청의 원인 6. 채무자의 사업목적과 업무의 상황 7. 채무자의 발행주식 또는 출자지분의 총수, 자본의 액과 자산, 부채 그 밖의 재산상태 8. 채무자의 재산에 관한 다른 절차 또는 처분으로서 신청인이 알고 있는 것 9. 채권자가 파산신청을 하는 때에는 그가 가진 채권의 액과 원인 10. 주주·지분권자가 파산신청을 하는 때에는 그가 가진 주식 또는 출자지분의 수 또는 액 ②제1항의 규정에 의한 서면에는 다음 각호의 서류를 첨부하여야 한다.	第128條 (債權者가 아닌 者가 申請하는 境遇) 破産申請人이 債權者가 아닌 때에는 申請과 同時에 財産의 槪況을 表示할 書面과 債權者 및 債務者의 一覽表를 提出하여야 한다. 申請과 同時에 提出할 수 없는 때에는 그 後에 遲滞없이 이를 提出하여야 한다.

다만, 신청과 동시에 첨부할 수 없는 때에는 그 사유를 소명하고 그 후에 지체없이 제출하여야 한다. 1. 채권자목록 2. 재산목록 3. 채무자의 수입 및 지출에 관한 목록 4. 그 밖에 대법원규칙에서 정하는 서류	
第303조(파산절차비용의 예납) 파산신청을 하는 때에는 법원이 상당하다고 인정하는 금액을 파산절차의 비용으로 미리 납부하여야 한다.	第129條 (破産節次費用의 豫納) ①債權者가 破産申請을 하는 境遇에는 法院이 相當하다고 認定하는 金額을 破産節次의 費用으로서 豫納하여야 한다. 豫納이 없는 때에는 法院은 그 申請을 却下할 수 있다. ②費用의 豫納에 關한 決定에 對하여는 不服申請을 할 수 없다.
第304조(파산절차비용의 가지급) 파산신청인이 채권자가 아닌 때에는 파산절차의 비용을 국고에서 가지급할 수 있다. 예납금이 부족하게 된 때, 법원이 직권으로 파산선고를 한 때 또는 파산신청인이 채권자인 경우 미리 비용을 납부하지 아니하였음에도 불구하고 법원이 파산선고를 한 때에도 같다.	第130條 (破産節次費用의 國庫假支給) 破産申請人이 債權者가 아닌 때에는 破産節次의 費用은 國庫로부터 이를 假支給한다. 破産申請人이 債權者인 境遇에 費用豫納이 없는 데도 不拘하고 法院이 破産의 宣告를 한 때, 豫納金이 不足하게 된 때 또는 法院이 職權으로써 破産의 宣告를 한 때에도 또한 같다.
제2절 파산선고 등	
第305조(보통파산원인) ①채무자가 지급을 할 수 없는 때에는 법원은 신청에 의하여 결정으로 파산을 선고한다. ②채무자가 지급을 정지한 때에는 지급을 할 수 없는 것으로 추정한다.	第116條 (普通破産原因) ①債務者가 支給을 할 수 없는 때에는 法院은 申請에 依하여 決定으로써 破産을 宣告한다. ②債務者가 支給을 停止한 때에는 支給을 할 수 없는 것으로 推定한다.

제306조(법인의 파산원인) ①법인에 대하여는 그 부채의 총액이 자산의 총액을 초과하는 때에도 파산선고를 할 수 있다. ②제1항의 규정은 합명회사 및 합자회사의 존립중에는 적용하지 아니한다.	第117條 (法人의 破産原因) ①法人에 대하여는 그 負債의 總額이 資産의 總額을 초과하는 경우에도 破産宣告를 할 수 있다. ②前項의 規定은 合名會社 및 合資會社의 存立中에는 이를 適用하지 아니한다.
제307조(상속재산의 파산원인) 상속재산으로 상속채권자 및 유증을 받은 자에 대한 채무를 완제할 수 없는 때에는 법원은 신청에 의하여 결정으로 파산을 선고한다.	第119條 (相續財産의 破産原因) 相續財産으로써 相續債權者 및 受遺者에 對한 債務를 完濟할 수 없는 때에는 法院은 申請에 依하여 決定으로써 破産을 宣告한다.
제308조(파산신청 또는 선고후의 상속) 파산신청 또는 파산선고가 있은 후에 상속이 개시된 때에는 파산절차는 상속재산에 대하여 속행된다.	第120條 (破産申請 또는 宣告後의 相續) 破産申請 또는 破産宣告가 있은 後에 相續이 開始된 때에는 破産節次는 相續財産에 對하여 이를 續行한다.
제309조(기각사유) ①법원은 다음 각호의 어느 하나에 해당하는 때에는 파산신청을 기각할 수 있다. 1. 신청인이 절차의 비용을 미리 납부하지 아니한 때 2. 법원에 회생절차 또는 개인회생절차가 계속되어 있고 그 절차에 의함이 채권자 일반의 이익에 부합하는 때 3. 채무자에게 파산원인이 존재하지 아니한 때 4. 신청인이 소재불명인 때 5. 그 밖에 신청이 성실하지 아니한 때 ②법원은 채무자에게 파산원인이 존재하는 경우에도 파산신청이 파산절차의 남용에 해당한다고 인정되는 때	

에는 심문을 거쳐 파산신청을 기각할 수 있다.

제310조(파산선고) 파산결정서에는 파산선고의 연·월·일·시를 기재하여야 한다.

第131條 (破産決定書에의 宣告年月日字記載) 破産決定書에는 破産宣告의 年月日時를 記載하여야 한다.

제311조(파산의 효력발생시기) 파산은 선고를 한 때부터 그 효력이 생긴다.

第1條 (破産의 效力發生時期) 破産은 宣告를 한 때로부터 그 效力이 생긴다.

제312조(파산선고와 동시에 정하여야 하는 사항) ①법원은 파산선고와 동시에 파산관재인을 선임하고 다음 각호의 사항을 정하여야 한다.

1. 채권신고의 기간. 이 경우 그 기간은 파산선고를 한 날부터 2주 이상 3월 이하이어야 한다.
2. 제1회 채권자집회의 기일. 이 경우 그 기일은 파산선고를 한 날부터 4월 이내이어야 한다.
3. 채권조사의 기일. 이 경우 그 기일과 제1호의 규정에 의한 채권신고기간의 말일과의 사이에는 1주 이상 1월 이하의 기간이 있어야 한다.

②제1항제2호 및 제3호의 규정에 의한 기일은 병합할 수 있다.

第132條 (破産宣告와 同時에 處理할 事項) ①法院은 破産宣告와 同時에 破産管財人을 選任하고 다음 各號의 事項을 定하여야 한다.

1. 債權申告의 期間. 但, 그 期間은 破産宣告를 한 날로부터 2週日以上 4月以下이어야 한다.
2. 第1回의 債權者의 集會의 期日. 다만, 그 期日은 破産宣告를 한 날로부터 2月 이내이어야 한다.
3. 債權調査의 期日. 但, 그 期日과 債權申告期間의 末日과의 사이에는 1週日以上 1月以下의 期間이 있어야 한다.

②前項第2號, 第3號의 期日은 이를 倂合할 수 있다.

제313조(파산선고의 공고 및 송달) ①법원은 파산선고를 한 때에는 즉시 다음 각호의 사항을 공고하여야 한다.

1. 파산결정의 주문
2. 파산관재인의 성명 및 주소 또는 사무소
3. 제312조의 규정에 의한 기간 및 기일
4. 파산선고를 받은 채무자의 채무자

第133條 (破産宣告의 公告 및 通知) ①法院이 破産宣告를 한 때에는 곧 다음 各號의 事項을 公告하여야 한다.

1. 破産決定의 主文
2. 破産管財人의 姓名 및 住所
3. 前條의 規定에 依하여 定한 期間 및 期日
4. 破産者의 債務者 및 破産財團에 屬

와 파산재단에 속하는 재산의 소유자는 파산선고를 받은 채무자에게 변제를 하거나 그 재산을 교부하여서는 아니된다는 뜻의 명령 5. 파산선고를 받은 채무자의 채무자와 파산재단에 속하는 재산의 소유자에 대하여 다음 각목의 사항을 일정한 기간안에 파산관재인에게 신고하여야 한다는 뜻의 명령 가. 채무를 부담하고 있다는 것 나. 재산을 소지하고 있다는 것 다. 소지자가 별제권을 가지고 있는 때에는 그 채권을 가지고 있다는 것	하는 財産의 所有者는 破産者에게 辨濟를 하거나 그 財産을 交付하여서는 아니된다는 뜻 및 債務를 負擔하고 있다는 것, 그 財産을 所持하고 있다는 것, 所持者가 別除權을 가진 때에는 그 債權을 가지고 있다는 것을 一定한 期間內에 破産管財人에게 申告하여야 한다는 뜻의 命令
②법원은 알고 있는 채권자·채무자 및 재산소지자에게는 제1항 각호의 사항을 기재한 서면을 송달하여야 한다. ③제1항 및 제2항의 규정은 제1항제2호 내지 제5호의 사항에 변경이 생긴 경우에 관하여 준용한다. ④제1항제5호의 규정에 의한 신고를 게을리한 자는 이로 인하여 파산재단에 생긴 손해를 배상하여야 한다.	②判明된 債權者, 債務者 및 財産所持者에게는 前項에 列記한 事項을 記載한 書面을 送達하여야 한다. ③前2項의 規定은 第1項第2號 乃至 第4號에 列記할 事項에 變更이 생긴 때에 이를 準用한다. ④第1項第4號의 申告를 懈怠한 者는 이로 因하여 破産財團에 생긴 損害를 賠償하여야 한다.
제314조(법인파산의 통지) ①법인에 대하여 파산선고를 한 경우 그 법인의 설립이나 목적인 사업에 관하여 행정청의 허가가 있는 때에는 법원은 파산의 선고가 있음을 주무관청에 통지하여야 한다. ②제1항의 규정은 파산취소 또는 파산폐지의 결정이 확정되거나 파산종결의 결정이 있는 경우에 관하여 준용한다.	第115條 (法人破産의 通知) ①法人에 對하여 破産宣告를 한 境遇에 그 法人의 設立 또는 目的인 事業에 關하여 官廳의 許可가 있는 것인 때에는 法院은 破産의 宣告가 있은 뜻을 主務官廳에 通知하여야 한다. ②前項의 規定은 破産取消, 破産廢止 또는 强制和議取消의 決定이 確定되거나 破産終結의 決定이 있은 境遇에 이를 準用한다.
제315조(검사에 대한 통지) 법원은 필요	第134條 (檢事에 對한 通知) 法院이 破

하다고 인정하는 경우에는 파산선고한 사실을 검사에게 통지할 수 있다.	産의 宣告를 한 때에는 遲滯없이 그 뜻을 檢事에게 通知하여야 한다.
제316조(파산신청에 관한 재판에 대한 즉시항고) ①파산신청에 관한 재판에 대하여는 즉시항고를 할 수 있다. ②제323조 및 제324조의 규정은 파산신청을 기각하는 결정에 대하여 제1항의 즉시항고가 있는 경우에 관하여 준용한다. ③제1항의 규정에 의한 즉시항고는 집행정지의 효력이 없다. ④항고법원은 즉시항고의 절차가 법률에 위반되거나 즉시항고가 이유없다고 인정하는 때에는 결정으로 즉시항고를 각하 또는 기각하여야 한다. ⑤항고법원은 즉시항고가 이유있다고 인정하는 때에는 원래의 결정을 취소하고 사건을 원심법원에 환송하여야 한다.	
제317조(파산선고와 동시에 하는 파산폐지) ①법원은 파산재단으로 파산절차의 비용을 충당하기에 부족하다고 인정되는 때에는 파산선고와 동시에 파산폐지의 결정을 하여야 한다. ②제1항의 경우 법원은 파산결정의 주문과 파산폐지결정의 주문 및 이유의 요지를 공고하여야 한다. ③제1항의 규정에 의한 결정에 대하여는 즉시항고를 할 수 있다. ④제3항의 규정에 의한 즉시항고는 집행정지의 효력이 없다	第135條 (破産宣告와 同時의 破産廢止) ①法院은 破産財團으로 破産節次의 費用을 支辨하기에 不足하다고 認定하는 때에는 破産宣告와 同時에 破産廢止의 決定을 하여야 한다. 이 境遇에는 法院은 破産決定의 主文과 破産廢止決定의 主文 및 理由의 要領을 公告하여야 한다.
⑤제1항의 규정에 의한 파산폐지결정의 취소가 확정된 때에는 제313조 내지 제315조의 규정을 준용한다.	②前項의 境遇에 破産廢止決定의 取消가 確定된 때에는 前3條의 規定을 準用한다.

제318조(동시파산폐지의 예외) 제317조의 규정은 파산절차의 비용을 충당하기에 충분한 금액을 미리 납부한 때에는 적용하지 아니한다.

第136條 (同時破産廢止의 例外) 前條의 規定은 破産節次의 費用을 支辨하기에 足한 金額의 豫納이 있은 境遇에는 이를 適用하지 아니한다.

第137條 (破産者의 居住制限) 破産者는 法院의 許可를 얻지 아니하면 그 居住地를 떠날 수 없다.

제319조(파산선고를 받은 채무자의 구인) ①법원은 필요하다고 인정하는 때에는 파산선고를 받은 채무자를 구인하도록 명할 수 있다.
②제1항의 구인에는 형사소송법의 구인에 관한 규정을 준용한다.
③제1항의 규정에 의한 결정에 대하여는 즉시항고를 할 수 있다.

第138條 (破産者의 拘引) ①法院은 必要하다고 認定하는 때에는 破産者의 拘引을 命할 수 있다.

②拘引은 拘束令狀의 發付를 받아서 이를 하여야 한다.
③拘引에는 刑事訴訟法中 拘引에 關한 規定을 準用한다.

第139條 (破産者의 監守) ①破産者가 逃亡하거나 財産을 隱匿 또는 損壞할 憂慮가 있는 때에는 法院은 그 監守를 命할 수 있다.
②前項의 境遇에는 法院은 決定書의 正本을 檢事에게 送付하여야 한다. 檢事는 破産者의 住居地를 管轄하는 警察署의 警察官吏에게 命하여 監守를 執行하게 한다.

第140條 (面接 또는 通信의 制限) 監守를 命令받은 破産者는 法院의 許可를 얻지 아니하면 他人과 面接 또는 通信을 할 수 없다.

第141條 (監守의 取消) ①監守할 必要가 없게 된 때에는 法院은 破産者나 破産管財人의 申請에 依하여 또는 職權으

채무자 회생 및 파산에 관한 법률	파산법
	로써 監守의 決定을 取消하여야 한다. ②前項의 境遇에는 法院은 決定書의 正本을 檢事에게 送付하여야 하며 檢事는 警察官吏에게 命하여 監守를 解除하여야 한다.
제320조(파산선고를 받은 채무자의 법정대리인 등의 구인) 제319조의 규정은 다음 각호의 자에 관하여 준용한다. 1. 파산선고를 받은 채무자의 법정대리인 2. 파산선고를 받은 채무자의 이사 3. 파산선고를 받은 채무자의 지배인 4. 상속재산에 대한 파산의 경우 상속인과 그 법정대리인 및 지배인	第142條 (準破産者에의 準用) 前5條의 規定은 破産者의 法定代理人, 理事 및 이에 準할 者와 支配人에 對하여 이를 準用한다. 相續財産에 對한 破産에 있어서 相續人과 그 法定代理人 및 支配人에 對하여도 또한 같다.
제321조(채무자 등의 설명의무) ①다음 각호의 자는 파산관재인·감사위원 또는 채권자집회의 요청에 의하여 파산에 관하여 필요한 설명을 하여야 한다. 1. 채무자 및 그 대리인 2. 채무자의 이사 3. 채무자의 지배인 4. 상속재산에 대한 파산의 경우 상속인, 그 대리인, 상속재산관리인 및 유언집행자	第143條 (破産者等의 說明義務) ①破産者, 그 代理人 또는 그 理事 및 이에 準할 者는 破産管財人, 監事委員 또는 債權者集會의 請求에 依하여 破産에 關하여 必要한 說明을 하여야 한다. 相續財産에 對한 破産에 있어서 相續人, 그 代理人, 相續財産管理人 및 遺言執行者도 또한 같다.
②제1항의 규정은 종전에 제1항의 규정에 의한 자격을 가졌던 자에 관하여 준용한다.	②前項의 規定은 以前에 前項에 規定한 資格을 가졌던 者에 準用한다.
제322조(파산선고 전의 구인) ①파산의 신청이 있는 때에는 법원은 파산선고 전이라도 채무자와 제320조에 규정된 자의 구인을 명할 수 있다. ②제319조제2항과 제3항의 규정은 제1항의 경우에 관하여 준용한다.	第144條 (宣告前의 拘引監守) 破産의 申請이 있은 때에는 法院은 破産宣告前이라도 債務者 및 第142條에 規定한 者의 拘引 또는 監守를 命할 수 있다.

제323조(파산선고 전의 보전처분) ①법원은 파산선고 전이라도 이해관계인의 신청에 의하거나 직권으로 채무자의 재산에 관하여 가압류·가처분 그 밖에 필요한 보전처분을 명할 수 있다. 법원이 직권으로 파산선고를 하는 때에도 같다.	第145條 (宣告前의 財團의 保全處分) ①破産의 申請이 있은 때에 法院은 破産宣告前이라도 利害關係人의 申請에 依하여 또는 職權으로써 破産財團에 關하여 假押留, 假處分 其他 必要한 保全處分을 命할 수 있다.
②법원은 제1항의 규정에 의한 처분을 변경하거나 취소할 수 있다.	②法院은 前項의 規定에 依한 處分을 變更하거나 取消할 수 있다.
③제1항 또는 제2항의 규정에 의한 재판은 결정으로 한다.	③前2項의 規定에 依한 裁判은 決定으로써 이를 한다.
④제1항 또는 제2항의 규정에 의한 재판에 대하여는 즉시항고를 할 수 있다.	
⑤제4항의 규정에 의한 즉시항고는 집행정지의 효력이 없다.	④第1項 또는 第2項의 規定에 의한 裁判에 대한 卽時抗告에는 執行停止의 효력이 없다.
제324조(책임제한절차의 정지명령) ①법원은 파산신청이 있는 경우 필요하다고 인정하는 때에는 이해관계인의 신청에 의하거나 직권으로 파산신청에 대한 결정이 있을 때까지 상법 제5편(해상) 및 선박소유자등의책임제한절차에관한법률에 의한 책임제한절차(이하 이 조, 제326조 및 제327조에서 "책임제한절차"라 한다)의 정지를 명할 수 있다. 다만, 책임제한절차 개시의 결정이 있는 때에는 그러하지 아니하다.	第145條의2 (責任制限節次의 停止命令) ①破産의 申請이 있는 경우에 필요하다고 인정하는 때에는 法院은 利害關係人의 申請 또는 職權으로 破産의 申請에 대하여 決定이 있을 때까지 責任制限節次의 정지를 명할 수 있다. 다만, 責任制限節次開始의 決定이 있는 때에는 그러하지 아니하다.
②법원은 제1항의 규정에 의한 정지결정을 취소할 수 있다.	②法院은 第1項의 規定에 의한 정지의 決定을 取消할 수 있다.
	③第1項과 第2項의 規定에 의한 決定에 대하여는 불복하지 못한다.
제325조(파산취소의 공고 및 송달) ①	第146條 (破産取消의 公告 및 送達) ①

파산취소의 결정이 확정된 때에는 법원은 그 주문을 공고하여야 한다. ②제313조제2항, 제315조 및 제547조의 규정은 제1항의 경우에 관하여 준용한다.	破産取消의 決定이 確定된 境遇에는 法院은 그 主文을 公告하여야 한다. ②第133條第2項, 第134條, 第141條第2項, 第142條 및 第327條의 規定은 前項의 境遇에 이를 準用한다.
제326조(책임제한절차폐지의 결정이 확정될 때까지의 파산절차의 정지) 파산선고를 받은 채무자를 위하여 개시한 책임제한절차의 폐지결정이 있는 때에는 그 결정이 확정될 때까지 파산절차를 정지한다.	第115條의2 (責任制限節次廢止의 決定이 확정될 때까지의 破産節次의 정지) 破産者를 위하여 開始한 責任制限節次에 대한 廢止의 決定이 있는 때에는 그 決定이 확정될 때까지 破産節次를 정지한다.
제327조(책임제한절차폐지의 경우의 조치) ①파산선고를 받은 채무자를 위하여 개시된 책임제한절차의 폐지결정이 확정된 때에는 법원은 제한채권자를 위하여 다음 각호의 사항을 정하여야 한다.	第146條의2 (責任制限節次廢止의 경우의 措置) ①破産者를 위하여 開始된 責任制限節次에 대한 廢止의 決定이 확정된 때에는 法院은 制限債權者를 위하여 다음 사항을 정하여야 한다.
1. 채권신고의 기간. 이 경우 그 기간은 책임제한절차폐지의 결정이 확정된 날부터 1주 이상 2월 이하로 하여야 한다.	1. 債權申告의 기간. 다만, 그 기간은 責任制限節次廢止의 決定이 확정된 날부터 1週日 이상 2月 이내로 하여야 한다.
2. 채권조사의 기일. 이 경우 그 기일과 제1호의 규정에 의하여 정하여진 신고기간의 말일과의 사이에 1주 이상 1월 이하의 기간을 두어야 한다.	2. 債權調査의 期日. 다만, 그 期日과 申告期間의 末日과의 사이에 1週日 이상 1月 이내의 기간을 두어야 한다.
②법원은 제1항의 규정에 의한 기간 및 기일을 공고하여야 한다. ③법원은 알고 있는 채권자에 대하여는 다음 각호의 사항을 기재한 서면을 송달하여야 한다. 1. 제1항의 규정에 의한 기간 및 기일 2. 제313조제1항제1호 및 제2호의 사항	②法院은 第1項의 規定에 의한 기간 및 期日을 公告하여야 한다. ③알고 있는 債權者에 대하여는 第133條第1項第1號와 第2號 및 第2項에 게기한 사항을 기재한 書面을 송달하여야 한다.

④다음 각호의 자에게는 제1항의 규정에 의한 기간 및 기일을 기재한 서면을 송달하여야 한다. 다만, 제1항제2호의 규정에 의하여 정하여진 기일과 제312조제1항제2호에 의하여 정하여진 기일이 같은 경우 신고한 파산채권자에 대하여는 그러하지 아니하다. 1. 파산관재인 2. 파산선고를 받은 채무자 3. 신고한 파산채권자	④破産管財人, 破産者와 申告한 破産債權者에 대하여는 第2項에 게기한 사항을 기재한 書面을 송달하여야 한다. 다만, 第1項第2號에 의하여 정하여진 期日과 第132條第1項第2號에 의하여 정하여진 期日이 같은 때에는 申告한 破産債權者에 대하여는 그러하지 아니하다.
⑤제2항 및 제3항과 제4항 본문의 규정은 제1항의 규정에 의한 기간 및 기일에 변경이 있는 경우에 관하여 준용한다.	⑤第2項, 第3項과 第4項 本文의 規定은 第2項에 게기한 사항에 變更이 있는 경우에 準用한다.
제3절 법률행위에 관한 파산의 효력	
제328조(해산한 법인) 해산한 법인은 파산의 목적의 범위안에서는 아직 존속하는 것으로 본다.	第4條 (解散한 法人) 解散한 法人은 破産의 目的의 範圍內에서는 아직 存續하는 것으로 본다.
제329조(채무자의 파산선고 후의 법률행위) ①파산선고를 받은 채무자가 파산선고후 파산재단에 속하는 재산에 관하여 한 법률행위는 파산채권자에게 대항할 수 없다.	第44條 (破産者의 破産宣告後의 法律行爲) ①破産者가 破産宣告後 破産財團에 屬하는 財産에 關하여 한 法律行爲는 이로써 破産債權者에 對抗할 수 없다.
②채무자가 파산선고일에 한 법률행위는 파산선고 후에 한 것으로 추정한다.	②破産者가 破産宣告日에 한 法律行爲는 이를 破産宣告後에 한 것으로 推定한다.
제330조(파산선고 후의 권리취득) ①파산선고 후에 파산재단에 속하는 재산에 관하여 채무자의 법률행위에 의하지 아니하고 권리를 취득한 경우에도 그 취득은 파산채권자에게 대항할 수	第45條 (破産宣告後의 權利取得) ①破産宣告後에 破産財團에 屬하는 財産에 關하여 破産者의 法律行爲에 依하지 아니하고 權利를 取得한 境遇에도 그 取得은 이로써 破産債權者에 對抗할 수

없다. ②제329조제2항의 규정은 제1항의 규정에 의한 취득에 관하여 준용한다.	없다. ②前條第2項의 規定은 前項의 取得에 이를 準用한다.
제331조(파산선고 후의 등기·등록 등) ①부동산 또는 선박에 관하여 파산선고 전에 생긴 채무의 이행으로서 파산선고 후에 한 등기 또는 가등기는 파산채권자에게 대항할 수 없다. 다만, 등기권리자가 파산선고의 사실을 알지 못하고 한 등기에 관하여는 그러하지 아니하다.	第46條 (破産宣告後의 登記, 登錄等) ①不動産 또는 船舶에 關하여 破産宣告前에 생긴 債務의 履行으로서 破産宣告後에 한 登記 또는 不動産登記法 第3條의 規定에 依한 假登記는 이로써 破産債權者에 對抗할 수 없다. 但, 登記權利者가 破産宣告의 事實을 알지 못하고 한 登記 또는 假登記에 關하여는 例外로 한다.
②제1항의 규정은 권리의 설정·이전 또는 변경에 관한 등록 또는 가등록에 관하여 준용한다.	②前項의 規定은 權利의 設定, 移轉 또는 變更에 關한 登錄 또는 假登錄에 이를 準用한다.
제332조(파산선고 후 채무자에 대한 변제) ①파산선고후에 그 사실을 알지 못하고 채무자에게 한 변제는 이로써 파산채권자에게 대항할 수 있다. ②파산선고후에 그 사실을 알고 채무자에게 한 변제는 파산재단이 받은 이익의 한도 안에서만 파산채권자에게 대항할 수 있다.	第47條 (破産宣告後破産者에 對한 辨濟) ①破産宣告後에 그 事實을 알지 못하고 破産者에게 한 辨濟는 이로써 破産債權者에 對抗할 수 있다. ②破産宣告後에 그 事實을 알고 破産者에게 한 辨濟는 破産財團이 받은 利益의 限度內에서만 이로써 破産債權者에게 對抗할 수 있다.
제333조(파산선고후의 어음의 인수 또는 지급) ①환어음의 발행인 또는 배서인이 파산선고를 받은 경우 지급인 또는 예비지급인이 그 사실을 알지 못하고 인수 또는 지급을 한 때에는 이로 인하여 생긴 채권에 관하여 파산채권자로서 그 권리를 행사할 수 있다. ②제1항의 규정은 수표와 금전 그 밖의 물건이나 유가증권의 급부를 목	第48條 (破産宣告後의 어음의 引受 또는 支給) ①換어음의 發行人 또는 背書人이 破産宣告를 받은 境遇에 支給人 또는 豫備支給人이 그 事實을 알지 못하고 引受 또는 支給을 한 때에는 이로 因하여 생긴 債權에 關하여 破産債權者로서 그 權利를 行使할 수 있다. ②前項의 規定은 手票 및 金錢 其他의 物件 또는 有價證券의 給付를 目的으로 하는 有價證券에 이를 準用한다.

적으로 하는 유가증권에 관하여 준용한다.

제334조(선의 또는 악의의 추정) 제331조 내지 제333조의 규정을 적용하는 때에는 파산선고의 공고 전에는 그 사실을 알지 못한 것으로 추정하고, 공고 후에는 그 사실을 안 것으로 추정한다.

第49條 (善意 또는 惡意의 推定) 前3條의 規定을 適用함에 있어 破産宣告의 公告前에는 그 事實을 알지 못한 것으로 推定하고 公告後에는 그 事實을 안 것으로 推定한다.

제335조(쌍방미이행 쌍무계약에 관한 선택) ①쌍무계약에 관하여 채무자 및 그 상대방이 모두 파산선고 당시 아직 이행을 완료하지 아니한 때에는 파산관재인은 계약을 해제 또는 해지하거나 채무자의 채무를 이행하고 상대방의 채무이행을 청구할 수 있다.
②제1항의 경우 상대방은 파산관재인에 대하여 상당한 기간을 정하여 그 기간안에 계약의 해제 또는 해지나 이행 여부를 확답할 것을 최고할 수 있다. 이 경우 파산관재인이 그 기간안에 확답을 하지 아니한 때에는 계약을 해제 또는 해지한 것으로 본다.

第50條 (雙務契約의 解除 또는 履行) ①雙務契約에 關하여 破産者 및 그 相對方이 모두 破産宣告當時에 아직 그 履行을 完了하지 아니한 때에는 破産管財人은 그 選擇에 따라 契約을 解除하거나 破産者의 債務를 履行하고 相對方의 債務履行을 請求할 수 있다.
②前項의 境遇에 相對方은 破産管財人에 對하여 相當한 期間을 定하여 그 期間內에 契約의 解除를 하겠는가 또는 債務履行의 請求를 하겠는가를 確答할 것을 催告할 수 있다. 破産管財人이 그 期間內에 確答을 하지 아니한 때에는 契約을 解除한 것으로 본다.

제336조(지급결제제도 등에 대한 특칙) 제120조의 규정은 같은 조에서 정한 지급결제제도 또는 청산결제제도의 참가자 또는 적격금융거래의 당사자 일방에 대하여 파산선고가 있는 경우 이를 준용한다. 이 경우 제120조제1항 내지 제3항의 "회생절차가 개시된 경우"는 "파산선고가 있는 경우"로 보고, 제120조제3항 단서의 "회생채권자 또는 회생담보권자"는 "파산채권

자 또는 별제권자"로 본다.	
제337조(파산관재인의 해제 또는 해지와 상대방의 권리) ①제335조의 규정에 의한 계약의 해제 또는 해지가 있는 때에는 상대방은 손해배상에 관하여 파산채권자로서 권리를 행사할 수 있다.	第51條 (管財人의 解除와 相對方의 權利) ①前條의 規定에 依하여 契約의 解除가 있은 때에는 相對方은 損害賠償에 關하여 破産債權者로서 그 權利를 行使할 수 있다.
②제1항의 규정에 의한 계약의 해제 또는 해지의 경우 채무자가 받은 반대급부가 파산재단중에 현존하는 때에는 상대방은 그 반환을 청구하고, 현존하지 아니하는 때에는 그 가액에 관하여 재단채권자로서 권리를 행사할 수 있다.	②破産者가 받은 反對給付가 破産財團中에 現存하는 때에는 相對方은 그 返還을 請求하고 現存하지 아니하는 때에는 그 價額에 關하여 財團債權者로서 그 權利를 行使할 수 있다.
제338조(거래소의 시세있는 상품의 정기매매) ①거래소의 시세있는 상품의 매매에 관하여 일정한 일시 또는 일정한 기간 안에 이행을 하지 아니하면 계약의 목적을 달성하지 못하는 경우 그 시기가 파산선고후에 도래하는 때에는 계약의 해제가 있은 것으로 본다. 이 경우 손해배상액은 이행지에서 동종의 거래가 동일한 시기에 이행되는 때의 시세와 매매대가와의 차액에 의하여 정한다.	第52條 (去來所의 時勢있는 商品의 定期賣買) ①去來所의 時勢있는 商品의 賣買에 關하여 一定한 日時 또는 一定한 期間內에 履行을 하지 아니하면 契約을 한 目的을 達하지 못할 境遇에 그 時期가 破産宣告後에 到來하게 될 때에는 契約의 解除가 있은 것으로 본다. 이 境遇에 損害賠償額은 履行地에 있어서의 同種의 去來로서 同一한 時期에 履行할 것의 時勢와 賣買代價와의 差額에 依하여 이를 定한다.
②제337조제1항의 규정은 제1항의 규정에 의한 손해배상에 관하여 준용한다.	②前條第1項의 規定은 前項의 規定에 依한 損害賠償에 이를 準用한다.
③제1항의 경우에 관하여 거래소에서 달리 규정한 것이 있는 때에는 그 규정에 의한다.	③第1項의 境遇에 關하여 去來所에서 다른 規定을 한 것이 있는 때에는 그 規定에 依한다.
제339조(민법상의 해지 또는 해제권이 있는 경우) 제335조제2항의 규정은	第53條 (民法上의 解除權이 있는 境遇) 第50條第2項의 規定은 民法 第637條,

민법 제637조(임차인의 파산과 해지통고), 제663조(사용자파산과 해지통고) 또는 제674조(도급인의 파산과 해제권)제1항의 규정에 의하여 상대방 또는 파산관재인이 갖는 해지권 또는 해제권의 행사에 관하여 준용한다.	第663條 또는 第674條第1項의 規定에 依하여 相對方 또는 破産管財人이 가지는 解止 또는 解除權의 行使에 이를 準用한다.
제340조(임대차계약) ①임대인이 파산선고를 받은 때에는 차임의 선급 또는 차임채권의 처분은 파산선고시의 당기(當期) 및 차기(次期)에 관한 것을 제외하고는 파산채권자에게 대항할 수 없다.	第54條 (賃貸借契約) ①賃貸人이 破産宣告를 받은 때에는 借賃의 前給 또는 借賃債權의 處分은 破産宣告時의 當期 및 次期에 關한 것을 除外하고는 이로써 破産債權者에게 對抗할 수 없다.
②제1항의 규정에 의하여 파산채권자에게 대항할 수 없음으로 인하여 손해를 받은 자는 그 손해배상에 관하여 파산채권자로서 권리를 행사할 수 있다.	②前項의 規定에 依하여 破産債權者에게 對抗할 수 없음으로 因하여 損害를 받은 者는 그 損害賠償에 關하여 破産債權者로서 그 權利를 行使할 수 있다.
③제1항 및 제2항의 규정은 지상권에 관하여 준용한다.	③前2項의 規定은 地上權에 이를 準用한다.
④임대인이 파산선고를 받은 경우 임차인이 다음 각호의 어느 하나에 해당하는 때에는 제335조의 규정을 적용하지 아니한다. 1. 주택임대차보호법 제3조(대항력 등)제1항의 대항요건을 갖춘 때 2. 상가건물임대차보호법 제3조(대항력 등)의 대항요건을 갖춘 때	
제341조(도급계약) ①채무자가 도급계약에 의하여 일을 하여야 하는 의무가 있는 때에는 파산관재인은 필요한 재료를 제공하여 채무자로 하여금 그 일을 하게 할 수 있다. 이 경우 그 일이 채무자 자신이 함을 필요로 하	第55條 (都給契約) ①破産者가 都給契約에 依하여 일을 할 義務가 있는 때에는 破産管財人은 必要한 材料를 提供하여 破産者로 하여금 그 일을 하게 할 수 있다. 그 일이 破産者 自身이 함을 必要로 하지 아니하는 때에는 第三者로

지 아니하는 때에는 제3자로 하여금 이를 하게 할 수 있다.
②제1항의 경우 채무자가 그 상대방으로부터 받을 보수는 파산재단에 속한다.

하여금 이를 하게 할 수 있다.
②前項의 境遇에는 破産者가 그 相對方으로부터 받을 報酬는 破産財團에 屬한다.

제342조(위임계약) 위임자가 파산선고를 받은 경우 수임자가 파산선고의 통지를 받지 아니하고 파산선고의 사실도 알지 못하고 위임사무를 처리한 때에는 이로 인하여 파산선고를 받은 자에게 생긴 채권에 관하여 수임자는 파산채권자로서 그 권리를 행사할 수 있다.

第56條 (委任契約) 委任者가 破産의 宣告를 받은 境遇에 受任者가 破産宣告의 通知를 받지 아니하고 또 破産宣告의 事實을 알지 못하고 委任事務를 處理한 때에는 이로 因하여 생긴 債權에 關하여 破産債權者로서 그 權利를 行使할 수 있다.

제343조(상호계산) ①상호계산은 당사자의 일방이 파산선고를 받은 때에는 종료한다. 이 경우 각 당사자는 계산을 폐쇄하고 잔액의 지급을 청구할 수 있다.
②제1항의 규정에 의한 청구권을 채무자가 가지는 때에는 파산재단에 속하고, 상대방이 가지는 때에는 파산채권이 된다.

第57條 (相互計算) ①相互計算은 當事者의 一方이 破産宣告를 받은 때에는 終了한다. 이 境遇에는 各 當事者는 計算을 閉鎖하고 殘額의 支給을 請求할 수 있다.
②前項의 規定에 依한 請求權은 破産者가 이를 가지는 때에는 破産財團에 屬하고 相對方이 이를 가지는 때에는 破産債權이 된다.

제344조(공유자의 파산) ①공유자중에 파산선고를 받은 자가 있는 때에는 분할하지 아니한다는 약정이 있는 때에도 파산절차에 의하지 아니하고 그 분할을 할 수 있다.
②제1항의 경우 파산선고를 받은 자가 아닌 다른 공유자는 상당한 대가를 지급하고 그 파산선고를 받은 자의 지분을 취득할 수 있다.

第58條 (共有者의 破産) ①數人이 共同하여 財産權을 가지는 境遇에 共有者中에 破産宣告를 받은 者가 있는 때에는 分割하지 아니할 約定이 있는 때라도 破産節次에 依하지 아니하고 그 分割을 할 수 있다.
②前項의 境遇에 다른 共有者는 相當한 代償金을 支給하고 그 破産者의 持分을 取得할 수 있다.

제345조(배우자 등의 재산관리) 민법 제829조(부부재산의 약정과 그 변경) 제3항 및 제5항의 규정은 배우자의 재산을 관리하는 자가 파산선고를 받은 경우에, 같은 법 제924조(친권상실의 선고)의 규정은 친권을 행사하는 자가 파산선고를 받은 경우에 관하여 각각 준용한다.	第59條 (配偶者等의 財産管理) 民法 第829條第3項 및 第5項의 規定은 配偶者의 財産을 管理하는 者가 破産宣告를 받은 境遇에 同法 第924條의 規定은 親權을 行使하는 者가 破産宣告를 받은 境遇에 이를 準用한다.
제346조(파산과 한정승인 및 재산분리) 상속인이나 상속재산에 대한 파산선고는 한정승인 또는 재산분리에 영향을 미치지 아니한다. 다만, 파산취소 또는 파산폐지의 결정이 확정되거나 파산종결의 결정이 있을 때까지 그 절차를 중지한다.	第5條 (破産과 限定承認 및 財産分離) 相續人이나 相續財産에 對한 破産宣告는 限定承認 또는 財産分離에 影響을 미치지 아니한다. 但, 破産의 取消 또는 破産의 廢止의 決定이 確定되거나 破産終結의 決定이 있을 때까지 그 節次를 中止한다.
제347조(파산재단에 속하는 재산에 관한 소송수계) ①파산재단에 속하는 재산에 관하여 파산선고 당시 법원에 계속되어 있는 소송은 파산관재인 또는 상대방이 이를 수계할 수 있다. 제335조제1항의 규정에 의하여 파산관재인이 채무를 이행하는 경우에 상대방이 가지는 청구권에 관한 소송의 경우에도 또한 같다.	第60條 (破産財團에 屬하는 財産에 關한 訴訟受繼) ①破産財團에 屬하는 財産에 關하여 破産宣告時에 係屬하는 訴訟은 破産管財人 또는 相對方이 이를 受繼할 수 있다. 第38條第7號의 請求權에 關한 訴訟에 있어서도 또한 같다.
②제1항의 규정에 의한 소송비용은 재단채권으로 한다.	②前項의 境遇에는 訴訟費用은 이를 財團債權으로 한다.
제348조(강제집행 및 보전처분에 대한 효력) ①파산채권에 기하여 파산재단에 속하는 재산에 대하여 행하여진 강제집행·가압류 또는 가처분은 파산재단에 대하여는 그 효력을 잃는다. 다만, 파산관재인은 파산재단을 위하여 강제집행절차를 속행할 수 있다.	第61條 (强制執行, 保全處分에 對한 效力) ①破産債權에 關하여 破産財團에 屬하는 財産에 對하여 한 强制執行, 假押留 또는 假處分은 破産財團에 對하여는 그 效力을 잃는다. 但, 强制執行에 關하여는 破産管財人이 破産財團을 爲하여 그 節次를 續行할 수 있다.

②제1항 단서의 규정에 의하여 파산관재인이 강제집행의 절차를 속행하는 때의 비용은 재단채권으로 하고, 강제집행에 대한 제3자의 이의의 소에서는 파산관재인을 피고로 한다.	②前項 但書의 規定에 依하여 破産管財人이 强制執行의 節次를 續行하는 때에는 費用은 이를 財團債權으로 하고 强制執行에 對한 第三者의 異議의 訴에 있어서는 破産管財人을 被告로 한다.
제349조(체납처분에 대한 효력) ①파산선고 전에 파산재단에 속하는 재산에 대하여 국세징수법 또는 지방세법에 의하여 징수할 수 있는 청구권(국세징수의 예에 의하여 징수할 수 있는 청구권으로서 그 징수우선순위가 일반 파산채권보다 우선하는 것을 포함한다)에 기한 체납처분을 한 때에는 파산선고는 그 처분의 속행을 방해하지 아니한다. ②파산선고 후에는 파산재단에 속하는 재산에 대하여 국세징수법 또는 지방세법에 의하여 징수할 수 있는 청구권(국세징수의 예에 의하여 징수할 수 있는 청구권을 포함한다)에 기한 체납처분을 할 수 없다.	第62條 (滯納處分에 對한 效力) 破産財團에 屬하는 財産에 對하여 國稅徵收法 또는 國稅徵收의 例에 依한 滯納處分을 한 境遇에는 破産宣告는 그 處分의 續行을 妨害하지 아니한다.
제350조(행정사건에 대한 효력) ①파산재단에 속하는 재산에 관하여 파산선고 당시에 행정청에 계속되어 있는 사건이 있는 때에는 그 절차는 수계 또는 파산절차의 종료가 있을 때까지 중단된다. ②제347조의 규정은 제1항의 경우에 관하여 준용한다.	第63條 (行政事件에 對한 效力) ①破産財團에 屬하는 財産에 關하여 破産宣告當時에 行政廳에 係屬하는 事件이 있는 때에는 그 節次는 受繼 또는 破産節次의 解止에 이르기까지 中斷된다. ②第60條의 規定은 前項의 境遇에 이를 準用한다.
제4절 법인의 이사등의 책임	
제351조(법인의 이사등의 재산에 대한 보전처분) ①법원은 법인인 채무자에	

대하여 파산선고가 있는 경우 필요하다고 인정하는 때에는 파산관재인의 신청에 의하거나 직권으로 채무자의 발기인·이사(상법 제401조의2제1항의 규정에 의하여 이사로 보는 자를 포함한다), 감사·검사인 또는 청산인(이하 이 조 내지 제353조에서 "이사등"이라 한다)에 대한 출자이행청구권 또는 이사등의 책임에 기한 손해배상청구권을 보전하기 위하여 이사등의 재산에 대한 보전처분을 할 수 있다.
②파산관재인은 제1항의 규정에 의한 청구권이 있음을 알게 된 때에는 법원에 제1항의 규정에 의한 보전처분을 신청하여야 한다.
③법원은 긴급한 필요가 있다고 인정하는 때에는 파산선고전이라도 채무자의 신청에 의하거나 직권으로 제1항의 규정에 의한 보전처분을 할 수 있다.
④법원은 관리위원회의 의견을 들어 제1항 또는 제3항의 규정에 의한 보전처분을 변경하거나 취소할 수 있다.
⑤제1항 또는 제3항의 규정에 의한 보전처분과 제4항의 규정에 의한 결정에 대하여는 즉시항고를 할 수 있다.
⑥제5항의 즉시항고는 집행정지의 효력이 없다.
⑦제1항 또는 제3항의 규정에 의한 보전처분이나 제4항의 규정에 의한 결정과 이에 대한 즉시항고에 대한 재판이 있는 때에는 그 결정서를 당사자에게 송달하여야 한다.

제352조(손해배상청구권 등의 조사확정재판) ①법원은 법인인 채무자에 대

하여 파산선고가 있는 경우 필요하다고 인정하는 때에는 파산관재인의 신청에 의하거나 직권으로 이사등에 대한 출자이행청구권이나 이사등의 책임에 기한 손해배상청구권의 존부와 그 내용을 조사확정하는 재판을 할 수 있다.
②파산관재인은 제1항의 규정에 의한 청구권이 있음을 알게 된 때에는 법원에 제1항의 규정에 의한 재판을 신청하여야 한다.
③파산관재인은 제1항의 규정에 의한 신청을 하는 때에는 그 원인되는 사실을 소명하여야 한다.
④법원은 직권으로 조사확정절차를 개시하는 때에는 그 취지의 결정을 하여야 한다.
⑤제1항의 규정에 의한 신청이 있거나 제4항의 규정에 의한 조사확정절차개시결정이 있은 때에는 시효의 중단에 관하여는 재판상의 청구가 있은 것으로 본다.
⑥제1항의 규정에 의한 조사확정의 재판과 조사확정의 신청을 기각하는 재판은 이유를 붙인 결정으로 하여야 한다.
⑦법원은 제6항의 규정에 의한 결정을 하는 때에는 미리 이해관계인을 심문하여야 한다.
⑧조사확정절차(조사확정결정이 있은 후의 것을 제외한다)는 파산절차가 종료한 때에는 종료한다.
⑨조사확정결정이 있은 때에는 그 결정서를 당사자에게 송달하여야 한다.

第353조(이의의 소) ①제352조제1항의 규정에 의한 조사확정의 재판에 불복이 있는 자는 결정을 송달받은 날부터 1월 이내에 이의의 소를 제기할 수 있다. ②제1항의 규정에 의한 기간은 불변기간으로 한다. ③제1항의 소는 이를 제기하는 자가 이사등인 때에는 파산관재인을, 파산관재인인 때에는 이사등을 각각 피고로 하여야 한다. ④제1항의 소는 파산법원(파산사건이 계속되어 있는 지방법원을 말한다. 이하 같다)의 관할에 전속하고, 변론은 결정을 송달받은 날부터 1월의 기간을 경과한 후가 아니면 개시할 수 없다. ⑤여러 개의 소가 동시에 계속되어 있는 때에는 법원은 변론을 병합하여야 한다. ⑥제1항의 규정에 의한 소에 대한 판결에서는 같은 항의 결정을 인가·변경 또는 취소한다. 다만, 소를 부적법한 것으로 각하하는 때에는 그러하지 아니하다. ⑦조사확정의 결정을 인가하거나 변경하는 판결은 강제집행에 관하여는 이행을 명한 판결과 동일한 효력이 있다.	
第354조(조사확정재판의 효력) 제353조제1항의 규정에 의한 소가 같은 항의 기간안에 제기되지 않거나 취하된 때 또는 각하된 때에는 조사확정재판은 이행을 명한 확정판결과 동일한 효력이 있다.	

제2장 파산절차의 기관

제1절 파산관재인

제355조(파산관재인의 선임) ①파산관재인은 관리위원회의 의견을 들어 법원이 선임한다. ②법인도 파산관재인이 될 수 있다. 이 경우 그 법인은 이사중에서 파산관재인의 직무를 행할 자를 지명하고 법원에 신고하여야 한다.	第147條 (破産管財人의 選任) 破産管財人은 管理委員會의 의견을 들어 法院이 이를 選任한다.
제356조(파산관재인의 수) 파산관재인은 1인으로 한다. 다만, 법원이 필요하다고 인정하는 때에는 여럿의 파산관재인을 선임할 수 있다.	第148條 (員數) 破産管財人은 1人으로 한다. 但, 法院이 必要하다고 認定하는 때에는 數人을 選任할 수 있다.
제357조(자격증명서) ①법원은 파산관재인에게 그 선임을 증명하는 서면을 교부하여야 한다. ②파산관재인은 그 직무를 행하는 경우 이해관계인의 청구가 있는 때에는 제1항의 규정에 의한 서면을 제시하여야 한다.	第149條 (資格證明書) ①法院은 破産管財人에게 그 選任을 證明하는 書面을 交付하여야 한다. ②破産管財人은 그 職務를 行함에 있어서 利害關係人의 請求가 있는 때에는 前項의 書面을 提示하여야 한다.
제358조(법원의 감독) 파산관재인은 법원의 감독을 받는다.	第151條 (法院의 監督) 破産管財人은 法院의 監督을 받는다.
제359조(당사자적격) 파산재단에 관한 소송에서는 파산관재인이 당사자가 된다.	第152條 (當事者適格) 破産財團에 關한 訴訟에 있어서는 破産管財人이 原告 또는 被告가 된다.
제360조(여럿의 파산관재인의 직무집행) ①파산관재인이 여럿인 때에는 공동으로 그 직무를 행한다. 이 경우 법원의 허가를 받아 직무를 분장할	第153條 (數人의 破産管財人의 職務執行) ①破産管財人이 數人인 때에는 共同으로 그 職務를 行한다. 但, 法院의 許可를 얻어 職務를 分掌할 수 있다.

수 있다. ②파산관재인이 여럿인 때에는 제3자의 의사표시는 그 1인에 대하여 하면 된다.	②破産管財人이 數人인 때에는 第三者의 意思表示는 그 1人에 對하여 함으로써 足하다.
제361조(파산관재인의 의무 등) ①파산관재인은 선량한 관리자의 주의로써 그 직무를 행하여야 한다. ②파산관재인이 제1항의 규정에 의한 주의를 게을리한 때에는 이해관계인에게 손해를 배상할 책임이 있다. 이 경우 주의를 게을리한 파산관재인이 여럿 있는 때에는 연대하여 손해를 배상할 책임이 있다.	第154條 (注意義務) ①破産管財人은 善良한 管理者의 注意로써 그 職務를 行하여야 한다. ②破産管財人이 前項의 注意를 懈怠한 때에는 그 破産管財人은 利害關係人에 對하여 連帶하여 損害賠償의 責任을 진다.
제362조(파산관재인대리) ①파산관재인은 필요한 때에는 그 직무를 행하게 하기 위하여 자기의 책임으로 대리인을 선임할 수 있다. ②제1항의 규정에 의한 대리인의 선임은 법원의 허가를 받아야 한다. ③채무자가 법인인 경우 제1항의 규정에 의한 허가가 있는 때에는 법원사무관등은 직권으로 지체없이 촉탁서에 결정서의 등본을 첨부하여 대리인의 선임에 관한 등기를 촉탁하여야 한다. 대리인의 선임에 관한 허가가 변경 또는 취소된 때에도 또한 같다. ④제1항의 규정에 의한 대리인은 파산관재인에 갈음하여 재판상 또는 재판외의 모든 행위를 할 수 있다.	第155條 (代理人의 選任) ①破産管財人은 臨時故障이 있는 境遇에 그 職務를 行하게 하기 爲하여 自己責任으로써 미리 代理人을 選任할 수 있다. ②前項의 代理人의 選任은 法院의 認可를 얻어야 한다.
제363조(파산관재인의 사임) 파산관재인은 정당한 사유가 있는 때에는 법원의 허가를 받아 사임할 수 있다.	第150條 (破産管財人의 辭任) ①破産管財人은 正當한 事由없이는 그 任務를 辭任할 수 없다. ②破産管財人이 그 任務를 辭任하려고

	할 때에는 法院에 申請하여야 한다.
제364조(파산관재인의 해임) ①법원은 채권자집회의 결의, 감사위원의 신청에 의하거나 직권으로 파산관재인을 해임할 수 있다. 이 경우 법원은 그 파산관재인을 심문하여야 한다. ②제1항의 규정에 의한 파산관재인의 해임결정에 대하여는 즉시항고를 할 수 있다. ③제2항의 즉시항고는 집행정지의 효력이 없다.	第157條 (破産管財人의 解任) 法院은 債權者集會의 決議나 監査委員의 申請에 依하여 또는 職權으로써 破産管財人을 解任할 수 있다. 이 境遇에는 破産管財人을 審訊하여야 한다.
제365조(계산의 보고의무) ①파산관재인의 임무가 종료한 때에는 파산관재인 또는 그 상속인은 지체없이 채권자집회에 계산의 보고를 하여야 한다. ②채무자, 파산채권자 또는 후임의 파산관재인이 채권자집회에서 계산에 대하여 이의를 진술하지 아니한 때에는 이를 승인한 것으로 본다. ③파산관재인은 이해관계인의 열람을 위하여 계산보고서와 그 계산보고서에 관한 감사위원의 의견서를 채권자집회일 3일 전까지 법원에 제출하여야 한다.	第158條 (計算의 報告義務) ①破産管財人의 任務가 終了한 境遇에는 破産管財人 또는 그 相續人은 遲滯없이 債權者集會에 計算의 報告를 하여야 한다. ②破産者, 破産債權者 또는 後任의 破産管財人이 債權者集會에서 計算에 對하여 異議를 陳述하지 아니한 때에는 이를 承認한 것으로 본다. ③破産管財人은 利害關係人의 閱覽에 提供하기 爲하여 計算報告書 및 監査委員의 意見書를 債權者 集會日로부터 3日前에 法院에 提出하여야 한다.
제366조(임무종료시의 긴급처분) 파산관재인의 임무가 종료한 경우 급박한 사정이 있는 때에는 파산관재인 또는 그 상속인은 후임의 파산관재인 또는 채무자가 재산을 관리할 수 있게 될 때까지 필요한 처분을 하여야 한다.	第159條 (任務終了時의 緊急處分) 破産管財人의 任務가 終了한 境遇에 急迫한 事情이 있는 때에는 破産管財人 또는 그 相續人은 後任의 破産管財人 또는 破産者가 財産을 管理할 수 있게 될 때까지 必要한 處分을 하여야 한다.

제2절 채권자집회

제367조(소집) 법원은 파산관재인 또는 감사위원의 신청에 의하거나 직권으로 채권자집회를 소집한다. 신고를 한 총채권에 관하여 법원이 평가한 액의 5분의 1 이상에 해당하는 파산채권자의 신청이 있는 때에도 또한 같다.

第160條 (召集) 債權者集會는 破産管財人이나 監査委員의 申請에 依하여 또는 職權으로써 法院이 이를 召集한다. 申告를 한 總債權에 關하여 法院이 評價한 額의 5分의 1以上에 該當하는 破産債權者의 申請이 있는 때에도 또한 같다.

제368조(기일 및 회의목적의 공고) ① 법원은 채권자집회의 기일과 회의의 목적사항을 공고하여야 한다.
② 채권자집회의 연기 또는 속행에 관하여 선고가 있는 때에는 송달 또는 공고를 하지 아니할 수 있다.

第161條 (時日, 目的의 公告) ① 債權者集會의 期日 및 會議의 目的인 事項은 法院이 이를 公告한다.
② 債權者集會의 延期 또는 續行에 關하여 宣告가 있은 때에는 送達 또는 公告를 要하지 아니한다.

제369조(법원의 지휘) 채권자집회는 법원이 지휘한다.

第162條 (法院의 指揮) 債權者集會는 法院이 이를 指揮한다.

제370조(결의의 성립요건) ① 채권자집회의 결의에는 의결권을 행사할 수 있는 출석 파산채권자의 총채권액의 2분의 1을 초과하는 채권을 가진 자의 동의가 있어야 한다.

② 채권자집회의 결의에 관하여 특별한 이해관계를 가진 자는 그 의결권을 행사할 수 없다.

第163條 (決議의 成立要件) ① 債權者集會의 決議에는 議決權을 行使할 수 있는 出席破産債權者의 過半數로서 그 債權額이 出席破産債權者의 總債權額의 半額을 超過하는 者의 同意가 있어야 한다.
② 債權者集會의 決意에 關하여 特別한 利害關係를 가진 者는 그 議決權을 行使할 수 없다.

제371조(의결권의 불통일 행사) ① 파산채권자는 의결권을 통일하지 아니하고 행사할 수 있다.
② 제1항의 경우 파산채권자는 채권자집회 7일 전까지 법원에 그 취지를 서면으로 신고하여야 한다.

	第164條 (裁判으로써 決議있는 것으로 보는 境遇) ①前條의 規定에 依하여 決議를 할 수 없는 때라도 議決할 事項에 關하여 同意한 者의 債權額이 議決權을 行使할 수 있는 出席破産債權者의 總債權額의 半額을 超過하는 때에는 法院은 決定으로써 決議가 있는 것으로 볼 수 있다. ②前項의 決定은 法院이 이를 公告하여야 한다. 그 決定에 對하여는 不服을 申請할 수 없다.
제372조(의결권의 대리행사) ①파산채권자는 대리인에 의하여 그 의결권을 행사할 수 있다. 이 경우 대리인은 대리권을 증명하는 서면을 제출하여야 한다. ②대리인이 위임받은 의결권을 통일하지 아니하고 행사하는 경우에는 제371조 제2항을 준용한다.	第165條 (議決權의 代理行使) 破産債權者는 代理人으로써 그 議決權을 行使할 수 있다. 이 境遇에는 代理人은 代理權을 證明하는 書面을 提出하여야 한다.
제373조(의결권을 행사할 수 있는 채권액) ①파산채권자는 확정채권액에 따라 의결권을 행사할 수 있다. ②미확정채권, 정지조건부채권, 장래의 청구권 또는 별제권의 행사에 의하여 변제를 받을 수 없는 채권액에 관하여 파산관재인 또는 파산채권자의 이의가 있는 때에는 법원은 의결권을 행사하게 할 것인가의 여부와 의결권을 행사할 금액을 결정한다. ③법원은 이해관계인의 신청에 의하여 언제든지 제2항의 규정에 의한 결정을 변경할 수 있다. ④제2항 또는 제3항의 규정에 의한 결정은 그 선고가 있는 때에는 송달	第166條 (議決權을 行使할 수 있는 債權額) ①破産債權者는 確定債權額에 따라 그 議決權을 行使할 수 있다. ②未確定債權, 停止條件附債權, 將來의 請求權 또는 別除權의 行使에 依하여 辨濟를 받을 수 없는 債權額에 關하여 破産管財人 또는 破産債權者의 異議가 있는 때에는 法院은 議決權을 行使하게 할 것인가의 與否 및 어떤 金額에 關하여 이를 行使하게 할 것인가를 定한다. ③法院은 利害關係人의 申請에 依하여 언제든지 前項의 規定에 依한 決定을 變更할 수 있다. ④前2項의 規定에 依한 決定은 그 宣告가 있은 때에는 送達을 要하지 아니한

을 하지 아니할 수 있다. ⑤파산채권자는 제446조에 규정한 청구권에 관하여는 의결권을 행사할 수 없다.	다. 그 決定에 對하여는 不服을 申請할 수 없다. ⑤破産債權者는 第37條에 列記한 請求權에 關하여는 議決權을 行使할 수 없다.
제374조(감사위원의 동의에 갈음하는 효력) ①감사위원의 동의는 채권자집회의 결의로써 갈음할 수 있다. ②채권자집회의 결의가 감사위원의 의견과 다른 때에는 그 결의에 따른다.	第167條 (監査委員의 同意에 갈음하는 效力) ①債權者集會의 決議는 이로써 監査委員의 同意에 갈음할 수 있다. ②債權者集會의 決議가 監査委員의 意見과 다른 때에는 그 決議에 따른다.
제375조(결의집행의 금지) ①채권자집회의 결의가 파산채권자 일반의 이익에 반하는 때에는 법원은 파산관재인·감사위원 또는 파산채권자의 신청에 의하거나 직권으로 그 결의의 집행을 금지할 수 있다. ②의결권이 없었던 파산채권자가 제1항의 규정에 의한 신청을 하는 때에는 파산채권자임을 소명하여야 한다. ③제1항의 규정에 의한 금지결정의 선고가 있는 때에는 송달을 하지 아니할 수 있다. ④제1항의 규정에 의한 결정에 대하여는 즉시항고를 할 수 있다.	第168條 (決議執行의 禁止) ①債權者集會의 決議가 破産債權者의 一般의 利益에 反하는 때에는 法院은 破産管財人, 監査委員 또는 破産債權者의 申請에 依하여 또는 職權으로써 그 決議의 執行을 禁止할 수 있다. ②議決權이 없었던 破産債權者가 前項의 申請을 하는 때에는 그 破産債權者임을 疏明하여야 한다. ③第1項의 規定에 依한 禁止決定은 그 宣告가 있은 때에는 送達을 要하지 아니한다.
제3절 감사위원	
제376조(감사위원설치의 의결) 제1회 채권자집회에서 감사위원의 설치가 필요하다는 제안이 있는 경우에는 그 설치 여부 및 감사위원의 수를 의결할 수 있다. 다만, 제1회 후의 채권자집회에서 그 결의를 변경할 수 있다.	第169條 (監査委員設置與否의 議決) 監査委員의 設置與否는 第1回의 債權者集會에서 이를 議決하여야 한다. 但, 第1回 以後의 債權者集會에서 그 決議를 變更할 수 있다.

제377조(감사위원의 자격 등) ①감사위원은 채권자집회에서 선임한다. ②감사위원은 법률이나 경영에 관한 전문가로서 파산절차에 이해관계가 없는 자이어야 한다. ③감사위원 선임의 결의는 법원의 인가를 받아야 한다.	第170條 (監査委員의 選任) ①監査委員은 3人以上으로 하고 債權者 集會에서 이를 選任한다. ②監査委員의 選任의 決議는 法院의 認可를 얻어야 한다.
제378조(직무집행의 방법) ①감사위원이 3인 이상 있는 경우에 감사위원의 직무집행은 그 과반수의 찬성으로 결정한다. ②특별한 이해관계가 있는 감사위원은 제1항의 규정에 의한 표결에 참가할 수 없다.	第171條 (職務執行의 方法) ①監査委員의 職務의 執行은 그 過半數의 贊成으로써 이를 決定한다. ②特別한 利害關係가 있는 者는 表決에 參加할 수 없다.
제379조(감사위원의 직무집행 등) ①감사위원은 파산관재인의 직무집행을 감사한다. ②각 감사위원은 언제든지 파산관재인에게 파산재단에 관한 보고를 요구하거나 파산재단의 상황을 조사할 수 있다. ③감사위원은 파산채권자에게 현저하게 손해를 미칠 사실을 발견한 때에는 지체없이 법원 또는 채권자집회에 보고하여야 한다.	第172條 (財團調査權) 各 監査委員은 언제든지 破産管財人에게 破産財團에 關한 報告를 要求하거나 破産財團의 狀況을 調査할 수 있다.
제380조(감사위원의 해임) ①감사위원은 언제든지 채권자집회의 결의로 해임할 수 있다. ②법원은 상당한 이유가 있는 때에는 이해관계인의 신청에 의하여 감사위원을 해임할 수 있다. ③제2항의 규정에 의한 감사위원의	第173條 (監査委員의 解任) ①監査委員은 언제든지 債權者集會의 決議로써 이를 解任할 수 있다. ②法院은 重要한 事由가 있는 때에는 利害關係人의 申請에 依하여 監査委員을 解任할 수 있다.

해임에 관한 재판에 대하여는 즉시항고를 할 수 있다. ④제3항의 규정에 의한 즉시항고는 집행정지의 효력이 없다.	
제381조(준용규정) 제30조제1항과 제361조의 규정은 감사위원에 관하여 준용한다.	第174條 (準用規定) 第154條 및 第156條의 規定은 監査委員에 이를 準用한다.
제3장 파산재단의 구성 및 확정	
제1절 파산재단의 구성	
제382조(파산재단) ①채무자가 파산선고 당시에 가진 모든 재산은 파산재단에 속한다. ②채무자가 파산선고전에 생긴 원인으로 장래에 행사할 청구권은 파산재단에 속한다.	第6條 (法定財團) ①破産者가 破産宣告時에 가진 모든 財産은 이를 破産財團으로 본다. ②破産者가 破産宣告前에 생긴 原因으로 將來에 行使할 請求權은 破産財團에 屬한다.
제383조(파산재단에 속하지 아니하는 재산) ①압류할 수 없는 재산은 파산재단에 속하지 아니한다.	③押留할 수 없는 財産은 破産財團에 屬하지 아니한다. 但, 민사집행법 제195조제4호 내지 제6호 및 제246조제1항의 各號에 列記한 物件 및 債權은 例外로 한다.
②법원은 개인인 채무자의 신청에 의하여 다음 각호의 어느 하나에 해당하는 재산을 파산재단에서 면제할 수 있다. 1. 채무자 또는 그 피부양자의 주거용으로 사용되고 있는 건물에 관한 임차보증금반환청구권으로서 주택임대차보호법 제8조(보증금중 일정액의 보호)의 규정에 의하여 우선변제를 받을 수 있는 금액의 범위 안에서 대통령령이 정하는 금액을 초과하지 아니하는 부분	

2. 채무자 및 그 피부양자의 생활에 필요한 6월간의 생계비에 사용할 특정한 재산으로서 대통령령이 정하는 금액을 초과하지 아니하는 부분

③제2항의 규정에 의한 신청은 파산신청일 이후 파산선고후 14일 이내에 면제재산목록 및 소명에 필요한 자료를 첨부한 서면으로 하여야 한다.

④법원은 파산선고전에 제2항의 신청이 있는 경우에는 파산선고와 동시에, 파산선고 후에 제2항의 신청이 있는 경우에는 신청일부터 14일 이내에 면제 여부 및 그 범위를 결정하여야 한다.

⑤제4항의 규정에 의한 결정이 있는 때에는 법원은 채무자 및 알고 있는 채권자에게 그 결정서를 송달하여야 한다.

⑥제4항의 규정에 의한 결정에 대하여는 즉시항고를 할 수 있다.

⑦제6항의 규정에 의한 즉시항고는 집행정지의 효력이 없다.

⑧법원은 파산선고전에 면제신청이 있는 경우에 채무자의 신청 또는 직권으로 파산선고가 있을 때까지 제2항의 면제재산에 대하여 파산채권에 기한 강제집행, 가압류 또는 가처분의 중지 또는 금지를 명할 수 있다.

⑨면제결정이 확정된 때에는 제8항의 규정에 의하여 중지한 절차는 그 효력을 잃는다.

⑩제4항의 규정에 의하여 면제되는 재산에 대하여는 제556조제1항의 규정에 따라 면책신청을 할 수 있는 기한까지는 파산채권에 기한 강제집행,

가압류 또는 가처분을 할 수 없다.	
제384조(관리 및 처분권) 파산재단을 관리 및 처분하는 권한은 파산관재인에게 속한다.	第7條 (管理 및 處分) 破産財團을 管理 및 處分할 權利는 破産管財人에게 屬한다.
제385조(파산선고 후의 단순승인) 파산선고 전에 채무자를 위하여 상속개시가 있는 경우 채무자가 파산선고 후에 한 단순승인은 파산재단에 대하여는 한정승인의 효력을 가진다.	第8條 (破産宣告後의 單純承認) 破産宣告前에 破産者를 爲하여 相續開始가 있은 境遇에 破産者가 破産宣告後에 한 單純承認은 破産財團에 對하여는 限定承認의 效力을 가진다.
제386조(파산선고 후의 상속포기) ①파산선고 전에 채무자를 위하여 상속개시가 있는 경우 채무자가 파산선고 후에 한 상속포기도 파산재단에 대하여는 한정승인의 효력을 가진다. ②파산관재인은 제1항의 규정에 불구하고 상속포기의 효력을 인정할 수 있다. 이 경우 포기가 있은 것을 안 날부터 3월 이내에 그 뜻을 법원에 신고하여야 한다.	第9條 (破産宣告後의 相續拋棄) ①破産宣告前에 破産者를 爲하여 相續開始가 있은 境遇에 破産者가 破産宣告後에 相續의 拋棄를 한 때라도 破産財團에 對하여는 限定承認의 效力을 가진다. ②破産管財人은 前項의 規定에 不拘하고 相續拋棄의 效力을 認定할 수 있다. 이 境遇에는 拋棄가 있은 것을 안 날로부터 3月以內에 그 뜻을 法院에 申告하여야 한다.
제387조(파산과 포괄적 유증) 제385조 및 제386조의 규정은 포괄적 유증에 관하여 준용한다.	第10條 (破産과 包括遺贈) 前2條의 規定은 包括遺贈에 이를 準用한다.
제388조(파산과 특정유증) ①파산선고 전에 채무자를 위하여 특정유증이 있는 경우 채무자가 파산선고 당시 승인 또는 포기를 하지 아니한 때에는 파산관재인이 채무자에 갈음하여 그 승인 또는 포기를 할 수 있다. ②민법 제1077조(유증의무자의 최고권)의 규정은 제1항의 경우에 관하여 준용한다.	第11條 (破産과 特定遺贈) ①破産宣告前에 破産者를 爲하여 特定遺贈이 있은 境遇에 破産者가 破産宣告當時에 承認 또는 拋棄를 하지 아니한 때에는 破産管財人이 破産者에 갈음하여 그 承認 또는 拋棄를 할 수 있다. ②民法 第1077條의 規定은 前項의 境遇에 이를 準用한다.

제389조(상속재산의 파산) ①상속재산에 대하여 파산선고가 있는 때에는 이에 속하는 모든 재산을 파산재단으로 한다. ②상속재산에 대하여 파산선고가 있는 경우 피상속인이 상속인에 대하여 가지는 권리와 상속인이 피상속인에 대하여 가지는 권리는 소멸하지 아니한다. ③상속재산에 대하여 파산선고가 있는 때에는 상속인은 한정승인한 것으로 본다. 다만, 민법 제1026조 제3호에 의하여 상속인이 단순승인한 것으로 보는 때에는 그러하지 아니하다.	第12條 (相續財産의 破産) ①相續財産에 對하여 破産宣告가 있은 때에는 이에 屬하는 모든 財産으로써 破産財團으로 한다. ②被相續人이 相續人에 對하여 또는 相續人이 被相續人에 對하여 가진 權利는 消滅하지 아니한다.
제390조(상속인의 재산처분) ①상속인이 상속재산의 전부 또는 일부를 처분한 후 상속재산에 대하여 파산선고가 있는 때에는 상속인이 반대급부에 관하여 가지는 권리는 파산재단에 속한다. ②제1항의 경우 상속인이 이미 반대급부를 받은 때에는 이를 파산재단에 반환하여야 한다. 다만, 그 반대급부를 받은 때에 상속인이 파산의 원인인 사실 또는 파산신청이 있은 것을 알지 못한 때에는 그 이익이 현존하는 한도안에서 반환하면 된다.	第13條 (相續人의 財産處分) ①相續人이 相續財産의 全部 또는 一部를 處分한 後에 相續財産에 對하여 破産宣告가 있은 때에는 相續人이 反對給付에 關하여 가지는 權利는 破産財團에 屬한다. ②前項의 境遇에 相續人이 이미 反對給付를 받은 때에는 이를 破産財團에 返還하여야 한다. 但, 그 反對給付를 받은 때에 相續人이 破産의 原因인 事實 또는 破産申請이 있은 것을 알지 못한 때에는 그 利益이 現存하는 限度內에서 返還하면 된다.
제2절 부인권	第6章 否認權
제391조(부인할 수 있는 행위) 파산관재인은 파산재단을 위하여 다음 각호의 어느 하나에 해당하는 행위를 부인할 수 있다. 1. 채무자가 파산채권자를 해하는 것	第64條 (否認할 수 있는 行爲) 다음 各號의 1에 該當하는 行爲는 破産財團을 爲하여 이를 否認 할 수 있다. 1. 破産者가 破産債權者를 害함을 알고

을 알고 한 행위. 다만, 이로 인하여 이익을 받은 자가 그 행위 당시 파산채권자를 해하게 되는 사실을 알지 못한 경우에는 그러하지 아니하다.	한 行爲. 但, 이로 因하여 利益을 받은 者가 그 行爲當時에 破産債權者를 害하게 되는 事實을 알지 못한 때에는 例外로 한다.
2. 채무자가 지급정지 또는 파산신청이 있은 후에 한 파산채권자를 해하는 행위와 담보의 제공 또는 채무소멸에 관한 행위. 다만, 이로 인하여 이익을 받은 자가 그 행위 당시 지급정지 또는 파산신청이 있은 것을 알고 있은 때에 한한다.	2. 破産者가 支給停止 또는 破産申請이 있은 後에 한 擔保의 提供, 債務消滅에 關한 行爲 其他 破産債權者를 害하는 行爲. 但, 이로 因하여 利益을 받은 者가 그 行爲當時에 支給停止 또는 破産申請이 있은 것을 알지 못한 때에는 例外로 한다. 3. 前號의 行爲로서 破産者의 親族 또는 同居者를 相對方으로 하는 것. 但, 相對方이 그 行爲當時에 支給停止 또는 破産申請이 있은 것을 알지 못한 때에는 例外로 한다.
3. 채무자가 지급정지나 파산신청이 있은 후 또는 그 전 60일 이내에 한 담보의 제공 또는 채무소멸에 관한 행위로서 채무자의 의무에 속하지 아니하거나 그 방법 또는 시기가 채무자의 의무에 속하지 아니하는 것. 다만, 채권자가 그 행위 당시 지급정지나 파산신청이 있은 것 또는 파산채권자를 해하게 되는 사실을 알지 못한 경우를 제외한다.	4. 破産者가 支給停止나 破産申請이 있은 後 또는 그 前 60日내에 한 擔保의 提供 또는 債務消滅에 關한 行爲로서 破産者의 義務에 屬하지 아니하거나 그 方法 또는 時期가 破産者의 義務에 屬하지 아니하는 것. 다만, 債權者가 그 行爲當時에 支給停止나 破産申請이 있은 것 또는 破産債權者를 害하게 되는 事實을 알지 못한 때에는 例外로 한다.
4. 채무자가 지급정지 또는 파산신청이 있은 후 또는 그 전 6월 이내에 한 무상행위 및 이와 동일시할 수 있는 유상행위	5. 破産者가 支給停止 또는 破産申請이 있은 後 또는 그 前 6月內에 한 無償行爲 및 이와 同視하여야 할 有償行爲
제392조(특수관계인을 상대방으로 한 행위에 대한 특칙) ①제391조제2호 단서의 규정을 적용하는 경우 이익을	

받는 자가 채무자와 대통령령이 정하는 범위의 특수관계에 있는 자(이하 이 조에서 "특수관계인"이라 한다)인 때에는 그 특수관계인이 행위 당시 지급정지 또는 파산신청이 있은 것을 알고 있었던 것으로 추정한다. ②제391조제3호의 규정을 적용하는 경우 특수관계인을 상대방으로 하는 행위에 대하여는 같은 호 본문에 규정된 "60일"을 "1년"으로 하고, 같은 호 단서를 적용하는 경우에는 그 특수관계인이 그 행위 당시 지급정지 또는 파산신청이 있은 것과 파산채권자를 해하는 사실을 알고 있었던 것으로 추정한다. ③제391조제4호의 규정을 적용하는 경우 특수관계인을 상대방으로 하는 행위인 때에는 같은 호에 규정된 "6월"을 "1년"으로 한다.	
제393조(어음지급의 예외) ①제391조의 규정은 채무자로부터 어음의 지급을 받은 자가 그 지급을 받지 아니하면 채무자의 1인 또는 여럿에 대한 어음상의 권리를 상실하게 되었을 경우에는 적용하지 아니한다. ②제1항의 경우 최종의 상환의무자 또는 어음의 발행을 위탁한 자가 그 발행당시에 지급정지 또는 파산신청이 있었음을 알았거나 또는 과실로 인하여 이를 알지 못한 때에는 파산관재인은 그로 하여금 채무자가 지급한 금액을 상환하게 할 수 있다.	第65條 (어음支給에 있어서의 例外) ①前條의 規定은 破産者로부터 어음의 支給을 받은 者가 그 支給을 받지 아니하였으면 債務者의 1人 또는 數人에 對한 어음上의 權利를 喪失하게 되었을 境遇에는 이를 適用하지 아니한다. ②前項의 境遇에 最終의 償還義務者 또는 어음의 發行을 委託한 者가 그 發行當時에 支給停止 또는 破産申請이 있었음을 알았거나 또는 過失로 因하여 이를 알지 못한 때에는 破産管財人은 그로 하여금 破産者가 支給한 金額을 償還하게 할 수 있다.
제394조(권리변동의 성립요건 또는 대항요건의 부인) ①지급정지 또는 파	第66條 (權利變動의 效力要件 또는 對抗要件의 否認) ①支給停止 또는 破産

산신청이 있은 후에 권리의 설정·이전 또는 변경의 효력을 생기게 하는 등기 또는 등록이 행하여진 경우 그 등기 또는 등록이 그 원인인 채무부담행위가 있은 날부터 15일을 경과한 후에 지급정지 또는 파산신청이 있음을 알고 행한 것인 때에는 이를 부인할 수 있다. 다만, 가등기 또는 가등록을 한 후 이에 의하여 본등기 또는 본등록을 한 때에는 그러하지 아니하다. ②지급정지 또는 파산신청이 있은 후에 권리의 설정·이전 또는 변경을 제3자에게 대항하기 위하여 필요한 행위를 한 경우 그 행위가 권리의 설정·이전 또는 변경이 있은 날부터 15일을 경과한 후에 지급정지 또는 파산신청이 있음을 알고 행한 것인 때에도 제1항과 같다.	申請이 있은 後에 權利의 設定, 移轉 또는 變更의 效力을 생기게 하는 登記 또는 登錄이 行하여진 境遇에 그 登記 또는 登錄이 그 原因인 債務負擔行爲가 있은 날로부터 15日을 經過한 後에 惡意로 行한 것인 때에는 이를 否認할 수 있다. 但, 그 登記 및 登錄이 假登記 또는 假登錄을 한 後 本登記 또는 本登錄을 한 것인 때에는 例外로 한다. ②支給停止 또는 破産申請이 있은 後에 權利의 設定, 移轉 또는 變更을 第三者에게 對抗하기 爲하여 必要한 行爲를 한 境遇에 그 行爲가 權利의 設定, 移轉 또는 變更이 있은 날로부터 15日을 經過한 後에 惡意로 行한 것인 때에도 前項과 같다.
제395조(집행행위의 부인) 부인권은 부인하고자 하는 행위에 관하여 집행력 있는 집행권원이 있는 때 또는 그 행위가 집행행위에 의한 것인 때에도 행사할 수 있다.	第67條 (執行行爲에 依한 行爲) 否認權은 否認하고자 하는 行爲에 關하여 執行力있는 債務名義가 있는 때 또는 그 行爲가 執行行爲에 基한 것인 때에도 이를 行使할 수 있다.
제396조(부인권의 행사방법) ①부인권은 소, 부인의 청구 또는 항변의 방법으로 파산관재인이 행사한다. ②법원은 파산채권자의 신청에 의하거나 직권으로 파산관재인에게 부인권의 행사를 명할 수 있다. ③제1항의 소와 부인의 청구사건은 파산법원의 관할에 전속한다. ④제106조 및 제107조의 규정은 제1항의 규정에 의한 부인의 청구에 관하여 준용한다.	第68條 (否認權의 行使方法) ①否認權은 訴 또는 抗辯에 依하여 破産管財人이 이를 行使한다. ②法院은 破産債權者의 申請에 의하여 破産管財人에게 否認權의 행사를 명할 수 있다.

제397조(부인권행사의 효과) ①부인권의 행사는 파산재단을 원상으로 회복시킨다. ②제391조제4호의 규정에 의한 행위가 부인된 경우 상대방이 그 행위 당시 선의인 때에는 이익이 현존하는 한도 안에서 상환하면 된다.	第69條 (否認權行使의 效果) ①否認權의 行使는 破産財團을 原狀으로 回復시킨다. ②第64條第5號에 該當하는 行爲가 否認된 境遇에 相對方이 그 行爲當時에 善意이었을 때에는 利益이 現存하는 限度內에서 償還하면 된다.
제398조(상대방의 지위) ①채무자의 행위가 부인된 경우 그가 받은 반대급부가 파산재단 중에 현존하는 때에는 상대방은 그 반환을 청구할 수 있으며, 반대급부로 인하여 생긴 이익이 현존하는 때에는 그 이익의 한도 안에서 재단채권자로서 그 권리를 행사할 수 있다. ②채무자의 행위가 부인된 경우 반대급부로 인하여 생긴 이익이 현존하지 아니하는 때에는 상대방은 그 가액의 상환에 관하여 파산채권자로서 권리를 행사할 수 있다. 반대급부의 가액이 현존하는 이익보다 큰 경우 그 차액에 관하여도 또한 같다.	第70條 (相對方의 地位) ①破産者의 行爲가 否認된 境遇에 그 받은 反對給付가 破産財團中에 現存하는 때에는 相對方은 그 返還을 請求하고 反對給付로 因하여 생긴 利益이 現存하는 때에는 그 利益의 限度內에서 財團債權者로서 그 權利를 行使할 수 있다. ②反對給付로 因하여 생긴 利益이 現存하지 아니하는 때에는 相對方은 그 價額의 償還에 關하여 破産債權者로서 그 權利를 行使할 수 있다. 反對給付의 價額이 現存하는 利益보다 큰 境遇에 그 差額에 關하여도 또한 같다.
제399조(상대방의 채권의 회복) 채무자의 행위가 부인된 경우 상대방이 그가 받은 급부를 반환하거나 그 가액을 상환한 때에는 상대방의 채권은 원상으로 회복된다.	第71條 (相對方의 債權의 復活) 破産者의 行爲가 否認된 境遇에 相對方이 그 받은 給付를 返還하거나 그 價額을 償還한 때에는 相對方의 債權은 이로써 原狀으로 回復된다.
제400조(상속재산의 파산의 경우의 부인권) 제391조·제392조·제393조·제398조 및 제399조의 규정은 상속재산에 대하여 파산선고가 있은 경우 피상속인·상속인·상속재산관리인 및 유언집행자가 상속재산에 관하여	第72條 (相續財産의 破産의 境遇의 否認權) 第64條, 第65條 및 前2條의 規定은 相續財産에 對하여 破産宣告가 있은 境遇에 被相續人, 相續人, 相續財産管理人 및 遺言執行者가 相續財産에 關하여 한 行爲에 이를 準用한다.

한 행위에 관하여 준용한다.	
제401조(유증을 받은 자에 대한 변제 등의 부인) 상속재산에 대하여 파산선고가 있은 경우 유증을 받은 자에 대한 변제 그 밖의 채무의 소멸에 관한 행위가 그 채권에 우선하는 채권을 가진 파산채권자를 해하는 때에는 이를 부인할 수 있다.	第73條 (受遺者에 對한 辨濟等의 否認) 相續財産에 對하여 破産宣告가 있은 境遇에 受遺者에 對한 辨濟 其他 債務의 消滅에 關한 行爲가 그 債權에 優先하는 債權을 가진 破産債權者를 害하는 때에는 이를 否認할 수 있다.
제402조(부인의 상대방에 대한 변제) 상속재산에 대하여 파산선고가 있은 경우 피상속인·상속인·상속재산관리인 및 유언집행자가 상속재산에 관하여 한 행위가 부인된 때에는 상속채권자에게 변제한 후 부인된 행위의 상대방에게 그 권리의 가액에 따라 잔여재산을 분배하여야 한다.	第74條 (否認의 相對方에 對한 辨濟) 相續財産에 對하여 破産宣告가 있은 境遇에 第72條에 規定하는 行爲가 否認된 때에는 相續債權者에게 辨濟한 後 否認된 行爲의 相對方에게 그 權利의 價額에 따라 殘餘財産을 分配하여야 한다.
제403조(전득자에 대한 부인권) ①다음 각호의 어느 하나에 해당하는 때에는 전득자(轉得者)에 대하여도 부인권을 행사할 수 있다.	第75條 (轉得者에 對한 否認權) ①다음 各號의 1에 該當하는 境遇에는 轉得者에 對하여도 否認權을 行使할 수 있다.
1. 전득자가 전득 당시 각각 그 전자(前者)에 대한 부인의 원인이 있음을 안 때	1. 轉得者가 轉得當時에 各各 그 前者에 對한 否認의 原因이 있음을 안 때
2. 전득자가 제392조의 규정에 의한 특수관계인인 때. 다만, 전득 당시 각각 그 전자(前者)에 대한 부인의 원인이 있음을 알지 못한 때에는 그러하지 아니하다.	2. 轉得者가 破産者의 親族 또는 同居者인 때 但, 轉得當時에 各各 그 前者에 對한 否認의 原因이 있음을 알지 못한 때에는 例外로 한다.
3. 전득자가 무상행위 또는 이와 동일시할 수 있는 유상행위로 인하여 전득한 경우 각각 그 전자(前者)에 대하여 부인의 원인이 있는 때	3. 轉得者가 無償行爲 또는 이와 同視하여야 할 有償行爲로 因하여 轉得한 境遇에 各各 그 前者에 對하여 否認의 原因이 있는 때
②제397조제2항의 규정은 제1항제3	②第69條第2項의 規定은 前項 第3號의

채무자 회생 및 파산에 관한 법률	파산법
호의 규정에 의하여 부인권이 행사된 경우에 관하여 준용한다.	規定에 依하여 否認權이 行使된 境遇에 이를 準用한다.
제404조(지급정지를 안 것을 이유로 하는 부인의 제한) 파산선고가 있은 날부터 1년 전에 한 행위는 지급정지의 사실을 안 것을 이유로 하여 부인할 수 없다.	第76條 (支給停止를 안 것을 理由로 하는 否認의 制限) 破産宣告가 있은 날로부터 1年前에 한 行爲는 支給停止의 事實을 안 것을 理由로하여 이를 否認할 수 없다.
제405조(부인권행사의 기간) 부인권은 파산선고가 있은 날부터 2년이 경과한 때에는 행사할 수 없다. 제391조 각호의 행위를 한 날부터 10년이 경과한 때에도 또한 같다.	第77條 (否認權의 消滅時效) 否認權은 破産宣告가 있은 날로부터 2年間 이를 行使하지 아니하면 消滅時效가 完成한다. 第64條 各號의 행위를 한 날부터 10年을 경과한 때에도 또한 같다.
제406조(채권자취소소송의 중단) ①민법 제406조(채권자취소권)의 규정에 의하여 파산채권자가 제기한 소송이 파산선고 당시 법원에 계속되어 있는 때에는 그 소송절차는 수계 또는 파산절차의 종료에 이르기까지 중단된다.	第78條 (債權者取消訴訟의 中斷) ①民法 第406條의 規定에 依하여 破産債權者가 提起한 訴訟이 破産宣告 當時에 係屬한 때에는 그 訴訟節次는 受繼 또는 破産節次의 解止에 이르기까지 中斷된다.
②제347조의 규정은 제1항의 경우에 관하여 준용한다.	②第60條의 規定은 前項의 境遇에 이를 準用한다.
제3절 환취권	
제407조(채무자에게 속하지 아니한 재산의 환취) 파산선고는 채무자에 속하지 아니하는 재산을 파산재단으로부터 환취하는 권리에 영향을 미치지 아니한다.	第79條 (破産者에게 屬하지 아니한 財産의 還取) 破産宣告는 破産者에 屬하지 아니하는 財産을 破産財團으로부터 還取하는 權利에 影響을 미치지 아니한다.
	第80條 (讓渡擔保의 還取禁止) 破産宣告前에 破産者에게 財産을 讓渡한 者는 擔保의 目的으로 한 것을 理由로 그 財産을 還取할 수 없다.

제408조(운송중인 매도물의 환취) ①매도인이 매매의 목적인 물건을 매수인에게 발송하였으나 매수인이 그 대금의 전액을 변제하지 아니하고, 도달지에서 그 물건을 수령하지 아니한 상태에서 매수인이 파산선고를 받은 때에는 매도인은 그 물건을 환취할 수 있다. 다만, 파산관재인이 대금전액을 지급하고 그 물건의 인도를 청구한 때에는 그러하지 아니하다.	第81條 (賣渡人의 賣渡物品還取權) ①賣渡人이 賣買의 目的인 物品을 買受人에게 發送한 境遇에 買受人이 아직 代金全額을 辨濟하지 아니하고 또 到達地에서 그 物品을 受領하지 아니한 동안에 破産宣告를 받은 때에는 賣渡人은 그 物品을 還取할 수 있다. 但, 破産管財人이 代金全額을 支給하고 그 物品의 引渡를 請求한 때에는 例外로 한다.
②제1항의 규정은 제335조의 적용을 배제하지 아니한다.	②前項의 規定은 第50條의 規定의 適用을 排除하지 아니한다.
제409조(위탁매매인의 환취권) 제408조 제1항의 규정은 물품매수의 위탁을 받은 위탁매매인이 그 물품을 위탁자에게 발송한 경우에 관하여 준용한다.	第82條 (委託賣買業者의 還取權) 前條 第1項의 規定은 物品購入의 委託을 받은 委託販賣商이 그 物品을 委託者에게 發送한 境遇에 이를 準用한다.
제410조(대체적 환취권) ①채무자가 파산선고전에 환취권의 목적인 재산을 양도한 때에는 환취권자는 반대급부의 이행청구권의 이전을 청구할 수 있다. 파산관재인이 환취권의 목적인 재산을 양도한 때에도 또한 같다. ②제1항의 경우 파산관재인이 반대급부의 이행을 받은 때에는 환취권자는 파산관재인이 반대급부로 받은 재산의 반환을 청구할 수 있다.	第83條 (代償的還取權) ①破産者가 破産宣告前에 還取權의 目的인 財産을 讓渡한 境遇에는 還取權者는 反對給付의 請求權의 移轉을 請求할 수 있다. 破産管財人이 還取權의 目的인 財産을 讓渡한 境遇에도 또한 같다. ②前項의 境遇에 破産管財人이 反對給付를 받은 때에는 還取權者는 破産管財人이 反對給付로서 받은 財産의 給付를 請求할 수 있다.
제4절 별제권	
제411조(별제권자) 파산재단에 속하는 재산상에 존재하는 유치권·질권·저당권 또는 전세권을 가진 자는 그 목적인 재산에 관하여 별제권을 가진다.	第84條 (別除權者) 破産財團에 屬하는 財産上에 存在하는 留置權, 質權, 抵當權 또는 傳貰權을 가진 者는 그 目的인 財産에 關하여 別除權을 가진다.

	第85條 (共有者의 別除權) 數人이 共同으로 財産權을 가지는 境遇에 그 1人이 破産宣告를 받은 때에는 이에 對하여 共有에 關한 債權을 가진 다른 共有者는 分割로 因하여 破産者에 歸屬할 共有財産의 部分에 關하여 別除權을 가진다.
제412조(별제권의 행사) 별제권은 파산절차에 의하지 아니하고 행사한다.	第86條 (別除權의 行使) 別除權은 破産節次에 依하지 아니하고 이를 行使한다.
제413조(별제권자의 파산채권행사) 별제권자는 그 별제권의 행사에 의하여 변제를 받을 수 없는 채권액에 관하여만 파산채권자로서 그 권리를 행사할 수 있다. 다만, 별제권을 포기한 채권액에 관하여 파산채권자로서 그 권리를 행사하는 것에 영향을 미치지 아니한다.	第87條 (別除權者의 破産債權行使) 別除權者는 그 別除權의 行使에 依하여 辨濟를 받을 수 없는 債權額에 關하여서만 破産債權者로서 그 權利를 行使할 수 있다. 但, 別除權을 抛棄한 債權額에 關하여 破産債權者로서 그 權利를 行使하는 것을 妨害하지 아니한다.
제414조(준별제권자) ①파산재단에 속하지 아니하는 채무자의 재산상에 질권 또는 저당권을 가진 자는 그 권리의 행사에 의하여 변제를 받을 수 없는 채권액에 한하여 파산채권자로서 그 권리를 행사할 수 있다. ②제1항의 규정에 의한 권리를 가진 자에 대하여는 별제권에 관한 규정을 준용한다.	第88條 (準別除權者) ①破産財團에 屬하지 아니하는 破産者의 財産上에 質權 또는 抵當權을 가진 者는 그 權利의 行使에 依하여 辨濟를 받을 수 없는 債權額에 關하여서만 破産債權者로서 그 權利를 行使할 수 있다. ②前項의 權利를 가진 者에 對하여는 第2編中 別除權에 關한 規定을 準用한다.
제415조(주택임차인 등) ①주택임대차보호법 제3조(대항력 등)제1항의 규정에 의한 대항요건을 갖추고 임대차계약증서상의 확정일자를 받은 임차인은 파산재단에 속하는 주택(대지를 포함한다)의 환가대금에서 후순위권리자 그 밖의 채권자보다 우선하여	

보증금을 변제받을 권리가 있다.
②주택임대차보호법 제8조(보증금 중 일정액의 보호)의 규정에 의한 임차인은 같은 조 규정에 의한 보증금을 파산재단에 속하는 주택(대지를 포함한다)의 환가대금에서 다른 담보물권자보다 우선하여 변제받을 권리가 있다. 이 경우 임차인은 파산신청일까지 주택임대차보호법 제3조(대항력 등)제1항의 규정에 의한 대항요건을 갖추어야 한다.
③제1항 및 제2항의 규정은 상가건물임대차보호법 제3조(대항력 등)의 규정에 의한 대항요건을 갖추고 임대차계약증서상의 확정일자를 받은 임차인과 같은 법 제14조(보증금 중 일정액의 보호)의 규정에 의한 임차인에 관하여 준용한다.

제5절 상계권

제416조(상계권) 파산채권자가 파산선고 당시 채무자에 대하여 채무를 부담하는 때에는 파산절차에 의하지 아니하고 상계할 수 있다.	第89條 (相計權) 破産債權者가 破産宣告當時에 破産者에 對하여 債務를 負擔하는 때에는 破産節次에 依하지 아니하고 相計할 수 있다.
제417조(기한 및 해제조건부 등 채권채무의 상계) 파산채권자의 채권이 파산선고시에 기한부 또는 해제조건부이거나 제426조에 규정된 것인 때에도 상계할 수 있다. 채무가 기한부나 조건부인 때 또는 장래의 청구권에 관한 것인 때에도 또한 같다.	第90條 (期限 및 解除條件附等債權債務의 相計) 破産債權者의 債權이 破産宣告時에 期限附나 解除條件附인 때 또는 第17條에 規定한 것인 때에도 相計를 할 수 있다. 債務가 期限附나 條件附인 때 또는 將來의 請求權에 關한 것인 때에도 또한 같다.
제418조(정지조건부채권 및 장래의 청구권과의 상계) 정지조건부채권 또는	第91條 (停止條件附債權, 將來의 請求權과 相計) 停止條件附債權 또는 將來

장래의 청구권을 가진 자가 그 채무를 변제하는 때에는 후일 상계를 하기 위하여 그 채권액의 한도 안에서 변제액의 임치를 청구할 수 있다.

의 請求權을 가진 者가 그 債務를 辨濟하는 境遇에는 後日 相計를 하기 爲하여 그 債權額의 限度에서 辨濟額의 任置를 請求할 수 있다.

제419조(해제조건부채권의 상계) 해제조건부채권을 가진 자가 상계를 하는 때에는 그 상계액에 관하여 담보를 제공하거나 임치를 하여야 한다.

第92條 (解除條件附債權의 相計) 解除條件附債權을 가진 者가 相計를 하는 때에는 그 相計額에 關하여 擔保를 提供하거나 任置를 하여야 한다.

제420조(자동채권의 상계액) ①파산채권자의 채권이 이자없는 채권 또는 정기금채권인 때에는 제446조제1항제5호 내지 제7호에 해당하는 부분을 공제한 액의 한도 안에서 상계할 수 있다.

②제426조 및 제427조의 규정은 파산채권자의 채권에 관하여 준용한다.

第93條 (自動債權의 相計額) ①破産債權者의 債權이 無利子債權 또는 定期金債權인 때에는 第37條第5號 乃至 第7號에 該當하는 部分을 控除한 額의 限度內에서 相計할 수 있다.

②第17條 및 第18條의 規定은 破産債權者의 債權에 이를 準用한다.

제421조(차임·보증금 및 지료의 상계) ①파산채권자가 임차인인 때에는 파산선고시의 당기(當期) 및 차기(次期)의 차임에 관하여 상계를 할 수 있다. 보증금이 있는 경우 그 후의 차임에 관하여도 또한 같다.

②제1항의 규정은 지료(地料)에 관하여 준용한다.

第94條 (借賃, 保證金, 地代의 相計) ①破産債權者가 賃借人인 때에는 破産宣告時의 當期 및 次期의 借賃에 關하여 相計를 할 수 있다. 保證金이 있는 때에는 그 後의 借賃에 關하여도 또한 같다.

②前項의 規定은 地料에 이를 準用한다.

제422조(상계의 금지) 다음 각호의 어느 하나에 해당하는 때에는 상계를 할 수 없다.

1. 파산채권자가 파산선고 후에 파산재단에 대하여 채무를 부담한 때
2. 파산채권자가 지급정지 또는 파산신청이 있었음을 알고 채무자에 대하여 채무를 부담한 때. 다만,

第95條 (相計의 禁止) 다음 各號의 1에 該當하는 境遇에는 相計를 할 수 없다.

1. 破産債權者가 破産宣告後에 破産財團에 對하여 債務를 負擔한 때
2. 破産債權者가 지급정지 또는 破産申請이 있었음을 알고 破産者에 대하여 債務를 부담한 때. 但, 그 부담이 法定

다음 각목의 어느 하나에 해당하는 때를 제외한다.

가. 그 부담이 법정의 원인에 의한 때

나. 파산채권자가 지급정지나 파산신청이 있었음을 알기 전에 생긴 원인에 의한 때

다. 파산선고가 있은 날부터 1년 전에 생긴 원인에 의한 때

3. 파산선고를 받은 채무자의 채무자가 파산선고 후에 타인의 파산채권을 취득한 때

4. 파산선고를 받은 채무자의 채무자가 지급정지 또는 파산신청이 있었음을 알고 파산채권을 취득한 때. 다만, 제2호 각목의 어느 하나에 해당하는 때를 제외한다.

제4장 파산채권 및 재단채권

제1절 파산채권

제423조(파산채권) 채무자에 대하여 파산선고전의 원인으로 생긴 재산상의 청구권은 파산채권으로 한다.

제424조(파산채권의 행사) 파산채권은 파산절차에 의하지 아니하고는 행사할 수 없다.

제425조(기한부채권의 변제기도래) 기한부채권은 파산선고시에 변제기에 이른 것으로 본다.

의 원인에 기한 때, 破産債權者가 지급정지나 破産申請이 있었음을 알기전에 생긴 원인에 기한 때 또는 破産宣告가 있는 날부터 1年전에 생긴 원인에 기한 때에는 例外로 한다.

3. 破産者의 債務者가 破産宣告後에 他人의 破産債權을 取得한 때

4. 破産者의 債務者가 支給停止 또는 破産申請이 있었음을 알고 破産債權을 取得한 때. 但, 그 取得이 法定의 原因에 基한 때, 債務者가 支給停止나 破産申請이 있었음을 알기 前에 생긴 原因에 基한 때 또는 破産宣告가 있은 날로부터 1年前에 생긴 原因에 基한 때에는 例外로 한다.

第14條 (破産債權의 定義) 破産者에 對하여 破産宣告前의 原因으로 생긴 財産上의 請求權은 이를 破産債權으로 한다.

第15條 (破産債權의 行使) 破産債權은 破産節次에 依하지 아니하고는 이를 行使할 수 없다.

第16條 (期限附債權의 辨濟期到來) 期限附債權은 破産宣告時에 辨濟期에 이른 것으로 한다.

제426조(비금전채권 등의 파산채권액) ①채권의 목적이 금전이 아니거나 그 액이 불확정한 때나 외국의 통화로 정하여진 때에는 파산선고시의 평가액을 파산채권액으로 한다. ②정기금채권의 금액 또는 존속기간이 확정되지 아니한 때에도 제1항과 같다.	第17條 (非金錢債權等의 破産債權額) ①債權의 目的이 金錢이 아닌 때 또는 그 額이 不確定한 때나 外國의 通貨로 定하여진 때에는 破産宣告時의 評價額을 破産債權額으로 한다. ②定期金債權의 金額 또는 存續期間이 確定되지 아니하였을 때에도 前項과 같다.
제427조(조건부채권 등의 파산채권액) ①조건부채권은 그 전액을 파산채권액으로 한다. ②제1항의 규정은 채무자에 대한 장래의 청구권에 관하여 준용한다.	第18條 (條件附債權等의 破産債權額) ①條件附債權은 그 全額 또는 前條第1項의 規定에 依한 評價額을 破産債權額으로 한다. ②前項의 規定은 破産者에 對한 將來의 請求權에 이를 準用한다.
제428조(전부의 채무를 이행할 의무를 지는 자가 파산한 경우의 파산채권액) 여럿의 채무자가 각각 전부의 채무를 이행하여야 하는 경우 그 채무자의 전원 또는 일부가 파산선고를 받은 때에는 채권자는 파산선고시에 가진 채권의 전액에 관하여 각 파산재단에 대하여 파산채권자로서 권리를 행사할 수 있다.	第19條 (全部義務者가 破産한 境遇의 破産債權額) 數人의 債務者가 各各 全部의 債務를 履行하여야 할 境遇에 그 債務者의 全員 또는 數人이나 1人이 破産宣告를 받은 때에는 債權者는 破産宣告時에 가진 債權의 全額에 關하여 各 破産財團에 對하여 破産債權者로서 權利를 行使할 수 있다.
제429조(보증인이 파산한 경우의 파산채권액) 보증인이 파산선고를 받은 때에는 채권자는 파산선고시에 가진 채권의 전액에 관하여 파산채권자로서 그 권리를 행사할 수 있다.	第20條 (保證人이 破産한 境遇의 破産債權額) 保證人이 破産宣告를 받은 때에는 債權者는 破産宣告時에 가진 債權의 全額에 關하여 破産債權者로서 그 權利를 行使할 수 있다.
제430조(장래의 구상권자) ①여럿의 채무자가 각각 전부의 채무를 이행하여야 하는 경우 그 채무자의 전원 또는 일부가 파산선고를 받은 때에는 그	第21條 (將來의 求償權者) ①數人의 債務者가 各各 全部의 債務를 履行하여야 할 境遇에 그 債務者의 全員 또는 數人이나 1人이 破産宣告를 받은 때에는 그

채무자에 대하여 장래의 구상권을 가진 자는 그 전액에 관하여 각 파산재단에 대하여 파산채권자로서 그 권리를 행사할 수 있다. 다만, 채권자가 그 채권의 전액에 관하여 파산채권자로서 그 권리를 행사한 때에는 예외로 한다. ②제1항 단서의 경우 제1항의 규정에 의한 구상권을 가진 자가 변제를 한 때에는 그 변제의 비율에 따라 채권자의 권리를 취득한다. ③제1항 및 제2항의 규정은 담보를 제공한 제3자가 채무자에 대하여 갖는 장래의 구상권에 관하여 준용한다.	破産者에 對하여 將來行使하는 境遇가 있을 求償權을 가진 者는 그 全額에 關하여 各 破産財團에 對하여 破産債權者로서 그 權利를 行使할 수 있다. 但, 債權者가 그 債權의 全額에 關하여 破産債權者로서 그 權利를 行使한 때에는 例外로 한다. ②前項 但書의 境遇에 前項의 求償權을 가진 者가 辨濟를 한 때에는 그 辨濟의 比率에 따라 債權者의 權利를 取得한다. ③前2項의 規定은 擔保를 提供한 第三者가 破産者에 對하여 將來行使하는 境遇가 있을 求償權에 이를 準用한다.
第431条(여럿이 일부보증을 한 때의 파산채권액) 제428조, 제429조 및 제430조제1항·제2항의 규정은 여럿의 보증인이 각각 채무의 일부를 보증하는 때에 그 보증하는 부분에 관하여 준용한다.	第22條 (數人이 一部保證을 한 때의 破産債權額) 第19條, 第20條 및 前條第1項 및 第2項의 規定은 數人의 保證人이 各各 債務의 一部를 保證하는 境遇에 그 保證하는 部分에 이를 準用한다.
第432条(무한책임사원의 파산) 법인의 채무에 관하여 무한책임을 지는 사원이 파산선고를 받은 때에는 법인의 채권자는 파산선고시에 가진 채권의 전액에 관하여 그 파산재단에 대하여 파산채권자로서 그 권리를 행사할 수 있다.	第23條 (無限責任社員의 破産) 法人의 債務에 關하여 無限責任을 지는 社員이 破産宣告를 받은 때에는 法人의 債權者는 破産宣告時에 가진 債權의 全額에 關하여 그 破産財團에 對하여 破産債權者로서 그 權利를 行使할 수 있다.
第433条(유한책임사원의 파산) 법인의 채무에 관하여 유한책임을 지는 사원 또는 그 법인이 파산선고를 받은 때에는 법인의 채권자는 유한책임을 지는 사원에 대하여 그 권리를 행사할 수 없다. 다만, 법인은 출자청구권을	第24條 (有限責任社員의 破産) 法人의 債務에 關하여 有限責任을 지는 社員 또는 그 法人이 破産宣告를 받은 境遇에는 法人의 債權者는 有限責任을 지는 社員에 對하여 그 權利를 行使할 수 없다. 但, 法人은 出資請求權을 破産債權

파산채권으로서 행사할 수 있다.	으로서 行使할 수 있다.
제434조(상속인의 파산) 상속인이 파산선고를 받은 경우에는 재산의 분리가 있는 때에도 상속채권자 및 유증을 받은 자는 그 채권의 전액에 관하여 파산재단에 대하여 파산채권자로서 그 권리를 행사할 수 있다.	第25條 (相續人의 破産) 相續人이 破産宣告를 받은 때에는 財産의 分離가 있을 때라도 相續債權者 및 受遺者는 그 債權의 全額에 關하여 破産財團에 對하여 破産債權者로서 그 權利를 行使할 수 있다.
제435조(상속재산 및 상속인의 파산) 상속재산 및 상속인에 대하여 파산선고가 있는 때에는 상속채권자 및 유증을 받은 자는 그 채권의 전액에 관하여 각 파산재단에 대하여 파산채권자로서 그 권리를 행사할 수 있다.	第26條 (相續財産 및 相續人의 破産) 相續財産 및 相續人에 對하여 破産宣告가 있은 때에는 相續債權者 및 受遺者는 그 債權의 全額에 關하여 各 破産財團에 對하여 破産債權者로서 그 權利를 行使할 수 있다.
제436조(상속인의 한정승인) 제434조 및 제435조의 경우 파산선고를 받은 상속인이 한정승인을 한 때에는 상속채권자와 유증을 받은 자는 그 상속인의 고유재산에 대하여 파산채권자로서 그 권리를 행사할 수 없다. 제385조 또는 제386조제1항의 규정에 의하여 한정승인의 효력이 있는 때에도 또한 같다.	第27條 (相續人의 限定承認) ①前2條의 境遇에 破産宣告를 받은 相續人이 限定承認을 한 때에는 相續債權者 및 受遺者는 그 相續人의 固有財産에 對하여 破産債權者로서 그 權利를 行使할 수 없다. ②第8條 또는 第9條第1項의 規定에 依하여 限定承認의 效力이 있는 境遇에도 前項과 같다.
제437조(상속인의 피상속인에 대한 채권 등) 상속재산에 대하여 파산선고가 있는 때에는 상속인은 그 피상속인에 대한 채권 및 피상속인의 채무소멸을 위하여 한 출연에 관하여 상속채권자와 동일한 권리를 가진다.	第28條 (相續財産의 破産) 相續財産에 對하여 破産宣告가 있은 때에는 相續人은 그 被相續人에 對한 債權 및 被相續人의 債務消滅을 爲하여 한 出捐에 關하여 相續債權者와 同一한 權利를 가진다.
제438조(상속인의 채권자) 상속재산에 대하여 파산선고가 있는 때에는 상속인의 채권자는 그 파산재단에 대하여	第29條 (同前) 相續財産에 對하여 破産宣告가 있은 때에 相續人의 債權者는 그 破産財團에 對하여 破産債權者로서

파산채권자로서 그 권리를 행사할 수 없다.	그 權利를 行使할 수 없다.
제439조(파산절차참가의 비용) 파산절차참가의 비용은 파산채권으로 한다.	第30條 (破産節次參加의 費用) 破産節次參加의 費用은 이를 破産債權으로 한다.
제440조(동일순위자에 대한 평등변제) 동일순위로 변제하여야 하는 채권은 각각 그 채권액의 비율에 따라 변제한다.	第31條 (同一順位者에 對한 平等辨濟) 同一順位로 辨濟할 債權은 各各 그 債權額의 比率에 따라 이를 辨濟한다.
제441조(우선권있는 파산채권) 파산재단에 속하는 재산에 대하여 일반의 우선권이 있는 파산채권은 다른 채권에 우선한다.	第32條 (優先權있는 破産債權) 破産財團에 屬하는 財産에 對하여 一般優先權이 있는 破産債權은 다른 債權에 優先한다.
제442조(우선권의 기간계산) 일정한 기간안의 채권액에 관하여 우선권이 있는 경우 그 기간은 파산선고시부터 소급하여 계산한다.	第33條 (優先權의 期間의 計算) 優先權이 一定한 期間內의 債權額에 關하여 있는 境遇에는 그 期間은 破産宣告時로부터 이를 遡及하여 計算한다.
제443조(상속채권자의 우위) 상속재산에 대하여 파산선고가 있는 때에는 상속채권자의 채권은 유증을 받은 자의 채권에 우선한다.	第34條 (相續債權者의 優位) 相續財産에 對하여 破産宣告가 있은 때에는 相續債權者의 債權은 受遺者의 債權에 優先한다.
제444조(상속인이 파산한 경우의 채권자간의 순위) 상속재산에 대한 파산신청기간안의 신청에 의하여 상속인에 대한 파산선고가 있는 때에는 상속인의 채권자의 채권은 그 고유재산에 대하여 상속채권자 및 유증을 받은 자의 채권에 우선하고, 상속채권자 및 유증을 받은 자의 채권은 상속재산에 대하여 상속인의 채권자의 채권에 우선한다.	第35條 (相續人이 破産한 때에 있어서 債權者間의 順位) 相續財産에 對한 破産申請期間內의 申請에 依하여 相續人에 對한 破産宣告가 있은 때에는 相續人의 債權者의 債權은 그 固有財産에 對하여 相續債權者 및 受遺者의 債權에 優先하고 相續債權者 및 受遺者의 債權은 相續財産에 對하여 相續人의 債權者의 債權에 優先한다.

제445조(상속재산 및 상속인의 파산재단의 순위) 상속재산 및 상속인에 대하여 파산선고가 있는 때에는 상속인의 채권자의 채권은 상속인의 파산재단에 대하여는 상속채권자 및 유증을 받은 자의 채권에 우선한다.

제446조(후순위파산채권) ①다음 각호의 청구권은 다른 파산채권보다 후순위 파산채권으로 한다.

1. 파산선고후의 이자
2. 파산선고 후의 불이행으로 인한 손해배상액 및 위약금
3. 파산절차참가비용
4. 벌금·과료·형사소송비용·추징금 및 과태료
5. 기한이 파산선고후에 도래하는 이자없는 채권의 경우 파산선고가 있은 때부터 그 기한에 이르기까지의 법정이율에 의한 원리의 합계액이 채권액이 될 계산에 의하여 산출되는 이자의 액에 상당하는 부분
6. 기한이 불확정한 이자없는 채권의 경우 그 채권액과 파산선고 당시의 평가액과의 차액에 상당하는 부분
7. 채권액 및 존속기간이 확정된 정기금채권인 경우 각 정기금에 관하여 제5호의 규정에 준하여 산출되는 이자의 액의 합계액에 상당하는 부분과 각 정기금에 관하여 같은 호의 규정에 준하여 산출되는 원본의 액의 합계액이 법정이율에 의하여 그 정기금에 상당하는 이자가 생길 원본액을 초과하

第36條 (相續財産 및 相續人의 破産財團의 順位) 相續財産 및 相續人에 對하여 破産宣告가 있는 때에는 相續人의 債權者의 債權은 相續人의 破産財團에 對하여는 相續債權者 및 受遺者의 債權에 優先한다.

第37條 (後順位請求權) 다음 各號의 請求權은 다른 破産債權보다 後順位로 한다.

1. 破産宣告後의 利子
2. 破産宣告後의 不履行으로 因한 損害賠償額 및 違約金
3. 破産節次參加의 費用
4. 罰金, 科料, 刑事訴訟費用, 追徵金및 過怠料
5. 無利子債權의 期限이 破産宣告後에 到來할 境遇에 있어서는 破産宣告時로부터 그 期限에 이르기까지의 法定利率에 依한 元利의 合計額이 債權額이 될 計算에 依하여 算出되는 利子의 額에 相當하는 部分
6. 無利子債權의 期限이 不確定한 境遇에 있어서는 그 債權額과 破産宣告時의 評價額과의 差額에 相當하는 部分
7. 債權額 및 存續期間이 確定한 定期金債權인 境遇에 있어서는 各 定期金에 關하여 第5號의 規定에 準하여 算出되는 利子의 額의 合計額에 相當하는 部分과 各 定期金에 關하여 同號의 規定에 準하여 算出되는 元本의 額의 合計額이 法定利率에 依하여 그 定期金에 相當하는 利子가 생길 元本額을 超過하는 때에는 그 超過額에 相當하는 部分

는 때에는 그 초과액에 상당하는 부분 ②채무자가 채권자와 파산절차에서 다른 채권보다 후순위로 하기로 정한 채권은 그 정한 바에 따라 다른 채권보다 후순위로 한다.	
제2절 파산채권의 신고 및 조사	
제447조(채권신고방법) ①파산채권자는 법원이 정하는 기간(이하 이 장에서 "신고기간"이라 한다)안에 다음 각호의 사항을 법원에 신고하고 증거서류 또는 그 등본이나 초본을 제출하여야 한다. 1. 그 채권액 및 원인 2. 일반의 우선권이 있는 때에는 그 권리 3. 제446조제1항각호의 어느 하나에 해당하는 청구권을 포함하는 때에는 그 구분	第201條 (債權申告方法) ①破産債權者는 法院이 定한 期間內에 그 債權額 및 原因 一般의 優先權이 있는 때에는 그 權利, 第37條 各號의 1에 該當하는 權利를 包含하는 때에는 그 區分을 法院에 申告하고 證據書類 또는 그 謄本이나 抄本을 提出하여야 한다.
②별제권자는 제1항 각호의 사항외에 별제권의 목적과 그 행사에 의하여 변제를 받을 수 없는 채권액을 신고하여야 한다.	②別除權者는 前項에 規定한 事項外에 別除權의 目的 및 그 行使에 依하여 辨濟를 받을 수 없는 債權額을 申告하여야 한다.
③파산채권에 관하여 파산선고 당시 소송이 계속되어 있는 때에는 제1항 각호의 사항외에 파산채권자는 그 법원·당사자·사건명 및 사건번호를 신고하여야 한다.	③破産債權에 關하여 破産宣告當時에 訴訟이 係屬하는 때에는 第1項에 規定한 事項外에 그 法院, 事件名 및 番號를 申告하여야 한다.
제448조(파산채권자표의 작성) ①법원사무관등은 다음 각호의 사항을 기재한 파산채권자표를 작성하여야 한다. 1. 채권자의 성명 및 주소 2. 채권액 및 원인	第202條 (債權表의 作成) ①法院書記官 또는 書記는 債權表를 作成하여 다음 各號의 事項을 記載하여야 한다. 1. 債權者의 姓名 및 住所 2. 債權額 및 原因

3. 일반의 우선권이 있는 때에는 그 권리 4. 제446조제1항각호의 어느 하나에 해당하는 청구권을 포함하는 때에는 그 구분	3. 優先權이 있는 때에는 그 權利, 第37條 各號의 1에 該當하는 請求權을 包含하는 때에는 그 區分
5. 별제권자가 제447조제2항의 규정에 의하여 신고한 채권액 ②법원사무관등은 파산채권자표의 등본을 파산관재인에게 교부하여야 한다.	4. 別除權者가 前條 第2項의 規定에 依하여 申告한 債權額 ②法院書記官 또는 書記는 債權表의 謄本을 破産管財人에게 交付하여야 한다.
제449조(파산채권자표 및 채권신고서류의 비치) ①법원은 파산채권자표 및 채권의 신고에 관한 서류를 이해관계인이 열람할 수 있도록 법원에 비치하여야 한다.	第203條 (債權表 및 債權申告書類의 備置) 債權表 및 債權의 申告에 關한 書類는 利害關係人의 閱覽에 供하기 爲하여 이를 法院에 備置하여야 한다.
②법원사무관등은 채권자의 신청이 있는 경우 그 채권자의 채권에 관한 파산채권자표의 초본을 교부하여야 한다.	第217條 (債權確定의 訴)③法院은 債權者에게 그 債權에 關한 債權表의 抄本을 交付하여야 한다.
제450조(채권조사의 대상) 채권조사기일에는 신고한 각 채권에 관하여 제448조제1항 각호의 사항을 조사한다.	第204條 (債權調査의 對象) 債權調査의 期日에 있어서는 申告한 各 債權에 關하여 第202條第1項에 列記한 事項을 調査한다.
제451조(관계인의 출석) ①채무자, 신고한 파산채권자 또는 그 대리인은 채권조사기일에 출석하여 의견을 진술할 수 있다.	第205條 (關係人의 出席) ①破産者는 債權調査期日에 出席하여 意見을 陳述하여야 한다. 但, 正當한 事由가 있는 때에는 代理人을 出席시킬 수 있다. ②申告한 破産債權者 또는 그 代理人은 債權調査期日에 出席하여 意見을 陳述할 수 있다.
②제1항의 규정에 의한 대리인은 대리권을 증명하는 서면을 제출하여야 한다.	③代理人은 代理權을 證明하는 書面을 提出하여야 한다.

제452조(파산관재인의 출석) 채권의 조사는 파산관재인이 출석하지 아니하면 할 수 없다.	第206條 (破産管財人의 出席) 債權의 調査는 破産管財人이 出席하지 아니하면 이를 할 수 없다.
제453조(신고기간 후에 신고한 채권의 조사) ①신고기간 후에 신고한 채권에 관하여는 파산관재인 및 파산채권자의 이의가 있는 때를 제외하고는 채권조사의 일반기일에 그 조사를 할 수 있다.	第207條 (期間後에 申告한 債權의 調査) ①期間後에 申告한 債權에 關하여는 破産管財人 및 破産債權者의 異議있는 境遇를 除外하고는 債權調査의 一般期日에 그 調査를 할 수 있다.
②파산관재인 또는 파산채권자의 이의가 있는 때에는 법원은 제1항의 규정에 의한 채권조사를 하기 위하여 특별기일을 정하여야 한다. 이 경우 채권조사에 소요되는 비용은 신고기간 후에 신고한 파산채권자의 부담으로 한다.	②破産管財人 또는 破産債權者의 異議가 있는 때에는 法院은 前項의 債權調査를 하기 爲하여 特別期日을 定하여야 한다. 이 境遇의 費用은 期間後에 申告한 破産債權者의 負擔으로 한다.
제454조(파산채권자의 이익을 해하는 변경) 제453조의 규정은 파산채권자가 신고한 사항에 관하여 신고기간 후에 다른 파산채권자의 이익을 해할 변경을 가한 경우에 관하여 준용한다.	第208條 (準用規定) 前條의 規定은 破産債權者가 申告한 事項에 關하여 申告期間後에 다른 破産債權者의 利益을 害할 變更을 加한 境遇에 이를 準用한다.
제455조(일반기일 후의 채권신고) 제453조제2항의 규정은 파산채권자가 채권조사의 일반기일 후에 채권을 신고한 경우에 관하여 준용한다.	第209條 (同前) 第207條第2項의 規定은 破産債權者가 債權調査의 一般期日後에 債權을 申告한 境遇에 이를 準用한다.
제456조(특별기일의 공고 및 송달) 채권조사의 특별기일을 정하는 결정은 이를 공고하여야 하며 파산관재인·채무자 및 신고한 파산채권자에게 송달하여야 한다.	第210條 (特別期日의 公告 및 送達) 債權調査의 特別期日을 定하는 決定은 이를 公告하여야 하며 破産管財人, 破産者 및 申告를 한 破産債權者에게 이를 送達하여야 한다.
제457조(채권조사기일의 변경 등) 제45	第211條 (債權調査期日의 變更, 延期續

6조의 규정은 채권조사기일의 변경과 채권조사의 연기 및 속행에 관하여 준용한다. 다만, 선고가 있는 때에는 공고 및 송달을 하지 아니하여도 된다.

行) 前條의 規定은 債權調査의 期日의 變更과 債權調査의 延期 및 續行에 이를 準用한다. 但, 宣告가 있는 때에는 公告 및 送達을 要하지 아니한다.

第212條 (不服申請의 禁止) 前2項의 規定에 依한 決定에 對하여는 不服을 申請할 수 없다.

제458조(채권의 확정) 채권조사기일에 파산관재인 및 파산채권자의 이의가 없는 때에는 다음 각호의 사항이 확정된다.

1. 채권액
2. 우선권
3. 제446조제1항 각호의 어느 하나에 해당하는 청구권의 구분

第213條 (債權의 確定) ①債權調査期日에 破産管財人 및 破産債權者의 異議가 없는 때에는 債權額, 優先權 및 第37條各號의 1에 該當하는 請求權의 區分은 이로 因하여 確定된다.

②破産者가 異議를 陳述한 債權에 關하여 破産宣告當時에 訴訟이 係屬된 때에는 債權者는 破産者를 相對方으로 하여 이를 受繼할 수 있다.

제459조(조사결과의 파산채권자표 기재) ①법원사무관등은 채권조사의 결과와 채무자가 진술한 이의를 파산채권자표에 기재하여야 한다.

②법원사무관등은 확정된 채권의 증서에 확정된 뜻을 기재하고 법원의 인(印)을 찍어야 한다.

第214條 (調査結果의 債權表記載) ①法院은 債權調査의 結果 및 破産者가 陳述한 異議를 債權表에 記載하여야 한다.

②法院 書記官 또는 書記는 確定된 債權의 證書에 確定된 뜻을 記載하고 法院印을 押捺하여야 한다.

제460조(확정채권에 관한 파산채권자표 기재의 파산채권자에 대한 효력) 확정채권에 관하여 파산채권자표에 기재한 때에는 그 기재는 파산채권자 전원에 대하여 확정판결과 동일한 효력이 있다.

第215條 (債權確定의 債權表記載의 效力) 確定債權에 關하여는 債權表의 記載는 破産債權者 全員에 對하여 確定判決과 同一한 效力을 가진다.

제461조(파산채권의 이의에 관한 통지) ①파산채권자가 채권조사기일에 출석하지 아니한 경우 그 채권에 관하여 이의가 있는 때에는 법원은 그 사실을 파산채권자에게 통지하여야 한다.
②제1항의 규정에 의한 통지는 서류를 우편으로 발송하여 할 수 있다.

第216條 (破産債權의 異議에 關한 通知) ①破産債權者가 債權調査期日에 出席하지 아니한 境遇에 그 債權에 關하여 異議가 있은 때에는 法院은 이를 그 債權者에게 通知하여야 한다.
②第108條第1項의 規定은 前項의 通知에 이를 準用한다.

제462조(파산채권 조사확정의 재판) ①파산채권의 조사에서 신고한 파산채권의 내용에 대하여 파산관재인 또는 파산채권자가 이의를 한 때에는 그 파산채권(이하 이 편에서 “이의채권”이라 한다)을 보유한 파산채권자는 그 내용의 확정을 위하여 이의자 전원을 상대방으로 하여 법원에 채권조사확정의 재판(이하 이 편에서 “채권조사확정재판”이라 한다)을 신청할 수 있다. 다만, 제464조 및 제466조의 경우에는 그러하지 아니하다.
②채권조사확정재판에서는 이의가 있는 파산채권의 존부 또는 그 내용을 정한다.
③법원은 채권조사확정재판을 하는 때에는 이의자를 심문하여야 한다.
④법원은 채권조사확정재판의 결정서를 당사자에게 송달하여야 한다.
⑤제1항의 규정에 의한 신청은 이의가 있는 파산채권에 관한 조사를 위한 일반조사기일 또는 특별조사기일로부터 1월 이내에 하여야 한다.

第217條 (債權確定의 訴) ①異議있는 債權에 關하여는 그 債權者는 異議者에 對하여 訴로써 그 債權의 確定을 要求할 수 있다.
②異議者가 數人인 때에는 이를 共同被告로 한다. 破産者가 異議者의 1人인 때에도 또한 같다.

제463조(채권조사확정재판에 대한 이의의 소) ①채권조사확정재판에 불복하는 자는 그 결정서의 송달을 받은 날부터 1월 이내에 이의의 소를 제기할

第218條 (債權確定訴訟의 管轄) 債權確定의 訴는 破産法院의 管轄에 專屬한다.

수 있다. ②제1항의 소는 파산법원의 관할에 전속한다. ③제1항의 소를 제기하는 자가 이의채권을 보유하는 파산채권자인 때에는 이의자 전원을 피고로 하고, 이의자인 때에는 그 파산채권자를 피고로 하여야 한다. ④동일한 채권에 관하여 여러 개의 소가 계속되어 있는 때에는 법원은 변론을 병합하여야 한다. ⑤제1항의 소에 대한 판결은 소를 부적법한 것으로 각하하는 경우를 제외하고는 같은 항의 재판을 인가하거나 변경한다.	
제464조(이의채권에 관한 소송의 수계) 이의채권에 관하여 파산선고 당시 소송이 계속되어 있는 경우 채권자가 그 권리의 확정을 구하고자 하는 때에는 이의자 전원을 그 소송의 상대방으로 하여 소송을 수계하여야 한다.	第219條 (異議있는 債權에 關한 訴訟의 受繼) ①異議있는 債權에 關하여 破産宣告當時에 訴訟이 係屬하는 境遇에 債權者가 그 債權의 確定을 要求하려고 할 때에는 異議者를 相對方으로 하여 訴訟을 受繼하여야 한다. ②第217條第2項의 規定은 前項의 境遇에 이를 準用한다.
제465조(청구원인의 제한) 파산채권자는 제459조제1항의 규정에 의하여 파산채권자표에 기재한 사항에 한하여 채권조사확정재판의 신청을 하거나 제463조제1항의 소를 제기하거나 제464조의 규정에 의하여 소송을 수계할 수 있다.	第220條 (請求原因의 制限) 破産債權者는 第214條第1項의 規定에 依하여 債權表에 記載한 事項에 關하여서만 債權確定의 訴를 提起하거나 第213條第2項 또는 前條의 規定에 依하여 訴訟을 受繼할 수 있다.
제466조(집행권원이 있는 채권에 대한 이의주장방법) ①집행력있는 집행권원이나 종국판결 있는 채권에 관하여	第221條 (債務名義있는 債權에 對한 異議主張方法) ①執行力있는 債務名義 또는 終局判決있는 債權에 關하여는 異議

이의가 있는 자는 채무자가 할 수 있는 소송절차에 의하여만 이의를 주장할 수 있다. ②제1항의 규정에 의한 파산채권에 관하여 파산선고 당시 법원에 소송이 계속되어 있는 경우 이의자가 같은 항의 규정에 의한 이의를 주장하고자 하는 때에는 이의자는 그 파산채권을 보유한 파산채권자를 상대방으로 하는 소송절차를 수계하여야 한다. ③제463조제4항과 제465조의 규정은 제1항과 제2항에 관하여 준용한다.	者는 破産者가 할 수 있는 訴訟節次에 依하여서만 異議를 主張할 수 있다. ②第217條第2項 및 第3項, 第219條 및 前條의 規定은 前項의 境遇에 이를 準用한다.
제467조(파산채권의 확정에 관한 소송결과의 기재) 법원사무관등은 파산관재인 또는 파산채권자의 신청에 의하여 파산채권의 확정에 관한 소송의 결과(채권조사확정재판에 대한 이의의 소가 제463조제1항의 규정에 의한 기간안에 제기되지 아니하거나 각하된 때에는 그 재판의 내용을 말한다)를 파산채권자표에 기재하여야 한다.	第222條 (債權確定訴訟의 結果의 記載) 法院은 破産管財人 또는 破産債權者의 申請에 依하여 債權確定에 關한 訴訟의 結果를 債權表에 記載하여야 한다.
제468조(파산채권의 확정에 관한 소송의 판결 등의 효력) ①파산채권의 확정에 관한 소송에 대한 판결은 파산채권자 전원에 대하여 그 효력이 있다. ②채권조사확정재판에 대한 이의의 소가 제463조제1항의 규정에 의한 기간안에 제기되지 아니하거나 각하된 때에는 그 재판은 파산채권자 전원에 대하여 확정판결과 동일한 효력이 있다.	第223條 (債權確定訴訟의 判決의 效力) 債權의 確定에 關한 訴訟에 關하여 한 判決은 破産債權者全員에 對하여 그 效力이 있다.
제469조(소송비용의 상환) 파산재단이 파산채권의 확정에 관한 소송(채권조	第224條 (訴訟費用의 償還) 破産財團이 債權確定에 關한 訴訟으로 因하여 利益

사확정재판을 포함한다)으로 이익을 받은 때에는 이의를 주장한 파산채권자는 그 이익의 한도 안에서 재단채권자로서 소송비용의 상환을 청구할 수 있다.	을 받은 때에는 異議를 主張한 破産債權者는 그 利益의 限度에서 財團債權者로서 訴訟費用의 償還을 請求할 수 있다.
제470조(파산채권확정소송의 목적의 가액) 파산채권의 확정에 관한 소송의 목적의 가액은 배당예정액을 표준으로 하여 파산법원이 정한다.	第225條 (債權確定訴訟의 訴訟價額) 債權의 確定에 關한 訴訟의 目的의 價額은 配當豫定額을 標準으로 하여 受訴法院이 이를 定한다.
제471조(벌금 등의 신고) ①제446조제1항제4호의 규정에 의한 청구권을 가진 자는 지체없이 그 액 및 원인을 법원에 신고하여야 한다. ②제459조제1항의 규정은 제1항의 규정에 의하여 신고된 청구권에 관하여 준용한다.	第226條 (罰金等의 申告) ①第37條第4號에 揭記한 請求權에 關하여는 國家 또는 公共團體는 遲滯없이 그 額 및 原因을 法院에 申告하여야 한다. ②第214條第1項의 規定은 前項의 規定에 依하여 申告된 請求權에 關하여 이를 準用한다.
제472조(행정심판 또는 행정소송의 대상인 경우) ①제471조제1항의 규정에 의하여 신고한 청구권의 원인이 행정심판 또는 행정소송의 대상이 되는 처분인 때에는 법원은 지체없이 그 청구권의 금액 및 원인을 파산관재인에게 통지하여야 한다. ②제466조 내지 제468조의 규정은 파산관재인이 이의를 주장하는 경우에 관하여 준용한다.	第227條 (訴願 또는 行政訴訟事項인 境遇) ①前條第1項의 規定에 依하여 申告한 請求權의 原因이 訴願 또는 行政訴訟을 할 수 있는 處分인 때에는 法院은 遲滯없이 그 請求權의 額 및 原因을 破産管財人에게 通知하여야 한다. ②第221條 乃至 第223條의 規定은 破産管財人이 異議를 主張하는 境遇에 이를 準用한다.
제3절 재단채권	
제473조(재단채권의 범위) 다음 각호의 청구권은 재단채권으로 한다. 1. 파산채권자의 공동의 이익을 위한 재판상 비용에 대한 청구권	第38條 (財團債權의 範圍) 다음 各號의 請求權은 이를 財團債權으로 한다. 1. 破産債權者의 共同의 利益을 爲한 裁判上의 費用

2. 국세징수법 또는 지방세법에 의하여 징수할 수 있는 청구권(국세징수의 예에 의하여 징수할 수 있는 청구권으로서 그 징수우선순위가 일반 파산채권보다 우선하는 것을 포함하며, 제446조의 규정에 의한 후순위파산채권을 제외한다). 다만, 파산선고 후의 원인으로 인한 청구권은 파산재단에 관하여 생긴 것에 한한다.	2. 國稅徵收法 또는 國稅徵收의 例에 依하여 徵收할 수 있는 請求權. 但, 破産宣告後의 原因으로 因한 請求權은 破産財團에 關하여 생긴 것에 限한다.
3. 파산재단의 관리·환가 및 배당에 관한 비용	3. 破産財團의 管理, 換價및 配當에 關한 費用
4. 파산재단에 관하여 파산관재인이 한 행위로 인하여 생긴 청구권	4. 破産財團에 關하여 破産管財人이 한 行爲로 因하여 생긴 請求權
5. 사무관리 또는 부당이득으로 인하여 파산선고후 파산재단에 대하여 생긴 청구권	5. 事務管理 또는 不當利得으로 因하여 破産財團에 對하여 생긴 請求權
6. 위임의 종료 또는 대리권의 소멸후에 긴급한 필요에 의하여 한 행위로 인하여 파산재단에 대하여 생긴 청구권	6. 委任의 終了 또는 代理權의 消滅後에 緊迫한 必要에 依하여 한 行爲로 因하여 破産財團에 對하여 생긴 請求權
7. 제335조제1항의 규정에 의하여 파산관재인이 채무를 이행하는 경우에 상대방이 가지는 청구권	7. 第50條第1項의 規定에 依하여 破産管財人이 債務를 履行하는 境遇에 相對方이 가지는 請求權
8. 파산선고로 인하여 쌍무계약이 해지된 경우 그 때까지 생긴 청구권	8. 破産宣告로 因하여 雙務契約이 解止된 境遇에 그 終了할 때까지에 생긴 請求權
9. 채무자 및 그 부양을 받는 자의 부조료	9. 破産者 및 그 扶養을 받는 者의 扶助料
10. 채무자의 근로자의 임금·퇴직금 및 재해보상금	10. 破産者의 被傭者의 給料·退職金 및 災害補償金
11. 파산선고 전의 원인으로 생긴 채무자의 근로자의 임치금 및 신원보증금의 반환청구권	11. 破産宣告전의 원인으로 생긴 破産者의 被傭者의 任置金과 身元保證金의 返還請求權
제474조(부담있는 유증의 부담의 청구	第39條 (負擔附遺贈의 負擔의 請求權)

권) 파산관재인이 부담있는 유증의 이행을 받은 때에는 부담의 이익을 받을 청구권은 유증목적의 가액을 초과하지 아니하는 한도 안에서 재단채권으로 한다.	破産管財人이 負擔附遺贈의 履行을 받은 때에는 負擔의 利益을 받을 請求權은 遺贈目的의 價額을 超過하지 아니하는 限度內에서 이를 財團債權으로 한다.
제475조(재단채권의 변제) 재단채권은 파산절차에 의하지 아니하고 수시로 변제한다.	第40條 (財團債權의 辨濟) 財團債權은 破産節次에 依하지 아니하고 隨時로 이를 辨濟한다.
제476조(재단채권의 우선변제) 재단채권은 파산채권보다 먼저 변제한다.	第41條 (財團債權의 優先) 財團債權은 破産債權보다 먼저 이를 辨濟한다.
제477조(재단부족의 경우의 변제방법) ①파산재단이 재단채권의 총액을 변제하기에 부족한 것이 분명하게 된 때에는 재단채권의 변제는 다른 법령이 규정하는 우선권에 불구하고 아직 변제하지 아니한 채권액의 비율에 따라 한다. 다만, 재단채권에 관하여 존재하는 유치권·질권·저당권 및 전세권의 효력에는 영향을 미치지 아니한다. ②제473조제1호 내지 제7호 및 제10호에 열거된 재단채권은 다른 재단채권에 우선한다.	第42條 (財團不足의 境遇의 辨濟方法) ①破産財團이 財團債權의 總額을 辨濟하기에 不足한 것이 分明하게 된 때에는 財團債權의 辨濟는 法令이 規定하는 優先權에 不拘하고 아직 辨濟하지 아니한 債權額의 比率에 따라 이를 한다. 但, 財團債權에 關하여 存在하는 留置權, 質權, 抵當權 및 傳貰權의 效力에 影響을 미치지 아니한다. ②第38條第1號 乃至 第7號 및 第10號에 列記된 財團債權은 다른 財團債權에 優先한다.
제478조(파산채권에 관한 규정의 준용) ①제425조·제426조 및 제427조제1항의 규정은 제473조제7호 및 제474조의 규정에 의한 재단채권에 관하여 준용한다. ②제1항의 규정에 의한 재단채권이 이자 없는 채권 또는 정기금채권인 때에는 만약 그 채권이 파산채권이라면 제446조제1항제5호 내지 제7호의 규정에 의하여 다른 파산채권보다 후	第43條 (破産債權에 關한 規定의 準用) ①第16條, 第17條 및 第18條第1項의 規定은 第38條第7號 및 第39條에 規定하는 財團債權에 이를 準用한다. ②財團債權이 無利子債權 또는 定期金債權인 때에는 萬若 그 債權이 破産債權이라면 第37條第5號 乃至 第7號의 規定에 依하여 다른 破産債權보다 後順位로 될 部分에 相當하는 金額을 控除한 額을 그 額으로 한다.

순위로 될 부분에 해당하는 금액을 공제한 액을 그 가액으로 한다.	
제5장 파산재단의 관리·환가 및 배당	
제1절 파산재단의 관리 및 환가	
제479조(파산재단의 점유 및 관리) 파산관재인은 취임 후 즉시 파산재단에 속하는 재산의 점유 및 관리에 착수하여야 한다.	第175條 (破産財團의 占有 및 管理) 破産管財人은 就任後 곧 破産財團에 屬하는 財産의 占有 및 管理에 着手하여야 한다.
제480조(봉인) ①파산관재인은 필요하다고 인정하는 때에는 법원사무관등·집행관 또는 공증인으로 하여금 파산재단에 속하는 재산에 봉인을 하게 할 수 있다. 이 경우 봉인을 한 자는 조서를 작성하여야 한다. ②제1항의 규정은 봉인을 제거하는 경우에 관하여 준용한다.	第176條 (封印) ①破産管財人이 必要하다고 認定하는 때에는 法院書記官, 書記, 執達吏 또는 公證人으로 하여금 破産財團에 屬하는 財産에 封印을 하게 할 수 있다. 이 境遇에 封印을 한 者는 調書를 作成하여야 한다. ②前項의 規定은 封印除去의 境遇에 이를 準用한다.
제481조(재산장부의 폐쇄) 파산관재인은 파산선고 후 지체없이 채무자의 재산에 관한 장부를 폐쇄하고 그 취지를 기재한 후 기명날인하여야 한다.	第177條 (財産帳簿의 閉鎖) 法院書記官 또는 書記는 破産宣告後 곧 破産者의 財産에 關한 帳簿를 閉鎖하고 이에 署名捺印한 後 調書를 作成하여 이에 帳簿의 現狀을 記載하여야 한다.
제482조(재산의 가액의 평가) 파산관재인은 지체없이 파산재단에 속하는 모든 재산의 파산선고 당시의 가액을 평가하여야 한다. 이 경우 채무자를 참여하게 할 수 있다.	第178條 (財産의 價額의 評價) 破産管財人은 遲滯없이 法院書記官, 書記, 執行官 또는 公證人의 參與下에 破産財團에 屬하는 모든 財産의 價額을 評價하여야 한다. 이 境遇에 遲滯의 憂慮가 있는 境遇를 除外하고는 破産者를 參與시켜야 한다.

제483조(재산목록 및 대차대조표의 작성) ①파산관재인은 재산목록 및 대차대조표를 작성하여야 한다. ②파산관재인은 재산목록 및 대차대조표의 등본에 기명날인하고 이를 법원에 제출하여야 한다. 봉인에 관한 조서의 경우에도 또한 같다. ③이해관계인은 제2항의 규정에 의한 서류의 열람을 청구할 수 있다.	第179條 (財産目錄 및 貸借對照表의 作成) ①破産管財人은 財産目錄 및 貸借對照表를 作成하여야 한다. ②破産管財人은 財産目錄 및 貸借對照表의 謄本에 署名捺印하고 이를 法院에 提出하여야 한다. 封印에 關한 調書도 또한 같다. ③利害關係人은 前項에 規定한 書類의 閱覽을 請求할 수 있다.
제484조(우편물의 관리) ①법원은 체신관서·운송인 그 밖의 자에 대하여 채무자에게 보내는 우편물·전보 그 밖의 운송물을 파산관재인에게 배달할 것을 촉탁할 수 있다. ②파산관재인은 그가 수령한 제1항의 규정에 의한 우편물·전보 그 밖의 운송물을 열어 볼 수 있다. ③채무자는 파산관재인이 수령한 우편물·전보 그 밖의 운송물의 열람을 요구할 수 있으며, 파산재단과 관련이 없는 것의 교부를 요구할 수 있다.	第180條 (郵便物의 管理) ①法院은 遞信官署 또는 公衆通信去來所에 對하여 破産者에게 보내는 郵便物 또는 電報를 破産管財人에게 配達할 뜻을 囑託하여야 한다. ②破産管財人은 그가 受領한 前項의 郵便物 또는 電報를 開披할 수 있다. ③破産者는 前項의 郵便物 또는 電報의 閱覽을 要求하고 또 破産財團에 關하지 아니한 것의 交付를 要求할 수 있다.
제485조(우편물관리의 해제) ①법원은 채무자 또는 파산관재인의 신청에 의하여 제484조제1항의 규정에 의한 촉탁을 취소하거나 변경할 수 있다. ②파산취소나 파산폐지의 결정이 확정되거나 파산종결의 결정이 있은 때에는 법원은 제484조제1항의 규정에 의한 촉탁을 취소하여야 한다.	第181條 (郵便物管理의 解除) ①法院은 破産者의 申請에 依하여 破産管財人의 意見을 들어 前條 第1項의 囑託을 取消하거나 이를 制限할 수 있다. ②破産取消나 破産廢止의 決定이 確定된 때 또는 破産終結의 決定이 있은 때에는 法院은 前條第1項의 囑託을 取消하여야 한다.
제486조(영업의 계속) 파산관재인은 법원의 허가를 받아 채무자의 영업을 계속할 수 있다.	第182條 (扶助料給與等) ①破産管財人은 第1回 債權者集會 前에는 法院의 許可를 얻어 破産者 및 이의 扶養을 받는

	者에게 扶助料를 給與하거나 破産者의 營業을 繼續할 수 있다. ②貨幣, 有價證券 其他 高價品의 保管方法은 法院이 定한다.
제487조(고가품의 보관방법) 화폐, 유가증권 그 밖의 고가품의 보관방법은 법원이 정한다.	
제488조(파산경과의 보고) 파산관재인은 파산선고에 이르게 된 사정과 채무자 및 파산재단에 관한 경과 및 현상에 관하여 제1회 채권자집회에 보고하여야 한다.	第183條 (破産經過의 報告) 破産管財人은 破産宣告에 이르게 된 事情과 破産者 및 破産財團에 關한 經過 및 現狀에 關하여 第1回 債權者集會에 報告하여야 한다.
제489조(채권자집회의 결의사항) 채권자집회는 다음 각호의 사항에 관하여 결의를 할 수 있다. 1. 영업의 폐지 또는 계속 2. 고가품의 보관방법	第184條 (第1回 集會의 必要的 決議事項) 第1回 債權者集會는 扶助料의 給與, 營業의 廢止 또는 繼續 및 高價品의 保管方法에 關하여 決議를 하여야 한다.
제490조(별제권의 목적물의 제시) ①파산관재인은 별제권자에 대하여 그 권리의 목적인 재산을 제시할 것을 요구할 수 있다. ②파산관재인이 제1항의 규정에 의한 재산을 평가하고자 하는 때에는 별제권자는 이를 거절할 수 없다.	第185條 (別除權의 目的物의 提示) ①破産管財人은 別除權者에 對하여 그 權利의 目的인 財産을 提示할 것을 要求할 수 있다. ②破産管財人이 前項의 財産을 評價하려고 할 때에는 別除權者는 이를 拒絶할 수 없다.
제491조(환가시기의 제한) 제312조제1항제3호의 규정에 의한 채권조사기일이 종료되기 전에는 파산관재인은 파산재단에 속한 재산의 환가를 할 수 없다. 다만, 감사위원의 동의 또는 법원의 허가를 받은 때에는 그러하지 아니하다.	第186條 (換價時期의 制限) ①一般의 債權調査終了 前에는 破産管理人은 破産財團의 換價를 할 수 없다. 一般의 債權調査終了 前에 强制和議의 提供이 있은 境遇에 그 結末에 이르기까지도 또한 같다. ②破産財團에 屬한 財産으로서 遲滯없이 이를 換價하지 아니하면 破産財團에 損害가 생길 憂慮가 있는 것은 前項의 規定에 不拘하고 監査委員의 同意, 監査

채무자 회생 및 파산에 관한 법률	舊 법
	委員이 없는 때에는 法院의 許可를 얻어 破産管財人이 그 換價를 할 수 있다.
제492조(법원의 허가를 받아야 하는 행위) 파산관재인이 다음 각호에 해당하는 행위를 하고자 하는 경우에는 법원의 허가를 받아야 하며, 감사위원이 설치되어 있는 때에는 감사위원의 동의를 얻어야 한다. 다만, 제7호 내지 제15호에 해당하는 경우 중 그 가액이 1천만원 미만으로서 법원이 정하는 금액 미만인 때에는 그러하지 아니하다.	第187條 (監査委員의 同意를 要하는 行爲) 破産管財人이 다음 各號에 該當하는 行爲를 하고자 할 때에는 監査委員의 同意를 얻어야 한다. 다만, 第7號 乃至 第14號에 該當하는 行爲에 關하여 그 價額이 500萬원미만인 것에 關한 때에는 例外로 한다.
1. 부동산에 관한 물권이나 등기하여야 하는 국내선박 및 외국선박의 임의매각	1. 不動産에 關한 物權, 登記할 國內船舶 및 外國船舶의 任意賣却
2. 광업권·어업권·특허권·실용신안권·의장권·상표권·서비스표권 및 저작권의 임의매각	2. 鑛業權, 漁業權, 特許權, 意匠權, 實用新案權 및 著作權의 任意賣却
3. 영업의 양도	3. 營業의 讓渡
4. 상품의 일괄매각	4. 商品의 一括賣却
5. 자금의 차입 등 차재	5. 借財
6. 제386조제2항의 규정에 의한 상속포기의 승인, 제387조의 규정에 의한 포괄적 유증의 포기의 승인과 제388조제1항의 규정에 의한 특정유증의 포기	6. 第9條第2項의 規定에 依한 相續抛棄의 承認, 第10條의 規定에 依한 包括遺贈抛棄의 承認 및 第11條第1項의 規定에 依한 特定遺贈의 抛棄
7. 동산의 임의매각	7. 動産의 任意賣却
8. 채권 및 유가증권의 양도	8. 債權 및 有價證券의 讓渡
9. 제335조제1항의 규정에 의한 이행의 청구	9. 第50條第1項의 規定에 依한 履行의 請求
10. 소의 제기(가처분 및 가압류의 신청을 제외한다)	10. 訴의 提起
11. 화해	11. 和解
12. 권리의 포기	12. 權利의 抛棄
13. 재단채권·환취권 및 별제권의	13. 財團債權, 還取權 및 別除權의

승인	承認
14. 별제권의 목적의 환수	14. 別除權의 目的의 還受
15. 파산재단의 부담을 수반하는 계약의 체결	
16. 그 밖에 법원이 지정하는 행위	
	第188條 (同意에 갈음하는 法院의 許可) ①第1回의 債權者集會前에 前條의 規定에 依하여 監査委員의 同意를 要하는 行爲를 할 必要가 있는 때에는 破産管財人은 法院의 許可를 얻어야 한다. ②監査委員을 두지 아니하는 때에는 破産管財人은 債權者集會의 決議를 거쳐야 한다. 但, 緊急한 必要가 있는 때에는 法院의 許可를 얻어서 할 수 있다.
제493조(채무자의 의견청취) 제492조의 경우 채무자는 파산관재인에게 의견을 진술할 수 있다.	第189條 (破産者의 意見聽取) 前2條의 境遇에 破産管財人은 遲滯의 憂慮가 있는 境遇를 除外하고는 破産者의 意見을 들어야 한다.
제494조(법원의 중지명령) 파산관재인이 감사위원의 동의를 얻어 제492조 각호의 행위를 하는 때에도 법원은 채무자의 신청에 의하여 그 행위의 중지를 명하거나 그 행위에 관한 결의를 하게 하기 위하여 채권자집회를 소집할 수 있다.	第190條 (法院의 執行中止命令) 破産管財人이 監査委員의 同意를 얻어서 第187條 各號에 該當하는 行爲를 하는 때라도 法院은 破産者의 申請에 依하여 그 行爲의 執行中止를 命하거나 그 行爲에 關한 決議를 하게 하기 爲하여 債權者集會를 召集할 수 있다.
제495조(선의의 제3자의 보호) 파산관재인이 제491조 또는 제492조의 규정에 위반하거나 제494조의 규정에 의한 중지명령에 위반한 때에도 이로써 선의의 제3자에게 대항할 수 없다.	第191條 (善意의 第三者의 保護) 破産管財人이 第186條 乃至 第188條의 規定에 違反하거나 前條의 規定에 依한 執行中止命令에 違反한 때라도 이로써 善意의 第三者에 對抗할 수 없다.
제496조(환가방법) ①민사집행법에서 환가방법을 정한 권리의 환가는 민사	第192條 (換價方法) 第187條第1號 및 第2號에 該當하는 權利의 換價는 민사

집행법에 따른다. ②제1항의 규정에 불구하고 파산관재인은 법원의 허가를 얻어 영업양도 등 다른 방법으로 환가할 수 있다.	집행법에 依하여 이를 한다.
제497조(별제권의 목적물의 환가) ①파산관재인은 민사집행법에 의하여 별제권의 목적인 재산을 환가할 수 있다. 이 경우 별제권자는 이를 거절할 수 없다. ②제1항의 경우 별제권자가 받을 금액이 아직 확정되지 아니한 때에는 파산관재인은 대금을 따로 임치하여야 한다. 이 경우 별제권은 그 대금 위에 존재한다.	第193條 (別除權의 目的物의 換價) ①破産管財人은 민사집행법에 依하여 別除權의 目的인 財産을 換價할 수 있다. 이 境遇에는 別除權者는 이를 拒絶할 수 없다. ②前項의 境遇에 別除權者가 받을 金額이 아직 確定되지 아니한 때에는 破産管財人은 代金을 따로 任置하여야 한다. 이 境遇에 別除權은 그 代金 위에 存在한다.
제498조(별제권자의 처분기간의 지정) ①별제권자가 법률에 정한 방법에 의하지 아니하고 별제권의 목적을 처분하는 권리를 가지는 때에는 법원은 파산관재인의 신청에 의하여 별제권자가 그 처분을 하여야 하는 기간을 정한다. ②별제권자가 제1항의 규정에 의한 기간안에 처분을 하지 아니하는 때에는 제1항의 규정에 의한 권리를 잃는다.	第194條 (別除權者의 處分期間의 指定) ①別除權者가 法律에 定한 方法에 依하지 아니하고 別除權의 目的을 處分하는 權利를 가지는 때에는 法院은 破産管財人의 申請에 依하여 別除權者가 그 處分을 할 期間을 定한다. ②別除權者가 前項의 期間內에 處分을 하지 아니할 때에는 前項의 權利를 喪失한다.
제499조(파산관재인의 상황보고) 파산관재인은 채권자집회가 정하는 바에 따라 채권자집회 또는 감사위원에게 파산재단의 상황을 보고하여야 한다.	第195條 (破産管財人의 狀況報告) 破産管財人은 債權者集會가 定하는 바에 따라 債權者集會 또는 監査委員에게 破産財團의 狀況을 報告하여야 한다.
제500조(임치품의 반환청구) ①파산관재인이 임치한 화폐·유가증권 그 밖의 고가품의 반환을 요구하고자 하는 때에는 감사위원의 동의를 얻어야 하	第196條 (任置品의 返還請求) ①破産管財人이 그 任置한 貨幣, 有價證券 其他 高價品의 返還을 要求하고자 할 때에는 監査委員의 同意, 監査委員이 없는 때

며, 감사위원이 없는 때에는 법원의 허가를 받아야 한다. 다만, 채권자집회에서 다른 결의를 한 때에는 그 결의에 의한다.	에는 法院의 許可를 얻어야 한다. 但, 債權者集會에서 다른 決議를 한 때에는 그 決議에 依한다.
②파산관재인이 제1항의 규정에 위반한 경우 수치인이 선의이고 과실이 없는 때에는 그 변제는 효력이 있다. ③제1항 및 제2항의 규정은 파산관재인이 수치인으로 하여금 지급 그 밖의 급부를 하게 하기 위하여 증권을 발행하는 경우에 관하여 준용한다.	②破産管財人이 前項의 規定에 違反한 境遇에 受置人이 善意이고 過失이 없는 때에는 辨濟는 그 效力이 있다. ③前2項의 規定은 破産管財人이 受置人으로 하여금 支給 其他의 給付를 하게 하기 爲하여 證券을 發行하는 境遇에 이를 準用한다.
제501조(법인파산재단의 환가) 상법 제258조(채무완제불능과 출자청구)의 규정은 법인이 파산선고를 받은 경우에 관하여 준용한다.	第197條 (法人破産財團의 換價) 商法 第258條의 規定은 法人이 破産의 宣告를 받은 境遇에 이를 準用한다.
제502조(익명조합원에 대한 출자청구) 익명조합계약이 영업자의 파산으로 인하여 종료된 때에는 파산관재인은 익명조합원이 부담할 손실액을 한도로 하여 출자를 하게 할 수 있다.	第198條 (匿名組合員에 對한 出資請求) 匿名組合契約이 營業者의 破産으로 因하여 終了된 때에는 破産管財人은 匿名組合員이 負擔할 損失額을 限度로 하여 出資를 시킬 수 있다.
제503조(상속인의 파산과 상속재산의 처분) ①상속인이 파산선고를 받은 후에 한정승인을 하거나 재산분리가 있는 때에는 상속재산의 처분은 파산관재인이 하여야 한다. 한정승인 또는 재산분리가 있은 후에 상속인이 파산선고를 받은 때에도 또한 같다. ②파산관재인이 제1항의 규정에 의한 처분을 종료한 때에는 잔여재산에 대하여 파산재단의 재산목록 및 대차대조표를 보충하여야 한다. ③제1항 및 제2항의 규정은 포괄적 유증을 받은자가 파산선고를 받은 경	第199條 (相續人의 破産과 相續財産의 處分) ①相續人이 破産宣告를 받은 後에 限定承認을 한 때 또는 財産分離가 있은 때에는 相續財産의 處分은 破産管財人이 이를 하여야 한다. 限定承認 또는 財産分離가 있은 後에 相續人이 破産宣告를 받은 때에도 또한 같다. ②破産管財人이 前項의 處分을 終了한 때에는 殘餘財産에 對하여 破産財團의 財産目錄 및 貸借對照表를 補充하여야 한다. ③前2項의 規定은 包括受遺者가 破産宣告를 받은 境遇에 이를 準用한다.

우에 관하여 준용한다.	
제504조(준용규정) 제503조의 규정은 제385조 또는 제386조제1항의 규정에 의하여 한정승인의 효력이 있는 경우에 관하여 준용한다.	第200條 (準用規定) 前條의 規定은 第8條 또는 第9條第1項의 規定에 依하여 限定承認의 效力이 있는 境遇에 이를 準用한다.
제2절 배당	
제505조(배당시기) 제312조제1항제3호의 규정에 의한 채권조사기일이 종료된 후에는 파산관재인은 배당하기에 적당한 금전이 있을 때마다 지체없이 배당을 하여야 한다.	第228條 (配當時期) 一般의 債權調査終了後에는 破産管財人은 配當함에 適當한 金錢이 있다고 認定하는 때마다 遲滯없이 配當을 하여야 한다.
제506조(배당에 필요한 허가) 파산관재인이 배당을 하는 때에는 법원의 허가를 받아야 한다. 다만, 감사위원이 있는 때는 감사위원의 동의를 얻어야 한다.	第229條 (配當에 必要한 同意 및 許可) 破産管財人이 配當을 함에는 監査委員의 同意를, 監査委員이 없는 때에는 法院의 許可를 얻어야 한다.
제507조(배당표의 작성) ①파산관재인은 다음 각호의 사항을 기재한 배당표를 작성하여야 한다. 1. 배당에 참가시킬 채권자의 성명 및 주소 2. 배당에 참가시킬 채권의 액 3. 배당할 수 있는 금액	第230條 (配當表의 作成) ①破産管財人은 配當表를 作成하여 이에 다음 各號의 事項을 記載하여야 한다. 1. 配當에 參加시킬 債權者의 姓名 및 住所 2. 配當에 參加시킬 債權의 額 3. 配當할 수 있는 金額
②배당에 참가시킬 채권은 우선권의 유무에 의하여 구별한다. 이 경우 우선권이 있는 채권은 그 순위에 따라 기재하고, 우선권이 없는 채권은 제446조의 규정에 의하여 다른 채권보다 후순위인 것을 구분하여 기재하여야 한다.	②配當에 參加시킬 債權은 優先權의 有無에 依하여 이를 區別하고 優先權이 있는 것에 關하여는 그 順位에 따라서 記載하고 優先權이 없는 것에 關하여는 第37條의 規定에 依하여 다른 債權보다 後順位의 것을 區分하여 이를 記載하여야 한다.

제508조(배당표의 제출) 파산관재인은 이해관계인의 열람을 위하여 배당표를 법원에 제출하여야 한다.

第231條 (配當表의 提出) 破産管財人은 利害關係人의 閱覽에 供하기 爲하여 配當表를 法院에 提出하여야 한다.

제509조(배당액의 공고) 파산관재인은 배당에 참가시킬 채권의 총액과 배당할 수 있는 금액을 공고하여야 한다. 다만, 제513조 및 제527조의 규정에 의하여 배당표를 경정한 때에는 그러하지 아니하다.

第232條 (配當額의 公告) 破産管財人은 配當에 參加시킬 債權의 總額 및 配當할 수 있는 金額을 公告하여야 한다.

제510조(배당중지의 공고) 배당절차의 진행중에 회생절차개시의 신청으로 법원이 제44조제1항의 규정에 의하여 배당의 중지를 명한 때에는 그 뜻을 공고하여야 한다.

제511조(배당절차의 속행과 공고) 제44조제1항제1호의 규정에 의하여 배당의 중지를 명한 경우 다음 각호의 어느 하나에 해당하는 결정이 확정된 때에는 법원은 배당절차를 속행하고 그 뜻을 공고하여야 한다.

1. 회생절차개시신청의 기각
2. 제285조 내지 제287조의 규정에 의한 회생절차의 폐지
3. 회생계획불인가

제512조(이의있는 채권자 및 별제권자의 배당제외) ①이의있는 채권에 관하여는 채권자가 배당공고가 있은 날부터 기산하여 14일 이내에 파산관재인에 대하여 채권조사확정재판을 신청하거나 제463조제1항의 소송을 제기하거나 소송을 수계한 것을 증명하지 아니한 때에는 그 배당으로부터

第233條 (異議있는 債權의 除斥) 異議있는 債權에 關하여는 債權者가 配當의 公告가 있은 날로부터 起算하여 14日內에 破産管財人에 對하여 그 債權의 確定에 關한 訴의 提起 또는 訴訟의 受繼를 한 것을 證明하지 아니한 때에는 그 配當으로부터 除斥된다.

제외된다. ②별제권자가 제1항의 규정에 의한 배당제외기간안에 파산관재인에 대하여 그 권리의 목적의 처분에 착수한 것을 증명하고, 그 처분에 의하여 변제를 받을 수 없는 채권액을 소명하지 아니한 때에는 배당에서 제외된다.	第234條 (別除權者의 除斥) 別除權者가 前條에 定한 除斥期間內에 破產管財人에 對하여 그 權利의 目的의 處分에 着手한 것을 證明하고 또는 處分에 依하여 辨濟를 받을 수 없을 債權額을 疏明하지 아니한 때에는 配當으로부터 除斥된다.
제513조(배당표의 경정) 다음 각호의 어느 하나에 해당하는 때에는 파산관재인은 즉시 배당표를 경정하여야 한다. 1. 파산채권자표를 경정하여야 하는 사유가 배당제외기간 안에 생긴 때 2. 제512조의 규정에 의한 증명 또는 소명이 있는 때 3. 별제권자가 배당제외기간 안에 파산관재인에 대하여 그 권리포기의 의사를 표시하거나 그 권리의 행사에 의하여 변제를 받을 수 없었던 채권액을 증명한 때	第235條 (配當表의 更正) 다음 各號의 1에 該當하는 境遇에는 破產管財人은 곧 配當表를 更正하여야 한다. 1. 債權表를 更正할 事由가 除斥期間內에 생긴 때 2. 前2條에 定한 事項의 證明 및 疏明이 있은 때 3. 別除權者가 除斥期間內에 破產管財人에 對하여 그 權利抛棄의 意思를 表示하거나 그 權利의 行使에 依하여 辨濟를 받을 수 없었던 債權額을 證明한 때
제514조(배당표에 대한 이의) ①채권자는 배당표에 대하여 배당제외기간 경과 후 7일 이내에 한하여 법원에 이의를 신청할 수 있다. ②법원은 배당표의 경정을 명한 때에는 이해관계인이 열람할 수 있도록 그 결정서를 법원에 비치하여야 한다. 이 경우 항고기간은 결정서를 법원에 비치한 날부터 기산한다. ③제1항의 신청에 대한 법원의 결정에 대하여는 즉시항고를 할 수 있다. 이 경우 법원이 배당표의 경정을 명한 때의 항고기간은 결정서를 비치한 날부터 기산한다.	第236條 (配當表에 對한 異議) ①債權者는 配當表에 對하여 除斥期間經過後 7日以內에 限하여 法院에 異議를 申請할 수 있다. ②法院이 配當表의 更正을 命한 때에는 그 決定書는 利害關係人의 閱覽에 供하기 爲하여 이를 備置하여야 한다. 이 境遇에 抗告期間은 決定書를 備置한 날로부터 이를 起算한다.

제515조(배당률의 결정통지) ①파산관재인은 제514조제1항의 규정에 의한 기간이 경과한 후에 이의의 신청이 있는 때에는 이에 대한 결정이 있은 후 지체없이 배당률을 정하여 배당에 참가시킬 각 채권자에게 통지하여야 한다. ②배당률을 정하는 때에는 법원의 허가를 받아야 한다. 다만, 감사위원이 있는 때에는 감사위원의 동의를 얻어야 한다.	第237條 (配當率의 決定通知) ①破産管財人은 前條 第1項에 定하는 期間이 經過한 後에 異議의 申請이 있은 때에는 그 決定이 있은 後 遲滯없이 配當率을 定하여 配當에 參加시킬 各 債權者에게 通知하여야 한다. ②配當率을 定함에는 監査委員의 同意, 監査委員이 없는 때에는 法院의 許可를 얻어야 한다.
제516조(해제조건부채권자의 배당) 해제조건부채권을 가진 자는 상당한 담보를 제공하지 아니하면 배당을 받을 수 없다.	第238條 (解除條件附債權者의 配當) 解除條件附債權을 가진 者는 相當한 擔保를 提供하지 아니하면 配當을 받을 수 없다. 第239條 (强制和議와 配當의 中止) 强制和議의 提供이 있을 때에는 法院은 破産管財人이 아직 配當率의 通知를 發送하지 아니한 境遇에 限하여 提供者의 申請에 依하여 그 配當의 中止를 命할 수 있다. 이 境遇에는 그 뜻을 公告하여야 한다. 第240條 (配當節次의 續行) 前條의 規定에 依하여 配當의 中止를 命한 境遇에 强制和議提供의 棄却 또는 그 不認可의 決定이 確定된 때나 債權者集會에서 强制和議를 否決한 때에는 法院은 配當節次를 續行할 것을 命한다. 이 境遇에는 그 뜻을 公告하여야 한다.
제517조(배당방법) ①파산채권자는 파산관재인이 그 직무를 행하는 장소에서 배당을 받아야 한다. 다만, 파산	第241條 (配當方法) ①債權者는 破産管財人으로부터 配當을 받아야 한다.

관재인과 파산채권자 사이에 별도의 합의가 있는 경우에는 그러하지 아니하다.	
②파산관재인은 배당을 한 때에는 파산채권자표 및 채권의 증서에 배당한 금액을 기입하고 기명날인하여야 한다.	②破産管財人이 配當을 한 때에는 債權者 및 債權의 證書에 配當한 金額을 記入하고 이에 記名捺印하여야 한다.
제518조(종전의 배당에서 제외된 자의 우선배당) 제512조의 규정에 의한 증명 또는 소명을 하지 아니하여 배당에서 제외된 채권자가 그 후의 배당에 관한 배당제외기간 안에 그 증명 또는 소명을 한 때에는 그 전의 배당에서 받을 수 있었을 액에 관하여 동일한 순위의 다른 채권자에 우선하여 배당을 받을 수 있다.	第242條 (前의 配當에서 除斥된 者의 優先) 第233條 또는 第234條에 規定된 事項을 證明 또는 疏明하지 아니함으로 因하여 配當으로부터 除斥된 債權者가 後의 配當에 關한 除斥期間內에 그 證明 또는 疏明을 한 때에는 前의 配當에서 받을 수 있었을 額에 關하여 다른 同順位의 債權者에 優先하여 配當을 받을 수 있다.
제519조(배당액의 임치) 파산관재인은 다음 각호의 어느 하나에 해당하는 채권에 대한 배당액을 임치하여야 한다.	第243條 (配當額의 任置) 다음 各號의 1에 該當하는 債權에 對한 配當額은 破産管財人이 이를 任置하여야 한다.
1. 제462조 내지 제464조 또는 제466조의 규정에 의하여 이의가 있는 채권에 관하여 채권조사확정재판의 신청, 소의 제기 또는 소송의 수계가 있는 경우	1. 第217條, 第219條 또는 第221條의 規定에 依하여 異議가 있는 債權에 關하여 訴의 提起 또는 訴訟의 受繼가 있은 것
2. 배당률의 통지를 발송하기 전에 행정심판 또는 소송 그 밖의 불복절차가 종결되지 아니한 채권	2. 配當率의 通知를 發送하기 前에 訴願 또는 行政訴訟이 終結되지 아니한 債權
3. 제512조제2항의 규정에 의하여 별제권자가 소명한 채권액	3. 第234條의 規定에 依하여 別除權者가 疎明한 債權額
4. 정지조건부채권과 장래의 청구권	4. 停止條件附債權 및 將來의 請求權
5. 제516조의 규정에 의하여 담보를 제공하지 아니한 해제조건부채권	5. 第238條의 規定에 依하여 擔保를 提供하지 아니한 境遇에 있어서의 解除條件附債權

제520조(최후배당의 허가) 파산관재인이 최후의 배당을 하는 경우에는 감사위원의 동의가 있는 때에도 법원의 허가를 받아야 한다.	第244條 (最後配當의 許可) 破産管財人이 最後의 配當을 함에는 監査委員의 同意가 있은 때라도 法院의 許可를 얻어야 한다.
제521조(최후배당의 배당제외기간) 최후의 배당에 관한 배당제외기간은 배당의 공고가 있은 날부터 14일 이상 30일 이내에서 법원이 정한다.	第245條 (最後配當의 除斥期間) 最後의 配當에 關한 除斥期間은 配當의 公告가 있은 날로부터 起算하여 14日以上 30日以內로 法院이 이를 定한다. 이 決定에 對하여는 不服을 申請할 수 없다.
제522조(최후배당액의 결정 및 통지) 최후배당에서 파산관재인은 배당표에 대한 이의가 종결된 후 지체없이 각 채권자에 대한 배당액을 정하여 그 통지를 하여야 한다.	第246條 (最後 配當額의 決定 및 通知) 最後配當額에 있어서는 破産管財人은 配當表에 對한 異議가 終結된 後 遲滯없이 各 債權者에 對한 配當額을 定하여 그 通知를 하여야 한다.
제523조(정지조건부채권자의 제외) 정지조건부채권 또는 장래의 청구권이 최후의 배당에 관한 배당제외기간 안에 이를 행사할 수 있게 되지 못한 때에는 그 채권자는 배당에서 제외된다.	第247條 (停止條件附債權者의 除斥) 停止條件附債權 또는 將來의 請求權이 最後의 配當에 關한 除斥 期間內에 이를 行使할 수 있게 되지 못한 때에는 그 債權者는 配當으로부터 除斥된다.
제524조(해제조건부채권자에 대한 지급) 해제조건부채권의 조건이 최후의 배당에 관한 배당제외기간 안에 성취되지 못한 때에는 제516조의 규정에 의하여 제공한 담보는 그 효력을 상실하고, 제519조제5호의 규정에 의하여 임치한 금액은 이를 그 채권자에게 지급하여야 한다. 제419조의 규정에 의하여 제공한 담보나 임치한 금액의 경우에도 또한 같다.	第248條 (解除條件附債權者에 對한 無條件支給) 解除條件附債權의 條件이 最後의 配當에 關한 除斥期間內에 成就하지 못한 때에는 第238條의 規定에 依하여 提供한 擔保는 그 效力을 喪失하고 第243條第5號의 規定에 依하여 任置한 金額은 이를 그 債權者에게 支給하여야 한다. 第92條의 規定에 依하여 提供한 擔保나 任置한 金額도 또한 같다.
제525조(별제권자의 제외) 별제권자가 최후의 배당에 관한 배당제외기간 안	第249條 (別除權者의 除斥) 別除權者가 最後의 配當에 關한 除斥期間內에 破産

에 파산관재인에 대하여 그 권리포기의 의사를 표시하지 아니하거나 그 권리의 행사에 의하여 변제를 받을 수 없었던 채권액을 증명하지 아니한 때에는 배당에서 제외된다.	管財人에 對하여 그 權利抛棄의 意思를 表示하지 아니하거나 그 權利의 行使에 依하여 辨濟를 받을 수 없었던 債權額을 證明하지 아니한 때에는 配當으로부터 除斥한다.
제526조(임치금의 배당) 제523조 또는 제525조의 규정에 의하여 배당에서 제외된 채권자를 위하여 임치한 금액은 이를 다른 채권자에게 배당하여야 한다. 제418조의 규정에 의하여 임치한 금액의 경우에도 또한 같다.	第250條 (任置金의 配當) 第247條 또는 前條의 規定에 依하여 除斥된 債權者를 爲하여 任置한 金額은 이를 다른 債權者에게 配當하여야 한다. 第91條의 規定에 依하여 任置한 金額도 또한 같다.
제527조(새로운 재산이 있게 된 때의 배당표의 경정) 배당액의 통지를 발송하기 전에 새로 배당에 충당할 재산이 있게 된 때에는 파산관재인은 지체없이 배당표를 경정하여야 한다.	第251條 (配當表의 更正) 配當額의 통지를 發送하기 前에 새로 配當에 充當할 財産이 있게 된 때에는 破産管財人은 遲滯없이 配當表를 更正하여야 한다.
제528조(배당액의 공탁) 파산관재인은 채권자를 위하여 다음 각호의 배당액을 공탁하여야 한다.	第252條 (配當額의 供託) 다음 各號의 1에 該當하는 配當額은 債權者를 爲하여 破産管財人이 이를 供託하여야 한다.
1. 제519조제1호 또는 제2호의 규정에 의하여 임치한 배당액	1. 第243條第1號 또는 第2號의 規定에 依하여 任置한 配當額
2. 배당액의 통지를 발송하기 전에 행정심판 또는 소송 그 밖의 불복절차가 종결되지 아니한 채권에 대한 배당액	2. 配當額의 通知를 發送하기 前에 訴訟 또는 訴願이 終結되지 아니한 債權에 對한 配當額
3. 채권자가 수령하지 아니한 배당액	3. 債權者가 領收하지 아니한 配當額
제529조(계산보고의 채권자집회) 계산보고를 위하여 소집한 채권자집회에서는 파산관재인이 가치 없다고 인정하여 환가하지 아니한 재산의 처분에 관한 결의를 하여야 한다.	第253條 (計算報告의 債權者集會) 計算報告를 爲하여 召集한 債權者集會에서는 破産管財人이 價値없다고 認定하여 換價하지 아니한 財産의 處分에 關하여 決議를 하여야 한다.

제530조(파산종결의 결정 및 공고) 채권자집회가 종결된 때에는 법원은 파산종결의 결정을 하고 그 주문 및 이유의 요지를 공고하여야 한다.	第254條 (破産終結의 決定 및 公告) ① 債權者集會가 終結된 때에는 法院은 破産終結의 決定을 하고 그 主文 및 理由의 要領을 公告하여야 한다. ②前項의 決定에 對하여는 不服을 申請할 수 없다.
제531조(추가배당의 공고 및 배당액의 통지) ①배당액의 통지를 한 후에 새로 배당에 충당할 재산이 있게 된 때에는 파산관재인은 법원의 허가를 받아 추가배당을 하여야 한다. 파산종결의 결정이 있은 후에 새로 배당에 충당할 재산이 있게 된 때에도 또한 같다. ②파산관재인이 추가배당의 허가를 받은 때에는 지체없이 배당할 수 있는 금액을 공고하고 각 채권자에 대한 배당액을 정하여 통지하여야 한다.	第255條 (追加配當의 公告 및 配當額의 通知) ①配當額의 通知를 한 後에 새로 配當에 充當할 財産이 있게 된 때에는 破産管財人은 法院의 許可를 얻어 追加配當을 하여야 한다. 破産終結의 決定이 있은 後에도 또한 같다. ②破産管財人이 追加配當의 許可를 얻은 때에는 遲滯없이 配當할 수 있는 金額을 公告하고 各 債權者에 對한 配當額을 定하여 그 通知를 하여야 한다.
제532조(추가배당의 기준) 추가배당은 최후의 배당에 관하여 작성한 배당표에 의하여 한다.	第256條 (追加配當의 基準) 追加配當은 最後의 配當에 關하여 作成한 配當表에 依하여 이를 한다.
제533조(계산보고서) ①파산관재인이 추가배당을 한 때에는 지체없이 계산보고서를 작성하여 법원의 인가를 받아야 한다. ②제1항의 규정에 의한 인가결정에 대하여는 즉시항고를 할 수 있다.	第257條 (計算報告書) 破産管財人이 追加配當을 한 때에는 遲滯없이 計算報告書를 作成하여 이를 法院에 提出하여 그 認可를 申請하여야 한다.
제534조(파산관재인이 알고 있지 아니한 재단채권자) 배당률 또는 배당액의 통지를 하기 전에 파산관재인이 알고 있지 아니한 재단채권자는 각 배당에서 배당할 금액으로써 변제를	第258條 (破産管財人 不知의 財團債權者) 配當率 또는 配當額의 通知를 하기 前에 破産管財人에게 判明되지 아니한 財團債權者는 各 配當에서 配當할 金額으로써 辨濟를 받을 수 없다.

받을 수 없다.

제535조(확정채권에 관한 파산채권자표 기재의 파산선고를 받은 채무자에 대한 효력) ①확정채권에 대하여 채무자가 채권조사의 기일에 이의를 진술하지 아니한 때에는 파산채권자표의 기재는 파산선고를 받은 채무자에 대하여 확정판결과 동일한 효력을 가진다.
②채권자는 파산종결 후에 파산채권자표의 기재에 의하여 강제집행을 할 수 있다. 이 경우 민사집행법 제2조(집행실시자) 내지 제18조(집행비용의 예납 등), 제20조(공공기관의 원조) 및 제28조(집행력있는 정본) 내지 제55조(외국에서 할 집행)의 규정을 준용한다.

第259條 (確定債權의 債權表記載의 效力) ①確定債權에 있어서는 破産者가 債權調查의 期日에 그 債權에 對하여 異議를 陳述하지 아니한 境遇에 限하여 債權表의 記載는 破産者에 對하여 確定判決과 同一한 效力을 가진다.

②債權者는 破産終結後에 債權表의 記載에 依據하여 强制執行을 할 수 있다. 이 境遇에는 민사집행법 제2조 내지 제18조, 제20조, 제28조 내지 제55조의 規定을 準用한다.

제536조(원상회복의 신청) ①채무자가 그 책임 없는 사유로 인하여 채권조사의 기일에 출석하지 못한 때에는 그 사유가 없어진 날부터 7일 이내에 한하여 이의를 추후 보완하기 위하여 파산법원에 원상회복의 신청을 할 수 있다.
②법원은 직권으로 채무자의 이의가 있는 채권의 채권자에게 원상회복의 신청서를 송달하여야 한다.
③법원이 원상회복을 허가한 때에는 채무자가 채권조사기일에 이의를 진술한 것과 동일한 효력이 생긴다. 이 경우 법원사무관등은 파산채권자표에 이의의 기재를 하여야 한다.
④제1항의 규정에 의한 원상회복신청에 관한 재판에 대하여는 즉시항고를 할 수 있다.

第260條 (原狀回復의 申請) ①破産者가 그 責任없는 事由로 因하여 債權調查의 期日에 出席하지 못한 때에는 그 事由가 없어진 날로부터 7日內에 限하여 異議를 追完하기 爲하여 破産法院에 原狀回復의 申請을 할 수 있다.

②法院은 職權으로써 破産者의 異議가 있는 債權의 債權者에게 原狀回復의 申請書를 送達하여야 한다.
③法院이 原狀回復을 許可한 때에는 破産者가 債權調查期日에 異議를 陳述한 것과 同一한 效力이 생긴다. 이 境遇에는 法院은 債權表에 異議의 記載를 하여야 한다.

제537조(상속재산의 잔여재산) 상속재산에 대하여 파산선고가 있는 때에는 최후의 배당으로부터 제외된 상속채권자와 유증을 받은 자는 잔여재산에 관하여 그 권리를 행사할 수 있다.

제6장 파산 폐지

제538조(동의에 의한 파산폐지의 신청) ①법원은 다음 각호의 어느 하나에 해당하는 때에는 채무자의 신청에 의하여 파산폐지의 결정을 할 수 있다.

1. 채무자가 제447조의 규정에 의한 채권신고기간 안에 신고한 파산채권자 전원의 동의를 얻은 때
2. 채무자가 제1호의 동의를 얻지 못한 경우에는 동의를 하지 아니한 파산채권자에 대하여 다른 파산채권자의 동의를 얻어 파산재단으로부터 담보를 제공한 때

②미확정채권에 관하여 그 채권자의 동의가 필요한지 여부는 법원이 정한다. 파산채권자에게 제공하는 담보가 상당한지 여부도 또한 같다.

③제1항의 규정에 의한 재판에 대하여는 즉시항고를 할 수 있다.

제539조(법인 등의 파산폐지신청) ①법인의 파산폐지신청은 이사 전원의 합의가 있어야 한다.

②상속재산의 파산폐지신청은 상속

第261條 (相續財産의 殘餘財産) 相續財産에 對하여 破産宣告가 있은 境遇에 最後의 配當으로부터 除斥된 相續債權者 및 受遺者는 殘餘財産에 關하여 그 權利를 行使할 수 있다.

第9章 强制和議

第262條 내지 第318條 (强制和議)

第319條 (同意에 依한 破産廢止의 申請) ①破産者는 債權申告의 期間內에 申告를 한 總破産債權者의 同意를 얻은 때 또는 同意를 하지 아니한 破産債權者에 對하여는 다른 破産債權者의 同意를 얻어 破産財團으로부터 擔保를 提供한 때에는 破産廢止의 申請을 할 수 있다.

②未確定債權에 關하여 그 債權者의 同意를 必要로 하느냐의 與否는 法院이 이를 定한다. 破産債權者에게 提供할 擔保가 相當하느냐의 與否에 關하여도 또한 같다.

③前項의 規定에 依한 決定에 對하여는 不服을 申請할 수 없다.

인이 한다. 이 경우 상속인이 여럿인 때에는 전원의 합의가 있어야 한다.	
제540조(파산폐지신청과 법인의 존속) 파산선고를 받은 법인이 파산폐지신청을 하고자 하는 때에는 사단법인은 정관의 변경에 관한 규정에 따라, 재단법인은 주무관청의 허가를 받아 법인을 존속시키는 절차를 밟아야 한다.	第320條 (破産廢止申請과 法人의 存續) 法人이 破産宣告를 받은 境遇에 破産廢止의 申請을 함에는 法人存續의 節次를 밟아야 한다. 이 境遇에는 第283條의 規定을 準用한다.
제541조(입증서면의 제출) 파산폐지신청을 하는 때에는 신청요건이 구비되었음을 증명할 수 있는 서면을 제출하여야 한다.	第321條 (立證書面의 提出) 破産廢止의 申請을 함에는 그 申請에 必要한 條件이 具備되는 것을 證明할 수 있는 書面을 提出하여야 한다.
제542조(파산폐지신청의 공고 및 서류 비치) 법원은 파산폐지신청이 있다는 뜻을 공고하고, 이해관계인이 열람할 수 있도록 신청에 관한 서류를 법원에 비치하여야 한다.	第322條 (破産廢止申請의 公告 및 書類備置) 法院은 破産廢止의 申請이 있은 뜻을 公告하고 또한 利害關係人의 閱覽에 供하기 爲하여 그 申請에 關한 書類를 備置하여야 한다.
제543조(채권자의 이의신청) ①파산채권자는 제542조의 규정에 의한 공고가 있은 날부터 14일 이내에 파산폐지신청에 관하여 법원에 이의를 신청할 수 있다. ②제1항의 규정에 의한 기간이 경과하기 전에 신고한 파산채권자도 이의를 신청할 수 있다.	第323條 (債權者의 異議의 申請) ①破産債權者는 前條의 公告가 있은 날로부터 起算하여 14日以內에 破産廢止의 申請에 關하여 法院에 異議를 申請할 수 있다. ②前項의 期間經過前에 申告한 破産債權者도 또한 異議를 申請할 수 있다.
제544조(관계인의 의견청취) 법원은 제543조제1항의 규정에 의한 기간이 경과한 후 파산폐지결정에 필요한 요건의 구비여부에 관하여 채무자 및 파산관재인과 이의를 신청한 파산채권자의 의견을 들어야 한다.	第324條 (關係人의 意見聽取) 法院은 前條第1項의 期間經過後에 破産廢止의 決定을 함에 必要한 條件의 具備與否에 關하여 破産者, 破産管財人 및 異議를 申請한 破産債權者의 意見을 들어야 한다.

제545조(비용부족으로 인한 파산폐지) ①법원은 파산선고 후에 파산재단으로써 파산절차의 비용을 충당하기에 부족하다고 인정되는 때에는 파산관재인의 신청에 의하거나 직권으로 파산폐지결정을 하여야 한다. 이 경우 법원은 채권자집회의 의견을 들어야 한다. ②제1항의 규정은 파산절차비용을 충당하기에 충분한 금액이 미리 납부되어 있는 때에는 적용하지 아니한다. ③제1항의 규정에 의한 재판에 대하여는 즉시항고를 할 수 있다.	第325條 (費用不足으로 因한 破産廢止) ①法院은 破産宣告後에 破産財團으로써 破産節次의 費用을 支辨하기에 不足하다고 認定한 때에는 職權으로써 또는 破産管財人의 申請에 依하여 破産廢止의 決定을 하여야 한다. 이 境遇에는 法院은 債權者集會의 意見을 들어야 한다. ②前項의 規定은 破産節次費用을 支辨함에 足한 金額의 豫納이 있는 境遇에는 이를 適用하지 아니한다.
제546조(파산폐지결정의 공고) 법원은 파산폐지결정을 한 때에는 그 주문 및 이유의 요지를 공고하여야 한다.	第326條 (廢止決定의 公告) 法院이 破産廢止의 決定을 한 때에는 그 主文 및 理由의 要領을 公告하여야 한다.
제547조(재단채권의 변제 및 공탁) 파산폐지결정이 확정된 때에는 파산관재인은 재단채권의 변제를 하여야 하며, 이의가 있는 것에 관하여는 채권자를 위하여 공탁을 하여야 한다.	第327條 (財團債權의 辨濟 및 供託) 破産廢止의 決定이 確定한 때에는 破産管財人은 財團債權의 辨濟를 하고 異議가 있는 것에 關하여는 債權者를 爲하여 供託을 하여야 한다.
	第328條 (準用規定) 第263條 및 第264條의 規定은 破産廢止의 申請에 이를 準用한다.
제548조(준용규정) ①제535조의 규정은 파산폐지의 결정이 확정된 경우에 관하여 준용한다. ②제567조의 규정은 법인인 채무자가 파산종결 또는 파산폐지의 결정으로 소멸하는 경우에 관하여 준용한다.	第329條 (同前) 第259條의 規定은 破産廢止의 決定이 確定한 境遇에 이를 準用한다.

제7장 간이파산

제549조(간이파산의 요건) ①파산재단에 속하는 재산액이 5억원 미만이라고 인정되는 때에는 법원은 파산선고와 동시에 간이파산의 결정을 하여야 한다.

②제1항의 경우 법원은 제313조제1항 각호의 사항외에 간이파산결정의 주문을 공고하고, 같은 조제2항의 규정에 의한 서면에 이를 기재하여야 한다.

제550조(파산절차중의 간이파산결정) ①파산절차중 파산재단에 속하는 재산액이 5억원 미만임이 발견된 때에는 법원은 이해관계인의 신청에 의하거나 직권으로 간이파산의 결정을 할 수 있다.

②제1항의 규정에 의하여 간이파산의 결정을 한 때에는 법원은 결정의 주문을 공고하고 파산관재인 및 감사위원과 알고 있는 채권자 및 채무자에게 그 결정의 주문을 기재한 서면을 송달하여야 한다.

제551조(간이파산의 취소) 간이파산절차중 파산재단에 속하는 재산액이 5억원 이상임이 발견된 때에는 법원은 이해관계인의 신청에 의하거나 직권으로 간이파산취소의 결정을 할 수 있다. 이 경우 제550조제2항의 규정을 준용한다.

第330條 (小破産의 要件) ①破産財團에 屬하는 財産額이 2億 未滿이라고 認定하는 때에는 法院은 破産宣告와 同時에 小破産의 決定을 하여야 한다.

②前項의 境遇에 法院은 第133條第1項各號의 事項 以外에 小破産決定의 主文을 公告하고 同條第2項의 書面에 이를 記載하여야 한다.

第331條 (破産節次中의 小破産決定) ①法院은 破産節次中에 破産財團에 屬하는 財産額이 2億 未滿임을 發見한 때에는 小破産의 決定을 할 수 있다.

②前項의 規定에 依하여 小破産의 決定을 한 境遇에는 法院은 決定의 主文을 公告하고 破産管財人, 監査委員과 判明된 債權者 및 債務者에게 이를 記載한 書面을 送達하여야 한다.

第332條 (小破産의 取消) 法院은 破産節次中에 破産財團에 屬하는 財産額이 2億원 이상임을 發見한 때에는 小破産取消의 決定을 할 수 있다. 이 境遇에는 第331條第2項의 規定을 準用한다.

第333條 (決定에 對한 不服申請禁止) 小破産의 決定 및 小破産取消의 決定에 對하여는 不服을 申請할 수 없다.

제552조(채권자집회의 기일과 채권조사 기일의 병합) 간이파산절차의 경우 제1회 채권자집회의 기일과 채권조사의 기일은 부득이한 사유가 있는 때를 제외하고는 이를 병합하여야 한다.	第334條 (債權者의 集會期日과 債權調査期日의 倂合) 第1回의 債權者集會의 期日 및 債權調査의 期日은 不得已한 事由가 있는 境遇를 除外하고는 이를 倂合하여야 한다.
제553조(감사위원의 불설치) 간이파산의 경우에는 감사위원을 두지 아니한다.	第335條 (監査委員의 不置) 監査委員은 이를 두지 아니한다.
제554조(채권자집회의 결의에 갈음하는 결정) 간이파산절차의 경우 제1회 채권자집회의 결의와 채권조사 및 계산보고를 위한 채권자집회의 결의를 제외하고는 법원의 결정으로 채권자집회의 결의에 갈음한다.	第336條 (債權者集會의 決議에 갈음하는 決定) ①第1回債權者集會, 强制和議取消後의 第1回의 債權者集會와 債權調査, 計算報告 및 强制和議를 爲한 債權者集會를 除外하고는 法院의 決定으로써 債權者集會의 決議에 갈음한다. ②前項의 規定에 對하여는 不服을 申請할 수 없다.
제555조(1회 배당) 간이파산절차의 경우 배당은 1회로 하며, 최후의 배당에 관한 규정에 의한다. 다만, 추가배당을 할 수 있다.	第337條 (1回配當) 配當은 1回로 하고 이는 最後의 配當에 關한 規定에 依한다. 但, 追加配當을 함을 妨害하지 아니한다.
	第338條 (公告方法) 小破産節次에 關한 公告는 官報에 게재하여야 한다. 이 경우 公告는 게재가 있은 날의 다음날부터 그 효력이 생긴다.
제8장 면책 및 복권 **제1절 면책** 제556조(면책신청) ①개인인 채무자는 파산신청일부터 파산선고가 확정된 날 이후 1개월 이내에 법원에 면책신청을 할 수 있다.	

	第339條 (免責의 申請) ①破産者는 破産節次解止에 이르기까지는 언제든지 破産法院에 免責의 申請을 할 수 있다. 破産宣告와 同時에 破産廢止의 決定이 있은 때에는 그 決定確定後라도 1月內에 免責의 申請을 할 수 있다.
②채무자가 그 책임 없는 사유로 인하여 제1항의 규정에 의한 면책신청을 하지 못한 때에는 그 사유가 종료된 후 30일 이내에 한하여 면책신청을 할 수 있다.	⑤破産者가 그 責任없는 事由로 因하여 第1項의 規定에 依한 免責의 申請을 할 수 없었던 境遇에는 그 事由가 그친 後 30日內에 限하여 免責의 申請의 追完을 할 수 있다.
③채무자가 파산신청을 한 경우에는 채무자가 반대의 의사표시를 한 경우를 제외하고, 당해 신청과 동시에 면책신청을 한 것으로 본다.	
	③强制和議의 提供을 한 때에는 그 棄却이나 不認可의 決定이 確定되거나 債權者集會에서 强制和議가 否決된 後가 아니면 免責의 申請을 할 수 없다.
④면책신청을 하는 때에는 제538조의 규정에 의한 파산폐지의 신청을 할 수 없다.	②免責의 申請을 할 때에는 强制和議의 提供 또는 第319條의 規定에 依한 破産廢止의 申請을 할 수 없다.
⑤제538조의 규정에 의한 파산폐지의 신청을 한 때에는 그 기각의 결정이 확정된 후가 아니면 면책신청을 할 수 없다.	④第319條의 規定에 依한 破産廢止의 申請을 한 때에는 그 棄却의 決定이 確定된 後가 아니면 免責의 申請을 할 수 없다.
⑥면책의 신청에는 채권자목록을 첨부하여야 한다. 다만, 신청과 동시에 제출할 수 없는 때에는 그 사유를 소명하고 그 후에 지체없이 이를 제출하여야 한다.	第340條 (債權者名簿의 提出) 破産者는 免責의 申請과 同時에 破産債權者의 姓名 및 住所, 破産債權의 額 및 原因, 別除權이 있는 때에는 그 目的 및 그 行使에 依하여 辨濟를 받을 수 없는 債權額을 記載한 債權者名簿를 提出하여야 한다. 申請과 同時에 提出할 수 없는 때에는 그 後에 遲滯없이 이를 提出하여야 한다.
⑦제3항의 규정에 의하여 면책신청을 한 것으로 보는 경우에는 제302조제2항제1호의 규정에 의하여 제출한 채권자목록은 제6항의 채권자목록으로 본다.	

제557조(강제집행의 정지) ①면책신청이 있고, 파산폐지결정의 확정 또는 파산종결결정이 있는 때에는 면책신청에 관한 재판이 확정될 때까지 채무자의 재산에 대하여 파산채권에 기한 강제집행·가압류 또는 가처분을 할 수 없고, 채무자의 재산에 대하여 파산선고전에 이미 행하여지고 있던 강제집행·가압류 또는 가처분은 중지된다. ②면책결정이 확정된 때에는 제1항의 규정에 의하여 중지한 절차는 그 효력을 잃는다.	
제558조(채무자의 심문) ①면책을 신청한 자에 대하여 파산선고가 있는 때에는 법원은 기일을 정하여 채무자를 심문할 수 있다. ②법원은 제1항의 규정에 의한 기일을 정하는 결정을 한 때에는 이를 공고하고, 파산관재인과 면책의 효력을 받을 파산채권자로서 법원이 알고 있는 파산채권자에게 송달하여야 한다. ③제2항의 규정은 제1항의 규정에 의한 기일의 변경과 심문의 연기 및 속행에 관하여 준용한다. ④제457조 단서의 규정은 제2항 및 제3항의 규정에 의한 결정에 관하여 준용한다. ⑤제1항의 규정에 의한 기일은 채권자집회 또는 채권조사의 기일과 병합할 수 있다.	第341條 (破産者의 審訊) ①免責의 申請이 있은 때에는 法院은 期日을 定하여 破産者를 審訊하여야 한다. ②前項의 期日을 定하는 決定은 이를 公告하고 檢事, 破産管財人 및 免責의 效力을 받을 判明된 破産債權者에게 이를 送達하여야 한다. ③前項의 規定은 第1項의 期日의 變更과 審訊의 延期 및 續行에 이를 準用한다. ④第211條 但書 및 第212條의 規定은 前2項의 規定에 依한 決定에 이를 準用한다. ⑤第1項의 期日은 債權者集會 또는 債權調査의 期日과 併合하여도 無妨하다.
제559조(면책신청의 기각사유) ①법원은 다음 각호의 어느 하나에 해당하는 때에는 면책신청을 기각할 수 있다.	

1. 채무자가 신청권자의 자격을 갖추지 아니한 때
2. 채무자에 대한 파산절차의 신청이 기각된 때
3. 채무자가 절차의 비용을 예납하지 아니한 때
4. 그 밖에 신청이 성실하지 아니한 때

②제1항의 규정에 의하여 면책신청이 기각된 채무자는 동일한 파산에 관하여 다시 면책신청을 할 수 없다.
③제1항의 결정에 대하여는 즉시항고를 할 수 있다.

제560조(파산관재인의 조사보고) 법원은 파산관재인으로 하여금 면책불허가사유의 유무를 조사하게 하고, 제558조의 규정에 의한 심문기일에 그 결과를 보고하게 할 수 있다.

第342條 (破産管財人의 調査報告) 法院은 破産管財人으로 하여금 免責不許可事由의 有無에 關하여 調査를 하게 하고 前條의 審訊期日에 그 結果를 報告하게 할 수 있다.

제561조(면책신청에 관한 서류 등의 비치) 법원은 이해관계인이 열람할 수 있도록 다음 각호의 서류를 법원에 비치하여야 한다.
1. 면책신청에 관한 서류
2. 제560조의 규정에 의한 파산관재인의 보고서류

第343條 (書類의 備置) 法院은 利害關係人의 閱覽에 供하기 爲하여 免責의 申請에 關한 書類 및 前條의 規定에 依한 破産管財人의 調査書類를 備置하여야 한다.

제562조(면책신청에 대한 이의) ①검사·파산관재인 또는 면책의 효력을 받을 파산채권자는 제558조의 규정에 의한 심문기일부터 30일 (심문기일을 정하지 않은 경우에는 법원이 정하는 날) 이내에 면책신청에 관하여 법원에 이의를 신청할 수 있다. 다만, 법원은 상당한 이유가 있는 때에는 신

第344條 (免責申請에 對한 異議) ①檢事, 破産管財人 또는 免責의 效力을 받을 破産債權者는 第341條의 規定에 依한 審訊期日 또는 그 期日에 法院이 定하는 30日以上의 期間內에 免責의 申請에 關하여 法院에 異議를 申請할 수 있다.
②前項의 期間을 定하는 決定에 關하여 그 宣告가 있은 때에는 送達을 要하

청에 의하여 그 기간을 늘일 수 있다. ②제1항의 규정에 의한 이의신청을 하는 때에는 제564조제1항 각호의 면책불허가사유를 소명하여야 한다.	지 아니한다.
제563조(이의신청에 관한 의견청취) 법원은 제562조제1항의 규정에 의하여 이의신청이 있는 때에는 채무자 및 이의신청인의 의견을 들어야 한다.	第345條 (意見의 聽取) 法院은 異議의 申請이 있은 때에는 破産者 및 異議申請人의 意見을 들어야 한다.
제564조(면책허가) ①법원은 다음 각호의 어느 하나에 해당하는 때를 제외하고는 면책을 허가하여야 한다.	第346條 (免責不許可事由) 法院은 다음 各號의 1에 該當하는 境遇에 限하여 免責不許可의 決定을 할 수 있다.
1. 채무자가 제650조·제651조·제653조·제656조 또는 제658조의 죄에 해당하는 행위가 있다고 인정하는 때	1. 破産者가 第366條, 第367條, 第369條 또는 第374條의 罪에 該當하는 行爲가 있다고 認定하는 때
2. 채무자가 파산선고 전 1년 이내에 파산의 원인인 사실이 있음에도 불구하고 그 사실이 없는 것으로 믿게 하기 위하여 그 사실을 속이거나 감추고 신용거래로 재산을 취득한 사실이 있는 때	2. 破産者가 破産宣告前 1年內에 破産의 原因인 事實이 있음에도 不拘하고 그 事實이 없는 것으로 믿게 하기 爲하여 詐術을 써서 信用去來로 因하여 財産을 取得한 事實이 있는 때
3. 채무자가 허위의 채권자목록 그 밖의 신청서류를 제출하거나 법원에 대하여 그 재산상태에 관하여 허위의 진술을 한 때	3. 破産者가 虛僞의 債權者名簿를 提出하거나 法院에 對하여 그 財産狀態에 關하여 虛僞의 陳述을 한 때
4. 채무자가 면책의 신청전에 본조에 의하여 면책을 받은 경우에는 면책허가결정의 확정일로부터 7년이 경과하지 아니한 때, 제624조에 의하여 면책을 받은 경우에는 면책확정일로부터 5년이 경과하지 아니한 때	4. 破産者가 免責의 申請前 10年內에 免責을 받은 일이 있는 때
5. 채무자가 이 법에 정하는 채무자의 의무를 위반한 때	5. 破産者가 本法에 定하는 破産者의 義務를 違反한 때

채무자 회생 및 파산에 관한 법률	파산법
6. 채무자가 과다한 낭비·도박 그 밖의 사행행위를 하여 현저히 재산을 감소시키거나 과대한 채무를 부담한 사실이 있는 때 ②법원은 제1항 각호의 면책불허가 사유가 있는 경우라도 파산에 이르게 된 경위, 그 밖의 사정을 고려하여 상당하다고 인정되는 경우에는 면책을 허가할 수 있다. ③법원은 면책허가결정을 한 때에는 그 주문과 이유의 요지를 공고하여야 한다. 이 경우 송달은 하지 아니할 수 있다. ④면책 여부에 관한 결정에 대하여는 즉시항고를 할 수 있다.	
	第347條 (免責申請却下) ①破産者가 免責의 審理를 하여야 할 期日에 正當한 事由없이 出席하지 아니하거나 出席하여도 陳述을 拒否한 때에는 法院은 免責의 申請을 却下할 수 있다. ②前項의 境遇에는 破産者는 同一한 破産에 關하여 다시 免責의 申請을 할 수 없다.
제565조(면책결정의 효력발생시기) 면책결정은 확정된 후가 아니면 그 효력이 생기지 아니한다.	第348條 (免責決定의 發效時期) 免責의 決定은 確定된 後가 아니면 그 效力이 생기지 아니한다.
제566조(면책의 효력) 면책을 받은 채무자는 파산절차에 의한 배당을 제외하고는 파산채권자에 대한 채무의 전부에 관하여 그 책임이 면제된다. 다만, 다음 각호의 청구권에 대하여는 책임이 면제되지 아니한다.	第349條 (免責의 效力) 免責을 받은 破産者는 破産節次에 依한 配當을 除外하고 破産債權者에 對한 債務의 全部에 關하여 그 責任이 免除된다. 但, 다음 各號의 請求權은 例外로 한다.
1. 조세	1. 租稅
2. 벌금·과료·형사소송비용·추징금	2. 罰金, 科料, 刑事訴訟費用, 追徵金및

및 과태료	過怠料
3. 채무자가 고의로 가한 불법행위로 인한 손해배상	3. 破産者가 惡意로 加한 不法行爲로 因한 損害賠償
4. 채무자가 중대한 과실로 타인의 생명 또는 신체를 침해한 불법행위로 인하여 발생한 손해배상	4. 雇傭人의 給料. 但, 最後의 6月分에 限한다.
5. 채무자의 근로자의 임금·퇴직금 및 재해보상금	5. 雇傭人의 任置金 및 身元保證金
6. 채무자의 근로자의 임치금 및 신원보증금	6. 破産者가 惡意로 債權者名簿에 記載하지 아니한 請求權. 但, 債權者가 破産宣告가 있었음을 안 境遇에는 例外로 한다.
7. 채무자가 악의로 채권자목록에 기재하지 아니한 청구권. 다만, 채권자가 파산선고가 있음을 안 때에는 그러하지 아니하다.	
8. 채무자가 양육자 또는 부양의무자로서 부담하여야 하는 비용	
제567조(보증인 등에 대한 효과) 면책은 파산채권자가 채무자의 보증인 그 밖에 채무자와 더불어 채무를 부담하는 자에 대하여 가지는 권리와 파산채권자를 위하여 제공한 담보에 영향을 미치지 아니한다.	第350條 (保證人等에 對한 效果) 免責은 破産債權者가 破産者의 保證人 其他 破産者와 더불어 債務를 負擔하는 者에 對하여 가지는 權利 및 破産債權者를 爲하여 提供한 擔保에 影響을 미치지 아니한다.
제568조(면책결정의 기재) 법원사무관등은 면책의 결정이 확정되면 파산채권자표가 있는 경우에는 파산채권자표에 면책의 결정이 확정된 뜻을 기재하여야 한다.	第351條 (免責決定의 公告 및 債權表에의 記載) 免責의 決定이 確定된 때에는 法院은 그 主文을 公告하고 債權表가 있는 때에는 이에 免責의 決定이 確定된 뜻을 記載하여야 한다.
제569조(면책의 취소) ①채무자가 제650조의 규정에 의한 사기파산으로 유죄의 확정판결을 받은 때에는 법원은 파산채권자의 신청에 의하거나 직권으로 면책취소의 결정을 할 수 있다. 채무자가 부정한 방법으로 면책을 받	第352條 (免責의 取消) 詐欺破産에 關하여 破産者에 對한 有罪의 判決이 確定된 때에는 法院은 破産債權者의 申請에 依하여 또는 職權으로써 免責取消의 決定을 할 수 있다. 破産者가 不正한 方法으로 免責을 얻은 境遇에 破産債權

은 경우 파산채권자가 면책 후 1년 이내에 면책의 취소를 신청한 때에도 또한 같다.
②제1항의 결정에 대하여는 즉시항고를 할 수 있다.

者가 免責後 1年內에 免責의 取消를 申請한 때에도 또한 같다.

제570조(면책취소에 관한 의견청취) 법원은 면책취소의 재판을 하기 전에 채무자 및 신청인의 의견을 들어야 한다.

第353條 (意見聽取) 法院은 免責取消의 裁判을 하기 前에 破産者 및 申請人의 意見을 들어야 한다.

제571조(면책취소결정의 효력발생시기) 면책취소의 결정은 확정된 후부터 그 효력이 발생한다.

第354條 (免責取消의 發效) 免責取消의 決定은 確定된 後가 아니면 그 效力이 생기지 아니한다.

제572조(신채권자의 우선권) 면책의 취소가 있은 때에는 면책후 취소에 이르기까지의 사이에 생긴 원인으로 인하여 채권을 가지게 된 자는 다른 채권자에 우선하여 변제를 받을 권리를 가진다.

第355條 (新債權者의 優先權) 免責의 取消가 있은 때에는 免責後 그 取消에 이르기까지 사이에 생긴 原因으로 因하여 債權을 가지게 된 者는 다른 債權者에 優先하여 辨濟를 받을 權利를 가진다.

제573조(면책취소결정의 기재) 법원사무관등은 면책취소의 결정이 확정되면 파산채권자표가 있는 경우에는 파산채권자표에 면책취소의 결정이 확정된 뜻을 기재하여야 한다.

第356條 (免責取消決定의 主文의 公告 및 債權表記載) 免責取消의 決定이 確定된 때에는 法院은 그 主文을 公告하고 債權表가 있는 때에는 이에 免責取消의 決定이 確定된 뜻을 記載하여야 한다.

第357條 (準用規定) 第99條 乃至 第108條의 規定은 免責 및 免責取消의 節次에 이를 準用한다.

제2절 복권

제574조(당연복권) ①파산선고를 받은 채무자는 다음 각호의 어느 하나에

第358條 (法定復權) ①破産者는 다음 各號의 1에 該當하는 境遇에는 復權한다.

해당하는 경우에는 복권된다. 1. 면책의 결정이 확정된 때	1. 免責의 決定이 確定된 때 2. 强制和議認可의 決定이 確定된 때
2. 제538조의 규정에 의한 신청에 기한 파산폐지의 결정이 확정된 때	3. 第319條의 規定에 依한 申請에 基한 破産廢止의 決定이 確定된 때
3. 파산선고를 받은 채무자가 파산선고 후 제650조의 규정에 의한 사기파산으로 유죄의 확정판결을 받음이 없이 10년이 경과한 때	4. 破産者가 破産宣告後에 詐欺破産의 罪에 關하여 有罪의 確定判決을 받음이 없이 10年을 經過한 때
②면책취소의 결정이 확정된 때에는 제1항제1호의 규정에 의한 복권은 장래에 향하여 그 효력을 잃는다.	②免責取消 또는 强制和議取消의 決定이 確定된 때에는 前項 第1號 또는 第2號의 規定에 依한 復權은 將來에 向하여 그 效力을 잃는다.
제575조(신청에 의한 복권) ①제574조의 규정에 의하여 복권될 수 없는 파산선고를 받은 채무자가 변제 그 밖의 방법으로 파산채권자에 대한 채무의 전부에 관하여 그 책임을 면한 때에는 파산법원은 파산선고를 받은 채무자의 신청에 의하여 복권의 결정을 하여야 한다.	第359條 (申請에 依한 復權) ①前條의 規定에 依하여 復權될 수 없는 破産者가 辨濟 其他의 方法으로 破産債權者에 對한 債務의 全部에 關하여 그 責任을 免한 때에는 破産法院은 破産者의 申請에 依하여 復權의 決定을 하여야 한다.
②파산선고를 받은 채무자는 제1항의 규정에 의하여 복권의 신청을 하는 때에는 그 책임을 면한 사실을 증명할 수 있는 서면을 제출하여야 한다.	②申請人은 그 責任을 免하였음을 證明할 書面을 提出하여야 한다.
③제1항의 결정에 대하여는 즉시항고를 할 수 있다.	
제576조(복권신청의 공고 등) 법원은 복권의 신청이 있은 때에는 그 뜻을 공고하고, 이해관계인이 열람할 수 있도록 그 신청에 관한 서류를 법원에 비치하여야 한다.	第360條 (復權申請의 公告 및 書類備置) 法院은 復權의 申請이 있은 뜻을 公告하고 利害關係人의 閱覽에 供하기 爲하여 그 申請에 關한 書類를 備置하여야 한다.

第577조(복권신청에 관한 이의) ①파산채권자는 제576조의 규정에 의한 공고가 있은 날부터 3월 이내에 복권의 신청에 관하여 법원에 이의를 신청할 수 있다. ②제1항의 규정에 의한 이의신청이 있는 때에는 법원은 파산선고를 받은 채무자와 이의를 신청한 파산채권자의 의견을 들어야 한다.	第361條 (債權者의 異議) 破産債權者는 前條의 公告가 있은 날로부터 起算하여 3月以內에 復權의 申請에 關하여 法院에 異議를 申請할 수 있다. 第362條 (意見聽取) 異議申請이 있은 때에는 法院은 破産者 및 異議를 申請한 破産債權者의 意見을 들어야 한다.
제578조(복권결정의 효력발생시기) 복권의 결정은 확정된 후부터 그 효력이 발생한다.	第363條 (復權決定의 發效) 復權의 決定은 確定된 後가 아니면 그 效力이 생기지 아니한다. 第364條 (復權決定의 公告) 復權의 決定이 確定된 때에는 法院은 그 主文을 公告하여야 한다. 第365條 (準用規定) 第99條 乃至 第107條의 規定은 復權節次에 이를 準用한다.
제4편 개인회생절차	**개인채무자회생법**
제1장 통칙	제1조 (목적) 이 법은 재정적 어려움으로 인하여 파탄에 직면하고 있는 개인채무자로서 장래 계속적으로 또는 반복하여 수입을 얻을 가능성이 있는 자에 대하여 채권자 등 이해관계인의 법률관계를 조정함으로써 채무자의 효율적 회생과 채권자의 이익을 도모함을 목적으로 한다.
제579조(용어의 정의) 이 절차에서 사용하는 용어의 정의는 다음과 같다. 1. "개인채무자"라 함은 파산의 원인인 사실이 있거나 그러한 사실이	제2조 (용어의 정의) 이 법에서 사용하는 용어의 정의는 다음과 같다.

생길 염려가 있는 자로서 다음 각 목의 금액 이하의 채무를 부담하는 급여소득자 또는 영업소득자를 말한다. 가. 유치권·질권·저당권·양도담보권·가등기담보권·전세권 또는 우선특권으로 담보된 개인회생채권은 10억원 나. 가목외의 개인회생채권은 5억원	
2. "급여소득자"라 함은 급여·연금 그 밖에 이와 유사한 정기적이고 확실한 수입을 얻을 가능성이 있는 개인을 말한다.	1. "급여소득자"라 함은 급여·연금 그 밖에 이와 유사한 정기적이고 확실한 수입을 얻을 가능성이 있는 개인을 말한다.
3. "영업소득자"라 함은 부동산임대소득·사업소득·농업소득·임업소득 그 밖에 이와 유사한 수입을 장래에 계속적으로 또는 반복하여 얻을 가능성이 있는 개인을 말한다.	2. "영업소득자"라 함은 부동산임대소득·사업소득·농업소득·임업소득 그 밖에 이와 유사한 수입을 장래에 계속적으로 또는 반복하여 얻을 가능성이 있는 개인을 말한다.
4. "가용소득"이라 함은 다음 가목의 금액에서 나목 내지 라목의 금액을 공제한 나머지 금액을 말한다. 가. 채무자가 수령하는 근로소득·연금소득·부동산임대소득·사업소득·농업소득·임업소득, 그 밖에 합리적으로 예상되는 모든 종류의 소득의 합계 금액 나. 소득세·주민세·건강보험료, 그 밖에 이에 준하는 것으로서 대통령령이 정하는 금액 다. 채무자 및 그 피부양자의 인간다운 생활을 유지하기 위하여 필요한 생계비로서, 국민기초생활보장법 제6조의 규정에 따라 공표된 최저생계비, 채무자 및 그 피부양자의 연령, 피부양자의 수, 거주지역, 물가상황, 그	3. "가용소득"이라 함은 채무자의 소득중 채무자 및 그 피부양자의 생활에 필요한 생계비를 제외한 나머지 소득으로서 대법원규칙이 정하는 금액에 해당하는 것을 말한다.

밖에 필요한 사항을 종합적으로 고려하여 법원이 정하는 금액 라. 채무자가 영업에 종사하는 경우에 그 영업의 경영, 보존 및 계속을 위하여 필요한 비용	
제580조(개인회생재단) ①다음 각호의 재산은 개인회생재단에 속한다.	제24조 (개인회생재단) ①다음 각호의 재산은 개인회생재단에 속한다.
1. 개인회생절차개시결정 당시 채무자가 가진 모든 재산과 채무자가 개인회생절차개시결정 전에 생긴 원인으로 장래에 행사할 청구권	1. 개인회생절차개시결정 당시 채무자가 가진 모든 재산
2. 개인회생절차진행 중에 채무자가 취득한 재산 및 소득	2. 개인회생절차진행중에 채무자가 취득한 재산 및 소득
②채무자는 개인회생재단을 관리하고 처분할 권한을 가진다. 다만, 인가된 변제계획에서 다르게 정한 때에는 그러하지 아니하다.	②채무자는 개인회생재단을 관리하고 처분할 권한을 가진다. 다만, 인가된 변제계획에서 다르게 정한 때에는 그러하지 아니하다.
③제383조의 규정은 제1항제1호의 개인회생재단에 관하여 준용한다. 이 경우 "파산재단"은 "개인회생재단"으로, "파산선고"는 "개인회생절차개시결정"으로, "파산절차"는 "개인회생절차"로 본다.	제25조 (개인회생재단에 속하지 아니하는 재산) ①압류할 수 없는 재산은 개인회생재단에 속하지 아니한다. 다만, 민사집행법 제246조(압류금지채권)제1항제4호의 규정에 의한 채권은 그러하지 아니하다.
④제3항의 규정에 의하여 면제되는 재산에 대하여는 개인회생절차의 폐지결정 또는 면책결정이 확정될 때까지 개인회생채권에 기한 강제집행·가압류 또는 가처분을 할 수 없다.	②법원은 채무자의 신청에 의하여 다음 각호의 1에 해당하는 재산을 개인회생재단에서 면제할 수 있다. 1. 채무자 또는 그 피부양자의 주거용으로 사용되고 있는 건물에 관한 임차보증금반환청구권으로서 주택임대차보호법 제8조의 규정에 의하여 우선변제를 받을 수 있는 금액의 범위안에서 대법원규칙이 정하는 금액을 초과하지 아니하는 부분 2. 채무자 및 그 피부양자의 생활에 필요한 6월간의 생계비에 사용할 특정한 재산으로서 대법원규칙이 정하는 금액을 초과하지 아니하는 부분

	③제2항의 규정에 의한 신청은 개인회생절차개시의 신청일부터 개인회생절차개시결정일후 14일 이내에 면제재산목록 및 소명에 필요한 자료를 첨부한 서면으로 하여야 한다. ④법원은 개인회생절차개시결정전에 제2항의 신청이 있는 경우에는 개인회생절차개시결정과 동시에, 개인회생절차개시결정후에 제2항의 신청이 있는 경우에는 신청일부터 14일 이내에 면제 여부 및 그 범위를 결정하여야 한다. ⑤제4항의 규정에 의한 결정이 있는 때에는 법원은 채무자 및 알고 있는 채권자에게 그 결정서를 송달하여야 한다. ⑥제4항의 규정에 의한 결정에 대하여는 즉시항고를 할 수 있다. ⑦제6항의 규정에 의한 즉시항고는 집행정지의 효력이 없다. ⑧법원은 개인회생절차개시결정전에 제2항의 신청이 있는 경우에 채무자의 신청 또는 직권으로 개인회생절차개시결정이 있을 때까지 제2항의 면제재산에 대하여 개인회생채권에 기한 강제집행·가압류 또는 가처분의 중지 또는 금지를 명할 수 있다. ⑨면제결정이 확정된 때에는 제8항의 규정에 의하여 중지한 절차는 그 효력을 잃는다.
제581조(개인회생채권) ①채무자에 대하여 개인회생절차개시결정 전의 원인으로 생긴 재산상의 청구권은 개인회생채권으로 한다. ②제425조 내지 제433조, 제439조, 제442조 및 제446조의 규정은 개인회생채권에 관하여 준용한다. 이 경우 "파산선고"는 "개인회생절차개시결정"으로, "파산재단"은 "개인회생재단"으로, "파산채권"은 "개인회생채권"으로,	제26조 (개인회생채권) 채무자에 대하여 개인회생절차개시결정전의 원인으로 생긴 재산상의 청구권은 개인회생채권으로 한다. 제27조 (기한부채권의 변제기도래) 기한부채권은 개인회생절차개시결정시에 변제기에 이른 것으로 본다. 제28조 (비금전채권 등의 개인회생채권액) ①채권의 목적이 금전이 아니거나 그 액이 불확정한 때나 외국의 통화로 정하여진 때

"파산채권자"는 "개인회생채권자"로, "파산채권액"은 "개인회생채권액"으로, "파산절차"는 "개인회생절차"로 본다.

에는 개인회생절차개시결정시의 평가액을 개인회생채권액으로 한다.
②정기금채권의 금액 또는 존속기간이 확정되지 아니한 때에도 제1항과 같다.
제29조 (조건부채권 등의 개인회생채권액) ①조건부채권은 그 전액 또는 제28조제1항의 규정에 의한 평가액을 개인회생채권액으로 한다.
②제1항의 규정은 채무자에 대한 장래의 청구권에 관하여 준용한다.
제30조 (전부의 채무를 이행할 의무를 지는 자가 개인회생절차개시결정을 받은 경우의 개인회생채권액) 여럿의 채무자가 각각 전부의 채무를 이행하여야 하는 경우 그 채무자의 1인 내지 전원이 개인회생절차개시결정을 받은 때에는 채권자는 개인회생절차개시결정시에 가진 채권의 전액에 관하여 각 개인회생재단에 대하여 개인회생채권자로서 권리를 행사할 수 있다.
제31조 (보증인이 개인회생절차개시결정을 받은 경우의 개인회생채권액) 보증인이 개인회생절차개시결정을 받은 때에는 채권자는 개인회생절차개시결정시에 가진 채권의 전액에 관하여 개인회생채권자로서 그 권리를 행사할 수 있다.
제32조 (장래의 구상권자) ①여럿의 채무자가 각각 전부의 채무를 이행하여야 하는 경우 그 채무자의 1인 내지 전원이 개인회생절차개시결정을 받은 때에는 그 채무자에 대하여 장래의 구상권을 가진 자는 그 전액에 관하여 각 개인회생재단에 대하여 개인회생채권자로서 그 권리를 행사할 수 있다. 다만, 채권자가 그 채권의 전액에 관하여 개인회생채권자로서 그 권리를 행사한 때에는 예외로 한다.
②제1항 단서의 경우 제1항의 본문의 규정에

의한 구상권을 가진 자가 변제를 한 때에는 그 변제의 비율에 따라 채권자의 권리를 취득한다.

③제1항 및 제2항의 규정은 담보를 제공한 제3자가 채무자에 대하여 갖는 장래의 구상권에 관하여 준용한다.

제33조 (여럿이 일부보증을 한 때의 개인회생채권액) 제30조, 제31조 및 제32조제1항·제2항의 규정은 여럿의 보증인이 각각 채무의 일부를 보증하는 때에 그 보증하는 부분에 관하여 준용한다.

제34조 (무한책임사원에 대한 개인회생절차개시결정) 법인의 채무에 관하여 무한책임을 지는 사원이 개인회생절차개시결정을 받은 때에는 법인의 채권자는 개인회생절차개시결정시에 가진 채권의 전액에 관하여 그 개인회생재단에 대하여 개인회생채권자로서 그 권리를 행사할 수 있다.

제35조 (유한책임사원에 대한 개인회생절차개시결정) 법인의 채무에 관하여 유한책임을 지는 사원이 개인회생절차개시결정을 받은 때에는 법인의 채권자는 유한책임을 지는 사원에 대하여 그 권리를 행사할 수 없다. 다만, 법인은 출자청구권을 개인회생채권으로서 행사할 수 있다.

제36조 (개인회생절차참가의 비용) 개인회생절차참가의 비용은 개인회생채권으로 한다.

제37조 (우선권의 기간계산) 일정한 기간안의 채권액에 관하여 우선권이 있는 경우 그 기간은 개인회생절차개시결정시부터 소급하여 계산한다.

제38조 (후순위개인회생채권) ①다음 각호의 청구권은 다른 개인회생채권보다 후순위개인회생채권으로 한다.

1. 개인회생절차개시결정후의 이자
2. 개인회생절차개시결정후의 불이행으로

인한 손해배상액 및 위약금
3. 개인회생절차참가비용
4. 벌금 · 과료 · 형사소송비용 · 추징금 및 과태료
5. 기한이 개인회생절차개시결정후에 도래하는 이자 없는 채권의 경우 개인회생절차개시결정이 있는 때부터 그 기한에 이르기까지의 법정이율에 의한 원리의 합계액이 채권액이 될 계산에 의하여 산출되는 이자의 액에 상당하는 부분
6. 기한이 불확정한 이자없는 채권의 경우 그 채권액과 개인회생절차개시결정 당시의 평가액과의 차액에 상당하는 부분
7. 채권액 및 존속기간이 확정된 정기금채권인 경우 각 정기금에 관하여 제5호의 규정에 준하여 산출되는 이자의 액의 합계액에 상당하는 부분과 각 정기금에 관하여 같은 호의 규정에 준하여 산출되는 원본의 액의 합계액이 법정이율에 의하여 그 정기금에 상당하는 이자가 생길 원본액을 초과하는 때에는 그 초과액에 상당하는 부분
②채무자가 채권자와 개인회생절차에서 다른 채권보다 후순위로 하기로 정한 채권은 그 정한 바에 따라 다른 채권보다 후순위로 한다.

제582조(개인회생채권의 변제) 개인회생채권자목록에 기재된 개인회생채권에 관하여는 변제계획에 의하지 아니하고는 변제하거나 변제받는 등 이를 소멸하게 하는 행위(면제를 제외한다)를 하지 못한다.

제39조 (개인회생채권의 변제) 개인회생채권자목록에 기재된 개인회생채권에 관하여는 변제계획에 의하지 아니하고는 변제하거나 변제받는 등 이를 소멸하게 하는 행위(면제를 제외한다)를 하지 못한다.

제583조(개인회생재단채권) ①다음 각 호의 청구권은 개인회생재단채권으로 한다.

제40조 (개인회생재단채권) 다음 각호의 청구권은 개인회생재단채권으로 한다.

1. 회생위원의 보수 및 비용의 청구권	1. 제61조의 규정에 의한 회생위원의 보수 및 비용의 청구권
2. 국세징수법 또는 지방세법에 의하여 징수할 수 있는 다음 각목의 청구권. 다만, 개인회생절차개시 당시 아직 납부기한이 도래하지 아니한 것에 한한다.	2. 개인회생채권중 국세징수법 또는 지방세법에 의하여 징수할 수 있는 다음 각목의 청구권. 다만, 개인회생절차개시 당시 아직 납부기한이 도래하지 아니한 것에 한한다.
가. 원천징수하는 조세	가. 원천징수하는 조세
나. 부가가치세·개별소비세 및 주세	나. 부가가치세 · 특별소비세 · 주세 및 교통세
다. 특별징수의무자가 징수하여 납부하여야 하는 지방세	다. 특별징수의무자가 징수하여 납부하여야 하는 지방세
라. 가목 내지 다목의 규정에 의한 조세의 부과·징수의 예에 따라 부과·징수하는 교육세 및 농어촌특별세	라. 가목 내지 다목의 규정에 의한 조세의 부과 · 징수의 예에 따라 부과 · 징수하는 교육세 및 농어촌특별세
3. 채무자의 근로자의 임금·퇴직금 및 재해보상금	3. 채무자의 근로자의 임금 · 퇴직금 및 재해보상금
4. 개인회생절차개시결정 전의 원인으로 생긴 채무자의 근로자의 임치금 및 신원보증금의 반환청구권	4. 개인회생절차개시결정전의 원인으로 생긴 채무자의 근로자의 임치금 및 신원보증금의 반환청구권
5. 채무자가 개인회생절차개시신청 후 개시결정전에 법원의 허가를 받아 행한 자금의 차입, 자재의 구입 그 밖에 채무자의 사업을 계속하는데 불가결한 행위로 인하여 생긴 청구권	5. 채무자가 개인회생절차개시신청후 개시결정전에 법원의 허가를 받아 행한 자금의 차입, 자재의 구입 그 밖에 채무자의 사업을 계속하는 데 불가결한 행위로 인하여 생긴 청구권
6. 제1호 내지 제5호에 규정된 것 외의 것으로서 채무자를 위하여 지출하여야 하는 부득이한 비용	6. 제1호 내지 제5호에 규정된 것외의 것으로서 채무자를 위하여 지출하여야 하는 부득이한 비용청구권으로서 개인회생절차개시결정 이후에 발생한 것
② 제475조 및 제476조의 규정은 개인회생재단채권에 관하여 준용한다. 이 경우 "재단채권"은 "개인회생재단채권"으로, "파산절차"는 "개인회생절차"로, "파산채권"은 "개인회생채권"으로 본다.	제41조 (개인회생재단채권의 변제) 개인회생재단채권은 개인회생절차에 의하지 아니하고 수시로 변제한다. 제42조 (개인회생재단채권의 우선변제) 개인회생재단채권은 개인회생채권보다 먼저 변

	제한다.
第584조(부인권) ①제3편제3장제2절(부인권)은 개인회생절차에 관하여 준용한다. ②부인권은 채무자가 행사한다. ③법원은 채권자 또는 회생위원의 신청에 의하거나 직권으로 채무자에게 부인권의 행사를 명할 수 있다. ④회생위원은 부인권의 행사에 참가할 수 있다 ⑤부인권은 개인회생절차개시결정이 있은 날부터 1년이 경과한 때에는 행사할 수 없다. 제391조 각호의 행위를 한 날부터 5년이 경과한 때에도 같다.	第43조 (부인권) ①파산법 제1편제6장(부인권)은 개인회생절차에 관하여 준용한다. ②부인권은 채무자가 행사한다. ③법원은 채권자 또는 회생위원의 신청에 의하거나 직권으로 채무자에게 부인권의 행사를 명할 수 있다. ④회생위원은 부인권의 행사에 참가할 수 있다. ⑤부인권은 개인회생절차개시결정이 있는 날부터 1년이 경과한 때에는 행사할 수 없다. 파산법 제64조 각호의 행위를 한 날부터 5년이 경과한 때에도 같다.
第585조(환취권) 제407조 내지 제410조의 규정은 개인회생절차에 관하여 준용한다. 이 경우 "파산재단"은 "개인회생재단"으로, "파산선고"는 "개인회생절차개시결정"으로 본다.	第44조 (환취권) 파산법 제1편제7장(환취권)은 개인회생절차에 관하여 준용한다.
第586조(별제권) 제411조 내지 제415조의 규정은 개인회생절차에 관하여 준용한다. 이 경우 "파산재단"은 "개인회생재단"으로, "파산선고"는 "개인회생절차개시결정"으로 본다.	第45조 (별제권) 파산법 제1편제8장(별제권)은 개인회생절차에 준용한다. 第46조 (주택임차인 등의 권리) ①주택임대차보호법 제3조(대항력등)제1항의 규정에 의한 대항요건을 갖추고 임대차계약증서상의 확정일자를 받은 임차인은 개인회생재단에 속하는 주택(대지를 포함한다)의 환가대금에서 후순위권리자 그 밖의 채권자보다 우선하여 보증금을 변제받을 권리가 있다. ②주택임대차보호법 제8조(보증금중 일정액의 보호)의 규정에 의한 임차인은 같은 조의 규정에 의한 보증금을 개인회생재단에 속하는 주택(대지를 포함한다)의 환가대금에서

	다른 담보물권자보다 우선하여 변제받을 권리가 있다. 이 경우 임차인은 개인회생절차개시의 신청일까지 주택임대차보호법 제3조(대항력등)제1항의 규정에 의한 대항요건을 갖추어야 한다. ③제1항 및 제2항의 규정은 상가건물임대차보호법 제3조(대항력 등)의 규정에 의한 대항요건을 갖추고 임대차계약증서상의 확정일자를 받은 임차인과 같은 법 제14조(보증금중 일정액의 보호)의 규정에 의한 임차인에 관하여 준용한다.
제587조(상계권) 제416조 내지 제422조의 규정은 개인회생절차에 관하여 준용한다. 이 경우 "파산신청"은 "개인회생절차개시신청"으로, "파산재단"은 "개인회생재단"으로, "파산선고"는 "개인회생절차개시결정"으로 본다.	제47조 (상계권) 파산법 제1편제9장(상계권)은 개인회생절차에 준용한다.
제2장 개인회생절차의 개시	
제588조(개인회생절차개시의 신청권자) 개인채무자는 법원에 개인회생절차의 개시를 신청할 수 있다.	제48조 (개인회생절차개시의 신청권자) 파산의 원인인 사실이 있거나 그러한 사실이 생길 염려가 있는 개인채무자로서 다음 각호의 금액을 초과하지 않는 범위안에서 대법원규칙으로 정하는 금액 이하의 채무를 부담하는 급여소득자 또는 영업소득자는 법원에 개인회생절차의 개시를 신청할 수 있다. 1. 유치권 · 질권 · 저당권 · 양도담보권 · 가등기담보권 · 전세권 또는 우선특권으로 담보된 개인회생채권은 10억원 2. 제1호외의 개인회생채권은 5억원
제589조(개인회생절차개시신청서) ①개인회생절차개시의 신청은 다음 각호의 사항을 기재한 서면으로 하여야 한다.	제49조 (개인회생절차개시신청서) ①개인회생절차개시의 신청은 다음 각호의 사항을 기재한 서면으로 하여야 한다.

1. 채무자의 성명·주민등록번호 및 주소	1. 채무자의 성명 · 주민등록번호 및 주소
2. 신청의 취지 및 원인	2. 신청의 취지 및 원인
3. 채무자의 재산 및 채무	3. 채무자의 재산 및 채무
②제1항의 규정에 의한 서면에는 다음 각호의 서류를 첨부하여야 한다.	②제1항의 규정에 의한 서면에는 다음 각호의 서류를 첨부하여야 한다.
1. 개인회생채권자목록(채권자의 성명 및 주소와 채권의 원인 및 금액이 기재된 것을 말한다)	1. 개인회생채권자목록(채권자의 성명 및 주소와 채권의 원인 및 금액이 기재된 것을 말한다)
2. 재산목록	2. 재산목록
3. 채무자의 수입 및 지출에 관한 목록	3. 채무자의 수입 및 지출에 관한 목록
4. 급여소득자 또는 영업소득자임을 증명하는 자료	4. 신청일전 10년 이내에 회생사건 · 파산사건 또는 개인회생사건을 신청한 사실이 있는 때에는 그 관련서류
5. 진술서	5. 급여소득자 또는 영업소득자임을 증명하는 자료
6. 신청일 전 10년 이내에 회생사건·화의사건·파산사건 또는 개인회생사건을 신청한 사실이 있는 때에는 그 관련서류	6. 그 밖에 대법원규칙이 정하는 서류
7. 그 밖에 대법원규칙이 정하는 서류	
③채무자는 개인회생절차개시결정시까지 개인회생채권자목록에 기재된 사항을 변경 또는 정정할 수 있다.	③채무자는 개인회생절차개시결정시까지 개인회생채권자목록에 기재된 사항을 변경 또는 정정할 수 있다.
제590조(비용의 예납) 개인회생절차개시의 신청을 하는 때에는 절차의 비용으로 대법원규칙이 정하는 금액을 미리 납부하여야 한다.	제50조 (비용의 예납) 개인회생절차개시의 신청을 하는 때에는 절차의 비용으로 대법원규칙이 정하는 금액을 미리 납부하여야 한다.
제591조(계산의 보고등) 법원 또는 회생위원은 언제든지 채무자에게 금전의 수입과 지출 그 밖에 채무자의 재산상의 업무에 관하여 보고를 요구할 수 있고, 필요하다고 인정하는 경우에는 재산상황의 조사, 시정의 요구 그 밖의 적절한 조치를 취할 수 있다.	제51조 (계산의 보고 등) 법원 또는 회생위원은 언제든지 채무자에게 금전의 수입과 지출 그 밖에 채무자의 재산상의 업무에 관하여 보고를 요구할 수 있고, 필요하다고 인정하는 경우에는 재산상황의 조사, 시정의 요구 그 밖의 적절한 조치를 취할 수 있다.

第592조(보전처분) ①법원은 개인회생절차개시결정 전에 이해관계인의 신청에 의하거나 직권으로 채무자의 재산에 관하여 가압류·가처분 그 밖의 필요한 보전처분을 할 수 있다. ②법원은 제1항의 규정에 의한 결정을 변경하거나 취소할 수 있다. ③제1항 및 제2항의 결정에 대하여는 즉시항고를 할 수 있다. ④제3항의 규정에 의한 즉시항고는 집행정지의 효력이 없다.	第52조 (보전처분) ①법원은 개인회생절차개시결정전에 이해관계인의 신청에 의하거나 직권으로 개인회생재단에 관하여 가압류 · 가처분 그 밖의 필요한 보전처분을 할 수 있다. ②법원은 제1항의 규정에 의한 결정을 변경하거나 취소할 수 있다. ③제1항 및 제2항의 결정에 대하여는 즉시항고를 할 수 있다. ④제3항의 규정에 의한 즉시항고는 집행정지의 효력이 없다.
第593조(중지명령) ①법원은 개인회생절차개시의 신청이 있는 경우 필요하다고 인정하는 때에는 이해관계인의 신청에 의하거나 직권으로 개인회생절차의 개시신청에 대한 결정시까지 다음 각호의 절차 또는 행위의 중지 또는 금지를 명할 수 있다. 1. 채무자에 대한 회생절차 또는 파산절차 2. 개인회생채권에 기하여 채무자의 업무 및 재산에 대하여 한 강제집행·가압류 또는 가처분 3. 채무자의 업무 및 재산에 대한 담보권의 설정 또는 담보권의 실행 등을 위한 경매 4. 개인회생채권을 변제받거나 변제를 요구하는 일체의 행위. 다만, 소송행위를 제외한다. 5. 국세징수법 또는 지방세법에 의한 체납처분, 국세징수의 예(국세 또는 지방세체납처분의 예를 포함한다. 이하 같다)에 의한 체납처분 또는 조세채무담보를 위하여 제공된 물건의 처분. 이 경우 징	第53조 (중지명령) ①법원은 개인회생절차개시의 신청이 있는 경우 필요하다고 인정하는 때에는 이해관계인의 신청에 의하거나 직권으로 개인회생절차의 개시신청에 대한 결정시까지 다음 각호의 절차 또는 행위의 중지 또는 금지를 명할 수 있다. 1. 채무자에 대한 파산절차 또는 화의절차 2. 개인회생채권에 기하여 채무자의 업무 및 재산에 대하여 한 강제집행 · 가압류 또는 가처분 3. 채무자의 업무 및 재산에 대한 담보권의 설정 또는 담보권의 실행 등을 위한 경매 4. 개인회생채권을 변제받거나 변제를 요구하는 일체의 행위. 다만, 소송행위를 제외한다.

수의 권한을 가진 자의 의견을 들어야 한다. ②제1항제5호의 규정에 의한 처분의 중지기간중에는 시효는 진행하지 아니한다.	
③개인회생절차개시의 신청이 기각되면 제1항의 규정에 의하여 중지된 절차는 속행된다.	②개인회생절차개시의 신청이 기각되면 제1항의 규정에 의하여 중지된 절차는 속행된다.
④법원은 상당한 이유가 있는 때에는 이해관계인의 신청에 의하거나 직권으로 제1항의 규정에 의한 중지 또는 금지명령을 취소하거나 변경할 수 있다. 이 경우 법원은 담보를 제공하게 할 수 있다.	③법원은 상당한 이유가 있는 때에는 이해관계인의 신청에 의하거나 직권으로 제1항의 규정에 의한 중지 또는 금지명령을 취소하거나 변경할 수 있다. 이 경우 법원은 담보를 제공하게 할 수 있다.
⑤제45조 내지 제47조는 개인회생절차에 관하여 준용한다.	
제594조(개인회생절차개시신청의 취하) 채무자는 개인회생절차의 개시결정이 있기 전에는 신청을 취하할 수 있다. 다만, 채무자가 제592조의 규정에 의한 보전처분, 제593조의 규정에 의한 중지명령을 받은 후에는 법원의 허가를 받아야 신청을 취하할 수 있다.	제54조 (개인회생절차개시신청의 취하) 채무자는 개인회생절차의 개시결정이 있기 전에는 신청을 취하할 수 있다. 다만, 채무자가 제52조의 규정에 의한 보전처분, 제53조의 규정에 의한 중지명령을 받은 후에는 법원의 허가를 받아야 신청을 취하할 수 있다.
제595조(개인회생절차개시신청의 기각사유) 법원은 다음 각호의 어느 하나에 해당하는 때에는 개인회생절차개시의 신청을 기각할 수 있다.	제55조 (개인회생절차개시신청의 기각사유) 법원은 다음 각호의 1에 해당하는 때에는 개인회생절차개시의 신청을 기각할 수 있다.
1. 채무자가 신청권자의 자격을 갖추지 아니한 때	1. 채무자가 신청권자의 자격을 갖추지 아니한 때
2. 채무자가 제589조제2항 각호의 어느 하나에 해당하는 서류를 제출하지 아니하거나, 허위로 작성하여 제출하거나 또는 법원이 정한 제출기한을 준수하지 아니한 때	2. 채무자가 제49조제2항 각호의 1에 해당하는 서류를 제출하지 아니하거나, 허위로 작성하여 제출하거나 또는 법원이 정한 제출기한을 준수하지 아니한 때

3. 채무자가 절차의 비용을 납부하지 아니한 때	3. 채무자가 절차의 비용을 납부하지 아니한 때
4. 채무자가 변제계획안의 제출기한을 준수하지 아니한 때	4. 채무자가 변제계획안의 제출기한을 준수하지 아니한 때
	5. 채무자가 신청일전 5년 이내에 개인회생절차의 개시신청이 기각되거나 개인회생절차의 폐지결정을 받은 사실이 있는 때
5. 채무자가 신청일 전 5년 이내에 면책(파산절차에 의한 면책을 포함한다)을 받은 사실이 있는 때	6. 채무자가 신청일전 10년 이내에 면책(파산절차에 의한 면책을 포함한다)을 받은 사실이 있는 때
6. 개인회생절차에 의함이 채권자 일반의 이익에 적합하지 아니한 때	7. 개인회생절차에 의함이 채권자 일반의 이익에 적합하지 아니한 때
7. 그 밖에 신청이 성실하지 아니하거나 상당한 이유없이 절차를 지연시키는 때	8. 그 밖에 신청이 성실하지 아니하거나 상당한 이유없이 절차를 지연시키는 때
제596조(개인회생절차의 개시결정) ① 법원은 신청일부터 1월 이내에 개인회생절차의 개시 여부를 결정하여야 한다.	56조 (개인회생절차의 개시결정) ①법원은 신청일부터 1월 이내에 개인회생절차의 개시 여부를 결정하여야 한다.
②법원은 개인회생절차개시결정과 동시에 다음 각호의 사항을 정하여야 한다.	②법원은 개인회생절차개시결정과 동시에 다음 각호의 사항을 정하여야 한다.
1. 개인회생채권에 관한 이의기간(이하 "이의기간"이라 한다). 이 경우 그 기간은 개인회생절차개시결정일부터 2주 이상 2월 이하이어야 한다.	1. 개인회생채권에 관한 이의기간(이하 "이의기간"이라 한다). 이 경우 그 기간은 개인회생절차개시결정일로부터 2주 이상 2월 이하이어야 한다.
2. 개인회생채권자집회의 기일. 이 경우 그 기일과 이의기간의 말일 사이에는 2주 이상 1월 이하의 기간이 있어야 한다.	2. 개인회생채권자집회의 기일. 이 경우 그 기일과 이의기간의 말일 사이에는 2주 이상 1월 이하의 기간이 있어야 한다.
③ 법원은 특별한 사정이 있는 때에는 제2항 각호의 기일을 늦추거나 기간을 늘일 수 있다.	③법원은 특별한 사정이 있는 때에는 제2항 각호의 기일을 늦추거나 기간을 늘일 수 있다.
④제1항의 규정에 의하여 결정을 하는 때에는 결정서에 결정의 연·월·	④제1항의 규정에 의하여 결정을 하는 때에는 결정서에 결정의 연·월·일·시를 기재

일·시를 기재하여야 한다. ⑤제1항의 규정에 의한 결정은 그 결정시부터 효력이 발생한다.	하여야 한다. ⑤제1항의 규정에 의한 결정은 그 결정시부터 효력이 발생한다.
제597조(개시의 공고와 송달) ①법원은 개인회생절차개시결정을 한 때에는 지체없이 다음 각호의 사항을 공고하여야 한다. 1. 개인회생절차개시결정의 주문 2. 이의기간 3. 개인회생채권자가 이의기간안에 자신 또는 다른 개인회생채권자의 채권내용에 관하여 개인회생채권조사확정재판을 신청할 수 있다는 뜻 4. 개인회생채권자집회의 기일 ②법원은 다음 각호의 자에게 제1항 각호의 사항을 기재한 서면과 개인회생채권자목록 및 변제계획안을 송달하여야 한다. 1. 채무자 2. 알고 있는 개인회생채권자 3. 개인회생절차가 개시된 채무자의 재산을 소지하고 있거나 그에게 채무를 부담하는 자 ③제1항 및 제2항의 규정은 제1항제2호 및 제4호의 사항에 변경이 생긴 경우에 준용하며, 제2항의 규정은 변제계획안에 변경이 생긴 경우에 준용한다.	제57조 (개시의 공고와 송달) ①법원은 개인회생절차개시결정을 한 때에는 지체없이 다음 각호의 사항을 공고하여야 한다. 1. 개인회생절차개시결정의 주문 2. 이의기간 3. 개인회생채권자가 이의기간안에 자신 또는 다른 개인회생채권자의 채권내용에 관하여 개인회생채권조사확정재판을 신청할 수 있다는 뜻 4. 개인회생채권자집회의 기일 ②법원은 다음 각호의 자에게 제1항 각호의 사항을 기재한 서면과 개인회생채권자목록 및 변제계획안을 송달하여야 한다. 1. 채무자 2. 알고 있는 개인회생채권자 3. 개인회생절차가 개시된 채무자의 재산을 소지하고 있거나 그에게 채무를 부담하는 자 ③제1항 및 제2항의 규정은 제1항제2호 및 제4호의 사항에 변경이 생긴 경우에 준용하며, 제2항의 규정은 변제계획안에 변경이 생긴 경우에 준용한다.
제598조(개인회생절차개시재판에 대한 즉시항고) ①개인회생절차개시신청에 관한 재판에 대하여는 즉시항고를 할 수 있다. ②제592조 및 제593조의 규정은 개인회생절차개시신청을 기각하는 결정	제58조 (개인회생절차개시재판에 대한 즉시항고) ①개인회생절차개시신청에 관한 재판에 대하여는 즉시항고를 할 수 있다. ②제52조 및 제53조의 규정은 개인회생절차개시신청을 기각하는 결정에 대하여 제1

에 대하여 제1항의 즉시항고가 있는 경우에 준용한다.	항의 즉시항고가 있는 경우에 준용한다.
③제1항의 규정에 의한 즉시항고는 집행정지의 효력이 없다.	③제1항의 규정에 의한 즉시항고는 집행정지의 효력이 없다.
④항고법원은 즉시항고의 절차가 법률에 위반되거나 즉시항고가 이유없다고 인정하는 때에는 결정으로 즉시항고를 각하 또는 기각하여야 한다.	④항고법원은 즉시항고의 절차가 법률에 위반되거나 즉시항고가 이유없다고 인정하는 때에는 결정으로 즉시항고를 각하 또는 기각하여야 한다.
⑤항고법원은 즉시항고가 이유있다고 인정하는 때에는 원래의 결정을 취소하고 사건을 원심법원에 환송하여야 한다.	⑤항고법원은 즉시항고가 이유있다고 인정하는 때에는 원래의 결정을 취소하고 사건을 원심법원에 환송하여야 한다.
제599조(개인회생절차개시결정의 취소) 법원은 개인회생절차개시결정을 취소하는 결정이 확정된 때에는 즉시 그 주문을 공고하고 다음 각호의 자에게 그 결정의 취지를 송달하여야 한다.	제59조 (개인회생절차개시결정의 취소) 법원은 개인회생절차개시결정을 취소하는 결정이 확정된 때에는 즉시 그 주문을 공고하고 다음 각호의 자에게 그 결정의 취지를 송달하여야 한다.
1. 채무자	1. 채무자
2. 알고 있는 개인회생채권자	2. 알고 있는 개인회생채권자
3. 개인회생절차가 개시된 채무자의 재산을 소지하고 있거나 그에게 채무를 부담하는 자	3. 개인회생절차가 개시된 채무자의 재산을 소지하고 있거나 그에게 채무를 부담하는 자
제600조(다른 절차의 중지 등) ①개인회생절차개시의 결정이 있는 때에는 다음 각호의 절차 또는 행위는 중지 또는 금지된다. 다만, 제2호 내지 제4호의 절차 또는 행위는 채권자목록에 기재된 채권에 의한 경우에 한한다.	제60조 (다른 절차의 중지 등) ①개인회생절차개시의 결정이 있는 때에는 다음 각호의 절차 또는 행위는 중지 또는 금지된다. 다만, 제2호 또는 제3호의 절차 또는 행위는 채권자목록에 기재된 채권에 의한 경우에 한한다.
1. 채무자에 대한 회생절차 또는 파산절차	1. 채무자에 대한 파산절차 또는 화의절차
2. 개인회생채권에 기하여 개인회생재단에 속하는 재산에 대하여 한 강제집행·가압류 또는 가처분	2. 개인회생채권에 기하여 개인회생재단에 속하는 재산에 대하여 한 강제집행 · 가압류 또는 가처분
3. 개인회생채권을 변제받거나 변제	3. 개인회생채권을 변제받거나 변제를 요구하

를 요구하는 일체의 행위. 다만, 소송행위를 제외한다. 4. 국세징수법 또는 지방세법에 의한 체납처분, 국세징수의 예(국세 또는 지방세체납처분의 예를 포함한다. 이하 같다)에 의한 체납처분 또는 조세채무담보를 위하여 제공된 물건의 처분	는 일체의 행위. 다만, 소송행위를 제외한다.
②개인회생절차개시의 결정이 있는 때에는 변제계획의 인가결정일 또는 개인회생절차 폐지결정의 확정일 중 먼저 도래하는 날까지 개인회생재단에 속하는 재산에 대한 담보권의 설정 또는 담보권의 실행 등을 위한 경매는 중지 또는 금지된다.	②개인회생절차개시의 결정이 있는 때에는 변제계획의 인가결정일 또는 개인회생절차 폐지결정의 확정일 중 먼저 도래하는 날까지 개인회생재단에 속하는 재산에 대한 담보권의 설정 또는 담보권의 실행 등을 위한 경매는 중지 또는 금지된다.
③법원은 상당한 이유가 있는 때에는 이해관계인의 신청에 의하거나 직권으로 제1항 또는 제2항의 규정에 의하여 중지된 절차 또는 처분의 속행 또는 취소를 명할 수 있다. 다만, 처분의 취소의 경우에는 담보를 제공하게 할 수 있다.	③법원은 상당한 이유가 있는 때에는 이해관계인의 신청에 의하거나 직권으로 제1항 또는 제2항의 규정에 의하여 중지된 절차 또는 처분의 속행 또는 취소를 명할 수 있다. 다만, 처분의 취소의 경우에는 담보를 제공하게 할 수 있다.
④제1항 또는 제2항의 규정에 의하여 처분을 할 수 없거나 중지된 기간 중에 시효는 진행하지 아니한다.	④제1항 또는 제2항의 규정에 의하여 처분을 할 수 없거나 중지된 기간 중에 시효는 진행하지 아니한다.
제3장 회생위원	
제601조(선임 및 해임) ①법원은 이해관계인의 신청에 의하거나 직권으로 다음 각호에 해당하는 자를 회생위원으로 선임할 수 있다.	제61조 (선임 및 해임) ①법원은 이해관계인의 신청에 의하거나 직권으로 다음 각호에 해당하는 자를 회생위원으로 선임할 수 있다.
1. 관리위원회의 관리위원 2. 법원사무관등 3. 변호사·공인회계사 또는 법무사의 자격이 있는 자	1. 관리위원회의 관리위원 2. 법원사무관등 3. 그 밖에 대법원규칙이 정하는 자

4. 법원주사보·검찰주사보 이상의 직에 근무한 경력이 있는 자 5. 은행법에 의한 금융기관에서 근무한 경력이 있는 사람으로서 회생위원의 직무수행에 적합한 자 6. 채무자를 상대로 신용관리교육·상담 및 신용회복을 위한 채무조정업무 등을 수행하는 기관 또는 단체에 근무 중이거나 근무한 경력이 있는 사람으로서 회생위원의 직무수행에 적합한 자 7. 제1호 내지 제6호에 규정된 자에 준하는 자로서 회생위원의 직무수행에 적합한 자	
②법원은 상당한 이유가 있는 때에는 이해관계인의 신청에 의하거나 직권으로 회생위원을 해임할 수 있다.	②법원은 상당한 이유가 있는 때에는 이해관계인의 신청에 의하거나 직권으로 회생위원을 해임할 수 있다.
③회생위원은 필요한 때에는 그 직무를 행하기 위하여 자기의 책임으로 1인 이상의 회생위원 대리를 선임할 수 있다.	③회생위원은 필요한 때에는 그 직무를 행하기 위하여 자기의 책임으로 1인 또는 여럿의 회생위원 대리를 선임할 수 있다.
④제3항의 규정에 의한 회생위원 대리의 선임은 법원의 허가를 받아야 한다.	④제3항의 규정에 의한 회생위원 대리의 선임은 법원의 허가를 받아야 한다.
⑤회생위원 대리는 회생위원에 갈음하여 재판상 또는 재판외의 모든 행위를 할 수 있다.	⑤회생위원 대리는 회생위원에 갈음하여 재판상 또는 재판외의 모든 행위를 할 수 있다.
第602조(회생위원의 업무) ①회생위원은 법원의 감독을 받아 다음 각호의 업무를 수행한다.	제62조 (회생위원의 업무) ①회생위원은 법원의 감독을 받아 다음 각호의 업무를 수행한다.
1. 채무자의 재산 및 소득에 대한 조사	1. 채무자의 재산 및 소득에 대한 조사
2. 부인권 행사명령의 신청 및 그 절차 참가	2. 부인권 행사명령의 신청 및 그 절차 참가
3. 개인회생채권자집회의 진행	3. 개인회생채권자집회의 진행
4. 그 밖에 법령 또는 법원이 정하는	4. 그 밖에 법령 또는 법원이 정하는 업무

업무	
② 채무자는 법원의 명령 또는 회생위원의 요청이 있는 경우에는 재산 및 소득, 변제계획 그 밖의 필요한 사항에 관하여 설명을 하여야 한다.	②채무자는 법원의 명령 또는 회생위원의 요청이 있는 경우에는 재산 및 소득, 변제계획 그 밖의 필요한 사항에 관하여 설명을 하여야 한다.
제4장 개인회생채권의 확정	
제603조 (개인회생채권의 확정) ①다음 각호의 어느 하나에 해당하는 경우에는 개인회생채권자목록의 기재대로 채권이 확정된다.	제63조 (개인회생채권의 확정) ①다음 각호의 어느 하나에 해당하는 경우에는 개인회생채권자목록의 기재대로 채권이 확정된다.
1. 개인회생채권자목록에 기재된 채권자가 제596조 제2항 제1호의 규정에 의한 이의기간안에 개인회생채권조사확정재판을 신청하지 아니한 경우	1. 개인회생채권자목록에 기재된 채권자가 제56조제2항제1호의 규정에 의한 이의기간안에 개인회생채권조사확정재판을 신청하지 아니한 경우
2. 개인회생채권조사확정재판 신청이 각하된 경우	2. 개인회생채권조사확정재판 신청이 각하된 경우
②법원사무관등은 제1항의 규정에 의하여 채권이 확정된 때에는 다음 각호의 사항을 기재한 개인회생채권자표를 작성하여야 한다.	②법원사무관등은 제1항의 규정에 의하여 채권이 확정된 때에는 다음 각호의 사항을 기재한 개인회생채권자표를 작성하여야 한다.
1. 채권자의 성명 및 주소	1. 채권자의 성명 및 주소
2. 채권의 내용 및 원인	2. 채권의 내용 및 원인
③확정된 개인회생채권을 개인회생채권자표에 기재한 경우 그 기재는 개인회생채권자 전원에 대하여 확정판결과 동일한 효력이 있다.	③확정된 개인회생채권을 개인회생채권자표에 기재한 경우 그 기재는 개인회생채권자 전원에 대하여 확정판결과 동일한 효력이 있다.
④개인회생채권자는 개인회생절차폐지결정이 확정된 때에는 채무자에 대하여 개인회생채권자표에 기하여 강제집행을 할 수 있다.	
⑤제255조제3항의 규정은 제4항의 경우에 준용한다.	

第604조(개인회생채권조사확정재판) ① 개인회생채권자목록의 내용에 관하여 이의가 있는 개인회생채권자는 제596조제2항제1호의 규정에 의한 이의기간 안에 서면으로 이의를 신청할 수 있다. 채무자가 이의내용을 인정하는 때에는 법원의 허가를 받아 개인회생채권자목록을 변경할 수 있다. 이 경우 법원은 조사확정재판신청에 대한 결정을 하지 아니할 수 있다.	第64조 (개인회생채권조사확정재판) ①개인회생채권자목록의 내용에 관하여 이의가 있는 개인회생채권자는 제56조제2항제1호의 규정에 의한 이의기간안에 서면으로 개인회생채권조사확정재판을 신청할 수 있다. 다만, 개인회생절차개시 당시 이미 이의대상인 권리에 대하여 소송이 계속하거나 그 권리에 대하여 집행권원 또는 종국판결이 있는 때에는 그러하지 아니하다.
②개인회생절차개시 당시 이미 소송이 계속중인 권리에 대하여 이의가 있는 경우에는 별도로 조사확정재판을 신청할 수 없고 이미 계속중인 소송의 내용을 개인회생채권조사확정의 소로 변경하여야 한다.	
③제1항의 경우 개인회생채권자가 자신의 개인회생채권의 내용에 관하여 개인회생채권조사확정재판을 신청하는 경우에는 채무자를 상대방으로 하고, 다른 개인회생채권자의 채권내용에 관하여 개인회생채권조사확정재판을 신청하는 경우에는 채무자와 다른 개인회생채권자를 상대방으로 하여야 한다.	②제1항의 경우 개인회생채권자가 자신의 개인회생채권의 내용에 관하여 개인회생채권조사확정재판을 신청하는 경우에는 채무자를 상대방으로 하고, 다른 개인회생채권자의 채권내용에 관하여 개인회생채권조사확정재판을 신청하는 경우에는 채무자와 다른 개인회생채권자를 상대방으로 하여야 한다.
④개인회생채권조사확정재판을 신청하는 자는 법원이 정하는 절차의 비용을 미리 납부하여야 한다. 법원은 비용을 미리 납부하지 아니하는 때에는 신청을 각하하여야 한다.	③개인회생채권조사확정재판을 신청하는 자는 법원이 정하는 절차의 비용을 미리 납부하여야 한다. 법원은 비용을 미리 납부하지 아니하는 때에는 신청을 각하하여야 한다.
⑤법원은 이해관계인을 심문한 후 개인회생채권조사확정재판을 하여야 하며, 이 결정에서 이의가 있는 회생채권의 존부 또는 그 내용을 정한다.	④법원은 이해관계인을 심문한 후 개인회생채권조사확정재판을 하여야 하며, 이 결정에서 이의가 있는 회생채권의 존부 또는 그 내용을 정한다.
⑥법원은 제5항의 규정에 의한 결정이 있는 때에는 결정서를 당사자에게	⑤법원은 제4항의 규정에 의한 결정이 있는 때에는 결정서를 당사자에게 송달하여야

송달하여야 한다.	한다.
제605조(개인회생채권조사확정재판에 대한 이의의 소) ①개인회생채권조사확정재판에 불복하는 자는 결정서의 송달을 받은 날부터 1월 이내에 이의의 소를 제기할 수 있다. 이 경우 이의의 소는 개인회생법원(개인회생사건이 계속되어 있는 지방법원을 말한다. 이하 같다)의 관할에 전속한다.	제65조 (개인회생채권조사확정재판에 대한 이의의 소) ①개인회생채권조사확정재판에 불복하는 자는 결정서의 송달을 받은 날부터 1월 이내에 이의의 소를 제기할 수 있다. 이 경우 이의의 소는 개인회생법원(개인회생사건이 계속되어 있는 지방법원을 말한다)의 관할에 전속한다.
②제1항의 소의 변론은 결정서를 송달받은 날부터 1월을 경과한 후가 아니면 개시할 수 없으며, 동일한 채권에 관하여 여러 개의 소가 계속되어 있는 때에는 법원은 변론을 병합할 수 있다.	②제1항의 소의 변론은 결정서를 송달받은 날부터 1월이 경과된 후가 아니면 개시할 수 없으며, 동일한 채권에 관하여 여러 개의 소가 계속되어 있는 때에는 법원은 변론을 병합하여야 한다.
③제1항의 소에 대한 판결은 소를 부적법한 것으로 각하하는 경우를 제외하고는 같은 항의 재판을 인가하거나 변경한다.	③제1항의 소에 대한 판결은 소를 부적법한 것으로 각하하는 경우를 제외하고는 같은 항의 재판을 인가하거나 변경한다.
제606조(개인회생채권의 확정에 관한 소송결과 등의 기재) 법원사무관등은 채무자·회생위원 또는 개인회생채권자의 신청에 의하여 다음 각호의 사항을 기재한 개인회생채권자표를 작성하여야 한다.	제66조 (개인회생채권의 확정에 관한 소송결과 등의 기재) 법원사무관등은 채무자·회생위원 또는 개인회생채권자의 신청에 의하여 다음 각호의 사항을 기재한 개인회생채권자표를 작성하여야 한다.
1. 개인회생채권조사확정재판의 결과	1. 개인회생채권조사확정재판의 결과
2. 개인회생채권조사확정재판에 대한 이의의 소의 결과	2. 개인회생채권조사확정재판에 대한 이의의 소의 결과
3. 제1호 및 제2호 외의 개인회생채권의 확정에 관한 소송의 결과	3. 제1호 및 제2호외의 개인회생채권의 확정에 관한 소송의 결과
제607조(개인회생채권의 확정에 관한 소송의 판결등의 효력) ①개인회생채권의 확정에 관한 소송에 대한 판결	제67조 (개인회생채권의 확정에 관한 소송의 판결 등의 효력) ①개인회생채권의 확정에 관한 소송에 대한 판결은 개인회생채권

은 개인회생채권자 전원에 대하여 그 효력이 있다. ②개인회생채권조사확정재판에 대한 이의의 소가 제605조제1항의 규정에 의한 기간 안에 제기되지 아니하거나 각하된 때에는 그 재판은 개인회생채권자 전원에 대하여 확정판결과 동일한 효력이 있다.	자 전원에 대하여 그 효력이 있다. ②개인회생채권조사확정재판에 대한 이의의 소가 제65조제1항의 규정에 의한 기간안에 제기되지 아니하거나 각하된 때에는 그 재판은 개인회생채권자 전원에 대하여 확정판결과 동일한 효력이 있다.
제608조(소송비용의 상환) 채무자의 재산이 개인회생채권의 확정에 관한 소송으로 이익을 받은 때에는 소를 제기한 개인회생채권자는 얻은 이익의 한도 안에서 개인회생재단채권자로서 소송비용의 상환을 청구할 수 있다.	제68조 (소송비용의 상환) 채무자의 재산이 개인회생채권의 확정에 관한 소송으로 이익을 얻은 때에는 소를 제기한 개인회생채권자는 얻은 이익의 한도안에서 개인회생재단채권자로서 소송비용의 상환을 청구할 수 있다.
제609조(개인회생채권확정소송의 목적의 가액) 개인회생채권의 확정에 관한 소송의 목적의 가액은 변제계획으로 얻을 이익의 예정액을 표준으로 하여 개인회생법원이 정한다.	제69조 (개인회생채권확정소송의 목적의 가액) 개인회생채권의 확정에 관한 소송의 목적의 가액은 변제계획으로 얻을 이익의 예정액을 표준으로 하여 개인회생법원이 정한다.
제5장 변제계획	
제610조(변제계획안의 제출 및 수정) ①채무자는 개인회생절차개시의 신청일부터 14일 이내에 변제계획안을 제출하여야 한다. 다만, 법원은 상당한 이유가 있다고 인정하는 때에는 그 기간을 늘일 수 있다. ②채무자는 변제계획안이 인가되기 전에는 변제계획안을 수정할 수 있다. ③법원은 이해관계인의 신청에 의하거나 직권으로 채무자에 대하여 변제계획안을 수정할 것을 명할 수 있다. ④제3항의 규정에 의한 수정명령이	제70조 (변제계획안의 제출 및 수정) ①채무자는 개인회생절차개시의 신청일부터 14일 이내에 변제계획안을 제출하여야 한다. 다만, 법원은 상당한 이유가 있다고 인정하는 때에는 그 기간을 늘일 수 있다. ②채무자는 변제계획안이 인가되기 전에는 변제계획안을 수정할 수 있다. ③법원은 이해관계인의 신청에 의하거나 직권으로 채무자에 대하여 변제계획안을 수정할 것을 명할 수 있다. ④제3항의 규정에 의한 수정명령이 있는 때

있는 때에는 채무자는 법원이 정하는 기한 이내에 변제계획안을 수정하여야 한다.	에는 채무자는 법원이 정하는 기한 이내에 변제계획안을 수정하여야 한다.
⑤제597조제2항의 규정은 제2항 및 제3항의 규정에 의하여 변제계획안을 수정하는 경우에 이를 준용한다.	⑤제57조제2항의 규정은 제2항 및 제3항의 규정에 의하여 변제계획안을 수정하는 경우에 이를 준용한다.
제611조(변제계획의 내용) ①변제계획에는 다음 각호의 사항을 정하여야 한다.	제71조 (변제계획의 내용) ①변제계획에는 다음 각호의 사항을 정하여야 한다.
1. 채무변제에 제공되는 재산 및 소득에 관한 사항	1. 채무변제에 제공되는 재산 및 소득에 관한 사항
2. 개인회생재단채권 및 일반의 우선권있는 개인회생채권의 전액의 변제에 관한 사항	2. 개인회생재단채권 및 일반의 우선권있는 개인회생채권의 전액의 변제에 관한 사항
3. 개인회생채권자목록에 기재된 개인회생채권의 전부 또는 일부의 변제에 관한 사항	3. 개인회생채권자목록에 기재된 개인회생채권의 전부 또는 일부의 변제에 관한 사항
②변제계획에는 다음 각호의 사항을 정할 수 있다.	②변제계획에는 다음 각호의 사항을 정할 수 있다.
1. 개인회생채권의 조의 분류	1. 개인회생채권의 조의 분류
2. 변제계획에서 예상한 액을 넘는 재산의 용도	2. 변제계획에서 예상한액을 넘는 재산의용도
3. 변제계획인가후의 개인회생재단에 속하는 재산의 관리 및 처분권의 제한에 관한 사항	3. 변제계획인가후의 개인회생재단에 속하는 재산의 관리 및 처분권의 제한에 관한 사항
4. 그 밖에 채무자의 채무조정을 위하여 필요한 사항	4. 그 밖에 채무자의 채무조정을 위하여 필요한 사항
③변제계획에서 채권의 조를 분류하는 때에는 같은 조로 분류된 채권을 평등하게 취급하여야 한다. 다만, 불이익을 받는 개인회생채권자의 동의가 있거나 소액의 개인회생채권의 경우에는 그러하지 아니하다.	③변제계획에서 채권의 조를 분류하는 때에는 같은 조로 분류된 채권을 평등하게 취급하여야 한다. 다만, 불이익을 받는 개인회생채권자의 동의가 있거나 소액의 개인회생채권의 경우에는 그러하지 아니하다.
④변제계획은 변제계획인가일부터 1월 이내에 변제를 개시하여 정기적으	④변제계획은 변제계획인가일로부터 1월 이내에 변제를 개시하여 정기적으로 변제하는

로 변제하는 내용을 포함하여야 한다. 다만, 법원의 허가를 받은 경우에는 그러하지 아니하다.	내용을 포함하여야 한다. 다만, 법원의 허가를 받은 경우에는 그러하지 아니하다.
⑤변제계획에서 정하는 변제기간은 변제개시일부터 5년을 초과하여서는 아니된다.	⑤변제계획에서 정하는 변제기간은 변제개시일부터 8년을 초과하여서는 아니된다.
⑥법원은 필요한 경우 변제계획의 이행을 위하여 인적·물적 담보를 제공하게 할 수 있다.	⑥법원은 필요한 경우 변제계획의 이행을 위하여 인적 · 물적 담보를 제공하게 할 수 있다.
제612조(특별한 이익을 주는 행위의 무효) 채무자가 자신 또는 제3자의 명의로 변제계획에 의하지 아니하고 일부 개인회생채권자에게 특별한 이익을 주는 행위는 무효로 한다.	제72조 (특별한 이익을 주는 행위의 무효) 채무자가 자신 또는 제3자의 명의로 변제계획에 의하지 아니하고 일부 개인회생채권자에게 특별한 이익을 주는 행위는 무효로 한다.
제613조(개인회생채권자집회) ①법원은 개인회생채권자집회의 기일과 변제계획의 요지를 채무자·개인회생채권자 및 회생위원에게 통지하여야 한다.	제73조 (개인회생채권자집회) ①법원은 개인회생채권자집회의 기일과 변제계획의 요지를 채무자 · 개인회생채권자 및 회생위원에게 통지하여야 한다.
②채무자는 개인회생채권자집회에 출석하여 개인회생채권자의 요구가 있는 경우 변제계획에 관하여 필요한 설명을 하여야 한다.	②채무자는 개인회생채권자집회에 출석하여 개인회생채권자의 요구가 있는 경우 변제계획에 관하여 필요한 설명을 하여야 한다.
③개인회생채권자집회는 법원이 지휘한다.	③개인회생채권자집회는 법원이 지휘한다.
④회생위원이 선임되어 있는 때에는 법원은 회생위원으로 하여금 개인회생채권자집회를 진행하게 할 수 있다.	④회생위원이 선임되어 있는 때에는 법원은 회생위원으로 하여금 개인회생채권자집회를 진행하게 할 수 있다.
⑤개인회생채권자는 개인회생채권자집회에서 변제계획에 관하여 이의를 진술할 수 있다.	⑤개인회생채권자는 개인회생채권자집회에서 변제계획에 관하여 이의를 진술할 수 있다.
제614조(변제계획의 인부) ①법원은 개인회생채권자 또는 회생위원이 이의를 진술하지 아니하고 다음 각호의	제74조 (변제계획의 인가) ①법원은 개인회생채권자 또는 회생위원이 이의를 진술하지 아니하고 다음 각호의 요건이 모두 충족된

요건이 모두 충족된 때에는 변제계획 인가결정을 하여야 한다. 다만, 제610조제3항에 의한 변제계획안 수정명령에 불응한 경우에는 그러하지 아니하다.	때에는 변제계획인가결정을 하여야 한다. 다만, 제70조제3의 규정에 의한 변제계획안 수정명령에 불응한 경우에는 그러하지 아니하다.
1. 변제계획이 법률의 규정에 적합할 것	1. 변제계획이 법률의 규정에 적합할 것
2. 변제계획이 공정하고 형평에 맞으며 수행가능할 것	2. 변제계획이 공정하고 형평에 맞아야 하며, 수행가능할 것
3. 변제계획인가전에 납부되어야 할 비용·수수료 그 밖의 금액이 납부되었을 것	3. 변제계획인가전에 납부되어야 할 비용·수수료 그 밖의 금액이 납부되었을 것
4. 변제계획의 인가결정일을 기준일로 하여 평가한 개인회생채권에 대한 총변제액이 채무자가 파산하는 때에 배당받을 총액보다 적지 아니할 것. 다만, 채권자가 동의한 경우에는 그러하지 아니하다.	4. 변제계획의 인가결정일을 기준일로 하여 평가한 개인회생채권에 대한 총변제액이 채무자가 파산하는 때에 배당받을 총액보다 적지 아니할 것. 다만, 채권자가 동의한 경우에는 그러하지 아니하다.
②법원은 개인회생채권자 또는 회생위원이 이의를 진술하는 때에는 제1항 각호의 요건외에 다음 각호의 요건을 구비하고 있는 때에 한하여 변제계획인가결정을 할 수 있다.	②법원은 개인회생채권자 또는 회생위원이 이의를 진술하는 때에는 제1항 각호의 요건외에 다음 각호의 요건을 구비하고 있는 때에 한하여 변제계획인가결정을 할 수 있다.
1. 변제계획의 인가결정일을 기준일로 하여 평가한 이의를 진술하는 개인회생채권자에 대한 총변제액이 채무자가 파산하는 때에 배당받을 총액보다 적지 아니할 것	1. 변제계획의 인가결정일을 기준일로 하여 평가한 이의를 진술하는 개인회생채권자에 대한 총변제액이 채무자가 파산하는 때에 배당받을 총액보다 적지 아니할 것
2. 채무자가 최초의 변제일부터 변제계획에서 정한 변제기간 동안 수령할 수 있는 가용소득의 전부가 변제계획에 따른 변제에 제공될 것	2. 채무자가 최초의 변제일부터 변제계획에서 정한 변제기간 동안 수령할 수 있는 가용소득의 전부가 변제계획에 따른 변제에 제공될 것
3. 변제계획의 인가결정일을 기준일로 하여 평가한 개인회생채권에 대한 총변제액이 3천만 원을 초과	

하지 아니하는 범위 내에서 아래 각목의 금액보다 적지 아니할 것 가. 변제계획의 인가결정일을 기준일로 하여 평가한 개인회생채권의 총금액이 5천만 원 미만인 경우에는 위 총금액에 100분의 5를 곱한 금액 나. 변제계획의 인가결정일을 기준일로 하여 평가한 개인회생채권의 총금액이 5천만 원 이상인 경우에는 위 총금액에 100분의 3을 곱한 금액에 1백만 원을 더한 금액	
③법원은 변제계획인부결정을 선고하고 그 주문, 이유의 요지와 변제계획의 요지를 공고하여야 한다. 이 경우 송달은 하지 아니할 수 있다.	③법원은 변제계획인가결정을 선고하고 그 주문, 이유의 요지와 변제계획의 요지를 공고하여야 한다. 이 경우 송달은 하지 아니할 수 있다.
第615조(변제계획인가의 효력) ①변제계획은 인가의 결정이 있은 때부터 효력이 생긴다. 다만, 변제계획에 의한 권리의 변경은 면책결정이 확정되기까지는 생기지 아니한다.	第75조 (변제계획인가의 효력) ①변제계획은 인가의 결정이 있는 때부터 효력이 생긴다. 다만, 변제계획에 의한 권리의 변경은 면책결정이 확정되기까지는 생기지 아니한다.
②변제계획인가결정이 있는 때에는 개인회생재단에 속하는 모든 재산은 채무자에게 귀속된다. 다만, 변제계획 또는 변제계획인가결정에서 다르게 정한 때에는 그러하지 아니하다.	②변제계획인가결정이 있는 때에는 개인회생재단에 속하는 모든 재산은 채무자에게 귀속된다. 다만, 변제계획 또는 변제계획인가결정에서 다르게 정한 때에는 그러하지 아니하다.
③변제계획인가결정이 있는 때에는 제600조의 규정에 의하여 중지한 회생절차 및 파산절차와 개인회생채권에 기한 강제집행·가압류 또는 가처분은 그 효력을 잃는다. 다만, 변제계획 또는 변제계획인가결정에서 다르게 정한 때에는 그러하지 아니하다.	③변제계획인가결정이 있는 때에는 제60조의 규정에 의하여 중지된 파산절차 및 화의절차와 개인회생채권에 기한 강제집행 · 가압류 또는 가처분은 그 효력을 잃는다. 다만, 변제계획 또는 변제계획인가결정에서 다르게 정한 때에는 그러하지 아니하다.

제616조(전부명령에 대한 특칙) ① 변제계획인가결정이 있는 때에는 채무자의 급료·연금·봉급·상여금, 그 밖에 이와 비슷한 성질을 가진 급여채권에 관하여 개인회생절차 개시 전에 확정된 전부명령은 변제계획인가결정 후에 제공한 노무로 인한 부분에 대하여는 그 효력이 상실된다. ②변제계획인가결정으로 인하여 전부채권자가 변제받지 못하게 되는 채권액은 개인회생채권으로 한다.	
제617조(변제의 수행) ①채무자는 인가된 변제계획에 따라 개인회생채권자에게 변제할 금원을 회생위원에게 임치하여야 한다.	제76조 (변제의 수행) ①채무자는 인가된 변제계획에 따라 개인회생채권자에게 변제할 금원을 회생위원에게 임치하여야 한다.
②개인회생채권자는 제1항의 규정에 따라 임치된 금원을 변제계획에 따라 회생위원으로부터 지급받아야 한다. 개인회생채권자가 지급받지 않는 경우에는 회생위원은 채권자를 위하여 공탁할 수 있다.	②회생위원은 제1항의 규정에 따라 임치된 금원을 변제계획에 따라 개인회생채권자에게 지급하여야 한다.
③제1항 및 제2항의 규정은 회생위원이 선임되지 아니한 경우 또는 변제계획이나 변제계획인가결정에서 다르게 정한 경우에는 적용하지 아니한다.	③제1항 및 제2항의 규정은 회생위원이 선임되지 아니한 경우 또는 변제계획이나 변제계획인가결정에서 다르게 정한 경우에는 적용하지 아니한다.
제618조(변제계획 인부결정에 대한 즉시항고) ①변제계획의 인부결정에 대하여는 즉시항고를 할 수 있다. ②제247조제3항 내지 제7항의 규정은 변제계획의 인가여부결정에 대한 즉시항고에 관하여 준용한다.	제78조 (변제계획인가 등 결정에 대한 즉시항고) ①변제계획의 인가여부결정에 대하여는 즉시항고를 할 수 있다. ②변제계획인가의 결정에 대한 항고는 변제계획의 수행에 영향을 미치지 아니한다. 다만, 항고법원 또는 개인회생법원은 항고가 이유있다고 인정되고 변제계획의 수행으로 생길 회복할 수 없는 손해를 예방하기 위하여 긴급한 필요가 있음을 소명한 때에는 신

청에 의하여 항고에 관하여 결정이 있을 때까지 담보를 제공하게 하거나 담보를 제공하게 하지 아니하고 변제계획의 전부나 일부의 수행을 정지하거나 그 밖에 필요한 처분을 할 수 있다.
③변제계획불인가의 결정에 대한 항고가 있는 때에는 개인회생법원은 기간을 정하여 항고인에게 보증으로 대법원규칙이 정하는 범위 안에서 금전 또는 법원이 인정하는 유가증권을 공탁하게 할 수 있다.
④제3항의 경우 항고인이 법원이 정하는 기간안에 보증을 제공하지 아니하는 때에는 법원은 결정으로 항고를 각하하여야 한다.
⑤제3항의 규정에 의한 항고가 기각되고 채무자에 대하여 파산선고가 있거나 파산절차가 속행되는 때에는 보증으로 제공한 금전 또는 유가증권은 파산재단에 속한다.

제619조(인가후의 변제계획변경) ①채무자·회생위원 또는 개인회생채권자는 변제계획에 따른 변제가 완료되기 전에는 인가된 변제계획의 변경안을 제출할 수 있다.
②제1항의 규정에 의한 변제계획변경안에 관하여는 제597조제2항·제611조·제613조·제614조·제615조제1항 및 제617조의 규정을 준용한다.

제77조 (인가후의 변제계획변경) ①채무자·회생위원 또는 개인회생채권자는 변제계획에 따른 변제가 완료되기 전에는 인가된 변제계획의 변경안을 제출할 수 있다.
②제1항의 규정에 의한 변제계획변경안에 관하여는 제57조제2항·제71조·제73조·제74조 및 제75조제1항의 규정을 준용한다.

제6장 폐지 및 면책

제620조(변제계획인가 전 개인회생절차의 폐지) ①법원은 다음 각호의 어느 하나에 해당하는 때에는 이해관계인의 신청에 의하거나 직권으로 개인회생절차폐지의 결정을 하여야 한다.

제79조 (변제계획인가전 개인회생절차의 폐지) ①법원은 채무자가 제출한 변제계획안을 인가할 수 없는 때에는 직권으로 개인회생절차폐지의 결정을 하여야 한다.

1. 개인회생절차의 개시결정 당시 제595조 제1호·제5호에 해당한 사실이 명백히 밝혀진 때 2. 채무자가 제출한 변제계획안을 인가할 수 없는 때	
②법원은 다음 각호의 어느 하나에 해당하는 때에는 직권으로 개인회생절차폐지의 결정을 할 수 있다. 1. 제595조제2호에 해당하는 때 2. 채무자가 정당한 사유없이 제613조제2항의 규정에 의한 출석 또는 설명을 하지 아니하거나 허위의 설명을 한 때	②법원은 채무자가 정당한 사유없이 제73조제2항의 규정에 의한 출석 또는 설명을 하지 아니하거나 허위의 설명을 한 때에는 직권으로 개인회생절차폐지의 결정을 할 수 있다.
제621조(변제계획인가후 개인회생절차의 폐지) ①법원은 다음 각호의 어느 하나에 해당하는 때에는 이해관계인의 신청에 의하거나 직권으로 개인회생절차폐지의 결정을 하여야 한다.	제80조 (변제계획인가후 개인회생절차의 폐지) ①법원은 다음 각호의 1에 해당하는 때에는 이해관계인의 신청에 의하거나 직권으로 개인회생절차폐지의 결정을 하여야 한다.
1. 면책불허가결정이 확정된 때 2. 채무자가 인가된 변제계획을 이행할 수 없음이 명백할 때. 다만, 채무자가 제624조제2항의 규정에 의한 면책결정을 받은 때에는 그러하지 아니하다.	1. 면책불허가결정이 확정된 때 2. 채무자가 인가된 변제계획을 이행할 수 없음이 명백할 때. 다만, 채무자가 제83조제2항의 규정에 의한 면책결정을 받은 때에는 그러하지 아니하다.
3. 채무자가 재산 및 소득의 은닉 그 밖의 부정한 방법으로 인가된 변제계획을 수행하지 아니하는 때 ②제1항의 규정에 의한 개인회생절차의 폐지는 이미 행한 변제와 이 법의 규정에 의하여 생긴 효력에 영향을 미치지 아니한다.	3. 채무자가 재산 및 소득의 은닉 그 밖의 부정한 방법으로 인가된 변제계획을 수행하지 아니하는 때 ②제1항의 규정에 의한 개인회생절차의 폐지는 이미 행한 변제와 이 법의 규정에 의하여 생긴 효력에 영향을 미치지 아니한다.
제622조(개인회생절차폐지결정의 공고) 법원은 개인회생절차폐지의 결정을 한 때에는 그 주문과 이유의 요지를	제81조 (개인회생절차폐지결정의 공고) 법원은 개인회생절차폐지의 결정을 한 때에는 그 주문과 이유의 요지를 공고하여야 한다.

공고하여야 한다. 이 경우 송달은 하지 아니할 수 있다.	이 경우 송달은 하지 아니할 수 있다.
第623조(개인회생절차폐지결정에 대한 즉시항고) ①개인회생절차폐지의 결정에 대하여는 즉시항고를 할 수 있다. ②제247조제4항 내지 제7항의 규정은 개인회생절차폐지의 결정에 대한 즉시항고에 관하여 이를 준용한다.	제82조 (개인회생절차폐지결정에 대한 즉시항고) ①개인회생절차폐지의 결정에 대하여는 즉시항고를 할 수 있다. ②제78조제3항 내지 제5항의 규정은 개인회생절차폐지의 결정에 대한 항고에 관하여 이를 준용한다.
第624조(면책결정) ①법원은 채무자가 변제계획에 따른 변제를 완료한 때에는 당사자의 신청에 의하거나 직권으로 면책의 결정을 하여야 한다. ②법원은 채무자가 변제계획에 따른 변제를 완료하지 못한 경우에도 다음 각호의 요건이 모두 충족되는 때에는 이해관계인의 의견을 들은 후 면책의 결정을 할 수 있다.	제83조 (면책결정) ①법원은 채무자가 변제계획에 따른 변제를 완료한 때에는 당사자의 신청에 의하거나 직권으로 면책의 결정을 하여야 한다. ②법원은 채무자가 변제계획에 따른 변제를 완료하지 못한 경우에도 다음 각호의 요건이 모두 충족되는 때에는 이해관계인의 의견을 들은 후 면책의 결정을 할 수 있다.
1. 채무자가 책임질 수 없는 사유로 인하여 변제를 완료하지 못하였을 것 2. 개인회생채권자가 면책결정일까지 변제받은 금액이 채무자가 파산절차를 신청한 경우 파산절차에서 배당받을 금액보다 적지 아니할 것 3. 변제계획의 변경이 불가능할 것	1. 채무자가 책임질 수 없는 사유로 인하여 변제를 완료하지 못하였을 것 2. 개인회생채권자가 면책결정일까지 변제받은 금액이 채무자가 파산절차를 신청한 경우 파산절차에서 배당받을 금액보다 적지 아니할 것 3. 변제계획의 변경이 불가능할 것
③제1항 및 제2항의 규정에도 불구하고 법원은 다음 각호의 어느 하나에 해당하는 경우에는 면책을 불허하는 결정을 할 수 있다.	③제1항 및 제2항의 규정에 불구하고 법원은 다음 각호의 1에 해당하는 경우에는 면책을 불허하는 결정을 할 수 있다.
1. 면책결정 당시까지 채무자에 의하여 악의로 개인회생채권자목록에 기재되지 아니한 개인회생채권이 있는 경우	1. 면책결정 당시 채무자가 악의로 개인회생채권자목록에 기재하지 아니한 개인회생채권이 있는 경우
2. 채무자가 이 법에 정한 채무자의	2. 채무자가 이 법에 정한 채무자의 의무를

의무를 이행하지 아니한 경우 ④법원은 면책의 결정을 한 때에는 그 주문과 이유의 요지를 공고하여야 한다. 이 경우 송달은 하지 아니할 수 있다.	이행하지 아니한 경우
제625조(면책결정의 효력) ①면책의 결정은 확정된 후가 아니면 그 효력이 생기지 아니한다. ②면책을 받은 채무자는 변제계획에 따라 변제한 것을 제외하고 개인회생채권자에 대한 채무에 관하여 그 책임이 면제된다. 다만, 다음 각호의 청구권에 관하여는 책임이 면제되지 아니한다.	제84조 (면책결정의 효력) ①면책의 결정은 확정된 후가 아니면 그 효력이 생기지 아니한다. ②면책을 받은 채무자는 변제계획에 따라 변제한 것을 제외하고 개인회생채권자에 대한 채무에 관하여 그 책임이 면제된다. 다만, 다음 각호의 청구권에 관하여는 책임이 면제되지 아니한다.
1. 개인회생채권자목록에 기재되지 아니한 청구권	1. 개인회생채권자목록에 기재되지 아니한 청구권
2. 제583조제1항제2호의 규정에 의한 조세 등의 청구권	2. 제40조제2호의 규정에 의한 조세 등의 청구권
3. 벌금·과료·형사소송비용·추징금 및 과태료	3. 벌금 · 과료 · 형사소송비용 · 추징금 및 과태료
4. 채무자가 고의로 가한 불법행위로 인한 손해배상	4. 채무자가 고의로 가한 불법행위로 인한 손해배상
5. 채무자가 중대한 과실로 타인의 생명 또는 신체를 침해한 불법행위로 인하여 발생한 손해배상	5. 채무자가 중대한 과실로 타인의 생명 또는 신체를 침해한 불법행위로 인하여 발생한 손해배상
6. 채무자의 근로자의 임금·퇴직금 및 재해보상금	6. 채무자의 근로자의 임금 · 퇴직금 및 재해보상금
7. 채무자의 근로자의 임치금 및 신원보증금	7. 채무자의 근로자의 임치금 및 신원보증금
8. 채무자가 양육자 또는 부양의무자로서 부담하여야 할 비용	8. 채무자가 양육자 또는 부양의무자로서 부담하여야 할 비용
③면책은 개인회생채권자가 채무자의 보증인 그 밖에 채무자와 더불어 채무를 부담하는 자에 대하여 가지는 권리와 개인회생채권자를 위하여 제	③면책은 개인회생채권자가 채무자의 보증인 그 밖에 채무자와 더불어 채무를 부담하는 자에 대하여 가지는 권리와 개인회생채권자를 위하여 제공한 담보에 영향을 미치

공한 담보에 영향을 미치지 아니한다.	지 아니한다.
第626조(면책의 취소) ①법원은 채무자가 기망 그 밖의 부정한 방법으로 면책을 받은 때에는 이해관계인의 신청에 의하거나 직권으로 면책을 취소할 수 있다. 이 경우 법원은 이해관계인을 심문하여야 한다. ②제1항의 규정에 의한 신청은 면책결정의 확정일부터 1년 이내에 제기하여야 한다.	第85조 (면책의 취소) ①법원은 채무자가 기망 그 밖의 부정한 방법으로 면책을 받은 때에는 이해관계인의 신청에 의하거나 직권으로 면책을 취소할 수 있다. 이 경우 법원은 이해관계인을 심문하여야 한다. ②제1항의 규정에 의한 신청은 면책결정의 확정일부터 1년 이내에 제기하여야 한다.
第627조(면책결정 등에 관한 즉시항고) 면책여부의 결정과 면책취소의 결정에 대하여는 즉시항고를 할 수 있다.	第86조 (면책결정 등에 관한 즉시항고) 면책여부의 결정과 면책취소의 결정에 대하여는 즉시항고를 할 수 있다.
제5편 국제도산	
第628조(정의) 이 편에서 사용하는 용어의 정의는 다음 각호와 같다. 1. "외국도산절차"라 함은 외국법원(이에 준하는 당국을 포함한다. 이하 같다)에 신청된 회생절차·파산절차 또는 개인회생절차 및 이와 유사한 절차를 말하며, 임시절차를 포함한다. 2. "국내도산절차"라 함은 대한민국 법원에 신청된 회생절차·파산절차 또는 개인회생절차를 말한다. 3. "외국도산절차의 승인"이라 함은 외국도산절차에 대하여 대한민국 내에 이 편의 지원처분을 할 수 있는 기초로서 승인하는 것을 말한다. 4. "지원절차"라 함은 이 편에서 정하는 바에 의하여 외국도산절차의	

승인신청에 관한 재판과 채무자의 대한민국 내에 있어서의 업무 및 재산에 관하여 당해 외국도산절차를 지원하기 위한 처분을 하는 절차를 말한다.

5. "외국도산절차의 대표자"라 함은 외국법원에 의하여 외국도산절차의 관리자 또는 대표자로 인정된 자를 말한다.
6. "국제도산관리인"이라 함은 외국도산절차의 지원을 위하여 법원이 채무자의 재산에 대한 환가 및 배당 또는 채무자의 업무 및 재산에 대한 관리 및 처분권한의 전부 또는 일부를 부여한 자를 말한다.

제629조(적용범위) ①이 편의 규정은 다음 각호의 경우에 적용한다.

1. 외국도산절차의 대표자가 외국도산절차와 관련하여 대한민국 법원에 승인이나 지원을 구하는 경우
2. 외국도산절차의 대표자가 대한민국 법원에서 국내도산절차를 신청하거나 진행중인 국내도산절차에 참가하는 경우
3. 국내도산절차와 관련하여 관리인·파산관재인·채무자 그 밖에 법원의 허가를 받은 자 등이 외국법원의 절차에 참가하거나 외국법원의 승인 및 지원을 구하는 등 외국에서 활동하는 경우
4. 채무자를 공통으로 하는 국내도산절차 및 외국도산절차가 대한민국법원과 외국법원에서 동시에 진행되어 관련절차간에 공조가 필요한 경우

②이 편에서 따로 규정하지 아니한 사항은 이 법 중 다른 편의 규정에 따른다.

제630조(관할) 외국도산절차의 승인 및 지원에 관한 사건은 서울중앙지방법원 합의부의 관할에 전속한다. 다만, 절차의 효율적인 진행이나 이해당사자의 권리보호를 위하여 필요한 때에는 서울중앙지방법원은 당사자의 신청에 의하거나 직권으로 외국도산절차의 승인결정과 동시에 또는 그 결정 후에 제3조가 규정하는 관할법원으로 사건을 이송할 수 있다.

제631조(외국도산절차의 승인신청) ① 외국도산절차의 대표자는 외국도산절차가 신청된 국가에 채무자의 영업소·사무소 또는 주소가 있는 경우에 다음 각호의 서면을 첨부하여 법원에 외국도산절차의 승인을 신청할 수 있다. 이 경우 외국어로 작성된 서면에는 번역문을 붙여야 한다.

1. 외국도산절차 일반에 대한 법적 근거 및 개요에 대한 진술서
2. 외국도산절차의 개시를 증명하는 서면
3. 외국도산절차의 대표자의 자격과 권한을 증명하는 서면
4. 승인을 신청하는 그 외국도산절차의 주요내용에 대한 진술서(채권자·채무자 및 이해당사자에 대한 서술을 포함한다)
5. 외국도산절차의 대표자가 알고 있는 그 채무자에 대한 다른 모든 외국도산절차에 대한 진술서

②외국도산절차의 승인을 신청한 후 제1항 각호의 내용이 변경된 때에는 신청인은 지체없이 변경된 사항을 기재한 서면을 법원에 제출하여야 한다.
③제1항의 규정에 의한 신청이 있는 때에는 법원은 지체없이 그 요지를 공고하여야 한다.
④제37조 및 제39조의 규정은 제1항의 규정에 의한 신청에 관하여 준용한다.

제632조(외국도산절차의 승인결정) ① 법원은 외국도산절차의 승인신청이 있는 때에는 신청일부터 1월 이내에 승인여부를 결정하여야 한다.
②법원은 다음 각호의 어느 하나에 해당하는 경우에는 외국도산절차의 승인신청을 기각하여야 한다.
1. 법원이 정한 비용을 미리 납부하지 아니한 경우
2. 제631조제1항 각호의 서면을 제출하지 아니하거나 그 성립 또는 내용의 진정을 인정하기에 부족한 경우
3. 외국도산절차를 승인하는 것이 대한민국의 선량한 풍속 그 밖에 사회질서에 반하는 경우

③법원은 외국도산절차의 승인결정이 있는 때에는 그 주문과 이유의 요지를 공고하고 그 결정서를 신청인에게 송달하여야 한다.
④외국도산절차의 승인신청에 관한 결정에 대하여는 즉시항고를 할 수 있다.
⑤제4항의 규정에 의한 즉시항고는 집행정지의 효력이 없다.

第633條(외국도산절차승인의 효력) 외국도산절차의 승인결정은 이 법에 의한 절차의 개시 또는 진행에 영향을 미치지 아니한다.

第634條(외국도산절차의 대표자의 국내도산절차개시신청 등) 외국도산절차가 승인된 때에는 외국도산절차의 대표자는 국내도산절차의 개시를 신청하거나 진행중인 국내도산절차에 참가할 수 있다.

第635條(승인전 명령 등) ①법원은 외국도산절차의 대표자의 신청에 의하거나 직권으로 외국도산절차의 승인신청이 있은 후 그 결정이 있을 때까지 제636조제1항제1호 내지 제3호의 조치를 명할 수 있다.
②제1항의 규정은 외국도산절차의 승인신청을 기각하는 결정에 대하여 즉시항고가 제기된 경우에 준용한다.
③법원은 제1항 및 제2항의 규정에 의한 처분을 변경하거나 취소할 수 있다.
④제1항 내지 제3항의 결정에 대하여는 즉시항고를 할 수 있다.
⑤제4항의 규정에 의한 즉시항고는 집행정지의 효력이 없다.

第636條(외국도산절차에 대한 지원) ①법원은 외국도산절차를 승인함과 동시에 또는 승인한 후 이해관계인의 신청에 의하거나 직권으로 채무자의 업무 및 재산이나 채권자의 이익을 보호하기 위하여 다음 각호의 결정을 할 수 있다.

1. 채무자의 업무 및 재산에 대한 소송 또는 행정청에 계속하는 절차의 중지
2. 채무자의 업무 및 재산에 대한 강제집행, 담보권실행을 위한 경매, 가압류·가처분 등 보전절차의 금지 또는 중지
3. 채무자의 변제금지 또는 채무자 재산의 처분금지
4. 국제도산관리인의 선임
5. 그 밖에 채무자의 업무 및 재산을 보전하거나 채권자의 이익을 보호하기 위하여 필요한 처분

②법원은 제1항의 규정에 의한 결정을 하는 때에는 채권자·채무자 그 밖의 이해관계인의 이익을 고려하여야 한다.

③법원은 제1항의 규정에 의한 지원신청이 대한민국의 선량한 풍속 그 밖의 사회질서에 반하는 때에는 그 신청을 기각하여야 한다.

④법원은 제1항제2호의 금지명령 및 이를 변경하거나 취소하는 결정을 한 때에는 그 주문을 공고하고 그 결정서를 외국도산절차의 대표자나 신청인에게 송달하여야 한다.

⑤제1항의 규정에 의한 금지명령이 있는 때에는 그 명령의 효력이 상실된 날의 다음 날부터 2월이 경과하는 날까지 채무자에 대한 채권의 시효는 완성되지 아니한다.

⑥법원은 필요한 경우 이해관계인의 신청에 의하거나 직권으로 제1항의 규정에 의한 결정을 변경하거나 취소할 수 있다.

⑦법원은 특히 필요하다고 인정하는

때에는 이해관계인의 신청에 의하거나 직권으로 제1항제2호의 규정에 의하여 중지된 절차의 취소를 명할 수 있다. 이 경우 법원은 담보를 제공하게 할 수 있다.
⑧제1항·제6항 및 제7항의 결정에 대하여는 즉시항고를 할 수 있다.
⑨제8항의 규정에 의한 즉시항고는 집행정지의 효력이 없다.

제637조(국제도산관리인) ①국제도산관리인이 선임된 경우 채무자의 업무의 수행 및 재산에 대한 관리·처분권한은 국제도산관리인에게 전속한다.
②국제도산관리인은 대한민국 내에 있는 채무자의 재산을 처분 또는 국외로의 반출, 환가·배당 그 밖에 법원이 정하는 행위를 하는 경우에는 법원의 허가를 받아야 한다.
③제2편제2장제1절(관리인) 및 제3편제2장제1절(파산관재인)에 관한 규정은 국제도산관리인에 관하여 준용한다.

제638조(국내도산절차와 외국도산절차의 동시진행) ①채무자를 공통으로 하는 외국도산절차와 국내도산절차가 동시에 진행하는 경우 법원은 국내도산절차를 중심으로 제635조(승인전 명령 등) 및 제636조(외국도산절차에 대한 지원)의 규정에 의한 지원을 결정하거나 이를 변경 또는 취소할 수 있다.
②제1항의 결정에 대하여는 즉시항고를 할 수 있다.
③제2항의 즉시항고에는 집행정지의

효력이 없다.

제639조(복수의 외국도산절차) ①채무자를 공통으로 하는 여러 개의 외국도산절차의 승인신청이 있는 때에는 법원은 이를 병합심리하여야 한다.
②채무자를 공통으로 하는 여러 개의 외국도산절차가 승인된 때에는 법원은 승인 및 지원절차의 효율적 진행을 위하여 채무자의 주된 영업소 소재지 또는 채권자보호조치의 정도 등을 고려하여 주된 외국도산절차를 결정할 수 있다.
③법원은 주된 외국도산절차를 중심으로 제636조의 규정에 의한 지원을 결정하거나 변경할 수 있다.
④법원은 필요한 경우 제2항의 규정에 의한 주된 외국도산절차를 변경할 수 있다.
⑤제2항 내지 제4항의 결정에 대하여는 즉시항고를 할 수 있다.
⑥제5항의 즉시항고에는 집행정지의 효력이 없다.

제640조(관리인 등이 외국에서 활동할 권한) 국내도산절차의 관리인·파산관재인 그 밖에 법원의 허가를 받은 자 등은 외국법이 허용하는 바에 따라 국내도산절차를 위하여 외국에서 활동할 권한이 있다.

제641조(공조) ①법원은 동일한 채무자 또는 상호 관련이 있는 채무자에 대하여 진행중인 국내도산절차 및 외국도산절차나 복수의 외국도산절차간의 원활하고 공정한 집행을 위하여 외국

법원 및 외국도산절차의 대표자와 다음 각호의 사항에 관하여 공조하여야 한다.
1. 의견교환
2. 채무자의 업무 및 재산에 관한 관리 및 감독
3. 복수 절차의 진행에 관한 조정
4. 그 밖에 필요한 사항
②법원은 제1항의 규정에 의한 공조를 위하여 외국법원 또는 외국도산절차의 대표자와 직접 정보 및 의견을 교환할 수 있다.
③국내도산절차의 관리인 또는 파산관재인은 법원의 감독하에 외국법원 또는 외국도산절차의 대표자와 직접 정보 및 의견을 교환할 수 있다.
④국내도산절차의 관리인 또는 파산관재인은 법원의 허가를 얻어 외국법원 또는 외국도산절차의 대표자와 도산절차의 조정에 관한 합의를 할 수 있다.

第642조(배당의 준칙) 채무자를 공통으로 하는 국내도산절차와 외국도산절차 또는 복수의 외국도산절차가 있는 경우 외국도산절차 또는 채무자의 국외재산으로부터 변제받은 채권자는 국내도산절차에서 그와 같은 조 및 순위에 속하는 다른 채권자가 동일한 비율의 변제를 받을 때까지 국내도산절차에서 배당 또는 변제를 받을 수 없다.

제6편 벌 칙

第643조(사기회생죄) ①채무자가 자기	第289條 (詐欺整理罪) 會社의 理事나

또는 타인의 이익을 도모하거나 채권자를 해할 목적으로 다음 각호의 어느 하나에 해당하는 행위를 하고, 채무자에 대하여 회생절차개시의 결정이 확정된 경우 그 채무자는 10년 이하의 징역 또는 1억원 이하의 벌금에 처한다.	이에 準할 者 또는 支配人이 整理節次開始의 決定을 받을 目的으로 다음 各號의 1에 해당하는 行爲를 한 경우에 會社에 관하여 整理節次開始의 決定이 있은 때에는 10年이하의 懲役 또는 1億원이하의 罰金에 處한다.
1. 채무자의 재산을 손괴 또는 은닉하거나 회생채권자·회생담보권자·주주·지분권자에 불이익하게 처분하는 행위	1. 會社의 財産을 損壞 또는 隱匿하거나 債權者, 擔保權者 또는 株主에 不利益하게 處分하는 것
2. 채무자의 부담을 허위로 증가시키는 행위	2. 會社의 負擔을 虛僞로 增加하는 것
3. 법률의 규정에 의하여 작성하여야 하는 상업장부를 작성하지 아니하거나, 그 상업장부에 재산의 현황을 알 수 있는 정도의 기재를 하지 아니하거나, 그 상업장부에 부정의 기재를 하거나, 그 상업장부를 손괴 또는 은닉하는 행위	3. 法律의 規定에 의하여 作成하여야 할 商業帳簿를 作成하지 아니하거나 이에 財産의 現況을 알기에 足한 記載를 하지 아니하거나 不正의 記載를 하거나 이를 損壞 또는 隱匿하는 것
4. 부정수표단속법에 의한 처벌회피를 주된 목적으로 회생절차개시의 신청을 하는 행위	4. 不正手票團束法에 의한 處罰回避를 主된 目的으로 會社에 대한 整理節次開始申請을 하게 하는 것
②다음 각호의 어느 하나에 해당하는 자가 자기 또는 타인의 이익을 도모하거나 채권자를 해할 목적으로 제1항 각호의 행위를 하고, 채무자에 대하여 회생절차개시의 결정이 확정된 경우 그 자는 5년 이하의 징역 또는 5천만원 이하의 벌금에 처한다. 1. 채무자의 법정대리인 2. 법인인 채무자의 이사 3. 채무자의 지배인	
③채무자가 자기 또는 타인의 이익을 도모하거나 채권자를 해할 목적으로 다음 각호의 어느 하나에 해당하	第87조 (사기개인회생죄) 채무자가 자기 또는 타인의 이익을 도모하거나 채권자를 해할 목적으로 다음 각호의 1에 해당하는 행위

는 행위를 하고, 채무자에 대하여 개인회생절차개시의 결정이 확정된 때에는 5년 이하의 징역 또는 5천만원 이하의 벌금에 처한다. 1. 재산을 은닉 또는 손괴하거나 채권자에게 불이익하게 처분하는 행위 2. 허위로 부담을 증가시키는 행위	를 하고, 채무자에 대하여 개인회생절차개시의 결정이 확정된 때에는 5년 이하의 징역 또는 5천만원 이하의 벌금에 처한다. 1. 재산을 은닉 또는 손괴하거나 채권자에게 불이익하게 처분하는 행위 2. 허위로 부담을 증가시키는 행위
제644조(제3자의 사기회생죄) 제643조에 규정된 자외의 자가 다음 각호의 어느 하나에 해당하는 행위를 하고, 채무자에 대하여 회생절차개시의 결정이 확정된 경우 그 자는 5년 이하의 징역 또는 5천만원 이하의 벌금에 처한다. 1. 제643조제1항 각호의 행위 2. 자기 또는 타인의 이익을 도모하거나 채권자를 해할 목적으로 회생채권자·회생담보권자·주주·지분권자로서 허위의 권리를 행사하는 행위	第290條 (第三者의 詐欺整理罪) 第289條에 規定한 以外의 者로서 同條에 規定한 行爲를 한 者 또는 自己나 他人을 利롭게 할 目的으로 整理債權者, 整理擔保權者 또는 株主로서 虛僞의 權利를 行使한 者는 會社에 關하여 整理節次開始의 決定이 確定된 때에는 10年以下의 懲役 또는 1億원以下의 罰金에 處한다.
제645조(회생수뢰죄) ①관리위원·조사위원·회생위원·보전관리인·관리인(제637조의 규정에 의한 국제도산관리인을 포함한다), 고문이나 관리인 또는 보전관리인·회생위원의 대리인이 그 직무에 관하여 뇌물을 수수·요구 또는 약속한 경우 그 자는 5년 이하의 징역 또는 5천만원 이하의 벌금에 처한다. 다음 각호의 어느 하나에 해당하는 자가 관계인집회의 결의에 관하여 뇌물을 수수·요구 또는 약속한 때에 그 자도 또한 같다. 1. 회생채권자·회생담보권자·주주·지분권자	第291條 (收賂罪) ①管理委員, 調査委員, 保全管理人, 管理人, 顧問 또는 管理人 및 保全管理人의 代理人이 그 職務에 關하여 財産上의 利益을 收受, 要求 또는 約束한 때에는 5年以下의 懲役 또는 5千萬원以下의 罰金에 處한다. 整理債權者, 整理擔保權者, 株主, 代理委員 또는 그 代理人, 任員이나 職員이 關係人集會의 決議에 關하여 財産上의 利益을 收受, 要求 또는 約束한 때에도 같다.

2. 제1호에 규정된 자의 대리위원 또는 대리인 3. 제1호에 규정된 자의 임원 또는 직원	
②관리인(제637조의 규정에 의한 국제도산관리인을 포함한다)·보전관리인 또는 조사위원·회생위원이 법인인 경우에는 관리인·보전관리인 또는 조사위원·회생위원의 직무에 종사하는 그 임원 또는 직원이 그 직무에 관하여 뇌물을 수수·요구 또는 약속한 경우 그 임원 또는 직원은 5년 이하의 징역 또는 5천만원 이하의 벌금에 처한다. 관리인·보전관리인·회생위원 또는 조사위원이 법인인 경우 그 임원 또는 직원이 관리인·보전관리인·회생위원 또는 조사위원의 직무에 관하여 관리인·보전관리인·회생위원 또는 조사위원에게 뇌물을 수수하게 하거나 그 공여를 요구 또는 약속한 때에도 같다.	②管理人·保全管理人 또는 調査委員이 法人인 境遇에는 管理人·保全管理人 또는 調査委員의 職務에 從事하는 그 任員 또는 職員이 그 職務에 關하여 財産上의 利益을 收受, 要求 또는 約束한 때에는 5年以下의 懲役 또는 5千萬원以下의 罰金에 處한다. 管理人·保全管理人 또는 調査委員이 法人인 境遇에 그 任員 또는 職員이 管理人·保全管理人 또는 調査委員의 職務에 關하여 管理人·保全管理人 또는 調査委員에게 財産上의 利益을 收受하게 하거나 그 供與를 要求 또는 約束한 때에도 같다.
③제1항 및 제2항의 경우 범인 또는 그 정을 아는 제3자가 수수한 뇌물은 몰수한다. 이 경우 몰수가 불가능한 때에는 그 가액을 추징한다.	③犯人 또는 法人인 管理人·保全管理人 또는 調査委員이 收受한 財産上의 利益은 沒收한다. 그 全部 또는 一部를 沒收하기 不能한 때에는 그 價額을 追徵한다.
	제88조 (개인회생수뢰죄) ①관리위원·회생위원 또는 그 대리가 그 직무에 관하여 뇌물을 수수·요구 또는 약속한 경우 그 자는 5년 이하의 징역 또는 5천만원 이하의 벌금에 처한다. ②제1항의 경우 범인 또는 그 정을 아는 제3자가 수수한 뇌물은 몰수한다. 이 경우 몰수가 불가능한 때에는 그 가액을 추징한다.

第646조(회생증뢰죄) 제645조제1항 또는 제2항에 규정한 뇌물을 약속 또는 공여하거나 공여의 의사표시를 한 자는 5년 이하의 징역 또는 5천만원 이하의 벌금에 처한다.	第292條 (贈賂罪) 第291條第1項 또는 第2項에 規定하는 財産上의 利益을 約束, 供與 또는 供與의 意思表示를 한 者는 5年以下의 懲役 또는 5千萬원以下의 罰金에 處한다. 제89조 (개인회생증뢰죄) 제88조제1항에 규정한 뇌물을 약속 또는 공여하거나 공여의 의사표시를 한 자는 5년 이하의 징역 또는 5천만원 이하의 벌금에 처한다.
第647조(경영참여금지위반죄) 제284조의 규정에 위반하여 회생절차종결 후 채무자의 이사로 선임되거나 대표이사로 선정되어 취임한 자는 3년 이하의 징역 또는 3천만원 이하의 벌금에 처한다.	第292條의2 (經營參與禁止違反罪) 第271條의2의 規定에 違反한 者는 3年이하의 懲役 또는 3千萬원이하의 罰金에 處한다.
第648조(무허가행위 등의 죄) ①관리인·파산관재인(제637조의 규정에 의한 국제도산관리인을 포함한다) 또는 보전관리인이 법원의 허가를 받아야 하는 행위를 허가를 받지 아니하고 행한 경우 그 자는 3년 이하의 징역 또는 3천만원 이하의 벌금에 처한다.	第292條의3 (無許可行爲등의 罪) ①管理人 또는 保全管理人이 法院의 許可를 요하는 행위에 대하여 許可를 받지 아니하고 행위를 한 때에는 3年이하의 懲役 또는 3千萬원이하의 罰金에 處한다.
②관리인 또는 보전관리인이 법원에 허위의 보고를 하거나 임무종료 후 정당한 사유 없이 제84조제1항의 규정에 의한 계산에 관한 보고를 하지 아니한 경우 그 자는 1년 이하의 징역 또는 1천만원 이하의 벌금에 처한다.	②管理人 또는 保全管理人이 法院에 허위의 보고를 하거나 退任후 지체없이 第99條의 規定에 의한 計算報告를 하지 아니한 때에는 1年이하의 懲役 또는 1千萬원이하의 罰金에 處한다.
第649조(보고와 검사거절의 죄) 다음 각호의 어느 하나에 해당하는 자는 1년 이하의 징역 또는 1천만원 이하의 벌금에 처한다.	第293條 (보고와 檢查拒絶의 罪) 第30條第3項에 의한 命令을 받은 者, 第98條의2第1項에 規定한 者(第181條의3에서 準用하는 경우을 포함한다), 第173

1. 정당한 사유없이 제22조제3항의 규정에 의한 자료제공을 거부·기피 또는 방해하거나 허위의 자료를 제공한 관리인 또는 파산관재인
2. 정당한 사유없이 제34조제3항의 규정에 의한 자료제출을 거부·기피 또는 방해하거나 허위의 자료를 제출한 채무자
3. 정당한 사유없이 제79조제1항(제88조에서 준용하는 경우를 포함한다)의 규정에 의한 보고를 거부·기피 또는 방해하거나 허위의 보고를 한 자
4. 정당한 사유없이 제79조제1항(제88조에서 준용하는 경우를 포함한다)의 규정에 의한 검사를 거부·기피 또는 방해한 채무자
5. 정당한 사유없이 제591조의 규정에 의한 보고·조사·시정 요구를 거부하거나 허위보고를 한 채무자

條의4第3項에 의한 요청을 받은 者가 정당한 사유없이 帳簿등 資料의 제출·보고·檢査 또는 閱覽을 거부·기피 또는 방해하거나 허위의 資料提出·보고를 한 때에는 1年이하의 懲役 또는 1千萬원이하의 罰金에 처한다.

제91조 (보고 등 거절의 죄) 정당한 사유없이 제51조의 규정에 의한 보고·조사·시정 요구를 거부하거나 허위보고를 한 자는 1년 이하의 징역 또는 1천만원 이하의 벌금에 처한다.

제650조(사기파산죄) 채무자가 파산선고의 전후를 불문하고 자기 또는 타인의 이익을 도모하거나 채권자를 해할 목적으로 다음 각호의 어느 하나에 해당하는 행위를 하고, 그 파산선고가 확정된 때에는 10년 이하의 징역 또는 1억원 이하의 벌금에 처한다.
1. 파산재단에 속하는 재산을 은닉 또는 손괴하거나 채권자에게 불이익하게 처분을 하는 행위
2. 파산재단의 부담을 허위로 증가시키는 행위
3. 법률의 규정에 의하여 작성하여야

第366條 (詐欺破産罪) 債務者가 破産宣告의 前後를 不問하고 自己 또는 他人의 利益을 圖謀하거나 債權者를 害할 目的으로 다음 各號의 1에 該當하는 行爲를 하고 그 宣告가 確定된 때에는 10年以下의 懲役에 處한다.

1. 破産財團에 屬하는 財産을 隱匿, 損壞 또는 債權者에게 不利益하게 處分을 하는 行爲
2. 破産財團의 負擔을 虛僞로 增加시키는 行爲
3. 法律의 規定에 依하여 作成하여야

하는 상업장부를 작성하지 아니하거나, 그 상업장부에 재산의 현황을 알 수 있는 정도의 기재를 하지 아니하거나, 그 상업장부에 부실한 기재를 하거나, 그 상업장부를 은닉 또는 손괴하는 행위	할 商業帳簿를 作成하지 아니하거나 이에 財産의 現況을 알 수 있는 程度의 記載를 하지 아니하거나 또는 不實한 記載를 하는 行爲 또는 이를 隱匿하거나 損壞하는 行爲
4. 제481조의 규정에 의하여 법원사무관등이 폐쇄한 장부에 변경을 가하거나 이를 은닉 또는 손괴하는 행위	4. 第177條의 規定에 依하여 法院書記官 또는 書記가 閉鎖한 帳簿에 變更을 加하거나 이를 隱匿 또는 損壞하는 行爲
제651조(과태파산죄) 채무자가 파산선고의 전후를 불문하고 다음 각호의 어느 하나에 해당하는 행위를 하고, 그 파산선고가 확정된 경우 그 채무자는 5년 이하의 징역 또는 5천만원 이하의 벌금에 처한다.	第367條 (過怠破産罪) 債務者가 破産宣告의 前後를 不問하고 다음 各號의 1에 該當하는 行爲를 하고 그 宣告가 確定된 때에는 5年以下의 懲役 또는 5千萬원以下의 罰金에 處한다.
	1. 浪費 또는 賭博 其他 射倖行爲를 하여 顯著히 財産을 減少시키거나 過大한 債務를 負擔하는 行爲
1. 파산의 선고를 지연시킬 목적으로 신용거래로 상품을 구입하여 현저히 불이익한 조건으로 이를 처분하는 행위	2. 破産의 宣告를 遲延시킬 目的으로 顯著하게 不利益한 條件으로 債務를 負擔하거나 信用去來로 因하여 商品을 購入하여 顯著히 不利益한 條件으로 이를 處分하는 行爲
2. 파산의 원인인 사실이 있음을 알면서 어느 채권자에게 특별한 이익을 줄 목적으로 한 담보의 제공이나 채무의 소멸에 관한 행위로서 채무자의 의무에 속하지 아니하거나 그 방법 또는 시기가 채무자의 의무에 속하지 아니하는 행위	3. 破産의 原因인 事實이 있음을 알면서 어느 債權者에게 特別한 利益을 줄 目的으로 한 擔保의 提供 또는 債務의 消滅에 關한 行爲로서 債務者의 義務에 屬하지 아니하거나 그 方法 또는 時期가 債務者의 義務에 屬하지 아니하는 것
3. 법률의 규정에 의하여 작성하여야 하는 상업장부를 작성하지 아니하거나, 그 상업장부에 재산의 현황을 알 수 있는 정도의 기재를	4. 法律의 規定에 依하여 作成하여야 할 商業帳簿를 作成하지 아니하거나 이에 財産의 現況을 알 수 있는 程度의 記載를 하지 아니하거나 또는 不正의

하지 아니하거나, 그 상업장부에 부정의 기재를 하거나, 그 상업장부를 은닉 또는 손괴하는 행위 4. 제481조의 규정에 의하여 법원사무관등이 폐쇄한 장부에 변경을 가하거나 이를 은닉 또는 손괴하는 행위	記載를 하는 行爲 또는 이를 隱匿하거나 損壞하는 行爲 5. 第177條의 規定에 依하여 法院書記官 또는 書記가 閉鎖한 帳簿에 變更을 加하거나 이를 隱匿 또는 損壞하는 行爲
제652조(일정한 지위에 있는 자의 사기파산 및 과태파산죄) 다음 각호의 어느 하나에 해당하는 자가 제650조 및 제651조에 규정된 행위를 하고, 채무자에 대한 파산선고가 확정된 때에는 제650조 및 제651조의 예에 의한다. 상속재산에 대한 파산의 경우 상속인 및 그 법정대리인과 지배인에 관하여도 또한 같다. 1. 채무자의 법정대리인 2. 법인인 채무자의 이사 3. 채무자의 지배인	第368條 (一定한 地位에 있는 者의 詐欺破産 및 過怠破産罪) 債務者의 法定代理人, 理事 및 이에 準하는 者나 支配人이 前2條에 規定한 行爲를 하고 債務者에 對한 破産宣告가 確定된 때에는 前2條의 例에 依한다. 相續財産에 對한 破産에 있어서 相續人 및 그 法定代理人과 支配人에 關하여도 또한 같다.
제653조(구인불응죄) 제319조·제320조 및 제322조의 규정에 의한 구인의 명을 받은 자가 그 사실을 알면서도 파산절차를 지연시키거나 구인의 집행을 회피할 목적으로 도주한 때에는 1년 이하의 징역 또는 1천만원 이하의 벌금에 처한다.	第369條 (監守違反 또는 住居地離脫罪) ①本法에 依하여 監守의 命을 받은 者가 逃走하거나 法院의 許可를 얻지 아니하고 外人과 接見이나 通信을 한 때에는 1年以下의 懲役 또는 1千萬원以下의 罰金에 處한다. ②破産者가 法院의 許可를 얻지 아니하고 住居地를 떠난 때에도 前과 같다.
제654조(제3자의 사기파산죄) 채무자 및 제652조 각호의 자가 아닌 자가 파산선고의 전후를 불문하고 자기 또는 타인의 이익을 도모하거나 채권자를 해할 목적으로 제650조 각호의 행위를 하거나 자기나 타인을 이롭게	第370條 (第三者의 詐欺破産罪) 債務者 및 第368條에 規定한 者가 아닌 者로서 第366條에 規定한 行爲를 한 者 또는 自己나 他人을 利롭게 할 目的으로 破産債權者로서 虛僞의 權利를 行使한 者는 債務者에 對한 破産宣告가 確定된

할 목적으로 파산채권자로서 허위의 권리를 행사하고, 채무자에 대한 파산선고가 확정된 경우 그 행위를 한 자는 10년이하의 징역 또는 1억원 이하의 벌금에 처한다.	때에는 10年以下의 懲役에 處한다.
	第371條 (强制和議의 取消와 罰則의 適用) 第366條, 第367條 및 前條의 規定의 適用에 있어서는 强制和議의 取消는 이를 破産의 宣告로 본다.
제655조(파산수뢰죄) ①파산관재인(제637조의 규정에 의한 국제도산관리인을 포함한다) 또는 감사위원이 그 직무에 관하여 뇌물을 수수·요구 또는 약속한 경우 그 자는 5년 이하의 징역 또는 5천만원 이하의 벌금에 처한다. 다음 각호의 어느 하나에 해당하는 자가 채권자집회의 결의에 관하여 뇌물을 수수·요구 또는 약속한 때에 그 자도 또한 같다. 1. 파산채권자 2. 파산채권자의 대리인 3. 파산채권자의 이사	第372條 (破産收賄罪) ①破産管財人 또는 監査委員이 그 職務에 關하여 賂物을 收受, 要求 또는 約束한 때에는 5年以下의 懲役 또는 5千萬원以下의 罰金에 處한다. 破産債權者, 그 代理人 또는 理事나 이에 準하는 者가 債權者集會의 決議에 關하여 賂物을 收受, 要求 또는 約束한 때에도 또한 같다.
②제1항의 경우 범인 또는 그 정을 아는 제3자가 수수한 뇌물은 몰수한다. 이 경우 몰수가 불가능한 때에는 그 가액을 추징한다.	②前項의 境遇에 收受한 賂物은 이를 沒收한다. 그 全部 또는 一部를 沒收할 수 없는 때에는 그 價額을 追徵한다.
제656조(파산증뢰죄) 다음 각호의 어느 하나에 해당하는 자에게 뇌물을 약속 또는 공여하거나 공여의 의사를 표시한 자는 3년 이하의 징역 또는 3천만원 이하의 벌금에 처한다. 1. 파산관재인(제637조의 규정에 의한 국제도산관리인을 포함한다) 2. 감사위원	第373條 (破産贈賄罪) ①破産管財人, 監査委員, 破産債權者나 그 代理人 또는 理事나 이에 準하는 者에게 賂物을 約束 또는 供與하거나 供與의 意思를 表示한 者는 3年以下의 懲役 또는 3千萬원以下의 罰金에 處한다. ②前項의 罪를 犯한 者가 自首한 때에는 그 刑을 減輕 또는 免除할 수 있다.

3. 파산채권자 4. 파산채권자의 대리인 5. 파산채권자의 이사	
제657조(재산조회결과의 목적외사용죄) 제29조제1항의 규정에 의한 재산조회의 결과를 회생절차·파산절차 또는 개인회생절차를 위한 채무자의 재산상황조사외의 목적으로 사용한 자는 2년 이하의 징역 또는 2천만원 이하의 벌금에 처한다.	제90조 (재산조회결과의 목적외 사용죄) 제19조제1항의 규정에 의한 재산조회의 결과를 개인회생절차를 위한 채무자의 재산상황조사외의 목적으로 사용한 자는 2년 이하의 징역 또는 2천만원 이하의 벌금에 처한다.
제658조(설명의무위반죄) 제321조의 규정에 의하여 설명의 의무가 있는 자가 정당한 이유없이 설명을 하지 아니하거나 허위의 설명을 한 때에는 1년 이하의 징역 또는 1천만원 이하의 벌금에 처한다.	第374條 (說明義務違反罪) ①第143條의 規定에 依하여 說明의 義務가 있는 者가 理由없이 說明을 하지 아니하거나 虛僞의 說明을 한 때에는 1年以下의 懲役 또는 1千萬원以下의 罰金에 處한다. ②前項의 罪를 犯한 者가 破産法院에 그 事實을 申告한 때에는 그 刑을 減輕 또는 免除할 수 있다.
제659조(국외범) ①제645조 및 제655조의 규정은 대한민국외에서 같은 조의 죄를 범한 자에게도 적용한다 ②제646조 및 제656조의 죄는 형법 제5조(외국인의 국외범)의 예에 따른다.	
제660조(과태료) ①제29조제1항의 규정에 의하여 조회를 받은 공공기관·금융기관·단체 등의 장이 정당한 사유없이 자료제출을 거부하거나 허위의 자료를 제출한 경우 그 자는 500만원 이하의 과태료에 처한다.	제92조 (과태료) 제19조제1항의 규정에 의하여 조회를 받은 공공기관 · 금융기관 · 단체 등의 장이 정당한 사유없이 자료제출을 거부하거나 허위의 자료를 제출한 자는 500만원 이하의 과태료에 처한다.
②다음 각호의 어느 하나에 해당하는 자가 제258조제1항 또는 제2항의 규정에 의한 법원의 명령에 위반하는	第294條 (過怠料에 處할 境遇) ①整理節次가 開始된 會社 또는 新會社의 理事나 이에 準할 者 또는 支配人이 다음

행위를 한 경우 그 자는 500만원 이하의 과태료에 처한다.	의 行爲를 한 境遇에는 500萬원以下의 過怠料에 處한다.
1. 채무자, 신회사의 이사나 지배인	1. 第248條第1項 또는 第2項의 規定에 依한 法院의 命令에 違反한 때 2. 第262條第1項의 規定에 依하여 할 公告 또는 通知를 懈怠하거나 同條第5項의 規定에 違反하여 株式의 處分을 懈怠한 때
2. 회생채권자·회생담보권자·주주·지분권자와 회생을 위하여 채무를 부담하거나 담보를 제공한 자	②整理債權者, 整理擔保權者, 株主와 整理를 爲하여 債務를 負擔하거나 擔保를 提供한 者가 前項第1號에 揭記한 行爲를 한 때에도 同項과 같다.
③제251조·제566조 또는 제625조에 의하여 면책을 받은 개인인 채무자에 대하여 면책된 사실을 알면서 면책된 채권에 기하여 강제집행·가압류 또는 가처분의 방법으로 추심행위를 한 자는 500만원 이하의 과태료에 처한다.	
부 칙	
제1조(시행일) 이 법은 공포 후 1년이 경과한 날부터 시행한다.	
제2조(폐지법률) 회사정리법·화의법·파산법 및 개인채무자회생법은 이를 폐지한다.	
제3조(회사정리법·화의법·파산법 및 개인채무자회생법의 폐지에 따른 경과조치) 이 법 시행 당시 종전의 회사정리법에 의하여 정리절차개시의 신청을 한 정리사건, 종전의 화의법에 의하여 화의개시신청을 한 화의사건, 종전의 파산법에 의하여 파산신청을 한 파산사건과 종전의 개인채무자회생법	

에 의하여 개인회생절차개시신청을 한 개인회생사건은 각각 종전의 회사정리법·화의법·파산법 및 개인채무자회생법에 의한다

제4조(벌칙에 관한 경과조치) 이 법 시행전의 행위에 대한 벌칙의 적용에 있어서는 종전의 규정에 의하고, 1개의 죄가 이 법 시행 전후에 걸쳐서 행하여진 때에는 이 법 시행 전에 범한 것으로 본다.

제5조(다른 법률의 개정)〈이하생략〉

附　　　　録

事項索引

判例索引

- 國 內 判 例 -

- 日 本 判 例 -

재판실무연구(5)

도산관계소송

定價 55,000원

2009年 8月 10日 印刷
2009年 8月 20日 發行

기획대표 민 일 영
편집대표 고 영 한
강 영 호
발 행 인 이 종 균
발 행 처 韓國司法行政學會
http://www.law.or.kr
서울特別市 西大門區 忠正路 2街 69-18
電話 (02) 362-2045~8
팩스 (02) 312-2070
登錄 1965年 8月 27日 9-94

ISBN 978-89-8109-686-1

※ 落張·破本은 交換하여드립니다.